U0463310

新时代语文教育论丛

张奎文 主编

中国语文现代化学会语文教育专业委员会 编

天津社会科学院出版社

图书在版编目（CIP）数据

新时代语文教育论丛 / 张奎文主编 ; 中国语文现代化学会语文教育专业委员会编. -- 天津 : 天津社会科学院出版社, 2022.8
ISBN 978-7-5563-0847-7

Ⅰ. ①新… Ⅱ. ①张… ②中… Ⅲ. ①语文课—教学研究—中小学—文集 Ⅳ. ①G633.302-53

中国版本图书馆 CIP 数据核字(2022)第 165435 号

新时代语文教育论丛
XINSHIDAI YUWEN JIAOYU LUNCONG
选题策划：韩　鹏
责任编辑：王　丽
装帧设计：高馨月
出版发行：天津社会科学院出版社
地　　址：天津市南开区迎水道 7 号
邮　　编：300191
电　　话：（022）23360165
印　　刷：高教社（天津）印务有限公司
开　　本：787×1092　　1/16
印　　张：51.5
字　　数：1060 千字
版　　次：2022 年 8 月第 1 版　　2022 年 8 月第 1 次印刷
定　　价：168.00 元

前　言

中国语文现代化学会语文教育专业委员会　张奎文

祖国进入新时代，语文教育也随即进入新时代。在新时代的催生下，《新时代语文教育论丛》诞生了。这部“论丛”既展示了中国语文现代化学会语文教育专业委员会在语文教育科学研究方面取得的成果，也是新时代中国语文教育改革大潮中的一朵浪花。

语文与生命同时降生，呱呱坠地的第一声啼哭，即是来到这个世界的第一声呐喊；语文学习与每个人终生相伴，第一声呐喊，便开始了学习语言、运用语文的生涯。

什么是“语文”？语文浩如烟海，博大精深。语文是语言文字、语言文学、语言文化、语言文明、语言艺术、语言科学和运用语言规律与特定语言词汇所形成的书面语或口语的语言作品形成过程的总和；语文亦是社会文化的载体，是高级思维的形式，因而也是最重要的表达思想情感和社会交际的工具。惟其如此，惟其重要，决定了我们语文教师任重而道远，昭示语文教育事业神圣而光荣。我们每位语文教师要开拓创新，做新时代出色的语文教师，带领可爱的学生在语文的雄伟高山勇敢登攀，在语文的浩瀚大海搏击畅游。让我们殚精竭虑，砥砺前行，共同为祖国的语文教育事业、为培养语文好的德才兼备全面发展的莘莘学子贡献力量！

《新时代语文教育论丛》的出版，旨在传承华夏优秀的语文教育传统，促进新时代语文教育的改革与发展，落实新时代语文新课程标准，促进中国语文现代化学会语文教育专业委员会学术工作，展示语文教育专业委员会成果，为全国广大中小学语文教师和各基地校提供语文教育成果展示平台；同时，对展示新时代名校风采，加强对新时代中小学语文教师的培训和对中小学生语文核心素养的提升，探索高效课堂的教育教学实践，提高语文教育学术水平大有裨益。

语文教育专业委员会面向全国中小学，约请具有鲜明教育特色的名校撰写“名校采风”，征集全国优秀中小学语文教师的教育论文。在中国语文现代化学会和全国省市校长和全国各地优秀中小学语文教师的大力支持下，在编委会和评审专家的艰苦工作下，《新时代语文教育论丛》得以问世。

教师的职责是“传道受业解惑”，而语文教师的任务是教会学生“听、说、读、写、译”，其中的“听、读、译”，就是听会教师授课，读懂所学文章，译好古代诗文。新时代语文教育应该强调的是，随着大力传承优秀古代文化和新教材古诗文的大幅度增加，

"译"的能力必须大幅度提高,如是,才能汲取古诗文的营养。"问渠那得清如许？为有源头活水来。""听、读、译"是获取和积累知识的途径,犹如做菜准备食材,否则巧妇难为无米之炊。听多才能识多,读多才能识广。而"说和写",则是教学生把"听、读、译"中学到的知识,通过形象思维和逻辑思维,转化成分析问题、解决问题的学习能力,转化成生活和工作的实践能力。"说和写"就像学生终身需要和受益的"双手",亦如展翅翱翔的"双翼"。

语文教师要教会学生"能说会写"。传统意义上的教学生"字、词、句、语、修、逻",正是旨在教会学生"能说会写"的语文基础和基本功。"能说",就是学会说话、发言、交谈、朗读,更高的要求,还要学会演说、演讲、论辩、朗诵;"会写",就是学会写字、写记叙文、说明文、议论文、总结等文体,如有兴趣爱好,还可学会散文、小说、诗词、书法等创作。口头为"语",书面为"文"。语文教师要带领学生完成从小学到高中的语文学习跋涉,从基础到提高的"能说会写"得进步和升华。

然而,伴随新时代现代化多媒体教学进入课堂,有一种倾向应该注意和改变,就是教师过多使用电化教学手段,即在教学中过多地采用幻灯、电视、电影、录音、录像、通讯卫星、电动教学模型等教具进行教学。如此一来,教师成了"放映员",看得学生眼花缭乱。殊不知,尤其语文课,一定要加强教师的口头传授,使学生从教师的授课语言,情感表达,甚至面目表情与肢体语言中感受和获取知识。过多使用电化教学,会大大减少教师的必要讲授和与学生的语言沟通互动,从而大大降低语文课的授课效果。应把电化教学作为辅助手段,决不能喧宾夺主。

入选《新时代语文教育论丛》的优秀论文,是优秀的语文教师在新时代背景下,探索教会学生"听、说、读、写、译"和"能说会写"的教育实践与论证。入选"名校采风"的学校,亦如新时代教育的明星,在浩瀚的教育太空熠熠生辉!

语文教师对学生的教育和影响,在我做学生和教师期间有深刻的切身体会。我的小学语文教师,讲语文课生动,朗诵和书法很棒,是我的语文启蒙先生。我的作文,老师让我在全班作范文朗读;我的毛笔字,老师画红圈在墙报展出。老师的鼓励使我更爱语文了！1965 年"六一"儿童节前,我在语文课上编写"活报剧"(一种反映时事进行宣传的短小活泼的戏剧形式),老师不但没有批评我不听讲,还轻轻拍拍我的头,让我继续写。在全校"庆六一大会上",我自编自导并主演的活报剧《侵略者的下场》(当时正值越南战争)压轴演出,获得成功。我在"知青"生涯中,被选调上了天津师院中文系。当时教我们的都是德高望重、学识渊博的先生,使我在论文写作和文学创作等方面受益匪浅。后来我当了老师,认真教好语文。我从四十年前,就开始进行语文教学改革:一、探索"5+30+10"的高效课堂模式,即课前 5 分钟说写训练,30 分钟精讲互动,10 分钟学生总结。二、作校级、区级、市级观摩课,接待同行和中外教育专家听课并座谈交流。三、"说"的训练:课前五分钟朗诵、演说、论辩和口头作文;举办诗歌朗诵。四、进行把朗诵与音乐融于语文课的研究实践。五、探索作文教学改革:鼓励学生写观察日记,我每周收阅一次;每节课前请一位学生到讲台前朗读自己写的“小说接龙”;带领学生旅游“写生”;中考密封阅卷,全区选出5篇优秀范文,启封后有3篇出自我班学生;指导学生写的作文,编入中学语文教材;学生创作的散文、诗歌发表在《中国青年报》。每届高二文理分班,都有学生说:“您教文科班,我们学文;您教理科班,我们学理。”这可能就是《礼记·学记》的“亲其师,信其道”吧。有一届,酷爱语文、发表诗文的学生放弃学文,选择我教的理科班;但考取北京大学理工科后,即通过严格考试转入了北大中文系,现在已成为知名的作家。教师,的确,在一定程度上能决定学生的前途,甚至一生。从这个意义上讲,“导师”并不应大学专属,亦可用于中小学教师;“导师”是引导学生、指导学生走好学习道路和人生道路的良师——这就是教师职业重要、光荣、神圣之所在。

教师也要德智体美劳全面发展,才能培养出德智体美劳全面发展的学生;语文教师也必须苦练“说和写”的基本功,才能较好学生“能说会写”。我刻苦练“说”,每天朗诵,当教师讲课不带教案,任校长讲话不用讲稿;我刻苦练“写”,发表论文、散文、小说、诗歌、书法200余篇,出版专著编著18部。我曾获天津市语文教师教学基本功大赛河西区第一名,代表河西区参加市级大赛获天津市一等奖;教育教学论文获全国特等奖、一等奖,并被北京大学核心期刊收录和人民大学复印资料收藏。我苦练“说和写”,提高了教学水平和教育效果。

新时代语文教育,要求我们语文教师要教会学生具有适合、符合、有利于新时代内涵和特质的“能说会写”的基本功。

我们的学会是“中国语文现代化语文教育专业委员会”,我们出版的是“《新时代语文教育论丛》”,如上概念,就决定了我们所致力的工作,不但具有创新性、时代性,而且还把一般意义上的“语文教学”,提升到“语文教育”的高度——通过语文的载体,实践育人、教学、教研等任务。我们语文教师要有强烈的使命感,努力成为教好学生语文、塑造学生品格、品行、品味的“大先生”。

让我们团结一致,坚定信念,献身教育,勇往直前,在新时代为祖国的语文教育事业做出新的贡献!

2022年8月

基于语文现代化建设的语文教学改革琐谈
——为《新时代语文教育论丛》序

天津市教科院　赵福楼

在推进语文现代化发展的这条学术道路上，有一群踽踽而行的探索者。而今，这个群体日益增大，很多年轻的中小学语文老师加入其中。这是具有特殊意义的。当前推广普通话，推进语文规范化与现代化建设成绩卓著。与之高度契合的是，中小学为落实语文学科课程标准，促进语文教育现代化，正不断深化课程与教学改革。如何把推进语文现代化建设与落实语文学科核心素养统一起来，做到"两融合、两促进"，这具有重要研究意义。

中国语文现代化学会语文教育专业委员会，扎根在中小学，依托中小学语文教师队伍，用课题研究与学校基地建设为抓手，取得了丰硕研究成果。为这本著书作序，我以为这是一份至上的荣耀。我想表达三层意思：

一是之于谭汝为公、张奎文公、阎春祥公等以拳拳之心推进区域语文教育现代化工作表达一份崇高的敬意。学会工作的特点是群众性。作为由国家民委批准并进行规范管理的群众性学术组织，在促进和繁荣学术工作之中，必然需要有学术领军人物。他们要德艺双馨，甘于奉献，能够把大众力量凝聚起来。中国语文现代化学会语文教育专业委员会如今在中小学扎下根来，滋长繁荣，这与三公的倡兴、力导，以及之于后生晚辈的惠泽与提携有很大关系。教育又属于公益事业，教育改革的推动需要把两种模式结合起来、把三种力量统一起来。我说的"两种模式"，一者是"从上而下"的推进教育改革的模式，一者是"从下而上"的推进教育改革的模式。所谓"从上而下"，即由国家整体规划设计，政府层面逐级发动，学校与教师实施的改革；所谓"从下而上"，即学校和教师在贯彻落实国家政策的过程中，结合教育教学实际，着力解决具体问题的改革举措。所谓"三种力量"则指的是教育行政的课程领导力、学术组织与团体的教学指导力和教师的教学行动力。学会工作立足于教育教学改革，无疑具有中介与桥梁作用。正是因为这一批学者具有专注于语文现代化发展的一份事业心，他们凭借着学术研究的热情、专注与执着，砥砺深耕、皓首穷经、履践致远，语文教育研究领域才会春机盎然、繁花似锦。

二是之于广大语文教师推进学科教学改革，实现课程育人的任务寄予一份希望。

我是1985年参加工作,最初教美术课,一学期后学校语文教学缺岗,我才真正入门当了一名语文老师。如今入门,做语文教师并参与教学研究已经37年。我即使是一个冰冻人,对于语文学科教学一无所知,经历了这几十年的语文改革的浪潮的浸润与淘洗,也染上一些热爱,思想上也开化一些。我对于语文课程的认识有一个发展过程:从不喜欢,到慢慢被文学感染,再到教语文,而最终进入到学科教学改革的学术圈子里来。小学之于语文课的感受有一点莫名的纠结。一面是我喜欢语文老师。我生活在农村,上的是一所村小。语文老师是知识青年,一个美丽而有爱心的女老师,她带着我们演出课本剧。我演过《农夫与蛇》《狼与小羊》,至今留下有扮演小羊的心里柔弱的那一份印象。另外一面的印象则是不好的。小学语文天天写字,默写生字。那时写字就是一页一页写,很枯燥。背诵也是,一天天背,很乏味。我尤其怕默写。写错字,有惩罚,要打手板(那时还保留旧式教育的习惯)。到中学语文课有鲁迅的文章。学生学语文有"三怕",一怕文言文,二怕写作文,三怕周树人。所谓"三怕"就是最怕,可见鲁迅的文章难懂。我是反例。因为不懂,就好奇,就像数学解题一样,非要搞明白。初三年级读了鲁迅杂文集,并涉猎了鲁迅的一些散文与小说。虽然我是一知半解,可是到底觉得一些课文有一点深度,值得玩味。想起来,在冥冥之中,这是鲁迅先生以他的思想和文字的感染力引导我进入语文课的门道里来的。我初中升学读的是中师。我父亲是数学老师,"干什么伤什么",他不希望我教数学。小学语文老师留给我的影响这时发挥了作用。我想,我就当个语文老师吧!我给自己设定的职业理想是,教语文课,业余写作。读中师时期我就成为文学爱好者,带了一个文学社,领着几位青春泛滥的同学,发神经,天天写生与交流。工作后,报了作家班,也参加了大港文联的作家活动。当初搞活经济,村里涌现出来一批农民企业家,作家协会要发挥主流宣传作用,就动员一些文学爱好者写报告文学。我被人家拉去还写了一个报告文学,获了一个奖。小说也发过几篇。可是,我没有沿着这条路走下去。现在大家熟悉的我,是一个语文老师。文学爱好与语文教学是同流。以文学的眼光看语文,课文就有了艺术性,有了美感,语文课文就值得玩味了。此外,写作,玩味文字,之于文字的感受就不一样了。至今,我读书与科班出身的人不一样,我还是乐于在字里行间寻找新鲜感,要读出自己的东西来。这给我认识语文铺设了另外一条路径,就是把我感受到语文的审美的体验传达出来,教会学生读书。综上而言,我之于语文课的认识演变,有一个轨迹是贯穿始终的,即积极发现埋藏在文字里的语文课程独有的审美体验。文章是美的,语文课是美的,语文教师也应该是审美的传播者。这就是我的期待,希望更多老师是发现语文美,传播语文美的人。

三是之于新时代语文教育改革,如何做到"守正出新"谈一点想法。前面回顾自己的教学经历,时间不短了,有三十几年。这么多年,你能发现,我的教学经历与国家改革开放的历史进程是同步的。换句话说,我是很幸运的,以自己的语文教育实践全面融入了我国教育现代化发展的历史进程之中。在改革的持续推动之中,语文教学始终有一个问题没有很好解决,就是“守正出新”。我最初接触这个词,是听到人教社的刘国正先生对于语文教材建设提出意见。教学改革的初衷,就是要改掉一些不好的方面,吸纳或建设形成一些好的方面。可是,在推陈出新的转捩点上,我们总是习惯于把现实说得一无是处,把改革的预期说得无限美好。可以理解,这是改革的策略选择,其副作用则是彻底否定现实,中断了好的传统,这又是一大损失。语文课程是母语课程,这是得天独厚的优势,语文教育的历史文化非常悠久,语文教学经验积蓄最为丰厚。可是,过去,我们说革新多,关于经验传承说得少。就我本人而言,曾经对于国正先生有腹诽,以为他思想陈旧了。现在,我也是一个旧人了,对于所谓“守正出新”有了一份认同,以为语文学习的根基是语言文字,不要脱离汉语言文字之美而把语文课搞成泛化的人文大讨论。语文课一旦泛化就变成政治课、文化课、哲学课、历史课等等,即是“种了别人的地,晃了自己的田”。中小学语文,最重要的任务是打好语言文字的听说读写的底子,提高语言文字的感受力和领悟力。不管怎么改革,语文教学的目的是一个,要引导学生热爱祖国的语言文字,感受到语文文字的魅力,在文字实践与应用中提高文化修养。“语文姓语”,这是万变不离其宗的。

这是谭汝为公、张奎文公给我留的命题作文。写作中不免有小学生答题的惶惑之感。这些年,在诸多先生的思想感召之下,我始终坚守着语文教育研究的本业,之于语文学科建设还有一份痴心,内心常有些许冲动,愿以绵薄之力汇入不断增长的新生代之中,为语文教学改革做一点力所能及的事。

2022 年 8 月

目　录

学术前沿

双减学步

翰墨清香

诗思雅韵

文海泛舟

妙笔剪裁

语文杂谈

名校采风

名师报道

学术前沿

写字、书法与中小学书法教育刍议

张凤民

一、写字与书法

在传承中华优秀传统文化的热潮中，社会上研习书法者日众，中小学校也在开展书法教育。但常常听到有的书法家批评一些书法习作，说："那是写字，不是书法。"有些书法家还特别强调"书法和写字是两回事"。可是在日常生活中他们又往往把自己的"日课"或书法"创作"也说成是"写字"。比如有的书法家说："再忙，我也得坚持每天读书写字。"他不说"坚持法练习或书法创作"，而是说"坚持写字"，似乎他也认为书法就是写字。对这种现象我们怎么理解？我想这恰好说明书法和写字本来就有着天然的联系，撕不开、扯不断，不是完全不相干的两回事。

写字也好，书法也罢，其本质都是汉字书写。日常人们多说写字，而不称书法。随着电脑手机的普及中小学生汉字书写水平下降，人们感慨说："现在孩子们都不会写字了！"赞誉书法家及其作品则往往会说："字写得真好，禁得住看，有文化底蕴，功夫很深呀，不愧是书法家。"

现在我们把用笔写字称作"写"或"书写"，而古代则称作"书"。《说文解字》："书(書)，箸也。从聿，者声。商鱼切。"(括号内为笔者所注"书"的繁体字，下同)[1]《汉语大字典》采用了这个释义，进而列出并解释由"书"组成的词语，第一项就是"书写；记载。"并考证："《说文·聿部》：'书(書)，箸也。'徐灏注笺：'书(書)从聿，当以作字为本义。'"[2]另，《说文解字》"聿，所以书(書)也"，即"聿，用来书写的笔"。[3]可见用笔写字应该是"书"的原始义。后来由"书"衍生出来的词语或指写出的成品，如"书籍""书信""文书""聘书"等；或指某些专门著作，如"尚书""汉书""晋书"等；或指书写所用的字体，如"篆书""楷书""行书"等；也指书家所写的字，如林则徐《壬寅日记》："求书者坌集，竟日作字。"[4]总之，都与"书"的本义"用笔写字"密不可分。

"书法"一词也是从"书"衍生而来。这个词出现较早，其词义也发生了变化。《辞源》："【书法】㈠古代史官修史，对材料处理、史事评论、人物褒贬，各有体例，谓之书法。《左传·宣二年》：'董狐，古之良史也，书法不隐。'㈡汉字的书写艺术。《南齐书·周颙传》：'少从外氏车骑将军臧质家得卫恒散隶书法，学之甚工。'"[5]"书法"两个义项明显不同，前者指史书写作的体例，后者则指汉字的书写艺术。学术界一般认为以“书法”称书家所写的字或书写行为最早见于南朝宋梁间的著作，上述《辞源》第(二)义项《南齐书》的话即为例证之一。

随着书法实践活动和理论研究的发展，人们对书法的认识不断丰富和深入，今天要问书法是什么，可以给出多种答案。归纳一下，最常见的大概主要有以下几种。一说书法就是写字，就是书写行为，如前文所述。二说“所谓书法即写字用笔的法则”。[6]三说书法是“中国传统艺术之一。指用圆锥形毛笔书写汉字(篆、隶、正、行、草)的法则”。[7]四说书法是“文字的书写技法、书写艺术及作品”。[8]人们在试图给书法下一个定义。至于说书法是一门学问，书法是传统文化，书法是一种修养，书法是线条或造型艺术等，虽然都从不同的角度或某一方面道出了书法的含义，也都不无道理，但似乎距离书法的科学定义更远了一些。

二、书法的第一要义

综上所述，人们对书法的认识大体有“广义”和“狭义”之分。广义者如上文第一、二、四种表述，狭义者如上文第三种表述。诸多表述虽有差异，但都没有离开汉字的书写，可见“汉字书写”应该是大家公认的书法的第一要义。

2009 年中国书法申遗专题片解说词对书法做出的如下说明很值得我们重视：“中国书法是以笔、墨、纸等为主要工具材料，通过汉字书写，在完成信息交流实用功能的同时，以特有的造型符号和笔墨韵律，融入人们对自然、社会、生命的思考，从而表现出中国人特有的思维方式、人格精神与性情志趣的一种艺术实践。历经 3000 多年的发展历程，书法已成为中国文化的代表性符号。”[9]

这段话虽然把书法定位为“一种艺术实践”，但却指明了它有两种功能，即交流信息的实用功能和承载精神文化的艺术功能。尤其值得注意的是这里特别指出这两种功能都是“通过汉字书写”来完成的。“通过汉字书写”“完成信息交流实用功能”是中国书法首要的功能，这个功能是通过用汉字记录汉语来实现的，这自不待言。而承载精神文化的艺术功能是如何实现的呢？这段话准确无误地说是“通过汉字书写”“以特有的造型符号和笔墨韵律”来实现的。“造型符号”当然是指汉字。说它是“特有的”，是因为汉字是因义构形的表意文字，不仅造型千姿百态，而且思想内涵十分丰富，形成了自己的构字理念和规则。“汉字构形的最大特点是它要根据汉语中与之相应的某一个词的意义来构形，因此，汉字的形体总是携带着可供分析的意义信息”。[10]这是世界上普遍使用的拼音文字所不具备的。笔墨韵律则是指在书写汉字过程中用笔的提按、转折、刚柔、疾徐，结字的向背、迎让、俯仰、欹正，布局的疏密、黑白、严整、错落，用墨的浓淡、润燥、轻重、沉浮等丰富的变化所表现出来的自然而和谐的节奏和意趣。只有书写思想内涵丰富、造型千姿百态的汉字和由汉字记录的诗文，才可能产生如此神奇美妙的笔墨韵律；也只有这种“特有的造型符号和笔墨韵律”，才能“融入人们对自然、社会、生命的思考，从而表现出中国人特有的思维方式、人格精神与性情志趣”；中国书法的文化精神和艺术特质深深地植根于汉字和汉字书写之中。这段说明不仅强调了书法的两种功能和丰富的文化内涵，而且突出了书法与“汉字书写”的密切关系，抓住了书法的这个“第一要义”，引领了人们对书法的正确认识。

三、实用性书写与艺术性书写

既然书法离不开写字，汉字书写是书法的第一要义，那么是不是不论谁写出的字都会成为书法艺术作品呢？当然不是。汉字的书写其实是分层次的。对多数人来讲，只要写出的字规范、端正、整洁，能够准确无误地记录和传递信息即可。而有的人在书写过程中较好地掌握了基本技法，对汉字的造型和内涵有了较深的感悟，审美能力得到了提高，写出来的字就会更美观，有情趣，这就应该算是写字的佼佼者了。有的人经过较长时间对古人碑帖的研读、临摹，不仅书写技法日臻纯熟，“心手双畅”，“从心所欲而不逾矩”，而且随着个人文化、人格修养的逐步提升，写出来的字有文化底蕴，甚至形成了自己的风格，蕴含着书写者哲学的、审美的观念和性情志趣、人格特质等精神内涵，具有了较高的文化品位和审美价值，到达了这个境界，才算进入书法艺术的大门，方可称书法家。

不同层次的书写，虽然都是写字，但境界却大有不同；虽然境界不同，但却又是一脉相承的，规范性、实用性书写是基础，艺术性、审美性书写是升华；这中间并无明显的界线，是一个渐变的过程，但的确发生了质的飞跃。所以，我们可以说书法是“汉字书写的艺术”或“汉字的艺术性书写”，以区别于一般实用性的书写，却不能说“书法不是写字”。更不能像一些所谓书法家那样以“创新”或“纯艺术”的名义试图把汉字撇开，在作品中故意把字写得歪歪扭扭，拆得七零八落，甚至画出一些莫名其妙的线条，让人无法辨认，想以此证明书法艺术可以成为摆脱汉字书写的一种什么艺术。正如启功先生所说的：“现在书法上的流派很多，有的偏重于点画奇特，有的偏重于结构的安排与前人不同，有的在章法上参差交叉。可不管怎样写，总有个条件，写出来得是‘字’。比如写个‘人’字。文字作为语言的符号，有它的基本条件。无论怎样变化，它也得受文字作为符号基本功的限制。比如狂草，到怀素，不管曲折到什么份上，‘狂’到什么份上，还是能给他作出释文来。既能作得出释文，就证明还没脱离文字本身……书法脱离文字，就好比没有鸡肉的鸡汤，提炼味精，化学上可以这么办。可是艺术上能不能这么办呢？”话说得很通俗，道理却十分深刻，明白无误地告诉我们离开汉字和汉字书写，书法艺术就是无源之水、无本之木。我们强调书法和汉字、汉字书写之间的血肉联系，非但丝毫不会贬低书法的艺术价值，而且还会让人们在书法学习中更加注重加强基础训练和提高汉字文化修养，以利于掌握书写的基本法则，丰富书法的精神内涵，提升书法的艺术品质，传承书法的文化基因。

四、中小学书法教育

“汉字和以汉字为载体的中国书法是中华民族的文化瑰宝。”[11]正是基于这个深刻理解，国家才在中小学写字教学的基础上提出开展书法教育，以更好地提高学生的汉字书写能力、审美能力与文化素养，传承中华优秀文化的基因。

教育部制定并于2013年1月公布实施的《中小学书法教育指导纲要》基本理念的总述是：“中小学书法教育以语文课程中识字和写字教学为基本内容，以提高汉字书写能力为基本目标，以书写实践为基本途径，适度融入书法审美和书法文化教育。”然后分四点加以阐述，其中有一点就是“硬笔与毛笔兼修，实用与审美相辅。中小学书法教育包括硬笔书写和毛笔书写教学。书法教育既要培养学生书写的实用能力，还要渗透美感教育，发展学生的审美能力”。[12]从2011年版到2022年版的《义务教育语文课程标准》，各个学段的课程目标第一板块都是“识字与写字”，不但规定了识字与写字的数量，而且对书写工具、书写字体、技能训练、习惯养成、文化熏陶等都提出了明确具体的要求。[13]据此，我们认为中小学书法教育应该是面向全体学生的、普及性的书法启蒙教育；是以规范性、实用性书写为基础，兼及艺术性、审美性书写的汉字书写教育；我们的首要目标是使中国公民普遍提高汉字书写能力和审美能力，感受汉字和书法的魅力，受到中华优秀传统文化的熏陶，增强文化自信与爱国情感；同时我们还要关注书法艺术特长生的教育，为书法专门人才的培养选好苗子。

中小学书法教育涵盖了写字教学，是写字教学的延伸和提升。它涉及语文课与书法课、艺术课的关系，汉字书写教学与汉字文化教育的关系，实用性书写教学与艺术性书写教学的关系，普及与提高的关系，只有各级教育部门及学校全面统筹、合理布局、扎实推进，才能落到实处，更好地发挥其传承优秀文化铸魂育人的功能。

参考文献

[1]说文解字[M].天津市古籍书店影印本，1991.

[2]汉语大字典[M].四川辞书出版社、湖北辞书出版社，1993.

[3]汤可敬译注.说文解字[M].2018.

[4]汉语大字典[M].四川辞书出版社、湖北辞书出版社，1993.

[5]辞源[M].商务印书馆，1988.

[6]中国文艺辞典[M].民智书局，1931.

[7]辞海[M].上海辞书出版社，1989.

[8]现代汉语规范词典[M].外语教学与研究出版社、语文出版社，2014.

[9]《中国书法》申报世界非物质文化遗产专题片解说词.

[10]王宁.汉字构型学导论[M].2015.

[11]张铁英.启功先生谈书法[J].中国书法，1989(4)：11-12.

[12]参见中小学书法教育指导纲要[M].北京师范大学出版社,2013.

[13]参见义务教育语文课程标准(2022年版)[M].北京师范大学出版社,2022.

作者简介

张凤民,曾任中国教育学会理事、书法教育专业委员会常务副理事长。教育部制定《中小学书法教育指导纲要》、审定书法教材、培训书法教师专家组成员。主编《中小学书法教育指导纲要解读》《中小学书法教师学与教》。主持国家语委"十二五"科研项目《弘扬中华优秀传统文化与中小学书法教育研究》。

基于典范文本的教学对话浅谈

赵福楼

摘　要:语文课程的载体形式是课文,教材编写以选文为基本模式。这就决定了语文课程的实施必然是以基于文本的教学为通用范式。之于文本的研读,应该构建三重对话关系。这三重对话关系表现为:与作者对话、与主人公(文学形象)对话、与学生对话。教师、学生与作者,基于文本媒介展开多元对话,就需要进入语言的意义层次,结合时代背景、作者的表达意图、语言逻辑与典型形象等进行深入剖析。寻章摘句、涵泳诵读等都是很好的学习方法。此外,教师要联系现实生活与学生的生活经验等,引导学生认知文本的阅读价值。

关键词:经典文本　寻章摘句　阅读对话

语文学科能力一度被概括为四大能力,即所谓听、说、读、写。学生进入学校学习,重点在读写。语言发展的高阶又以文学语言学习为标尺。自然,语言发展进入专业化阶段,科技语言与语言本体研究也是发展分支。这里重点谈谈文学类文本阅读,即现代汉语作为语文课程的载体,在文学审美上如何感知与实现这种经验的教学传播。近年来,在语文教育改革之中,一个词语逐渐成为热词。对于这个新概念,大家很关注,可是缺乏跟进研究,这样一来造成一种夹心现象,即一冷(研究上的"冷")一热(宣讲上的"热")。这个新概念就是所谓"对话"。我想就此作为破冰,向文字的底下深入探究一步,或许会有一点新异的发现。

一、固本清源:与经典文本对话

语文阅读之中的所谓"对话"指的是多重对话,这就包括与作者对话、与主人公(文学形象)对话、与学生对话。开展这个"对话"需要有一个媒介,这个媒介就是经典文本。

在语文课程之中"文本"这个术语有重要意义,主要体现在几个方面:一是语文课程以课文为知识载体。阅读的对象表现为独立文本(或选文)。阅读很普及,是大众文化传播的主要形式,而以文本为载体。在学校教育之中语文课程的设立以学习语言应用为课程功能指向,其选择的内容载体主要是课文。二是语文课程的主要学习任务是读书。所谓"书",为书籍或图画或文字或多媒体,以文字载体为主要形式。

读书的默认形式是纸介的,文字的书。语文学习本质上就是读书,学习语言文字,又以文字为主要形式。三是语文课程的教材以选文为组织形式。打开语文书,我们就会发现语文教材具有特殊性。语文教材以课文排列,而其他课程以专题或知识点按照序列来组织学习。这就造成了语文课程的知识学习具有内隐的特点。我们所要学习的知识,包括语言知识、写作知识、审美知识,以及各种语文能力都要通过文本阅读实践来培养。基于以上三个特点,语文学习离不开文本,语文教学对话是在本文语境之中展开的。

语文课程实施,本质就是基于文本的教学。我持有一个基本理念,语文教学改革千变万化,唯有一点是不能背离的,那就是要坚守文本阵地,不能与文本阅读脱轨。

二、寻章摘句:文本的审美属性

中国文字历史很悠久,以史料、言论和文学类最为丰富。历来的语文学习,都很重视对于文字的深层次与多层面审视与研读。清代甚至发展出一门学问,叫作“考据”。文人传承下来一个很重要的学习经验,就是寻章摘句,最典型的案例就是儒家典籍《论语》。这是一部孔子弟子记录孔子言行的一部语录体作品。直到我小时候读书,老师还教我们用这个办法,读书要注意摘抄一些精美的语言,时时注意语言积累。这种关于词汇与语言的积累与锤炼是非常重要的。现代汉语之中还有一些固定俗语、成语、谚语、名言警句等流传下来,这也证明语文学习之中语言载体的不断积累和构建语言大厦是必要的。

凡是文学传统与文本载体丰厚的国家,其母语课程的文学性比较突出,即入选课文主体是文学作品。诸如法国、俄罗斯与中国。美国是新兴国家,其母语课程更加强调语言应用,文学类与应用类作品比例大致相当。正因为语文课程入选大量文学作品,具有突出的文学性与审美功能,在语文教学之中我们就需要通过文字的玩味,即用揣摩、涵泳、品味、诵读这样一些传统学习方法,深入到文字的底层,发现别人不可见的宝藏。

三、阅读对话:以分享引发共鸣

如何开展基于文本的对话,这就包括与作者对话、与主人公(文学形象)对话、与学生对话这样几个层面:

(一)与作者对话

语言表达是非常个性化的,作家的语言有自己的风格;而课文载体,这个独特表达,一定具有时代性与作者的鲜明个性。在阅读之中,我们要在纸面和文字底下,探寻到作者表达的意图与他的个性化的思想,由此理解文字的价值与意义。这个方法叫作知人论世。这是大家很熟悉的,可是如何做到知人论世,教学中还是缺乏研究的。老师们一般把这个教学方法简单化应用,变成作者简介和时代背景介绍。这个阅读的辅助材料的引入固然必要,可是不能深入文本,将文字与作者形象贴合起来,我们得到的关于作者表达的理解与认识必然是肤浅的。

我们还是用文字说话吧。试看下面几段话:

A. 子曰:"贤哉,回也!一箪食,一瓢饮,在陋巷,人不堪其忧,回也不改其乐。贤哉,回也!"(孔子《论语》)

B. 炉火的微光,渐渐地暗了下去,外面变黑了。我站起来要走,她拉住我,一面极其敏捷地拿过穿着麻线的大针,把那小橘碗四周相对地穿起来,像一个小筐似的,用一根小竹棍挑着,又从窗台上拿了一段短短的蜡头,放在里面点起来,递给我说:"天黑了,路滑,这盏小橘灯照你上山吧!"(冰心《小橘灯》)

C. "尺儿,你在做什么?"他的母亲已经醒来了,在床上问。"老鼠………"他慌忙站起,回转身去,却只答了两个字。"是的,老鼠。这我知道。可是你在做什么?杀它呢,还是在救它?"他没有回答。松明烧尽了;他默默地立在暗中,渐看见月光的皎洁。(鲁迅《铸剑》)

文字表达与作者的思想和个性是高度贴合的。我们看到,《论语》的只言片语,充分体现出一个老先生之于学生的关爱与教诲。孔子的伟大其实不在于他思想的深邃与政治见解的高明。他说到底就是一个代表了底层人民意愿、基于人性向善、教化学生热爱学习、重视道德修养的人。学生接受这样一个孔子形象要比把他拔擢到至圣先师更容易被理解。要看到,《小橘灯》里设置了三重语言背景:一是时代背景。文字暗示,小姑娘的父亲被抓,这是一个白色恐怖的大时代,在政治上是镇压和迫害进步人士的。二是家庭背景。父亲被抓,母亲病重。这个家庭此时一定陷入极度困难之中,小姑娘一下子从一个被照顾的对象变成家庭的顶梁柱。三是故事情节的发生,在山路上在暗夜里,周边是一片黑暗的。这三种背景都在强化一点事实,小姑娘生活处境是严酷的、黑暗的、艰难的。在这个大背景下,再看作者塑造的小姑娘形象与一盏小姑娘为我制作的用以照路的小橘灯,就更深切感受到爱的光辉。冰心在大时代的剧烈变化之中,她寻找的所谓光明与温暖,来自底层,来自人性,来自心底,那就是一点微弱的光辉。这就是我们所熟悉的冰心所倡导的那个所谓爱的哲学。她以为人生无论处于哪一种境地,爱心是不能丢掉的。这就是冰心。同样是解释在黑暗处境下的道路选择,鲁迅看世界则是另外的样子。他同样看到了社会黑暗,而这个黑暗已经不仅仅指向现实社会,而贯穿了中国历史,之于传统文化制度进行了彻底否定与批判,这个关于黑暗的认识显然要比冰心深刻厚重。他用以打破沉重的黑暗现实的办法也是不同的,他用的办法是铸剑、是复仇。剑是锐利的,是要穿刺这无边黑暗的。鲁迅是个有锋芒的人,他有棱角,比较尖锐,以思想批判与穿刺专制社会为主要特点。比较三个人的简短文字,我们就能发现,作者的个性与文字高度贴合。我们所说的“对话”指的就是这样的披文入理的入木三分的阅读。

(二)与主人公(文学形象)对话

文学作品以塑造文学形象为特点,小说特别强调塑造典型人物形象。在文学类作品阅读之时,我们要引导学生分析作者是如何塑造文学形象的,了解其典型性,即认识其典型意义。同样说说前面提到的三部作品:《论语》《小橘灯》与《铸剑》。

《论语》是语录体,虽然不是文学作品,可是其中有一些语段涉及对于人物的评价,或有故事性,或以对话方式呈现。这样的语言表达也关系到人物形象的塑造。前面选文塑造了颜回安贫乐道的人物形象,给人留下了深刻印象。

《小橘灯》里的主人公是未名的小姑娘。未名,一者说明对于我而言与小姑娘是偶遇,我对于她而言一个陌生人。之于彼此陌生的人,我的造访与送橘表达了对于她的关爱,而她用橘皮做成小橘灯,以此相赠表达了对于我这个陌生人的感激。从几只橘子转化为一盏照明的小橘灯,情节的这个变化,把小姑娘的灵巧、坚韧、乐观方面都展现出来了。

《铸剑》取材于干将莫邪剑的传说,属于复仇题材。你很难理解其中眉间尺的形象。他年轻,才满十六岁。用现代人的生活评量,他应该在读书,是个学生娃。选文里眉间尺的优柔与纠结,缺乏决断的特点是非常鲜明的。孤立看待选文,你无法理解鲁迅为什么要写这个故事,要塑造这个人物?《铸剑》写于 1926 年底。作品对复仇精神的描写,是紧紧联系着现实斗争的,在女师大事件、五卅惨案、三·一八惨案中,鲁迅目睹了封建军阀和帝国主义的凶残和暴虐,这激起了他极大的愤怒,认为应该“抽刃而起,以血偿血”。其眉间尺岂不就是被激发斗志的青年学生?而他自己也化身为黑衣人,成为与王斗争的助战义士。

(三)与学生对话

经典作品曲折反映了特定时代的生活特征,具有鲜明的时代属性。这就给语文阅读教学设置了一个新问题:旧文新教,难道就是要让学生把故事还原到特定时代,理解那时那地,这个作品的典型意义吗?作品的原生意义,对此的理解与把握固然是重要的,作为语文教师,我们与学生围绕阅读文本展开对话,更要引导学生超脱于原生意义,看到基于现实生活,与学生认知的关联性,把握阅读中的现实意义。

我依旧用《论语》《小橘灯》和《铸剑》三文作为样本来分析一下。

《论语》选文之中的颜回,其生活很艰苦,所谓“ 箪食,一瓢饮,在陋巷”。孔子用对比表达方法,在艰苦生活里,人“不堪其忧”,而回“不改其乐”。要引导学生思考,其“乐”指的是什么?怎样理解孔子评价其人的“贤”?进而让学生联系实际思考,同学之间不比吃,不比穿,不比住,要比的是什么?从一个老师的角度,说说你的理解?由此可以认识到有志于学的重要性,要正确理解传统社会修身、齐家、治国、平天下的君子追求。进而启发学生,在中国社会现代化发展进入新时代之后,作为青年学生我们应该树立什么样的远大志向?

导读《小橘灯》,可以问:之中所塑造的勇敢、坚强、感恩、乐观的小姑娘,给你印象最深刻的一点是什么?你能联系自己生活谈谈感受吗?你能再举出一个例子说明在逆境中成长,勇敢、坚强、乐观等品质的重要性吗?现在很多学生生活条件优越,他们缺乏艰苦生活的磨炼,所缺乏的就是文中小姑娘身上所具有的独特品质和精神,可以借助课文阅读培植学生自立、自强、自主的良好品质。

《铸剑》用雌雄剑的铺设情节,本意是用剑复仇,可是故事情节后来演变为以头颅相搏,相互啃噬,用这种最原始的撕咬方式来复仇。你如何理解这个故事情节的设计?最终三头并葬,王与民无法区分。这个情节设计又暗示了什么?复仇是旧的故事,新编的意义在于作者表达的思想感情是现代的。这是需要引导学生正确理解的。以血还血,以牙还牙。这是我们在生活里最彻底的关于复仇的理解,用撕咬这样的原始方法的复仇,真实表达了之于现实社会,那些残忍杀戮者的痛恨,作者意欲饮其血,啃其骨,寝其皮。而王与义士和复仇者的并葬,表达了一种追求人与人平等的现代意识。作者反专制反暴力的目的,就是要建立一个人与人平等的社会。这个情节设计体现了作者的政治理想与追求。

典范文本入选教材,教师主导的阅读对话由此展开。我们要有对话意识,聚焦文本,穿透文字的表面,开展与作者的对话、与主人公(文学形象)的对话、与学生的对话。由此建立多元主体阅读经验分享的教学机制。

作者简介

赵福楼,天津市教育科学研究院课程教学研究中心(原天津市中小学教研室)主任,正高级教师,语文特级教师,教育部国培计划首批特聘专家,天津师范大学兼职教授。

略论汉字简化的得与失

袁钟瑞

摘　要:汉字数量庞大,字形复杂,自古以来繁简并用。新中国的汉字简化成果促进了教育普及,方便了社会应用,有利于中文信息处理技术的发展,成就是主要的。汉字简化并非尽善尽美,但缺憾之处与其成就相比是白璧微瑕。本文分析和批驳了一些对简化汉字的糊涂说法。本文主张遵守《国家通用语言文字法》,维护现行汉字的稳定,维护语言文字规范标准。

关键词:汉字　简化　得与失

一、汉字经历过多种形体变化

汉字是最古老的文字之一。从刻符、图画等文字雏形进化到成熟文字,汉字经历过甲骨文、金文、籀文、小篆、隶书、草书、楷书、行书等多种形体变化。

上古至先秦,文字形体和读音纷乱,各个部落、各诸侯国各行其是。秦代起施行“书同文”,官方颁布标准字体——小篆。东汉许慎著《说文解字》,收小篆正体9353个,对每个字的字形、字音、字义做了注释。

楷书自汉萌芽且定形,“汉字”名称由此确定。与汉字发展同步,汉字理论(如六书,笔画、笔顺、结构、偏旁、部首、反切,音韵学与训诂学等)也逐渐丰富和完善,同时衍生出独特的书法艺术。

由纷乱到统一,确定形音义,标志着汉字的完全成熟;由简到繁,再由繁到简,是汉字形体变化的总趋势。

二、汉字自古以来就是繁简并用

多数汉字笔画繁多,例如常用字“陰、陽、豐、羅、亂、溝、龍、驢、竈、鬱”,笔画繁多,识认和记忆十分不便,写起来速度慢、效率低,因此自古民间在仅供自己或少数人记事备忘的非正式场合(如日记、信函、便笺、药方、账簿、货单、字据等),就把它们写成笔画较少的简体字“阴、阳、丰、罗、乱、沟、龙、驴、灶、郁”。简体字又称“俗字、手头字、民间字”。笔者小时候是繁体字时代,常见医生开药方和商人记账时把“萬”写作“万”(本读mò),“錢”写作“乂”,“两”写作“刄”。在古代行书和草书的书法作品中,简体字更是比比皆是。南开大学马庆株先生指出，新中国官方推行的简化字中绝大部分古已有之（有公元 774 年唐代颜元孙的《干禄字书》、1930 年现代刘复和李家瑞的《宋元以来俗字谱》、1935 年钱玄同的《简体字谱》为证）。《简化字总表》第一表 350 个字、第二表 132 个字，共 482 个字。有人考证其中 388 个字的来源，发现汉代就已出现的有 111 个字（占 28.61%），三国到唐代就已出现的有 55 个字（占 14.17%），唐代到清代出现的有 175 个字（占 45.1%），民国时期出现的 46 个字（占 11.86%）。就是说，这 388 个简化字中，新中国以前就出现是 387 个字（占 99.74%）。据原中国文改会张瑞泉先生说，“鄧”的简体字“邓”在宋版书中就已出现。

尽管简体字在民间广为流行，但在漫长的封建社会里保守观念占统治地位，简体字一直没有取得在正式场合使用的“正体”名分。

三、现代生活催促汉字简化

明末清初，西学东渐，近代科学知识和工业化事物传入中国，社会生活节奏逐渐加快。随着硬笔书写工具的普及，用毛笔写繁体字的书写方式显然不能适应新的生活节奏。繁体字对小学生来说尤其是繁重负担，例如笔者小学一年级第一课是“開學了，我們上學”，第四课是“工人愛機器，農民愛土地，戰士愛槍又愛炮，學生要愛書和筆”这样的繁体字，而工农群众常用的杂字也往往笔画多得吓人（如“廠、製、織、機、認、識、農、業、豐、産、種、穀、雜、糧、興、鷄、鴨、鵝、竈、臺”）。为了尽快地普及教育，大面积扫除文盲，必须清扫识字障碍，简化汉字。社会需求和公众期盼把汉字简化推向历史的前台。

自民国初年起，在陆费逵、钱玄同、刘半农、黎锦熙等众多有识之士推动下，民国政府为颁行简化汉字做了一些准备。1935 年，钱玄同主持编成《简体字谱》草稿，收简体字 2400 多个；同年 8 月，国民政府教育部公布《第一批简体字表》，收字 324 个，这是历史上由政府公布的第一个简体字表；1936 年《简体字典》出版，收字 4445 个；同年 11 月，《常用简字表》出版，收字 3150 个，其中一半来自草书，一半来自俗字。但由于保守派的阻挠且不久全面抗战爆发，简体字运动在国统区中止，但在解放区继续流行。

四、新中国成立后，中央政府立即启动“整理和简化汉字”工作

1949 年 10 月 10 日即成立中国文字改革协会（后演变为中国文字改革研究委员会、中国文字改革委员会、国家语言文字工作委员会），由吴玉章先生领衔承担此项工作。其基本内容是：

1. 淘汰没有实用意义的异体字。所谓异体字是同音同义而形异的一组字，如“匹”和“疋”，“暗”和“闇”。“窗”竟然有 6 种写法，鲁迅笔下的孔乙己炫耀他知道

“回”字有 4 种写法。1955 年 12 月，国家公布《第一批异体字整理表》，包括异体字 810 组，每组保留 1 个字。举例如下（括号外的字是保留的字，括号内是淘汰的异体字）：

群［羣］　夜［亱］　吃［喫］　粗［觕、麤］　裙［帬、裠］
奸［姦］　猫［貓］　犁［犂］　鬥［鬦、鬭］　雕［鵰、琱］
辭［辤］　劍［劒］　冉［冄］　冥［寘、冥］　梅［楳、槑］
德［悳］　個［箇］　凉［涼］　噹［璫、嚠］　札［剳、劄］
床［牀］　嗔［瞋］　幹［榦］　炮［砲、礮］　罵［駡、傌］
回［囬、囘］　拿［舒、挐、拏］　窗［窓、窻、窸、牕、牎］　……

2. 正式公布简化字。从实质上说，简体字与繁体字的关系也是异体字关系。国家正式发布的简体字叫做简化字，简体字包括简化字也包括国家未承认的俗字。

1956 年 1 月 31 日《汉字简化方案》公布，包括第一表 230 个简化字，第二表 285 个简化字和第三表 54 个可以类推的简化偏旁。1964 年 3 月 7 日《简化字总表》公布，共有简化字 2235 个。这就是中国历史上第一批由国家正式发布的简化字，从此这些简体字取得了“正体”名分。举例如下（词语后的数字系笔画数，下同）：

开学 12（開學 28）　国宝 16（國寶 30）　飞机 9（飛機 25）
对联 17（對聯 29）　礼让 10（禮讓 41）　艳丽 17（艷麗 38）
辽宁 10（遼寧 29）　沈阳 13（瀋陽 29）　厂长 6（廠長 22）
体检 18（體檢 39）　复习 12（復習 23）　复杂 15（複雜 32）
书画 12（書畫 23）　惊蛰 23（驚蟄 38）　优选 15（優選 32）
举办 13（舉辦 32）　欢庆 12（歡慶 36）　闪烁 14（閃爍 29）
钢铁 19（鋼鐵 36）　兴奋 14（興奮 32）　惩罚 21（懲罰 34）
刚才 9（剛纔 33）　蚕茧 19（蠶繭 42）　议论 12（議論 35）
边远 12（邊遠 31）　军舰 16（軍艦 29）　歼灭 12（殲滅 34）

前文举例被保留下来的异体字“鬥、辭、劍、噹、個、幹、罵”（97）也分别简化为“斗、辞、剑、啮、个、干、骂”（52）。

简化字与未曾简化的传承字（如“人、牛、江、山、金、木、水、火、土”）合称“规范汉字”。2001 年 1 月 1 日施行的《中华人民共和国国家通用语言文字法》规定“规范汉字”是“国家通用文字”。

4. 3. 一些地名常用字笔画繁多，使用不便。1955 年至 1965 年间，国务院陆续批准对 36 个生僻或繁难的地名用字做了变更。举例如下：

（广西）鬱林→玉林　（江西）雩都→于都　（新疆）于闐→于田

（陕西）鄠县→户县　（陕西）鄜县→富县　（陕西）盩厔→周至

（陕西）雒南→洛南　（四川）酆都→丰都　（青海）亹源→门源

（广西）僮族自治区→壮族自治区

4. 统一字形。以往同一个汉字的楷书（手写体）和宋体（印刷体）可能字形不尽相同。1965 年 1 月 30 日《印刷通用汉字字形表》公布，对“象、鬼、角、俞”等 48 种旧字形修改为新字形，统一了 6196 个汉字字形。举例如下：

手写楷体	印刷宋体	统一字形	手写楷体	印刷宋体	统一字形
吕	呂	吕	真	眞	真
青	靑	青	温	溫	温
值	値	值	榆	楡	榆

5. 废除了一些双音节汉字。传统汉字都是单音节字，清末民初，随着西学东渐，出现了一些表示某种新概念的双音节字，举例如下：

瓩（读作 qiānwǎ，意为千瓦）　浬（读作 hǎilǐ，意为海里）

粴（读作 mǐlí，意为厘米）　粍（读作 mǐmáo，意为毫米）

呎（读作 yīngchǐ，意为英尺）　吋（读作 yīngcùn，意为英寸）

唡（读作 yīngliǎng，意为英两）　哩（读作 yīnglǐ，意为英里）

嗧（读作 jiālún，意为加仑）　砼（读作 yánghuī，意为混凝土）

双音节字破坏了汉字单音节的特性，1977 年淘汰了 20 多个这样的新造字。保留了“砼”，规定读音为 tóng，其他改写为“千瓦、海里、厘米、毫米、英尺、英寸、英两、英里、加仑”等。

6. 汉字标准化使浩瀚纷繁的汉字“定量、定形、定音、定序”，成为有序集合。陆续制定并发布多种汉字规范标准，如《第一批异体字整理表》《简化字总表》《新旧字形对照表》《汉字部首表》《现代汉语通用字笔顺规范》《普通话异读词审音表》《第一批异形词整理表》《部分计量单位名称用字统一表》《现代汉语常用字表（3500 字）》《现代汉语通用字表（7000 字）》《通用规范汉字表（8105 字）》及信息交换用系列字符集，以及《出版物上数字用法》《标点符号用法》。对地理、大气、海洋、化学、医学等学科用字做了规范。编写出版《新华字典》《新华多功能字典》《现代汉语词典》《现代汉语规范词典》《汉语大字典》《中华字海》《汉字源流精解字典》《汉语大词典》《辞海》《两岸常用词典》等多种汉字规范工具书。

7. 与汉字简化同步,1957 年将书写和印刷行款由传统的竖排全面改为横排。

8. 1977 年 11 月 20 日《第二次汉字简化方案(草案)》公布,包括第一表 248 个,第二表 605 个,共计简化字 853 个。其中第一表的简化字在全国范围内试行。本次简化字简称“二简字”,举例如下:

亍(街) 辺(道) 歺(餐) 仃(停) 艽(韭) (宣)
氿(酒) 桔(橘) 咀(嘴) 抪(播) 弍(贰) 迠(建)
午(舞) 旦(蛋) 合(盒) 邦(帮) 㣺(德) 𦬁(菜、蔡)

“二简字”在试行过程中遭遇新闻出版、机关公务和学校教育等各方面的批评和抵制,公布不到半年即停止使用。1986 年 6 月国务院批准废止《第二次汉字简化方案(草案)》并重新发布《简化字总表》。

五、汉字简化的“得”

63 年来的社会实践证明,第一批简化字经受了长久的实用检验,收到了良好的社会效益,汉字简化取得了极大的成功。简述如下:

1. 简化字比繁体字笔画减少了三分之一。《简化字总表》所列 2236 个简化字平均每字 10.3 画,对应的繁体字平均每字 15.6 画,平均每字减少 5.3 画,即减少笔画 34%。例如农村常用字“农、业、劳、动、丰、产”6 个字总笔画为 34 画,平均每字 5.67 画,而其繁体字“農、業、勞、動、豐、產”的总笔画为 78 画,平均每字 13 画,简化字笔画是繁体字的 43.6%,减少一半以上。

前文段落中列举的 61 个繁体字的总笔画 958 画,平均每字 15.7 画;简化后总笔画 430 画,平均每字 7.05 画。简化字笔画是繁体字笔画的 44.9%。

2. 简化字比繁体字字数减少。异体字产生于彰显写字者个人风格而缺乏社会规范的手写时代,毫无疑问,是故弄玄虚而平添识字障碍的汉字赘疣,必须选择扬弃。淘汰没有实用意义的异体字,大大减轻了识认和记忆的难度。例如原来“群—羣”异体,“够—夠”异体,“館—舘”异体,“炮—砲—礮”异体,现在保留“群、够、館(随即简化为“馆”)、炮”,淘汰无用的“羣、夠、舘、砲、礮”,保留“窗”,淘汰“窗”的另外 5 个异体字。《第一批异体字整理表》共收异体字 810 组 1863 个字,淘汰无用的异体字 1053 个。

3. 简化字比繁体字视觉清晰度大大提高。如繁体字“臺、灣、禮、竈、鬱、亂、飛、塵、麗”分别简化为“台、湾、礼、灶、郁、乱、飞、尘、丽”,不光书写笔画大大减少,视觉辨识度也大大提高,大大降低了阅读时的眼睛疲劳度。

4. 一些形声字改造得合理了。由于古今语音的演变,一些繁体形声字的声符已经变得不能正确表音,而简化后的字更能直接表音,例如“態—态、遞—递、鐘—钟、遷—迁、藝—艺、憂—忧、猶—犹、郵—邮、籲—吁、繡—绣、運—运、醞—酝”等。还有的形声字的形符也失去了表意作用,或者虽能表意但笔画繁多,简化后则更加合理(例如“驚—惊、護—护、響—响”等)。

5. 一部分容易读错写错的字简化后变得不容易出错。如繁体字“齣(chū)、醞(yùn)、氈(zhān)”容易误读为 jù、wēn、tǎn,简化后变成“出、酝、毡”笔画少了,也不容易读错了。有些繁体字笔画繁多,容易写错,如“犧”,右边的声符容易误写为“義”,“網”容易误写为“綱”,简化后分别写作“牺、网”,就不会写错了。

6. 自右向左的竖排改为自左向右的横排,与汉字笔画书写方向一致起来,与国际通用的阅读习惯一致起来,与自然科学的算式、公式一致起来,也与用眼卫生一致起来。

7.《国家通用语言文字法》《教育法》《义务教育法》及《扫盲工作条例》等多种法律法规规定教育教学用字、公务用字、媒体用字、公共用字应当使用规范汉字(即简化字和未经简化的传承字),用字规范有了法治保障。规定了扫盲和义务教育的识字量(乡村脱盲 1500 字,城镇脱盲 2000 字,小学生 2500 字,初中生 3500 字),有利于教育规划和教材编写。

六、汉字简化的“失”。

汉字简化并非尽善尽美,有些明显缺憾。主要有下:

1. 需要简化的字没有简化。很多常用字使用频率很高,笔画较多,却没有简化,例如:

餐、嘴、嚼、德、算、感、戴、帽、鼠、籍、播、健、警、藏、蒙、疆、黎、豫、量、膏、黑、魔、籍、愚、霸、鑫、矗、爆、瀑、髓、像、靠、黏、孵、鞋、鼻、鬓、樊、播、霾、庸、墨、漆、繁、解……

有的常用字虽然某个部件简化了但整字笔画仍然不少,例如:

赛、题、懒、馕、赣、镰、镯、镇、缘、鹤、阖、缓、缰、飓、镜、鳞……

2. 在简化时,借用同音字代替,两三个繁体字共用一个简化字,造成“一简对多繁”。如“鬥、閗、鬭”,先淘汰异体字“閗、鬭”,又将“鬥”的简化字借用现成的“斗”,让原来只读 dǒu 的“斗”变成读 dǒu 和 dòu 的多音字。等于原来的 4 个字简成了 1 个字。这种情况有 96 组，例如：

后——后、後　发——發、髮　几——几、幾　卷——卷、捲
复——複、復　准——准、準　舍——舍、捨　谷——谷、穀
面——面、麵　仆——仆、僕　松——松、鬆　系——系、係、繫
咸——咸、鹹　干——干、乾、幹　蒙——矇、濛、懞
里——里、裏(裡)　只——隻、衹(衹)　斗——斗、鬥(鬦、鬭)

这种情形导致不懂简繁转换对应关系的人在书法艺术、仿古建筑、影视道具等需要用繁体字的场合常常误写，例如：

邻里=鄰里≠鄰裏　复旦=復旦≠複旦　茶几=茶几≠茶幾
干粮=乾糧≠幹糧　准许=准許≠準許　花坛=花壇≠花罎
美发=美髮≠美發　丑角=丑角≠醜角　海淀=海淀≠海澱
丰采=丰采≠豐彩　饥饿=飢餓≠饑餓　坝子=垻子≠壩子
长征=長征≠長徵　星斗=星斗≠星鬥　制度=制度≠製度
干杯=乾杯≠幹杯　武松=武松≠武鬆　皇后=皇后≠皇後
中文系=中文系≠中文係　岳阳楼=岳陽樓≠嶽陽樓

诸如此类，不胜枚举。

还有一个“揹”，在公布《汉字简化方案》之前就被当做“背”的异体字淘汰了，使得原来的单音字“背(bèi)”变成了读 bēi 和 bèi 的多音字。其实，“背”读 bèi 时(“后背、脊背、背诵、背后、背阴、背面、望其项背”)是不能写作“揹”的，因此“揹”不应是“背”的异体字，是属于古今字范畴的简繁体关系。把“揹”淘汰了，“小强背着奶奶过河”这句话就会发生歧义，“背包”也会发生异读了。本来，“揹”与“抬、扛、抱、捧、搂、抓”等都是动词意义(如“揹負、揹黑鍋、揹包袱)，淘汰了“揹”，笔画减少并不多，反添了麻烦，实在得不偿失。同样，把“只言片语”读成“zhǐ 言片语”，把“窗明几净”读成“窗明 jǐ 净”的也大有人在。

还有一种情况，是借用同音词时受到方言平翘舌声母不分的干扰。如“紮”本读 zā(紮小辮、紮头绳、紮口袋、紮腰带、包紮、捆紮、结紮)和 zhā(駐紮)，简化时借用了“扎”，使得“扎”原来只读 zhā 也变成既读 zhā 又读 zā 的多音字。后果则是今天一般人总把“扎小辫、扎头绳、扎口袋、扎腰带、包扎、捆扎、结扎”的 zā 误读为 zhā。其实这个“紮”不必简化的，或者也可以简化成绞丝旁右边一个乚。还有“棲”简化为“栖”，因声符选择不当使人将“栖(qī)”误读为 xī。

3. 二简字给社会用字造成混乱。尽管 1977 年“二简字”出台不久即停止使用，但直到 1986 年才由国务院正式宣布废止，使得一般群众不明就里，用字混乱，其负面

影响至今犹存。这批“二简字”片面求简，缺乏历史背景和群众基础，被废止是应该的。

七、我的汉字简化得失观

汉字是伟大的文字，承载着绵延数千年绚丽多彩的中华文化，为中华文明和世界文明做出了巨大贡献。汉字表意性使得汉字字义不受古今语音变化的影响，有助于语言文化的顺利传承；表意性带来的超方言性在维护语言多样、方言分歧严重的文化统一方面功莫大焉。

新中国成立之时，全国人口的84%是文盲，扫除文盲、普及教育是社会主义现代化建设的当务之急。毋庸讳言，汉字的“难读、难写、难记、难用”成为不得不面对的学习障碍。因此“文字改革”（主要是整理和简化汉字、推广普通话、制定和推行《汉语拼音方案》）是新中国重要的基础工程，其中简化汉字是重中之重。评价简化字不能离开这样的历史背景，要以是否有利于提高全民文化素质和是否适应社会发展需要为衡量标准。

1. 汉字简化，得是主流，得远远大于失，成就是伟大的

简化字主要来源有四，一是恢复古字，如“云、从、电、才”；二是俗字正名，如“体、声、铁、邓”；三是草书楷化，如“长、专、书、为”；四是新造形声字和会意字，如“拥、护、灭、尘”。

汉字简化以后，平均笔画减少三分之一左右，加上淘汰了大量无用的异体字，统一了分歧的字形，整理了纷乱的部首归类，规范了笔顺，实现了“定量、定形、定音、定序”，且由竖排改为横排，大大降低了识认难度，提高了书写速度。因为绝大部分简化字都古已有之，具有悠久广泛的群众基础，所以发布以后，知识人士认可，人民群众拥护，社会施行顺利，在扫除文盲、普及教育、提高学习工作效率和促进中文信息化方面，成绩卓著，功在当代、泽被千秋。1956 年正式推行以来，简化汉字普及亿万，深入人心，是法定的“国家通用文字”，是政务、教育、媒体和公共交际的规范用字。简化汉字是联合国六种正式文字之一，在国际上的流通领域已大大超过繁体汉字，多数海外中文报刊和网站也都使用简化汉字。总之，无论从社会历史发展和汉字本身发展来看，汉字简化都是必须充分肯定且值得赞许讴歌的伟大功绩。

2. 任何事物都难以做到完美无缺，汉字简化工作也是如此。汉字简化工作在以下三点不能尽如人意

其一，如上文所说，一些笔画较多的常用字应该简化却未简化。

其二，不宜“一简对多繁”。1950 年以后出生的人只学过简化字没学过繁体字，对繁体字很生疏，以为笔画多的就是繁体字，导致今天一些书法爱好者甚至书法名家常常在书写繁体字时不懂简繁转换的对应关系而闹出笑话，影视剧的历史画面中的繁体字使用常有讹误。河北省霸州市某古寺重修后立碑，繁体字碑文中竟然有 20 多

处简繁换转换讹误(将“历史”写成“曆史”,“乡里”写成“鄉裏”等);北京的一些老字号商家在菜单、对联上炫耀“有文化”而使用繁体字出现转换讹误(将“衡水”写成“蘅水”、“老白干”写成“老白幹”、“坛子肉”写成“壇子肉”、“干粮”写成“幹糧”);重点影片《鸦片战争》中将“准予驶入”的繁体写作“準予駛入”;某著名书法家以书法“影後”二字赠台湾影星被传为笑柄,诸如此类,不一而足。究其原因,都是不懂“一简对多繁”。

其三,“二简字”给社会用字带来的混乱影响至今犹存。废止“二简字”是应该的,但一股脑废止时把其中简化得不错的一些字也废止了,有些可惜。例如将常用字“餐”简化成“歺(本音 è)”,“藏”简化成“艹”下面是“上”,“感”简化成“干”下面是“心”,“赛”简化“宀”下面是“西”,是人们可以接受的。这种匆忙公布又简单否定的教训值得汲取。

3. 澄清几种似是而非的说法

近些年来,时不时地有人出来嘲讽简化字,说什么“爱无心,亲不见”。还总有个别人提出“废除简化字、恢复繁体字”的荒唐建议,所执说法很有迷惑性,有必要澄清是非。

(1)说“简化字割断了历史,不认识繁体字就看不懂古书”,是这样吗?

“二十四史”和《古文观止》,汉赋、唐诗、宋词、元曲、“三水西红”“三言二拍”“儒林聊斋”本来都是用繁体字写的,难道没有传承下来吗?“孔孟老庄”和“诗经楚辞”当初都是用先秦古文字写的,后来又经历过小篆、隶书、楷书的变革,难道没有传承下来吗?

再问,难道认识了繁体字就能读懂古文吗?这跟字的繁简体有关系吗?请看:

“七月流火”本是天气渐凉的意思,很多人误以为是天气炎热;

“明日黄花”本指过时的事物,很多人却写作“昨日黄花”;

“空穴来風”本意是“无风不起浪”,很多人却误解为“无中生有”;

《荀子》“古之學者爲己,今之學者爲人”,《史记》“母愛者子抱”,什么意思?认识繁体字就能明白吗?

说“不认识繁体字就看不懂古书”,因此就说“简化字割断了历史”,这是一种很迷惑人的说法。其实这是把文字与文化混为一谈。事实上,不懂英语、法语、俄语的人照样可以从翻译的文字读懂狄更斯、司汤达和普希金。文字是文化的载体,但文字不等于文化。

(2)以“爱无心,亲不见”为例,指责简化字“没有道理”,暗讽新中国的汉字简化做错了。这也是很有迷惑性的说法。

中国语文现代化学会名誉会长、北京大学苏培成教授告诉我们,汉字在发展的三千多年里,形体经历种种变化。文字的基本属性是“约定俗成”,在由小篆演变为隶书的过程中,许多字的象形意味丧失殆尽,字形的表意功能明显降低,但是换来的是易学便用，因而受到欢迎，流传后世。

例如广受诟病的“爱”字。繁体字“愛”是由小篆变来的，小篆的“愛”是形声字，由两个部分构成。上面是“炁”，读 ài，表示整字的读音；下部是“夊”，读 suī，表示整字的意义。《说文解字》：“愛，行皃，从夊，炁声”，告诉我们“愛”字本义是“行貌”，即描摹走路的样子。其中的“心”只是表音的“炁”的一部分，本来就不是表意的。用表示“行貌”的“愛”来表示“喜爱”的意思，是假借用法。可见繁体“愛”字里面的“心”，本来就与喜爱无关。而无心的“爱”在敦煌出土文物中就已经出现。不懂得“爱”的字形演变经过，指摘“爱无心”的说法是无的放矢。

苏先生对“亲不见”、“龍”是身首异处、“牛”只有一只角、“射、矮、車、鹿、魚”的造字不合理也都做了分析，指出汉字不过是约定俗成的符号，我们看到一个字知道它表示的是哪个意义也就可以了。字形能够表意当然更好，可如果字形十分繁复，学习和应用都非常不便，还是把它简化为好。即使失去一些表意性，而换来的是较为易学便用，这样的简化也是可以接受的。

1935 年曾批准公布一批简体字的蒋介石说：“为大众写的文字而不能大众化，那如何望其有效？我们须知文字是大众达情表意取得知识和争取生活的工具……所以简体字的需要是生活的需要，时代的需要。”①

个别简化字有不合理处，也是历史留下来且得到广大民众认可的，新中国只是给历史上的民间俗字以法定地位而已，只是做了国民政府想做而没做成的事情而已，岂有他哉！

附图是当年孙中山手书的简体“爱”字，证明“爱无心”是古已有之。

(3)说“简化字笔画太少，写出来不好看”。此说越发离奇。

汉字书法是为汉字文化增添光彩的艺术，与汉字作为交际工具和信息载体的基本功能相比，属于汉字的附加值。衡量简化字的优劣必须以其是否便于辨识、便于书

① 转引自仇志群. 汉字简化问题在台湾[J]. 语文建设，1995(5).

写、便于记忆的实用效率为标准,不能因讲究附加值的优劣而伤害了它的基本功能,更不能因喜爱书法艺术风格的少数人而妨碍了全社会的绝大多数人的利益。更重要的,书法家并非只写笔画多的字,笔画少的字里有大量未曾简化的传承字(如“金木水火土人山牛羊日月甲乙丙丁女子百千山水天地……”),难道书法家就写不好了吗?如果笔画少的字都写不好,还能算是书法家吗?

八、结语

从甲骨文算起,汉字已经存在了三千多年,至今仍活跃在全中国、全世界。汉字是十分成熟的文字,其所以能千年不衰,正是因为它与时俱进,不断地以自身的改革适应社会发展的需要。任何改革都难以尽善尽美,我们分析了汉字简化的得与失后,必然会充分肯定汉字简化对于普及教育、提高全民文化素质的促进作用,对于提高工作效率和保障中文信息处理技术发展的促进作用,对于社会主义建设和扩大国际交往的促进作用。有人主张继续简化一批笔画较多的汉字,虽有必要,但需谨慎。文字同语言一样是交际工具和信息载体,其基本特性是约定俗成,在使用人口数量巨大、社会用字数量巨大、中文信息处理数量巨大的今天,汉字比任何时候都更加需要稳定,因为哪怕改动一个字的字形、读音,都会引起巨大的震动,也会付出极大的代价。当前汉字的教学和应用已经实现基本规范的局面来之不易,我们要爱护简化字,自觉遵守《国家通用语言文字法》,维护语言文字规范标准,使规范汉字更好地为人民服务,为社会服务,为中华民族的伟大复兴服务。

参考文献

[1]王均主编. 当代中国的文字改革[M].

[2]费锦昌主编. 中国语文现代化百年记事[M].

[3]中国语文现代化学会、教育部语用司编. 新时期语言文字工作记事[M].

[4]教育部语信司编. 常用语言文字规范手册[M].

[5]苏培成主编. 当代中国的语文改革和语文规范[M].

[6]苏培成. 现代汉字学纲要,语言文字应用丛稿,简化字从未切断我国的传统文化[M].

[7]凌远征. 跟中小学教师谈规范字[M].

[8]马庆株. 简体字古已有之[M].

[9]赵贤德. 常州籍四大语言学家与中国语文现代化[M].

袁钟瑞,1946 年生于天津,曾任教育部(国家语委)普通话推广处处长、中国语文

现代化学会副会长兼秘书长、国家级普通话水平测试员等，著有《话说推普》《生活中的语言文字120问》《普通话大讲堂》《奇妙的成语世界》等，曾担任《全民经典朗读范本》《中华经典诗词分级诵读本》的录制审音。

浅议诗词格律

张兆琦

摘　要：中国古典诗词集意境美、辞章美、音律美、情志美、理趣美等于一体，在中华优秀传统文化中独树一帜，展现出无穷的韵味和魅力。其中的音律之美是依托格律规范来体现的。在营造美好意境的前提下，按照这种规范创作的诗词，或铿锵激越，或婉转低回，音韵悠扬，朗朗上口，便于吟诵，易于流传。笔者作为一个后学者，拟对近体诗和词的有关格律知识做一归纳整理，并加入自己一些粗浅体会，力求简明通俗，用之可及，以飨读者。

一、关于近体诗的平仄要求

近体诗指律诗（以五言律诗、七言律诗为主）和律绝（指五言绝句、七言绝句）。大部分唐诗是近体诗，部分唐诗和唐以前的诗没有严格的格律要求，称为古体诗，也称古诗、古风。近体诗自唐宋传承至今，绵延不绝。

一般地说，汉字发音的一二声为平声（又分为阴平和阳平），三四声为仄声（又分为上声和去声），古韵中另有入声，也属仄声范围，依据古韵品读和创作近体诗时应对入声字有所了解。

近体诗的平仄要求通常以“仄起不入韵、平起不入韵、仄起入韵、平起入韵”等几种体式予以规范，按这样的规范品读和创作没有问题，但需要查、记、背，而且这是一种外延式的诠释，没有概括出基本规律。笔者认为，依据“一三五不论，二四六分明”的思路，抓住双数字的变化规律及几个相关的要点，对掌握近体诗的平仄要求有事半功倍的效果。（下面的论述中将以大家耳熟能详的毛泽东诗《七律·人民解放军占领南京》和杜甫诗《绝句二首其一　迟日江山丽》为例，简称“毛诗”“杜诗”）

1. 近体诗的每句双数字平仄必须交替，即七律（绝）中每句的二四六字或是平、仄、平，或是仄、平、仄；五律（绝）中每句的二四字或是平、仄，或是仄、平，此为“相替”。如《毛诗》中“钟山风雨起苍黄”双数字山、雨、苍是平、仄、平，“虎踞龙盘今胜昔”双数字踞、盘、胜是仄、平、仄；《杜诗》中“迟日江山丽”双数字日、山是仄、平，“泥融飞燕子”双数字融、燕是平、仄。二诗中其他句皆如是。“相替”使律诗每句读起来有抑有扬，有起有伏。

2. 近体诗的偶数句双数字与上句双数字的平仄必须相反，即二四六八句（绝句为二四句）双数字的平仄分别与上句相应双数字的平仄相反，此为“相对”。如《毛诗》中第二句“百万雄师过大江”双数字万、师、大是仄、平、仄，与上句“钟山风雨起苍黄”相应双数字山、雨、苍的平、仄、平正好相反；《杜诗》中第四句“沙暖睡鸳鸯”双数字暖、鸳是仄、平，与上句“泥融飞燕子”相应双数字融、燕的平、仄正好相反。“相对”使律诗句与句之间读起来抑扬生变，错落起伏。

3. 近体诗的奇数句（除第一句外）双数字与上句双数字平仄必须相同，即三五七句（绝句为三句）双数字的平仄分别与上句相应双数字的平仄相同，此为“相粘”。如《毛诗》中第三句“虎踞龙盘今胜昔”双数字踞、盘、胜三字是仄、平、仄，上句“百万雄师过大江”双数字万、师、大也是仄、平、仄；《杜诗》中第三句“泥融飞燕子”双数字融、燕是平、仄，上句“春风花草香”双数字风、草也是平、仄。“相粘”也可以理解为律诗的四个联句或绝句的两个联句通过这种方式黏在一起，使联与联之间的声韵有接续性，全诗读起来有整体感。如果“失粘”会造成每联都像重新开始，全诗的声韵有“折腰”“断裂”的感觉，这是应该注意防止的。

4. 防止出现“孤平”和“三平尾”。关于何为“孤平”，诗词界有不同的看法和争论，笔者认为诗句中出现“仄平仄”的情况即为“孤平”，所以要防止出现这种情况，是因为这样的诗句读起来起伏过于急促，影响音韵的优美。而视“仄平仄”为“孤平”是诸多议论中较严格的要求，但易于操作，不出现“仄平仄”则其他视为“孤平”的情况也就不会出现了。诗句末尾连续出现三个平声字即为“三平尾”，所以要防止出现这种情况，是因为这样的诗句读起来结尾低沉无变化，影响音韵的优美。“孤平”和“三平尾”是近体诗平仄运用中的大忌，要特别注意防止。至于“三仄尾”，诗词界也多有议论，虽没有列为大忌，但最好不要出现。

“相替”“相对”“相粘”并防止“孤平”和“三平尾”，构成了近体诗平仄运用的基本规律，据此品读前人诗作能更好地感受诗韵之美，据此创作的近体诗与规范体式的要求定相吻合。

二、关于律诗中颔联（三四句）和颈联（五六句）的对仗要求

对仗是律诗（五律、七律）的特殊要求，即颔联和颈联除符合上述平仄规范以外，每一联要成为一副对联，使其韵律悠扬且意境突显。广为流传的经典名句常常是这样的联句，如“宜将剩勇追穷寇，不可沽名学霸王”“春蚕到死丝方尽，蜡炬成灰泪始干”“大漠孤烟直，长河落日圆”等。需要对仗的上下句要分别表达同一内容的不同侧面，相同位置词句的词性及句法结构要相同。

三、关于近体诗的押韵要求

押韵是诗歌的基本特点，近体诗的押韵有比较严格的规范，即必须押平声韵，双

数句必须押韵,首句可押韵也可不押韵,其他单数句不押韵,不押韵句尾字必须是仄声字。很多押仄韵的诗也广为流传,一般归入古体诗范围。

诗(词)韵有古韵和今韵之分。近体诗采用的古韵称“平水韵”或“佩文诗韵”,有106个韵部,比较复杂。(词采用的古韵称“词林正韵”,将在后文中说明。)今韵也称新韵,按现代汉语读音中韵母相同或相近的字归类,有20个韵部,更适合当代人写诗填词使用。古韵和今韵均可在《中华韵典》中查找。中华诗词学会于2004年提出“倡今知古,双轨并行,今不妨古,宽不碍严。”的诗词创作用韵原则,倡导使用今韵,鼓励了解古韵,对使用今韵和古韵的作品都予以认同,但同一作品中今韵和古韵不能混用。使用今韵时应在标题后予以注明,不注明则认为是使用古韵。

值得注意的是,今韵中ei、ui同属于五微韵部,iu、ou同属于十六尤韵部,ye、ie、ue同属于十三皆韵部,eng和ing分别属于二庚和十九青两个不同的韵部,e和o、uo分别属于十四歌和十五波两个不同的韵部,in、ün和en、un分别属于十七侵和十八真两个不同的韵部(详见中华韵典),在使用今韵时要特别予以关注和区分。

四、关于词的格律要求

词的格律是由不同的词牌规定的,每个词牌对总字数、每句的字数及平仄押韵都有具体规定,因此写词称为“填词”,在《中华韵典》中有400个词牌可供查找使用。虽然每个词牌的平仄有明确规定,但“相替”“相对”“相粘”等近体诗的平仄规律在词谱中都有充分体现,只是有的词牌根据长短句声律的变化有所变通,或有一些不同于近体诗的特殊要求。词韵有平韵有仄韵,不同词牌有不同要求。填词依据的古韵为“词林正韵”,是在“平水韵”的基础上归纳整合成19部(含33个韵部),比“平水韵”的要求放宽了许多(详见中华韵典)。填词同样可以使用今韵,也需要注明。

五、关于入声字问题

入声是古音属仄声,现代汉语中已无此类读音。但品读古人诗词或使用古韵创作诗词时,入声字是一个回避不了的问题。如“清明时节雨纷纷”句中明、节、纷三个双数字按现代汉语读音都属平声字,不合“相替”要求,而古韵中“节”是入声字属仄声,完全合律。再如“虎踞龙盘今胜昔”是诗中的第三句,尾字应是不押韵的仄声字,而“昔”字按现代汉语读音属平声字,不合诗韵要求,而古韵中“昔”是入声字属仄声,完全合律。由此看来诗词爱好者了解一些入声字的常识是必要的。可以在品读古人诗词中逐渐悟出,也可以从百度“入声字表”中查找,了解入声字的读音规律,逐步积累对入声字的认识。

六、两个需要说明的问题

一是中小学语文教学不要求涉及格律知识,建议在小学高年级和中学学生或少数有诗词爱好的学生中尝试渗透一些简单的格律知识,有利于激发学生兴趣,有利于加深对诗词之美的理解,有利于少数爱好者尝试写出基本符合要求的诗词来。

二是诗词创作应尽力符合格律要求,但不应为追求格律的合规而影响诗词的意境。古人的大多诗词作品兼具意境美和音律美的和谐统一,但也有不少作品虽个别处失律仍美不胜收,像王维的《送元二使安西》:“渭城朝雨浥轻尘,客舍青青柳色新。劝君更尽一杯酒,西出阳关无故人。”其二三句明显“失粘”,但仍是脍炙人口千古流传的名篇。“词不害意”应是品读和创作诗词的基本原则。

作者简介

张兆琦,男,1943 年生人。天津市河北区教育局原局长,中国语文现代化学会语文教育专业委员会顾问。喜爱古典诗词,近年来创作诗词近 200 首,其中多篇作品被《中华诗词》《中华楹联报》《天津楹联报》刊用,有一定的社会影响。

诗词的疑喻与博喻

谭汝为

一个完整的比喻句通常由本体、喻体和喻词这三个部分组成。常见的喻词，除了“如、似、若、像、犹、譬、类、比”之外，还有“是、作、成、即”等。本文拟以语言精练的古典诗歌作品为例，进行论证阐发。例如：

(1)诸峰罗列如儿孙。(杜甫《望岳》——比喻词“如”)
(2)闻道长安似弈棋。(杜甫《秋兴》——比喻词“似”)
(3)白马将军若雷电。(杜甫《折槛行》——比喻词“若”)
(4)额鼻像五岳。(李白《古风》——比喻词“像”)
(5)东海犹蹄涔。(郭璞《游仙》——比喻词“犹”)
(6)人生譬朝露。(秦嘉《赠妇诗》——比喻词“譬”)
(7)走马兰台类转蓬。(李商隐《无题》——比喻词“类”)
(8)欲把西湖比西子。(苏轼《饮湖上，先晴后雨》——比喻词“比”)

在古典诗歌作品的比喻句式中，有时会出现一个较为特殊的喻词——“疑”，但因它常被人们当作通常的“怀疑”义来理解，所以往往被摈弃于喻词之外。例如李白名作《静夜思》：“床前明月光，疑是地上霜。”其中的“疑”，就被许多注释本或赏析文章解释为“怀疑”。其实，在古典诗歌作品里，由“疑”与其他常见的喻词以互文的形式相对应，组成的对仗句并不少见。例如：

(9)深居疑避仇，默卧如当暝。(韩愈《东都遇春》，“疑”与“如”互文同义)
(10)枝低疑欲舞，花开似含笑。(费昶《芳树》)，“疑”与“似”互文同义)
(11)雾浓光若画，云驶影疑流。(萧纶《咏新月》，“疑”与“若”互文同义)

如果对以上三例诗句中的“疑”字，分别加以细心地揣摩和体味；就会发现：把“疑”解释为“怀疑”，其语义表达显得呆滞、别扭，且舍近求远；不如视之为表比喻的喻词，更为直接、顺畅，且与文理相合。其实，在《康熙字典》《中华大字典》《中文大辞典》等辞书中，都有把“疑”字解释为“如”“似”“若”的义项，就是说：这些权威工具书已经把“疑”字归入喻词家族之中了。

请辨析下列诗例中的“疑”字：

(12)梅花落处疑残雪，柳叶开时化好风。（杜审言《大酺》）
(13)飞流直下三千尺，疑是银河落九天。（李白《望庐山瀑布》）
(14)乘兴杳然迷出处，对君疑是泛虚舟。（杜甫《题张氏隐居》）
(15)衙斋卧听萧萧竹，疑是民间疾苦声。（郑燮《潍县署中画竹》）

以上例句中的“疑”字，都不宜解释为“怀疑”，而解为“好象”“如同”“似乎”等，方为恰切。综上所述，“疑”在古代诗文中可以充任喻词，具有和“如、似、像”等喻词完全一样的语义功能。故将这种以“疑”为喻词的比喻形式，姑称之为“疑喻”也。

下面我们谈博喻。博喻是指三个或三个以上的喻体接连着比喻一个本体，形成“A 如 B1，如 B2，如 B3……”的格式。例如：杜甫《观公孙大娘舞剑器行》的开头：“昔有佳人公孙氏，一舞剑器动四方。观者如山色沮丧，天地为之久低昂。霍如羿射九日落，矫如群帝骖龙翔。来如雷霆收震怒，罢如江海凝清光。”——分别四个喻体比喻公孙大娘的舞技：剑光闪烁如后羿射落九日，矫健腾跃如群仙驾龙飞翔，在雷鸣般的鼓点将歇时登场，结束时海的波光凝滞平静。

宋人洪迈在《容斋三笔》中谈博喻说；“韩苏两公为文章，用譬喻处重复连贯，至有七八转者。”韩愈、苏轼在各自的诗文创作中有不少运用博喻的作品。特别受到人们称赞的是苏轼的七言古诗《百步洪》：“长洪斗落生跳波，轻舟南下如投梭。水师绝叫凫雁起，乱石一线如磋磨。有如兔走鹰隼落，骏马下注千丈坡，断弦离柱箭脱手，飞电过隙珠翻荷。”——苏轼的《百步洪》描写一叶轻舟在一泻千里的洪流中飞驶，连用七个绝妙的比喻来描摹：“兔走”“鹰隼落”“骏马下坡”“断弦离柱”“箭脱手”“飞电过隙”“珠翻荷”。笔墨淋漓恣肆，蔚为壮观。

清·袁枚《到石梁观瀑布》：“一落千丈声怒号，如旗如布如狂蛟。”——连用三喻描摹瀑布的气势，如旌旗飘动，如布帛抖落，如狂蛟腾跃怒吼。将三个比喻浓缩于七言句中，更令人击节赞赏。再如清·龚自珍《西郊落花歌》：“如钱塘潮夜澎湃，如昆阳战晨披靡，如八万四千天女洗脸罢，齐向此地倾胭脂。”——使用三个明喻（钱塘夜潮的汹涌澎湃，昆阳大战清晨的战场，天女洗脸后倾倒脸盆里的胭脂）来描摹形容复北京西郊山野中的落花，复沓迭出，交织成恢宏磅礴的气势和色彩炫目的境界，这种奇思妙想显示出诗人卓然不群的才气。

博喻手法的修辞功能确如钱钟书先生所言：“一连串把五花八门的形象来表达一件事物的一个方面或一种状态。这种描写和衬托的方法仿佛是采用了旧小说里讲的车轮战法，连一接二地搞得那件事物应接不暇，本相毕现，降伏在诗人的笔下。”博喻手法是“点铁成金”的法术之一，巧妙而贴切地运用它，可以使抽象的思想感情形象化，使平淡的事物鲜明化，使呆板的议论生动化。无论是哲学家还是文学家，无论是诗人还是文艺评论家都可以借助它的艺术力量，使自己的文章放射出动人的异彩。

一、运用博喻，可以使抽象的思想感情形象化。文学作品离不开抒情，或是直接抒发作者自己的感情，或是描写人物的思想感情。人的感情是一种抽象的感受，赤裸裸地抒情，即使高调美词连篇也难以激动读者的心弦。采用博喻能把人物的思想感情化为具体可感的形象。例如：（唐玄宗见到李白）"如贫得宝，如暗得灯，如饥得食，如旱得雨。"（冯梦龙《警世通言·李谪仙醉草吓蛮书》）——连用四个比喻，构成排比句式，生动地描绘了唐玄宗刚见到李白时的心情。

二、运用博喻，使平淡的事物鲜明化。毛泽东主席在《星星之火，可以燎原》文章的结尾，热情地欢呼中国革命高潮即将到来："它是站在海岸遥望海中已经看得见桅杆尖头了的一只航船，它是立于高山之巅远看东方已见光芒四射喷薄欲出的一轮朝日，它是躁动于母腹中快要成熟了的一个婴儿。"——运用博喻，使平淡的事物鲜明化，三个动态的喻体（"一只航船""一轮朝日""一个婴儿"）个人留下深刻的印象。

三、运用博喻，使呆板的议论生动化。一般说来，议论文字容易失之于呆板乏味，古代的学者在议论说理时，往往采用形象化的语言，避免抽象的干瘪说教。如宋人罗大经在《鹤林玉露》中，对中唐古文运动韩愈、柳宗元这两大领袖人物的文风进行对比："韩为美玉，柳如精金；韩如静女，柳如名姝；韩如德骥，柳如天马。"——分别以金玉、美女、名马为喻，对韩愈、柳宗元各自的艺术个性进行了形象化的对比。

缪钺先生《论宋诗》中也曾运用博喻手法进行文艺评论："唐诗如芍药海棠，秾华繁彩；宋诗如寒梅秋菊，幽韵冷香；唐诗如啖荔枝，一颗入口，则甘芳盈颊；宋诗如食橄榄，初觉生涩，而回味隽永。譬诸修园林，唐诗则如叠石凿池，筑亭辟馆；宋诗则如亭馆之中，饰以绮疏雕槛，水石之侧，植以异卉名葩。譬诸游山水，唐诗则如高峰远望，意气浩然；宋诗则如曲涧寻幽，情境冷峭。……"正如老舍先生所言："生活经验不丰富，知识不广博，不易写出精彩的比喻来。"总之，比喻是人类思维的智慧之光，是语言艺术绽开的灿烂花朵。中国古典诗歌在比喻修辞的运用上形成了比散文更为灵活多变的运用形式，使比喻更显示出具象性，会意性和灵活性的特点，给人以美的感受。

作者简介

谭汝为，天津师范大学国际教育学院教授，从事文化语言学研究。兼任中国语文现代化学会语文教育专业委员会理事长、天津市语言文字工作委员会委员、中国民间文学大系天津语言类六卷本编委会主任等学术职务。

弘扬鲁迅民族魂

——正确讲授鲁迅作品是中学语文教学亟待解决的大问题

张奎文

摘　要：

鲁迅的精神，是我们民族的精神；鲁迅的作品，是中国乃至世界文学艺苑的瑰宝。弘扬鲁迅精神，汲取鲁迅作品丰富而宝贵的营养，是提高民族素质，提高民族自信心和自信力的需要，也是教育青少年学生了解中国、热爱祖国，激发民族自豪感，培养祖国栋梁的战略需要。但是，在当前的中学语文教学中，对鲁迅和他的作品的认识仍存在较严重的问题。

本文试从三个方面阐述观点以明旨：

一、正确理解和讲授鲁迅创作小说的两大意图——揭示和挖掘国民的“劣根性”和“优根性”。

二、正确理解和讲授鲁迅杂文的两大特点——“战斗性”和“文艺性”。

三、郑重呼吁：要在中学大力“普及鲁迅”。

关键词：弘扬　鲁迅　民族魂

1940 年 1 月，毛泽东在《新民主主义论》中赞扬鲁迅：“鲁迅是中国文化革命的主将，他不但是伟大的文学家，而且是伟大的思想家和伟大的革命家。鲁迅的骨头是最硬的，他没有丝毫的奴颜和媚骨，这是殖民地半殖民地人民最可宝贵的性格。鲁迅是在文化战线上，代表全民族的大多数，向着敌人冲锋陷阵的最正确、最勇敢、最坚决、最忠实、最热忱的空前的民族英雄。鲁迅的方向，就是中华民族新文化的方向。”1925 年 7 月，鲁迅先生在《论睁了眼看》比喻进步文艺：“文艺是国民精神所发的火光，同时也是引导国民精神的前途的灯火。”讲好鲁迅作品，弘扬鲁迅精神，讴歌鲁迅这位伟大的“文学家、思想家、革命家”“民族英雄”，是语文教师教书育人义不容辞的职责。本文旨在通过批评鲁迅作品教学中存在的偏颇、弊端，挖掘鲁迅作品的“火光”“灯火”，进而呼吁：正确讲授鲁迅作品，弘扬鲁迅民族魂！

与社会主义在挫折与艰难中前进一样，对鲁迅先生及其作品也经历了左的和右的非议和冲击。作为在中学从事语文教学的我,深为对鲁迅精神及其作品的戕害而痛心和愤怒。诚然,左的倾向已结束,右的也受到声讨,但是,在当前的中学语文教学中,对鲁迅和他的作品的认识仍存在较严重的表面化、简单化、片面性,甚至庸俗化和诋毁,倘若不及时而彻底地改变这种状况,则非但使鲁迅作品的思想和艺术遭到亵渎,而且会贻害千百万纯洁而幼稚的学生。

对青少年学生要加强近代史教育,国情教育和爱国主义教育,这无疑是非常英明的战略决策。鲁迅作品是落实这一战略的活教材,而正确对待和讲授鲁迅作品,恰好又是落实这些教育的极其重要的组成部分。鲁迅的思想博大精深;鲁迅的精神是我们民族的精神;鲁迅的作品,是中国乃至世界文学艺苑的奇葩和瑰宝。深入研究鲁迅的思想,弘扬鲁迅的精神,汲取鲁迅作品丰富而宝贵的政治与艺术营养,是提高民族素质,提高民族自信心和自信力的需要,也是教育青少年学生了解中国、热爱祖国,激发民族自豪感,培养祖国栋梁的战略需要。

在当前的中学语文教学中,也要像当年呼唤"德先生"和"赛先生"一样,大声疾呼:要正确对待和讲授鲁迅作品!

鉴于上述原因,本文试从三个方面阐述观点以明旨:

一、要正确理解和讲授鲁迅创作小说的两大意图——揭示和挖掘国民的"劣根性"和"优根性"。

二、要正确理解和讲授鲁迅杂文的两大特点——"战斗性"和"文艺性"。

三、郑重呼吁:要在中学大力"普及鲁迅"。

一、要正确理解和讲授鲁迅小说创作的两大意图
——揭示和挖掘国民的"劣根性"和"优根性"

(一)必须明了鲁迅小说所鞭挞的"劣根性"

探索挖掘和改造国民的"劣根性"是鲁迅光辉思想和伟大实践的重要组成部分,也是他毕生为之奋斗的使命。近代中国在世界民族之林中的确是可悲的落伍者,五千年的文明古国竟遭到空前的掠夺和凌辱。而"一样是强壮的体格而显出麻木的精神"的人们,却在维持和延续着"这似人非人的世界"。这段耻辱的历史,被鲁迅发现了,国民的"劣根性"被鲁迅深切地感受到了。他要唤醒落后的、"病态社会的不幸的人们……揭出痛苦,引起疗救的注意"(《南腔北调集·我怎么做起小说来》)。这在中学语文教材所选的《呐喊》和《彷徨》中的《阿Q正传》《药》《祝福》等几篇小说中都有强烈的体现,这是好理解易把握的。但有的教师在对《孔乙己》《一件小事》《故乡》等小说的讲授中就失之偏颇了。

讲《孔乙己》只把它看成继《狂人日记》后又一篇讨伐封建制度和封建文化的战斗檄文,只强调该小说旨在控诉腐朽科举制度的罪恶,鞭挞丁举人之类地主豪绅的残酷和暴虐,同情孔乙己的悲惨遭遇,但却忽视了鲁迅以此批判国民"劣根性"的鲜明

意图。其实,作者的这一意图明显地反映在两个层次上:一是饱含血泪批判孔乙己的迂腐麻木、自命清高和好吃懒做的劣迹,作者“怒其不争”强于“哀其不幸”的感情溢于言表;二是满含辛酸地批判那个特定时代典型环境中的麻木而冷漠的人们。鲁迅在与许钦文谈话中曾明确说过:写这篇小说的目的是有感于封建社会“对于苦人的凉薄”(孙伏园《鲁迅先生二三事》)。因此,可以断言,是封建教育使孔乙己成了废物,在社会上无以驻足。但他不是死于科举,而是死于那个不给他生路的世界,死于那个人与人之间没有同情与帮助,只有冷酷和压迫的人间;孔乙己的悲剧主要不是同科举制相联系的,而是同更广泛更根本的社会疾病和顽症息息相关的。鲁迅把精神上的病患看得比生活上的痛苦更严重。所以说,《孔乙己》正是这种小说创作意图和观念的卓越的实践成果。

同样,对《一件小事》的分析和讲授,亦以教材为准绳,过分强调“我”的谴责军阀统治和严于解剖自己(见该教材思考一)的美德而置该作品严厉而深刻地鞭挞国民的“劣根性”于不顾。请看,无论是“我”(具有广泛的社会意义,笔者注)一天比一天看不起人,无论是对倒地老女人视而不见的自私而冷漠的皮袍下面藏着的“小”,还是老女人那“装腔作势”坑诈钱财的劣行,不都是国民“劣根性”的真实写照吗?

还有《故乡》,也只是讲出“辛亥革命后十年间中国农村衰败,萧条,日趋破产的悲惨景象”而忽略了中年闰土麻木、自卑、自残的奴性和杨二嫂世故,自私、贪婪的恶习。

上述这些简单肤浅而片面的讲解的例证,无益于对鲁迅小说深刻主题的开掘,而只能使鲁迅小说创作思想和意图之精髓支离破碎。因此,我们应该“多读点鲁迅”,要了解和把握鲁迅创作的整个思想和脉络,了解鲁迅所挖掘、否定、鞭挞的国民“劣根性”,否则会偏离作者的思想轨迹和创作意图。

然而必须弄清和明了,鲁迅小说不仅是单单挑破社会的脓疮、切开国民落后的毒瘤,而且还想方设法医治挽救这些病危的国民,“毁坏这铁屋”,带领他们杀出一条生存的血路,去创造幸福的明天。如果说高尔基是苏联文学社会主义现实主义的鼻祖,那么鲁迅则是中国文学社会主义现实主义的奠基人。

(二)切勿忘记鲁迅小说所讴歌的“优根性”

一个彻底的唯物主义者,也必然是伟大的辩证唯物主义者。“国民性”本来就应包括“优根性”(优秀的品质)和“劣根性”两个范畴;而一些人却把“国民性”与“劣根性”等同起来,这是不妥的。鲁迅在挖掘国民的“劣根性”的同时,也注意挖掘“优根性”,这在鲁迅 1925 年后的杂文《记念刘和珍君》《为了忘却的记念》《中国人失掉自信力了吗》等篇里多见,在《故事新编》中对墨子和大禹这些中国脊梁式人物的歌颂也是明证。但有的老师却忽视甚至否认鲁迅前期小说中也有挖掘和肯定国民“优根性”的事实。于是课堂内出现了一个又一个诸如阿 Q、孔乙己、闰土、华老栓、祥林嫂等形象的疯子、呆子和傻子。连学生也疑惑,这就是真正的中国人的形象吗?怎么思想家、革命家、大文豪鲁迅看不到中国人的优点呢？这不怪学生，怨我们这些“传道授业解惑者”，以教师昏昏怎能使学生昭昭！

其实，国民的“优根性”正在作者的笔下。试问，连鲁迅的第一篇白话小说《狂人日记》都在讴歌勇于反封建的斗士的“优根性”，而在此以后的小说却将国民的优秀品质丢得一干二净了吗？不，只是鲁迅在挖掘“优根性”，而我们没有挖掘鲁迅罢了。难道我们没有看到，穷得“将要讨饭”的孔乙己，还分茴香豆给孩子们？没有看到，“自讨苦吃”的人力车夫扶老女人走向“巡警分驻所”时那“霎时高大”“须仰视才见”的身影？还有一样勤劳、淳厚、善良的华老栓，中年闰土和祥林嫂，还有一样天真、纯朴、聪慧的少年闰土和双喜、阿发，还有铁骨铮铮、宁死不屈的反清战士夏瑜！

（三）要突出鲁迅小说的现实意义

正确认识鲁迅小说鞭挞国民的“劣根性”讴歌国民的“优根性”的现实意义，是正确理解鲁迅小说社会意义的深层次需要。当今有些国民、仍存在着鲁迅所挖掘的“劣根性”：他们保守，自欺、愚昧、麻木、妄自尊大而又妥协媚外，乃至像阿Q那样满足“精神胜利”；他们狭隘、自私、贪婪、冷漠、像一盘散沙；他们懒惰、巧滑、中庸、卑怯、苟活、听天由命……但更多的，是“埋头苦干”“拼命硬干”“为民请命”“舍身求法”“舍生取义”公而忘私的“中国的脊梁”。鲁迅挖掘国民性的前景和伟大之处在于：他不但看到了当时，也看到了未来。茅盾说得好：“在现代中国，没有像他这样深刻地理解中国民族性。”（茅盾《精神的食粮》）郁达夫也说：“要了解中国全面的民族精神，除了读《鲁迅全集》，别无捷径。”（郁达夫《鲁迅的伟大》）

揭露和批判“劣根性”，可使我们认识那个时代社会悲剧的症结，以得到“前事不忘，后事之师”的启迪；褒扬和讴歌国民的“优根性”，可以使我们振奋和弘扬民族精神，激发斗志豪情，完成建设社会主义祖国的历史使命。

二、要正确理解和讲授鲁迅杂文的两大特点
——“战斗性”和“文艺性”

（一）不应对鲁迅杂文“战斗性”误解甚至诋毁

近些年来，竞听到一些荒唐的言论，对此，很有必要理论理论。

一曰：“鲁迅骂人。”

现在，一些当时的御用文人甚至历史的罪人也身价百倍了。但历史就是历史，历史是最公正的“太史公”。有些人对鲁迅痛斥梁实秋是“丧家的”“资本家的乏走狗”表示不满，大有同情弱者之心，甚至找出论据：鲁迅不是斥责过“国骂”吗？鲁迅不是自云“辱骂和恐吓决不是战斗吗”？他自己却怎么骂人是“狗”呢？还“乏”？再加上这些年出现了梁实秋主编的一些鸿篇巨制，于是乎，鲁迅的处境岌岌可危矣。

稍了解当时实情的人都知道，在鲁迅写这篇文章之前，梁实秋就撰文诬蔑鲁迅等在电杆上写“武装保护苏联”“敲碎报馆玻璃”“到××党去领卢布”，这是怎样的人身

攻击,其借刀杀人的险恶用心岂不昭然若揭?这与当初陈西莹在女师大学潮时骂鲁迅是“学匪”,是挑动学生犯上作乱的元凶而使鲁迅遭到反动政府通缉的伎俩有什么两样?鲁迅是在背着反动派的《通缉令》到处躲避敌人的逮捕和暗杀中死去的。相比之下,鲁迅对梁实秋的回敬温柔多了,善良多了。不能“只准州官放火,不许百姓点灯”。大概有人还不知道,梁实秋到美国后,竟成立了反共组织“大江会”。倘若当时因为梁实秋而使鲁迅惨遭杀害,那么恐怕梁实秋先生迄今还会背着“走狗”和“刽子手”的骂名吧。

二曰:“在三一八请愿中,鲁迅没让许广平欣然前往是儿女情长。”

这些教师认为:五四运动不是胜利了吗?三一八请愿也是对的。但血的事实证明:鲁迅反对学生徒手请愿是正确的!“三一八”和“五四”的历史背景不同。“五四”时期,清帝国刚崩溃,反动政权立足未稳。内忧外患,危机四伏,反动军阀不敢轻举妄动。另外“五四”前没有学生运动,反动统治者也没有镇压学生的经验。而“三一八”时期不同,反动政权得到巩固,反动势力日益强大,且有了血腥镇压新型革命运动的经验,他们对敢于反抗者是决不手软的。正值“四一二”前夕的鲁迅。阶级意识日臻成熟,从进化论到阶级论的飞跃即将完成,他清楚地认识到,许褚式的“赤膊上阵”只能白白送死,要打“壕堑战”“要韧的战斗”。这是鲁迅高出国人的宝贵之处。尽管他当初“弃医从文”旨在疗救病态的民族,但在鲜血面前深刻认识到“文明战争”的有限性。鲁迅在给许广平的信中,冷静深刻地谈道:“孙中山的奔波一世,失败在于没有党军。”又说:“一首诗吓不跑孙传芳,一炮就可以把它打跑。”这种清醒的斗争意识,坚韧的战斗精神和以解放天下为己任的伟大胸怀怎么会是“儿女情长”?

三曰:“鲁迅以‘出汗’这一自然而简单的生理现象来论证‘阶级性’这一复杂而深刻的社会现象岂不太牵强附会?”

不,这正是鲁迅的高明之处!他以生动的比喻和借代;形象、具体、深刻、艺术地驳斥了梁秋实大肆鼓吹宣扬的抽象的“永远不变的人性”,从而阐明文学的强烈的阶级性。可见,这些教师根本没认识到鲁迅杂文强烈的“文艺性”的特点与功效?凡此种种,不一而足。这种并非危言耸听的现象和论调若不杜绝,势必严重损害鲁迅的形象,亵渎鲁迅的精神,歪曲鲁迅杂文的思想内涵。我们应该注意在广阔的社会文化背景下,对鲁迅杂文做出有说服力的解释,应该注意从鲁迅的精神实质,人格特征等角度讲解作家及其作品之间的关系。要注意剖析和认识鲁迅的政治革命、思想革命及作家精神这三个逻辑层次和主体特质。

(二)必须突出鲁迅杂文的“文艺性”

这是个根本性的大问题,不能只注重鲁迅杂文的思想观点而忽视了文学艺术。突兀在师生面前的鲁迅还是个伟大的“文学家”。有的老师在讲授中只强调鲁迅杂文的“政论性”,把鲁迅的篇篇杂文当成一般的议论文讲授,从而削弱了鲁迅杂文的强烈艺术锋芒。这是不明了杂文,尤其是鲁迅杂文的特点所致。瞿秋白同志早就指出，鲁迅的杂文是一种“文艺性的论文”，这是对鲁迅杂文最准确、最权威的诠释；这也说明鲁迅的杂文不但有逻辑思维，更有形象思维；鲁迅的杂文，是通过艺术手段，达到论理目的。鲁迅自己也明确说过：“必须是匕首，是投枪，能和读者一同杀出一条生存的血路的东西；但自然它也能给人愉快和休息。”（《南腔北调集·小品文的危机》）

鲁迅的杂文同他的小说一样，都是精心创作的完美艺术品。他要求自己的杂文不但能针砭时弊颂扬勇毅，而且能给人以美的艺术享受。因为他深知，抽象的议论，不足以唤醒麻木的魂灵，不足以讴歌“真的猛士”；使用“形象和图画”进行论证，才能激发国人。鲁迅的杂文，有“猫”“狗”“鬼”“神”的画像，有旧中国“罐头盒”“铁屋子”“人肉酱缸”的比喻……教师在讲授中难道能放弃这些“艺术品”？反正我是不放弃的，为了加强鲁迅杂文的艺术感染力，我把自己录制的课文朗诵录音放给学生听，把自己谱曲的鲁迅的诗词唱给学生听，在掌声中我也感受到鲁迅杂文“文艺性”的巨大艺术魅力。

鲁迅的杂文，构思奇特，结构严谨，想象丰富，立意深邃，语言生动而形象、幽默而犀利，就连标点也如准确的音符跳动着和谐而激昂的旋律。无须赘述，让我们自己奔跑在鲁迅杂文的艺术领地遨游领略吧。

三、郑重呼吁：要在中学大力“普及鲁迅”

李何林先生生前曾极力倡导“普及鲁迅”，这是卓有见地的，但未引起重视。我的呼吁包括三个层次：

（一）中学语文教师要多读点鲁迅

“普及鲁迅”，应该说这是我们语文教师义不容辞的历史责任。为避免“以其昏昏、使人昭昭”，这就要求我们这些“传道授业解惑者”多读些鲁迅的作品，从而真正全面深刻地了解和认识鲁迅这位“伟大的思想家和伟大的革命家”的精神实质，全面深刻地了解和认识这位“伟大的文学家”作品的艺术价值。一定要结合当时背景吃透教材，正确讲授，不能简单片面庸俗化，不能人云亦云以讹传讹。

（二）应在中学开设鲁迅小说、杂文、诗歌、散文或鲁迅的思想、精神、艺术等方面的选修课

由有关老师专题讲座，有条件的，还可请有关学者专家到校进行讲授，这样既有助于课堂教学也有助于对鲁迅的普及；而且对加强爱国主义教育，弘扬鲁迅的“民族魂”也大有裨益。我们的中学不能只注意开设数、理、化的选修课和音、体、美的兴趣课。

第三，中学课本的鲁迅作品只能加强不能削弱。

这些年，中学课本的鲁迅作品确实削弱了。有的变成非基本篇目，有的甚至被砍掉，而且据悉，还有被“变”、被“砍”的趋势。真使学生不解，令教师忧心！

故此，正确讲授鲁迅作品，是中学语文教学亟待解决的大问题；身负重任的中学语文教师，一定要弘扬鲁迅民族魂！

作者简介

张奎文，天津外大附校原校长，特级教师。全国外语学校副理事长，天津市人民政府督学，天津高中教育专业委员会副理事长，中国语文现代化学会语文教育专业委员会常务副理事长。天津作家协会会员。当选天津市最具创新精神校长。

语文核心素养的融合培育

张明琪

核心素养问题是当前教育改革的焦点，有学生核心素养、语文学科核心素养、语文核心素养等不同的概念表述，其内涵和外延皆有差异。学生核心素养，此概念是从人的发展角度审视问题。林崇德教授领衔课题组所发布的《中国学生发展核心素养》影响最大，包括文化基础、自主发展、社会参与三个方面，又分解为人文底蕴、科学精神、学会学习、健康生活、责任担当、实践创新六大素养，以及更具体的十八个基本要点。语文学科核心素养由语文课标组提出，是学科视角，以学科能力为核心，包括语言建构与运用、思维发展与提升、审美鉴赏与创造、文化传承与理解四个方面。语文核心素养概念，有别于学科核心素养，超越了语文学科单一视域，从多重视域审视，贯通学科与非学科，学科与跨学科。语文既是课程中的语文，又是生活中的语文，还是职场中的语文，涵盖所有场域的语文。语文素养的形成，既是语文学科专门培养的结果，又是人的发展历程中各方面的诸多因素合力作用的结果。

语文素养是综合的，语文课程标准明确提出"全面提高学生的语文素养"，包括语文学科的专门性素养，如语感、语文方法、语文习惯、识字写字能力、阅读能力、写作能力和口语交际能力等；也指向语文学科与其他学科共育的基础性素养，如思想道德修养、审美情趣、良好的个性和健全的人格等。语文素养的综合性，要求专门性素养与基础性素养和谐发展。在语文综合素养的基础上思考哪些是核心素养，价值观念、必备品格、关键能力，这三线交织的素养结构模型表明"立人"是关键，在立人的基础上突出语文关键能力。语言力是核心，包括语言思维、语言审美、语言文化等。

语文核心素养是综合的，需要融合培育，要重视教书育人，立德树人，也就是说以立德树人为核心的语文立人素养是重要的，文章和文学可以涵养人的精神，学生从语文学习中汲取精神力量。学科德育，学科美育，学科心育，五育融合，都指向立人素养的培养，从文本中汲取精神力量是语文立人素养的特质。如苏轼词句"大江东去，浪淘尽，千古风流人物"，从语言角度审视，淘是冲刷的意思；从语言思维的角度审视，水流冲刷这一自然现象，有人看见了黄沙，大浪淘沙，黄沙被淘尽；有人看见了黄金，大浪淘沙，淘尽黄沙始见金。千古一词使诗句有了历史思维的意味，在历史的长河里淘的对象是人，是淘尽所有人，还是淘尽之后始见英雄豪杰？前者消沉，后者豪迈。联系上下句，"故垒西边，人道是，三国周郎赤壁"，在文本语境中"三国周郎赤壁"的特殊构词表达，显示了历史杰出人物肉体消亡与精神永存的双重特征。人名+地名是特殊的构词方式，学生在生活中也能发现中山市、志丹县、左权县、张自忠路这样的命名。以这种构词法命名市县街村具有标尺意义，标出了生命的历史高度，也彰显了生命的意义。

语文核心素养的融合培育，重视不同场域的语文之融。在中小学各科的教材中，语文因文选而极具特色，选文内容具有多样性，可谓包罗万象，作者是各行各业的，作品所叙之事、所绘之物、所记之人、所抒之情、所明之理也没有限定。语文教师常自称杂家，也鼓励学生广泛涉猎，杂糅是学习语文的一条基本经验，对于促进语文核心素养的融合是有益的。但是凡事有度，过犹不及，如果失去对语文场域域界的清晰认知与把握，那么无边界语文将会给学生和老师造成很重的负担。这个域界的厘清应该以学生所处学段、所学学科的范围为基础，兼顾学生生活所及，然后适度调整。同时还要厘清学科语文之界，语数外史地政物化生音体美等学科各有各的语文，如数学阅读，物理阅读，化学阅读，涉及专业术语众多，是专业阅读，需要数理化教师进行专业指导；历史写作，政治写作，地理写作，涉及历史思维、地理思维、政治思维，是专业写作，也需要史地政教师进行专业指导；音体美等学科也各有各的听说读写，其言语沟通与交流中体现着音乐素养、体育素养、美术素养等各自的学科素养。作为学科课程的语文具有基础性特征，不同场域的语文融合也要遵循基础性原则，兼顾专业性，各学科要合力共育，促进语文核心素养的融合发展。

语文核心素养的融合培育，要关注多重视域，多重融合。文本视域，学生视域，教师视域，编者视域，研究者视域，以及教研者视域等，对话主体视域相互间有较大差异。教师要了解视域范围，把握视域之界，在视域融合的对话中，依据最近发展区促进学生适时适度发展。如柳宗元《江雪》，有人从诗句中捕捉的信息要点是“千”“万”“孤”“独”，又受前见影响，将孤与独两个单音节词视作一个双音节词孤独，认为此诗表达了诗人孤独抑郁的心情；有人从诗句中捕捉的信息要点是“绝”“灭”，鸟飞绝，人踪灭，描绘了冷寂、萧瑟、肃杀的环境；也有人不这样看，孤与独都是表示数量，一人一舟；有人从泰戈尔的诗句得到启发，“天空中不曾留下我的身影，但我已飞过”，看到了绝灭之境中还有一个人存在；有的人将绝灭与独钓对应来看，一个人对抗冰雪世界；有的人在诗歌再造想象过程中，发现雪花飘落在南方的江水中，应该是融化为水了，雪看似强大，但是江水已经将其融化，这才是江雪。关于柳宗元的作品，在初中还要学习散文《小石潭记》，通常会知人论世，柳宗元被贬永州，过着被限制监管的生活，环境险恶但不堕其志。有的人从“寂寥无人，凄神寒骨，悄怆幽邃”中见冷寂与凄凉；有的人从作者的视角见凄清，“以其境过清，不可久居，乃记之而去”，凄凉冷清，可见作者内心的凄苦；有的人进行文字量比较，发现了表达落差，《小石潭记》全文共 240 个字，“寂寥无人”这一语段共 43 个字，赏鱼语段共 48 个字，赏石语段共 42 个字，伐竹寻潭语段共 42 个字，水岸望势语段共 30 个字；在我国传统文中游鱼与飞鸟意象一样，都呈现了自由自在的状态，见游鱼而联想自由向往；有的人由坻、屿、嵁、岩等石之命名探寻赏石文化，山石之趣，喜者弥坚；有的人发现寻潭之路的乐趣，乐竹乐玉乐水。柳宗元在乐山乐水乐竹乐玉乐石乐鱼中表达了超然的心境，在被贬的永州的荒野中依然发现了不同寻常的美。高考阅读中曾选用《诗刊》原主编叶延滨的《灯火的温情》，散文写暗夜灯火，文中引用了《江雪》诗句，表达了秉承自传统文化的自持精神，“在此绝灭之境，能心平气和地垂钓，是一境界；能够不与人伍的独钓又是一境界；而能在绝灭孤独之中钓寒江之雪，乃是最高境界。”从小学到高中，学生在多重视域的多重融合中不断锤炼语感与语理，不断进行语文积累，发展语言思维力、语言审美力和语言文化力，这种以语言力为核心的语文立言素养，是语文核心素养的基石。

语文核心素养的融合培育，重视不同活动的语文之融。学习语文不能眼中只有语文，不能为语文而语文，而是服务社会。语文是交际工具，掌握工具只是阶段性目标，终极指向是为人生、为国家、为社会。语之用在于做事，以语用力为核心的语文益事素养体现了知行合一的教育思想。语文知识、语文技能、语文智慧要与生活、社会以及各种工作实践结合起来，多向度结合的平台就是各种各样的活动。这种活动应该具有综合性和实践性，综合性的实践活动会促进语文核心素养的融合。如多样态活动中的创意性写作，摄影与诗化随笔相结合，系列摄影与小小说写作相结合，短视频与脚本设计，校园心理剧的创编演活动；科技节、文化节中主题活动的文案设计，写词与演唱一体化的歌咏活动，研学旅行中边走边看边思边写；走进社区，了解社会，市井百态，问题求索，边调查边论证边写调研报告；学农基地里花草树木、飞禽走兽、鸣虫游鱼、水土石沙，名物皆学问，风物动文思，劳动中生态观察、生态思考与生态写作相结合。在综合性的实践活动中语文知行与语文行知交互作用，知行合一促进了语用力的提升，也促进了语文核心素养的融合培育。

作者简介

张明琪，天津师范大学教育学部副教授，硕士生导师。主持多项源自基础教育一线的省部级课题，在《教育理论与实践》《中小学管理》《语文建设》《语文教学通讯》等刊物发表论文二十余篇，多篇被人大复印资料等转载，出版专著《比较文学与语文教育》，主编《语文学科知识与教学能力》。

“双减”背景下中学语文学科单元教学优化策略研究

龚占雨

摘　要：为深入贯彻党的十九大和十九届五中全会精神，中共中央办公厅、国务院办公厅印发了《关于进一步减轻义务教育阶段学生作业负担和校外培训负担的意见》（以下简称“双减”）。印发以来，全国各地高度重视，许多省市地区出台了相关细则、方案，并迅速组织行动、积极贯彻落实，收到了较好的效果。但是从全国来看，研究推进的关注点大多集中在减轻过重的作业负担上，欠缺整体设计与考量。我们认为，“双减”不只是扭转基层学校作业数量过多、质量不高、功能异化等问题，“双减”的目的应该是全面规范，让学生学习回归校园，让义务教育的中心回归学校，让学校成为教育的主阵地。因此，做好“双减”工作，关键是全面提质，课堂教学与作业应该单元整体统筹与设计，全面、一体优化，全面提升质量。为此，我们开展了语文学科单元教学整体优化策略研究与实践工作。

依据布卢姆的教育目标分类学原理，我们首先研究推出了学科知识图谱及编码，以此作为教师确定单元及单篇教学目标、教学内容和学习方式的依据。其次，推出了单元统整策略，设计了单元统整设计规范，帮助教师构建单元整体教学结构，确定单元及单篇教学要点。再次，按照“活动态”语文教学双轨运行、双线设计的理念，我们研究推出了“内容精讲版”“问题引导版”和“活动生成版”三种课型，并设计了微课、课件、任务单等学习工具。三种课型逐层递进，独自成套又相互嵌套，教师可结合教学内容与学情自主选择，也可以灵活变通，组合使用。最后，在作业设计研究方面，我们依据整体设计安排，按照比格斯的solo分类评价理论，推出了作业设计的“六项原则”和“三项要求”，推出作业层级设计的操作方法，设计了学习表现等级和回答问题的等级层次标准。单元统整下的“同课异构”与作业设置一体优化策略使教学设计聚焦核心目标，更关注教学内容整体性和学习结果的层次性，实验表明，教学效率更高了。

此项研究被列为教科院课程教学研究中心语文室重点项目，先后有七个区参与了此项研究工作，确立了6个项目研究实验基地。参与研究和教学实验的老师普遍感到，单元整体设计、“一体优化策略”适应不同学情，优选了学习内容，强化了教学和作业设计的针对性和操作性；知识图谱、问题及作业题的solo等级评价等要求使教学设计避免了盲目性和随意性，强化了教学和作业的规范性。此项研究以“双减”政策为指导，为教师指明了方向，显著提高了教学与作业的设计能力，促进了学生思维水平的提高。

关键词：单元统整　同课异构　作业设置　一体优化

一、研究的背景

为深入贯彻党的十九大和十九届五中全会精神，中共中央办公厅、国务院办公厅印发了《关于进一步减轻义务教育阶段学生作业负担和校外培训负担的意见》（以下简称“双减”）。印发以来，全国各地高度重视，许多省市地区出台了相关细则、方案，并迅速组织行动、积极贯彻落实，收到了较好的效果。但是从全国来看，研究推进的关注点大多集中在减轻过重的作业负担上，欠缺整体设计与考量。我们认为，“双减”工作不只是扭转基层学校作业数量过多、质量不高、功能异化等问题，“双减”的目的是全面规范，让学生学习回归校园，让义务教育的中心回归学校，让学校成为教育的主阵地。因此，做好“双减”工作，关键是全面提质，课堂教学与作业应该单元整体统筹与设计，全面、一体优化，全面提升质量。为此，我们开展了语文学科单元整体教学优化策略的研究与实践工作。

二、研究的目标

1. 深入理解“双减”的实质，运用“活动态”语文教学理论，构建单元整体设计、“同课异构”与作业设置一体优化策略与方法

2. 运用布卢姆的教学目标分类理论，设计语文学科知识图谱内容体系，规范教学内容，确保教师在教学设计与教学实施过程中，目标清晰、内容精炼集中。

3. 聚焦真实情景中的真实问题，研究推出适用于不同教情和学情的多样化的课型，满足不同教学情景教师的实际需求，促进教育均衡和教师专业发展。

4. 在整体优化的基础上，运用“SOLO”分类评价理论设计高质量的作业，观测学生理解和回答问题的思维水平，促进教学评价的层次性。

三、研究的理论依据

（一）“活动态”语文教学理念——单元整体设计的理论基础

“活动态”语文教学是本人研究推出的教学模式与方法，该项成果获教育部基础教育成果二等奖。“活动态”语文教学强调“活动”，提出了“语文教学活动化、语文活动课程化”教学改革方向。倡导以教师预设为前提，以学生自主学习活动为主要呈现形态，学生通过自主的活动和探索获得概念和结论。学生的学习活动共分为课前活动板块、课中活动板块和课后活动板块。强调课上课下整体设计、双轨运行，强调

课下活动板块和课上活动板块有机整合。

"活动态"语文教学构建了全新的课程结构。破除了以教材为中心单一封闭的课程结构,实施开放的双线课程学习。课上教学线,以学科的基础规律和重点内容为主,注重国家课程的高质量、高水平实施;课下实践探究线,以阅读、综合性学习和写作活动为主,总结了系列活动及成果展示方式,是课上教学线的拓展和深入。

(二)布卢姆的教学目标分类理论——鉴定教学目标及教学问题的内容层次、强化表述的准确性和可测性

布卢姆的教学目标分类以"认知过程维度"和"知识维度"为基本框架体系。其中,"认知过程维度"分为"知道""理解""应用""分析""综合""评价"6 个层级;"知识维度"包括了"事实性知识""概念性知识""程序性知识""元认知知识"。布卢姆教学目标分类的一个重要特征就是,"一个目标的陈述中包含一个动词和一个名词,动词通常描述预期的认知过程,名词通常描述我们期望学生将要习得或建构的知识"。布卢姆教学目标分类告诉我们,教育目标应当包含的基本内容和分类等级,以及对目标进行表述的基本要求,这对于初中语文学业标准的内容确立、等级划分和对内容标准的表述均具有很强的指导意义。

(三)"SOLO"评价法——用于设置课上和课下不同思维水平的思考题,同时用来观测学生回答问题的思维水平

"SOLO"是著名教育心理学家比格斯(J. B. Biggs)创设的分层评价法,它的英文全称为"Structure of the Observed Learning Outcome",意思是可观测学习结果的结构。它注重观察被试者在回答问题时表现出来的思维结构水平,主张从学习结果的结构上的复杂程度出发,评价学生的学习质量,重视认知过程的分析。比格斯把学生对某个问题的学习结果由低到高划分为五个水平:①前结构水平,学生没有形成对问题的理解,回答问题逻辑混乱,要么拒绝回答问题,要么同义反复,要么瞎说一气,回答根本没有一致性的感觉;②单点结构水平,学习者只能联系单一事件,找到一个线索就立即跳到结论上去;③多点结构水平,学习者能联系多个有限的、孤立的素材解决问题,虽然想做到一致性,但由于基本上只注意孤立的素材而未形成相关问题的认知网络;④关联结构水平,学习者利用问题线索,能联想多个事件,并能将多个事件联系起来,进行概括,解决问题;⑤抽象扩展结构水平,学习者利用问题线索、相关素材以及素材的相互关系及假设去解决问题,能对未经历的情景进行概括,其结论具有开放特征,容许多个在逻辑上相容的解答。

我们根据语文学习复杂程度,运用"SOLO"评价法,设计高质量的作业,观测学生回答问题的思维水平;同时还可用于观察课堂教学中教师的行为和学生行为,用以掌握教师与学生的思维状况及思维水平。

四、研究的内容与过程

（一）单元统整设计研究

在常态教学中，教师的教学设计常常存在着教学目标笼统、散乱，偏离学科特点、偏离单元或课文核心内容等问题。因此，我们和中国教研网合作研究推出了语文大概念知识图谱和单元统整策略。设计语文大概念知识图谱的目的是确保教学内容设计的语文学科大方向；研制单元统整策略的目的是让老师们依据知识图谱，做单元教学整体设计和单元内每一篇课文教学设计，单元设计、课文教学设计和作业设计相互呼应、一体化统整。

1. 推出知识图谱，明确学科教学内容方向。

做好单元统整设计，必须以培养学生的学科核心素养为目标，明确语文学科的教学方向。因此，我们首先研究推出了语文大概念知识图谱，以此作为教师确定教学目标、教学内容和学习方式的依据。

知识图谱

语文学习大概念	教学要点（编码）	
1. 传承中华优秀传统文化的学习策略	（1）建构中华优秀传统文化的核心理念	1.1
	（2）理解并认同中华优秀传统美德	1.2
	（3）理解并关注语文学习中呈现的优秀传统文化价值观念。	1.3
2. 发展思维能力的基本方法	（1）借助图像化策略发展形象思维能力	2.1
	（2）绘制思维导图与概念图发展抽象概括能力	2.2
	（3）通过梳理与探究提高整体思考和逻辑思维能力	2.3
3. 借助言语实践活动提高言语品质的经验	（1）明确表达的目的和对象	3.1
	（2）合理安排表达内容的层次与结构	3.2
	（3）发展创造潜能实现个性化表达	3.3
4. 独立识字写字能力的发展路径	（1）建立汉字形音义的关联	4.1
	（2）通过汉字构形知识增加识字量	4.2
	（3）利用汉字的文化常识理解字义词义内涵	4.3
5. 初步鉴赏文学作品的阅读策略与阅读经验	（1）理解并合理运用叙事类文本表达与交流	5.1
	（2）掌握论说类文本的基本特点并能分析观点、语言、结构的合理性。	5.2
	（3）形成阅读抒情性文本的个人体验并能够表达呈现。	5.3
	（4）建立非连续性文本的关联并生成正确的认识。	5.4
	（5）创造性地理解运用新的文本形式	5.5
	（6）形成并发展阅读整本书的经验	5.6

续表

语文学习大概念	教学要点(编码)	
6. 口头和书面表达与交流的基本能力	(1)根据目的和对象确定表达内容,选择表达方式	6.1
	(2)根据目的和对象完成口语和书面语的表达过程	6.2
	(3)根据评价标准检视并完善表达与交流的过程与结果。	6.3
7. 综合利用多种媒介整合和处理信息的能力	(1)了解常见媒介信息的特点。	7.1
	(2)知道信息来源的多样性,能够辨识信息的真实性	7.2
	(3)综合运用各种媒介信息,形成认识做出判断。	7.3

2. 依据单元教学目标,推出了单元统整策略

(1)概念解读

单元统整即依据单元教学目标,作单元整体设计,构建单元整体教学结构。设计既可以按照教材设置的自然单元设计,也可以从整册教材或学段全部教材的整体出发,按照内容、主题或教学策略统筹安排,做大单元设计。在大主题、大情境、大任务、大概念的统整设计中实现内容整合、文道统一、减负增效。比如传统文化主题、革命文化主题、社会主义先进文化主题等。

(2)总体要求

①做好单元教学设计,教师必须充分了解教材的编写意图、知识体系,理清单元学习内容的关系、单元内部各教学要素的关系和不同阶段学习过程的关系,并在此基础上构建完整、合理的教学结构,让单元整体设计体现整体性、系统性和整合性的特点。

②教师必须在吃透单元内每一篇课文的基础上,依据课标和语文大概念的知识图谱,确定单元教学目标。采用内容统整、专题聚焦的方式,整体推进,避免出现单篇教学存在的随意、单一、碎片和内容重复等问题。

③将单元教学目标所蕴含的读写任务,分散转化为单元内每篇课文的教学任务,进而明确本单元和每篇课文的教学关键点。然后确定相互呼应、相互关联的单元教学要点和单篇课文教学要点。

④单元统整必须立足于真实情境、解决真实问题,确保学科核心素养落地。

⑤单元教学要点要秉持集中、重要、高级的原则,做到可理解、可操作性、可评价,体现统领价值。尽量体现以学生为主体,突出过程方法策略。

⑥教学要点的表述要适切、清晰、具体、清晰与规范,行为主体要明确,行为动词尽可能是可测量、可评价、可理解的,不用含糊的表述。

(3)单元要点要求

①单元要点需3—5个,注明知识图谱编码。

②单元要点要落实到单篇教学要点中,做到总要点与分要点的融合,充分体现文

本特点。

③对每一篇课文都应在占有大量相关资料的基础上,深入了解作者、吃透文本,在尊重作者、尊重作品、尊重单元教学目标的基础上构思教学。

④必须依据学科知识图谱,做到单元教学要点和单篇课文教学要点相互呼应、相互关联,一体优化。

(4)单篇要点

①需 4—6 个,每点尽量围绕一个教学关键点用一句话表述,要注明知识图谱编码。

②第一个要点为下沉要点(可根据篇目实际需求设定有无),最后一个为上升要点(可根据三版方案需要设置)。

③每个要点具体且独立,一个要点解决一个教学关键问题,能支撑一个微课。

④教学要点从易到难,逐层递进,都是围绕教学核心价值展开。

3. 单元统整样例

九年级下册第三单元教学要点统整

名称	内容
人文主题	选择与坚守　责任与担当 【设计要求】用关键词、短语概括单元人文主题
语文要素	1. 积累诵读、培养语感 2. 比较研读、质疑思辨 “语文要素”包括语文知识、语文能力、语文学习的方法和习惯。 【设计要求】语文要素与教材保持一致
单元教学要点	1. 积累文言常见的实词、虚词 2. 了解古代散文的不同特点,领悟作者思想内涵 3. 体会词与诗的异同,理解词的思想情感 4. 诵读技能训练:划分节奏、把握情感 5. 了解古诗文中常见的艺术表现形式 【设计要求】 1. 在大概念之下统整单元教学要点 2. 写关键教学要点(解决单元关键点) 3. 数量:根据学段特点,在 3—5 点之间 4. 在每个教学要点后标注一个最契合的知识图谱编码 5. 内容完整、表述清晰、可操作可评价

单元统整样例

课文	课时	单篇教学要点
【设计要求】	三版课时保持一致	【设计要求】 1. 落实课标要求,拆分描述单元要点,使单元要点落实到单篇教学要点中,做到总要点与分要点的融合,充分体现文本特点 2. 教学要点精炼集中,重点突出 3. 以. 学生为主体,动词可测,行为条件、行为标准和程度必须具体明确 4. 数量:一般在 4—6 点之间 5. 第一点尽量是基础知识、基本能力的处理,如:字音字形的方法讲解,成语、病句的方法讲解,朗读技巧的讲解等(只有内容精讲版必须处理基础知识、能力的教学要点) 最后一点尽量是拓展延伸,如:延伸阅读、延伸写作、相关知识积累、链接生活等(只有活动生成版必须安排) 6. 每个要点具体且独立,一个要点解决一个教学关键问题 7. 每条单篇教学要点后需标注知识图谱的编码,选择一个最契合的编码标注即可 8. 教学要点从易到难,逐层递进,都必须围绕教学核心价值展开
《鱼我所欲也》	2	1. 借助注释疏通文义,准确、流畅地朗读课文【4. 1】 2. 反复诵读,梳理文章结构,了解孟子的道德主张、领会文章的思想内涵【5. 1】 3. 掌握孟子运用具体事例、正反对比或比喻说理的论证方法【5. 2】 4. 正确评价"舍生取义"的观点,树立正确的价值观和人生观【5. 3】 5. 结合孟子生平,了解孟子的思想及其对后世的影响,整理《孟子》的语言特色【1. 3】
《唐雎不辱使命》	2	1. 了解故事发生的时代背景【1. 3】 2. 借助注释疏通文义,准确、流畅地朗读课文【4. 1】 3. 学会本文通过对话描写刻画人物形象的方法,分析唐雎和秦王的性格特点【5. 1】 4. 品评本文对比与烘托的艺术手法【5. 1】 5. 传承唐雎不畏强暴,敢于为国家利益而斗争的精神,增强爱国意识【1. 2】 6. 了解《战国策》的艺术特色及其影响【5. 6】
《送东阳马生序》	3	1. 掌握文言文翻译原则【4. 3】 2. 借助注释疏通文义,准确、流畅地朗读课文【4. 1】 3. 梳理文章的层次结构【3. 2】 4. 把握本文多种表现手法的运用【5. 1】 5. 了解宋濂赠序的目的,立足当代体会"劝学"的精神内涵【1. 3】 6. 延读宋濂的散文佳作,提炼其艺术特色【5. 3】
《词四首》	3	1. 反复诵读,读准字音,读出节奏,读出韵律,感受诗歌的声乐美【6. 1】 2. 读《渔家傲・秋思》了解借景抒情的艺术特色【5. 3】 3. 读《破阵子・为陈同甫赋壮词以寄之》了解壮词的内涵【1. 3】 4. 读《江城子・密州出猎》了解其用典自如的创作风格【5. 3】 5. 读《满江红》了解鉴湖女侠之风【1. 2】 6. 多角度分析词与词之间,词与诗之间的异同。【5. 3】

(二)"同课异构"教学设计研究

在单元统整设计的基础上,我们和中国教研网合作研究推出了课堂教学设计同课异构设想,即一篇课文三种课型模式。

在深入基层校调研的过程中,我们发现天津市乃至全国各地区教育发展并不均衡,教师急需具有操作性和地域教育情境适应性的教学设计指导。因此,我们推出"同课异构"三种课型,目的是给老师提供适用于不同教育情境的、更具操作性的教学方案,教师们可以因需而用。实验结果显示,三种教学模式有效推进了实验区教学走向规范合理,促进教育均衡,推动学校教学质量和区域教育质量的提升。

我们设计的课程结构是开放的课上和课下双线学习,因此教学设计也是双线设计。要求教师在吃透文本的基础上,结合单元和本课教学目标,结合学情和教学设计类型,对学习内容合理分解,分成课前、课中和课后三部分学习内容。在活动安排方面,以教师预设为前提,以学生活动为主要呈现形态,让学生在自主的学习情境中完成学习任务。

1 课前导学部分

根据文体、教学内容和教学设计类型的特点设置课前导学任务,教师可设置课前导学表,每一个任务必须注明难度编码。

2. 课中教学设计部分

要求以"活动态"语文教学"语文教学活动化、语文活动课程化"的要求为基础,根据设计需要合理安排学生活动的时间和空间。

每课设计三个适用于不同教情和学情的版本,即内容精讲版、问题引导版、活动生成版。"内容精讲版"适用教育水平欠发达地区的老师或新教师;"问题引导版"和"活动生成版"教师可以结合教学内容与学情自主选择。

三种课型的关系:逐层递进,独自成套又相互嵌套。教师可自主选择,也可以灵活变通,组合使用。在教学内容的处理上,要求三种课型比紧紧围绕教学要点,不能为追求形式花样,脱离文本或偏离教学关键点。

基础层次课型设计:精讲型

要求知识全面,讲解精准,便于教师直接使用。教学要点需要配置教学微课。每节微课时常为5—10分钟。老师可以结合微课,以精讲的方式解决关键问题。每一个微课都能够用于其他方案中。(教学设计+微课)

(1)方案特点

①精讲教学重难点,比如方法引导、含义深刻的句段等。

②解决教学关键问题,便于教师直接使用,保证授课质量。

③教学设计需要提供详细的师生活动,接近课堂实录。

④微课辅助教学,微课可作为学生的学习支架,也可用于学习成果检测。

(2)教学要点设计要求

①教学要点与单元统整中的单篇教学要点序号、个数、文字表述必须保持一致。

②本设计必须有"基础知识积累,基础能力提升"内容。可以检查课前导学中相关内容的掌握情况,也可以做一节基础知识归纳整理的微课

③如果有拓展延伸的要点,内容精讲版可灵活处理。

(3)教学过程设计要求

①明确教学环节,落实全部教学要点。

②环节划分要清晰,每个环节下要写出完成的教学要点。

③写出落实每个环节所需要的时间,帮助老师合理安排教学。

④详细撰写教学环节,写出每个环节中的师生活动。

⑤需要预设学生的回答,并给出启发学生思考的解决方案。如果学生的答案呈现出不同的思维水平,需要对学生的答案进行多种预设。可以分基础薄弱、水平中等、能力较强三个学情进行预设。

⑥语言简洁,精选教学内容,选择恰当地教学活动,详略得当。

⑦方法指导要列出具体的、学生可掌握的策略、方法等(如果没有可省略),应该侧重思维方法的引导,给学生成长的路径。

(4)微课设计要求:

①使用场景:课堂上播放。

②微课内容设计要考虑上课的对象和情境,注意学生学习兴趣的激发。

③每个微课解决一个关键点,不要求每个要点都有微课,突出重难点即可。每课不少于 3 个微课。

④每节微课拟定一个概括凝练的微课名,几个微课名尽量形式相对统一,字数大体一致。

⑤每个微课都相互独立,且能够与其他方案中的课件或学习任务单组合使用,也可作为预习、巩固、学习总结等素材单独使用。

中级层次课型设计:问题引导型

"问题引导版"要求创造自主、探究的学习环境,以逐层递进的问题链架构整个课堂,用课件推进教学进程。(问题链+课件)

"问题链"是教师基于教学内容和学情,根据教学目标,为引导学生科学思维而设置的具有层次性、逻辑性和完整性的问题系统。具体的设计与实施策略是教师将教学内容设计成为具有前提、铺垫和阶梯提升关系的一连串的教学问题,让学生在一连串的问题思考中回忆与建构,最终形成新的知识结构和能力结构。

(1)方案特点

①呈现一套逐层递进的问题链和课件,问题与目标相连,为学生搭建起清晰的思维支架,每一问都使学生的思维产生一次飞跃。

②问题链引领教学过程。问题链由一组有内在逻辑关系的问题构成,课堂教学

过程通过问题链推进。

③每一个问题都有相应的课件资源。老师可以在课堂上通过课件播放教学资源,按照问题链的内在逻辑组织教学。

④注重情境创设,在独立思考、合作探究、互动问答中启发学生思维,提升学生在情境中解决问题的能力。

⑤问题链按照逐层深入的逻辑思路体现出多样化的特点,例如基础性问题、理解型问题、应用型问题、综合型问题等。

(2)问题链设计要求

①问题链设计必须基于学生学习过程中可能产生或即将产生的困惑,需是学生跳一跳才能摘到的"果实"。

②设计时必须结合教学内容和学情设定一个核心问题,然后分解这个核心问题,从而产生一组紧密联系的问题链。

③问题设计必须有中心、有序列,相对独立、又相互关联,环环相扣又层层深入。让学生随着问题深入,思维走向深入,从而解决核心问题,提高学生的思维能力。

④问题设计既要基于教学内容或文本情感的内在逻辑,又要关注学生的认知规律。

⑤问题设计要有激励性,能够激发学生的学习兴趣,激活学生的创新思维。

⑥有启发性,能够引导学生由此及彼、举一反三。

⑦问题设计要纵观全局,面向全体。问题要既要有差异性,又要具有广泛的适应性,既可适应学生的共性需求,也要考虑个体的差异。

⑧要正确处理好预设与生成的关系。教师要及时抓住教学中生成的共性问题,采用追问、自问等方式,深化教学。

(3)教学要点设计要求

①基础知识的教学要点已课前自学,问题引导版不需要处理;拓展延伸的教学要点,可灵活安排。

②教学要点的主体部分,三个版本要保持一致。

③写出落实每个环节所需要的时间,帮助老师合理安排教学。

④问题引导,应提示学生运用恰当的方法、策略,以解决情境中的问题。

高级层次课型设计:活动生成型

"活动生成版"教学设计是用序列活动贯穿课堂,在预设与生成中,实现学生的自主性、探究性与创造性发展的设计模式。每个环节都配备学习任务单。(教学设计+具体活动环节学习任务单)

(1)方案特点

①提供学习活动内容和工具。老师可以在课堂上直接呈现学习活动内容,直接给学生提供学习工具,学生自主完成学习学习任务,老师还可以提供评价工具完成课

堂评价，帮助学生了解自己现在发展水平和未来可能达到的发展水平。

②教师预设下的逐层深入的活动项目贯穿课堂，在预设与生成的碰撞中，师生共创课堂，引领教学新形态。

③充分发挥学生的自主性、探究性、创新性。

(2)活动设计要求

①每一个活动内容必须基于整体设计，紧扣教学目标，绝不可游离于教学主体内容之外，随意拓展。

②活动要体现循序渐进的原则，做到重点突出，前一活动应为后一活动提供思维支点或情感的激发点。

③创设真实的情境，体现学生学习活动的实践性和亲历性，如情景剧表演、辩论会等。

④基于兴趣，聚焦发展，重视活动的生成和挑战。

⑤每一个活动环节，都应主题鲜明、目标明确，致力于学生学科素养的提升和能力的培养，注重学习结果的丰富与多元。

⑥重视活动的启发性，有利于促进学生思维能力的提升。

⑦鼓励活动依托网络平台，采用跨媒介的形式开展活动。

(3)教学要点设计要求

①如果有以基础知识为教学要点的第一点，活动生成版的教学设计可不处理。

②如果有以拓展延伸为教学要点的最后一点，需要设计任务单落实此教学要点。

③其他教学要点序号、个数、表述三版保持一致。

④写出落实每个环节所需要的时间，帮助老师合理安排教学。

⑤设计学习任务单，明确学习工具和评价等级

(4)学习任务单

学习任务单中的活动任务由学习工具、表现等级和引领提示三部分组成。

【学习工具】设计要求：

①学习工具能促进学生达成教学要点，可供学生在开展学习活动时直接操作的用具，如绘制流程图，梳理课文，帮学生建立思维结构等。

②学习工具需要精心设计，需要有操作化的细致思考。

③在课堂上运用应省时高效，发挥工具的最大效果，完成单篇教学要点。

④不能只追求形式花样，脱离文本解读，偏离教学关键点的解决。

【表现等级】设计要求：

填写内容与维度、等级和标准三项内容

内容与维度	等级	标准
	☆☆☆	
	☆☆	
	☆	

①“内容与维度”列：概括任务内容及目的。

②“等级”列：依据 solo 结构评价理论，根据学情，从任务的完成情况，分出三个层级水平。

③“标准”列：描述每个等级需要达成的学习效果。

【引领提示】设计要求：

①在实施任务的前、中、后环节里，给出引导学生完成任务的引导提示。

②可以是任务前相关内容的师生探讨话题，讲解知识，举例，多元化评价等。

③目的是分解任务，照顾全体学生有效地完成任务，落实教学要点。

示例：活动生成版《我的叔叔于勒》学习任务单

任务一

A. 对比分析学习工具

《我的叔叔于勒》围绕菲利普夫妇对于于勒态度的变化，讲述了一个曲折的故事。请大家根据“对比分析学习工具”积极读书谈论，在横线处填写出菲利普夫妇对于勒态度的变化而产生的不同称谓，并在完成称谓整理后写出你认为有不同称谓的原因。

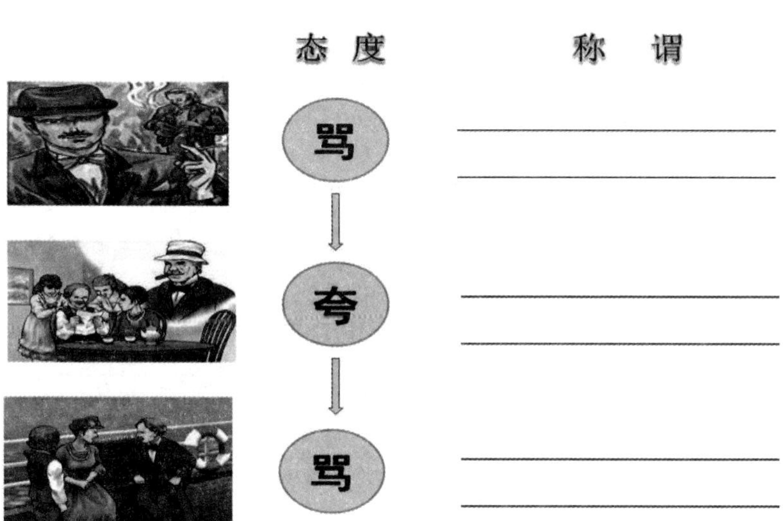

B. 表现等级

内容与维度	等级	标准
“对比分析学习工具”任务单完成情况： 1. 称谓填写完成情况 2. 读书与参与交流讨论情况 3. 对比后分析表达情况	☆☆☆	(1)能够准确、全面地找到不同的称谓,准确书写,完成“对比分析学习工具”任务; (2)积极读书,积极参与讨论,并能表达清楚称谓变化原因。
	☆☆	(1)能够找到大部分称谓,但不全面,基本完成“对比分析学习工具”任务; (2)积极读书,但讨论积极主动,基本明白称谓变化原因
	☆	(1)只能找到部分称谓,不全面,完成大部分“对比分析学习工具”任务; (2)读书不积极,讨论不主动,不清楚为何会有不同称谓的变化。

C. 引领提示

a. 讲解任务单任务要求,帮助学生深入理解内容;

b. 举例示范如何完成任务要求

如:骂于勒是“流氓”,第一处“骂”横线处填写“流氓”

c. 提示快速定位相关的语句,精准定位,缩小阅读范围。

任务二

A. 叙事技巧把握工具

《我的叔叔于勒》是一篇经典的短篇小说,通过阅读,你一定也发现了:这篇短篇小说的叙事技巧是十分高明的,请你根据“叙事技巧把握工具”的提示,积极交流讨论,将你的理解与表达填写在表格里吧!

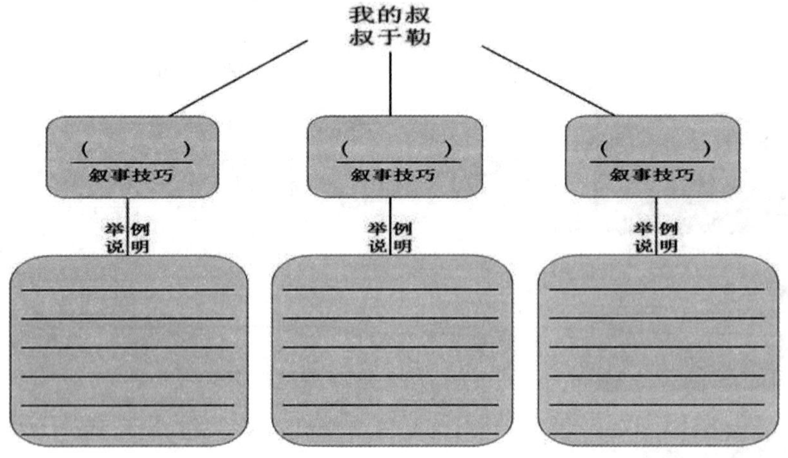

B. 表现等级

内容与维度	等级	标准
“叙事技巧把握工具”任务单完成情况： 1. 叙事技巧完成情况 2. 参与交流讨论情况 3. 举例说明的文字表达情况	☆☆☆	(1)能够准确地写出三个小说的叙述技巧,完成“对比分析学习工具”任务“叙事技巧”的填写 (2)积极思考,积极参与讨论,能将“叙事技巧”与“举例说明”完美结合表达
	☆☆	(1)能够准确地写出至少两个小说的叙述技巧,完成“对比分析学习工具”任务“叙事技巧”的填写 (2)积极思考,积极参与讨论,能将“叙事技巧”与“举例说明”表述清楚
	☆	(1)只能够写出一个小说的叙述技巧,能完成“对比分析学习工具”任务“叙事技巧”的填写 (2)积极不主动,不积极参与讨论,不知该怎么填写“举例说明”部分文字

C. 引领提示

a. 讲解任务单任务要求,帮助学生明确工具要求填写内容;

b. 帮助学生梳理小说叙事技巧,如过渡、铺垫、伏笔、照应、悬念法、对比法、误会法、抑扬法等。并举例说明

c. 提示学生语言表达要简洁。

任务三

A. 提炼总结我能行

莫泊桑总是在短小的篇幅中表现尽可能丰富的生活内容,他的短篇小说创作体现了完整的现实主义小说艺术,被誉为“短篇小说之父”。下面,就请你根据“提炼总结我能行”任务中的提示,将莫泊桑小说创作的特点总结提炼出来吧,请认真思考,结合《我的叔叔于勒》中的细节,将你的思考填写在横线处。

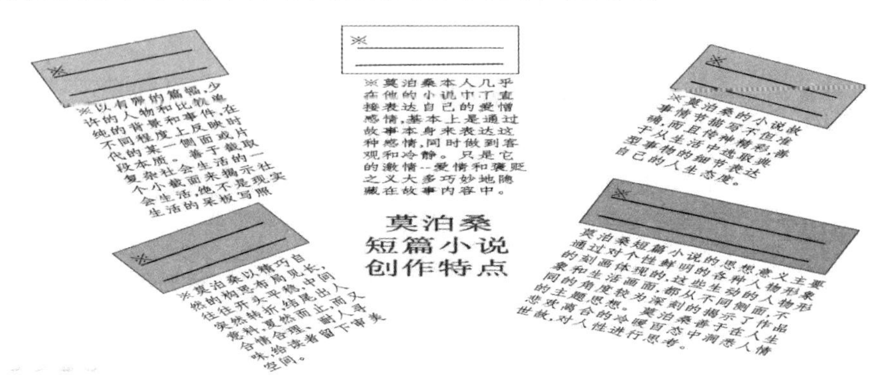

◎学术前沿

B. 表现等级

内容与维度	等级	标准
“提炼总结我能行”任务单完成情况： 1. 阅读已知材料的理解情况 2. 结合《我的叔叔于勒》信息整合情况 3. 信息提炼与总结后的表达情况	☆☆☆	(1)能够准确理解所给材料，完成“提炼总结我能行”任务五个信息点的填写 (2)积极思考、讨论，能利用材料、结合课文提炼信息，并精炼表达
	☆☆	(1)能够准确理解所给材料，完成“提炼总结我能行”任务至少三个信息点的填写 (2)积极思考、讨论，能利用材料、结合课文提炼信息，能表达材料中心
	☆	(1)能读懂所给材料，但是只能正确写出一到两个信息点 (2)积极不主动，讨论不积极，不能用自己的语言表述材料内容

C. 引领提示

a. 讲解任务单任务要求，帮助学生明确工具要求填写内容；

b. 引导学生在读懂材料后回归课本，将想要表达的信息代入课本，看能不能在文本中得到验证。

c. 提示学生语言表达要精炼，注意筛选材料中的关键词。

(三)课后作业设计研究

“双减”政策推出后，教育系统都非常重视作业研究。但是，从发表的论文和推出的经验来看，人们的关注点大多集中在作业内容的多样性、作业层次的多样性和完成方式的多样性几个方面，且欠缺操作性。而实际教学中，作业设计又往往存在难以测量，学习效果评价层级不清等问题。我们的做法是：

1. 推出了作业设计的“六项原则”和“三项要求”

(1)六项原则

①教师要树立正确的作业观。坚持立德树人，作业是课堂教学活动的必要补充，其根本目的在于促进学生全面发展。

②依据课标，立足教材。作业结构、难度要以课程标准为依据。作业内容紧扣课标要求，与教材习题系统有机融合。

③依据教学目标，整体设计。课下一线的作业设计是课前、课中和课后整体教学设计中的一部分，是课中教学的补充，更是学生发展的重要一环。

④控制总量，追求质量。总量按照国家要求(60 分钟)，严格把控，适度安排作业

任务,追求作业质量。

⑤基于学情,解决真问题。作业符合学生学习和生活实际,聚焦真实问题,关注学生发展。

⑥分层设计,重视思维能力的提升。“基础类、提升类、拓展类”层次清晰,可分层针对性要求,满足学生个性化学习和发展需求,有效提升每一名学生的思维水平。

(2)三项要求

一是“心中有数”。

①单元意识、整本书意识,学会整合。

②吃透教学内容,课前、课中、课后合理分解,确定核心目标与核心内容。

③作业实践创新(类型多样):内容的多样性、层次的多样性、形式多样性、完成方式的多样性。

④要清晰了解每一个任务的难度。基础性、能力提升性、拓展性、创新性。也可按照教育目标分类学理论,确定任务的梯度,如知道、理解、应用、综合。或按照 solo 分类评价埋论,分为前结构水平、单点结构水平、多点结构水平、多点结构水平、关联结构水平、分类拓展结构水平。

二足“目中有人”。

①能从学生角度着想,作业量合理、难度合适、层次梯度清晰(结构)、体现选择性。

②重视调研,不可主观武断。通过问卷调查、访谈了解学情,还应通过作业分析等手段,做好数据分析,了解学生完成作业的实际情况,随时调整作业安排。

③通过作业分析,帮助学生找到努力的方向。

三是“手中有法”。

①制定作业目标、研发作业评价。

②不管是教师授予,还是学生自己总结的方法,都应让学生在提升自己的同时,找到乐趣。

③学校可针对学科、学段情况,加强过程指导,制定作业设计与实施建议、学校作业管理措施等,建设校本作业体系。

2. 推出作业层级设计的操作方法

习题检测一般可设置三个层次的习题,分别为基础题、中等难度习题、拔高题。我们要求每题后面要按照知识图谱注明编码,并提供参考答案同时每题后附上 solo 层级评价。这样,习题的层级清晰了和学生答题时需要的思维水平层级也清晰了。

例如《我的叔叔于勒》的习题检测

“这是我的叔叔,父亲的弟弟,我的亲叔叔。”这句话用了什么修辞手法、什么描写方法?它有什么深刻含义?【3.2】

【参考答案】

反复修辞,心理描写,强调了于勒与"我"、与"我"的父母之间的关系,写出了"我"真诚善良、有同情心,与父母自私冷酷态度形成鲜明对比,深刻地揭示了文章的主题。

【评价标准】

solo 层次	评价标准
单点结构	只能回答出反复或心理描写中的一个,不能说清楚深刻含义。
多点结构	能回答出反复和心理描写,但仅限分析出了于勒与"我"、与"我"的父母之间的关系,不能回答出鲜明对比,揭示主题。
关联结构	能回答出反复和心理描写,能回答出于勒与"我"、与"我"的父母之间的关系,写出了"我"真诚善良、有同情心,与父母自私冷酷态度形成鲜明对比,深刻地揭示了文章的主题。

(四)拓展资源

设计要求:

1. 拓展阅读材料无数量限制,但要匹配好上课需求或者作业需求,立足于文本达到拓展知识、能力、方法、视野等目的。

2. 要设置使用说明,言明是针对第几个教学要点而提供的拓展资料。

3. 采用的资料要标明作者、出处。

4. 要有资料使用的说明文字。

5. 拓展资料的形式可以是文字、图片、音频、视频等。

五、研究进展及效果

在研究与推广的过程中,老师们普遍感到单元统整下的"同课异构"与作业一体优化设计研究,使教学内容更集中,重点更突出,教学效率更高了。其中"同课异构"设计适应不同学情,强化了教学设计的针对性和操作性;知识图谱、问题及作业题的solo等级评价等要求使教学设计避免了盲目性和随意性,强化了教学和作业的整体性和规范性。研究为老师们指明了教学方向,显著提高了教学与作业的设计能力。教师们在教学中开始不止关注学什么和怎样学,还开始关注学生的思维水平差异,促进了学生思维水平的提高。

目前,我们已经把此项研究列为教科院课程教学研究中心语文室重点项目,先后有七个区参与了此项研究工作,确立了6个项目研究实验基地。研究中,我们加强了工作的顶层设计和统筹管理,充分利用"市、区、校、组"四级教研网络,构建了"四级联动,研训一体"教研工作机制,市教研室核心设计、统筹,区教研员推动开发,实验校具体实验,市、区、校各有分工,三级联动。目前,开发成果已经在天津市以及天津重点帮扶地区(新疆、甘肃、内蒙古)等地推广。成果还得到了中国教研网专家的认可并采用,在全国推广。同时,被中国教研网、中国教师培训网列入西部支教课程资源。

在未来的研究、完善和推广过程,我们将继续努力,为深入贯彻"双减"政策,提升教师教学及作业设计能力,促进教育均衡贡献自己的力量。

作者简介

龚占雨:天津市教育学会中语会副理事长、天津师范大学硕士生导师、天津市兼职督学、天津市第六周期继续教育中学语文首席专家、中国教研网中语课程开发首席专家,出版专著《活动态语文教学模式的构建与探索》,系列成果获教育部第二届基础教育成果二等奖,天津市第六、七届基础教育成果一等奖。

作文个性化教学新视野

张宝童

作文教学的种种问题,归结到一个根本点,就是作文教学将充满人性美的最富有个性的学习和创新活动,变成了流水线式的机械劳作,结果造成了思想的缺席、思维的钝化、个性的失落;看不到生命活力的张扬,看不到探求事理的深邃,看不到扣问现实的雄健笔力。因此作文教学的方向在于寻找写作的初心,张扬学生的个性,让写作不仅仅成为一种技能,更成为提升思想境界的阶梯,最终培养学生的独立之人格和自由之精神。

作文个性化的三重境界

伴随着课程改革的深入和新课标的出台,人们更多地从生命意义的层面关注教育,关注作文教学。的确,长期以来作文教学迷失挣扎在纯技法训练的泥潭,真诚让位于虚假,趋同让位于求异。正如生命的成长需要呵护和牵引一样,学生作文也存在一个在尊重的基础之上不断提升的过程,只有这样,学生作文中的个性之花才会绚烂迷人,才会隽永芬芳。

个性之花需要"真"之沃土的孕育。真实是文章的生命,缺少感情浸润的文章只是枯燥无味的文字拼凑,当然这里的"真实"除了生活的真实,还包括艺术的真实,因为人的生活感受除了眼前的现实体验,还包括借助书籍、影视等传媒的影响。心灵是一个神奇的酒窖,而情感是窖中奇妙的酶,而生活的原料只有融入酒窖,经过情感酶的浸润,作文才能散发出真纯的清香。对生活充满热情,始终对生活抱有童心般纯真的爱,这是能够永远对生活保持新鲜的前提,成年人看到的是一条讨厌的小虫,孩子却能从中看到一个五光十色的美妙世界。拥有清纯双睛的前提是勇于袒露真实的心灵世界,用开放的无拘无束的心境去书写内心的真实,每个人都拥有一个心灵的世界,这个世界是个性化的,而作文应该是心灵世界的真实呈现。我们读鲁迅的《从百草园到三味书屋》,时光仿佛立刻倒流回童年的渡口旁,那碧绿菜畦、高大的皂荚树、光滑的石井栏、紫红的桑葚、肥胖的黄蜂、神奇的何首乌,处处涂抹着一个孩子视野里童年的迷人色彩。而学生的作文中把真实的自我层层包装起来,去追求虚假的浮华,这样只能使读者和作者的感情难以交流,势必削弱作品的美感。南京一张报纸上,有一个惊悚的新闻标题"一篇文章写死了几十万人",这是什么文章?就是 1998 年高考作文题“坚韧,我追求的品格”,于是学生都编造这个死了那个死了甚至爹妈都死了,可见,没有真实的支撑,文章就失去了震撼心灵的力量。所谓“真实”,就是敢以正视现实的无畏之眼全方位“摄取”生活的原生态,不但看到生活的“向阳面”,而且也注意到生活的“背阴面”;不但面对生活琐屑的表象,也要透视其间深蕴的真谛和本质。所谓“真诚”,就是反对先入为主地给学生外加一种非此即彼的情感取向和价值尺度,并以此来“衡量”和“匡正”生活,导致“真实的虚构”;恰恰相反,对生活的观察、感受和评估,必须不脱离写作者“自我”,必须不以“大我”排斥“小我”,即允许学生在生活中逐渐形成理念,从大量的感性认知中提升价值评判标准。这样,学生对生活的情感态度才是赤子之心,才能赋予文章一种特殊的感染力,甚至是冲击力。总之,让精神和灵魂中“真”的大树枝繁叶茂,你的文章才能给读者的心灵带来一片绿荫。

个性之花需要“善”之清泉的浇灌。张扬学生文章中的“真”需要尊重学生思想的单纯,认识事物稚嫩的特征,允许出现这样或那样的错误,营造一种宽松和谐的环境和气氛。但是“真”并不是作文个性的全部内涵,例如面对“理想”这个话题,有的学生谈到“当官为了捞钱,捞钱为了享受”;面对别人需要帮助的情景,有的学生大谈“事不关己,高高挂起”的处世哲学;面对人格、国格被损害的情景,有的同学认为物质利益高于尊严;面对街头的乞丐,有的同学甚至认为应该把他们消灭掉。面对这样的真实表述,我们首先应该肯定他们的坦诚,但这种“个性”并不是我们的终极追求,教师应该自然地用历史的、辩证的、发展的眼光来引导他们感受,关爱、自尊、奉献这些美德的价值,最终使学生逐步树立起正确的人生观、世界观和价值观,形成健全的人格,特别是核心素养提出“责任”和“担当”等品格是中学生必备的素养。可见写作不仅是个人感情的宣泄,也承载着牵引心灵走向天堂的责任;教师有责任在引导学生个性化写作的过程中,美化自己精神的家园。正如朱自清在《国文教学·论教本与写作》一文中说:“写作是基本的训练,是生活技术的训练——说是做人的训练也无不可。”

个性之花需要“美”之春风的吹拂。作文具有浓烈的审美色彩,这种美不仅体现精巧的构思、多变的手法和美妙的字句,更应体现文中所贯穿的思想之美。世界的美在于和谐,而文章的美在于作者有一双干净的眼睛,发现世界表象背后的本真。亚里士多德曾说:“人生最终的价值在于觉醒和思考的能力,而不只在于生存。”而这种觉醒就是人性的高贵之美。在感受生活的基础上,通过自己的分析、综合、比较,把感性认识上升到理性认识,凸显个性色彩。然而当今学生思维活力的僵化、思维空间的狭窄、思维质量的低下,已是作文中俯拾皆是的现象。如果年轻一代不能走出这种思维“复制”的泥淖,在创新主导的世界格局中,我们将会处于怎样堪忧的被动境地!重视用“立言”来“立人”,就是指导学生作文和做人同步提升,让学生了解生活、超越生活和美化生活。

人人都有个性并不意味着每一种个性都具有吸引人、打动人、震撼人的力量，唯有当一个人的个性真正符合道德规范、符合理性要求、符合文学的审美，那么才是真正强烈而又鲜明的，他的个性才会具有感染人的力量。个性不是一潭静止不动的死水，个性应该是一条奔腾不息的生命小溪，在里面应有文字飘逸的清风，有情感荡漾的浪花，有哲理纷飞的细雨。

作文个性化的思维支撑

语文学科核心素养强调"思维发展与提升"，知识不会自动转化成能力，是思维给知识插上了翅膀。长期以来作文教学注重以联想、想象、体悟等为主的感性思维，理性思维的缺失让作文教学面临窘境。而近几年中高考作文加强了对理性思维的考察，无论是全面、联系地看问题，还是透过现象看本质，还是思辨性地扬弃，都需要学生具有理性思维的支撑。本来应该丰富多彩的文章却千篇一律，本来应该新鲜独特的思想却众口一词，本来应该思维清晰的思路却混乱一片。作文这种最能张扬个性的表达形式，却呈现出"集体失语"的窘境，失去了自己的思想，失去了自己的表达，总之，几十万人都在重复着同样的几件事，重复着同样的几个词；一样的肤浅思想，一样的苍白表述。在学生的作文中我看到了一种缺失，一种思想、文化和表述能力的缺失，最终表现为一种个性的缺失。在所有的缺失中，最可怕的就是思维的缺失，没有多角度的全面分析，没有思辨性的深刻论证，没有逻辑性的缜密延展。

拒绝惯性，批判让思维指向深刻。在反思中多维度比较，在比较中科学推理，在推理中理性判断。而思维惯性是可怕的，它极大地钝化了学生的思想和心灵。例如针对"苦难是一笔财富"这个论断，我们在多角度论证"苦难"磨炼意志方面的意义后，是否思考一下"苦难"的危害？它毁坏了人的尊严，伤害了人的心灵，扼杀了天才的创造力；我们谈"细节决定成败"，可以把细节的决定性作用多角度分析，但是否也应该思考一下"大局决定成败"；我们在歌颂"水滴石穿"的执着后，是否也该思考一下灵活变通的价值？这就是辩证的理性思维，全面、发展、联系地看问题。

远离单一，发散拓展思维的空间。戴维·乔纳森说过："教育的未来应该把焦点放在有意义的学习上，放在让学生学会怎样推理、决策和解决我们生活中随处可见的复杂问题上。"学生思维缺失最突出的表现就是写作"思路不清"：分析片面，思考狭窄；角度单一，不会发散；观点僵化，不会辩证。因此，我们在作文教学中要有意识、有步骤地培养学生多角度发散的思维品格。面对话题，从多维度问一问"为什么？怎么办？"；从正向和反向角度进行分析，以图打破思维定式、开拓新思路、获得新发现。例如"娱乐至上"背后的信仰危机；"助人被讹"深层的道德滑坡；"国学风行"热潮后的功利阴影。总之，切忌让单一的思维从事物表面轻轻滑过，让固化的思路引领个性化的写作。

时代风云激荡，理性纵横捭阖。我们生活在一个变革的时代，时代呼唤我们的教育要引领学生从个人“小我”,走向社会、民族、家国的“大我”。拥有家国情怀、坚持自我、豁达自信、开放进取,敢于正视问题、善于化解危机、勤于实践、勇于担当;注重文化积淀,强化文化传承,涵养人文情怀。把个人、时代和国家联系起来,把个人成长奋斗和时代变迁、国家发展变化联系起来,把引导学生思考人生和关注现实联系起来。当然在这些大的视角面前更需要学生拥有理性思维的支撑,例如在“印象中国”的话题中,在“长城、一带一路、共享单车、大熊猫、广场舞、京剧、美丽乡村、空气污染,中华美食、高铁、移动支付”等多组名词的自由组合中深度描绘“中国形象”,或正向的古今对照,或反向的美丑对比,都为理性思维的发挥预留了很大空间。例如在“长城”中体现民族的坚韧不屈,在“一带一路”中彰显开放的精神,在“美食”中品味传统的文化,在“食品安全”中反思发展中的底线坚守。总之,理性的思维支撑起有思想、有层次、有力度的文章。

写作从本质而言,是“理性与诗意的相约,哲思携浪漫的共舞”。富有思辨性,就是不能再泛泛而谈,而要写出深度与个性,在现象世界中展现理性思辨之刀的锋利。例如孔子的“岁寒,然后知松柏之后凋也”;托尔斯泰的“每个人都会有缺陷,就像被上帝咬过的苹果,有的人缺陷比较大,正是因为上帝特别喜欢他的芬芳”;尼采的“其实人跟树是一样的,越是向往高处的阳光,它的根就越要伸向黑暗的地底”;亚里士多德的“幸福是把灵魂安放在最适当的位置”;萨特的“如果你独处时感到寂寞,这说明你没有和你自己成为好朋友”等等,这些闪烁着智慧的语言,是最深刻的理性思维,更是最浪漫的诗意表达,这就是写作的个性之美。

作者简介

张宝童,特级教师、正高级教师、全国模范教师。在省级以上刊物发表论文和文学作品200多篇,出版教育专著《名师高徒三人行——宝童教你写作文》和《张宝童教写作》,现从教于天津市崇化中学。

把握习作单元特点　有效提升习作能力
——以五下习作单元教学为例

罗龙强

摘　要：习作单元以培养习作能力为核心，整体编排了“精读课文”“交流平台”“初试身手”“习作例文”和“单元习作”等板块，通过一系列的阅读和习作活动，引导学生认识和掌握习作方法，并运用到习作实践中。各个板块功能定位明确，联系紧密，形成完整的结构。本文以五下习作单元教学为例，提出了整体把握习作单元教材，从相互关联的角度把握目标，灵活组合各个板块，组织有效的习作实践活动，精心设计评价方式，有效学生发展，从而提升学生习作水平等教学策略。

关键词：统编教科书　习作单元　习作能力

统编语文教科书从三年级上册开始，每册编排了一个习作单元，围绕着不同的习作能力，编排了“精读课文”“交流平台”“初试身手”“习作例文”和“单元习作”等板块。这几个板块有机组合，构成了习作单元完整结构：“单元导语”点明习作的具体要求，两篇“精读课文”从不同角度，学习不同的表达方法，“交流平台”总结、梳理表达方法，“初试身手”初步尝试运用表达方法，进行片段巩固练习，两篇“习作例文”提供直观、具体的例文，进一步理解、感悟表达方法，“单元习作”让学生综合运用所学，在自己的习作表达中进行恰当、灵活的运用，落实习作能力的培养。

基于习作单元这样的编排特点，教学要整体把握教材，从相互关联的角度把握目标，灵活组合各个板块，组织习作实践活动，精心设计评价方式，有效提升学生的习作水平。

一、整体把握教材，从相互关联的角度明确教学目标

习作单元在单元导读中，明确了本单元人文主题和语文要素。重点强调了习作的学习要求。因此，要教好习作单元必须从整体出发，正确理解教材的编写意图，紧紧地围绕培养学生的习作能力这条主线，整体把握教材，既要明确每一个板块的功能定位，又要发现它们之间的内在联系，从相互联系的角度明确目标。

（一）横向把握教材，明确单元内各部分之间的联系

习作单元是一个整体的，精读课文、交流平台、初试身手、习作例文、习作有各自

功能定位，又有着紧密的联系，最终都是为了培养学生的习作能力，为完成好本单元的习作做好铺垫。因此，要完成好习作单元的教学，要从横向上整体把握每一部分功能定位及相互联系，精准确定每一部分的教学目标。

五年级下册第五单元的语文要素是“学习描写人物的基本方法，初步运用描写人物的基本方法，具体地表现一个人的特点”。“精读课文”《人物描写一组》通过《摔跤》《他像一颗挺脱的树》《两茎灯草》通过选用典型的事例，运用动作、外貌、神态的具体描写，分别具体形象地刻画了小嘎子、祥子、严监生等鲜活的人物形象，表现了不同人物的不同特点。《刷子李》通过对刷子李刷墙时动作、外貌、语言的正面描写和徒弟曹小三所见、所闻、所感的间接描写，表现出了刷子李高超的刷墙技艺。这两篇精读课文为本单元的习作提供了具体的表达方法，交流平台，总结梳理出了具体表现人物特点的方法，强调要选用典型的事例，要运用多种方法表现人物特点，还可以通过描写周围人物的反应，间接地写出人物的特点。“初试身手”安排了两项练习。一是让学生观察一位同学在课间的表现，并尝试运用所学的方法练习写一个片段；另外一项是让学生思考家庭成员的主要特点，并列出能表现这些特点的具有代表性的事例。习作例文《我的朋友容容》《小守门员和他的观众们》，通过批注的方式，从不同的角度具体、直观地展示了如何运用这些方法，表现出人物的特点。

单元的习作“形形色色的人”强调要运用本单元学过的描写人物的方法，具体表现一个自己熟悉的人的特点，写的时候要选取典型的事例，运用学过的描写人物的方法，具体表现出人物的特点。

这几部分之间以培养学生写人的能力为主线，步步推进，逐步发展，以具体地表现一个人的特点作为最终的目标。教师只有准确把握了本单元整体编排的意图，才能准确定位每一部分的功能目标，同时才能理解每一部分之间的内在联系，从整体上研读教材，理解教材，把握教材，才能落实单元的教学目标。

（二）纵向整体把握，明确习作要素的前后关联

统编教材不仅注重单元内部横向联系，同时还努力构建了语文要素不同册次之间的纵向联系，循序渐进，逐步提高，螺旋发展地安排各个要素的学习，体现语文要素学习的层次性与发展性。

因此，本单元习作要素的学习，还应关注学生已有的习作能力基础，明确教学的起点，确定本单元习作的重点、难点。深入研读文本，我们发现写人的习作从三年级开始，统编教科书就有梯度、有发展地进行了细致的安排。（见表1）

表1　三至五年级写人习作的内容及要求

年级	册次	单元	习作	要求
三	上册	一	猜猜他是谁	选择一个同学,用几句话或一段话写一写他,不出现名字,但能让别人猜出是谁
三	下册	六	身边那些有特点的人	看到这些特殊的称谓,你想到了谁?选一个人写一写
四	上册	二	小小"动物园"	写一个人,注意把印象深刻的地方写出来
五	上册	二	"漫画"老师	把可爱的老师用文字"画"出来

通过以上表格我们发现,统编教科书从三年级上册就安排了写人的习作,通过猜人物、写身边有特点的人、写印象深刻的人、"漫画"老师等不同内容,有层次、有梯度的学习,学生已经初步掌握了写一个人的方法。本次习作的重点是在以往学习的基础上,引导学生进一步学习、掌握写人的具体方法,即选择典型的事例,通过对人物语言、动作、外貌、神态、心理等的细致描写,具体表现人物的特点,还可以尝试运用描写周围人物的反应,间接地写出人物的特点。这样把写人能力的语文要素的培养作为一个整体,从能力逐步提升的角度前后联系,找准这次习作能力培养的重点和难点,我们的教学目标才会更加精准,教学重点才会更突出,教学的针对性才会更加明确,教学效果才能更加明显。

二、灵活组合各个板块,组织有效的教学实践活动

习作单元自成体系,在处理教材时,一定要从培养习作能力出发,灵活处理各个板块的内容,既要深刻理解教材的编排意图,又要遵循学生习作学习的规律,适当调整各部分的位置,灵活组合,以达到最佳的学习效果。

(一)"精读课文"和"交流平台""初试身手"有机组合

"精读课文"的教学重点指向表达方法的学习,目的是引导学生把握课文选取的典型事例,从描写人物的语言、动作、神态、心理的语中感受人物的特点,发现提炼具体表现人物特点的方法。"交流平台"是联系以往的学习经验,总结、梳理出具体表现人物特点的方法,而"初试身手"则是尝试运用了解的方法进行初步的练习。所以,我们可以根据这三部分之间的联系,引导学生自主阅读,读中发现,自主总结,并当堂尝试运用,从理解认知到总结提炼再到实践运用,体现儿童习作突出实践性的特点。如在教学《两茎灯草》这个片段时,我引导学生自主读书,注意读准字音,读通句子,边读边想文中的严监生给你留下了怎样的印象?你是从哪些语句体会到的?这个片段主要运用了哪些描写人物的方法,结合课文中的语句,体会这种表达方法的表达效果。这样的设计就是体现了精读课文重点学习表达方法的要求,直奔课文的表

达方法，通过师生互动交流，学生体会到了作者通过严监生临死前因为灯盏里点着的两茎灯草，而硬撑着不肯咽气这一典型的事例，通过抓住一连串细致入微的动作、神态的变化描写，感受到严监生爱财胜过爱命，极其吝啬的特点。启发学生总结，要写出人物的特点，首先要选用典型事例，课文用严监生临死时仍惦记节省灯油这件事，表现特点吝啬就是选取了非常典型的事。还要用多种方法表现人物的特点，这部分内容不仅要对严监生动作的描写，还有神态的描写，这样就把人物吝啬的特点表现得淋漓尽致。

然后，我又设计了这样的训练，“你的家人有什么突出的特点？想一想可以用哪些典型的事例来表现出他们的特点？”学生当堂完成练习，有的说，妈妈是“网购达人”，每天一下班不是先做饭，而是先购物。疫情期间，我们家的口罩、消毒液、米面油，甚至我的作业本都是妈妈从网上购买的；有的同学说，爸爸是“足球迷”，回到家，一有空就看足球。一听说，哪儿有足球比赛，就是不吃饭也要去看看，还经常下班不回家，和同事去踢足球。这样通过这样灵活的组合，引导学生从“精读课文”中学到了方法，及时总结了方法，又趁热打铁马上尝试运用方法，这样把“精读课文”“交流平台”“初试身手”有机地结合起来，学以致用，收到了良好的教学效果。

（二）“习作例文”和“单元习作”可以灵活组合

习作例文从不同的角度进一步示范，以批注的形式引导学生进一步理解表达方法。因此，习作例文可以用在作前指导阶段，也可以放在作后指导阶段。如果放在作前指导，教师可以引导学生阅读例文和批注，进一步感受写人的方法。例如，在指导学生写《形形色色的人》时，可以启发学生你打算写谁？要具体写出他的什么特点？你想选取他的什么典型事例？你准备运用哪些表达方法？在学生交流之后，引导学生阅读《我的朋友容容》，先让学生读第二个批注，体会选择典型事例对表现人物特点的重要性，然后启发学生，例文还写一件事？这件事是想表现容容的什么特点？写这两件事，运用哪些描写人物的方法？结合批注，想一想课文是怎样描写容容这个人物的？这样写有什么好处？进而感受到要选择典型的事例，要运用动作、语言、神态等多种描写方法。接着可以让学生自主阅读《小守门员和他的观众们》，启发学生哪个人物给你留下了深刻的印象，课文是怎样通过对小守门员和观众们的外貌、动作、神态描写，表现人物的不同特点的。然后，让学生对比这两篇课文有什么相同点和不同点，明确两篇例文都描写了人物的动作、外貌、神态等，《我的朋友容容》按照事情的发展顺序写了两件事，写出了他天真可爱、忠于职守、好奇心强的特点。《小守门员和他的观众们》则是选取了一个场景，描写了众多的人物的外貌、动作等。在此基础上，明确本次习作的要求：选择典型的事例，通过语言、动作、神态、心理等角度细致描写，具体表现人物的特点。这样就充分发挥了两篇习作例文不同的示范作用。

我们也可以把习作例文放在学生完成习作之后，让学生交流，针对习作中出现的问题，引导学生再看习作例文，根据批注提示，习作例文中运用了哪些写人的方法？

这些方法的运用是否与想表现的特点之间有关联？应如何修改在自己的习作。例如学生完成习作片段后，我引导学生进行评价、修改：

修改前：去年冬季的一天晚上，三楼一家居民的暖气管突然跑水了，跑漏的水把两部电梯都淹了，导致整栋楼18层的居民都要步行上下楼。当我出门时，惊奇地发现，每一层楼墙角的垃圾桶都是空的！电梯坏了，垃圾桶里的大袋的垃圾是怎么下楼的呢？

当我走到10楼的时候，突然发现几个大大的黑色垃圾袋正在缓缓下楼，我仔细一看，原来是张大伯正在背着垃圾慢慢下楼。

我让学生默读习作例文《我的朋友容容》，想一想课文是怎样写容容这个人的？引导学生结合批注发现：课文细致地描写了容容的动作，表现了她取报纸的不容易；容容追问"我"的话，显露出她的天真、好奇；容容的动作、神态和她忍不住告诉"我"的话，突显了她的可爱。让学生进一步理解，要运用描写人物动作、语言、神态等多种方式，具体表现人物的特点，这样才能使人物的形象更鲜明。

于是这位同学做了这样的修改：

他弓着背，低着头，脸上挂满了汗珠，不停地喘着粗气，走走停停。我不禁紧走几步对老人说："张大伯，我帮你拿吧！""不用，你上学快晚了，赶快走吧！我没事，能帮大伙做点事，我心里高兴！"看着豆大的汗珠从张大伯的脸上滴落下来，敬佩之情不禁油然而生。

这样通过选取典型的事例，通过对人物的动作、神态、语言等多种方法的运用，通过我的侧面描写，把张大伯助人为乐的特点具体地表现了出来。学生通过和习作例文中对比，发现了自己习作存在的问题，找到了修改的方法，进行了恰当的修改，就充分发挥了习作例文的示范作用。

三、精心设计评价方式，有效促进学生发展

习作完成后进行评价要紧紧扣住本次习作的要求，这样的评价才能做到目标明确，突出重点。语文课程标准强调应充分发挥语文课程评价的多重功能，恰当运用多种评价方式，注重评价主体的多元与互动，突出语文课程评价的整体性和综合性。本次习作的要求主要包括这样几个方面：选择一个人，要选取典型的事例，要运用本单元学过的描写人物的方法，具体写出人物的特点。评价不仅要形式多样，而且要有明确的标准，具体可操作的方法。

（一）评价方式要多元化

习作的评价不能是教师说了算，要积极引导学生参与评价，通过学生的自评、互评，鼓励学生之间互相交流，取长补短，共同进步。如本次习作完成后，我先让学生自己看看习作要求，自己给自己做一个评判，然后同桌之间互相交流，看看有没有具体表现出人物的特点，然后教师随机评价学生的习作，引导学生自主修改。这样在学生

自主评价的前提下，通过生生互动、师生互动引导学生把习作和大家分享，及时发现学生在习作中存在的问题，从而进行有针对性的指导。

（二）评价标准要明确具体

只有评价标准明确具体、可以操作，学生才能清楚应从哪些方面进行评价，而教师设计的评价标准必须紧紧围绕着本次习作的要求，这样才不至于进行语句是否通顺，结构是否完整，内容是否具体等泛泛的评价。结合本次习作的要求，我设计了下面的表格（见表2）。

表2　习作评价表

评价内容	优	良	一般	具体依据
事例典型				
运用方法				
特点鲜明				

通过这样具体、明确、可操作的评价，引导学生从事例典型、运用方法多样恰当、人物特点鲜明突出等方面进行评价，这样学生就能自己修改习作，初步掌握运用描写人物的基本方法，具体地表现一个人的特点。

总之，习作单元的教学要整体把握教材的编写意图，以培养学生习作能力为单元主要目标，明确各个板块的功能定位，灵活组合相关的板块，恰当有效地运用多种方法，精心设计教学评价，最终达成习作目标，促进学生习作水平的提升。

作者简介

罗龙强，天津市小学语文特级教师，天津市首批正高级教师。先后获得天津市双优课优胜奖、全国少教多学优质课一等奖，指导的教师分获市级、国家级优质课一等奖。先后被评为天津市三育人标兵、天津市劳动模范、全国优秀教师。

论现代语文教育与国学教育的学科关系

傅新营

摘　要:语文教育与国学教育,是当代中小学教育中互相融合又互相独立的学科,国学教育有的地方被归为语文学科,有的地方被归为德育学科。不过,总的来说,语文与国学的关系更亲密一些,他们有天然的共生关系。语文本来也是传统国学的其中一个内容;但是作为一个现代学科,它又有自己规定的教育目的。语文与国学在教学内容上是互相交叉的,但是在教育目的上各有所侧重:语文的目的是培养国民的语言表达能力,而国学的目的是培养国民的君子人格。

关键词:语文教育　国学教育

德国的著名教育家赫尔巴特说:"我得立刻承认,不存在'无教学的教育'这个概念,正如反过来,我不承认有任何'无教育的教学'这个概念一样。"[①]这句话深刻阐述了教育的实践属性和价值属性,知识不是抽象的先验存在,而是有着现实意义的人类行为。没有意义的知识和没有教育的教学一样,都是不能跟人类发展联系起来的东西。教育是内在规定性,教学是外部显示的行为,任何教育都应该以教学作为它的主要手段,那些所谓的"顿悟"只能适合于少数人。教育者要给予学习者触动,学习者要参与进来,并以学习者和教学者产生新的思想为最终的教育目的。这也就是孔子说的"教学相长",也就是埃米尔·涂尔干说的"心灵塑造"。

对于国学教育来说,因为其追求道德价值的属性,我们必须了解其精神价值,并试图有效地阐释这种优秀的精神价值。因为其实践属性,我们就不能放任学生接受的无序性和多样性,应该对他们的学习有一定的指导。语文本来也是传统国学的其中一个内容;但是作为一个现代学科,它又有自己规定的教育目的。语文与国学在教学内容上是互相交叉的,但是在教育目的上各有所侧重:语文的目的是培养国民的语言表达能力,而国学的目的是培养国民的君子人格。

当代语文教学内容,包含了国学教育的好几个方面内容。比如:文字学,清代人叫作小学;修辞学;文章学;文学等。至于语文课本中选的课文,其内容更是大千世界,无所不包。作为母语的汉语,其实本身就是很重要的国学内容。作为教育者的语

---

① 李其龙、郭官义等译. 赫尔巴特文集 3　教育学卷 1[M]. 浙江教育出版社,2002.

文老师，其实也是传统文化的直接继承者和传播者。在大陆中小学中，有的国学课由语文老师开设，有的则是德育老师开始，因为这三者都有交叉。不过，一般来说，语文老师执教国学课的能力大于德育课老师，因为对于传统文化知识、语言文学知识，语文老师明显优于德育老师。

在 1995 年以后，由于社会大众的强烈呼声，我们的语文教材里开始越来越多地选编有关国学内容的课文，我们的语文教学也越来越注意与传统文化相结合。在一些地方，高中开始基本上学的都是文言文，现代文的学习多数由学生自己学习，老师只是起指导作用。这种做法的好处显而易见：文言文学习需要的时间比较多，考试时考的知识点也比现代文要多，所以在规模化教学的情况下，这是很有效率的做法。

不过，恰恰是这种教学方式让国学教育从属于了语言和文学教育，没有体现出国学教育的育人目的。“这种以古典语言学习为中心的经典教育在教育实践中往往因解决语言学习上的障碍的需要，把语言的学习同思想的训练和文化的积淀割裂开来，执着于训诂考据，而忽视了义理与文化上的观照与省察。”[①]由于过分注重对学生“考点”的训练，学生难以把所学的古典文化进行融合，往往只是知识点的组合。比如韩愈的《师说》一文，这是中国儒学史上非常重要的一篇文献，对于儒学中兴起了重要作用，而我们在教学时只是注意文章的字词、句式，不用说韩愈那种儒者的刚健精神没有领会，韩文那种浩荡壮阔的美感也没有体会出来。

考分当然需要，但是是不是需要以牺牲学生和教师的幸福感来提高分数，这值得怀疑。很多高中孩子甚至一些小学初中孩子现在都出现了不同程度的焦虑症状，就是因为家庭、学校都不给他们精神放松的空间。他们按照父母教师的思路想问题，把自己当作机器来看待，成绩上去了就高兴，下去了就害怕，没有人告诉过他们，孔子早就告诉我们“君子不器”。在家长看来，家长出钱，学校老师出力，花钱了就应该让学生考高分，考高分就可以上好大学，上好大学就可以找好工作。一些著名的超级中学也是按照这种思路来建设的。它们收费很高但家长却趋之若鹜，因为那种准军事化的强化训练确实可以让学生“提分”。

就语文中的国学教育来说，章炳麟说的“小学”大概是成果最丰富的了。文字学在中小学教育中最直接的教学类型就是识字教学。社会在不断地发展，但是识字教学仍是基础教育阶段的基础性教学。2011 版新课标说：“识字写字是阅读和写作的基础，是第一学段的教学重点。对识字与写字的要求应有所不同，要贯彻多认少写的识字教学原则，讲究教学方法，以减轻学生负担。识字教学要将儿童熟识的语言因素作为主要材料，同时充分利用儿童的生活经验，引导学生利用课外各种机会主动识字，力求识用结合。”按照新课标要求，识字教学不仅要让学生认识掌握 3500 个左右的常用汉字，会写 2500 个左右汉字，而且应该在识字过程中，受到情感价值的熏陶培

① 杜霞. 国学经典教育的尺度与分寸[J]. 教育学报，2012(1).

养。汉字记录着五千年的中华文明,是中华民族智慧的结晶和无价的瑰宝。作为中国人的母语,学生在生活环境中就可以达到识字的目的,他们身边同学、亲人的名字,商店的招牌,广告及家中物品的包装物等,都是可以接触到的识字材料,这为识字教学增加了很大的趣味性。

清代学者王筠在《教童子法》中说:“蒙养之时,识字为先,不必遽读书。……能识二千字,乃可读书。”在21世纪,在信息时代,及早阅读无论对学好各门课程,无论对主动获取信息、丰富知识,也无论对学生一生发展,都具有重要意义。在语文教学的过程中,阅读教学是理解的训练过程;习作是运用的训练过程;而识字教学则是阅读教学和习作教学的基础。阅读必须要有一定的识字量才可以进行;习作也必须要有一定的识字量才可以进行。而如果低年级学生识字量不足,就会严重制约读写能力的发展。如果说,语文教学像一个“瓶子”的话,识字教学就是“瓶颈”。识字教学的速度和质量,直接影响着语文教学的速度和质量,进而影响着素质教育的进程。因此,解决“瓶颈”问题,是提高语文教学效率的关键。只有解决“识字”这个“瓶颈”,学生的读写才能顺利进行。

2011版的新课标中识字教学方面比2001版的增加了一项重要内容,就是写字教学。尽管课标中对写字教学的教学建议比较简单,操作性不强,但是已经得到广大师生和社会的强烈认同。在这种形势下,教育部更适时地推出了《中小学书法教育指导纲要》(2013),《纲要》指出:“汉字和以汉字为载体的中国书法是中华民族的文化瑰宝,是人类文明的宝贵财富。书法教育对培养学生的书写能力、审美能力和文化品质具有重要作用。”书法教学对于学生识字教学具有很大的促进作用,直到此时,完整的识字教学体系才最终建立起来。我们知道,汉字“六书”是汉字生成的六种方法,了解这些方法的最好手段就是书法,而不是我们以前的认字训练。学生一旦认识到了写字的审美性,也就有了识字的主动性,课标说的具有较强的独立识字能力和良好的识字、写字习惯就不再是一句空话。这对于学生识字、写字,对于语文学习的各个方面,对于终身学习,都是一笔宝贵的财富。“识字与写字”目标的打通,标志着语文教学目标真正考虑到了语文学习的人文性质,找到了现代应用与传统气质的结合。

除了文字学,还有许多领域都是语文教学与国学教育的交叉点。比如在小学课文中,国学内容占据了一定的比重,1—6年级的12本教材中,包括选读部分在内,共有课文421篇,属于国学内容的古典诗词与经典名著就有40篇,占课文总量的9%;“语文园地”或“回顾·拓展”部分里就更多,如神话传说、民间故事、历史人物、风俗节日、谚语成语、书画建筑等内容。这些内容以不同的方式向小学生展示了中华文化的璀璨与魅力。[①] 当然,更多的国学经典在中学课本中,这里面不仅有儒家经典,也有古典艺术和古典文学审美趣味的熏陶。

① 王素贞.小学语文中的国学及其教育价值[J].教学与管理,2009(4).

国学经典在语文课本中的选编，一直是语文研究的热点问题。鲍鹏山指出，语文教材的内容应具备三个条件：第一、选到教材里面的文章应该能够体现一个民族的核心价值观。通过从小学到高中语文的学习，学生可以培养出本民族的文化信仰和文化价值观。第二、教材中应选用最为典范的汉语。例如《孟子》的文章就是用堂堂正正的语言，讲述堂堂正正的道理，其中不乏“富贵不能淫，贫贱不能移，威武不能屈，此之谓大丈夫”等千古流传的名句。第三、选用一定数量的古文。如宋代确立了基础教育的基本教材为《四书》，即《大学》《中庸》《论语》《孟子》。这四本书囊括了中国的核心价值观，加起来才五万字左右，学习起来也并非十分困难。[①] 何为经典？就是“用堂堂正正的语言，讲述堂堂正正的道理”，文章的语言应该是规范的汉语作品典范，思想内容也是真正的中华民族精神。

中学阶段，无论是古代典籍还是现代名家文章，其思想主题也都比较靠近传统道德中积极的方面。在初中语文人教版课本中，我们发现编者选择的国学经典作品多数还是儒家的，其他各家也有一点。七年级的两册各收录 6 篇文言文，占课本总篇数的 1/5；三到六册各 10 篇，占数的 1/3。像《陈太丘与友期》里通过一个小孩与客人的谈话，探讨了传统社会中人与人交往中应有的礼仪与诚信问题。杜甫的诗有《望岳》《春望》《石壕吏》《茅屋为秋风所破歌》选入，也反映了儒家关心民生疾苦的济世思想。七年级上册中《论语》十则和彭端淑《为学》、鲁迅《从百草园到三味书屋》，也都分别突出了好学、尊师等儒家思想主题。

高中课本中，文言文的数量大大增加，选编的类型也多种多样，儒家、道家、法家、纵横家等各种学说的都有代表性的文章选入。文言文的选择标准第一是文学性，第二才是思想性。特别在高二，诗词骈文辞赋都大大增加了数量。但是，儒家思想主题仍然占据主体地位，高中一二年级的文言文中，有二十多篇都是儒家方面的作者写的，像孔子、孟子、荀子、韩愈、柳宗元、欧阳修、王安石等著名思想家。高中阶段从必修 1 至必修 5 中，还在每个单元设置了“梳理探究”和“名著导读”两个板块，比较系统地总结了传统文化知识，并特地介绍了《论语》《中国文化精神》等国学名著。特别是“梳理探究”，简直就是一个简单的古代文化知识提纲，里面的“优美的文字”“姓氏源流与文化寻根”“文言基本句式”等专题，已经是很专门的国学常识课了。

在不同学段，语文教学中的国学课程是不同的内容，教学方式也因为知识系统、学生年龄的不同而有所不同。在小学阶段，识字教学是第一学段的教学重点，要根据学生心理特点，让学生探讨汉字特点，识字写字，了解汉字的美，能自主识字。在第二、三学段，学生的识字量增加，阅读能力大大增强，就需要在道德、礼仪、国学知识上进行熏陶，让学生有向往君子之心。在高中阶段，学生阅读原著的能力已经具备，则需要对学生进行更为开放的自主合作学习，灵活选择学习主题，从理智上理解国学对

---

① 鲍鹏山. 语文教学与国学素养是统一的[N]. 广东科技报，2009-09-04.

人生发展的意义。这些课型是属于语文教育范围的,但是并不妨碍成为国学课的实施形式。

当然,语文教学必然是以语文教学目标作为教学中心的,国学教育只能是其中的一部分。而且,在目前高考语文的分数比重越来越大的情况下,语文教学对于语言训练的关注度必然是大于对学生国学素养的培养的。如果我们要提升学生的审美能力、思维能力,则需要国学教育的教育机制。

作者简介

傅新营,男,山东昌邑人,天津师范大学教育学部副教授,文学博士。中国语文现代化学会语文教育专业委员会副理事长,中国青少年传统教育研究院高级研究员。曾出版《宋代格韵说研究》《华夏鼓韵》《语文反思性教学》等书,发表论文数十篇。

一种相思,两处情稠

——以《涉江采芙蓉》为例谈古诗词对写手法

赵 华

摘 要:本文以《涉江采芙蓉》为例谈古诗词对写手法,从对写手法的概念、作用两方面展开论述。把同一种情感,推己及人,从两个不同的角度同时写出,这种写法称之为"对写"。它可以跨越时空,幻化出虚实映衬的意境;可以变直白为婉曲,使抒情曲折有致;对写,可以深化主题,增强诗词艺术表现力

关键词:对写手法 虚实映衬 婉曲有致 艺术表现力

人教版高中语文教材中选录了《古诗十九首·涉江采芙蓉》一诗,教材把该诗解读为一首宦游的丈夫思念家乡、思念妻子的思乡、思亲之作。诗的前两句描写了一个游子来到一个芳草鲜美的湿地,去采摘芙蓉花;三、四两句刻画了主人公的心理活动,采摘芙蓉花的目的是送给自己日夜思念的远在家乡的妻子,此时游子的思乡、思亲之情全部移情于这一朵鲜美的芙蓉之上,芙蓉虽美,却无法以之传递自己的思念之情,自然引发了五、六两句的怅然之情,"还顾望旧乡,长路漫浩浩",自己远在他乡,漫漫长路何时才能踏上归途?于是最后两句无限悲情化作怅然的喟叹——"同心而离居,忧伤以终老"。至此一个孤独、忧愁、怅惘的游子形象跃然纸上,全诗哀婉而唯美,给人无尽的美学享受。

然而"诗无达诂"。如果我们换一个角度去解读这首诗,或许能给读者带来新的意趣与美感。转换角度之肯綮就在"芙蓉"二字。我们把这两个字试作谐音双关去理解,"芙蓉"谐音"夫容",此时这首诗就平添了一个主人公——思念丈夫的少妇。谐音之法在诗词中数见不鲜。南北朝《西洲曲》"低头弄莲子,莲子清如水"中的"莲子"就是"怜子","青如水"就是"情如水",形象地刻画了少女的羞涩以及似水的柔情。南北朝《子夜歌·今夕已欢别》"今夕已欢别,合会在何时?明灯照空局,悠然未有期"中的"期"谐音作"棋","未有期"就是"未有棋",既指"未有归期",也指"棋局难在"。此外,诸如唐代刘禹锡《竹枝词二首·其一》中"东边日出西边雨,道是无晴却有晴"的"晴"谐音作"情",唐·李商隐《无题·相见时难别亦难》中"春蚕到死丝方尽,蜡炬成灰泪始干"中的"丝"谐音作"思"等皆使用了"谐音"手法。

从上述范例看,谐音之法是古诗词惯用手法,因此《涉江采芙蓉》中的"芙蓉"谐

音为“夫容”是有据可依的。如果我们把“芙蓉”理解作谐音双关“夫容”，那么全诗则是另一幅画面。一个美丽的少妇独自一人来到江边采摘芙蓉，此时我们可以展开无尽的遐想，也许少妇本来的心情是愉悦的，也许她来采摘芙蓉就是为了排遣内心的烦闷，蓦然间看到“芙蓉”，联想到了“夫容”，顿时天地变色，草木含悲，少妇悲从中来，自己的丈夫远隔万里，思念丈夫却难见夫容。少妇的心被手中的芙蓉刺痛，自己的丈夫在哪里？在干什么？是否也在思念自己？他一定也在一样思念着自己，也许此时他就伫立在路边，凝望着归乡的漫漫长路，而难以踏上归途。如影视中的蒙太奇镜头，同一时间，却远隔万里的两个画面由一朵芙蓉花联系在一起。把同一种情感，推己及人，从两个不同的角度同时写出，这种写法称之为“对写”。清代蒲起龙说：“心往彼处驰去，诗从对面飞来。”清代张玉谷在《古诗赏析》中谈到《涉江采芙蓉》时说：“从对面曲揣彼意，言亦必望乡而叹长途。”诗人以对写手法幻化出“诗从对面飞来”的绝妙虚境。宋代李清照的《一剪梅·红藕香残玉簟秋》，倾诉了自己的离别之苦、相思之愁。也是始自自己，却落笔对方，把一种相思之情，化作了两处闲愁，表现了与赵明诚的心有灵犀。是咫尺天涯，还是天涯咫尺？也许连他们自己也无法判定，这就是对写的魅力、诗词的韵味。其中的“一种相思，两处闲愁”就是对写作手法的最好诠释。

对写，是古诗词的常见手法。《诗经》开对写之先河。《诗经·周南·卷耳》共四章：

> 采采卷耳，不盈顷筐。嗟我怀人，寘彼周行。
> 陟彼崔嵬，我马虺隤。我姑酌彼金罍，维以不永怀。
> 陟彼高冈，我马玄黄。我姑酌彼兕觥，维以不永伤。
> 陟彼砠矣，我马瘏矣，我仆痡矣，云何吁矣。

开篇写思妇思念远在他乡的征人，后三章变换角度铺陈丈夫在征途中的辛劳和愁思。首章女子的独白呼唤与后三章征夫策马独行、借酒消愁相互映衬，曲折委婉地表现了少妇怀人的闺阁之怨。自《诗经》首创对写手法，历代文人墨客在自己的怀人思乡之作中竞相效仿。唐代大诗人杜甫《月夜》：“今夜鄜州月，闺中只独看。遥怜小儿女，未解忆长安。香雾云鬟湿，清辉玉臂寒。何时倚虚幌，双照泪痕干？”该诗作于天宝十五年，安史之乱爆发，玄宗逃离长安，杜甫携家避难，把妻儿安置于鄜州，只身赴灵武投奔已登基的唐肃宗，被叛军掳至长安。被困于长安的诗人，望月怀人，遥想家中妻儿情境，想象妻子月下独自伫立凝望的动人形象，并与“未解忆长安”的“小儿女”形成对比，突出了妻子孤寂、凄凉之情，最后发出了“何时倚虚幌，双照泪痕干”的慨叹，表达了盼望战争早日结束，家人团聚的愿望。此外，白居易的《邯郸冬至夜思家》“邯郸驿里逢冬至，抱膝灯前影体身。想得家中夜深坐，还就说着远行人”，王维的《九月九日忆山东兄弟》“独在异乡为异客，每逢佳节倍思亲。遥知兄弟登高处，遍插茱萸少一人”，高适《除夜作》“旅馆寒灯独不眠，客心何事转凄然。故乡今夜思千里，霜鬓明朝又一年”，均采用了推己及人的对写之法，达到了“诗从对面飞来”的艺术效果。

对写，可以跨越时空，幻化出虚实映衬的意境。对写手法的运用离不开想象，诗人由自己的情感出发设想对方与自己的心灵相通，情从己出，意落于彼，幻化出朦胧的、唯美的、虚幻的心中之境，与自己的真实情感相辉映，描摹出虚实相映的画面。著名美学大师宗白华在《中国艺术表现的虚与实》中强调，“虚”与“实”辩证地统一，才能完成艺术表现，形成艺术之美。李商隐的《无题·相见时难别亦难》就是通过对写手法达到了“虚”与“实”的辩证统一，使全诗具有独特的艺术感染力，成为古诗词的经典之作。该诗的主题历来颇有争议，有人说是一首情诗，也有人说是写给令狐绹的拜谒之作。我更倾向于这是一首情诗，颈联出句从女性的角度描写，因长久的相思，发现云鬓已改、朱颜已老，为此而愁绪万千；对句从男性的角度着笔，寒冷的月夜，夜不成寐，只得吟诗遣怀。两者一实一虚，以对写的曲笔，把“虚”和“实”巧妙地熔铸在一起，把自己和对方的感情交融在一起，将这种深挚的思念之情委婉含蓄地表达出来。李商隐深谙对写之法，在他的《夜雨寄北》中，首句从对方着笔“君问归期”，而“我”眼前只有绵绵的夜雨，心中只有无限的思念，寥寥数语，羁旅之愁与不得归之苦，跃然纸上。三、四句设想未来幸福的团聚，二人共剪西窗之烛，再话今日之巴山夜雨。全诗从对方的盼归之情开始，转而抒写眼前之景、心中之情，继而进一步虚写对未来的期许，由虚而实，再由实转虚，把此时双方的相思之苦与未来幸福的团聚交织在一起，多么曲折深婉，含蓄隽永，余味无穷！

对写，可以变直白为婉曲，使抒情曲折有致。文似看山不喜平。中国人的美学观念讲究曲径通幽，气韵灵动，诗词的抒情最忌直白。对写的手法可以通过主客移位把“一种相思”化作两处情愁，化直白为婉曲，以弥补直抒胸臆的一泻无余。对写手法可以转换时空，思接万里，正如刘勰《文心雕龙·神思》中所说“故寂然凝虑，思接千载；悄焉动容，视通万里；吟咏之间，吐纳珠玉之声；眉睫之前，卷舒风云之色。其思理之致乎”，从而体现建构诗词曲折婉转的脉络的神来之笔。王昌龄《送魏二》诗中说“醉别江楼橘柚香，江风引雨入舟凉。忆君遥在潇湘月，愁听清猿梦里长。”诗的前两句直写离别之情；后两句笔锋一转，思绪跨越时空，从魏二处写来，夜泊潇湘，明月独照，清猿哀啼，辗转悱恻。诗人没有简单地抒写自己对友人的思念，而是通过巧妙地转换时空，拓展了诗的意境，把对友人的思念之情表达得曲折有致、委婉含蓄而又深沉幽远。柳永的《八声甘州·对潇潇暮雨洒江天》中“想佳人妆楼颙望，误几回，天际识归舟”一句也是如此，奇妙之笔就在于模拟“对想”，明明是自己登楼远眺，极目思归；却写对方也如自己一样，倚栏独望，盼望自己归来。把相思之情写得情感曲折有致，浓郁鲜明。

对写,可以深化主题,增强诗词艺术表现力。对写手法善于通过虚实的变化、时空的转换,把同一种情感分解作两个维度,从而加深了思绪的厚重,加重了情感的分量,使得作者或作品中的主人公怀远、思归之情,既生动形象,富有意境,而又具体充实,富有深度;达到深化感情、强化主题的目的。王昌龄《从军行七首》(其一):“烽火城西百尺楼,黄昏独坐海风秋。更吹羌笛关山月,无那金闺万里愁。”这是一首运用乐府旧题抒写戍边将士思乡之情的边塞诗。戍边将士在瑟瑟秋风里,眺望家乡,一轮明月照耀着万里关山。此时此地,“何人不起故园情”?偏偏秋风送来悠悠羌笛,思乡之情更加浓郁,将士们的思绪随着羌笛飘越万里关山,仿佛看到家中的妻子正在闺房独自惆怅。深闺妻子的万里愁怀正是将士们思归不得的结果。诗词用对写的手法把将士的思归之情和妻子的盼归之愿巧妙结合,多了一番曲折、多了一番情致,深化了诗词的主题,增强了诗的艺术感染力。欧阳修《踏莎行·候馆梅残》:“寸寸柔肠,盈盈粉泪,楼高莫近危栏倚。”——天涯游子在行色匆匆的征途上,却从对方着想落笔,推想到居家妻子此刻必定是登楼望远,感伤惆怅而柔肠寸断的。然后,又荡开一笔,内心中关切地劝慰妻子:别再登楼凭栏远眺了吧,那样只会“凝眸处,从今又添、一段新愁”!这种手法把游子思妇之间缠绵缱绻的伉俪之情烘托得浓烈深沉。

思念,是文学作品的永恒主题,被文人骚客反复吟咏。相思之人的关山阻隔,却成就了诗家的奇思妙想,正是:一种相思,两处情稠!

作者简介

赵华,国家级普通话测试员,中国语文现代化学会常务理事,中国语文现代化语文教育专业委员会秘书长。参加国家语委《经典诗词诵读分级本》的研究及试题编写工作。担任第二届中华经典诗文诵写讲大赛出题人及审题专家。参与人教社《汉字字形演变与文化精解》编写,主编部编本语文教材名著导读系列丛书。

例谈对诗词欣赏中“套板反应”的辩驳

魏暑临

朱光潜先生在《咬文嚼字》一文中论“套板反应”时说：“一个人的心理习惯如果老是倾向‘套板反应’，他就根本与文艺无缘。因为就作者说，‘套板反应’和创造的动机是仇敌；就读者说，它引不起新鲜而真切的情趣。一个作者在用字用词上面离不掉‘套板反应’，在运思布局上面，甚至在整个人生态度方面也就难免如此。不过习惯力量的深广非我们意料所及，沿着习惯去做，总比新创较省力，人生来有惰性，常使我们不知不觉地一滑就滑到‘套板反应’里去。你如果随便在报章杂志或是尺牍宣言里面挑一段文章来分析，你就会发现那里面的思想情感和语言，大半都由‘套板反应’起来的。韩愈谈他自己做古文，‘唯陈言之务去’。这是一句最紧要的教训。语言跟着思想情感走，你不肯用俗滥的语言，自然也就不肯用俗滥的思想情感，你遇事就会朝深一层去想，你的文章也就真正是‘作’出来的，不致落入下乘。”这里虽然也谈及读者，但仍主要是从作者创作的角度进行审视、展开议论，指出了那些人云亦云的陈词滥调是如何产生的。而我们又发现，很多读者在阅读的过程中，即便面对那些并非用“套板”创作出来的作品，也难免持有一种带有“套板”惯性的阅读方式，以至于也许作品本身很新，是真正“做”出来的，没有落入“套板”的窠臼，但到了这类读者的视野中，竟被另一种“套板”的理解束缚住，歪曲掉了。这样的读者，如果撰写文学批评的理论文章，就由读者转变成作者，他原本作为读者的“套板”就转变为作者的“套板”，他的文章也就成为“套板”的作品，反而造成了理解和审美的麻烦。

熟悉中国传统诗论的人，一定会因“诗无达诂”而宽博，也会因为“解人难得”而苦恼。因为“诗无达诂”有时体现着作品意蕴的丰美，有时却恰恰缘于不同的解读者对其主观偏见的执着。其实，古往今来很多诗论都非常混乱，有的甚至主观得可怜。我们今天学着读诗、教人读诗，首要的目的不是发现作品的“套板”，而是提防研究者的“套板”，这当然包括我们自己在内。这样才有望去伪存真、去粗取精，在“去魅”的过程中获得真知，而不是顽固不化、自鸣得意地守着似是而非或明显错误的伪智识，也就不会人云亦云、师心自用。大体说来，想要做到也不是很难，一方面是要注重史料更新，做到尊重史料，一方面是要尊重人之常情，把诗学还原到生活，一方面是要综合审视古今理论，看到各自的长处和不足，一方面是要打破门户之见和因循思维，勇于挑战“常识”。

这里举两个常见的例子，从中不但可以看出"套板"的真实存在，也可以看出打破"套板"实属不易。

一、"黄河远上"与"黄沙直上"的破与立

——王之涣《凉州词》的真相何以广受排斥

唐人王之涣有两首《凉州词》，其一便是传颂已久的"黄河远上白云间，一片孤城万仞山。羌笛何须怨杨柳，春风不度玉门关。"这看似简明的绝句，却因"黄河"与"黄沙"、"远上"与"直上"、"春风"与"春光"等异文引起过繁多争论。无论支持哪个版本，且其中有些议论即便来自诗学大家，竟也颇可发人一笑。所以，我们读该诗，不但有兴趣探索其文本的原貌，也思考那些纷纭的议论产生的原因。

很多人认为该诗文本的原貌无法考据，但仍有学人不懈为之，较早的有王辉斌先生《唐代诗人探赜》考证《国秀集》所录该诗"一片孤城万仞山，黄河直上白云间。羌笛何须怨杨柳，春光不度玉门关"为正宗，但在分析诗旨时却又说"滚滚黄沙"如何如何，足见他虽然以"黄河直上"为"正宗"，却又在这"正宗"之外对"黄沙"这意象别有体会。

直到杨琳先生的《"黄河远上"与"黄沙直上"的是非》（载《古典文学知识》2010年第6期），考定该诗真容应为"一片孤城万仞山，黄沙直上白云间。羌笛何须怨杨柳，春光不度玉门关"，此一公案方可谓告破，而盛大林先生的《王之涣〈凉州词〉异文全面考辨》（载《商丘师范学院学报》2020年第7期）通过对37种文献、50个版本的查证更足以作为杨文的有力佐证。

这一结论与世人习见的文本相差甚远，接受起来还需要切中肯綮的说理和审美认知的过程。

首先，有人认为原始文本不合绝句平仄格律，杨琳指出这正是前人妄改一二句顺序的原因，并举《渭城曲》（渭城朝雨浥轻尘）为旁证，认为不讲究二三两句平仄的"粘"是这种古绝的原始面貌。其实，更直接的证据是王之涣《凉州词》其二："单于北望拂云堆，杀马登坛祭几回。汉家天子今神武，不肯和亲归去来。"以及高适为王作《凉州词》其一所作的和诗："雪净胡天牧马还，月明羌笛戍楼间。借问落梅凡几曲，从风一夜满关山。"其平仄都是句间相对，并无相粘的情况，这其实就是前人所谓绝句的"折腰体"。但说唐时《凉州词》古绝都属此类却不合事实，孟浩然、王翰等人所作，其平仄则为对、粘交错。大概"凉州词"音乐形式不拘一格，对应的诗句平仄格式也就未必单一。

再有，包括杨、盛在内的部分学者都认定今本"河"字是"沙"字形近之误，这属于"理校"之法，需结合文本仔细"以意逆志"。就该诗真本而言，首句言无边土石之山环绕孤城，写总体环境之苦，次句写黄沙随风直上，为边塞特有之景，三四两句跌宕笔法，抒发守边怨情，可谓章法得宜，浑然一体。若依今本，"黄河"一句便无着落，纵然

单句再好，却无法协调全诗。

以前坚持“黄河远上”更佳的，多是单论一句，忽略全诗脉络。周啸天先生的《中国绝句诗史》说：“‘黄河远上’这一文本久为读者所接收、所喜爱，感情上已容不得‘黄沙直上’，诗中的几个主要意象‘孤城’‘玉门关’‘羌笛’‘杨柳’均通向一个现成思路，就是征人强烈的乡思和哀怨。”显然，这体现了情感上的“套板反应”，而仔细体会诗理，这个所谓的“现成思路”，与黄河连不上，却正缺一个“黄沙”。刘逸生先生《唐诗小札》倒是强调首二句“有不可分割的关系”，却遗憾地停留在感受“黄河远上”与“孤城万仞山”在气象壮阔这方面的“铢两悉称”“双峰并峙”，可谓骛意境之远而失内容之诚了。

有趣的是，与刘逸生恰恰相似，又恰恰相反，胡大浚先生《关于王之涣两首绝句的解说》同样用“铢两悉称”“双峰并峙”，形容的却是“黄沙直上”的笔力千钧与“孤城万仞山”之间的协调，正如他所说：“‘黄河远上’，美则美矣，与诗要表达的塞上的荒凉苦寒，征人的怨愤，毕竟无关。拿它同‘一片孤城万仞山’比衬，也实在太不融洽了！”足见，“黄河远上”一句在全诗中好不好，与程千帆先生等人反复强调的夸张手法及与李白“黄河之水天上来”之相似是没有直接关系的（程先生在多处诗论中持这类看法，直至近年张伯伟先生主编的《程千帆古诗讲录》仍存录当年其讲课时这类议论的痕迹），和白化文先生等人所论述的讲不讲地理方位、科学知识等也不必相关（参见白著《退士闲篇》）。至于林庚先生等人所持“黄沙”上天之后云就是“黄云”而不是“白云”等说法，则不但不免“以辞害意”，也不全然符合生活的实际了（参见林著《唐诗综论》）。

谈到生活，陈绶祥先生《国画讲义》中曾说：“从我们现在的认识来看，也许科学家说得有道理，但是在唐代的认识上来讲，这首诗可能就是如王之涣所写的一样，而且就诗的韵味、意境、创作规律和接受来讲，‘黄河远上白云间’肯定更高更好。这就是不同的人通过不同的生活、不同的实践对诗有不同的理解、不同的认同。”其实，以“诗无达诂”为幌子宽容地对待各种似是而非的诗论的情况不胜枚举，但如陈先生这样举“生活”的大旗以庇护他对诗与生活的关系所作的轻率评论，甚至替古人的生活定位的，可能还是不多见的。实际上，“生活”往往在审美上带给常人以错觉，人们的“直觉”充满了“套板”，面对经典，面对学术，我们与其盲从于“生活”，不如谨慎地辨析我们的“生活”，更要谨慎地论断他人的“生活”。

更有意思的是，俞兆平先生《误导与创新》（见《苔痕履印：俞兆平人文随笔选集》）一文认为“误导”足以引发“创新”，正如郭沫若误译了《鲁拜集》中某句，却比原文更佳，而王之涣的这首诗，“黄河远上”虽然“偏误”，却“摆脱了客观对象真实性的拘囿，追求的是诗人一刹那间的直觉，创造出更为浩瀚壮阔的美的境界。所以，此误，误得有理，误得恰到好处。”他说的“错而更优”的现象在文艺作品中诚然有之，但具体到像《凉州词》这样的文本，“错得有理”这样的思路还是得慎用。

这就像葛兆光先生《唐诗选注》中说的“也许有版本校勘学上的理由与依据，但却不符合诗歌创作的想象”，也就是说：即便考证出作者真的那么写了，他也是错的。这种凭着自己的“想象”揣度和判定古人的做法，实在值得反思。葛先生论诗常常反对读者的“套板反应”，但是他以自己的“板”去硬“套”古人，不管全诗意脉与风格的整体调和，连版本校勘都可全然不顾，也足见他自身的“套板反应”是多么地感情用事了。其实，对似是而非的论断盲目自信，最终套住的还是自己。

二、李清照的“卷帘人”
——《如梦令》的对话究竟应该相信谁？

李清照的《如梦令》（昨夜雨疏风骤）造语精新，立意别致，久已为人称道。但鉴赏者在赞美李清照笔法高超的同时，常少不了捎带着批评卷帘人，认为她在作答时没有观察窗外实景，给出了错误答案，被明察秋毫的词人抓了个正着。但有两个问题尚待解决：一、卷帘人就在窗前，听到提问，放眼看去，是下意识的动作，看清窗外实景并非难事，我们怎么就能断定她的话不值得相信呢？况且她有什么理由要扯谎呢？二、词人既然已知海棠必然“绿肥红瘦”，为何还要刻意发问呢？常见的一些解读显然无法很好地回答这两个问题。

仔细体会词意的脉络和词人的内心，我认为词人本已有了“绿肥红瘦”的既定答案，甚至可以说是先决的心理期待，不管海棠的实景究竟怎样，也不管卷帘人的作答是否属实，她要表达的其实只是自己内心的一种执念。这在“试问”“却道”“应是”这三个表达词人语气和内心世界曲折感受的词语中有所透露。

首先，如果是想知道，直接问即可，为何要“试问”？一个人多半是当想要知道外界的反馈是否符合自己预期的判断之时才会这样“试问”，否则如此普通的问题，是没必要用如此小心翼翼的口吻的。或许有人认为这口吻体现着词人对海棠命运的关切，害怕其凋零，果真如此，当她得到“海棠依旧”的答案，本应该放下心来，这首词也就没有下文了。

其次，卷帘人站在窗前，距花最近，作出真实答案并不难，也正因此，词人才会对她发问，因为词人真的是认为“绿肥红瘦”必然存在，但是很明显，卷帘人如实的作答没有符合词人的心愿，于是词人自言自语地嘟囔着“知否知否，应是绿肥红瘦”，好像有一些无奈、一些焦急、一些失落。

这个“知否知否”只能是词人的独白，不会是对卷帘人的批评，否则卷帘人会莫名其妙而直率地告诉她：“事实如此，不信您自己过来看看！”钟振振先生《唐宋词举要》说本词是“细腻的女主人公与粗心大意的小丫鬟之间饶有生活气息的一场对白”，而“知否”二句则“表现了女主人公纠正小丫鬟之错误观察时的急切语气”。这样的论述，简单地把本词的曲折情致定位在词人和卷帘人表面上细腻与粗心的对比，是比较肤浅的；且把“知否知否”视为急切的批评，也不符合人之常情，就算卷帘人真的犯了粗心失察之错，这般小事儿，值得如此急切吗？即便纠正，大概也不会这样措辞，因为错在真与伪，不在知不知。显然，“应是”二字所表达的，乃是在词人想来应该如此，而实际上未必如此的意思。那么，为何她会有这样红销香损的心理预期呢？如果熟知她作为女性词人的多愁善感，这也许不难体会，对她来说，惜花是次要的，怜己伤怀才是表达的主旨。

清人黄苏《蓼园词选》说此词“一问极有情，答以‘依旧’，答得极澹，跌出‘知否’二句来，而‘绿肥红瘦’无限凄婉，却又妙在含蓄，短幅中藏无数曲折。”“极澹”二字评得很好，因为卷帘人不知道词人内心的深曲，回答如此简单的问题也不得不“澹”，这是生活的真实。这评语虽好，但很多人恐怕没有读懂，甚至有所误解，如杨敏如女士说：“问答显然不相称，问得多情，答得淡漠。因答语的漫不经心，逼出一句更加多情的‘知否知否’来。”（见唐圭璋主编《唐宋词鉴赏辞典》）这倒是看出了词人与卷帘人之间的“不相称”，但仍停留在问与答的不合拍，而没有深究二人心理世界的不贴合，于是只看出卷帘人的作答对词人表达内心世界的引逗作用，却没有使卷帘人在读者的指责中解脱出来。卷帘人如实作答，别无他意，也别无选择，于是才产生了她的答案与词人心理预期之间的冲突，这才是本词曲折意趣之关键所在。

我多年前读此词时即为卷帘人打抱不平，后来读到黄岳洲先生的《古诗文名篇难句解析辞典》，似乎认为卷帘人的话是可信的，颇觉惊喜，但遗憾其又没有展开翔实地论述。直至有一年谷雨前某日下午，刚刚欣赏过满园盛放的海棠，不料当晚就迎来“风雨俱骤”的天气，我很惦念那脆弱的花树，但次日清晨，当我看到她依然烂若云霞，甚至繁茂有过于昨日，则简直被她那不可低估的生命力惊住了。我想，如果我这时恰是“卷帘人”，也无法给出“绿肥红瘦”的答案来——当然，为卷帘人开脱，细读文本已经足以，而生活的实证却也如此有力——至于女词人内心另有一番机杼，则大概属于“词别是一家”（李清照语）的花外传奇了。

在解读李清照的《如梦令》时，虽然更多人把注意力放在“知否知否”“绿肥红瘦”这两句的语言魅力上，但也有一些学者关注到卷帘人的作用，而明确批评卷帘人粗心大意的，好像都是当代学者，古人论述中似乎尚所未见。当代对卷帘人最为独特的解读，大概当属吴小如先生了。

吴先生《古典诗词札丛》中说：“总觉得前两句有矛盾，既然酒醉酣眠，怎么会听得那么仔细，知道雨点稀疏而风势狂骤？如果风雨之声历历在耳，则显然入睡未沉，神志清醒，又岂能说‘浓睡’？”直到领悟了卷帘人其实是李清照的丈夫赵明诚，“才恍然大悟，原来此词乃作者以清新之笔写秾丽艳冶之情，词中所写悉为闺房昵语……答语是海棠依旧盛开，并非被风雨摧残……实则惜花之意正是怜人之心，丈夫对妻子说‘海棠依旧’者，正隐喻妻子容颜依旧姣好，是温存体贴之辞，但妻子却说，不见得吧，她该是‘绿肥红瘦’，叶茂花残，只怕青春即将消逝了……如果是一位阔小姐或少奶奶同丫鬟对话，那真未免大煞风景，索然寡味了。”

其实，本词的首二句并无矛盾之感。难道不能是先有雨疏风骤的天气，词人百无聊赖才痛饮沉睡吗？何况，这其间是否有矛盾，和本词是否彰显夫妻恩爱主题不存在必然的因果关系。

更关键的是，吴先生的解读虽然把本词的主旨从简单的惜花之情上超脱出来，似乎新颖，却失之太远，不免“深文罗织”之弊，看上去是导演了一场好戏，指出了一种言外之意，但其实是把本词浪漫深刻的内涵锁定在一个具体实际的世俗化场景中，局限住了。这首词是单纯而不简单，所以意蕴才丰富；硬要搞得复杂，反而显得局促。

所以，吴先生的解读没有带来什么惊喜，却损失了原词清新明丽的风度，增添了许多男女琐碎日常中打情骂俏时矫情的“浊气”。每读到这首词，原本总能想起《牡丹亭·游园》中那“晓来望断梅关，宿妆残”“吩咐催花莺燕借春看”的场景，在清新与秾丽之间，大有一番风雅情致在。不知道小姐和丫鬟的对话怎么就大煞风景了呢？读之已浅，而结论不深，那样的诗论多使人乏味；而渐读渐细，却渐行渐远，这样的解读更不免让人遗憾。

徐培均先生《李清照集笺注》不认可吴先生的说法，认为卷帘人就是婢女，却是通过引用卢仝“指挥婢子挂帘钩”等诗句来加以证明，这种寻章摘句以求旁证的方法不免书生气了些，其实，准确把握这首词自身的本文已经足以说明其独特的内涵。

退一步讲，卷帘人是谁本不重要，重要的是这首词的曲折之美在体会的过程中究竟应该把握怎样的分寸，而这分寸则主要维系在对词人内心世界的感知和对这首词真实性的尊重。这首词的妙处，就是格外的真实，又在单纯的真实之中格外的曲折细腻。它的真实是一种不可模仿，也无须模仿别人的独特。历来很多词论，如明人张綖《草堂诗余别录》都指出本词脱胎于韩偓的“昨夜三更雨，今朝一阵寒。海棠花在否，侧卧卷帘看。”还有一些人把它和孟浩然《春晓》联系起来，这都是只求“形似”的做法，仍然是受着“无一字无来历”的传统的牵绊。如果这首词真的脱胎于其他人的什么诗句，那么李清照很可能就是在玩儿文字游戏，编一个故事给读者看，甚至是虚构一个卷帘人与她问答的情节，来引出她“绿肥红瘦”的喟叹，这样的揣测恐怕是无法让人接受的。

因此，我们必须承认这首词反映了词人生活的独特真实，只有这样，李清照和她的卷帘人，才是独特的、活泼的、清新的。而也正因为它的真实，我们看不出这里有什么矛盾的存在，以及什么闺房的艳语，同时，也就必须感谢这个卷帘人带给词人生活的曲折多致，以及这首词的趣味横生。

作者简介

魏署临，中国语文现代化学会常务理事，中华诗词学会会员，天津市诗词学会理事，天津市红楼梦研究会理事，天津市作家协会会员，天津市书法家协会会员，天津市弘一大师—李叔同研究会会员，南开大学吴玉如艺术研究中心研究员等。著有《书坛巨匠吴玉如》《“津门三子”与荣园》等。编著有《〈给青年的十二封信〉导读本》，参与编著《〈唐诗三百首〉导读本》《吴玉如全集》《语文学科知识与教学能力》等。

小说《三国演义》之“群英会”与京剧之《群英会》艺术特色比较

许 冰

摘 要:小说和京剧同为艺术形式,但在表现《三国演义》中《群英会》这一著名故事时却是各自发挥其艺术的特有表现形式,以不同的艺术感染力吸引着读者和观众。本文试图以《群英会》为例,从情节、人物、语言三个方面,就小说和京剧在艺术特色上的异同,作一粗浅的比较。

关键词:小说 京剧 《三国演义》 《群英会》 比较

京剧《群英会》(现今京剧舞台上常见的演出本)是根据小说《三国演义》第四十五回:“三江口曹操折兵 群英会蒋干中计”和第四十六回“用奇谋孔明借箭 献密计黄盖受刑”的大部分内容改编而成的。小说和京剧同为艺术形式,但在表现“三国”这一著名故事时却是各自发挥其艺术的特有表现形式,以不同的艺术感染力吸引着读者和观众。本文试图以《群英会》为例,就小说和京剧在艺术特色上的异同,作一粗浅的比较。

一、情节

京剧《群英会》取材于小说《三国演义》,所以它和小说在情节安排上都做到了曲折生动、线索清晰、跌宕多姿。相对而言,小说的情节比较复杂。从周瑜诓孔明断曹操的粮草写起,顺序写出了周瑜假意请刘备过江,孔明向刘备授计,周瑜毁书斩使,夜窥敌寨,蒋干盗书,曹操中计,错斩蔡张以及孔明草船借箭,二蔡诈降,苦肉计等等情节,故事描述得比较详尽。例如写周瑜暗窥曹军水寨,为北军布寨“深得水军之妙”而吃惊,当即确定破曹的关键在于设计除掉蔡瑁、张允二人。这一笔写出了“群英会蒋干中计”的背景,看似从容闲暇之笔,却展示了包含重大矛盾的情节(这是决定战争双方谁胜谁败的关键性矛盾)。在写蒋干过江与周瑜相会之前,先交代周瑜这一极有远见的重大战略决定,作者用笔是非常高明的,这不仅使得小说的情节前后连贯、浑然一体,而且也为赤壁鏖兵谁胜谁负的结果埋下了伏笔。

京剧由于受演出时空间和时间的限制,情节相对比较集中,删去了“周瑜假意请刘备过江”“三江口曹操折兵”“蒋干请令过江”“荀攸献计让二蔡诈降”等情节,着重表现“群英会上蒋干中计”“诸葛亮草船借箭”和“苦肉计”，使得矛盾重点更加突出。并把相关情节做了修改，例如，小说中诸葛亮草船借箭时的一段情节：

却说曹操寨中，听得擂鼓呐喊，毛玠、于禁二人慌忙飞报曹操。操传令曰：“重雾迷江，彼军忽至，必有埋伏，切不可轻动。可拨水军弓弩手乱箭射之。”又差人往旱寨内唤张辽、徐晃各带弓弩军三千，火速到江边助射。比及号令到来，毛玠、于禁怕南军抢入水寨，已差弓弩手在寨前放箭；少顷，旱寨内弓弩手亦到，约一万余人，尽皆向江中放箭：箭如雨发。孔明教把船吊回，头东尾西，逼近水寨受箭，一面擂鼓呐喊。待至日高雾散，孔明令收船及回。二十只船两边束草上，排满箭枝。孔明令各船上军士齐声叫曰：“谢丞相箭！”比及曹军寨内报知曹操时，这里船轻水急，已放回二十余里，追之不及。曹操懊悔不已。

在京剧中，这段情节做了如下的修改：

诸葛亮：吩咐擂鼓呐喊（做金鼓声，蒋上）。
蒋干：启禀丞相：江中有人呐喊。（曹上）
曹操：满江大雾，想是周郎偷营，不可轻举妄动。
蒋干：丞相，何不乱箭齐发。
曹操：好，乱箭齐发。（曹、蒋下）
水手：舟小盛载不起。
诸葛亮：大喊三声，诸葛先生谢曹丞相的箭。（亮、肃、水手下）
（曹、蒋上）
曹操：我当是周郎偷营，原来是孔明借箭，吩咐众将架舟追赶。
蒋干：顺风顺水，追赶不上。
曹操：时时防计巧。
蒋干：着着让人高。
曹操：丢了十万箭，
蒋干：明日再来造。
曹操：又中他人之计。
蒋干：下次不中也就是了。
曹操：此事又坏在你的身上啊！（下）
蒋干：又是我的不是，曹营的事真真难办的很哪。（下）

修改后，把小说中毛玠、于禁的角色，改成了蒋干；把曹操命令放箭改为蒋干提议放箭，曹操应允，并增加入曹操和蒋干的一段对话。这一改，更突出了曹操和蒋干的人物性格，特别是透过蒋干的语言，使我们再一次联想起他在群英会及盗书前后愚钝可笑的样子，通过借箭中他的表现使其性格特点更加鲜活了。

为了戏剧的特点突显，京剧中还增加了一些细节。例如："蒋干盗书"时小说原文直接交代了蒋干偷看到"蔡、张"二人写给周瑜的信。而京剧增加了这样一个细节：蒋干（白）："有了，案上有书，待我来看书解闷，陆战、马战、步战、水战，周郎最喜水战，倒要看看，内有小柬一封，看过的了，偷觑偷觑。"

如何使蒋干能顺利地进入周瑜设的圈套之中呢？京剧中增加了"把书信夹在水战兵书中"。这一细节，作为"故友"的蒋干深知周瑜熟悉水战，自然要翻看这部兵书，于是顺理成章地发现了早就为他准备好的那封书信。这一看似简单的细节，使得戏剧的色彩更加浓郁，情节更加合理。

还有一些情节，京剧安排得比小说要合理。比如，群英会后，周瑜和蒋干各怀心腹事同床共眠时，周瑜假意呓语要杀曹操。这一细节小说放在了有人假报蔡瑁、张允送信欲杀曹操之前。而京剧改为在来人（京剧中的人物是黄盖）假报蔡瑁、张允送信欲杀曹操之后。

有的情节，小说安排得比京剧要合理。比如，下面的小说情节顺序"孔明借箭——二蔡诈降——黄盖提出诈降——苦肉计"条理得当，环节严谨。而京剧调整为"二蔡诈降——黄盖提出诈降——孔明借箭——苦肉计"顺序不太合理。

二、人物

小说和京剧都刻画了一幅栩栩如生的群英谱。京剧因改自小说，所以两种艺术形式对人物的性格特点把握得基本一致。如周瑜、孔明的英雄才略，鲁肃的诚恳忠厚，黄盖的赤胆忠心，蒋干的愚而自得等。塑造人物时，都是通过故事情节与现实斗争的尖锐矛盾，反复渲染人物的主要性格特征。

虽然人物性格把握基本一致，但是小说和京剧表现人物的方法却有很大的不同。

（一）从文学塑造任务的角度看

首先，小说主要是以复杂的故事情节表现人物；京剧文学主要是以鲜明的人物表现补足相对简单的故事情节。由于小说的篇幅自由，故事情节可以在较大的时间和空间范围内展开，还可以多线索错综复杂地进行。"群英会"正是在这多线索的叙述中展开人物形象的。由于人物众多，单看某个情节中的某个人物时可能不会给人留下深刻的印象，但是要把前后的情节综合起来再去品味，便会发现众多人物身上的深刻内涵。例如，鲁肃这个人物，初看，只感受到他性格忠厚的一面，联系前后情节（乃至"群英会"前面的"鲁子敬力排众议"）悉心阅读，我们便会发现鲁肃之所以这样穿梭于诸葛亮和周瑜之间，主要是为了维系联蜀抗魏的大计而奔走，由此我们可以体味到他对东吴的一片忠心。从这个角度看，他不仅忠厚老诚，而且具有政治眼光，是一位不可多得的政治家。

京剧剧本是为舞台演出服务的,由于受物质条件的局限,不可能过多地变换场景和出场人物,同时由于受不可逆的演出过程中观众理解力和注意力的限制,情节线索不能过于复杂,时间也不能过长,因此它要求人物、事件、时间、场景都必须尽可能地集中,避免不必要的枝蔓。如何弥补上述缺陷呢?用更加鲜明人物形象来补足是它的唯一手段。京剧中的人物(特别是主要人物)一出场,往往不过三五个言行,我们就能看出其性格特点。

为了使人物特点鲜明,京剧在塑造人物时还尽量避免性格上的重复。还以鲁肃为例,上文我们分析了他不仅忠厚,而且有政治头脑,但是如果在京剧中把这两重特点都塑造出来就会和周瑜、诸葛亮的形象产生某些雷同,因此在京剧中弱化了鲁肃的政治品格,而把他厚重的一面强烈地展现了出来,与周瑜和诸葛亮等人产生了鲜明的对比和反差,这就满足了观众的审美需要。

其次,小说通过语言、情态等多方面,细致地刻画人物性格。京剧文学主要得通过人物语言塑造形象。例如,小说中的"群英会蒋干中计"一节对周瑜的描写,通过他的一言一行,举手投足,无不恰当地表现出他的思想、性格和气质。周瑜一听说蒋干到时,便"笑谓诸将曰:'说客至矣!'"说明他对曹操深有了解,事件的发展也在他的预料和掌握之中。相见时,周瑜的第一句话就先声夺人,点出蒋干为曹操作说客的来意,置对方于被动地位,让事态按自己的安排布置发展。

群英会上,周瑜悉召江东英杰束装来跟蒋干相见,并授剑太史慈作监酒,宣布:"今日宴饮,但叙朋友交情;如有提起曹操与东吴军旅之事者,即斩之!"不仅使蒋干没有开口劝降的机会,而且主动向他显示东吴的军威;并再一次当众表示自己效忠东吴、毫不动摇的决心。在宴饮过程中,几次写到周瑜"大笑畅饮""佯醉大笑""舞剑作歌",而且数次点染蒋干"惊愕,不敢多言""面如土色"等。这样两相比照,显示出一边主动,一边被动;一边意气豪壮,一边委琐胆怯。情节发展到这里,蒋干已被逼进死胡同,没有机会也没有胆量开口劝降,势必一事无成,空手败兴而归。

全文如果到此为止,还不能充分地展示出周瑜超人的智慧。接下去写周瑜假醉,邀蒋干入帐同榻,抵足而眠,使情节的发展"绝处逢生",进入了新的境界,而蒋干却在新的希望和喜悦中走向更大的失败。此后是一方佯醉假寐,一方伏枕难眠,言谈动作,虚虚实实,真真假假,情节起伏变化,妙趣横生。直到蒋干盗书逃路,自以为得计,实际是落入了周瑜精心布置的圈套之中,情节便发展到了高潮。其间,蒋干盲目自信、颟顸愚蠢;周瑜机警沉稳、精明干练,也就得到了鲜明地表现。

京剧文学具有戏剧文学的一些特点:一般没有叙述性语言。除了对环境、动作等的少量提示文字外,主要内容通过人物语言(唱词和念白)来揭示人物的性格(以武打或舞蹈为主的京剧除外)。例如,"草船借箭"一场,诸葛亮和鲁肃有这样两段简短的内心独白:"(诸葛亮):一霎时白茫茫满江雾厚,顷刻间观不见在岸在舟。似这等巧机关世间少有,学轩辕造指南车以制蚩尤。"这段唱词,不仅道出了当时大雾满天的环境特点，还引用了古代传说中轩辕施妙计战胜蚩尤的典故，表现了诸葛亮用计借箭的自信。再看鲁肃："鲁子敬在舟中浑身颤抖，拿性命当儿戏全不担忧。这时候他还有心肠饮酒，霎时间到曹营难保人头。"从这段唱词中不难看出，此时鲁肃仍然识不破诸葛亮的计谋，从侧面衬托了诸葛亮的神机妙算。这两段唱词，虽然短小，却把鲁肃的厚道和诸葛亮的机智描摹得活灵活现。

（二）从不同艺术门类的表现形式看

小说只能用文字的方式表现人物，这是不言而喻的。京剧则可以从综合的角度塑造人物。京剧的一个重要特征就是综合性，它包含着文学、音乐、舞蹈、武术、杂技、美术等多种艺术因素，这些丰富多彩的多元因素塑造出来的人物比小说立体感要强。再有，京剧还用其特有的虚拟、夸张、程式、技艺等方法表现人物。例如，在群英会上，周瑜授剑太史慈作监酒，小说原文写"太史慈应诺，按剑坐于席上"。而京剧却用夸张的手法为花脸应工的太史慈设计了三声大笑——"哈哈，哈哈，啊哈哈哈哈哈！"更加显示其威猛及对蒋干的震慑力。再如，草船借箭之后，鲁肃向周瑜讲述孔明借箭的经过，小说中为了避免文字上的重复只简练地写了一句话："鲁肃入见周瑜，备说孔明取箭之事。"而京剧中为了突出技巧性，为老生应工的鲁肃设计了一大段念白："那孔明出得帐去，一日也不慌，两日也不忙，到了三日，它并不用工匠人等，只用战船二十只，军士五百名，茅草千担，青布帐幔，锣鼓全分，四更时候去至曹营，擂鼓呐喊，那时满江大雾，曹操闻知，吩咐水旱两寨一齐放箭，霎时之间，借得十万雕翎，特来交令哪！"这段贯口要求演员要一气呵成地念出来，还要念得技巧娴熟、抑扬顿挫、情感饱满。很多著名的演员念完这段贯口往往能得到观众热烈的掌声，煞是好听。

三、语言

小说的语言吸收了传记文学的语言成就，并加以适当的通俗化，"文不甚深、言不甚俗"，明快流畅，雅俗共赏，具有简洁明快而又生动的特色。叙述描写，不以细腻见长，而以粗笔勾勒见工，但许多生动的片段，也写得粗中有细，例如：周瑜诓孔明断操之粮时对孔明的心理描写："孔明暗思：此因说我不动，设计害我。我若推调，必为所笑。不如应之，别有计议。"只一句话就把孔明才思的敏捷和聪慧生动地刻画出来了。至于写人物的对话，更是个性鲜明，有声有色。例如，"草船借箭"之前周瑜和孔明的一段对话：

> 次日，聚众将于帐下，教请孔明议事。孔明欣然而至。坐定，瑜问孔明曰："即日将与曹军交战，水路交兵，当以何兵器为先？"孔明曰："大江之上，以弓箭为先。"瑜曰："先生之言，甚合愚意。但今军中正缺箭用，敢烦先生监造十万枝箭，以为应敌之具。此系公事，先生幸勿推却。"孔明曰："都督见委，自当效劳。敢问十万枝箭，何时要用？"瑜曰："十日之内，可完办否？"孔明曰："操军即日将

至，若候十日，必误大事。”瑜曰：“先生料几日可完办？”孔明曰：“只消三日，便可拜纳十万枝箭。”瑜曰：“军中无戏言。”孔明曰：“怎敢戏都督！愿纳军令状：三日不办，甘当重罚。”

两位谋略家一攻一答，一功一防，周瑜表面公事公办，实则暗藏杀机；孔明表面轻松笑谈，心里早已想好借箭妙计。这段对话，把周瑜妒忌之极的险恶用心和孔明的雄才大略淋漓尽致地表现了出来。

京剧中的很多语言（唱词和念白）尊重了小说的原文，有的稍有改动。例如，“群英会”上周瑜刚刚见到蒋干时二人有这样一段对话：

瑜曰：“子翼良苦，远涉江湖，为曹氏作说客耶？”干愕然曰：“吾久别足下，特来叙旧，奈何疑我作说客也？”瑜笑曰：“吾虽不如师旷之聪，闻弦歌而知雅意。”干曰：“足下待故人如此，便请告退。”瑜笑而挽其臂曰：“吾但恐兄为曹氏作说客耳。既无此心，何速去也？”

京剧中的对白是这样的：

周瑜：子翼良苦，远涉江湖，为曹氏作说客么？
蒋干：久别足下，特来叙旧，何言说客二字？
周瑜：瑜虽不及师旷之聪，闻弦歌而知雅意。
蒋干：足下待故人如此，便请告退。
周瑜：子翼兄既无此意，为何去心太急？

总的来说很多语言是忠于原著的，但是很大程度上京剧的语言（尤其是唱词）突出了它是古代语言和现代语言相结合的韵文的特点，更适合于说唱。例如，小说原文中的这句话：瑜告众官曰：“此吾同窗契友也。虽从江北到此，却不是曹家说客，公等勿疑。”京剧中将它改为：子翼兄乃本督昔日同学好友，虽从江北而来，却并非与曹操作说客，公等勿疑。请注意，这里把“不是”一词改为了“并非”更适合京剧的上口念白（京剧中把“非”读成“fi”）。再如，当周瑜得知曹军的水军都督是蔡瑁、张允时，小说对周瑜的语言是这样写的：“二人久居江东，谙习水战，吾必设计先除此二人，然后可以破曹。”

京剧中为周瑜设计了这样几句唱词：

此二人习水战兼有韬略，
献荆州降曹瞒助纣为恶。

看起来曹营中水军难破，
除非是杀二贼好动干戈。

四个十字句，合辙押韵，很适合京剧的演唱。

以上从三个方面对小说和京剧《群英会》在艺术方面的特点作了一下粗浅的对比。综合起来看，长篇小说和京剧这两种不同的艺术形式各有千秋。长篇小说主要是通过文字描述，任读者去揣摩体味，更多地给读者留下思索与想象的空间，但长篇小说缺乏直观且篇幅又长，在文化快餐（特别是影视剧）盛行的今天，随着生活节奏的逐步加快，很多人不能去静心阅读长篇小说。京剧主要是通过综合性表演，任观众去观看体味，但随着时代的加速，很多人主观感觉京剧演出节奏慢，加之又缺乏历史知识，因此不愿去观看。我们常说："只有民族的，才是世界的。"如果在不久的将来中国古典长篇小说和国粹京剧在大多数中国人心目中走向消亡，那将是我们民族最大的悲哀。

参考文献

[1]罗贯中. 三国演义[M]. 内蒙古：内蒙古人民出版社，2002.

[2]游国恩，王起，萧涤非，季振淮，费振刚主编. 中国文学史 4[M]. 北京：人民文学出版社，2002.

[3]童庆炳主编. 文学概论[M]. 湖北：武汉大学出版社，1992.

[4]中国戏曲学院研究所编. 谭鑫培唱腔集[M]. 北京：人民音乐出版社，1983.

作者简介

许冰，天津市河西区教师发展中心教研员，区特级教师，中国语文现代化学会语文教育专委会副秘书长，中国写作学会写作教学委员会京津冀协作会学术委员，人教社教材培训专家，天津市小语中心组导师，天津市学科带头人。

我怎样朗读《背影》

步新娜

《背影》是朱自清先生的一篇抒情散文，收录在部编版语文课本八年级上册当中。回想起来，我是 20 世纪 90 年代初读初中的，受年龄和学识所限我在那个年纪对这篇文章不大能读得懂。那时“不懂”的最主要表现就是并没有在字里行间感受到所谓父子之间的深厚感情。《背影》这篇文章与朱自清先生的《荷塘月色》《梅雨潭的绿》等辞藻华丽的散文不同，此文语言清新质朴、一洗铅华。《背影》中浓浓的父子情都是在平静的笔调下通过叙述完成的，没有情感的直接倾吐，没有声音形式的大幅度渲染。近三四年来，我也不知不觉到了上有老下有小的年纪，每每想起《背影》中描写的那些话语和场景不禁热泪盈眶，白描式的叙述中那份隐忍的爱是那么珍贵、动人，终于跟作者在情感上产生强烈共鸣了！于是也引发我的反思，散文《背影》其实极适用于朗读教学中思想感情的表达训练，因为它很接近现实中人们表达态度和感情的方式。

一

有声语言表达应该追求的是“以情带声”“成于外、而化乎内”，但情感一定是有依托的。首先，朗读时所调动的情感，不是自发的、随意的，而是“有目的性的”。我们对文字的理解要落实到现实的和历史的语境中去，不还原语境就不能理解为什么作者会在 1925 年也就是父亲送自己上学这件事发生八年之后写这样一篇回忆性文章，为什么作者看到父亲的背影会流下眼泪并且还生怕被父亲看见，父亲终于忘却了我的“不好”指的又是什么？查阅相关背景资料可以了解到，朱自清和他父亲之前的情感关系其实并不十分融洽，他对父亲甚至是有怨恨的。这些矛盾冲突在《背影》的开头却仅用简单几笔就带过了，“那年冬天，祖母死了，父亲的差事也交卸了，正是祸不单行的日子……”时隔多年，朱自清似乎对曾经的一切释然了，下笔时没有将那些复杂矛盾明言，而且还很内疚地表示自己当时“不领情”，后来还有各种“不好”，在惭愧和自责中为父亲辩护当年之怒事出有因。

其次，朗读中感情调动的基础是对内容的理解。如果我们对《背影》中的内容有误读，误解了文章的原意，没有把情感的调度建立在对内容的准确理解上，在朗读时强行用通常意义上的、较为“肤浅”的父子之爱去生发，那么这时的朗读会给听者矫揉造作、虚情假意的感觉，让人觉得空洞无物，造成完全错误的表情达意。《背影》中作者的多次落泪，言语中透着的那份伤感，其实是很沉重的。所有的爱都隐藏在了对事情和动作的叙述中，这种爱是有错位的，甚至很难说出口。仔细想想，这种亲情关系不恰恰才是生活中很常见、具有普遍性的嘛。感情的运动，并非是告诉自己要用什么样的感情、怎样用这种感情以后，而按图索骥地表达。而是在表达过程中感情的自然流露，呈现高低起伏的状态，流线型运动，其运动脉络与文章走向一致。

> 我看见他戴着黑布小帽，穿着黑布大马褂，深青布棉袍，蹒跚地走到铁道边，慢慢探身下去，尚不大难。可是他穿过铁道，要爬上那边月台，就不容易了。他用两手攀着上面，两脚再向上缩；他肥胖的身子向左微倾，显出努力的样子。这时我看见他的背影，我的泪很快地流下来了。

《背影》中父亲在车站买橘子的段落是最有名的，作者看到父亲的背影不禁两次落泪，是全篇情感的高潮。这段文字没有只言片语的抒情渲染，全部都是叙述语言。朗读中再现父亲攀爬月台的动作，语调应尽量平实、含蓄，不要对那些动词虚张声势。因为通过细节的叙述我们已经看到了老人努力而艰难的样子，作者“眼泪流下来”是水到渠成的，所以情感宣泄的重点应该落在最后一句话上，用微微颤抖的声音把作者的极度感动读出来。思想感情源自内心的真实感受，朗读前通过对文本的深入分析真正理解和体会，作者对父亲的爱从毫不领情到极度感动再到内疚懊悔的转变，从而和作者产生情感共鸣。

二

文体与语体是相伴而生的。口头语言有不同的表达样式，它们是客观存在的，不同的话语样式是为了适应和表现书面语言中不同内容和不同语境需要的结果。而话语样式又具有相对的独立性，不同语体色彩的差异，又会反过来引导表达者更自如地沉浸于文本的现实语境中。对受众而言，也可以通过一定的声音形式感受到表达者所存在或希望营造的语境要求和特点。例如，陈述式容易使人进入关注内容本身的氛围中，而朗诵式更容易激发起人们的感情运动，进入情感抒发的氛围中。对文体和语体的感知，不仅是一个知识点，更是一种语感的培养，目的不是给朗读者设置新的“藩篱”或“公式”，而是使朗读者了解不同体裁的文章不但写作手法有别，落实到有声语言表现上它们的语言样态也是有差异的。

陈述式表达强调如何有效地关注内容、叙事清楚。“陈述”的“陈”字有排列、布阵、有条有理的意思，需要朗读者有目的、有针对性地去规划语言。陈述式以内容为核心，根据字里行间的语法关系和逻辑关系所自然形成的节奏，来合理分配语气的轻重缓急、抑扬顿挫，有条理地进行事实陈述。陈述式表达适用于绝大部分文学体裁，因为它的目的就是要洗净那些本不该附加在语言表达之中的“腔腔调调”，使语言表达真正回归到朴实、自然的事实陈述和情感、信息的有效传达上。

陈述式表达主要解决的是朗读者对文字内容的充分把握和有效传达。理清层次结构、分析语句意义、抓住内容要点是语文阅读中的必要环节。检验朗读者是否真正理解了文字内容，声音是一种最好、最直观的方式，就看是否能够把文字的内容重点和逻辑关系读出来。无论是篇章结构还是语句与语句之间的关系，都可以利用有声的“标点符号”——停顿和连接，用听觉上很突出的形式传达出来；无论是中心思想还是段落、语句、词语中的重点，都可以通过声音重音的形式加以体现，在听觉中造成醒目的反差。

散文《背影》通篇以叙事为主，采用白描的手法，记述了 1917 年父亲送作者赴京求学前后的事情，开头和结尾部分还交代了一些当时的家庭背景。通过阅读分析可知，父亲的“背影”在开头、中间和结尾共出现了三次，文章的结构正好以这三次“背影”的出现来划分，其中父亲爬月台买橘子的背影是对“背影”的具体展现，是全文的灵魂。因为在文章中作者大大小小地记录了不少琐事、有很多细节，所以为了突出主要内容，非重点部分在朗读时重音要少而精；为了更好地体现各部分内容间的逻辑关系，意思连贯的语句之间要连接得适当紧凑，次要的部分要敢于加快语速、放松带过。如果层次和重点没有处理好，朗读这篇文章就很容易产生拖沓、烦琐之感。

> 我那时真是聪明过分，总觉他说话不大漂亮，非自己插嘴不可，但他终于讲定了价钱；就送我上车。他给我拣定了靠车门的一张椅子；我将他给我做的紫毛大衣铺好座位。他嘱我路上小心，夜里要警醒些，不要受凉。又嘱托茶房好好照应我。我心里暗笑他的迂；他们只认得钱，托他们只是白托！而且我这样大年纪的人，难道还不能料理自己么？我现在想想，我那时真是太聪明了。

这段并非文章重点内容，如果重音和语气处理不当容易喧宾夺主。这部分主要表现的是作者多年后对父亲的愧疚感和对当时自己自作聪明的一种懊恼。所以朗读时只需把“聪明过分”“迂”“太”适当加强，自责的这层意思就能表达出来了。此外这里的“聪明”显然不是表面意思，朗读“太聪明”这三个字时一定要把反语的语气读出来。这段还有一个特点就是短句子多，如果把每个分句都断开读则整个意思就会不连贯，所以朗读时不可按着标点符号一句一停。前几句都是叙述事情经过，内容虽然琐碎但关系紧密，语流连接要紧凑一点。到“我现在想想”这个地方，节奏发生变化，停顿时间相对较长，语流做出适度延展。“我现在想想”采用扬停处理，即停顿前声音要有一种上行的趋势，然后用缓缓地吸气支持声音略微拖音，将语势向前推进引出“我那时真是太聪明了”，最后语势随着气息的缓缓呼出逐渐下落，将人们引入对父子关系的反思和感慨之中。此处停顿的处理与作者心境的变化相吻合——唉，那时对父亲的爱竟毫不领情,时过境迁,真是感到惭愧啊!

三

关于朗读教学的两点建议。

第一,虽然我们面对的学生在个人素质和能力上存在差异,但是作为教师我们有责任在教学中引导学生明白“有感情”不是声音形式的外在呈现,而是要学会如何在正常的说话中将情感和态度有依据地自然呈现,即依据语句内在的感情色彩传递、强化出语句的目的和本质,使思想感情的表达有本可依、有感而发。中小学的朗读教学与其教给学生那些成人化的朗诵技巧,不如让他们学会如何好好地、正常地说话,说真实的话,说真心话。

第二,话语样式在语文朗读教学中对学生有提示和示范作用。也就是说使学生在接触到一篇课文后能够较为迅速地对文本进行语体归类,能够较准确地选用恰当得体的语气、语调。正确理解话语样式绝不是为了形式而形式,它注重声音形式和语言环境、内容的整体契合。语文教材中课文的体裁、题材多样,内容、风格迥异,朗读时不可能千篇一律采用同一种有声语言表达样态。例如播读新闻消息、通讯、评论应当采用语调朴实自然和以有效传递信息为目的陈述式表达;而题材重大的时政新闻、评论,播读中应该带有一定的宣读式色彩;演讲词重在思想和观点的分享,要与听众产生交流、建立联系,应当采用以“说”为主的谈话式语态,尽量避免朗诵式的、“拿腔拿调”的处理模式。

第三,中小学朗读教学应以陈述式训练为主,以内容重点和结构层次为抓手,引导学生实现感情自然、平实的抒发。当然需要指出的是,包括文言文在内的绝大部分文章都可以运用陈述式表达,甚至是诗歌。口号式的“诵”似乎成为人们朗读诗歌、散文的固有模式,时代在发展,今天中国人的心态越来越平和,回归平实的、寻常的语调去“读”反而更容易被接受,更容易有直击人心的力量。

“山沓水匝,树杂云合,目既往返,心亦吐纳。春日迟迟,秋风飒飒。情往似赠,兴来如答。”文学理论家刘勰在《文心雕龙》里的这段话描述的是自然与人心灵的感应。自然景物会让人心弦拨动,内心有所抒发就会产生言语的应和。物我交融不但是文学写作的一种境界,也是有声语言表达的一种理想追求。在运用有声语言表达情感的时候,就好像是好朋友之间促膝交谈,就好像是老师和长辈循循善诱、解答疑惑。建立在对内容的足够了解和把握的基础上,使学生在表达时情愫伴随文字实现自然的生发和推进,摆脱语音和技巧的束缚返璞归真,那么学生的朗读也就进入一个比较理想和高层次的阶段了。

作者简介

步新娜,博士、副教授,现任教于天津师范大学新闻传播学院播音系。主持完成省部级科研项目两项,参与国家社科基金一项,发表学术论文二十余篇。曾获天津师范大学青年教师教学基本功竞赛一等奖,天津市高校青年教师教学基本功竞赛二等奖。

双减学步

“双减”背景下，作业设计中落实语文学科核心素养的探索与实践

天津市第二耀华中学　颜　鸣

摘　要：伴随着“双减”政策的落地实施，社会将给予学校教育教学更多的关注，而学生课后作业这一重要的环节在以往的教育教学中常常被忽略，而在“双减”政策中，学生的作业设计被摆在突出的位置，如何在“双减”背景下的作业设计中落实语文学科的核心素养，是一线教师面对的一项艰巨任务。笔者结合一线教学的实际情况，对此有了一定思考，并尝试进行了探索与实践。

关键词：作业设计　核心素养　“双减”　中学语文

《普通高中语文课程标准(2017年版)》明确指出：“学科核心素养是学科育人价值的集中体现，是学生通过学科学习而逐步形成的正确价值观、必备品格和关键能力。”而语文学科的核心素养包括“语言建构与运用”“思维发展与提升”“审美鉴赏与创造”“文化传承与理解”。2021年7月24日，《关于进一步减轻义务教育阶段学生作业负担和校外培训负担的意见》全文公开发表，引起了社会各界的关注。“双减”政策明确提出“减轻学生过重的作业负担”，一时间，“作业”这个学校教育教学管理工作中重要却又容易被人忽略的环节引发了全社会的关注。为此，天津市研究制定了《市教委关于进一步加强和改进义务教育阶段学校作业管理的若干措施》，进一步规范现阶段的学校作业环节。作为一名语文教师，如何在作业设计中，落实好语文学科的核心素养，需要我们一线教师去探索与实践。

一、传统语文作业设计存在的问题

反观我们之前的语文作业设计，我认为是比较粗糙的，甚至是随性的，比如单纯地让学生背诵、朗读、抄写课后的字词，让学生整段整段地翻译文言文或者总结一些知识点……这些课后作业在现如今“双减”的背景下，便显得略有不妥。

首先，作业被异化成为应试教育的“帮凶”。受应试教育影响，有些教师给学生布置了大量的、重复性的作业，既消耗了学生的课余时间，又没有获得相应的能力提升，与培养学生核心素养的理念背道而驰。

其次，作业成为转嫁课堂教学压力的途径，在一定程度上也给家长造成了负担。

由于课时以及教学压力的原因,学校将一部分内容以作业的形式让学生带回家完成,大大弱化了作业对学生学习检查、素养提升等方面的价值。

再次,作业的数量与难度过于随意。我们的作业设计要有一定的数量与难度的把控,而不能变成批量生产,作业的难易度要合理设置,让每一位学生在完成作业的过程中都能收获满足感、成就感。

最后,作业形式单一。日常作业只限于书写,在形式上缺乏创新,太过单一、死板,不利于调动学生的积极性。

总而言之:大部分语文教师之前设计出的语文作业是单一的、低效的,没有在作业中很好地贯彻语文学科的核心素养,使得学生在完成作业时没有兴趣与成就感。

二、"双减"背景下,学生对于语文学科作业的认识与态度

针对教学中作业设计中存在的一些问题,笔者设计了一份调查问卷,获得了数据,本文就一些针对性强的问题与数据进行分析与研究。(为方便数据收集与分析,本次调查人数为 100 人,均为在校学生)

问题 1. 平均每天语文作业完成的时间为多久?

A. 半小时　B. 半小时至一小时　C. 1 小时至 2 小时　D. 2 小时以上

问题 2. 一周内的语文作业题目类型的重复率大概有多少?

A. 30%以下　B. 30%至 50%　C. 50%至 80%　D. 80%以上

问题 3. 在完成语文作业时,你的成就感如何?

A. 低　B. 较低　C. 一般　D. 很高

问题 4. 教师订正语文作业时,你的参与度如何?

A. 低　B. 较低　C. 一般　D. 很高

问题 5. 作业中,背诵、抄写、总结等作业占的比例是多少?

A. 20%以下　B. 20%至 50%　C. 50%至 80%　D. 80%以上

问题 6. 语文作业中,发展性与实践性的作业占比有多少?

A. 几乎没有　B. 偶尔有　C. 有一些　D. 经常有

问题 7. 完成语文作业后,还有时间进行语文的深入学习吗?

A. 几乎没有,还有其他科的作业要完成

B. 偶尔会有,看当天的作业量

C. 不会有,连这些作业都很难完成

D. 会有

问题 8. 你认为现如今的语文作业,对提高语文分数有帮助吗?

A. 几乎没帮助　B. 应该有一些帮助　C. 有帮助　D. 有很大帮助

问题 9. 你认为最适合你提高语文成绩的途径是(可以多选)

A. 大量刷题　B. 上课认真听讲　C. 按照知识点进行精确练习

D. 多读课外书　　E. 外面上补习班　F. 还没有想到更好的方法

问题 10. 对于语文作业，你有什么期待吗？

A. 没有期待，现在的就很好

B. 希望作业量能少一些，做不完，做完了大部分也是抄的

C. 希望作业更有趣一些，少一些抄抄写写、读读背背的东西

通过以上这 10 道试题的问卷调查，学生答卷反馈出的一些问题，比较有代表性的是问题 2、3、5、6、7、8。

题号	A	B	C	D
问题 2	23%	60%	12%	5%
问题 3	27%	49%	22%	2%
问题 5	30%	45%	19%	5%
问题 6	57%	42%	1%	0%
问题 8	26%	43%	30%	1%
问题 10	35%	40%	25%	

通过以上数据，我们不难得出，现阶段的学生对语文作业并不是很满意，而语文教师并没有在作业布置这一环节有过多的思考与研究，导致学生对语文作业既感到繁重不堪，又感到对语文学习帮助不大，那么我们的作业就形同虚设，因此，如何在作业设计中落实核心素养，让学生在完成作业的同时促进学科素养的落实，是一个亟待解决的问题。

三、语文作业中落实学科素养的实践与探索

新课改中将“学科核心素养”上升到了一个很高的位置，就是由于我们之前的语文教学环节中，忽略了对学生进行“学科核心素养”的培养，导致学生学了这么多年语文课，却依旧不能学以致用，不能在语文学习中体会到语文学习的乐趣与意义，而作业设计是语文教学环节中不可或缺的一项内容，因此，如何在作业中落实学科素养，是落实“双减”政策有效途径。

在语文学科的四个核心素养中，语言建构与运用是基础，思维发展与提升是过程，审美鉴赏与创造是感悟，文化传承与理解是灵魂。这四个方面的有机联系就是语文学科核心素养综合性的基础。对于母语教育来说，作为课程的总体目标，语文学科核心素养应当贯穿始终。但是，这四个方面不是单一落实。需要我们在设计作业时，兼顾到四个核心素养内在的联系，将其有机地结合在一起，发挥出最大的效能。

1. 减少单一性作业，增加多元性作业

所谓多元性作业，指的是在设计作业时，注重能力的全面落实，而不仅仅完成单一的某个内容。一般情况下，语文教师留的作业只说明了作业内容，在设计作业时，

教师也鲜有对这份作业所蕴含的素养、所要培养的能力,所要达到的目标有明确的思考,因此,作业留是留了,却没有达到预想的效果。

多元性作业包括语文学科内部"听说读写"四项基本技能的结合,也可以是学科之间的多元结合。

例如,在布置《沁园春·长沙》这篇课文的作业时,我就将"说读写"这三项基本技能融合在一起。首先布置了"朗诵""书法""鉴赏"三个板块的作业,让各位同学根据自己的特长与爱好认领作业,认领"朗诵"作业的同学利用课余时间,准备一段配乐诗朗诵,录制好视频,上传到指定邮箱;认领"书法"的同学以这首词为内容,进行软硬笔书法的展示;认领"鉴赏"的同学,可以通过阅读这首诗词以及他人对这首诗词的鉴赏文章,结合自己的思考,写一篇鉴赏。学生们都非常高兴地认领了自己的作业,利用周末时间,高质量地完成了这个作业,并且在班级中开展了评比活动。这项作业摒弃了传统的抄写、背诵等单一模式,利用朗诵、书法、鉴赏三个方向,同样完成了学生对作品的背诵、理解的目标,并且在完成作业的过程中,提升了相应的学科素养。

再比如,在布置《归园田居》这篇课文的作业时,我给学生布置了一项绘画的作业,那就是通过陶渊明的诗歌,画出你脑海当中陶渊明居住的田园的景色来。一开始,我比较担心学生对这项作业有所抵触,毕竟,有些同学不太擅长绘画,可是没想到,学生全部完成了作业,很多同学还画出了自己理解中的田园景色,让我大开眼界。

单一性的作业只能束缚学生的能力拓展,多一些多元性作业更好地激发学生的潜能。

2. 减少机械性作业,增加趣味性作业。

我们原来的作业大部分是一些机械性作业,缺乏趣味性,使得学生体会不到做作业的乐趣。因此,在设计作业时,将趣味性融合在作业中,可以较好地激发的兴趣。例如在学完选择性必修中册第四单元后,结合课后的"单元研习任务"中学习写"申论"这个练习,选取当时比较热点的《战狼》《红海行动》等电影,让学生围绕"国产电影的文化传承"为话题,写一篇不少于 1000 字的申论,这个作业以热门电影为依托,增加了作业的趣味性,提高了学生学习热情,另外,学生进行小组合作探究,培养了学生之间的合作意识,在作业完成的过程中,学生既掌握了申论的写作方法,又提高了学习兴趣,并且在完成过程中潜移默化地形成了学科核心素养。

在学习完必修上册第二单元后,我结合单元学习内容布置了一项采访作业,以校园中的校医、物业人员、食堂人员等为采访对象,分组进行采访,书写采访后的新闻通讯稿,体会普通劳动者的伟大之处。学生不仅在采访中体会到了乐趣,还受到了劳动教育,一举两得。

过多的机械性作业,会降低学生的学习兴趣;而趣味性强的作业让学生更乐于接受并且沉浸其中,事半功倍。

3. 减少统一性作业，增加分层性作业。

因材施教的教育思想，贯穿古今。我们在设计作业时，也要注重体现这一思想。减少统一性作业，有利于学生展示出各自的特点；增加分层性作业，也是尊重学生个体化差异，贯彻因材施教的教育思想的必要途径。

在必修上册第七单元，这个单元包括《故都的秋》《我与地坛》《赤壁赋》《荷塘月色》《登泰山记》五篇文章，前三篇文章为精讲篇目。在布置作业时，结合学生的层次，设计了分层性的作业——基础性作业包括文言文梳理文中重点的实虚词及文言现象，现代文梳理文章结构、行文思路、作者感情等；进阶性作业包括让学生体会故都之于郁达夫，地坛之于史铁生，赤壁之于苏轼的意义；发展性作业让学生阅读一些有关“民族审美”的文章，进而结合某一篇文章，探究文章中“民族审美”的内涵与价值。三层作业由易到难，由浅入深，既满足了各个层次学生的需求，又能够激发一些学有余力的学生去探究，拓宽知识面，增长见识，对形成学科核心素养起到了积极的作用。

统一性作业好似“定量餐”，违背了教育规律，而分层性作业好似“自助餐”，能够满足不同层次的学生的需要。

四、结语

“双减”政策颁布已经有四月有余，新的教学环境下，给我们教师带来更多新的挑战。“减”掉一些作业中的弊端，才能够促进核心素养的形成。语文教学的核心任务，是通过设计、实施、评价、学生的语文实践活动，提高学生的语文素养。因此在作业设计这条路上，还需要一线教师不断地进行探索与实践，这样才能使得我们的语文教学更加高效，课后作业更加务实，学生能够更快、更健康地提升自身的语文学习能力与核心素养，才能让我们的语文学习驰骋在充满阳光的大路上。

“助学”语文课堂的思考与建构

天津市宝坻区第八中学　闫建鑫

摘　要:在国家“双减”政策下,为转型课堂模式、提升课堂效率,培养和提升学生的语文核心素养,促进学生全面和个性化发展,本文提出建构“助学”语文课堂,遵循主体性、对话性、实践性、获得性的原则开展教学,将教师的作用由“教学”转变为“助学”。在课堂教学中,以提高学生的核心素养为目标,以“顺生而教”为理念,以“他助”“互助”“自助”为基本手段,引领学生深度学习,促进思维发展,让课堂效率得到提升,让课内外知识体系融会贯通,让学生产生愉悦感和获得感,建构起“助学”语文课堂。

关键词:学生主体　核心素养　助学课堂　顺生而教

在教育信息化2.0的时代背景下,伴随着新课程改革的持续推进,以及国家“双减”政策的落地,真正落实“以学生为中心”的教育理念成为越来越多人的共识。但是在新课堂改革具体实施的过程中,依然存在教师的“一言堂”现象,忽视学生的主体感受以及思维认知水平,没有真正实现从“育分”到“育人”的转变。统编教材课程理念让我们更加深刻地认识到:在传统教育中,我们通过教材使学生认识和了解世界;而如今,我们面前的世界,才是真正的无形教材。培养和提升学生语文核心素养,让每个学生都成为有家国情怀、创新精神、善于思考、人格健全的人,是我们需要思考和探索的时代命题。在这一背景下,转变教学理念,转型课堂模式尤为重要,要想实现“以学生为中心”,就要建构“助学”语文课堂。

所谓建构“助学”语文课堂,即以提高学生的核心素养为根本目标,以“顺生而教”为基本理念,以“他助”“互助”“自助”为基本手段开展教学。通过培养学生自主合作深度学习,关注学生思维发展,增强学生参与度,启迪学生多维探索等多种做法,真正做到以学生为主体,从学情出发,促进其个性化发展。只有如此,方能回应当今新教学改革的时代要求,适应“双减”政策下提升学生学科素养的根本旨归。

一、以提升学生核心素养为根本目标,建构“助学”语文课堂

2014年教育部提出“核心素养”,有力地回应了新时代的召唤,要培养学生语文学科核心素养,必须建构起“助学”语文课堂。在学生为本,教师助学的灵动课堂中,

学生不仅能获得基本的语文知识与能力,更能获得最具终身发展价值的文化素养,形成高尚的道德情操,进而真正实现立德树人的根本目标。

新教材着重体现在提升学生的语文素养,其中重要一点,就是"思维的发展与提升"。随着发展学生思维的呼声日益高涨,很多教育工作者都在讨论:思维是否可教,在多大限度上可教以及什么样的教学和课堂才能促进学生思维发展。在现代技术、人工智能快速发展的今天,我们更要深刻意识到,我们要培养的是有独立思维、有核心素养、有创新能力的人,而非机器可以轻易取代的学习工具。我们在教学中,无论是教学生获取新知识,还是利用知识解决问题的思维活动都可以看作是一个信息加工过程,每一个操作单元就是一种思维训练。如:在"助学"语文课堂中,笔者尝试在诗歌单元设置了"写诗"的环节,如何以学生为中心?如何发挥"助学"的无穷魅力?如何让学生自由主动地上下求索?在这一环节,笔者只给出了诗题《梦想》,让学生自由创作,继而将诗歌呈现形式创新,启发他们写出"葫芦体""三角体"甚至组诗。学生的热情被点燃,思维也开阔起来,而"助学"语文课堂的空间也更加广阔,从而实现了培养学生核心素养的根本目标。

在"助学"课堂建构中,只有以培养和提高学生的核心素养为根本目标,依据学生认知表现来随时调整课堂节奏和模式,专注于学生所得,创新教学思想,优化教学模式,才能有的放矢地开展教学活动,从而使课堂效果达到最优化,使学生愉悦学习、沉浸体验,促进学生的全面发展。固然,核心素养的提高绝不是一蹴而就的,需要我们在建构"助学"语文课堂中逐步培养和提高。

二、以"顺生而教"为基本理念,建构"助学"语文课堂

"以学生为中心"的教学最早来自英国的职业素质教育,是 20 世纪末被引入我国的教育体系。基本原则包括:要充分考虑学生的水平能力、兴趣爱好、成长和就业需要以及要充分重视培养学生独立自主地发现问题、分析问题和解决问题的能力等。而建构"助学"语文课堂的基本理念"顺生而教"与之相似却又有所不同。"顺生而教"的理念更着眼于动态教学模式和课堂的流动性,在教师"教"的过程中依据学生"学"的动态表现来调整教学设计、教学策略、教学评价、作业布置等。

"顺生而教"作为建构"助学"语文课堂的基本理念,是对于传统教学理念的重大突破。即以学生为中心,以师生互动、生生互动,与网络媒介互动等为主要形式,充分体现主体性、对话性、实践性、获得性,让课堂内外彰显以学生为主体的独特魅力,促进学生个性化发展。如:《智取生辰纲》课后作业的布置,我依据学生课堂表现,顺生而为:他们在课堂上极其佩服吴用一行天时地利人和的巧妙设计,那就让他们选择一个兴趣点设计思维导图。这样的一份作业是"活儿专"的,让学生接触起来是个性化且能自我选择的,而在完成过程中可以由一个知识点延伸到一个知识面,高效切中教学重点的"靶心"。在转天课堂交流分享的过程中,依然采取顺生而教的策略,让学

生们互相点评，能够达到重点情节或是亮点细节的再创造与再共享。在这一基本理念指导下建构的“助学”语文课堂更能直达学生内心。

故而，笔者认为，“顺生而教”作为建构“助学”语文课堂的基本理念，能够让课堂真正做到关注学生现有的思维认知和知识结构，顺应学生的求知需求和课堂反应，分层次、个性化地设计学生的课后辅导，在课前课中、课内课外均以学生为中心，以学生所得为向导，让学生能够产生巨大的愉悦感和获得感，让课堂效率得以提升，让语文课堂成为学生自觉接受母语学习、传承文化精髓、提升文化自信的阵地。

三、以“三助”为基本手段，建构“助学”语文课堂

所谓“三助”，即自助、互助及他助，三者不可分割、相互交融。没有先后关系，也不存在孰轻孰重，而是共同作用。在教学过程中，顺生而教、顺学而助，方能创建特色鲜明的“助学”语文课堂。一是自助，充分调动学生自主探究、自主学习的积极性。这不光是课前预习（如：助学单、学案）的狭义概念，而是体现在教与学的每一个环节中。比如：“1+X”阅读体系的实现，课内知识的迁移和延展等都需要学生完成自助。二是互助，可以是师生、生生之间，甚至是线上线下的互助、学生与家长的互助、课内与课外的互助等。在信息化时代，互助的方式更加多种多样，让学生能够拥有更加广义的互助空间。三是他助，主要说来，是教师的角色，顺应时代需求帮助学生更快捷地获取知识、提升能力。与此同时，这个“他”还可以包含线上知识、参考书籍及一切可以利用的资源。总之，“助学课堂”的核心是要进行改变学生“被学习”的状态，让“顺生而教”的理念贯穿课内外，顺应学生发展。

（一）引领学生自主性深度学习，为“自助”夯基垒石

毋庸置疑，深度学习是新时期学生必须具备的能力，也是培养和提升学生核心素养的关键环节。“得法在课内，得益在课外”，这最朴素的道理。它强调了教学要以学生为主体，引导学生由课内衔接课外，让学生成为学习的主人，真正走进自主性深度学习的美好境地。

培养学生自主性深度学习，即为“自助”的根基。自主探究、自主阅读都是进行语文深度学习的体现。笔者尝试，在九年级统编教材戏剧单元讲解过程中，穿插了学生表演环节。让我意想不到的是，学生通过文本《枣儿》的学习，自主阅读主题为“空巢老人”“留守儿童”等一系列书籍，他们将这份情感带到了演绎中，拿捏在每一句的表达里。我想，这样的“自助”就是成功的，他们在文字中学会与世界相处，与自我对话，与文本互通。这也和初中语文统编教材“读整本书”的理念是一脉相承的。往往在教学过程中，我们都会陷入这样的误区，就文讲文、就事论事，没有给学生形成系统，更没有给他们点燃浩瀚文学的火花。“星星之火，可以燎原。”语文教学更是如此，教师要通过点滴引领带他们走进深度学习、自主探究的浩瀚天地。比如，教学《送东阳马生序》时，我设计引导性问题：“作者并没有直接劝说马生勤奋学习，那么

作者是怎样表达这一意图的呢?”以此引导学生透过表层原因,从根本上体会课文承载的文化因素,继而了解古代文人的情怀,深入理解儒家思想,进而理解中华文化的丰富精神内核。整个过程,让我们看到学生作为学习的主体,通过独立地分析、探索、实践、质疑、创造等方法来实现学习目标的真实课堂。

(二)启迪学生多维性探索学习,为“互助”增色添彩

在构建“助学”语文课堂的尝试中,“互助”也是促进学生更好学习,让生本课堂处处流光溢彩的一大法宝。“互助”体现在师生之间、生生之间、线上线下甚至家校之间,这都是实现“互助”的途径。在信息化快速发展的今天,线上互动更是给予学生更广阔的空间,可以探索也是常变常新、与时俱进的。

例如:优化小组合作学习,在课堂上增加学生的参与度,就是最典型的“生生互助”。分层次、有梯度,先自学、后指导,有参与、有互动,提高小组合作学习的效率。有报告指出:课堂教学要想让更多人参与,或者让参与的范围扩大与产生实效,就要多采用小组教学与课堂讨论。在分组活动中,组员会自我有意识设定或无意识地分派各自的角色,量力而为,全身参与。比如:在讲授《回延安》一课中,笔者尝试将教室分区域、学生分等级、任务分层次的新型课堂形态,取消了以往的导学案对学生思维的隐性控制,按照学生的学习方式将课堂分为“自主尝试区”“小组合作区”。同时,借助平板和学习伙伴的力量,让学生有足够的空间发展思维,教师及时援助,有针对性地进行指导。在《范进中举》中,学生提出了让我意想不到的问题:“为什么范进的老丈人要设置成一个屠户的形象?而不是其他的职业呢?”鉴于这样的探讨兴趣,教师为学生推荐影片,利用与学生线上交流的机会,关注学生的切身体验,引导学生聚焦问题,推进思考,使得课堂的讨论越来越深入,时刻关注学生的思考生成状态。与此同时,借助了课本剧的演绎,让学生能够边表演边感受,学生的思维是灵动跳跃的,不会被教师的刻板性讲解所桎梏,课堂突出了学生主体地位,从而呈现出有宽度的课堂效果、有温度的“互助”对话。

借助信息技术手段提高学生的参与度,是新时代新课堂实现“互助”的有力支撑。比如:在教学部编本八年级下册《诗经》一课前,笔者考虑到《关雎》《蒹葭》都与中国传统文化中水意象有关,设计学生查找带有“水意象”的相关诗词,学生饶有兴致。而在文言文教学中,尝试将文言基础翻转到课外,利用信息技术手段制作自主学习包,调动学生参与热情。用微信公众号推送自主学习内容,实现知识的延伸性、拓展性。归根结底,“互助”是多向性的,而圆点就是要“以学生为中心”。这是一个生成性自主建构过程,可以让学生真正成为持续成长的生命个体。

(三)帮助学生靶向性求助学习,为“他助”插上双翼

学生学习可以通过多种求助方式,虚拟的互动对象、丰富的网络资源以及线上随机提问等方式,对于构建“他助”语文课堂都是如虎添翼。在新课程环境下,我们必须重新定位自己的角色,在课堂中时刻把握“以学生发展为本”这根主线,认识到课

堂内外都是学生学习的阵地,我们可以帮助学生“树靶子”,让他们以更加多元化的渠道主动求助学习,积极营造增强学生参与度的“助学”学习环境。

作为教师,我们要充分相信学生自主发现、提出和解决问题的能力,从而启发学生探究式、参与式学习,帮助学生揭开每一本教材、每一篇课文背后的神秘面纱,也就是更有针对性地“他助”。如,教学《白雪歌送武判官归京》一诗中,有学生问我,“忽如一夜春风来,千树万树梨花开”算不算运用了通感的手法?我顺势引导,还记得朱自清的《春》中所描绘“花里带着甜味,闭上眼,树上仿佛已经满是桃儿、杏儿、梨儿”吗?我从这里引出核心概念:通感即是把感觉转移,将不同感官的不同感觉互相沟通交错,学生陷入思考。在交流的过程中,学生各抒己见。如有的学生发表看法:树上绽放了梨花和朱自清笔下的“桃儿、杏儿、梨儿”有何不同?有的学生反驳:这就是联想,算不上通感。在几方争执下,我看到了“顺生而教”的魅力,他们沉浸在这样的感受和辩驳中,享受到思考的喜悦和知识的获得,这远远胜于我们执教者直接告诉他“这句用了什么修辞手法”来得更加自主轻松。

在实现“他助”教学课堂的实践中,我发现信息技术手段也是捕捉学生即时思维的最新“杀手锏”,我们可以把学生在课堂上的即时思维,以“弹幕”的形式在大屏幕上呈现出来,作为教师判断学生听课情况的重要标准,为“顺生而教”提供辅助功效。比如:《中国石拱桥》课例,对于说明方法的赏析,笔者让学生自主探讨,并在书中相应位置做上批注,教师随机拍照,同步上传到大屏幕上,实现了对于学生即时性、原生态思维的保护和共享。通过课堂教学与信息技术手段的深度融合,教师“让出”主导地位的方式,构建“助学”语文课堂,其效果不言而喻。

构建“助学”语文课堂,坚持“以学生为中心”的课堂活动、评价体系以及作业布置,在实践过程中取得了良好的效果。如:《西游记》名著导读课例,笔者设计了《大话西游——精读与跳读》,通过设置问题“我印象最深的情节、我印象最深的神仙、我印象最深的妖怪、我最喜欢的片段”几个分问题来引领学生在跳读的过程中形成自己的思维认知,从而在精读中继续品味人物形象,以“我眼中的____”来进行课堂交流。学生广泛参与,在寓教于乐的氛围中完成了对于该名著的精读与跳读,提高了学生的核心素养。再如:《安塞腰鼓》课例中,构建“助学”课堂也体现在每个细枝末节,课堂环节由“看高原生命”“触诗性语言”“见天地广阔”“唱时代之歌”构成,其中最让我触动的,是最后一个环节中,当我说到“34 年过去了,安塞已经不是当年的安塞。新时代脱贫攻坚的号角振奋大江南北,像一粒粒种子落入每一寸贫瘠的土地。我们不怕千沟万壑,因为每一个生命都能唱响时代之歌。”很多学生泪目,而我顺势说:“感谢时代有你,有你们,我相信,安塞腰鼓的精神会始终指引着我们,而黄河奔腾不息的民族魂也会始终伴随着我们,因为我们都是中国大地上的‘茂腾腾的后生’,后生可畏,未来可期!”全班掌声轰鸣。以提高学生核心素养为根本目标,以“顺生而教”为基本理念,以“三助”为手段,真正实现了课堂的灵动独特,也追溯了学生的差异和共性，让学生在专属于自己的时空里实现了自生长，也让语文课堂在这个时代背景下彰显了独特魅力。

在“助学”语文课堂的探索之路上，我们上下求索。“他助”是教师给予的，“他助”是课堂给予的，而“自助”是生命给予的。培养和提升学生的核心素养是这场语文“助学”课堂浪漫之旅的终点，“顺生而教”的理念则是浪漫的源泉，让我们在教育信息化 2.0 时代的背景下乘风破浪，引领孩子们成为这个时代的弄潮儿，让时代要求在“助学”课堂中掷地有声。

培养学生自主学习能力　助力“双减”

天津市宁河区芦台第二中学　于文翥

摘　要:“双减”施行对学生学习的减压增效无疑是一缕春风,为学生综合素养的发展提供了充分的保障。然而,“减压”不等于不学,相反是为学生提供更为广阔的空间自主、快乐地学习知识,增长能力。因此,作为教师我们要在日常教学中通过多种教学策略对学生进行行为训练,培养学生自主学习的习惯;激发学生自主学习的兴趣,调动学生自主学习的内驱力;通过精准教学加强学生的自主学习力;多元作业,留给学生自主学习的空间;多元评价,提升学生自主学习的效率等方式激发学生自主学习的动力,培养其自主学习的能力,让学生在快乐中学习,在自主学习中成长。

关键词:自主学习　兴趣　方法　课堂效率

2021 年 5 月 21 日《关于进一步减轻义务教育阶段学生作业负担和校外培训负担的意见》正式通过,并于 7 月份在全国施行。“双减”政策出台,旨在还原教育原本的模样,让教育回归本真。可通过调查发现,有的学生失去了对作业的依赖,竟然不知道怎样自主安排学习了。“双减”是减压力,不是减学习。学生处于学知识、学文化、学能力的关键时期,因此学校要想在有限的教学时间里,既保证教育教学质量,确保学生在校内学足学好,又能真正给学生减负、帮家长减压,就必须在提升教育教学质量上下功夫。这样才能真正实现减负,让教育回归本原。面对新的教育形势,作为教师我们应该怎么教才能“减压”又“保质”?我认为培养自主学习能力是解决问题的一条重要途径。

自主学习是一种学习方式,新课程倡导的自主学习方式,不只是一种学习习惯、学习品质、学习意志,更是一种学习能力。作为教师我们又能通过哪些途径培养学生的自主学习能力呢?

一、行为训练,培养自主学习的习惯

著名教育家叶圣陶先生说:“什么是教育?简单一句话,就是要养成良好的习惯。”少年若天性,习惯如自然。习惯对于一个人的性格、能力的发展都有着极为重要的影响。青少年时期是一个人知识、能力形成的关键阶段,而“双减”并不意味着“不要学”,而是要学生摆脱“题海”式的刷题、补习,变为一种自主管理下的全面素质提高。因此,在实施高效教学、"双减"的今天,只有充分调动了学生学习的主动性,变"要我学"为"我要学",并把这种自主学习的内驱力变成一种习惯,才能实现真正的"高效"与"减压"。

自主学习的习惯培养的方法有很多。我们可以遵从由"扶"到"放"的原则,先通过导学案的引领教会学生预习的方法,通过导学案中问题的预设指导学生借助已有的知识积累和工具书及查阅资料了解文章的作者,了解文章的写作背景,初步熟悉文章内容;还可以通过指导学生根据每篇课文旁的导读问题、课后问答题进行自主阅读、独立思考探究,促进学生产生探究查阅的动机自主进行阅读思考;根据每单元前的提示语,确定每单元自己的自学目标和重点等等进行指导,并在开学初反复训练,指导学生自主编写"学案",并在开学初反复进行指导和训练,最终培养学生自主学习的能力和习惯,让他们获得"我能学""我会学"的自主学习的信心和快感,为其自主发展奠定基础。

二、激发兴趣,调动自主学习的内驱力

苏霍姆林斯基指出:没有学习兴趣,学习就会成为学生沉重的负担。所有智力方面的工作大都依赖于兴趣。兴趣是学生最好的老师,是学生自主学习的不竭动力。所以,在"双减"的今天,我们不仅要通过作业量的控制对学生进行减压,更要通过对学生学习兴趣的培养,把学生的被动学习转化为自主学习,才会实现对学生最根本的"精神减压"。

1. 精心导入,唤醒同学主动参与的兴趣

于漪老师说:"在课堂教学中要培养激发学生的学习兴趣,首先应抓住导入课堂环节。课程伊始就把学生牢牢地吸引住,课的开始好比提琴家上弦,歌唱家定调,第一音定准了,就为演奏和歌唱奠定了基础,上课也如此,第一锤就应敲在学生的心灵上,像磁石一样把学生牢牢吸引住。"导语的设计多种多样、异彩纷呈,教师要根据课文的具体内容和学生的学习实际,灵活选择合适的导语,先声夺人。例如《谈生命》我是这样导入:视频播放:一粒种子破土而出,伸出两瓣柔嫩的绿叶;一朵鲜花沐浴着阳光雨露,逐渐绽放;一只小鸟啄破蛋壳,挣扎着站了起来……同时教师插入画外音,揭示标题。视频的播放能让学生真切地去感受生命的变化无穷,一下子被美丽的、动感的画面所吸引,达到了很好的效果。学生在课堂之初就主动地参与融入。

2. 巧设活动,激发学生主动参与的情境

新课程标准倡导学生主动参与、合作、交流与探究等多种学习活动,改进学习方式,促进学生互相学习、互相帮助,体验集体荣誉感和成就感,发展合作精神,使学生真正成为学习的主人。而教师能结合教学内容,精心设计能激发学生兴趣的学习活动,引导全体学生参与到学习活动中,通过感知、体验、实践、参与和合作等方式,让学生感受成功,培养出学生对学科学习的持久兴趣。

一直以来文言文的翻译主要是由我引导学生逐词逐句地讲析来完成的,往往是整堂课下来师生身心俱疲,课堂气氛死寂沉闷,学生参与度极低。在教学《核舟记》这课时,第一节课我带着学生翻译了第一段,只有微微寥寥的几个学生主动举手,其他同学只是坐等其成。怎么办?光靠这种被动的学习学生的能力怎么能够提高?考虑到这一点,我在其他的内容设计时考虑到了采用多种形式的学习活动调动学生的自主参与度。在翻译其他段落我采用了"玩中学"的方法,一节课下来收效显著。在学习第二段时我采用"以画促译"的方法,把事先准备好的A4纸发到每一组,然后要求由每组同学根据对课文第二段内容的理解共同画出核舟的轮廓图。第三段重点描写了小舟上的人物,各具情态,刻画得惟妙惟肖。针对这一特点我采用了"形象再现"的方法,由全班学生根据课文内容共同为出演角色的三位同学设计造型。任务布置下去,每组同学都不甘落后,每位同学的都能根据自己对内容的理解,献计献策。整节课下来,每个同学都积极主动地参与其中,小组探究合作落在了实处,学生主动学习的热情高涨,整堂课学生学得扎实,参与度极高。

3. 运用多媒体激趣,创设突破的难点的情景

多媒体技术由于具有将抽象的事物形象化、具体化、直观化的特征,这对提高学生课堂参与的效度,为激发学生自主学习的兴趣,培养自主学习的能力提供保障。在教学《芦花荡》一课时为了引导学生感受文中老头子这一人物形象,我用多媒体设计了一张人物形象卡。学生通过填写相关的内容,完成了由抽象文字到具体形象的转化。这个设计既激发了学生的学习参与的兴趣,又起到了指导学生自主学习的能力,培养学生独立分析信息筛选及人物分析的能力。在最后打鬼子这个情节中我又用媒体出示了flash动画,让学生通过这个场景对老头子的形象有了具体形象感知,又激发了学生参与的兴趣,教学重难点得以顺利突破。在教学《斑羚飞渡》一课时,我也采取了多媒体模拟呈现斑羚飞渡对接这一场景的方法突破重难点的,都取得了较好的效果。

三、精准教学,加强学生的自主学习力

"双减"的目的在于减负增效,提升教育教学质量。而学生是学习的主体,因此,改变被动的"要我学"为自主的"我要学""我会学""我乐学",打造高效课堂,精准施教,培养学生自主学习的能力便是实现这一目标的重要保障。在日常教学中我们不难发现,有的教师教学设计水平非常高,可学生自主参与度并不高,教学效果并不好。究其原因,就是脱离了实际。学习是学习主体的自我建构,每个人的学习都是建立在自己经验的基础之上,学生只有"跳一跳,够得着",才能主动参与到学习过程中。因此要提高学生自主学习力,教师首先要深入研究课标、学情与教材,提高教学设计的实效性。作文教学一直是语文教学的一大难题,学生写作热情不高,文章内容不具体,语言乏味等现象极为普遍,许多学生是方法欠缺了,何谈自主?笔者研究后发现,

新教材对学生写作在每个年级段都制订了明确的发展目标，许多文本都是极好的写作范例，因此笔者就采用“随堂微写”的方式，化整为零，以读促写，效果甚佳。例如《紫藤萝瀑布》是一篇文质兼美的散文，作者寓情于景，托物言志，对藤萝花的描写具体生动，是一篇不可多得的写作范例。因此在教学本课时，我把“抓特征进行景物描写”作为本课教学的重点，指导学生进行景物细节描写的方法，然后又引导学生去观察描写身边景物，由扶到放，由读到写，收到了良好的教学效果。由此，通过教学《范进中举》时进行的人物肖像、动作的细节描写指导；教学《背影》时的人物外貌描写，教学《安塞腰鼓》时的场景描写练习，教学《秋天的怀念》时的场景描写训练，教学《白杨礼赞》时的托物言志写法运用……一篇篇课文成了一个个写作的范本，读写结合，学生的写作水平提高了，掌握了方法，学生会写乐写，他们会主动把自己随时有感的人事物记叙下来，实现了知识由课内到课外的迁移，切实提高课堂教学效率，使学生的自主学习有方法可循，有的放矢，提高了学生自主学习的能力和实效。

四、多元作业，给学生自主学习的空间

从知识的建构角度看，学生学习并内化知识的过程就是对知识进行理解、巩固并形成自动反应的过程。因此，我们不能把延长学生作业时间作为提高教学质量的手段，要提高教学质量，提高作业设计、实施与评价水平是关键。“双减”落地，减轻学生的作业负担是其中重要的一部分。除了减少作业时间外，创新作业形式，给学生自主学习的空间，激发学生的学习兴趣，也是关键的一环。例如，秋天来了，我给学生们布置了一项特殊的作业，要求学生们利用周末自选方式完成作品《秋意》，并把作业上传到微信朋友圈。一声令下，学生应声而动，一时间他们的作业火遍了微信朋友圈：有的同学用树叶拼成了图画，旁边配了诗句；有的同学拍了秋景的照片，有的同学制作了美篇，有的同学制作了快手，有的同学创作了小诗或散文……从他们创作的一幅幅精美的图画，一首首精美的小诗或散文，我看到了学生们空前的热情和蕴藏在他们身上的创造力。这种作业形式培养了学生学习的自为性，体现了他们在完成作业过程中的自我探索性、自我选择性、自我建构性和自我创造性，取得了较好的效果。

五、多元评价，提升学生自主学习效率

新课程评价关注学生的全面发展，不仅仅关注学生的知识和技能的获得情况，更关注学生学习过程的过程、方法，以及相应的情感态度和价值观等方面的发展。因此，在培养学生自主学习能力的过程中，教师要善于发挥评价的作用，让评价成为学生自主学习的不竭动力。在课堂教学中教师可以采用多元评价让学生积极参与，自主发展：激励评价可以让学生体会到学习带来的成功喜悦，从而产生学习冲动，并全面激发学生的主体意识，为学生营造一个民主、温馨、安全和谐的自主参与的学习环境；即时性评价，可以提高学生自主学习的效度；反思、延迟性评价给学生更多的思维

和探究空间,激发学生自主探究的欲望。例如在作文教学中,针对学生的学情,笔者采用多种评价手段,除了对学生作文除了进行书面批改和面批、组内评价等即时评价之外,还采用优秀作文全班展读,采用美篇、公众号发布等形式对学生作文进行激励性评价,从而让学生获得成功的喜悦,或在公众的评价中查找不足,激发学生写作的积极性,使产生主动写作的欲望与内驱力,取得了良好的效果。

在作文教学中,我发现许多学生在写作和修改时存在盲区,对作文没有明确的评价标准,因此学生的自主发展也便没了方向。因此,在教学中我充分发挥"以评导学"的作用,以中考作文评价标准作为基准,在此基础上和同学们一起制定了作文评价量表,先用评价量表作为学生写作的"方向盘",指导学生参照评价量表首先进行作文的自主评价——自评或组评;在学生发现不足之处后,再指导学生以评价量表作为标准,从审题、内容、语言、感情、立意几方面进行自主修改,让评价量表成为写作的"指挥棒""助推器",形成评价的自主方式,闭合性评价方式,实现知识的可迁移能力,为其自主学习指明了方法,明确了目标,形成自主学习的能力和方法,实现了由教到学的发展目标。

学生记叙性作文等级评价量表

等级	项目					
	A	B	C	D	E	自我评价
审题	切合题意	基本切合题意	偏离题意	文不对题		
内容	内容充实	内容具体	内容尚具体	内容不具体	不知所云	
语言	语言流畅,生动形象,没有语病	语言流畅偶有语病	语言不通顺,语病不多	语言不通顺,语病较多	语病严重,文理不通	
中心	立意深刻	中心突出	中心尚明确	中心欠明确	思想健康	
结构	构思精巧结构完整,条理清楚	结构完整条理较清楚	条理尚清楚,能分段	条理不清楚	结构混乱,不能完篇	
情感	感情真切	感情真实	感情尚真实	无真情实感		

总之,自主学习是一种学习方式,培养学生的自主学习能力是学生终身发展的需要,更是社会发展的需要。"路漫漫其修远","双减"之下,教育教学活动对学生的自主学习能力发展提出了更高的要求。需要我们每个教育工作者努力探索,不懈追求。

聚焦"双减"政策,落实作业增效

天津市汇森中学　战如雪

摘　要:作为"双减"政策下的一线初中语文教师,如何从根本上减轻学生的作业负担,提高作业质量,做到行之有效,这是我们应该积极思考的课题。对此,以促进学生全面发展、检测教师教学效果和提升学校教育质量为总体目标,以部编版语文教材为例从精选作业内容、丰富作业形式、把控作业难度、加强作业指导和认真批改反馈作业等角度入手,建议从课前作业、课中作业和课后作业三方面具体落实学生作业的设计与布置,教师做进一步探究。

关键词:"双减"　语文　提质　增效

现阶段,我国一部分学校存在作业的数量较多、质量不高、功能异化等问题,对此,深入贯彻落实《中共中央办公厅国务院办公厅关于进一步减轻义务教育阶段学生作业负担和校外培训负担的意见》和《教育部办公厅关于加强义务教育学校作业管理的通知》文件精神,进一步规范学校教育教学管理,全面提高教育教学质量,加强义务教育阶段的学校作业规范管理迫在眉睫。

初中语文作业设置要让学生在生动的语言情境和真实的语言实践中,积累语言经验,培养文字运用能力。坚持学生为本,着眼学生身心健康成长,切实发挥好作业"以文化人"的育人功能,促进学生全面发展。

语文作业的设计与实施要发挥其诊断与反馈功能,精准分析学情;要发挥其评估教学效果的重要功能,促进教师反思和改进教学方法。关于优化作业的设计与实施,我有以下三点建议。

一、课前作业,引导学生入佳境

课前作业作为课堂教学的前奏,可以让学生对教学内容拥有一定的认知,甚至产生困惑,进而主动参与到课堂中来。

1. 作业设计具有引导性,激发学生自主学习的主观能动性。

依据教材课文文体差异,设置适当的课前作业,引导学生关注写作背景、作家作品、课下注释等内容。例如八年级上册第四单元《白杨礼赞》的预习作业可以设置为"(1)朗读课文,理清文章的脉络;(2)查找资料,了解作者及本文的写作背景;(3)把握托物言志的写作手法,思考白杨树的象征意义”,突出本文散文文体的特点,逐步引导学生关注相关的历史背景,同时切合“朗读课文,把握象征意义”的基础目标。

学生可以借助自评表对预习完成情况进行自我鉴定,自评表内容包含“我明白的地方”“我仍然存在疑惑的地方”“需要继续搜集资料的地方”等。通过课前收集学生自评表,教师可以相对精准地把握学生预习的落实情况,可以及时调整教学策略,例如全班同学问题突出的知识点在教学中重点突击,反之适当讲解。

2. 作业设计借用课文的相关插图助力深化理解。

例如八年级上册第一单元《首届诺贝尔奖颁发》配图诺贝尔画像和“贝林的诺贝尔奖证书”,学生通过罗列插图信息,比对本课的文字内容,并查找相关资料,让学生对所预习的新闻课文拥有更加具体的感受,从而极大地激发学生学习热情。

3. 作业设计具有实践性与合作性,把学生从课业负担中解放出来。

例如八年级上册第六单元《综合性学习:身边的文化遗产》的预习作业可以设置为“全班分成若干小组,利用周末时间,实地考察一下身边的文化遗产”,符合《义务教育语文课程标准(2011 年版)》中的“综合性学习应强调合作精神,注意培养学生策划、组织、协调和实施的能力”的要求,引导学生在理性的实践中得以不断丰富其感性的体验,增加学生探究的宽度,拓宽视野,让作业更加轻松、直观、立体。

真正的课前作业可以帮助学生培养良好的学习习惯,提高学习效率。但不可忽略的是由于学生执行不力或客观环境不利等因素影响,难免造成有些学生预习失败的结果,可以尝试教师指导为主或小组合作等预习形式,抓好落实。

二、课堂作业,带领学生细体会

课堂作业是教学的重要组成部分,恰到好处的作业设置不仅能使学生巩固知识、形成技能,而且能启发思维、培养能力。教师要精心设计课堂作业,将之有效地融入课堂教学之中。

1. 贴近教材,突出对语文核心知识的理解。

通过“设置作业——完成作业——反馈评价”的循环,推动学习进程,完成教学目标。

例如八年级上册第四单元《白杨礼赞》在课堂学习的起始阶段,设置“作者从哪三方面表现了对白杨树的赞美之情”的作业,通过自主练习或小组讨论完成,随机进行评价。

在课堂学习第二阶段,伴随着活动的深入,学生沉浸在字里行间时,设置“思考课文关键词语的含义”的作业,通过师生互动完成,随机进行评价。

在课堂学习的最后阶段,设置“交流对白杨树象征意义的理解”的作业,让学生先自由书写感受,之后集体交流。采用随机评价与重点提示的方式评价,教师对作业结果进行整理,提炼、归纳出有用信息,学生记录笔记。

2. 课堂作业要注意关于“问题情境”的创设，引导学生在具体的语文情境中解决问题，培养探究能力。

例如八年级上册第四单元《背影》中朱自清看到父亲翻过月台去买橘子的背影时“泪很快地流下来”，教师可以问学生：“你的亲人有类似让你感动、难忘的‘背影’或瞬间吗?”此情此景，这样的开放式问题一定更能激发学生回忆过往，畅所欲言，产生强烈的情感共鸣。

3. 课堂作业要结合学习内容，促进学生语文知能的转化。

例如八年级上册第一单元《首届诺贝尔奖颁发》可以设置作业“如果是你获得了诺贝尔奖，你会准备怎样的颁奖词呢？请当堂写一篇发言稿”，紧扣课文内容，又富有新意。引导学生想象颁奖典礼的隆重盛大场景，角色转换，如临其境，积极发现并探索新知。

三、课后作业，推动学生抓落实

课后作业作为课堂成果的检验与延伸，要切实摆脱拘泥于机械和重复练习，流于试卷等单调的形式，要冲破传统壁垒，严控时间和难度，突出自主性、选择性、开放性，真正做到提质增效。

1. 鼓励教师分层布置课后书面作业，并且给予学生对于作业的自主选择权。

不以简单的对错为标准评定检测结果，而是根据布鲁姆教育目标分类，区分出能力层级，实施更为精准的评价。例如八年级上册第四单元《白杨礼赞》课堂教学后，布置诊断性作业“(1)列举出作者从哪三方面表现了对白杨树的赞美之情(知识层级)；(2)理解白杨树的象征意义，理解作者是如何层层深入地揭示这种意义的，并写下来(理解层级)；(3)自由阅读《梅花魂》《老树》等文章，理解文中含义深刻的地方，写出你的感受(应用层级)；(4)多角度比较、提炼这一类文章的形似之处(分析层级)；(5)为《白杨礼赞》写一篇简短的评论，80字左右(评价层级)；(6)学习本文的象征手法，选取你熟悉的景物，赋予其一定的象征意义，由此完成一篇200字左右的片段写作(创新层级)”，学生可以根据自身学习能力，自主选择能够完成的作业项目，进而评估自己对本文的掌握情况。

此外，教师批改课后作业，对六个层级按照比例赋分，每个层级依据学生完成情况生成A、B、C、D四个等级，分析出学生在知识、方法、过程和态度等方面的状态，依据诊断结果具体问题具体分析：合格的学生，学习活动继续；反之，学习活动调整为查漏补缺、改变策略，甚至重新组合。

2. 作业设计要求尽量贴近现实生活，加强趣味性。

除了书面的作业以外，还可以设计“听说读做”等一系列实践类的作业。例如八年级上册第六单元《综合性学习：身边的文化遗产》可以设置作业“如果你是‘非遗’传承人，请选择一项你传承下来的操作简单、容易上手的‘非遗’项目，制作出来，并向同学们分享你的成果”,引导学生以手工等形式完成选做作业。转变过去单一的被动的学习方式,完善语文和劳动技术课相结合的跨学科综合型作业,激发学生动手、动脑兴趣,提高学生注意力、领悟力和学习力,增强学生自信心,为学生的学习和生活增添乐趣。

3. 鼓励语言表达类作业。

教师要结合教材中的口语交际课程,设计实施口头作业;学生要进行文明得体的表达与交流。可以配乐朗读、美文展播、班级辩论、话题讨论、好书分享、班级演讲赛、主持达人评选等。例如九年级上册第五单元《中国人失掉自信力了吗》可以设置作业“请以‘逆境是否有利于人成长’为论题,在班级内组织一次辩论会”,引导学生在辩论中体会立论和驳论的特点,学会思辨。

最后,教师要对作业设计与实施进行回顾总结,全面反思。根据教师教学体会和学生反馈,建议教师在课前、课中和课后的每一个阶段都静心反思。效果好,要积累经验;反之,找出原因,及时修正。

四、结论

初中语文作业设计势必逐步纳入教研体系,要加强对作业设计与实施的研究,强化对学校作业设计的指导,加强优质作业资源共建共享。学校语文教研组也要深入开展作业设计与实施的研究,系统化选编、改编、创编符合素质教育导向的作业,提高教师作业设计与实施能力。“双减”政策下,要充分培养学生高雅的审美情趣,积淀丰富的文化底蕴,全面提升学生语文课程核心素养,减轻学生负担。

参考文献

[1]张媛. 部编本初中语文教科书助读系统研究[M]. 2018.

[2]陈恒舒. 诵读经典名篇,感悟古人品格——统编《语文》八年级上册第六单元编写说明及教学建议[J]. 语文教学通讯·B刊,2018(11).

[3]刘克家. 教学问题与对策:基于“语言的建构与运用”核心素养培育的分析——以重庆大足为例[J]. 语文课内外,2020(15):247-248.

[4]毛云华. 初中语文课前高效预习作业设计探索[J]. 师道:教研,2016(7):113-114.

[5]费发辉. 浅议优化高中语文作业设计的有效性策略[J]. 文理导航·教育研究与实践,2019(3).

[6]谢毛生. 初中语文“综合性学习”教学策略研究[J]. 好家长:创新教育,2017(11).

"双减"政策背景下
提升初中语文学科核心素养策略研究

天津外国语大学附属滨海外国语学校　安　丽

摘　要:"双减"政策是中国进入新时代以来对教育提出的新要求,与国家一直以来倡导的提升"学科核心素养"理念同向同行,对现阶段初中语文教学提出了更高要求。聚焦语文核心素养,创新语文教学方法,需要摒弃传统以灌输为主的教育理念,坚持以学生为中心的基本思路,通过创设教育情境,教授学生学会学习的方法,树立终身学习的理念。要想实现由知识到素养的转变:要通过任务驱动,有效指导自学;融情设境,与生活接轨,营造生活化教学和良性互动的教学氛围;积极参与到语言实践活动中,引导学生深入思考。

关键词:双减　生本　情境　任务驱动　核心素养

"双减"政策实施以来,学生的校外培训任务和作业内容得到了全面缩减,学业压力相对轻松一些,但对于家长期待,包括对学生个体发展而言,学生的素质提升需求没有改变。对教师而言,减掉的是学生过重的作业负担,提升的是教师专业水准和课堂教学效率,其指向就是从单纯"育分",到全面"育人",从知识本位到素养本位。

一、"双减"政策下的学生语文学科核心素养提升面临的机遇与挑战

教育部核心素养课题组负责人林崇德指出,核心素养是学生在接受相应学段的教育过程中,逐步形成的适应个人终身发展和社会发展需要的必备品格和关键能力。具体到语文学科核心素养,主要体现四个方面:语言建构与运用、思维发展与提升、文化传承与理解、审美鉴赏与创造。置身"双减"之下,如何提升学生语文学科核心素养是新时代教师面临的新挑战。

学习是一个传递知识、交流情感、锤炼思维、切磋智慧的过程,而不是单纯的知识汲取过程。传统的教学,强化知识,弱化素养,通过反复练习强化记忆,灌输知识,重在提高解题能力,"双减"政策的出台,对初中语文教学业态是一次革命性的重塑。在这一理念的指导下,曾经的"题海战术"策略被弃用,"重压出天才"的理念正被抛弃。教师教学的方向、学生学习的规律、教育的使命,这些都促使教师更新教育理念,

改变教学策略。

于教师自身而言，一方面教学要发挥其立德树人的作用，另一方面教师要探索培养学生学科素养的教学方法。教师需要改变教学理念，更新教学方法，突出课堂教学的创造性，提高课堂教学的实效性。于学生而言，教师应该引领学生自主学习、主动探究，给予学生更多的时间和空间进行自我管理、自我规划。因此，如何激发学生学习的主动性和积极性成为教师面临的新课题。

二、"双减"政策下提升语文学科核心素养的改革理念

伴随着新课标出台、新教材的使用，学科核心素养概念的提出使中国教育界开始了新的变革。加之"双减"政策的出台，我们只有深刻思考教育规律，积极学习新的理念并主动作为，不断探索寻找新的教学方法，才能适应时代教育发展需求，完成立德树人的教育使命。

早在"三维目标"时代，学生中心论就已经成为非常响亮的口号，它要求教师实现从课堂掌控者向课堂参与者的角色转换，尽量把课堂还给学生。但是在实际操作过程中，灌输式的教学方法仍然主宰着课堂，课堂的实际操控者还是教师，学生仍然处在被动支配的地位。在"双减"政策的背景下，在贯彻落实"双新"的过程中，教师必须树立以生为本的理念，优化课堂教学，提高课堂教学效率。

1. 师生角色的定位。教师是课堂的主导，学生是课堂的主体，课堂是舞台。教师是导演，教师的作用是设计、匡正、引领与提升；学生是演员，学生的任务是合作、探究与展示。一堂课的精彩，不是教师的精彩，而是学生的精彩。因此不应只重视教师的教，更应该重视学生学习的全程，以学定教，以学促教。

2. 教学过程的优化。这个环节中，教师要充分激发学生的学习兴趣，针对不同学生制定不同的方法，正如孔子倡导的"因材施教"。在实际教学中，有的学生规则意识强，按照常规操作认真读写；有的学生则喜欢挑战艰深晦涩的古诗文，就可以让他做老师，尝试"兵教兵"。也要求教师认真研究学生特点，为不同的学生规划不同的学习方法。

3. 关注过程性评价。在学生自主学习过程中，教师应该更多地关注学生的学习过程是否符合学生的成长规律，他们的思路是否符合认知规律，而不是将注意力完全集中于学生的几次成绩上。尤其是对于语文学科，学习是一个长期积累不断提升的过程。所以，教师要研究学生在自学过程中的表现，充分考量学习环境等因素，端正学生的学习态度，从而使学生掌握科学的学习方法，提升学生学习能力，养成促进一生发展的能力。

三、"双减"政策背景下提升语文核心素养的路径

在"双减"政策背景下，语文学科承担了"学科育人"重要责任。语文教师需要在

实践教学中结合学科教学内容和特点梳理语文核心素养的实际表现，进而探索培育学生核心素养的具体方法。现结合初中语文课程教学的特点，就初中语文教学落实核心素养途径展开论述。

（一）通过任务驱动，培养学生自主学习能力

学生学习语文的目的是建立在自主语言建构、较好的思维发展、较高的审美情趣基础上的语文核心素养的提升，所以，叶圣陶先生把“自能读书，不待老师讲；自能作文，不待老师改。”①看作是教学成功的标志。通过设计符合学生认知水平的任务，引导学生自主学习。这就要求教师在教学过程中根据教授内容设计不同的自学方案。比如八年级上册朱自清的《背影》，就可以让学生围绕“背影”来自学，同时引导学生发现生活中父亲与自己交流中的感动瞬间，形成语言文字，互相交流；而针对八年级下册鲁迅的《社戏》，因为其讲述的是浙江绍兴乡村看社戏的场景，远离学生生活，这时，教师就要让学生通过自学区了解当时当地的习俗和社会情况。在自学过程中，教师要监督和指导学习的内容、方式、效果等。

（二）通过情境设置，激发学生积极探究的意识

陶行知先生讲，教育的目的是让学生的生活能力不断地向前发展，用真实生活来教育，将校园与学生的生活互相融合。为了提升课堂教学效果，往往需要教师依托教学内容，创造出让学生真实体验知识获得情感的环境，设置出相对真实的生活化情景，开展教学任务。

1. 问题情境。有问题才会有思考，有效的问题是良好学习效果的重要保证，问题与答案之间不能简单直线联系，而是螺旋上升式思考的结果，在不断地思考总结中完成自主学习的过程。比如在学习范仲淹的《岳阳楼记》时，可以具体设计几个问题：“作者分别介绍了哪两种不同的景色？”“迁客骚人面对不同的景象产生了怎样的览物之情？”“古仁人的思想感情与迁客骚人思想感情有何不同？”“范仲淹‘先天下之忧而忧，后天下之乐而乐’的思想在当今所具有怎样的现实意义？”在不断地设置问题情境的过程中，引导学生逐步深化对文章的认识和对文字的把握，从而学生的思维得以发展与提升。

2. 表演情境。对于语文这一学科的学习十分重要，通过参与特定角色，演绎人物形象，达到教学目的。比如戏剧学习中的分角色扮演，课文学习中的分角色朗读等，引导学生把握角色心理状态，学会抑扬顿挫的表达。例如，九年级下册《邹忌讽齐王纳谏》，课文中有多组人物对话，为了促使学生更好地了解邹忌超强的讽谏艺术，教学时先让学生角色定位，依据课文内容分两个不同的情景，让小组设计剧本并表演课本剧，引导学生说出设计意图，不同小组互评表演得失。这节课学生参与度高，课堂气氛热烈，学生对讽谏的逻辑和层次有了清晰地把握，课文的重难点也随之落实了。

① 叶圣陶. 卷首[J]. 语文建设，2015(1).

境化教学,以一种虚拟的方式,让古文不再"面目可憎",反而具有了别样的风味。

3. 辩论情境。这也是激发学生思维活动的一个思路,辩论的主题没有确定的答案,只要学生提出的观点可以自圆其说就好,让学生在辩论中思考,在寻找论据中领悟,在博弈中获取知识。比如在《马说》一课的教学后,可以将作业变为进行主题为"先有伯乐,还是先有千里马"的辩论会,让同学们根据课文和自己搜集掌握的资料,多角度思考,深层次思辨。在这个过程中,教师要学会适时引导与点播,从而为学生打下科学精神、学会学习、实践创新的基础。

(三)在积极的语言实践活动中,实现学生的深度学习

1. 在民主、自由、和谐的氛围中,积极的语言实践活动可以实现学生的深度学习。在积极的语言实践活动中,要想培养学生的核心素养,就需要给学生"说话"的机会、和学生形成互动交流等语言文实践活动。学生的主体地位、教师的主导地位,才能真正实现师生之间、学生之间、学生与文本之间的多层次对话与交流。没有对话与合作的课堂犹如一潭死水,教师没有教的动力,学生没有学的欲望。良性互动可以更好地展现出师生平等关系,形成和谐的课堂氛围,语文核心素养中的"语言建构与运用"才能真正落实。比如在九年级上册写作课《议论要言之有据》写作实践二《谈诚信》教学时,可以设计合作交流的任务,"请你谈谈你身边的诚信现象""请你讲讲古今中外哪些讲诚信的人""你读过的文学作品中有哪些讲诚信人及事迹""关于诚信的名言警句"等。在课堂上,学生们积极交流,相互补充,教师尊重学生,耐心倾听,适时引领。这种良性互动,不仅可以让学生打开思维,积累素材、引领学生,实现思维品质的提升,回归到生活本质。总之,互动交流的课堂,才能实现学生知识积累与人文精神提升的双赢。

2. 由点到面,使课堂高效延伸。《中学生发展核心素养》中提到"中学生需要发展学会学习的素养,它包括乐学善思、勤于反思与信息意识,"通过课堂引领,不断拓展,才能将课堂延伸到广博的语文世界中。

在初中,我们学习了苏轼的几部作品:《记承天寺夜游》《水调歌头》《江城子·密州出猎》《定风波·莫听穿林打叶声》。学生对苏轼有了一定的了解,但不够系统,有限的几篇课文,也不能满足学生对苏轼这位文豪的探究欲望。这时,可以引导学生进行针对苏轼作品进行对比阅读,突出同中求异;或者可以引导学生以苏轼的经历为线索,完成不同时期代表作的思维导图,突出异中求同。同时,教师可以重点推荐几首诗词或几部关于苏轼的作品,进行深入分析,并交流反馈。通过教师有效指导自学,使学生可以依托课文,又不囿于课文,学生的自学潜力也被激发,核心素养得以提升。

四、结语

初中语文核心素养是以识字写字、阅读、写作、口语交际为核心,不仅对初中学生的全面发展有着极其重要的意义,更对学生的终身教育有着深远的影响。在"双减"

政策背景下,需要所有教师从核心素养出发,根据不同学情,创设不同情境,整合课程资源,改进教学方式方法,提升教学质量,引导学生树立终身学习的理念,超越唯知识的小路,走上培养综合素养的坦途。

参考文献

[1]徐南南. 语文核心素养下的教学研究[M]. 北京:九州出版社,2020.

[2]余登燕. 初中语文学科核心素养教学策略研究[D]. 伊犁师范大学,2018.

[3]叶圣陶. 叶圣陶语文教育论集[M]. 北京:教育科学出版社,2015.

[4]教育部关于全面深化课程改革,落实立德树人根本任务的意见[R]. 中华人民共和国教育部,2014.

[5]中华人民共和国教育部制定. 义务教育语文课程标准 2011 年版[M]. 北京:北京师范大学出版社,2012.

“双减”政策下如何在教学实践中提升学生的语文核心素养

天津市武清区广贤路初级中学　张云杰

摘　要:2021 年随着“双减”政策的颁布与实施,学生的核心素养的培养成为中国教育中立德树人的关键。在此背景下,强化学生的核心素养也就成了初中语文教学改革的顶层理念。本文首先论述了自己对核心素养内容理解,其次结合双减政策要求,根据自己的教学实践经验,提出了从课堂教学和作业布置两个方面来落实“双减”政策的策略。

关键词:初中语文　核心素养　“双减”政策　培养策略

一、对初中语文核心素养的理解

1. 如何理解语文核心素养的概念

语文核心素养指的是一种以语文能力为核心的综合素养。学生在积极的语言实践活动中积累与构建起来,并在真实的语言运用情境中表现出来的语言能力及其品质,是学生在语文学习中获得语言知识与能力,思维方法和品质,情感态度价值观的综合体现。

2. 如何理解语文核心素养中语言的构建和运用

语言的建构是文字运用的基石。在课堂教学中,要设计丰富多彩且又易于实践的语文活动,学生通过实践得到感悟,不仅提升学生对文字的敏锐捕捉能力,而且又积累了语言构建的经验,从而形成语感,形成自己独特的语言体系和表达风格。以部编版语文七年级下册教材中的综合性学习《天下国家》为例,如何让学生深刻地理解国和家的关系,在活动开始前学生自主进行资料的查找,通过对这些只言片语进行语言的整合,让文字内容贴合主题并且经过小组内的谈论最终定稿,学生在课堂的活动环节进行恰当的表达,一开始只是碎片信息的整合,实践多了还会有自己的理解和体会。这就是我在日常的语文教学活动中对学生进行语言构建与运用能力的培养。

3. 如何理解语文核心素养中思维的发展与提升

文字是语言和思维的载体,学生通过对文字的直观体验,直观地了解文章创造的形象,以七年级教材上册朱自清的《春》为例,学生通过诵读就能感受春天特有的新、美、力,因为作者在文章中调动了视觉、听觉、味觉、触觉等多方位多角度地描绘了春天,多感官的刺激下引发学生共鸣,从而让学生能够深入体会作者创造春这一形象的意境,感悟作者对春天的情感。对文字的解读不仅有横向联想,更要有纵向剖析和自我感触,这个过程就是基于语言的构建和运用,形成对文本解读后自己的思维发展与提升。

4. 如何理解语文核心素养中审美的鉴赏与创造

审美情趣的建立和养成是一个漫长的过程。审美要从美出发,教师要引导学生用审美的眼光来挖掘文本。文本当中的美是无处不在的,例如《诗经》的音韵美、写景散文的语言美、古诗当中的艺术美和意境美等。学生在感受和体会美以后才能创造出自己的文字之美。

5. 如何理解语文核心素养中文化的理解和传承

语文学科核心素养中文化的理解和传承是希望学生能够继承中华优秀的文化,培养理解、借鉴不同民族和地区文化的能力,在学习过程中能开阔文化视野、增强文化自觉意识以及提升文化自信。每个语文老师都担负着中国文化传承的重任,实际教学过程中,就需要教师深入挖掘教材,做好文化引导的领路人。以《送东阳马生序》为例,作者叙述了个人早年求教和勤学的经历,勉励青年人珍惜良好的读书环境,专心治学。刻苦学习这一优秀的文化传统在当今已经成了家长和老师的口头禅,但是在古代的表现并不相同,老师在课堂教学中首先要带领学生了解作者所处的时代背景和文化特点,从细节入手体会作者是如何描述他刻苦学习的。不同朝代,不同背景,列举相同题材的文章进行对比,如凿壁偷光、囊萤映雪等,不同的体裁,不同的题材却讲述了同一个道理,但是侧重点不尽相同又无法替代,这不仅为学生的写作提供了借鉴方法,而且也是培养学生文化理解与传承的一种体现。

二、“双减”政策下在教学实践中培养语文核心素养目标的策略

2021 年秋季国家“双减”政策出台,内容指出要减轻学生的作业负担和校外培训负担。旨在把学生从内卷的漩涡中解放出来,让学生遵从内心,展现自我,凸显个性,成为全面发展的人才。这次改革不仅对老师是一次挑战,对学生更是极大的考验。以下我将从课堂教学和作业布置两方面阐述在实践中总结的一些方法和基于现实的畅想。

1.“双减”政策下语文核心素养的培养在教学中的体现

(1)“双减”下的高效课堂,开展活动态文本拓展课程

①激发兴趣,事半功倍

兴趣是最好的老师,如果想深入地理解一篇文章的内涵,了解时代背景和作者经历是必不可少的,特别是那些千古传唱的经典之作,正所谓知人论世。如苏轼的《水

调歌头·丙辰中秋》,初读这首词的学生无法深刻体会词人乐观旷达的胸襟,只把它定义为一首思亲之作,但是在课前预习环节,学生通过自己查阅资料和创作背景,学生一定会对这位作者产生一系列思考,苏轼为什么要自求外放,为什么会对弟弟如此思念。这时教师可以引导学生着重从他豁达的人生入手,正如他所言"问汝平生功业,黄州惠州儋州",来讲述他传奇的一生。学生在给其他同学介绍自己眼中的苏轼的同时其实就是自己语言构建和运用的过程。带着对作者的欣赏,学生自然而然会对词作产生兴趣,对后续内容和情感的理解也会更为深刻。

②拓展文本阅读,质效双增

中学阶段的语文学习不是简单地死记硬背,而是培养包括阅读理解与表达交流在内的多方面能力。文本都承载着作者想表达的思想和情感,但是教材提供的内容是有限的,那么结合教材文本去拓展阅读就显得更为重要,拓展内容可以是教材的延续,如诸葛亮的《诫子书》中集中表达了作者的人生观:淡泊、立志、惜时。拓展内容可以关联其子孙拒受高官厚禄而战死沙场,用实际行动践行先祖的训诫。还可以关联高年级课文《出师表》,让学生感受一代贤臣的伟大人格。同时这种正确的人生观从古至今一直都在传承和延续,中国近现代史上有许许多多类似的人物和故事,可以让学生在查阅资料和分享的同时加深对文本内容的理解。

③多元化阅读,以点带面,深度思考

文本拓展阅读不单单是顺势而为,也可以是两种不同文化背景下的作品去比较阅读,在《我的叔叔于勒》的教学活动中,我把它和名著《骆驼祥子》进行比较阅读,看似不相关其实有许多共同之处,不同的社会背景不同的意识形态,反应的都是小人物的心酸和命运的坎坷,让我们看尽了人世间的世态炎凉,但是又不乏若瑟夫和曹先生这样散发人性光辉的角色。学生通过领略和感受文化的差异,形成一个兼容并纳的阅读理念,在不同的文章中领略不同的内涵和精神。这样的拓展方式可以加深理解,求同辨异,在基于语言的构建和运用之上学生的阅读思维又得到了一定的提升。

(2)从生活出发,让学生做知识的主人

"双减"之下,语文教学更加关注学生的参与性和生活性。语文源于生活,生活又为语文学习提供了无限可能。文字是生活的叙述和感触,教学是对生活的诠释和剖析,写作更是生活的重现。"双减"之下的语文课堂教学应该从生活出发同时为生活服务,把课堂学习变成学生探知未知世界的途径。学以致用、回归生活、服务生活,这才是语文学习的最终目的。如新闻单元的学习,我们掌握了新闻的知识点,可以把生活融入语文课堂。创办班级新闻周刊,记录班级中或者学校里发生的新近事件,这样的活动不仅让学生巩固了新闻常识,认识了新闻遣词造句的特点,更重要的是学生自主学习的积极性得到了极大提升。生活为课堂教学提供素材,课堂教学也服务于生活,二者相辅相成,既丰富了课堂教学又愉悦了学生的身心。

(3)删繁就简,减时不减效

语文的学习和积累是一个漫长的过程。很多学生缺乏耐心和持久性,尤其古诗文的背诵学习更让学生觉得语文是一门枯燥和乏味的学科。但是古诗文却承载着中华民族上下五千年的历史,里面蕴含着大量优秀的传统文化,是培养学生语文核心素养的一个有效途径。“双减”之下学生减少了课业负担,增加了更多元化的课外活动,势必会减少对古诗文学习的信心。那么教师如何在繁多的古诗文的知识点中删繁就简,用通俗易接受的方式来进行课堂引导就显得尤为必要。以诗词赏析为例,大部分诗词离不开意象和意境,只有理解诗词中这两者的关系才能更好地深刻理解作者想表达的情感。那么在诗词学习中,我们可不急于背诵、讲解和分析,找到意象和意境这个突破口,用三五分钟的时间讲解意象和意境的概念,他们之间分关系等,让学生明白作者常常会把客观的事物(意象)纳入自己的认识和情感,赋予他们感情色彩,是为意境而服务的。由此再回到诗词中,从意象和意境这两条线索出发去分析诗词,对于学生来说思路更清晰更容易接受,知识点的紧凑度高,同时也避免了学习诗词过程中大量机械地记笔记反而零散记不住的问题,看似简单地引导却有着很好的课堂效果。

2.“双减”政策下语文核心素养的培养在作业布置中的体现

(1)精准定位,布置实践体验型作业

初中语文的学习不能局限于课本和课堂,课堂教学不能只是简单的知识的灌输,它需要开展丰富多彩的实践活动,这样才能在有限的时间、空间里最大限度地让学生去理解、掌握知识,更能凸显“双减”的作用。这就要求学生必须从生活中不断积累语言素材。把课本知识与现实实践结合起来,这更加有利于提高学习的效率,同时培养学生的语言学习兴趣和核心素养。如莫泊桑的《我的叔叔于勒》一文中描述了于勒贫穷和富有之时,人们对于他截然不同的态度,尤其是菲利普夫妇前后的变化,以此来揭露资本主义社会的黑暗和腐朽。因此在课后作业的布置上,教师可以让学生设计表演一场舞台剧,在不违背原文的基础上,自己添加语言、动作和神态的表演,真正地体会主人公不同的内心世界,从表演实践中感受文中社会的世态炎凉。这样才能更好地剖析文章的主题,同时提升学生的文字解读和感悟能力,也不失为语文核心素养培养的一部分。

(2)布置学科间联动性作业,激发学生思维的创造性

学科之间内容是不断融合的,布置一些学生感兴趣的综合性作业,更符合中学生心理发展的特点,学生也更容易参与其中。如《三峡》一课,就可以把语文、地理、美术等学科综合起来布置作业。课前预习作业可以由小组协作出一份三峡地理知识介绍,从地理的角度可以完美地解释三峡夏季水盛水急的原因,还可以从气候的角度解释三峡为什么一年四季可以青竹翠柏等。在熟悉和理解完课文内容后,请同学根据三峡文字的描述分别画四幅画,要充分体现四季中水的变化,如果配以书法作品效果

会更好。这样的趣味性作业不仅拓宽了学生的横向学习的思维模式，提高了文学素养，而且极大丰富了班级的文化生活。

(3)布置自主开放型作业

传统的作业布置更注重基础知识的巩固和基本技能的训练，往往是机械性和统一的。这样的作业常常忽略学生实践能力的培养和实践探究的过程。自主开放性作业打破束缚，让学生能精准地对自己的认知水平和能力进行定位，可选择性地完成教师布置的作业，打破原有的活动参与者固定化的局限，人人参与其中，俗语讲就是人人有活儿干。作业完成的过程中自动进行了分层。以综合性学习《天下国家》为例，这是一堂活动课，前期的思路方向是教师和学生共同探讨完成，整堂课由资料搜集、视频和 PPT 制作，配乐朗诵和书法展示，主题的升华，联系现实的家国情怀的感悟和延伸等几部分组成，以上都由学生自己进行构想和完成操作，老师只起到了过程中指导和建议，课堂上穿针引线的作用。这样的作业满足了不同基础的学生对知识的要求，增加了所有学生参与课堂的机会，让学生都能体会成功的乐趣，增强自信心。

参考文献

[1]于洋. 核心素养背景下初中语文教师评价素养及其培养研究[D]. 西南大学出版社.

[2]施兴玲. 学科核心素养在初中语文课堂的运用——探究培养初中生语文核心素养的教学策略[J]. 考试周刊,2019(41):61.

[3]顾之川. 论语文学科核心素养[J]. 中学语文教学,2016(3):15-17.

[4]李作芳. 浅谈阅读教学中小学语文核心素养的培养[J]. 教育理论与实践,2017(14):62-63.

[5]谢油奎. 初中语文教学中学生语文核心素养的培养策略探讨[J]. 考试周刊,2018(52):38-38.

[6]喻平. 发展学生学科核心素养的教学目标与策略[J]. 课程. 教材. 教法,2017(1):48-53,68.

[7]刘忠强,钟绍春,王春晖. 基于跨学科教育理念的语文学科核心素养构建策略研究[J]. 现代远距离教育,2018,177(3):45-51.

[8]李润洲. 核心素养视域下的知识教学[J]. 教育发展研究,2017(8):75-82.

“双减”背景下初中语文学科课后托管时间的教学规范与创新

天津市蓟州区出头岭镇景兴春蕾初级中学　陈　悦

摘　要：近年来我国一直在倡导要为学生进行减负，随着今年“双减”政策的出台，为进一步满足广大家长对中小学生校内课后服务的迫切需要以及保障学生的健康安全，各地陆续探索开展了课后托管服务。但据了解，一些学校在制定课后服务工作计划及教学内容安排等方面仍然存在诸多问题，例如课后服务内容较为单一，主要以课后辅导、业余兴趣班为主，虽然在内容形式上有所创新，但仍难以满足学生在生活技能方面的需求。有些课后辅导占绝对比例，变相延长上课时间，不利于成长阶段的中小学生德、智、体、美、劳各方面的全面发展。那么基于以上问题的产生，我认为很有必要对初中语文学科课后托管时间内的教学内容进行规范与创新，通过课后托管时间段增设阅读理解环节；倡导学生绘制思维导图总结学习知识点；增设国学经典赏析环节等活动过程，来不断丰富学生的知识，培养学生的学习兴趣，陶冶学生的情操。

关键词：双减政策　初中语文　教学创新

“双减”政策的出台，不仅减轻了学生的课业负担，而且减轻了家长过重的经济负担。与此同时，学生也相应地增加了自己在校内自主活动的时间。那么作为基础学科的语文课堂，该如何有效利用课后托管一小时，提高该学科的课后托管效率，丰富该学科的托管内容，提升学生对语文课堂的兴趣呢？作为一名工作在一线的青年教师，我认为“双减”政策应该坚持以学生为本，遵循教育规律，着眼于学生的身心健康发展，让学生的学习回归学校。接下来我将结合自己的教学实践，谈几点做法：

一、保持托管时间内初中语文教学的开放性，提升学生阅读能力

语文学科教学作为基础教学中的源头活水，其地位和重要性不言而喻。所谓源头活水就意味着，语文作为我们的母语教育，是给予我们学习各类知识和新鲜事物的工具。常言道，工欲善其事必先利其器，为进一步加强我们学生接受新知识与新鲜事物的能力，我们语文教师务必要保持托管时间内语文教学的开放性。这里的开放可

以指教师思想的开放,学生学习内容的开放,教学形式的开放以及学生思维的开放。其中我认为最为重要的是学生思维的开放性,因为它不仅可以拓宽学生们的思路,还能引导他们创造性地解决问题。那怎样才能有效拓展我们学生的思维开放性呢?我认为最行而有效的方式就是增加我们学生们的课外阅读量。据相关调研结果显示,增加中小学生的阅读量,可以显著提高中小学生的阅读理解能力。中小学生的阅读理解能力尤为重要,它不仅可以开阔学生的视野,增长学生的知识,培养学生良好的自学能力,还可以进一步巩固学生在课内学到的各种知识,乃至对于提高学生的认知水平都起着极大的推动作用。正如莎士比亚所说:“一千个读者眼中就会有一千个哈姆雷特。”培养良好的阅读习惯,有助于打开学生的开放性思维,而且每个学生都有各自的见解与思考,相当于扩充了我们语文教学过程中的开放广度,进而加强了“源头活水”的活力与延续性。那么在整个课后托管活动过程中,我们教师可以减少学生的无效作业,为学生创设温馨、舒适、安静、良好的阅读氛围。例如在班级内建立“阅览角”,在班级墙壁张贴几张精美的读书海报等。条件允许情况下还可以为他们建立一个阅读专属区域,鼓励学生每人携带一本自己最喜爱的图书到学校与同学互相借阅浏览,增添阅读乐趣。这样在课后托管时间段内的语文教学,不仅可以增加学生语文知识的储备量,还可以有效提高学生的文学素养,从而提高学生学习语文的效率以及整个初中阶段语文教学的能力。这样,配合“双减”政策的落实,不仅仅减少了学生的课业压力,而且拓展了学生的知识广度与理解深度,不乏一石二鸟之举。

二、保持托管时间内教学过程中的学生主体性,绘制思维导图总结知识点

现行背景下,我国大力倡导素质教育,大力倡导学生德、智、体、美全面发展。但不论是基础教育还是素质教育,我们都要明白,在教学过程中学生应该始终处于主体地位,教师则是主导。我们应该唤醒学生的主体意识,发挥学生的主体作用,树立学生的主体观。但环顾四周却不难发现,直到现在仍有很多学校还存在本末倒置的现象,误将教师摆在了教学主体地位,学生变成了知识的被动接受者。这就警示着我们,要及时转变好教师和学生在教学活动中的定位。为了更好地塑造学生在教学活动中的主体地位,结合当前的“双减”政策,作为初中学段的语文科目教学,我认为可以在放学后学校托管的一小时中,把这个时间段交由学生进行自由支配规划。当然在此过程中教师可以发挥引导作用,比如:在课后的托管时间内,教会学生学会绘制语文课程知识的思维导图。

众所周知,思维导图因其具有良好的条理性且具有把握整体框架脉络的便捷性,被广泛应用于各种归纳总结性工作当中。作为一名中学生同样拥有掌握这项技能的必要性。研究表明,初中生的思维能力培养非常重要,通过绘制思维导图的方式不仅可以使学生对已经学过的知识进行再总结、再消化,而且还可以很大限度上锻炼学生

的思维能力,这也更加符合当今时代非常注重对学生进行能力培养这一大背景。我们可以设想一下,一个学生在学习完当日课程之后,对于当日学过的知识内容体系有着较为清晰深刻的掌握,学生可以通过回顾当日所学知识点及时进行梳理总结,运用绘制语文知识思维导图的方式把当天语文课上积累的成语、优美的词汇语句以及脍炙人口的诗句等进行分类总结,对课文中教师讲解的重难点进行巩固,对作者表达的中心思想进行再体会等。这样不仅仅达到了对当日所学知识点的复习归纳总结,同样可以与之前所学的知识进行联结,达到融会贯通的效果,使学生本人就可以在自己的认知体系中形成适合自己思维方式的学习框架,进而形成符合自己逻辑的知识网,真正做到让学生成为教学过程中的主体,充分展现了学生在学习过程中的主观能动性。这样学生就可以根据自己对于知识点的掌握程度不同找到更加适合自己记忆学习的方法,最大限度上还原了教学过程中小主人的形象。当学生具备了一定的思维能力后,学生对语文知识的学习就不再是停留在教材上,而是不断地深入了解,从之前的被动学习向主动学习进行转变,从而提高学生的学习能力和思维创新能力,提升学生学习语文的兴趣。当然,好的教育教学过程是可以融会贯通的,针对初中语文的教学可以采用绘制思维导图的方式,同样其他教学科目也可以采用绘制思维导图的方式来帮助学生对知识点进行复习和掌控。

三、保持托管时间内语文教学形式的多样化,引入国学经典赏析

语文是一个基础学科,也是一个承载着中华文化的学科。语文像水,水利万物而不争;语文像风,和煦温和令人如沐春风;语文又像一座庄严肃穆的博物馆,承载着厚重的文化底蕴,博采众长、源远流长……既然语文这个学科的底蕴如此深厚,这也就势必决定了这个学科要保持多样化的教学形式。正值"双减"政策落实阶段,为了进一步减轻学生的学业负担,各学校各学科有责任有义务对现有的教学形式进行改革。为保持语文教学形式的多样化,我们初中语文教学可以在课后托管阶段引入国学经典赏析活动。通过引入国学经典赏析,一方面可以减轻学生的课业压力以及学习上的精神压力,另一方面还可以在学校中营造一种浓厚的国学氛围,提升学生中间的国学素养,进而有利于学生在回顾赏析经典中增加对语文的学习兴趣。那么关于课后托管时间增设国学赏析活动的环节应该怎样具体实施呢?我觉得可具体分为以下三个阶段:一、增设课后托管时间段内的国学经典视频讲座赏析(如国学公开课2021系列节目、易中天品三国、易中天中华史、傅佩荣讲论语等国学经典视频讲座等),可以给学生提供一些国学经典的相关视频进行观看,这样一来,不仅可以缓解学生沉重的精神压力,还可以用一种轻松愉悦的氛围对学生进行潜移默化的影响,以一种润物细无声的方式在学生中逐渐形成浓厚的国学氛围,通过了解中华上下五千年的悠久历史文化,加深学生的爱国情怀,增强民族自豪感。二、在课后托管时间段内举办班级

的中国古诗词大会活动，优先把初中及小学学段的古诗词囊括在内，这样一来不仅可以让学生认识中华优秀传统文化的博大精深，汲取民族文化的智慧，受到高尚情操与趣味的熏陶，发展个性，丰富自己的精神世界，还可以激发起学生对中华优秀传统文化的热爱，让学生们寓学于乐，在轻松欢乐的氛围中迅速掌握学习过的古诗词，让中华优秀传统文化的传承和发展在学校根深叶茂。当然在举办的班级和年级的古诗词大会中最好还要加入一些经典的课外古诗词，使得学生在掌握好课内古诗词的基础上进一步拓展个人的知识积累。这样一来可以很好地激发学生的内在学习兴趣，我们都知道兴趣是最好的老师，只要学生把学习逐渐培养成一种兴趣，就算是找到了打开知识宝库的金钥匙，便可在无垠的知识海洋中自由徜徉。三、在课后托管时间段内开展国学经典舞台剧（如孟母三迁、曾参养志、上行下效等），基于学生对于国学经典桥段的深入了解与理解的基础上，学生可以自由结组排练舞台剧，以表演的方式将国学经典桥段再现，从中学习领悟国学经典的孝道忠义等素养，不仅可以提高学生的文学素养，还可以加强学生的德育美育发展，使学生走上舞台得到锻炼，真正成为课堂上的小主人。

以上我从三个方面阐述了在“双减”背景下，初中语文学科课后托管时间内的教学规范与创新。“双减”政策的出台有效缓解了义务教育阶段中小学生的课业负担，同时也给各地学校及教师带来了极大的压力与挑战。关于课后托管时间段内的教学安排，它不是单纯的延长授课课时，更不是一股脑地“放羊式”自习管理，而是需要在教师引导，教师配合，教师精心组织安排的情况下，通过多样的活动形式来扭转师生角色，激发学生学习兴趣，进而培养学生内在能力的过程。初中阶段的语文教学对学生的个人素养和知识积累都是非常重要的，所以，在这样的时代背景下，我们要抓住课后托管这个关键时期，通过增强学生课外阅读能力，鼓励学生积极自主绘制思维导图，引入国学经典赏析等方式，真正做到为学生减负，真正促进学生的全面发展，从根本上缓解当下学生负担过重、全民教育焦虑的局面。

参考文献

[1]中华人民共和国教育部. 坚决贯彻中央决策部署深入推进“双减”工作教育部有关负责人就《关于进一步减轻义务教育阶段学生作业负担和校外培训负担的意见》答记者问[EB/OL].（2021-07-24）[2021-08-19].

[2]陈杰. 初中语文教学技巧及创新教育探究[J]. 黑龙江科学，2018，9（04）：122123.

[3]尤凤光. 戌析如何在初中语又教学中正确运用分层教学法[J]. 情感读本，2018（02）：25-26.

[4]高水梅，刘晓丽. 思维导图在初中语又教学中的应用[J]. 现代教育，2019，35（08）：49-52.

[5]江华. 芑维导图在初中语又作又教学中的压用研究[A]. 广西写作学会教学研究专业委员会:广西写作学会教学研究专业委员会,2019:02.

[6]郭惠彬. 在初中语又阅读教学中实施分层教学与分类指导的思考[J]. 好家长,2017(49):72-73.

[7]宫淑红,王春华. 教育技术的创新推广模式研究[J]. 山东社会科学,2013,12:184-187.

项目进阶式复习课堂助力“双减”营造良好教育生态

天津市滨海新区南益小学　司建丽

摘　要:“双减”政策的出台,使学生的负担普遍减轻了。不过,在新形势的挑战下,为语文课堂提质增效是现阶段语文课堂教学的探索方向。在以往的教学过程中,常常出现校内减负、校外增负的情况,归根结底是家长仍然对学生所掌握知识的复习与运用存在焦虑心态。如何消减家长的焦虑心态,有效利用在校时间进行复习,是笔者在论文中所探究的问题。回忆自己多年的执教经验,在众多课型之中,复习课的能量常常被师生弱化,划归为做题、答疑的单一流程,复习成果也收效甚微。笔者基于项目化活动在阅读课中的显著的实践效果,从全局视域下将复习课划分为三个类型,分别是单元主题化复习模式、知识专题化复习模式、综合应用能力化复习模式,将复习模式由简入繁,复习内容由浅入深,逐步进阶,化零散的知识点为系统性的知识网,切实落实学教评三位一体的考察标准,关注学生综合素养的提升。

关键词:项目进阶式活动　复习课　双减

一、“双减”情势下的教学新思路

随着时代的发展,教育的改革,小学语文的教学理念也发生了相应的变化。统编教材的编排突出“双线”结构,既看重学生人文素养的提升,也看重学生学习能力的培养,综合素质的长远发展。“双减”政策中明确指出,学校作为教育的主阵地,要提高教育教学质量和服务水平,解决义务教育现阶段存在的短视化、功利化问题,扭转“唯分数”的不科学的教育评价导向,培养具备创新精神、创新能力的综合素质人才。因此,如何减轻学生的学业负担,实现小学语文课堂的提质增效成为语文教师的关注点。笔者以六年级复习课为切入点,探究“双减”情势下语文教学的新思路,打造项目进阶式复习课堂,应用多元化教学手段,从整体上关注学生综合素养的提升,将抽象知识直观化,零散的知识点系统化,枯燥的知识积累趣味化,有效激发学生的学习兴趣。

二、六年级语文复习课模式探究

1. 单元主题化复习模式

统编新教材的“双线”结构突出,在单元导读页中即指示了本单元的人文要素与读写训练点,既为教师指明了教学思路,又为学生明确了学习目标,使学与教有效统一,提升学习效能。因此,笔者探究的第一种复习模式便是以单元为小单位,跟随着教学进度实时开展复习活动,围绕单元要素设立中心任务,以课后习题为范例设置不同课时的二级任务,再以特色活动的形式安排二级任务下的子项目,使学生的学习整体性突出,单元特色显著。

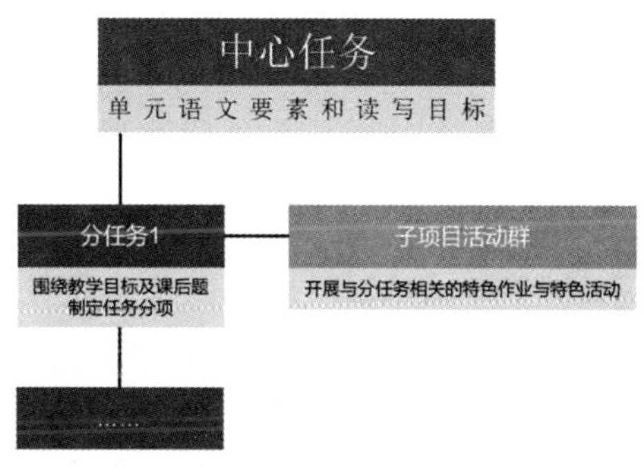

图1 树状任务层级图

六年级下册第一单元以“民风民俗”为主题,编排了《北京的春节》《腊八粥》《古诗三首》《藏戏》四篇课文,课文中充满着浓郁的民俗风情,能让学生感受到中华传统习俗中蕴含的人情美、文化美,激发学生对祖国传统文化的热爱。本单元的习作话题是“家乡的风俗”,习作要求体现了对“分清内容的主次,体会作者是如何详写主要部分的”这一语文要素由阅读到表达的有序过渡。

相信在近几年的春节中,大家都参与过网络“集五福”的活动,年味十足,可谓是一项老少咸宜的全民游戏。因而,在设计本单元的单元主题化复习课时,笔者围绕“民风民俗”这一人文主题设置情景,并结合单元读写要素明确本次复习课的中心任务是“五虎闹新春”。继而围绕中心任务设置二级任务,以“五只福虎来挑战”的赛程模式,让学生分别从字词掌握夯实基础、课内阅读考查能力、课外阅读关注迁移、民俗故事拓展积累、习作表达能力运用等五个方面,进行二级任务的挑战,挑战成功后可以收集贴纸,集齐兑换礼物。这样就可以让基础较为薄弱的学生有挑战成功的可能,让学有余力的学生能得到能力的提升,这一复习活动在班级内的开展同样是“优困咸宜”“全民参与”。

具体操作过程中,以趣味性的项目活动取代枯燥的书面测验,既有个人赛,又有小组赛,考查能力由字词、阅读、拓展积累、书面表达逐层进阶,复习形式多变,活动项目多样,遵循“学教评”三位一体的复习检测标准,落实“双减”中政策提质增效的教

学要求,让学生在玩中学,乐中获。以下是笔者在六年级下册第一单元复习课中设计的活动项目:

表 1　六年级下册第一单元复习课中设计的活动项目表

<table>
<tr><td rowspan="2">中心任务</td><td>名称</td><td colspan="2">民风民俗:五虎闹新春</td></tr>
<tr><td>语文要素</td><td colspan="2">分清内容的主次,体会作者是如何详写主要部分的。习作时注意抓住重点,写出特点</td></tr>
<tr><td>分任务</td><td colspan="3">子项目活动群</td></tr>
<tr><td>五只福虎来挑战</td><td>活动名称</td><td>考查内容</td><td>活动方式</td></tr>
<tr><td>巧巧虎</td><td>词汇消消乐</td><td>字词的识记和书写</td><td>个人赛:以 4 * 4 方格的形式听写生词,学生可任意选取位置默写。默写结束后,学生在默写正确的前提下,能够选择默写表格中横、竖、斜连成线的词语组进行造句,即可达成消消乐条件,获得“巧巧虎”贴纸一枚 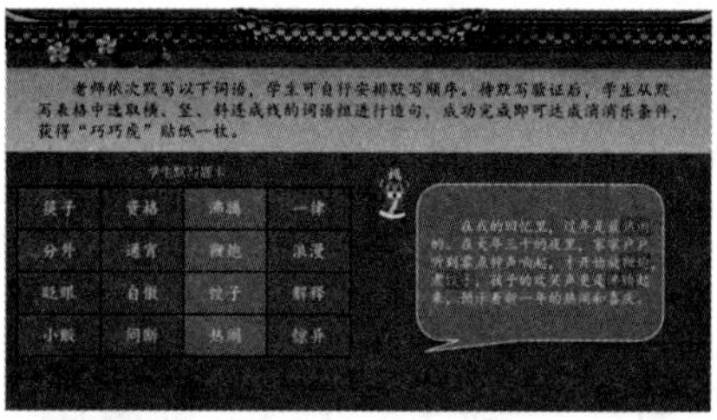</td></tr>
<tr><td>妙妙虎</td><td>新春趣味多</td><td>课文内容及书后题的掌握</td><td> 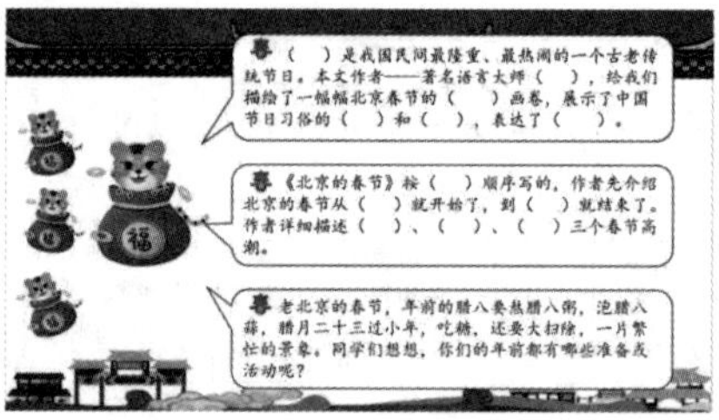小组赛:组内学生抽取福袋,以《北京的春节》《腊八粥》等书后题为依据,学生依次抽取题卡答题,并按照规定顺序排列,全部回答正确即可获得“妙妙虎”贴纸一张</td></tr>
</table>

续表

中心任务	名称	民风民俗：五虎闹新春	
	语文要素	分清内容的主次，体会作者是如何详写主要部分的。习作时注意抓住重点，写出特点	
分任务	子项目活动群		
灵灵虎	名家过春节	围绕单元主题拓展阅读训练，提升学生阅读理解能力	 小组赛：教师准备了拓展阅读篇目，如汪曾祺《故乡的元宵》、冯骥才的《花脸》、肖复兴的《花边饺》、冰心的《腊八粥》等。每组随机抽取两篇课外阅读练习题进行作答，并以小组形式汇报自己的答题成果。通关即可获得“灵灵虎”贴纸一枚
跳跳虎	元宵诵诗会	背诵与民俗有关的古诗，考查学生积累	个人赛：每6人一组，学生以“一站到底”形式背诵与民俗有关的古诗词，胜出者即可获得“跳跳虎”贴纸一枚 
聪聪虎	妙笔写新春	介绍自己家乡的春节习俗	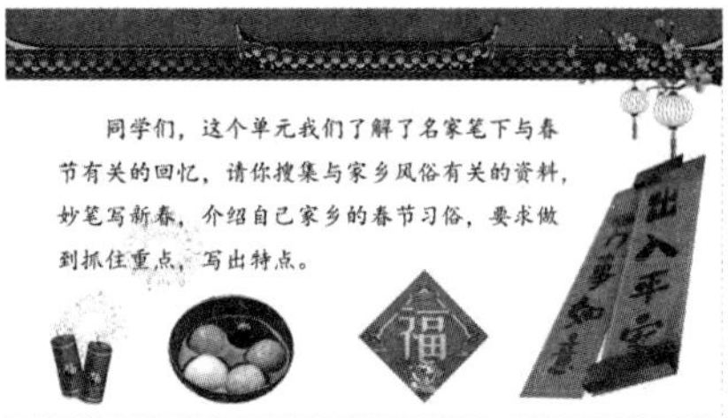 个人赛：学生搜集与家乡风俗有关的资料，妙笔写新春，介绍自己家乡的春节习俗，要求做到抓住重点，写出特点。通关即可获得“聪聪虎”贴纸一枚
上述活动全部通关，集齐五福虎即可获得惊喜大礼			

项目活动的设计应立足于学生在语境中的表达沟通与学习，调动学生因生活感触产生的语言表达需求，围绕真实的学习任务设计语言能力发展的活动。在刚刚结束的春节假期中，学生必定在家庭中感受到了浓浓的节庆氛围，无论是走亲访友，还是节日活动，学生在开学初仍是记忆犹新，对于有切实生活体验的话题，学生更乐于展开交流，参与活动。在主题的引领下，促进单元知识点的复习。

2. 知识专题化复习模式

单元主题为明确，趣味性十足，随教学进度开展，便于学生即时检测。德国心理学家艾宾浩斯研究发现，遗忘在学习之后立即开始，而且遗忘的进程并不是均匀的。最初遗忘速度很快，以后逐渐缓慢，这就说明复习绝不是一蹴而就的。假定我们将一个学期的时间分为四份，每两个单元、每四个单元、整册书学习完毕后，都是学生复习的一些关键时间点，以学期中（每四个单元）学习完毕后，学生的知识储备达到一定数量，新知属于快速遗忘阶段，旧知处于慢速遗忘阶段，如若积累到学期末统一复习，势必走向“题海战术”的旧套子中去，缺乏科学性，易使学生感到疲惫，对复习失去兴趣。

因而，笔者在构想知识专题化复习模式课堂中，计划为 2 课时内容，1 课时用于组内学生头脑风暴，梳理归纳知识要点，1 课时用于课堂活动探索与验收。在这一模式中，较单元主题复习模式更加难度，内容涵盖更加广泛，知识点更加零散，将知识碎片串联成系统性的知识链条绝非易事，调动学生的主观能动性则显得尤为重要。

考虑到六年级学生自主学习能力较强，在以往的学习、复习中已经积累了自己的一套法子，便以“自主型学历案”的形式，以小组为单位，合作进行知识梳理，并出自测小卷来考校其他小组的同学。教师和学生根据以往的试卷考察的经验，整理出了梳理的类目如图：

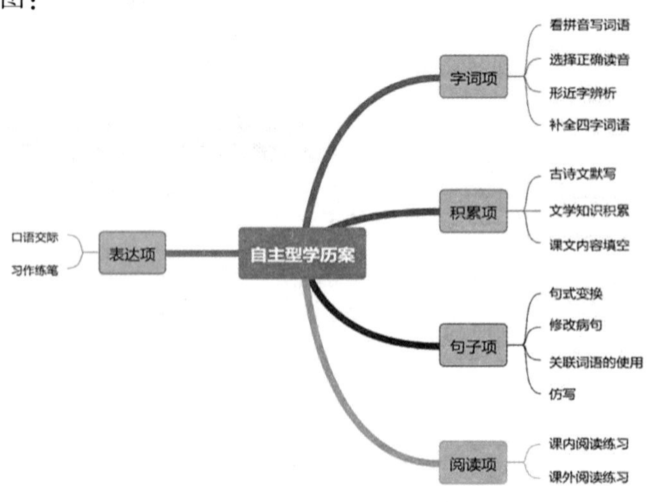

图 2 自主型学历案题型导图

组内同学可以利用书、练习册、反馈卷等多种学习材料进行整理。学生自我指导学习后，再通过交流进行学生自评或互评，纠正、完善自己所整理的知识内容，最后集全组合力整理一份自测小卷，检测自己以往易错的内容，达到阶段复习查缺补漏的目的。这样复习更有针对性，是让学生自我审视本学期的学习漏洞，并在交流过程中加强记忆。

借助思维导图完成了知识的梳理后，为了增加挑战和趣味，增强复习课的互动性，让每组同学既是答题者也是出题者，教师将各组出的题目按照大项类别划归到“飞行棋”的图示中，学生即可通过智慧教室的多媒体设备，进行趣味游戏，在闯关中前行，比一比，哪组同学可以率先通关，到达终点。

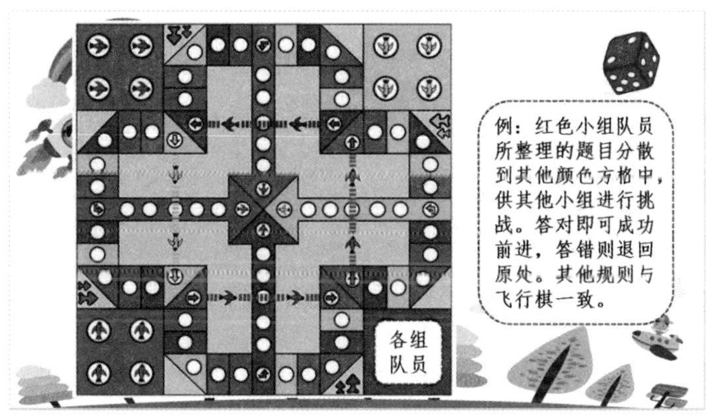

图 3：知识专题挑战飞行图

笔者在设计这一类型复习课时，意图通关多种类型的活动形式，让学生将复习养成习惯，将单向、扁平的复习模式转化为多元、立体的复习活动，即使不需要老师的指导，学生也可自己组织起来，时时进行专项复习活动。在“双减”的情势下，教师在活动项目的设计上更加考虑课后服务课程为学生提供的学习指导。单单是学业上的辅导与挑战，不免让学生感到压力和乏味。玩是每个孩子的天性，在玩中学更是每个老师追求的目标。为了缓解课业学习带给学生的压力，笔者亦将课后服务视作课程学习中必要的拓展途径，关注学生综合素养的提升。在鼓励学生在完成作业的条件下，自主开展有趣的学习活动，活动的开展让课后服务不是简单地完成作业和查缺补漏，更将学习的乐趣融入一个个活动当中，让同学们消除对语文复习背、默、写的刻板印象。

3. 综合应用能力化复习模式

在单元主题化复习与知识专题化复习模式的共同助力下，极大地分担了期末复习的压力。考察类型更为全面，综合性更强，既关注基础知识的掌握，落实听说读写的考察，又包括“快乐读书吧”“阅读链接”等资料的拓展，还将语言文字的运用落实到实际生活的运用中去，让学生通过综合应用能力化复习模式，将零散的知识点整理为系统的知识网，练就“金刚之身”，不惧考验，在挑战中收获成就感，体会学习乐趣。

在构思这一模式的课型时,笔者联想到了“迪士尼乐园”的园游会庆典,在园游会中有各具特色的活动点位,游客可在不同的地点收获不同的乐趣,还会收获一枚打卡徽章。为什么我们的期末复习不能如园游会一般热闹喜庆呢?

想要落实“双减”政策的实施,校内外联合必不可少,家长对学生学习的了解与关注,为教师在校开展学习给予了强有力的支撑,因此在“园游庆典”的主题复习活动中,笔者邀请家长代表参与其中,增强家校互动,在不同点位上协助老师担任评委。如图中所展示的园游项目:

图 4:期末综合园游会项目导引

学生可到不同点位进行答题收集贴纸,也可反复刷题增加贴纸数量,若能集齐地图中的所有贴纸还可获得额外奖励。

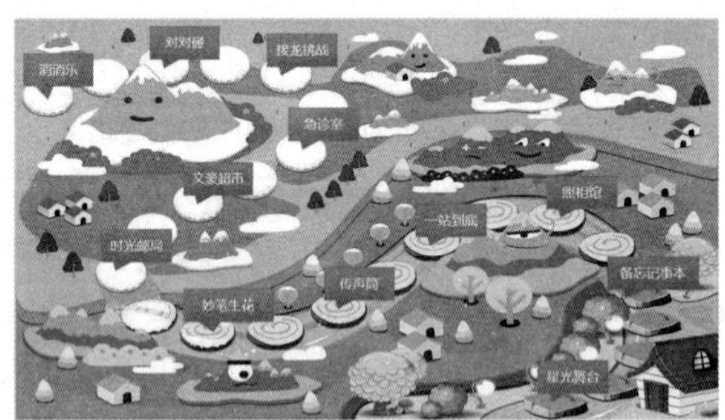

图 5:综合能力园游会地图导引

游戏是一门快乐的学问,研究游戏的人总会考量很多因素增强游戏的可玩性,趣味十足。利用游戏项目和复习课进行整合,从宏观上把控复习课的类型,逐步进阶,笔者亦希望学生能从游戏的参与中收获经验,发掘教师设计游戏的思路支架,进阶成为游戏的设计者,让复习成为一项生活中的趣味游戏。以上是笔者在探究“双减”引领六年级语文进阶式项目化复习课堂一些浅显的思考,未来还将在课程的实施过程中不断探索。

参考文献

[1]王忠亚,刘志江,张秋玲.基于学习任务群的语文专题学习设计思路[J].语文教学通讯,2018.

[2]黄振鸿.第二学段语段进阶型学习的策略浅谈[J].小学教学研究.

[3]胡宏明.共生理念下的初中语文复习课堂评价体系[J].语文教学与研究·下,2021.

[4]周璐.进阶式学习支架:优化语文学习活动的实践方略[J].小学教学设计·语文,2020.

[5]肖婧.基于思维可视导图的小学语文复习课模式的构建与应用[J].小学生,2022.

[6]仲剑峰,徐薇.小学语文项目化学习的价值探寻与教学实施[J].小学教育教学,2019.

聚焦“双减” 优化作业

——“双减”背景之下小学语文优化作业设计的探索

天津外国语大学附属滨海外国语学校 张向娟

摘 要:今年,国家出台“双减”政策,并积极落地实施。同时,每个地区就义务教育阶段学校的作业管理也出台了很多的指导意见。这样一来,对老师们的作业布置提出了更高的要求,作业内容、作业形式、作业评价等都需要进行研究和更新。减少作业负担的同时,既有质又有效,既保质又保量,增加学习的效率,这就需要我们一线老师设计出实效性与创新性兼备、趣味性与开放性并存的多样化的、个性化的学习科目的作业。笔者不断探索,在作业类型上创新,让作业从单一化走向多样化;在作业空间上创新,让作业从封闭走向开放;在作业层级上创新,让作业从单层走向多级。从而,让孩子们在探究中理解,在理解中思考,在思考中提升,渐渐地提高孩子们的语文综合素养。

关键词:双减 创新 类型 空间 层级

伴随着国家“双减”政策的一步步落地,我们一线老师必须做好每一节课、每一天的作业设计的难题,答好作业管理这张问卷。所以,老师们在进行作业设计的时候要有所突破,有所创新。从根源上删减掉那些机械的作业、重复的作业,减少那些简单的记忆性作业,设计出实效性与创新性兼备、趣味性与开放性并存的多样化的、个性化的学习科目的作业。让孩子们在探究中理解,在理解中思考,在思考中提升,让孩子们迸发出主动做作业的兴趣,体会完成作业的乐趣,然后,渐渐地提高孩子们的语文综合素养。

据调查,现在小学学段的作业,绝大部分注重基础,比如,预习、抄词、听写等。这些类型的作业对于夯实基础较为有效。但这些作业存在的缺点是:类型单一,题目缺少匮乏挑战性。因此,我们一线老师就得在作业设计上下功夫,在作业设计上多种多样方式并用,注重激发学生学习兴趣,培养创新能力,最终让教育回归“立德树人”的初心。

为此,笔者进行了以下一些尝试和探索。

一、创新作业类型：从单一化走向多样化

1. 自主类作业

在设计作业的时候，我们可以放手指引孩子们根据自己的学习情况去总结，鼓励孩子们自己动手去设计一些相对应的练习来巩固延伸课堂上学到的知识。孩子们在给自己设计作业，创造作业，可以极大地激发孩子们做作业的主动性和创造性。

如，学习四年级上册的《为中华之崛起而读书》这一篇课文的时候，孩子们都被童年周恩来为国家而读书、爱国之情满乾坤的品格和素质深深地震撼着，学生都深沉地浸润在激情澎湃的课堂氛围中，我借机引导说："今天，如果你给自己布置作业，你想设计什么呢？"孩子们有的说想要用情景剧表演，用情景再现的方式向恩来爷爷致敬；有的说要把恩来爷爷的志向和抱负讲给弟弟听，和弟弟分享；有的说想要去图书馆读一读周恩来爷爷的传记，了解成长背后的故事……

在学习了六年级上册《只有一个地球》这篇文章以后，我同样让孩子们自己设计作业。有的说这篇课文很适合朗诵，可以配乐朗诵，在全班表演；有的说，可以去图书馆学一学怎样写倡议书，试着写一份保护地球的倡议书；有的说，可以创写一条公益广告，倡导保护地球、珍惜资源……

自主类作业，充分尊敬和重视每一个孩子的选择权，让孩子们有感而发，量力而行，根据自己的兴趣和需要做出发自内心的选择，这也体现了"学生是学习的主人"这个教学理念。做自己设计的作业，孩子们在完成的时候有更强的自主性，更浓厚的兴趣，最后，完成的质量也比老师布置的作业完成度更高。

2. 拓展类作业

语文，是生活的语文，是活生生的语文。我们的语文教和学不能只局限在教科书中，必须要超越教材、超越课堂，引导学生走向更为广阔的天地，延伸和拓展课堂上的学习内容。

六上《宇宙生命之谜》是科普说明文，介绍了科学家对"地球以外的其他星球上是否也有生命存在"这个问题的研究和探索。语文课结束后，我问孩子们："外太空是否有生命存在，这个谜团，至今还没有解开，那你认为是有还是无呢？"孩子们兴趣浓厚，纷纷表达自己的看法。

我又引导学生，你们可以去图书馆或者通过网络来查找资料，验证以下自己的观点是否正确。后来，我为孩子们举行了一次"地球之外是否有生命存在"的辩论会。孩子们资料丰富、表达流畅，阐述的逻辑性也超出了这个年龄段孩子们的思维水平，着实让人佩服。我想，这样的拓展性的作业，可以有力地拓宽孩子们的知识面，也可以让孩子们的学习热情进一步激发，孩子们的思维也得到了较大的发展，语言表达力也有了显著的提升，一举多得，效果很好。

二、创新作业空间：让作业从封闭走向开放

作业有一个很重要的作用，那就是复习所学内容、巩固所学知识。所以，需要动手写的比较多一些。现在，教学理念的不间断地更新，在“双减”的背景之下，我们一线老师就得改变原有的统一的、封闭的思维方式，从不得不改变到我选择改变，我选择在作业的设计方面灵活一些，多样一些，从而，让作业走向多维开放。

1. 整合资源，开放表达

开放表达，我们理解的第一层意思，指的是答案的开放多元。它还有另外一层意思，指的是作业完成过程的开放化、多样化。这就需要孩子们整理合并多种资源，然后达到个性化的理解、与众不同的表达。这类的作业，对孩子们思辨能力的培养大有益处，对孩子们思维的发展和提升也大有裨益，值得尝试。

如，学习了五上《圆明园的毁灭》后，学生对侵害掠夺之人的野蛮做法感到无以复加的愤慨。课后，试着让孩子们写一份对英法联军的控诉书。这就需要查找有关历史过程的资料，研究控诉书怎么写，然后再动笔试一试，可以是口头的，也可以是草稿的，形式不拘，充分表达即可。

2. 学科融合，打开思维

语文学科的特点，多元而基础，总是与其他学科水乳交融地融合在一起。所以，跨界融合的尝试，可以促进语文学科与其他学科的交叉融合，从而进一步提升孩子们对于所学知识的理解和把握。

五上《四季之美》是一篇意境优美的写景的散文。课堂上，老师引导学生想象画面，诵读美文。之后，鼓励孩子们想象，用手中的彩笔把你自己想象到的画面绘制出来，孩子们兴趣浓厚。有的用绘画再现文章里的此情此景，有的画春天之美，有的绘冬天之静，有的描秋天之色，异彩纷呈。接下来，讲解自己的绘画作品，有一次运用语言。这样一来，就多次地运用了汉语，也感受祖国语言文字的强大额表现。还有个别学生借着自己的画帮助背诵课文。这样的作业，在语文和美术的融合中，锻炼了口语，锤炼了语言，提升了审美，打开了思维。

3. 关注生活，活化语言

《语文课程标准》指出，语文课程是学生学习运用祖国语言文字的课程，学习资源和实践机会无处不在，无时不有。这就要咱们一线老师广泛地引导学生观察日常生活、体验日常生活，让孩子们在日常化的、生活化的语言实践中活化语言、运用语言。

生活化就是可以由课内链接课外，希望孩子们关心和注意现实生活中的人和事。比如，一场突如其来的大暴雪，一件意料之外的突发事件，当前的时事热点，世间百态和人情冷暖，都可以转化为一项即兴作业。

三、创新作业层级：让作业从单层走向多级

分层布置作业，在我们的教育教学中极为常见，也运用广泛。伴随着国家“双减”政策的一步步落地，更要讲究动态分层，不仅仅是针对不同学习能力的孩子们进行分层布置，让不同层次的孩子在恰当的作业中获得成就感，更需要我们这些引路人设计供孩子们选择的弹性作业、灵活作业、分层叠加和跳层选取，让孩子们根据认知水平、兴趣所在、个人爱好等自由地选择个人喜欢的作业，这样，孩子们的探究欲望才能被激发。

例如，学习了六下一单元的《古诗三首》后，根据学习能力的差异，A 层次：有感情地朗读诗歌，熟读成诵。能给兄弟姐妹或者学习伙伴讲出诗歌的大概意思。B 层次：选择你最喜欢的一首，改写成一篇散文，或者一首现代诗。C 层次：积累与传统节日或习俗有关的诗两首，长短不限，可吟诵，可朗读。

ABC 分层，是动态的，也是灵活的，随时可以调整，不同学习能力、学习兴趣都可选择。更欢迎层次叠加，也鼓励跳层选取。这样的分层，既可以兼顾到学生的实际学习力，也可以让每一名学生在现有基础上有所提升。

参考文献

[1]有目的地阅读说明文——以《宇宙生命之谜》为例谈说明文教学策略[J].语文天地(小教版),2020(4).

[2]把建筑模型的点滴渗透在语文课堂中[J].新课程　中旬,2019(6).

[3]把握教材特点落实语文要素——《宇宙生命之谜》课例评析[J].广西教育(义务教育),2020(3).

[4]浅谈“汉字学”在阅读教学中的运用[J].考试周刊,2019(56).

[5]浅谈小学阅读教学中学生合作能力的培养[J].儿童大世界(下半月),2019(10).

[6]立足语文核心素养，凸显语言建构与思维品质提升——部编小学语文四年级教科书编排思路与教学建议[J].黑龙江教育(小学),2019(9).

运用多元化作业设计落实“双减”

——以统编版语文三年级上册童话单元为例

天津外国语大学附属滨海外国语学校　李晓萌

摘　要：“双减”政策是新时代教育变革中出台的有力举措，此政策对促进学生全面发展、身心健康以及缓解家长教育压力乃至构建良好的教育生态有着重要的意义。如何让学生的课外作业练习切实巩固课堂并延伸课堂，真正做到减负增效是需要探讨的重要议题。本文以统编版语文三年级上册童话单元为例进行多元化作业设计策略分析。

关键词：“双减”政策　多元化作业设计　童话单元

一、多元化作业设计概述

课后作业是课程设计的重要组成部分，是课堂教学的拓展延伸，更是学生实现自我提高和个性发展的重要途径。传统作业设计用“量”的积累来巩固课堂知识，应试的、枯燥的、重复机械式的作业使得学生不堪重负，并未在“量”中感受到学习的趣味和知识的魅力，谈何达到“质”的飞跃呢？

“双减”政策的提出为创新作业设计提供了契机、指明了方向。在教学实践中，我们认为“多元化作业设计”是减负增效的有效路径。多元化作业是由单一的重复性练习向多种类型的、多样载体的作业内容发展，是由面向全体学生的集中统一的作业任务向分层的、多维度的作业形式发展。多元化作业设计可以有效减轻学生作业负担，增强学生情感体验，提高生活认识，培养语文素养。本文以统编版语文三年级上册童话单元为例，就多元化作业设计提出了在小学语文作业中的应用策略，以达到落实“双减”的要求。

二、多元化作业设计应用

1. 教材和学情分析

统编版语文三年级上册第三单元是以童话为主题的单元，本单元由两篇精读课文《卖火柴的小女孩》《在牛肚子里旅行》，两篇略读课文《那一定会很好》《一块奶酪》，习作《我来编童话》以及语文园地和快乐读书吧几个板块构成。本单元的单元导语页画着从书本里面跑出来的小花朵和星星，它们伴随着音乐展示曼妙的舞姿和美丽的歌喉，还配有一首小诗将读者带入一个充满想象的童话王国，这幅画里面的各种元素均指向本单元的语文要素——“感受童话丰富的想象”。

一二年级语文教材已经安排了不少童话故事，该年龄段学生的课外阅读也以童话故事为主，学生对该体裁已有些许认识，本册书专门安排了童话单元，是为了引导学生更深入地感受童话具有的丰富想象的特点，帮助学生逐渐建立对该体裁的初步认识。学生进入到中段基本上具有自主阅读能力，但对文本的认识还浮于表面，还需要借助多元化的作业学习活动提升阅读能力，落实语文要素，培养语文素养。

2. 立足“双减”，童话单元多元化作业设计策略

第一，分层型作业，做学习小主人

受先天禀赋和后天教育环境不同等诸多因素的影响，学生的身心发育存在着差异，在学习能力和接受程度上不同，要想让学生都能在学习上获得体验感和成就感，就必须因材施教，在作业上教师就要采用分层型作业设计策略，引导学生做学习小主人，培养学习自信心。

以《在牛肚子里旅行》为例，这是一篇科学知识和故事结合的科学童话，教学目标是在分角色朗读的基础上感受青头和红头之间的情谊，通过文字叙述明晰红头的旅行线路，能够画出路线图并可以借助路线图讲故事。依据教学目标和教材中的课后题我设计了以下几种“套餐”可供学生们选择。

A 套餐：包括“我会读”和“我会写”。“我会读”要求学生首先能够做到正确、流利地读课文，再尝试有感情地分角色合作朗读课文，用合适的语气读出主人公的语言，通过语言描写能够体会青头和红头对话时的心情。本课的多音字较多，除了读准课文中出现的多音字的读音，还要提供多音字在不同语言环境中的示例，让学生根据意思、词性掌握多音字不同读音的用法。“我会写”即书写课后田字格里的汉字，书写的遍数和格式不做要求，学生可以根据自己情况自行决定。此套餐适合需要夯实基础的学生。

B 套餐：包括“我会梳理”和“我会表演”。“我会梳理”又包含两部分内容，一是根据青头和红头的对话梳理他们的心情变化，并用适当的语言表达出来。二是在文中梳理出至少三处体现两个主人公友好情谊的细节。“我会表演”需要三人一组，脱离课文表演故事内容，在尊重原文内容的基础上可自行拓展创新。此套餐适合有扎实基础，并有表达和表演欲望的学生。

C 套餐：包括“我会画来又会讲”和“我爱阅读”。“我会画来又会讲”要求学生画出红头旅行的路线图并能够据图讲故事。“我爱阅读”为拓展阅读，为学生提供课外有意思的科学童话故事篇目，诸如《米切尔恩德童话作品集》《李大米和他的影子》《长袜子皮皮》等，为学有余力的学生提供阅读指导，培养自主学习能力。

值得注意的是，分层型作业设计还应关注学生的“最近发展区”，学生通过跳一

跳就能够到果实,为鼓励学生挑战够到更多的果实,同时也为防止学生出现惰性思想,此项作业设置了每完成一个套餐都会获得相应个数的“赞”,通过集赞方式提高学生的学习兴趣和积极性。

第二,贯穿型作业,畅游童话王国

教育家苏霍姆林斯基曾经说过:“让学生变得聪明的方法,不是补课,不是增加作业量,而是阅读、阅读、再阅读。”“双减”政策的实施为学生提供了阅读的时间和空间。教学童话单元时可将快乐读书吧前置,在教学伊始呈现奇妙的童话王国——《安徒生童话》《稻草人》《格林童话》等书目,可从学生熟悉的童话入手引起学习兴趣,再帮助学生拓宽阅读思路,引导学生大量阅读经典童话,并将阅读作业贯穿语文学习始终,在童话王国中自在畅游。

阅读之余更要将阅读成果诉诸笔端,利用好“好词好句百宝箱”(阅读摘抄本),引导并鼓励学生在阅读过程中记录主要内容、人物特点、精彩语句和情节、思想启发、阅读感悟等,甚至可以梳理思维导图,《语文课程标准》指出:“在发展语言能力的同时,发展思维能力,激发想象力和创造潜能。”思维导图是训练学生发散性思维表达的好方法之一,利用思维导图不仅可以理清故事脉络,提高阅读效率,更能优化学生的思维方式。

本单元的习作要求为“试着自己编童话、写童话”,通过课内外阅读积累,从读童话自然过渡到写童话,在前期充足输入的基础上再输出就是水到渠成、风来帆速的事了。

第三,跨学科型作业,体验整合的新鲜感

跨学科型作业旨在打破学科界限,重新整合学习资源,提高学习效率,培养学生学习的新鲜感和兴趣点。以本童话单元为例,语文学习可以和科学、美术、音乐等学科融合。

例如学习《在牛肚子里旅行》一课根据课文内容初步认识了牛反刍这一科学知识,可鼓励学生向科学老师请教,了解更多的关于反刍的科学知识,例如牛的四个胃的具体名称及其分工作用是什么,还有哪些动物以反刍方式消化食物等问题,也可以形成科学报告,学生在练习语言表达的同时也积累了科学知识。

学习《卖火柴的小女孩》一课时,课文篇幅较长、跨度较大,对于三年级的学生来说学习起来较为困难,引导学生请美术老师给予指导,以五次擦燃火柴为线索绘制《卖火柴的小女孩》绘本故事,以图画的形式展现小女孩每擦燃一次火柴出现的幻象以及她的愿望,还应注意人物的语言、动作、神态等,再将图画转化成文字表达进一步理解课文内容。本文有诸多环境描写,可引导学生请音乐老师推荐与本文环境描写相匹配的乐曲,有声的音乐让无声的文字更生动可感,更深入地体会小女孩的悲惨处境。

除了根据已知故事绘制绘本故事之外,还可鼓励学生发挥想象制作自己的童话故事书,既有生动可感的图画又配以言简意赅的文字说明,为习作《我来编童话》做铺垫,提供素材。

《一块奶酪》中塑造了一个关爱弱小、严于律己的蚂蚁队长形象,本课作业可鼓励戏剧社团学生编排舞台剧,不管是表演者还是观众都能在戏剧中体会蚂蚁队长内心从七上八下到恼火生气再到犹豫不决最后下定决心拒绝诱惑的心理变化过程。

第四,拓展型作业,徜徉文字海洋

"双减"政策出台后,义务教育阶段课后延时服务开启了"5+2"模式,为此我们积极探索开创了以积累国学知识、培养语文素养,陶冶情操为目标的"玩转国学"语文素质拓展课程,拓展型作业就是将课上需要延伸的部分迁移到课后服务的素质拓展课中来,这既是对课本内容的延伸又是对课后服务内容和形式的充实与丰富。

以《那一定会很好》为例,这篇课文讲述了一粒种子长成一棵大树,之后又依次变成手推车、椅子,最后变成木地板的生命历程。文章有结构反复的特点,反复出现"那一定会很好",表达了主人公心怀美好愿望,对未来充满希望,突显了主人公积极乐观的人生态度,体现了童话的真善美。在课上师生共同探索文章结构特点、种子的生命历程和文章所传达的人生态度,"玩转国学"素质拓展课上,在教师的引导下学生化身成为小诗人,用一首首小诗来抒写这粒种子的一生,或是以第一视角表达自己心路历程、抒发内心的愿望;或是以旁观的角度赞美主人公的坦然与乐观。拓展型作业让学生徜徉在文字海洋中,感受文字带来的温暖和力量。

总之,"双减"政策的实施对教师提出了挑战,也创造了机会。我们不能囿于传统教学形式和作业设计理念,教师应发挥主观能动性积极探索形式多样、内容丰富的多元化作业设计,让学生的学习真正减负增效。我们的探索要始终将学生放在首位,符合新课标"以生为本"的教学理念,尊重学生的个性差异和特点,为每位学生创编合适的角色,给予学生展示自己的舞台,促进学生全面发展。

参考文献

[1]　中华人民共和国教育部制定. 义务教育语文课程标准 2011 年版[M]. 北京:北京师范大学出版社,2012. 01.

朋辈写作传递幸福能量，“薪火阅读”促进全面发展

——“双减”政策下小学低段课外阅读教学初探

天津外国语大学附属滨海外国语学校　史秋爽

摘　要：六年级学生在教师明确告知“你们的习作将成为低年级学生的阅读材料”这一前提下，经过精心选材、创作、指导、打磨后形成的文本材料，具有情感真挚动人、情节简单易懂、内容贴合生活、语言生动优美等特点。笔者将这些习作分门别类，作为目前所教的二年级学生的阅读材料，巧设阅读题目，让其成为课文的延伸与补充，帮助低段学生感受人文关怀，丰富生活体验，培养共情能力，塑造健康人格，丰富语言积累，提升写作能力。

关键词：双减　朋辈写作　薪火阅读　共情　语文素养

“朋辈”这一概念来自“朋辈心理辅导”，朋辈写作即是由六年级学生，在教师明确告知“你们的习作将成为低年级学生的阅读材料”这一前提下，经过精心选材、创作、指导、打磨后形成的文本材料，可涉及写景、状物、写人、记事、想象、说理等内容，具有情感真挚动人、情节简单易懂、内容贴合生活、语言生动优美等特点。

“薪火阅读”是小学低段学生阅读高年级习作这一教学活动的总称，取自“薪火相传”之意。笔者将六年级习作编辑整理，按照教材顺序，投放至语文学科课后服务中，精心设计阅读环节与题目，帮助低段学生感受人文关怀，丰富生活体验，培养共情能力，增加语言积累，提升写作能力。

一、朋辈写作、薪火阅读的意义

1.“双减”政策与小学生全面发展的需要

“双减”指要有效减轻义务教育阶段学生过重作业负担和校外培训负担。目前被热议的“鸡娃”现象，是社会内卷风气蔓延到教育领域的产物。目前，我国抑郁症确诊病例呈现低龄化趋势，小学生心理问题凸显，如何在小学阶段切实减轻学生负担，提供优质的课后服务，帮助孩子找到价值感和学习内驱力，是教育界亟待解决的问题，也是国家推出“双减”政策的初衷之一。

2. 丰富生活体验，提升语文素养的需要

小学低段阅读活动的目的，主要不是培养阅读分析能力，而是重在阅读过程的展开，关注的是学生在阅读中的情感体验和想象活动。对儿童而言，具体生动的活动过程和学生在阅读中的情感投入，那种春风化雨、润物无声的形象感染和情感渗透，是语文学科得天独厚的优势，是其他学科教学所不能比拟的。

而成为“薪火阅读”的习作具有以下特征：价值观正确又不强行说教，内容贴近儿童生活又能引起共鸣，篇幅短小又能独立成文，语言活泼浅白又富有童趣。能够在很大程度上丰富低年级学生的生活体验，并提升其语言表达能力和写作能力。

二、“薪火阅读”在小学低段语文课外阅读教学中的应用初探

1. 与教材配套，成为课文的延伸与补充

建构主义学习理论与小学语文课外阅读教学适配性较高，其核心是引导学生从原有经验出发，生长、建构起新的经验，其中“随机通达教学”策略是指对同一内容的学习要在不同时间多次进行，每次的情境都应经过改组，并着眼于问题的不同侧面。

据此，笔者将六年级习作按照内容进行分类，再按照教材编排顺序，以每周两篇的进度进行“薪火阅读”训练，所有阅读素材均严格与教材内容配套，形成“随机通达教学”格局，以下试举一例：

小学语文部编版教材二年级上册第四单元编排了《古诗二首》《黄山奇石》《日月潭》《葡萄沟》四篇课文，表现了祖国的辽阔和美丽，激发学生热爱祖国山河的感情。据此，笔者精选六年级学生写景习作四篇：《燕山脚下石佛村》《奇妙的草原之旅》《莫高窟》《西湖》，作为第四单元语文学习的配套课外阅读。习作《西湖》部分摘录如下：“白天，太阳光照在风平浪静的湖面上，波光粼粼，像一面镜子，远处几座小山在云雾中若隐若现。柳树姑娘的身子一弯，她的辫子便垂入湖中，仿佛整个西湖都被染绿了。”该段与课文《日月潭》中“清晨，湖面上飘着薄薄的雾。天边的晨星和山上的点点灯光，隐隐约约地倒映在湖水中”形成对举，学生通过阅读，能够较好地理解同一景物在不同时间段会有所不同，且二者均以描写“湖”为主题。同样的，学生习作《莫高窟》与课文《葡萄沟》形成互文，让学生更加全面地了解了西域历史与风光。

2. 巧设阅读题目，拓展生活体验

陈钧玲在《从“教读文”转向“教读法”——培养学生语文核心素养的课堂变革之一》一文中提到，出色的课外阅读题目应具备以下几个特点：灵活性和开放性，自主性和合作性，趣味性和专题性。笔者认为这一说法十分中肯。在每篇阅读的最后，笔者设计了一道由学生自由发挥的拓展性题目，即让“薪火阅读”篇目起到抛砖引玉的作用，让学生充分交流生活体验，分享成长感悟，同时锻炼口语表达，如：

《十二月花名歌》的配套阅读篇目《牡丹》的拓展题如下：牡丹花除了颜色不同，姿态也各有不同：有的还是花骨朵，却也粉嫩可爱；有的才刚刚开放，好似害羞的小姑

娘,始终不肯伸开懒腰;有的早已完全绽放,硕大的花朵亭亭玉立,像美若天仙的女子在翩翩起舞。”这一段写得真好！你能用“有的……有的……有的……”造句吗？

第一单元口语交际“有趣的动物”配套阅读篇目《我的佛系小猫》拓展题目如下：你养过小动物吗？可以和我们分享一下你和它之间的趣事吗？

第一单元“快乐读书吧”的配套阅读篇目《书山有路》的拓展题目如下:你一定也读过不少书,其中你最喜欢的是哪一本？它大概讲的是什么内容？和我们分享一下吧！

第七单元(以“想象”为主题)的配套阅读篇目《我是一匹马》的拓展题目如下：本文的小作者把自己想象成了一匹马,你有没有把自己想象成别的动物或者事物的时候呢？你能够模仿下面的句子说一段话吗？“我是一根粉笔,虽然每天都被老师捏在手里有点痛,我的头还要在黑板上摩擦,但是一想到孩子们能学到有用的知识,我就开心。瞧,孩子们一擦黑板,就像下雪一样呢！”

3. 培养共情能力,塑造健康人格

《中共中央国务院关于深化教育改革全面推进素质教育的决定》中明确指出,教育应当“针对新形势下青少年成长的特点,加强学生的心理健康教育,培养学生坚韧不拔的意志,艰苦奋斗的精神,增强青少年适应社会的能力。”而“薪火阅读”在传递生活经验、培养共情能力方面,有着得天独厚的优势。笔者在第一次进行“薪火阅读”训练时对学生们说:“孩子们,欢迎来到薪火阅读的世界。要知道,当下所经历的烦恼、痛苦,必有解决之法,未来所拥抱的生活、体悟,无比丰富动人。不要惧怕夜色,因为走在你们前方的哥哥姐姐们,为你们留下了一盏温柔的灯火。”

此处以习作《珍贵的礼物》教学过程为例。该习作部分摘录如下：

“孩子们,考得好不能骄傲,考砸了也不用气馁,继续努力就可以了！”巩老师挨个摸着我们的头,教室里一片欢乐的氛围。但是接下来的一分钟,时间和空间好像凝固了似的,班里前所未有的安静,一根针掉在地上都能听得清清楚楚——巩老师宣布了一件事,她要离开八班了,不再是我们的班主任,也不再教我们英语了,不再能和我们分享快乐和悲伤,不再会与我们……

这不是真的！谁来告诉我这不是真的！我趴在桌上哭了,同学们都难过得抽泣起来,巩老师的眼眶也湿润了。

巩老师为每个同学准备了一件特制的小礼物——一支笔。它长约十八厘米,笔杆呈三角状,看似简单,却又绝不平凡,因为每一支笔上面都刻有我们自己的名字和“我爱八班”的英文字样。每次看到它,三年的美好回忆就会在脑海里浮现。巩老师对我们的爱,就深深地藏在这支小小的笔中。至今,它一直保存在我的“宝盒”里,与它在一起的,是我当年写的一张小纸条,字迹歪歪扭扭,个别笔画被泪水浸泡得模糊不清,却依然稳稳地躺在盒子里,上面写着:巩老师,我会一直记得你。

在学生读完这个故事以后,笔者发问:“你们曾经和重要的人分别过吗？他是谁？那是怎样的一个场景？”一开始没有人发言，直到有一个学生提起自己幼儿园毕业典礼上抱着老师痛哭的经历，越来越多的声音出现了——“爷爷去年去世了，我好想他。”“我和最好的小伙伴没有上同一个学部，真遗憾。”“小时候照看我的保姆阿姨回老家了，去看别的小朋友了，我难受极了。”“妈妈出差的时候，我趴在行李箱上哭，最后是爸爸把我硬拽下来的。”“妈妈生了妹妹，把我放到姥姥家，我只有周末才能看到爸爸妈妈……”说到后来，有的学生开始抽泣，其他人立刻上前安慰，于是出现了抱头痛哭的场面。十五分钟过去，所有人的情绪都平复了下来，互相看了看，都有点不好意思地笑了。

笔者继续发问：“孩子们，你们现在已经长大了，不是当时那个小小的、没有力量的自己了。如果让现在这个强大的你，给当时因离别而痛哭的你写一张留言条，你要写点什么？”

学生们纷纷动笔，虽然语言稚嫩、错字频现，但其中体现出的乐观和力量让人为之动容：“别哭了，你还可以和他打电话呀！”“长大一点，就会再见面了。”“以后还会有更多的朋友！”“爸爸妈妈还是很爱你，而且小妹妹很可爱！”

由于“薪火阅读”的创作者年龄未超过12岁，依旧保留着孩童的天真、直率，其文字能够直接触及儿童的心灵，引发强烈共鸣，才触发了许多孩子没有被看到的分离焦虑——他们年龄尚小，对一切不确定的未来充满畏惧，渴望永恒不变的陪伴，搬家、转学、父母出差、弟妹出生……都会对他们造成心理压力。这时，来自哥哥姐姐们的分享和来自同班同学的勉励就显得尤为重要。

在实际教学中，笔者根据阅读篇目的特点进行了有针对性的拓展交流活动：情节感人、带入性强或具有强烈情感冲突的篇目适合使用心理剧的形式，边读边演，达到最大限度的共情；有条件的情况下，由小作者本人进入课堂，通过分享创作心得、接受采访问答等形式，进一步拉近了作者与读者只见的距离。总而言之，“薪火阅读”打开了孩子们通往自我觉察的大门。

三、结语

作为教育者，要用心去“看见”学生，用真诚去“发现”学生——有无数不为人知的闪光点在他们的人格深处熠熠生辉，有无数黑暗和创痛在无忧无虑的表象之下日益严重。语文的本质，是一种通过语言文字去表达的、有温度的人文关怀，而人文关怀的本质，是生活经验的传递，亦是广泛而深刻的同理心。“薪火阅读”便是这种理念的诠释：执笔为炬，以自己的火点燃旁人的火，以心发现心。

参考文献

[1]中华人民共和国教育部制定. 义务教育语文课程标准：2011年版[M]. 北京：北京师范大学，2012. 01.

[2]葛海丽.“双减”政策落实的潜在制约及实施策略——基于“前理解”的解释学思考[J].天津师范大学学报(社会科学版),2022(01).

[3]庞丽萍.阅读教学中如何渗透心理健康教育[J].基础教育研究,2005(10).

[4]杨俊平.趣味教学法在小学语文阅读教学中的运用[J].甘肃教育,2019(18).

[5]陈钧玲.从“教读文”转向“教读法”——培养学生语文核心素养的课堂变革之一[J].语文知识,2017(02).

双减背景下语文特色作业的探索

天津市和平区耀华小学　韩　青

摘　要：双减政策是教育部门针对义务教育阶段提出的减负政策，具体指全面压减学生作业负担，减轻校外培训负担。在“双减”政策背景之下，教师的责任更加重大了，我们必须转变观念，切实减轻学生课业负担，积极探究作业设计的多种形式，从而提高学生的学习兴趣与学习效率。作业要“少而精、精而趣”，所以作业设计既要适合学生的年龄特点和心理规律，而且方式还要多样化。为此，本文提出了自选超市式作业、图文结合式作业，资料引领式作业，动手实践式作业，自主创新式作业。增加作业的层次性、选择性、趣味性、实践性，满足不同层次学生作业的需求，切实减轻学生课业负担，提高学习效率。

关键词：双减　特色作业　学习效率

中共中央、国务院办公厅印发了《进一步减轻义务教育阶段学生作业负担和校外培训负担的意见》。这是中央针对中小学生负担重尤其是“校内减负，校外增负”的现象，做出的重要部署。“双减”政策明确要求，学校、教师、家长必须减轻义务教育阶段学生作业负担和校外培训负担，不得布置超过国家课标难度的作业。

作为教学环节重点之一的作业，是课堂教学的延展，不只能够帮助学生复习、巩固所学知识，还能帮助教师及时检验教学的效果，了解学生的学习情况、学生学习的成果。然而，过去机械重复式的作业，过多过重的书写背诵负担，不仅使许多学生失去了学习的兴趣、消磨了学习的积极性和主动性，还令许多学生戴上了眼镜，成了小胖墩，身体素质大幅下降，甚至心理健康遭受到伤害。与之相反，以兴趣和快乐为前提而行之有效的作业，不仅能很好地检验学生的学习效果，还能激发学习热情，挖掘学生的潜力，使学生持续有效地进行学习，提升综合能力，潜移默化地培养学生学习的意志品质，进而促进学习的效率的提升，达到教学质量实质性的提升。

但是，要做到作业的“少而精、精而趣”并不是一件简单而容易的事情，需要教师投入更多的时间和精力，在深入了解学生兴趣和需求的前提下更加透彻地钻研教材，把教材吃准吃透并精准地把握教学重难点，课前充分做好准备，熟悉学生的学习基础及相关情况。只有如此，才能有的放矢地设计教学活动和安排作业。作业设计，既要适合学生年龄特点和心理需求、符合其成长规律，又要求作的方式丰富多样。

一、自选超市式作业

自选超市式作业针对不同学生的学习情况和学习能力，设计出多层次、多梯度的作业，让学生可以根据自己的学习情况与喜好，从几项作业中加以选择，有选择性地完成作业，从而激发学生完成作业的兴趣，减轻日常课业负担。例如，在统编版五年级上册《白鹭》一文后，我设计了 ABCDE 几项作业，供学生自主选择，A 项，围绕学习目标要落实的作业；B 项，口头识记作业，包括课文的背诵、生字词的识记；C 项，积累类作业，学习课文后，文中的一些好词佳句同学们一定想整理积累下来，可以自主选择一些语言优美的句子进行积累记忆；D 项，搜集拓展类作业，课后，如果有同学对相关类文章感兴趣，可以搜集一到两篇与《白鹭》类似的散文，与家长一同赏析，拓展知识面，提高阅读兴趣；E 项，模仿练笔类作业，学有余力的同学可以模仿白鹭的写法，介绍一种自己喜爱的小动物。学生对于作业的感受力，与对于难度和密度的接受力是不一样的，所以作业自己选择能满足不同需求的孩子，提高学生的学习兴趣与自我管理的能力。

二、图文结合式作业

图文结合式作业是指根据学生自己的认知水平和对课文内容的感受与理解，将图画与文字相结合制作成的丰富多彩，互相陪衬，相得益彰的作业。统编版六年级教材中有多篇和传统节日相关的古诗文，结合传统节日，让学生自主完成和节日相关的古诗文及诗句的积累与搜集。例如第三课古诗三首，有《寒食》《迢迢牵牛星》《十五夜望月》、日积月累中有《长歌行》，这些脍炙人口的古诗文可以配上彩色的图画，例如学生在学习《寒食》这首古诗时分为两个画面展示，第一幅画面画出白昼风光，整个长安柳絮飞舞，落红无数的迷人春景和皇宫园林中的风光；第二幅画面则生动地画出了一幅夜晚走马传烛图。学生在完成两幅图画的同时，旁边赋诗句。不仅使我们看到了蜡烛之光，也如闻到了轻烟之味。图文结合式作业不仅加深了学生对古诗文内容的理解和感悟，还受到中华优秀传统文化的熏陶和感染。

三、资料引领式作业

资料引领式作业是指在语文教学中，教师应根据教材的背景，学生的认知水平，围绕课文主题引导学生有目的地搜集与课文内容相关的资料，这样不但可以激发学生的阅读兴趣，而且能大大拓展学生的阅读视野，有效地提高学生的学习效率和学习能力。统编版六年级上册第二单元围绕“重温革命岁月”这一主题，编排了《七律长征》《狼牙山五壮士》《开国大典》《灯光》几篇课文，尽管它们题材、体裁有差异，但字里行间都饱含着强烈的民族精神和爱国热情。课前，我布置预习作业，鼓励学生通过翻阅书籍、杂志、上网等多种方式查阅相关资料，通过资料内容了解文本创作背景，感知人物形象,加深对文本的理解和感悟,受到爱国主义教育。在搜集资料时有目的有策略地对学生做了如下指导,一是从体裁入手,查找七律诗的特点,新体诗和旧体诗的异同;学生们发现七律诗是律诗的一种,八句,七字,四联,一韵到底。二是从创作背景,两个著名的战役进行收集:

1. 创作背景

1934 年 10 月,中国工农红军为粉碎国民政府的围剿,保存自己的实力,也为了北上抗日,挽救民族危亡,从江西瑞金出发,开始了举世闻名的长征。这首七律是作于红军战士越过岷山后,长征即将胜利结束前不久的途中。作为红军的领导人,毛泽东在经受了无数次的考验后,如今,曙光在前,胜利在望,他心潮澎湃,满怀豪情地写下了这首壮丽的诗篇。《七律长征》写于 1935 年 9 月下旬,10 月定稿。

2. 飞夺泸定桥

大渡河源初青海、四川两省交界处的果洛山。两岸都是高山峻岭,水势湍急曲折,流至四川省乐山县(今乐山市),入岷江。桥指大渡河上的泸定桥,在四川省泸定县,形势险要。桥长约 30 丈左右,用 13 根铁索组成,上铺木板。中央红军在 1935 年 5 月下旬到达泸定桥,当时桥板已被敌人拆掉,红军先头部队的 18 勇士在对岸敌人的炮火中攀缘着桥的铁索冲了过去,夺得此桥。

3. 巧渡金沙江

为了抢渡金沙江,红军在此战前威逼昆明,迫使敌人调回部分兵力,使防守金沙江的兵力和滇北兵力减少,为红军渡过金沙江创造了有利的条件。在调动了敌人的兵力后,红军又以一昼夜行进 100 公里的速度,快速赶到金沙江边,并偷渡成功,牢固地控制了渡口,为大部队渡江创造了条件。通过广阔战场上的动机战,调动和打击敌人,并最终实现渡江北上取得战略转移中具有决定意义的重大胜利,是毛泽东高超的指挥艺术的生动体现,是红军以少胜多,变被动为主动的光辉典范。

通过搜集资料学生真切地感受到红军在长征路上遇到的艰难险阻,体会到了毛泽东诗词中一寒一暖,不怕,尽开颜的所指与深意。有目的地指导学生根据阅读课的有关内容去搜集资料,不仅有效地丰富学生的语文内涵,增强学生的语言底蕴,还在很大程度上促进了学生综合能力的发展。

四、动手实践式作业

动手实践式作业就是需要孩子动手操作或将知识内容运用到实践中去,用心动手,真正动脑的作业,这种作业形式深受小学生的喜爱。统编版六年级上册《竹节人》是三单元的一篇课文,文章记叙了作者儿时与小伙伴制作竹节人、玩竹人及与老师之间发生的故事。课后我布置了动手实践性作业,让学生自己制作竹节人,然后和小伙伴玩一玩竹节人,学生既可以巩固所学知识,又可以让学生感受知识在生活中发挥作用,不仅在玩乐中完成了作业,还感受到传统玩具给人们带来的乐趣。让他们的手眼口脑的综合运用能力得到进一步锻炼。

五、自主创新式作业

自主创新式作业是让学生自主设计、采用自身喜欢的方式完成作业,可以绘制精美的手抄报,可以制作成长纪念册,可以绘制成长之树,也可以自由组合共同完成。统编版六年级下册安排了综合性学习板块—难忘的小学生活。小学生活对于每个孩子都是不一样的,都是各具特色的。在完成自主创新作业的同时让学生回忆起自己小学校园生活的点点滴滴,真切感受到自己的成长。我班学生对于运动会感触颇深,她就以随笔的方式这样写道:

“在我的脑海里,一直印记着一个有意义的活动,那就是六一儿童节的友谊运动会。

在那个运动会上,首先是运动员入场。不同的班,不同的队员和不同的队服给人一种很惊喜的感觉,在我们的呐喊声和掌声下,他们入场了。

所有比赛在裁判员的哨声中开始了,有踢足球的,有跳远的,有跑步的,还有跳长绳等等。我觉得拔河比赛是其中最精彩的部分。你看我们班的队员和对手——五年一班的同学们,个个摩拳擦掌,跃跃欲试。伴随着准备工作的就绪,裁判员哨声一响,大家都紧握麻绳,拼命往自己班级的方向拨。只见我班的王亮同学,他站在拔河队伍的第一个。每当绳子要过线的时候,他都用尽全身力气抵住,鞋都要‘开口’了,并且嘴里大声地喊着口号,鼓励着大家一次次地拉了回来。在队尾的是一个瘦小的人——赵明。他头上拧着豆大的汗珠,拼命往后拉,他像被钉子钉住一样,一动也不动身体向后倾斜着。大家瞪着眼,咬着牙,一张张脸涨得通红,两边观众的身体也情不自禁地跟着运动员向后仰,不停地喊着:‘加油,加油!’。只见双方胶着了一段时间,绳子一会儿偏左,一会儿偏右。终于,我们的队员士气一阵,个个调整状态,憋住气,咬着牙,一鼓作气地用力拉,就连对方第一名队员都被拉过了红线,我们赢了!

我们胜利了,这时场上一片欢腾,观众席上的同学们老师们都高兴得跳了起来,欢呼着。运动员们都已经筋疲力尽,瘫倒在地上,喘着大气。只有躺在地上的那条绳子静静地看着我们,好像绽开了微微的笑脸,像是在为我们庆祝胜利。这就是我难忘的运动会。”

综上所述,双减政策不仅推动了学生作业的改革,还坚定了教师转变观念、投身作业改革之中去的信心和决心。今后,我们还要不断探索,致力于增加作业的层次性、选择性和趣味性,满足不同层次学生作业的需求,实实在在地提高学生作业的效率,切实减轻学生课业负担,使学生更好地投入到有效的学习中去。

参考文献

[1]王莉. 农村小学生课外作业优化设计的行动研究——基于与张掖地区某农

村小学教师合作探索[D]. 甘肃:西北师范大学,2010,5.

[2]张贝贝. 高年级小学生家庭作业现状及对策研究[D]. 河南:河南师范大学,2016.

[3]田甜. 新课改视角下小学中年级家庭作业布置的现状及对策研究--以 A 小学为例[D]. 重庆:重庆师范大学,2014.

[4]张丽丽. 课业负担的优化研究[D]. 河南:河南大学,2012.

[5]郭兰. 一所农村小学学生课业负担的个案研究——以山西省 S 市 Z 小学为例[D]. 云南:云南师范大学,2017.

[6]孙小云. 浅谈小学作业分层设计[J]. 心事,2014(06).

翰墨清香

基于教学实践的低年级识字教学初探

天津市西青区逸阳文思学校　范　晨

摘　要:在一二年级识字是非常重要的,它是学好语文的基础。然而,在新课改的推动之下,小学语文课本中识字顺序在不断进行调整,这与教学改革会发生很大冲突。教师传统的识字方法使学生识字非常困难,学生觉得非常枯燥。低年级小学生心理特征也给识字带来很大麻烦。因此,就需要改变识字方法,让学生轻松识字,快乐识字,在识字中感受到汉字的魅力,学习的乐趣。这篇文章首先介绍识字中遇到的问题,然后再根据平时教学实践探讨如何进行识字教学,如何激起学生对于汉字学习的乐趣,使识字带给学生愉悦。

关键词:小学语文　低年级　识字教学　浅析

识字是小学生的基本要求和能力水平,也是生存的根本。但是,传统教学中,在给小学生的汉字教学过程中,会存在极大的困难。为了使小学生能够主动积极地去学习识字,并且愉快的参与其中,需要创新识字方法。

一、小学低年级识字存在问题

1. 反复抄写

有的老师认为,好记性不如烂笔头,让学生成百上千遍地抄写,把识字仅仅停留在表面的记忆。殊不知,不仅不能够让学生对汉字产生兴趣,还会使学生对识字过程产生反感,不一定会得到良性发展。

2. 死记硬背

有的老师不通过字的结构、形态给学生们细致分析讲解,让他们强行记住字的结构。这种机械性的练习和灌输性的教学会大大的扼杀掉孩子们对识字的兴趣。

从而在低年级让学生失去对汉字学习的兴趣,对探索语文的兴趣。

二、小学低年级识字策略

1. 故事识字

小学生最感兴趣的莫过于故事,在识字教学时教师可以引入一定的故事,让学生在学习之前就提起兴趣,相当于暖场,让课堂氛围首先活跃起来,影响学生的学习心理,在学习时能够更有动力,相比以往单刀直入地进行教学,这种方法能够让学生更快地投入学习中来。虽然讲故事会浪费一定的时间,但是磨刀不误砍柴工,这能够让学生以更饱满的热情参与到接下来的学习中,对识字学习有新的认识,能够提升起学习兴趣。

比如在进行“叽”这个识字的教学时,教师可以给学生编一个故事:从前有一只鸡妈妈,有一天她发现自己肚子里有了鸡蛋,所以每天就很努力地吃饭,希望自己的鸡蛋是世界上最好、最大的,就这样过了一段时间,鸡妈妈产下了鸡蛋,她把这些鸡蛋紧紧地护住,盼望着鸡蛋快点裂开,看到自己的宝宝。功夫不负有心人,终于有一天,这些小鸡纷纷破壳而出,一个个探着黄色的小脑袋,发出了“叽叽叽叽”的叫声,这时学生就会完全被故事吸引,教师可以继续引导学生“大家知道小鸡的叫声吗”?学生会回答“是叽叽叽叽的声音”。教师接着问学生:“那大家想不想知道小鸡的声音用汉字怎么写呢?”学生就会瞬间提起兴趣,然后教师把“叽”这个识字写在黑板上,学生能通过教师的故事很快记住这个识字的发音,而且通过故事也能让学生在学习时更有动力。通过故事引入教学内容,能够让学生在学习时更加投入,小学生对故事的印象会很深,这也就意味着通过故事进行的识字学习能够更深地印在学生的脑海中,而且也能让学生更加盼望下一次的识字学习,希望能听到更多的故事,这就让学生学习识字的兴趣被调动起来,能保证学生在课堂中的学习状态。

2. 多媒体识字

根据学生的心理进行课堂的情境化能够让学生在学习中全心投入,学习效率虽然提高了,但是教师如果每教一个字在创设相应的情境时都要拿很多道具,那工作量就会很大,如果能借助多媒体的帮助,不仅能把这些道具变成屏幕中可以活动的有生命的东西,也能让教师的工作量减轻很多,同时多媒体还可以播放一些声音,能让学生从视觉、听觉方面都感受到情境,体验更加真实。拿教学“马”这个字为例,教师可以通过多媒体来教学,教师可以找一些有关“马”的纪录片,让学生看到动态的“马”,也能听到“马”的声音,这样就相当于学生真的在那个场景里,教师在创设情境时学生也能更快投入。借助多媒体进行课堂情境化是很有效、轻松的一个方法,能更大程度地提升学生的学习热情。

3. 图片识字

在识字教学中,老师通过象形的方法让学生记住相应的汉字。学生对于图片中的色彩记忆远比黑板上白粉笔写下的知识深刻得多,因此教师可以在教学时结合图片来进行,这样不仅能够让学生学习到汉字,还能让学生顺便了解到汉字的结构特征。比如在教学生“我”字的识字时,教师可以拿一张一个人指着自己的图片,在图的下面清晰地写出“我”这个汉字。教师可以告诉学生:“大家看,这个人在指自己,是不是代表我自己呢?”学生会回答“是”,然后教师可以继续说,那大家看,这个人双腿张开,像不像我们写的“我”呢?学生一看,就能把汉字和图片中的人对应上。再比如讲“危”字时我先给同学们展示一幅图:同时告诉学生在古代是这样写的——表示一个人站在高高的悬崖上感到担心,后来啊就有“高”的意思同时这个字的字形也像极了这幅图的样子:我们来看这个字它是半包围结构,写好这个字还要注意它的关键笔画即横折钩往里收,竖弯钩冒出头。

这样一来,学生对于这些汉字的印象就会十分深刻,课下不用多大的功夫就能够记住,而且在忘记了之后也能够通过课堂的方式推出来该怎么写,让课堂快乐进行的同时,也让学生高效地学习到了知识。

4. 归类识字

在教授二年级上册《雪孩子》一课的生字“添、渐、浑、淋、激”时在教学实践中我们可以这样处理:(出示课后生字表图)同学们现在请大家将课本翻到97页。这一页有两张生字表,里面藏着几个带有三点水的字,拿起铅笔把它们圈出来。(出示圈好三点水字的生字表)圈好的同学和屏幕上校对一下,看看你圈正确了吗?如果圈对了,就让铅笔到文具盒里面去休息一会儿吧。一年级的时候我们就知道三点水的字与水有关,那么,圈下来的这些字它们都和水有关吗?有的同学一定会说:“添、浑、激”这几个字看起来好像和水没有关系。那它们为什么是三点水呢?相信学习小博士的资料一定对你们有帮助。

(出示“添”的演变,播放讲解录音)

同学们好,我是学习小博士。你们想知道“添”字为什么是三点水吗?这可得从我们的祖先造字说起,这是古时候的“添”字,是不是跟现在的很不一样。其实“添”字最早的意思是表示水壶里的水加得太满,漫出来了。看这个字,右边部分很像一把壶,左边呢,就是壶里的水漫出来了。再来看现在的“添”字,这些点像不像漫出来的小水滴?也就是说,以前的“添”字是专门指水太多了,慢慢发展到现在,所有要表示多了样东西的意思,都是用这个“添”字表示。

看完后老师总结:原来古时候的人是用“添”这个字表示水太多啦,它是和水有关系的,难怪它是三点水呢。我们再来看“激”——“激”字在古时候跟水有关;“浑”字左边的“氵”代表清清的小溪,千“军”万马蹚过这条小溪,溪水就变得浑浊了。“浑身”就是“全身、周身”的意思。

5. 生活识字

出示“旺”字生活中,你在什么地方看到过这个字呢?这是大家爱喝的“旺仔牛奶”,我们从生活中包装带有“旺”字的食品上,也能认识“旺”这个字呢。另外,有的店铺的名称、对联中,也有“旺”这个字呢。只要有心,识字就在生活中!

6. 字源识字

作为世界上最古老的文字之一的汉字,距今至少有四千年的历史了。汉字在形体上逐渐由图变为笔画汉字在形体上逐渐由图形变为笔画,象形变为象征,复杂变为简单;在造字原则上从表形、表意到形声。除极个别的例外,都是一个汉字一个音节,相对于其他的文字，复杂了很多。汉字的演变经历了甲骨文、金文、篆书、隶书、楷书、草书和行书等阶段，时至今日我们普遍使用楷书来书写和应用。但是适当为学生讲述某个字的起源可以激发孩子们对于学习汉字的乐趣从而达到更好的识记效果。在教授二年级上册《雪孩子》一课的“灭”字的时候可以先向学生展示这个字的篆书滅这个字本义是“火熄，熄灭”小篆文字左边像一道溪流，意思是水能灭火，右边“威”是熄火的意思，现在的灭字上面的“一”表示物品覆盖在火上，意思是消灭、灭亡；这样学生在学习汉字之余也能学到些汉字演变的知识从而更好地将博大精深的中国传统文化根植于汉字的内心，激发他们从小学文化，爱中华的感情。“累”的繁体字，是上面三个“田”字堆叠在一起，表示很多，是指蚕茧抽丝这项工作怎么干都干不完，让人觉得劳累。

总之，汉字的学习方法多种多样，老师要根据小学生的心理特征和实际情况，选择适合小学生的学习方法，让小学生在学会汉字的同时，感受到汉字学习的快乐，激发学生主动性，成为汉字的主人。

参考文献

[1]赵晶. 寓教于乐，轻松识字——刍议小学语文低年级识字教学[J]. 学子：理论版，2017(12).

[2]施雅敏. 寓教于乐，轻松识字——新课改理念下低年级识字教学浅谈[J]. 散文百家：新语文活页，2015(4).

[3]徐莉. 寓教于乐，轻松识字——小学低年级识字教学探究[J]. 小学教学研究，2016(26):43-44.

基于信息技术融合的小学低段写字教学有效策略

天津市天外大附属北辰光华外国语学校　刘晓云

摘　要：小学生汉字书写，既是一种能力训练，一种习惯养成，还是一种文化熏陶。但在日常的写字教学中存在着写字效率不高、写字水平提升困难的现象；学生缺乏浓厚的写字兴趣，习得新知后不能及时巩固，较难养成良好的书写习惯。因此，探索将信息技术融于小学低段写字教学，充分运用信息技术的优势改进教学策略，提升学生兴趣，直观精准指导，养成良好习惯，从而提高小学低段写字教学效果。

关键词：信息技术　小学低段　写字教学

汉字承载着中华民族博大精深的五千年文化，承载着华夏子孙的生活情感和美好理想。它不是诗，却有诗的韵味；它不是画，却有画的意境；它不是歌，却有歌的旋律。《义务教育语文课程标准》中关于小学第一学段的写字教学具体要求是：喜欢学习汉字，有主动识字、写字的愿望；掌握汉字的基本笔画和常用的偏旁部首，能按照笔顺规则用硬笔写字，注意间架结构，初步感受汉字的形体美；努力养成良好的写字习惯，写字姿势正确，书写规范、端正、整洁。《义务教育语文课程标准（2011年）解读》中也提到，小学生识字写字，既是一种能力训练，是一种习惯养成，更是一种文化熏陶。可见，小学低段的写字教学，是学生树立认真学习态度、培养良好学习习惯的重要途径，更是传承、发扬中华传统文化的一项基础工程。

一、小学低段写字教学存在的问题及原因

教学实践中发现，小学的写字教学效果并不乐观。学生在平时的书写中仍存在诸多问题，如写字规范性不够、效率不高、写字水平难以提升等。尤其对于小学低段学生来说，这些问题尤为突出。探究其原因，主要有以下三个方面：

1. 学生缺乏浓厚的写字兴趣

一年级学生，刚踏入小学校门，大部分没有书写经验。规规矩矩保持握笔姿势都需要努力为之，更不用说长时间端坐枯燥无味地练习写字了。更何况，各种形式的电子产品充斥在生活的每个角落，让学生眼花缭乱、贪玩浮躁，难以对写字产生兴趣，更难以静心练习书写。

2. 学生习得新知后不能及时巩固

日常教学中发现，很大一部分学生坐姿不端正，握笔不正确。即使教师在课堂上不断提醒，也收效甚微。没有良好书写姿势，很难写出工整、漂亮的汉字。而且对于汉字笔画、笔顺和间架结构的理解和掌握也是一大难点，初学汉字时学生掌握情况也往往不尽如人意。

3. 学生缺乏正确的书写习惯

应“双减”政策的要求，小学一二年级没有任何形式的书面作业，虽然课上教师对学生的写字指导普遍比较重视，但在课外缺少督促指导，学生不规范的书写姿势没有得到及时提醒，汉字练写巩固没有及时跟进。久而久之，写字习惯的养成比较缓慢，写字水平难以提升。

所以，对于小学语文教师来说，与时俱进，更新理念，改进手段，创新方法，提高小学语文写字教学的有效性至关重要，也迫在眉睫。

二、信息技术辅助写字教学的优势

随着信息技术的飞速发展，教学设备配置更加完善。现在每个教室里多媒体设备都配备齐全，希沃白板、实物展台、投影仪、大屏幕等一应俱全，为小学低段写字教学手段的改进、教学策略的优化提供了充分条件。此外信息技术在辅助写字教学方面还有以下优势：

1. 信息技术促成语文课堂的动态交互

诚然，在信息技术时代，几支粉笔一块黑板的传统写字教学已经无法吸引学生的目光了。信息技术辅助写字教学，使信息利用实现动态交互。课堂中的游戏互动、展台评价等多媒体手段，能为学生营造更轻松的学习环境，创造更多自主学习空间，更符合小学生身心发展特点。师生互动、生生互动，使学生更加积极融入课堂，实现学生自主、合作、探究的学习方式，这也与课程改革的目标理念不谋而合。

2. 信息技术凸显知识呈现的直观高效

信息技术辅助写字教学，使信息处理更直观高效。对于汉字的笔顺、笔画、间架结构等重难点知识，可以通过图像、动画、白板工具等多媒体手段，以直观具象的形式呈现，利用无意注意规律加速学生认知过程，缓解学生的畏难情绪，帮助学生识记写字要点和掌握书写方法，从而提升写字能力。

3. 信息技术实现信息交流的跨越时空

信息技术辅助写字教学，使信息共享交流突破时空限制。多媒体手段可以优化写字教学策略，利用照片记录、视频微课等多媒体手段，实现信息共享交流的时空跨越，把语文写字教学的效果巩固延伸到其他学科课堂，甚至延伸到课外，从而引导一切教育力量共同参与到对学生写字的指导中来。

鉴于信息技术具有以上特点，小学语文教师应该着重思考如何合理运用信息技术的优势提高写字教学的效果。主要探索将文字、图片、动画、音频、视频等信息综合处理，充实教学课件、改进教学手段，调动学生的写字积极性，引导学生在掌握方法、积极练写的基础上养成良好的写字习惯。

三、利用信息技术手段，改进教学策略

1. 信息利用的动态交互，促进学生高效地融入课堂

“人若志趣不远，心不在焉，虽学无成”。兴趣是最好的老师，只有想方设法调动学生的写字兴趣，最大限度激发学生写字热情，才能有效提升学生的写字水平。在教学中，尝试利用展台功能完善评价方式，利用希沃工具开展游戏竞赛，师生互动、生生互动中调动学生的写字积极性，从而加强学生的课堂参与度。

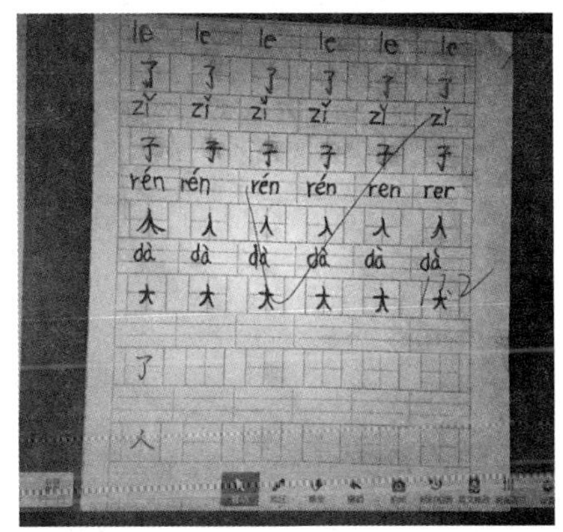

(1)展台细致指导，完善评价方式

例如，在执教部编版教材一年级上册第一课《秋天》时，安排学生工整地抄写四个生字——“了、子、人、大”后，利用展台，针对学生的书写规范程度及时给予评价、修改。这样一来，学生能清晰地看到每一个笔画修改的细节，如“了”字中的“弯钩”弧度的大小，“人”字中“撇尖”和“捺脚”笔画的轻重变化。而且，指导一个学生，同时也是指导了一类学生，事半功倍，指导高效。

(2)辅助教学软件，激发写字热情

对于书写优秀的学生，在教学辅助软件“班级优化大师”中奖励学生“书写小达人”的称号，加星和模拟掌声等这种动态的画面与欢快的声音，让学生在最直接的感官刺激中获得成就感，同时也激发出极大的写字热情。这不仅是对认真书写学生的一种适时鼓励，同时又为其他学生树立了榜样，有助于学生之间形成互比互看的良好风气。

(3)巧用倒计时,提高写字效率

随着写字教学的不断深入,在书写正确、规范的基础上,进一步在写字速度上加以要求。学生们喜欢以游戏的形式开展书写小竞赛。例如,利用希沃白板的倒计时小工具,在规定时间内正确、规范书写汉字。在挑战中营造适度紧张的氛围,提高学生的书写兴趣,同时能够极大提升写字的效率,寓教于乐。

在学生学习写字之初,采用多种信息技术手段,完善教学评价、开展竞赛游戏,实现课堂的动态交互,为学生枯燥的学习增添色彩,激发学生的写字兴趣和练习热情。学生还主动参与到自评互评中来,在相互评价中促进反思与改进。成就感的不断积累使得他们开始喜欢上汉字,主动识字、写字,甚至开始尝试研究汉字。

2. 信息处理的直观高效,利于写字方法的精准指导

在小学低段写字教学中,教师的方法提炼和精准指导,对小学生初期写字学习意义重大。这就要求教师指导步骤科学合理,教授方法准确得当,能够针对不同汉字的不同特点精准指导练写。课件、动画、白板书写功能、音频等多媒体手段的合理运用,让学生更加直观高效地观察思考,从而帮助其掌握写字方法和技巧,提高写字的正确性和规范性。

例如,在部编版教材一年级上册第七课《小书包》写字教学中,对于“书”字的指导,采取了“三步走”分步骤教学——细观察,重指导,慢临摹。

(1)部件标红,“细观察”

引导学生观察主要笔画和难写笔画。观察得出:“书”的主要笔画是中间的竖,难写笔画是横折、横折钩。利用多媒体课件把主要笔画和难写笔画标红,让学生一目了然。

(2)动画展示,“重指导”

播放动画,清晰展现主要笔画和较难笔画的书写。中竖是悬针竖,要写在竖中线上,写得直而挺,这样“书”字才能立起来。横折、横折钩两个笔画,均要注意横长折短,竖折内收,横折钩中出钩有力。然后出示字典摞在一起的图片对照观察,让学生

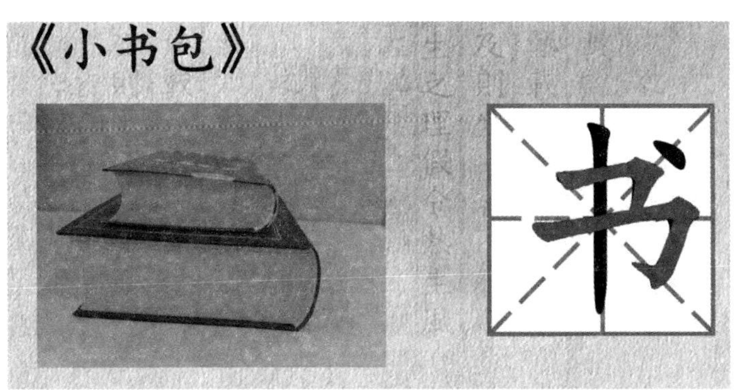

直观感受两个相似笔画在“书”字中阶梯状的组合，明确组合中横画的长短区别，这样学生在书写正确的基础上把握住了汉字的结构特点，把汉字书写得更美观。

（3）音乐静心，“慢描摹”

利用希沃白板配置的汉字书写功能，播放汉字笔顺，学生兴致盎然地模仿、书空。教师在田字格里范写之后，学生开始描红练写。播放《秋日私语》等轻缓的多媒体音乐，让学生在音乐声中放松情绪，在音乐的陪伴中静心慢写，感受行笔中笔画的变化，从而感受汉字的形体之美。

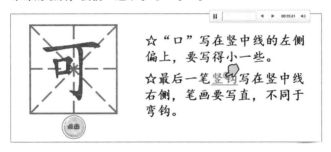

3 江南

本课的最后，我们一起来学写“可”字。

可

☆“口”写在竖中线的左侧偏上，要写得小一些。

☆最后一笔竖钩写在竖中线右侧，笔画要写直，不同于弯钩。

点击

在生字练写阶段，利用多种信息技术手段，将生字的笔画、笔顺和间架结构这些较难知识点以更直观生动的形式展现在学生面前，更易让学生掌握写字要点和章法，有“四两拨千斤”之效。这样不仅实现了写字教学的高效性，而且让学生掌握汉字的基本笔画基础上，能按照笔顺规则写字，同时自主观察间架结构，初步感受到了汉字的形体美。

3. 跨越时空的信息交流，促使学生养成良好书写习惯

学生习得新知后需要及时巩固，课堂上采用图片、投屏等手段引导学生在对照中实现自我修正，课后利用图片记录、视频微课等多媒体手段与学科教师、家长步调一致通力合作，实现信息跨时空的共享交流。下面以规范学生坐姿和握笔为例来说。

（1）影像投屏，唤醒自律意识

在课堂的生字练写环节中，学生出现的问题较多，低头、趴桌、歪身、跷腿等，往往

提醒完了一会儿又原形毕露,学生缺乏持续性,老师也分身乏术。展台的摄像功能,把学生的坐姿时时投屏到教室屏幕上,让学生的姿态展露无遗。看到这些,孩子们都会不自觉地悄悄挺直了腰背,生怕被别的同学比下去。影像投屏,唤醒了学生的自律意识,让他们时时提醒自己,对养成良好的写字习惯很有裨益。

(2)照片记录,全科监督纠正

虽说写字教学是语文学科内的教学内容,但是写字习惯的养成需要各科教师共同参与。不能只是语文课上坐姿标准,别的课堂上放松自我。可以与各科老师协商,课堂上及时提醒、拍照记录学生的不规范坐姿,及时沟通反馈。各科教师步调一致,共同在课堂上对学生的坐姿和握笔提出要求,共同营造浓厚的写字氛围。

(3)微课录制,家校资源共享

为了课后的巩固落实,把儿歌和标准坐姿图片发给家长,并在家长会上示范正确的坐姿和握笔。同时录制关于坐姿、握笔以及汉字书写重难点指导的微课,发给家长参考,这样信息共享互通,让家长在家提醒监督孩子时也能有章可循,实现真正意义上的家校协作共管。

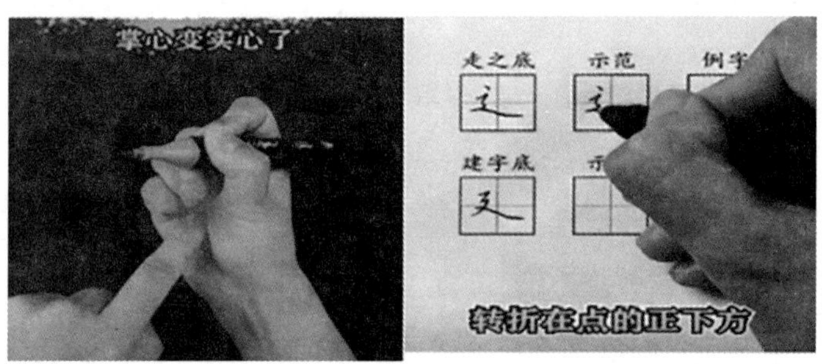

课后巩固阶段,利用信息技术共享交流信息的跨时空特点,使用多种信息技术手段,与任课教师、家长资源共享,实时对话,使得学生在语文课上习得的良好写字姿势能时时处处得到督促和引导,在生活中一以贯之。帮助学生在写字起始阶段的关键时期养成良好的写字习惯,进而达成书写规范、端正、整洁的要求。

四、信息技术效果显著,前景更加广阔

在小学低段写字教学中,利用信息技术应用于教学的优势,将多媒体手段融于日常教学,攻克了诸多难点,起到了事半功倍的效果。基于信息技术融合小学低段写字教学的尝试,让教师教得高效,学生写得轻松。相信,随着语文教师信息技术应用意识的不断增强,信息技术运用能力的不断提升,信息技术在小学低段写字教学中的作用会更加凸显,前景会更加广阔。作为小学低段语文教师,还要继续挖掘、运用更多元的信息技术手段,有效应用于日常写字教学之中,让学生在乐趣中习得汉字,静心

书写汉字,感受汉字的无穷魅力,更好地传承我国优秀的汉字文化。

参考文献

[1]杨娜.新课改小学语文写字教学策略之我见[J].华夏教师,2019.06.

[2]邱娟.浅谈如何构建小学语文智慧课堂[J].百科论坛电子杂志,2020.02.

[3]张小芳.激趣导学科学训练夯实基础-浅谈一年级写字教学[J].新课程(小学版),2013.03.

[4]陈乐燕,浅谈现代信息技术与小学语文教学的整合[J].新课程研究,2010.06.

小学低段识字课堂教学模式对学生语言建构与运用的意义初探

天津市天外大附属北辰光华外国语学校　唐　莉　梁　玥

摘　要:语言建构与运用是语文核心素养的重要组成部分,也是语文核心素养的基础层面。为了从课堂层面加强小学低段学生语言建构与运用素养的培养,在教学中引入“25+10+5”时间分配模式。这一模式将40分钟课堂教学分为“新授25分钟”“尚美10分钟”和“精彩5分钟”,在时间框架之下夯实学生识字、写字基础,进行阅读和表达训练,将语言的“建构”与“运用”无限融贯,从而高效组织课堂教学。以小学低段《对韵歌》《古对今》《狐狸分奶酪》课堂教学为例,初步探究“25+10+5”的模式在识字教学中的应用、各时段的特点及对课堂教学的积极意义。

关键词:小学低段　识字　课堂教学模式　语言建构与运用

人生识字聪明始,小学低段语文教学应以识字为基础,使学生逐步掌握汉字词汇知识、句法章法知识、识字写字技能、语言表达技能,提升其语言建构与运用素养。然而,当前有些教师课堂教学时间分配管理观念淡薄、随意性强,导致原本相辅相成的语言建构和运用有所分离,识字、写字的持续学习难以保证。因而,尝试识字课堂教学时间分配模式,探索该模式的实际应用,是从课堂层面提升学生语言建构与运用素养的必要途径。

一、时间分配模式的提出

“25+10+5”时间分配模式(以下简称“时间分配模式”),将小学语文40分钟课堂教学分为3个有机组成部分:“新授25分钟”——学生学习新的语言知识、提升语言技能;“尚美10分钟”——学生练习书写生字,写字技能与日俱进;“精彩5分钟”——学生个人演讲,聚焦语言运用。时间分配模式框架之下的小学低段识字课堂教学,保证了每节课学生进行书写、表达等活动的时间,持续性学习将促成质的飞跃,也便于系统评价学习效果;各时段学习内容紧紧围绕学生语言建构与运用素养的培养进行设计和安排,目标指向明确,“精彩5分钟”作为学习内容的延伸,有利于学生能力的梯次发展。

二、时间分配模式的应用

小学语文教科书第一学段主要由识字单元和课文单元两部分构成,在充分考虑学情的前提下,时间分配模式在识字单元和课文单元的课堂教学中均可应用。以部编本教科书《对韵歌》《古对今》《狐狸分奶酪》为例,探究时间分配模式在小学低段不同时期识字教学中的应用及各时段的主要特点。

1. 课例1:一年级上册《对韵歌》

以一年级上册识字5《对韵歌》第2课时为例,探究时间分配模式在小学生入学初期语文课堂教学中的应用(表1)与各时段呈现的主要特点。

表1 时间分配模式在一年级上册《对韵歌》第2课时课堂教学中的应用

教学目标	时间分配	主要教学环节
巩固识记第1课时生字; 学习课文第3句,初步了解双字对的基本特点; 正确、流利地朗读课文,背诵课文; 感受课文画面美和音韵美,初步培养审美情趣	“新授25分钟”	游戏导入,巩固识字:教师利用多媒体课件开展拼图游戏,拼图呈现《对韵歌》课文第1、2句,学生将汉字拼块拼到正确位置
		示范读文,朗读指导:教师范读课文,学生感受汉语言的音韵美;教师逐句范读,学生跟读模仿;学生拍手读,读出节奏;同桌之间合作练读
		语言积累,理解运用:聚焦课文第3句“山清对水秀,柳绿对桃红”,教师依次提出4个问题,引导学生发现双字对特点,鼓励学生创编对韵歌
		积累词语,练习表达:教师出示“山清水秀”图、“柳绿桃红”图,帮助学生直观理解词语“山清水秀”“柳绿桃红”,引导学生看图口头描绘美景
会写“山”字,掌握竖折笔画写法	“尚美10分钟”	教师示范书写,学生模仿练习
巩固识字,提升语言运用能力	“精彩5分钟”	学生与教师合作讲解“虫”字的文化意蕴

(1)“新授25分钟”学生打牢识字和用字基础

入学初期,“新授25分钟”教学内容的安排突出“字”的识记和运用。《对韵歌》第2课时未出现新的“会认字”,因此“新授25分钟”通过有趣的拼图游戏、反复的朗读练习等方式在语境中不断复现“会认字”,帮助学生巩固识字。“语言积累,理解运用”环节,教师提出以下四个问题:

第一，你还记得上节课我们学习单字对时，发现什么样的事物可以相对吗？（明确：同类事物可以相对。）

第二，在双字对中，每个单字也是相对的。你能从“山”“清”“水”“秀”“柳”“绿”“桃”“红”这8个字中找出几个单字对？

第三，不包括题目，数一数《对韵歌》出现了几个“对”字？

第四，看一看这4幅图片，你能试着自己也编一编对韵歌吗？

在这一环节中，学生自编对韵歌这一课堂活动是针对语言运用的训练，而师生问答交流的过程，无论是回顾单字对，还是拆分双字对，都进一步促成“字”的复现，有助于强化“会认字”的教学效果。

（2）“尚美10分钟”学生养成良好写字习惯

入学初期，应利用每节课10分钟的写字训练时间，加强写字指导。教师做好示范，重点强调汉字的基本笔画和笔顺规则，引导学生从教科书的示范字和教师的板书中初步感受汉字之美。同时，正确的坐姿和握笔方法是书写优美汉字的基本前提，在此阶段教师还要提示学生保持正确的写字姿势，促成其良好写字习惯的形成，为学生逐渐达到书写之“美”打好基础。

（3）“精彩5分钟”教师指导识字和用字基本环节

入学初期，“精彩5分钟”演讲的内容为汉字小知识，学生可以讲解字理、分享生活中识字的成果，等等。本环节是学生对字、词的运用，同时巩固识字。学生入学之初，语言表达能力有限，教师适时参与、师生合作，有助于达到预期效果，增强学生的自信心。例如，学生在教师引导下讲解《对韵歌》一课生字“虫”的文化意蕴的教学片段：

生：大家好，我今天要分享的是“虫”字的小知识。（教师辅助课件展示“虫”的汉字演变过程。）

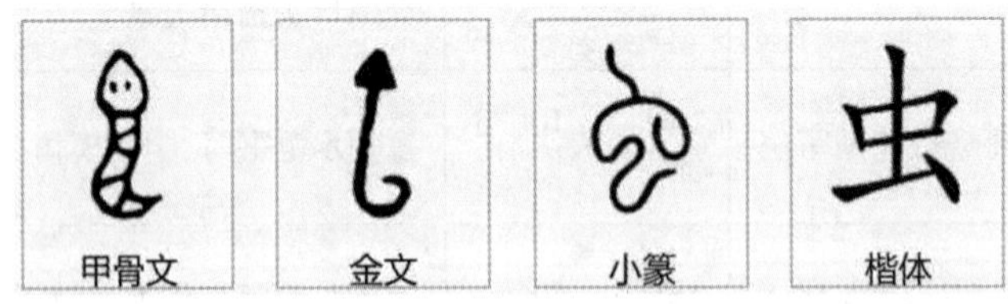

师：甲骨文的“虫”——

生：像一条虫子，上面是头，下面是虫身子。

师：金文与甲骨文相似，只是更强调“头”。小篆是如何表现的呢？

生：小篆用线来表现，上面像蛇吐信子。

师：这些都是根据具体的实物造的字。古时候，老虎叫——

生：“大虫”。蛇叫“长虫”；鱼儿叫“水虫”；人叫“裸虫”。

师：现在，成天上网的人叫——

生："网虫"。特别爱看书的人叫"书虫"；非常懒惰的人叫"懒虫"……

聆听演讲的学生也巩固识记了"虫"字并重温"虫"字的运用，体会时代更迭，加深文化理解。语言是思维的外壳，一年级学生以形象思维为主，他们即使是对于自己谙熟于心的知识，也很难完整、清晰地表达。因此，教师不仅要循循善诱，引领学生想说、鼓励学生敢说，还要导之以法，提升学生演讲质量。在5分钟内可以引导3至4名学生围绕同一汉字或针对多个生字共同完成精彩演讲。这一环节的参与人数增多，学生注意力更加集中，提升课堂参与感；整个学期每位学生进行表达练习的总次数增加，有助于学生语言运用能力的提升。

2. 课例2：一年级下册《古对今》

随着学生语言建构与运用能力的提升，"新授25分钟""尚美10分钟""精彩5分钟"等时段的特点也有所变化，以一年级下册识字6《古对今》第2课时为例（表2）进行探究。

表2　时间分配模式在一年级下册《古对今》第2课时课堂教学中的应用

教学目标	时间分配	主要教学环节
学习课文第3小节，随文认识"杨"字和"鸟语花香"等词语，能够运用词语描绘画面； 复习对韵歌的基本特点，进一步了解"押韵"，以及对子有"正对""反对"等语言知识； 正确、流利地朗读课文，背诵课文； 想象课文描绘的画面，感受自然之美	"新授25分钟"	定位联想，巩固字词：教师板书空出课文前2小节中的部分字、词，学生一边背诵，一边将词语卡、生字卡贴到文中正确位置
		反复朗读，读出节奏：学生借助拼音，自由读课文；教师指名读，相机正音；教师范读，引导学生感受课文的韵律美，提示停顿方法，学生再次练读；师生合作读；集体拍手读；同桌互相拍手读
		语言积累，理解运用：学生通过多种方式识字、理解词语，感受自然之美，运用"鸟语花香"等词语练习看图说话；学生找出课文中的反义词，了解"正对""反对"，师生共同总结对韵歌基本特点并请学生据此创编对韵歌
		聆听跟唱，拓展学习：学生跟唱《声律启蒙》，拓展了解"三字对"
会写"李""语""香"等3个字	"尚美10分钟"	学生自主观察，练习书写
巩固识词，提升语言运用能力	"精彩5分钟"	学生自由演讲

(1)“新授 25 分钟”学生实现语言运用能力再提升

一年级下册《古对今》与上册《对韵歌》同为“对韵歌”形式,但是《古对今》课堂教学中的语言运用训练难度和频率都有所增加。学生不仅识字、用字组词和造句,还要加大识词、运用词语造句和描绘画面的练习时间比重。在《古对今》课例中,语言“建构”与“运用”如影随形,例如,学生理解词语“莺歌燕舞”“鸟语花香”后,随即运用新学的词语看图说话;学习对韵歌的特点并了解“正对”“反对”的知识后,进而尝试创编对韵歌,等等。

(2)“尚美 10 分钟”学生掌握观察汉字方法

随着会写字中合体字占比的增加,教师应使学生掌握“一看结构、二看比例、三看重点笔画”的观察方法,并且鼓励学生自主观察,教师在必要时予以指导。学生在此阶段熟练掌握观察汉字间架结构的方法,通过观察领略汉字结构之美,也掌握了书写优美汉字的关键。例如,本课时“李”字教学片段:

师:写字前我们首先要观察。谁来帮助同学们回忆一下,我们观察会写字时需要哪“三看”?

生:一看结构、二看比例、三看重点笔画。

师:请同学们用这个方法来观察“李”字。(为学生留出 30 秒观察时间)谁愿意分享你的发现?

生:“李”是上下结构;上下应该是一样宽的;“木”的竖在竖中线,“子”横撇起笔在横中线。

师:你观察得真仔细!老师还要补充一点,“木”的竖要写得短一些,撇捺要舒展。

(3)“精彩 5 分钟”学生初步具备独立语言表达能力

一年级第 2 学期,“精彩 5 分钟”时段鼓励学生自主表达,学生自选演讲内容,较完整地讲述小故事或简要讲述自己感兴趣的见闻,教师提出小任务:在演讲中运用上节课学习的新词。例如,在《古对今》课例中要求学生至少运用“朝霞”“夕阳”“严寒”“酷暑”中的 1 个词语完成演讲。

3. 课例 3:二年级上册《狐狸分奶酪》

以二年级上册课文 22《狐狸分奶酪》第 1 课时为例,探究时间分配模式在二年级语文课堂教学中的运用(见表 3)及各时段教学的主要特点。

表 3　时间分配模式在二年级上册《狐狸分奶酪》第 1 课时课堂教学中的应用

教学目标	时间分配	主要教学环节
认识“酪”“捡”等 12 个生字； 图文结合、联系上下文、联系生活实际，了解“奶酪”“拌起嘴”“嚷着”“笑了笑”的意思； 正确、流利地朗读课文，了解课文内容； 读懂狐狸第一次分奶酪的情形，初步掌握对话中提示语的作用和位置	“新授 25 分钟”	交流成语，导入新课：出示狐狸、奶酪图片，学生说一说与狐狸有关的成语，教师提示“奶酪”读音；引出课题，学生齐读课题
		初读课文，认读字词：教师范读课文，学生标自然段、圈难读字；学生自由读文，读准字音，读通句子；同桌交流“会认字”，认读、理解词语；练读包含生词的句子，练读长句子
		学习第 1 自然段：学生说一说第一自然段读出的信息；抓住“高兴极了”指导朗读，相机进行语用训练：(　)极了；联系课文内容加深对“小哥儿俩”“拌起嘴”的理解，朗读练习
		学习第 2 至 6 自然段：学生分别标出狐狸、熊弟弟的话，教师引导学生关注提示语的位置，设置情境，引导学生入境尝试在不同位置运用提示语；学生通过“狐狸笑了笑”“小哥俩嚷着”等提示语体会人物心情，分角色读好对话
会写“奶”“始”“吵”“咬”等 4 个字	“尚美 10 分钟”	学生自主观察，练习书写，评价、感受书写之美
巩固识词，提升语言运用能力	“精彩 5 分钟”	学生自由演讲，运用课外阅读中积累的好词

(1)“新授 25 分钟”学生阅读理解、语言运用能力交融共进

随着学生语言建构与运用能力的提升、教科书课文单元比重增加、课文篇幅变长，“新授 25 分钟”时段更加强调在阅读过程中利用语境的作用识记字词、学会运用，同时加深对课文内容的理解，进一步尝试促进学生语言建构与运用能力、阅读能力的发展。例如，《狐狸分奶酪》课例教学片段：

师：我们刚才发现对话中有很多提示语，提示语可以放在话语前、话语后，还可以放在话语中间。我们在写话时，也可以根据需要安排提示语的位置。

……

师：我们刚刚明白了“嚷着”的词义，谁帮助大家回忆一下？

生：“嚷着”的意思就是大声喊叫。

师：同学们，联系上下文，你们知道小哥俩儿为什么要“嚷着”说话吗？他们

的心情怎样?

生:他们可能很着急。

师:你能带着着急的语气,读一读第六自然段吗?(指名朗读)你在生活中有过这样着急,甚至"嚷着"说话的时候吗?请你先回忆,然后用上提示语来说一说。

生:我嚷着:"妈妈,我饿了!"(师板书记录)

师:提示语放在了话语前,很好!谁能试着把他的表达改为提示语放在句子中间或句子后面?

生:"妈妈!"我嚷着,"我饿了!"(师板书记录)

(2)"尚美10分钟"培养学生思维、审美能力,促进写字技能发展

在这一时段,教师要抓住重点,引导学生发现和掌握书写规律。例如,课例的教学设计提前把汉字进行归类,精选了"奶""始""吵""咬"4个左右结构的字。教学时,联系本册教科书"语文园地一"和"语文园地五"中的"书写提示",帮助学生复习巩固左右结构汉字的书写要点;联系已学的女字旁的字,如"好""娃""她",在比较迁移中学写新字,发展学生的思维能力。随堂展示学生优秀的书写成果,树立书写榜样,使学生知美、尚美,提升学生的审美鉴赏能力。思维发展与提升、审美鉴赏与创造是语文核心素养的重要组成部分,在课堂教学中将多种素养的培养有机融合,使之相得益彰,有助于夯实学生语言建构与运用素养基础。

(3)"精彩5分钟"学生拓宽语言运用的选词范围

二年级的"精彩5分钟"时段在学生自由表达的基础上提出新的要求,即学生不仅要运用上节课积累的新词,还要运用至少1个在课外阅读中积累的好词,在5分钟的时间内让"精彩"冲出课堂"边界",也间接鞭策学生坚持阅读、勤于积累。

质言之,小学低段不同时期的识字课堂教学,在运用时间分配模式时,由于学生认知水平不同,"精彩5分钟""新授25分钟""尚美10分钟"各时间段的主要特点略有不同,体现了语文知识学习的层递性。在课堂教学中,要根据学生学情具体分析,合理应用。

三、时间分配模式下的课堂教学评价设计

在时间分配模式中,课堂教学评价设计(见表4)以多样的评价方式、重视差异性的评价标准,使学生发现不足、拾遗补阙,也让每位学生都能察觉自身进步,以成就感自我激励,取得更大成功。

表 4　时间分配模式下的课堂教学评价设计

时间分配	评价内容	评价方式
“新授 25 分钟”	学生识字(词)情况	定量评价:课前下发“识字评价量表”,列出本课时“会认字”(词语),课堂进入“新授 25 分钟”时间段,学生首先朗读、勾选已掌握的“会认字”(词语),在本时间段临近尾声时为“会认字”(词语)注音,填写注音正确的字(词)数量
“尚美 10 分钟”	学生写字技能	教师持续观察学生书写时的坐姿和握笔方法,关注学生书写的汉字的间架结构是否正确、是否具有形体美,每周撰写评语,从“书写习惯”“观察方法”“美观程度”3 个方面进行简要评价,每月评出书写优秀学生作为书写榜样
“精彩 5 分钟”	学生字词运用水平 语音、感染力、熟练程度、态势语等方面的表现	教师在课堂上予以学生口头的激励性评价,课后撰写激励性评语,书面记录学生表现

四、时间分配模式对学生语言建构与运用的积极意义

依据课堂教学评价,结合学生实际学习情况,经过长期实践,得出初步结论如下:

语言建构方面,从“识字评价量表”可以看出,学生在“新授 25 分钟”时间段按部就班地认识了约 1600 个常用汉字和“词语表”中的词语,时间段开始前勾选的“会认字”(词语)与日俱增,基本掌握了识字技能;“尚美 10 分钟”,学生在日复一日的长期坚持中掌握了写字技能,在自评与互评中表现出对书写之“美”的崇尚与追求。

语言运用方面,“新授 25 分钟”时间段,学生在教师引导下,能够做到运用汉字词汇知识和句法章法知识来组词、造句、说话和写话;“精彩 5 分钟”时间段,部分学生甚至主动运用以往新授课学会的语言知识进行表达,演讲内容比较饱满。从“精彩 5 分钟”教师评语中还可以看到学生演讲时间的增长、熟练程度的提高,等等。时间分配模式推动学生在学中用、在用中学,语言建构与运用紧密连接,真正做到了“为有源头活水来”。

时间分配模式对学生语言建构与运用具有一定的积极意义。教师可以在时间框架之下,将“建构”与“运用”无限融贯,从而有效组织课堂教学。同时,仍需持之以恒地运用、探索、尝试,不断完善这一模式。合抱之木,生于毫末;九层之台,起于累土。持续性培养将使学生的语言建构与运用素养行远升高,同时也将为学生在思维、审美、文化等方面语文核心素养的发展打下坚实基础。

参考文献

[1]李倩,谭霞,吴欣歆,郑国民.教育评价变革背景下语文学科核心素养测评框架研究[J].课程·教材·教法,2021(02):95-102.

[2]何更生.基于目标导向教学论培育语文核心素养[J].语文建设,2018(08):30-33.

[3]郑桂华.关于“语言建构与运用”理解的两个问题[J].语文学习,2019(11):4-8.

[4]吴淼峰.《对韵歌》文本解读[J].小学语文教学,2018(09):51-52.

[5]豆苗苗.基于语言建构与运用的小学低段识字与写字教学研究[D].杭州:杭州师范大学,2018.

浅谈小学语文"字理识字"的有效策略

天津市武清区杨村第七小学　付海静

摘　要:汉字是中华民族智慧的结晶和象征,学好汉字是当前小学语文教学的重要环节,也是小学生阅读和写作的基础。在当前课程改革的大形势下,运用字理对学生进行相应的识字教学,既可以提高学生的识字能力,又使学生对汉字博大精深的文化有初步的感知。文章从尊重儿童认知,理趣相融学汉字;遵循构字规律,依照字理识汉字;拓宽识字渠道,内外链接用汉字三方面进行了阐述。

关键词:小学语文　字理识字　汉字文化

小学语文教学中的"字理识字"是指教师依据汉字的构字规律,运用汉字音、形、义之间的联系,让学生了解汉字的构造原理及其演变过程的识字教学方法。汉字之所以难学,是因为汉字在创造的过程中,在形象和意义的基础上经历了各种变化。周祖谟先生说过:"我们理解汉字时,应当看到它的形和意义关系是非常密切的,这是汉字一个根本的性质;不了解这个汉字的根本性质,所以就总觉得汉字难学、难认"。字理识字则成为一种较为科学的识字方法出现在汉字学习中。教师创设一定的教学情境,采用字理识字,引导学生发现隐藏在字面背后的意义,把形与义联系起来,通过明白字的含义来记住这个字怎么写,从而提高学生的学习兴趣。同时,还能让学生掌握汉字的构字规律,学会触类旁通,达到高效的识字效果。字理识字既考虑了学生的心理发展规律,又兼顾了汉字本身的规律,这对提高小学生的识字效率和自主读写能力具有重要意义。

一、尊重儿童认知,理趣相融学汉字

兴趣是学生汉字学习的催化剂,小学生们对于自己喜欢的东西,都会积极主动地学习、探索。所以在日常识字教学中,教师应当注重挖掘每个汉字所涵盖的历史典故、知识趣闻等,通过多种途径引导学生对汉字产生兴趣,提升学生的汉字素养。

1. 巧用故事,激发兴趣——乐意学

教师借用故事描述所学生字,用有趣的故事阐明字理,使学生对所学汉字有深刻的印象,激发学生兴趣,减轻学生压力,使艰难晦涩的生字变得通俗易懂。例如,讲解"阔"字时,教师可以为学生讲解和该文字相关的小故事:东汉末年,汉献帝封曹操为相国后，命工匠给他盖一座相府。即将完工的时候，曹操到现场监工，曹操看后在大门上写了一个“活”字，便拂袖而去。工匠们吓了一大跳，丞相分明是对这房子不满意，但是哪出现了问题？工匠们前思后想，也没琢磨出半点名堂来。最后只好请杨修来出主意，杨修看后，便指着大门上的“活”字说：“门里带个‘活’，分明是个‘阔’字，丞相一定是闲门太宽了。”工匠们听后恍然大悟，立即拆了大门重新修建，这才合了曹操的意。听完故事，学生的兴趣大增，同时也记住了字形。中华的汉字文化博大精深，很多汉字背后都有一个小典故，这种教学方式，让学生在课堂中趣味学习的同时，也掌握了其相关的故事，这极大地增强了学生学习汉字的积极性和主动性。

2. 趣编字谜，唤起兴趣——玩中学

很多汉字的组成背后都有一个字谜，通过猜字谜能够唤起学生对汉字的兴趣，还能开阔学生的眼界，提高学生的汉字修养。字谜多以表示汉字字义或描绘汉字形体特征的方法为谜面，以汉字为谜底的一种谜语，它朗朗上口，易读易记而且风趣幽默。如一年级下册《猜字谜》一课关于“青”有这样一个字谜“言来互相尊重，心至令人感动，日出万里无云，水到纯净透明”，学生根据字谜猜出了“青”字，同时还记住了和青有关的“请，情，晴，清”四个字，学生特别有成就感，学习生字的积极性一下子激发出来。教师可以趁势引导学生编字谜，谁的字谜编得好谁就是“编谜语大王”。学生们兴趣盎然，大展才艺，如“山上还有山——出”“四面都是口——田”“二人土上站——坐”等。编字谜、猜字谜，使识字教学变得形象生动，让学生在玩中感受到了识字的乐趣，取得了识记汉字和娱乐益智的双重功效。

二、遵循构字规律，依照字理识汉字

汉字是中华民族几千年文化的珍宝，更是我们的良师益友、精神家园。学习汉字不单纯是为了记住它的形，更多的是感受它的文化内涵。汉字看似纷繁复杂，实际上都存在着一定的规律。在引导孩子识字的过程中，教师可以遵循汉字的构字规律开展识字教学。

1. 图字对照，学习象形字

“象形字”是我国最早出现的文字，是古代人民在劳动和生活中创造出用来描画事物特征或轮廓的文字。为了让学生有真切形象的感受，教师可以借助图片、动画、视频等多媒体辅助教学，让学生直观地看到汉字的演变过程，帮助学生清楚地理解象形字表达的意义。

例如，一年级上册《日月水火》，该课以图文对照的方式出示 8 个象形字“日，月，水，火，山，石，田，禾”学生可以通过图、字对照的方式体会象形字的特点，感受到汉字就像一幅幅画，从而增强他们学习汉字的趣味性。如下图：

从图中看，“山”表示几座大山连在一起，中间是最高的山峰，两边是比较矮的小峰，对照到文字中自然中间的竖代表最高峰，左右两边的短竖也就是小峰。“禾”下

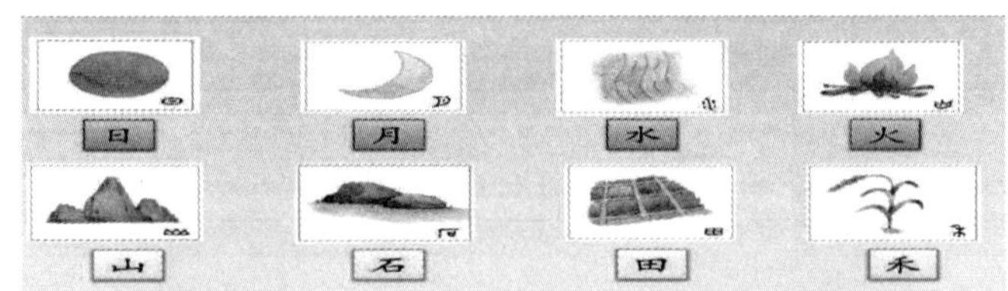

面的杆就是“木”字，低垂的谷穗就是“禾”上的一撇，学生边看图边想象，边讲解汉字。不仅学生的识字兴趣得到了提升，还能从中体会到以形象造字的成就感，识记字形也就轻松多了。

2. 偏旁归类，认识形声字

形声字是造字的一种方法，它是由表示字义的形旁和表示读音的声旁组成的合体字。同一个形旁和不同的声旁组合，可以变成许多意义相关的字。因此，在字理识字时，教师应抓住出现次数比较多的象形字或由其变形所得的部首进行详细讲解，引导学生通过掌握部首及其变形的含义来识记汉字。例如，《中国美食》这一课有很多汉字都很有特点，如“烧、烤、炒、炖、炸、爆”这些字都带有“火”字旁，于是我启发学生思考：“既然这些字都是烹饪方法，那火字旁的汉字都应该有怎样的特点？”学生很快发现：“火字旁的字都和火有关。”在此基础上我又出示“煎、煮、蒸”，让学生说一说带有“灬”的字应该和什么有关？有了“火”字旁的学习，学生很快明白这些烹饪方法也离不开火烧，所以“灬”的字也应该和火有关。这时教师适时讲解，学生就明白“灬”是由“火”字演变而来的。这样通过偏旁归类识字，学生知道了在形声字中部首往往代表汉字的意思，而声旁表示汉字的读音。加深了学生对汉字据形知义特点的认识，还培养了学生的逻辑思维能力，做到了举一反三、触类旁通。

3. 巧用拆合，理解会意字

会意字是由两个或两个以上的独体字组合在一起而成的字，它的意思就是这几个汉字意思的组合。因此教师在教学会意字时，可以根据字的结构特点运用演示法将汉字拆开，让学生说说每一部分的含义，再把拆开的各部分组合成原字进行学习。这样一来，学生能够清晰地看到汉字由分到合的过程，既理解了字义又加深了记忆。例如，《日月明》是根据会意字构字规律编排的识字课文，课文中出现了很多有代表性的字，如“明，从”等字，教师利用多媒体演示这几个字的形成过程，如下图：

日表示太阳，月表示月亮，日和月都很明亮，他们组合在一起就是“明”，“明”就是亮的意思。一个人走在前一个人走在后，他们一前一后组合在一起就是“从”，从就是跟从的意思。教师运用“拆合”的方法教学会意字，再加上学生合理地想象，使学生清楚地理解字义的同时，还能识记字形。与以往的机械记忆相比，不仅拓宽了学生对汉字的认知广度，还让学生认识到汉字隽永的文化内涵，深受汉字艺术魅力的感染。

三、拓宽识字渠道，内外链接用汉字

学生识字就是为了更好地进行阅读和写作，但仅靠课内识字教学是远远不够的。作为教师我们要努力创造更多的识字机会，通过课内外链接，拓宽识字渠道。

1. 开展古诗文诵读，记好汉字

人们常说：“熟读唐诗三百首，不会作诗也能吟”，可见积累是多么重要。于是我利用早自习的时间让孩子们去积累古诗，并开展“古诗朗诵比赛”激发学生的积极性。例如，我让孩子们积累含有“月亮”的古诗文时，因为有了前面字理识字的基础，学生对“月”这个字已经很熟悉，知道“月”是象形文字，代表月亮的意思，在古时候月亮经常被用来比喻思乡之情。李白的《静夜思》“举头望明月，低头思故乡”，王安石《泊船瓜洲》“春风又绿江南岸，明月何时照我还”，这两首诗都含有“月”字，学生很自然地想到这两首诗都表达了诗人对家乡的思念之情，明白了诗意再去背诵古诗也就轻松多了。通过古诗朗读、记忆，不仅强化了汉字的文化内涵，增添学生的人文素养；还在诵读古诗的同时对文字有了密切接触，提升学生的汉字素养，激起学生对汉字的热爱，拓宽了识字渠道。

2. 加强课外阅读链接，用好汉字

低年级主要通过文本阅读的方式识记汉字，文本阅读也给学生提供了良好的语境。但光靠课内阅读，学生的见识不够广博，识字量也远远不够。针对这个问题，我鼓励学生将课堂内外串联起来，将课堂上学到的汉字，和课外阅读紧密结合，来用好汉字。在初次学习“月”字旁时，孩子们只认识“朋”和“明”这两个字，于是我让孩子们猜想“月”字旁的字会和什么有关？孩子们齐声回答和月亮有关。借着这个机会，我以“月”字旁的字为例，鼓励孩子们在课外展开自主阅读，通过阅读积累各种含有

“月”字旁的汉字,看看这些汉字有什么特点？学生在课外阅读中收集到了“脸、脚、臂、臀、朝、肚、期、朗”等字,于是我引导他们进行归类,很快孩子们发现“月”字旁有的在左边,有的在右边,还有的在下边。这样一对比,孩子们知道了当“月”字旁在左边和下边时,这个偏旁的字大多和身体有关,当“月”字旁在右边时,这个偏旁的字大多和月亮或者时间有关。通过课内识字和课外阅读的链接,不仅拓宽了识字渠道,还使阅读和识字能力得到了提高。

中国汉字文化历史悠久,源远流长,每一个汉字都蕴含着丰富的文化内涵。在语文识字教学中,运用字理识字对学生的学习和发展具有重要意义。所以作为语文教师不仅要具有较高的文化素养和一以贯之的坚持,还要充分把握语文识字教学的每个环节。只要长期坚持用字理识字的方法进行教学,一定会有识字教学不再难的局面出现。

参考文献

[1]刘永英.统编版小学语文“字理识字”教学策略新探[J].小学教学研究,2019(12).

[2]刘新龙.知字明理,相得益彰[J].经验交流.

[3]贾梦蕊.小学低年级字理识字教学实施研究[D].山西大学,2021.

[4]逯叶.试论字理识字教学在小学语文中运用的可行性及意义[J].2014(08).

小学低段语文有效识字教学的构建策略

天津市滨海新区塘沽工农村小学　刘瑛莲

摘　要:识字教学是低年级的教学重点,是整个小学阶段语文教学的关键。因此,在这一过程中,教师有必要增加一些有趣的内容,从学生的学习需求和兴趣出发设计教学环节,使学生有更好的学习体验。本文从追根溯源、兴趣识字、语境变换三个维度,就如何在小学语文课堂上提高学生的识字能力提出了相关的建议和策略。

关键词:小学语文　识字教学　教学策略

《义务教育语文课程标准》指出:"识字写字是阅读和写作的基础,是一、二年级教学的重点。"所以,学生所具备的识字数量、识字速度、识字方法,直接关系到学生的读写能力。为了使学生具有更好的学习水平和学习效果,教师需要从基础出发,使学生在低年级阶段必须形成更好的识字能力。教师需要从多渠道、多角度设计识字教学环节,让学生通过识字教学对语文知识的学习有更深的了解。在这个过程中,教师要根据学生的学习情况和教学实际情况,改进和设计教学内容,使学生掌握更丰富的学习方法,养成学习习惯,使学生在提高语文素养的基础上,不断增强语文素养和学习观念。

一、小学语文低段识字教学中出现的问题

(一)只重视汉字识字数量,忽视汉字文化

在小学低段语文课堂上,教师大多追求汉字的识字数量,对于识字与汉字文化之间的关系往往不被重视,甚至忽略,出现可教可不教的情况。达成教学目标确实是这堂课的主要任务,但是作为一线的教育工作者,不能只是单单地拿着教材讲教材,要重视汉字文化的传承。教师只有让学生了解汉字背后所蕴含的意义,才能真正地教好学生,做好传统文化的传承工作。

(二)学生汉字学习方式固化,识字兴趣不浓

通过一线教学实践了解到,学生们主要的识字方式是加一加、减一减、换偏旁、看图识字、反复朗读认读识记,集中识字等这几种方式来识字。低段学生学习汉字主要是兴趣的推动,这样的汉字学习方式较为固定化,学生在生字学习中渐渐觉得没有兴趣,觉得这些汉字孩子是否学、学到什么程度都不重要,甚至有的孩子可能都不知道

学习汉字的原因。

二、小学低段语文有效识字教学的策略

(一)追根溯源,感受汉字文化

部编教材既注重汉字的工具性,又追本溯源探究汉字的造字规律,传承中华传统文化。所以,在识字教学过程中,把字源字理融入其中,以字源字理替代拼音。

1. 象形识字

象形字一般指象形文字。象形文字,是由图画文字演化而来的,是一种最古老的字体。与表音文字不同,象形文字属于表意文字。以部编版一年级上册第四课《日月水火》为例,可以在识字教学中实施这样的策略。

师:听说咱们班级的学生在幼儿园的时候就认识一些汉字了,这节课我来考考大家。出示。(甲骨文日,⊙)

生猜。

师解:古人把太阳刻画成一个圆圈,再在中间点上一个小圆点儿,代表太阳。"日"字的演变,这是一个象形字,本意是"太阳"引申为"白天",就是从天亮到天黑的一段时间;又引申为时间单位的"一天",就是一昼夜。(板书日)

再出示。(甲骨文月,☽)

生猜。

师解:甲骨文中月是一个象形字,像一抹弯月的样子,人们经过观察发现月圆的时间少,阙(半月或残月)的时间多,于是就照半月的样子创造出一个象形字。(板书月)

这样在识字的同时,感受到了汉字所蕴含的文化,把汉字的形和义结合了起来。

2. 形声识字

形声字是指汉字的一种造字方式,是在象形字、指事字、会意字的基础上形成的,由两个文或字复合成体,由表示意义范畴的意符(形旁)和表示声音类别的声符(声旁)组合而成。以部编版二年级语文上册《难忘的泼水节》一课为例,在识字教学时可以设计这样的环节:

师:同学们大家轻声读一读生字,想一想你有什么发现?

(预设)生:难忘的泼水节的"泼"是形声字。

师:嗯,对了,"拨"和"泼"两个字有半部分是"发",这样的字多数后面发 O 的音。还有其他的形声字,我们再去了解一下吧。(白板出示其他形声字:驶、踩、盛、碗、健)

这一识字策略利用甲骨文进行字源解读,据形索义,可以感悟出汉字是"音、形、义"的统一,是从生活中人们看到的画面一步步演化而来的。因此在汉字学习的课堂上,借助字源图像,可以更好地帮助学生将"形"与"义"联系起来,使广大中小学生

体会到了汉字的神奇并激起了学生对识字学习与传统文化的热爱。

(二)兴趣识字,感受语文学习快乐

小学语文低段教学的对象是儿童,儿童注意力持续的时间短,活泼好动,好奇心强,新鲜事物容易激起他们的好奇心。所以,在识字教学的过程中,必须引起学生的兴趣和关注,引起了学生的注意力。所以如何培养学生的识字兴趣也就变得十分关键了,而培养学生识字兴趣的办法有许多,比如猜谜、游戏、儿歌、视频等。

1. 注重猜谜识字

猜谜识字就是用通过猜谜语或者编谜语让学生识字的方法。通过猜谜语来学习汉字,不仅可以调动学生学习的积极性,让学生乐学爱学,而且在“猜”的过程中学生就可以掌握字形字义,获得成就感。

以部编版小学语文一年级上册《影子》一课为例。

首先可以出示谜语“有个好朋友,天天跟我走。有时走在前,有时走在后。我和他说话,就是不开口”,让学生猜一猜这是什么?利用白板蒙层的功能,出示谜底。这时学生会积极思考,回答出谜底之后,学生会感到很自豪,既认识了“影”这个字,又理解了影子的特点,与此同时还可以配合影子的视频,让学生了解影子的形成,引入课文同时帮助了学生识字,一举多得。

2. 注重顺口溜、儿歌识字

顺口溜、儿歌识字就是利用现成的儿歌、顺口溜,或者现编儿歌、顺口溜辅助学生有效识字的方法。顺口溜、儿歌一般都朗朗上口,所以这一方法是学生喜闻乐见的,可以激发学生学习汉字的兴趣。

以《项链》一课为例,当学到“娃”字时,因为之前的内容孩子们已经学过“女”和“土”字,有基础,这个时候就可以利用儿歌来识记。“女儿紧紧靠左边,右边上下两块土。女儿变身成娃娃,娃娃从小爱识字”,这样的小儿歌可以帮助孩子认识汉字的结构并在玩中积累汉字,在轻松愉快中提升语文素养。

这样一套策略下来运用了游戏、视频、儿歌多种形式,既丰富了课堂,又能使学生爱上识字。

(三)变换语境,更好掌握字音字义

“字不离词,词不离句,句不离篇”是学习语文的规律,也是学习汉字的规律。识字就是要读准字音,掌握字形,了解字义。把汉字放到具体的语境中能让学生更好地掌握字形,深刻地理解字的意思,加深印象。

1. 变换语境是一种很好的方法

变换语境,组词造句对于学生学习汉字很重要。教师可以把前面学过的汉字和后面将要学的汉字联系起来。只有放在一定的语言环境中,才能对汉字的音、形、义进行规定和确定。从字音上看,具体的语言环境可以区分多音字的读音,也可以区分同音字的意义和用法,还能明确轻声和变调。

以二年级上册《田家四季歌》中的“场”这个字为例:“场”这个多音字,以前学过的读音是 chǎng(出示 chǎng:操场、会场、广场、在场),今天课文里要学习的是 cháng 的读音(出示 cháng:打场、起场)。

让学生读读这些词语,想一想这个字什么情况下读 chǎng,什么情况下读 cháng 呢?

出示句子:下了一场(　　)大雨,场(　　)上的麦子被浇湿了,在场(　　)的人手忙脚乱。

这样不仅可以让学生明白两个读音下字的不同含义,还可以通过语境的训练,使学生知道不同的语境中要用不同的词,是拓展运用的好策略。

2. 创设情境,拓展汉字的运用范围

比如一年级下册《春夏秋冬》这一课,课文中出现了“春”“冬”这些生字,我们可以利用课文中的精美插图让学生对“春”“冬”有感性的认识,可以组简单的词,比如“春风”“冬雪”,也可以在两个生字上进行扩词,比如“冬去春来”“春生夏长,秋收冬藏”“春暖花开”“春雨如油”“寒冬腊月”等。充分利用教材,有效进行资源整合,创设新语境,扩大学生的词语储备量,提升学生的语言运用与表达能力。

总之,构建小学语文识字教学的高效课堂,教师可以从追根溯源、兴趣识字、语境变换三个维度出发,引导学生参与到识字教学中,通过兴趣引导,积极参与到识字教学内容中,主动探究汉字背后所蕴含的意义。只有这样,才能提升小学语文低段识字教学的有效性,同时也可以更好地将汉字文化发扬光大。并为小学高段学生的读写能力打下坚实的基础。

小学低段利用字词卡识字教学的实践与思考

天津市天外大附属北辰光华外国语学校　郭振藏

摘　要:小学低段识字量约占整个小学识字量的53%,识字教学是低段语文教学的核心任务。在日常的识字教学中,学生自主识字兴趣不高、课堂识字与课下落实割裂、识字效果不够理想;基于在教学中遇到的这些问题,尝试利用字词卡激发学生学习汉字的兴趣;在识字教学时,以字词卡为载体,根据汉字的不同特点,采用溯源法、串字法、图画法等教学手段,旨在提高低段识字教学的质量,潜移默化中帮助学生理解和传承汉字文化。

关键词:小学低段　字词卡　识字教学

识字教学是低段语文教学的重点,也是贯穿于整个小学阶段语文教学的重要内容。《义务教育语文课程标准(2011年版)》对小学低段识字教学有以下要求:"喜欢学习汉字,有主动识字的愿望;认识常用汉字1600个左右,其中800个左右会写;学习独立识字,能借助汉语拼音认读生字,学会用音序检字法和部首检字法查字典。"① 新课标中要求小学生累计认识常用汉字3000个左右,低段识字1600个左右,占整个小学识字量的53%。因此,识字教学是低段语文教学的核心教学任务,在识字教学中探寻适合学生的识字方式,激发学生的识字兴趣,有助于提高低段识字教学的质量,在潜移默化中帮助学生理解和传承汉字文化,实现识字教学的育人价值。

一、小学低段识字教学中存在的问题及原因

在平时的教学中,发现学生识字还存在很多的问题:一遇到不会的字就问、课文朗读磕磕巴巴、刚学过的字不认识、随堂练习选字填空题不会选字等,学生的识字并未达到预期效果。究其原因,有以下几点:

1. 学生缺乏自主识字的愿望

进入小学,开始比较正式地学习语言文字,黑色的汉字远不如图片吸引学生,学生自主识字的愿望不高。教师进行识字教学时根据学生身心发展特点进行精心的设

① 中华人民共和国教育部制定.义务教育语文课程标准:2011年版[M].北京:北京师范大学,2012.01.

计，但学生很容易被多媒体中的某一动画和身边的事物所吸引，不能专注识字，更多地需要老师在课上引领学习，缺乏自主识字的愿望。

2. 学生缺少自主识字的方法

低段学生正是习得识字方法的关键时期，学生即使在课堂上做到了专心听讲，学习识字方法，但在课前预习和课后复习的环节往往是按照拼音逐一认读的情况多，识字效率不高，识字效果大打折扣。归根到底是学生不能根据汉字的特点识字，缺乏自主识字的方法。

3. 学生缺乏学以致用的能力

“教了不等于学了，学了不等于学会了”。即使课本中生字都能逐一认读，可到课堂练习时，也会出现学生不能准确选择课本中的生字运用，更有习得新知较慢的学生，相应的课内练习不知道从对应的课文中查找。不能准确地学以致用使得学生识字效果不够理想，缺乏学以致用的能力。

所以，在识字教学中，亟须改进教学手段，探寻方法提高低段识字教学的质量。

二、小学低段利用字词卡，提高识字效率

基于识字教学中存在的问题，利用字词卡进行识字教学，在一定程度上激发了学生自主识字的兴趣，提高了识字教学的质量。

1. 什么是字词卡

字词卡即用 A4 纸制作的每课需要会认、会写字的词语卡片。每个字有 2 至 3 个词语卡，需要会读、会写的字标红。如二上第一课的“塘”字，对应字词卡为：

池塘荷塘鱼塘

2. 利用字词卡识字教学的可行性

(1)字词卡勾连课堂内外

在学习新知之前，教师结合所授篇目给每位学生分发字词卡帮助学生进行课前预习。为巩固课前识字效果，利用课前 5 分钟进行识字分享，其他同学评价，教师做补充，并相机表扬给予积分奖励。课下复习时，可以和同学组成战队，课下和同学比赛识字，也可以尝试做小老师和家长讲解所学汉字。字词卡将课堂内外有效勾连。

(2)字词卡便于携带，不受时间和空间的限制

字词卡是裁剪的小卡片，所占空间较小。每一课的字词卡都用小夹子区分、标注。学生可选取某一课或自己认读不熟练的词语随身携带，可在上下学路上、排队等候等时间随时认读，不受时间和空间的限制。

(3)字词卡在一定程度上激发学生识字兴趣

学生不仅自己可以利用字词卡自己识字，还可以利用字词卡当小老师。既可以同学之间合作认读，还可以和老师互相切磋。在一定程度上激发学生识字的兴趣。

3. 利用字词卡进行识字教学的尝试

在识字教学的实践中,结合教材编排的单元要素和生字的特点,以字词卡为载体,采用不同的识字方法激发学生识字兴趣,帮助学生掌握识字方法,提高识字效率。

(1)溯源法

溯源法,即追溯汉字的字源,了解汉字的演变,真正理解汉字的意思。

在部编版一年级上册教材第 4 课《日月水火》识字教学时,采用溯源法教学,帮助学生更好地掌握生字。以“日”字的教学为例。

①看图猜字,激发兴趣

师:出示图片 ,同学们,你能猜出图片中的汉字吗?

生:是“日”字。

师:你是怎么猜出它是日字的?

生:图片中有一个圆圆的太阳,太阳就是日的意思。

师:真厉害! 能从图片猜出汉字,还能知道太阳的另一种叫法是“日”。

师:(圈出)这个字谁来猜一猜读什么吗?(建立太阳与 之间的联系)

看图猜字调动学生已有的知识体验,同时,图片更直观可感,符合学生身心发展的特点,更容易激发学生的学习兴趣。

②汉字溯源,了解演变

视频播放“日”字的演变过程,并解说:古人在造字时,看到天上的太阳而依据太阳的形状画出来的“日”字,最早就是画一个圆圈,中间加一点。随着时代的变迁,汉字也发生了演变,后来才慢慢演变成今天的“日”字。强化太阳、 和“日”三者的联系。在观看视频的过程中充分了解汉字。

③字词卡配图,小组认读

将带“日”字的字词卡反面画简要的演变图 ,两人一组互相认读、组词。落实生字学习。

④方法渗透,识字有方

出示: ,像“日”字这样,古人根据东西的样子造出了一个又一个汉字,受所处时代文化的影和人的需求,字形发生了变化,后来为了书写方便,逐渐演变成我们现在使用的汉字。 这类字,我们叫作——象形字。

学完《日月水火》一课中的生字之后,两人一组进行字词卡图字配对比赛。激发学生自主考察汉字的热情,依托课本识字表积累更多的象形字,并在课下用这些象形字作画。“任务”转化成了“探索的乐趣”,由教师带领的识字教学转变成了学生自主探索汉字字源的神奇之旅! 学生乐学,课堂高效。

溯源汉字，从甲骨文到楷书，沿着汉字的足迹，一路聆听历史车轮中汉字的故事，一路领略汉字的变化之美。溯源法实现了语文、历史、美术学科的融合，实现了多学科育人的价值。

(2)串字法

串字法，即学生运用字词卡将词语串成句子的方法。串字时学生至少选用五张卡片进行组合，句子连贯通顺。

①方法示范，搭建支架

引入字词卡串字法时，教师先做好示范，为学生学习搭建支架。以一上识字 10 课《升国旗》为例选取教学片段：

师：同学们，这一课的生字你们都会读了，老师还想和你们玩一个新的游戏，拿出本课的字词卡。(学生准备，课件出示本课字词卡中的词语)

师：会认会读很不错，你会像老师这样用一用吗？(拖动屏幕中的字词卡，选取 6 个做示范)

升旗　升起　美丽　国旗　鲜红　那么

师：周一早上，全体师生到操场参加升旗仪式。国旗在国歌声中徐徐升起，鲜红的国旗迎风飘扬，是那么美丽。

教师进行串字示范时，句子内容尽可能贴近学生生活，调动学生已有的生活或学习经验，帮助学生更准确运用所学知识。

②课堂展示，正向引导

充分利用我校“25+10+5”的课堂教学模式，将精彩 5 分钟的内容定为字词卡串字展示。以下选取两个学生的串字作品：

示例一：

潮湿　响起　爸爸　她们　蚊香

空气很潮湿，远处响起一阵阵雷声，这是要下雨了。蚊子偷偷藏在低处，爸爸带着他们在房前点蚊香。

示例二：

日月潭　西湖　吸引　茂盛　仙境　游客

日月潭、西湖，都是著名的旅游胜地，那里树木茂盛，景色秀丽，犹如人间仙境，吸引了许许多多的游客。

示例一是一下学完课文 14《要下雨了》后，学生结合课文及自己的生活经验组合字词卡，实现了跨课组句。示例二是二上学完课文 10《日月潭》后，学生运用这一课的字词卡为我们带来了富有文采的句子。串字法不仅帮助学生识字、运用，在一定程度上思维能力、言语表达都得到了提升。

③家长参与，助力识字

有了字词卡，有了落实的抓手。家长既清楚知道完成的内容，还可以督促、参与到串字比赛中，课堂识字在课下得到了有效的巩固落实。串字法将语文的工具性与人文性融为一体，学以致用，提升学生的语文素养。

(3)图画法

图画法即用简笔画的形式将字词转化为画的一种方法。图画法适用于表示事物和动作的一些字语，识字的同时勾连课文内容，语境中感知汉字的妙用。

以二上课文20《雾在哪里》为例：

教师课堂板书

①图画字词，直观形象

以“岸”字学习为例，教师在黑板上画出长长的海岸线，一边画一边解说：线的一边大海，另一边是海岸。并请学生到黑板前指出海岸和大海的位置。在相应的位置板书“海岸”，进行“岸”的认读学习，接着出示河、湖图片，找出河岸和湖岸的位置，进行“岸”字意思的理解。简笔画帮助学生直观形象地理解意思，识字难度降低，学生更容易感知、联想画面，提高识字质量。

②图画配文，复现字词

课堂做好简笔画笔记，课下运用字词卡为这幅简笔画配文。在选用字词卡的过程中，复现字词，巩固识字效果。学生对照图画识字，在趣味活动中习得知识，促使学生学习、思考、探究。

③拼图识字，互学共进

课下，学生两人一组合作完成以下任务：首先，挑选本课适合作画的字词卡，在反面配上简笔画，拼出一幅完整的图画。接着，用这幅画互讲课文内容，讲解时尽可能用刚学完的字词。拼图识字，将文章内容勾连，语境中体会字词的妙用，感受语言文字的魅力。

三、小学低段利用字词卡识字教学的思考

1. 利用字词卡识字教学的有效性

(1)激发兴趣，参与度高

依托字词卡识字教学方法的尝试，提高了学生识字的兴趣，激发学生学习汉字的热情，学生参与度高。识字学习不再是机械地认字，而是变成了识字游戏，学生在识字过程中收获知识，体验学习汉字带来的成就感，领略汉字的形美、意美、韵美。

(2)操作简捷,识字高效

字词卡识字操作简捷,既可以进行最简单的字词认读,也可以运用以上方法让学习能力较强的同学保持识字的新鲜感。同时,字词卡也将课内识字和课外识字联系在一起,识字高效。

2. 利用字词卡识字教学的局限性

依托字词卡的识字教学在一定程度上实现了课堂的高效。但小学低段学生并不能对某一事物保持持久、专注的热爱,字词卡保管不当等,这是由学生生理和心理特点决定的。因此只依托字词卡的识字教学是有局限性的,高效的识字教学还有待进一步探索、研究。

(1)奖励字词卡的玩法单一

奖励字词卡、在字词卡上做文章的玩法会随着时间而失去它原有的吸引力,该如何融入新的元素吸引学生,促使学生自主识字学习,将识字学习变成识字乐趣,永葆学习的热情是一个难题。

(2)识字课堂体系有待建构

识字教学是低年级教学的重中之重,是整个小学阶段学习的基础。如何将低段的识字知识系统归纳、有效设计,打造生动、有趣、能激发学生内驱动力、融入现代社会元素并能体验汉字之美、轻负高质的识字课堂,还有待我们去不断实践、探索。

总之,以字词卡为载体的识字教学,既激发了学生识字的兴趣,提高了学生自主识字的愿望和独立识字的能力。同时,将课堂内外进行了有效的勾连,学生能够掌握所学识字方法迁移运用,提高了识字教学的效果,又实现了学科育人。特别是图画法的引入,学生识字兴趣高涨,参与积极,既提高了学生的简笔画水平、识字效率,还锻炼了学生的思维能力。高效的识字课堂多姿多彩、多种多样,后期会以图画法为重点,学生自制字词卡,赋予字词以色彩或姿态,共建有趣、高效、诗情画意的识字课堂。

参考文献

[1]中华人民共和国教育部制定. 义务教育语文课程表标准　2019 年版[M]. 北京:北京师范大学出版社,2019.

[2]陈丽华. 小学语文低段识字教学方法研究[J]. 课程教育研究,2020(05):31.

[3]赵玲. 图文相和　画语相生——借助图画资源让低段语文教学智趣相融[J]. 语文课堂,2021(02):37-38.

[4]袁云丽. 利用生活巧识字,营造教学趣味课堂——小学语文低段生活趣味识字教学策略研究[J]. 华夏教师,2020(05):51-52.

浅析趣味识字教学在小学语文课堂中的应用

天津市东丽区逸阳文思学校　高婉莹

摘　要:识字教学是小学阶段语文课堂教学中十分重要的一部分。只有正确地认识了汉字,理解汉字如何使用,才能准确地进行组词、造句、继而完成文章的创作,也能更好地进行其他学科的学习。而处于这一时期的孩子大多比较顽皮爱玩,专注力较差,不知道该怎样进行学习。这时就需要老师创设出丰富多彩而创新性强的趣味性识字教学内容来激起学生学习的兴趣和学习的积极性,使其愿意学习,从而提高学生的识字效率与能力,使其认识更多的生字,也为其日后的学习奠定坚实的地基。

关键词:小学语文　趣味识字　课堂教学

一、创设趣味情境,激发学生学习热情

小学教育阶段是一名学生正式开始学习知识生涯中的一个起点,这个时候打好基础尤为重要。授人以鱼不如授人以渔,作为教师,不仅仅是要让学生能够有效地学到知识,更要让学生掌握学习的方法,培养起学生学习的积极性以及主动性,使其对学习产生浓厚的兴趣。而这一阶段的小学生思维活跃、天真单纯,想象力十分丰富,对于直观形象的事物也会产生深刻的印象。同时,小学生们因为年纪比较小,常常在学习过程中表现出活跃好动、专注力不是很好,非常容易受到外界因素干扰等问题。而普通的识字教学又比较乏味枯燥,这就让教师的识字教学受到了阻碍。

正是因为这样,教师更应该根据小学生的年龄上的特点以及认知规律,联系他们的生活环境及其他因素,创造出充满趣味性的、轻松而又让人愉快的课堂环境,来吸引学生的注意力,从而提高学生的学习兴趣,调动起学生的积极性,让学生的识字效率得到提高。让课堂变得生动活泼,让学生的思维动起来。

比如,在部编版一年级上册《秋天》这一课生字教学中,教师可以带领学生用身体摆出汉字。例如:教学"人"字时,双臂紧贴身体两侧,双脚远远的分开就是"人"字。教学"大"字,在"人"字的基础上,张开双臂,做出侧平举的动作就是"大"字。调动学生的肢体语言,帮助其更好地学习汉字,牢牢地记住汉字。学生一边读汉字,一边做出相应的动作,这种方式可以充分地调动起学生学习的积极性,让学生产生较为浓厚的兴趣,积极踊跃地参与到模仿生字这一学习活动当中,在模仿中进行学习,

进而感受到学习汉字给其带来的无限乐趣。

二、灵活运用趣味识字教学法

教师进行汉字教学时非常容易让课堂变得像白开水一样，十分寡淡，学生也学得兴致不高。在进行低学段识字教学时，教师尤其要注意识字教学的趣味性，将“趣味识字法”融入课堂当中。所谓“趣味识字法”就是根据学生的身心特点，在识字这一教学环节中打破传统的教育观念，将学生放到学习的主体地位，调动起学生的注意力、记忆力、观察力、想象力、思维力等。围绕着“趣味”二字，以灵活多变的方式创设教学环节，开展教育教学活动，让学生在轻松有趣的环境下将原本较为复杂的汉字理解，记忆。这样一来，学生会对所学内容产生浓厚的学习兴趣，会以一个积极的态度主动进行识字学习，从而满足了学生自身的主动需求。寓教学于欢乐之中也有利于提高学生的识字效果，让学生感受到成功带来的喜悦以及识字过程中的无限乐趣，对学生后续及其他学科的学习也有帮助。

身为教师要有积极开发并合理利用资源的意识。在教育教学过程中，我认真钻研教材，用心观察学生们的识字方法和特点，结合自己识字过程中用到的方法并与其他有经验的老师进行探讨，整理出一些识字教学中经常用到的趣味识字教学方法，在此做一下简要介绍。

1. 故事识字教学法

小学生大多没有足够的注意力支撑他们认真地听完一整节课，他们更加容易被各种有意思的小故事所吸引。教师可以依据学生的这些特点，通过故事识字教学法有效开展教学活动。故事识字教学法也就是充分利用汉字的字形、字义等特点创编一些有趣的小故事，用生动形象的语言讲解故事，吸引学生的有效注意力，唤起他们的学习兴趣，加强学生对当前所学汉字的印象，便于学生更好地记住所学的汉字。

例如，教师在教学“休”这一汉字时，可以这样创编故事：一个人在赶路，走累了，靠在一根树木旁休息。单人旁代表一个人，“木”代表了树木。通过讲故事这种直观的方式能让学生对汉字有更加深刻的印象，同时记住汉字的含义和用处。

再比如教师在教学“闪”这一汉字时，可以这样创编故事：放学的铃声响起了，一位同学像闪电一样，嗖的一下子就冲出了门。一个人，从门间快速穿过，这个字就是“闪”字。通过这样的故事识字教学方式，当学生再次遇到“闪”这一汉字时，他们的记忆中就会浮现出相关的画面。通过这样一个个有意思的小故事，可以加强学生对汉字的认识，也可以让课堂的氛围变得更加生动活泼。

2. 创编儿歌教学法

儿歌具有朗朗上口，强调格律和韵脚，有过耳不忘的特点。对于低段小学生而言，用儿歌的形式教授识字可以加强学生记忆性能，对于正确书写和识字都大有裨益。

教师在授课过程中可以根据汉字的字音、字形、字义等特点将汉字创编成一首首小儿歌,这样有利于学生快速识记。例如:“红日高高挂,照在北京城,投下三撇二儿,那是它的影”;“口字里面有两横,好像双目小瞳仁。看书上网做作业,注意保护大眼睛”;“撇高捺低是个人,撇低捺高是个入”等。

3. 创编字谜教学法

小学生好奇心非常强,猜字谜这种形式总能引起他们的兴趣。把汉字变成浅显易懂的字谜,让学生在猜字谜的同时轻松地记住汉字。例如:给“能”字创编字谜为:“一下减掉熊指甲”;给“告”字创编字谜:“一口咬掉牛尾巴”;给“春”字创编字谜:“三人坐在太阳上”;给“朋”字创编字编为:“六十天”,等。

4. 图文结合教学法

低年级的小学生对鲜艳的色彩敏锐度非常高,对于图画也有着浓厚的兴趣。因此,教师在开展趣味识字教学时,可以让学生自己动手开展绘画或是收集自己喜欢的图片,并积累汇总成册,在课堂上进行场景描述,并在合作小组内自由交流,最后让学生记下自己的交流感受,以此提升学生的识字、写字的能力。例如,在教学汉字“点”字时,教师可以在多媒体上出示图片,用火焰代表四点底,用锅代表中间的“口”,手拿着筷子代表上半部分的横和竖。通过图片的学生直观地认识了“点”字,也知道了四点底的含义之一。

5. 游戏形式教学法

在开展识字教学的过程当中,教师可以设计出丰富多彩的小游戏来吸引学生的注意力,让学生在识字游戏中获得快乐,提高积极性,同时调动起同学之间的竞争性,提升教学效率。例如通过添字、变字、组字等方式开展智力小游戏。在游戏中认识、学习、巩固汉字。教师可以利用学生已经学过的、比较熟悉的汉字,让其加笔画或者减笔画,从而变成新的汉字;也可以通过加偏旁或是减偏旁的方法使其变成新的汉字。教师可以先举一个例子,如一加上一笔横等于二,一还可以加一笔变成什么字?这种方式有助于使课堂气氛变得活跃,同时增进师生感情还可以教师出示一个汉字之后,让学生尽可能多地给这个汉字找朋友,词语,这个游戏叫作“一字开花”。“开火车”“送信件”“拍字卡”等游戏都可以用来进行识字教学。

6. 联系生活中的汉字进行识字教学

学习的场所不仅仅是学校和教室,生活中汉字随处可见,每一个场景都可以让学生认识汉字,学习汉字。因此,将趣味识字教学生活化也是一项有效的教学措施,教师要善于鼓励和引导学生在实际生活中发现汉字、学习汉字,在课堂上学会汉字、在生活中应用汉字,从多个方面和角度发现汉字的有趣之处,并赋予汉字活的、有意义的、生活化的深刻内涵。

例如,“进”字非常容易和“近”字弄混。“进”字走之包住的部分是“井”字,教师可以引导学生,“井”我们可以进去,那么有“井”的这个“进”字就跟进入这个含义有关系。通过这种形式的讲解,学生可以有效地将形近字“进”和“近”区分开来。教师也可以安排学生做一些趣味性的剪报,让学生将在生活中遇到的感兴趣的字记录下来,比如包装袋、报纸、图画等上面的字可以剪下来,贴到自己的剪报上,再通过询问家长、老师,查字典等方式,主动学习这些生字,将这些生字连成句子、段落。拓展学生的生字学习范围及途径,促使学生在课堂内外掌握及学习更多的生字,拓展学生的学习视野,促进学生识字学习质量的提高,为学生阅读及写作学习打下坚实的基础。

三、及时表扬激励,让学生得到满足感

有很多的小学生在来到小学学习之前就在幼小衔接班,或者在家人的教导下认识了很多的汉字。到了学校的课堂上,他们发现很多的汉字是他们已经认识了的,这样学生就会觉得上课是一件非常无聊的事情,也会浇灭他们学习的兴趣。之前没有学习过汉字的学生也会容易对自己产生怀疑,认为自己学得慢,不会学习。教师可以让这两类同学结成一对一帮扶小组,让识字量比较多的学生来帮助识字量较少的学生,这样识字量多的学生成了榜样会继续努力学习更多的汉字,识字较少的学生也会在同组成员的激励下迎头赶上。

同时,教师也可以不定时地在班级中组织一些小型的比赛。例如:猜灯谜摘灯笼、读出生字帮助小猴子过河、摘桃子等活动。这些活动可以有效地将学生学习的积极性调动起来,也便于教师考查学生对汉字的掌握情况。

四、结语

总而言之,识字教学是小学阶段学生学习的最为基础的内容,也是十分重要的内容。趣味识字教学则是非常有效果的教学手段,能够有效提升任课教师的教学效率,也能让学生对所学内容产生浓厚的兴趣,从而激发他们的学习热情。由此可见,在教学过程中开展趣味识字教学是十分有必要的。

参考文献

[1]岑芩.趣味识字教学在小学低段语文课堂中的应用[J].好家长.创新教育,2018,000(013):1-1.

[2]李晓云.趣味识字在小学语文课堂教学中的应用[J].下一代,2020,000(002):1-1.

[3]朱龙杰.浅谈趣味识字教学在小学语文课堂中的应用[J].语文教学通讯·D刊(学术刊),2018,000(004):59-60.

[4]张正湾.趣味识字教学在小学语文课堂中的应用探讨[J].考试周刊,2019,20(22):36-37.

小学低年级学生在汉字书写上的纠错—究错—救错

天津市东丽区逸阳文思学校　储洪颖

摘　要:中国是个多民族的国家,倡行规范字,才能“推动国家语言文字的规范化、标准化及其健康发展,使国家通用语言文字在社会生活中更好地发挥作用,促进各民族、各地区经济文化交流。”未来社会中的人才,最基本的素质是说普通话,写规范字。汉字教学是素质教育的重要组成部分,它是学生个人成长的需求,也是21世纪社会发展的需求。文字是人类祖先流传下来的瑰宝,它像一双无形的巨臂推动着人类文明从原始走向成熟,从暗淡走向辉煌,甚至可能从繁荣走向未来的神圣。汉字比其他文字较难掌握,其数量巨大、结构复杂。汉字的笔画繁多,字形相似者多,且彼此间的区别很细微。一年级的小学生因为受到身心发展的限制,汉字的识别、记忆有较大难度,汉字书写上的错误率要大于读音和字义。

关键词:小学语文　汉字书写　纠错　究错　救错

小学低年级学生由于年龄小,辨别认知事物的能力都比较差,有的学生在认字和写字的时候,往往对一些字形相似的字感知失真以至张冠李戴,似是而非;许多的学生记不住,因为汉字的形与音是分开的,有的时候学生可以读出字音,但不记得字形,结果就搞错了;有的学生接收信息时先入为主的效应,容易掩盖正确信息,如我在教“本”字时按照笔画教学对比“木”多一笔横,学生在写本的时候往往会落下最后一笔横;还有是学生自控力不强,写作业时浮躁,只求数量和速度不求正确率,粗枝大叶的毛病。

我们在批改作业和评卷中,发现学生的错别字发病率很高,尽管教师反复修正错别字,但其效果不尽如人意。通过日常教学与专家、同事一起讨论研究,最后,我在小学低段语文课堂中不断尝试在识字教学中展开纠错—究错—救错的方法帮助学生正确识记生字,降低生字学习的错误率。

一、不断搜集整理错字类型进行纠错:

1. 形近字和音近字的错用

汉字有许多的形声字,形声字又分为形近字与音近字,所以形近字和音近字的数量也是很多的，例如，我们学习过的字族文里有“青妈妈”的五个孩子“清、晴、睛、情、请”，以及语文园地中“炮、泡”等。因为小学生的观察能力不强，所以很容易混淆形声字，分不清谁是谁。教授形声字时，教师必须得指导学生进行仔细观察、多观察，详细分析讲解字形与字义间的关联，例如，带“三点水”的字和水有一定的关系，带“日”的字跟阳光、太阳等相关，带“火”的字与火有一定的联系等，使学生懂得汉字的“形旁表义”特点，分清汉字的字形，进而帮助学生正确地识字。巩固时除结合课文中的儿歌识记区别外，还可以引导学生自编儿歌区别记忆。如用“有水能吹泡泡，有火能放鞭炮”来区别。这样就发挥了学生的主动性，激发了学生的兴趣，提高了识记的效果。

2. 受第一印象影响而出错

有些学生在第一次错了以后就很难纠正，比如“秋”，很多学生容易写成“火禾”，多次纠正还是有错，这个字是教材通过字谜的方式来呈现的，“左边绿右边红，左右相调起凉风”解决这类现象的好办法就是在第一次学习这个字时，教师就要采用各种形象有趣的方法给学生留下深刻的印象，并且深度剖析课文，帮助学生彻底理解课文内容分清左右以及“禾”“火”与绿和红的关系在记忆。

3. 添一笔或漏一笔

汉字是由笔画组成的，由于低年级学生观察不够仔细，记忆不够牢固，写字时容易出现添一笔或漏一笔的现象，如将“春”字底部写成目，江春自己不写成木的，这种现象出来时，教师事前得做好充足的准备工作，恰当地引领学生仔细观察汉字的字形，指出易出错的部分，观察的过程中，教师应当鼓励学生把看到的说出来，比比谁观察得最仔细。

4. 同音字的错用

同音字就是读音相同的字，但是它们的字形、字义却不同。同音字的数量很多，这对汉字学习确实是一大难点，比如“伸、申、身”，“长、常、尝”，还有“做、座、坐”等。这些学生们在使用时经常张冠李戴，那么怎样更好区别同音字呢？这是令我在教学过程中非常头疼的一个问题。像这种类型的汉字，要运用“字不离词不离句”的原则，将其放入特定的语言环境中去理解。虽然这些字字音相同但是字形和字义是不同的，因此可以请求特定的语境来帮忙。

5. 结构上的错误

汉字都有自己的结构，汉字通常分为上下、左右、包围（又分半包围、全包围）、独体字等结构，因为学生的空间感不强、视觉的变动，以及观察不细心等，所以经常在汉字的结构上犯错误。

6. 受旧经验干扰而出错

利用熟字来记忆生字是提高学生学习汉字效率的好方法，但是汉字之间的微弱差别还是学生观察中的一大难题，如：学“体”的时候对比“休”来学习，我给的建议是,如果学生没有出现把"体"错写成"休"的时候不要先把错字拎出来进行强调,这样反而加深学生对错字的记忆。

二、探究汉字特点,了解构字规律来"究"错

1. 分析形旁,解析字理

汉字不同于其他任何文字,其最大的特点就是它的表意性十分的强大,即使是简体汉字同样具有非常强的表意性。字理指的是汉字的结构规律,表明了汉字字形和汉字字义之间的联系。识字教学应对引领学生进行汉字的分析、研究,如经过汉字形旁的分析,帮助学生理解汉字的意思,从而让学生可以更快、更清楚地认识并记住这个字,进而获得不错的学习效果,此外,还可以转变以往"死记硬背"的教学模式,学生告别机械记忆的学习方式,获得更好的识字学习效果。

汉字当中很多的字有形旁表意的例子,比如说"直"字,这个字就可以通过拆解分成十、目和一,这个字的意思就是:一横表示一个人站在地上,目就表示的是眼睛,十字表示的是看了很多遍,就像木工的吊线一样,要看很多次才能够形成一条直线,"直"字所要表达的正是这个意思,而"目"字因经过长期的演变,已经不再是原来的样子,其最后一横已与"直"字最后一横融合,所以,在书写时需要特别说明,让学生知道文字背后的特别含义,如此,学生在写这个字时便会记起来,就会特别留意,所写的字就不会错误,进而避免错别字或减少错别字的概率。

2. 分析声旁,掌握规律

汉字学习的另外一个规律就是声旁。很大一部分汉字属于声旁字,掌握声旁对学习汉字有很大的促进作用。汉字的字形与字音有密切关联的字即声旁字,对声旁字的记忆,可以从字音出发,以"令"字为例,它的读音"ling"往往就是声旁,如"领""零"等字,其读音都和"令"字有关。

3. 展开联想,激发兴趣

小学生富有充分的想象力,让学生开展一定程度的想象,不但可以调动其学习的热情,促进识字效果的提升,还可以进一步促进其想象力有更好的发展。识字教学的过程中,教师应当依据所教汉字自身的特征,并结合教师的实际经验,充分掌握学生的知识架构及学生的性格特点后,因材施教,简单讲解偏旁、字形,及汉字的意思,重点讲解易混淆、易错、难认、难写的汉字,调动学生的想象力让其更容易认识、记住。

三、找准方向来救错

1. 在有趣多样的游戏中轻松识字

在课堂教学中要给学生创设一个宽松和愉快的识字环境,让学生心情愉悦,兴奋乐学,尤其是低年级学生,教师可安排一些有趣有益的游戏来帮助学生识字,如:找朋友游戏,要求学生把一些字形结构相同的字排列在一起,了解学生对字形结构的掌

握;火眼金睛,找错字游戏;还有妙笔生花生字卡,添砖加瓦等游戏,根据他们的心理特点,巧妙地创设有利的实际情况,积极调动他们识字的兴趣,深入挖掘教材中直观形象的因素,有效发挥汉字自身的规则,通过生动、趣味的教学方式,将学生的识字热情激发出来,在生动快乐的课堂学习中,学生无意识地将生字认识、记住。

2. 用汉字的造字规律进行识字教学

汉字的结构具有特定的规则,通过将偏旁、部首、简易字按照特定的规则进行组合便可以形成不同的汉字,如:在部编版一年级上册《日月明》一课中主要讲的是会意字,我们在教学“从”字时,请两位同学上台表演一人跟着一人走,形象的表演启发学生理解了“跟从”,接着出示插图让学生观察,学生就很容易理解了“从”的字形和字义。根据这一特点学习会意字,事半功倍。在一年级下册识字3《小青蛙》一课中结合母体字“青”再结合部首代表的意思来学习“清、晴、情、请”等汉字。既认清了字形也了解了字义,形成字串来识记。在二年级上册《树之歌》一课中,结合形声字,“形旁表意”来识记“木”字旁的汉字:杨、桐、枫、松、柏等汉字。在汉字的识字教学的过程中,教师应当充分发挥汉字的结构特征,积极调动学生的眼、耳等感官等多个方面激发学生的学生热情,多角度启发学生的识字学习思维,学会举一反三,触类旁通。教师应巧妙地开发设计教学课程,达到巧教巧学的效果。

3. 学过的生字要及时练习巩固

对于学过的生字要及时地进行练习巩固,以免时间久了遗忘,除了抄写听写默写等方法,还应采取其他形式如:字义识字法、顺口溜识字法、歌谣识字法、猜字谜识字法等多种多样地进行复习,以加深记忆,牢固识字生字。

让学生养成优良的学习习惯,教学的过程中让学生培养细心观察,书写规范,自我检查,及时改错的习惯,利用小组进行互查互改,让错字在互相交流中不断被消化,同时培养学生阅读课外书籍和勤查勤用字典的习惯,创造机会让他们去掉错别字,此外,还得特别留意对学生责任心、自信心培养的教育,争取让他们写对每一个字。

参考文献

[1]叶妙婕. 小学生易错字的预防与纠正方法之探讨[J]. 新课程研究:基础教育旬刊,2013(3):76-78.

[2]黄知举. 浅谈小学识字教学中的错别字的预防和纠正[J]. 教育科学:全文版,2016(10):44.

[3]胡淑雯. 注重语言文字运用,践行语文核心素养——浅谈识字教学中搓鼻子的预防和纠正[J]. 当代教育实践与教学研究:电子刊,2017(5).

诗思雅韵

品诗词之味　审诗词之美

——浅谈高中语文诗词课堂的审美教学

天津市武清区王庆坨中学　瞿桂丽

摘　要：中国古典诗词是中华民族文化艺术的浓缩，其中蕴藏着中华民族传统的审美内涵。诗歌中的文字，诗歌中的韵律，诗歌中的主人公，诗歌中的情感，在漫长的文学历史长河中各美其美。传统诗歌历经千年，长盛不衰，历久弥新，“美”在其中发挥着十分重要的作用。高中语文诗词课堂应在教学中更加重视审美教育，引导学生在审视诗歌的过程中，了解中国传统文化特征，形成高雅的审美情趣和高尚的审美品位，从而达到核心素养所提出的审美鉴赏与创造的要求。

关键词：高中语文　诗词　审美教育

著名的音乐家李斯特曾说：“悲伤和伟大就是艺术家的命运。”诗歌是浓缩的艺术，其中蕴藏着伟大的生命力量。从《诗经》到《楚辞》，再从唐诗到宋词，无论是现实主义还是浪漫主义，古体诗还是近体诗，诗歌的美从不是单方面的，从文字到画面，从韵律到情感，再从诗中之人到诗外之人，美都无处不在，诗歌的美是全方位的，多角度的，是层次分明又浑然一体的，高中语文的诗词课堂，应该为学生提供审美环境、审美思路、审美方法，从而带领学生形成审美体验，发展审美能力，激发审美想象，最终培养学生欣赏、鉴别、评价、表达、创造美的能力。

一、审美鉴赏与创造的内涵与价值

新课标中在审美鉴赏与创造模块提到，通过审美体验、评价等活动形成正确的审美意识、健康向上的审美情趣与鉴赏品位，并在此过程中逐步掌握表现美、创造美的方法。审美鉴赏与创造上承语言建构与思维发展下启文化传承与理解，处在十分重要的位置，审美可以升华人的情感，陶冶人的情操，高中生正处于个人发展的关键期，在快餐文化的社会大背景下，加强审美教育，有利于学生学会辨别美丑，提高审美水平，开拓美的思维，形成美的品格，陶冶美的情操，最终发展美的人格。

二、审美与高中语文诗词课堂教学的融合

在高考的导向作用下，当下的语文诗词教学大多重视语言词句的分析理解，答题

套路、术语的讲解，强调背诵与默写，却忽视了对诗歌本身的“美”的挖掘。诗词的课堂不应如此片面、功利。当我们不再拘泥于考题，当我们用纯粹的眼光去看诗人们所写出来的纯粹的眼泪，就能够更好地带领学生去欣赏诗歌最纯粹的美。同学们也能够在语文课堂上真正地感受到美，欣赏到美，最终他们将学会自主地寻找美、欣赏美、评价美、创造美、成为美。笔者认为，诗歌的审美教育可以从以下几个方面展开：

1. 感字之美，领会诗歌中文字的画面感与生命力

世界四大古文字中包含古埃及象形文字、古巴比伦楔形文字、古印度玛雅文字、古中国汉字。四大古文字中其他三种文字已经流逝于历史的长河之中，只有中国的文字至今还在使用，这一文化现象本身就是一个奇迹。这与汉字本身的生命力是分不开的，我们应该让学生在语文课堂感受到汉字本身所传递出的生命力，虽然文字的美不单体现在诗歌上，但因为诗歌本身的内涵丰富，字字珠玑，所以笔者认为可以从诗歌最小的构成单位，带领学生感受文字本身的美。

如《诗经·芣苢》一文，描写农民采摘芣苢的劳动场景，教师便可以给学生展示“采”字的甲骨文，让学生通过甲骨文的字形理解“采”所传递出的动作，即一只手采摘树上的果实，我们便能发挥想象，古代农人作“采”这一动作时的心理状态，开心与否，从而更好地感受诗歌中“采”所传递出的愉悦的劳动心情和旺盛的生命力。再如《诗经·氓》一文的“乘彼垝垣，以望复关”我们都知道这是女子等待心上人的急切心情，但如果在课堂上我们将乘字的古字展示给学生，让学生发挥想象力，理解“乘”字的字形构造，一个人高高地跨登在一棵树上，就是为了更好地看到远处的事物，我们就更能够理解女子一会“泣涕涟涟”一会“载笑载言”的心情了。除此之外，比如“东临碣石”的临，连“峰去天不盈尺”的盈等，都可以通过汉字字形本身所代表的形态的意义，更好地表现诗歌中的情态，从而让学生在趣味中学习，感受汉字本身的美。除了象形汉字，形声的汉字也各有其特点，形旁表意，声旁表音，比如《梦游天姥吟留别》中的“渌水荡漾清猿啼”以及《登高》中的“风急天高猿啸哀”都写猿声，一个用“啼”一个用“啸”用意何在？在授课过程中我们可以让学生通过文字链接画面，提到“啼”我们会联想到怎样的形象？提到“啸”字我们又会联想到怎样的形象。除了画面外，教师还可以带领学生领会汉字本身的声与汉字所自带的画面感的联系，啼字为合口音，声音凄婉哀伤，与渌水荡漾相互衬托；啸字为开口音，声音深沉饱满，与深秋的景象和诗人的遭遇与全诗的情感基调呼应，也与杜甫沉郁顿挫的风格相适应。再比如《声声慢》中的“凄凄惨惨戚戚”都是齿音词，老师可以在课堂中引导学生找生活中的齿音字，然后通过读，分析齿音字所带出的情感，齿音字以气发声，《声声慢》中连用齿音字，气短情促，层层渗透，字字加强，契合李清照作为一个柔弱女子在乱世中颠沛流离的悲切情态。在课堂中引导学生透过字看到人，李白用“清猿啼”用“猿哀鸣”是浪漫，是飘逸，李白的字就像是天上的云，随风而变，杜甫的啸，是沉重，是艰难，杜甫的字就像地上的山，历经雕琢，深厚稳重。

汉字本身的形与声都代表了一定的画面与情感，在感受汉字本身的美，有利于激发学生的想象力，让学生通过想象补充汉字的形象，完善汉字的情态，丰富汉字意蕴，感受汉字的发音，从而去更好地体会诗歌所描绘的画面，所传递的情感。通过这样的教学，我们不仅可以让学生更好地了解汉字，还能更好地发挥学生的想象，拓展学生的思维，激发学生的兴趣，带动学生的情绪，从而更好地感悟汉字在诗歌中的美。

2. 读声之美，声情并茂，声为情音

朱光潜教授认为诗的本质之一是音乐性。诗言志，词言情；诗为吟诵，词为入曲。古人作诗词十分注重声律的美，而诗歌本身节奏的美、韵律的美也恰恰体现着诗歌本身含蓄的美。伟大的艺术品一定是将声与情完美地融合在一起，从而达到情随声动，情随韵转的效果。

在音韵美这一特点上词作的优势尤为突出。同样是言愁极品，《虞美人》和《声声慢》的韵律则各美其美。两首诗歌不约而同在最后一句传情达意，《虞美人》中那句“问君能有几多愁，恰似一江春水向东流”将世间之愁写尽写绝，这句话不仅在谱词造境上达到了极点，在韵律与情感的融合上更是大有文章。从平仄的角度看“问君能有几多愁，恰似一江春水向东流”的平仄分布均匀，仄平平仄仄平平，仄仄仄平平仄仄平平，平仄交替，轻重相间，读起来就犹如一江春水，汪洋肆意，起伏不定。音韵让愁之多，愁之长更加凸显。而《声声慢》最后一句“这次第，怎一个愁字了得”多用仄声词，仄仄仄，仄平仄平仄仄仄。仄声本就厚重深沉，与《声声慢》起笔七个叠音词，层层深入，字字加深的情感相呼应，与《声声慢》无处不在，无孔不入，无所遁逃的愁情相融合，若说《虞美人》的愁情是起伏不定、连绵不绝的，那么《声声慢》的愁情便是情不知所起，一往而深的。在授课的过程中，教师要带领学生从音韵的角度体会诗歌的音韵美。除此之外，《琵琶行》中的“大弦嘈嘈如急雨，小弦切切如私语”；《登高》中的“无边落木萧萧下，不尽长江滚滚来”；《声声慢》中的“寻寻觅觅，冷冷清清，凄凄惨惨戚戚”以及“梧桐更兼细雨，到黄昏，点点滴滴”都是名篇中的名篇，名句中的名句，皆用叠音词，以音合型，以音合情，字字合韵，声声合情。在领悟美的同时我们也可以适当地为学生举例，比如让学生点评同样是用叠词作诗，“莺莺燕燕春春，花花柳柳真真。事事风风韵韵。娇娇嫩嫩，停停当当人人。”一诗与《声声慢》《琵琶行》《登高》相比如何？好在哪里差在哪里？在对比中学生便逐渐学会比较美，欣赏美，评价美，从而更好地理解美。

叶嘉莹先生认为吟诵是一种能将中国诗歌抑扬高低的美传达出来的最传统的方式。因此笔者认为，语文的诗词课堂还须为学生提供一个感受美的环境，教师要带领学生在诵读之间体会诗歌韵律的改变及情感的流动。比如师生可以一同探究如何将情感读出来的问题。比如我们可以在课堂上设置这样的问题，要想将“问君能有几多愁，恰似一江春水向东流”中那种汪洋肆意、一泻千里的愁情读出来，我们应重读哪些字？轻读哪些字？长读哪些字？在诵读的过程中，我们还可以采取多种方式配合诵读,比如教师范读,单独诵读,小组合读,全体齐读,点评互读,配乐读,配乐唱等方式,在不断诵读的过程中,学生自然能找到适配诗歌情感的诵读方式。在诵读的环境下,以读带学,方能尽展诗歌之美。

3. 悟情之美,建设同理心,感受诗人真挚的心

中国诗词若说是情美不如说是情感所承载的文化美、胸怀美。中国诗歌的美首先表现在他所表现出来的真实的心灵世界,这个心灵世界一直以来以承载着个人命运的家国为导向,因为有了“学而优则仕”“修身齐家治国平天下”“穷则独善其身,达则兼济天下”的文化趋向,所以中国传统诗歌的底色都离不开家国。李白的《将进酒》“天生我材必有用,千金散尽还复来”写得有多高亢,“君不见,黄河之水天上来,奔流到海不复回。君不见,高堂明镜悲白发,朝如青丝暮成雪!”写得就有多悲怆。李白《梦游天姥吟留别》仙境写得有多缤纷美丽,那句“忽魂悸以魄动,恍惊起而长嗟。惟觉时之枕席,失向来之烟霞”的梦醒时分就有多落寞伤神。李白的情感在文章中是那样跌宕起伏,不只李白,那一个个傲岸的诗人对于“治国”“平天下”有多向往,那种“身不能至”与“心向往之”的矛盾心态就有多纯粹,以此心态凝结的诗篇就有多动人。

诗歌中的情感在时间与空间的跨度中难以被学生感受,教师在授课的过程中便可以通过营造情景,先将学生的“同理心”搭建起来。比如我们可以通过表演情景剧的方式,让学生自行排练一个情景剧,情景剧的内容要充分体现“爱而不得”这一主题,选材要贴近学生的生活,比如学生对于手机的爱而不得,学生对于心爱的篮球鞋的爱而不得,让学生在演绎中揣度主人公的心理活动,在情境中搭建学生的同理心,小小愿望得不到满足时尚且如此难过,而那些傲岸的诗人们伟大的理想一次次被现实击碎,心中又该是如何的愤懑与不平呢。在情感共通的情况下,超越时空与年龄界限的共鸣就产生了。与此同时,学生对古诗词中的思想理念、优秀传统美德和深厚人文精神也有了更为深刻的理解。诗歌的情感是诗歌的核心,因此在鉴赏诗歌情感的时候教师还应树立大单元教学的意识,引导学生将同一单元下的诗歌情感进行归纳总结,感受诗歌中的诗意人生。以部编版必修上第三单元为例,引导学生认识诗意的人生之美,曹操想要一统中原的英雄气概是一种诗意;陶渊明的躬耕田园也是一种诗意;李白的化境成梦飘扬欲仙是一种诗意;杜甫的忧国忧民也是一种诗意;白居易的寻音觅知己是一种诗意;苏轼的宠辱不惊旷达洒脱也是一种诗意……引导学生表达出自己对于诗意的理解,让学生认识到诗意的人生没有标准答案。

4. 感境之美,以旧带新,为学生造境,引学生入境

诗歌的语言、文字、韵律构成了一种独特的意境之美。王国维在《人间词话》中提道:“词以境界为最上。有境界则自成高格,自有名句。”王国维所说的“境界”也就是我们现在所理解的“意境”。其实王国维先生所说的境界其实更为准确,意境指向诗句,而境界将文字与人进行了勾连。因此笔者认为,在感受诗歌的境之美的过程

中,我们可以结合人物和文字两个方面。

为了更好地感受意境,教师要为学生造境,在诗词的鉴赏过程中,教师要善于为学生营造美的环境。美的环境可以分为两个层面,外在美与内在美。外在美,便是课堂气氛的美,在诗词鉴赏的教学过程中,我们可以利用多媒体的手段,如循环播放古典音乐,播放由诗词改编的歌曲,播放古城、古镇、古人等图片等作为课堂的背景,为学生营造一个外在的学习古诗词的环境。外部环境的美对吸引学生入境具有很好的铺垫作用。在引学生入境的过程中我们要带领学生学会从人物与文字两个方面出发,比如当我们学习孟浩然的《夜归鹿门歌》时我们可以先带学生重温孟浩然同时期的创作的《春晓》,此时我要以和缓悠扬最好再配有一些鸟儿叫声的音乐作为背景音,大屏幕上可以循环播放山间、落花、流水,鸟虫等具有美感的山水图画,这些可以更好地匹配孟浩然的诗歌气质,以《春晓》做引子,可以更好地与学生建立知识的互通性,消减学生对于古诗词的陌生感,从而更好地带学生进入诗歌的境界之中。在授课过程中充分调动学生的想象力,孟浩然在《春晓》中所写出的生活状态是怎样的?孟浩然在诗中说了什么?又做了什么?在描述的过程中让学生充分地发挥想象力,“春眠不觉晓,处处闻啼鸟”外面的太阳已经很高,但诗人还在梦里逍遥。与普通的到了知命之年的人不同,孟浩然不是被打更的锣声惊醒,而是被鸟雀的叫声叫醒。学生描绘画面时伴随着带有鸟叫虫鸣声的背景音乐此时描绘出的画面应该更具代入感。“夜来风雨声,花落知多少?”紧承上两句,写了睡醒之后的所思所想,他不关心生存,不关心吃什么,穿什么,他关心昨夜的风,把花吹落了几许,每一句都写地极尽慵懒,舒适。通过想象我们仿佛能够穿越时空看到那个“散淡”“悠闲”的孟浩然,是如何享受生活的,学生通过文字描绘了画面意境也描绘了孟浩然的形象气质。有了《春晓》的意境铺垫,我们再用同样的方法去引导学生分析《夜归鹿门歌》后两句的意境,“鹿门月照开烟树”“岩扉松径长寂寥”的那种清幽、静谧之感也就不难出来了。除了用熟悉的诗歌引入以及充分调动想象力,我们还可以通过其他方式引导学生感受意境之美,比如让学生画,这种画不是传统意义上的用手用笔画,在信息化教学时代我们可以充分利用信息化资源,比如在讲《念奴娇.赤壁怀古》《声声慢》等画面感较强的作品时,教师可以为学生准备好相应的图片、音乐、动画素材如江流、海浪、营地、石头、雪花、明月、黄花、喝酒的人,赏花的人,哭泣的人等等,让学生自行整合图画、音乐,调动学生丰富的语言去介绍自己作品中的画面及人物的故事,人物看到了什么,听到了什么,说了什么,做了什么,让画面在课堂真正地活起来、动起来。

在感受意境美的教学过程中教师要注意使用虚实结合的方法,虚即想象联想,实即文字语言,在授课过程中既不能死板地完全对应文字翻译也不能漫无边际地让学生发挥想象,要让学生在虚与实的相互交错中描绘画面。教师要在教学过程中为学生造境,引学生入境,带学生感境。

三、结语

高中语文诗词课堂的审美教育应该让学生更好地感受诗歌的魅力，从而激发学生对传统优秀文学的学习兴趣，自觉形成审美体验，中学语文的诗词课堂应为学生建构一个具有美感的文学课堂，在对诗歌文字、音韵、情感的审美教育中，激发学生的想象力，培养学生的诵读力，发展学生感受力。审美教育是一个漫长的过程，在这一过程中教师应认真研究总结传统诗歌的教学方法，作为一个引导者带领学生在古代诗词的绝美殿堂中游走，让学生感受其中美的因子，让美的种子在学生的心中生根，发芽。

参考文献

[1]彭广明.审美教育应寓于古代诗歌教学中[J].学习与探索,2009(10).

[2]方玉梅.在古代诗歌教学中实施审美教育[J].文山师范高等专科学校学报,2004(02).

[3]陈向春.试谈古典诗歌教学的新思路[J].长春大学学报,2005(04).

[4]吴顺鸣.人间词话全解[M].中国华侨出版社,2001.

基于核心素养的初中语文诗词教学探析

——以《渔家傲(天接云涛连晓雾)》为例

天津外国语大学附属滨海外国语学校　姚钰琪

摘　要:根据语文核心素养的要求制定本课的教学策略,结合课文内容和学生实际,让学生在反复诵读中结合时代背景和诗人的生活经历、思想倾向,品味感知词的意境与情感;将抽象文字转化为形象画面,体会《渔家傲》雄健的笔力所营造的豪放之美;联系当前实际,体会词人表达了作者虽遭磨难,依然寻觅幸福,向往自由、光明、美好,激发同学们的家国情怀,赋予其时代意义;最后参照教师改编的新词内容进行简单创作,实现读写结合的目标和要求。

关键词:语文核心素养　初中语文　诗词教学

一、引言

古典诗词韵味深远、意境隽永,其凝练、典雅的特点能够在特定的场景中准确表达更加丰富生动的情感,也有利于增强学生的感受力与表达能力。同是思乡这一主题,有"此夜曲中闻折柳"的折柳情思,也有"却话巴山夜雨时"的离人相思;有"燕然未勒归无计"的家国两难,也有"烽火连三月"的忧虑牵挂。细腻的感情在诗词中百转千回地表达,拓宽了我们体验的广度和厚度,寥寥数语,便是一个缤纷交杂的绮丽世界。从另一个角度看,由于学生的人生阅历和思维情感发展水平的限制,往往不能准确把握诗词内容和情感。所以古典诗词教学更需要在有限的课堂上,给学生提供尽可能多的体验感,帮助学生完成积累与内化。

二、初中语文诗词教学策略

给学生丰富的体验感,离不开语文核心素养的四个方面——语言建构与运用、思维发展与提升、审美鉴赏与创造、文化传承与理解。语言建构与运用,就应以"读"贯穿,读准字音、理解词义,进行再创作;思维发展与提升,体现在理解诗人创作前后语境与逻辑;审美鉴赏与创造,在于感知意象表达的准确性,对于意象画面的描绘;文化传承与理解,即了解诗人所传达的精神内核和现实的文化意义。四个方面,层层递进,相互融合,既是教学需要达到的目标,又是实现过程中的方法和途径。

1. 语言建构与运用——以读促思，以读悟情

语言的建构离不开语感的培养和语理的积累，其中语感作为基础，对于语言建构的作用应该贯穿于诗词教学的始终。在诗词教学中，应以读促思，以读悟情，将诵读作为体味诗歌韵律美感以及理解诗词内容的有利抓手。

在具体实施的过程中，应将抽象的"读"转化为具体的学习方法指导——课前预习的读，课上学习的读，以及课后复习的读，每一次诵读都要有不同的目标和要求。如课前预习的朗读，应充分发挥学生学习主动性，首先利用工具书扫清字词障碍，做到"文通字顺"；第一遍朗读，读准字音，感知重音和节奏；第二遍朗读，初步了解诗词内容和情感；第三遍朗读，将不理解的地方做好标注。这些步骤便是语言建构的重要过程，学生通过语感的不断深化，从而实现语言构建的初步目标。课堂中的以"读"贯之，一般可依据"试读""品读""悟读"三部分进行设计。在课前检查预习成果，以小组读、个人读、全班读的方式铺设教学情境；课中品读情感的细微变化之处，带有明确的情感目标进行诵读，以《渔家傲》为例，每一句话要分别读出"壮观豪情""情谊恳切""彷徨惆怅""豪迈气魄"；最后回顾整首词跌宕起伏的情感，再进行重读体悟。课后复习，指导学生熟读成诵，复习词意的基础上完成背诵任务。

语言的运用，应在诵读感知的基础上给予学生适当难度的平台，而且留有一定的发挥空间。如在理解《渔家傲》整体词意时，可以让同学们抓住点明这首词中所有内容发生情境的"梦"字，小组讨论这首词围绕"梦"写了哪几层内容，在"梦中所"中填入一个字，给四个部分拟一个标题。大部分同学都能在前三个标题上达到统一——"梦中所见""梦中所闻""梦中所答"，最后一个标题，最初莫衷一是，所讨论出的"梦中所想""梦中所感"其实都没有体现出本词的情感倾向，最后在指导下同学们纷纷找到了各不相同但都入情入理的答案——"梦中所愿""梦中所向""梦中所盼""梦中所望"。所以，教师在合理范围内把握答案的灵活性，可以为同学们语言运用搭建更加精彩的平台。

2. 思维发展与提升——营造意境，锤炼引导

意象和意境是理解诗歌内容和情感的关键要素，而意象和意境能够顺利与学生的认知达成一致，这其中需要找到合适的方法和途径。诗词内容无法准确理解的原因，除了学生自身知识水平的受限之外，也受诗歌情境与课堂环境差异的影响，所以教学过程中应调动学生已有的知识经验，尽力营造诗歌意境的氛围感，提升学生进行形象思维的能力。

意境的营造可运用多媒体的音视频图画。《渔家傲》中"天接云涛连晓雾，星河欲转千帆舞"是本首词中唯一一句写景的句子，如果学生缺乏一定的形象思维能力，那么无法将其与"奇情壮景"相联系，但现有的教学资源其实很难完全呈现这样的景象，这就需要教师充分发挥信息技术的所用，制作符合意境的图片或视频。下图为示例：

图 1　天接云涛连晓雾

另外最有效的工具就是教师语言。教师语言的典雅凝练，不仅可以帮助学生快速入境，还能为诗词创作在心理上营造一种适宜的文化氛围，将情景带入其中。如《渔家傲》教学中学生根据展示图片以及词的内容描述出了“天接云涛连晓雾，星河欲转千帆舞”的景象，教师要求对这种景象进行概括的时候，学生可能还有一丝犹豫，这时教师要利用语言进行追问，增强景象的画面感：“海天相接，千帆竞逐，这是一种什么样的景象?”此时，“壮观”二字就“呼之欲出”了。

图 2　星河欲转千帆舞

教师语言要根据课文内容和情景的需要，切换到适宜的模式，帮助学生达成与课文的沟通，帮助学生在诗词中建立形象思维，从而增强理解的深度。

3. 审美鉴赏与创造——替换意象，把握情感

语文教学中的审美体验的重要途径就是文本中对于作者情感的探寻。对于文本中情感的表达进行探究以及进行鉴赏是语文美育的必由之路，在此过程中便是引导学生形成正确的审美情趣与观念最佳时机。

如《渔家傲》的情感理解也是教学难点之一，作者最后说：“篷舟吹取三山去!”其中“三山”的解释是“神话中的蓬莱、方丈、瀛洲三座海上仙山”，这样有些学生就会产生误解，到仙山是否是避世隐居呢？所以在这里教师需要用恰当的方式引导学生正确理解作者情感。

对于作者情感的理解不能断章取义，而应该联系整个“梦中所向”的语境。“九万里风鹏正举。风休住，篷舟吹取三山去!”中用了“鹏”这一意象，意在振翅高飞，我们现在所说的“鹏程万里”也代表着志存高远，在这种情况下，作者向往海外仙山，如果只是单纯的隐居，“鹏”这一意象就不适宜，那么可以怎么写呢?

此时可以引导学生们通过小组讨论，确定几组表达隐居的意象如“菊花，白云，东皋，竹”，接着让同学们运用其中意象将原句改编为具有归隐之意的句子，如：

适遇新菊携落叶，风轻舞，白云生处三山顾。

由此可见，一首诗词中的意象表达的情感往往具有同一性，因为相近的意象才能合力营造应有的意境。而原文在“鹏”的意象出现之后，作者的情感已经风起云涌，箭在弦上，不得不发，所以急转直下进而寻求仙山庇荫显然不合常理。通过这样的训

练，同学们获得了情感的审美体验，同时又进行了简单的审美创造，对词的理解更深一步。

4. 文化传承与理解——升华主旨，旧韵新填

"文化"要素在教学中的挖掘，是体现语文"文以载道"以及落实"立德树人"根本任务的要求。《渔家傲》作为李清照唯一的一首豪放词，具有很强的积极向上的正面意义。教师引导学生以李清照追求自由、光明、幸福的"梦中所愿"，联系到"中国梦"其实也是在中华民族经历了无数苦难之后，依然斗志昂扬、前行不辍的坚守，与李清照相比，应倍加珍惜幸福，也更应有百折不挠的勇气和决心。

接着，教师带头，对词进行改编，留出需要学生填补进行再创作的内容，要求体现对自己学习的要求或对于国家的憧憬，表达自己对于美好追求的感悟。之后，可以采用小组讨论的方式，在过程中要不断提出问题帮助学生找到合适的词语表情达意。

改编如下：

天迎星辉凝晓露，银河璀璨千灯属。梦魂恍归语文书，闻师语，殷勤问我有何悟？我报，学习。大鹏搏击九万里，乘风去，中国梦圆三山处！

有代表性的作业有以下几句：

(1) 我报吾辈当自强，学习且行且成长。
(2) 我报题难叹辛苦，学习努力破迷雾。
(3) 我报未来中国梦，学习为有惊人处。

上述三个学生作品都能够遵循 2/2/3 的韵律节奏，且能做到押韵。(1) 和(3) 直抒志气，再联系学习谈感受。(2) 的前半句解释了"梦魂恍归语文书"的原因，有承上；接着说自己战胜意志的新感悟，引起下文的豪言壮语，前后兼顾。这些作业虽然在创作上略显粗糙，但依然值得嘉奖。

这样的创作练习，使学生们更加明确地感受到，在那个时代，一个女子即使经历了世间的百般愁苦，依然大胆寻梦，向往着光明和自由。如今，我们每个人找到了梦想的汇聚点——中国梦，中国梦是百姓的小康梦，是追求和平的梦，追求幸福的梦。我们每个人作为梦中的一抹星辉，都要通过自己的努力闪闪发光，实现"自强不息"民族精神的传承和发扬。

三、结语

语文核心素养各要素之间并不是相互孤立的，而是相互渗透、紧密联系的，如对诗词内容的审美鉴赏，就离不开语言的建构和思维的发展，而最后文化意义的挖掘则具有更强的综合性。在诗词教学具体的操作中，教师应当相信学生的潜能，要努力挖掘学生的情感因素，为他们创设生动的学习情境，创造丰富的体验空间，从中挖掘、发

现学生思维的闪光点,让诗词学习变得有趣、有益。

参考文献

[1]司欣.李清照词中的动植物意象生态审美意蕴研究[D].济南大学,2021.

[2]涂元伟.于"豪放"中显"悲慨"——《渔家傲·天接云涛连晓雾》词作风格之我见[J].福建教育学院学报,2021,22(05):43-44.

[3]潘广玮.妙解梦境,体悟别样情愁——李清照《渔家傲》备课例说[J].求学,2021(19):43-44.

[4]孙艳平.醉其芬馨,赏其神骏——李清照词风教学策略初探[J].新课程导学,2021(13):69-70.

群彩辉映下的诗韵光泽
——中学语文现代诗歌的群文阅读教学探究

天津市武清区城关中学　邹文婷

摘要:在中学语文现代诗歌教学中开展群文阅读,符合新课程理念中对于全面提高学生综合素质的要求。既有利于提高学生感知和运用语言文字的能力,又有利于提高学生的审美能力和鉴赏能力;既有利于激发学生学习现代诗歌的兴趣,又有利于启迪学生的心灵,培养学生高尚的道德情操。本文探究在现代诗歌教学中开展群文阅读教学的方法,从巧用议题聚精粹,关联组合少带多,任务引领育才能三个方面寻求现代诗歌高效教学的途径,以期待全面提高学生的语文素养。在群文阅读的华彩下,引领学生感受诗韵的光泽。

关键词:群文阅读　现代诗歌　语文教学

诗歌享有“语言文字的精粹”之美誉,是众多文学体裁中最华美、最灵动、最深邃、最富有情感的体现。诗歌语言运用技巧的多样性和意蕴内涵的丰富性,是语文学科工具性与人文性相融合的完美体现。做好中学语文现代诗歌的教育,对于中学生的语言学习意义重大。然而,当前中学语文现代诗歌的阅读教学却存在许多不足:

首先,学生们对于现代诗歌的学习兴趣缺乏。由于现代诗歌具有极强的主观色彩,思维跳跃性极大,对于中学生来说,想要抓住现代诗歌的规律进行学习有一定的难度,导致学生们对于学习现代诗歌有抵触心理。

其次,学生们对现代诗歌的阅读数量少,阅读面狭窄。因为诗歌文本没有波澜起伏的情节,思想和情感表达相对含蓄,理解有一定难度,所以只有极少数的同学会在课外阅读中主动选择阅读现代诗歌。

最后,教师对现代诗歌教学的拓展性不足。部分教师更加注重对课内现代诗歌的理解与赏析方面的教学,对于学生自主探究能力和综合素质培养重视不足。

基于上述原因,笔者提出在中学语文现代诗歌的教学中采用群文阅读的方法,并结合自己在教学中的实践经验,总结了现代诗歌群文阅读的方法策略。

一、现代诗歌群文阅读的内涵和特征

1. 群文阅读的内涵

群文阅读教学是指围绕一个或多个议题，选择多篇文本搭配组合。师生围绕议题对文本内容进行交流探索，最终实现对文本议题内容的认知融合的过程。文本是教学中围绕一个或者多个议题选择的阅读篇目。议题是文本组合中所蕴含的，可供探究、挖掘和讨论的话题。

2. 现代诗歌群文阅读教学的内涵

现代诗歌群文阅读教学是指教师根据教学目标设计议题，围绕议题将多篇文本进行组合，以学生为学习主体，以学生的自主探究和个性化解读为主导，师生之间、生生之间实现交互式的认知融合，最终形成共识的学习过程。

3. 现代诗歌群文阅读教学的特征

现代诗歌的写作手法丰富，意蕴深邃，情感隽永，主观色彩浓郁，可供探究的空间广、维度多。因此，现代诗歌的群文阅读教学呈现出以下特征：

（1）开放性

首先，现代诗歌群文阅读教学的议题选择是开放的。它既可以指向知识技能运用，也可以指向思想情感体验。其次，现代诗歌群文阅读教学的文本组合形式是多样的。它既可以是一个片段，整篇诗歌，也可以是整本书；甚至还可以是现代诗歌与古代诗歌，现代诗歌与其他文学体裁进行搭配。再次，现代诗歌群文阅读教学的文本选择范围和数量是开放的。以符合学生身心发展规律为原则，教师可以根据实际的教学需要灵活安排文本组合的数量和范围。

（2）主体性

现代诗歌群文阅读教学重视发挥学生的主体地位。只有让学生充分参与到阅读过程中，让学生有足够的空间和时间去体验，发挥自己的智慧去探索，抒发自己的个性化见解，学生才能够在现代诗歌的文字之下发现更多的美景和奥妙，更高效地吸收知识，掌握技能，全面提高综合素质。

（3）交互性

现代诗歌群文阅读教学的学习过程是师生智慧共享，一起围绕议题和文本进行探究的过程，是师生之间、生生之间的倾听阐述、交流互动、认同接纳、达成共识的过程。现代诗歌群文阅读教学中的交流互动、认知融合是师生集体智慧的体现，是学习现代诗歌深邃内涵的高能方法，是实现教学相长，师生共同提高有效途径。

二、现代诗歌群文阅读教学的策略

做好现代诗歌的教学，对于中学阶段的学生来说具有重要的学习意义。笔者通过学习前辈们的理论经验，结合自己的课堂教学实践，对于如何在现代诗歌教学中开展群文阅读总结了一些自己的粗浅见解：

1. 巧选议题聚精粹

“巧选议题聚精粹”指在现代诗歌群文阅读教学的议题确立上，议题需要具有可讨论性，要能够给予学生一个思考和赋予意义的空间，让学生主动思考，开启智慧，发挥自己的创造性，对文本进行个性化的解读。

议题的选择既可以是人文情怀、阅读方法、表达方式，也可以是作者的写作风格，表现手法等。本文仅选取作者角度、意象角度、表现手法角度对议题的设定进行阐述。

(1)作者角度

从作者的角度去设计议题，既可以横向分析作者在同一时期的多篇作品；也可以纵向分析作者在不同时期的不同作品之间的差异。例如，在部编九年级上册语文课本中，第一单元入选了艾青的《我爱这土地》，同时在名著导读中又推荐了《艾青诗选》的名著阅读。艾青是一位伟大的诗人，也是一位伟大的革命斗士。他的诗歌富有五四时期高昂的战斗热情和饱满的进取精神。教师在设计议题时，可以引领学生从纵向和横向两个角度去了解诗人的创作历程、创作风格和思想内涵，去感受诗人对旧社会黑暗的痛恨以及他对光明的向往与追求。

(2)意象角度

从意象角度设计议题，教师可以引导学生找出不同文本中的意象，并分析这些意象的象征意义。在此基础上找出这些客观物象与象征意义之间的联系，从而理解作者所需要传递的思想情感。

例如，在九年级第一单元的现代诗歌教学中，教师可以选取《萧红墓畔口占》《风雨吟》等篇目组织群文阅读，围绕诗歌意象这一议题展开探究。在《萧红墓畔口占》中出现的意象，有“红山茶”“长夜”“海涛”等，“红山茶”这一意象隐喻萧红一生凌寒高洁、冷艳不群、坚贞不屈、执着奔放的品性与风采。诗人借此表现对朋友的真挚怀念，对中国社会现实的深重感慨。《风语吟》中出现的意象有“风”“雨”“大地”“海”“舟”。“风”“雨”的意象暗含当时中国所遭受的苦难，“大地”被风雨席卷，暗示当时风雨如晦的社会局势，表现出诗人面对现实的勇气和责任感，以及诗人对中国社会前途命运的担忧。

(3)表现手法角度

在现代诗歌的创作上，诗人往往会使用多种表现手法。如联想、想象、对比、衬托、烘托、象征、借景抒情、托物言志、欲扬先抑、讽刺、夸张、动静结合、虚实结合等。教师可以将诗歌的表现手法作为群文阅读的议题。例如，教师可以组织《天上的街市》《太阳船》等篇目的群文阅读教学，指导学生对于诗歌中联想和想象的表现手法进行体会与感受，分析这些表现手法在诗歌中的作用。

2. 关联组合少带多

"关联组合少带多"指围绕议题进行文本选择时,教师要对文本进行有效地筛选。不同的文本之间有其内在的融合点,融合点就是关联。这些关联可以是作者、时期、流派、风格等多种形式。教师在进行文本的关联组合时,应以"以少带多,举一反三"为目的,遵循以下原则:

(1)文质兼美藏经典

中学语文部编教材的选文标准,通常具有四个特点:经典性、文质兼美性、适宜教学性和适当兼顾时代性。因此我们在选择群文阅读教学的文本时也应该依照以上原则。

例如,围绕"朦胧诗的创作特点"这一议题进行阅读教学时,就可以选择舒婷的《祖国啊,我亲爱的祖国》《致橡树》,北岛的《回答》《履历》,顾城的《远和近》《一代人》等经典作品来研读。

(2)以本为宗辅拓宽

在群文阅读教学的文本选择上,应以教材为基础,或根据需要与教材相关联,对教材内容进行有效拓展。只有坚持"万变不离其宗,万篇不离其本",才能使群文阅读教学有的放矢,免于在浩瀚烟海中迷失方向。

(3)恰合成长促发展

在群文阅读教学的文本选择上,应以学生的身心特点和成长发展需要为导向,筛选难易适度的文章,符合学生的基本学情。

例如,在学习冰心的散文诗《荷叶·母亲》时,可以设计以"冰心诗歌作品中对母爱的歌颂"为议题的群文阅读教学。学生们对"母爱"这一话题有感可抒、有话可说,在诗歌学习上的探究兴趣也会倍加浓厚。

(4)注重关联寻差异

群文阅读教学的核心是比较和归纳。学生们在进行同一议题的不同文本阅读时会不由自主地展开比较,在比较中发现文本之间的差异,在比较中进行探索与思考。

例如,在围绕"现代诗歌中对于河流的歌颂"这一议题展开群文阅读教学时,可以对《长江之歌》《黄河颂》《珠江颂》这三首诗歌进行比较。三首诗歌的共同点都是对祖国大江大河的礼赞,画面感丰富,意象宏大。诗人都采用直接抒情的表现手法,最后两句都使用反复的修辞手法。诗人在诗歌中都以磅礴的热情表达对祖国山河的热爱之情。差异性则在于,《长江之歌》表达了诗人对母亲河长江的热爱,多采用工整的对仗句和恢宏的排比句,气势敦厚沉稳;《黄河颂》结构清晰、层次分明,诗人从三个方面对黄河母亲进行歌颂,气势恢宏壮阔。《珠江颂》诗人借助对珠江的礼赞,表达对改革开放的热切歌颂,在遣词造句中饱含对历史沧桑巨变的欣喜与感动,气势更加温和。

3. 任务引领育才能

“任务引领育才能”指在学生们围绕议题展开群文阅读时,教师可以通过设置明确的阅读任务来对学生进行引领和点拨,使学生们可以有的放矢,目标清晰。

例如,在组织学生围绕“意象的象征意义”这一议题展开群文阅读教学时,教师可以在课前预习环节为学生布置表格清单,以鼓励学生在课前掌握诗歌的创作背景、诗人的性格特点、诗人的语言风格。在课上探究环节,教师组织学生围绕具体的文本在小组间展开合作,对于诗歌中涉及的意象进行深入的研究,探讨这些意象背后的象征含义。在课后追踪环节,教师可以组织学生进行诗歌的仿写与创作,从而消除学生对于学习现代诗歌的排斥与恐惧心理,促生学生写诗的萌芽,提高学生们学习现代诗歌的兴趣和自信。

三、结语

笔者研究中学语文现代诗歌群文阅读的教学方法,并将其运用到教学实践中,取得了一些可喜的教学效果:

1. 从学生方面来看,现代诗歌的群文阅读教学提升了学生的学习效能。

首先,增加了学生现代诗歌阅读数量。学生在一堂课上就可以读到多篇相关联的现代诗歌文本,而且篇目范围辽阔。这既增加了学生的阅读数量,又开拓了学生的眼界,为学生积累了丰富的学习素材。

其次,培养了学生学习现代诗歌的兴趣。学生对于新的阅读内容怀有更多期待,通过读、想、听、说等活动参与到阅读实践。自主探究、讨论交流的学习形式提高了学生的学习热情与求知的欲望。学生们更加热爱对现代诗歌的学习了。

再次,提高了学生对于现代诗歌的理解和鉴赏能力。学生通过群文阅读中的比较分析,寻找差异性,总结共同点,加深了对于现代诗歌文本的理解,同时也锻炼自己的思考能力。通过学习现代诗、欣赏现代诗歌,学生们感受美、发现美、体验美。这一过程,也使得学生们更容易、也更愿意到生活中去寻找美好、享受美好。

最后,促进了对于语言文字的运用能力。学生们在现代诗歌优美的文字长河中理解感受现代诗歌在声、形、音、色等多个维度的无穷魅力,也产生了诗歌创作的冲动和热情,并学会了把在现代诗歌中学习到的写作技巧运用到了自己的写作中,学生的写作水平得到了提高。

2. 从教师方面来看,现代诗歌的群文阅读教学推动了教师的专业发展。

在现代诗歌群文阅读教学模式的影响下,一方面,教师积累了更丰富、更扎实的现代诗歌的理论知识,以便在课堂之上能够对学生的交流探索给予及时和正确的引导;另一方面,教师也通过与学生的互动交流,拓宽了新的思路和视野,打破原有对于现代诗歌文本理解的固化思考模式和思维习惯,获得新的收获,真正实现了教学相长。

总而言之，在中学语文现代诗歌的教学中开展群文阅读，有利于实现中学语文现代诗歌教学的高效能，促进学生和教师语文综合素养的提高。笔者结合自己的教学实践，总结在中学语文现代诗歌的教学中开展群文阅读的策略和方法，还有许多需要完善的地方。笔者期待通过群文阅读的教学形式，更好地实现新课程理念“以学生发展为本”的要求，促进学生全面发展，用诗韵的群才光泽去辉映学生的美好心灵，让学生用奇美慧灵的诗意之心去感悟生命的华彩。

参考文献：

[1]义务教育语文课程标准(2011年版)[S].北京：北京师范大学出版社，2012：1.

[2]于泽元，等.群文阅读的理论与实践[M].重庆：西南师范大学出版社，2018：78，194.

[3]段曾勇.群文阅读教学有效开展的三大保障[J].中学语文教学，2021(01).

[4]冀鑫.高中语文群文阅读教学研究[D].伊犁师范大学，2020.

[5]张艳.统编版初中语文古诗词群文阅读教学议题设计研究[D].湖南师范大学，2020.

[6]李骥.群文阅读在高中语文阅读教学中的运用研究[D].哈尔滨师范大学，2020.

初中古诗词群文阅读教学实践探析

天津市武清区杨村第八中学　毛　佳

摘　要:在以核心素养为导向的教育新背景下,语文教学对学生古诗词鉴赏能力的要求不断提升。但学生的古诗词鉴赏能力却又十分有限,这就要寻求新的方法,使古诗词的教学不仅仅停留在对一首诗词的字面解读上,这样就衍生出把"群文阅读教学"和"古诗词教学"相结合的新的教学思路,古诗词群文阅读教学不仅拓宽了教师的教学思路,同时也能开阔学生鉴赏诗词的广度和深度,提高学生的语文素养及人文素养。

关键词:　古诗词　群文阅读　实践探析

部编版的初中语文教材将古诗词阅读的篇章数大幅提升,这一改革体现了现阶段的语文教学对学生古诗词鉴赏能力要求的不断提高。然而古诗词教学的现状为教师难教,学生不感兴趣厌学难以消化,无法理解深层的内涵。群文阅读教学模式与古诗词教学相结合,能有效解决当前古诗词教学所面临的难题。

一、什么是群文阅读

群文阅读教学是一种较为新颖的阅读教学方式,它立足于教学整体,关注阅读文本的归纳和总结,强化知识的勾连与迁移。核心组成部分为主题分析、文本选择、集体构建,教师在组织教学时要以此为依据,关注学生的实际水平,围绕某一个议题选取多个文本进行系统性构建,注重对学生的引导,加深学生对某一阅读主题的理解与认识,实现学生与文本之间形成情感的交流与共鸣,在此基础上通过对不同文本的剖析形成良好的阅读思维习惯,让学生在潜移默化中提升阅读能力和语文素养。

初中阶段的语文教学中古诗词是重要模块,它也承载着学生文化底蕴建设的重要作用。古诗词的群文阅读能使学生对古诗词的掌握更加系统,丰富学生的知识量,拓展学生阅读的广度与深度,降低学生对古诗词的理解难度,从而实现高效阅读、高效课堂。

二、群文阅读教学与单元教学、主题教学

与群文阅读同样呈现多篇文本的还有单元阅读、主题阅读,但这些多文本阅读教

学方法所反映出的教学理念却又各不相同。

单元教学是置于单元目标之下的教学方法,所选取的文本来源于教材中本单元的课文,强调的是以一篇或两篇精读课文教学带动整个单元的教学,在进行教学设计时要根据单元导语中不同知识点的需要进行设计,突出的是课本内容的整体性。而群文阅读教学所选取的多篇文本则是以课内文本为依托却又不囿于课本,它是经过语文教师根据教学目标所精心挑选组合的。与单元阅读教学相比,群文阅读教学对教师的专业能力及文学积累有更高的要求。

主题阅读教学则是按照设定的主题进行文本组合,通过多篇文本的阅读,对某一主题形成相对统一的认识,这个主题往往偏重于人文性。这里所提到的主题更多的是以显性的、强制性的方式来引导学生进行课堂阅读学习。而群文阅读教学文本的组合更加多元化,所围绕的"主题"也更隐性,更注重表达方式、方法策略的研讨,教学中充分发挥学生主体阅读体验,引导学生在阅读中发散思维辨析异同,自主探究,注重师生在课堂实施过程中集体建构并达成共识。

三、古诗词群文教学的践行策略

为了运用群文阅读教学方法引导学生进行多思维、多角度的诗词学习,得到多元的阅读感悟,更好地理解诗词中所描绘的意象与情感,最终达到知识的迁移与素养的提升,教师在进行古诗词群文阅读教学实践时,要在理论的指导下明确教学实践的要点。

1. 确定议题

议题即某一可供讨论的话题,它贯穿整个群文阅读教学的始终,是实施群文阅读教学的起点,文本的整合、课堂教学活动的开展都是围绕议题展开的。同时它又是群文阅读教学的终点,通过课堂学习,学生根据教师的引导、自主的探究,明确归纳总结议题,而议题的明确又是对教学活动形成评价的依据。因此,议题是群文阅读教学的关键所在。

初中古诗词群文阅读立足于统编教材中的古诗词文本开展教学,教师需熟悉课本编排诗词的规律以及整套教材的教学体系,保证学生所获得的古诗词学习资源更具教学价值。在解读诗词文本时教师要善于发现诗词之间的知识能力关联点,整合教学篇目,确定有明确指向性的教学议题,构建一个从无到有的全新阅读场,引导学生聚合思维,从已知的信息中产生逻辑结论,有效训练学生提炼信息和整合归纳的能力。根据对统编教材的梳理,议题的选取确定可分为以下几大类:

(1)意象类议题

意象是古诗词的重要组成部分,它是诗人主观情感与客观物象交融的产物,对意象的了解有助于帮助学生理解古诗词的内容以及诗人的情感。以统编教材为依据,从课本中古诗词常见意象为出发点设计议题,使学生对某一类意象以及某一类诗词有更加深刻的认识与理解，进而了解古人的文化心理以及某一阶段、某一时代的文学特点。

袁行霈先生的《中国古典诗歌的意象》中将意象分为了五大类：自然界、社会生活、人类自身、人的创造物、人的虚构物。就初中语文统编教材古诗词选文而论，最常见的意象为自然界意象，所以可以以古诗词中的自然风景意象为议题开展群文阅读，探究其中的文化内蕴。在自然意象中又以“月”这一意象出现的次数最多，王维《竹里馆》“明月来相照”表现诗人隐居生活的惬意与内心的淡然；陆游《游山西村》“从今若许闲乘月”体现诗人对闲适乡村生活的怀念与向往；杜牧《泊秦淮》“烟笼寒水月笼沙”描绘朦胧水色夜景，渲染了凄凉的氛围；李白《闻王昌龄左迁龙标遥有此寄》“我寄愁心与明月”表达诗人对友人的惦念；杜甫《月夜忆舍弟》“月是故乡明”表达作者对家乡亲人的思念之情；苏轼《水调歌头》“月有阴晴圆缺”更是将月亮与人生进行类比，使“月”的意象有了哲理意味。“月”在中国古代文学中有着重要的地位，它是诗人情感的寄托，围绕“月”整合课本内外相关的古诗词，设计一个古诗词群文阅读，可以让学生更好地体会意象所寄托的情感以及文化内涵，也增加了学生的文学积累以及鉴赏能力。

(2)题材类议题

古代诗词按题材内容可以分为：思乡诗、送别诗、边塞诗、咏史诗、讽喻诗、哲理诗等。初中统编语文教材对同一类题材以及情感倾向的古诗词选取较为集中，这就为教师以诗歌情感题材为出发点设计议题提供了依据和便利。以哲理诗为例进行阐述，哲理诗是诗人通过文字阐释哲思，寄托自己情感，让人们获得人生启示的诗词。这类诗词能带给学生强大的精神力量，帮助学生树立正确的人生观。陆游《游山西村》“山重水复疑无路，柳暗花明又一村”告诉人们不要被眼前的困顿所迷惑，于绝境中孕育希望。刘禹锡《酬乐天扬州初逢席上见赠》“沉舟侧畔千帆过，病树前头万木春”蕴含新事物终将代替旧事物，社会总是向前发展的人生哲理；曹操的《龟虽寿》“老骥伏枥志在千里，烈士暮年壮心不已”告诉我们人生在于不断拼搏不要因为年龄就无所追求。这些诗句蕴含着令人警醒的深刻道理，成为激励后人的千古名句，因此可以从这个角度进行议题，让学生通过研讨懂得更多人生道理，提升自身心理素质。

(3)作者类议题

统编初中语文教材所选取的古诗词作者一般都是文学大家，如果以作者为议题，把同一诗人的多首诗词进行整合，可以是同一作者不同时期的诗词，也可以是同一作者同一时期的诗词，从这两个维度设置的议题，可以让学生深入全面地了解作者，感悟作者的情怀。

例如在学习统编教材八年级上册李清照的《渔家傲》时，我们了解到这是一首想象雄奇、笔力雄健，充满豪放之美的词作，但李清照的词大多属于婉约风格，所以在学完此词后，为了让学生多角度了解词人，则设置“一花一世界——李清照的‘花’意人生”为议题的群文阅读教学。以李清照的人生经历为背景，聚焦少女时代的天真烂漫、婚后相思情深、国破家亡孤独无依的三个人生阶段，选取以花为主要意象词作，确定八年级上册的《如梦令 · 昨夜雨疏风骤》一词，拓展补充《一剪梅 · 红藕香残玉簟秋》和《武陵春 · 春晚》作为群文阅读的文本。

环节一：花意人生（整合求同提炼写作手法，“花”的意象运用）

环节二：一花一世界（同中求异，解读不同人生阶段情感寄托）

环节三：一片落红（聚焦人生，归纳写作风格）

这三个环节从文本层面到鉴赏层面再到文化层面，借花的意象梳理词人生平经历及思想转变，层层引导学生感受词人的心路历程。从待字闺中明艳的海棠花，到中年思妇略带哀愁的红藕，上升到暮年时家国不存哀痛的落花，让学生在读、赏、思中感悟词人沉浮一生的文风嬗变，感受一个更加丰满的李清照形象，进而领悟李清照的其他文学作品。

（4）表现手法类议题

诗词的常用表现手法有：直抒胸臆、借景抒情、寓情于景、托物言志、借古讽今、虚实结合、动静结合、以小见大、欲扬先抑、对比、用典、互文、双关、白描等。从表现手法角度设置议题，能帮学生更加系统地学习古诗词，打好文学基础，提升文学素养。

例如在讲授九年级下册《十五从军行》时可以不拘泥于这一首，可以设置“借景抒情”的议题，从《十五从军行》“借悲景抒悲情”这一手法出发，选取课本中白居易《钱塘湖春行》、李白《行路难》，补充课外《诗经 · 采薇》，引领学生感悟“借乐景抒乐情”“借乐景抒悲情”“借悲景抒乐情”的写作手法，并通过分析不同借景抒情的方法所传达的不同情感。这样系统的学习，不仅能丰富学生的知识积累，还能充分调动学生学习的积极性。

2. 组合文本

现行的语文课本以主题为单元进行选文，课文之间的联系更多的是人文性的突显，而文本之间的联系却不是很明显，学生学习起来缺乏系统性，因而群文阅读教学的适时出现就弥补了这一缺陷。在群文阅读教学中，文本是实施群文教学的重要载体，可以说文本的选择及组合直接关系到群文阅读教学的实施及效果。在选择文本时根据议题的核心，围绕议题内容精准定位，选择适合的文本，通常在课堂教学时间内选取三到六篇为宜，且要具有关联性、思考性和探讨性，此外还要充分考虑学情，控制理解难度。

（1）关联性原则

群文阅读选取的文本要具有较强的关联性，以便从不同角度对一个议题进行整合，在课堂教学中实现让学生系统性地认识某类知识点、某类诗词及某位作者。

如在“千古风流人物——苏轼”群文教学中，利用“知人论世”的方法，以生活经历为背景，围绕苏轼几次人生的大起大落，依据部编版教材选取九年级下册《江城子·密州出猎》、九年级上册《水调歌头》两首词，拓展补充八年级下册课外《卜算子·黄州定慧院寓居作》、九年级下册课外《定风波》，作为本议题群文阅读的文本，聚焦苏轼被贬前后心境的变化，引导学生从不同视角体悟诗词中所流露出的乐观豁达的苏轼形象。苏轼曾说“问汝平生功业，黄州惠州儋州”，苏轼多次经历了人生的大起大落，尤其是三次被贬磨砺着苏轼的内心，但他并没有屈从于时代，而是在时代中超脱，在挫折与困难面前给后人树立了一个伟大的榜样。“千古风流人物——苏轼”的群文阅读课环节如下：

环节一：豪放的苏轼（播放视频了解早期苏轼、学习《江城子·密州出猎》感知豪放的苏轼）

环节二：豁达的苏轼（介绍背景引入《水调歌头》、引导学生感知豁达的苏轼）

环节三：坚定的苏轼（结合“乌台诗案”感知苏轼第一次被贬黄州的经历以及心境的变化、学习《卜算子·黄州定慧院寓居所》、了解被贬后宁愿孤独也不愿与世俗同流合污坚定的苏轼）

环节四：超脱的苏轼（结合苏轼再次入朝、两次被贬的人生经历讲解《定风波》、感知超脱的苏轼）

在这个群文阅读中分别选取苏轼被贬不同时期的代表作，涵盖性广，关联度极强，能够全面反映苏轼不同人生阶段内心世界的乐观旷达。

（2）规律性原则

规律性强的文本组合，运用求同比异的方法能够充分激发学生的学习兴趣及求知欲，使学生通过探究获得成就感从而增强学习自信心。

“千古壮词”这一议题，分别选取范仲淹《渔家傲·秋思》、苏轼的《江城子·密州出猎》、辛弃疾《破阵子·为陈同甫赋壮词以寄之》这三组词。学生通过对文本的赏析与探究，会归纳出“壮词”具有语言豪壮、场面壮阔、内容雄壮的特点，且常运用用典的手法。同为壮词但通过描绘景物的不同，词作所反映的情感又是不一样的。《渔家傲·秋思》中词人通过对秋季黄昏边塞景色的描绘，表达戍边将士思乡却渴望建功立业的复杂而又矛盾的思绪。《江城子·密州出猎》中词人通过对壮观出猎场面的描述，表达自己渴望报效朝廷、保家卫国的豪情壮志。《破阵子·为陈同甫赋壮词以寄之》中词人通过回忆梦中的军营生活表达自己壮志难酬及忧国的情思。学生通过对写作手法、描写景物、表达情感的分析总结，对“壮词”有了更加深入的认识。

选择文本之后，教师要根据教学目标进行课堂建构。群文阅读教学与传统课堂阅读教学是有很大区别的。传统的古诗词课堂教学以教师对文本的讲解为主，更多的是对字词的讲解、对文义的梳理、情感与写作特点的总结，注重知识的传递，学生则是被动地接受，课堂参与度低，学生的能力以及核心素养的培养往往是被忽视的。而群文阅读教学，更加重视学生的发展，突出学生的主体地位，更具多元性、开放性。

教师在进行群文阅读课堂建构时要有意识地设置引导类问题，让学生以问题为引导,有针对性地开展多篇文本的鉴赏与分析,充分调动学生的学习能动性,寻求文本之间的异同点并进行归纳总结。在学生遇到分析困难时,教师不是直接给出答案,而是提供解决问题的路径。群文阅读更加突出师生间、学生间的互动探究,注重师生共同构建课堂、生成课堂,让学生在探析的过程中形成良好的诗词鉴赏能力。

群文阅读的教学模式在古诗词教学中意义重大,在有限的时间,通过不同文本聚焦于相同的知识点、能力点,使学生在文本间的对比、联结和整合中通过系统性的阅读提升学生的阅读素养和阅读能力以及语文素养。

参考文献

[1]于泽元,王雁玲,石潇.群文阅读的理论与实践[M].重庆:西南师范大学出版社,2018.

[2]陈洁.天机云锦用在我,剪裁妙处非刀尺——统编教材初中语文古诗文群文阅读的教学策略与实施探微[J].课堂·教学,2020,08(063).

[3]倪文锦.语文核心素养视野中的群文阅读[J].课程教材教法,2017,37(6).

[4]杨镜潼.真正走进古诗词——探讨初中语文古诗词群文阅读策略[J].教育探索,2020(24).

[5]郑秀萍."内探"文本"外联"积累——初中古诗词群文阅读教学探微[J].福建教育学院学报,2019(8).

[6]王大娟.群文阅读:破解古诗文教学难点[J].校园文化月报,2020(7-8).

[7]万晶.群文阅读在初中古诗词教学中的应用研究[D].上海:上海师范大学,2020.

诗歌教学中如何培养学生的语文核心素养

天津市武清区城关镇中学　王美静

摘　要：语文学科素养主要包括“语言建构与运用”“思维发展与提升”“审美鉴赏与创造”“文化传承与理解”四个方面。部编教材选入了30首诗歌作为精读，阅读经典诗词，走近诗人学者，让学生感悟到文学的境界、生活的艺术、做人的道理、生命的感悟，从而培养学生的语文核心素养。我认为可以努力做好以下几方面：

一、建构任务驱动教学模式

二、做有品位有责任的教师

三、知人论世，根植于生活

关键词：诗歌　核心素养　任务驱动

语文核心素养是学生在积极的语言实践活动中积累与构建起来，并在真实的语言运用情境中表现出来的语言能力及其品质；是学生在语文学习中获得的语言知识与语言能力、思维方法与思维品质，情感、态度与价值观的综合体现。主要包括“语言建构与运用”“思维发展与提升”“审美鉴赏与创造”“文化传承与理解”四个方面。

中华民族具有五千年的悠久历史，在这漫长的历史进程中，积淀了众多的具有民族特色的传统文化经典，涌现出了难以计数的优秀历史人物。

阅读经典诗词，走近诗人学者，总能让学生感悟到文学的境界，生活的艺术，做人的道理，生命的体验，从而培养学生的语文核心素养，与“双减”契合。

一、建构任务驱动的教学模式

“双减”环境下，学生的内驱力和自我管理能力显得尤为重要，如果孩子的自控力比较差，可能就会跟不上，与同学间的距离就越来越大，这是现在更多父母所担忧的。所以，我们老师可以在诗歌教学中把课堂教学目标转化为学生具体的学习任务，在学习任务驱动下，通过自主探究、小组合作等形式，积极运用自己的知识和经验，探究和解决问题，养成良好的学习习惯，阅读习惯。引导学生在诵读与鉴赏、表达与交流、梳理与探究的过程中提升语文的核心素养。

初中阶段学生古诗词的总体目标是能够运用普通话，有感情、流利地朗读诗歌；通过分析诗歌中重点字词，理清全诗脉络；赏析诗歌表达、修辞及表现手法，结合创作背景，领会作者的思想感情，体悟诗歌内涵，把握诗歌的审美意境；培养学生热爱中华语言文字，汲取优秀文化的营养，健全人格，具备良好的人文素养。

部编教材九年级上第一课选入了毛泽东的《沁园春·雪》。毛泽东的诗词作品内涵丰厚、意蕴深远，即是他个人情感的抒发，更有他对国家、民族的深刻思考，体现了毛泽东独具魅力的思想和人格。他的诗词从思想内容到艺术形式都充溢着一种宏伟博大、肆意汪洋的激情与力量，这种力量已汇入到我们民族的精神长河中来。读懂这首诗词，读懂这段历史，更有利于传播民族精神，传承优秀文化，使学生明确自身使命，增强责任意识。因此，本课我设计的学习任务为：

第一，可以利用网络资源查找资料，了解毛泽东的生平业绩，感受伟人的情怀，有对他的初步认识。

第二，通过结合诗歌的创作背景，理解诗词的内容，体悟此词的思想内涵和艺术魅力。

第三，组织拓展毛泽东"咏雪"诗词，朗读鉴赏大赛，体会他诗词的咏雪情怀，从而提升学生鉴赏诗词的能力，丰富情感体验，锻炼表达能力。

经过学生初步的自主学习，他们对毛泽东的诗词有了感性的认识；课堂上有感情诵读、鉴赏、合作探究，学生们从意象（山、原、长城、大河）选择，语言运用（化静为动，比喻、拟人的修辞等），表现手法，评古论今主旨的体现等几方面赏析了诗歌，拓展活动的开展，学生们更加深入地感受到了毛泽东热烈深沉的爱国主义情怀，体会到了毛泽东的博大胸襟、刚毅品格与丰富情趣。

二、做有品位有责任的教师

责任重于泰山，品位影响责任，责任承载品位。一个人的品位是个性的自然流露，是一个人气质形象、生活情趣、人品修养、专业素质的综合体现。

一个有品位的教师，教学必然是生动的；一个有品位有责任的教师，课堂一定有深刻的内涵，令人深受启迪。讲起课来，古今中外，信手拈来。有品位有责任的教师，像一本百科全书，让他的学生能发现无穷尽的宝藏。有品位有责任的教师，他的课必然是精于教学构思，善于创造情境，让课堂充满和谐氛围，让学生身处其中，乐在其中，与老师高效互动的课堂，真正体现学生的主体价值，让他们爱上语文，爱上文学。

诗歌教学中，我们教师要做好学生的引路人。

1. 传统节日诵诗词，传承经典近文人

"双减"要求布置弹性的个性化的作业，提升学生的综合素养，让学科教育重新回到学校这一主阵地。因此，每逢传统节日，春节、元宵节、清明节、端午节、中秋佳节等节日，我都会组织学生开展系列主题活动：某某节日里的古诗词漫步，结识诗人某某……

在端午节，组织学生开展了"嗅粽香，话端午——古诗徜徉，邂逅屈原"活动。引导学生讲述和屈原有关的故事，了解端午节的由来。学生们在此基础上，深情诵读品析纪念屈原的诗句，感受着他浓浓的爱国情怀。活动的开展，学生学习语文的兴趣调动了起来，诵读经典、传承经典的责任意识得到了提升。

2. 情感熏陶，触动心弦

叶嘉莹先生曾说，“钟嵘《诗品·序》中有‘非陈诗何以展其义，非长歌何以骋其情’！诗歌最重要的是感发生命的由来，是你内心对万物有所感发。外物有自然界的现象，有人事界的现象。人事界的现象，可以是你自己的经历，可以是别人的经历，可以是历史。”

诗歌教学中，我们老师要做好示范。

（1）从诵读到赏析，从读诗到读人

《沁园春·雪》教学中，我声情并茂地为学生诵读词句，引导学生注意轻重音、语速、语气语调，引他们进入一个广袤的冰雪世界，让他们似乎随着伟人一起站在塬上瞭望，感受伟人当时内心的激荡情感。其次，我引导学生结合诗歌创作背景从诗歌意象、意境、表达方式、修辞、主旨几方面进行赏析。最后，从读诗到读人。让学生认识到面对严峻的革命形势，长城内外、战火硝烟。外有日本威逼，内有蒋氏的围剿，毛泽东洞察形势，深入思考，冰冻雪封之下，他登高远望，看到的是人民群众不屈的斗争精神，看到的是中华民族生生不息的生命力。他坚信中国人民抗日必胜，中华民族解放事业必胜。毛泽东一生钟情于漫天飞雪，雪花潇洒刚毅，无所畏惧，正如毛泽东的胸襟；它晶莹剔透，洁白纯洁，正如毛泽东的追求；它又狂野肆虐，冷峻险恶，恰能激发毛泽东的斗志。课前的预设、课堂的高效、课后的拓展，处处彰显着学生的主体性、个性化，实现“双减”提高课堂教学质量，优化作业，提升课后活动质量，回归课堂主阵地，提升学生综合素养，构建教育良好生态的目的。

（2）情动于中而形于言，尝试创作

《诗大序》说，“师者”是“志之所之”“情动于中而形于言”。你的感情在你的内心之中活动，情动于中，然后你就形，就表现，用语言文字表现出来，就形成诗了。

“双减”旨在实现学生的人生启迪，思想启迪，与精神塑造，培养学生的创新能力、精神及综合素质。因此，我鼓励学生学习创作诗歌。

①教给他们创作的技巧

部编教材九年级上第一单元诗歌学习的任务三就是尝试诗歌创作，学生们在读、赏的基础上对诗歌也有了深刻的认知，于是引导他们总结诗歌创作技巧：

A. 留心观察生活中的人、事、景、物

B. 发挥自己的联想与想象

C. 善于捕捉人、事、景、物对于自己内心的小触动

D. 用简洁、凝练的语言记录下来

②激发学生的创作热情

我会与学生分享我的小创作。

《赞京新——新疆游其一》

十四小时无困顿，莽原戈壁使人撼。

人定胜天彰伟力，中央决策显英明。

新疆美景尽饱览，风土人情谈笑间。

天山飞鸟相与伴，一纽贯穿尽欢颜。

新疆旅游，我们驱车行驶在刚刚通车的京新高速上，一路经草原山丘、大漠戈壁、雅丹地貌，此时的我，顿生自豪之情，写下此诗。

游历了南北疆，过果子沟大桥，走独库公路，翻越天山，漫步那拉提草原，游喀纳斯，览赛里木湖，登石头城……饱览新疆美景，体察风土人情，我写下了《赞新疆——其二》

遥遥一线穿漠海，漫漫长沙乱云端。

大风起兮烟柱立，疾车驱矣沙旗翻。

茫茫湖波映日焰，兀兀昆峨横月寒。

战骥嘶断戍鼓罢，冬不拉起舞翩翩。

结束新疆旅程，我内心久久难以平静，为此做结，写下《赞新疆——其三》

茫茫大漠一线牵，悠悠古道几人倾。

风剥雨蚀雅丹貌，水清树荣草原情。

巍巍苍山卧龙盘，深深幽谷腾蛇乘。

疆南疆北一家亲，一带一路众国赢。

音乐电视的播放，学生们似与我一起畅游了新疆，感受到了祖国大好河山的瑰丽与雄浑，体会到了党中央对于少数民族的关爱与扶植，我国各民族的团结与友爱，国家的繁荣与富强。同时，他们也理解了诗歌创作原来并不难，激起了他们的创作热情。

于是，学生也尝试创作诗句。

表达“思念”这一主题，学生有

致：静女其娈，贻我彤管

《临江仙·思》

忆昔静姝初会面，气冲霄汉天惊。教桃李几知辛。镇中方案傍，巾帼冠群英。

叹息些许未见，雾中绿叶伶仃。谁知此中真情？当时明月在，曾照满天星。

（偷偷告诉你，这是学生写给我的。）

备战中考，学生有《浣溪沙·致磨枪的战士》

佳木逢春雨露新，远行千里正当今。诸君莫忘自初心。

六月麦花纷落倍，平生不畏险生阴。且看此战耀谁襟。

诗歌教学中，我与学生共成长。学生读诗、品诗、写诗，享受诗歌学习的乐趣，从枯燥的死记硬背中解放了出来。学生的主体价值得到了实现，综合素养得到了提升。我也深刻体会到做有品位有责任的教师要有着深厚的文化素养和广博的知识积淀。时时以一种自觉的意识、批判的眼光，探索的精神，去面对教育教学中遇到的各种问题。“业精于勤荒于嬉，行成于思毁于随。”只有不断地反思，才能提高自己的教学品位。体会到教师这份职业的自豪感和幸福感，更深深体会到生命的尊严和价值。

三、知人论世，根植于生活

为以经典之美激活文化价值，唤醒文化传统。诗歌学习过程会对学生的情感态度和价值观产生积极影响。诗人所体现出来的清正之气，爱国之情会深入学生内心，成为他们生命成长中的精神坐标。从读诗到读人到读己的过程，是由读文到读精神的过程，学生阅读中感受艺术的美，在感受中提升审美境界，塑造了自己的人格品质，从而提升语文核心素养。

学生学习了九年级语文上册苏轼的《水调歌头》、九年级语文下册苏轼的《江城子・密州出猎》《定风波》，我便组织学生开展了“走进苏轼，品浩然之气”的活动。学生课下搜集、整理他的诗词，弹性化的作业极大地调动了他们的兴趣，课上的讨论、探究、表达，实现了感性到理性的飞跃，提升了他们的审美境界等综合素养。他们认识到苏轼一生曾春风得意过，也曾跌入人生谷底过，但终究修得“也无风雨，也无晴”的豁达。读人到读己，学生们迫切地写下了自己的感受。有作文《成长路上的那个人》。

慢慢成长路，我邂逅了那个人，便如新叶受到露珠的浸润；茫茫千古间，他启迪着我，恰似春雨感化了万物。

记得，刺眼的阳光照在黑板上的“倒计时 80 天”。我，坐在偌大教室的角落里，看着眼前堆积的空白试卷，瑟瑟发抖。我第一次，对时间感到恐惧，惶恐来不及努力。

是他，苍老的他，跨在马上，挽雕弓如满月，彰显少年的狂气。他自信说：“鬓微霜，又何妨？”

是啊！时间又有什么可怕的呢？既然已经并不能重来，何必把时间浪费在后悔中呢？我依旧可以争分夺秒，放手一搏，全力以赴，与时间赛跑。

成长路上，我明白：最好的开始是现在。

难忘，白炽灯下解不出的习题。我重复原有的思路，苦思冥想，每次都绕进同一个死胡同。表针一圈圈转过，依旧无解。

是他，睿智的他站在庐山上远眺，眉头紧锁，却又豁然开朗。他坚定地说：“横看成岭侧成峰，远近高低各不同。”

是啊！不同的角度看问题会有不同的发现。我可以换个思路突破它。我重新审视题目，终于，发现了暗含的条件，找到了解决它的最佳方法。我感到无比舒心。

铭记，雨滴抽打下，拿着试卷，失望而归的我。试卷上鲜红的“×”，沉沉地压着我，我抬不起头来。留下了冰冷的泪，为这无情的雨作陪。

是他，被贬失意的他，大步徜徉在雨中，聆听穿林打叶的雨声。不带雨具，不加修饰，洒脱地诵道：“竹杖芒鞋轻胜马，谁怕？一蓑烟雨任平生。”

成长路上他让我坚信：勇者能战胜一切风雨。

一路走来，生活，有歌亦有泪。但有他的启迪，我的灵魂受到了震撼，变得顺境不骄，逆境不惧。

成长路上，因为有他，我不再孤军奋战！

心中有诗意，生活有清欢。“双减”下的诗歌学习，知人论世，根植于生活，学生找到了自己的人生航向。

语文诗歌教学，“双减”减掉了学生的课业负担，提高了他们的阅读兴趣，让他们养成了学习习惯，阅读习惯，更好地发挥了部编教材中诗歌的引领和传承的作用。减负不减质量，真正让学生体会到我国经典文化的魅力，促进了他们语言的建构与运用，发展提升了他们的思维，培养了他们的审美鉴赏与创作能力，实现了文化的传承与理解，真正提高学生的语文核心素养。

参考文献

[1]胡雪梅.教师的责任与品位[J].教书育人，2020.05.

[2]董琴琴.任务驱动，主动学习视角下教师阅读教学引导策略研究[J].教书育人，2021.05.

基于爱国主义视角下小学语文古诗词教学探析

重庆德普外国语学校　龚春燕

摘　要：古诗词是中华优秀传统文化的重要组成部分，自古以来就是育人的重要载体。基于新课改背景下，小学古诗词教学不仅需要背诵，更需要加强理解，深度挖掘古诗词蕴含的文学性和价值，向学生渗透爱国教育的内容。目前的小学语文古诗词教学中，学生大多只理解到古诗词意思，不能深刻意识到古诗词中的爱国情怀；教师虽在教学中有渗透古诗词的爱国情感，但渗透不足，效果不明显。基于爱国主义视角下的古诗词教学，应具有策略性：了解作者，走进诗人内心；把握教材，挖掘传统文化；朗读诗词，体会语言情感；组诗教学，体会情感线索；引导探究，感受作者情怀。作为语文教师，需要充分把握教材，挖掘诗句中的爱国元素，提升学生对古诗词的运用，培养学生的爱国情怀。

关键词：爱国主义视角　小学语文　古诗词教学

基于新课改背景下，小学古诗词教学不仅需要背诵，更需要加强理解，深度挖掘古诗词蕴含的文学性和价值。语文教师要将其中蕴含的爱国情愫进行重点教学，让学生在理解诗句意思的基础上，对中国的传统文化产生浓厚的兴趣，进而更容易向学生渗透爱国教育的内容，让学生以更加积极的心态学习古诗词。但是就当前小学语文渗透爱国教育的现状可以看出，仍存在一定的教学误区，需要教师及时采取有效的教学方式，从教学手法上进一步提升学生的爱国热情。

一、小学语文古诗词教学中爱国主义精神渗透的现状

1. 从学生角度分析

目前，很多小学生在学习古诗词时，由于自身对古诗词并不熟悉，因此往往会首选古诗词辅材内容帮助自己理解古诗的内容。但是，辅助的教材虽然能够帮助学生更快地理解诗句的意思，但是并不能帮助他们深层次地理解诗句的内涵，并不能深刻意识到古诗词中的爱国情怀。从长远角度上说，这样的学习方式并不利于学生利用好这些优秀的古诗词去感悟爱国情愫，更不会通过这样的学习产生爱国之情。

2. 从教师角度分析

现阶段，虽然不少语文教师在教学的时候，抓住了语文教学的人文性，开始重视

古诗词中爱国教育的渗透,同时也向学生引导传统文化的内容。但是,大多数的教学过程却只是流于表面的情感渲染,并没有重视学生真正的情感教育。很多教师在教学中只是反复强调诗词所表现出的爱国情,赞扬诗人的爱国品质,而这只是对学生进行浅层次的爱国教育。有些诗词可能本身就抒发爱国之情,学生在学习过程中也能够很快地了解,但是,未结合自身进行深入思考和探究。当遇到一些情感较为隐晦的古诗词时,不少教师将教学重点放在诗句的解释和翻译上,课堂时间很少留给了情感教育,尤其是引导学生自主思考和探究。因此,教师在课堂中渗透爱国教育的效果并不明显,仍需要加大对古诗词爱国主义教育力度。

二、基于爱国主义视角下小学语文古诗词教学策略

1. 了解作者,走进诗人内心

想要读懂古诗词,想要感受诗人的内心世界,首先要去读懂作者。只有了解了作者的生平经历,了解了作者生活的时代背景,才能更深地理解诗人的志向和愿景,走进作者的内心,了解作者要表达的情感。

《闻官军收河南河北》是杜甫的作品。此诗作于唐代宗广德元年(763 年)春。当年正月史朝义自缢,安史之乱结束。对于学生来讲,只知道杜甫是一个大诗人而已,不了解安史之乱中杜甫的经历,就不易理解“喜欲狂”的用意,甚至可能有作者用得过于夸张之感。这时就需让学生了解杜甫的生平经历,知道安史之乱中杜甫的生活处境,繁华一时的大都会长安短短几个月里就变成一片废墟,无数家庭妻离子散,流离失所。诗人多年漂泊“剑外”,备尝艰苦,想回故乡而不可能,就是由于“蓟北”未收,安史之乱未平。而这时,忽闻叛乱已平的捷报,惊喜的洪流,一下子冲开了郁积已久的情感闸门,令诗人心中涛翻浪涌,冲口唱出这首“生平第一快诗”。全诗情感奔放,处处渗透着“喜”字,痛快淋漓地抒发了作者无限喜悦兴奋的心情。

不同的诗人有不同的人生经历,所以他们的笔下就有不同内容,思想和风格。对诗人的经历和思想了解,不仅可以使教师能站在一定高度更好地驾驭文本,教授内容更能引起学生的兴趣,更有深度,还能帮助学生更透彻地理解学习内容,使学生能触类旁通,提高学生的阅读诗歌的能力。

2. 把握教材,挖掘传统文化

为更好地对学生进行爱国主义教育,教师必须立足教材本身。语文教材的教学内容都是根据学生的学习能力和学习需要制定的,在很大程度上具有很强的教学代表性。有些古诗词和课文中传统文化以及爱国情愫较为隐晦,需要教师深度地挖掘和理解,将诗词中的重难点内容提取出来,进行重点挖掘。通过挖掘诗词中的传统文化,让学生在理解文化的同时,更好地对他们开展爱国教育。通过这样的教学方式,古诗词教学的质量才能得到进一步的提升。

例如,唐代诗人林杰描写民间七夕乞巧盛况的诗歌《乞巧》。诗歌前两句叙述牛

郎织女的民间故事,抒写人们仰头观看那深远的夜空里灿烂的天河,观看那天河两旁耀眼的两颗星,期待看到这两颗星的相聚。后两句写少女们在庭院里望月穿针,向织女星乞求智巧。看似简单的场景,却包含着重要传统文化内容在其中。赋予了"牛郎织女"美丽爱情传说的七夕节,被认为是中国最具浪漫色彩的传统节日,由此产生的民间习俗众多。而七夕乞巧这一风俗就是其中之一。这首诗虽然字数较少,内容简单,但是其中的内容丰富。因此,在教学中,需要延伸出学生对传统习俗的热爱,对中国传统文化的热爱。从而激发学生内心对于祖国的自豪感,对祖国的热爱之情。类似的诗歌还有《元日》《清明》等。

3. 朗读诗词,体会语言情感

朗读是教学最重要的手段之一,语文教学,朗读的作用不容忽视。尤其是古诗词的教学,朗读容易帮助学生体会诗词中描绘的场景,并能够感受到诗词中表达的情感,进而丰富学生的内心世界,提升丰富的想象力和创造力。在具体教学中,我们可以采用配乐朗读法、吟唱法、配画诵读法、展示赛读法等,让学生以读促悟。

例如,在引导学生朗读《石灰吟》这首诗时,要先通过对诗人的了解,结合历史背景深入探究,感悟诗人要表达的情感。学生可以得知,作者以石灰做比喻,表达自己为国尽忠,不怕牺牲的意愿和坚守高洁情操的决心,显示出一种浩然正气和英雄气质,风格豪迈,气势坦荡、铿锵有力。但是,这种精神如果只是口头上说一说,那么,对于这首诗的情感是完全空洞的。教师在渗透情感教学时,让学生反复朗读,读出激昂的情调,读出慷慨壮烈,读出于谦磊落的胸襟和崇高的人格,读出他的豪迈,他的坦荡。

这样的诗,也只有通过朗读,才能更容易加深对文化,情感的理解,使学生更好地学习古诗词,在朗读中感受古诗词中蕴含的文字美、韵律美、情感美。这是古诗词教学的必要手段之一。

4. 组诗教学,体会情感线索

中国劳动人民具有热爱和平,追求真理,自强不息、不畏强暴、团结御侮,坚决维护国家独立尊严的光荣传统。我们可以把小学课本中出现的爱国诗词整合成爱国主题进行教学,引领学生开展爱国诗词诵读。

《七律·长征》是一首中国革命的不朽史诗,是一首基于爱国思想之上的著名史诗。在教学拓展环节,可以指导学生利用课余时间搜集毛泽东最著名的诗词,以此来回顾毛泽东的革命成长历程,因为毛泽东把他一生的生命情怀都全部融入了他书写的诗词中。当学生反复诵读毛泽东的这些诗词时,无不感受到振奋人心的生命力量。例如:毛泽东青年时代外出求学,就立下了"学不成名誓不还"的壮志;中年时,面对战时困难写下"战地黄花分外香"的乐观;老年时,他重上井冈山,仍书写下"世上无难事,只要肯登攀"的励志豪言。

5. 引导探究,感受作者情怀

小学生在理解能力和感受能力方面较为薄弱,但是需要通过古诗词的学习初步地感受其中蕴含的情感。这时教师就需要对学生加强引导,从阅读诗句,理解字词含义以及诗句的意思等方面感受诗句中蕴含的情感艺术。同时,语文教师也要从自身的感受出发,只有先体会出诗人的情感,才能更好引导学生感受,增强学生对古诗词的喜爱,学生在背诵古诗时也不会太吃力。

陆游是中国文坛上伟大的爱国作家,他的诗词内容丰富,气势恢宏,感情炽热,洋溢着强烈的爱国主义激情。在引导学生阅读陆游的《示儿》这首诗时,教师首先要引导学生从诗句的字面去感受,知道这首诗是诗人的绝笔。此诗传达出诗人临终时复杂的思想情绪和忧国忧民的爱国情怀,表现了诗人一生的心愿,倾注了诗人满腔的悲慨。从诗中可以领会到诗人的爱国激情是何等的执着、深沉、热烈、真挚。也凝聚着诗人毕生的心事,诗人始终如一地抱着当时汉民族必然要光复旧物的信念,对抗战事业具有必胜的信心。不论是"僵卧孤村不自哀",还是"尚思为国戍轮台",诗人一生所有的情感,都最后凝结在这一首诗中。题目是"示儿",相当于遗嘱。在短短的篇幅中,诗人披肝沥胆地嘱咐着儿子,无比光明磊落,激动人心。浓浓的爱国之情跃然纸上。

因此,在语文教学中,需要将诗句隐含的意思以学生能够理解的方式,启发学生去想象作者来访的过程,增强学生的想象力和感受能力。

三、结论

爱国主义是人们千百年来形成的一种对祖国的最深厚的感情,是一个国家人民道德品质的一个重要特征,是学生发奋学习的推动力量。习近平总书记强调:"爱国主义深深植根于中华民族心中,是中华民族的精神基因。"中华古诗词中不乏歌颂祖国壮丽河山、名胜古迹、丰富物产、辽阔疆域等名篇,教师利用教学机会对学生进行爱国主义情感的培养可谓水到渠成。作为语文教师,需要充分把握教材,挖掘诗句中的爱国元素,并引导学生阅读古诗,理解古诗词,从情感渗透方面加强学生的引导,进一步提升学生对古诗词的运用,进一步培养学生的爱国情怀。

参考文献

[1]陈应忠. 文以载道,诗说爱国——古诗文中爱国主义情怀的挖掘策略[J]. 华夏教师,2020(14):39-40.

[2]任雄. 情境教学法在小学语文古诗词教学中的应用探讨[J]. 学周刊,2021(9):101-102.

[3]朱艳艳. 部编教材理念下小学语文古诗词教学策略分析[J]. 科学咨询,2021(1):297-298.

重返诗词创作的历史现场

——浅谈核心素养视域下的诗词教学

天津外国语大学附属滨海外国语学校　王　洁

摘　要：古诗词是我国优秀传统文化的重要组成部分，也是语文教学中不可或缺的重要一环。重返诗词创作的历史现场，就是设置恰当的情境，带领学生回到诗人写作的“当下时刻”，让读者随着诗人的视域去体验，进而与诗人产生情感的共鸣，也有利于弱化学生诗词阅读中的隔膜感。另一方面，从一首诗出发，去辐射一段历史时期的诗词创作，由点及面，更能加深理解历史元素在诗人创作中的投影。重返诗词创作的历史现场，就是依托情境的设置和创作背景的深度理解作者独特的生命体验，深层次分析诗歌的内涵。这种解读方法体现的是一种深度学习，而深度学习正是培养学生核心素养的重要路径。

关键词：古诗词教学　情境　深度学习　核心素养

对古典诗词的鉴赏，传统上更多强调“熟读唐诗三百首，不会作诗也会吟”，认为孩子会背的古诗词越多，对传统文化的积淀就越深，这种观点有一定偏颇。在理解的基础上背诵，在激发兴趣的前提下鉴赏，这样的学习才更有效。只靠死记硬背记住的诗词终究是死的，就算背得滚瓜烂熟，它们也只能像一块块石头一样在记忆深处沉睡；而只有引领学生重返诗词创作的历史现场，设身处地地去感受、去共情时，才是诗歌生命苏醒之时，也是深度学习发生之时。

一、历史背景的“大”情境与作者经历的“小”情境

任何文学作品都是一定时代社会背景下个人思想沉淀的结晶，它诞生于“大”情境中的“小”情境里。换句话说，它既与特定历史时期的社会环境这一“大”情境密不可分，也与作者创作当时的个人经历及情感体验这一“小”情境息息相关。

重返诗词创作的历史现场，意味着教师通过情境的设置或者重构，引领学生回到诗人写作的“当下时刻”，回到“大”情境中的“小”情境里，设身处地地去感受，去共情。以晚清龚自珍的《己亥杂诗·九州生气恃风雷》（这首诗出现于统编版小学语文五年级的上册教材中，为《己亥杂诗》组诗中的其中一首）为例，只有进入这首诗创作的历史现场，了解了它创作的“大”情境与“小”情境，才能真正读懂它。这首诗题目

中的“已亥”为清道光十九年，也就是1839年——鸦片战争爆发前夕。在儒家入世思想的影响下，中国古代文人大多关心政治，1839年，曾经强大的清王朝封建统治此刻已经危机四伏，作为社会最敏感的神经，晚清文人都深感“有事要做”。而这件事，即是“在中国社会历史里，重建一个天命。亦即重新梳理民族之政治与道德，重新打造民族思想之根本价值。”此即《已亥杂诗》创作的“大”情境。在这一大环境下，时任政府官员的龚自珍积极议政医国，努力地宣传变革，最终却因动触时忌而不得不辞官返乡。《已亥杂诗》这总计315篇的组诗就写于龚自珍辞官南归之时。这时的龚自珍，因为经受了仕途的倾轧、功名的失意以及政治主张的破灭而深感无力。龚自珍在这首诗的注中写道：“过镇江，见赛玉皇及风神雷者，祷词数万，道士祈撰青词。”即这首诗是诗人在辞官返乡途中路过镇江时，应道士之请而写下的一首祭神诗。借此机会，诗人不禁借他人之酒杯浇自己心中之块垒，以祷神的口吻来表达自己的政治观点。在这样更加具体化的“小”情境中，便不难理解诗人为何会在诗中发出“我劝天公重抖擞，不拘一格降人才”的呼唤了，而这首诗背后的深意也只有在充分理解了诗词创作的“大”情境与“小”情境之后才能真正理解，也只有在真正理解的基础上，学生才得以跨越时空和诗人产生精神的共鸣，并对诗句获得深层的体悟。

读懂是诗词学习的基础，在此基础上，读者才能进入到对诗词的文学欣赏层面。谢冕先生在《重新创造的艺术天地》一文中所言：“要把浓缩了的东西‘泡’开，这是诗歌欣赏中必经的一段‘工序’。”大致时代背景，小至诗人个体的特殊经历，都是在诗歌欣赏活动中需要去“泡”开的内容。诚然，重现诗词创作的具体历史场景是不现实的，但是教师可通过各种途径让学生在思想上重构历史情境，追溯诗人心路历程，在积极的语言实践活动中，学生才能够设身处地地去理解作者，感悟诗词，并进一步与作者产生情感的共鸣和心灵的沟通，也只有如此，传统文化才能真正融入国人血脉。

二、由点及面的诗词延伸教学

正如钱锺书先生所言：“一个艺术家总在某些社会条件下创作，也总在某种文艺风气里创作。这个风气影响到他对题材、体裁、风格的取舍，给予他以机会，同时限制了他的范围。……圣佩韦也说，尽管一个人要推开自己所处的时代，但仍要和它接触，而且接触得很着实。”文学创作与时代息息相关，就中国古代文学而言，纵向上的时代更替同时造就了横向上同一历史时期文学创作的一些相同点，从而使得一个时期的文学呈现出一定的整体风貌。因此，在诗歌教学中，精心剖析某一时期一位极具代表性的诗人，以这一诗人为圆心，以特定的时代背景为半径，进而辐射鉴赏整个时期的文学创作，这种以点带面的辐射教学，有利于实现以语文课堂为主阵地的高效延伸拓展。

譬如，读李白可知盛唐之繁盛，基于对盛唐社会的了解，也就不难理解同一历史时期的以王维、孟浩然为代表的山水田园诗和以岑参、高适、王昌龄等为代表的边塞诗。山水田园诗在表现文人对隐逸生活的向往的同时,也侧面反映了大唐帝国的祥和和安宁;而盛唐的边塞诗则重在歌颂大唐帝国在对外战争中的雄壮国威,这都与盛唐的经济繁荣和国力强盛息息相关。虽然创作风格有别,但盛唐诗人的作品拥有相同的精神内核,那就是共同造就了“盛唐气象”和“少年精神”(林庚语),使盛唐的诗歌在整体上呈现出了个性解放、新鲜灵动、宽广豪迈、乐观奔放的精神风貌。

历史从来都不是抽象的,它是具体的,在每个人那里都是私人记忆。以后见之明来看,古诗词里呈现了很多历史性的私人记忆。“烽火连三月,家书抵万金”是杜甫关于安史之乱的私人记忆,“我自横刀向天笑,去留肝胆两昆仑”是谭嗣同关于百日维新的私人记忆,“惶恐滩头说惶恐,零丁洋里叹零丁”是文天祥关于抗元的私人记忆……他们用文字记录着自己的私人情感,与此同时也成就了文学中的历史记忆。所谓文史不分家,特定时期的历史与这一时期文学作品的关系就像是树木与树叶的关系,如果说这一时期的历史是一棵大树的话,那么文学作品就是这棵树上的叶子,生长于同一棵树上的每一片树叶都有其特殊性,同时也有它们的普遍性。观其叶可知其树,知其树也便明其叶。这种时代烙印和个性痕迹相互渗透的文学现象,让每一首诗都拥有了个性和共性的比翼齐飞,也为读者鉴赏提供了不同的路径。

在笔者看来,语文教材中的每一篇具体文本都应该是一个引子,一方面,它应该是点燃学生兴趣的引信,使学生有兴趣从语文课堂延伸开去,延伸到无限自由的课下;另一方面,课堂上的学习也应为学生自主阅读提供坚实的方法引领,用课上学习的方法去解决自学中遇到的问题。从一首诗词出发,去了解这首诗词写作的“小”情境和“大”情境,进一步由点及面,去感知一个时代诗词创作的大致的整体风貌,这同时也可以在很大程度上减弱学生在古诗词的自主阅读过程中的隔膜感。

三、从“第二次倒转”走向核心素养

为落实立德树人的根本任务,由北京师范大学牵头的教育教学研究团队在2016年提出了我国学生发展的核心素养,将其内涵定义为:“学生在接受相应学段教育过程中,逐步形成的适应个人终身发展和社会发展需要的必备品格与关键能力。”并且,核心素养是“关于学生知识、技能、情感、态度、价值观等多方面要求的结合体;它指向过程,关注学生在其培养过程中的体悟,而非结果导向。”不难看出,核心素养旨在培养孩子的品格、素质和能力,比起获取具体的知识,获取知识的方法和能力更加被重视。知识的获取有时只是一时的,因为知识是可能被遗忘的,但是一种能力的养成却能让人受益终身。所谓“授之以鱼不如授之以渔”,在核心素养视域下,学生的学习必然不是简单的记忆或者机械应用程序的浅层次的学习,能力和素养的获得需要深入下去,换句话说,走向核心素养需要深度学习的支撑。

重返诗词创作的历史现场,正是语文的一种深度学习,它是一种“二次倒转”的学习。所谓“二次倒转”,就是“帮助学生去‘亲身’经历知识的发现与建构过程。从学生已有经验、现实水平出发，帮助学生典型地、简约地经历人类发现与建构知识的关键环节，促使学生思考知识发现与建构的社会背景，体验人类实践探索的思想历程、价值追求，评价知识以及知识发现与建构的过程。”在这种情况下，“学生‘好像’进入人类历史实践的过程，把握了历史进程的脉搏与节奏，与历史事件、人物在同一频道上共振，与社会历史进程中的亲历者一样，仿佛‘亲身’‘参与’了历史的过程。”北京四中语文高级教师连中国在谈及《游褒禅山记》这篇出现了很多“其”字的古文言文时曾说：“王安石写这篇时，不是为了给语文书做篇文言文，展示‘其’的用法。这篇古文从某种意义上讲是王安石的政治宣言。我讲这节课要把他独特的生命体验讲出来。”语文不仅仅是一种工具，它的人文价值同样不同忽视，重返诗词创作的历史现场，正是实现语文的人文价值、感受作者独特的生命体验的过程。在了解诗词创作的“大”情境与“小”情境的基础上，“穿越”到诗人情感萌发的“当下”时刻，与诗人在同一历史时空共同经历诗词创作的具体过程，并在同一情感频道上共振，如此，学生才能真正“走进”诗歌，而不仅仅是“走近”诗歌。也只有在诗词学习中动情、用心的诗词学习，才能扩展和深入到诗歌的思想内核，既了解当时的社会历史环境，又能触及精神情感层面，这样的诗词学习才是深度学习。

语文教学是关乎心灵、关乎精神、关乎情感的感性教育，所以语文课堂中的古诗词教学，一方面承担着传承中华优秀传统文化的任务，另一方面还担负着呵护学生心灵的使命。通过“二次倒转”让学生重返诗词创作的历史现场，如此，学生才能从心灵出发，用心体悟，使学生得以跨越时空与诗人产生情感共鸣，实现真正的深度学习，进而从单纯知识获取的小路，真正走向培养核心素养的坦途。

四、小结

任何文学作品都必然以一定形式的语言文字作为载体，而某一特定形式的语言文字所承载的不仅仅是内容，更凝结着创作者的精神与情感。中华古诗词不仅有着优美独特的外在形式，语言文字里更是内蕴着中华文化的精神结晶，这才是诗词的灵魂。倘若只是一味地追求古诗词背诵的量，而忽视学习古诗词的“质”，不能真正深入到诗词内在的精神情感层面，那么背诵再多的诗词都不能将传统文化真正融入血脉，也谈不上从诗词中获得精神的滋养和情感的治愈。重返诗词创作的历史现场，旨在让学生进入到诗词创作的“当下”情境里，成为诗词创作的“亲历者”，设身处地地去感受，与诗人在同一频道产生共振。诗词教学只有通过这样的方式触及学生心灵，触动他们的内心情感，才能使学生进行深度学习。也唯有通过这种深度学习，才能真正走向核心素养，让学生成为情感丰富的人、全面发展的人。

参考文献

[1]胡晓明. 九首古诗里的中国[M]. 上海：上海文艺出版社，2019：173.

[2]参见《高中语文必修(第五册)》第二单元第8课.人民教育出版社,2005.

[3]钱钟书.七缀集[M].北京:生活·读书·新知三联书店,2001.01.

[4]辛涛,姜宇,林崇德,等.论学生发展核心素养的内涵特征及框架定位[J].中国教育学刊,2016(6):4-5.

[5]刘月霞,郭华主编.深度学习:走向核心素养:理论普及读本[M],北京:教育科学出版社,2018:42.

[6]杨璐.语文是什么?[J].三联生活周刊,2020(7):29.

浅析小学中年级语文写景类古诗教学策略
——以三年级古诗为例

天津市东丽区逸阳文思学校　王　莉

摘　要:在中国文化传统中,古诗有着极为独特而崇高的地位,它饱含着丰富的文化内涵和审美意蕴,是中国文化最灿烂的瑰宝之一。古诗是小学语文教材中一类特殊的课文,其中写景类古诗所占比重不小,这类古诗篇幅虽短小,但诗人将写景与抒情相结合,意境深远。为了更好地让学生理解古诗意义,把握其背后蕴藏的意境和感情,本文结合教学实践对写景类古诗的教学策略进行了简单的探索分析。

关键词:写景类　古诗　教学策略

在中国文化传统中,古诗有着极为独特而崇高的地位,它饱含着丰富的文化内涵和审美意蕴,是中国文化最灿烂的瑰宝之一。《诗·大序》评价古诗,“诗者,志之所之也。在心为志,发言为诗,情动于中而形于言。言之不足,故嗟叹之。嗟叹之不足,故咏歌之。咏歌之不足,不知手之舞之足之蹈之也”,可见,人们早就认识到诗歌是抒发情感、表达意志的重要方式。在小学语文课本中,不论是精读课文还是语文园地中的日积月累,古诗的身影随处可见,其中写景类古诗所占比重不小,这类古诗篇幅虽短小,但诗人将写景与抒情相结合,意境深远。在古诗教学中,由于学生认知能力不足、生活经验有限,尽管可以理解古诗的表面意义,但对其背后蕴藏的意境和感情却很难把握。如何引领学生感受写景类古诗的魅力呢?笔者结合教学实践,在本文对写景类古诗的教学策略进行了探索。

一、初识诗人,解读诗题

1. 知诗人

学一首诗,不能只单纯地停留在诗的表面上,要让孩子更多地获取有关这首诗的背景资料,想象作者当时的心情,才有可能走进作者的精神世界,感悟作者所表达的真实情感。所以要想读懂一首诗,我们必须要去了解作者的生平背景和所处的时代,以及所经历的一些事,才能结合自己的理解去设身处地地揣测作者的思想。

在教学《饮湖上初晴后雨》时,我就先带领学生了解诗人苏轼,由于在第二单元学习《赠刘景文》时我们已初步认识过苏轼,了解了一些基本信息,于是我先请学生说说你印象中的苏轼，然后我在此基础上向同学们介绍苏轼的生平，强调苏轼曾两次来到杭州做地方官，让学生们感受苏轼和杭州的不解之缘。提到杭州，大家自然而然就会想到西湖，提问学生对西湖的印象，顺势出示西湖的美景图片，让学生有更加直观的感受。教师继续引导"之前西湖可没有现在这么美，到处都是淤泥，臭水沟，苏轼任职期间，亲自带领当地人民疏通了西湖，并将挖出的淤泥集中起来筑成了一条长堤，就是现在著名的苏堤"，出示苏堤美景视频。这番介绍过后，学生不仅对苏轼的生平有更加深刻的了解，同时对于诗人和西湖之间的关系也有了明确的认知，对体会诗人对西湖美景的热爱与赞美之情也做出了铺垫。

2. 解诗题

很多时候，诗题就是诗的眼睛。通过诗题，我们有时可以了解诗文的主要内容，以《饮湖上初晴后雨》为例。我在介绍完诗人后导入课题，向学生提问：你从题目中获得了哪些信息？

根据刚才的诗人介绍，学生可以猜出题目中的"湖"指的是"西湖"，"饮"的意思学生可能猜测是"喝"的意思，教师继续引导，诗人在西湖上游玩，看着疏浚后的西湖心情大好，会喝些什么？酒，在西湖上饮酒。那"初晴后雨"又该怎么理解呢？"晴"和"雨"代表天气"晴天"和"雨天"，先晴天后来又下雨，展示了天气的变化。重点词语理解后，让学生将其连成一句完整的话，"诗人一边饮酒，一边欣赏西湖的美景，天气先晴后雨"，而古诗正是描绘了西湖夏季时晴时雨的天气下呈现的别样风姿。

所以学习这类古诗时，我们应先理解题目，然后紧扣题目，让学生猜想内容，这样更能帮助学生在后面的学习中理解诗文内容。

二、初读诗文，诗中找景

古诗是小学语文教材中一类特殊的课文，在语言形式上与现在文有区别，虽然篇幅短小，但是在阅读时有其独特的节奏和韵律，只有按其韵律节拍朗读，才能在读中再现意境，体验情趣。所以我在指导学生初读古诗时先扫清字词障碍，除了要求学生把古诗读正确读流利，还引导读出韵律感。学生如果没读出来，教师就进行范读。在熟读的基础上，我们还要注重引导学生一边朗读古诗，一边找出诗人主要描写了哪些景物，诗中如何对这些景物进行描述，真正使学生领会到诗词的语言美、景物美、意境美。

在教学《山行》时，我向学生提出学习要求，在诗人杜牧眼中，这山中的美景就像一幅美丽的画卷，请你结合插图找出诗中描写的景物。学生在诗中找出了"寒山""石径""白云""人家""枫林""霜叶"，这就为理解诗意奠定了基础。正所谓"诗中有画，画中有诗"，在学生汇报的同时，我用学生喜闻乐见的简笔画的形式在黑板上呈现给他们，直观、便于理解，最主要调动了学生学习的积极性。

三、解读诗句，想象画面

1. 理解诗句

字、词是古诗的组成单元，学懂字、词是理解诗句含义、分析诗的意境的前提。诗中的一字一词都经过诗人的千锤百炼，因此抓住重点字、词分析理解诗意是古诗教学中的重点也是难点。

(1)结合注释

“古诗中的词，一般是单音节的，大部分字本身就是词，现代汉语中的词一般则是复音节的。”古诗的词语教学，我一般让学生给字组词去理解，但是古诗中有一些词语的意义在现代汉语中演变很大，此刻我们就要借助书中注释去理解，比如《山行》中的“坐”就是“因为”的意思；还有一些词语对学生来讲非常陌生，我们学习时同样要借助注释，比如《饮湖上初晴后雨》中的“潋滟”“空蒙”“西子”。这种方法同样适用于今后的古诗文学习，“授人以鱼不如授人以渔”，在教学的过程中我们一定要引导学生学会这种方法。

(2)借助图片、视频

有些词语结合注释我们可以理解意思，但是放回句子中学生就不太理解了。比如《望天门山》中“碧水东流至此回”，我首先出示视频，指导学生观看水流撞击到山石上，激起回旋，形成汹涌的波涛的情景，借助具体的情景给学生以身临其境的感受。再比如《望洞庭》中的“遥望洞庭山水翠，白银盘里一青螺”，对这一句中比喻的理解我也是通过图片进行理解，先出示洞庭湖的山水，再对比出示白银盘和青螺，学生一下子就理解了这个比喻，还会觉得非常贴切。在教学中我们可以通过图片、视频等直观内容让学生对古诗的内容形成整体感受，并以此帮助学生来突破难点，感受、体验并想象意境，从而在情感上与作者产生共鸣。

(3)联系生活

对于古诗中个别词语的理解，我们还可以结合生活实际，这种方法会让学生更容易产生共鸣。比如《饮湖上初晴后雨》中的“潋滟”和“空蒙”，书中有注释，“潋滟”是波光闪动的样子，同时我在课件中出示相关图片，向学生提问：看着这张图片你还能想到什么词语？学生很自然就会想到波光粼粼，那你们在什么时候见到过这种美丽的场景呢？此时学生就可以结合生活实际回答，总结出在晴天时才会看到这种场景，进而明确对诗句的理解。“空蒙”是迷茫缥缈的样子，这个解释对学生就很难理解，我首先出示图片，同学们直观感受到山中有雾，恰好当天教学时外面也是被大雾笼罩，聪明的同学一下就反应到外面的景色就可以用空蒙来形容，学生们也纷纷感叹，这样古诗与孩子的关联度一下子就提高了。

在理解诗意的过程中，我们一定要学会运用多种方法，不断调动学生的学习兴趣，这样既加深了对古诗的理解，也会让课堂充满活力不死板。

2. 想象画面

区别于其他类型的古诗,写景诗诗中有画,画中有诗,学习时我们可以借助想象,将文字转化为画面,这样不仅可以激发学生的阅读兴趣,而且还能促进学生理解古诗,为进一步与古诗、诗人深度对话奠定基础。

以《山行》这一首诗为例,这首诗的画面感极强,学生在最开始已经提取了诗中所描写的景物,接下来我们可以围绕景物引导学生想象,让这些景物通过想象逐渐变得更加丰满。如"寒山",我们可以抓住"寒"字引导学生想象深秋时节的山,询问学生是否有这个时节爬山的经历,学生可能会想到树叶凋落,山中可能是枯树林等等,结合自己的生活经验体会感受"寒山"之景。"石径斜"可以引导学生想到石头小路的形状,弯弯曲曲,蜿蜒向上,此时我们可以在板书上随手画一画,加深学生的理解。而第三句中的"停车坐爱枫林晚",抓住"爱"可以引导学生加入对人物动作、神态的想象,比如诗人看到秋景的惊叹,诗人下马车的动作等。最后一句"霜叶红于二月花"属于点睛之笔,也是千古名句,最主要的是在这里作者运用了对比的修辞手法来突出"霜叶"的红艳,有了这样的修辞,学生可以更好地想象画面与古诗对话。

我们引导学生将景物进行了想象,可是如果将这些景物单独搁置,所形成的画面都是相对零散的,所以此时我们还需要引导学生进行串联,把几个意象整合在一个画面内。比如,第一句诗"远上寒山石径斜"有"寒山"和"石径"两个意象,在引导学生初步想象后可以串联成一幅画面,即弯曲的石头小路远远地伸至深秋的山巅。此时我引导学生为诗配画,这样一来,学生边画画边思考整首诗,在趣味中就理解了整首诗的意思。

其实,写景诗的美感很大程度上还体现在诗人所运用的修辞上。所以诗中如果出现修辞,我们一定要在体悟修辞手法的基础上加以想象,这样我们可以更好地在深入品味中还原诗人想要展现的画面。

以《望洞庭》为例,在这首诗中诗人运用了三个比喻,一将潭面比喻成未磨的镜子;二将洞庭湖比喻成白银盘;三将湖中的君山比喻成青螺。我们可以从喻体入手,比如古代未磨的镜子是什么样子的,教师出示图片帮助学生理解,让学生感受其平滑、锃亮的特点,引导想象千里洞庭风平浪静、安宁温柔的景象,在月光下别具一种朦胧美。"遥望洞庭山水翠,白银盘里一青螺",我们在这里可以借助"白银盘"和"青螺"的组合,一方面感受平阔的湖面与微耸的君山在外形上的匹配;另一方面聚焦"白"和"青",感受色彩搭配的和谐,在皓月银辉之下,君山愈显青翠,洞庭水愈显清澈,山水浑然一体,望去如同一只雕镂剔透的银盘里,放了一颗小巧玲珑的青螺,银盘与青螺互相映衬、相得益彰。

四、创设情境,感悟诗情

写景类古诗,诗人都在借景抒情,所以我们要在理解诗意。想象画面的基础上感悟诗人的思想感情。写景类古诗有一部分是表达了对美景的喜爱与赞美,如《山行》,所以在教学的最后我们运用多媒体展示校园以及大自然深秋图片,营造出浓郁的深秋氛围,让学生感受浓浓的秋意,体会诗人对于秋景的热爱,并在此基础上引导朗读。

还有一部分古诗是借荒芜的景象表达诗人悲凉的心境。如《夜书所见》这首诗的景与本课另外两首诗不同,景象鲜明,飘落的梧桐,发黄的秋叶,稀疏的篱笆,黄昏的江面,孤单的客船,展现了诗人孤寂失落之情及深深思念家乡和亲人的思想感情。在诵读这首古诗时不只配图,还加上了音乐,让学生走进诗人眼中的萧瑟的秋天。

总之,古诗词是我国文化的经典和精髓,有现代汉语无法比拟的美感以及厚重的教学价值。我们在小学语文古诗词教学中,应该注重采取科学合理的教学方法,引导学生走进诗意,升华古诗词学习的价值。

核心素养视域下支架式教学理论在小学高段古诗词教学的应用探究

天津外国语大学附属滨海外国语学校　王　鹏

摘　要:为克服当前小学高段古诗词教学中存在的一些问题,教师需要根据实际教学情况的改变,不断更新教学理念,改进教学方法。结合具体的教学实践,建构主义理论分支的支架式教学理论主张教师为学生搭建脚手架,引导学生自主学习,自主构建知识体系,实现教师引导与学生自主之间的良性互动,提高学生的感悟和运用能力,从而构建高效古诗词课堂,实现传统诗词文化的有效传承与发展。

关键词:核心素养　支架式教学理论　小学语文　古诗词教学

一、支架式教学界定及理论基础

1. 支架的界定

相关研究者把学生的学习过程与建筑物修建的过程进行类比,将教学中教师给予学生的帮扶比喻为"支架"。这种帮扶具有暂时性,当"建筑物"完工时,就会及时移除"支架"。笔者认为"支架"可以定义为:学生在学习过程中遇到阻碍,教师在恰当的时间点给予学生相对应的支持,在逐步培养和发展学生能力的过程中,根据实际情况同时减少教师对学生的支持,一直到学生能超出自己的原有水平,掌握解决问题的方法时,教师的支持也随之撤去。

2. 支架式教学的界定

支架式教学是建构主义理论下延伸出的一个重要的教学理论,它被定义为:支架式教学应该为学生进行知识建构时提供一种概念的框架,这种框架中的概念是学生提升能力,进一步理解问题所需要的,因此,教师要事先把复杂的学习任务做出分解,方便带领学生逐步深入地理解问题。

3. 支架式教学的理论基础

(1)最近发展区理论

支架式教学理论来自心理学家维果斯基的"最近发展区"理论。他提出教师必须在教学中靠近学生的"最近发展区",既要着眼于学生现有的知识和经验水平,又要通过问题设定和情境开发合理有效地组织教学,从而使学生的智力水平有所提升,

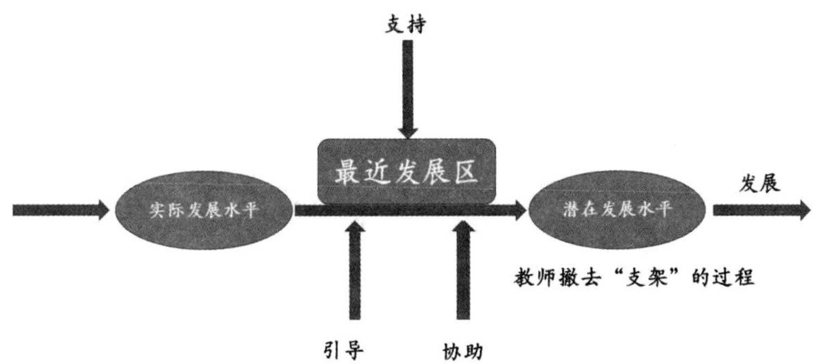

整体能力有所增强。

(2)建构主义理论

现代建构主义理论在学习观上指出学习是由学习者自己建构、自己的认知结构的过程,学习者通过新旧经验的交融同化,进而重构自己已有的知识经验,生成新的知识系统。在学生的学习过程中,教师要适时地给予学生合适的支架,激发学生的高级思维活动。通过支架的辅助,学生能够进行意义的建构从而实现学习目标超越现有的知识水平。

二、支架式教学理论与小学古诗词教学的适配性

1. 符合古诗词的选文特点

小学高段中的诗词在内容的难度方面有所增加,同时数量也相应增多。而这些选入的诗词,都呈现了两个特点:一是语言精练,含义深远。古诗词的语言具有简洁的特点,使用最为精简的语言将所要表达的内容进行展示,并且诗词中经常会运用到典故。二是注重押韵。小学阶段的古诗词,在声律上节奏感强、朗朗上口,对小学生有一种特别的吸引力。诗人在进行古诗词创作时,十分注重诗词的押韵,并且不同题材的诗词存在的押韵方式也不同。

2. 契合小学高段学生认知发展特征

支架式教学理论符合小学高段学生思维的发展规律。在小学高段的学生思维成分中,形象思维占据主导地位,学生对于具体材料的记忆能力更强。此外,由十古诗词作者与现代人所处的时代背景不同,许多内容的表达不容易被理解,因此在教学时,应常用一些直观感性的方式将教学内容进行展示。这就要求师需要善用支架,并且根据授课内容的难度,逐渐对搭建支架的难度进行调整,由浅入深,帮助学生理解学习。

小学高段学生认知发展特征

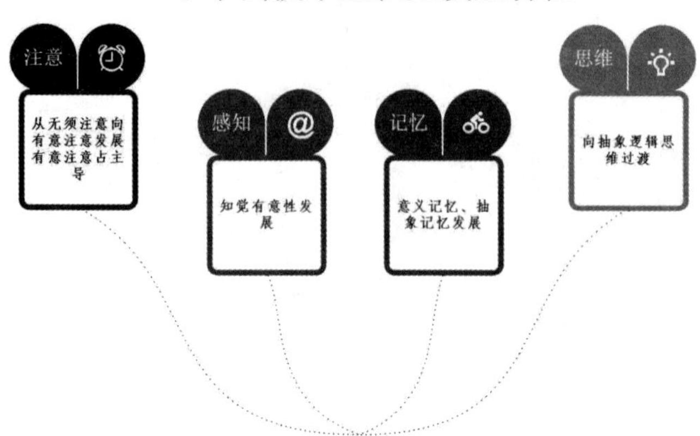

三、小学高段古诗词教学现状分析

据笔者调查了解，小学高段古诗词教学依旧存在着一些问题，从教师层面来讲，授课过程中教师过度重视知识讲解和教学模式相对单一的情况依然存在，要求学生大量的机械式背诵默写、识记诗词含义的情况突出；从学生方面来讲，学生的古诗词知识积累匮乏，对古诗词学习兴趣不足导致了古诗词学习效率低下。

四、支架式教学理论下小学高段古诗词教学实践

1. 支架式教学在小学高段古诗教学中的基本环节

依据支架式教学理论的相关内涵，笔者在实际教学中将支架式教学的过程划分为四个环节，依次是前期分析、支架搭建、支架式教学的开展和支架的调整与撤销。

(1)支架的前期分析

在古诗词教学中运用支架式教学理论的第一要务是教师对学情与所授课文的充分了解：需要从课文的教材地位、学情、教学目标、教学过程四个角度有清晰的把握。前期分析的目标让教师知晓有效支架该如何搭建，使用何种的支架，以及何时撤销支架。

(2)支架的搭建

目前对于支架的类型尚未有统一的分类，现将常用于小学高段古诗词教学的支架类型分为范例支架、问题支架、背景支架、情境支架、比较支架几种类型，下面是对这几种支架如何搭建进行举例说明。

(3)范例支架的运用

范例支架是指教师为学生提供的可以仿效的学习样例。通过教师的示范,学生加以模仿并解决学习中遇到的问题,掌握学习同一类知识的学习方法,实现举一反三效果。范例支架在小学高段古诗词教学中的运用,最典型的是朗读示范。古诗词具有很强的韵律性和节奏性,教师在教学中基于自己对诗词的理解,便能读出“粉骨碎身全不怕,要留清白在人间”“春风又绿江南岸,明月何时照我还”中所饱含的情感。作为一名在课堂中起引导作用的教师,可以先向学生做朗读示范。进行在示范前,教师需要让学生集中注意力,重点关注老师的节奏、语气和停顿,然后再进行各种形式的朗读展示。一般经过教师或优秀学生的示范,大部分学生都能初步掌握朗读的要点,读好诗词。范例支架还可以运用学习策略的指导上,如圈点勾画等方法的指导

(4)问题支架的运用

问题支架是指教师在备课过程中,依据之前的学生水平,预估在学习中可能遇到困难,设置合理的问题,并将问题适时地抛给学生,引起学生的关注与思考,加深对问题的理解。以《竹石》这首诗为例,郑燮对竹子的形象进行了具体的描写,而重心是对竹子顽强品性的赞美,侧面也体现了诗人自己的刚劲风骨。进行问题支架搭建时,教师可以提问“为什么作者要把竹子当成一个人来写呢?”来引导学生进行思考,从而将学生对景物描写的关注转移至诗句背后所蕴含的深意,也为揭示诗人傲骨埋下伏笔。

(5)背景支架的运用

背景支架指对所学诗词的创作背景、作者生平经历、名家点评等扩展资料等进行分类整理,提供给学生进行学习的辅助手段。例如,针对《塞下曲(其二)》这首诗词,通过搭建“背景支架”,选取相关历史影视剧播放给学生看,创造情境,让学生在具体的氛围中感受战场的惨烈。同时诗人运用了《史记·李将军列传》中的一个故事创作了这首《塞下曲(其二)》,同样也可以将影视剧《大汉天子》中有段李广的片段展示给学生,把这个故事作为拓展材料提供给学生,学生了解到诗篇的创作源于真实的英雄事迹,便更有感触了。

(6)情境支架的运用

情境支架是指教师进行古诗词教学的时候充分投入自己的情感,将诗歌所引出的相关内容用多种方式呈现在学生面前,激发学生的学习兴趣进而使其参与到课堂之中。小学高段学生的学习依旧是依托形象思维和自身的生活经验,教师利用图画、音乐、视频或者角色扮演等方式为学生创设情境支架,能更快地让学生与诗词相容。例如,针对王维的这首《鸟鸣涧》诗歌,教师在进行教授时可以引导同学们去调动自身日常的生活体验,想象自己一个人在深夜时的体验。通过想象去与王维的情感产生某种契合,让自己感受诗歌的意境。

(7)比较支架的运用

在教学内容容易引起学生质疑的地方搭建比较支架,并给学生提供相对比较有效的材料,让学生在寻找内容异同的过程完成思维的发展。例如,针对《泊船瓜洲》这首诗,教师在讲到“春风又绿江南岸”一句时,通过对是否可以将“绿”字替换成“吹”“到”“过”“入”“满”的提问,以及说出不可对换的原因,就能够在课堂上帮助学生体会到其他文字只表达春风的到来,却没表现春天到来后千里江岸一片新绿的景物变化。

(8)支架的调整与撤销

支架的调整。一是调整支架的跨度在教学中,一旦教师发现使用的支架对学生学习古诗词来说步调太大,学生不能独立完成,可以适当缩小支架的跨度,中间多设置几个跨度小的支架,多一些引导。如果教师发现使用的支架跨度太小,学生可能会进入机械学习,不能有所提升,可以适当调整支架的跨度,即提升问题的难度,以激发学生对知识的渴求,积极进行学习。二是添加支架。在教学中,一旦教师发现使用的支架对学生学习古诗词来说步调太大,学生独立完成遇到较大阻碍,中间多设置几个跨度小的支架,多一些引导。

支架的撤销。一种是非主动干预下的撤销,另一种是主动干预下的撤销。非主动干预,指的是在教师为了帮助学生的能力到达更高的水平,在学生的“最近发展区”搭建学习支架,当学生可以在预期能力水平区域内进行自主学习时,支架也就失去了存在的意义,可以进行撤销。还有一种是主动干预下的撤销。主动干预下的撤销指的是在学生学习过程中,设置的支架对发展学习能力无用时,甚至会让学生陷入无效的机械学习时,这个时候就需要撤销支架。

五、支架式教学在小学高段古诗词教学的实践反思与展望

1. 支架式教学在古诗词教学中实践反思

(1)误用支架,导致学生注意力分散

支架作为教学手段之一,如果在不恰当的教学节点使用会影响课堂效率,特别是在当多媒体教学中盛行年代,并不是所有多媒体的使用都能提高课堂效率。如果由多媒体工具传达的信息被滥用,学生很容易将注意力转移到教学支架本身,使得支架反客为主,占据学生的有效学习时间。

(2)无序支架,影响教学合理性

随意搭建的支架不仅会使古诗词教学的整体性受到破坏,还会影响其他支架教学的效果,互相干扰,使该系列支架处于混乱的状态。种类繁多的支架教学有着差异化的表现形态,不同支架之间存在独特的特点和教学优势。为了让整体支架有序地发挥作用,教师需要清楚掌握各支架之间的特性及对应的应用条件,提高学生的古诗词学习效率,从而避免影响古诗词教学的合理性。

2. 支架式教学在小学高段古诗词教学的展望

(1)掌握规则,科学使用

对教师而言,教学支架也应该符合其本身教学风格,符合当前的课堂学习环境和教学条件,更要符合当时教学的实际情况。同样的,给学生提供的教学支架,要便于学生快速搭乘,帮助学习活动顺利进行,因此教学支架的选择必须是适宜的。

(2)整体优化、统筹安排

古诗词支架教学类型众多,教师应当对各个教学支架的使用条件都牢记于心,全面掌握学生的真实学习水平与兴趣爱好,能够根据不同古诗词的特点进行“角色分配”,为它们挑选最合适的呈现方式。

(3)分清主次,善用支架

针对存在的各式问题,在进行支架教学的课堂里,都需要师生共同树立正确的教学观和学习观,清楚认知到支架教学只是提供一种新的学习手段,而不是学习目的。对支架式教学的使用规则做到心中有数。

六、结语

通过对“支架式教学理论在小学高段古诗词教学中的应用研究”的探讨,笔者对支架式教学理论以及该理论在古诗词教学中的应用有了更加深入的了解。本研究希望能给广大一线教师提供一些古诗词教学思路。在研究支架式教学理论在小学高段古诗词教学中的应用时,笔者自身能力不足,碰到了较多困难,例如对支架式教学理论的研究不够透彻,没有对现今所有的支架式教学理论研究进行分析,只选取了部分具有代表性的观点作为参考;在运用支架式教学进行古诗词教学时的分析不够全面,着重于支架的搭建与使用,而对于支架的撤离与调整、有效的小组合作模式分析等等都尚未进行深入分析。本文的探讨也只是支架式教学理论应用于语文教学实践研究的冰山一角,存在许多不足和有待改进的地方,这也是笔者今后继续进行深入研究的方向。

参考文献

[1]马林莉著. 语文写作教学论 支架式教学模式引导下的语文写作教学研究[M]. 吉林出版集团股份有限公司. 2016.

[2]陈琦,刘儒德主编. 当代教育心理学[M]. 北京:北京师范大学出版社. 1997.

[3]贝尔克,温斯勒著. 鹰架儿童的学习 维果斯基与幼儿教育[M]. 谷瑞勉译. 南京:南京师范大学出版社. 2007.

[4]刘玮. 小学中高学段古诗词学习指导策略研究[D]. 杭州师范大学,2016.

[5]李丹妹,付尧. 支架式教学方法的运用对于小学高段英语教学的启示[J]. 中小学教师培训,2017(02).

[6]盛艳,张伟平.从系统方法的视角看支架式教学的实践[J].当代教育科学,2011(20).

[7]钟浩祺. 小学低年级古诗支架式教学探论[D].华东师范大学,2017.

[8]王玉.读韵寻眼 体境悟情——小学高段语文诗歌鉴赏教学的有效性研究[J].语文教学通讯·D刊(学术刊),2016(09).

基于爱国主义视角下小学语文古诗词教学探析

重庆德普外国语学校　龚春燕

摘　要:古诗词是中华优秀传统文化的重要组成部分,自古以来就是育人的重要载体。基于新课改背景下,小学古诗词教学不仅需要背诵,更需要加强理解,深度挖掘古诗词蕴含的文学性和价值,向学生渗透爱国教育的内容。目前的小学语文古诗词教学中,学生大多只理解到古诗词意思,不能深刻意识到古诗词中的爱国情怀;教师虽在教学中有渗透古诗词的爱国情感,但渗透不足,效果不明显。基于爱国主义视角下的古诗词教学,应具有策略性:了解作者,走进诗人内心;把握教材,挖掘传统文化;朗读诗词,体会语言情感;组诗教学,体会情感线索;引导探究,感受作者情怀。作为语文教师,需要充分把握教材,挖掘诗句中的爱国元素,提升学生对古诗词的运用,培养学生的爱国情怀。

关键词:爱国主义视角　小学语文　古诗词教学

基于新课改背景下,小学古诗词教学不仅需要背诵,更需要加强理解,深度挖掘古诗词蕴含的文学性和价值。语文教师要将其中蕴含的爱国情愫进行重点教学,让学生在理解诗句意思的基础上,对中国的传统文化产生浓厚的兴趣,进而更容易向学生渗透爱国教育的内容,让学生以更加积极的心态学习古诗词。但是就当前小学语文渗透爱国教育的现状可以看出,仍存在一定的教学误区,需要教师及时采取有效的教学方式,从教学手法上进一步提升学生的爱国热情。

一、小学语文古诗词教学中爱国主义精神渗透的现状

1. 从学生角度分析

目前,很多小学生在学习古诗词时,由于自身对古诗词并不熟悉,因此往往会首选古诗词辅材内容帮助自己理解古诗的内容。但是,辅助的教材虽然能够帮助学生更快地理解诗句的意思,但是并不能帮助他们深层次地理解诗句的内涵,并不能深刻意识到古诗词中的爱国情怀。从长远角度上说,这样的学习方式并不利于学生利用好这些优秀的古诗词去感悟爱国情愫,更不会通过这样的学习产生爱国之情。

2. 从教师角度分析

现阶段,虽然不少语文教师在教学的时候,抓住了语文教学的人文性,开始重视

古诗词中爱国教育的渗透,同时也向学生引导传统文化的内容。但是,大多数的教学过程却只是流于表面的情感渲染,并没有重视学生真正的情感教育。很多教师在教学中只是反复强调诗词所表现出的爱国情,赞扬诗人的爱国品质,而这只是对学生进行浅层次的爱国教育。有些诗词可能本身就抒发爱国之情,学生在学习过程中也能够很快地了解,但是,未结合自身进行深入思考和探究。当遇到一些情感较为隐晦的古诗词时,不少教师将教学重点放在诗句的解释和翻译上,课堂时间很少留给了情感教育,尤其是引导学生自主思考和探究。因此,教师在课堂中渗透爱国教育的效果并不明显,仍需要加大对古诗词爱国主义教育力度。

二、基于爱国主义视角下小学语文古诗词教学策略

1. 了解作者,走进诗人内心

想要读懂古诗词,想要感受诗人的内心世界,首先要去读懂作者。只有了解了作者的生平经历,了解了作者生活的时代背景,才能更深地理解诗人的志向和愿景,走进作者的内心,了解作者要表达的情感。

《闻官军收河南河北》是杜甫的作品。此诗作于唐代宗广德元年(763 年)春。当年正月史朝义自缢,安史之乱结束。对于学生来讲,只知道杜甫是一个大诗人而已,不了解安史之乱中杜甫的经历,就不易理解“喜欲狂”的用意,甚至可能有作者用得过于夸张之感。这时就需让学生了解杜甫的生平经历,知道安史之乱中杜甫的生活处境,繁华一时的大都会长安短短几个月里就变成一片废墟,无数家庭妻离子散,流离失所。诗人多年漂泊“剑外”,备尝艰苦,想回故乡而不可能,就是由于“蓟北”未收,安史之乱未平。而这时,忽闻叛乱已平的捷报,惊喜的洪流,一下子冲开了郁积已久的情感闸门,令诗人心中涛翻浪涌,冲口唱出这首“生平第一快诗”。全诗情感奔放,处处渗透着“喜”字,痛快淋漓地抒发了作者无限喜悦兴奋的心情。

不同的诗人有不同的人生经历,所以他们的笔下就有不同内容,思想和风格。对诗人的经历和思想了解,不仅可以使教师能站在一定高度更好地驾驭文本,教授内容更能引起学生的兴趣,更有深度,还能帮助学生更透彻地理解学习内容,使学生能触类旁通,提高学生的阅读诗歌的能力。

2. 把握教材,挖掘传统文化

为更好地对学生进行爱国主义教育,教师必须立足教材本身。语文教材的教学内容都是根据学生的学习能力和学习需要制定的,在很大程度上具有很强的教学代表性。有些古诗词和课文中传统文化以及爱国情愫较为隐晦,需要教师深度地挖掘和理解,将诗词中的重难点内容提取出来,进行重点挖掘。通过挖掘诗词中的传统文化,让学生在理解文化的同时,更好地对他们开展爱国教育。通过这样的教学方式,古诗词教学的质量才能得到进一步的提升。

例如,李白的《望天门山》,王维的《使至塞上》,这两首古诗虽然字数较少,但是

将祖国的大好河山描写在内，语文教师更应该向学生宣扬这样的正能量知识，以及爱国情怀，让学生与作者能够形成共鸣。学生通过阅读课文，便能深刻地感受到祖国的美好和强大，从而真正激发学生内心对于祖国的自豪感，对祖国的热爱之情。

3. 朗读诗词，体会语言情感

“朗读是教学最重要的手段之一”，语文教学，朗读的作用不容忽视。尤其是古诗词的教学，朗读容易帮助学生体会诗词中描绘的场景，并能够感受到诗词中表达的情感，进而丰富学生的内心世界，提升丰富的想象力和创造力。在具体教学中，我们可以采用配乐朗读法、吟唱法、配画诵读法、展示赛读法等，让学生以读促悟。

例如，在引导学生朗读《石灰吟》这首诗时，要先通过对诗人的了解，结合历史背景深入探究，感悟诗人要表达的情感。学生可以得知，作者以石灰做比喻，表达自己为国尽忠，不怕牺牲的意愿和坚守高洁情操的决心。显示出一种浩然正气和英雄气质，风格豪迈，气势坦荡、铿锵有力。但是，这种精神如果只是口头上说一说，那么，对于这首诗的情感是完全空洞的。教师在渗透情感教学时，让学生反复朗读，读出激昂的情调，读出慷慨壮烈，读出于谦磊落的胸襟和崇高的人格，读出他的豪迈，他的坦荡。

这样的诗，也只有通过朗读，才能更容易加深对文化，情感的理解，使学生更好地学习古诗词，在朗读中感受古诗词中蕴含的文字美、韵律美、情感美。这是古诗词教学的必要手段之一。

4. 组诗教学，体会情感线索

中国劳动人民具有热爱和平，追求真理，自强不息、不畏强暴、团结御侮，坚决维护国家独立尊严的光荣传统。我们可以把小学课本中出现的爱国诗词整合成爱国主题进行教学，引领学生开展爱国诗词诵读。

《七律 · 长征》是一首中国革命的不朽史诗，是一首基于爱国思想之上的著名史诗。在教学拓展环节，可以指导学生利用课余时间搜集毛泽东最著名的诗词，以此来回顾毛泽东的革命成长历程，因为毛泽东把他一生的生命情怀都全部融入了他书写的诗词中。当学生反复诵读毛泽东的这些诗词时，无不感受到振奋人心的生命力量。例如：毛泽东青年时代外出求学，就立下了“学不成名誓不还”的壮志；中年时，面对战时困难写下“战地黄花分外香”的乐观；老年时，他重上井冈山，仍书写下“世上无难事，只要肯登攀”的励志豪言。

5. 引导探究，感受作者情怀

小学低年级学生在理解能力和感受能力方面较为薄弱，但是需要通过古诗词的学习初步感受其中蕴含的情感。这时教师就需要对学生加强引导，从阅读诗句，理解字词含义以及诗句的意思等方面感受诗句中蕴含的情感艺术。同时，语文教师也要从自身的感受出发，只有先体会出诗人的情感，才能更好引导学生感受，增强学生对古诗词的喜爱，学生在背诵古诗时也不会太吃力。

陆游是中国文坛上伟大的爱国作家，他的诗词内容丰富，气势恢宏，感情炽热，洋溢着强烈的爱国主义激情。在引导学生阅读陆游的《示儿》这首诗时，教师首先要引导学生从诗句的字面去感受，知道这首诗是诗人的绝笔。此诗传达出诗人临终时复杂的思想情绪和忧国忧民的爱国情怀，表现了诗人一生的心愿，倾注了诗人满腔的悲慨。从诗中可以领会到诗人的爱国激情是何等的执着、深沉、热烈、真挚。也凝聚着诗人毕生的心事，诗人始终如一地抱着当时汉民族必然要光复旧物的信念，对抗战事业具有必胜的信心。不论是“僵卧孤村不自哀”，还是“尚思为国戍轮台”，诗人一生所有的情感，都最后凝结在这一首诗中。题目是“示儿”，相当于遗嘱。在短短的篇幅中，诗人披肝沥胆地嘱咐着儿子，无比光明磊落，激动人心。浓浓的爱国之情跃然纸上。

因此，在语文教学中，需要将诗句隐含的意思以学生能够理解的方式，启发学生去想象作者来访的过程，增强学生的想象力和感受能力。

三、结论

爱国主义是人们千百年来形成的一种对祖国的最深厚的感情，是一个国家人民道德品质的一个重要特征，是学生发奋学习的推动力量。习近平总书记强调：“爱国主义深深植根于中华民族心中，是中华民族的精神基因。”中华古诗词中不乏歌颂祖国壮丽河山、名胜古迹、丰富物产、辽阔疆域等名篇，教师利用教学机会对学生进行爱国主义情感的培养可谓水到渠成。作为语文教师，需要充分把握教材，挖掘诗句中的爱国元素，并引导学生阅读古诗，理解古诗词，从情感渗透方面加强学生的引导，进一步提升学生对古诗词的运用，进一步培养学生的爱国情怀。

参考文献

[1]陈应忠. 文以载道，诗说爱国——古诗文中爱国主义情怀的挖掘策略[J]. 华夏教师，2020(14)：39-40.

[2]任雄. 情境教学法在小学语文古诗词教学中的应用探讨[J]. 学周刊，2021(9)：101-102.

[3]朱艳艳. 部编教材理念下小学语文古诗词教学策略分析[J]. 科学咨询，2021(1)：297-298.

文海泛舟

以任务驱动促进学生真读名著、会读名著、读好名著的探索

——以名著《钢铁是怎样炼成的》教学设计为例

河北省宁晋县第十一中学　车贵考

（本课题系河北省教育科学研究“十四五”规划课题《初中语文必读名著课程化教学实施的实践研究》成果 课题号 2103168）

摘　要：在初中语文教学中，名著阅读教学占有十分重要的地位，可是现实教学情况并不理想。名著阅读教学与课标要求、立德树人的指向存在着一定的偏差，通过任务驱动下的必读名著课程化的教学实施，提升了名著阅读教学的效果。

关键词：任务驱动　必读名著课程化　教学设计

一、研究的背景意义

2011 年 7 月出版的《义务教育语文课程标准（2011 年版）》教学建议做了这样的表述：“培养学生广泛的阅读兴趣，扩大阅读面，增加阅读量，提倡少做题，多读书，好读书，读好书，读整本的书。”[1]另外建构主义理论，现代对话理论，接受美学理论，都为初中语文必读名著课程化提供了强有力的理论支持。

网上搜索，研究名著阅读的论文有数百篇，但是名著阅读教学的现状依然没有改变。我们对 5 所学校 20 名八年级语文教师 432 名学生阅读《钢铁是怎样炼成的》问卷调查，不上名著阅读课的占 20%，直到期中、期末复习，只总结名著知识点的占 78%。学生不读名著，只是背诵知识点的占 70%。数据表明：让学生人手一本，真读名著的教师少，更谈不上学生会读名著，读好名著了。正如宁晋县教科所初中语文教研员孙建宁老师所说：“这种快餐式阅读，只为应考，有害无利，碎片化的阅读，学生就没有对整本书阅读的真实感受。”温儒敏教授曾说：“要求整本书阅读，我看首先就是‘养性’，涵养性情，让学生静下心来读书，感受读书之美，养成好读书的习惯。”[2]让学生真读名著，名著阅读必须课程化。

眼下，河北省张永军名师工作室联合南方贾龙第名师工作室编写的名著阅读课程化丛书，为我们必读名著课程化的教学研究提供了宝贵经验。“课程化是一种基

于语文课程标准的有序教学，是读讲结合、读摘结合、读思结合、读写结合的综合学习过程。”[3]必读名著阅读课程化，将每册规定的两部必读名著阅读列入正式课程，从初一到初三，每堂课通过任务驱动，让学生在活动中真读名著，会读名著，读好名著。名著阅读教学就会开辟出一片崭新天地。

二、以任务驱动，促进名著阅读课程化的探索路径

“名著阅读关键是要引导学生成为阅读的主人，充分发挥学生的主体作用，激发学生的阅读兴趣，变阅读负担为阅读享受，为学生的终身阅读打下坚实的基础。”[4]任务驱动，就是为了让学生成为学习的主人。“任务驱动式教学方法是一种建立在建构主义学习理论基础上的教学方法，它将传授知识为主的传统教学，转变为以解决问题、完成任务为主的多维互动式的教学。任务驱动式教学方法符合人类认知规律，注重以学生为主体，在培养学生的专业能力的同时，也提高了学生的通用能力。”[5]运用任务驱动策略指导学生整本书阅读，就是通过教师的指导，使课堂学习活动能围绕一个明确的学习目标展开，让学生通过自主搜集材料和利用各种学习资源去探寻问题答案，并在这一过程中培养各种基本能力，爱读名著，会读名著、读好名著，从而立德树人。

必读名著课程化，我们按三段四课式，上好必读名著阅读课。三段即读前、读中和读后三个阶段。四课式即读前导读课、读中推进课、成果展示课和巩固拓展课。以《钢铁是怎样炼成的》名著阅读教学为例，谈谈以任务驱动，促进名著阅读课程化的探索路径。

1.《钢铁是怎样炼成的》读前导读课的教学设计

阅读任务：

(1)理解书名，了解作品的大致内容。

(2)了解作者和作品的写作背景，为阅读扫除障碍。

(3)掌握小说的阅读方法，学会整本书阅读。

重点：了解作品的大致内容，制定阅读计划。

教学过程：

第一步：看评价，激兴趣

【课堂导入】《钢铁是怎样炼成的》这部小说，被译介到中国半个多世纪以来，一直盛传不衰，被视为生活教科书、人生路标和精神补品，受到一代代读者的喜爱，后来它又被改编成电视连续剧，一部外国作品在我国产生如此深远的影响是罕见的，今天让我们走近这部名著。

【名言展示】

长篇小说《钢铁是怎样炼成的》散发着那个带传奇色彩的时代急风暴雨的气息，传达了那个时代的气氛，再现了当时的战斗、痛苦和希望。

——叶尔绍夫

这本书在我的成长过程中有很大的影响,书中浓郁的英雄主义、理想主义、献身主义在相当长的时间里成为我精神生活最重要的支柱。

——张洁

这是小学三年级时从老师那里偷来看的,很长一段时间里,人物和情节都在脑海里萦绕。读前还是少年,读后就觉得一只脚已经踏进了青春的大门。

——莫言

【任务一】请你阅读以上三位名人对《钢铁是怎样炼成的》的评价,并谈谈你的看法。

教师归纳:叶尔绍夫的名言概括了这部小说主要内容,小说反映了那个战争时代和建设时期的真实生活。张洁的名言让我们明确了这部小说反映的主题——英雄主义、理想主义和献身主义。莫言的名言让我们感受到读这部小说的现实意义,对一个人成长的作用。让我们一起阅读吧!

第二步:读书名,知内容

【任务二】谁能说说书名的意思?

明确:“钢铁是怎样炼成的”的本意是钢铁的冶炼过程,把含碳量高的铁经过反复高温煅烧熔化成水再骤冷,就把铁变成了钢。钢比铁硬度大,可以削铁如泥,“有钢用在刀刃上”。

【任务三】请阅读书前的作品简介和六页彩图,想一想,这部书主要写了什么内容?

明确:这部小说讲述主人公保尔在磨难中成长的故事,塑造了保尔这位平凡而又伟大的英雄形象。

【任务四】现在大家想一想,为什么作者将书名定为《钢铁是怎样炼成的》呢?

明确:小说主人公保尔.柯察金出身贫寒,在艰苦的环境中成长为一名坚强、忠诚的无产阶级革命战士。他是在革命的烈火和熔炉中锤炼出来的新一代青年的杰出代表,生活的苦难和伤病的折磨都不能让他停止斗争。书的命名,采用了比喻象征的手法,把保尔的人生经历比喻成炼钢的过程,形象地概括了作者所要表达的思想内容及那一代人的成长道路和思想性格。

第二步:识作者,明背景

【任务五】请阅读名著前的作者简介,按国别、评价和作品谈谈自己的理解。教师出示幻灯片,强调要点。

明确:作者: 尼古拉,阿列克谢耶维奇、奥斯特洛夫斯基(1904—1936)。国别:苏联。评价:布尔什维克战士、著名无产阶级作家。作品:《柯察金的幸福》《暴风雨所诞生的》《钢铁是怎样炼成的》等。

【任务六】结合有关资料谈谈作品的写作背景。

明确:1927 年底,奥斯特洛夫斯基开始构思《钢铁是怎样炼成的》。1934 年小说出版,获得了巨大成功,他也被吸收为苏联作家协会会员。随后,奥斯特洛夫斯基开始创作另一组三部曲长篇小说《暴风雨中诞生》。1936 年 12 月,由于重病复发,奥斯特洛夫斯基在莫斯科逝世。

第四步:明要求,定计划。

【任务七】学会摘抄和做笔记的读书方法。

(教师)请同学们阅读统编教材中“读书方法指导”部分,思考什么是摘抄和做笔记读书法?这种读书方法有什么好处?把有关知识点画在书上,并旁批。(学生自读,交流,展示)

明确:摘抄就是选摘、抄录原文中的词语、句子、段落等。摘抄的内容可以是原作的典故、警句、精彩片段等,一般要根据学习、借鉴的意图来选择。

做笔记,主要有写提要和写心得两大类。写提要,就是用精练的语言准确概括全书的基本内容或要点。所写的提要,可以是语意连贯的成段文字,可以是按层次和要点罗列的提纲,还可以是能够体现作品结构思路的图表。写心得,则是记录自己阅读时产生的体验、感想,如自己对于作品的内容(人物、情节、情感、思想等)和形式(写作技巧,行文风格、艺术特色等)的看法和评价,以及自己在阅读中生发的新认识、新观点。

摘抄和做笔记,可以帮助我们重温作品内容,积累语言和素材,有助于提升阅读质量,提高分析能力、鉴赏能力和写作能力,也可以供他人学习参考,分享交流。

【任务八】看目录,定计划,明要求。

用两周的时间通读作品的全部内容,对本书的内容有一个整体的印象。这部书分两部分,每部分九章,每周读九章。在阅读中,注意以下几点:定时定量认真阅读作品,并梳理出每一章的主要人物、情节,写出自己的阅读感悟。对阅读过程中的疑惑,做标记,准备在阅读推进课上交流体会。

布置作业:请听喜马拉雅有声书或看电影,了解保尔的故事。按要求阅读第一部分。

2.《钢铁是怎样炼成的》读中推进课的教学设计

第一次推进课:了解在国内战争中的保尔

任务清单:通读名著第一部分,梳理故事情节,了解保尔·柯察金的成长过程,分析有关人物。

重点:学会在特定背景下把握情节,抓住关键语段理解主要人物的方法。

阅读方法:浏览、旁批、摘抄、做笔记。

教学难点:搞清人物的关系,记住重点人物。

教学过程:

第一步:激趣导入

【任务一】看视频,思考:在视频中,表演了什么故事?

(保尔不怕危险,机智地扑向押送兵,勇救朱赫来。)

第二步:故事我来讲

【任务二】请速读第一部分第五章,思考,这章写了什么故事?叙事线索是什么?

(第五章,为了躲避敌人的追击,朱赫来在一个黑夜闯到保尔家。朱赫来的到来使保尔第一次听到那样多新鲜的和令人激动的话,他的思想深受鼓舞。他后来从彼得留拉匪兵的枪口下救出朱赫来,因此自己被捕。这章以朱赫来对保尔的影响为线索叙事的。)

教师点拨:我们可以按照人物、时间、地点、事件几个方面,抓住关键句段的方法,理出线索,概括故事情节。

【任务三】按照这种方法,自读其他章节,概括故事情节,准备讲故事比赛。

温馨提示:先自读勾画要点,再交流,准备小组展示。小组展示,教师归纳:

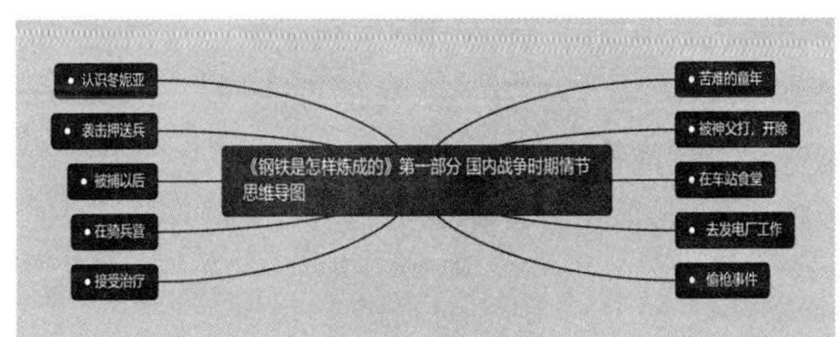

第一部分故事情节思维导图

第三步:人物我来评

【任务四】请阅读第一部第 章,思考:你们被哪些人物感动着?浏览笔记,结合名著中的具体词句分析人物的性格特点。小组交流,展示。

示例:我感到保尔是一个有反抗精神的人。结合名著第一章第 8 页,接班的黄毛小子让保尔六点接班,“干吗六点来?”保尔问,“不是七点接班吗?”保尔的反驳,黄毛小子威胁保尔,保尔铁青着脸说:“你放安静点,别瞎胡来,不然就自讨苦吃,论打架我丝毫不比你弱,不信,就试一下吧。”通过语言、神态描写,写了保尔对黄毛小子的反驳,表现了保尔的反抗精神。

【任务五】按这种阅读方法自读其他章节,思考:你们被哪些人物的感动着?浏览笔记,结合名著中的具体词句分析人物的关系或性格特点。

第四步:疑难大家帮

【任务六】大家在阅读中,还有哪些疑惑,可以分组解答。把你们感到有价值的问题,向其他小组提出,最后把解决不了的问题,提出来,全班解决。

示例:第七章第 128 页“谢廖沙,你继续向前闯吧。既然你正在爬大坡,我决不

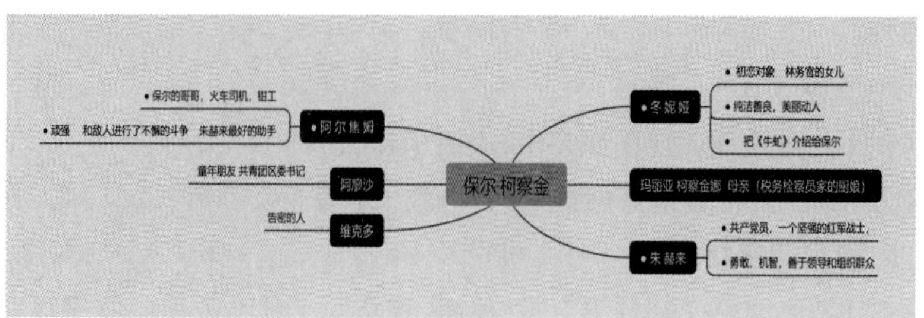

会让你刹车。只是别撇下我们不管，常回家看看。”在这句话中，“爬大坡”“刹车”是什么意思？表现了扎哈尔·布卢扎克什么情感？

点拨：“爬大坡”指阿廖沙参加红军，追求进步。“刹车”指放弃革命，停滞不前。这里运用比喻的修辞手法，形象生动地表现了扎哈尔·布卢扎克深明大义，对儿子的支持和爱。

总结本课，布置作业，完成第二部分的阅读任务。

第二次推进课　了解在经济建设中的保尔

任务清单：梳理故事情节，了解保尔·柯察金成长过程，分析有关人物性格。

重点：梳理情节，分析人物，掌握描写人物的方法。

阅读方法：浏览、旁批、摘抄、做笔记。

难点：搞清人物的关系，记住重点人物。

教学过程：

第一步：激趣导入

选择乐曲朴树的《白桦林》导入。这首俄罗斯风味浓郁的歌曲在开场渲染了气氛。

上节课我们通读名著第一部分，有了浅显的了解，这节课我们通读名著的第二部分，梳理故事情节，理清主要人物的关系。

第二步：故事我来讲

【任务一】请同学们速读第二部的第二章，并思考这章写了什么故事？叙事线索是什么？

学生交流，展示。

明确：背景：冬天即将到来，伐木场的木材不能运到城里，医院、学校、机关和几十万居民都将遭受严寒的侵害。事件：保尔和共青团员被调去修铁路。筑路队的工作条件非常艰苦，武装土匪的骚扰，疾病和饥饿也都威胁着保尔和同志们的生命安全。在车站，保尔还遇见了冬妮亚。最后铁路如期修通，不久后，保尔染上伤寒被误报牺牲，丽达听到噩耗后伤心离去。在这部分中，修路是叙事线索。

教师总结：我们可以按照人物、时间、地点、事件几个方面，抓住关键句段的方法，理出线索，概括故事情节。

【任务二】按照这种方法，自读其他章节，准备讲故事比赛。

温馨提示：先自读勾画要点，再交流，准备小组展示。讲故事比赛，教师归纳：

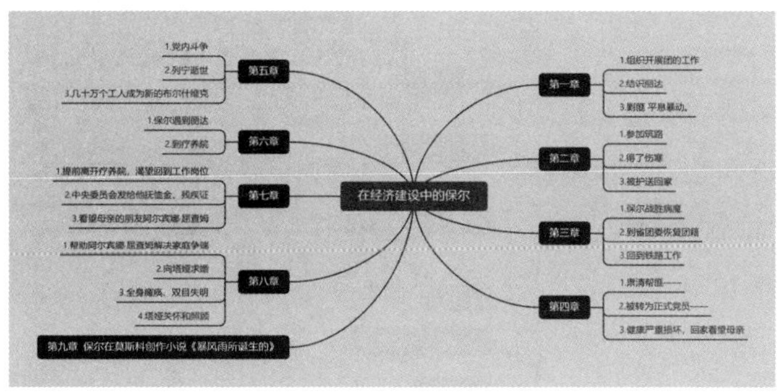

第三步：人物我来评

【任务三】请同学们阅读第二部的第七章，思考：你们被哪些人感动着？浏览笔记，结合名著中的具体词句分析人物的性格特点。小组交流，展示。

示例：我为保尔面对挫折坚强不屈的精神而感动。从第343页的可以看出，他身患重病要求马上分配工作，可是阿基姆坚决地摇摇头，说："保尔，不行哪！我们这儿有乌克兰共产党中央医务委员会的决定，写的是'由于病情严重，送神经病理学院治疗。不予恢复工作'。""阿基姆，随便他们怎么写！我求你了，给我工作机会吧！换着住医院闲着没事，这有什么用处？"由于保尔一再坚决要求，弄得阿基姆也顶不住，最后只得答应。这里通过人物对话，表现保尔不怕困难，忠于革命，热爱工作的精神。

【任务四】按这种阅读方法自读其他章节，思考：你被哪些人物感动着？浏览笔记，结合名著中的具体词句分析人物的关系或性格特点。小组交流展示，教师点拨。

示例：我觉得保尔是一个坚强的革命战士。从第四章第271至272页可以看出，那天他忽然斩钉截铁地说："从今以后，我再也不抽烟了。""要是一个人不能改掉他的坏习惯，那就简直一文不值。我还有一个骂人的坏习惯。同志们，我还没有完全战胜这个可耻的习惯。""不过我会把骂人的坏习惯彻底改掉的。"通过人物语言描写，表现了保尔的坚强、向上的品质。

教师总结：阅读文学作品，一定得有自己的独特体验。我们结合小说的具体情节和细节分析，感受到保尔是一个有理想，坚强勇敢，酷爱学习，有领导才能的无产阶级革命战士。

第四步：疑难大家帮

【任务五】在阅读中，大家还有哪些疑惑，把有价值的问题，提出来，全班解决。

点拨：第二章第257页，保尔偶遇涅莉的时候，谈到维克多，保尔说："维克多欠我一笔债还没有还清。要是您看见他的话，请转告他一下，说我并没有忘掉要讨回这笔债呢。"涅莉回答："请告诉我，他欠您多少钱，我来代他还给您。"

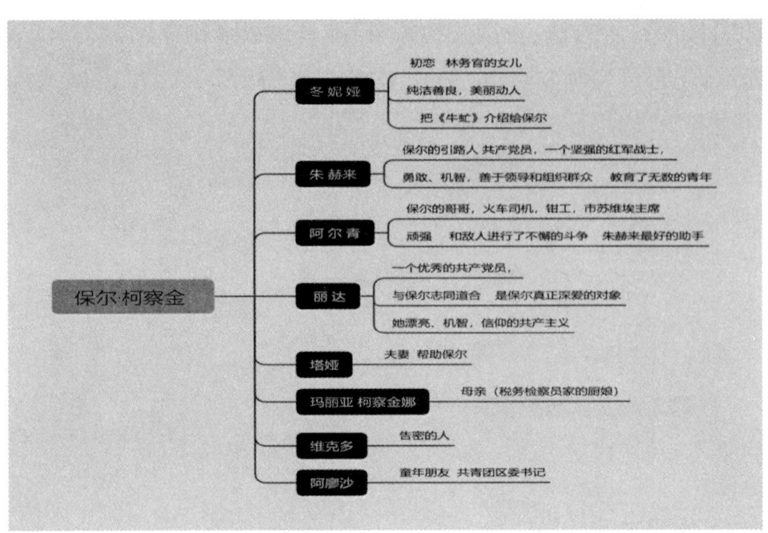

保尔要讨还一笔什么“债”,她心里都是明白的。这笔债到底是什么？从下文的语句“那彼得留拉匪兵的事情她完全知道,但是她想逗逗这个‘下等人’。”再联系第一部可知,“债”指维克多告发保尔救朱赫来打伤彼得留拉匪兵,保尔被抓去坐牢的事。这里运用了前后照应的写法,使故事更完整真实。

总结本课,布置作业。完成专题阅读。

3.《钢铁是怎样炼成的》成果展示课的教学设计

任务清单:通过阅读汇报,让学生进一步掌握作品的主题、保尔的成长史、人物形象、红色经典的意义,提高学生整体概括能力、信息筛选能力、语言组织与表达能力、倾听与记录能力和团结协作能力。传承红色精神,做新时期的好学生。

重点:活动环节有序组织、丰富形式、深入内容,让学生分享自己的体会。

难点:提升学习成果展示的效果,把语文学习与生活联系起来。

教学过程:

第一步:激趣导入

小说围绕着主人公的成长展开,结构紧凑自然,在刻画主人公性格的时候,又从不同的侧面表现他的优秀品质。通过描写保尔怎样对待监狱、战争、工作、友谊、爱情、疾病、挫折,亦即怎样对待革命与个人、公与私、生与死等重大问题的态度,把保尔这一钢铁战士的形象塑造得格外丰满生动,光彩照人。学以致用,今天我们以“读红色经典 展我们才华”为主题,上一节读后展示课。

第二步:准备活动

【任务一】各小组成员按照组长的安排,结合专题阅读,进行阅读成果的准备(包括课本剧、读书记录卡、手抄报以及演讲等成果)。

(1)课本剧组:选好精彩片段,合适演员。设计人物台词,把握人物性格。演员背诵台词,试演。

推荐展示情节　保尔勇救朱赫来

人物:保尔 朱赫来　押送兵

推荐展示　保尔在狱中,第一部分第 106 页。

人物:保尔上校　泽尔采尔

(2)读书卡或手抄报组:确定主题,设计版面,文字画面配合。

(3)演讲组:以“我心中的英雄”为题,选好切入点,写演讲稿,小组修改,试演讲。

第三步:精彩展示

【任务二】经典场景再现,表演课本剧,评选最佳角色。分组表演,抽签决定顺序。同学们边看,边记录,按标准打分。

【任务三】“我心目中的英雄”演讲比赛。分组必演讲,然后自愿演讲,按标准打分。

【任务四】读书卡片,手抄报展示。小组代表解说,其他组按标准打分。

注意事项:汇报过程中,特别要强调用心倾听别人的发言,把别人的观点记下来,丰富自己的名著阅读知识库。每一小组汇报结束后,要组织其他组的学生进行互评打分,组长统计分数。最后给优秀读书小组颁奖。

第四步:走访具有保尔精神的人

【任务五】留意身边像保尔那样经受种种考验,克服重重困难,顽强地生活、学习、工作的人,课后可尝试采访,将他的事迹写成文章,向报纸、杂志投稿。

4.《钢铁是怎样炼成的》巩固拓展课教学设计

任务清单:熟悉中考真题,明确考点。达标训练,拓展推荐阅读篇目。

第一步:导入,从全国近年中考语文试题看,名著阅读必考,分值越来越高,考查点越来越小越细。没有真阅读,就无法答题。

第二步:中考在线,熟悉考点

【任务一】完成以下有关试题,明确考点。

2021 · 四川广安中考真题选

“当他躺在手术台上,他的颈子被割开,切除一侧的副甲状腺时,死神的黑色翅膀曾经三次碰到他。然而他的生命力非常顽强。”选段中的他是________,出自名著________。

【参考答案】保尔 · 柯察金《钢铁是怎样炼成的》

2021 · 河南中考真题选

《钢铁是怎样炼成的》一书中,保尔经过种种考验成为一名英雄。从保尔面对这些考验的表现中,你体会到了他的哪些可贵品质?选两个方面,结合相关内容简要分析。

【参考答案】示例①保尔面对拿枪的押送兵,勇敢上前,救了朱赫来,从中我体会到了他的英勇无畏。②面对筑路工作中出现的种种困难,保尔毫无怨言,冻坏了双脚还继续在一线工作,从中我体会到了他的坚忍顽强。

2021 · 浙江台州中考真题

选请你根据名著内容,完成表格。

主人公	相关重要人物	相关重大事件	主人公结局
祥子	虎妞	(1)________	(2)________
保尔 · 柯察金	(3)________	引导保尔走上革命道路	(4)________
(5)________	索菲娅	晚年不理解他的信仰和追求	离家出走,病死在无名小城

【参考答案】(1)假装怀孕,逼祥子和她结婚 (2)堕落为行尸走肉 (3)朱赫来 (4)成为真正的无产阶级革命英雄 (5)列夫 · 托尔斯泰

2021 · 四川成都中考真题选

(1)奥斯特洛夫斯基说:“钢是在烈火与骤冷中铸造而成的。只有这样它才能坚硬,什么都不惧怕。”下面所列《钢铁是怎样炼成的》一书中与保尔相关的事件,哪一项最能印证这一观点?请作出选择并简要分析。A. 与瓦西里神父作对 B. 和队员们筑路 C. 对丽达产生误会

(2)相似的情节设置,常出现在不同小说中。同是女性为了“尊严”地“出走”,《简 · 爱》与《儒林外史》中相似的情节分别是什么?请结合阅读体验,加以简要概括。

【参考答案】(1)选 B。保尔承受了极端恶劣环境中伤病的煎熬,对共产主义信念愈加坚定。(2)简 · 爱得知罗切斯特已有妻子,从桑菲尔德庄园出走;沈琼枝不甘被骗而从扬州宋家偷跑。

2021 · 四川眉山中考真题选

为庆祝建党 100 周年,子瞻中学开展了统编初中语文教材推荐名著的阅读活动,校刊拟开设“读名著 · 学榜样 · 树理想”专栏,征集中外名著中的“人物名片”。请你在“毛泽东、朱德、保尔、尼摩船长”中任选一位,按照“人物出处”“典型事件”“人物点评”的格式,拟写一则人物名片投稿。要求:结合作品内容,围绕专栏主题选取典型事件(不少于两件),撰写人物点评。

【参考答案】(1)人物:保尔 · 柯察金 出处:《钢铁是怎样炼成的》典型事件:(1)战白匪,救出朱赫来;(2)在与波兰军的战斗中,保尔勇往直前,忘我拼杀;(3)带病修铁路;(4)保尔在双目失明,全身瘫痪的情况下坚持学习。人物点评:在枪林和弹雨中,他不惧牺牲,展现了无产阶级的坚定信念;在疾病和死亡的威胁下,他坚强执着,演绎了平凡生命的烈火青春。

SUCCESS
成功
SUCCESS
成功
what people think
it looks like
很多人认为
what it really
looks like
其实成功是这个样子

2021 · 浙江丽水中考真题

那些年我们读过的书,总在不经意间被唤起。看到这幅图,你会联想到选项中的哪一本书? 请联系名著内容,参考答题要素,用简洁的语言诠释这幅图。A.《水浒传》 B.《骆驼祥子》 C.《钢铁是怎样炼成的》

【参考答案】示例:我联想到《钢铁是怎样炼成的》。保尔少年时干杂役,受尽凌辱。后在朱赫来的影响下走上革命道路,他梦想成为朱赫来式的坚强的布尔什维克战士。身体残疾后,他依然坚强地以文学创作方式投身国家建设,最终完成作品《暴风雨所诞生的》,成长为一名优秀的革命战士。可见,成功是需要付出艰苦努力和代价的。

教师总结:从全国名著阅读题看,有关于作者、作品、主人公的记忆类知识题的考查,有关于故事情节、人物性格的概括分析题的考查,有关于作品主题、现实意义的感悟题的考查,有关于一本名著拓展到其他相关名著的考查,还有读书兴趣、方法的考查等等,但万变不离其宗。

第三步:创设情境 ,实战演练

【任务二】从下列问题中选一题,必答,其他问题自愿回答。

(1)假如要开展名著阅读推介会,你怎样向大家介绍有关《钢铁是怎样炼成的》作者、国别、背景、阅读意义呢? 写一段发言稿,包含以上要点,不超过 200 字。

(2)从经典作品中汲取精神营养可以使你成为战胜困难的人。以下是小王同学分享的“读书笔记”,请你阅读摘录的内容,将表格空缺的内容补充完整。

<table>
<tr><th colspan="4">读书笔记</th></tr>
<tr><td rowspan="3">摘录</td><td rowspan="3">枪口鄙夷地望着他的眼睛。他把手枪放在膝上,狠狠地骂自己说:“老弟,这样做不过是纸糊的英雄气概。啪地一枪杀死自己,这是任何一个笨蛋永远和随时随地可以做到的事情。这是为了摆脱困境最怯懦也是最容易的出路。活得艰难,就啪地一枪。这对胆小鬼来说,也无须更好的出路了。可你试过战胜这种生活吗? 你已经尽了一切力量来设法冲出这个铁环吗? 当初,在沃伦斯基新城城下,一天发起十七次冲锋,终于攻占了城市,这你忘了吗? 把手枪藏起来,永远不要让别人知道你有过这种念头。纵然到了生活难以忍受的时候,也要设法活下去。要竭尽全力,以使生命变得有益于人民。”</td><td>出处</td><td></td></tr>
<tr><td>关键词</td><td>活得艰难</td></tr>
<tr><td>启示</td><td></td></tr>
</table>

(3)假如保尔被评为年度最佳共产主义战士,请你为他写一段颁奖词。(不少于 150 字)

第四步:拓展阅读,勾连推荐

【任务三】对比阅读《平凡的世界》《名人传》,谈谈这些作品中的主人公与保尔有什么相同品质? 根据自己的课外阅读,自愿回答。

教师归纳:保尔和《平凡的世界》中孙少平都有勤奋好学、积极进取、不怕困难、顽强拼搏的精神。保尔和《名人传》中音乐家贝多芬、雕塑家兼画家米开朗琪罗、小说家托尔斯泰比较,在人生忧患困顿的道路上,为了寻求真理和正义,为了能够创造出可以表现真、善、美的不朽杰作,都有历经苦难而不改初衷的心路历程,都有崇高的人格、顽强拼搏的意志和高尚的品格。

第五步:互助释疑,扫除障碍

【任务四】在阅读中,你还有哪些疑惑?把有价值的问题提出来,全班解决。

作业布置:请再阅读《平凡的世界》《名人传》,写一篇读书笔记。

三、以任务驱动,促进名著阅读课程化的效果

在必读名著阅读课程化中,我们始终关注《课标》关于阅读评价:"要重视学生课外阅读的评价。根据各学段的要求,通过小组和班级交流、学习成果展示等活动,了解学生的阅读量、阅读面,进而考察其阅读的兴趣、习惯、品味、方法和能力。"[6]通过任务驱动,名著阅读课程化,有效地阅读评价,在假期,学生能够人手一本相关名著,自主通读名著,圈点批注,填写符合要求的阅读卡。开学后,我们每周上一节名著阅读课。学生课前怀着期待心情,课上积极参与,把阅读收获分享给大家。在交流互动中,学生进一步学会读名著,读好名著,达到深阅读,提高了综合素养。

名著阅读课程化的教学实施,一花先开百花随。参与课题研究的班级,学生不仅爱上读书,再没有课余时间你追我赶,打打闹闹的现象,还能从名著中选择名句作为座右铭,从名著中选择精彩的片段编写课本剧参加联欢活动,从名著中选材,写好作文参加投稿,在报刊上发表。参加课题研究的教师,教学成绩明显提高,年度考核评为优秀,甚至有的记功。

名著阅读课程化,带动着我们整个语文教学的改革,是立德树人的一条捷径。

参阅文献:

[1]中华人民共和国教育部制定. 义务教育语文课程标准:2011 年版[M]. 北京:北京师范大学出版社,2012. 1 :23.

[2]温儒敏. 功夫在课外——致"整本书阅读上海论坛"的一封信[J]. 语文学习,2018(1):26-27.

[3]韩业春. 课外阅读课程化助力学生阅读[J]. 文学教育,2016(7):89.

[4]陆丽萍. 享受名著阅读——初中生名著阅读指导的一点做法[J]. 中学教学参考,2011(1):36.

[5]杨洪雪. 任务驱动式教学方法的特点及过程设计[J]. 教学与管理:理论版,2006(10):129.

[6]全国中小学教师继续教育网组编. 义务教育课程标准 2011 年版解读. 初中语文[M]. 北京:中国轻工业出版社,2012. 10 :117.

读写融合　双效双赢
——初中生整本书阅读教学策略探究

天津市实验中学　刘艳秋

摘　要：在新一轮课程改革中，“整本书阅读”成为语文课程的“正规军”，走上课程化的道路。整本书阅读目的是培养学生广泛阅读的兴趣，扩大阅读面，增加阅读量，提高阅读品位；在整本书阅读过程中，读整本的书，多读书，读好书，好读书，显得尤为重要。本文旨在通过对阅读问卷调查结果的分析，探寻整本书阅读教学策略，特别是读与写相融合，通过阅读感悟写作方法，通过写作提升阅读能力，实现读、写、教学的双效双赢。

关键词：整本书阅读　读写融合　阅读策略

《中学语文课程标准》中提道：“广泛阅读各种类型的读物，课外阅读总量不少于260万字，每学年阅读两三部名著。”自统编初中语文教材在全国通用始，就将“名著阅读课程化”纳入课程体系，如何指导学生进行整本名著阅读已经提升到国家层面，提高学生的整本书阅读水平是语文教学的重要任务。

中学生目前的阅读现状呈现碎片化、拼接式的特点，很难形成一个完整的知识框架，课堂上使用的语义教材又以单篇文章为主，阅读时间短，阅读目的单一，学生很难建构起文章之间的意义关联。而整本书阅读能够完整体验名著的深刻的思想性和高超的艺术性，可以说，整本书阅读就像是一幅画质优美的长卷，使学生能够长久地沉浸在这文化长卷里，不断发掘，不断探索，不断提升，积淀人文素养，提升写作能力。

为全面了解整本书阅读的现状，我们根据中高考要求阅读的篇目，制作了调查问卷，向全区学生做调查，了解整本书阅读现状，探索整本书阅读教学策略。现仅以《傅雷家书》为例。针对阅读习惯的问题，数据显示34.98%的学生能够做到“逐字逐句阅读”，33.06%的学生能够做到“阅读重点部分，有选择地略读或跳过部分情节”，占了学生总人数的近70%，这说明绝大部分学生能够按照老师的要求进行阅读。同时我们也要注意，还有近30%的学生是“快速浏览”或“随心所欲”，这部分学生需要教师在指导过程中特别留心，多多加以指导，提升阅读感受。针对读写结合的问题，调查结果显示：12.85%的学生能够做到“每次都动笔”，17.27%的学生能够做到“经常动笔”，这是可喜的现象；43.49%的学生仅能够做到“偶尔动笔”，甚至还有

26.39%的学生“几乎不动笔”。说明学生在读写结合方面还不够主动，教师在阅读指导上应该加强读写结合的方法指导。教师要以语文核心素养为出发点，通过批注式阅读、探究性鉴赏阅读、读书交流等读写融合的形式落实整本书阅读的能力，于润物无声中提升学生的写作水平。

针对上述数据分析，在教学实践中，对于整本书的读与写，笔者进行了一些成功的探索，教学策略如下：

一、兴趣引导，在氤氲书香里激发阅读向往

阅读是思考的过程，更是兴趣推动的过程。只有感兴趣，才能有阅读的动力。英国学者曾提出：“要利用班级图书馆和公共图书馆中的读物，使儿童阅读内容的选择视其兴趣享有相当的自由。”这就是根据学生的兴趣，给学生充分放权。

每到周四的下午两节连课时，笔者就利用学校图书馆资源，给学生们创造最好的馆内阅读时光。笔者带领学生们在图书馆度过了一个个美好的下午。从“自由盲读”到“限定性阅读”，帮助学生在书海中有目标地徜徉。突出与生活接轨，重视兴趣引领。在指导阅读《西游记》这部作品时，为了将名著阅读生活化，笔者设计了读写结合题“仔细品读作品中鲜活的形象，思考你的家庭成员和小说中哪个人物有相似点，如果让你导演你们一家人去取经，家庭成员都将扮演什么角色，写一小段文字加以描述”。学生们的阅读兴趣一下子被调动起来，脑海中纷纷呈现家庭成员的形象，依据文本的描述，开始对号入座。“古灵精怪的我是孙悟空，整日唠叨的妈妈是唐僧，受累不讨好的爸爸是猪八戒，任劳任怨的爷爷是沙师弟，踏实肯干的奶奶是白龙马……”瞧这一家，取经路上定有不少有趣的故事。

图书馆阅读持续两个学期后，用学生们自己的话说，就是“现在，读书已经成了我生活中的一部分，在我的家里，书桌上，茶几上，床上，甚至连阳台上都摆着我的书。在学校的图书馆里，我收获了很多很多。图书馆是一个让人喜欢的地方。喜欢上那里的一份安静，一缕书香，一份积累……”只要学生能够沉浸其中，素养就在潜移默化中提升。

二、平台交流，在自我抒写中融合阅读体悟

日本学者村上春树说：“每个人都有属于自己的一片森林，也许我们从来不曾去过，但它一直在那里，总会在那里。”阅读，能让我们走进那片森林，用一棵树去摇动另一棵树，用一片云去推动另一片云。教师的指导作用给予学生展示交流的平台，走进整本书中，引导学生学会自己整合信息。我国著名教育家温儒敏也说：“培养读书兴趣，让学生多读书，读好书，好读书，是语文教学的牛鼻子。”

为了给予学生展示交流的平台，笔者在班级公众号“秋思家园”中开辟专栏“读万卷书”，给学生们一块交流发表名著读后感想的阵地，目前已经成功发表《不畏曲

折，方显本色》《生如夏花，逝如秋叶》《文以载情，吟咏青春》等20部高质量的作品，大家争相阅读，在平台上“比、超、赶、帮、学”。此外，在班级公众号的“家书心语”专栏中为家长开辟阵地，交流育子之道。其中也有母子书信交流时谈到阅读之重要，母亲这样写道：“孩子，当从未想象过的复杂人生真的发生了，我们有一种办法可以让自己不那么慌乱，那便是阅读。读书虽然无法帮助我们彻底打败疫情，却可能成为我们疗治精神创伤的良药，让我们在这段特殊的日子里沉淀自己的心性。”儿子在回信中说道：“读书让我有底线，存善良。想起那些身着厚重的防护服，持续工作十小时以上的医护人员，想起在风雪中值守的警察叔叔，想起日夜奔波的外卖小哥，感谢那些为我们遮风挡雨的人们，用他们的无私奉献换来我们平静的生活。”这对母子的信件往来正是对《傅雷家书》作品的最好演绎，真正做到了读写融合，双效双赢。

三、批注促进，在勤于笔记中提升阅读水准

阅读要得法，高质量的阅读都是配合好的方法的。“批注评点”就是最高效的方法，其本质上是一种思维训练过程，可以呈现自己的生活经验，吐露自己的心声，每一次实践都使知识得以迁移，形成习惯，能够提高写作能力。

通过教师的指导，学生们已经养成了一种好习惯——勤于做批注笔记，既是与自己交流，也是与作家交流，还可与同伴交流。名著《钢铁是怎样炼成的》主人公保尔有经典豪言：“人最宝贵的东西是生命。生命属于我们只有一次。人的一生应当这样度过：当回忆往事的时候，他不为虚度年华而悔恨，也不为碌碌无为而羞愧；在临死的时候，他能够说：‘我的整个生命和全部精力，都已经献给世界上最壮丽的事业——为人类的解放而斗争。’”学生们读后做批注说：“疫情当下，我们更需要的是沉下心来，刻苦读书，努力学习。危机的同时也是进步的契机，学习的同时也是默默地支持。此刻的我们，读书是一种责任。当危难来临，我们将不会躲在父母身后嘤嘤哭泣，而是用学到的科学知识武装起自己，去战胜危险，救他人于危难。”学生将文学与生活紧密地联系起来，文学起到了指导其世界观、人生观、价值观的作用。

四、深入探究，在整篇模仿中转化感悟创新

“一千个读者有一千个哈姆雷特。”同一部作品，不同的人阅读，关注点会有所不同，生成的文本会各具形态。在指导学生阅读《木兰诗》时，笔者结合名著名言阅读，给学生们出了一道关于“小鸡过马路”的微型作文题，将“读”与“写”结合起来，先给出了一些例句，之后要求学生们模仿原著并发挥想象进行创作，班中呈现了不少佳作。

如：鸡路诗

鸡鸡复鸡鸡，小鸡过马路。不闻过路声，唯闻鸡叹息。

问鸡何所思，问鸡何所忆。鸡亦无所思，鸡亦无所忆。昨夜过马路，父母鸡陪伴，

忽有大卡车,碾死父母鸡。小鸡无兄弟,阿鸡无姊妹,愿为志愿鸡,从此过马路。

东街过马路,西街过马路,南街过马路,北街过马路。旦辞鸡群去,暮宿路两旁,不视黄灯红灯亮,但视车水马龙鸣嘀嘀。旦辞路旁去,暮至路中央,不视前路漫漫远,但视爪下地皮反。

万里赴马路,平地度若飞。朔气传鸡啼,寒光照鸡落。小鸡过路死,壮鸡无敢过。

上天见父母,父母升天堂。上下天堂路,群鸡还得过。上帝问所欲,小鸡不愿等红灯;愿驰一双爪,继续过马路。

小鸡变老鸡,娶一过路鸡;诞下两枚卵,孵出二小鸡;小鸡不吃素,专从父母过马路。小鸡成老鸡,老鸡诞小鸡,老鸡不会死,仍有小鸡生,未有几多年,鸡群覆天堂。过路看上帝,上帝甚惊忙:不愧过路鸡,岂是小色蓬蒿鸡。

雄鸡脚扑朔,雌鸡爪迷离;群鸡过马路,安能辨我是哪只?

通过仿写,学生根深了解了古乐府诗的风格特点,笔者又带领学生们阅读整本的《乐府诗集》,对其通俗的语言、叙事的写法、细致入微的人物刻画、完整的故事情节、典型的细节描绘、重女性题材等特点有了更深入的认识,也为高中学习《孔雀东南飞》打下了坚实的基础。

五、创新想象,在小说续写中升华阅读体验

我国古代文论家刘勰在《文心雕龙·神思》中指出:“文之思也,其神远矣。故寂然凝虑,思接千载;悄焉动容,视通万里。吟咏之间,吐纳珠玉之声;眉睫之前,卷舒风云之色。其思理之致乎!”刘勰这段文字具体描述了想象的特性。由此可见,想象在读写融合教学指导过程中是很重要的。

阅读教学和写作教学是密不可分的,我们强调“学以致用”,把阅读课和作文课有机结合起来,把阅读中学到的知识灵活地运用于写作,就是最好的“学以致用”。笔者在教授莫泊桑《我的叔叔于勒》一文时,为了将阅读教学与写作教学有机地融合,最后笔者出了一道续写结尾的练习题,开启学生“写”的欲望,并促进由一篇到整本的阅读。

题目是这样的:“如果在船上看到的是富翁像于勒,那么菲利普夫妇又会有哪些出色的表现呢?请展开想象,续写故事,注意人物语言、神态、动作描写。开头为:回来的时候,我们换乘了圣玛洛船……”学生们纷纷开动脑筋,展开丰富的想象。有的学生写的是菲利普夫妇这次主动去相认,极尽阿谀奉承之能事,结果自讨没趣,认错了人……

学生们乘着想象的翅膀在广阔的空间里自由地翱翔。交流之后笔者又带领学生阅读整本莫泊桑的小说集《羊脂球》,对作家的创作风格有了更深入的探讨,对作品“情理之中意料之外”的写法有了更深刻的认知。

“路漫漫其修远兮,吾将上下而求索。”对整本书阅读策略的探究永无止境,读写

融合是一条值得探索的路径，这将极大地拓宽学生们的阅读视野，增加学生的阅读积累，提升学生的写作水平。让阅读成为一种习惯，让写作成为一种提升。

参考文献

[1]赵晓雷. 青青书吧之《傅雷家书》聆听谆谆教诲 感悟悠悠亲情[J]. 新语文学习(初中版)，2010(11).

[2]周启群. 父母的榜样，家书的经典——读傅雷《傅雷家书》[J]. 全国优秀作文选(初中)，2011(Z1).

[3]邓彤. 整本书阅读六项核心技术[M]. 华东师范大学出版社，2019.

[4]倪岗. 中学整本书阅读课程实施策略[M]. 商务印书馆，2018.

基于核心素养的初中语文名著阅读教学策略实践

天津市梧桐中学　安　宇

摘　要：培养学生的语文学科素养，是语文教学的根本任务。部编本教材明确提出了名著阅读的学习任务，这就使得语文教学资源得到极大丰富。毫无疑问，名著一定是"语言""思维""审美""文化"四大核心素养的集大成者，但是如何利用好这些资源，使学生不仅能发自内心地参与，并且学有所得，有所领会，是每个语文教师都要面对的课题。经过不断的实践探索，以培养学生的核心素养为目的，在教学中从师生共读出发，以兴趣为导向，并结合初中学生的心理特点，设计多种活动形式，采取不同评价机制，引导学生走进名著世界，感悟语言艺术之美。

关键词：核心素养　初中语文　名著阅读　教学策略

近几年，学科核心素养的理念已经深入人心。所谓语文学科核心素养就是"学生在积极的语言实践活动中积累与构建起来，并在真实的语言运用情境中表现出来的语言能力及其品质；是学生在语文学习中获得的语言知识与语言能力，思维方法与思维品质，情感、态度与价值观的综合体现。初中名著阅读是培养学生语文学科核心素养的重要阵地"总主编温儒敏教授在谈论初中语文"部编本"的编写思路时指出："现在语文教学问题就是读书太少，很多学生只读教材、教辅，很少读课外书，语文素养无从谈起。"而将名著教学纳入语文教材，正是提升学生语文素养的有力举措。

一、核心素养下名著阅读教学的意义

传统的语文教学对于学生来说就是对于教材的学习，但由于篇幅、教学安排等因素制约，学生的学习范围相对狭窄。而"部编本"教材中加入了名著导读，给学生的语文学习打开了一扇新的大门。学生发现语文不仅是课本那些局限性的内容，还有如此广袤的阅读世界，这对于提升他们的语文综合素养、拓展眼界都具有重要意义。

名著阅读教学有利于学生思维的发展与提升，改变学生把阅读当作消遣的观念，引导学生结合自己的生活体验，深入文本，读出感悟，读出审美。此外，教师可以引导学生运用多种阅读技巧，把握细节，将自己的感悟诉诸笔端，读写结合，也有利于"语言的建构与运用"这一核心素养的培养。

二、目前初中语文名著阅读教学存在的问题

首先，教学资源仍需挖掘。教材是教学的第一手资料，教材中“名著导读”板块向学生简要介绍了所读书目的文学常识，也根据不同的文学体裁提出了切实可行的阅读方法，但相对于学生来讲还是比较抽象的，学生很难体会到原著文字的精妙。这就需要教师在细读原著的基础上，多渠道寻找教学资源，指导学生去阅读。否则，只依靠教材，名著阅读教学难以深入推进，也不利于学生阅读能力的有效提升。

其次，教学方式还有待转变。初中生正处于思维发展的关键时期，也有比较强烈的表达欲望，并且想象力和联想能力较为丰富。然而目前大部分的名著教学还采用传统的讲授型方式，学生被动接受，机械式地记忆教师总结出的知识点，课堂比较沉闷。或者有些教师没有考虑到班级学生的整体阅读水平和阅读差异，实行统一化阅读指导，同时活动形式也比较单一，缺少互动。在这种环境下，学生很难感受到阅读的乐趣，学习的主动性不高，也就无法把握原著中所折射出的美学和思想价值，也就无法达成发展学生核心素养的目标。

最后，学习评价方式应更多元化。学习课文时，教师了解学生的掌握情况，多来自课堂笔记、课后作业或随堂检测等方式，评价标准单一，学生以被动接受为主。但名著阅读教学则更关注学生的主动性，因此，教师要思考更加多元化的评价方式，既让学生把原著读进去，又让学生有具体可行的学习任务，以保证每名学生都学有所得。

三、核心素养下初中语文名著阅读教学策略

1. 师生共读，教师做好领路人

所谓“共读”，即师生一起读一本书。“语文老师要当读书种子”，就是要教师起到示范引领作用，教师读进去了，学生才可能有兴趣。

第一，建立一个师生、生生互动的阅读交流平台，提高“共读”效果。学生的文本阅读、问题研讨等活动，可以借助网络完成。例如师生通过微信发布小程序作业，学生回答交流，或就某一情节书写阅读体会，师生、生生之间互评，尤其为课堂表现较内向的同学提供了展示平台。

第二，对于篇幅较长的名著文本（如《西游记》《水浒传》），可采取小组合作的阅读形式，减轻个体任务量，消除畏难情绪，学生比较容易完成，阅读质量也有所保证。例如《水浒传》，教师将学生分为十个小组，每组负责十二回。按照阅读计划，每周的负责小组轮流将阅读心得以笔记、思维导图的形式进行课堂展示，师生共同加以补充完善，强化记忆。

2. 激趣促读，提升学生阅读品质

“语文教学应激发学生的学习兴趣，培养学生自主学习的意识和习惯，引导学生

掌握语文学习的方法,为学生创设有利于自主、合作、探究学习的环境。”只有兴趣才能使学生走近这些跨越数十年乃至数百年的著作,打通古今、中外界限,使名著进入学生内心世界。

(1)选取精彩情节,激发学生兴趣

大部分名著作品都不乏经典情节、选段,教师可以以此为切入点,给学生进行讲解,吸引学生注意力,从而激发学生的阅读兴趣。以七年级下册《海底两万里》为例,这部科幻小说很能调动学生的阅读兴趣,在教学中,教师利用七年级学生思维活跃、好奇心强的特点,选取尼摩船长与大家一起击退土著人、摆脱冰山之困、尼摩船长勇斗鲨鱼救采珠人等故事情节,分享给同学们。同时选择书中描述光怪陆离的海底世界的语段,让学生们产生阅读欲望。

(2)借助影视图像,加强阅读感受

影像较之文字,更为直观。《水浒传》《西游记》人物众多,有些具有相似性,教师可以将书中描写人物的文字节选出来,并配以图片进行对比,让学生猜人物,加强感性认识。对于重要人物的故事,可以搭配影视作品,让学生在欣赏之余,与原著进行对照,概括内容。

(3)漫画勾勒形象,加深人物印象

初中生爱好动漫的很多,他们擅长用图画来表达心中所想,利用这一特性,教师定期组织班级名著动漫展,如学生阅读《西游记》,绘制“众仙像”“百妖图”;阅读《水浒传》时,学生勾画“英雄谱”,着重于表现人物的特点,例如林冲要突出“豹头环眼,燕颔虎须”,使用的兵器是丈八蛇矛等,这样让学生对这些英雄更加熟悉,印象更深。

(4)组织话剧表演,提升认知情感

形式单一的课堂不利于学生核心素养的培养,教师适时满足学生爱玩的天性,调整学习形式,可以有效地增强教学效果。名著中有一些画面感强,适合表演的场景,教师可以引导学生在忠实于原著的基础上,适当加入自己的个人体会,以话剧表演的形式呈现出来。例如《西游记》可选择经典故事“三打白骨精”“三借芭蕉扇”“真假美猴王”这些人物性格比较丰富,戏剧冲突较为明显的章节,学生戴上自己制作的面具或头饰,扮演角色,还原情节。尤其是对于孙悟空与唐僧的师徒之情从猜忌、决裂到重归于好这一点上,最能强化学生对人物的情感认知。未参与表演的同学作为观众,为小演员们来打分,评出一、二、三等奖。这样不仅活跃了课堂气氛,也增强了学生的自信心,提高了课堂参与度,而且从表达、理解等多维度培养了学生的语文素养。

3. 开展学习活动,锻炼学生思维能力

(1)专题探究下的小组合作

如果只是了解名著的故事内容,那这样的阅读仍然停留在感性的认识上,并不能锻炼学生的理性思维。部编版教材在名著导读中都设置了“专题探究”模块,教师可着眼于名著的写作背景、内容、立意、写作特点等方面,让学生以小组合作的形式,结合阅读体验及已习得的阅读技法，选择自己感兴趣的专题深入文本进行探究。

例如《骆驼祥子》中设置了“给祥子写小传”“探寻悲剧原因”“话说‘洋车夫’”“品析‘京味儿’”四个专题，涵盖了《骆驼祥子》的人物、社会背景、语言等多个维度。再如《红星照耀中国》中安排了“领袖人物和红军将领的革命之路”“关于长征”“信仰与精神”三个大专题、14个小专题，囊括了书中的全部主要内容。学生按照专题提供的思路，不仅能有效把握阅读重点，明确阅读方向，更在归结归纳的过程中锻炼了自己的逻辑思维能力和语言表达能力。

(2)基于提升探究能力的创新式阅读

不同于传统教学方式中教师的“一言堂”，核心素养对阅读教学提出了新的要求、新的标准，即倡导师生进行平等、良性的沟通对话，鼓励学生踊跃发言，敢于、善于发表自己的见解。这需要教师在课堂中营造对话的氛围，为学生预设一些疑问，引导学生参与讨论，深刻理解作品成书年代的历史现状；也可以将原著中的人物放置于当代语言环境之下，引导学生关注现实生活。

例如在《骆驼祥子》的教学中，笔者将教学目标确定为如下两个方面：一是学生总结祥子“三起三落”的内容和原因——这是对小说写作背景的深入理解；二是学生思考如果祥子最后没有死，那么他的命运会有变化吗？学生基于小说情节和人物性格，深化了阅读体验。学生以“我眼中的______”为主题，分享阅读感受。有的学生以虎妞为切入点，“虎妞以为得到祥子就是幸福。她以假孕赢得了幸福，但最后又死于难产，这个获得幸福的代价太惨重了。所以有些东西看上去很美好的，实际上结果未必如人愿”。这就读出了自己的独特感受和体验，可以说是阅读点亮人生。

而在阅读《水浒传》时，让学生点评最喜欢或印象最深刻的英雄人物，思考梁山起义的爆发原因和覆灭原因，宋江是否是最合适的领导者……这些问题不局限于故事情节的探讨，而是融合了政治、历史等学科知识，引导学生进一步思考探索文本背后的历史文化内涵。

《西游记》是初中学生最感兴趣的名著，因为孙悟空身上具备着正义、勇敢、智慧等美好品质，是惩恶扬善的英雄化身，但是如果孙悟空生活在今天这样一个法治社会，他的所作所为还能被人们所接受吗？而猪八戒也从原本好吃懒做、贪恋女色、爱耍小聪明的这样的一个负面形象，在今天被很多人读出了贴近生活，老实憨厚的特点，你是否同意这样的观点？《儒林外史》中“范进中举”这样看似荒诞的故事是否真实发生过？今天是否还有类似范进这样的人呢？教师引导学生跳出思维定式，珍视他们的质疑能力和创新精神，尝试进行类似的语文实践活动，从多维度去理解作品，加深学生的阅读体验和对社会的认识。

4. 多种评价机制，展示阅读成果

(1)开展比赛，调动阅读积极性

阅读《西游记》《水浒传》，每一回学生自己制作一份测验小卷，内容涉及三道判断题、一道选择题和一道简答题。首先在小组内部开展阅读比赛,组内同学交换试卷,进行改卷、评比,登记成绩。连续两周成绩最高的同学直接晋级月赛,每组累计三名同学参加月赛。比赛题目由每个小组未晋级同学制定,分为必答题和选答题,教师最后进行筛选整理,确保比赛公正,按得分高低评出奖项。学期末进行两个任教班级之间的名著阅读比赛活动,通过班级间的竞争,调动学生的阅读积极性。

(2)重视笔记,强化阅读能力

阅读和写作是语文学习两个重要内容,二者往往是互相促进的关系,如果只读而不写,语文学习就缺少了一个重要环节。而名著之所以能流传下来,除了那些耳熟能详的故事,还得益于隽永的文字,因此学生如果将作品中的好词佳句或者经典的写作片段进行摘录,假以时日,将是一份价值颇丰的写作素材。例如《钢铁是怎样炼成的》当中保尔・柯察金的那段对于生命的经典论述,激励了一代又一代的青年,相信也会给今天的学生以鼓舞。通过笔记摘录,学生受到心灵的启迪,感受到来自主人公的力量。

除了摘录,读书报告也是一个比较有效的阅读评价方式。如学习《朝花夕拾》这样的中短篇作品集时,学生可以据主人公的经历为他做小传,也可以结合作品的主题探究进行总结。学生分享自己的阅读技巧,提出阅读中的疑问,以讲故事、谈感受的方式进行交流,畅所欲言。总之,学生动笔写作,以写促读,有效培养了学生的语文核心素养。

由于名著之间的篇幅、思想价值、美学价值也存在着差异,有的适合跳读,有的适合精读,也有的适合泛读,教师也需要给予学生读书方法的指导。因此如温儒敏教授所强调的:注重"一书一法",每次"名著选读"课,都引导学生重点学习某一种读书的方法。激发兴趣,传授方法,是"名著选读"设置的改革方向。

四、结语

总而言之,我们要抓住名著阅读教学这一主阵地,利用好"部编版"教材,立足于学情,尽量采用多种教学手段,从学生的兴趣和阅读实际需求出发,调动学生的阅读积极性,帮助学生发现阅读的快乐,为提升学生的综合能力奠定坚实基础,最终实现培养学生语文核心素养,为学生终身发展奠基的教育目标。

优化语文学科常态课教学的策略和实践

天津外国语大学附属外国语学校　王　虹

摘　要：在教育多元化的当下，随着各个学段课程改革的不断深入，信息化技术在教育教学中的引入等因素的影响，各类课程样式异彩纷呈，教师要面对各种各样的课程形态。但教学本身是一种常态教育，每一位教师三十到四十年的时间都要面对常态课的教学，因此教师要清醒地认识到上好每一节常态课，并有效地提高常态课的课堂效率才能真正使学生得到收获、教师有所收益。切实地做好常态课教学的优化设计才能实现提高真实课堂教学质量的最终目的。在提倡语文素养培养的当下，在常态课中做好各种课型的合理设计，渗透各种常态课的课程思政是值得教师进一步探索的课题。

关键词：新课改　常态课　有效性　语文教学

一、研究缘起

在每一位教师的职业生涯中会经历各式各样的课型，观摩课、示范课、公开课、展示课……新手教师或是名师都被要求在各种场合展现公开课，在各类教师的演绎下每一节展示课宛如师生表演的盛宴，教师行云流水地安排，教学环节环环相扣，学生讨论答题层层推进，甚至是和下课铃声完美契合的结束语，每一个桥段都仿佛精妙的演出让人陶醉。但当盛宴落幕，观众们的心平复之后，我经常陷入思考，我们可以从这许多做了展示课的优秀的前辈身上学到了很多，他们也通过自己的展示课教学中的亮点呈现给了大家，但回到现实的课堂上我们无法做到每一堂课都如此完美、我们不能保证每一次师生互动都那么天衣无缝，常态课课堂很难达到展示课那样完美的教学效果，我们无法把展示课的形态完全复制到每一节常态课中，针对教师如何理解展示课和常态课等相关问题，我展开了调研和思考。

二、简单的调查

通过简单的调查和访问，得出了以下结论：有 97.3%的受调查教师进行过公开课或展示课，99.4%的教师认为自己的展示课和常态课是有区别的，100%的教师认为能将自己的展示课运用到日常教学中,但能运用到教学中的比例很低,能够直接运用到课堂的更多的是教学理念。83.7%的教师表示展示课前进行过试讲,有56%的教师就是选择自己班的学生进行试讲,也就意味着这些学生在正式进行展示课的时候,是他们听课的第二遍甚至是很多遍。就教师态度而言,很多教师认为自己的常态课和展示课最大的区别是状态,展示课中即使使用的是自己所教授班级的学生,教师也会有紧张感,不可能更放松的呈现课堂,学生也会因为有其他众多教师在课堂上在回答问题与教师互动过程中不够松弛。教师明确表示,展示课就是演出,日常课程样态不会用展示课的形式。

调查显示展示课和常态课还是有距离和区别的,同时教师更迫切地希望获得更具可操作性的常态课的指导。

三、关于常态课整合的思考

1. 常态课的重要性

常态课是学校最常见的一种教学形态,语文学科常见的常态课有讲读课、自读课、作文课、习题课、试卷讲评课等样式。常态课也是学生学习的重要途径,是基于教师对教学大纲的解读、教育文本的研读、教学方式的熟练掌握的基础上,针对自己所任教班级的学情,引导学生最大限度地吸收知识、提升学生学科整体素养的课程。中学语文学科的特性决定了中学语文学科的核心素养的四个维度,其中思维发展与品质维度中对于学生品质的培养,文化传承与理解维度中对于传统文化的理解,都需要教师通过常态课堂的讲授潜移默化地将这些思想的种子植入学生们的心灵。

上好每一节常态课是教师应该追求的目标,在常态课的课堂上,教师熟悉教授的内容,了解每一个学生的状态,可以自由地将知识融会贯通。一名教师终其一生要上几十年常态课,新手教师在反复的常态课教学中进行反思,对所教授的课程一遍一遍地融会贯通,最后成长成为熟练教师。当教师熟练掌握了教学内容后,再根据每一届学生的不同,教师依靠自己已有的学情经验,结合此时此刻正在学习的学生开展有针对性的教学,力求每一节课收益最大化,这才是师生共同收获的课堂。

2. 语文学科常态课整合

随着"双减"政策的不断推进,学生和家长都对初中课堂提出了更高的要求,也就是希望有更多的优质的常态课变成日常。我尝试通过对初中教材的梳理,将不同课型常态课进行整合,打破原有常态课的窠臼,探索更高效的新型常态课样式,并加以实践,希望总结出更适合初中学生发展、更有针对性的常态课样式。根据教材内容的编排,我总结出有两种相对比较容易操作的课型整合样态。第一是,讲读课和作文教学的整合,即通过对课文的讲授迁移出写作方法的指导;第二是讲读课和习题课的整合,及通过对课文的分析总结出以阅读题答题技巧为主的答题方法模板。同时随着课程思政的日趋重要,我们也找到了一些课文在讲授中课程思政的整合点,当然课程思政作为思想教育的重要一环，我们也会在今后的文章中做更加详细的阐述：

课文(主要以精讲课为例)	作文教学整合点	习题课整合点	课程思政整合点
七年级上册			
春	描写手法	鉴赏题答题技巧	
秋天的怀念	托物言志写作，抓住物象特点		家庭观教育
植树的牧羊人	如何提高记叙文真实性		环境观教育(绿水青山就是金山银山)
走一步再走一步	人物心理描写手法训练	心理描写的作用答题技巧	克服困难的方法
猫	记叙文中次要人物作用	情节作用答题技巧	
狼	记叙文人物的选择		
皇帝的新装		情节梳理技巧	
七年级下册			
邓稼先			爱国情操养成
说和做	记叙文中人物描写手法		
老山界		环境描写的作用	革命爱国主义教育
谁是最可爱的人	点面结合手法		革命爱国主义教育
老王	白描手法		
驿路梨花	如何巧妙设置悬念		革命爱国主义教育
紫藤萝瀑布		融情于景答题技巧	
八年级上册			
飞天凌空	细节描写		民族自豪感
一着惊海天	场面描写		民族自豪感
藤野先生		文章线索梳理	
白杨礼赞	象征手法		
富贵不能淫			个人品德修养教育
愚公移山		对比手法	个人品德修养教育
八年级下册			
社戏	细节描写		
壶口瀑布	景物描写手法		
在长江源头各拉丹东		语言分析	

3. 常态课整合的实践

通过几个常态课的课堂实录片段的呈现,突出语文核心素养的培养在于教师的精心预设和巧妙生成。我们可以看到在常态课中教师是如何渗透阅读技巧、写作手法等知识点,以及挖掘文本中思政内容,培养学生的情感、态度和价值观。

(1)《种树的牧羊人》关于真实性的讨论

师:这篇文章是真实的事件吗?

生:不是,介绍背景的时候说是作者编的。

师:但是为什么有很多人去找这片森林,去找这个老人呢?

生:因为太真实了。

师:为什么真实?

生:时间,有很明确而真实的时间。

师:对的,故事中明确的时间线是让读者感到真实的重要原因。还有吗?

生:细节描写,能够有真实的画面,所以就觉得真实。

师:所以同学们写作文的时候要注意,想要让你的文章真实,要注意在心中有腹稿安排好细节,才能够让你的文章更有感染力。

教师反思:本段实录是在课文背景下引导学生思考小说创作如何更好地实现真实性的问题,既对初中学段学生的小说阅读进行了浅显的指导,又触类旁通在写作中提示学生注意用明确的时间线促进叙述的真实性提升。

(2)《走一步,再走一步》心理描写的作用

师:请同学们划出文章第二部分"我"被弃在悬崖上我是一种怎样的心态?

生:(找句子)全身颤抖,直冒冷汗……

师:这些句子有什么特点?

生:大部分都是动作描写。

师:再找第三部分"我"在父亲的指点下终于征服悬崖过程中的心理变化。

生:(找句子)我下不去! 我会掉下去,我会摔死的! ……我能办得到的。

师:这些句子有什么特点?

生:能够体现心理活动,也有一部分动作。

师:这对我们今后作文有什么启发?

生:可以通过动作表情来表现人物心理变化。

师:人物描写的方法有很多,我们可以通过各种方式塑造人物,心理活动是不容易呈现的,可以通过可观可感的方式呈现出来。

教师反思:本段实录指导的是人物描写中心理描写的作用,同时也有对学生进行思想教育的切口,教师可以根据不同的课堂反馈进行调整。

(3)《猫》文章中邻居周家丫头、张妈的形象作用

师:文中为什么要写周家丫头看到别人抱走小猫?

生:因为,如果她当时阻止或者马上和我家说,也许第二只小猫就不会丢。

师:作者可以不写周家丫头吗?

生:不写也行,和情节没有什么关系。

生:我不同意,我觉得写好,写了就说明小猫还是可以救回来的。

师:写周家丫头是为了批判对事情漠不关心的人们,和当时的社会背景有一定关系,也和作者的写作需求有关。

师:那张妈在文中起什么作用?

生:推动情节发展。

师:好,怎么推动的?

生:张妈说的周家丫头看到小猫被人抱走,证实了第二只小猫的丢失,第三只小猫被诬陷吃鸟,张妈也没有回应,就是默认了第三只小猫吃鸟。

生:如果张妈站出来为小猫辩护,小猫就有可能不会受冤枉。

师:那你们说张妈是沉默好,还是不沉默好?

生:沉默好,这样第三部分作者的自责和内疚会更深刻。

师:非常好,咱们总结,任何故事的叙述中,除了主要人物还要有一些次要人物的出现,次要人物出现是为了主要人物、故事情节、故事主旨服务的。所以同学们在今后的写作中,要注意对人物的设计。同时我还想再和同学们探讨一个问题,咱们抛开情节来说,张妈应不应该站出来为小猫辩护?

生:我觉得应该,如果张妈说了,作者就可能不打小猫,小猫就不会跑不会死。

生:我觉得不说,因为这件事根本上讲和张妈没有什么关系,也许她也没有看清。

学生讨论。

师:同学们现实生活中,如果不是对于一只小猫而是对于一个被冤枉的人,老师希望大家能够做一个有正义感的人,但是由于你们年纪小做有正义感的事情的时候也要注意方法。

教师反思:本段实录指导学生在记叙文中人物设置对情节推动的作用,同时也针对“小猫被冤枉”的事件对学生进行思想的教育,符合学科思政的教育模式。

(4)《狼》为什么晚归的是屠户的思考

师:(展示课文相关情节图片)大家想想为什么晚归的是屠户?为什么不能是书生?

生:因为屠户有刀,书生不会随身带刀

生:因为屠户有力气。(学生们笑)

生:屠户会杀猪,书生不会。

师:大家总结的都有道理,我们说《聊斋志异》是文言短篇小说集,小说具有虚构性,但是即便是虚构也要合理,人物选择的合理是第一步,大家今后作文也要选择最切合题意的主人公和事件。

教师反思:本段实录只是课文讲解中一个非常小的细节,可作为课程引入的一部分,为后文的叙述进行铺垫,同时也对学生写人记叙文的人物选取做出了指导。

这些片段都是教师在常态课教学中引出的对作文选材、立意、写作的思考,学生由笔入心将会把这四个片段中所学到的写作知识运用到今后的作文中去,这就是教师和学生在常态课课堂上共同的收获。

这只是真实教学场景中的小片段,因此说常态课有自己的特点,教师日常要利用好常态课的特点,进行有针对性的教学设计,让学生能够在日常的学习中有所收获。这些常态课教学细节设计朴实无华,达到"润物无声"的教学效果。

4. 针对语文学科教学如何上好常态课,并做好不同课型或者学科的整合

开放的语文课堂是师生民主的体现,教师的主导地位和学生的主体地位决定课堂教学的活力。在民主、开放的课堂上,会更多地出现学生的自由和创新,也会更多呈现教师的机智和急智,这才是语文学科的魅力,这也正是语文学科最为迫切的呼唤常态课的原因,真正向课堂45分钟要效率,高效提高教学质量。教师的课前准备是前提、教学能力基本功是基础、相关知识的积累更新是条件、灵活的教学组织形式是保障,这些都是打造一堂好课的必备要素。

第一,充分的教学准备,吃透弄懂教材

语文教材的编排、专家们精心选取的课文都具有很强的感染力,为学生展现了丰富多彩的人文世界。这就要求一名语文教师要根据教材的特点,钻研、揣摩、挖掘作品蕴涵的思想,精心设计适合学生的教学方法,让学生通过教师的讲授和自己的感悟体会出作者所要表现的真情实感。如果学生能够被课文的语言美、人性美所感动,他们就会与作者产生情感上的共鸣,那么教学目的也就达到了。作为教师要明确具体的学习目标的制定,预设在课堂上的达成状态,这应当成为优质常态课的首要追求。初中学段的教师要在深入理解初中教材的结构的基础上积极熟悉高中学段教材,做好在初中学段对高中学段知识的铺垫。初中语文课程标准要求语文课程应激发和培养学生热爱祖国语文的思想感情,还要通过优秀文化的熏陶感染,提高学生的思想道德修养和审美情趣。语文教师要认真研读教材,对于语文课本的深入理解,了解教材中适合整合的契合点,教师要做到将教材前后勾连烂熟于心,不同篇目相关知识点互相印证,才是吃透教材,在教师自身吃透弄懂教材的基础上,再对教材讲授进行梳理勾连,这样的课堂教学,教师才会游刃有余,学生才会受益无穷。

第二,扎实过硬的教学基本功,驾驭把控课堂

初中课程标准积极倡导自主、合作、探究的学习方式,学生是学习和发展的主体,教师应成为课堂的参与者,针对初中生的特点,师生自然互动,关注学生的个体差异和不同的学习需求,爱护学生的好奇心、求知欲,激发学生的主动意识和进取精神。常态课中要教师首先营造学生参与的学习氛围,通过设计多层次、多角度、多方位的活动方式,最大限度地调动学生学习的参与性和主动性,提高学生自主学习、合作学

习的效果,达到深度学习的目的。优质的常态课中,活动的内容不是随意的,而应该依据课标的要求,结合教材的核心内容设计科学合理的活动方式。教师要练就扎实过硬的教学基本功,能够随时化解课堂上学生提出的问题,讲授要能够形成体系,突出方法引领,在完成课标要求的任务的基础上,根据教材的核心内容、学生的特点和潜能,作出的适当的拓展,使语文课堂成为综合提升学生素养的场所,成为师生积累知识、交流情感、提升思维的舞台。这样的常态课才精彩,学生才能有更多的收获。

第三,多种教学手段辅助,形成开放多元的样态

常态课教学中,语文学科与信息技术教育的整合具有得天独厚的优势,语文教学就可以借助各种信息媒介提供的丰富的信息源,把课本的知识向课外延伸,把语文知识向社会人文延伸,拓展语文教学的空间。微课的推广也更好帮助了语文学科的整合,视频、音频、图像信息可以通过微课的样式,小而微地将语文课程的"面",转化为"点",在5至10分钟的微课中集中突破教学点,同时微课的形态也有助于校际交流学习等方式,让更多的教师在常态课中有所突破。部编版初中语文教材任务驱动模式的教材设置,除了常规的阅读、写作部分外,还包含口语交际、综合性学习部分,这些内容更适合信息技术的辅助,通过信息技术与学科教学的科学融合,可以充分调动学生的主体参与性,教学与生活接轨,教学与学生心灵契合,这样将更有力促进学生深度学习的开展。常态课如一坛酒,经过教师的精心调制,就可以让它散发出醇香厚味的芬芳。可见,常态课的精彩与平淡,就在于教师的经营。

四、总结

综上所述,常态课是每一位教师穷尽一生要为之奋斗的目标,对于教师所面对的每一位学生而言,常态课才是最日常的样子。有最真实的师生互动、有最有针对性的学习指导、有基于课堂教学又超越课堂教学的人生指引,这才是教师作为传道授业解惑者应该追求的最好的样子。教师要通过对教学资源的把握,配合现代技术的辅助,通过自己扎实的基本功,做好常态课的教学整合,给学生提供最好的日常教育。

参考文献

[1]阎立钦.中学语文课程与教学论[M].北京:高等教育出版社,2005.

[2]李子健,倪文锦.语文学科教育前沿[M].北京:高等教育出版社,2012.

[3]皮连生.语文学习与教学设计[M].上海:上海教育出版社,2004.

[4]杨晓伟.发挥公开课引领作用构建常态化高效课堂[J].七彩语文(教师论坛),2015(1):9-10.

[5]黄艳明.上出语文味[M].福建教育出版社,2019.

[6]陈玉秋,周剑清."浸润式"高中语文同课异构设计[M].广西师范大学出版社,2017.

附件:(调查问卷)

1. 您是否进行过展示课以及类似课型的准备?
2. 您认为自己的展示课和常态课是否有区别?
3. 您能否将自己的展示课运用到日常教学?
4. 如您能将展示课的教学运用到日常教学中,可以运用的比例是多少?
5. 您觉得您的展示课能运用到课堂中的是什么?
6. 进行展示课前您是否进行过预演或试讲?
7. 您在展示课前如果进行预演或试讲,进行了多少次?
8. 您在展示课的筹备期平均耗时是多少?
9. 您认为自己的常态课和展示课最大的区别是什么?
10. 您认为展示课运用到常态课中最大的障碍是什么?

浅谈核心素养视域下的高中语文群文阅读教学

天津外国语大学附属滨海外国语学校　夏彬洹

摘要：在“双新”教育教学背景下，培养学生的学科核心素养已经成为中学教育阶段的重要目标。教师要实现对学生语文核心素养的培养，必须做好对他们的阅读指导，因为阅读是语文教学中最基础也是最重要的教学内容。群文阅读教学是提升学生阅读能力的一条重要途径，通过群文阅读让学生在对比阅读中更好地完成文本分析和理解，提升他们的阅读能力，提升学生的学科素养。

关键词：核心素养　高中语文　群文阅读

在新教材、新课标的大背景下，纯粹单篇教学的课堂模式已经显示出明显的滞后性，推动群文阅读教学势在必行，群文阅读是指围绕一组具有相同主题的文章开展阅读活动的教学模式，在教学过程中组织学生进行集体分析，形成共同的认知。群文阅读能够有效开拓学生的阅读视野，训练学生的阅读效率和速度，让学生的阅读水平得到提升。核心素养的培养是高中语文教学的重要方向，对于语文教学来说，教师要从语文学科的核心素养出发来开展教学，在群文阅读中也是一样，要立足学生的核心素养发展来设计科学的教学策略和方案。

一、核心素养视域下高中语文群文阅读教学的重要性

语文教学在理论确立、实践检验、改革修正，再到理论提升、实践检验、改革修正这样的闭环中不断走向深入。高中语文教学特别是阅读教学，长期以来存在的问题制约着教学效果的达成与提升。群文阅读教学作为单篇阅读教学的有效补充，是对过去阅读教学模式的革新，在培养和提升学生语文核心素养上具有巨大的作用。核心素养视域下高中语文群文阅读教学研究，阅读、群文、核心素养三者相互联系，互相作用。核心素养活动开展的中心，是阅读的价值所在、目标所归，群文阅读是提高阅读效果的手段与方式，是实现核心素养培育的具体途径与有效依托。在核心素养视域下探索高中语文群文阅读教学应紧紧抓住语文核心素养这个核心，专注于语言的理解与品味、思维的交流与碰撞、审美的激发与引导、文化的启迪与传承。

群文阅读将突显高中学生的主体性，发挥一篇带动多篇的作用，在精读一篇的基础上，让学生参与到多篇文本的阅读中。教师在这个过程中要发挥出引导者和组织

者的作用,营造良好的阅读氛围,精心设计科学的阅读策略,让学生在自主阅读的过程中对文本形成比较深入的理解。群文阅读最突出的特点就是进行对比,一组阅读文本的主题相似,或者是相同的体裁,教师要带领学生对多篇阅读文本之间的相同点和不同点进行分析,对比文本的写作风格、内容,对于涉及的关键语文知识也要进行对比,并做好总结和归纳,让学生掌握群文阅读的方法,同时还能够深入理解阅读文本的内容和内涵。

二、核心素养视域下高中语文群文阅读教学措施

1. 群文阅读中体现语言的建构与运用

语言是高中语文四个核心素养中最基本的内容,学生在学习中积累的各种语言知识都属于语言建构的范畴。教师不仅要注重学生对语言知识的积累,还应该关注学生对语言知识的运用,真正发挥出语文学科的工具性价值,让学生听、说、读和写的能力可以得到培养。群文阅读中,教师可以让学生从阅读文本中挖掘语言知识。文言文教学中教师需要让学生掌握一些古代字词的含义和运用,教师可以组织群文阅读,鼓励学生自己结合课文的注释、以前学过的古文应用的知识来读懂课文的内容,在此基础上,可以让学生总结和归纳这几篇课文中的虚词、实词等的含义。文言文的阅读对于学生来说难度比较大,教师可以组织分组讨论活动,让学生以小组为单位来整理文言文中一些常见字词的用法、含义,在这个过程中发展学生的语言素养,给学生的语言建构与运用提供平台。

以《荷塘月色》群文阅读教学为例,笔者以教材内课文为课堂讲授的核心,以“体会朱自清散文语言特点”为议题串联起教材课文及《月朦胧,鸟朦胧,帘卷海棠红》《白水漈》《桨声灯影里的秦淮河》四篇拓展性阅读素材,设置“韵律美”“色彩美”“修辞美”三大教学板块,分别列出体现朱自清散文语言不同特色的句子、语篇及段落。如在体会朱自清散文语言“色彩美”时借助多媒体呈现了如下句子与段落:①《荷塘月色》中“叶子和花仿佛在牛乳中洗过一样”;②《月朦胧,鸟朦胧,帘卷海棠红》中“花正盛开,红艳欲流”“黄色的雄蕊历历的,闪闪的”等。学生阅读并品味语言细节,领会朱自清在散文用语上讲求基调淡雅、清新脱俗的特色。

2. 群文阅读教学中发展和提升学生的思维能力

思维能力也是语文核心素养的重要内容,也是以往语文教学中教师非常容易忽视的内容。高中语文教学的内容难度比较大,很多课文传递的内涵和情感都比较深奥,学生理解起来难度较大,这也和学生的思维能力发展不足有关。思维能力包括批判性思维、逆向思维等,在以往单篇阅读教学中,学生自主思考的机会比较少,大大限制了学生的思维发展,让学生对教师形成较强的依赖性,自己独自面对问题时不知道该怎样解决。引入群文阅读教学模式,教师将一组文章放在一起,给予学生充足的阅读空间,可以设计一定的问题或者任务来引导学生的思考,为学生的自主阅读提供方

向，激活学生的思维，让学生在思考、探究的过程中发展思维能力。教师要精心设计问题，体现出问题的导向性和价值性，循序渐进来引导学生的思维不断深入，让学生对课文的理解更加深刻，思维提升更高效。比如以《沁园春·长沙》群文阅读教学为例，可以引入《沁园春·雪》《七绝·改诗赠父亲》《七律·长征》等诗歌，引导学生结合诗歌创作背景、作者革命历程对比诗歌所描绘的情境、所表达的思想情感、透射的价值意蕴、折射的伟人胸怀与精神风貌。学科思维的培养就是在学生的比较之中，求同与求异相结合，发散与集中相结合，借鉴与创新相结合，体悟不同文本的特点。因该群文阅读活动涉及的资料较多，笔者在讲授《沁园春·长沙》时，采取任务驱动的形式，在学生基本掌握诗歌阅读技巧后为学生布置了“资源筹划”任务，利用课余时间在网络上收集相关资料，尽量积累准确素材，自主提炼出多部诗歌情感及思想表达的异同之处。在正式授课时请学生以小组为单位汇报分析与解读成果，笔者予以指导及点拨，进一步加深学生对教材课文及拓展素材的理解，既能培养学生信息提炼与加工能力，又能提升学生对比辨析思维意识。

3. 群文阅读中注重学生审美鉴赏力的发展

审美鉴赏力的培养要求教师要发挥出教材中美文的作用和价值，引导学生来对美文进行鉴赏和欣赏，在鉴赏的过程中发现美、感受美，并鼓励学生创造美，以此来发展学生的审美素养。鉴赏一直以来都是语文教学的重要内容，学生的鉴赏能力的现状普遍不理想，针对这种情况，教师可以以“文学鉴赏”为主题来开展群文阅读，将近代诗歌放在一起形成一组文章，在课堂上设计多样化的学习活动，鼓励学生来鉴赏诗歌。

以《雨霖铃》群文阅读教学为例，笔者以“古诗词中秋天的色彩”为议题串联起《天净沙·秋思》《十五夜望月》《登高》三首古诗，引导学生提炼出体现秋日寂寥、冷清，表达作者思想情感的意象，如《天净沙·秋思》中的“枯藤”“老树”；《雨霖铃》中的“寒蝉”“骤雨”等，使学生走进古诗所创设的“悲秋”意境中，代入作者当时的心境与人生历程中，细细品味古诗的意境美、意象美与情感美，领会古诗寓情于景、情景交融的创作手法，真正感受到古诗语言的魅力。同时，在学生阅读品味完成后，引入刘禹锡的《秋词》，使学生思考悲秋色彩的真正来源，进一步深化学生对教材古诗及拓展素材的理解。

4. 群文阅读教学中注重文化的传承和理解

高中语文教学中有很多优秀的传统文化内容，教师要重视这些内容的教学，强化学生对传统文化知识的理解，并加强传统文化教育，增强学生的文化自信，让学生主动来传承和发扬传统文化，以促进我国优秀传统文化的发扬和发展。在群文阅读教学中，教师可以将传统文化相关的内容组成一组文章开展群文阅读，营造传统文化的氛围，组织学生对传统文化内容进行深度分析和理解。我国的传统文化非常丰富，语文教材上的传统文化内容非常有限，教师在开展群文阅读时，除了从教材中选择具有相同主题或者相似内容的文本,还可以从课外搜索相似的内容,将其融入课堂教学中,丰富传统文化教育的内容,进一步拓宽学生的文化视野。例如《红楼梦》这部百科全书式的艺术作品,涉及诗词曲赋、园林建造、服饰美妆、灯谜对联等,这些点都非常值得挖掘,以小组为单位下发学习人物,打破章回限制,进行群文阅读教学,另外,将《红楼梦》的内容与同期的其他国外作品《浮士德》《红与黑》等小说章节进行比较阅读,增强学生对于传统文化的理解,增强青少年的文化自信。

三、群文阅读教学的注意点

群文阅读以阅读的"量"的积累推动阅读能力"质"的提升。要突出学生主体,防止教师"越俎代庖",以教师自己的阅读代替学生阅读,要将基于教师讲授的教学设计转为基于学生学习的教学设计。要突出目标导向,在选择采用群文阅读教学之前,先要清楚目的与任务,目的明确、任务具体,方可考虑后面的步骤与策略,群文阅读材料的选择,文本题材及数量的选择,需从阅读目的出发。要突出经典选择,群文阅读的实施,不可不加辨别,亦非越多越好。要突出以点带面,群文阅读并不等于拒绝精读,群文阅读在拓宽阅读的量的同时,并不拒绝阅读的质,在宏观把握的同时,也并不拒绝微观的解析,所以,群文阅读在需要的时候,完全可以也应该进行文本的细读,避免将群文阅读与单篇阅读进行人为对立。

四、结束语

总而言之,从单篇出发,以群文延展,单篇阅读致力于文本细读、精读,致力于最大限度挖掘单篇文本的阅读价值;而群文阅读,在阅读的量上有追求与突破,单篇阅读与群文阅读两者之间应该是相辅相成,构成了一种良性的互补关系。从单篇的独奏,到群文阅读的和弦,共同谱写出提升语文学科素养的优雅乐章。

参考文献

[1]刘长乐. 核心素养下的高中语文"群文阅读"教学实践探索[J]. 中小学班主任,2021(10):27-28.

[2]兰靖. 学习任务群指导下高中语文群文阅读教学策略分析[J]. 考试周刊,2021(42):25-26.

[3]刘长乐. 核心素养下的高中语文"群文阅读"教学实践探索[J]. 中小学班主任,2021(10):27-28.

[4]韩高俊. 核心素养视域下高中语文群文阅读教学探微[J]. 新课程,2021(18):42.

抓住事物特征，进行深度教学
——寻找《白杨礼赞》中的“不平凡”

天津外国语大学附属滨海外国语学校　郝　赟

摘　要：《白杨礼赞》是中国现代作家茅盾的一篇著名散文。通过对白杨树的赞美，歌颂了正在坚持抗日战争的北方农民，及其所代表的我们民族的质朴、坚强、力求上进的精神。白杨树的“生长环境、外在形象、内在精神”三大侧面设计了三个活动，三个活动分别是：谈树——寻找“不平凡”、读树——感受“不平凡”、悟树——探究“不平凡”，这三个活动批文入情，抓住“不平凡”的特征，环环紧扣，最后引导学生读出“白杨树的象征精神”，理解那一排排的白杨树就是象征了北方的农民，象征了傲然挺立家乡的哨兵，更是象征了中华民族团结向上不屈不挠的精神！

【关键词】白杨树　不平凡　象征　深度教学

【教学目标】

1. 基础目标：有感情地朗读课文，通过对白杨树具体形象的分析，探究白杨树的“不平凡”之处，初步体会作者对白杨树的“礼赞”之意。

2. 核心目标：小组合作，赏析关键语句，通过朗读与展示，学习象征的写作手法，体会白杨树的象征意义，进一步体悟作者对白杨及其象征之物的“礼赞”之情。

3. 拓展目标：通过朗读体悟，培养学生的审美情趣，丰富其精神世界。课外阅读托物言志类散文，进一步理解散文中象征手法的运用。

【教学重难点】

1. 教学重点：探究白杨树的“普通”与“不平凡”，体会白杨树的象征意义并学以致用。

2. 教学难点：结合时代背景深入体会作者对北方抗日军民的赞美及热爱之情。

【教学方法】诵读法、小组合作探究、多媒体

【教学过程】

一、导入

上节课我们认识了白杨树，了解了作者、划分了层次，最后还造访了位于西北边陲的小白杨哨所，一个哨所，一棵白杨，默默守护着这片土地，陪伴这里的生命静静地

绽放,安详地死亡。今天我们继续走进白杨。这节课我们将从三个层面进行学习:

谈树——寻找“不平凡”

读树——感受“不平凡”

悟树——探究“不平凡”

二、谈树——寻找“不平凡”

作者在文章中不止一次地谈到“白杨树实在是不平凡的!”它到底是怎样的一种树呢?请同学们快速浏览课文,寻找白杨树的“不平凡”之处。(师板书“不平凡”)

要求:我从______(段)中读出了白杨树的“不平凡”,具体表现在____________

自己思考,时长三分钟(可从原文中提取概括关键词)。

(师板书)境:辽阔平坦、黄绿相间

形:笔直、力争上游(干、枝、叶、皮)

神:伟岸、正直、朴质、严肃、坚强不屈、不乏温和

【师总结】

高原美景,用词丰富有情——环境不平凡

干枝叶皮,句句轻柔有美——形态不平凡

不折不挠,字字阳刚有力——精神不平凡

那么作者着重写白杨树哪两个方面的不平凡?(形、神),对应的段落为——(5、7),接下来咱们就重点关注这两个段落。

【过渡语】既然这篇文章是对白杨的礼赞,看来我们停留在默读已经远不能表达作者的感情,所以何不放声礼赞?请同学们在小组内大声读一读第5自然段,互相点评并体会这一段的结构特点,三分钟后以小组为单位在全班随机展示。

评价标准:读准字音,把握重音与节奏,读出作者的赞美之情(感情饱满)。

三、读树——感受“不平凡”

【过渡语】与白杨树外形的不平凡相比,更重要的是它内在精神的不平凡,我们来看两段话:

【第一组】

难道你就觉得它只是树?

难道你就不想到它的朴质、严肃、坚强不屈,至少也象征了北方的农民?

难道你竟一点也不联想到,在敌后的广大土地上,到处有坚强不屈,就像这白杨树一样傲然挺立的守卫他们家乡的哨兵?

难道你又不更远一点想到,这样枝枝叶叶靠紧团结,力求上进的白杨树,宛然象征了今天在华北平原纵横决荡,用血写出新中国历史的那种精神和意志?

【第二组】

你不应该觉得它只是树;

应该想到它的朴质、严肃、坚强不屈,象征了北方的农民。

应该想到在敌后的广大土地上,到处有坚强不屈,就像这白杨树一样傲然挺立的守卫他们家乡的哨兵。

更应该想到,这样枝枝叶叶靠紧团结,力求上进的白杨树,宛然象征了今天在华北平原纵横决荡,用血写出新中国历史的那种精神和意志。

男生第一组、女生第二组。两组反复诵读后由学生思考两组的不同所在。

预设:第一组与第二组相比,变陈述语气为反问语气,更能起到强调的作用,也更加突出了白杨树团结坚强,力求上进的不平凡的精神。

【过渡语(背景补充)】为何作者的情感如此激昂?抗日战争时期,中国国民党顽固派消极抗日、积极反共,而作者看到了中国共产党领导的抗日军民团结战斗的场景,于是留下了深刻的印象。我们一起回顾一下当时的场面。(师播放视频)

茅盾先生从延安回到国统区后想写篇文章赞扬共产党,却不便明着说,因为自己就在敌人眼鼻子底下呀,大家给茅盾先生出出主意,该怎么办?

预设:生:借植物来赞——师:是不是什么植物都可以借?生:应该借高大厉害的——师引出象征手法。

【过渡语】今天老师带来了一位小助手,听听她是如何讲的吧!

师进行微课展示——

同学们好,小郝老师又与大家见面了。

提到“象征”二字,同学们一定不陌生,生活中我们通常会用火炬象征光明,红色象征吉祥如意;用梅花象征坚忍不拔、高风亮节的人格;用菊花象征恬然自处,傲然不屈的高尚品格;用松柏象征刚正不阿的品格……细心的同学也许会发现,之所以用梅花象征坚忍不拔的人格,是因为它迎寒早开;用菊花象征傲然不屈的品格是因为它清丽淡雅,艳于百花凋后,不与群芳争列;而用松柏象征刚正的节操是因为它是一种耐寒树木,经冬不凋的树木……可见,事物本身的特征与被赋予的象征意有一定的内在联系,当你意识到这一点,其实象征的定义也就出来了。“象征”是指借用某种具体、形象的事物暗示特定的人物和事理,以表达真挚的感情与深刻的寓意。

就拿我们正在学习的《白杨礼赞》来说,想要知道白杨树有何象征意义,需要先了解它是一种怎样的树——

白杨是不太讲究生存条件的,大路边,田埂旁,哪里有黄土,哪里就是它生存的地方。

它不追求雨水,不贪恋阳光,哪怕在坚硬的土地上,只要有一点水分,其枝条就会生根、抽芽。它不需要人去施肥,也不需要像娇嫩的草坪那样去浇灌。

白杨树耐严寒,即使零下40℃也能做到无冻害;且抗风、抗病虫害的能力强。

通过刚才的视频我们知道，北方抗日军民的粮食、衣物可以全靠自己造，武器、弹药大部分是通过俘获敌人的装备获取的……可以说，在物资极度匮乏、条件极其艰苦的环境中北方军民没有丝毫退缩。

那么白杨树究竟象征着什么内在精神呢？你一定已经跃跃欲试了，那就到文章中去找找象征的痕迹吧！

四、悟树——探究“不平凡”

1.【小组合作】当一回侦探家，在第5段中找找象征的踪迹（4分钟）

从形发现神

（本体）（象征意）

笔直的干　　示例：象征正直、傲然挺立的哨兵、伟岸、严肃

靠拢的枝

向上的叶

皮光滑并泛出青色

预设：靠拢的枝　　象征　团结的精神

向上的叶　　象征　浓浓的上进

皮光滑并泛出青色　　象征　旺盛的生命力、温和之美

2.【当堂练习】仿写（妙笔生花）：

从“竹子、小草、玉兰”三种植物中任选一种，仿照第7自然段中的排比句写一段属于你自己的“礼赞”（5分钟，3个即可），完成后组内推选后，请代表在全班展示成果。

五、拓展升华

1. 集体诵读，录制“礼赞”之声

出示天津卫视第二节“月光朗读”活动活动邀请函，选用茅盾先生的《白杨礼赞》参赛，请学生从三首乐曲中选择一首作为朗诵配乐，并说一说理由。达成一致后，全班起立，配乐朗诵《白杨礼赞》。

2. 师升华：在艰苦的革命岁月里，虽然山河百战，生灵涂炭，但也正是一批又一批如白杨树一般朴质、坚强、团结的抗战军民，构成了那个时代最鲜亮的底色，也奏响了时代的最强音。茅盾先生不仅象征地对白杨树进行描写，还注入了自己深沉的爱国热情。可以说只有不凡的情怀，才能遇见不凡的白杨。

六、作业布置

推荐阅读——进一步感受象征手法的妙处

杨迎新《白杨礼吊》

朱金平《一棵小白杨》

顾晓蕊《十万残荷》

七、小结

愿我们在自己广阔的生命原野，纵横决荡，努力向上，不折不挠，做生活里的“伟丈夫”！

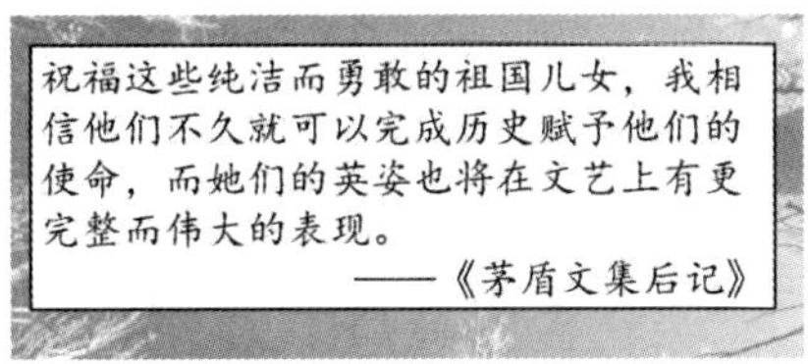

祝福这些纯洁而勇敢的祖国儿女，我相信他们不久就可以完成历史赋予他们的使命，而她们的英姿也将在文艺上有更完整而伟大的表现。
——《茅盾文集后记》

【以朗读做结】

北方有佳树，挺立如长矛。叶叶皆团结，枝枝争上游。羞与楠枋伍，甘居榆枣俦。丹青标风骨，愿与子同仇！

在那个最艰难的年代，茅盾先生充满自信的文字就像感叹号一样在人民心中激荡，让我们看到了胜利的曙光。最后让我们再次放声礼赞。

八、教学思考

深度学习是触及心灵深处的学习，是深入知识内核的学习，是以解决问题为目的的学习。深度学习有以下几个路径：

1. 创设任务情境。《白杨礼赞》感情充沛，是一篇适合朗读的经典美文。学生在七年级已经学过重音、停连、节奏、语速、语调等多种朗读技巧，以“读”贯穿能较好地引导学生加深对该篇文章的理解与体会。

2. 通过小组合作，促进知识深度整合。深度学习不以单纯的知识获得为目的，而是在问题解决过程中展开情境认知和实践参与的学习。通常情况下，学生的理解和认知停留在文本表层，是因为缺少一个巩固、转化和内化信息的时间和空间。《白杨礼赞》的教学中，小组合作共同寻找象征的踪迹等环节，就是在促进学生反省、研究、评价与创造，使所学内容得以内化，就是在引导学生在问题解决过程中“熟读深思”，从而使学习更加深入。

参考文献

[1]胡春艳. 精湛的写作记忆，独特的审美价值——读茅盾的《白杨礼赞》[J]. 语文天地，2021.

[2]郝晓琳. 统编版语文八年级上册第四单元《白杨礼赞》之“象征”跟着课本学写作[J]. 快乐作文，2021.

[3]凌惜墨.少教多学在初中阅读教学中的实践——以《白杨礼赞》阅读教学为例[J].语文教学与研究,2020.

[4]刘月霞,郭华.深度学习:走向核心素养[M].北京:教育科学出版社,2018:32.

以“读”为媒，拥抱“素养”

天津市宝坻区潮阳街初级中学　刘海连

摘　要：“书读百遍，其义自见”可见“读”在语文教学过程中是非常重要的一个环节。“读”是学生理解文本，掌握文章的第一步。通过“读”不仅可以加强学生对文章中词、句、篇、章的记忆，还能达到在读中感知，在读中感悟，在读中感染。只有读，才能感受文本中深邃的内涵；也只有读，才能体悟作者微妙的情思。读是解读文本的关键，读也是培养学科素养的坦途，没有琅琅书声的课堂是不完美的。当然让学生“读书”的前提是激发读的兴趣，在读的过程中建构语言范式、提升思维品质、形成审美体验。

关键词：兴趣　内涵　情思　素养

在聚焦素养的时代中，在落实“双新”的背景下，“读”这一传统的教学手段又被赋予了崭新的使命，以“读”为媒，传递新的教学理念，探索新的教学方式，培养具有核心素养的时代新人。让读成为一条红线，贯穿到语文课堂上，引导学生进行多种形式的朗读，让学生体验文章优美动人的文字，绚丽如画的意境，丰沛感人的情感，这不正是学生语文素养形成的过程吗？那么，如何在“读”中提高学生的语文素养呢？在此，我提出以下几点。

一、激起“读”的兴趣

兴趣是最好的老师，学生对文本的浓厚兴趣是认真朗读文本的基础。在教学中，学生不愿主动读书是普遍现象，尽管教师一再要求学生做好预习，也收效甚微，学生对文本没有产生兴趣。由此看来，教师应激起学生的读书的兴趣，从而促进有效阅读，可以尝试以下两种方法：

1. 背景故事法

文史不分家。每一篇文学作品都有它产生的独特的历史背景。在布置学生读文本前，把文本的作者情况、文本产生的来龙去脉根据历史的真实，像讲故事一样，绘声绘色地讲给学生听，从而激起学生认真读文本的强烈愿望和浓厚兴趣。例如，在学习《沁园春·雪》之前，我给学生讲了下面一个故事：“1936 年，红军长征胜利到达陕北，一场大雪过后，作为红军统帅的毛泽东驻足塬上，面对着雪花纷飞的壮丽河山，怀着革命必胜的信念,激动万分,信手写下了一首词。1945 年,毛泽东到重庆和蒋介石谈判,应好朋友的邀请,他把这首词发表在《重庆日报》上,重庆人民从这首词上看到了一代伟人的胸襟与风采,看到了中华民族的希望,于是,《重庆日报》被一抢而空,一天之内,不得不印第二次,第三次。那么,毛泽东的这首《沁园春·雪》写的是什么,是怎么写的呢?”这样的背景故事,不但激发了学生的阅读兴趣,还是学生了解了相关的写作背景,丰富了历史知识,可谓一举多得。

2. 真情范读法

语文课本中的文章,大都是名家名篇。对于那些篇幅简短、情真意切的文章,教师声情并茂的范读能唤起学生情感上的共鸣,激发起学生认真读文本的强烈愿望和浓厚兴趣。例如,学习朱自清的散文《背影》时,我会在背景音乐的烘托下为学生范读,当我读完课文后很多学生眼泛泪光,我知道此时的他们已被文中的父子深情所感动,其实更是被我的真情朗读所感动,学生对课文朗读的愿望也就会不由自主地产生,他们也会像我一样声情并茂地初读课文。

二、丰富“读”的内涵

1. “读”中说——亲身体验

带着问题读课文,可以让学生的初读更有方向和目的。因此教师可以精心设计一个或几个问题,在学生读完后,鼓励他们大胆说出自己对文章的见解和看法。例如,学生在读《我的叔叔于勒》后,我让学生到讲台上说以下内容:“假如你是若瑟夫,你将怎样纠正父母的行为?对于穷苦不堪的叔叔于勒,你将怎样安慰他?怎样帮助他?”在读《爱莲说》后,我利用课本前面的插图,让学生描绘“莲花”的样子。学生们畅所欲言,语言表达能力也就提高了,对文本的理解就会更深入更透彻,在这个基础上读,会让学生对文本理解更深刻,朗读时感情投入更充沛。

2. “读”中品——认真探究

品味文中优美、精妙的语句,不仅可以帮助学生理解其含义,赏析其韵味和作用,更能提高学生的语文素养。那么,在“读”中重点鉴赏关键语句,可以让读更有变化,更有韵味。其一是品味含义深刻的句子。例如,在学《故乡》时,我让学生反复品读结尾的句子:“其实地上本没有路,走的人多了,也便成了路。”经过品读,学生自然明白这是作者为实现自己的理想而奋斗。其二是品遣词精当的句子。例如,在学《最后一次讲演》时,学生通过品读赏析“你们杀死一个李公朴,会有千百万个李公朴站起来”,明白“一个”与“千百万个”的内在联系,理解了人民群众与敌人血战到底的英雄气概。

3. “读”中议——对话交流

“自主、合作、探究”是新课程标准中的教学模式,学生在“读”的基础上,以小组合作的形式组织开展教学活动,小组内你一言我一语地热烈讨论,共同研究问题,发表不同观点和感受。深刻理解了文章的内涵，领悟作者的感情，从而受到思想教育。例如，在教《雨说》时，让学生讨论“雨”是一个什么样的形象，学生们热情高涨纷纷表达：有的说雨可爱，有的说雨及时，有的说……当我进一步要求学生品读全诗时，大多数学生能坚定地说：“雨是一位爱心使者。”在轻松的课堂氛围中，学生们通过表达交流感悟初作者的感情。在合作探究中，彼此对话交流，深入思考，这样的语文课生动活泼，学生的语文素养也得到了提高。

三、飞扬“读”的情思

“文章不是无情物”，作者的思想感情，或如奔腾的长江之水，宣泄不止；或如和煦春风中的绵绵雨丝，悄然隐藏在字里行间。直接抒情也好，间接抒情也好，教师要让学生在对文本的朗读与品味中，与作者的思想感情对接，产生共鸣，并让这种感情弥漫于学生心中，唤起学生丰富的生活体验，读眼前文字，接万里情思，让学生的心灵受到洗礼，思想受到陶冶升华，这也是提高学生语文素养的过程。例如，《背影》这课，我让学生品味，父亲对儿子深沉的爱体现在那再简单不过的叮嘱中，体现在“我走了，到那边来信”的语言中，体现在父亲过铁道买橘子的“蹲”“探”“抓”“攀”“缩”的动作中。而我对父亲的爱体现在“晶莹的泪光里”；体现在“我不知何时再能与他相见”的思念中。进而飞扬学生的情思，让他们想一想，他们父母对他们的爱体现在哪些语言、动作里，他们爱自己的父母又体现在哪里？课堂上，他们的内心因为读了这篇文章而掀起感情的波澜，他们的对父母的情思在“读”中飞扬。

四、升华“读”的灵感

学生在“读”文本时，文本中一个精当的词，一个经典的句子，一个精彩的语段，都可能触发学生的某种灵感，引起他们独特的生活体验，引起他们创作的冲动。这种灵感稍纵即逝，教师要善于抓住时机，把握精准的教学策略，在教学中达到升华学生“读”的灵感的目的。新课程标准提出语文教学应重视对学生进行语感训练和词汇训练，也就是说学生在感受文中语言魅力的基础上，也会激发出对写作的热情。这样的阅读教学会潜移默化地带动作文教学，不但能培养学生的语文素养，同时提高了学生的写作水平。例如，在学习《回延安》这首现代诗时，学生读完后，我让他们说说自己印象最深的或最喜欢的句子，并谈谈的原因。有位学生说喜欢文中运用比喻、拟人、排比等修辞手法的句子，还有的说喜欢文章“信天游”的形式。并且认为在读这首诗时感觉节奏活泼、自由，押韵，在质朴的语言中感受到诗人回到阔别十年的延安的喜悦之情。在以后的作文实践中，同学们都能把自己在课文里的所学所感表达到习作中，得益于对文章的反复诵读，唤起的“读”的灵感。

五、开放“读”的空间

由于学生的客观条件不同，有的学生“读”的好些，有的学生“读”的差些，有的学生“品”的好些，有的学生“品”的差些，这都不重要，重要的是过程，只要学生“读”了，只要学生“品”了，只要学生开口说话了，就是进步，就是学生提高语文素养的开始。“一千个读者，就有一千个哈姆雷特”，学生对相同的文本的感悟体验是不同的。教师要有包容之心，要树立开放的教学观念，要树立大语文的教学观念，要允许学生出现不同的声音。也许这声音就是学生独特而深刻的“读”的体验，我们允许它的存在，也许就开启了提高他的语文素养之门，学生的语文素养就会随之提高了。

总之，“读”是一叶神奇的扁舟，把语文教学从生硬灌输的此岸，摆渡到学生自主感悟的彼岸。培养学科素养是语文教学的归宿，而“读”就是完成这一目标的前提，教学中应抓“读”，让学生在读中想，在读中议，在读后练，充分发挥朗读对理解课文、审美鉴赏、陶冶情操的重要作用。

参考文献

[1]蔡明，王立英，张聪慧. 语文课程教学设计与实施[M]. 北京：高等教育出版社，2008.05.

[2]王元华. 语用学视野下的语文教学[M]. 北京：北京师范大学出版社，2012.12.

核心素养视野下初中语文阅读生活化教学策略探析

天津市静海区子牙镇中学　吴　娜

摘　要：在核心素养的教育背景下，语文教学不断地进行着改革，相关的教育部门针对语文学科的阅读教学提出更加具体的要求。笔者作为一线教师结合自己教育实践对初中语文阅读生活化教学策略进行探析。本文分为三个章节分别分析阐述了核心素养下初中语文教学面临的现状、核心素养下初中语文阅读生活化教学实践探究、核心素养视野下初中语文阅读生活化教学实践效果分析。通过本次对于初中语文阅读生活化教学的实践探究，笔者试图总结出一套适应中国学生发展核心素养的初中语文阅读生活化教学策略供各位同道交流、指正。

关键词：核心素养　初中语文阅读　生活化教学

一、核心素养背景下初中语文阅读教学面临的现状

1. 核心素养背景下初中语文课程标准对初中语文阅读教学提出的要求

党的十八大和十八届三中全会提出教育要将“立德树人”的要求落到实处，2014年教育部研制印发《关于全面深化课程改革落实立德树人根本任务的意见》，提出“教育部将组织研究提出各学段学生发展核心素养体系，明确学生应具备的适应终身发展和社会发展需要的必备品格和关键能力”。如图1所示。

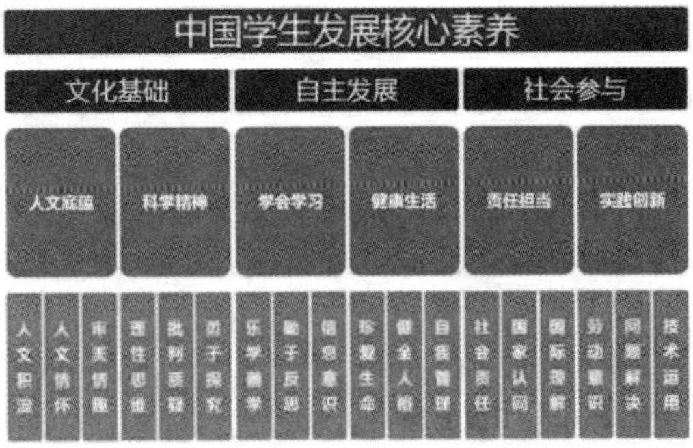

图1　中国学生发展核心素养框架

初中语文课程标准要求初中语文课堂教学要求通过教师的授课、引导使学生喜欢阅读、感受阅读的乐趣，通过阅读童话、寓言、故事，向往美好的情境，关心自然和生命；对感兴趣的人物和事件有自己的感知和想法，具备辨别是非的能力；通过阅读诗词歌赋、古文、经典文学著作等增强自身的文化素养。

教育是培养灵魂的事业，初中阶段是学生树立正确世界观、人生观、价值观的关键阶段。相较于其他学科，中学语文学科具备得天独厚的“人文属性”，语文教师更肩负起“立德树人”的责任。因此在核心素养背景下通过初中语文阅读教学实践活动提升学生的“文化基础”“自主发展”“社会参与”三个方面的能力是笔者探究的关键。

2. 初中语文阅读教学现状

（1）大环境影响

随着我国科技的快速发展，互联网逐渐出现在学生的视野中，大量的短视频、网络小说等具有情节化的内容吸引了更多初中生的注意，学生可以随时随地掏出手机，进行碎片化的阅读，但往往互联网的阅读内容参差不齐，如上问题给初中生的阅读带来不良影响。

（2）教师存在的问题

部分初中语文教师为确保教学进度，在阅读讲解时大量输出内容，缺乏有效的课堂互动使学生失去了主动阅读思考的机会，长此以往降低了学生的阅读兴趣。教师为了迎合考试，阅读习题往往是经久不变的原题，学生可以通过各种途径轻松获得答案，在批改作业及课堂订正时往往发现学生作业答案十分标准、趋同。课堂上通过提问等方式讲解阅读理解时发现很大一部分学生竟然没有阅读原文。

（3）学生存在的问题

部分初中学生降低了阅读的主动性，在作答阅读理解习题遇到问题时，便利用互联网查找相关习题的答案。答案十分准确，但学生为了完成作业而完成作业，背离了阅读教育的初衷。学生在课堂上，对于阅读过程没有明确的计划，而是全程都在听教师如何进行讲述，没有自我思考的过程。

二、核心素养下初中语文阅读生活化教学实践探究

1. 何为生活化教学

生活化教学是指将教学活动置于现实的生活背景之中，从而激发学生作为生活主体参与活动的强烈愿望，同时将教学的目的要求转化为学生作为生活主体的内在需要，让他们在生活中学习，在学习中更好地生活，从而获得有活力的知识，并使情操得到真正的陶冶。

2. 初中语文阅读生活化教学实践

在核心素养背景下，笔者结合具体的教学实践进行了如下六点尝试：

(1) 利用诵读的方式 培养学生阅读习惯

在核心素养视野下,初中语文阅读教学要注重培养学生对文章深层次的体会,让学生通过具体的句子以及段落,感受作者表达的情感。作为初中语文教师,可以利用诵读的方式,培养学生阅读的语感,帮助学生构建系统化的阅读体系。增加生活常识,进一步提高学生的语言表达能力,为学生未来的学习打下坚实的基础。

在《苏州园林》的教学中,教师可以利用多媒体的形式,结合实际生活,为学生展示关于苏州园林的景色特点,让学生领略到苏州的建筑美,激发学生对我国园林文化的喜爱以及欣赏。教师可以组织学生以小组的形式进行探究学习,提出相关的问题,让学生在激烈的交流过程中,讲述自身对文章理解的程度,不仅可以丰富学生的知识储备,还能够使学生锻炼思维能力。

(2)写作与阅读融合、提升语文课堂效率

将写作与阅读进行融合,可以使学生语文阅读的能力得到大幅度的提高。在传统教学中,语文教师忽视对学生写作能力的培养,但是由于教师存在错误的教学观念,导致语文课堂中的写作教学出现停滞不前。若要避免这一问题的出现,语文教师在日常教学中,需要积极地对教学方式进行钻研,并转变阅读教学的观念,摒弃传统教学存在的问题,密切联系生活开展教学,为学生提供具有深度的阅读体验,使写作与阅读的教学相互促进,进而提高语文课堂的教学效率,使教师的教学任务能够高效完成。

在《从百草园到三味书屋》的一文教学中,教师可以适当地导入作者相关的生活经历以及作品介绍,并联系日常生活,引导学生能够快速进入文章的学习。同时教师可以提出关于文章内容的重点问题,让学生边朗读边思考,促进学生的求知欲,比如教师可以提问"作者对百草园的生活以及三味书屋的生活,有什么不同的感受,并让学生根据自身对文章的理解进行阐述",在学生回答后,教师可以对其讲述的内容进行总结指导,使学生掌握文章的主旨情感,并通过教师的总结理解作者对两个环境产生的不同情感。

(3)阅读经典文章著作,弘扬中华优秀传统文化

在《火烧圆明园》一文的教学中,教师首先可以让学生进行有感情地朗读课文,在学生理解课文的主旨内容以及情感基调后,教师可以为学生讲述关于圆明园辉煌的过去以及被毁灭的经过,激发学生与作者的情感共鸣,培养学生的爱国情怀,进一步增强学生振兴中华的责任感以及使命感。其次,教师可以进行范读,为学生营造一个生活情境,引导学生通过阅读进行想象,从而激发学生内心情感的共鸣。教师可以提供学生文章中具体的句子,让学生边读边展开想象,感受园林建筑的辉煌景象,最后教师可以让学生进行思考,使学生更深入地了解这段历史。

(4)对教学内容进行创新,丰富教学资源

在教材《醉翁亭记》一文中,其中主要描绘滁州自然景观的优美,以及滁州百姓

安居乐业的生活状态,文章中特别讲述了作者游览滁州过程中的感受。教师在教学过程中,可以将文章的内容延展至春游的主题上,并借助其帮助学生拓展知识储备,丰富学生的视野,使学生能够更好地感悟作者的情感。与此同时,教师可以有序地组织学生到户外进行春游,通过实践活动可以让学生体会到语文学习的乐趣,在互动中能够促进师生关系友好发展。因此,作为初中语文教师,要不断地创新教育教学形式,积极地开展生活化的阅读教学,促进学生系统化的阅读理念,进一步提高学生的阅读能力。

(5)制定个性化阅读理解习题,加强教研

在布置课后作业时,应尽量避免传统应试教育遗留的问题。选取价值观正确、正向积极,切合生活实际和学生兴趣点、言辞优美、不能通过互联网搜索答案的文章。由教师首先进行阅读赏析,布置原创习题。激发学生的阅读兴趣,进行自主阅读。在新课标经典文章的阅读上,教师应当加强教研、开发原创习题,在订正习题时,弱化答题的套路化,强化学生对于文章的个性化理解。

(6)鼓励互联网阅读、拓宽学生的阅读面

随着互联网的出现,短视频、网络游戏等对于教育工作带来了一定的冲击。但是我们不能一刀切全盘加以否定,比如疫情期间学生能够实现网络学习,互联网反而成为现代化教学的重要组成部分。鼓励学生进行互联网阅读,拓宽学生的阅读面,增加学生的阅读量,形成由量到质、由阅读到理解的转化。

互联网为学生提供了丰富的阅读方式,比如“听书”“视频辅助阅读”等形式的出现,就可以极大程度上激学生的阅读兴趣。教师也应当加强引导帮助学生选择正向的阅读平台。

三、核心素养下视野初中语文阅读生活化教学实践效果分析

笔者通过如上的教学实践,并对学生的阅读效果进行了长达三个月的检测,变化如下:

1. 学生的课堂积极性显著提高。
2. 在批改作业时发现学生的雷同答案明显减少。
3. 学生科学规律上网,家长反馈学生网络游戏的时间明显减少。
4. 结合写作课程的反馈,学生的辞藻更为丰富、写作水平得到明显提高。

综上所述笔者初步总结核心素养视野下初中语文阅读生活化教学策略:

1. 利用诵读的方式 培养学生阅读习惯。
2. 写作与阅读融合、提升语文课堂效率。
3. 阅读经典文章著作,弘扬中华优秀传统文化。
4. 结合教学内容实施极爱与创新,丰富教学资源。
5. 制定个性化阅读理解习题,加强教研。

6. 鼓励互联网阅读、拓宽学生的阅读面。

四、结语：

综合分析，在核心素养视野的背景下，笔者作为初中语文一线教师要提高培养学生阅读能力的意识，对自身的教学观念进行积极的转变，将课堂的主导者变为促进者的角色，尊重学生的差异化思维方式，帮助学生更好地掌握阅读学习的技巧，使学生形成良好的阅读习惯，有效提升学生的语文素养以及阅读理解能力，使学生能够主动地学习语文知识，进而提高语文课堂的教学效率和质量。通过本次对于初中语文阅读生活化教学的实践探究，笔者试图总结出一套适应中国学生发展核心素养的初中语文阅读生活化教学策略供各位同道交流、指正。

参考文献

[1]兰红梅. 让阅读回归生活，提升语文素养——浅析初中语文阅读生活化教学方式[J]. 中外交流，2019(02)：174-175.

[2]翠菊. 核心素养下初中语文写作生活化教学探究[J]. 散文百家(新语文活页)，2020(08)：77-78.

[3]朱旭. 核心素养背景下初中语文写作生活化教学探究[J]. 科学咨询(教育科研)，2020(04)：254.

[4]骆爱红. 核心素养下初中语文生活化教学再思考[J]. 语文世界(教师之窗)，2019(12)：40-41.

[5]李兰. 核心素养视野下的初中语文阅读教学生活化策略[J]. 中学教学参考，2021(03)：12-13.

[6]郭建河. 核心素养视野下的初中语文阅读教学生活化策略[J]. 中外交流，2021，28(01)：1069.

把握写作意图，带动文本细读

——以《师说》教学为例

天津经济技术开发区第一中学　刘婧怡

摘　要：文本细读是一种被已经广泛应用在阅读教学中的文本分析方法，通过文本细读，学生的语文学科核心素养能够得到切实的提升。《师说》一文选编在统编高中语文必修上册教材中的第六单元，这一单元对应的任务群是“思辨性阅读与表达”，在语文学科核心素养指向上侧重“语言建构与运用”“思维发展与提升”这两个方面。本文以《师说》一文的教学为例，提出一种文本细读的具体策略，即教师可以基于文章的特点，尝试引领学生先把握作者的写作意图，再以写作意图来带动指引对文本的细读分析，进而帮助学生切实提升语文学科核心素养。

关键词：文本细读　写作意图　《师说》

文本细读这一概念源于20世纪西方文论中一个重要的文学批评术语，指运用语义学方法对作品语言、结构和细节进行细腻、深入、真切的感知、阐述和分析。[①] 如今，文本细读的分析方法已经被广泛应用在语文课堂阅读教学中，那么在语文教学领域中应如何理解这一概念呢？施文魁老师指出：“语文课堂教学中的文本细读指的是通过细致研究词的搭配、特殊句式、句群的意味、语气以及特殊表达手法的运用等来细致体味每个词的本义、暗示义、联想义在词句中的关系，重新确定意义的过程。”[②]

那么为什么要运用文本细读的分析方法呢？文本细读究竟有怎样的作用？新课标中明确了学生在高中阶段需要培养的语文学科核心素养，包括“语言的建构与运用”“思维的发展与提升”等四个方面。想要切实地帮助学生提升语文学科核心素养，课堂教学就不能仅仅满足于将教材学习提示中已经给出的概括性结论灌输给学生，而是要引导学生在原有的阅读理解水平基础之上，从文本中的具体内容切入，细致、深入地挖掘文本的内涵与魅力，获得真实、丰富的阅读体验，这样学生的语文学科核心素养才能真正得到提升。本文认为，运用文本细读的文本分析方法能够实现这

---

① 王翠花．慢慢走在文本细读的路上［J］．教研天地，2011（09）．

② 施文魁．由《散步》引发的文本细读思探［J］．山西师范大学学报，2009（12）．

样的课堂教学效果。

然而在实际的教学中，文本细读还需要更为具体的实践策略。语文课堂教学的一般思路，是教师引领着学生，通过对文本中的字词、句群以及写作手法等进行细读分析，来把握文章的写作意图，理解作者的思想内涵。但贾龙弟老师提出："写作的角度来讲，我们首先要解决的是写作的动机问题，即'为什么写'，然后才是选择能实现其写作意图的内容和形式，即'写什么'和'怎么写'。与此相反，自然的或者真正到位的文本解读不仅仅是单方面平面地看文章的内容和形式，而应该看文章的内容和形式是如何实现作者的写作意图的。"①那么文本细读究竟应该先解决"写什么"和"怎么写"的问题，还是应该先解决"为什么写"也即作者写作意图的问题呢？本文认为，在相当一部分文章中，作者将自己的写作意图表达得比较直白明确，而对于这一类型的文章，教师就可以引领学生首先把握住作者的写作意图，再以此为线，来带动指引文本细读，由浅入深地分析作者是如何通过具体的内容与形式来实现写作意图的。

以《师说》一文为例，这篇文章是古文大家韩愈的一篇重要论说文，是韩愈为了批评中唐时期在士大夫阶层中间流传的"耻学于师"的风气，宣扬古人从师之道所作。这篇文章的写作意图是比较直接明了，易于把握的，因为韩愈在文章的最后直接阐明了自己的写作意图。所以本文以《师说》一文的教学为例，提出一种文本细读的策略，即引导学生先把握文章写作意图，并以此为线，带动对文本的细读分析，带领学生体会文章论述语言与思维的精妙之处，进而落实学科核心素养的要求。以下便是这一文本细读策略的具体实践步骤。

一、基于文本内容，精准把握作者写作意图

如前文所说，有些文章的写作意图是比较直接明了的，因为作者在文中阐明了自己写这篇文章的直接原因。对于这样的文章，教师要先引导学生找到作者具体阐明自己的写作意图的那部分内容。然而作者自己在文中写明的往往只是浅层的直接原因，更深层的、本质的写作意图还需要学生透过词句细节去进一步挖掘。

以《师说》一文为例，此文的浅层写作意图不难把握，因为韩愈在文章的最后一段中写明了自己写这篇文章的直接原因："李氏子蟠，年十七，好古文，六艺经传皆通习之，不拘于时，学于余，余嘉其能行古道，作师说以贻之。"学生可以很容易地定位到这一段，概括出关键信息，也就是韩愈写这篇文章的浅层写作意图——送给少年李蟠。那么韩愈为什么要特意写文章送给李蟠这样一个名不见经传的少年呢？学生会回答，因为他勤奋好学。可是勤奋好学的年轻人太多了，李蟠身上究竟有怎样独特的

① 贾龙弟. 基于"意图本位"的实用文解读策略——以《说"屏"》为例[J]. 语文学习，2013(04).

品质，能让韩愈写下这样一篇千古流传的文章呢？追问到这，学生已经能够意识到，韩愈真正要称赞李蟠的其实是“不拘于时”和“行古道”，这当中的“时”和“古道”才是指向韩愈的深层写作意图的关键点。那么韩愈写这篇文章的深层的，更本质的写作意图是什么呢？答案顺势而出：批评当时世人“耻学于师”的风气，强调要行古人的从师之道。先找到作者自己阐明的写作的直接原因，再针对词句细节进行细究思考，这样学生就能由浅入深地把握住作者的深层写作意图，而对深层写作意图的精准把握，能够在之后的文本细读中发挥带动指引的作用。

二、从写作意图出发，确定教学内容，带动细读分析

“阅读教学，从某种意义上说，就是要真正理解作者的写作意图和文章的内容与形式之间是如何建立良性互动的。”①因此教师在选定一篇文章的教学内容时，需要从作者的写作意图和学生的实际水平出发，根据文章在内容与形式上的特点，来确定教学内容。而在教学过程中，教师可以针对选定的教学内容，引导学生以写作意图为线索，探寻文章的内容与形式和写作意图之间深层关联。如在《师说》一文中，作者在第二段集中用了三组对比论证，而这三组对比论证一定是服务于作者的写作意图的。教师可以将这三组对比确定为教学内容，引导学生以写作意图为线索，对文中对比论证手法的使用及效果进行细读分析。

对于《师说》第二段中的三组对比，学生在最初自读时，只能粗浅地梳理出三组对比对象，他们的不同从师态度，以及最终的结果，如下表所示：

	对比对象	从师态度	结果
第一组	古之圣人	从师而问	圣益圣，愚益愚
	今之众人	耻学于师	
第二组	爱其子	择师而教之	小学而大遗
	于其身	则耻师焉	
第三组	巫医乐师百工之人	不耻相师	今其智乃反不能及
	士大夫之族	曰师曰弟子云者，则群聚而笑之	

进行浅层的梳理之后，学生会发现似乎这三组对比确实都能够体现韩愈的写作意图，但如果仅仅是能够体现写作意图，那其实只需要写“古之圣人”和“今之众人”这一组对比就够了，没有必要花费笔墨写三组。所以如果教学停留在这一步，是不足以让学生真正体会到文章的内容与形式和写作意图之间的深层关联的。

此时教师就可以以写作意图为线，引导学生进一步思考：作者为什么要花费笔墨

① 贾龙弟．基于“意图本位”的实用文解读策略——以《说“屏”》为例［J］．语文学习，2013（04）．

写三组对比，这三组对比论述的内容与作者的写作意图之间的关系有何细微的不同？这就要求学生不能只局限于表格中提炼出来的内容，而是要回到文本，仔细研读作者对每一组对比的具体论述，才能有所发现。细读之后，学生们就会发现：

(1)在第一组对比中，作者对比陈述了古人从师，今人不从师的现象，强调了“圣益圣，愚益愚”的结果，表达了对于古人从师的肯定和对于今人不从师的否定，这组对比只是对写作意图的整体表现；

(2)在第二组对比中，作者除了对比择师教子与自身耻师的现象，还额外强调了“童子之师”所教授的内容，即“授之书而习其句读”，后又表态说这“非吾所谓传其道解其惑者也”，所以这一组对比论述的侧重于明确从师真正应该学习的内容，是对写作意图进一步的丰富和补充；

(3)在第三组对比中，除了对比巫医乐师百工之人不耻相师与士大夫耻学于师的现象，作者额外强调了士大夫之族“群聚而笑之”的原因，即因自矜身份地位而对从师学习表现出轻蔑态度，作者在这组对比中侧重于表达自己对这种风气的批判，是对写作意图的强化和突出。

通过这三组对比，作者批评“耻学于师”风气，推崇古人从师之道的写作意图不仅得以体现，更得到了具体做法的补充，实现了批判态度的强化。这样的论说效果，是作者通过对对比论证方法的使用，通过具体的语言表述以及对于材料的处理实现的。以写作意图为主线，带动对文本具体内容的研读分析，这样的文本细读过程能够帮助学生真正感知到作者在语言表述上的高妙之处，体会到“语言的建构与运用”在论述中的重要作用。这其实也是学生对自己的语言进行建构与提升的过程，这样日后学生在自己写作文章时，也能有意识地依据自己的写作意图来打磨语言、组织素材，这就无形中在“语言的建构与运用”方面提升了学生的核心素养。

三、以写作意图为线索，带动整体深入理解

孙绍振先生曾指出：“把语文课本弄成字、词、句、段、篇的烦琐拆解过程，结果是人文精神的丰富和复杂，微妙和多彩被扼杀了。七宝楼台，拆开来不成片段。把砖头当建筑物，荒诞无比。”①语文课堂中的文本细读教学不能止步于拆解词句，割裂分析，以免最终断章取义，偏离主旨，抹杀了文本真正的魅力。因此在进行了之前对于文本中部分内容的细读分析之后，教师还要带领学生从更为宏观的角度，整体而深刻地体会文章的魅力与价值。要做到这一点，教师可以启发学生发现一些在前面的细读过程中尚未解决的整体性问题，然后依旧是以作者的写作意图为线，带动指引问题的解决。

比如对于《师说》一文，在学生已经把握住三组对比的论述侧重点的基础上，教

① 孙绍振. 直谏中学语文教学[M]. 广州：南方日报出版社，2003：113-114.

师可以启发学生思考:这三组对比为什么是按照这样的顺序排列,这个顺序可以调换吗?

教学实践证明,对于这个问题,确实有学生会认为,这三组对比的顺序应该调换。学生提出,应当先写“爱其子”与“于其身”的对比,然后写“巫医乐师百工之人”与“士大夫之族”的对比,最后写“古之圣人”和“今之众人”的对比。对此,学生的理由是,这样写是按照从自身出发,到身边之人,再到古今之人的顺序,由近及远,最为合理。能够提出这样的质疑,说明学生已经在对文章论述的逻辑思路进行整体思考了。此时,教师就可以牵出写作意图这条线索,提出以下两个问题引导学生进一步思考:

(1)这三组对比对象所涉及的范围有怎样的变化?

(2)这三组对比的顺序与文章的深层写作意图之间有怎样的关系?

这两个问题提出后,学生会立刻发现,三组对比对象所涉及的范围是从大到小的,从古今之人,到当今的所有人(“爱其子”一句没有特定主语,因此是指向当世所有人),再到当下属于两种不同身份地位的人。那么按照对比对象范围从大到小去写有什么好处呢?如何结合作者的深层写作意图来理解,这个问题就不难回答了。

韩愈写这篇文章,表面上是为了赞许少年李蟠,但更深层的写作意图是批判当时耻学于师的风气,进而宣扬古人的从师之道。而在所有耻学于师的世人之中,韩愈显然尤其想批判“士大夫之族”,因为这些人有权有势,却不仅不尊师求学,反而耻笑拜师学习的人,这样的歪风邪气是最令韩愈愤怒不齿的。那么按照对比对象范围从大到小去写有什么好处呢?学生能够立刻意识到,按照这样的顺序写,不仅能在最初以宏大的历史视野呈现出古人的从师之道及其带来的正面结果,还能在最后一组具体写到“巫医乐师百工之人”和“士大夫之族”的对比时,使论述的针对性以及批判的力度最强化。可见,作者对这三组对比的顺序安排是真正有利于充分实现写作意图的,而我们对于文本的细读分析也正是在作者写作意图的指引之下才得以层层深入的。把握写作意图,带动文本细读,经过这样的分析过程,学生才真正体会到了文章在语言表述、论述思路上的魅力,在“思维的发展与提升”方面提升了自身学科核心素养。

四、总结

新课标要求学生在高中阶段从“语言建构与运用”“思维发展与提升”等四个方面提升语文学科核心素养,这就要求学生在高中阶段对于文章的理解,不能仅仅满足于得出浅层的概括性结论,而是要通过不断地质疑、分析,获得对文章更加具体深刻的理解。文本细读的分析方法有助于学生深入地分析文本,实现学科核心素养的提升。针对不同类型的文章,文本细读的具体策略也不同。本文认为,对于作者的写作意图比较易于把握的一类文章,比如《师说》,教师在课堂教学过程中可以先引导学生把握住作者的写作意图,再以写作意图为线,带动指引对文本的细读分析。这样能够帮助学生由浅入深、从局部到整体地体会文章的语言、手法与逻辑思维的精妙之处,从而提升语言的建构与运用的能力,获得思维的发展与提升,切实地提升语文学科核心素养。

参考文献

[1]贾龙弟.基于“意图本位”的实用文解读策略——以《说“屏”》为例[J].语文学习,2013(04).

[2]施文魁.由《散步》引发的文本细读思探[J].山西师范大学学报,2009(12).

[3]孙绍振.直谏中学语文教学[M].广州:南方日报出版社,2003.

[4]王翠花.慢慢走在文本细读的路上[J].教研天地,2011(09).

浅谈天津传统地方曲艺
——时调和语文教学的交互融合

天津市天外大附属北辰光华外国语学校　刘春梅

摘　要:天津时调是天津地区最有代表性的地方曲艺之一,多用天津地方话演唱,内容通俗,唱腔高亢,具有浓厚的乡土气息。天津时调的研究也是民俗学研究的重要范畴,同时,小学语文教学中有着丰富的民俗学范例,例如中国传统民间故事、歇后语、节气歌等。本文旨在探讨和研究天津传统地方曲艺——时调和语文教学的交互融合,挖掘时调中适合语文教学的成分将其运用,将地方民俗学资源有效利用。

关键词:天津传统地方曲艺　时调　语文教学

一、天津时调的起源与发展

天津时调是天津地区最有代表性的地方曲艺之一,多用天津方言演唱,唱腔高亢,内容通俗,具有浓厚的乡土气息。“时调”在我国最早出现是明末清初时期,起初是流传民间的民歌小调,直至清末,时调与其他广为流传的民间小调被称为时新小调,《霓裳续谱》《津门杂记》等作品都对时调有记载。新中国成立之初,天津成立了天津广播曲艺团,“天津时调”正式出现在大众视野。

天津有着“天子渡口”的美誉,众多河流的经过,也决定了这座城市漕运的发展。明末清初,市民阶层兴起,随之而来的是人们对文化的需要,人们走进戏园子、茶馆,听各地曲艺。漕运的发展也带来了南北文化的融合,各地的时兴小调汇聚于此并与天津的时兴曲艺融合,逐渐形成了独具特色的天津时调。《中国曲艺志》中记载:“各种小曲的来源,除北京民间曲调外,最重要的是沿着大运河北上的南方各省的民歌小调。”①天津曲艺配以本地韵味和方言,经过改造,形成现在的天津时调。

天津时调得以发展,离不开众多时调票友的支持。以天津著名时调表演艺术家王毓宝为例,王毓宝出生在一个手工业者家庭,其父亲是一位非常热爱时调弹唱的业余歌者,众多票友在闲暇时刻到他家中集会,在这种艺术氛围的熏陶下,她逐渐显露

---

①　孙慎,刘瑞森主编;《中国曲艺音乐集成》全国编辑委员会,《中国曲艺音乐集成·天津卷》编辑委员会编.中国曲艺音乐集成·天津卷[M].北京:中国 ISBN 中心,1993.12.

出音乐天赋和演唱才能，从一名业余演员成长为一名专业时调表演艺术家。一些具有专业水准的票友对天津时调的延续和发展起到了重要作用。

新中国成立以来，在“百花齐放”的文艺方针的映照下，天津时调的革新愈见蓬勃，直至今日，天津时调都在不断发展壮大。

二、语文教学与天津时调融合的研究背景

部编版小学语文一年级下册语文园地七“和大人一起读”板块中给出了一篇读起来朗朗上口又受学生喜爱的文章《孙悟空打妖怪》，在讲授这一文章时，我发现学生对于学习这篇文章的学习欲望远超其他文章。课后，我反思了其中的缘由，发现除了文章本身存在的故事性和趣味性外，还有一个重要的原因就是这篇文章语言节奏性强、简练清晰，读起来生动又有趣，符合一年级学生的阅读特点。

通过《孙悟空打妖怪》的教学，我联想到了天津的传统曲艺时调，新中国成立以后的许多时调作品都有着丰厚的人文底蕴和浓烈的市井气息，可谓是雅俗共赏。把这些优秀的艺术作品作为拓展阅读的材料，既可以开阔学生的阅读视野，又有助于了解本土的优秀传统文化，使传统文化与现代语文教学相融合。所以，借助我校“25+10+5”的课堂教学模式，把“精彩五分钟”的学生展示、提高环节设置为时调作品赏析，从文化内涵、语言内涵、曲艺技艺几个方面，把时调作品赏析和语文教学有机融合，引导学生发现语文的无处不在。

三、学习天津时调中的语言

“文艺从人民中来，又到人民中去”，语文也是如此，任何语言文学都不能脱离人民大众的生活，生活中处处是语文。天津时调发展至今，一直紧跟时代步伐，不脱离时代发展、不脱离人民生活，成为人民喜闻乐见的大众文化。天津时调表演艺术家王毓宝先生就曾演唱过多首与人民生活、时事热点相关的时调作品，比如《摔西瓜》《梦回神州》等。

例如，《摔西瓜》唱词中是这样写的：

> 下雨地下滑……啊呀呀，不好了！摔了一个大马趴。摔得我头晕眼花腿发麻，脏了我的新裤褂，撒了烟，湿了茶……摔破了五白大西瓜。

“摔西瓜”，从曲名中就可以看出，这段唱取自生活化的片段，体现了天津人民生活中的一个小场景。这段唱采用天津方言进行演唱，在增添了趣味的基础上，又给人以亲切之感。体现出天津时调在方言文化的影响下焕发出的独特艺术表现力，既生动又富有画面感。在语文写作教学中，引导学生找到“画面感”，是激发学生写作想象力和创造力的关键，也是提高作文感染力和表现力的关键。在时调作品《摔西瓜》

中，我们就可以找到这种画面感，比如“摔了一个大马趴”“摔得我头晕眼花腿发麻”，运用生动形象又凝练的语言，描写出一个动作。在教学部编版教材三年级上册第八单元写作“那次玩得真高兴”时，我发现学生谈“玩”的时候“眉飞色舞”，但写“玩”的时候就“哑口无言”了。基于这种现象，我引导学生先用“大白话”把“玩”说出来，用自己最熟悉的语言表达出来，展现生活的精彩片段，并记录关键词句，最后，再把自己记录的关键词句转换成恰当的书面语言或有趣的俗语。这样，一篇关于“玩”的作文就写好了。

时调作品中也有反映时事热点内容的，例如，《梦回神州》唱词中这样写道：

台湾人民日夜怀念着祖国，日夜怀念着家乡，
在那冬夜的黄昏，在那中秋的夜晚，
多少思念的琴弦，萦系着大陆神州。

这一唱段的创作，与时事紧密相连，反映了天津时调的创作是不断更替的，是反映时代变化的优秀传统文化。语文学习也应紧贴时代主题，让学生在学习语言文字的同时，知晓历史知识、时事知识。例如，在建党100周年之际，我们组织学生开展红色诗篇诵读比赛、红色诗篇书法比赛等活动，从每首诗的历史背景出发，在读和写中带领学生回首党的一百年峥嵘岁月，从语言文字中坚定爱国情。

天津时调最大的特点就是展现最真实的当下生活和社会环境，歌唱最普通的平凡生活，这些出现在唱词里的场景就是我们平时见到的生活场景，《踢毽》唱词中这样写道：

四位姑娘，花样踢毽。
那熟练轻捷的配合，那敏捷精湛的技艺，功夫可不一般。
这功夫不是一天儿能练得出来的，至少也得练上几年。
小姑娘年龄小，可力气大，接起毽来快如飞，累得她汗流浃背气喘吁吁。
只见那鸡翎毽落到了房檐上，大姐忙拿竹竿把毽来够……

平易近人的话语让我们的脑海中一下子闪现出了“踢毽子”的场景，这种简短、通俗的话语，却能让读者的脑海中勾连出一幅图画，为什么我们的学生的作文语言却很难让读者有画面感呢？我想，这是每一位语文教师值得思考的问题。难道仅仅是我们的学生缺乏生活经验吗？通过简单分析唱词的结构，我们不难发现它的精妙之处，除了前文提到的时调语言通俗易懂，多用天津方言外，唱词的艺术性还体现在构思的巧妙上，有如下几点：

第一，开门见山，言简意赅。《踢毽》唱词中开头第一句即告诉我们，“四位姑娘，

花样踢毽”,用最简单、明确的语言,传达了故事的主要内容,不啰唆、不拖泥带水。小学生写作文中经常会出现为了使语言精美而堆砌辞藻的现象,其实不仅没有起到开篇点名主旨的作用,还会使文章显得冗杂,而清晰明了的开头会让读者可以带着更加明确的思想读文章。

第二,语言规整,朗朗上口。“那熟练轻捷的配合,那敏捷精湛的技艺”这一句唱词,可以使我们体味到踢毽人配合的默契和技艺的高超,16 个字即表明踢毽最重要的细节,且这句话语言形式规整,无论是读还是唱,都会更加符合节奏和韵律。

第三,细节描写中善用对比,突出反差效果。为了突出四位姑娘踢毽子技艺的高超,唱词中特意用了“小姑娘年龄小,可力气大”的对比唱词,不仅给人以反差的审美感受,更加能体现出作者敏锐的洞察力。在小学语文作文教学中,教师经常提到“对细节的处理”这一理念,其实,细节的发现大多来源于观察,能看到别人看到的,也能看到别人看不到的细微之处,这才是观察的奥义,在作文教学“描写一样物品”时,我引导学生充分调动自身的六种感官,即“视觉、听觉、嗅觉、味觉、触觉、感觉”,在六种感官的配合下,描写一样具体的物品或事物变得容易很多,学生不再无从下笔,而是能够条理清晰地写下自己想要表达的内容。赏析和研究时调唱词,可以获得很多语文教学的灵感。

第四,联系生活,贴近群众。任何文学创作都不能脱离生活实际,在《踢毽》的唱词中,出现了“房檐”“够毽”等平易近人的词语,都来自我们的日常生活,虽然和现在的生活关系不甚紧密,但每个时代都有其特征和产物,即便是现在,我们回过头来看唱词的内容,也不觉得陌生,反而觉得非常有趣又亲切。在小学语文作文教学中,教师一定要教会孩子抓住“语言具有趣味性”这一特点,对自己的作文展开合理化想象,用趣味生动的语言来突出事件、人物、场景。

四、借鉴天津时调中的技巧

过去的时调演唱,唱腔大多单一平淡,有些曲目在演唱中还会显现出低沉落寞之感。20 世纪 60 年代,时调表演艺术家王毓宝先生将时调新作《翻江倒海》带上舞台,这一新作一改往日的单一平淡,加入了不同的华彩润腔,使时调的唱腔不再单一,呈现出了丰富的音乐感染力。

通过对时调演唱唱腔变化的研究,我联想到我们语文教师在课堂教学中的“唱腔”,也就是我们在说话时语音语调的变化,如果只用一个语调说话,不仅不能激起学生的学习兴趣,还会使课堂变得呆板沉闷,在教学中的语言运用,不仅要简练准确,语调还要有高有低,声音还要有扬有抑,眼神和动作也要配合,只有这样,才能激起学生的好奇心,才能让学生跟着老师的步伐一步步前行。此方法也同样可以运用在范读中,比如范读《孙悟空打妖怪》:

唐僧骑马咚那个咚，
后面跟着个孙悟空。
孙悟空，跑得快，
后面跟着个猪八戒。
猪八戒，鼻子长，
后面跟着个沙和尚。
……
老妖婆，真正坏，
骗了唐僧和八戒。
唐僧八戒真糊涂，
是人是妖分不清。
……
多亏悟空眼睛亮。
眼睛亮，冒金光，
高高举起金箍棒。
金箍棒，有力量，
妖魔鬼怪消灭光。

如果只用单一的语调范读，就不能表现《孙悟空打妖怪》这篇文章的趣味性，更不能激起学生的朗读兴趣。所以教师在范读时，要注意结合文章内容变换语音语调，并配合眼神和动作。例如，在语音语调变换方面，要注意高低起伏的变化和声音的长短，以展现人物的性格特点和事情的发展变化，在读到"老妖婆，真正坏，骗了唐僧和八戒"时，可以适当加快语速，突出文章的冲突性，以引出下文；读到"唐僧八戒真糊涂，是人是妖分不清"时，可以适当减缓语速，以展现读者无奈的心情。在动作方面，读到孙悟空时，可以配合做孙悟空的标志性动作；读到猪八戒时，可以用动作体现猪八戒鼻子长的特点。这样范读文章，不仅可以起到"范"的作用，还能激发学生的学习兴趣。

五、反思与后续研究

在课堂教学中发现学生的兴趣点，并通过合理拓展，找到符合学情的时调曲目，在文化的浸润和滋养中逐步渗透传统文化教育，开阔学生的阅读视野。当然，在实际操作和研究中也存在着诸多不足之处，比如对时调曲目的学习缺乏必要的音乐性和艺术性赏析，有些时调作品距离我们现在的生活过于遥远，学生不能很好地感悟和体会，在读的过程中会出现一些难处。

在后续的研究中，我将会把天津时调中更多适宜教学的内容挖掘出来，丰富学生的审美体验，让学生在亲身体验中感受、理解时调的内涵，真正体会生活中处处是语文的精髓，为更高年级学习更多优秀的传统曲艺作品打下基础。

天津时调作为独有特色的地方曲艺，必然与天津的文化环境有着千丝万缕的联系，文化即是语文的土壤，在这片文化沃土上，作为语文教师的我们，必将深挖其精髓，把天津时调的文化价值运用到语文课堂教学和语文教学研讨中去。

参考文献

[1]刘志凯. 王毓宝与天津时调[M]. 天津：百花文艺出版社，2000.

[2]孙慎，刘瑞森主编；《中国曲艺音乐集成》全国编辑委员会，《中国曲艺音乐集成·天津卷》编辑委员会编. 中国曲艺音乐集成·天津卷[M]. 北京：中国 ISBN 中心，1993. 12.

[3]田宏玲，杨祥全. 非物质文化遗产视野下的天津时调研究[J]. 艺术教育，2012.

[4]侯凯. 天津南市地区市井空间及市井文化研究[J]. 天津大学，2010.

把握双线组元,实践单元整体教学有效性探究
——以部编版三年级上册第五单元为例

天津外国语大学附属滨海外国语学校　王　蕊

摘　要:语言是人与人进行沟通交流的重要方式之一,而语言背后则蕴含着人的不同情感。统编版小学语文教材采用了“人文主题”与“语文要素”双线组合的方式,为我们的单元整体教学提供了清晰而明确的方向。这种双线组元的模式将阅读、写作以及综合性学习合理整合,构成了一个个点面交融的教学单元,教师在教学过程中应依托双线组元的支撑,从单元的结构和内容、单元教学实践探索、单元教学的有效性三个方面进行“单元整体”教学。本文在落实语文核心素养的前提下,以部编版三年级上册第五单元为例,实践单元整体教学有效性的探究。

关键词:双线组元　单元整体教学　观察　实践。

为全面落实语文核心素养,增强学生使用汉语言文字的能力,部编版小学语文每单元都围绕广泛的人文主题及语文要素进行了双线组元的设计安排。这一创新的设计安排,不仅落实了学生语文学科素养的实践途径,推动了单元整体教学的进程,更是调动了学生积极正向价值观的建立热情。以三年级上册第五单元为例,这一单元的人文主题是“留心观察”,目的是引导学生做生活中的有心人。这一单元的语文要素是“体会作者是怎样留心观察周围事物的”。在教学实践的过程中,要牢牢把握此单元的双线组元并行,串联各个部分的价值版块,激发学生建立整体意识,围绕“细致观察”的关键点以及整个单元提供的相契合的阅读文本和丰富的练笔活动,从而让学生深刻地体会到“细致观察”的好处,引导学生热爱生活、热爱大自然,发现生活中处处都有值得我们欣赏的美,同时也为学生今后的习作书写提供了素材,奠定了写作热情和写作基础,最终实现单元整体教学的有效性。

一、单元的结构和内容

1. 单元的结构

本单元是习作单元,各部分设计巧妙,有阶梯式结构,各部分步步推进,形成了习作单元完整的、目标有效性的学习过程,为学生构建写作思路提供了循序渐进的思维空间,具有重要的情感建立及写作指导意义。

2. 单元的内容

单元导语出示了本单元的语文要素和习作要求。本单元的精读课文《搭船的鸟》和《金色的草地》定位是为习作服务的。精读课文除了让学生们感受观察的必要性，更为重要的是建立了阶梯式的习作思维，目标指向更为明确，即培养学生表达能力，通过精准阅读习得一定的表达方式，为书写习作积累用语习惯及写作方法。本单元的"交流平台"通过《搭船的鸟》和《金色的草地》阅读片段的提炼，引导学生体会学会观察是多么重要而有意义。"初试身手"部分出示了两段文字，提示学生观察的方法可以多种多样，调动身体的"五宝"，即眼看、耳听、手摸、鼻闻和嘴尝。习作例文部分则精心呈现了两篇例文，分别是《我家的小狗》和《我爱故乡的杨梅》。《我爱故乡的杨梅》一文还配有表格式的课后题，启发同学们运用不同的感官去细致地观察和描写事物。单元习作的主题"我们眼中的缤纷世界"则是所有前期习得的一种综合实践，把观察到的内容，学习到的写作方法结合起来，从而形成一篇完整的习作。

二、单元教学实践探索

1. 实践探索《搭船的鸟》

在《搭船的鸟》这篇课文的教学中，我始终围绕本单元的人文主题及语文要素，以"观察"为切入点并抓住作者对翠鸟外貌和捕鱼动作的描写，帮助学生从文字内容的积累上升到写作方法的积淀。让学生有意识地运用这些静态或动态的写作方法，攻破了写作无思路的难题。

我请同学们了解作者是在怎样的情况下认识了翠鸟。进而让学生感知下雨的时候作者已经在用心去看去听周围的事物了，铺垫观察的方式可以是眼睛看和耳朵听。接着在指导阅读课文第二自然段，对翠鸟的外貌描写部分的时候，通过"这是一只怎样小鸟？"引发思考，引导学生发现作者抓住翠鸟外貌美丽，羽毛鲜艳的特点展开描写。从学生们的表达中提取"这是一只彩色的、美丽的小鸟"，进一步启发学生去发现作者观察的顺序，从彩色的、美丽的小鸟到羽毛、翅膀、长嘴，其实是从整体到局部的描写，顺势引导学生们在观察事物的时候还可以从局部到整体展开描写，两种描写都属于有序描写。学生在习得了表达妙处的同时，也会迫切地想去实践运用。教学过程中，适时地播放翠鸟捕鱼的真实画面，请学生结合视频谈感受，学生感知到翠鸟在这么短的时间内完成了这么多一连串的动作，但是这些都没有逃过作者的一双眼睛，通过实践再次验证细致观察的重要性和好处，并且视频展示和动作文字一一对应，学生立刻对这种动态描写产生了非常浓厚的兴趣，从而积累了关注动作细节，分解连贯动作的写作方法。

教学过程中，要始终把握两条主线同时展开，相辅相成。再如，在表达运用环节，我出示了大象的图片，鼓励学生运用习得的静态描写方法：抓住特点、有序描写、对比强调等多种方式方法说一说看到的大象，培养了学生口头表达的能力。接着我又出示了大象吃树叶的视频,请学生观察视频中出现了哪些动作。相对翠鸟捕鱼,大象吃树叶是一个比较缓慢的过程,同学们不仅找到了"伸、拽、卷、递、嚼"这些动词,还能运用"慢吞吞""一口一口""悠闲地"等表示动作缓慢或描述大象神态的词语来表达,这就是一种基于阅读的习得表达。同时教师在提供拓展资料的时候要注意多维度,一快一静,充分为学生营造了多素材表达的空间。

2. 实践探索《金色的草地》

在《金色的草地》这篇课文的教学中,我通过补充课后第三题的形式,引导学生精准锁定课文第三自然段,探寻草地颜色变化的奥秘。通过第一篇精读课文《搭船的鸟》的学习,同学们很快关注到了对应的时间词语,分别是:很早、中午和傍晚,同时捕捉到草地颜色的变化是由于蒲公英的花朵在不同时间段会张开、合拢,学生通过精准阅读,体会到作者不仅进行了细致的观察,而且是展开了跟踪式的阶段性观察,同时提供给学生一种描写事物的新角度——某些事物或场景是可变的。例如观察到睡莲早晚的不同状态,牵牛花昼夜的变化,小鱼睡觉和吃食的不用状态,树叶四季的变化,观察种子的发芽过程,下雪的场景变化,操场活动场面的变化等,我们在写作的时候可以尝试把观察时间延长,描写出事物或场景的变化情况,给读者以新鲜感。

三、单元教学的有效性

整个单元应被看作一个整体进行教学,此单元每一部分的学习都是指向最后的习作生成,即培养学生具备一定运用语言写作的能力。结合"留心观察"及"体会作者是怎样留心观察周围事物的"双线组元思维,在教学实践过程中,进行了有层次的、有梯度的单元整体教学的实践,具备了一定的有效性。

1. 初步建立观察思维

在进行《搭船的鸟》精读课文的学习之后,教师提供给学生一份简易版观察记录单,提示同学们可以从身边的事物出发,细致观察后简洁地记录观察到的内容,表格如下:

观察记录单

观察对象	
观察地点	
观察时间	
观察所得	

学生实践如下：

观察记录单

观察对象	雪景
观察地点	小区
观察时间	下雪的时候。
观察所得	雪特别白，亮亮的，很软。

2. 巩固拓展观察思维

在进行《金色的草地》精读课文的学习之后，教师恰当地出示第二版观察记录单，引导学生将习得的观察方法运用到生活指中，扩展观察记录单，记录出观察对象不同时间对应的状态或变化，表格如下：

观察记录单

观察对象				
观察地点				
观察时间				
观察所得				

学生实践如下：

观察记录单

观察对象	雪景			
观察地点	小区			
观察时间	早上	中午	晚上	
观察所得	雪很大，很白	雪小了，在地上较硬	雪停了，地上的雪快变成冰了，超硬。	

3. 表格转化为文字片段，建立多维度思维

引导学生把之前自己制作的观察记录表格内容转变成几句完整的话，调动多种感官，根据观察对象的不同，恰当选择用眼睛看、用耳朵听、用手摸、用鼻子闻、用嘴巴尝等某种观察方式，让学生感受到生活中不缺少美，只要我们肯细心观察，普通的事物也会有不一样的发现。学生实践如下：

我一下楼，就看到一片银白的世界。雪花像鹅毛一般从天空飘落下来，雪仙子在尽情地挥舞着衣袖。天上，地上，到处是雪。白色的大地，白色的房屋，仿佛整个世界都是白色的。

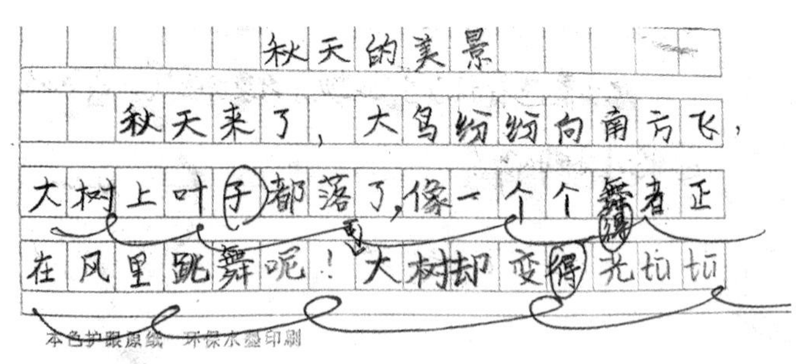
秋天的美景

秋天来了，大鸟纷纷向南方飞，大树上叶子都落了，像一个个舞者正在风里跳舞呢！大树却变得光秃秃

本色护眼原纸 环保水墨印刷

4. 关注习作例文，建立完整写作思维

通过精读课文写作方法的掌握以及观察记录单的积累，学生已经具备了一定的单元写作能力。但教师要重点关注习作例文某一点或某一方面的写法，使学生能仿照习作例文把少量的文字片段整合成一篇完整有序的文章。引导学生关注例文旁批，思考自己的观察对象是否具备一定的性格特点，如果是描写水果，也可以仿照《我爱故乡的杨梅》例文中展示的表格形式，抓住杨梅的外形，颜色和味道，并发现不同时期这三方面都是有变化的，体会作者细致用心的观察，还可以加入自己在观察事物时的点滴思考，让读者感同身受。

学生实践如下：

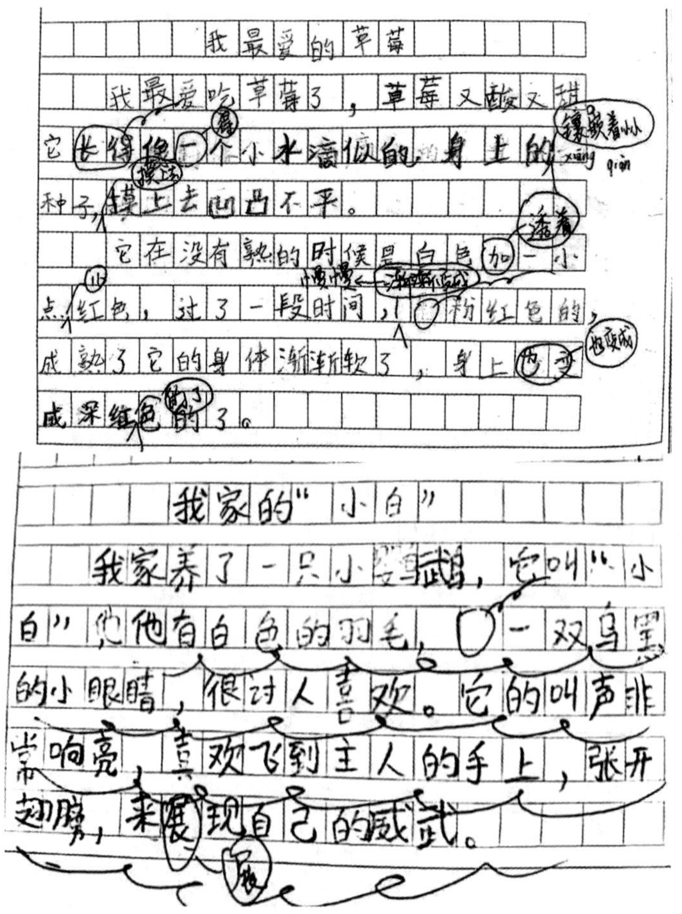
我最爱的草莓

我最爱吃草莓了，草莓又酸又甜，它长得像一个小水滴似的，身上的种子，摸上去凹凸不平。

它在没有熟的时候是白色加一小点红色，过了一段时间，粉红色的，成熟了它的身体渐渐软了，身上也变成深红色的了。

我家的"小白"

我家养了一只小鹦鹉，它叫"小白"，它有白色的羽毛，一双乌黑的小眼睛，很讨人喜欢。它的叫声非常响亮，喜欢飞到主人的手上，张开翅膀，来展现自己的威武。

5. 学以致用，分享交流，树立写作信心

在单元习作完成阶段，要重视“初试身手”、习作例文和单元习作的有效融合，重视本单元各个部分的关联性，突破学生写作困境。完成单元习作时既可以描写观察记录单或“初试身手”时的对象，在练笔基础上进一步修改、润色和提升，也可以重新选择身边感兴趣的其他事物或场景。教师要帮助学生回顾整个单元学习，建立相应的写作思维。完成习作后创造习作交流空间，生生分享，师生评价，交流写作心得，树立写作信心，进一步体会到习作带给我们的快乐。

学生实践如下：

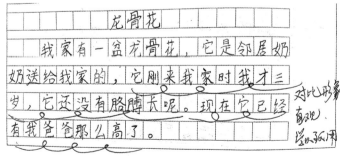

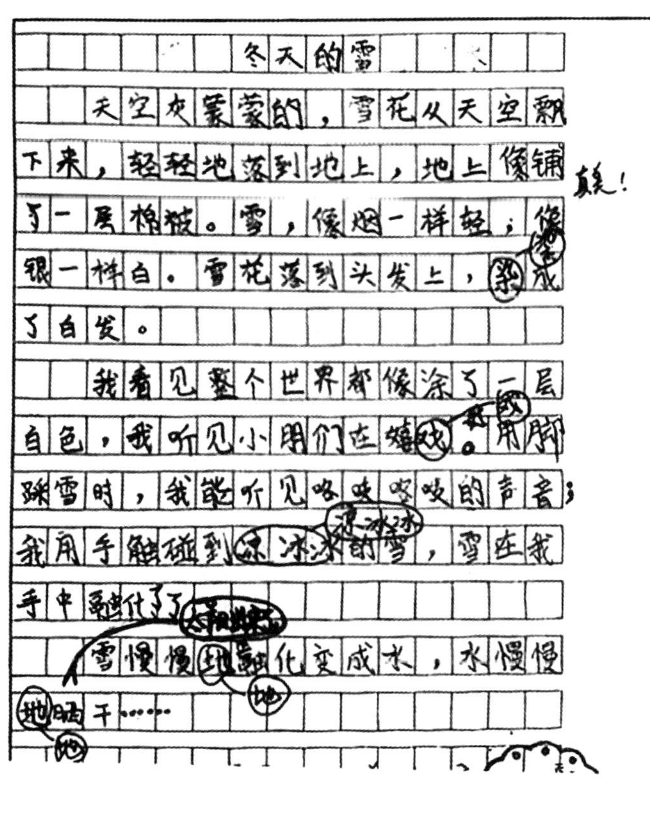

冬天的雪

天空灰蒙蒙的，雪花从天空飘下来，轻轻地落到地上，地上像铺了一层棉被。雪，像烟一样轻；像银一样白。雪花落到头发上，染成了白发。

我看见整个世界都像涂了一层白色，我听见小朋们在嬉戏。用脚踩雪时，我能听见咯吱咯吱的声音；我用手触碰到凉冰冰的雪，雪在我手中融化了了。

雪慢慢地融化变成水，水慢慢地晒干……

龙骨花

我家有一盆龙骨花，它是邻居奶奶送给我家的，它刚来我家时我才三岁，它还没有胳膊长呢。现在它已经有我爸爸那么高了。

对比形象直观。

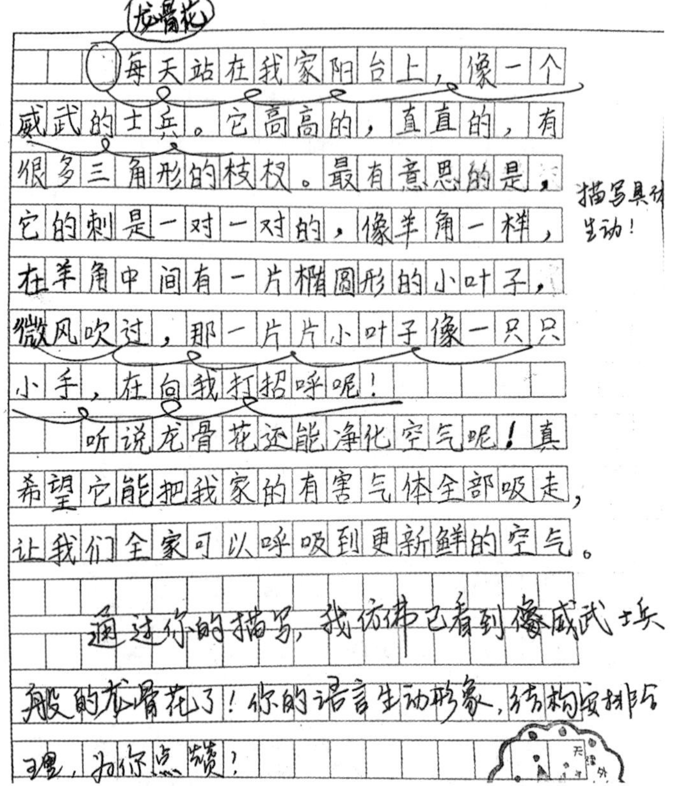

龙骨花

每天站在我家阳台上，像一个威武的士兵。它高高的，直直的，有很多三角形的枝杈。最有意思的是，它的刺是一对一对的，像羊角一样，在羊角中间有一片椭圆形的小叶子，微风吹过，那一片片小叶子像一只只小手，在向我打招呼呢！

听说龙骨花还能净化空气呢！真希望它能把我家的有害气体全部吸走，让我们全家可以呼吸到更新鲜的空气。

描写具体生动！

通过你的描写，我仿佛已看到像威武士兵般的龙骨花了！你的语言生动形象，结构安排合理，为你点赞！

四、结束语

把握双线组元，实践单元整体教学，是落实语文核心素养——语言的建构和运用、思维的发展和提升的有效途径，是有创新意义的崭新探索，教师要深度钻研教材，结合精准的文本阅读，从而推动学生的语言表达能力提升，努力构建学生健康积极的品格，注重对学生价值观的培养，不断促进学生语言发展，感受学科知识与生活密不可分，体验汉语言文字的魅力。

参考文献

[1]陆早才. 习作单元的教学功能与教学建议[J]. 小学语文教师，2021(06).

[2]中华人民共和国教育部编. 义务教育语文课程标准：2011 年版[M]. 北京：北京师范大学出版社，2012.

融情入境叩心扉　品文析句悟深情

——以《慈母情深》为例谈运用情境教学法落实语文要素

天津市河西区水晶小学　杜　慧

摘　要:2011 版《语文课程标准》中明确指出:“语言文字是人类最重要的交际工具和信息载体,是人类文化的重要组成部分。”“工具性与人文性的统一,是语文课程的基本特点。”工具性与人文性的联结点则是语文教学之魂——“情”。统编教科书中的每一篇课文都是通过语言文字,以一定的形式展现在我们眼前的。正是文中之“情”,使具体的字、词、句、段、篇凝聚成一个整体,交织成有情之境。情境教学强调运用直观的艺术手段与语言文字描绘相结合,再现作者创作时进入的那个情境,营造与课文内容相应的气氛,学习语文要素,促进学生的发展。本文以《慈母情深》一课教学实践为例,介绍运用情境教学,落实语文要素。

关键词:情境教学　教学实践　语文要素

情境教学是将情境贯穿教学过程的始终,强调将字词句篇、听说读写的训练统一在具体生动的语言情境中,让学生通过主动参与体验到学习的快乐,使他们不仅掌握了语言,而且发展了语言能力。①

纵观小学语文教材,不难发现每篇课文都有一个整体情境,作者首先进入了特定情境,才能写出表现特定情境的作品。因此,充分利用情境教学法,引导学生读文入境,在文本描述的情境中品读语言文字,才能更好地理解内容,领悟表达,体会情感,从而落实语文要素,发展学生的语文素养。我执教《慈母情深》一课,紧扣单元语文要素,将情境教学贯穿始终,运用情境教学法,落实语文要素,使学生深刻体会到作者笔下的场景、细节描写中蕴含的浓浓的慈母深情。

一、多媒体创设情境,激发学习情趣

多媒体是指利用图片、视频、动画、音乐等多种手段把学生带入到课文的情境中,

---

① 李吉林. 情境教育理论探究与实践创新[M]. 2019.

这样能拉近学生与文本的距离,激发学生阅读的兴趣。图画和音乐的结合,不仅使学生能听到,也能看到,调动学生的多种感官,产生学习的兴趣,促进内心的体验。《慈母情深》描写的是母亲在极端贫困的生活条件下,对孩子读书无私的支持,但由于课文描写的内容和学生的现实生活差距较远,体会起来有一定的难度。教学这课时,通过多媒体手段,把学生带入作者笔下的那个特定情境,促进学生对教材的理解。教学伊始,我播放梁晓声做客《朗读者》时深情表白的视频,"如今,母亲早已离我而去。每每想起这些,我心里总有千言万语想要说给她听……"此时,一首《懂你》响起在耳畔:

你静静地离去
一步一步孤独的背影
多想伴着你
告诉你我心里多么地爱你……

一句句歌词呈现在学生们眼前,一个个画面浮现在脑际,此时此刻师生的眼眶是热热的,心潮是澎湃的。学生们的心已经然随着作者的文字感动着。

接着采用梁晓声先生的朗读代替了传统的学生默读,让学生自然走进那个距离他们非常遥远的年代,一下子就拉近读者与文本之间的距离。学生在作者声情并茂地朗读中更加直观地感受到了母亲对"我"读书这件事无条件地支持,感受到了母亲对"我"无私的爱。学生们从课堂之初就走进了情境,走近了作者的生活,为接下来的学习奠定了扎实的基础。

二、朗读渲染情境,体会场景中蕴含的慈母情

朗读是语文教学最有效的、最常用的教学手段,是通过学生用恰当的语气语调,表现自己对课文情感态度的理解。我在教学中,着力引导学生学好重点段,通过多种形式的朗读,使学生进入到文本情境中,感受作者描绘的母亲形象。比如,我在教学"初进厂房"这个场景中是这样做的:

师:是啊,母亲的工作环境就是这样的艰苦,我们想象一下。七八十台破缝纫机一行行排列着,七八十只灯泡烤着我的脸,七八十个女人在嘈杂的环境中埋头工作着。

生:我穿过一排排缝纫机,走到那个角落,看见一个极其瘦弱的脊背弯曲着,头凑到缝纫机板上。周围几只灯泡烤着我的脸。

师:孩子,你看到了什么?

生:我看到一个瘦弱的脊背,母亲伏案工作头凑在缝纫机板前。

师:轻轻地呼唤一声你的母亲。

生："妈——"

师：再深情地再呼唤一声你的母亲。

生："妈——"

师：老师听出来你的声音都颤抖了，为什么？

生：我心疼妈妈……妈妈在这么艰苦的环境工作，妈妈挣钱不容易……

师：是啊，我们再用心地读一读，七八十台破缝纫机发出的噪声震耳欲聋——

生：我穿过一排排缝纫机，走到那个角落，看见一个极其瘦弱的脊背弯曲着，头凑到缝纫机板上。周围几只灯泡烤着我的脸。

师：此刻，你的心情是什么样的？

生：妈妈挣钱这么不容易我还来要钱，我都张不开嘴了。

师：老师告诉你这就叫难以启齿，你再来说一遍。

生：我觉得难以启齿，妈妈挣钱这么辛苦，我都张不开嘴找妈妈要钱了。

师：你真是个善解人意的孩子。让我们再读读这个场面。

这个教学环节中通过引读、指名读、师生合作读等方式渲染了情境。教师通过强调"七八十台破缝纫机""七八十只灯泡""七八十个女人"在低矮、潮湿、破败的厂房辛苦工作着，让学生仿佛看到了作者向母亲要钱时的场景。学生在老师的朗读渲染中感受到了母亲工作时的厂房潮湿阴暗、破败不堪，进而自然体会到了母亲工作挣钱的不易。学生们可以想象到母亲养活一家人需要付出的艰辛，从而感受到了场景描写中蕴含的慈母之情。

三、品读词句想象情境，体会细节蕴含的慈母情

本单元的语文要素是体会场景、细节中蕴含的情感，教学中，我注重让学生通过品读词句展开想象，在课堂再现的情境中去认识、去感受课文中所寄托的情感。教学重点是借助"我"的视角感受这份母爱的特别。结合书后练习中关注句子中反复出现的"我的母亲"和"立刻"体会表达效果。在教学中为了突破这一重难点，体会细节中饱含的浓浓的慈母深情在教学中我通过还原形象、创设意境、激活情感，让母亲的形象从书本之中跃然于学生心间。

（一）

课件出示：背直起来了，我的母亲。转过身来了，我的母亲。褐色的口罩上方，一对眼神疲惫的眼睛吃惊地望着我，我的母亲的眼睛……

师：这段话中有一个温暖的称谓时时回响在我们的耳畔——

生齐答：我的母亲。

师：整整三次，我们再来读一读，感受感受句子中连续出现的三次"我的母亲"。

生齐读：背直起来了，我的母亲。转过身来了，我的母亲。褐色的口罩上方，一对眼神疲惫的眼睛吃惊地望着我，我的母亲的眼睛……

师:让我们一起来回放这些镜头——谁的背直起来了?

生:我的母亲的背直起来了。

师:谁转过身来了?

生:我的母亲转过身来了。

师:谁的眼睛吃惊地望着我?

生:我的母亲的眼睛吃惊地望着我。

师:一般的表达,"我的母亲"应该放在每个句子的最前面,但是作者却把"我的母亲"放在了最后面,这种写法太特别了。我们再想一想,"我的母亲"出现一次就足够了。

课件出示:我的母亲背直起来了,转过身来了,褐色的口罩上方,一对眼神疲惫的眼睛吃惊地望着我……

师:自己读读这两个句子,体会两句话给你的感觉有什么不同?

生:我读第一个句子感觉到,我有点难以相信,难以相信那是我的母亲,直到母亲完全转过身来才相信。

师:同学们都看过电影吧?如果用电影中的慢镜头和快镜头来比喻这两种写法,哪一句带给你慢镜头的感觉?

生齐答:第一句。

师:请大家闭上眼睛,用心想象,随着镜头的推移,你看到了什么。背直起来了,我的母亲。你看到了一个母亲怎样的背?

生:一个佝偻的背。

生:一个弯曲的背。

生:一个脊柱突出变形的背。

师:不对啊,这是我母亲的背吗?记忆中我母亲的背是——

生:笔直的。

生:挺拔的。

生:结实的。

生:健壮的。

师:如今,我分明地发现,母亲的背不再挺拔了,不再结实了,不再健壮了。闭上眼睛,我们接着想。转过身来了,我的母亲。你看到了母亲的脸,孩子们,这已经是一张怎样的脸了?

生:一张粗糙的脸。

生:那是一张布满皱纹的脸。

生:我看到一张失去光泽的脸。

师:这是我母亲的脸吗?母亲的脸分明是——

生:光滑的。

生:美丽的。

生:洋溢着青春朝气的。

师:这才是记忆中母亲的脸啊!他是那样光洁、那样红润、那样美丽,可是那样一张脸再也见不到了。我们闭上眼睛,继续往下看。褐色的口罩上方,一双眼神疲惫的眼睛吃惊地望着我,我的母亲的眼睛……孩子们,你们看到了一双怎样的眼睛?

生:布满血丝的双眼。

生:眼神疲惫的眼睛。

生:有黑眼圈的。

这是我母亲的眼睛吗?孩子们,母亲的眼睛是曾经是那样的——

生:有神。

生:明亮。

生:清澈。

师:母亲的眼睛会说话啊!然而,这一切,如今都已经不复存在了。此时此刻,"我"第一次真真切切地发现,母亲的背不再坚挺,母亲的脸不再红润,母亲的眼睛不再炯炯有神。带着你刚才的种种想象、种种疑惑,我们一起来做朗读者重现这个慢镜头。

生:背直起来了,我的母亲。转过身来了,我的母亲。褐色的口罩上方,一对眼神疲惫的眼睛吃惊地望着我,我的母亲的眼睛……

(二)

理解:四个"立刻"

师:还有哪个场景让你感动呢?文章中还有一个快镜头,谁发现了?

生:我找到了母亲继续工作的场景,(板书:继续)出示:母亲说完,立刻又坐了下去,立刻又弯曲了背,立刻又将头俯在缝纫机板上了,立刻又陷入了手脚并用的机械忙碌状态……

师:立刻是什么意思?老师查了词典,"立刻"的同义词多达二十几个。现在杜老师给改写了一下。

课件出示:母亲说完,马上又坐了下去,赶紧又弯曲腰,迅速又将头俯在缝纫机板上了,立刻又陷入了忙碌……

师:两句话都在写母亲干活非常忙碌,意思完全相同。是吧?你读起来有什么不同的感觉?

生:虽然这两句的意思相同,但是我觉得第二句读起来非常通顺,一直强调立刻这个词,让我觉得母亲的动作非常迅速,母亲忙碌。如果换成您写的那样,就没有这种感觉了。

我们一起来体会体会。

师:母亲说完……

生 1:立刻又坐了下去。

生 2:立刻又弯曲了背。

生 3:立刻又将头俯在缝纫机板上了。

生 4:立刻又陷入手脚并用的机械忙碌状态……

师:一遍又一遍的立刻,整整出现了——四次,扎心吗?为什么?

生:母亲给了我一元五角,对我家来说太昂贵了,母亲必须得继续挣钱给我买书。

师:一个普普通通的“立刻”反复出现深深地敲击着我们的心。这个故事中每一个动人之处都是普普通通的生活场景。每一个场景中都流露出深深的——母爱。这就是单元导读页中的——

生:舐犊之情。

上述教学片段中我带领学生通过想象,再现了母亲伏案工作、暂停工作、继续工作这几个场景,通过品读重点语句体会到了蕴含的浓浓的慈母深情。在这几个场景中有一个作者反复描摹的细节——母亲的背。

伏案工作时母亲的背是——脊背弯曲,转过身来时母亲的背是——背直起来,继续工作时母亲的背是——弯曲了背。如果把在暂停工作和继续工作这两个场景比喻成“快镜头”和“慢镜头”,那作者在这三个场景中反复描摹的一个细节——背,就是在作者脑海中、心目中定格的一个“特写镜头”。

彼时,母亲那伟大的形象展现在同学们眼前:母亲为了供养“我们”,累弯了背;听到“我”叫他,她艰难地直起了背;把钱塞给“我”后他又弯曲了背,为了全家的生计继续忙碌。这一个个的细节描写也蕴含着浓浓的母爱,蕴含着流淌在血液里的舐犊之情。

四、作业延伸情境,抒发自己的感动之情

语文学习的最终目的是运用语言文字。统编教材特别重视语用功能的落实,为了更好地巩固本课习得的细节描写。我在本课的作业设计中也费了一番心思,小说《年轮》中的主人公王小嵩就有梁晓声童年生活的缩影。课后,布置同学们阅读《年轮》描写“母亲帮我索要小人书”这个场景和其中的细节,写下令自己“鼻子一酸”的场景、细节,抒发自己的感动之情,将情境教学不止于课堂,更是延伸到课外生活。

本节课,我力图通过创设有效情境,让学生进入到文本的情境之中,在朗读中感受情境,通过品读词句想象情境,在情境中运用所学,引导学生在“境中思”“境中学”“境中做”,体现知识在情境中建构,在情境中运用。① 情境教学扭转了普通教学模式下枯燥沉闷的课堂气氛,并潜移默化地影响熏陶学生的情感,突出了语文要素的落实,促进了学生语文素养的发展。

---

① 李吉林. 中国式儿童情境学习范式的建构[J]. 教育研究,2017(3).

“读写深度融合”的实施策略
——以统编教材五年级下册习作单元教学为例

天津市东丽区津门小学　李　颖

摘　要:依据教学目标,将习作单元教学内容创新重组,迁移再创造,是统编教材全面推进后的有效教学手段。将读写知识有机整合,顺应学生学习规律,推进小学语文教学改革发展。

“读写深度融合”是统编教材习作教学的金钥匙,情境补白,大单元教学整合,学生联系实际真实体验,一篇带多篇拓展阅读是习作教学读写结合的锦囊妙计。读写深度融合的实施策略服务于课堂教学,助力学生读写的拓展运用,是统编教材习作单元教学的重要手段。

关键词:读写融合　单元教学　实施策略

读写分离一直是小学语文教学的弊病,在广大一线教学课堂“读写两层皮”　的教学现象是非常严重的。《义务教育小学语文新课程标准(2011 年版)》中强调:“要重视写作教学与阅读教学的整合。”按照《新课标》要求,语文教师在教学中要善于将读与写、说与写有机结合,相互促进。

众所周知,语文核心素养的关键路径是“读写结合”,基于此,统编教材设立习作单元体现读写结合理念。习作单元,“关注表达”的思想贯穿始终,语文要素这个方向标在习作单元落地生根。

笔者自统编教材全面实施以来,对小学语文进行“读写深度融合”教学策略深入研究,并实施课堂,效果显著,学生得到长足发展。下面以统编教材五年级下册习作单元教学为例,

谈一下“读写深度融合”的实施策略。

一、情境补白——实现“向读学写”到“读写共生”转变

《新课标》要求,阅读教学要具备双重意义,即在指导引领学生关注课文理解的同时,更要关注习作的借鉴意义。我们看到,统编教材习作单元精读课文,虽然大多

选自名家名篇。但是无论从布局谋篇还是语言表达方面，都非常适合学生领会与模仿，好读易懂，堪称习作教学常青树。在"读写深度融合"的教学策略中，情境补白练习应运而生。

聚焦表达、指向表达，从而带领学生学习表达，是统编本教材的宗旨。落实语文要素与习作要求的有机整合是习作单元教学的任务所在。"读写深度融合"教学贯彻这一理念精髓，教师常教常新，学生常学常新，是统编本教材习作单元教学的一大亮点。实践证明，精准定位，运用情境补白的练习读写结合，有助于全面落实习作单元教学任务。

统编本五年级下册习作单元《人物描写一组》中，《摔跤》里的小嘎子机智聪明，深得学生们的喜爱。课文通过动作描写，活脱脱地展现了小嘎子摔跤时的精气神。通过教学，学生很容易领会到，作者运用动作描写把小嘎子写得活灵活现。刻画经典人物深入人心的葵花宝典，关键是运用描写人物的方法写好人物。学习《摔跤》片段后，学生对描写小嘎子摔跤时的动作描写印象深刻。深入研读学习后，学生很快发现这个片段以动作描写为主，除此以外，还有小嘎子的心理描写以及对小胖墩侧面描写的烘托，使小嘎子的人物形象更加饱满。

紧扣交流平台，结合初试身手，此时进行情境补白教学练习，即"发挥想象，运用学习到的人物描写的方法，进行小练笔：当小嘎子摔了个仰面朝天后，契合情境，展开合理想象，写出接下来又会发生怎样的场景。"情境补白，运用所学方法"读写深度融合"，达到学以致用的效果。

二、单元整合——精准开发教学新路径

统编教材全面实施以来，立足语文要素，优化整合单元教学内容，进行大单元教学设计，体现出小学语文教学课堂完整的教学过程。大单元教学设计是以《新课标》为教学依据，整合教学目标，归纳组合教学内容，精简课时，效果翻倍，提升教学效能的再创造开发的教学设计。

在综合考量"课标"的前提下，大单元教学设计始终是以教学目标为核心的设计。学习目标好比是圆心，那么具体可操作性内容就类似于这个圆的半径，在此基础上进行教学内容的二度开发。

例如，统编本五年级下册习作单元聚焦"学习描写人物的基本方法"的语文要素，指向"初步运用描写人物的基本方法，具体地表现一个人的特点"的习作任务，教学中可以完全打破以往语文教学单篇推进的教学模式，形成三个教学模块：

模块一：单元导读：字里行间众生相，大千世界你我他（1课时）。

认真观察习作单元结构，我们可以发现有精读课文、交流平台、初试身手、习作例文和习作五大板块。高屋建瓴，结构清晰。进一步分析这五大板块，又可分为两次读写结合。第一次读写结合是《人物描写一组》和《刷子李》两篇精读课文与教材中初

试身手的结合;第二次则是两篇习作例文和“形形色色的人”的习作表达的结合。引导学生发现,这两次读写结合既有联系又有区别。学生的探究欲望被激发,浓浓的学习兴趣打开了习作单元的大门。

两次读写结合各有侧重点,第一次读写结合从名家名篇的学习中了解课文表达方法,迁移到初试身手中学以致用;第二次读写结合通过两篇习作例文的学习,切身体验,再综合前四大板块进行习作单元的习作表达,可谓是水到渠成。

模块二:读写实践:

1、主题:用典型事例表现人物,包括内容为《两径灯草》片段和《我的朋友容容》教学(1 课时)。

2、主题:在对比阅读中学习运用多种写人方法,包括内容为《摔跤》和《他像一棵挺脱的树》两篇选文片段教学(1 课时)。

3、主题:周围人的分量,包括内容为《刷子李》和《小守门员》教学(1 课时)。

读写实践三大主题,从不同方面诠释语文要素,比如凸显写出人物的特点,不仅要抓住人物的典型事例,还要注意事例的角度多样,只有这样写出的人物特点才能像两篇精读课文以及习作例文表达的那样,人物特点鲜明,活灵活现地展现在读者面前,使读者很容易形成画面感,就像看到身边的人物一样鲜活饱满。通过第二大模块的组合设计,还能够让学生清晰明了地感受到正面描写与侧面描写的好处,恰如其分地运用这种方法进行描写能够为文章增添色彩。同时,再进行第二模块的教学时,还可以运用一篇带整本书,到同一类书的课外拓展,自主阅读,从而进一步感受到经典阅读中运用的多种写人的方法,开阔眼界,内化于心。

模块三:读写实践大综合:“形形色色的人”习作教学(2 课时)。

模块一、模块二的教学扎实,效果突出,当进行模块三的动笔书写,倾心表达时,是内化于心、外化于行的完美体现,又是大单元教学的成果展示,见证“读写深度融合”的教学实效。

依据教学目标,将习作单元教学内容创新重组,目的非常明确,这样的迁移和再创造,是创新,更是统编教材全面推进后的新的教学手段。继往开来,在积累内化中,将读写知识有机整合,顺应学生学习规律,推进小学语文教学改革发展。

三、真实体验——助力读写,生活是一本读不完的书

阅读教学是习作教学的基础,习作教学是语文教学的核心内容。学生在日常学习生活中,知识的积淀与能力的汇聚也是至关重要的。因为思想、语言和情感三个方面都离不开真实生活的情感体验。学生结合自己真实的生活情境,丰富体验,展开联想,进行“读写深度融合”的习作更具意义。

2011 年版课标明确指出:“要重视写作教学与阅读教学、口语交际教学之间的联系。”可见,阅读与表达的整合,读与写的目标也是非常明确的。习作单元的独立,精

读课文与习作例文的综合，无不体现习作教学在整个语文教学中的重要地位。读服务于写，写彰显综合素养，真实生活是写作的源泉。不管是精读课文、略读课文还是习作例文，每一个板块所承载的任务，都离不开学生真实生活体验的积淀，再进行消化理解、迁移运用，联系实际丰富情感体验是习作教学进行读写深度融合极为有益的。

统编教材五年级下册习作单元，由两篇精读课文课后题，到交流平台，再到初试身手；由两篇习作例文到书写五单元习作内容“写形形色色的人”，小区里锻炼身体的爷爷奶奶，乘车遇到的公交司机，维持秩序的交通警察……都需要学生联系生活实际体验完成。丰富体验，才能够真情表达，知行合一，是习作教学提升的有效途径。

四、拓展阅读——一篇带多篇，提升读写质量

拓展阅读能够拓宽学生的眼界，开阔他们的视野。一篇带多篇，学完习作例文，可推荐同一作家或其他作家写法相似的作品让学生进行阅读，这样学生就会融会贯通，润物细无声地内化写法，助力单元习作的高效完成。例如，在教学《刷子李》一课后，笔者推荐作家冯骥才的《俗世奇人》阅读。《俗世奇人》是当代作家冯骥才创作的短篇小说集，荣获第七届鲁迅文学短篇小说奖，里面除了书写民间手艺人“刷子李”以外，还写了很多奇人奇事。重点推荐《泥人张》《狗不理》等学生耳熟能详的故事阅读，带着对习作例文的学习体验，再阅读原著中学生比较熟悉的“俗世奇人”的故事，综合写法，会对本单元的习作书写锦上添花，起到事半功倍的效果。

读写深度融合是统编教材习作教学的金钥匙，情境补白，大单元教学整合，学生联系实际真实体验，一篇带多篇拓展阅读是习作教学读写结合的锦囊妙计。“读写深度融合”的实施策略服务于课堂教学，助力学生读写的拓展运用，是统编教材习作单元教学的重要手段。

群文阅读教学的策略

天津市武清区杨村第十一小学　刘海丽

摘　要:群文阅读是群文阅读教学的简称,近几年在我国被越来越多的语文教师关注并试着应用在日常教学中。教师在进行群文阅读教学实践时,文章的呈现应以教材文本为引线,恰当地选择与教材文本相关的课外阅读篇目,所选择的文章要与文本在某一侧面具有类似的特点,要与教材文本建立横向联系。群文阅读要为写作服务,让学生在阅读的过程中,学习文章的写法,并能将所学运用到实际写作中。

关键词:群文阅读　教学　策略

群文阅读是群文阅读教学的简称,近几年在我国被越来越多的语文教师关注并试着应用在日常教学中。群文阅读教学,就是把某一个方面存在共性的几篇文章组合在一起,进行阅读教学,使学生在阅读的过程中表达自己独到的看法,由此使学生的阅读理解能力和感悟语言的能力得到一定程度的提高。群文阅读教学模式就是学生和老师这两者,以一个或几个议题为中心挑选几篇文本,然后在课堂上老师带领学生以中心议题为线索组织相关教学,达成教学目标。群文阅读教学不单是对课上阅读教学具有局限性的补救,更能使传统固有的教学模式得到根本的改变。

在实施群文阅读课堂教学时,选择文章和组织教学的策略至关重要。

一、恰当选文,实现课内外有机结合

群文阅读要以教材文本为引线,抓住文本某一个侧面的特点,再引入与文本具有类似特点的其他文章,开阔学生的视野,增加学生的阅读量,更好地培养学生的语感,学生的阅读素养也会随之得到提升。

1. 同一作者的不同文章阅读

新版统编教材选入了很多国内外著名作家的作品。教师在进行这类文本教学时,可以通过教材中的作品让学生对作者进行简单了解,还可以向学生推荐作者的其他作品进行阅读,使学生对一些著名作家有一定的印象,而不是风过无痕。例如:统编版一年级下册有一篇课文《一个接一个》,这篇文章是日本著名作家金子美玲的作品。金子美玲善于用儿童最自然的状态来体验、感觉这个世界,作品语言晶莹剔透,洋溢着绚丽的幻想,特别适合低年级学生阅读。教学课文时,可拓展诵读两篇金子美玲其他诗作:《露珠》《白帽子》,这两篇小诗以儿童的视角观察世界,并产生奇妙的想象,思维方式与低年级学生非常切合。这样的作品很容易使学生产生共情,而且能激发学生的阅读兴趣,学生在课后一定会主动进行延伸阅读,这样,对学生阅读习惯的培养也能达到事半功倍的效果。

2. 相同体裁的不同篇目阅读

统编版语文教材每单元内容均有预设的主题,教学中可利用每个大单元的主题进行拓展阅读,有的单元设计的是某一体裁的文本,如神话、寓言等。拓展阅读,在数量上不贪多求全,重点落在进行适当的拓展,其目的不在于力求每次拓展的文本"数量"多,而在于每篇都坚持拓展阅读的"导向",让学生形成这种意识。通过同体裁对比阅读,引导学生日有所读,积累阅读量。

例如教学四年级上册第四单元,本组以神话为主题,编排了《盘古开天地》《精卫填海》《普罗米修斯》三篇精读课文和《女娲补天》一篇略读课文。这里既有中国古代经典神话故事,也有古希腊神话故事中的经典。学生可以从中体会古代劳动人民对自然、对世界的独特理解和神奇想象,还能感受故事中鲜明的人物形象。神话故事是学生非常喜欢的一种文体,学生读过的中国神话故事比较多,对国外的神话故事了解得相对少了很多,教师可以通过《普罗米修斯》这个希腊神话故事让学生知道国外神话故事也很精彩,可以向学生推荐几篇,如《潘多拉的盒子》《诺亚方舟》等。这样就可以通过一篇希腊神话故事让学生了解更多的国外神话故事,让学生的读书范围更广阔,不局限于原来固有的认知中。这样的方法可以使学生对更多的作品产生浓厚的兴趣,不满足于教材中的文本,而是以教材文本为线索,进行更多的拓展阅读,开阔眼界,增长见识。

再如学习三年级下册寓言单元时,实施"寓言"群文阅读,在学习了本单元的几篇寓言后,补充阅读几篇寓言:《鹬蚌相争》《鱼之乐》《男孩和狮子》《特里什金的外套》等,让学生发现古今中外的寓言都比较短小,语言比较精辟简练,结构相对简单,表现力极为丰富。古今中外的寓言大多教育意义非常鲜明并对某类人或某些事物进行讽刺,大多用比较间接的形式,把具有深刻教育意义的主题道理在短小精炼的故事中显露出来,寓言故事的情节大多不是真实存在的,情节的设计都是为了揭示道理服务的。主人公比较随意,可以是人,也可以是物。使学生在迁移中感受寓言的魅力,从而激起学生读更多的寓言故事的兴趣。

3. 相似结构文章的对比阅读

教师在实施群文阅读教学过程中,应以单篇文章阅读教学作为基础,在此之上指导学生在被推荐的多篇文章阅读的过程中提炼、整理有效信息,要把以一篇为基础带入的多篇文章视为一个有机的整体,教师要保证课内篇所带动的课外篇之间要在某一个侧面,具有类似的特点,把教学过程中所引入的数篇拓展文本建立横向联系,让学生的阅读理解能力在不知不觉中得到提升。如教学统编版三年级上册第四单元。

本单元几篇童话故事特点是“情节反复”,要渗透的阅读策略是“预测”。单元中的几篇课文对预测的学习做了有层次有梯度的安排,学生可以通过题目、插图、文章内容等线索进行预测。在学习本组课文之外,我组织学生速读《小猪慢慢》《田鼠太太的项链》《城里最漂亮的巨人》这几篇同样具有故事情节反复这一特点的童话,提示学生运用所学的预测策略,在读这几篇故事时,边读边预测。这样有利于呵护并激发学生阅读的初始期待,促使他们主动地、积极地思考,同时也能在预测成功时体会到阅读的快乐,学生的预测意识和预测能力在不知不觉中就得到了提高。

二、指导读书方法,发挥群文阅读功效

教师在组织学生进行群文阅读教学时,让学生从对多篇文本的阅读中得到多种多样的信息,这是最根本的,更重要的是使学生在这个阅读过程中学会加快阅读速度并学会质疑讨论进而把有效信息进行整合处理。

1. 指导学生快速阅读

小学中高年级语文常见的阅读策略就是默读、略读和浏览这三种。进行群文阅读教学,教师要有意识地让学生学习并使用上述三种快速阅读的策略。如教学部编版四年级上册第六单元第一课《牛和鹅》,本单元的主题是“回忆童年”语文要素是学习用批注的方法阅读文章。本单元的这三篇课文都很长,如果逐个自然段给学生分析这样不现实而且没有很强的必要性。我在教学这篇课文时,先是让学生通过学习单的方式对课文进行充分的预习,学生对课文内容有一个整体的印象。在课堂教学时,就不再给学生细读课文的时间。要求学生默读课文,边读边在自己印象深刻的地方做下批注,批注的内容可以是对课文内容的体会、疑问,对写法的体会以及从文中获得的启发也可以是读课文时产生的联想、对文中人物的评价。这样学生就有了方向和针对性,只选择自己印象深刻的地方即可。每个人做完批注以后在小组内交流这样就是学生互通有无,最后教师组织学生们分享自己的批注,适时对学生的批注进行指导和评价,这样学生在短时间内通过快速阅读可以提取文章中的有用信息。本单元的其他两篇课文《一只窝囊的打老虎》和《陀螺》也用了同样的阅读方法,效果甚好。

2. 训练学生质疑讨论

“为学患无疑,疑则有进。”教师在组织学生进行群文阅读教学的过程中,要有意地让学生树立“质疑”的意识,鼓励学生从不同角度提出自己的疑问、并表达出来、与同学进行热烈地讨论,在讨论的过程中各抒己见碰撞出思想的火花,问题得到了解决而且养成了善于思考的良好习惯。

统编版第二单元的语文要素是“阅读时尝试从不同角度去思考,提出自己的问题”。在教学《夜间飞行的秘密》《呼风唤雨的世纪》《蝴蝶的家》这三篇课文时,我采用了循序渐进的方式让学生学会提问题。在教学《夜间飞行的秘密》这一课时让学生试着提出自己的问题,教师不做具体要求,鼓励学生多角度提问,扩大提问范围。

学生提出的问题层次不一,五花八门。随后教师组织学生把大家提出的问题进行分类,有针对内容提问的,有从写法这个角度提问的,也有从得到启示这方面提问的,还有的学生联系生活实际提出问题。分类解决,批量处理,学生首先产生了提问的意识。在教学《呼风唤雨的世纪》时,在学习前一篇课文的基础上不光要学会提问题还要能辨别出有效问题和无效问题。比如:有的学生提出“什么是‘程控电话’”?根据大家的判定,觉得这个问题对理解课文帮助不大,所以就没有必要一定解决。《蝴蝶的家》是本单元最后一篇课文而且是略读课文,教师就可以放手让学生运用前两课学到的质疑策略分小组进行学习,提出问题并尝试在组内解决问题。这样一步一步学生就学会了在阅读过程中要质疑的本领,教师顺势再补充一篇课外文本《蓄水的棉花》,让学生更加熟练地提问并判断问题是否有效,试着解决问题。

三、读写结合训练,为语言表达服务

阅读的更高层次训练就是写作,教师在组织教学时要善于对文质兼美的优秀文本,进行深度挖掘,找准读与写相契合的地方,让学生对于写作不再是一种抵触和应付的态度,要发自内心地产生表达的欲望,并对今后完成习作起到促进的作用。如人教版四年级上册第五单元,这是一个习作单元编排了两篇精读课文《麻雀》《爬天都峰》,还有两篇习作例文,分别是《我家的杏熟了》和《小木船》。《麻雀》详细地叙述了一件事情,明确地交代了事情的起因、经过、结果。《爬天都峰》按照爬山前、爬山中、爬山后的顺序展开叙述。两篇习作例文借助旁批和课后题,提示学生怎样把事情写清楚。这几篇文章都为本单元的习作主题“生活万花筒”提供了很好的范例。学生通过熟读感悟这几篇文章,并结合教师的指导,就能明白怎样才能把一件事情写清楚、说明白。如何才能做到具体、生动、有条理地叙述一件事情。学习作者把自己看到的、听到的、想到的结合起来,把事情中的重要内容写清楚。学生可以选择例文中有价值的部分,借鉴作者的写法,帮助他们解决问题。教师在指导学生修改习作的时候也可以借助这几篇课文的不同叙述特点来进行。如:有的学生在叙事过程中习惯“记流水账”,可以利用《小木船》这篇例文来指导,“我”和陈明的矛盾持续了很长时间,为什么作者没有写这段时间发生的事情?这段时间就什么事都没发生吗?通过引导让学生明白,选取的素材要为围绕重点内容服务,与主题无关的内容可以不写。有的学生不能做到按顺序把一件事情的起因、经过、结果叙述清楚,教师可以指导学生借助《麻雀》和《爬天都峰》这两篇例文的叙述顺序,按事情的发展顺序,把起因、经过、结果交代清楚,整件事情的来龙去脉就叙述清楚了。

群文阅读的形式正在被更多地运用在课堂教学实践中,这种阅读教学形式也将逐渐显露出他的优势和无可替代的效果。在这条路上我们还有很长的路要走,还有很多有待解决的问题等待我们去探索。让我们行进在这条路上,在行进中思考,在思考中完善,只要教之有法,群文阅读教学必然对提高学生的语文素养大有裨益。

基于高年级语文要素的课堂拓展阅读教学实践

天津市武清区杨村第十二小学　刘　洁

摘　要:阅读,关乎学生的未来。基于高年级语文要素的课堂拓展阅读教学,可以按照统编教材编排的系统性,基于单元目标,整合单元资源,围绕某一语文要素的习得,设计阅读学习单,开展比较性阅读,引导整本书阅读。在落实语文要素的同时,帮助学生扩大阅读量,提高阅读能力,提升语文核心素养。

关键词:高年级　语文要素　课堂拓展　阅读教学

国家全民阅读形象代言人朱永新曾说:"一个人的精神发展史,就是一个人的阅读史。"[1]阅读,是学生获取信息、认识世界、发展思维、获得审美体验的重要途径,关乎学生的未来,民族的发展。《义务教育语文课程标准(2011 年版)》指出,"要重视培养学生广泛的阅读兴趣,扩大阅读面,增加阅读量,提高阅读品位。提倡少做题,多读书,好读书,读好书,读整本的书",明确规定小学第三学段课外阅读量不少于 100 万字[2]。这样的阅读量,亟须教师通过课堂拓展阅读带动和促进学生阅读,激发学生的阅读兴趣,帮助学生达到规定的阅读量目标。

2017 年秋季,统编语文教材开始推行,呈现出"双线组元"的鲜明特点,从阅读、表达、习惯三个维度,将语文要素贯穿于单元导语、单元课文、课后习题、语文园地、习作中。语文要素,简单来说就是语言文字训练的基本要素,包括必备的语文知识、基本的语文能力、常用的学习方法或适当的学习策略和学习习惯等,这些语文要素按照一定的梯度,系统规划,既符合学生发展规律,又帮助教师树立了目标意识,明确了"教什么",提示了"怎么教"。因此,在准确把握语文要素的前提下,围绕语文要素进行课堂拓展阅读,是帮助学生扩大阅读量、进行阅读训练、提升阅读能力的有效路径。

那么,基于高年级语文要素,如何进行高效的课堂拓展阅读教学?在阅读教学过程中,笔者按照统编教材编排的系统性,基于单元目标,整合单元资源,围绕某一语文要素的习得,进行相同语文要素的课堂拓展阅读,通过拓展文本与课文内容的联系、补充与对比,帮助学生全面、深入地理解和掌握课文的重点,实现课堂教学目标。进而让学生在科学的阅读训练中,将知识转化为能力,促进语言文字的运用,循序渐进地提升语文核心素养。

一、紧扣要素，设计阅读学习单

阅读学习单，是协助学生落实语文要素，进行课堂拓展阅读的支架。紧扣单元、甚至是一册书的语文要素，设计对应的阅读学习单，进行重点训练，是提升学生阅读水平的重要途径。

比如，六年级上册的阅读教学，在梳理整册教材语文要素阅读维度的基础上，笔者紧扣单元语文要素，围绕单元教学目标，设计一系列的阅读学习单，实现语文要素的落实。其中该册教材第三单元为阅读策略单元，第五单元为习作单元。在梳理语文要素阅读维度的同时，笔者依照陈先云先生所列的小学语文核心素养清单：理解、运用、思维与审美四个维度[3]对设计的阅读学习单题目进行了相关分析。

如图1、图2所示：

图1　六年级上册教材中的阅读维度语文要素

单元	语文要素：阅读维度
第一单元	阅读时能从所读的内容想开去
第二单元	了解文章是怎么点面结合写场面的
第三单元	根据阅读目的，选用恰当的阅读方法
第四单元	读小说，关注情节、环境，感受人物形象
第五单元	体会文章是怎样围绕中心意思来写的
第六单元	抓住关键句，把握文章的主要观点
第七单元	借助语言文字展开想象，体会艺术之美
第八单元	借助相关资料，理解课文主要内容

图2　六年级上册阅读学习单汇总分析

题型	单元篇目	拓展阅读素材	内容	分析
理解审美	第一单元《丁香结》	毛泽东《卜算子·咏梅》	读了《丁香结》，体会到丁香结引发了作者对人生的思考，请你读一读这首词，想一想梅花象征着什么，表达了毛泽东怎样的人生追求？	从所读的内容想开去，可以从课文内容想到更多，由丁香结想到其他有象征意义的植物，如梅花，想到这些植物象征着什么，由这些植物想到人生的追求
运用	第三单元《故宫博物院》	一组《恭王府》非连续性文本，包括：材料一概况、材料二组成结构、材料三主要景观	请你根据文章内容，选一个角度向人们推荐恭王府	学会根据阅读目的选择合适的材料

题型	单元篇目	拓展阅读素材	内容	分析
运用	第六单元《只有一个地球》	何祚庥《人类能在地球上生活多久》(节选)	读完后,你认为如何才能让人类在地球上生活得更久?用几句话把自己的观点表述出来	体会抓住关键句,把握文章的主要观点。学会用文字写出自己的观点
思维审美	第七单元《京剧趣谈》	桂文亚《街头艺术家》	默读课文,说说你对街头艺术家有了哪些了解?并借助描写卓别林街头艺术家的句子,展开想象,说一说你看到了什么画面?	在教学中,引导学生借助相关语句,展开想象,体会艺术之美
理解审美	第八单元《少年闰土》	鲁迅《故乡》(节选)	请你想一想:他们长大以后变成什么样了呢?材料中的中年闰土与少年闰土有何不同?谈谈你的看法	借助资料,帮助学生更深入地体会"我"的内心世界,了解作者描写少年闰土,是为了与成年闰土进行对比,从而表达自己对劳动人民的同情,对现实的不满

二、围绕要素,开展比较性阅读

乌申斯基说过:"比较是思维的基础。"[4]高年级教材的每一个单元,往往精读课文新授语文要素,略读课文用于语文要素的复习、巩固,在进行课堂拓展阅读教学的设计时,教师要善于围绕语文要素,将单元中的课文串联起来,对课文进行内容或形式上的比较性阅读,帮助学生进行阅读知识归类,从而掌握相似文本的阅读理解方法,在习得语文要素的基础上,内化阅读知识体系,发展思维。

比如,五年级上册第一单元的语文要素是"初步了解课文借助具体事物抒发感情的方法",围绕这一语文要素,教材依次编写了《白鹭》《落花生》《桂花雨》《珍珠鸟》,其中前三篇为精读课文。经过比较会发现,《白鹭》与《珍珠鸟》两篇文章均借"鸟"抒情,《白鹭》是借助对白鹭诗意的描写,抒发作者对白鹭的欣赏与赞美之情,《珍珠鸟》是借助珍珠鸟表达人与人之间的信赖的呼唤。因此,笔者在教学中调整了单元教学顺序,先教《白鹭》,并将《珍珠鸟》作为课堂拓展阅读的素材,组织学生开展比较性阅读,引导学生思考:同样是写鸟,两篇课文有何异同?通过分析,学生会发现两篇课文都通过描写鸟的外形和活动,表达作者的喜爱之情,不同点在于《珍珠鸟》相较《白鹭》,加入了作者的举动,而正是"人"的加入,让文章的情感表达更加浓厚。这样,围绕单元语文要素开展比较性阅读,学生初步学会"借助具体事物抒发感情"

的方法，在比较阅读中通过针对性的训练习得语文要素，做到阅读的有效迁移与补充。

再如，六年级上册第二单元的语文要素是“了解文章是怎样点面结合写场面的”，重在体会文章在进行场面描写时整理勾勒与局部刻画的巧妙结合。其中《狼牙山五壮士》，着重在五壮士的群体形象描写中融入对每个人的细致刻画；《开国大典》引导学生聚焦阅兵式，既有气势恢宏的整个场面，也有不同特点的各个方阵，感受点面结合的好处。在教学中，笔者将两篇课文放在一起进行比较性阅读，让学生重点围绕《狼牙山五壮士》第 2 自然段与《开国大典》第 11、12 自然段，找出两个场面属于“点”与“面”描写的句子，阅读并体会：既关注五壮士群体形象又刻画每个人的细致描写的“点面结合”能突出文章表达的中心；采用并列式的方式，在整个阅兵场面中依次描写各具典型特点的方阵，能表现场面的壮观。在此基础上，帮助学生概括出两篇课文从不同侧面表现“点面结合”的方法。之后引导学生将《开国大典》中“群众入场”这一场面通过“点面结合”的方法进行改写，读写结合，迁移运用，为本单元的习作《多彩的活动》提供范例，真正起到导引的作用。

三、链接要素，引导整本书阅读

“统编教材非常重视对整本书的阅读指导，并且提出课外阅读课程化的要求。”[5]通过“快乐读书吧”栏目的设置，强调教师对整本书的阅读指导。基于高年级语文要素的课堂拓展阅读教学，链接要素，充分考虑将该语文要素中的知识能力点与课外书的主题、内容、人物形象等融合在一起，进行整本书阅读指导。

在六年级上册第四单元的小说单元教学中，笔者完成《桥》《穷人》《金色的鱼钩》三篇课文的阅读教学后，结合“快乐读书吧”栏目中重点推荐的成长故事类小说高尔基的《童年》，进行了整本书阅读指导。旨在落实“读小说，关注情节、环境，感受人物形象”这一语文要素，培养学生迁移运用课内阅读学到的方法，引导学生感受情节推进和环境描写对塑造人物的作用，感受普通人物在面临困境时所闪现的人性光辉，养成自主阅读的好习惯。

《童年》里的主人公阿廖沙，可以说是作者高尔基童年的缩影。整本书的课堂拓展阅读教学分为三阶段：

1. 课前，笔者借助信息技术，通过录制微课，利用思维导图，帮助学生围绕主人公阿廖沙理清小说中众多人物关系，让学生更好地读懂故事。

2. 课中，引入小说中关于外祖母的三段情节，感受外祖母慈祥善良、沉着勇敢的人物形象。通过多种方式批注以及活动推进整本书阅读。

3. 课后，组织学生开展丰富多样的读书交流活动，如阅读记录展示、制作人物资料卡、制作班级板报、演一演精彩的情节等。

“阅读是学生的个性化行为。语文课程应注意培养学生的阅读兴趣，加强阅读方法的指导，注重学生阅读实践，尊重学生在学习过程中独特的感受。”[6]基于高年级语文要素的课堂拓展阅读教学，能让学生在保持阅读兴趣、掌握阅读方法、养成阅读习惯的前提下，让学生阅读素养的培养更有针对性、系统性、高效性，最终为学生语文核心素养的形成打下坚实的基础。

参考文献

[1]朱永新. 阅读改变我们的一切[J]. 教育，2010(06).

[2]中华人民共和国教育部制定. 义务教育语文课程标准：2011年版[M]. 北京：北京师范大学出版社，2012. 01.

[3]陈先云. 小学语文核心素养清单[J]. 小学语文，2017(01).

[4]张丽华. “拿来”更需“用好”——浅谈小学语文课堂拓展阅读的误区及对策分析[J]. 小学教学研究，2019(11).

[5]朱煜. 整合单元资源，落实语文要素[J]. 语文教学通讯，2021(09).

[6]温儒敏. 用好统编本教材，切实提升教学质量——使用统编本小学语文教材的六条建议[J]. 语文建设，2019(08).

个性朗读绽异彩　千树万树梨花开

——浅析小学低段语文教学中的个性化朗读

天津市武清区杨村第十一小学　庞　喆

摘　要:阅读是每个学生的个性化行为,而个性化朗读更是个性化阅读的重要途径。个性化朗读教学是小学语文教学的关键环节,我们应该正确认识个性化朗读教学的内涵,深刻认识个性化朗读教学对学生言语、理解能力和审美能力培养的重要作用。而个性化朗读需要学生融入个人生活经验来加深对文本的理解,读出情感、感悟内涵。在个性化朗读教学中,要立足文本,多样朗读;巧用资源,多情朗读;交互联动,多重朗读,避免出现流于形式的朗读问题。

关键词:低段　语文教学　个性化朗读

小学语文教学是有趣的、多姿的,朗读是学生在文本和自己知识经验生长的媒介,在语文学习中必须具备的语文基本功,“新课标”对朗读提出了十分明确的要求:“用普通话正确、流利、有感情地朗读课文……各个学段的阅读教学都要重视朗读和默读。”朗读对我们语文教学是十分重要的,而个性化朗读又使学生对文本和作者的情感感悟更为深刻,本文想围绕小学语文个性化朗读教学我们展开了几方面的探讨。

一、个性化朗读的内涵

朗读是将口、耳、眼、脑全部调动协调的一项综合性阅读活动,是课文学习从小的语义到大的语感、从浅的感性认知到深的理性思维形成过程。

朗读教学,是阅读教学的一部分,是运用朗读的方法来进行语文教学,来获得语言生长的能力。朗读教学不是学习朗读,而是通过朗读的方式来引导学生感悟语言生发情感的方式。它以语文教材文本为对象,通过朗读,正确理解祖国的语言文字,积累语言素材,学会运用语言,获得一定的言语和审美能力。

个性化朗读其实是要学生产生自己的情感,强化学生的情感体验。在朗读教学中要多加肯定与支持个性化朗读,以发挥朗读的最佳作用。激发朗读的兴趣是个性化朗读教学的关键,让学生在主动的思维和情感活动中,获得自己独特的感受、体验和理解,拥有个性化的朗读。

二、个性化朗读的方法

部编版小学一、二年级语文所选篇目文质皆美，言简意赅，非常适合低年级学生朗读。初读可小声自由读，弄明白字词，读通句子，积累语言。再读时可带上自己的理解，对语音、语调等方面进行个性化朗读，锻炼自己的美读能力。由此可见，个性化朗读可以帮助儿童从感性认知走向理性认识，形成良好的朗读习惯。

1. 立足文本，千江有水千江月

在语文课堂教学中，教师要有选择性地运用教材，将学生感兴趣的贴近学生生活体验的文章作为朗读指导的重点篇目。因为学生有兴趣，所以喜欢读，喜欢读就会读出感情，读出自己独特的感受、体验和理解，完成个性化的朗读。

(1)根据对课文内容的独特感受，读出个性化理解。《语文课程标准》中指出："阅读是学生的个性化行为，教师应加强对学生阅读的指导、引领和点拨，但不应以教师的分析来代替学生的阅读实践，不应以模式化的解读来代替学生的体验和思考。"教学时教师要充分尊重学生的主体地位，在进行适当的引领后，把大多数的时间留给学生思考探索，为学生个性化朗读创设条件，让课堂变成学生朗读能力成长最肥沃的土壤。以二年级上册《狐假虎威》为例，在指导学生朗读狐狸和老虎的一组对话时，狐狸扯着嗓子说"你敢吃我?""为什么不敢?"老虎一愣。让学生试着读出老虎的想法，读出自己的个性，只要合情合理，各种方式的表达都可以呈现。有的学生认为老虎太单纯，容易被欺骗，就用含糊不清、犹疑不定的语气，读出老虎傻乎乎的感觉；有的学生认为老虎个性朴实，对狐狸的话疑惑不解，可以读出困惑的语气；还有的学生认为老虎没有完全相信狐狸，仍然有老虎的凶猛和威风，于是用较大的声音，读出质问的语气。再如在教学《赠汪伦》时，这是一首送别诗，歌颂友情画面感十足，学生对文本理解不同，调动生活感受不同，朗诵情感也不同。有学生读出开心、留恋的感觉，认为朋友在游玩尽兴话别时，该是意犹未尽愉悦轻松的；还有学生读出伤感、空灵的感觉，认为朋友分别在即，依依惜别之情回荡心中。

(2)根据课文形式，明确个性化朗读的训练点。比如童谣和儿歌之类的题材，属于文质兼美的，行文十分活泼流畅，语言具有形象感、节奏感、层次感，包括轻重、缓急、停顿等都可以成为个性化朗读大显身手的方面。可以开展接读，赛读，男女生对读，拍手读等形式。如部编版一年级上册《比尾巴》，儿歌用三问三答的形式介绍了六种动物尾巴的特点，非常适合学生对读或拍手读。学生结合书中插图想象读，还可以边读边画，为黑板上的小动物们加上尾巴。学生们热情高涨，读之入味，画之有形。再如执教二年级上册《田家四季歌》，以儿歌形式介绍四个季节的田家风景画，教学时采用小组赛读的方式，四个人分别朗读四个季节，说一说朗读的季节有什么特点，进而读出自己的独特感受。

(3)根据文本结构特点，学生自由选择朗读内容。可以是语言优美的一段或者个性鲜明的一个角色,老师顺势引导,尊重孩子内心的真实感受。比如部编版一年级下册《彩虹》小女孩天真地想用彩虹帮爸爸浇田,帮妈妈梳头,给哥哥荡秋千,教学时放手让学生通读完课文选择一个喜欢的自然段读好问句,再汇报自己的朗读,体会小女孩愿意为别人着想的美好品质。再如《荷叶圆圆》一课教学时,尊重学生的个性,喜欢小水珠的就读第二段,喜欢小青蛙的就读最后一段,喜欢谁就读相应的段落,边读边演。还可以让学生选择一种身份,扮演小水珠或者小蜻蜓等来夸夸荷叶,学生们热情高涨地融入其中。个性化朗读达到了以读促知,以读促情的目的。

2. 巧用资源,为有源头活水来

在信息化背景下,教学应该整合各类资源,教师要善于利用信息技术资源创设情景,调动学生的朗读兴趣,为个性化朗读奠定基础。

例如教学《我多想去看看》一课时,对于一年级孩子们来说,他们的生活阅历较少,游玩过的地方也有限。天安门广场的升旗仪式是陌生的,对新疆的天山美景更没有感知。所以只依靠课本语言文字,学生无法与作者产生情感共鸣。教学时可通过网络搜索天安门广场的升旗仪式视频和天山美景图片,并让孩子们模拟情景,起立观看升旗仪式,唱国歌,想象你就是广场上参加升旗仪式的一个人,看着国旗你想到了什么?你有什么感受?很多同学感受到了严肃庄重,感受到了国家的强大,朗读也更加掷地有声。天山和雪莲的图片看呆了很多同学,由衷发出感叹。只有在直观美景的视觉冲击之下,学生才能真实感受到文字语言背后所蕴含的美,深一层地体味作者在字里行间所蕴含的情感,教师此时配上新疆地区的音乐,学生入情入境地朗读,不自觉把“多想”两字重读读长了,朗读热情也就被调动起来,自然而然产生对祖国大好山河的热爱和赞美之情。

3. 交互联动,淡妆浓抹总相宜

个性化阅读的根本指向是思维的自由,只有自由地思考,才能唤醒自身经验和价值观与文本进行会话和学习,价值观去评价文本,但是个人的认知一定会出现狭隘和偏颇的地方,所以个性化朗读并不是孤立割裂的,需要思想和个性的碰撞交锋。在讨论交流中认识自己,借鉴他人,获得不一样的角度看世界看内心。教师要做足准备,从材料选择上和问题的设置上多动脑筋。同时,教师要营造宽松活泼的讨论氛围,多鼓励少批评尊重差异。

比如在教学《树和喜鹊》一课时,教学时抓住“孤单”一词,让学生讨论什么时候是孤单的,孤单时心情怎么样。让学生调动自己的生活经验各抒己见,再从课文中找到树和喜鹊感到孤单的依据。有的同学重读了“一棵、一个、一只”,有的同学重读了“只有”,语气也从平淡变成了难过。教学过程顺畅,课文文本虽然平淡,但个性化阅读带来的是平静水面下的漩涡翻滚。

部编版小学低年级语文教材,绝大多数课文是文质优美,短小精悍。教师在讲读过程中,重视反复朗读,个性化朗读,把声音立体成画面成情境,把优秀的文学形象渗入进学生的心灵，激发想象，生发思维，培养他们发现美、感受美和鉴赏美的能力，进而拥有审美能力，让学生潜移默化地在理解和感悟上获得多元又专注的审美教育。

三、个性化朗读教学中需要注意的几个问题

1. 确立明确具体的朗读目标

朗读前，我们教师应该给孩子一定的要求或目的。初读要求读懂课文读通句子；也可以设计几个简单易答的问题，让学生带着问题去有目的、有意识地去朗读。理解课文内容之后涉及的就是美读，这个要求较高，但是教师要明确。对于美读，是在读准基础上读出味道读出情绪，注意节奏和语调。并且掌握朗读的速度，从而达到声情并茂，融入文章情境之中。在融情入景的朗读过程中，学生才能更好地去体会语言背后多样的含义，体验文章的语言美和情感美，丰富小学生的审美能力和情感认知能力。

2. 采用灵活多样的朗读方式

朗读的形式五花八门，单读、齐读、接读、分角色读、对读、表演朗读。录音朗读等，教师应灵活运用，来点燃兴趣，激发情感，内化价值。遇到文本气势磅礴句式工整时选择齐读造势；遇到学生有存疑，选择范读；遇到对话较多，情趣较强时选择分角色朗读……俗话说“一千个读者有一千个哈姆雷特”，老师范读要重在启发，不再强加让学生机械模仿。还要注意齐读不能多，这是滋生随波逐流、滥竽充数的温床，与个性化朗读的主张背道而驰。

总之，我们教师需要正确认识个性化朗读教学，创造机会，精心地指导学生完成个性化的朗读。平日教学生活中，能够在明确目的、具体目标的指引下，多种多样、多情多境、多重角度地朗读。使我们的学生都能够在语文课堂上更加快乐地朗读，在朗读中更能丰富自我，在朗读中能更快乐地成长。

参考文献

[1]何金仙. 小学低年级诗文朗读教学的现状及对策研究[J]. 教学与研究，2020(54).

[2]张洁. 朗读与朗读教学辨析[J]. 语文学刊，2006(1).

[3]蔡妹烟. 走进文本，让朗读有声有色——浅谈对小学低年级语文课堂朗读的有效指导[J]. 语文教学通讯·D刊(学术刊)，2017(03)：44-45.

[4]陈默. 趣味朗读让低段语文课堂“活”起来——基于部编版一年级《语文》趣味性朗读教学研究[J]. 文教资料，2017(27)：39-40、42.

[5]杨辉辉. 小学生个性化朗读能力培养初探[J]. 学问：现代教学研究，2012(1).

[6]周爱民. 新课程下，我们怎样朗读？——对朗读教学的几点反思[A]；江苏省教育学会2005年小学语文优秀论文集[C]. 2005.

基于教学评一致性小学低段阅读教学有效性初探

重庆市南岸区南坪实验外国语小学校　沈佳星

摘　要：在落实语文统编教科书教学有效性的背景下，如何让“目标——教学——评价一致性”在语文课堂真正落地，从而提高语文课堂的实效性，促进学生语文素养的发展，是每个小学语文老师必须思考和研究的问题。本文围绕小学语文低段阅读教学中就课堂中如何确立精准的目标，如何制定明确的评价标准，如何设计有效的教学活动探索，梳理出了几点有效策略，从而来实现课堂教学的有效性。

关键词：小学语文　课堂教学　策略

在现今的小学语文低段阅读教学中，部分教师课堂效率较低。分析原因大多是因为目标把握不精准，老师凭感觉来决定“我要教什么”和“我要怎样教”，对学生需要学什么，最好怎么学，最后学到了没有，缺乏深度思考。其次课堂活动指向的仅仅只是课堂的教学流程，没有真正设计学生积极参与的学习过程，没有提供必要的学习工具或者学习支架，缺乏思维进阶。再者缺少课堂嵌入性评价，对学生的课堂掌握情况还停留在传统的纸笔检测中，缺少检验学生掌握程度的评价方法。

出现以上问题的重要原因是教学目标，教学过程和教学评价不一致。因此我们既要关注“为什么学”“学什么”又要关注“怎么学”“学得怎么样”，只有落实教学评的一致性，才能提高语文课堂的实效性，促进学生语文素养的发展。

一、确立精准的教学目标

教学目标是课堂教学的出发点和落脚点，精准的教学目标是高效课堂的基础，制定教学目标要体现学段的特点，体现单元的语文要素的训练重点，体现统编教材独特的教学功能定位，若教学目标偏移，或是“放之四海而皆准”，就会很大程度制约最终的学习效果，学生便难以学有所获。

确定教学目标我们需要综合分析学科课程标准，正确理解教材，把握学生学情、研究学生的认知起点。以一年级下册八单元《小壁虎借尾巴》为例，通过综合分析我了解到本单元的重点教学内容一共有两个，一是借助图画阅读课文，二是读好多个角色之间的对话。因此可以根据图文一一对应的特点理解内容，借助图画复述课文或进行角色表演，让学生在实践中掌握“借助图画阅读”的方法。

一年级下册的学生需要在继续巩固汉语拼音认识生字的基础上，进一步综合运用各种方法来猜字识字。本单元是继一年级上册《小蜗牛》这篇课文以后，又一次出现的没有全文注音的连环画课文。教学时要在一上借图画猜字、认字、读懂课文的基础上，继续发展学生独立的识字和阅读能力。而《小壁虎借尾巴》3 一课又侧重于借助偏旁表义的特点了解字义，并通过交流"是怎么猜出来的"提炼猜读的几种方法。于是我制定了如下教学目标：

1. 通过多种识字方法猜生字字音、字义，认识"壁、墙"等 10 个生字和户字头、车字旁 2 个偏旁；正确书写"爬、房"2 个生字。

2. 把课文读正确、读流利，创设语境体验角色，读好人物对话。

3. 借助连环画课文的特点，读懂故事内容，说说故事的主要情节。

上述教学目标的制订结合了一年级学生的认知基础，从学生学情出发，关注了前后教材的联系，依据了单元的学习要素，以单元为最基本的教学单位进行教材的分析，明确具体可操作，为后面的高效教学奠定了坚实的基础。

二、制定明确的评价标准

明确的评价标准是评价课堂成效的有效依据，是评估学生学习质量的有效方法。回答"做到什么程度"的问题，为教学活动、嵌入评价、作业设计、终结测评等提供标尺。传统评价大多是以作业、检测、报告等测试性评价呈现，而在教学评一致的课堂上需要重视表现性评价：通过完成表现性任务、运用课堂观察、提问、展示等非测试性评价来检测学生对课堂知识的掌握情况。

评价设计本身是需要细致入微的，它是教学设计中最难的工作，设计"达成评价"可以有这样几个步骤：首先找到目标中的"预期成果"，作为"评估对象"，然后细化目标"成果"达成需要完成的"小任务"；接着剖析完成小任务的可观察、可测量、可评价的具体外显学习的"行为动词"；其次分析每个"行为动词"的表现程度，撰写每个目标的细化标准；最后确定每个细化目标的验收评估方案，或表现性评价或传统纸笔等方式评价。

案例一：

朗读教学是小学语文的重点和难点，每个年段学生朗读需要分别达到何种程度需要一个评价标准。在朗读教学中怎么算"正确""流利""有感情"的朗读？

"正确"的朗读评价标准可以分解为读准字音，读准停顿，读准重音，读准语调等。"流利"地朗读，可以分解为读的连贯，即不指读、读出速度、不唱读、不拖音。"有感情"地朗读课文所指内容很丰富，可以分解为：读出心理的变化，读出态度的变化，读出心情的变化，读出精神、认识的变化等，这些变化都落实到语气语调的变化，即读准语气。

以一年级下册八单元《小壁虎借尾巴》为例，本课有关朗读的目标是把课文读正确、读流利，创设语境体验角色，读好人物对话。因此可以这样设计教学中的朗读评价目标：

1. 能正确、流利地朗读课文，不添字不错字不漏字。+1 分；

2. 能正确、流利地朗读课文，读出小壁虎的礼貌和请求的语气。+2 分；

3. 能正确地朗读课文，读出小壁虎礼貌和一次比一次更想借到尾巴的语气。+3 分。

案例二：

写字教学是低年级的重点，学生的生字书写应该有一个评价标准来引导和规范学生正确书写生字。在写字教学中，没有核对，展示，交流，评价，再修改的过程就不算一堂有效的写字课。

以一年级下册识字一《春夏秋冬》为例，本课有关写字的目标是会写“春”“风”“飞”等六个生字，因此可以设计这样的评价目标：

写字姿势正确，书面干净整洁一颗星

生字“春”“风”“飞”笔画书写正确一颗星。（注意“春”撇捺舒展，“风”和“飞”的横斜勾写稳）

生字写在田字格中间，不挨着田字格四边一颗星。

当学生练写好生字以后，用投影仪展示一个同学的书写，同时出具学这样一个评价标准，不仅可以评估别人的生字书写情况，也可以对自己的生字书写进行判断，并进行二次修改，真正把写字教学落到了实处。

有了评价标准，学生就会对自己或他人的学习成果评价更准确、全面、深刻，更有利于学生展开自主学习或合作学习，从而增强自我评价、自我反馈、自我管理的能力。培养“会评价的学生”是“学习能真实发生”的关键。嵌入评价的可视化，让学生按标准做事，这是教师教学设计必备能力和必做事件。所以让学习真实发生，追求高效的阅读课堂，就应该精心地做好活动设计和评价设计，为学生的发展提高必要的学习支架。

三、设计有效的教学活动

有效的语文课堂教学活动是指教师通过合适的教学内容和恰当的教学方式对学生进行教学。在活动设计中要聚焦目标达成，根据问题任务阐明“怎么做”，根据学习问题或任务性质、类型，选择合适的学习方式、组织形式、活动规则。活动设计就是为学生学习铺路搭桥，让学生能够自主或合作学习。一般为明晰问题——参与学习（多种方式）——成果展示——评价反馈——归纳确认，简单地说即：读（含听）、做、展、评。

目前有部分语文教学活动主要存在以下两个问题，一是活动设计指向的是课堂教学流程，没有真正体现学生的学习过程。虽有活动任务，但活动的具体流程是什么，活动的形式是什么，任务完成的标准是什么，提供的学习工具或者学习支架是什么并不清楚。课堂的推进仍然是师生的一问一答中，而失去了活动的意义。二是第二、三个任务是平行进行，没有思维进阶，更多地指向了内容的分析，而没有帮助学生抽离出概念性的理解。我们需要围绕学习目标创设一种真实有效的学习任务，在核心问题或主任务设计上要明确“做什么”，能聚焦本课核心的主问题设计具有进阶性、情境性、开放性和生成性的教学活动。因此我在设计的过程中努力克服以上两个问题，突出有效的活动设计。

以二年级上册《纸船与风筝》为例，我根据第一课时的课时目标。

1. 综合运用多种方法认识 11 个生字，读准生字，读通课文。

2. 通过朗读、默读了解课文大意。

3. 书写折、抓、扎这三个生字，巩固左窄右宽的写法，写好横撇和竖撇。

设计如下教学活动：

（一）综合运用多种方法猜认生字“鼠”

1. 引出故事人物，师：孩子们，今天我们要学习一个有意思的故事，故事里有小熊（生读小熊），还有它——（PPT 出示“松？”）里藏着一个不认识的字，你来猜一猜这是什么字？你是怎么猜的？

2. 出示鼠的象形字，师：很久很久以前它是这样的，看到了这个字的甲骨文字，你再猜一猜这个字。

3. 出示句子：松？和小熊住在一座山上。师：这个字出现在这样的句子里，读一读，猜一猜。

4. 出示松鼠插图，师：如果旁边配上这幅插图，说出你的猜测。

5. 出示生字“鼠”，师：这个字就是它，到底读什么，生字条里拼音来验证。

6. 小结识字方法：小朋友们真能干，用学过的识字方法——联系生活、联系上下文、借助象形字、借助图画猜认到了这个生字“鼠”。（板贴识字方法），读准它，翘舌音。

7. 给生字“鼠”组词。师：你能给它找找朋友吗？咱们今天的故事主角就是可爱的——松鼠，还有小熊（板贴图画）。

（二）自读课文，猜认生字

1. 出示课题。师：故事的名字叫作——纸船和风筝。指导：“筝”——翘舌音，后鼻音，在词语风筝里念轻声，跟我读，送进课题再读。（板贴课题）

2. 出示课文。师：这篇课文和以往的课文可不一样。看，拼音朋友一个也没有了！如果遇到不认识的字，该怎么办呢？（再次回顾猜字方法，板书省略号）

3. 出示自读要求，师：有了好方法，我们一起挑战课文！

·轻声朗读课文,遇到不认识的字圈出来,猜一猜。

·还有困难就请课后生字条里的拼音来帮帮忙。

4. 师巡视指导,发现学生圈的生字。师:你猜出了什么字?你是怎么猜的,把经验分享给同桌。如果没有不认识的字,就读一读生字条,把字音都读正确。

(三)朗读一到六自然段,检测认读情况

1. 开火车朗读课文,检查认读。师:都会认了吗?出示挑战规则:朗读课文,老师点到谁就谁读,一个一个接龙往下。读书要求声音响亮,读正确,读通顺。

2. 读一自然段(一自然段只有生字鼠,鼓励孩子读书声音响亮,读正确)。相机评价:第一个起来读,就读得正确流利,声音响亮,给你一个大大的赞!

3. 谁接着挑战——难度升级!两个生字,大家注意听,读正确了就给他掌声!评:祝贺你,都读对了,奖励你带领全班同学读生字一遍!

松鼠折了一只纸船,送给小熊。你折过什么,照样子,填一填。我折了________,送给______________。

收到纸船的小熊可是乐坏了,因为——愿意读的孩子一起读。

4. 师引读:来而不往非礼也。小熊也想折一只纸船送给松鼠,可是纸船不能漂到山上去,怎么办呢?聪明的小熊想办法!这只小熊,请你读——

这只小熊,再请你读——

指导读准生字扎,字典里扎的意思是捆,束。

工匠把风筝的骨架捆束起来,那叫——

妈妈把女孩的辫子捆束起来,那叫——

5. 师引读五自然段:扎好的风筝飘哇飘,飘到松鼠家门口,小松鼠,你接着读,(指导读准抓:生字翘舌音读得真准),你是怎么猜出这个字的读音的?提手旁告诉我们这是一个跟手有关的动作,谁来当小松鼠,给我们演一演这个动作。

我们一起来演一演。

风筝的翅膀上写着——祝你幸福(指导读准幸,后鼻音)

风筝的翅膀上写着——祝你幸福

6. 引读六自然段,就这样——

7. 辨析三个动作词:学到这儿,课文已经出现了3个表示动作的生字了,它们是——它们都有提手旁,都是手上的动作,可意思和用法完全不同,你能给他们找到搭配好朋友吗?

折　　　　扎　　　　抓

(　)头巾　(　)飞机　(　)小鸡

抽生回答,都填正确了,全班同学一边做动作一边读一读这三个词语。

小结:祝贺孩子们,第一关闯关成功!大家认识了好多生字,读准了课文,也知道了纸船和风筝让松鼠和小熊成了好朋友,板画桃心。

（四）学习课文七到十一自然段

1. 默读课文七到十一自然段，边读边想故事后来怎么样了。师：可是有一天，他们俩为了一点小事吵了一架，（板画桃心裂开）后来怎么样了？请小朋友们默读课文104页。不出声，连着看，注意生字的读音。

2. 学习生字词语。师：默读得真好，纸船漂来生字考考你，女生读，男生读。

3. 学习生字"愿""哭""取"，交流猜字方法。师：这些生字都读得正确，红色生字的读音，你是怎么猜出来的？

小结：祝贺孩子们，第二关闯关成功！认识了好多生字，通过默读也读懂了让松鼠和小熊和好如初的是纸船和风筝。纸船和风筝又修复了这道裂痕。

（五）认读生字，选词填空，梳理大意

生字闯迷宫。师：谁来开火车读一读迷宫里的词语，祝贺大家顺利闯过第三关。

（六）写字大挑战

1. 出示学写的生字：扎、折、抓，认读并组词。师：有三个字还要请孩子们把它们送回田字格的家，一起来读一读。

2. 引导观察，复习左窄右宽的书写规律。师：这几个字都有共同的特点是什么，写的时候要注意什么？

3. 教师范写折、抓。师：左窄右宽看得清，横撇竖撇要分清，横撇短，翘起来，竖撇长，穿下方。抓字：横撇短，翘起来，竖撇长，穿下方，这样两个部分就紧紧地结合在一起了。

4. 学生练写扎，折，抓。

5. 展示评价。出示评价标准：写得正确1颗星，整洁1颗星，横撇竖撇正确1颗星。

6. 根据评价标准再次修改生字书写。

小结：祝贺孩子们第四关闯关成功。今天没有拼音的课文也难不倒大家，下节课我们再继续学习这个好听的故事，去寻找交好朋友的秘密。

教学中我充分以学生为主体，让学生真正参与到课堂中来，先是引导学生通过多种方法猜读"鼠"，再总结回顾猜字方法，然后放手让学生综合运用多种方式自主猜字识字。在学习课文时，我充分关注学生思维进阶及课堂生成，通过开火车朗读课文，随文识字并及时检测生字的掌握情况，始终把猜字识字贯穿始终，让学生在活动中独立自悟，小组合作互启，全班思维碰撞共鸣去达成目标。

通过课前精心的设计，摸清学生起点从而确立清晰的目标体系，优化学习内容；制定明确的评价标准，从而选用恰当的教与学的方式，设计有效的教学活动。我相信在这样一种方向的引导下，小学语文课堂的效率一定会有所提高。

在小学语文阅读教学中培养学生的创新思维能力

南方科技大学教育集团(南山)第二实验学校　王　丹

摘　要:阅读教学作为语文教学的重要内容,是培养学生创新思维能力的重要载体,当前,如何运用阅读教学培养学生的创新思维能力正成为小学语文教育工作者主要思考和探究的问题。传统的阅读教学模式仍以教授知识和应试方法为主,忽视了学生的主观能动性,局限了学生创新思维能力的发展。双减背景下,教师应当依据新课标要求和未来社会人才培养的需要,为学生创造重视阅读和创新思考的学习环境,通过多种方式培养学生自主阅读和独立创新思考的能力,为学生未来的发展奠定基础。

关键词:小学语文　阅读教学　创新思维能力

创新思维能力是指在生活和实践中,不受定式思维和从众心理的影响,主动寻找、提出和解决问题的能力,具有独特性和新颖性。小学时期是学生认知和思维发展的重要时期,这一阶段培养学生的创新思维能力对于形成面向未来生活的创新精神具有重要意义,对于学习其他科目的课程也具有促进作用。因此,小学阶段应当重视创新思维能力的培养,为学生今后的发展蓄力。

阅读教学在小学语文教学中占据着较大比例,通过阅读,学生不仅可以了解大千世界、开阔视野、扩充知识面,而且能够积累阅读经验、增强自身的理解能力,养成独立思考的好习惯,因此,阅读教学是语文教学的重点工作,也是学生创新思维能力发展的重要载体。然而,目前小学语文教学仍然强调知识的传授,无法兼顾思维能力的培养,很大程度上忽视了学生的主观能动性,更难以培养学生胜任未来生活的创新思维能力。因此,教师应当依据新课标要求,在阅读教学中深入挖掘文本内涵,为学生创造条件,激发学生的积极性和主动性,通过多途径培养学生的创新思维能力。

一、营造阅读环境,提高创新热情

小学语文课堂阅读教学中,教师应当为学生创造良好的阅读环境和轻松安全的课堂氛围,让学生浸润其中,激发学生创新热情。

1. 用心创设创新环境

创设情境是语文教学中常用的手段,其情境包括学生所处外在环境和课堂教学中教师运用语言、多媒体手段等创设出的学习情境，这能够为学生营造出良好的环境。一方面，班级阅读环境的创设十分重要，班级随处可见书、随处可拿到书，可以让学生一进入班级就可以沉浸在书的海洋之中，还可以利用班级图书角组织“图书漂流”活动，布置班级阅读评比墙，让阅读成果可视化，提高学生的阅读热情。另一方面，在课堂教学中教师应当注重创新语文阅读教育方式，利用多媒体为学生创造全方位、多层次、多模态阅读学习情境，同时还可以充分挖掘图片、音视频等丰富的线上资源，为学生提供阅读学习的选择和渠道，让学生以更加直观、生动的方式了解学习内容。

例如，教师在教授部编版五年级语文《四季之美》这一课时，可以提前在班级布置好与主题相关的、美丽温馨的环境，并将关于自然四季的书籍放在班级图书角显著的位置，推荐同学们阅读、进行自主预习。在上课伊始，可以给学生播放不同季节的图片、体现四季变化的视频，让同学们说说他们眼中四季的样子，将学生带入到课文当中，引导学生一边学习，一边想象，体会四季之美的独特韵味，培养审美情趣。

2. 大力提高创新热情

过往语文阅读教学中，主要以教师讲授为主，学生被动接受知识，在课堂上学生发言表达自己看法的机会较少，课堂氛围沉闷，压抑了学生的个性和热情，所以要建立积极、民主、平等的师生关系，让学生成为课堂的主人，增强其主人翁意识，唤醒其参与课堂阅读活动和抒发自己见解的欲望，良好的师生关系也利于营造轻松愉悦的氛围，让学生的内心处于安全的环境，从而敢于表达，教师要通过积极的反馈不断增强学生阅读信心。除了课堂阅读教学，还应当重视多种形式课外阅读活动的开展，家校联合激发热情。例如，可以通过设置家庭阅读日，提供学生与家长进行亲子共读的机会，不同家庭之间进行阅读比赛，学期末评比“书香家庭”，还可以以家庭为单位，按照就近原则组建校外书友队，同时设置书友队家长导师，每周固定开展阅读活动，分享自己的阅读感想与收获，这不仅可以大大提高学生的阅读热情，而且可以在合作学习中不断提升创新思维能力。

例如，在部编版一年级语文《乌鸦喝水》这一课，学生对于文中的小乌鸦采取的是否为喝到水的最佳方法意见不一致，此种情况下对于学生的质疑精神和多元化观点，教师应从保护学生的信心和思考的积极性出发，与学生平等对话，正确引导学生从不同的角度去讨论乌鸦喝水不同方法的可行性，加深对文本的理解，激发创新思考热情。同时，在课后的家庭主题阅读中，还可以鼓励大家提前阅读书籍、查阅资料，有余力者可以就“小乌鸦喝水的最佳办法”这一问题展开辩论，这既能让学生抒发自己的观点，又可以保护学生创新思考的热情、培养创新思考的能力。

二、自主探究阅读，增强创新体验

自主探究阅读符合小学生的认知特点，能够满足学生好奇心，给予学生创新体验。教师应注重创设以文本为背景的自主探究阅读情境,将小学生活跃的思维带入教学情境中,调动其参与课堂的积极性。

1. 保留自主探究空间

教师应在课堂阅读教学中给学生留下自主探究的空间与时间。小学生的思维发散性强、想象力丰富,但其知识储备有限,很难完全依靠自身在学习中发现问题、解决问题,因此,为保障阅读的有效性和目的性,在自主阅读正式开始之前,教师应当事先有针对性地提出一些问题,让学生带着问题去阅读和思考,在阅读中找到问题的答案,而非采用“填鸭式”,将文章内容和一些艰涩的概念一股脑灌输给学生。在作业布置环节,也应注意延续课堂的创新实践。教师可以适当依据小学生学习特点和创新思维能力培养的需要开展以课文文本为基础的拓展性阅读,汇总多版本教材中与所学主题相关的文章,进行主题阅读,也可以鼓励学生课下自行寻找与文章主题相关的课外材料进行自主探究阅读,这样不仅能够大大丰富课文文本的内涵,还能让学生通过大量阅读积累知识和阅读经验,利于学生形成自主阅读、创新思考的习惯。

例如,在部编版三年级语文《秋天的雨》这一课时,课前,教师可以让学生通过阅读书籍和查阅资料提前收集有关秋天的特点、秋天给大地带来的变化等资料,让学生在课堂上进行分享,同时利用多媒体方式让学生看看秋天的样子、听听秋天的声音,创设课文学习情境,感受秋天。课中,可以结合课后题,通过“课文从哪几个方面描写了秋天的雨”这一问题,引领学生将文章结构梳理清晰。课后,教师可以让学生自行了解与秋有关的自然事物,阅读相关书籍,将关于秋天的小练笔作为学生的创新写作成果,并对优秀作业大力表扬,多次布置创新作业后,学生自然形成了积极创新的习惯。

2. 创新利用现代手段

互联网时代,人人都可以成为“观点输出窗口”,现代小学生作为“数字原住民”,是在计算机和互联网时代成长起来的,对于各种技术应用较为熟悉,对于信息化社会适应程度更高,基于此,网络和多媒体教学资源在教学中也被广泛应用,小学语文教师也应适应教学变革,在阅读教学中运用信息化技术培养学生的创新思维能力。

例如,教师可以通过建立班级公众号或微博的方式,将学生创新思考的优秀成果在网络平台展示出来,学生的作品人人可见,这是对学生学习成效的肯定,学生也能从中获得成就感。最后,有效的评价反馈能够进一步激发学生创新思考的积极性。教师要保护学生天马行空、标新立异的想法,不打压学生的创新热情,同时,还可以创建交流对话框,方便师生之间及时沟通问题、生生之间交流自己的创新想法、学生互评,这对于学生的创新思考能力的发展会起到促进作用。

三、鼓励主动思考,激发创新潜能

在以生为本的现代课堂,课堂学习对于学生来说就是一场“旅行”,教师应当从高高在上的讲台走下来，融入每一个学生的个体生命之中，与学生平等交流，做学生“课堂旅行”的引领者，让学生成为积极主动的学习探索者、问题发现者，不断激发学生创新思考的潜能。

1. 恰当使用教学策略

在语文阅读教学中，教师可以利用制造悬念、创设情境、发散性思考、巧设疑问等策略激起学生的兴趣，调动学生的积极性，促使学生不断思考，并在阅读学习中掌握阅读策略和写作策略。

例如，在部编版三年级语文《胡萝卜先生的长胡子》这一课，编者有意省去了文章后半部分内容，因此呈现出一个不完整的文本，教师在此可以就“这根长胡子”设置悬念、巧妙提问，引导学生一边读文本，一边通过段落的关键词确定预测的依据、推测故事情节。同学之间还可以交流预测结果，这不仅可以让学生掌握预测和猜想的阅读策略，还能在课堂形成良好的创新阅读氛围，培养学生的创新思维能力。同时，因为《胡萝卜先生的长胡子》课文并未展示出全部故事情节，所以教师可以鼓励学生进行续写，学生思考角度不同，所呈现出的故事结果也不一样，有同学认为鸟太太剪断了全部长胡子做晾衣服的绳子，有同学认为其他人发现了长胡子，纷纷抢着用长胡子做跳绳、编织等，学生的想象力在这个过程中得到了培养。

2. 积极有效评价方法

教师应当肯定学生创新思考的表现和结果，看到其可取之处，多给予学生肯定，表扬不能一笔带过或过于简短、笼统，应有针对性地肯定学生回答，或就学生提出的某一观点展开讨论，让学生知道自己提出的观点是有意义、有价值的，这样不仅能极大提升学生创新思考的自信心，还能进一步激发学生的创新潜能，形成创新思考的氛围。

例如，比起“很好”“很棒”等，“你的理解是个创造”“你有独立的见解”“老师还没有想出来，已经想出来了，真了不起！”这些表扬更能让学生感到满足。教师肯定的评价，对促进学生创新意识，增强创新信心有着不可估量的作用，因此，教师应重视对学生的评价，同时发自内心地肯定学生的创造力，促使其以更大的热情投入下一次的创新活动中，如此良性循环，学生的创新能力定能得到最大限度的发展。

总之，创新思维能力的培养是新时代教育的要求和时代发展的必然结果。阅读教学作为语文教学的重要内容之一，教师在此过程中应当注重保护学生的好奇心、探索欲和求知精神，转变传统的角色观念，做学生学习路上的引领者、成长路上的守护者。在课内外为学生营造良好的阅读学习环境和创新思考的氛围，为学生树立创新观念，增强其创新意识。同时，抓住小学生的认知特点，兼用传统与现代多种教学途径，勉励其自主阅读和主动思考，不断激发其探索精神和创新的潜能，教师还应善于捕捉阅读教学中学生的创新点，开展创新活动，赋予学生独特的、印象深刻的创新体验，增强其创新思考的信心，培养学生创新思维能力，为学生未来的发展奠定基础。

参考文献

[1]段玉海.小学语文创新能力培养的几个原则[J].人民教育,2020,Z2:127.

[2]胡才富.语文教学中的思维创新能力培养策略分析——评《语文教学与思维创新》[J].语文建设,2021,04:88.

[3]胡远芳.小学语文阅读教学中培养学生创新思维能力对激发学生学习积极性和自主性的思考[A].教育部基础教育课程改革研究中心.2020年"互联网环境下的基础教育改革与创新"研讨会论文集[C].教育部基础教育课程改革研究中心,2020:2.

[4]孟令军,辛琦媛,倪晶.误区与纾解:小学语文阅读创新思维能力的培养[J].广西教育学院学报,2020,02:183-185.

[5]魏运梅.试论小学语文教学中学生创新思维能力的培养[J].中南民族大学学报(人文社会科学版),2003,S1:181-182.

[6]朱国琴.在语文教学中培养学生创新思维能力[J].扬州大学学报(高教研究版),2015,19S1:37-39.

小学高年级阅读教学关注时代背景例谈

天津外国语大学附属滨海外国语学校　王玉珏

摘　要:部编本教材中选取了不少近现代名家文章,如梁启超《少年中国说》,许地山《落花生》,林海音《冬阳·童年·骆驼队》,萧红《祖父的园子》等,这些作品多承载了作者的多种情怀,是教学的重点,也是教学的难点。学生如果不能理解时代背景,那么便无法亲近文本,与作者产生共鸣。笔者认为,"双减"背景下,教师应引导学生关注时代背景——课文作者的时代背景、课文主要人物的时代背景和课文情境的时代背景,这有利于深入理解课文。

关键词:小学高年级　阅读教学　时代背景

2021年9月,国家提出"双减"政策,无形中对课堂教学质量提出了更高的要求。笔者认为,"双减"背景下,针对小学高年级阅读教学,教师应引导学生关注时代背景——课文作者的时代背景、课文主要人物的时代背景和课文情境的时代背景,这有利于深入理解课文。

一、关注课文作者的时代背景

自1840年起,中国进入近代,自这个时代起,文学创作摒弃了因循守旧的旧制式,开启了欣欣向荣的新景象。部编本教材中选取了不少近现代名家文章,如梁启超《少年中国说》,许地山《落花生》,林海音《冬阳·童年·骆驼队》,萧红《祖父的园子》等,这些作品多承载了作者的多种情怀,学生理解起来有一定的难度。那么教师应该如何突破这一难点呢?孟子提出"知人论世",认识到"文艺作品与作者所处的时代及思想生平是分不开的,不了解作者的时代和思想就不可能真正了解其作品。"[1]因此,教师应该关注作者的独特经历,紧密联系作者写文章时所处的时代背景,深味"文人风骨"。

如郭沫若先生的《白鹭》,作于1942年,此时,抗战已经进入了相持阶段。这个时期,他的散文虽然是日常的记述和自然景物的描写,但在文字平静的背后,却隐藏着国家和民族的大义,平和自信的背后是豪迈的人生大气。

白鹭生活在乡间,"却因为它的常见,而被人忘却了它的美",此处,作者是借白鹭寻常而又美丽的形象,热情讴歌了广大的劳动人民。它"孤独地站立在小树的绝顶”,它孤独而悠然,平常而清澄,便是郭沫若心中理想人格的化身。它暗示了郭沫若作为一个共产党人,在时代洪流中的冷静自持,豁达自信。因而,这篇文章是“郭沫若在严酷的战争时期精心构筑的清新明净的精神花园,时时供给他勇往直前的动力。”[2]

而1922年朱自清先生作《匆匆》时,正值五四运动低潮期。朱自清是参加过五四运动的,他们为了改变中国的历史面貌,书生意气,挥斥方遒。然而历史的狂潮一退,中国仍旧是一片荒滩。曹锟、徐世昌、吴佩孚等各系军阀,犹如傀儡一般,在帝国主义的操纵下登场。而此时的朱自清,却已经回到了浙江,远离了政治中心。看见他热情歌颂的“五四”种子,在中国并没有落地生根,他不由得感慨自己一事无成:“黑夜漫漫,风雨沉沉,光明路径又在何方?”[3]

因而,这样一个苦闷的灵魂不堪重负:“我留着些什么痕迹呢?我何曾留着像游丝样的痕迹呢?”“我赤裸裸来到这世界……为什么偏要白白走这一遭啊?”便是感慨自己未对国家有实际贡献,反映了以自己为代表的广大爱国青年热爱祖国,追求进步而又彷徨、失落的时代情绪。

在讲授名家名篇时,切忌“就文而学”,只有学生真正了解作者所处的时代背景,体味到“文人风骨”,才能在内心深处与作者和文本产生共鸣。

二、关注课文主要人物的时代背景

教材中,《我的伯父鲁迅先生》《青山处处埋忠骨》《军神》《清贫》等作品的主要人物,都是近现代史上的著名人物,学生如果不了解他们的时代背景和生平事迹,就无法从课文的描述中体会到他们的精神。因此在教学中,应关注主要人物的时代背景,补充相应史料,让课文中的主要人物立体地呈现在学生眼前。

如统编版语文教材六年级下册《十六年前的回忆》,这篇文章是典型的长课文、难课文。文章中提及:“父亲坚决地对母亲说:‘不是常对你说吗?我是不能轻易离开北京的。你要知道现在是什么时候,这里的工作多么重要。我哪能离开呢?’”

此处的形势,在以往的教学中往往以“白色恐怖”一笔带过,教师讲得笼统,学生也听不明白。而网上能搜索到的其他材料过于零散,多关注于一年、一事,而少系统性论述。对此,笔者结合《李大钊传》,将这段材料重新整理,以时间为线索,梳理出了当时的时代背景。

1926年3月12日,日本军舰炮轰天津大沽口,践踏中国主权。天津人民不畏强暴,奋起反抗,血染大沽口,终将日本军舰逼退。可四天之后,无耻的日本侵略者联合英美等八国,向腐朽的军阀政府发出最后通牒,要求撤除大沽口的防御,把天津乃至整个中国,暴露在日本的铁蹄之下,史称大沽口事件。

3月18日,北京群众五千余人,由李大钊主持,在天安门集会。他们群情激奋,一致反对撤除防御,要求驱逐八国公使,废除一切不平等条约,并号召国人为反对帝国主义侵略而战。大会结束后，李大钊率领队伍游行，遭到镇压，被击毙学生和市民达47人，伤者150余人，李大钊也在战斗中受伤，史称三一八惨案。

因为直接领导请愿运动，严重侵害了北洋军阀政府的利益，李大钊被通缉，被迫进行战略转移，避入苏联驻北京大使馆兵营，继续坚持斗争。1927年4月28日英勇就义。

——改编自《李大钊传》

同样，对于"李大钊为何不肯离开北京"这个难点，也可以参考党史材料，重新构建文本：

1920年2月，李大钊冒险将受到警察缉捕的陈独秀送出北京。天寒地冻、滴水成冰，一辆骡车上，李大钊载着陈独秀缓缓而行。两人一副商人装扮，在冰冷的骡车里满怀激情地讨论着。为了让人们不再流离失所；为了让人们过上富裕幸福的生活；为了让穷人不再受欺负；为了人人都受教育，少有所教，老有所依；为了中华国富民强；为了民族再造复兴，两人约定，分别在北京和上海筹建党的组织，史称"南陈北李相约建党"。

1920年8月，在陈独秀的主持下，上海共产党早期组织成立，同年10月，在李大钊的奔走下，北京共产党早期组织成立。

——改编自《李大钊传》《觉醒年代》

阅读材料之后，学生的总结丰富而深刻，说李大钊坚决不离开北京是因为"自己的理想尚未实现"，因为"自己已经与陈独秀有了约定"，因为"自己已经是共产主义小组的精神支柱，走了，队伍就散了，除了赴死别无选择"等。

在教授这一类展现历史人物的文章时，教师需要在浩瀚的史料中梳理线索，再将其转变为学生能够理解的文字，并在合适的教学环节中授予学生。历史人物在眼前丰满起来，学生们才能体会到文章细腻的笔触和丰富的情感。

三、关注课文情境的时代背景

教材中还有一部分作品反映了历史的大事件，如《圆明园的毁灭》《七律・长征》《金色的鱼钩》等作品。而在历史事件文学化的过程中，学生往往因为缺乏相应的历史知识，在理解文章情感上有一定难度，因而教师需要关注课文情境的时代背景，帮助学生突破难点。

如部编本六年级上册教材选取的诗歌《三黑和土地》，虽然是一篇略读课文，但却真实地反映了我国土地改革给农民带来的生产生活方式的巨大变革。它的作者是我国著名诗人苏金伞，苏金伞的诗歌紧扣时代脉搏，具有鲜明的乡土特色。他前期忠实地记录20世纪二三十年代农民的痛苦生活，中期讴歌如火如荼的抗日战争，后期更是热情赞美了新中国成立后，神州大地发生的翻天覆地的变化。《三黑和土地》是新中国土改时期写于华北解放区的著名作品，也是中原诗人为土地改革树起的一座诗歌的纪念碑。

在教学时，教师可以采用多种方式让学生理解新中国成立前后不同的土地政策并进行对比：在旧社会，农民没有属于自己的土地，大部分都在地主家当长工，一年四季劳作，但最终大部分粮食都归地主所有，生活极其悲惨；而新中国成立前夕，解放区开展了声势浩大的土地革命，许许多多贫苦的农民，拥有了真正属于自己的土地，收割之后，只需要上交一小部分，剩余的全部归自己所有，因而他们的喜悦、兴奋和激动无以言表。

当学生了解了不同的土地政策以及农民不同的生活之后，便可以体会到形象的语言的背后，农民们在得到土地之后的喜悦，进而深刻地理解到以三黑为代表的农民对土地深沉的爱，和对未来幸福生活的憧憬。

四、结语

作家的个人独特的生活经历和特定的时代背景都会影响到作者的创作，这些作品中流露出来的对家国命运的担忧，对苦难民众的同情，对黑暗社会的批判以及对美好生活的向往，都是特定时代背景下的产物。因而借助于对作者所处的时代背景，作品主要人物所处的时代背景，以及课文特定情境的时代背景的了解，在很大程度上可以帮助学生准确、全面而深刻地理解课文内容。因而在实际教学中，在重视学生阅读感受和阅读实践的同时，教师也应采取恰当的教学方式，在恰当的时机为学生补充时代背景。学生在阅读中吃透时代背景，必然能够真正走进文本，亲近文本，与作者产生共鸣，形成独特而丰富的阅读体验。

参考文献

[1]梁涛校注. 名典名选丛书　大家读孟子[M]. 北京：文津出版社，2021.

[2]李生滨. 郭沫若文艺性散文的艺术特色[J]. 郭沫若学刊，2002(2)：52-59.

[3]陈孝全. 朱自清传[M]. 北京：北京十月文艺出版社，1993.

协同学习视角下小学中高年级整本书阅读教学探析

天津外国语大学附属滨海外国语学校　魏丽颖

摘　要:随着整本书阅读在小学语文教学中的实践推进和研究深入,组织和开展整本书阅读成为提升学生阅读素养的重要议题。开展整本书阅读,帮助学生成为更好的阅读者,重在阅读中理解、交流和思考。基于合作互助、探究思辨的协同学习理论和视角,给整本书阅读教学注入了新动力。本文阐释了协同学习视角下,小学中高年级语文整本书阅读教学的问题和原因,并结合该理论进行实践,提出了行之有效的教学策略。

关键词:协同学习　小学中高年级　整本书阅读

21 世纪,发展国民学习力和阅读素养成为构建终身学习型社会的关键。随着互联网与新兴媒体的发展,一知半解的浅阅读与泛阅读、过目即忘的快阅读和"碎片化"阅读充斥着我们的学习与生活。因此,整本书阅读量低、深度阅读行为占比低、阅读率增幅缓慢等阅读现状并不乐观。《义务教育语文课程标准(2011 年版)》明确提出"要重视培养学生广泛的阅读兴趣,扩大阅读面,增加阅读量,提倡少做题,多读书,好读书,读好书,读整本的书"。整本书阅读备受关注,但是教师难以从单篇阅读教学的思维定式中脱离,存在着随意性、简单性和无目的性。整本书阅读亟待注入新的理论视角和实施策略。基于协同学习,课堂从"听"转向"读",真正变革学习的内容、过程、方法和评价手段,能激发学生的主动性和积极性,引导其成为真正阅读者。

一、协同学习与整本书阅读教学的内在关联

日本学者佐藤学主张的"协同学习"(Collaborative Learning)是一种有别于机械学习的学习方式,由三要素构成:一个是符合学科本质的学习,二是构建相互倾听关系,三是设立挑战性课题展开高层次的思考与探究。有任务整合、倾听对话、合作建构和反思运用的特征,推进着学生主动、合作、探究地阅读。

1. 任务整合为整本书阅读提供动力

一篇课文,花上两三节课即可完成;一本书,无论怎样,精心规划,也不可能毕其功于一役。合理"切割"文本内容,整合成为一系列学习任务,有目的有计划地完成,

才能帮助学生在整本书阅读的过程中理解、交流、思考、分析和评价。

基于语文课标的要求和布鲁姆认知目标的分类,按照认知发展和高低阶思维,可以将整本书阅读任务分成六类。前三类为低阶阅读任务,后三类为高阶阅读任务,详见表1。

表1　整本书阅读任务层级表

能力层次		阅读任务类型
低阶思维	1. 复述	辨认性阅读任务:获得信息
	2. 理解	分析性阅读任务:解析信息
	3. 应用	综合性阅读任务:概括信息
高阶思维	4. 分析	推断性阅读任务:推导信息
	5. 综合	创造性阅读任务:丰富信息
	6. 评价	评价性阅读任务:发展信息

2. 倾听对话让整本书阅读交流更深入

学生与文本对话,与教师及同伴对话,与自己对话,交流才得以更深入。依靠协同学习,能转变传统课堂中老师说的多,学生说的少的学习关系。倾听对话的课堂,教师给学生提供一定的阅读策略和阅读指导,学生自主协同地就文本内容进行深入地对话与交流,在协同学习的条件下达成理解、交流和思考文本意义的学习目标。

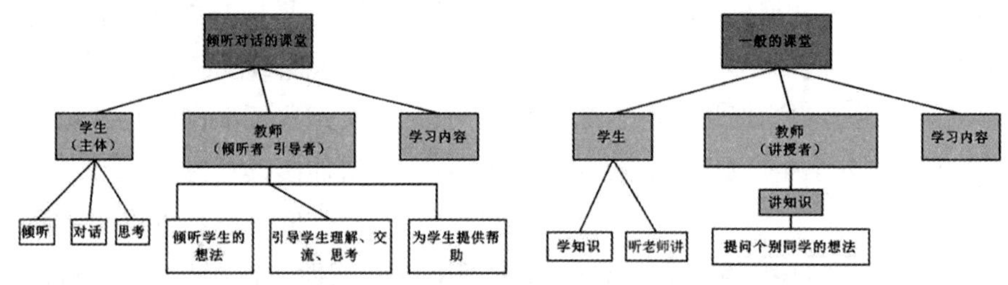

图1　倾听对话的课堂和一般的课堂

3. 合作建构让整本书阅读思考走向探究

协同学习的合作建构关注学生理解的差异性。通过教师发挥强有力的指导作用,学生完成阅读的个人意义建构和群体合作建构,并对个人意义建构进行重新诠释以形成新认识。合作建构不要求群体意见的统一,有力地保证了阅读的主动性和探究性,对达成整本书阅读教学的目标非常有益。

4. 反思运用让整本书阅读评价指向发展

协同学习下的反思运用注重建立个人和群体评价反馈机制,既关注小组自评中小组协同的有效性,也关注个人学习的发展与不足。关注结果,更关注学习过程和未来发展。首先,能督促学生踏实认真地完成阅读任务;其次,能帮助教师对整本书阅读教学有更好的监控,及时调整教学的活动计划和策略;最后,能有效评价学生整本书阅读的目标达成情况。

二、协同学习视角下小学整本书阅读教学的问题

语文教学承担着培养学生阅读整本书能力的责任,在实践层面却并不成熟。2016 年以来,整本书阅读教学的研究多是一线教师开展教学的经验总结与反思,随后也出现了一些教学策略和模式,但发展较缓慢。

基于协同学习理论的任务整合、倾听对话、合作建构和反思运用,可以发现当下整本书阅读教学存在以下问题:

首先,整本书阅读任务浅表化。基于协同学习的整本书阅读可以划分为六大阅读任务。教学中阅读任务空洞、不明确、类型单一、难度低等问题难以达成培养学生阅读素养的教学目标。

其次,整本书阅读交流浅层化。从自主阅读到合作阅读再到班级共读,整本书阅读教学都离不开交流,但是小组合作消极互赖明显、交流结果呈现统一化及交流指导不充分等等,都不利于学生交流。

再次,整本书阅读教学组织不恰当。一些教师难以从单篇阅读教学的思维定式中脱离,教学组织活动存在着随意性、简单性和无目的性。

最后,整本书阅读教学评价机制还不健全。教师可供借鉴的评价方式和手段太少。对整本书阅读教学中应该评价什么,如何评价,不甚明晰。

三、协同学习视角下小学中高年级整本书阅读教学改进策略

1. 基于任务整合的阅读任务完善策略

建立在学科本质活动上,小组成员以倾听对话、平等互学的方式,进行信息分享和知识建构并提升思考探究能力的协同学习,注重学生的协作能力和高层次思维的发展。教师在设计阅读任务时,应明确把握教学目标,有效整合教学内容,优化重组分配阅读任务,让学生有目的有计划地完成阅读活动。小学中年级突出理解和感知特征,可以多设计辨认性、分析性、综合性阅读任务。高年级突出分析评价与批判反思特征,可以多设计推断性、创造性、评价性阅读任务。

(1)依据教学目标,明确任务指向

阅读任务优化是开展协同阅读整本书的关键,首要就是紧扣教学目标,明确任务指向。目前,整本书阅读教学的目标聚焦为养成阅读整本书的基本知识,发展阅读整本书的能力,培养审美情趣和阅读习惯,掌握阅读整本书的方法策略四个方面。

案例 1 中教师借助一个综合性阅读任务,帮助学生分析尼摩船长的人物形象。针对人物特定行为的分析与评价,设计了一个创造性阅读任务。每个任务都有其对应的目标,体现了该教师能结合高年级学生的学情,将阅读任务与目标指向相对应,学生更好地达成学习目标。

案例 1　某教师《海底两万里》阅读任务设计部分

【第二十六章～第三十章】

（一）阅读任务

1. 假如你是采珠人，请讲述自己被解救的过程，并用几个关键词概括尼摩船长的形象。

2. 尼德·兰知道儒艮是一种濒危动物，不过为了伙食还是决定捕杀它，你是否同意这种做法？为什么？

3. 尼摩船长搬运 1000 多公斤的金条到箱子里，这些金子是从哪里来的？要运到哪里去？做什么用？

（二）重点能力指向

1. 变换叙述视角，复述主要情节，感受尼摩船长的形象。

2. 引导学生就故事中人物的行为发表评论，提高学生的分析评价能力。

3. 借助文本信息，合理推断故事情节。

（2）整合浅层任务，增加任务难度

首先，教师要关注学生的认知水平和阅读水平。其次，需要考虑学生的个体差异，难度不宜过高也不能太简单。最后，要把握小学中高年级的学段特征，有效整合任务，适当增加任务的难度和挑战性，增加推断性、创造性和评价性阅读任务的比重。同时将浅层任务深层处理，引导学生更深入地阅读、交流与思考。案例 2 中，教师设计的主题是认识夏洛，认识它的网，为此设计了 5 个任务。

围绕贯穿全书的“网”，设计了分析性、综合性和推断性阅读任务，帮助学生梳理故事情节，逐层深入地体会人物形象。围绕四次织网的情节，梳理文本内容和威尔伯的主要变化，体会网的神奇之处，初步对夏洛的人物形象进行感悟。然后回到夏洛织网的源头——夏洛和威尔伯的友情，设计了 3、4、5 三个阅读任务。不同任务类型的分配和关联，让学生一步一步地体会情节与人物。这几个任务环环紧扣，既有挑战性，又能起到帮助学生理解问题、深入思考的作用。

案例 2　某教师《夏洛的网》任务设计

阅读任务设计

阅读主题：认识夏洛，认识夏洛的网

夏洛织了四次网，每一次你都发现了什么？感受到了什么？（围绕夏洛四次织网，体会人物形象。）

阅读任务：

①小组同学自主独立完成夏洛织网的相关章节解读，完成导学单。

②小组相互交流自己的想法，组内其他学生可进行点评、补充和质疑。

附录 B-1　《夏洛的网》导学单

织网	威尔伯的表现及变化	夏洛的生命状态	夏洛的形象	网的神奇之处
第一次织网“王牌猪”				
第二次织网“了不起”				
第三次织网“光彩照人”				
第四次织网“谦卑”				

③一只蜘蛛，为了救一头小猪，失去了自己的生命，你觉得这样有意义吗？如果没有夏洛威尔伯，会怎么样？如果没有威尔伯，夏洛又会怎么样呢？请在文中找出依据。

④夏洛为了朋友献出生命值得么？说说你的理由。

⑤你想对夏洛说些什么？

(3)配合阅读活动,丰富任务类型

当前阅读活动的形式多样,晒书会、研究性报告、戏剧表演、演讲辩论独具代表。班级读书会的晒书评、晒人物评价活动可以和推断型阅读任务、评价型阅读任务相结合。

岳乃红和胡红梅等整本书阅读教学专家教师都在课堂上借助阅读活动来完成阅读任务。比如小学三年级《魔法师的帽子》教学案例,既能深入理解故事情节,完成阅读任务,又能激发学生阅读的积极性,实现对文本内容、人物形象的多重理解与思考。

案例 3　胡红梅三年级《魔法师的帽子》教学案例

(4)魔法剧场

孩子们在阅读的过程中也许对于某个情节很有感觉，我们可以让孩子来当一回导演，设计或改写一个小剧本。

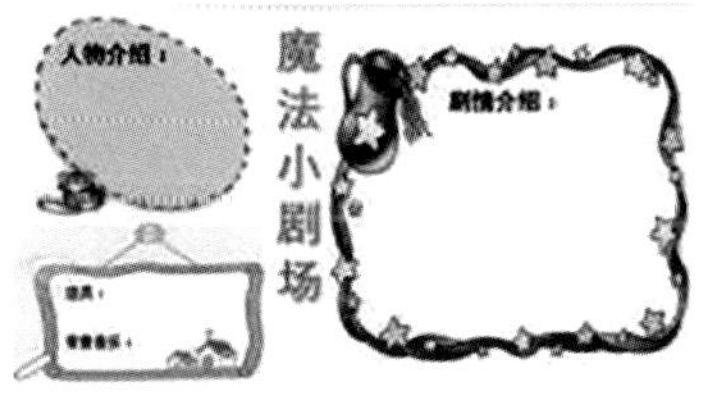

2. 基于倾听对话的阅读交流推进策略

面对阅读交流浅层化这个问题,教师需要立足于学生的倾听对话,合理建组,关注学生的交互作用。然后提供合理的学习支架和阅读指导,让交流得更深入。

(1)合理建组,组织学生协同倾听

阅读是学生的个性化体验和交流行为。教师应该明确协同学习小组中学生间的学习关系是倾听对话、协同共学的。小组一般由 4 人组成,不设组长,消除隐形的领导与被领导的关系;从小组人员的特质上来说,按照强、弱异质搭配小组,组内包括性别、学习水平、兴趣和爱好不同的学生使小组成员有较好的机会,面对不同的思维方式,给学生原有的思维带来冲突;从小组成员的关系上来说,不是互帮而是互学,关注倾听。

(2)关注交互,引导学生汇聚共享

学生协同交互才能更好地进行整本书阅读,实现交流沟通的汇聚和共享。因此,教师应该有以下的关键性引导行为,来引导学生实现协同交互和交流共享。

①帮助学生学会基本的倾听交流方法。学会轻声讲话、积极聆听、相互鼓励、客观批评和化解冲突。②合作研读过程中,教师巡回检查,观察各组情况,确保每一个学生都有平等表达和被倾听的机会。③鼓励小组成员之间的思考和探索。以小组为单位进行汇报,每个人都要完成学习任务。以案例 4 为例,教师注重交流前后关于小组交互的指导。出示的提示要求在交互的过程中要人人参与、倾听、交流和思考,就

“孤独是不是鲁滨孙遇到的困难”进行交互分享，鼓励学生表达不同的观点，实现思维的汇聚共享。

案例4　六年级某教师的《鲁滨孙漂流记》教学实录片段

任务1：以小组为单位，圈画出鲁滨孙遇到的困难，他又是怎么解决的呢？

师：同学们，我们完成了一部分自主阅读，请大家以小组为单位，完成探究任务一。（提示回顾倾听对话交流的要求）

1. 抽签决定发言顺序，组内成员互相做好发言记录。
2. 一人表达，其他人要尊重和聆听，不可以随便打断同学的发言。发言后，组内可以通过点头或者鼓掌认同和鼓励发言同学。针对不同意见，可以提出自己的疑问，但是要注意有理有据。
3. 所有同学都要参与到交流和讨论中，遇到疑惑的同学，可以向组内同学请教，组内同学也要互相帮助。

（教师巡回指导，分为言语指导和观察指导，指导内容为交流问题和交流进程）

Q1小组生代表：我们小组讨论交流后认为，鲁滨孙流落荒岛，没有地方住，就在山坡上选择了一块有水、有树荫、又防野兽的地方，然后用木头和船帆搭起帐篷来住；粮食也吃得差不多了，没有什么东西吃；还担心野人袭击。他就打猎、捕鱼然后把捉到的山羊都养起来，还种上麦子；他担心野人会来吃掉他，于是在自己家前的空地上插下杨柳桩子，又将羊群分成几个地方圈养。以上是他遇到的困难和解决方法。

师：你们小组交流的真全面，其他小组有没有补充和疑问？

Q2小组生代表：我们小组认同Q1组的观点，但是我们小组的刘婷同学补充鲁滨孙还遇到了其他困难，就是他一个人生活在岛上太孤单了，他心情不好。后来他救了一个野人，给他取名叫“星期五”，他们一起生活，就解决了他孤独的问题。

师：孤独是不是鲁滨孙遇到的困难呢？看来还有些疑问，我们就这个问题交流探讨下吧！

生：孤独是他遇到的困难，荒岛求生，鲁滨孙面对着身体和心灵的双重危机。如果长时间孤独，可能会抑郁的。

师：大家觉得呢？好像很有道理。（生赞同）无论是身体还是心理都面对着巨大的压力，鲁滨孙能活下来真是不容易。

教师总结（出示ppt，鲁滨孙遇到的问题及他是如何解决的）

浏览精彩片断，体会精彩部分。

（3）搭建支架，促进学生深入交流

教师搭建合理有效的学习支架，创设有意义的学习情境，为学生对知识的建构、内化和掌握提供抓手。搭建学习支架，旨在让学生阅读时有抓手，交流时有方向。教师能提供给学生的学习支架很多，小到引导性的问题，大到阅读任务活动都是学习支架，都帮助学生进行阅读与交流。对比分析支架的搭建，有助于学生深度阅读，进行真思考、拥有真收获。教学中常用的阅读单就是一种阅读支架。案例4阅读单，搭建了思维导图形式的学习支架，梳理清楚故事情节和主要人物、主要内容，并结合相关故事情节进行分析。那么学生交流和谈论的重点也更加清晰明确。案例5阅读单，从一个人物出发，搭建人物故事情节图，延伸到与之相关的故事，能帮助学生在交流的过程中有所支撑和凭借，在交流和倾听的过程中更有方向。

案例 5　小学五年级《中国民间故事》整本书阅读单

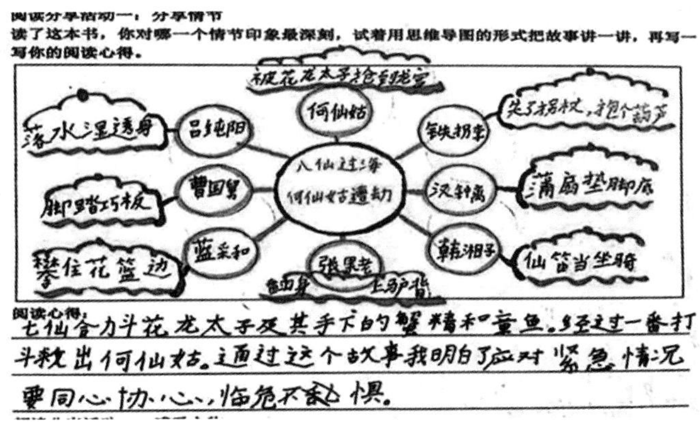
阅读分享活动一：分享情节

读了这本书，你对哪一个情节印象最深刻，试着用思维导图的形式把故事讲一讲，再写一写你的阅读心得。

阅读心得：七仙合力斗花龙太子及其手下的蟹精和章鱼。经过一番打斗救出何仙姑。通过这个故事我明白了应对紧急情况要同心协心、临危不惧。

3. 基于合作建构的教学组织优化策略

由整本书阅读文本的特殊性决定，教师应该将自主阅读、合作研读和班级共读有机结合起来。具体来说主要呈现为六个教学环节：呈现教学情境、初步感知、建立协同学习小组（建立在一定自主阅读基础上）、交流与讨论、学习结果的班级交流（建立在自主阅读和生生研读的基础上）以及反馈与评价。这六个组织环节看似是单纯的线性关系，实际上是紧密的网状关系。学生自主阅读为学生合作交流和师生共读研讨提供基础，生生研读又为班级师生共读提供动力，从而影响到学生的自主阅读。

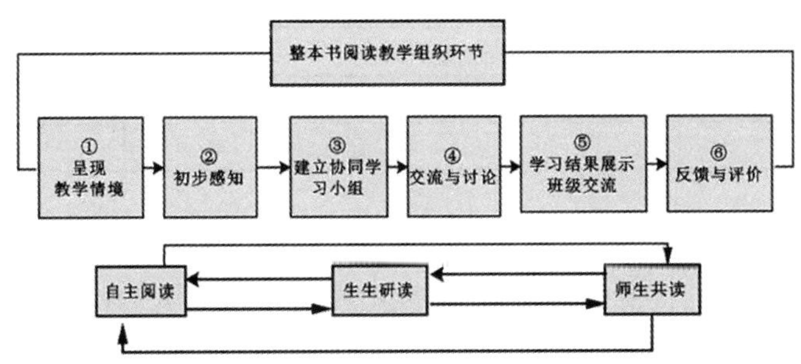

图 2　整本书阅读合作建构的组织过程

（1）激趣导入，关注学生自主生成

学生的自主阅读是交互的前提。教师要保证学生在自主阅读时，实现个人认知的有意义建构。在导读预热阶段，让学生对阅读文本产生阅读兴趣和阅读动机。然后为学生自主阅读提供合理的要求、规划和方法策略。

教师们还可以设计个人阅读计划单，给学生安排合理的阅读要求和阅读任务。此外，教师还要有意识地给学生提供联结、预测、批注、提问、监控、图像化等阅读策略，帮助学生更深入地阅读。

（2）合作研读，促进学生质疑思考

整本书阅读教学的合作研读，帮助学生实现个人意义建构的群体化。体现为对

3_小组阅读计划单

个人阅读计划单

阅读计划：			
学生姓名		阅读书目：	
阅读 章节/页码	阅读 日期/时长	阅读 感受/问题	与同学 （ ） 分享，画✔
			（ ）
			（ ）
			（ ）
			（ ）
			（ ）
			（ ）
			（ ）
			（ ）
			（ ）
			（ ）
			（ ）
			（ ）
			（ ）
			（ ）
			（ ）
			（ ）
			（ ）

图 3　个人阅读计划单

个体学习建构的内容进行群体的交流、解释和探讨。对成为群体意义建构的个人部分进行重新解释和理解。因此，学生要在合作建构的过程里对学习的内容反复思考与质疑。

合作建构并不是要学生在群体间完成阅读思考的统一，而是通过差异和不同去思考这种不一致，反复对照自己的认识重新思考，让阅读走向探究。案例 6 中，某教师设计的阅读交流辩论就是一种很好的合作研读的方式。它既能引导学生在特定的环境下思考，同时也能激发学生交流的积极性。

案例 6　五年级《西游记》小组辩论研读部分

◢延伸板块

一、辩论，以思想赋予形象

1. 在这部神魔小说中，塑造了一系列生动的形象。就唐僧师徒四人的形象，请大家交流一下他们各自的性格特点。

唐僧师徒四人中除唐僧之外，都是神性、人性、动物性的和谐统一。你最喜欢或最不喜欢谁？小组辩论，别人赞成的你也可以反对。不过你必须拿出理由来证明自己的看法。

提供以下几个辩题作为参考：

（1）孙悟空。

正方：孙悟空向往自由、勇于反抗、敢作敢为；忠于唐僧，一路斩妖降魔，保护唐僧取经，遇到艰险从不退缩，勇往直前。

（2）唐僧。

正方：唐僧能历尽千辛万苦去西天取经，意志坚定，不管遇到什么困难，从来没有动摇取经的决心；心地善良，有仁爱之心，即使是妖魔，也不愿伤及无辜。

（3）猪八戒。

反方：猪八戒好吃懒做，见识短浅，在取经路上，意志不坚定，遇到困难就嚷嚷着散伙，而且还经常搬弄是非，要小聪明，爱贪小便宜，贪恋女色，是个贪生怕死、自私自利的人。

2. 总结：《西游记》的人物形象栩栩如生，充分体现了个性美。俗话说：人无完人，金无足赤。这四个人物形象各具特点，有优点也有不足。我们学会了“要全面、公正，要学会欣赏别人，不能以偏概全”。

二、表演，以形象展示精彩

《西游记》中有许多精彩的情节，我们可以通过课本剧表演的形式展示。（剧本附后）

(3) 师生共读，激励学生批判探究

教，上所施，下所效也。师生共读整本书，一方面教师要以身作则，不唯书本知识为上，有质疑精神，鼓励学生大胆思考，合理质疑发问；另一方面，师生共读的过程中，教师给学生提供的阅读批判反思的方法和路径，帮助学生阅读后批判思考。

让学生结合自己的实际写一篇阅读随笔，提出自己的思考和问题，还能通过选择完成读书研究报告的方式进行批判反思。通过建立自主阅读——生生研读——师生研读，学生更加深入地探究问题。以一名五年级同学为例，他在完成阅读交流活动后，仍有一些疑问和困惑，通过读书研究报告的形式提出问题。然后在教师的指导下，使用一些方法解决问题，得出结论，在班级内交流汇报，同学们倾听相互、交流质疑，为他提建议。最后，学生的辩证与思考能力得到发展，探究和思考更深入。

案例7 《三国演义》研究报告

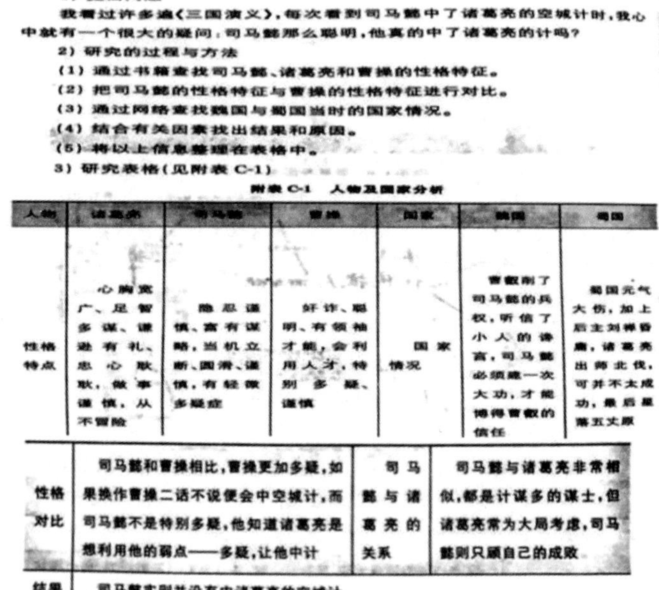

1）提出问题

我看过许多遍《三国演义》，每次看到司马懿中了诸葛亮的空城计时，我心中就有一个很大的疑问：司马懿那么聪明，他真的中了诸葛亮的计吗？

2）研究的过程与方法

（1）通过书籍查找司马懿、诸葛亮和曹操的性格特征。

（2）把司马懿的性格特征与曹操的性格特征进行对比。

（3）通过网络查找魏国与蜀国当时的国家情况。

（4）结合有关因素找出结果和原因。

（5）将以上信息整理在表格中。

3）研究表格（见附表C-1）

附表C-1 人物及国家分析

人物	诸葛亮	司马懿	曹操	国家	魏国	蜀国
性格特点	心胸宽广、足智多谋、谦逊有礼、忠心耿耿，做事谨慎，从不冒险	隐忍谨慎、富有谋略，当机立断、圆滑、谨慎，有轻微多疑症	奸诈、聪明、有领袖才能，会利用人才，特别多疑、谨慎	国家情况	曹叡削了司马懿的兵权，听信了小人的谗言，司马懿必须建一次大功，才能博得曹叡的信任	蜀国元气大伤，加上后主刘禅昏庸，诸葛亮出师北伐，可并不太成功，最后星落五丈原
性格对比	司马懿和曹操相比，曹操更加多疑，如果换作曹操二话不说便会中空城计，而司马懿不是特别多疑，他知道诸葛亮是想利用他的弱点——多疑，让他中计			司马懿与诸葛亮的关系	司马懿与诸葛亮非常相似，都是计谋多的谋士，但诸葛亮常为大局考虑，司马懿则只顾自己的成败	
结果	司马懿实则并没有中诸葛亮的空城计					

4. 基于反思运用的评价反馈构建策略

（1）关注学生发展，明确评价内容

基于反思运用的评价主要关注四个方面的内容，包括学生阅读知识的积累、阅读能力的发展、阅读过程的变化、阅读情感与习惯的养成。关注学生发展的评价内容，不仅要关注学生知识的理解，还要关注学生多方面的发展。

因而，教师设计评价内容的时候应结合文本和学生的学情合理确定评价内容。

（2）摆脱形式化，转换评价方式

测试适用于测评客观和浅显的能力。当评价基于学生的反思与发展，评价方式就不能形式单一化。形成性评价的重点是学生阅读的变化和表现，注重学生阅读兴趣、阅读习惯和阅读完成进度等方面的变化。课堂动态评价关注学生在阅读进程中的当下表现。展示性评价将评价的主动权交予学生，在阅读交流展示的活动中，学生能及时获取评价反馈，让评价真正落到实处。

表2 整本书阅读教学的评价方式

评价方式	内容
形成性评价	阅读兴趣、阅读习惯、阅读完成度等
课堂动态评价	课堂思考课上提问、课上交流等
展示性评价	读书笔记、书评、表演等
测试性评价	问题研究、问题解决、读写活动等

教师可以将这几种评价方式融入阅读的过程中，比如，想对学生阅读习惯和态度的变化进行评价，看学生自主阅读的进度单、读书笔记的内容及课上参与交流的反馈等。全面客观地进行评价就要使用多种评价方式，改变之前只用笔试评价的手段。评价更注重激励学生阅读，才能促进学生不断发展。

(3)立足反馈提升，协同多主体评价

协同学习是学习者进行信息交互和合作建构的过程，因此学习者的自我评估既是对学习目标达成与否的评定，也是促进学习的手段；学习者的互评是对学生学习过程的有效监督，也是客观全面进行阅读反馈的体现。那么立足于学生阅读的反馈提升，整本书阅读的教学评价应该实现协同多主体。评价主体可以分成三类：教师评价、学生评价和家长评价。

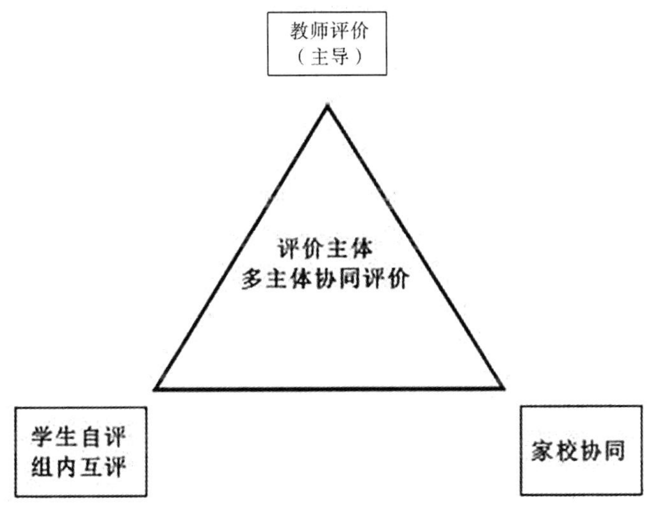

图4　协同多主体评价

在教学过程中，对学生的动态阅读过程进行观察和评价。应该按照评价的标准，给出正面的鼓励评价，并提出可行性建议，让学生在阅读过程中针对问题及时改正。因此，给学生的反馈可以是写评语，也可以是评级。

学生评价涉及学生个人评价和协同学习小组成员互评。学生个人评估的内容包括阅读量、阅读速度、阅读发展水平等方面，评价形式包括对自己的提问、使用阅读评价表和反思阅读等方式。同伴间互评，既利于学生发挥评价的主动性和积极性，又有利于学生的交流互动。协同阅读中的同伴具有激励和约束学生的作用，能让学生更专注地完成阅读任务，获得较好的阅读评价。

学生自主阅读整本书的时间主要集中于课外。通过创造良好的阅读环境，进行亲子阅读，可以为学生阅读整本书提供良好的外在支持。评价的形式可以是学生阅读后对内容的复述，交流观点看法还有家长填写阅读评价单等。这样，就建立起了多主体协同评价，也能好地指向学生的阅读情况和阅读发展。

四、结语

当今社会,要构建终身学习型社会,离不开培养人的阅读能力和素养。这一切,离不开多样的语文阅读活动。立足于协同学习,开展整本书阅读教学,能培养真正的阅读者,发展才能持久而深远。

参考文献

[1] 中华人民共和国教育部制定. 义务教育语文课程标准 2011 年. [M]. 北京:北京师范大学出版社,2012. 01.

[2] 佐藤学,于莉莉. 基于协同学习的教学改革——访日本教育学者佐藤学教授[J]. 外国中小学教育,2015(07):5.

[3] 余党绪. 走向理性与清明——整本书阅读之思辨读写[M]. 上海:上海教育出版社,2019:183.

[4] 夏雪梅. 以学习为中心的课堂观察[M]. 北京:教育科学出版社,2012:146.

[5] 魏宝芹. 整本书阅读教学支架的搭建与运用[J]. 教学与管理,2021(32):50.

小学语文复习课中口语交际的教学策略研究

天津市滨海新区塘沽二中心小学　徐梦嘉

摘　要:受传统应试教育观念的影响和考查方式的限制,在现今小学语文期末复习的课堂上,口语交际部分内容的复习效果往往欠佳。为提升口语交际内容在复习课堂的教学效果,促进学生口语交际素养的提升,教师要优化教育教学观念,更加重视口语交际教学在复习阶段的重要地位。在充分考虑学生情况的基础上,整合教学资源,为学生创设真实的交际情境,运用多种方式进行评价,同时以口语交际的训练推动学生学识与品格的全面发展,促进学生语文素养的综合提升。

关键词:小学语文　复习课　口语交际　教学策略

一、概念界定

1. 口语交际

口语交际是交际者出于某种社会交往需要,运用连贯标准的有声语言,传递信息、表情达意的一种双方互动的表达活动。小学阶段的口语交际指学生在教师的引导下,运用口头语言、视听工具以及非言语因素(如表情、动作等)进行有意义的交流活动,是发生在特定语境中的、即时性的言语互动行为。

2. 复习课

复习课指的是学生在完成了知识的初学后,以帮助学生复习为教学目标而进行的课堂活动。复习课对学生知识的掌握、思维的发展和能力的提升都有着重要的作用。

二、现状及原因分析

尽管现在口语交际教学已经得到了越来越多的重视,但是在复习课的设置上,口语交际所占比重仍然较小。为了迎合考试形式,学生往往在复习阶段就通过纸笔练习的方式进行口语交际内容的训练,忽视了口语交际内容的自身特点。造成这样的现状,主要有如下几点原因:

1. 考察方式的限制

在目前的纸笔考试中,学生的输出方式是文字而非语言。尤其到了期末复习阶段，由于口语交际涉及的话题范围广、考察方式灵活，导致其复习比较耗时，而在考试中所占比重较小，这就造成了有些教师认为在期末复习阶段，口语交际的内容复习起来性价比不高，对其重视程度十分有限。此外，由于部分学生从能说到会写之间还存在一定差距，出于一种功利化的备考心态，教师为了保证学生能在最终的纸笔考试中取得较高的分数，往往会根据本学期的重点内容或生活中的热点内容，出几道开放性的题目，让学生写几句话进行练习。

2. 考查评价机制的缺失

应试教育考查多体现为试卷等书面考查，但是口语交际的评价需要体现学生倾听、表达和交流的口语交际综合能力，不能仅仅依靠书面的考试试题就做出评价。同时，小学语文口语交际所涉及的话题广泛，有对生活中人和事的看法，有对自然之美的歌颂，有个人的演讲和即兴发言，也有需要双方互动的请教和辩论。对不同话题进行评价时的对象、手段和目的都存在明显不同，这就使得口语交际的评价标准很难量化和统一。因此，难以确立一套普适的评价指标体系，这也使得口语交际在考查评价机制方面存在缺失。

3. 传统应试教育观念的影响和学校监管的缺位

在传统的应试教育中，语文教学的重点在于识字写字、阅读和写作，长久以来的观念仍然影响着教师的教学行为。同时，由于口语交际的教学内容和反馈内容很难在书面上得到体现，学校在期末教学检查时也容易缺乏对口语交际教学的监督，这种监管的缺位也造成了口语交际内容在复习阶段不受重视的现状。

三、复习课中改进口语交际教学的相关策略

1. 创设真实情境，以交际促发展

教学内容的确立是课堂教学的凭借和基础，也是教师在进行教学设计的第一个步骤。口语交际的话题直接影响着学生的交际兴趣，尤其是在设计口语交际复习课时，教师要避免让学生对教材上的话题进行简单机械地重复性训练。

口语交际的内容是要为生活服务的，学生在语文课堂上进行交际训练，学习和练习如何更好地表达自我、与人沟通，都是为将来能更好地在社会场景中进行真实的交际而做的准备。因此，教师在设计交际情境时，要洞悉学生的生活和情感，科学地选择话题，唤起学生已有的生活体验，激发他们表达的热情和愿望。

例如，身处六年级下学期的学生，大多会对即将到来的初中生活充满好奇和渴望，同时也会对未知的环境有些许担忧，尤其在期末复习期间，这些情绪会表现在他们学习生活的方方面面。这时，教师就可以利用口语交际复习课的形式，帮助学生解决成长上的疑惑。学生在本学期《口语交际：辩论》的学习中收获了辩论的技巧，教师可以向学生征集他们最近关注或者内心比较矛盾的问题，从中选取关注度和讨论价值较高的话题，让学生开展辩论会活动。参与辩论的学生在辩论过程中需要“听

出别人讲话中的矛盾和漏洞”并“抓住漏洞进行反驳”,复习了本次口语交际的重点内容;而其他同学通过倾听来自辩论双方不同的声音,在看问题时拥有更加丰富的视角,培养深入思考的习惯。

此外,口语交际活动情境的真实性会直接影响学生注意力的集中性、思维的活跃性、表达的积极性以及情感的饱满度。在辩论会中,教师可以利用多媒体屏幕呈现辩论赛或擂台的背景、在辩手发言时进行电子倒计时、利用音乐进行发言提示,以营造真实而热烈的辩论气氛;利用交互式学习软件中的投票功能,让学生为辩论双方进行投票,增加比赛的竞争性和趣味性;还可以让参赛队伍为自己设计相应的团队名称、参赛口号,甚至穿着统一的服装等。这些细节的设计,会创设更加真实、有效的交际情境,不仅可以大大的调动学生的学习热情,也为学生未来的生活积累了宝贵的经验。

2. 促进资源整合,提升复习效率

教材是教师进行口语交际教学设计的凭借和载体,国家统编教科书的单元结构设置改变了人教版教材中口语交际依附于单元语文园地的状况,让口语交际以单独的话题形式出现,这样的编排既降低了教师进行专题重组的难度,也为教师指明了方向。在复习课的教学中,教师要认真梳理教材,发现口语交际内容与其他知识之间的内在关联,通过整合引导学生对已学的知识进行再加工处理,使新知与旧学滚动捆绑,交织融汇,形成一个系统的知识架构主题,继而引导学生更加广泛而深入地参与到学习中来。

(1)专题式活动设计,提升学生参与率

专题式复习活动侧重于把一个阶段的教学内容进行系统的整合,为学生提供以专题为单位的知识系统梳理理念深度把握。在设计口语交际的专题式活动时,教师要充分考虑本课内容在单元内、本册教材以及整个教材体系中的地位和作用,通过资源整合,将口语交际的话题与其他教学内容进行专题式重组。

例如,在统编教科书六年级下册中,《口语交际:同读一本书》位于第二单元“外国文学名著”单元,交际主题与整个单元的内容密不可分。学生在此前举办的班级读书会中,围绕着同一本书交流了读书心得,分享了阅读收获。教师可以根据学生的学力和此前的学习经验,进行“同读一本书”专题式复习活动。

首先,学生根据自己想展示的课外阅读书目自主选择队友,将“同读一本书”的范围从全班缩小到小组,使分组更加自由灵活。在此过程中,为了更好地进行对旧知的复习,教师可以对各组选择的书目进行指导,保证其中涵盖《鲁滨逊漂流记》《骑鹅旅行记》《汤姆·索亚历险记》《爱丽丝梦游仙境》这几本在教材中重点推荐的书目。

其次,学生进行小组讨论。小组讨论是口语交际课堂中最常见的互动形式,学生小组讨论的过程本身也是一种交际。因此,教师既要关注讨论的内容和结果,也要关注在讨论过程中每位学生的交际态度和参与方式。教师可以委托一位组长对小组内的讨论进行组织，督促每位学生都参与进来，这样生生合作互动的方式，避免了教师权威的干涉，更有利于学生突破心理障碍，自由表达。

接下来的展示环节中，为了避免每组只派出口语交际能力较强、表现最活跃的同学发言，教师可以提前为学生进行编号，在展示环节利用随机抽号的小程序选出作答同学。对于表现好的同学进行鼓励，对于有困难的同学进行引导，为保护学生的自尊心，也允许回答却有困难的同学请组内同学帮忙回答。又或者教师可以要求学生在小组内进行分工，在汇报时全组成员共同面对全班同学进行分享展示，将讲解、补充、答疑等任务进行分配，保证每位同学都能开口发言，真正参与到活动的每个阶段。

(2)把握零散时间，开展多渠道复习形式

口语交际能力的训练不是一朝一夕的，应贯穿于整个语文教学的过程。复习阶段时间紧、教学任务重，教师更要善于利用零散的时间，将口语交际的训练从多个渠道渗透到日常的学习和复习中，在潜移默化中促进学生口语交际能力的提升。

例如，《口语交际：即兴发言》是统编教科书六年级下册中的内容，本课要求学生能根据交际场合和对象，围绕某个交际话题快速组织语言，有条理地发言。课堂场景本就是学生最熟悉的场景，复习阶段，学生在本册书中学习过的相关知识就可以成为学生的交际话题，当“即兴发言”的形式和其他学习内容的复习有机结合时，每位学生的课堂表现都是一次“即兴发言”。

在此基础上，教师可以设计开展“让我印象最深的人物”的讨论活动，提前将学生在本册书中学习过的具有突出品质的人物姓名制作成小纸条，学生抽取人物后开始打腹稿，想清楚先说什么、后说什么、重点说什么，然后有条理地进行发言，巩固了“即兴发言”的交际要点。同时，学生为了能说清人物的品质或性格特点，势必要引用到文中对人物描写的语言，而“关注外貌、神态、言行的描写，体会人物品质”这也是本册教材第四单元的阅读要素。学生通过这样的活动形式既复习了知识、又锻炼了交际能力，一举两得，提高了复习的效率。

此外，教师还可以通过生动的语言，绘声绘色地勾画出生动的情境，引导学生更加自然地融入交际场景。例如，本册书中第五单元的交流平台是让学生回顾六年的语文学习，交流自己养成的良好学习习惯。教师可以启发学生发挥想象，想象自己是在向低年级的弟弟妹妹进行语文学习经验的分享，引导学生更加注意说话的场合和对象。

这样将口语交际的复习有机融入其他知识内容的复习，不仅提高了复习的效率，也利用了零散的时间，把每个学生的复习任务进行了个性化地分解和细化，降低了交际难度，拓宽了交际渠道，为更多学生提供更加广泛的学习机会。

3. 重视口语交际地位，实现评价方式和主体的多元化

《语文课程标准》中提出，“口语交际的评价，须注重提高学生对口语交际的认识和表达沟通的水平。”口语交际评价的本质功能是为了学生的发展，为了老师的发

展，为了课程的发展。

（1）重视教学的前后联系，善用多种评价方式

《新课程标准》中的评价建议中提出要“恰当运用多种评价方式”，并且“应加强形成性评价，注意收集、积累能够反映学生语文学习与发展的资料，可采用成长记录袋等各种方式，记录学生的成长过程。”同时，教师也要关注教材的前后联系，以知识难度的梯度提升为依据，测评学生长期的学习表现，为学生建立连续的评价系统。

例如，纵观整个教材体系，教师不难发现统编教科书六年级下册《口语交际：辩论》与六年级上册《口语交际：意见不同怎么办》之间存在着内容上的相似性和能力上的递进性。知识难度的梯度递增，也是对于学生思维能力和交际素养的持续培养。相比“意见不同怎么办”这样多方对话的方式，“辩论”的形式对学生的倾听能力、临场应变能力和交际心态都提出了更高的要求。因此，在初次进行《口语交际：辩论》的训练时，教师既要关注学生在班级整体中所处的水平；更要结合学生在上学期练习时的表现，关注到学生在自身原有学习水平上的成长和提高。不同于初学，在进行《口语交际：辩论》的复习课训练时，教师一方面要检验学生对此项交际主题所要求的能力的掌握情况；也要关照到学生在初学本课时的表现，与其在复习课的表现进行对比，发现学生的优点和不足。同时，教师的评价要尊重学生的年龄和心理特点，六年级的学生自我意识不断增强，教师更应该多运用激励性评价，从积极的角度去肯定学生，让学生自主发现自己能力的逐渐攀升，感受到进步的喜悦，增强交际的自信。

（2）重视多主体评价，加强课内外联系

课堂上的口语交际训练中，学生可以从教师及其他学生方面得到反馈，反思和改善自己的交际行为，进而突破口语交际训练的重难点。但口语交际的训练不能只局限在课堂，其复习也是一样，教师应鼓励学生把口语交际的复习和训练延伸到课外生活中。

一方面，交际存在于家庭、社会生活的方方面面。学生可以在奶奶的生日宴席上说几句祝福的话，这就是生活中的“即兴发言”；也可以在和妈妈不同意自己养小动物时，与妈妈进行一场主题为“养小动物对青少年身心发展是否有帮助”的小小辩论赛，以理服人，为自己的愿望争取。另一方面，教师可以针对学生在校进行口语交际训练时体现出的薄弱之处，为学生制定自我监督计划，或是与家长沟通，请家长在家庭生活中关注，学生请家长对自己进行评价并将其收入自己的成长记录袋中。当口语交际的场所拓展到生活中，从学生、教师、家长等多个角度对学生的课上、课后表现进行连续的、可量化的评价方式，可以真正让学生乐于参与口语交际的学习。

参考文献

[1]师雪薇. 小学语文口语交际教学中存在的问题及对策研究[D]. 重庆师范大学，2016.

[2]苏婉丽.小学语文口语交际教学策略研究[D].渤海大学,2016.

[3]王娜.小学生语文口语交际能力培养策略研究[D].华中师范大学,2014.

[4]石芳媛.农村小学语文口语交际教学现状调查研究[D].湖南师范大学,2014.

[5]李怿青.新课程背景下初中语文口语交际教学现状分析与策略研究[D].闽南师范大学,2015.

[6]周隽琰.全语言教育理论指导下发展幼儿自主阅读能力的实践研究[D].苏州大学,2017.

[7]杨安然.全语言教育理念指导下的幼儿英语教学研究[D].中央民族大学,2013.

[8]曹凤颜.优化"说"任务设计,提升"说"英语能力——小学四年级英语复习课"说"任务设计策略[J].校园英语,2019,40:164-165.

培养阅读的种子　共享悦读新体验

天津市武清区杨村第十一小学　徐　倩

摘　要：民族英雄郑成功说过“养心莫若寡欲，至乐无如读书。”作为一年级孩子的语文启蒙老师，教授他们识字明理的同时，也要思考如何让孩子们自主地通过语言文字汲取生活中的美好。语文教材中《和大人一起读》这一版块的设定，为低年级孩子们埋下了“读书好，好读书，读好书”的种子，是变更“大人要我读”为“学生我要读”的重要环节，文章就如何更有效地开展这一环节，结合教师自己的课堂实践，分别从共读指导、亲子伴读、分享体验、开放评价四个方面展开论述。

关键词：阅读　种子　新体验

一、为什么需要和大人一起读

高尔基先生曾说过：“读书，这个我们习以为常的平凡过程，实际是人的心灵和上下古今一切民族的伟大智慧相结合的过程。”读书可以使人知进退，明得失，懂取舍，识大体，有敬畏，能给人以更广阔的视野体验和更丰富的人生感悟。

《义务教育语文课程标准》中写道：小学阶段的课外阅读总量不少于 145 万字。对于第一学段的孩子来说，课外阅读总量不少于 5 万字。温儒敏教授提倡：“少做题，多读书，好读书，读好书，读整本的书。”课外阅读是我们所推崇的，只是实施起来缺少了正确的引导者，能完全配合的孩子少之又少。家长们出于多学知识的目的，往往是“急功近利”，大量地给孩子买书，或者简单督促孩子自己去读书，却忽略了一年级孩子识字不多，拼读生字有困难的实际问题，故而阅读困难、阅读无趣是一年级孩子读不进去、读不下去的重要原因。孩子们需要的是正确的引导和耐心的陪伴。这就需要大人们的陪读，更需要与大人们共读。

二、儿童本位理念下的教材选编

一年级《和大人一起读》栏目共编排 16 篇小文。有的文章节奏明快、朗朗上口，孩子读着读着就学会了其中的语言表达，比如《谁会飞》《小兔子乖乖》《谁和谁好》等；有的文章蕴含深刻的人生教育意义，比如《小白兔和小灰兔》《阳光》《胖乎乎的小手》等；有的文章又浸润着深厚的文化底蕴，比如《剪窗花》《春节童谣》《孙悟空打妖怪》等。但课本中的内容绝不是孩子们阅读的全部,儿童阅读的内容就应从儿童的视角选材,将课外阅读纳入课本之中,再从课堂出发,延伸到课下,延伸到家庭,考虑孩子们的知识水平和心理接受能力,以"趣"为引,以"易"为基,以"悦读"为根本目的。笔者在教学实践的过程中,除了完成好《和大人一起读》的教学任务,还向孩子们推荐了经典的阅读篇目——《三字经》《中国童谣》《核心素养读本——古诗文诵读》(一年级)《中国古代寓言故事》《了不起的狐狸爸爸》等。

三、《和大人一起读》课堂实践后的思考

温儒敏教授认为:培养读书的种子,是语文的功能之首。教师作为课堂的主导,家校合作教育的纽带,笔者结合自己近年来的教学实践,从以下四个方面来实现让孩子们和大人一起阅读。

1. 师生共读,专业指导陪伴。

(1)课堂上的共读

老师引导学生在轻松的氛围里快乐地读起来,用更加专业的角度解决学生在阅读中遇到的各种困难,陪伴和辅导学生读好文章。

师生共同表演。比如在教学《小兔子乖乖》这首儿歌时,我采用这样的教学策略:师生扮演大灰狼和小兔子的角色,完整故事情节,勾起孩子的好奇心,再利用"识字我最棒"的游戏,指读每一句话,边读边表演,当头脑中的画面与文字相结合后,适当带出"兔"字的样子。在读中学,在玩中认,这样的阅读谁会不想参与呢?

师生共同比赛。比如在教学一年级下册《妞妞赶牛》时,带韵母"iu"的字——"妞""牛""柳""扭""拗"很拗口,极易混淆。对孩子的朗读发起了极大的挑战,可这也正是绕口令的趣味性所在。这时候我发起了师生一起比赛的挑战赛,燃起孩子的斗志,从读下来到读流利再到加速朗读,关关难过关关过,每一个孩子都是这小小赛场上的"角斗士",很多孩子的朗读超过了老师。

师生共同想象。突破了书本的限制和时空的束缚,我们"天马行空",调动孩子们的已知,对这些已知事物进行加工再创造,从而获得新的认知。比如《谁会飞》这首儿歌,老师就可以和孩子们问一问,答一答,想一想,填一填。

师:"谁会飞?"

生:"鸟会飞。"

师:"鸟儿怎么飞?"

生:"扇扇翅膀去又回。"

读着读着,还可以引导孩子想象着自己创编儿歌。

师:"谁会飞?"

生:"蝶会飞。"

师:"蝶儿怎么飞?"

生:“扇扇翅膀花间飞。”

师:“谁会跳?”

生:“蛙会跳”

师:“青蛙怎么跳?”

生:“蹲上荷叶蹦蹦跳。”

……

(2)课堂下的伴读

开学伊始,我就向孩子们推荐了蒙学经典《三字经》,并把这本书贡献在班级的图书角中,每日晨读十分钟的时间,是我带领孩子们探索经典的过程。不多不少四句话,从释义到举例再到联系身边故事,一个学期下来,孩子们已经能主动在打铃的一刹那开始诵读起:人之初,性本善……

除此之外,每天中午来到学校,同学们最期待的是“徐妈妈讲故事”的环节,来到座位上,静静听徐妈妈给孩子们带来的《中国古代寓言故事》《窗边的小豆豆》《了不起的狐狸爸爸》《查理和巧克力工厂》,这样听读的经历让孩子们在不知不觉中种下阅读的种子。

(3)课后的阅读任务

低年级孩子的阅读往往不能持之以恒,今天看这本明天换那本,家长们在阅读内容的选择上也不能很好地把握,于是我为孩子们制订了每个月的阅读主题:

第一个月《妙趣横生的成语故事》

第二个月《有意思的古诗》

第三个月《中国名人故事》

第四个月《中华民俗故事》

假期中《中国神话故事》

第五个月《中国历史故事》

第六个月《中国寓言故事》

第七个月《西游记的故事》

第八个月《趣味三国故事》

假期中《罗尔德·达尔的童话故事》

孩子们在家长的帮助下,自己选择喜欢的读物1—2本,利用一个月的时间完成阅读,在此期间,我组织学生进行交流阅读的分享会:有分享喜欢的故事的;有分享优美的语段的;有讨论自己感悟的,孩子们在逐渐由“要我读”过渡到“我要读”。

2. 亲子阅读,共享阅读乐趣。

随着电子产品的普及,我们往往能看到的是成年人给孩子一本书,而自己在旁边拿起了手机,甚至全家都沉浸在电子产品中,纸质书本的阅读正在被忽视,这种低效的陪伴缺少了交流沟通,消磨了孩子阅读的兴趣。依托《和大人一起读》栏目,大人和孩子一起进行亲子阅读,亲子互动。这就需要教师担当起这项活动的组织者和指导者。我们可以借助家长会的时间,教师把《和大人一起读》的阅读方法推广给家长;或者通过微信、QQ 群等家校合作的平台,帮助家长开展亲子阅读。

(1)亲子阅读互动

有些文章边读边表演,效果更好。《猴子捞月亮》是个经典的故事,大人可以和孩子在玩中读:头饰准备起来,月亮挂起来,水盆准备好,角色扮演开始啦! 爸爸做“老猴子”;妈妈做“大猴子”;小朋友做“小猴子”,可以不拘泥于课本中的对话,加上生动的动作和夸张的表情,一家子“猴子们”担心月亮会化掉的情绪溢洋其间,紧张感一触即发。真正捞一把月亮,月亮“碎”了,但抬头发现真相的一刹那,大家长舒了一口气,不约而同哈哈大笑起来,这便是亲子阅读的快乐。家长可以相机给孩子补充关于镜面反射的原理,一篇文章,读的不仅仅是角色,更有了深刻的科学含义。

在《春节童谣》里,学生感受到了浓浓的春节文化。时值寒假,孩子和大人可以一起实践一把,熬上腊八粥、蒸上大馒头,除夕夜守岁,孩子不自觉地就会想起这首童谣,吟诵这首童谣。中国传统文化将会浸润他们一生。

(2)履行阅读约定

工作日晚上的七点半到八点,是我们班大朋友小朋友的阅读时间,大人放下手机来到孩子身边,孩子们或依偎在父母身旁,或自愿相约在班级群里,开始在文字的海洋中遨游。一个学期坚持下来,除了教材上的阅读资料,平均每个孩子都读过 3 本课外读物,甚至有的孩子可以自己编一些简单的故事讲给大家听。

(3)升华阅读感悟

利用好睡前十分钟,家长可以和孩子进行一个简单的阅读感悟交流,当孩子们滔滔不绝地讲起今日的收获时,大人可以实时把握孩子的阅读状态,价值观的走向,小故事中蕴含大道理,引导孩子更深刻地理解和把握人生,明智而从容地面对人生道路上的各种问题,努力学习如何成长。

3. 阅读分享,爱上悦读体验。

(1)课堂总结大会

每月月末,我们班级会抽出一节课的时间作为孩子的阅读总结大会,孩子们会和老师一起分享这个月读到了哪本书?哪些内容是让自己印象深刻的?在阅读的过程中有哪些不能理解的地方?我是通过什么途径来了解这些问题的?老师会整理好孩子们的阅读档案,关注每一位孩子的阅读情况,个性化跟进指导。

(2)拓展阅读平台

孩子的朗读也可以被记录下来,在朋友圈,或者网站上发布,让孩子在网络信息时代感受别人对自己朗读的评论,不论是称赞或是意见,都让孩子有时代参与感,也会更加爱上读书这件小事。

笔者鼓励孩子将自己的阅读记录下来，在大人的帮助下，将作品分享到班级群中，每一位朗读的孩子都得到了老师耐心指导与鼓励，更能在自己的阅读档案中获得小奖贴，家长们也参与其中，肯定的话语，让孩子对朗读这件事心生欢喜。

学校里面主题月的朗读活动，孩子们更是跃跃欲试；学期初我们还会组织学生参与公益朗读——《朗读大会》活动，像散文《阳光》，这么优美的语言要是能配上音乐朗读的话，相信会有很多大人为之感动。

(3)定位家长角色

随着孩子对书本的沉浸，对生活的思考慢慢增多，他会有不尽的问题和想法迫不及待地和大人分享，此时的我们除了把握孩子的为人之道，更应该认真聆听孩子每一次对于生命的讴歌。这种倾听，不是随时打断他的说教，也不是用成人的角度思考利弊，而是与孩子感同身受的互动。成为这样尊重孩子意愿的聆听者，会让孩子更加有认同感，使亲子关系更加亲密。

4. 开放评价，开展无压力阅读。

《和大人一起读》与其他单元课文内容不相同，并不需要孩子通过这篇文章认识了多少字，积累了多少语言。因此，在和大人一起读的过程中，开放式的评价尤为重要，读书的过程是享受的过程，而这里的轻松阅读，并不是不强调阅读体验，读书不能仅仅限于读，只读书不走心也是不行的。

(1)自我评价

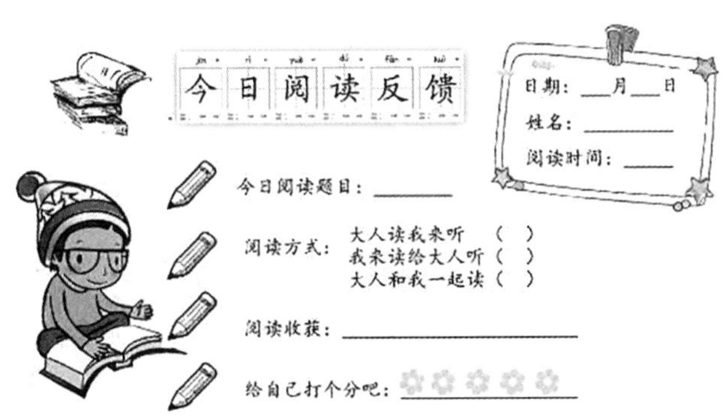

我为此设计了《今日阅读反馈表》,当孩子们完成了阅读,就可以领取一张阅读反馈表,每个孩子都有自己的阅读档案,正如普希金所说:“读书是最好的学习,是追随伟大人物的思想。”良好的阅读习惯、正确阅读方法的培养也在这一过程中形成,并通过和大人的交流感悟,受到知行合一的教育。

(2)阅读之星

如果阅读有回馈,那阅读的效果也会有质的飞跃。每个月的阅读总结会上教师会根据孩子的阅读反馈情况,结合班级群中家长们对孩子的评价评选当月的“阅读之星”并给予奖励,日积月累,孩子们不仅阅读的兴致不减,更收获了阅读的乐趣。

《和大人一起读》栏目从阅读形式到阅读空间给孩子们营造了更加广阔的平台,这也充分体现了《义务教育语文课程标准》里提到的:小学语文必须高度重视引导学生进行课外阅读。所以,我们要运用好这一栏目,让孩子们体验“悦读”的乐趣。

“立身以立学为先,立学以读书为本。”——欧阳修

参考文献

[1]杨永彬.“臻美语文”的概念与内蕴[J].语文知识,2017(16):3-5.

[2]李敏.大手牵小手,让孩子爱上阅读[J].语文课内外,2018(25):245.

[3]温儒敏.“部编本”语文教材的编写理念、特色与使用建议[EB/OL].http://blog.sina.com.cn/s/blog_59d698c90102z4jq.html.2019-07-26.

[4]中华人民共和国教育部制定.义务教育语文课程标准 2011年[M].北京:北京师范大学出版社,2012.01.

[5]朱瑛.“和大人一起读”:儿童快乐成长的家庭阅读吧[J].河北教育(教学版),2018(1):12-14.

[6]张雪梅.教学一年级语文"和大人一起读"之感悟[J].新教育时代电子杂志(教师版),2018(42):18.

[7]胡慧敏.共读体验式“和大人一起读”的区域实证研究[J].小学语文, 2017(5):32-36.

浅谈小学语文拓展阅读教学的有效性

天津市武清区杨村第十一小学　杨　硕

摘　要:语言能力和阅读能力并非生而有之,它需要学生不断地阅读和积累。教师不应该只满足于一本教材,而应采取多种方式帮助学生进行拓展阅读。这不仅对学生阅读能力的提升有很好的促进作用,对于教师自身能力的发展也是不可或缺的一部分。文章分析了小学语文拓展阅读教学的现状,并提出了针对小学语文拓展阅读教学的有效方法和对策。

关键词:小学语文　拓展阅读　有效性

新一轮课程改革的着力点在核心素养,而语文的核心素养不是在课堂内的知识传授和训练中就能完成的,需要在课堂外广阔的知识天地中吸收营养加以补充。因此,本文以课堂拓展阅读为背景依托,试探索开展课堂拓展阅读教学的方式与方法。

《义务教育语文课程标准(2011 年版)》指出:"要重视培养学生广泛的阅读兴趣,扩大阅读面,增加阅读量,提高阅读品味。提倡少做题,多读书,好读书,读好书,读整本的书。"

课外拓展阅读是对教材文本的补充,需要从教学目标和教学重难点出发,进行有效的迁移性阅读,从而调动学生的读书兴趣。此外,拓展阅读教学也能为学生积累丰富的素材,帮助学生积累语言、发展思维、增长知识,提升自己各方面的能力。

在实践中,拓展阅读教学还存在一些问题:

一、忽略学生实际,内容单一

自部编语文教材推广使用以来,教师都能有意识地开展拓展阅读教学,但所选材料并不能完全顾及所有学生的学习和认知水平。在讲授课文时,如需介绍文章写作背景或某个知识点需要补充材料时,大多数教师只注重形式上的拓展,将相关的作品简单罗列,推荐学生阅读。这样不分层级的一刀切往往导致两种后果:第一,内容深奥,学生读不懂,失去兴趣;第二,内容浅显,不利于提高学生阅读水平,达不到阅读目的。

二、教师缺失阅读，积淀不够

课堂拓展阅读是师生共同对文章的解读和建构，容量大，能力要求高，不仅是对学生自我解读和运用实践能力的挑战，也是对教师组织素材、挖掘深度能力的考验。尤其是教师，要堪当有经验的阅读者、阅读课堂的引领者。

通过对其他教师的观察以及自我反思，现如今的各种教学任务、各类培训占用了老师们很多时间，更为重要的是，各类短视频软件与休闲游戏的盛行，分散了一部分教师的精力，导致教师"阅读的缺失"。如果老师的心灵是一片荒漠，如何使学生的心灵变为绿洲呢？

三、缺乏阅读指导，效果不佳

著名语言学家吕叔湘先生在谈到自己语文能力的获得时，说课内学习、课外阅读应是"三七开"。学生在校时间有限，拓展阅读大多依靠课余时间完成，但目前来看，大多数教师只起到了课上推荐阅读书目的作用，至于学生课下读还是没读？怎么读的？收获有多少？很少有人进行效果追踪，由于缺乏有效的读后交流机制，课外拓展阅读没有真正落地生根。

部编教材的一大突破是以"阅读策略"为主线组织单元内容，把课外阅读作为教科书内容的重要组成部分，首次实现了课外阅读课程化，克服了课外阅读的边缘化，促进了儿童阅读进教材、进课程。这套教材阅读量大大增加，这体现了亲子阅读、全民阅读、自主阅读的思想。叶圣陶先生说过："单凭一本国文教材是远远不够的，必须在国文教材以外多看一些书，越多越好。"部编教材在努力落实这一精神，重视激发学生的阅读兴趣，如何引导学生多读书、读好书，已成为语文课程能否成功的关键。

上述问题的存在，势必会影响阅读教学的改革，我们应当从自身出发，扩大阅读量，使课外资料与课文教学有机整合。运用恰当的教学策略，拓展学生的语文学习空间。

一、教师从自身水平出发，树立内涵与外延兼顾的阅读观念

1. 广泛阅读，推荐合适书籍

假如没有阅读作为一个教师的精神底色，语文课堂容易陷入日复一日的技术操练，缺乏创新；同样，假如没有阅读成为教师生活的重要组成部分，那么教科研以及教育写作和教育反思等，就会成为无源之水。

赵永攀在《指向语文核心素养的文本解读》一文中指出："教师要树立大语文阅读观，广泛阅读与文本相关的资料，寻找培育学生思维评判素养的训练点，这需要教师走出文本，高屋建瓴地审视文本。"

这就要求教师自身对推荐给学生的读物有深入的了解，这也是教师自身知识再

储备的过程。在和一些语文老师交流的过程中，我发现很多老师会根据课后资料袋机械性地向学生推荐相关作品，例如六年级上册《穷人》一课，课后的阅读链接介绍列夫·托尔斯泰的代表作有《战争与和平》《安娜·卡列尼娜》与《复活》，但是大部分学生对于这样的推荐显然是被动接受，谈不上感兴趣地阅读甚至有人因为读不懂而逐渐丧失阅读兴趣。我们在教授这一单元时，目的是让学生读小说，关注情节、环境，感受人物形象。对于小学生来说，选取更易于他们阅读的短篇小说更容易达到这一教学目标，教师可以向学生推荐《更好的短篇小说》一书，主题集中，针砭有力，不仅可以开阔文学视野，还可以学习中外小说名家的创作技巧。

我们作为教师，应该走出文本，广泛阅读，这样不仅能精准地捕捉到与课本知识联系最为密切的书籍，更有指向性地推荐给学生，同时也可以在阅读材料的取舍过程中，选择篇幅更合适、更富有教育意义的阅读材料。

2. 精准定位，兼顾个体差异

阅读是学生的个性化行为，教师在进行阅读教学时要承认学生的个性差异，尊重学生的个性选择。由于学生知识经验相异，兴趣爱好有别，内心需求不同，对学习内容的关注点也不尽一致。在适当的范围内让学生对学习内容拥有一定的选择权利，对发展学生的个性十分有利。

结合每一单元的主题思想与语文要素，教师可推荐不同类型的课外阅读书籍，学生自由选择感兴趣的书籍阅读。例如，在六年级上册第二单元“革命岁月”这一主题的学习中，结合六年级学生的认知特点，我推荐的课外阅读书目是《说不尽的长征故事》和《丰碑》，同时考虑到有些同学阅读和认知水平的差异，我推荐这些同学读一读《地球的红飘带》，以图画的方式了解长征历程。由于同学们都选择了适合自己的图书，阅读时间到，每个人都能静下心来，在课外读本中吸取营养，丰富自己的认识，这无疑对于语文学习的帮助是巨大的。

语文学习是一个长期积累的过程。拓展阅读提高了学生的课外阅读兴趣，学生不仅开阔了视野，而且积累了大量知识，为课堂其他环节的开展奠定了基础。

二、教师从课堂环节出发，建构课内外有效衔接的教学体系

1. 课前收集资料

《新课程标准》指出“教学要立足于促进学生的发展，充分利用现实生活中的语文教育资源，优化语文学习环境，努力构建课内外沟通，学科间融合的语文教育体系”。

教师可在预习时布置任务，让学生搜集与课文相关的资料。对同一主题之下的素材进行广泛阅读，更有助于他们“建构课内外沟通，学科间融合的语文教育体系”。

例如三年级下册《国宝大熊猫》习作课，根据教材已经给出的内容，我让同学们课前收集资料解决课文提出的问题，并根据自己收集的资料提出一个你最感兴趣的

问题考考同学们，如：大熊猫为什么是黑白色的？大熊猫的食物有什么？为了解决相互提出的问题，同学们的课外阅读内容更加广泛，目的性更加明确，掌握的知识也更加牢固。这比单纯地布置收集课外资料这一任务更具有效性，而且达到了课内课外教育资源整合的效果，通过解决同学们最感兴趣的问题，对大熊猫的了解也逐步深入，为接下来的写作做了很好的铺垫。

2. 课中整合资料

(1)在感悟文本时，引领阅读，激发兴趣

学生阅读课文时，已经有了一定的生活经验，并以此为基础对文本内容有了一定程度的理解。但遇到与他们生活相去甚远的内容，理解起来难度加深，此时教师可适时渗透课外内容，扩大阅读量。

在学习六年级上册《故宫博物院》一课时，我先让学生说说对故宫的了解，但学生由于接触的比较少，说得不多。这时我趁机展示《打开故宫》这一立体模型书，并适时为学生介绍他们感兴趣的宫殿的相关知识，这时学生的问题多了起来，我把这些问题进行整理并制作成本课的学习单，学生根据课上提出的问题去查阅相关的资料，更全方位多方面地了解故宫。第二课时在讲述与故宫有关的知识或历史小故事时，同学们争相做小导游，无论是介绍的同学还是倾听的同学，各个兴味盎然，有的同学还凭借自己的记忆绘制了故宫的参观游览路线图，介绍得绘声绘色。这一做法通过老师的引领，以激发学生兴趣为切入点，将课内知识与课外资料有机整合，不仅丰富了学生的知识储备，更激发了他们课外阅读的兴趣。

(2)在突破难点时，补充阅读，影响深远

每一篇课文的教学难点很多都是学生不易理解的地方，课堂上很多教学环节的设计也都是为了突破教学难点，因此，在教学难点的突破中拓展，能帮助学生更深刻理解教材。

《十六年前的回忆》这篇课文的难点在于让学生深入领会描写李大钊同志革命精神的重点词句。学生要感悟其中的含义就一定要联系事件发生的历史背景。我用热播剧《觉醒年代》中的片段以及李大钊后代的采访片段激发学生对李大钊先生的敬仰之情，在他们想要进一步了解李大钊的故事时，我适时推荐《信仰》一书以及《革命先驱——李大钊》这本图画形式的书籍，让不同认知水平的学生自主选择课外阅读书目，这些资料给学生提供了理解课文的支撑点，丰富了学生对文本内容的感悟。这样的拓展不仅突破了教学难点，而且增加了文本厚度，让学生更深入地理解了课文内容。

(3)在文末留白时，拓展阅读，丰厚文本

法国作家梅里美曾说“作诗只能作到七分，其余的三分应该由读者去补充”。同样的道理，课文中也有许多留白，给学生充分的想象空间。如果老师能及时地利用课外阅读资料，恰到好处地“补白”，就能帮助学生更加细腻地理解课文。这时候作适度拓展，既有利于感情的升华，也有利于学生思维的活跃。

如鲁迅先生的《少年闰土》一文，课文中讲到闰土与“我”分别便结束了，那么两人再见面会是一番什么景象呢？先让学生展开讨论交流，此时教师再拓展鲁迅先生的小说《故乡》中的片段，既可以检验学生的课外阅读效果，同时也能激起学生对文本和作者更深层次的理解。

3. 课后培养习惯

阅读习惯的培养是持续性和连贯性的，如果仅依靠课上教师的推荐，而学生抱着完成任务的心态去被动阅读，恐怕无法将阅读的习惯与兴趣延伸至课下乃至生活中。在学习六年级上册的小说单元时，为了让学生更深刻地理解环境、人物、情节这三要素在小说中所起的作用，我鼓励学生以小组合作的方式将课文内容改编成剧本，有能力的小组可以采用情景剧的形式在班级表演。开始大家的思路都集中在《穷人》和《桥》这两课，我便引导他们把目光延伸至课外，将自己读过的优秀作品搬到舞台上来。各小组成员跃跃欲试，涌现出了改编自《项链》《麦琪的礼物》等不同作品的剧本，并在演绎中激发了其他学生阅读原著的兴趣。在这一次全新的体验中，同学们不仅对小说各要素之间的关系有了更深刻的认识，而且将阅读的习惯延续保持下去。这样一来，学生有了阅读后的交流话题，争先恐后地介绍内容，推荐书目。

三、教师从保障措施出发，营造人人有好书可读的环境氛围

1. 兴趣入手，建立读后评价交流机制

教师对于学生的读书不是放任自流，听之任之的。当阅读活动进行到一定时间时，班级会开展相应的阶段性活动。如结合六年级上册第二单元“革命岁月”这一主题开展课外阅读后，引导学生绘制长征路线图、讲一讲印象最深刻的长征故事，用图画的方式再现长征故事等，学生可以选择任何一种擅长的方式进行展示。同学们分组行动，推荐优秀的作品在班级内交流，教师适时给予鼓励和奖励，极大地提高了同学们的阅读积极性，班级的阅读之风呈现一派欣欣向荣的景象。

2. 阅读分享，以点带面形成良好风气

臧克家说过：“读过一本好书，像交了一个益友。”学生主动参与阅读，我们应该为他们搭建平台。除在班级设立图书角外，每周都有“读书分享会”活动。自愿报名的同学上台演讲，其他观众倾听与评价，在信息交流中，可以与同学们分享读书的故事、感受。结合班级开展的“经典诵读比赛”“手抄报比赛”“读书明星”等活动，多种途径激发阅读欲望，培养学生的阅读兴趣。

综上所述，语文拓展阅读不是以量取胜寻求发展，而是对课文已有阅读内容的补充和延伸。通过拓展文本与课文内容的联系，帮助学生更深入地理解课文内容，实现课堂教学目标。通过这样的方式激发学生的阅读兴趣，实现整本书的阅读，从而提升学生语文素养。

参考文献

[1]中华人民共和国教育部制定. 义务教育语文课程标准:2011 年版[M]. 北京:北京师范大学出版社,2012. 01.

[2]温儒敏. 老师不读书,怎么能教好书?[J]. 内蒙古教育,2021(10).

[3]何静娴. 语文核心素养视野下小学语文课堂拓展阅读教学模式的建构[D]. 苏州:苏州大学教育学院,2019.

[4]姜蕾. 让阅读成为习惯——小学语文阅读教学探讨[J]. 读与写(教育教学刊),2019,16(09).

[5]石金玉. 浅谈联结阅读策略在课堂中的运用[J]. 小学教学参考,2021(34).

[6]赵永攀. 指向语文核心素养的文本解读[J]. 教学与管理,2017(17).

“双减”背景下小学语文整本书阅读教学研究
——以小学高段阅读课为例

天津外国语大学附属滨海外国语学校　尹宗硕

摘　要：课堂是“减负、增效”的主阵地，在“整本书阅读”早已纳入统编版小学语文教材课程体系的大背景下，目前课堂中的阅读与指导仍存在着教师重任务、轻策略、重情节、轻引导等问题。因此，在指导策略上，教师要把教授阅读策略作为首要任务，学生要把整本书阅读的过程变成“阅读文本”和“遇见自己”的过程，对整本书阅读评价应立足于阅读和表达能力的综合运用。

关键词：双减　小学语文　整本书阅读

随着我国“双减”政策的颁布，国家对于学校教育教学质量和服务水平的提升、作业设计的合理性、学生对校园的回归等都提出了具体明确的要求。作为坚守“双减”政策主阵地的一线教师，我们更要立足于学生不断优化课程结构和教学内容，优化丰富多元的校本课程，让学生充分感受求知的快乐，实现课堂教学的轻负担、高质量、低耗时、高效益。对于语文教学来说，阅读无疑是至关重要的组成部分，也是语文教学的核心。整本书阅读作为一种新的阅读教学形态越来越受到师生的关注。本文将结合自身教学经验，就“双减”背景下如何减负增效，优化阅读教学方法，提高阅读教学效率以及实施整本书阅读教学的具体步骤进行讨论。

一、整本书阅读的意义

1. 丰富语言材料

整本书阅读与单篇阅读相比，更注重整体性和连贯性。小学生在整本书阅读的过程中，可以接触到大量的作品，丰富自己的语言。随着阅读量的积累，学生对文字的敏感性也会随之增加。此外，小学生具有较强的模仿力，遇到自己喜欢的语言或感兴趣的内容，往往会在模仿中获得语言的组织能力，从而不断提高自己的语言表达力。

2. 提高思维能力

在整本书阅读过程中，学生的知识面得以拓展，视野变得开阔。整本书阅读带来的系统的、完整的人物形象和故事情节更具有说服力，使学生能够在阅读中不断思考。这些都有利于学生思维能力的深入发展,逻辑思辨力的提高。对于学生未来的语文学习和综合素养的提升都有着十分积极的作用。

3. 获得情感体验

古人说:“书犹药也,善读可以医愚。”一个爱读书的人,必定不至于缺少一个忠实的朋友,一个善良的老师,一个可爱的伴侣,一个温情的安慰者。整本书承载着丰富的文化信息,学生的情感体验很容易受到感染和熏陶。阅读过程会潜移默化地影响着学生的智育和德育,唤起学生的情感体验并形成和谐共鸣。

二、整本书阅读教学现状和存在的问题

1. 对整本书阅读的意义认识不足

学生在整本书阅读的过程中可以大量接触经典的文章、规范的语言、完整故事情节,这些都可以使学生不断完善自己的语言体系,使思维逻辑得到充分发展。学生对于故事情节的猜测、人物命运的揣摩、遣词造句的推敲,可以让他们的思维更加深入。可以说,整本书阅读的过程就是学生发展思维、积累语言、体悟生命的过程。然而由于目前学校课程设计的体系,学生普遍存在课内阅读量不足,课外阅读质量低的情况。

2. 对整本书阅读的对象与内容定位不清

由于目前普遍存在的重教材轻课外的阅读情况,整本书阅读出现“泛化”。教师没有认识到哪些书目是适合孩子年龄段与学情的,而是不加选择地把每本书都当成是可以知道阅读的“整本书阅读”素材,认为只要孩子喜欢看就可以。因此一些没有任何“养分”,对学生成长没有任何帮助的书成了孩子手中的阅读材料,从而出现了“假阅读”的情况。

3. 缺乏系统的阅读策略的指导

很多学生的阅读仅仅是原生态地一页页、一章章按顺序读下去,不同文体书目的方法没有区别,不知道在某个情境中可以用哪些阅读策略。不知道在这个特定情境中如何运用已掌握的阅读策略,从而造成儿童阅读策略的缺失。这与学生长期以来,以单篇课文尤其是以短小的课文为阅读材料是有关系的。随着统编版小学语文教科书的推行,整本书阅读较为广泛地进入了广大师生的视野,成为语文课程体系中的重要的组成部分。它使阅读策略有了教学的条件和用武之地。

三、整本书阅读教学的改进建议

1. 明确整本书阅读的对象和内容

整本书阅读所选取的材料是一部完整的著作,因此整本书阅读活动的周期更长,这就对小学生的自律性和阅读能力提出了更高的要求。因此,教师在筛选整本书阅读材料时要综合考虑所教授学生的年龄特点、成长阶段、生活经验等。不同学段小学

生的阅读能力和语文知识储备不尽相同，所以教师要结合学生的认知水平筛选合适的教学材料。

在教材推介方面，统编教科书在“快乐读书吧”一栏中列举了明确的读书要求，让儿童明晰怎么读。我们要用好“快乐读书吧”这一版块，引导学生把课本中学到的阅读策略运用到整本书的阅读实践中，使教科书中的单篇阅读与整本书、一类书的阅读产生联结与融通。

2. 设置整本书阅读教学的专门课程

虽然整本书阅读教学一直为广大教师所提倡，但大多数学校并没有设置整本书阅读教学的专门课程，甚至被划归到课外阅读一类，因此整本书阅读教学存在很大的随意性。因此，我们倡导学校设置整本书阅读教学的专门课程，设计出合理的教学大纲和教学体系，鼓励一线语文教师发挥自身所长，不断挖掘适合不同学段学生的阅读材料。设置专门的整本书阅读课程，才能保证学生拥有充足的阅读时间、合理的阅读书单，得到教师科学的方法指导。长期坚持下去，不仅教师的阅读教学能力会有所提升，学生的阅读习惯也会逐渐养成。

3. 构建师生共读的整本书阅读策略体系

统编小学语文教科书的重要变革之一，就是创造性地编排了专门的阅读策略单元——“预测”“提问”“提高阅读速度”“有目的地阅读”等，从而把阅读策略当作一个专题和系统进行训练。我们应该教给学生合适的阅读策略，使之在阅读中解读文本、建构意义。让学生在实践中反复指导、多次演练，使儿童的阅读不仅仅是阅读文字，更是阅读文字背后的意义。长此以往，儿童在阅读中的心智活动才更具有互动性和思考性，这时的儿童才是有策略的思考者，才能成为熟练地阅读者。

比较常见的阅读策略有：预测、提问、批注、比较、联结、视觉化、思维导图、确定重点、提高阅读速度、有目的地阅读。它们是学生在阅读中用以依靠的支架，推动学生的思维向纵深行进，使积极的思维活动贯穿阅读的整个过程。小学高段常需要使用到的阅读策略包括：预测、提问、有目的地阅读等。预测：是指儿童根据已有的经验与背景知识，对整本书的线索、情节的发展、人物的命运、故事的结局、文章观点等多方面形成假设，并在阅读过程中寻找文本信息验证自己的假设，不断推进阅读，以此激发儿童的阅读期待。在读中交流时，可以让学生交流预测的结果和依据，促进儿童思维的发展。提问：是指儿童做微阅读的主体，在阅读中能提出问题、筛选问题、归纳问题，聚焦主要问题，自主探究解决问题的途径，从而构建对文本的理解、主题的思考。有目的地阅读：是指儿童根据阅读目的，通过自主筛选，运用合理的方法进行阅读。这是基于儿童分阶段习得的阅读策略的综合运用，以达成设定的目标任务的阅读策略。这就要求教师指导学生，能够依据文本明确阅读目的，多策并举强化阅读目的。

4. 创新整本书阅读的评价方式

由于整本书阅读相较于单篇阅读的难度更大，对学生自律性和综合能力的要求也更高,因此教师在评价时应多以鼓励为主。要尽量让学生获得阅读的成就感,体验文本带来的新鲜感和震撼力,从而增强学生的阅读兴趣。此外,教师应该根据不同内容、不同体裁的作品创新不同的评价方式,多角度、多层次地挖掘学生的优点,让他们更清楚地了解自身的不足,更好地提高自己的阅读能力。

四、整本书阅读教学在课堂中的实践

《义务教育语文课程标准(2021 年版)》中指出第三学段的学生应该具备的阅读能力包括:"在阅读中了解文章的表达顺序,体会作者的思想感情,初步领悟文章的基本表达方法。在交流和讨论中,敢于提出看法,做出自己的判断。"在综合性学习方面应达到:"组织讨论、专题演讲,学习辨别是非、善恶、美丑。初步了解查找资料、运用资料的基本方法。"笔者基于"课程标准"的设定,以及前一小节中论述的小学语文高段经常使用到的阅读策略,综合制定出整本书阅读课程模式。

以小学高段适龄的《海底两万里》整本书阅读为例,教师可以将教学分为导读课、推进课、分享课三课时进行。

第一课时——导读课:激趣导入　体验科幻

(1)设置悬念

同学们,你们能预言到未来的人类生活是怎样的吗?听到这个问题,相信爱思考的你,已经展开奇思妙想了吧。在很久很久以前,就有一位作家,他也展开了他的想象,预言了很多事情。比如:

在人类没有发明电报的时候,他小说中的人物已经在用电报传递信息;

在人类还没制造出飞机的时候,他小说中的人物已经驾驶直升机来往;

在人类还没有登月的时候,他小说中的人物已经坐在一颗大炮弹里,被发射到月球。

(2)走进作者

儒勒 · 凡尔纳,19 世纪法国小说家、剧作家及诗人。作者从小勤奋好学,所以他符合科学原理的诸多幻想成为他别具一格的特色,他的作品对科幻文学流派有着重要的影响。因此他被称作"现代科学幻想小说之父"。

(3)读封面,识目录

从题目中猜猜这本书的内容,通过目录了解整本书的章节结构。

(4)制订读书计划

时间	过程	时长	教师活动
第 1 天	导读课	40 分钟	激发学生阅读兴趣,指导学生梳理故事情节。
第 1 至 5 天	学生阅读	5 天	跟踪读书情况。
第 6 天	推进课	40 分钟	关注学生的读书感受,指导学生的阅读策略。

续表

时间	过程	时长	教师活动
第6至10天	学生精读	5天	跟踪了解读书情况。
第11天	分享课	40分钟	总结梳理,感悟阅读收获。

(5)布置阅读任务:请你收集书中的重要信息,绘制一份“鹦鹉螺号”潜水艇的简易图,标明其各部位的名称,并为它写一张简要的说明书。

第二课时——推进课:整体感知　把握情节

(1)根据目录补全小标题。

(2)请绘制一份简单的“鹦鹉螺号”潜水艇的航行线路图。

出示地图:从太平洋出发、经过珊瑚岛、印度洋、红海、地中海,进入大西洋,以及南极和北冰洋。

(3)请你用这样的句式说说你的发现:“《海底两万里》真神奇啊,有……有……”

学生交流:海底世界真神奇啊,有奇异的鱼类,有价值连城的宝藏,有奇妙的高科技,有曲折离奇的故事、有惊险刺激的场面。

第三课时——分享课:深入探究　品析人物

(1)辩论赛:书中的尼摩船长是个极具争议的人物。有人说尼摩船长是被压迫民族的捍卫者,奴隶民族的解放者。也有人说尼摩船长是一个仇恨人类社会一切的孤独的人。尼摩船长给你留下了什么印象?请梳理自己的观点,在小组内开展辩论。

(2)小说中的灵魂人物尼摩船长是个怎样的人?请你根据作品内容,以最后返回陆地的法国生物学家阿龙纳斯的身份,给一个亲密的朋友写一封信,向他介绍尼摩船长其人。要注意写信的格式哦!

> 亲爱的朋友:
>
> 你好!好久不见……
>
> 我刚从海底回来,这真是一趟惊险刺激的旅程,船长尼摩更是个传奇人物……
>
> 此致
>
> 敬礼!
>
> 你的朋友:阿龙纳斯
>
> 2021年12月30日

六、小结

整本书阅读教学不仅可以开拓学生的眼界，提升学生的语文素养，还对学生未来的学习和发展都有着积极的促进作用。在课堂教学中，如果我们能够通过运用“师生共读整本书”的方式对学生进行相关的阅读指导，构建和谐良好的师生关系，促使学生更为积极地参与到阅读学习中，那么就能够切实有效地提高语文阅读教学的质量，促使学生自身的阅读能力和语文素养得到提升。

参考文献

[1]吴欣歆. 语文课程视野下的整本书阅读[J]. 课程. 教材. 教法，2017(05).

[2]管然荣，陈金华. 整本书阅读教学的“冷”思考[J]. 语文建设，2017(10).

[3]李小春. 基于统编教材理念的小学整本书阅读指导策略探究[J]. 考试周刊，2020(87).

[4]游祥汉. 指向核心素养的小学语文整本书阅读实施路径分析[J]. 考试周刊，2020(85).

[5]姚彩凤. 新课标背景下小学语文整本书阅读教学的有效策略[J]. 新课程导学，2020(22).

[6]王玉清. 小学语文教学中的整本书阅读教学研究[J]. 学周刊，2020(18).

[7]张海燕，谭莹. 把握新变化，实施新策略——小学统编教材阅读策略单元教学初探[J]. 语文建设，2020(10).

[8]慕君，祁洁，田丰. 统编教材联结阅读策略的编排与教学建议[J]. 语文建设，2020(16).

[9]方芳. 从“学习阅读”走向“通过阅读来学习”——基于小学语文统编教材引入阅读策略的思考[J]. 语文建设，2020(18).

[10]范小翠. 依托绘本“悦读”，助力阅读力提升，为自能阅读奠基——浅谈小学低段绘本阅读策略实施[J]. 科学咨询(教育科研)，2021(01).

“双减”背景下的单元整体习作教学设计

——以部编版五年级上册第五单元为例

天津外国语大学附属滨海外国语学校　张　敏

摘　要:“双减”政策的出台对小学语文习作教学设计提出了新要求。针对现阶段习作教学中存在的问题,结合“双减”政策的新要求,小学语文习作教学设计也需要有新的变革。在习作教学中,教师要充分发挥主体作用,树立单元整体教学理念,改变固有模式,将习作教学与单元教学内容相融合。学生的习作修改方式也应该成为习作教学重要的组成部分,教师在设计习作教学时也应注意习作评价方式的多元化,由此才能适应新要求,真正实现减负增效。

关键词:双减　习作教学　单元整体模式

一、“双减”政策对习作教学的新要求

习作教学是语文教学的重要组成部分,学生语文课上的“听、说、读”其落脚点是“写”。学生的习作能力是阅读、积累、运用的综合体现,小学语文习作教学对学生习作能力的提升具有指导作用。习作教学最终需要学生以写的形式去呈现自己的作品,但学生往往对习作字数多、用时长、习作要求的精细化有抵触心理。

教育部印发的《关于进一步减轻义务教育阶段学生作业负担和校外培训负担的意见》中指出,要全面压减作业总量和时长,减轻学生过重作业负担。要求教师提高作业设计质量。发挥作业诊断、巩固、学情分析等功能,鼓励布置分层、弹性和个性化作业。这就对教师的习作教学设计提出了新的要求,尤其是对学生习作作业的布置上,教学时要打破过去讲解—练写—评讲的模式。习作的教学设计要注意分层,教师需要摒弃旧的将习作当作普通的讲解课的理念。要有意识地对不同学生设置不同的习作目标,将习作糅合进单元的主题中,让习作不仅能成为整个单元的落脚点,还要成为串联整个单元的线索。让学生在精读课中要带着习作的任务,习作教学不再是孤立的一节讲解课,在更好地落实“双减”政策的同时,达到增效。

二、“双减”视角下现阶段习作教学存在的问题

1. 作文教学设计缺乏整体观

在习作教学中,教师往往将习作看成是一座“孤岛”,缺乏单元整体教学意识,只

在单元末尾的习作课上对习作的写作方法进行讲解,学生习作堆积在一个时段去写,写作压力大。在教学时忽略了“读写结合”的要点,缺乏单元习作整体教学设计的角度,把课文教学与习作教学割裂开来,没有切实可行的整体目标与分层推进方式。

2. 不能灵活处理各单元内容

在单元整体教学模式的设计理念下,在教师有意识地对习作与课文精读内容进行融合时,缺乏对单元内容的适当调整。教师不能灵活处理单元内各部分的关系,刻板地遵循课本编排方式,没有做到在吃透教材的基础上使教材“为己所用”。

3. 习作修改不能落实

教师在进行作文讲评时,往往采用的是学生写、教师逐个评改、优秀范文展读这样的步骤。这样的作文修改模式很难关注到全体,班级内每个孩子的作文水平参差不齐,每次习作的问题也不尽相同,只去评改、示范不能解决学生个体的习作问题。学生按照评语去修改,缺少从同辈身上汲取经验的途径,很难达到互相促进的目的。当习作修改变成一项“任务”,学生对习作修改就会产生一定惰性,很容易折损学生对习作的兴趣。

三、以“双减”为背景的单元整体习作作业设计策略

为更好地落实“双减”,真正做到减负增效,提升学生习作能力,在进行习作教学设计时应打破单一的、孤立的设计思维,将习作教学设计融入整个单元中,树立单元整体教学意识。将单元内与习作相关的素材利用起来,在进行教学设计时将单元内相关元素有序串联,这样最后学生作文生成时就不会感到太突兀,使学生习作能够真正做到“水到渠成”。

1. 教学设计前后关联

对于习作教学设计,教师需要有一定的预判与准备。一个单元的习作结束后,教师要有意识地去引入下一个单元的习作,让学生在语文学习的过程中能够感受到教学设计的梯度性与接续性。教师可以在作文展示点评后,对学生整体习作情况进行评价,以奖励的形式为学生提前铺垫下一单元的学习内容。教师可以为学生结合下一单元的习作主题播放电影或者话剧片段,让学生对下一单元的主题有初步了解,也为学生提供不一样的艺术呈现形式,从而开拓学生的视野,真正做到“五育并举”。

在部编版五年级上册第五单元的习作教学设计中,对于习作的铺垫要从上一单元的“二十年后的家乡”习作讲评后开始。在讲评课结束后,教师可以引导学生回顾第二单元学过的说明性文章:《什么比猎豹的速度更快》。引导学生回顾这篇说明文在写法上的特点,如:题目用设问的方式引发读者期待。可以以此为基础奖励性播放猎豹相关的纪录片,并提示学生有意识地做素材积累,想想自己想要“说明”什么事物,为下一单元习作做准备。

习作教学的设计不仅要有前瞻性,在习作课结束后,教师也要有意识地将作文

“物尽其用”。教师应该充分发挥习作的语用功能，让学生习作能够走出课堂，创造条件让学生感受自己所创作的习作是有价值的，而不是“一纸空文”，写完了讲评完了就没有价值了。如果学生习作没有被利用的机会，没有发挥出相应的语用功能，感受到习作给自己带来的成就感，那么学生习作就会缺乏动力。

教师在习作教学设计的最后可以把学生习作利用起来，除了常见的张贴在黑板上展示以外，还应该让习作深入学生生活，例如在讲书信的写法时可以跨校联动，让学生的书信真正起到联系人与人之间生活的作用，让学生感受文字的力量。在部编版五年级上册第五单元的习作“介绍一种事物”中，学生可以以自己的文章为基础举办一场“科普知识进课堂”的讲座，让学生能够感受到说明性文章与现实生活联系紧密，同时也激发学生对科学的向往、锻炼学生的表达能力。

2. 教学内容灵活组合

在习作的教学设计中，教师应该在单元教学前将单元内可以利用的元素进行拆分与重组，重新整合相关要素，使习作的教学设计能够“散落”在整个单元的教学中，将习作教学的时间分散、拉长。学生在每个要素的习得中能够落实“一课一得”，把习作教学从统一讲解写法的教学模式转变为从点到面的讲解，将整块的习作教学“化零”。

在习作教学设计中，要将课文讲解、课后练笔、口语交际、习作、语文园地几部分综合起来看待，从中抽离习作相关元素，在教学设计时注重单元的整体性。在教学时可以适当调整教学顺序，将可以为习作做铺垫的口语交际等部分提前。

部编版五年级上册第五单元的语文要素是“阅读简单的说明性文章，了解基本说明方法”，旨在让学生通过集中学习不同类型的说明文，了解说明文的特点。两篇课文《太阳》与《松鼠》是两种截然不同的说明文。《太阳》一文语言上平实易懂，《松鼠》一文语言上文艺生动。《松鼠》的课后题中也在引导学生发现不同种类说明文的表达特点。“交流平台”引导学生选择说明对象、搜集资料、运用多种说明方法来抓住事物特征进行说明，并体会说明文与散文在写作上的不同。“习作例文”提供了两种不同的说明性文章，引导学生恰当地使用说明方法，有条理地进行表述。“习作”内容是“介绍一种事物”，要求学生能够在课下搜集资料，运用恰当的说明方法把自己想说明的事物介绍清楚。

在教学时要灵活处理各个板块之间的关系，不能墨守成规地按照课本编排去进行教学设计。在习作单元的教学中，为了使学生能够循序渐进地掌握运用说明方法说明事物的技巧，可以在学习完第一篇精读课文后就引入“交流平台”中的内容，让学生选择一种身边的事物，用恰当的说明方法说明事物的特征。让学生对说明方法有更直观的感受，提升学生对说明方法的运用能力。在教学完《松鼠》一文后，可以在对比《太阳》与《松鼠》两篇说明文，学生明了两篇说明文在表达方法上的不同后，让学生对“交流平台”第二部分进行学习，让学生更直观地感受散文与说明文在文体上的不同,从而增强学生对说明文的认识。

在“习作例文”之前,教师可以让学生先进行“习作”的练习,在习作完成后,以“交流平台”第一题为基础,带领学生去学习“习作例文”。以两篇习作例文为抓手,让学生通过对说明方法的进一步理解,找到自己文章的修改点。可以在学习完《鲸》后让学生对自己的习作进行自主评价与修改,在学习完《风向袋的制作》后对习作进行组内修改。二次修改后的习作,不是学生在单一的作文讲解课后需要绞尽脑汁搜罗素材的罗列,而是在听、说、读后的写。有了习作积累的经验,学生不需要再为作文的字数多、耗时长而感到苦恼了。这也是单元整体设计下对学生习作的整合。把一整块的习作教学“敲碎”,把重合的部分合并,让写作分散在课文讲解中,让写作从一个看似不可撼动的庞然大物“解体”为一个个操作性强的分解部分,深入贯彻“双减”政策中对学生作业设计优质高效的要求。

3. 习作修改循序渐进

学生习作的修改一直是困扰师生的难题,在教学中教师很难对一篇作文进行反复地批复与修改,而学生每次看到教师对习作的评语指导,要么就是因为修改难度大而置之不理,要么就是觉得修改不属于习作的一部分草草了事。俗话说“三分文章七分改”,习作的修改过程其实是对学生促进的过程,在教学设计时习作的修改应注意教学设计的有针对性、可操作性,让学生循序渐进地去修改自己的习作。

在部编版五年级上册第五单元的习作修改中,习作应该在精读课文《太阳》和《松鼠》后完成。在教学《太阳》后,学生已经有了初步的习作雏形,并在与同学们的分享中提高自己对说明文的认识。在习作完成后,以《鲸》的学习为基础,学生自主修改习作。习作的第二次修改则设置在《风向袋的制作》之后以小组合作修改的方式进行,正所谓“他山之石,可以攻玉”。教师在综合考量每一组的习作水平后,将习作水平有梯度的四人编为一小组。

根据本单元的语文要素要求,抓住说明方法运用是否恰当?是否有效说明了事物的特征?说明事物是否有条理?通过这几方面修改作文,并设置星级评价标准:

①习作中有多种说明方法。

②习作中的说明方法能够恰当地说明描写对象的特征。

③习作中有清晰的脉络。

④能围绕以上进行修改,至少有三处修改痕迹。

这样的评价标准下学生互相修改也有抓手,便于操作。

在课文的学习后以小组合作的方式进行修改,每个学生都能够从组内成员的身上学习到别人写作的长处,又能够找到自己的“最近发展区”,通过习作修改提升自己的习作水平。通过对“习作例文”的运用,也使得学生在自我修改时有“家领路”名,提升习作品质。这样循序渐进的修改方式打破了教师评语“一言堂”的修改模式,达到了生生之间、师生之间的促进,使习作修改循序渐进,不再是难点。

4. 习作评价多元并包

习作的优劣不能只通过教师在习作练习上给出的等级与评语来"一锤定音"。在习作教学设计时,应该考量每个学生习作水平有差异,学生习作的进步应该是与自己的上一次习作作比较。因此在习作评价时应有相辅相成的评价体系。这也是对"双减"政策中鼓励个性化评价的落实。

部编版五年级上册第五单元的习作教学设计是具有单元整体性的,教师在带领学生在挑战性任务的驱动下,实现"学、练、评"有效结合。在实施作业评价时按照条目对应星级的方法进行评价,学生评价有法可依,自评、组评、教师评更加科学高效,学生练习也有抓手。

围绕这一单元的习作教学,可以设计不同活动。

活动一:回顾旧文,明确说明主题。引入单元主题,明确单元任务和评价任务。

活动二:说明方法有特点。要求学生学习运用不同的说明方法说明事物特征。

活动三:说明语言有风格。要求学生了解说明文不同的语言风格。

活动四:说明文走进生活。学生分享习作、教师点评。

针对每个活动中不同的活动目标设计了清晰的评价体系。

如在活动四中:关于习作分享部分设立了发言与倾听的标准。

"发言"星级评价标准。

①能够围绕要求发表自己的观点。

②能够选择恰当的材料支持。

③发表自己的观点,态度大方,表达清晰。

自评:★★★

组评:★★★

"倾听"星级评价标准:

①倾听别人的发言。

②尊重别人的观点。

③讨论时认真倾听、思考和应对。

自评:★★★

组评:★★★

这样通过星级对应条目的方法学生在评价时可以清晰地判断自己可以得到几颗星。四个活动用表格的形式来记录学生的得星数。

	自评	组评
活动一		
说说		
写写		

续表

活动二		
写写		
改改		
活动三		
读读		
改改		
活动四		
读读		
改改		

最终习作的评价方式是教师评定加学生得星数的综合。这样的评价方式既有习作结果的评价,也有习作过程性的评价,更能够体现出学生在习作中所做出的努力,对学生的激励性更强。

结合"双减"政策对语文教学提出的新挑战,在习作教学中以单元整体教学模式为主导,在适当的习作铺垫下,将习作教学的内容与单元各个模块相结合,使习作成为一个个容易攻克的小问题。注重习作修改的过程性,在教学时注意评价方式的多元化与可操作性。这样,习作的时长上做到了"减负",而习作质量上达到了"增效"。

童话教学中渗透“友善”核心价值观的有效策略

天津外国语大学附属滨海外国语学校　赵洪秀

摘　要：立德树人，体现社会主义核心价值观是统编版教材的一大特色。童话故事因其所蕴含的真善美的情感价值，契合社会主义核心价值观的“友善”内涵。在小学语文童话教学中，引导学生发现这一核心价值观并内化于心，外化于行，落实立德树人根本任务，笔者准确把握教材，多维度认识“友善”；巧妙创设情境，多种方式理解“友善”；恰当展开想象，多种形式表达“友善”。从阅读和写作两个方面，进行了诸多有益的尝试，取得了明显的成效。

关键词：童话　友善　立德树人　阅读　写作

党的十八大将“立德树人”确立为教育的根本任务，要求充分发挥课程在人才培养中的核心作用。语文学科承担着重要的育人功能，2011版《语文课程标准》在课程目标与内容中也要求：“在语文学习过程中，培养爱国主义、集体主义、社会主义思想道德和健康的审美情趣，发展个性，培养创新精神和合作精神，逐步形成积极的人生态度和正确的世界观、价值观。”①童话因其所蕴含的真善美的情感价值，在落实社会主义核心价值观的“友善”内涵时有着独有的优势。如何在童话教学中渗透“友善”核心价值观，笔者主要从以下几个方面进行了实践探索：

一、准确把握教材，多种维度认识“友善”

《现代汉语词典》中将“友善”定义为“朋友之间亲近和睦。”②社会主义核心价值观中的“友善”需要公民做到四个方面的内容，即“待人平等、待人如己、待人宽厚与助人为乐”③。统编版教材中有大量童话体现了“友善”这一核心价值观。以一年级下册为例：

第三单元《小公鸡和小鸭子》一课讲述了小公鸡捉虫给小鸭子吃、小鸭子在小公

① 中华人民共和国教育部制定. 义务教育语文课程标准　2011年[M]. 北京：北京师范大学出版社，2012. 01.

② 现代汉语词典(第6版)[M]. 北京：商务印书馆，2013：1578.

③ 郭建宁主编：社会主义核心价值观基本内容释义[M]. 北京：人民出版社，2014. 人民网理论频道 http://theory. people. com. cn/n/2014/0506/c384764-24981845. html.

鸡落水时救小公鸡的故事。学生在感悟故事内容时第一次认识了“友善”，友善就是好友之间互相帮助。

第六单元《要下雨了》一课中，小鱼善意地提醒小白兔：“你快回家吧，小心淋到雨”，听到劝告的小白兔也将善意传递，将要下雨了的消息告诉了在路边看到的一群大蚂蚁。“语文园地六”的《夏夜多美》一文，小蚂蚁掉进池塘，睡莲邀请它住下，蜻蜓、萤火虫合作将它送回家，这些人物形象传递出相互帮助的价值取向。这是学生第二次认识“友善”，友善就是对他人发自内心的关怀和帮助。它不但可以发生于好友之间，也可以是对陌生人的帮助。

第八单元《棉花姑娘》《小壁虎借尾巴》这两篇课文均具有情节反复的特点，课文采用对话的方式将友善的谦敬礼让之义表达了出来。棉花姑娘“请你帮我捉害虫吧！”使用请求的语气，小壁虎询问他人“您把尾巴借给我行吗？”使用的是商量的语气，燕子、啄木鸟、青蛙在拒绝棉花姑娘时使用的“对不起”，这些均体现了对他人的尊重。就这样，学生第三次认识了“友善”，友善就是待人有礼。“友善”之义在其他册次中也反复出现。见下表：

册次	课文题目	具体表现
二上第一单元	《小蝌蚪找妈妈》	小蝌蚪称呼鲤鱼为“鲤鱼阿姨”暗含尊重之内涵；乌龟对于小蝌蚪认错妈妈时“笑着”的态度暗含宽容之内涵
二上第五单元	《寒号鸟》	喜鹊两次劝告寒号鸟做窝，一次比一次着急，第二次劝告不仅告诉了寒号鸟要怎样做，还从长远的角度为其解释了理由，暗含待人如己之内涵
二上第七单元	《雪孩子》	雪孩子不顾自身安危，救出大火中的小白兔，暗含舍己为人之内涵
二上语文园地八	《称赞》	小刺猬一次次称赞小獾，小獾用赠送椅子表达感谢，小刺猬以苹果回赠小獾，暗含与人为善、礼尚往来之内涵
二下第四单元	《小马过河》	小马请教老牛时的称呼和语气暗含待人有礼之内涵；松鼠对小马的两次劝告，暗含待人如己之内涵
三上第三单元	《在牛肚子里旅行》	青头在朋友遇难时用语言安慰朋友，用行动帮助朋友脱险，暗含关爱和互助之内涵
四上第二单元	《一个豆荚里的五粒豆》	落到顶楼窗子下旧板子里的那粒豌豆，在裂缝中向上生长，给虚弱的小女孩带来了快乐，这是人与自然之间的亲近和睦

续表

册次	课文题目	具体表现
四下第八单元	《巨人的花园》	男孩伸手为巨人的花园带来春意并亲吻巨人的脸颊，巨人拆除围墙，暗含平等相待、宽容尊重、关爱互助之内涵

从教材的编排上来看，“友善”之义在低年级出现的频次较多，含义较为单一。进入中年级后，“友善”的篇目变少，但内涵更为丰富。教师应深入挖掘课文中的“友善”内涵，由浅入深，由单一到全面，由具体到抽象，引导学生多种维度认识“友善”。

二、巧妙创设情境，多种方式理解“友善”

《语文课程标准》中指出：“在理解课文的基础上，提倡多角度、有创意的阅读，利用阅读期待、阅读反思和批判等环节，拓展思维空间，提高阅读质量。”①在阅读教学中，教师应充分考虑学生的思维发展水平和接受能力，结合教材的教学重点，创设多种情境，通过朗读、表演、创编、评价等多种方式，在阅读体验和言语实践中巧妙渗透“友善”。

1. 创设情境，表演剧本

情境表演是学生最为喜爱的学习方式。教师可创设情境，将课文中的关键场景串联成情景剧，将课文内容演出来。如一下《小公鸡和小鸭子》一课，笔者曾创设“好友日常”与“小鸡遇险”两个场景剧，学生通过捉虫的动作演绎了“好友日常”，使小公鸡对小鸭子的帮助可视化；在表演“小鸡遇险”场景时，学生急切的语言、迅速的动作，使小鸭子对小公鸡的担忧、关爱具体可感。就这样，学生在表演与观看的过程中切实感受到了“友善”。

2. 巧用留白，扩编故事

童话故事中有大量的留白，为学生提供了想象的空间。教师可巧妙利用留白，采用情境想象的方式扩编故事。如一下《要下雨了》一课中，小白兔将要下雨了的消息告诉了在路边的一群大蚂蚁，课文在此处仅用了旁白来交代，教师可引导学生想象遇到大蚂蚁时，小白兔会说些什么，并适时拓展蜘蛛收网、鸡不进窝、蚯蚓出洞等课外知识，想象小白兔与它们之间的对话，最后对学生的创编进行价值观方面的评价。这样，通过想象，学生对“友善”有了更深入的理解。学生话“友善”，教师赞“友善”，“友善”之义于课堂间自然流淌。

3. 对比感受，随机采访

不少童话故事具有情节反复的特征。教学此类课文时，教师可将课文中的人物

---

① 中华人民共和国教育部制定. 义务教育语文课程标准 2011 年[M]. 北京：北京师范大学出版社，2012. 01.

语言呈现出不同的两种表达方式,请学生以小组为单位进行朗读或表演,教师随机和学生进行互动交流,使学生在对比中感受故事中人物的谦敬礼让。以一下《棉花姑娘》为例,教师分别请两组学生进行情境朗读:

在两组学生展示后,教师随机采访台下学生:"你喜欢哪一组人物?"学生在表达中很快发现了原文所传递的"友善"之义,明白了在自己的生活中也应自觉地与人为善。

这样,教师抓住课文的特点,选择恰当的形式,引导学生从初步认识"友善",到深刻理解"友善",到愿意践行"友善",从而正确处理自己与他人之间的关系,将"友善"之内涵从课本向生活迁移。

三、恰当展开想象,多种角度表达"友善"

三年级上册第三单元的习作主题为"我来编童话",这是将"友善"核心价值观由认识转变为运用的绝佳契机。教师应引导学生将"友善"的内涵融入自己的想象,构筑理想的童话世界。将"友善"的核心价值观外化于行。

1. 精准习作指导,明确"友善"主线

《语文课程标准》中指出:"写作教学应抓住取材、立意、构思、起草、加工等环节,指导学生在写作实践中学会习作。"①小学生想象力丰富,但同时也容易信马由缰,缺乏启迪意义。在写作之初,教师可分步指导,引领学生逐步成文:

第一步,回顾旧文,紧抓"友善"。学生回顾以前学过的课文所传递的"友善"核心价值观,确定自己的价值取向。

第二步,关注标签,选定人物。将书中提供的人物形象一一品析,设想其性格特征,选出自己想写的主要人物,并展开想象,添加附属人物。

---

① 中华人民共和国教育部制定. 义务教育语文课程标准 2011 年[M]. 北京:北京师范大学出版社,2012. 01.

第三步，围绕性格，设想情节。围绕主要人物的性格特点，选定时间、地点，设想人物之间会发生怎样神奇的故事。

第四步，运用方法，流利成文。在前三步思考成熟的情况下，教师可带领学生回顾学过的写作方法，如通过语言、动作、神态、心理等多方面展开描写，在构思故事时可采用童话故事情节反复的特点来展开想象，使情节更加丰富有趣。

就这样，教师在取材、立意、构思方面一步步指导，在确定价值取向后，将故事创编的自主权交给学生，使学生的想象力得以最大程度的发挥。不少学生的习作具备鲜明的“友善”特色，可读性很高。有学生写了啄木鸟给大树捉虫子的故事，啄木鸟一次次被大树误解，最后误会澄清，大树主动向啄木鸟道歉。又如，以玫瑰花为主角，有学生写出了骄傲的玫瑰花在松树爷爷的感染下知错的故事，有学生写出了美丽的玫瑰花安慰自卑的小雏菊的故事。学生通过自己的写作实践，在自己的想象世界中，切实表达了“友善”。

2. 重视习作交流，深刻把握“友善”

《语文课程标准》中要求：“重视引导学生在自我修改和相互修改的过程中提高写作能力。”①教师需精心准备习作交流课，通过展示与评价，使学生在深刻理解“友善”的同时，养成修改习作的习惯。

在本单元的习作中，有些学生在写作之初虽确立了价值取向，但过于片面，未能贯穿故事主线。有一位学生写的故事大意是：开店第一天效益好，啄木鸟因算账太累而关门了几天，进而被青蛙举报，老虎局长受理举报后责令啄木鸟不再营业，啄木鸟向老虎局长求情后老虎局长又给了啄木鸟机会，啄木鸟从此认真开店。有的学生从故事的价值观方面进行评价，认为青蛙举报别人的行为不够“友善”，另有一些学生认为老虎局长给啄木鸟改过自新的机会足够“友善”。有的学生从故事的合理性方面提出质疑，认为开店的时间可以“自由”，在不犯法的情况下，想什么时候开门就什么时候开门。教师在学生充分讨论的基础上，引导学生关注价值取向与人物性格的关系，从而发现此篇习作的主要人物身上没有“友善”要素。在后续的习作修改中，其他同学为其提供了修改建议：将随便关门改为对待顾客态度不好，在大家都不光顾他的森林超市后，超市门外的玫瑰花指出其问题，啄木鸟从此改过自新，森林超市又恢复了往日的繁忙。就这样，在对同学习作的交流、评价、修改中，学生不仅更加深刻地理解了“友善”这一社会主义核心价值观，而且获得了思维的发展与提升。

总之，教师应准确把握教材，巧妙创设情境，恰当展开想象，引导学生从认识“友善”，到理解“友善”，再到表达“友善”，在阅读体验、言语实践和生活实践中落实立德树人根本任务。

---

① 中华人民共和国教育部制定. 义务教育语文课程标准 2011 年[M]. 北京：北京师范大学出版社，2012. 01.

参考文献

[1]中华人民共和国教育部制定.义务教育语文课程标准 2011年[M].北京:北京师范大学出版社,2012.01.

[2]季科平,孟纪军,曾海玲,严英俊,周璐.童话文本怎么教[J].语文教学通讯,2017(03).

[3]李祥.略谈小学语文教学中社会主义核心价值观教育的渗透策略[J].教学研究,2020(17).

浅谈小学低段学生课外阅读研究

天津外国语大学附属滨海外国语学校　赵思明

摘　要：阅读教学是小学语文教学的重要组成部分，阅读教学的重要性是显而易见的。但是随着教育教学的发展，阅读教学除基于教材之外，课外阅读也非常重要，《义务教育语文课程标准》中也明确提出了对课外阅读的要求。对于低段的语文教学来说，"识字"教学不应该是唯一的重点。我们应该逐渐意识到"识字"与"课外阅读"是可以相互支撑的，在开展课外阅读的过程中尊重低年级学生的阅读体验。提高学生课外阅读的兴趣，培养学生课外阅读的习惯，从而提高学生自身的语文素养。

关键词：课外阅读　小学低段　阅读体验

正如温儒敏教授所说："语文教学的效果好不好，不能只看课内和考试，很大程度上要看课外，看是否培养了学生阅读的兴趣和习惯"[1]。阅读如此重要，那么如何在小学低段培养学生的阅读兴趣，提高学生的课外阅读能力，这是我们需要重点关注的。我们都知道作为刚步入一年级的小学生，不识字是阅读最大的障碍，所以识字教学一直是低段教学中的重中之重。但是，小学低段也是学生语言发展的关键时期，这个时期也是学生学习语言的最佳时机，这个阶段我们不应该只突出识字方面的训练，语言方面的积累也是非常重要的。此外，低段学生的阅读现状呈现为"重课内，轻课外；重讲授，轻阅读"，学生大多数只重视学习仅有的一本教材，知识面较窄，阅读能力较差，写作水平也难以提高。有些教师和家长过分关注成绩，花费大量时间去巩固课内的知识，也导致学生失去了很多课外阅读的时间，久而久之失去了课外阅读的兴趣，长此以往非常不利于学生的语文素养的提高。那么作为小学低段的教师该如何提高学生的课外阅读能力呢？

一、以教材为基础，"识字"与"课外阅读"相互支撑

一直以来识字和写字都是低段语文教学的重点，教师在教学识字时会运用多种识字方法帮助学生提高识字兴趣，掌握更多的汉字。我们常用的有集中识字、随文识字、字理识字、韵文识字、生活识字等，由于识字量的不断增加，教学识字部分不得不需要大量的时间，而学生也同样需要时间来巩固和识记，除去教学新字之外，还需要课堂巩固练习，听写、注音等。长此以往学生和教师都会感到疲劳，通过多种识字方

法培养出来的识字积极性也会逐渐消磨殆尽。实践结果证明，把“识字”和“课外阅读”联系起来，在阅读中潜移默化地完成识字的要求，所谓见得多了，也就熟悉了。通过阅读使生字增加和学生的见面次数，将“识字”和“阅读”并重，不提倡单独地重视一方面而忽视另一方面。学生在阅读的过程中识字，识字也为阅读提供了便利条件，可谓是相互支撑，相互成就。但是仅仅依靠课内阅读是远远不够的，开展课外阅读，培养学生的课外阅读兴趣非常必要。作为小学低段的语文教师，挖掘部编本教材中课文的结构功能，做学生课外阅读的领路人是我们的职责和义务。

1.“体悟情感”引向课外阅读

《语文课程标准》中指出：“阅读要初步把握文章的主要内容，体会文章表达的思想感情”[2]。但是低段学生的生活经验、人生阅历有限，对作者情感的理解是有很大难度的。此时如果能够恰当地补充课外阅读材料，不仅可以帮助学生更好的体悟作者的情感，而且还可以调动学生的阅读积极性。例如，在学习部编本二年级上册《朱德的扁担》这篇课文时，学生不容易理解作为总司令的朱德同志为什么也要去挑粮食？而且为什么还要在扁担上做记号？这篇课文的时代背景是战争年代，对于生活在和平时期的学生来说是不容易理解的。所以我在教学时补充了当时的背景资料，让学生简要了解当时的局势，在拓展课外阅读资料的同时，使学生学会联系课外阅读资料，体会朱德同志与战士们同甘共苦的革命精神。此时再进行朗读指导时学生的朗读有了明显的提高，同时也激发了学生课下搜集课外阅读材料的兴趣。

2.“创作背景”引向课外阅读

小学低段的学生在学习古诗词时，学生对古诗词的理解有很多困难。由于低段学生所学的诗歌往往篇幅较短，学生背诵起来得心应手，但是却不明白其中含义，教师逐句地分析学生也只觉得枯燥，没有兴趣，久而久之就会出现“死记硬背”的现象。这里就需要教师帮助学生挖掘诗歌的创作背景，并且以学生喜爱的讲故事的形式娓娓道来，在激发学生阅读古诗、背诵古诗兴趣的同时，也会不断提高学生课外阅读的积极性。例如，在教学三年级上册《赠刘景文》这首古诗时，笔者给学生讲了诗人苏轼和刘景文之间的故事，挖掘诗人创作的背景。刘景文在年过半百之时。因为诗人苏轼的举荐才得以有了一点升迁，但是不到两年的光景刘景文就因病去世了，苏轼感慨刘景文的坎坷遭遇因此创作此诗，学生也就不难理解苏轼所要表达的情感了。那么我以挖掘“创作背景”将学生引向课外阅读，学生自然而然地在课外阅读中体会到阅读的乐趣。

3. 由“作者背景”引向课外阅读

在教学课文时，可以结合对文章作者的介绍，搭建作者与学生之间的 “桥梁”，从教材本身为出发点延伸到课外阅读，使学生切实地体会到课本以外的广阔天地。例如，在学习一年级上《雨点儿》这篇课文时，作者是金波爷爷，一年级下《树和喜鹊》也是他的作品。笔者在介绍作者时给学生分享了金波爷爷创作的一系列“小树叶童话”名篇，说起童话故事学生们兴趣很高，在听故事的同时也加深了对作者金波爷爷的印象，学生们自发地积极阅读金波爷爷其他的文学作品，这就是最直接的课外阅读行动。

二、以尊重学生的阅读体验为根本，关注学生的阅读效率

小学低段学生开展课外阅读最大的难题是识字量少，但是这个阶段的学生记忆力超强，并且喜欢听故事、读故事，以简单的听说的形式为起始点开展课外阅读活动，目的在于逐步培养学生的课外阅读兴趣。但是值得注意的是在这个过程中一定要尊重学生的阅读体验，可以有效地激发学生课外阅读的积极性。

1. 选材上，选择适合的阅读内容

相关研究显示，儿童的阅读兴趣发展有五个时期，低段儿童主要处在寓言故事时期，分别由神话传说期过渡而来，又向着童话故事期发展而去[3]。不难发现，低龄段的学生对神话、寓言和童话故事是非常感兴趣的，这些故事篇幅较短，内容也较为浅显，塑造的人物形象生动可爱，可读性非常强。那么教师正好可以抓住这一特点，有针对性地予以引导，在“迎合”学生兴趣的同时，唤起学生课外阅读的欲望，培养其兴趣，调动其热情，进而逐步提高学生们的课外阅读效率。

2. 形式上，尊重学生的阅读体验

语文课程标准中明确提到要尊重学生的阅读体验，不可以以教师的理解代替学生的感悟。因此在课堂上听故事之前，问题的设置非常必要，带着问题去听故事，不仅可以提高学生听故事的专注力，还可以调动学生的生活体验进行思考，学生想要找到答案，就必须将自己带入到故事本身之中去。以此把学生读书的乐趣不断由课内引向课外，开拓学生阅读的新视野。

3. 评价上，以正面引导为主

小学低段学生的特点，使得他们在开展课外阅读时面临着重重困难，因此这就更需要我们以正面引导的方式去鼓励学生，使学生获得正面积极的阅读体验，在他们学到新的词语或是好的句子，懂得一个的道理时，都应该给予他们积极地回应，我们应具备敏锐的洞察力，在和学生们的朝夕相处中体会阅读给他们带来的变化，逐步引导学生树立阅读信心，从“我会读”走向“我要读”。

三、关于在班级开展课外阅读的思考和探究

为能有效地在班级内展开课外阅读，笔者在所授班级开展阅读问卷调查，并进行了数据统计调查表(见图1)

二年级学生问卷调查表

1. 你所在班级：________
2. 你喜欢的课外阅读类型有哪些？（请在相应的科目下打"√"）

神话故事	寓言故事	童话故事	诗歌

3. 你选择课外阅读书目时，对课外书的哪方面感兴趣？________ （①人物形象 ②故事情节 ③蕴含的道理）

图1

对所在班级学生下发共35份调查问卷，收回35份。统计数据见图2图3：

学生课外阅读类型人数对比

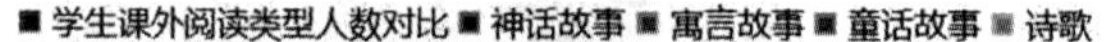

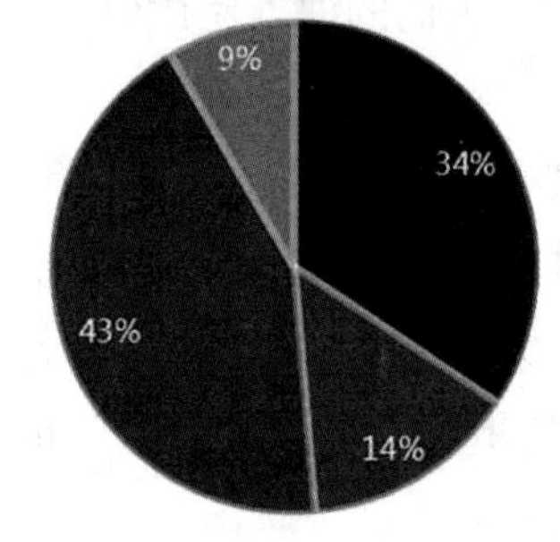

图2

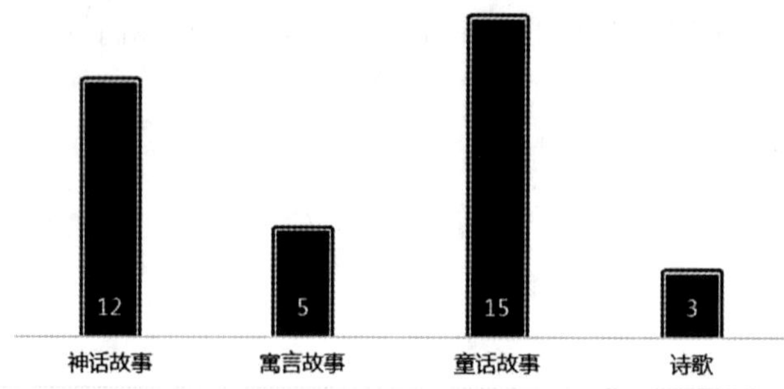

图3

综合以上数据进行分析得出结论：对于小学低段学生来说，学生对故事性的神话、童话、寓言更感兴趣。因而在开展课外阅读时可以结合部编本教材选取更切合学生阅读兴趣的内容来进行挖掘延伸。

总之，语文课程标准对课外阅读的重视程度是不言而喻的，课外阅读对小学生的语文素养的提高起着关键性的作用。然而低段学生所面临的识字量少，课堂识字任务繁重的困境，也不断促使我们要不断树立“识字”与“阅读”并重的意识，开展课外阅读，在阅读的过程中积累语言，增强理解能力，提升核心素养。

参考文献

[1]温儒敏. 温儒敏论语文教育三集[M]. 北京：北京大学出版社，2016.

[2]中华人民共和国教育部制定. 义务教育语文课程标准：2011 年版[M]. 北京：北京师范大学出版社，2012.

[3]吕曙真. 小学课外阅读指导新思路[J]. 教育评论，2004(2)：110-111.

基于混合式学习的小学生朗读能力提升策略研究

天津市滨海新区塘沽工农村小学　杨　睿

摘　要：在线学习与面对面教学的结合被称为“混合式学习”，这要求教师采用线上和线下教学相融合的教学策略，将传统教学和网络教学结合起来帮助学生提升朗读练习的效果，能够促进学生的自主朗读学习，提高朗读教学的整体质量。那么，如何在混合式学习下培养学生的朗读能力呢？笔者结合前人的经验，在本文提出了以下几点策略，希望能够为其他教师提供有效的参考和借鉴。

关键词：小学语文　混合式学习　朗读能力　朗读训练

一、混合式学习下开展朗读训练的背景分析

1. 朗读训练在小学语文教学中具有重要地位

正所谓“三分文章七分读”。一直以来，不管是对古典诗歌的吟诵，还是在课堂上学生的琅琅书声，都离不开“朗读”。朗读训练在语文教学中也占据着不可忽视的一席之地，是小学生今后学习更高层次语文知识必须具备的一项关键能力，更是他们进行“表达”的有效途径。《义务教育语文课程标准》也明确指出，教师不仅要注重对汉字、句段等知识的讲解，更要加强对学生朗读能力的训练与培养，在各个学段中都要给学生提供更多朗读的空间和机会，并向他们渗透朗读的技巧与方法，使学生的朗读技能得到极大地锻炼与提升。这充分说明朗读训练的重要性，而且有效的朗读训练对于学生口语能力的形成和发展也有着较大的促进作用，因此，在这样的背景下，笔者开展了对朗读能力培养的实践研究。

2. 信息技术的发展带来了教学方式的新变革

随着信息技术的进一步发展，为教育领域带来了许多活力，也改变了以往“面对面”的授课方式，能够冲破时空上的限制，让学生实现随时、随地地“学”，优化教师“教”和学生“学”的方法和效果。与传统“我讲你听”的教学模式相比而言，线上学习方式更加强调学生的“自主性”，旨在促进学生的个性化学习，有利于促进教学方式的有效变革，因此，在这样的背景下，教师要充分地发挥网络在线教学的优势，在课堂教学组织、学习环境设定等各个方面采取“线上+线下”的教学策略，汲取传统课堂教学、网络线上教学的双重优势，为学生提供更广阔的学习资源和空间，便于学生对

新知展开自主地建构和探索，促进学生主体性的发展。只有加强对混合式学习的充分利用，将线上、线下的各种资源用到位，才能培养学生的朗读能力。

3. 对在线学习的反思催生了混合式学习模式

传统教学模式既有较大的弊端，也存有相应的优势，如果单纯地采取“线上学习”也难以满足学生的朗读需求。教师要结合线下、线上的双重优势来开展朗读训练，只有将二者进行结合，才能不断提高语文教学的整体质量。正是在这样的背景下，研究者提出了“混合式学习”，即将在线学习和“面对面”线下学习进行结合，这种方式涵盖了传统课堂教学和线上教学的多种优点，既可以向学生呈现丰富的学习资源，促进其个性化学习，也有利于调动学生参与语文学习活动的热情，提高他们“学”的效率与质量。因此，我们认为混合式学习建立在对在线学习的反思上。教师要将这一模式应用到朗读训练中，以此来促进小学生朗读能力的形成和稳步发展。

二、小学语文朗读训练中存在的问题分析

1. 传统朗读训练存在的问题分析

(1)课堂时间空间有限，朗读训练效果不佳

一节语文课只有几十分钟的时间，在课堂上教师需要完成相应的任务，虽然大部分教师在讲解一篇诗词的过程中会用到“朗读教学法”，但是为了追赶教学进度、课堂上的节奏比较紧凑，很难给朗读训练腾出较多的时间，学生也只能对所学文本进行简单的朗读，即使给学生安排了多样朗读的环节，也无法充分发挥朗读应用的作用，这样一来学生的朗读能力自然也无法得到大幅的提升。此外，在空间上，教师所用到的朗读资源比较有限，一味地要求学生对教材中的文字展开朗读，缺乏对于音乐、图像、字幕的应用，难以满足小学生的需求。由于时空上的限制导致总体的朗读训练效果不佳。

(2)课下朗读训练没有受到足够的重视

我们都知道朗读不属于考试的范围内，小学阶段的学生很少会在课后主动进行朗读的练习，而教师则把更多的精力放在了学生分数的提高上，对于朗读训练缺少相应的重视。许多教师还没有意识到朗读训练对于学生语言能力发展的重要性，在语文教学中总是轻视朗读，在课堂上还会安排相应的文章朗读练习，但是到了课后教师只顾着布置汉字的书写、语句的背诵等，忽略了对学生朗读能力的训练，久而久之，就抑制了小学生的综合发展。

(3)缺乏对朗读训练的科学指导

在课后时间的朗读训练，更多地依靠学生的朗读习惯和家长的监督。但对于大部分家长而言，其自身也并没有系统、科学的朗读知识可以传输给孩子，缺乏对于朗读氛围的营造，这样就造成学生的课后朗读练习难以得到有效的指导和帮助，最终的朗读训练效果不尽如人意。

2. 线上朗读训练存在的问题分析

(1)师生情感互动的减弱

教学活动是教师和学生情感和思维碰撞的过程,是一个需要互动的过程。而语文学科又带有浓郁的人文色彩,在很大程度上需要教师的引导点拨。朗读训练则更需要通过教师声情并茂的展示,来唤起学生对文本情感的把握。在师生一来一往,你读我品的过程中,朗读水平才会得到更好的提升。而单纯的线上朗读训练,隔着冰冷的屏幕,靠着无线数据的传输,缺少了师生双方眼神的交流,肢体的交汇,情感互动的减弱,会降低学生对于朗读的兴趣,为提升学生朗读能力增加了难度。

(2)为学生不良朗读习惯的养成埋下隐患

单纯的线上朗读训练,是对学生自身的朗读习惯和自制力的考验。小学阶段的学生正处于朗读习惯逐步发展的状态之中,脱离教师的辅助和监管,很难达到预期朗读效果。线上朗读训练中,教师很难对班里的每一位学生实现及时地监督和指导,无法掌握他们朗读练习的真实情况和全过程,所以也难以适时给学生提供及时、必要的指导。拖延懒惰是人的天性,更何况是十几岁的小学生,如果没有较强的自控力,线上朗读训练会为学生不良朗读习惯的养成埋下隐患。

三、混合式学习下学生朗读能力培养的实践策略分析

本文以《咏柳》为例,具体阐述如何在混合式学习下培养小学生的朗读能力。

1. 线上学习——发布朗读任务,进行课前准备

在课前准备阶段,教师要把以往“我讲你听”的预习模式进行转变,根据相应的教学内容事先从网络上搜集、下载与之相关的课程资源,并制定相应的预习任务,并将任务通过QQ、微信或者是钉钉学习群等平台给学生发布,这样学生端可以及时地接收并下载预习任务单,一方面可以明确自己的课前朗读任务,另一方面可以提高学生自主朗读的意识。

例如,在教学《咏柳》之前,教师从互联网上搜集相关的音频素材,然后通过网络平台发布给学生,学生的移动端就可以收到提醒,下载并打开朗读音频来进行跟读练习,在完成朗读任务之后还可以录制自己对诗歌朗读的过程,把自己朗读视频发送给教师端,这样教师可以把握每一位学生在朗读过程中存在的问题,还可以通过平台对学生进行课前的朗读指导,比如字词的读音哪里存在错误等,使学生初步把握诗词文本的内容。具体的预习任务单如下:

表1 《咏柳》朗读预习任务单

朗读任务一	朗读诗词,识记诗词中的生字、生词
朗读任务二	通读诗词文本,在网络上搜集与诗词相关的资料并认真阅读
朗读任务三	利用早晨或晚上的几分钟时间,自由朗读诗词文本

续表

朗读任务一	朗读诗词,识记诗词中的生字、生词
朗读任务四	用手机录制自己朗读诗词的具体过程,并上传至教学平台
朗读任务五	做好古诗预习工作,一边朗读一边画出不懂的字词,写批注

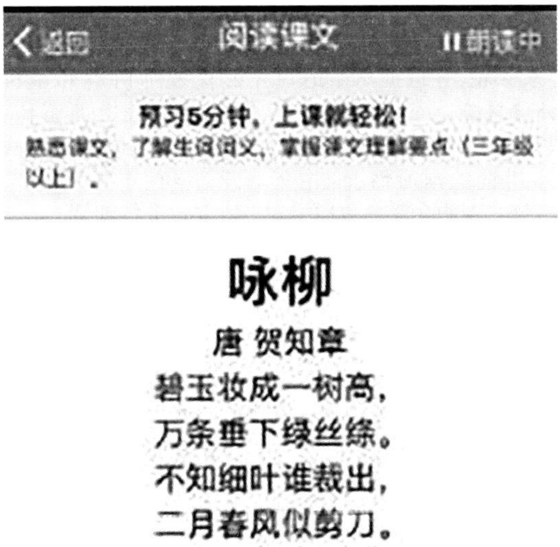

图1　课文朗读学习界面

2. 线下学习——以学生为主体,实施朗读教学

课堂教学阶段	教师活动	学生活动	教学意图
课前	1. 课堂初始阶段,用多媒体播放几名学生朗读的音频,组织一个“书声琅琅见真情”的朗读活动,让学生现场朗读。 2. 针对学生的朗读做评价总结。 3. 活动最后,教师结合学生前天线上朗读学习的情况,对存在的朗读问题做一个总体的朗读总结。	1. 认真听其他同学的朗读音频,学习其中的优势。 2. 轮流进行课堂诗词朗读。	激发学生的朗读兴趣。

续表

课堂教学阶段	教师活动	学生活动	教学意图
课中	1、创设情境，激趣导入。 采用多种形式，通过多媒体播放图片、视频、音乐激趣导入课题，并根据学生的讨论交流及时做评价总结。 2、初读诗词，识字写字。 检查学生对生字生词的预习情况，并交流识字方法，进行生字词的学习，对易读错的字词重点强调。 3、细读感悟，体会情感。 (1)教师引导学生带着问题反复地朗读诗词。在讲解中，教师可以适当地范读，还要适当地指导朗读方法。 (2)组织学生进行小组合作学习。重点引导学生如何把作者的语言特色读出来，探究诗词运用了什么表现手法，并讨论这样写的好处。	1. 学生通过观看或者听取老师创设的情景，结合课前搜集的资料谈感受。 2. 在教师讲解和范读之前，学生自由朗读诗词，对生字、生词采用开火车读、齐读、小组赛读、等多种方式进行朗读。 3. 学生根据提示读诗词，解决老师提出的问题。通过对诗词的精读，圈点勾画出字词，学生分小组讨论，在讨论和朗读中明确问题，掌握诗词的朗读节奏和停顿。 3. 以小组为单位合作学习，大声地朗读并背诵，然后说说喜欢的字词，并在全班同学面前展示。	1. 引导学生从整体把握诗词，在上课之初就对这篇诗词有了一个直观、立体和感性的认识。 2. 让学生体会朗读的快乐和学习朗读的方法技巧，体会不同语气的表达方式，蕴含着不同的人物情感变化。通过对诗词的朗读，进一步加深学生对写作手法的理解。
课后	布置作业，巩固学习。 读书半小时以上，并发读书语音到班级群内。	学生根据老师的要求，在一定的时间内完成作业。	培养学生课外自主朗读能力。

3. 线上学习——课后朗读练习，提高朗读能力

线上朗读学习界面如图1所示，朗读红花奖励如图3所示。教师要求学生把自己的读音通过微信发送到班级群里，老师根据学生的朗读，在停顿、重音、语速、句调方面进行及时的指导和鼓励性的评价。对朗读比较好的学生，教师可以发放小红花鼓励，其他学生也能听到，学习其优点。对朗读有问题的学生，教师可以进行及时的强调和纠正，也可以通过录制视频的方式进行范读指导，小学生有很强的模仿性，教师范读得好，学生会自然地进行模仿、品味，时间一长，学生的朗读能力会慢慢地提升。

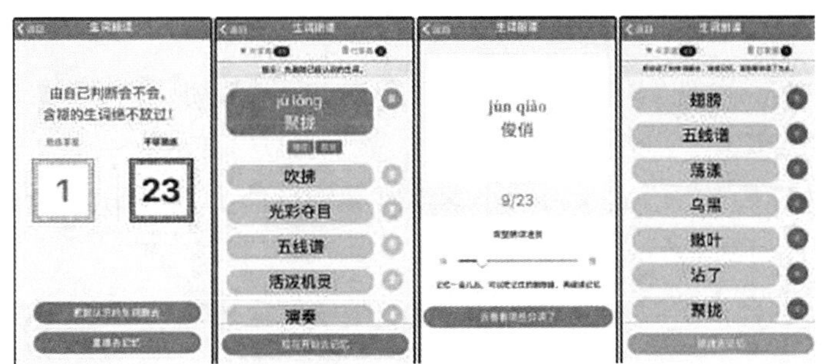

图 2　生词朗读学习界面

四、教学效果评析

朗读教学是小学语文教学的重要环节，《新课标》指出“小学各年级的阅读教学都要重视朗读和默读。要让学生充分地读，在读中整体感知，在读中有所感悟，在读中培养语感，在读中受到情感的熏陶。”而如何让学生真正做到乐读、好读、读好，教师对学生朗读的教学效果评价就至关重要。

1. 传统朗读评价的延迟性

在传统的朗读教学中，一般是教师在课程快结束的时候给学生布置相关的朗读练习，让学生在课后独立完成，然后等到下一节课统一检查和反馈，这样的评价、反馈不够及时，教师很难有充足的时间对学生展开一对一的指导，效率比较低下；学生获取的评价信息滞后，很难具有针对性，长此以往，学生的朗读兴趣会随之淡化。

2. 混合式学习下朗读评价的即时性

新形势下的朗读教学中，教师要加强对混合式学习优势的挖掘和利用，采用多种形式增强学生的参与意识，培养学生的朗读兴趣。教师可以让学生线上充分进行朗读练习，并将练习情况利用在线通信工具——QQ、微信、小程序等上传。教师则可以及时地接收学生的朗读音频和视频，不用等到下一节课再对学生的作业情况进行点评。由于网络的共享性，可以采取师生共评、生生互评等多种形式进行多样化评价，充分结合教师评价的专业性和学生评价的多元化，后通过直播授课或者是录制微课等形式为学生提供反馈，指出学生的不足，这样的朗读训练更直观、高效、便捷，从而优化朗读学习的效果，促进学生朗读兴趣和能力的提升。当学生再次走进课堂时，教师针对学生线上朗读中存在的共性问题，结合文本加以指导，更加省时高效地完成课堂教学中的朗读任务，提升教学效率。

朗读教学在小学语文教学中越来越得到重视，混合式学习下的朗读教学，脱离了单一化的教学模式，充分利用网络的即时性、共享性特点，促进学生的自主朗读学习，以更好地提升朗读教学的整体质量。

参考文献

[1]林逸琳. 基于线上视听平台的初中语文朗读教学研究[D]. 闽南师范大

学,2021.

[2]罗远梅.提升初中生语文阅读能力的混合式教学模式设计与实证研究[D].贵州师范大学,2020.

[3]马晓楠.基于混合式学习的小学生语文朗读能力提升研究[D].广西师范大学,2018.

[4]杨阳.混合式学习在小学语文阅读教学中的应用研究[D].宁夏大学,2018.

小学语文课堂即时评价的有效策略

天津外国语大学附属滨海外国语学校　王丹阳

摘　要:课堂即时评价又称"课堂及时评价",是指在课堂教学过程中,教师及时地对学生的行为做出诊断、反馈。其显著特点是及时性,具有诊断、反馈、激励、发展等功能。课堂即时评价贯穿于日常的教学过程中,及时对教与学做出调整,使教师的教与学生的学得到反馈,能够及时地调整学生的学习行为与教师自身的教学行为。本文针对教学中存在的问题提出了加强即时评价主体的多元性,增加评价语言的具体性,加强启发性评价。

关键词:语文课堂　即时评价　有效策略

课堂即时评价又称"课堂及时评价",是指在课堂教学过程中,教师及时地对学生的行为做出诊断、反馈。其显著特点是及时性,具有诊断、反馈、激励、发展等功能。课堂即时评价贯穿于日常的实时教学场景中,及时对教与学做出调整,使教师的教与学生的学得到反馈,能够及时地调整学生的学习行为与教师自身的教学行为。

一、语文课堂即时评价中存在的问题

听取了本校四位语文教师各 4 节语文课后,笔者对这 16 节课进行课堂观察记录,对收集的数据进行了整理、分类、分析,下面主要从课堂即时评价主体、语言、类型三个方面进行分析,分析当前语文课堂即时评价运用过程中存在的问题。

(一)语文课堂即时评价主体单一

语文课程标准倡导评价主体的多元与互动,鼓励学生参与评价,发展性的评价观也提出评价的主体应是多元化的,要求改变传统的以教师为单一主体的评价观念,学生也应参与到评价中。然而通过分析相关数据可以看出在实际课堂即时评价中教师评价占比达到 83.9%,同学互评占比为 9.9%,学生自评占比仅为 6.2%。因此可以看出在课堂即时评价的应用过程中,依然存在评价主体单一、教师评价为主、学生互相评价和学生自评机会较少的情况。虽然新课程改革一直提倡学生是学习的主体,教师是引导者、组织者、帮助者的身份,但在实际的语文课堂中教师依旧处于主导地位,而忽视了学生的主体地位,学生能够参与评价的机会很少。

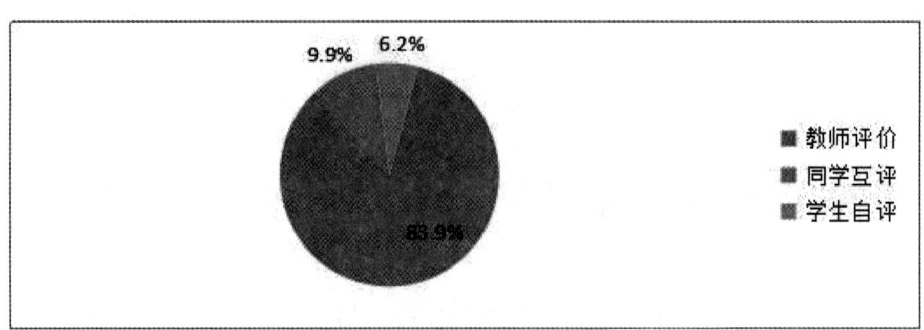

图 1. 课堂即时评价的各主体所占比例

（二）语文课堂即时评价语缺乏针对性

经过分析课堂实录，在教学过程中，在语言评价语中模糊评价语占比约为 78.8%，具有针对性的、因材施评的具体评价语只有 21.2%。在模糊性的评价语文中，大部分肯定的方式是通过语言表达，以“回答正确”“你答对了”“说的有道理”“嗯嗯，我赞同”等为主。表扬性评价中以“真棒”“你太聪明了”“回答得非常好” 为主。千篇一律、笼统、毫无针对性的评价语使学生感到乏味、麻木。同时，课堂评价语的模糊性导致教师无法为学生提供导向明确的建议，无法有效反馈给学生自身的学习状况，便无从发挥课堂即时评价的诊断、激励、发展等功能。

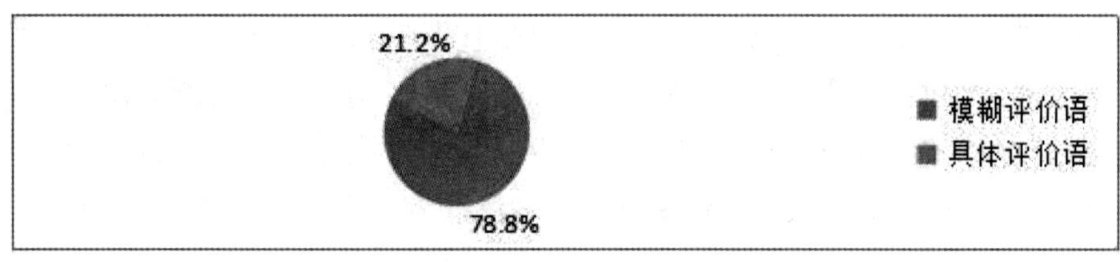

图 2　模糊评价语与具体评价语所占比例

（三）缺乏启发引导式评价

根据下面表格呈现的分析结果，在课堂即时评价的类型中可以明显看出是以肯定性评价和表扬性评价为主，占比约为一半，其中表扬性评价占比最多为 28.6%，肯定性评价占比为 24.5%，批评性、否定性评价占比最少，总和仅为 4.9%，其中批评性评价仅有 2%。评价的缺失占比为 10.1%，重复答案和给答案各占比总和约为 21%。启发引导的评价仅占比 10.8%。

根据以上数据可以看出，启发引导式的评价仅仅占比 10.8%，大部分教师在学生回答偏差时选择了直接给答案或者重复学生答案的即时评价方式，这两者占比达 21%，这种评价方式无疑减少了学生思考的机会，错失了很多培养学生思考能力的时机。小学生的思维处于由具体形象向抽象逻辑过渡的重要时期，教师应重视学生思维能力的培养。

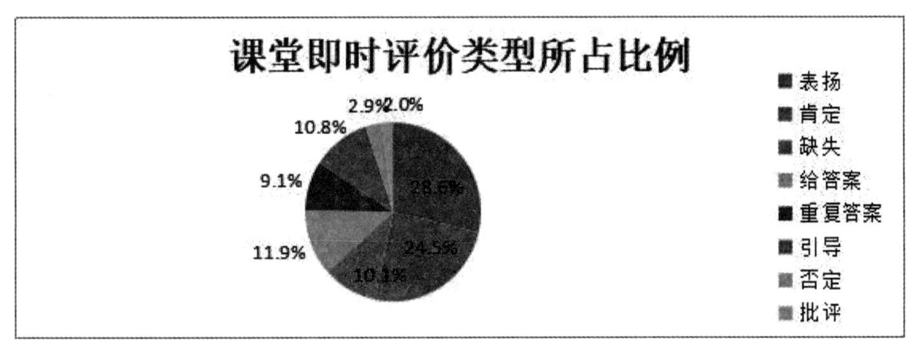

图3　课堂即时评价类型所占的比例

二、有效运用课堂即时评价的策略

（一）加强课堂即时评价主体的多元性

《义务教育语文课程标准》中倡导"应充分发挥语文课程评价的多重功能，恰当运用多种评价方式，注重评价主体的多元与互动，应注意将教师的评价、学生的自我评价及学生之间的相互评价相结合，加强学生的自我评价和相互评价，促进学生主动学习，自我反思。"

目前的语文课堂即时评价中教师仍是评价主体，同学互评、自评所占比例较少，这明显违背了《义务教育语文课程标准语文课程标准》中所倡导的多元化主体理念。教师应重注评价主体的多元化，注重给学生评价的机会，加强课堂的互动氛围。将同学互评、学生自评、小组评价等多种形式相结合，提高学生的评价能力。以练习复述《西门豹治邺》的"调查民情"环节为例加以说明，教学中可以充分调动学生的积极性，引导学生互评、自评。

【西门豹治邺教学实录节选】

教师：学习完了复述的方法，谁来给大家复述一下"调查民情"这个情节？

学生1：战国时期，魏王派西门豹去管理邺县。到邺县后，他发现那里田地荒芜，人烟稀少，就找了一问老大爷询问为什么，老大爷说都是给河神娶媳妇闹的，哪家有漂亮的女孩儿，巫婆就带着人到哪家去选。有钱的人家花点儿钱就过去了，没钱的只好眼睁着看着女孩儿被他们拉走。到了河伯娶媳妇那天，他们在漳河边上放一条苇席，把女孩儿打扮一番，让她坐到苇席上，顺水飘去。苇席先还是浮着的，到了河中心，就连女孩儿一起掉下去。有女孩的人家都逃走了。

教师：谁来评一评，他有没有遗漏关键信息，哪些地方还可以说得更简洁？

学生2："这个地方夏天雨水少，年年干旱"他遗漏了。

教师：听得很细致。谁再来评一评？

学生3：我觉得他说的娶新娘的过程可以说得更简洁一些，不用具体复述，直接说巫婆把新娘投到漳河里就可以了。

教师:你的建议很好,这里我们可以简单地概括一下。同学们都提出了非常中肯的建议,给了你不少帮助,那么你能不能来自评一下,说一说你发现了哪些不足呢?

学生 1:听了同学们的建议,我还发现“巫婆和官绅以给河神娶媳妇为借口骗取老百姓的钱财”也是要复述到的,我遗漏了。

教师:那么你能不能结合同学们的建议和自身发现的问题,再次复述一下课文呢?

学生 1:战国时期,魏王派西门豹去管理邺县。到邺县后,他发现那里田地荒芜,人烟稀少。西门豹找到一位老大爷打听,才知道原因。这个地方夏天雨水少,年年干旱,而且这里的巫婆和官绅以给河神娶媳妇为借口骗取老百姓的钱财,坑害穷人家的女孩把她们投到漳河给河神当媳妇,让有女孩的人家差不多都逃到外地去了。

教师:这次复述得很好,抓住了关键信息,详略得当。

结合以上案例,学生已经具备一定的评价能力,通过学生间的互动互助能够达成教学目标。因此在课堂即时评价中,教师应注重给予学生自我评价、互评的机会,一方面可以更好地锻炼学生的反思能力,另一方面帮助学生学会自我诊断、自我矫正,提高评价能力,学会学习。

(二)加强课堂即时评价语的具体性

课堂即时评价的主要表现形式是课堂评价语,为了能够充分发挥课堂即时评价的导向作用,课堂即时评价语应明确、清晰,具有一定的指向性。小学生渴望教师有针对性地指出自己学习行为好在哪里,不足在哪里,以及如何改进。教师在针对学生的行为或者回答进行点评时应注重评价语具体、明确,具有针对性、导向性。同时教师应善于发现学生的闪光点与不足,优势方面加以肯定鼓励,劣势方面为学生指明进步的方向。在评价语的具体性和针对性上,笔者以亲身教授《西门豹治邺》一课的教学片段节选为例加以说明。

【西门豹治邺教学实录节选】

教师:西门豹来到邺县后问了老大爷几个问题呢?

学生 1:四个问题。

教师:你找得真准确,老师看到这位同学还在书上标出了每一处,真是一种好的学习习惯,我们大家需要向他学习呢!

教师:请同学们试着概括一下这四个问题都是围绕什么内容进行提问的呢?

学生 2:围绕邺县田地荒芜,人烟稀少的原因。

教师:老师发现你的概括能力真强,一下抓住了关键的词语,提取出了关键的信息,大家为他鼓鼓掌!

从以上片段可以看出教师应善于发现学生的闪光点,并且通过即时评价明确具体地向学生指出其优点所在。例如发现学生坚持做好笔记,边读边勾画,即时指出其养成的好的学习习惯。通过学生概括总结得到位,发现学生概括能力强的优点。这些评价并不是用“很好”“你真棒”等笼统含糊的评价语,而是抓住学生具体的方面明确地指出其优点所在,肯定学生的行为。相信学生在明确的即时评价指导下十分清晰地了解了自己行为的闪光点,今后会更加注重这方面的良好表现。富有针对性、具体性的评价语言才能直达学生的心扉,为学生所悦纳,使学生真正内化于心,有效地指导学生的行为。

(三)加强课堂即时评价的启发性

小学生的思维能力具有极大的发展空间。针对学生的思维发展特点教师应注重运用启发引导式的评价。同时结合语文学科的特点,语文是言语与思辨的统一。在运用启发诱导时,教师首先应着眼于学生的“最近发展区”对于学生“跳一跳”可以达到的目标采取启发引导。笔者以《西门豹治邺》的教学片段为例加以说明。

【西门豹治邺教学实录节选】

出示句子:西门豹面对着漳河站了很久。那些官绅都提心吊胆,大气也不敢出。西门豹回过头来,看着他们说“怎么还不回来,请你们去催催吧!”说完又要叫卫士把他们扔下漳河去。官绅一个个吓得面如土色,跪下来磕头求饶,把头都磕破了,直淌血。西门豹说:“好吧,再等一会。”过了一会儿,他才说:“起来吧。看样子是河神把他们留下了。你们都回去吧。”

教师:西门豹这么做的目的是什么呢?

学生1:想杀掉剩下的官绅们。

教师:的确剩下的官绅们也是很可恶的,也帮着巫婆官绅头子做过恶,不过西门豹这里是真的想杀掉他们吗?谁还有不一样的见解?

生2:西门豹是想吓唬他们,不是想真的杀了他们。

教师:见解深刻,你是从哪里看出来的呢?

生2:西门豹说再等一会,最后却把他们都放了。说明不是真的想杀他们。

教师:没错,读得很仔细!那么西门豹想吓唬官绅们的目的达到了吗?

学生3:达到了

教师:你是从哪里能看出来的?

学生3:请大家跟我看这段话,那些官绅都提心吊胆,大气也不敢出。官绅一个个吓得面如土色,跪下来磕头求饶,把头都磕破了,直淌血。这段话描写了官绅们的害怕。西门豹大人成功地吓唬了他们。

教师:这段话主要是对官绅进行了哪方面的描写?他们心理可能想什么呢?

学生4:动作、神态描写,官绅想:“求求西门大人放过我们吧,我们再也不敢作恶了!”

教师:没错,正是通过对官绅们动作、神态描写,写出了官绅们的恐惧、害怕的心理,将官绅们害怕的丑态表现得淋漓尽致,西门大人达到了震慑帮凶的目的。

结合以上教学案例启示我们在运用启发引导式的即时评价中应注重以下几点:

一是教师应明确语文的答案不是唯一的,更重要的是注重学生在阅读中的独特感悟,即使学生回答有所偏差,也应该尊重学生的独特感受。二是在阅读教学中教师可以充分运用留空式即时评价,给予学生思考的空间,将最重要的思维过程还给学生;三是教师应注重表层答案下的深层含义,通过即时评价引导学生步步深入,引导学生深入思考。

总之,要有效地发挥课堂即时评价的作用需要教师增强评价主体的多元性、评价语的具体性、注重多运用富有启发性的评价,只有有效地运用课堂即时评价才能更好地促进学生学业的进步与身心的发展。

参考文献:

[1]崔允漷.课堂教学的理论、策略与研究[M].上海:华东师范大学出版社,2000:28-34.

[2]王少非.课堂评价[M].上海:华东师范大学出版社.2013.

[3]项哲.新课程标准下多元智能理论在语文教学中的应用[D].上海:华中师范大学,2016.

[4]刘金翠.小学高年级语文阅读教学中教师提问及言语理答行为个案研究[D].长春:东北师范大学,2013.

[5]符馨尹.小学课堂即时评价问题探析[J].宁波教育学院学报,2018,20(04):92-95.

浅谈小学语文拓展阅读教学的有效策略

天津市武清区杨村第十一小学　李翠平

摘　要:“拓展阅读教学”是指在教师的引领下,学生不仅仅从课堂、课本中获取知识,还要让学生结合课内所学知识,向课外延伸,提升学生的阅读量,丰富学生自身的知识储备,最终达到一种以教材为中心,以课堂为中心向外延伸的教学方式。要进行拓展阅读教学首先教师要认真研读教材,从学生的实际情况出发,达到从课内阅读到课外阅读的延伸,使学生形成持续性阅读。本文从精选篇章,学有所依;运用策略,学有所用;读写结合,学有所得三个方面提出具体的实施策略。

关键词:小学语文　拓展阅读　策略

《义务教育语文课程标准(2011 年版)》中明确提出:“要重视培养学生广泛的阅读兴趣,扩大阅读面,增加阅读量。”“加强对课外阅读的指导,开展各种课外阅读活动。”而学生仅靠读教材中的少量课文是远远不够的,所以在统编教材背景下,拓展阅读教学势在必行。“拓展阅读教学”是指在教师的引领下,学生不仅仅从课堂、课本中获取知识,还要让学生结合课内所学知识,向课外延伸,提升学生的阅读量,丰富学生自身的知识储备,最终达到一种以教材为中心,以课堂为中心向外延伸的教学方式。

要进行拓展阅读教学,要从学生的实际情况出发。我曾经对不同学段的学生进行课外阅读方面的调查研究,发现很多孩子都存在对课外阅读缺乏兴趣、阅读方法单一、阅读书目杂糅、阅读量小等问题。而语文拓展阅读教学以培养学生的阅读兴趣和习惯为前提,教给学生更多实用的阅读方法,扩大了学生的阅读面,拓展了学生的阅读空间。

那么,如何打破课堂壁垒,将课外阅读纳入课内教学,并使之与课文珠联璧合,真实地推动学生的持续性阅读?

一、精选篇章,学有所依

《义务教育语文课程标准(2011 年版)》有明确要求,就是让学生读书有选择,有自由度,扩大阅读空间。而大部分学生都是根据兴趣选择喜欢的书籍,可能有名著故事,可能有科普读物,还可能有流行读物等,范围很广。但是由于当前书刊种类繁多,内容和质量良莠不齐,并不是都适合小学生阅读,而且小学生认知能力有限,鉴别能力较差,所以在学生自主选择书籍的前提下,教师应该引导和帮助学生学会甄别。

1. 结合单元人文主题,学生自主选择阅读材料

读书是个性化的行为。学生自主选择书籍,不仅可以培养孩子阅读的兴趣,形成良好的阅读习惯,对孩子的学习生活和今后的人生都是大有裨益的。统编教材三年级上册第三单元围绕"童话故事"展开,学完《卖火柴的小女孩》《那一定会很好》等四篇童话,学生被童话中丰富的想象、神奇的故事情节所吸引,对中外童话故事产生浓厚的兴趣,纷纷带来童话故事书,利用课余时间进行阅读。这时候学生发自内心地喜欢阅读,变"要我读"为"我要读",真正激发了学生读书的兴趣,有效地提高学生的语文素养。

2. 依据单元语文要素,教师精心推荐阅读材料

在学生自主选择阅读材料的基础上,教师和家长要注意适当给予一些指引,主要是导向阅读名著和经典,导向健康积极向上的读物,导向适合学生年龄段的书籍。同时教师可以根据教材给学生推荐一些阅读材料。

统编教材采用"双线组织单元结构",人文主题贯穿于整本教材,除了人文主题外,还有语文要素分布于各个单元中,教师可以抓住单元语文要素给学生推荐阅读材料。例如:统编教材三年级下册第二单元编排了四则寓言故事,本单元的语文要素是"读寓言故事,明白其中的道理"。教学中,我引导学生理解寓言故事的内容,并明白寓言中蕴含的道理。在此基础上,我给学生推荐了《中国古代寓言》《伊索寓言》《克雷洛夫寓言》等经典寓言故事,让学生在拓展阅读中对寓言这种文学体裁有更深入的认识,进一步激发学生阅读寓言故事的兴趣。

同时,推荐阅读材料,我们还可以从课文的作者角度出发;从课文语言表达方法出发;从阅读方法出发等,但是都要基于教材的原则,准确把握教材与课外阅读材料之间的联系,让学生能在阅读中真正学有所得。

二、运用策略,学有所用

温儒敏教授曾说过:"我们很多教师大部分课时都在教阅读,可是效果还是少慢差费,即使学生的成绩不错,也不见得学生喜欢读书,甚至不会读书。问题出在哪里?出在不注重教读书方法。"学生的语文学习过程离不开有效的阅读策略,统编教材 3 至 6 年级编排了四个以阅读策略为主题的特殊单元,四项阅读策略分别为:预测,提问,提高阅读速度,有目的阅读。学生在生动有趣的阅读活动中,自主发现、梳理、总结、运用适合的阅读策略。

例如:统编教材三年级上册第四单元是阅读策略单元,"学习预测的一些基本方法"是本单元的语文要素。预测是一种自然存在的阅读心理,很多学生在读书时都

会无意识地运用这种策略。本单元的目的就是让学生把这种无意识的阅读心理转化成有意识的阅读策略，所以我们要帮助学生形成“预测—验证—再预测—再验证”循序渐进的阅读过程，让学生的阅读真正走向深处。

1. 学会预测，掌握方法

在教授《总也倒不了的老屋》时，学生通过旁批，学会可以根据题目、课文插图、生活经验、阅读经验、联系前文等预测方法。在学习《胡萝卜先生的长胡子》时，学生可能会产生一些预测：课文主要写胡萝卜先生的长胡子是如何长长的（根据课题预测）；这个故事可能和老屋一样，胡萝卜先生用长胡子去帮助他人（根据学习经验预测）；因为胡子太长了，胡萝卜先生可能遇到不少麻烦（根据生活经验预测）；接下来故事会怎样，为什么这样预测（抓住关键词或内容进行预测）；续编故事，对比预测，表达阅读见解（合理运用预测方法）。学生一边阅读一边预测，不仅掌握了学到的预测方法，而且感受到预测的乐趣。学习《小狗学叫》时，我首先让学生回顾前两篇课文的预测方法；然后借助关键词语，了解小狗前两次学叫的主要内容；根据小狗前两次学叫的经历，进行合理的预测，并续写三种结局；出示三个故事的结局，讨论最好的结局是哪一种，说出理由。学生在学习的过程中，不仅感受到预测的多样性，而且体会到预测的快乐。学生在学习的过程中，学会了可以一边阅读一边预测，预测并不是凭空想象，有依据的预测才是真正好的预测，而且预测的内容不一定和故事的内容一致，只要合情合理，也是好的预测。

2. 实践预测，拓展阅读

预测策略的独特之处在于只有对没有接触过的文本才能进行真实、有意思的预测，才能真正激发学生的阅读期待。所以我给学生推荐了《不留余地的狼》和《狼大叔的黄焖鸡》两篇文章，学生分组合作阅读，一边阅读一边进行预测，充分发挥想象看看谁猜得准确，并讨论为什么这么预测。学生在阅读文本、讨论交流的过程中，不断假设验证，进一步修正自己的猜测，理解文本的内容，巩固预测的阅读策略，体验主动阅读的兴趣。

当学生已经具备一定的预测能力之后，我们还可以给学生推荐整本书的阅读预测，《夏洛的网》《窗边的小豆豆》《长腿叔叔》《长袜子皮皮》等书籍都非常适合三年级学生阅读。例如：在推荐《夏洛的网》时，我先让学生观察书的封面，获得一些重要信息。针对书名“夏洛的网”进行猜测：夏洛是谁？网是什么网？渔网？互联网？蜘蛛网？观察封面插图：一个小女孩抱着一只猪，旁边还有一只羊和一只鹅，书名上有很多蜘蛛网，倒挂着一只蜘蛛。当看到蜘蛛网，学生可能就猜到了这只蜘蛛的名字可能叫夏洛。而封面上的小女孩和动物可能就是这本书的主人公。在这个环节学生根据书名、封面进行预测，并获得一些信息。接着我让学生阅读目录，对整本书的故事内容初步了解，并大胆进行预测，边预测边阅读。例如：第一章早饭前：早饭前可能发生了什么事？是关于谁的事？第二章小猪威尔伯：谁给小猪起的名字？小猪威尔伯有什么有趣的事……学生一边预测一边阅读故事内容,不断进行验证,不同于以往亦步亦趋的阅读,这样的阅读充满了猜测和推想,才是真正愉悦的阅读之旅。

三、读写结合,学有所得

叶圣陶先生说得好:“阅读是吸收,写作是倾吐。”拓展阅读教学不仅激发学生阅读的兴趣,教会学生更多的阅读策略,还可以通过写作训练,提高学生的语言表达能力,使语文素养得到整体提升。

我们要抓住单元的语文要素,从课堂教学出发,在阅读中学会方法,并运用到习作训练中去。统编教材六年级上册第二单元,“了解文章是怎样点面结合写场面的”是本单元的语文要素。《狼牙山五壮士》第二自然段先写五位战士痛击敌人的概况,这是“面”;然后抓住人物的“神态”“动作”等描写对五位战士一一描写,这是“点”,点面结合生动具体地描写了五位战士在班长沉着的指挥下英勇杀敌的情景。《开国大典》“阅兵式”部分,先用一句话写“面”;接着特写各个方阵,这是“点”;最后又落到“面”的描写上,这样先面后点再面,以面衬点,表现了阅兵式的壮观和震撼。同时我给学生推荐了《红楼梦》第四十回《史太君两宴大观园　金鸳鸯三宣牙牌令》一节:“众人先是发怔,后来一听,上上下下都哈哈的大笑起来。……独有凤姐鸳鸯二人撑着,还只管让刘姥姥”。学生在充分阅读的基础上,了解到开头第一句总说了场面的热烈与欢快;接下来对湘云、林黛玉、宝玉、贾母、王夫人、薛姨妈、探春、惜春等八个人物进行了细致的描写;最后一句又是面的描写。这样点面结合的场面描写,把满堂的欢快情境具体描写清晰,让人如临其境。在完成习作“多彩的活动”时,最重要的是把活动的场面描写清楚,我先让他们回顾前面学到的点面结合的方法,然后思考如何进行恰当地运用。这样学生把阅读中积累的知识消化吸收,并合理运用,从而使语文素养得到有效提升。

当然,小学语文拓展性阅读教学离不开教师的引导,更离不开学生的主动参与。教师引导学生精选出合适的阅读材料,掌握恰当的阅读策略,让学生学会表达运用,来真正提高阅读的质量,使拓展性阅读教学真正落到实处。

参考文献

[1]莫洪国. 小学语文拓展阅读教学研究[J]. 科学咨询(科技·管理),2019(06):149.

[2]陈平辉. 核心素养理念下的小学语文拓展性阅读教学[J]. 考试周刊,2018(8).

[3]高利婷,宗和杰. 有效开展拓展阅读　提升学生核心素养[J]. 科学大众:科学教育,2018(3).

[4]温儒敏. 语文讲习录[M]. 杭州:浙江人民出版社,2019. 8.

小学低段语文朗读教学的有效策略

天津市天外大附属北辰光华外国语学校　宋　欣

摘　要:朗读教学是小学语文教学的一项重要内容,小学低年级朗读教学对学生的成长具有重要意义,《义务教育语文课程标准(2011 年版)》明确指出,低年级朗读教学要做到“学习用普通话正确、流利、有感情地朗读课文。学习默读。”教师提升自身朗读素养,要在日常教学中采用多种有效途径,激发学生朗读的兴趣,引导学生进行多元化的朗读,同时也要根据实际在课堂教学中适时地进行指导。

关键词:朗读教学　小学低段语文　有效策略

朗读教学就是用朗读的方法来引导学生感知体验作品,它的最终目的是让学生学会阅读方法和提升语言表达能力。有效的朗读教学是通过朗读的方式来启发引导学生感知体验作品的言语形式,关注学生的朗读状态与情况。其目的直接指向阅读教学的目的,即掌握阅读课文的方法,实现言语能力的提高。

小学低年级朗读教学对学生的成长具有重要意义,朗读教学可以培养学生的口语表达能力和阅读鉴赏能力,更好地调动学生的学习兴趣,全面提高学生听、说、读、写的能力。因此语文教学中必须重视朗读教学,这就要求教师提升自身朗读素养,在日常教学中采用多种有效途径,激发学生朗读的兴趣,引导学生进行多元化的朗读,同时也要根据实际在课堂教学中适时地进行指导。

一、小学低年级语文朗读教学存在的问题

当前,全社会对于“朗读”的认同感越来越强,小学低年级语文朗读教学越来越受到重视,尤其是一线的语文教师们,采用多种方式实施朗读教学。但是,在朗读教学中还是存在一些问题,导致学生整体的朗读水平不高。

1. 朗读教学的目标不明确

部分教师在指导学生朗读过程中缺乏明确的教学目标,没有规划与教学方案,只是走走形式,让学生发发声,简单了解一下课文等。在教学目标不明确、不清晰的情况下,教学效果则很难达到预期的水平。

2. 朗读教学的方式不恰当

在日常的朗读教学中,教师不注重为学生创设一些锻炼口语表达能力、在班级同

学面前朗读的实践机会，一般都是以集体朗读为主，不注重学生的个性化朗读教学，使得个别学生存在的朗读问题不但得不到解决，久而久之，学生个性化学习需求得不到满足，对朗读的兴趣减弱，最终造成朗读教学效果不理想。

3. 学生朗读的习惯不正确

在指导学生朗读时，如果只关注学生读出来的声音，而不关注学生朗读的习惯细节，也无法真正达成有效朗读的效果。有部分同学在朗读时身体歪斜，书本时而举起时而放下；读几行后还会抬头看看老师或是周围同学……这些都是不好的朗读习惯，亟待更正。此外，还有不少同学有朗读紧张感，不愿张嘴或不喜欢朗读。被动地朗读无法在朗读中找到乐趣，无法感受到文字的魅力与语言的博大。

二、小学低年级语文朗读教学的有效策略

在小学语文低段教学中，教师应加大朗读教学的力度，重视朗读的训练与培养，让我们的学生在朗朗的读书声中感受汉语言文字的独特魅力，在丰富多彩的朗读过程中培养语感、积累语言素材，为今后语文学习中的“阅读理解”与“写作”等环节打下坚实的基础。

1. 提升教师朗读素养，重视示范朗读

朗读是展示语文魅力的重要途径，成功的朗读教学一定可以让学生从小就爱上朗读文字，进而热爱语文学科的学习。由于小学生的理解能力和感悟能力均有限，这就需要教师在朗读文章时，要先给学生做优美生动的朗读示范。

同时，范读的过程，恰恰是对语文教师普通话水平、语言文字功底、文本感悟能力与再创造能力的综合检验。因此，朗读作为语文教师的一项重要基本功，我们必须重视课堂中的示范朗读，逐步提升朗读素养。

(1)明确教学目标，反复练读

教师在朗读教学过程中，首先要做好充分的准备工作，不断提高自身朗读素养，加之持续地练习，提高自身朗读水平。认真学习语文课程标准，制订朗读训练计划，根据语文课程标准对不同年龄段的学生提出的朗读要求，结合本班学生朗读的实际情况，制订合理的朗读训练计划。对于低年级学生，首先，要把“用普通话正确、流利、有感情地朗读课文”定为朗读教学的目标。其次，设计好朗读教学形式、方法，确定好朗读教学的重难点、时间分配等要素。对重点文段的语调、语气、速度、轻重音等指标要做好着重讲解、示范的准备。要理解和尊重文本的人文情感。最后，以自身丰厚的语文阅读功底，从教师范读中带领学生领略到“朗读”中那一份独一无二的魅力。

平时多听著名播音员和配音演员的朗读作品，逐句模仿，提高朗读水平；阅读与朗读有关的书籍，提升理论学习，打开教学思路；备课时录下自己的朗读，针对自己的录音反复斟酌，对不足之处反复琢磨。

(2)重视示范朗读,把握范读时机

小学生具有较强的模仿性和向师性,他们在日常生活中以教师作为榜样和模仿的对象。要培养学生较高的朗读能力,必须经过教师的长期范读和指点,以及耳濡目染的榜样力量。教师的每一次范读,都是一次提高朗读水平的好机会,教师要牢牢抓住指导学生朗读的最佳时机,即兴范读,要把所有的朗读融于声情并茂的、绘声绘色的朗读之中,用自身的情感感染学生,从而使学生和老师一起对朗读的内容产生共鸣。如果放弃这个机会,对教师自身来说是一种损失,对学生来说则是一种遗憾。这种感染作用是播放录音无法代替的。同时,教师通过自身的示范朗读,还可以打破学生因害羞而不好意思开口的局面。

首先,教师声情并茂地做朗读示范;接着让学生进行朗读;对于学生朗读的不足之处,教师可以再进行引领性的示范朗读,让学生进行小声跟读。往往能达到比较好的效果。

例如,教学《雪地里的小画家》一文时,首先,教师在配乐中有感情地做示范朗读,让学生整体感知课文内容与情境。

师:请同学们也走进冰雪世界,来读一读课文吧!

生:(齐读)下雪啦,下雪啦!雪地里来了一群小画家。小鸡画竹叶,小狗画梅花,小鸭画枫叶,小马画月牙。(轻声、停顿与重音读得不准确)

师:同学们读出了走进洁白雪地的喜悦之情,请大家认真看看第一行"啦"的读音。

生:应该读成轻声,"啦"。(同学们纷纷练读这个字)

师:大家观察得很仔细!让我们往下看,哪些小画家在画画呢?

生1:小鸡/画竹叶,小狗/画梅花,小鸭/画枫叶,小马/画月牙。

师:这么一读我们就知道来了哪些小画家。那它们都画了什么呢?

生2:小鸡/画/竹叶,小狗/画/梅花,小鸭/画/枫叶,小马/画/月牙。

师:(全班鼓掌)看来只有把字音读准,找到停顿和重读的地方,才能把课文有感情地朗读出来!同学们,再认真地听老师读一次,找到自己和老师读得不一样的地方,改过来。

(教师再次范读。学生朗读不准确之处重点示范,并用手势、眼神等提示,引起学生的注意)

生:(朗读练习)

教师第一次抑扬顿挫的朗读,能够激发起学生朗读的兴趣;而教师的第二次朗读示范,是在学生已经自己朗读过一遍之后进行的。这时,学生已经有了朗读初体验,当教师再次朗读时,会更加用心地倾听与比较,找到自己与教师读得不一样的地方,从而提高自己的朗读能力。前后两遍的有效示范,形成范读闭环。

同时,教师的示范朗读还能帮助学生掌握课文朗读的正确方法,为学生树立课文朗读的基本模板。学生在示范朗读中形成了对课文的初步认知,进而达成良好的教育效果,为后续的自主朗读奠定了坚实的基础。

2. 创设相应情境,营造朗读氛围

朗读要注重对情感的把握,只有真正投入了情感,才能够把文章的魅力通过朗读展现出来。但是,很多文章是在特定的历史背景下创作的,学生无法感知作者在写作时表达出的情感;或者文章描述的内容超出了学生的生活经验,学生没有感知过。在这种情况下,只有创设与课文相对应的情境,激发学生的情感,才能达到有效的朗读效果。

(1)利用信息技术,多元展现情境

教师可以利用信息技术,通过图片、音乐及视频资料让学生了解当时的创作背景,理解文本的内容与含义。例如,一年级上册《江南》一课,其教学设计要充分考虑到地域差异,我们生活的地方没有随处可见的荷塘与小桥流水,没有"莲叶何田田"的盛景。或许有学生曾经去过江南水乡,但那也只是个别学生。所以,我们可以通过图片或者视频的形式,为学生展现真实的江南美景。

(2)运用角色扮演,还原带入情境

在教学实践中,根据课文内容,教师应提前准备好相应的物品,辅助教学。如《四季》中的动物头饰、《朱德的扁担》中的"扁担"、《纸船和风筝》里可书写文字的"风筝",等等。加之教师运用儿童化的语言,调动学生的多种感官,激励学生自主地参与到课堂的朗读氛围中来。

例如,在讲授《棉花姑娘》这一课时,以激发兴趣为出发点,可以让学生试着画一画,创建独属自己的头饰,充分发挥个性。教师和学生一起进入那美丽迷人的大自然中,戴着"棉花姑娘""青蛙""蚜虫""啄木鸟"的头饰进行角色扮演。学生体会到了角色的心情,在男、女生分角色朗读中读出了争论的语气。在这样轻松生动的教学氛围中,朗读、角色扮演、理解、感悟……使学生懂得了要保护益虫益鸟,更加热爱大自然与我们赖以生存的环境。

除此之外,教师可以引导学生将自己想象成故事中的人物,融入课文的情境中进行阅读。这样一来,学生在朗读课文时,更能够激发自己的情感,贴近故事人物,感受主人公心情的复杂变化与课文的中心思想。这样的课堂,充满了童趣。在对应的教学情境中开展朗读教学,鼓励学生发挥想象,充分地发表自己的观点,进而读出课文的情感。

3. 培养学生朗读习惯,引导自主朗读

(1)规范朗读坐姿,眼到、口到、心到

只有正确的朗读坐姿,才能达到良好的朗读效果。头正、身直、脚放平、双手拿书向外斜。举止大方得体,声音清楚响亮。南宋教育家朱熹认为,读书,就要字字响亮、字字准确,不能随意删改增补,改变原文的含义。"只要多诵数遍,自然上口,久远不忘。"朗读时注意"三到"——眼到,看清楚书上的字;口到,声音响亮,字正腔圆地读;心到,边读边理解文字描述的情景,体会作者表达的情感。

(2)设置闯关环节,引导自主朗读

小学低年级的学生,更喜欢在课堂上做游戏,沉浸于边学边玩、闯关比拼的氛围。教师要充分利用这一特点展开教学,在学生读准字音、读通句子,语气流畅、按标点停顿的基础上,设置多种"闯关"环节,引导学生积极参与课堂朗读教学。在教学过程中,给学生留出合理的朗读时间,鼓励学生自主朗读、合作朗读。并在"闯关"结束后进行自我评价和互评。课后能够积极地进行朗读训练,并自发地去朗读课外延伸材料。

例如,《乌鸦喝水》一课,设置"小组朗读比拼"闯关环节,列出评分标准,规定 2 分钟自主朗读,之后 4 人一组自由组队,合作练习 4 分钟后开始"闯关"。每个小组展示朗读成果后,其他小组根据评分标准进行互评和打分。互评环节结束后,引导学生进行自评。优胜小组将获得"小粘贴"奖励与小组积分。

通过小组积分竞赛的方式,旨在调动学生朗读的积极性,提高自身朗读水平,并能合作朗读、互帮互学。课堂之外,学生们也会在小组内讨论朗读技巧;回家后仍在积极地练习朗读。在这样浓厚的氛围中,不知不觉形成乐于朗读的良性循环,逐步达成有效朗读的目标。

总之,朗读教学是小学低段语文教学的一项重要内容,小学低年级朗读教学对学生的成长具有重要意义。教师在进行朗读教学过程中,要注意不断提升自身朗读素养。激发学生朗读的兴趣,引导学生进行多元化的朗读。要在日常教学中采用多种有效途径——创设课文相应的情境,营造良好的朗读氛围;培养学生正确的朗读习惯,引导学生自主朗读。最终能让学生掌握阅读方法,达到语文课程标准的要求,实现语言表达能力的提高。

小学语文阅读教学中构建深度思维型课堂

天津市滨海新区塘沽工农村小学　武舒婷

摘　要：思维型课堂即贯彻以学生为中心，思维为核心，学生活动为主线的课堂。深度思维型课堂，即是以发展学生思维为核心标志，促进学生全面而充分成长的课堂。构建深度思维型课堂能够培养和发展学生思维，引导学生学会学习，不仅有正确的思维方式，还要有科学的思维方式。笔者从阅读教学中关注思维能力、关注思维品质两方面谈构建深度思维型课堂的策略。

关键词：阅读教学　思维型课堂　核心素养

深度思维型课堂是以发展学生思维为核心标志，促进学生全面成长的课堂。在阅读教学中构建深度思维型课堂，能够开阔学生的语文视野，开发学生的语文思维，是学生语文综合能力的重要体现。学生的阅读活动是其主观能动性的积极体现，充分发挥学生的主观能动性，引导学生在思维发展与提升中体验语言文字的魅力，从而“以学定教”“顺势而导”。

一、关注能力，唤醒思维发展

思维能力的发展，包括直觉思维、形象思维、逻辑思维、辩证思维和创造思维。小学阶段语文教学需带领学生攀登三座高山：知识的高山、思维的高山和情感的高山。要想问鼎这三座高山需将思维作为其相互联系的重要纽带，培养学生主动思维的信心与兴趣，从而将知识、思维与情感有机统一。爱因斯坦说：“提出一个问题，往往比解决一个问题更重要。”　在阅读过程中发展学生思维，不仅能将不断汲取的知识营养内化为自身的理解认识，通过多种教学手段还能引导学生通过深度加工将新旧知识做好勾连，并将其有机地融入已有的认知体系当中，从而更好地让学生成为学习活动的主体，构建小学语文深度思维型课堂。

（一）聚焦“陌生点”，促创造思维萌芽

创造思维是指思维活动的创造意识和创新精神，不墨守成规，表现为创造性地提出问题和解决问题。创造性思维能力不是生来就有的，而是通过后天认真思考、培养锻炼出来的。“疑是思之始，学之端”质疑是学习的最大动力。因此，培养创造思维需要在课堂上鼓励学生随时质疑，并留出让学生质疑的空间和时间。语文教材的编排从三年级开始加入略读课文，开始形成“精读”“略读”和以快乐读书吧、课后习题中课外阅读链接等形式展现的“课外阅读”，形成了三位一体的阅读体系，三者各自承担着不同的功能，从学习方法到运用方法再到指导实践，无一能离开思维能力的支撑，三者共同促进着学生阅读能力的提升。调动学生的阅读兴趣和阅读期待，另辟蹊径选择教学角度，让学生对所学内容产生“陌生感”，思维一直处于尝试探索的积极状态，引导学生打破陈规给学生充分的质疑空间，让学生会疑、有疑、敢疑，有疑而问，这才是创造思维火花激荡的高效课堂。

例如教学《扁鹊治病》一文时，我摈摒弃了以往将语文核心素养的侧重点放在“文化传承与理解”上，从分析文章，复述课文角度出发的教学方式，而是聚焦“创造思维训练”，创造“陌生点”给学生创设扁鹊医馆的情境，激发学生了解历史传说故事的阅读兴趣，放手让学生整理思路发展其创造性思维自主制作“病历本”，学生在学习过程中对历史人物故事产生浓厚兴趣的同时自觉运用提取关键词句等方法，在任务单中梳理总结出“时间”“诊断结果”“治疗方法”“蔡桓侯的态度”等要点，再逐步引导学生进行纵向比较形成逻辑，引发学生创造性地发现故事情节中隐藏的规律，在完成蔡桓侯的病历的同时感受文章蕴含的深刻道理，从而为实现单元语文要素——了解故事情节，简要复述课文搭建了框架，从而落实了单元整体阅读目标。

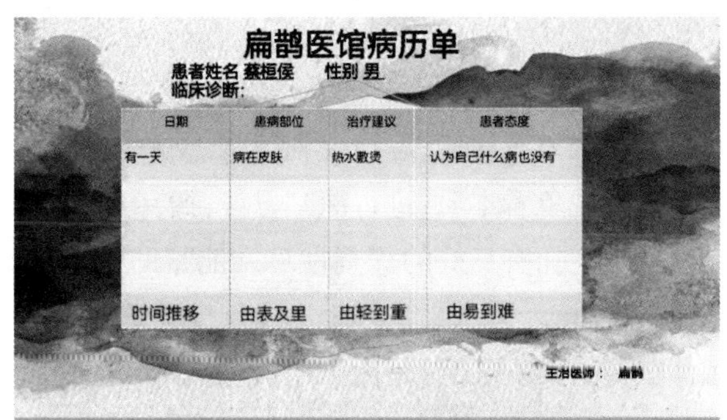

扁鹊医馆病历单

患者姓名 蔡桓侯　　性别 男

临床诊断:

日期	患病部位	治疗建议	患者态度
有一天	病在皮肤	热水敷烫	认为自己什么病也没有
时间推移	由表及里	由轻到重	由易到难

主治医师：　扁鹊

(二)聚焦“梯度点”，促辩证思维生长

所谓辩证思维，是指要辩证地看问题，坚持“两点论”和“两分法”，任何时候都不钻牛角尖，培养学生辩证思维能力就是要以变化发展视角认识事物的思维方式。语文学习要在大量的实践中身临其境去体会、把握、感受，在学懂弄通的基础上，让学生们爱上中华文化的诗书画卷。因此，语文课堂要鼓励学生不断“登梯”的课堂，层层递进让辩证思维真正落实在课堂中生长、开花，引导学生拾级而上。因此，勤于动脑善于思考显得至关重要，要让学生的学习能真正行之有效、有收获，核心就是把学生的思维充分调动起来，让学生进入积极思考的状态。

例如在教学《陶罐和铁罐》一课时，这是一篇寓言故事，教学中重点引导学生通过体会陶罐和铁罐不同的神态、动作以及语言描写明白要善于看到别人的长处，正视自己的短处，相互尊重，辩证看待问题的道理。通过感受这种描写方法引导学生进行对话练习，再结合本单元语文园地中词句段运用进行神态、动作等描写方法仿写句子练习。这样环环相扣，一堂课有朗读、有思考、有合作，学生语文能力就这样一步步提升。同时要想生成好的对话练习，深刻感受到陶罐和铁罐不同的特点，学生就必须反复进行辩证思考，弄清楚文章蕴含的深刻道理，像这样有意地安排学生进行辩证思维训练，与单元中或学过的相关作品进行拓展串联，鼓励学生学会一分为二看待问题，不仅能增加学生的阅读量和理解能力，还能提升学生辩证思考问题的能力，从而形成多维度的思考，以此来拓展知识面，学生真正成为学习的主人。

二、关注品质，内化思维提升

思维品质的提升，包括思维的深刻性、敏捷性、灵活性、批判性和独创性。提升学生思维品质的前提要厚植爱国主义情操，语文课堂上，教师在提升学生思维品质的同时还要培养学生的审美能力，中国传统文化讲究和谐，只有学生具有坚实的文化根基，我们才会对中国古老的文化产生共情，用钱穆先生的话说，有一份温情，对自己文化有了理解力，自然我们就有更大的沟通能力和创造能力。语文学科核心素养是学生在积极的语言实践活动中积累与构建起来，并在真实的语言运用情境中表现出来的语言能力及品质，是学生在语文学习中获得的语言知识与语言能力、思维能力与思维品质，情感、态度与价值观的综合体现。

1. 爱国为本，提升思维深刻性

思维的深刻性是指思维要有深度、思想要见精髓、见解要深邃透彻。提升思维的深刻性能够引导学生透过现象看本质，进行深刻思考，拥有着比传统知识学习不可比拟的更加重要的作用。学生拥有良好的深刻性思维能帮助学生更好地观察事物，能够学会全面思考问题，以厚植爱国主义情怀为出发点提升学生思维的深刻性，不仅是为了帮助学生德智体美劳全面发展，更是为了让学生不落后于时代，成为复兴伟大中国梦的重要力量。

例如在教学《为中华之崛起而读书》一课时，将教学重点落在帮助学生树立更加高远的读书观，树立远大志向。学生在阅读中深刻感悟周恩来立志的原因继而鼓励学生结合生活实际写出自己读书的目的，激发对祖国的热爱之情。既让学生直抒胸臆，达到积累、提升读写能力的目的，又在潜移默化中帮助学生树立正确的价值观和远大的理想，让爱国情怀不再虚无缥缈，激发学生从现在起为理想而奋斗的决心。这样一来，学生走进文本深刻感受因中华不振带来的屈辱与愤怒，不仅能深刻感受伟人的崇高品质，还构建了自己的家国情怀。通过课堂上深刻的思维碰撞，学生从课前"为了找到好工作""为了能挣大钱"等读书观转变到为实现更有价值的人生而读书，让学习作用于生活实际，知行合一，才是真正的爱国，落实了爱国教育，让学习既有天空之高远，又兼土地之厚实。学生思维的深刻性扎根于爱国这一核心，更能深刻地理解落后就要挨打的道理，也是对学生进行立德树人教育的重要依托。

2. 审美为准，追求思维敏捷性

思维的敏捷性是一种善于迅速发现和解决问题的思维品质，是在思考问题时思维主体能对客观事物做出敏捷快速的反应，集中表现在思维活动中的反应速度和熟练程度。以提升学生审美为出发点，从多方面入手探讨提高学生思维敏捷性，能够提升学生的思想文化修养，通过这样持续的语文阅读学习活动可以帮助学生建立完整的思维体系，让学生的思维更加敏捷，思维品质的火花终将照亮学生前行的道路。

例如在教学《走月亮》一课时，课文以"走"为线索，呈现出一幅充满诗意的画面。课后习题指出："阿妈牵着我走过月光闪闪的溪岸，细细的溪水，流着山有草和野花的香味，流着月光。你的头脑中浮现出怎样的画面？"类似的要求"想象画面"的习题在教材中比比皆是，这道题不只是让学生熟悉课文内容，还要发挥学生想象力，学生不仅要边读边想象画面，还要想象文中描写的气味，像这样连环发问能激励学生积极思考，促使学生兴奋起来，激发思维活跃度，有效训练学生思维的敏捷性。结合此类审美式的课堂连环发问直接导向的是学生敏捷性思维的训练，语言运用和积累的背后更是学生积极思考，周密考虑，正确判断，迅速决定的过程。这种蕴含审美情趣的课堂教学方式能够提高学生表现美、创造美的能力，也能不断提升学生敏捷性思维，从而提高学生课堂学习的质量。

3. 传承为根，落实思维批判性

批判性思维是具有批判精神的思维，是和盲从性思维相对立的。悠悠中华汇集成的几千年文明结晶是我们中华民族的骄傲，然而随着时代的发展我们的弘扬不是生搬硬套，而是有批判性地传承优秀传统文化，剔除腐朽落后文化。课标要求我们在语文学习中继承和弘扬中华优秀传统文化，拓展文化视野，增强文化自觉，提升中国特色社会主义文化自信。在语文课堂中植入批判性思维，让学生从小树立正确的价值观，从圣人先贤的故事中学会包容，厚德载物，不以偏概全，不阿谀逢迎，不固执己见，让学生思维的批判性落地生根，能够更加有效地进行语文学习。

例如，在教学口语交际《讲历史人物故事》一课时，为打开学生思路鼓励学生实践，在课堂中开展故事会，鼓励学生选择自己最喜欢的历史故事借助语气、肢体动作生动地讲给同学听。故事会是中年级学生喜闻乐见的形式，不仅能提升学生对故事内容的理解能力和口头表达能力，还可以提升学生的聆听品质。学生在讲、听的过程中思维的批判性得到相应落实的同时还能够主动积累优秀传统文化，这样做不仅可以使学生在获得系统性知识的同时还可以锻炼自身批判性思维的提升。另外，在课堂延伸环节还可以鼓励学生搜集和自己相同姓氏的历史人物故事或将历史人物故事分类：民族气节类、刚正不阿类、勤俭节约类等，巧妙地与中华传统美德相结合，将课堂延伸至生活，这样既能有效指导学生传承优秀的中华传统文化，更可以在学习过程中高效提升学生的批判性思维以便关照自身行为。学生热爱祖国语言文字，热爱中华文化就能更好地传承优秀的中华传统文化，实现学生对知识的主动构建。

在语文阅读教学中教师还应在具体的教学过程中不断研究新方法，将小学语文教学与深度思维型课堂的构建有机结合，引导学生认识到思维能力发展和思维品质提升的重要性，充分发挥语文学科的育人“主阵地”功能，教会学生逐渐学会运用科学的思维方式去指导以后的学习和生活，让思维能力的发展更好地为学生实现自己的人生目标服务，将课堂知识的学习有效延伸到学生的学习生活各个环节当中。

综上所述，构建深度思维型小学语文阅读课堂，教师应充分利用好小学语文课堂丰富多彩的教学活动内容，融入思维的发展与提升，将思维能力的发展与思维品质的提升贯穿语文课堂始终，不但能涵养学生的性情，还能提高记忆力，增加识字量，从而奠定内在气质和文学功底。正所谓“腹有诗书气自华”，教师要创新教学思路，将构建深度思维型课堂纳入课程教育，以点带面、多点开花、以教促学、有机融合，使学生树立实事求是、崇尚真知的科学态度，全面提升语文核心素养，为学生将来的学习和生活打下坚实的基础，最终将祖国的花朵培养为能够担当民族复兴大任的新时代社会主义接班人。

参考文献

[1]王志宏.论小学语文教学中学生思维能力的培养[J].中国校外教育.2014(04).

[2]何艳玲.小学语文是培养学生思维能力的“主阵地”[J].内蒙古教育.2015(17).

妙笔剪裁

点石成金，提炼教材；集腋成裘，丰富材料

天津市静海区子牙镇中学　唐伶灵

摘　要：统编语文教材中的经典篇目，经过合理梳理，巧妙转化，能为议论性文章的写作提供丰富的论据素材。聚焦课本，运用发散思维、逆向思维，灵活巧妙地对材料进行转化，提升材料的运用价值。整合转化作者信息、创作背景、作品内容和关键语句，突出整合材料的经典度和鲜活度；围绕中心缩写或扩展，注重细节处理，让整合转化后的论据素材更丰富多样，更生动鲜活。

关键词：教材经典　关键词语　提炼　整合转化

统编语文教材中，议论性文章强势回归。七、八年级的语文教材中议论性文章较之旧版教材有所增加，九年级上册二、五两个单元全部都是议论性文章，除了旧版教材中的《敬业与乐业》《谈创造性思维》，又新加入了《论教养》《怀疑与学问》《精神的三间小屋》等；在五个写作指导板块中有三个板块都是有关议论文写作的。统编教材对议论性文章如此"偏爱"，既是为了让初高中语文的学习有效衔接，也是在着力培养学生的理性思维，提高学生辨析事理、发表意见主张的能力，以初中所学为基础，更好地完成议论文阅读和写作任务。

议论性文章离不开引经据典。作为论据的素材越鲜活、越经典、越有针对性，就越能有力地支撑论点，证明论点的正确。实际学习中，有些同学不太重视阅读，也不太重视名人传记、社会新闻等素材的学习和积累，因此在写作的过程中，能用于写作的素材寥寥无几，反复使用有限的几个"大众素材"，论据单一老套，乏善可陈，可读性和耐读性很差。要解决这个问题需要学生学会"转弯"，把目光转向课内所学，聚焦课本内容，善于运用学过的素材，做到学以致用；掌握合理梳理教材经典的方法，让整合转化的方法越来越巧妙灵活，以便获得源源不断的论据素材。

深入挖掘文本内涵，才能做到学以致用。首先我们要对教材了然于心，充分理解语文课本各篇目的内容，进而去深入挖掘教材，获得更多的阅读收获.阅读教材时一定要随时进行圈点勾画，标注经典语句语段，并能理清该语句语段可以为证明哪一观点服务，随时记录阅读所得。要在把握内容基础上，深入理解主题，联系生活实际，挖掘文本多层次深层次的意义。深入才能浅出，深入理解才能灵活运用。

分类梳理材料，形成主题体系。为每一类素材确定好关键词语，关键词语一定是

与论点紧密相关的词或短语,关键词语要具备论点中的要素,比如论点是“做人要讲诚信”,那么关键词语可确定为“诚信”,这样梳理时有关诚信的所有内容都可以收纳进“诚信”这个主题或关键词语里面。关键词语可以从经典文段中归纳,可以参考语文教材中的单元导读,还可以从对人物的精神品质思想主张总结中选取,从经典文段中归纳的方法能够锤炼从演绎到归纳的思维能力。读书过程中要把经典篇章转化成论证材料,从中得出该经典篇章可证明哪些观点。比如在读《孙权劝学》时有一段文字“卿言多务,孰若孤?孤常读书,自以为大有所益”,读到这段我们最直接的感悟是“开卷有益”,要克服一切困难读书学习,这是初步的主旨归类,也是进一步加工的前提。我们也可以从中体悟到“朝闻道,夕死可矣”,这种终身学习的精神。更可以挖掘出“读书就是一种习惯,和有无时间无关”,读书是生命的一种优雅的存在方式。这种层层挖掘的分析,加上我们分类归纳的方法,可以让有限的材料发挥无限的价值,论证更多的观点。与情节分析归纳不同,我们也可以从主旨方面分析归纳,许多文本中,作者呈现的精神品质、思想主张穿越时空影响了一代又一代的人。比如在学习《孟子三章》时我们可以归纳孟子的思想主张——施行仁政、民贵君轻、居安思危、贫贱不移、威武不屈、舍生取义等。一个材料包含多方面的思想指向,都堪称经典素材,如果我们选取的关键词语是“居安思危”,那么就可以把所学中与不要沉迷于个人享乐,要有忧患意识,不断发展进步相关的篇章段落梳理进去。新版统编教材采用“人文主题”来组织单元结构,课文选择大致按照内容类型组合,如“修身正己”“挚爱亲情”“科学探索”等,这就为我们提炼关键词语提供了便捷条件。在“修身正己”的单元中我们可以找到有关“诚实守信”的篇章,在“挚爱亲情”中我们可以找到“爱国爱家”“尊长爱幼”的篇章,在“科学探索中”我们可以找到“勇于拼搏”“不惧困难”“孜孜以求”“理想信念”“甘于奉献”“敬业乐业”的篇章。如此我们可以以“诚实守信”“尊长爱幼”“敬业乐业”等为关键词语,然后将经典篇章段落收纳进来。往往一篇文章可以提炼出多个关键词语,所以梳理时要条分缕析有针对性,选择最能突出关键词的文段。比如在整理《邹忌讽齐王纳谏》时,从人物精神品质入手我们可以找到“善于思考”“关注细节”“理性睿智”“心系国家”的关键词语;接着我们选取代表性语段,体现“理性睿智”的笔墨集中在徐公来家后邹忌仔细观察窥镜而自视和暮寝思考的文段处,体现“心系国家”的笔墨集中在进去朝堂去见威王的文段处;最后对应关键词语将内容收纳并整合转化。

课内课外勾连,文本与生活接轨,这样的素材更接地气。有了关键词语和对应的经典文段怎样进行整合和加工,变成自己的论据素材呢?我们以《邹忌讽齐王纳谏》中梳理出来的“心系国家”关键词语和对应文段为例具体谈谈整合转化的技巧和方法。以邹忌“入朝见威王”文段为蓝本,抽取与关键词相关语句,结合自己的叙写重组材料。例如:邹忌从比美的家庭小事得出了“王之蔽甚矣”的重大结论,他从自己想到君王,由小家琐事想到国家大事,把个人命运和国家利益紧紧联系在一起,时刻关注生活中对国家和人民有利的小细节,爱国之情在一言一行中尽显。

巧妙叙写,美化语言,是转化的关键。有了关键词语和对应的篇章段落后,对材料进行整合转化是论据素材获得中最重要最难的环节。统编语文教材中古代散文和诗歌为议论性文章的论据素材提供了丰富的原材料。对这些文本有针对性转化的一个重要途径就是围绕关键词语进行缩减或扩展,为了突出主题、表达得体,要适当加入对比、排比、反问、引用、联想等手法。可以引用原文段中的经典语句加上自己对此的理解和认识,一边引用一边围绕关键词语叙写。其中利用多句名言名句排比突出同一主旨关键词,或者围绕关键词语运用联想、想象进行转化的方法特别实用。比如以“理想信念”为关键词语,我们会梳理出“不畏浮云遮望眼,自缘身在最高层”“长风破浪会有时,直挂云帆济沧海”“会当凌绝顶,一览众山小”“会挽雕弓如满月,西北望,射天狼”等名句,整合时我们可选择引用和排比结合的方法,将它们生成如下素材——理想是“会当凌绝顶,一览众山小”的壮语;理想是“会挽雕弓如满月,西北望,射天狼”的豪情;理想是“长风破浪会有时,直挂云帆济沧海”的豁达坚毅。理想是赤诚之心,是使命责任,是勇毅果敢的坚持,坚定正确的理想,才能激励自己不断进步,收获希望。我们也可以围绕关键词语运用联想进行转化,运用这种方法可以巧妙结合作者经历和作品创作背景,通过合理联想将文段经典语句和作者经历、创作背景巧妙结合,形成多视角、多层次的论据素材。例如:秋风萧瑟中,东征乌桓的曹操登上碣石山,面对沧海洪波,思绪涌荡,他想象着辽阔无边的大海吞吐着日月星辰,浩浩汤汤,无际无边,望向沧海的灼灼目光里闪烁着远大的理想和无限的自信。谪居于巴山楚水二十几年的刘禹锡,在百般刁难里初心不变,他情操高雅、安贫乐道、高洁傲岸,用行动诠释了何谓“惟吾德馨”。宦海沉浮,年过半百的范仲淹接到命令,骑马赴边关,长烟落日下身姿刚健,坚毅果敢,浊酒下肚眺望故园更坚定了保家卫国的信念,“先天下之忧而忧,后天下之乐而乐”的高尚情怀穿越时空,成为一代又一代人的座右铭。苏东坡的一生不是被贬谪,就是在前往蛮夷之地的路上,他不惧人生风雨,总是昂扬向上、乐观豁达,把如晦岁月酿成了豪迈的诗意,把眼前的苟且都经营成了诗和远方。

从文本阅读的此岸出发,活学活用,抵达写作的彼岸,实际是思维的升华。比如对比思维的呈现,以《送东阳马生序》为例,首先找好主题,然后截取片段,接着进行转化。例如截取宋濂从师学习一段,运用对比手法论证“谈气度”——宋濂穿着粗布乱麻破衣裳穿梭在一群华衣美服的同学之间,丝毫不艳羡更不自卑,他深知作为学生比的应该是知识与品行,而不是衣服的华美食物的香甜。他丝毫不觉得“口体之奉不若人”是因为心中有学习的快乐啊!宋濂的泰然自若,刻苦勤奋才是真正的自尊自强,是文人的风骨与气度。另外,学会运用发散思维、逆向思维,多角度思考问题等思维方式,通过灵活巧妙转化,让新材料能支撑论证多个观点;学会将精简、扩展教材经典,用多种写作手法表达技巧把教材经典篇目内容和作者经历与作品背景巧妙结合并整合转化,让论据素材更生动鲜活充满理趣。

精致阅读,深入挖掘,巧妙转化,创新梳理,整合转化后,我们的作文素材库越来越丰富。世界就是一个角度,转换视角,聚焦教材,让熟悉的教材不再陌生,开启创新的思维,让平淡的素材变得与众不同。教材、生活从表面开来都是平凡而普通,正是教师和学生的一支点石成金的手指,可以让这些普通的“石头”熠熠生辉。

参考文献

[1]温儒敏. 义务教育教科书中学语文九年级(上册)[M]. 人民教育出版社,2020.

初中语文阅读与写作教学深度结合的策略探究

天津市静海区子牙镇中学　闫恩钰

摘　要：阅读与写作是初中语文最重要的教学内容，对学生思维品质的提升及文化的理解和传承都有着非常重要的意义。促进阅读和写作的教学深度融合，需要教师在深度理解阅读和写作教学规律的基础上，构建恰当的教学策略，探索高效的教学方法。本文主要从初中语文教学中阅读与写作结合的作用出发，对目前初中语文在阅读与写作方面的教学现状进行分析，探讨促使二者融合的有效策略和方法，从而提高学生的语文学科素养。

关键词：初中语文　阅读　写作　深度结合

在传统的初中语文教学中，常常将阅读和写作作为两个独立的部分进行教学。而随着核心素养的提出，“双新”落地，对培养学生的综合素质提出了新的要求。这就需要教师与时俱进，对传统的教学方式进行改变和创新，尤其是在初中语文阅读与写作方面，需要教师将二者进行有效结合，让学生能够在阅读的过程中积累经验，为写作奠定基础；在写作的过程中深入理解阅读的本质，促进深度阅读和高效阅读。读写结合，在阅读中积累，在写作中应用，相辅相成，互相促进，从而提升学生的综合素养，提高课堂教学效率。

一、初中语文教学中阅读与写作结合的重要性

在初中语文教学过程中采取将阅读与写作整合式教学模式，可以有效地提升学生在读写方面的兴趣。传统的语文教学通常将写作与阅读进行分离，采取独立教学的方式，在这种模式下，学生在阅读过程中的感悟很难通过写作表达出来。而在阅读和写作整合的教学模式下，学生可以通过阅读获取大量信息，积累经验，在写作时才能将自己的感受充分表达出来。因此，阅读和写作在一定程度上是相辅相成的关系。读写结合的教学模式，可以在增加学生素材积累的同时加深阅读体验，更有利于学生良好习惯的养成。并且，有助于提升学生对文章的理解能力，帮助学生正确价值观、人生观和世界观的形成。学生可以从最初的借鉴或者模仿阅读文章的手法来进行写作创作，到最后根据自身的实际情况进行真实的情感表达，形成属于自己的写作风格。

例如，在讲解朱自清的文章《春》时，学生可以先进行自主阅读，粗略掌握文本中内容主旨和写作技巧，并在教师的讲解中深刻领会文本独特的审美情趣和思维品质。在此基础上，可以尝试让学生结合自己的生活体验写《秋》《夏》《冬》。这样由读到写，由鉴赏到创作，可以全面提升学生的学科素养。

二、初中语文阅读与写作教学存在的不足

在传统语文教学过程中，常是以教师为主导，学生缺乏学习的积极性，在阅读时常将自己作为局外人，很难对文章产生情感上的共鸣；而在写作时也无法投入自己的真情实感，在表达手法上更无法做到学以致用，存在读写分离的问题，导致学生所写的文章缺乏感情，显得空洞乏味。同时学生由于阅读兴趣缺失，存在阅读量不达标的情况；即使有部分学生能够进行大量的阅读，但是由于读写分离导致写作水准很难提升。

比如，在阅读完一篇文章后，师生共同分析一些写作手法，如借物抒情、借景抒情、对比、衬托等。学生紧紧为了了解写作手法而学习，没有进行相应的强化写作训练，学生掌握的手法是死知识，没有转化为真正活的能力。因此，在阅读之后要进行恰当的写作强化，避免阅读与写作分离的情况出现。

三、提升初中语文教学中阅读与写作有效结合的策略

1. 通过阅读积累写作素材

阅读中积累词句。摘抄、语言内容。写作素材主要来源于阅读和日常生活中的积累，对于初中阶段的学生来讲，已经具备一定观察生活的以及素材积累的能力，但在写作时却很少有比较新颖的素材出现，反而会出现诸多雷同的现象，这也导致在作文写作上缺乏新意。究其原因主要是由于学生在日常生活中缺乏积累素材的意识。教师经常会鼓励学生去阅读，但却没有告诉学生阅读的真正意义，以及如何进行有效阅读，进而导致部分学生在阅读时只是关注文章的思想和大意，没有养成摘抄的习惯，所以强化阅读中摘抄的意识尤其重要，首先要明确地告诉学生阅读的目的是什么，培养学生素材积累的好习惯，指导学生从阅读中积累语句、词汇以及新鲜的事物等素材，当学生进行写作时，可以有更多的词汇、手法来应用，有助提升学生的写作能力，使文章更加饱满。

阅读中感悟手法。针对托物言志、景物衬托、修辞、细节等手法，教师在进行课堂阅读讲解时，可以对进行深入分析，使学生能够掌握经典手法的使用技巧，同时可以让学生对其进行仿写，以此来加深学生对写作手法的掌握能力。例如，在讲解《济南的冬天》这一文章时，教师可以对文中提到的响晴、空灵、水墨画、澄清、镶边等词语进行重点讲解，让学生掌握词语的使用技巧，体会出济南冬天的独特的美。在这篇文章中有许多对画面的描写都非常生动，比如在文中作者将济南比作在摇篮里的孩子，

使得济南的形象更加的生动可爱，再比如通过拟人的方法将老城比做一个有灵魂的人，睡着、醒着的描写使读者能够轻松地融入其中产生共鸣。教师可以引导学生对文中的语句进行学习，掌握其中的写作技巧并进行仿写练习，以此来提升学生的写作能力。

2. 通过阅读学习写作思路

在语文教学中，学生通常会以教材中的文章作为自己写作的模板，所以在阅读教学过程中，需要加强对文章结构的讲解，通过对文章主体进行概括来帮助学生清晰地了解文章的构思结构以及内涵。学生能够将文章的写作思路吸收并转化成自己的写作思路，以此来扩宽自己的写作思维，从而使学生的写作能力得以提升。

教师在进行阅读教学时，可以对文章进行分类整理，以此来帮助学生对各种文体的写作结构进行总结，帮助学生以此为基础建立自己的写作框架，使写作思路更加清晰。例如在《陋室铭》这一文章中运用了托物言志的写作手法，通过对身边事物的描写来表达出作者的想法和志向，在教学时，教师可以让学生和《白杨礼赞》等文章进行对比性阅读，以此来加深对托物言志这一写作手法的了解，并通过运用这种手法进行写作训练，促进学生学以致用，培养学生的思维能力。

而且，教师还可以通过续写、仿写等创新的方式来提高学生在写作中对阅读的理解能力。例如学生比较熟悉的文章《我的叔叔于勒》，可以在讲解完之后让学生继续补充出“假如于勒叔叔真正成为富豪回来以后的情景”，促进学生的创新。再如可以让学生仿照《从百草园到三味书屋》中对百草园的回忆的片段，强化对运用排比句和心理描写的掌握。另外，《卜算子咏梅》作为比较经典的词，教师可以引导学生对其进行模仿，以此来激发学生的学习兴趣。

3. 在对文章的点评中提升学生的阅读能力

在学生完成写作之后，教师可以引导学生对文章进行自评或者与同学之间进行互评，以此来提升学生的理解能力。对同一个命题的作文，学生可以从不同的视角，对文章的思想感情呈现不同的理解，让学生之间进行交流互评，可以使学生扩宽思路，从写作学习逐渐又回到阅读学习。例如，在学习了《我的梦想》一文后，请学生以《我的梦想》为题进行作文写作，完成写作后，让学生通过自评和互评，加深对《我的梦想》一文写作手法的理解，在点评中提高学生对写作手法的理解，从而提升阅读理解能力，从而促进阅读的理解深刻度，提升学生写作的文学水准。

四、结束语

综上所述，写作与阅读之间存在着自然的联系，阅读与写作教学的有效融合，不但能提升学生的理解能力和写作能力，更能促进学生思维能力的培养，强化审美的理解与鉴赏。在读写结合的协奏曲中，谱写提升语文学科素养的乐章。

参考文献

[1]窦海华. 论初中语文阅读与写作有机结合的教学策略[J]. 天天爱科学(教育前沿),2021(11):2.

[2]胡楠. 初中语文阅读教学与写作教学的有效结合研究[J]. 试题与研究,2021(29):187-188.

[3]谢宽军. 初中语文阅读和写作教学有效结合研究[J]. 学周刊,2021(25):27-28.

[4]郑瑞英. 初中语文阅读教学与写作教学的有效结合探讨[J]. 中学课程辅导(教师通讯),2021(15):57-58.

浅谈初中“散点式”作文

天津市立德中学　马俪真

摘　要：目前初中学生的写作兴趣普遍不高且呈现出逐渐下降的趋势，造成这种现象的原因有很多，如学生不善于调动生活经验而导致写出的文章内容空洞，平时缺少系统的写作思维的相关训练，文章语言不生动不形象等，导致了学生一次次不成功的写作体验，这些都一再打击着学生对写作的自信心。针对这种情况，教师在日常教学中应不断激发学生的写作兴趣。但作为一名教师，传授给学生有效的写作方法是尤为重要，逐步引导学生认识到习作并不是无规可循的。在笔者的写作教学中，就使用了“散点式”作文的方式，逐步让学生学会写作，不断提高写作兴趣。

在本篇文章中，作者分别从什么是“散点式”作文，从立意和结构入手如何写好一篇“散点式”作文以及采用这种作文方式取得的良好的教学效果这三方面出发，系统地介绍了“散点式”作文的操作方法，采用这种方法可以减少学生对写作的畏难情绪，从而激发学生的写作积极性。

关键词：结构　立意　层次　多视角

一、何为“散点式”作文

1. 概念解读

“散点透视”原是绘画的一种技法，即不拘于一个视点，而是采取多视点多角度的方法，在表现景物时，将焦点透视所表现的许多近大远小的景物，用多视点的方法处理成平行的同等大小的景物；与此同时也可以用它来表现空间跨度大的景物的方方面面，将内容丰富的场面散点于一个画面，给予充分详尽的表现，这种绘画技法也可移植于写作。

“散点式”作文是指围绕一个主题，从数个点上进行发散铺排，从而形成若干叙事片段，组合成一篇精美文章的作文类型。这些叙事片段彼此间并无事件间的联系，只是统摄在文章整体的一个焦点之下，使学生在一篇文章中可选取多个人、事、物，形成一个个相对独立的故事。

2. “散点式”作文特征

在传统的“一件事”作文中，学生通常是围绕话题的一个“点”展开来写，学生就会有这样的困惑:单单围绕着一个“点”来写怎么才能使文章写得深刻且生动,否则文章读起来总会觉得有些单薄,甚至立意缺乏深度和广度。面对这种情况采用“散点式”作文这种方法就可以摆脱这种困境。

这种作文形式不但突破了选材视野受到束缚的局限,使学先在空间处理上有了极大的自由度,选材范围更广阔自然,而且还能使文章层次明晰,情感浓郁。

但要注意的是“散点式”作文中这一个个“散点”都必须被文章的中心(即统摄文章整体的焦点)所统摄。这种写法追求的是表面松散而内中见骨,是一种将思考、认识或情结作为中心,围绕这个中心将一个个相对独立的故事片段完美地结合起来的形式。

二、操作策略

写好散点式作文应着重从立意和结构这两点上考虑策略。

1.“散点式”作文之立意

立意即一篇作品所确立的文义。它不仅能体现全文的思想内容,还能将作者的构思设想和写作意图及动机等传达给读者。在“散点式”作文中立意则更为重要,由于文章各个段落之间看上去并没有逻辑上的联系,唯有立意是统摄这些“散点”的焦点。由此看来,在“散点式”作文中立意的好坏决定着作品的成败,那么想使文章的立意更加深刻,关键在于提高我们的思维能力。

(1)立意的思维方法

确定文章较深刻的主旨,鲜明地显示出所要表达的核心思想或主要意向。采用的思维方法有二,一是因果法,二是求同法。

①因果法

如在学生作文《自然需要表达》中叙述了这样三个小片段“小草需要表达”“河流需要表达”“天空需要表达”。那为什么他们需要表达呢?因为自然环境被破坏,小草枯萎,河流堵塞,天空污染。这是采用由果溯因的方法归纳出主题“人类不应该破坏美与健康的大自然环境”。

②求同法

如学生作文《温暖》中写了三个小片段“咖啡℃=温度℃”“尺 H=温暖 H”“空间 V=温暖 V”,这三个片段显示出生活中遍布温暖的现象,揭示了我们应该努力“用眼睛去发现,用心灵去感受”这一主旨,这就是采用求同法来归纳出中心的。

求同法中也可围绕一个“字”来展开,这个“字”可以是文中显示要点的关键字,也可以是成为文眼的一个词或一句话,写文章时要围绕这个“字”多视角地来表现它。

例如有一篇学生作文,题目叫《傻郑枫》,文中写了三个片段,第一个片段是写他在班干部竞选中宁可不当选也不向同学拉选票,他的小伙伴都说他傻。第二个片段是写他当选班干部后，在班委职能分工会上，没有迎合以选票多少来确定班委分工的提议，最终以最高选票数当选了平日干活最多的生活委员，全班同学都说他傻。第三个片段是写他任职后阻止了全班同学添钱凑班费的意见，主动带领同学帮助老师打扫办公室卫生，收集废报纸、废卷子，引导同学在校内外搜集饮料瓶卖废品凑班费，别的班干部都笑他“傻”。一个“傻”字串连起三个片段，在文章结尾处作者提出一个发人深省的问题，“他到底傻不傻呢？大家为什么从心眼里喜欢敬佩一个傻子呢”？文中围绕一个“傻”字，赞扬了郑枫同学为人正直憨厚、不计个人得失的好品质，显现了中心，使文章立意更深刻。

如一位同学的作文《书，你好》，写了三个相对独立的片段：在孩提“草色遥看近却无”的三月，我们相识；在七年级“接天莲叶无穷碧”的九月，我们相守；在未来九年级“晴空一鹤排云上”的六月，我们相约。这三个片段共同汇聚的文章，整体的焦点是书籍伴随着我的生命成长，以“书，你好”这种拟人方式表达出对书籍的感激之情。全文由一个“书”字展开，增加了文章整体焦点统摄的“向心”效果。

这两种立意方法都采用以小见大的手法，即小事情观照大背景，小角度折射大道理，小人物反映大时代，“小”是叙事的抓手，从小事情谈起，从小角度切入，从小人物的表现来衬托出大背景，透析出大时代，分析出大道理，使立意深刻、鲜明。

2. 规范散点式作文结构，完善“3+2”模式

作文的主体部分一般为三段，再加上开头结尾两段，就形成了完善的“3+2”作文整体结构。其中的“3”共 510 字，每一个主体段是 170 字左右（包括中心句 15 字左右，片段叙事 130 字左右，段末总结句 25 字左右），其中的“2”共 90 字，包括开头段，结尾段各 45 字左右。接下来详细介绍这三大部分的具体写法。

（1）文章的开头段

①篇首标目

也就是平常所说的开篇点题，作文开头使用首括句来点明主旨与后文形成先总后分的结构布局。

如半命题作文《记忆中的_______》，学生补题为《记忆中的老蒲扇》，作文开头段开门见山“外婆那把老蒲扇是我最温暖的记忆，我的思绪又回到了那个老院子，我的目光又落到了躺椅旁那把老蒲扇上”通过点题，单刀直入，使记叙的内容集中而鲜明。

如一篇学生的作文题目是《我的深深脚印》，文章开头点题的首句是“回想走来的路，有芳草也有荆棘，有阳光也有风雨，留下一串串深浅不一的脚印。脚印中有挫折，有努力也有成功，这些脚印是人生经历，是一笔宝贵的财富”。文章主体部分则围绕“挫折、努力、成功”三方面来写，段落中的内容与开头的总括句呼应衔接，使文章条理清晰，中心鲜明。

②设计一个小巧的题记

若不用开头段,也可以设计题记来替代。题记往往是富含哲理的议论语句或饱含情感的抒情语句。

如作文题目《相信自己》,有一位同学的议论式题记为“不要抱怨自己的命运,我们都是上帝的宠儿;不要畏惧山外的山,人外的人;你就是山外的山,人外的人”。

又如作文题目《在风雨中》,有一位同学的抒情式题记为“那风雨怎么会忘记,闭上眼就会想起;那风雨埋藏在心底,欲倾诉却只能借助纸笔……”写题记时需注意一要显豁明白,不能晦涩难懂。二是要切题,最好能起点题作用。

③用概括性语言直接入题,引出下面三个板块式主体结构

如作文题目《青春的回忆》,一位同学的开头段仅以 56 字,“物换星移,我已在学校度过三年时光。闭合双目,脑海中关于校园的镜头慢慢拉长,那是一场青春舞剧,而登台的,却是成长中的自己”。这段入题文字直接简洁,是个很好的例证。

(2)文章的结尾段

文章的结尾段一般是通过抒情或议论来卒章显志,这种方法能把主题思想表达得显豁突出,给人深刻的印象。其具体写法有四类:一类是结尾扣题,二类是结尾处以含蓄的语言暗示中心,三类是结尾处运用了议论句直截了当揭示中心,四类是结尾处升华,拔高中心思想。用哪种方式更合适要根据文章具体情况而定。

(3)文章的主体部分:构建板块并列式主体结构

散点式作文的主体结构一般是由三个板块形成的并列式结构。这种结构的呈现方式一般有 3 种:小标题引领、中心句导航、哲理句作结。下面分别阐述:

①小标题引领

在每个散点板块前加小标题,引领整个段落,并起点题作用,又省去过渡句的麻烦,还使板块内容明晰,各板块结构清楚。

如半命题作文《留住那份____》,学生补题为《留住那份执着》,主题部分设计了三个小标题“假期中的执着”“跑道上的执着”“台灯下的执着”,这些小标题不仅起到很好的点题作用,而且将目光聚焦在紧张的中考复习上,表现出同学们昂扬振奋的学习状态。

如一篇学生的作文题目是《我的深深脚印》,三个小标题分别是“脚印中有挫折”“脚印中有努力”“脚印中有成功”,段落中叙述的内容与开头段呼应衔接,使文章条理清晰,中心鲜明。

②中心句导航

这是在每个散点板块内容的开始写出中心句,可以点明话题,也可以引出所写的主要内容。

如作文题目《我爱我的乐园》,学生在三个主体段分别设计了三个中心句为“我爱我的乐园,她是我幸福成长的摇篮”“我爱我的乐园,她是我消除疲惫的驿站”“我

爱我的乐园,她是我回避烦忧的港湾”,这三个中心句写出了小时候爷爷带我在小区内玩耍的小广场,即文中的这个乐园,学生对这个乐园的一往情深,从不同角度写出这个小广场令我怀旧,劝我休息,帮我宁静的功能。

③哲理句作结

这是在每个散点板块内容的末尾,通过抒情议论式语句表现哲理,点明或深化文章的主题。

如在作文《感悟美丽》中,学生在第一个主体段,描写的是在教室里讲课讲得激情四射的老师,对应的结尾句是“原来美在于奉献之中。奉献中的美,是‘春蚕到死丝方尽’,胜过所有的浓妆艳抹”。在第二个主体段,描写的是在田野里头顶着烈日劳作的农民,对应的结尾句是“原来美在劳动之中。劳动中的美是‘汗滴禾下土’,胜过无数金银珠宝”。在第三个主体段,描写的是在车站前等我一同上学的伙伴,对应的结尾句是“原来美在诚信之中,诚信中的美是‘一诺千金’,胜过多少诱人的华丽言语”。这三个结尾的议论句,阐明了美在于奉献,劳动和诚信中的哲理,突出了中心。

以上三种方式可以单独呈现,也可以在每一板块中综合使用。最常见的方式是“中心句导航+哲理句作结”的形式。

如例文《以梦为马,不负韶华》这篇作文中,此作文的中心句、结尾句都采用设问句的形式,构成主体部分,从而形成三个排比段的格式,开头每段都以设问句“你还记得吗?那抹光,那是……”的形式构成主体部分,三个排比段中的中心句分别是“那是清晨教室里白色的灯光”“那是楼道里唯一亮起的办公室的光”“那是放学后操场上洒落的余晖”,引出每一节的话题内容“同学们早自习上的勤奋”“语文老师下班后的勤劳”“我们黄昏后的长跑锻炼”,写出学校里大家为了不负韶华是怎样奋斗的。结尾处仍用设问句“累吗?当然累,但……”的句式引出表达思想的作结哲理句,“那是我们的梦”“怎能辜负老师们的期待”“那是青春的模样”,这三个小结句都在紧扣“大家以梦为马而奋斗”。这样不仅使每个小节首尾各扣段落话题的要点,而且三个主体段一起扣住题目,突现了毕业季我们不负韶华的有意义的生活。

④变体形式:“散+纵”

是以话题的原因角度进行演绎。主体部分的结尾以改变关键词的小结句扣题,最后通过深刻的整体议论凸现主题,纵向深化,这是一种“散+纵”的形式。

如例文《我爱这黑色的六月》,两个主体段每段都以因果句“我爱这个六月,因为……”的句式引出“我们顽强地迎接挑战”和“父母师长用爱心浇灌”两个节次的话题内容,而这两段结尾的小结句以“这个充满……的六月,我喜欢!”的句式,改变关键词(“充满挑战的,充满温馨的”)的形式,突出各小节内容,进行扣题。而在此后的第四节,不再引个别原因,而是通过深刻的整体议论,凸现主题。在这段议论中,作者巧妙地转换角度,在众多学子眼中的“黑色六月”变成“红色六月”,这是运用逆向思维,使立意新颖,且在散点结构的基础上进行深化。

三、教学效果

教师通过发展性评价的方法,对学生的写作结果进行分析,明确了散点式写作所取得的良好效果,大大调动了学生的写作积极性。散点式作文的运用,有利于激发学生的自我评价,学生在学习后能够进行自我反思,认清散点式作文在考场作文中,可以快速确定立意与建构文章结构,初步让学生脱离了写传统“一件事”作文时,无话可说,叙事毫无波澜,作文写得不生动不深刻的烦恼。

通过散点式写作教学,拓宽了学生的阅读面,提高了学生的逻辑思维,对日后的议论文写作打下基础。总之,在初中记叙文习作教学中运用散点式,能够立足教学实际,发散学生思维,达到初中生的写作水平,实现初中生写作的多元化。

参考文献

[1]严晗.让题记活画出习作的灵魂[J].中学语文园地:初中版,2004.

[2]董红楠.现代与传统的碰撞——探究新形势下语文教学的灵魂[J].速读(下旬),2018.

[3]舒晓芳.让细节照亮你的文章[J].学周刊A报,2011.

[4]薛海荣.初中记叙文写作有效性初探[D].硕士学位论文:上海师范大学,2015.

[5]王海娇.农村中学读写一体化教学策略的研究——以围场县朝阳湾中学为研究对象[D].硕士学位论文:河北师范大学,2016.

[6]刘晓磊.归纳法和演绎法在记叙文写作教学中的应用——以描写写作教学为例[D].硕士学位论文:华中师范大学,2018.

[7]李萌.涞水县B中学初中记叙文写作构思的调查研究[D].硕士学位论文:中央民族大学,2017.

巧借家乡资源提高农村孩子写作能力

天津市武清区大黄堡镇初级中学　李明春

摘　要：现在农村多数初中学生，对写作缺乏兴趣，常常是为文编事，为文造情。究其原因，是农村初中学生，生活体验少，素材库空乏，情感不丰富，语言较匮乏。为了解决这些问题，真正提高农村初中学生写作能力，我想到了巧借家乡资源，开展丰富多彩的语文综合实践活动。活动中，我带领学生走近家乡湿地苇荡，亲近家乡历史文化，走进家乡新农村社区，关注家乡社会热点，引导学生关注自然风光，关注民风民俗，关注家乡变化和社会热点。这不仅丰富了学生的生活体验、写作素材，还丰富了学生的真实情感和写作语言，让学生能够记录真实生活，抒发真实情感，表达真实爱憎观点，从而真正地提高农村初中学生的写作能力。

关键词：　家乡资源　语文综合实践活动　语文素养　写作能力

新《课标》指出："写作是学生运用文字表达和交流的重要手段，是认识世界、认识自我、进行创造性地表述的过程。"由此可知，学生的写作能力是语文素养的综合体现。在作文教学过程中，教师应该引导学生关注社会，观察生活，体验生活，丰富情感，通过写作记录真实生活，抒发真实情感，表达真实爱憎观点。然而，现在农村多数初中学生，对写作缺乏兴趣，常常是为文编事，为文造情，写作内容空洞，丢失了"真情"，缺少了"实感"，丢失了"纯真"，缺少了"自我"。究其原因，是这些学生，生活体验少，素材库空乏，情感不丰富，语言较匮乏。为了解决这些问题，让农村初中学生爱上写作，乐于写作，真正提高学生写作能力，张扬学生个性，提高学生语文素养，我想到了巧借家乡资源，开展丰富多彩的语文综合实践活动。在探究与实践的过程中，我认真分析家乡特点，充分利用家乡已有资源，积极开发潜在资源，引领学生走出课堂、走出学校，走出封闭的狭小圈子，引导学生走进自然，走进历史，走进社会，关注自然风光，关注民风民俗，关注家乡变化和社会热点。我具体做了以下尝试：

一、走近湿地苇荡，发现家乡自然之美

生命源于自然，大自然就像我们的母亲一样，孕育了我们的生命，给予了我们一切，她是我们习作的一个重要"能源库"。我的家乡坐落在天津市武清区大黄堡镇，这里地势低洼，故有"大洼"之称，但它又素有"鱼苇之乡""北方小江南"的美名。这

里到处是芦苇，沟河处处，水波渺渺，一片水乡湿地润泽的景象。置身湿地，有花有草，有鱼有鸟，还有成片成片的芦苇，真是一幅人与自然和谐共生的美好画卷。家乡的湿地，有着我们取之不尽，用之不竭的写作资源。因此，我巧借家乡湿地资源，开展了“走进家乡湿地的四季”“倾听芦苇拔节的声音”“寻找湿地神秘之客”等语文综合实践活动。

这些活动，为学生创造了在繁忙的学习生活中，亲近自然的机会，让他们充分地体会到，大自然带给他们的美感，激发了他们写作的欲望。孩子们有的想把看到的湿地美景，感受到的童趣快乐一起分享：“初春，一根根刚刚芦苇嫩芽，不甘寂寞地刺破水面，指向天空，在春雨中亭亭玉立，在春风中倩影婆娑，它们将寂寞了一冬的荒原水泽悄悄染绿，这里成了禽鸟游鱼的天堂，游鱼嬉戏，飞鸟和鸣。不过它也没有忘记带给孩童们些许的快乐，待苇叶舒展，长得宽厚些，摘下一片卷成喇叭状，再把细小的一端捏成菱形，吹出像老黄牛低沉悠长吟鸣似的声音，这声音里蕴藏着一种古朴而纯真的美好！”有的则想呼吁人们爱鸟、护鸟：“浩瀚的苇荡，荡漾着波澜，宛如一片绿色的海洋，不知疲倦地张扬着生命的活力。苇荡深处不时地传来几声鸟儿的啼鸣，真是带给了我十二分的惊喜，轻轻将手掌一击，几只鸟儿便扑腾着翅膀次第飞出苇荡，追寻它们的身影，我们又发现了更多水鸟的身影，白鹭、白鹳、白鹤、天鹅，它们自由闲适地在沼泽游走，看到这些神秘的客人，栖息在我们的湿地，我们是不是该为他们做些什么呢？让我们行动起来吧！一起爱护它们，保护它们！让这些神秘的客人常来我们的湿地做客。”有的则是从大自然的景物中，得到了人生的启迪：“冬天，冷岸寒塘，劲风呼啸，干透的芦苇毅然决然地挺立着旗帜般的枝叶，似乎在向人们昭示着它的成熟，但更像是在启迪人们，不管什么境遇，都要挺直腰杆，做一个有骨气的人。”

二、亲近历史文化，领略家乡风土人情

我的家乡历史悠久，文化底蕴深厚，民俗风情浓郁。这里流传着燕王扫北的传说，这里传颂着抗日英雄的故事，这里是书法大家孙伯翔老先生的故乡，这里传统节日的习俗代代相传……家乡的历史文化，家乡的风土人情，为农村孩子提供了取之不尽，用之不竭的写作资源。因此，我巧借家乡历史文化资源，开展了“寻访家乡名人”“走进家乡节日”“民间采风”等语文综合实践活动。

这些活动，为学生提供了了解家乡历史文化，领略家乡风土人情的机会。活动中他们搜集了家乡的民间故事、方言俗语，丰富了自己的知识，扮靓了自己的语言，他们还在动手实践中，体会到了家乡人的淳朴善良。夏季是苇叶生香的季节，空气中到处弥漫着淡淡的苇叶清香。正值端午，我带领学生走出课堂，走出校园，走进苇塘，走进农家，用亲手采摘的苇叶和那些巧手的农妇们学着裹成各种馅料的粽子。煮熟后的粽子小巧可人，粽香撩逗着孩子们的“馋虫”，但是农妇告诉他们，要先送给邻家老者和敬老院的老人品尝后，才可以自己享用。“走进家乡节日”这一综合实践活动不仅

让孩子们体验了动手制作的快乐,更让他们感受了家乡敬老爱老淳朴的民风,也激发了他们的写作欲望。孩子们妙笔生花,写出这样的文字"端午前夕,苇叶生香。我和小伙伴们,将那些宽大的苇叶采摘回家,为了增加它的韧性,用清水冲洗后,还要放在滚烫的热水中煮上一煮,顷刻间,锅中的苇叶便翠绿而柔韧。用这些煮好的苇叶,将浸泡后松软洁白的糯米,配上红枣、蜜枣、豆沙,包裹成三角锥形,放在旺火上煮熟,便成了香飘四溢、味甘可人的粽子,拿上几个送予邻家老者,这淡淡的粽香里浸着家乡人的淳朴善良!"

三、走进新农村社区,感受家乡的日新月异

叶圣陶先生曾经说过:"生活如泉源,文章犹如溪流,泉源丰盈,溪流自然活泼地昼夜不息。"由此可知,生活是农村初中学生写作的又一"能源库",尤其是丰富多彩的社会生活。引导学生接触社会生活,关注社会生活,不仅可以拓宽学生的写作资源,还可以拓展学生的写作视野。教师要把语文教学引向广阔的社会生活大课堂,要让学生学会观察生活,体验生活,思考社会生活中的一些问题,表达真实的爱憎观点。我镇是"新农村建设"示范镇,积极响应"创建文明城区"号召,全力推进新农村建设,不仅改善了百姓的居住条件,还改善了百姓的居住环境,给我镇带来了日新月异的变化。据此,我开展了"走进新农村社区""探寻家乡十年巨变""新农村建设知多少"等语文综合实践活动。

课余时间,我组织学生参观了新农村社区——朝阳里小区,看到小区内宽阔整洁的柏油路,高大整齐的居民楼,楼前楼后成片的绿植花树,宽敞美丽的活动中心,学生们情不自禁地说道:"家乡真美啊! 家乡的变化真大啊!"我随即组织学生成立探访小组,开始了实地调查,他们利用周末的时间,再次走进社区,走进住户,访谈居民。活动中,他们了解并统计了家乡近十年有哪些巨变之处,并通过认真思考,同学之间交流,深刻地认识到家乡近年来快速发展与党和政府对农民的重视是紧密相连的,这是农村向城镇化发展的必由之路。活动后,孩子们用笔记录了他们的参观感受:"春日里,我们参观了新农村社区。步入社区的大门,一条光滑平坦的柏油路通向社区深处,路的两旁矗立着一排排高大整齐的居民楼,楼前楼后到处都是花树,春日的花朵爆满枝头,红的像火、粉的像霞、白的像雪。一缕春风拂过,带着淡淡的花香。树下是闲谈的居民,他们个个喜笑颜开。看着他们幸福的样子,我不禁感慨,社会主义新农村建设,把农村和城市的距离拉得更近了,增强了农民的获得感、幸福感、安全感。国家富强,百姓富足,这都是党的政策好啊! 愿社会主义的春风越吹越远,越吹越暖。"

四、关注家乡社会热点,拓展学生写作视野

社会热点,指某一时期内,发生在社会中的,引起各界广泛议论、关注而成为"热点"的事件和问题。它有一定的时效性,与现实贴近,直接或间接地影响到我们的实

际生活,更容易引起学生的关注。教师要引导学生正确关注家乡这些贴近现实、反映现实的社会热点,因为这些社会热点不仅能激发学生的写作兴趣,丰富学生热爱家乡的美好情感,还能拓展学生的写作视野。2005年,湿地国际组织中国办事处考察团实地考察了大黄堡湿地。专家组认为,大黄堡湿地堪称当今世界湿地中的瑰宝。为充分保护好这一珍贵的湿地资源,在天津市林业局的大力支持下,武清区政府及区林业局,认真谋划,明确职责,制定了大黄堡湿地自然保护区实施意见,科学做出创建规划。与此同时,进一步加大执法力度,联合开展打击乱捕乱杀鸟类、破坏生态环境的行为,爱护鸟类、保护环境已经成为干部群众特别是当地百姓的自觉行动。经过几年的努力,家乡湿地的生态环境得到进一步优化。据此,我巧借家乡这一社会热点,开展了"绿水青山就是金山银山""保护湿地生态,爱我美丽家乡""我为家乡建设献力量"等语文综合实践活动。

活动中,我带领学生走出课堂,走出学校,通过参观、访问、社会调查等方式,让学生接触社会,开拓他们的知识领域,拓展他们的写作视野,丰富他们的情感,激发他们的写作欲望。孩子们握紧手中的笔,有的写道"家乡湿地,美景如画。潺潺溪水,悠悠苇笛,野花芳草,水禽珍鸟,扬扬苇絮,银装素塔。湿地是祖先留给我们的瑰宝,带给了我们快乐,带给了我们富饶,让我们传承美德,携手保护家园,爱我家乡,大美湿地。"有的写了"保护湿地生态,爱我美丽家乡"倡议书,有的写了"爱鸟护鸟"倡议书,还有的写了"保护湿地"宣传语,孩子们热情高涨,争着为家乡建设献力量。

总之,教师要善于巧借家乡的自然资源、历史文化资源、社会资源,开展丰富多彩的语文综合实践活动,引领学生走出课本、走出课堂、走出校园,走进自然、走进历史、走进社会,关注自然风光、关注民风民俗、关注家乡变化和社会热点,丰富学生生活体验、丰富学生写作素材、丰富学生的真实情感和写作语言,让学生能够记录真实的生活,抒发真实的情感,表达真实的爱憎观点,从而真正提高农村初中学生的写作能力。

参考文献

[1]顾之川. 中学写作教学的基本任务[J]. 中学语文教学参考. 2008(08).

[2]张碧琰. 农村高中作文教学对策初探[J]. 文学教育(上). 2013.

[3]全日制九年制义务教育语文新课程标准[M]. 北京:人民教育出版社,2013.

[4]叶至善. 叶圣陶集[M]. 江苏:江苏教育出版社,1988.

应生活之用　抒心灵之情
——基于双减政策下二年级写话教学的思考与实践

天津市西青区逸阳文思学校　陈　芳

摘　要："学然后知不足，教然后知困"。随着二年级统编教材的深入实施，写话的教学内容也在逐渐增加，成为语文教学中的重点内容之一。而由于低年级学生"多识少写""语言转化""缺乏积累"等因素影响，也使得写话教学成为一个难点。如何在"双减"政策下培养、呵护学生对写话的兴趣？怎样才能在生活中实现写话教学？怎样才能真正达到"减负增效，快乐教学"的学习目的？通过不断思考、教学实践与反馈，创设教学情境、拓展教学思路、完善教学方式，鼓励学生们积极地观察、发现、记录，大胆表达自己的所见所闻、感受与思考、愿望与祝福、情感与创造。引导学生把"写话"当作是发现生活，抒发情感的窗口，激发学生的写话欲望，帮助学生开启一扇有趣的写话大门，将"写话"应生活之用，依"写话"抒心灵之情。

关键词：　统编教材　写话教学　减负增效　兴趣　实践

"减负"，减的是不合理的学业负担，重复低效的作业，重复低效的学习活动及影响孩子们过重的心理负担。"增效"，则是要抓减负之根，也就是遵循认识规律、提高课堂实效；抓减负之魂，也就是培育学生身心健康，全面发展。认知规律体现在教学上是由对教师教的研究转向对学生学的研究，以学生为主体。教学中不仅研究学生的认知过程、认知策略、认知条件等，还研究认知活动展开的支持系统如情感、知识等。因此，在课堂教学中，从学生认知规律入手进行教学，注重激发学习兴趣让学生经历"问题"解决的"过程"，才能切实做到"减负增效"。

"双减"，减轻了学生过重的作业负担，减去了校外培训负担。但政策实施初期，很多家长认为这样孩子的学习时间少了，课外辅导也没有了，不利于孩子的学习。对于教师来讲，也面临着前所未有的挑战，以前教不好，学生可以找培训班去补习，而现在，如果教师教不好，那学生真是"无他路可寻"。所以教师要不断提高教学能力，把关注点落在课堂效果上，向课堂分分钟要效率，才能实现"轻负担，高质量"。与此同时，教育也迎来了新的机遇，"双减"让学生彻底回归主阵地——学校，主战场——课堂。没有了过多的重复性作业,没有课外培训班的重复性教学,学生自己掌握的时间相对多了,可以有更多的时间巩固基础知识、培养对语文兴趣;有更多的时间拓展阅读、延伸积累,作为语文教师,要抓住机遇,引导学生去仔细观察、用心思考、用笔记录,引导学生学以致用,在写话中抒发自己的真情实感,在写话中放飞儿童的梦想,在写话中获得愉快的情感体验和回味无穷的精神滋养。

《义务教育语文课程标准(2011 年版)》中指出第一学段(1 至 2 年级)的写话教学目标“对写话有兴趣,留心周围事物,写自己想说的话,写想象中的事物。”强调培养写话兴趣是打开儿童习作大门的第一把钥匙。中国传统语文教学经验也认可开笔时要鼓励学生大胆写,放开言路,不受约束。但在现实的学习生活中,我发现很多学生很喜欢表达,但是对于写话却是“望而却步”,这让我深陷思考,怎样在落实“双减”工作的前提下培养学生们的学习兴趣?让学生从内心对写话温柔以待呢?

一、融入情境教学,打造智慧课堂

写话教学中重视学生的学习主体,写作主体的地位,要创造性地使用统编教材,并根据学生的学情特点,展开精心设计,组织课堂教学,在学与教的相互作用中,学习语言表达的范式,迁移运用语言,并根据语言表达的规范要求输出自己的所见、所闻、所思、所想。而由于低年级学生“多识少写”“语言转化”“阅读量小”“缺乏积累”等因素影响,在写话的时候经常会出现语言贫乏、用词不当、语句不通顺等现象,所以在二年级写话教学中研究学生的写话困难,确定针对性的教学目标和教学内容,才是写话课程的基本要义。统编版二年级上册第七单元《看图写话》教学中,我利用百变“孙悟空”的概念,打造智慧课堂。第一,设计“火眼金睛大比拼”环节,引导学生仔细观察书中的插图,先说一说小老鼠、大猫的表情是什么样的?从中能感受到什么?再引导学生观察整个图片,从中看到了什么?猜一猜他们之间发生了什么事情?鼓励学生大胆想象,畅所欲言。第二,融入情境教学,模拟现场,学生通过“角色扮演”体验,大胆发挥想象,续编故事,然后引导其他同学将表演者续编的故事口头叙述,将看到的内容转变为文字语言表达出来。第三,引导学生说完整的话,增加关联字,使语句表达更完整、更通顺。第四,当堂写话,教师巡视,关注个体差异,一对一辅导。整个教学环节丰富、有趣,学生们在课堂上的表现积极、活跃,写话也完成得很出色。

二、融入校园生活,使写话无处不在

在新教育时代中“双减”政策强调的是对育人方式的改变,减轻学生在学习过程中的作业负担,在这种背景下高质量的育人方式是教学过程中的必然要求。将教育融入生活,才能从根本上促进“双减”政策的落地。怎样才能在生活中融入写话教学,使孩子们潜移默化地爱上写话呢?

我是一名语文教师,同时也是一位班主任,在日常的学习生活中,与学生们的沟通比较密切，这为我将写话教学融入校园生活提供了便利。为营造一个自然、轻松、温馨的写话环境，我在班级里设置了一个“感谢信箱”，用来让孩子们记录生活中发生的点滴美好，可以感谢一个人，可以感谢一件事，还可以记录自己的心情；可以是一句话，更期待一段文字。当我正式宣布这个活动的时候，同学们都很兴奋，每个人的眼睛里都充满了对活动的好奇与参加的渴望。此后，在课间出现了很多投递感谢信的身影，更让我感到惊喜的是，我看到了很多抵触动笔的孩子们也纷纷拿起了笔，记录下了自己身边的美好。活动一周后，共收到感谢信20余封。与此同时，我利用周一班会的时间宣读感谢信，鼓励同学们都能拥有一双发现美的眼睛。这样写感谢信的人及被感谢的人身心都备受鼓舞。活动开始时，我会大力表扬写感谢信的每一位同学，以此来保护好他们对于写话的积极性。随着活动的持续展开，我基于《语文课程标准》(2011年版)的另外两个教学目标——“在写话中乐于运用阅读和生活中学到的词语；根据表达的需要，学习使用逗号、句号、问号、感叹号。”设定更高层次的活动要求，鼓励学生们借助统编教材《语文园地》中的“字词句运用”栏目，引导学生运用上学过的四字词语、恰当的形容词等，使句子更具体、形象，并语意表达时要注意语句通顺、没有错别字，做到标点符号使用正确，逐渐培养学生的写句能力。

儿童观察力影响着写话教学，而教师是否依据儿童认知发展特点制定教学目标开展写话教学活动，影响着教学课堂效率，更是学生写话水平能否得到提高的重要方面。低年级学生观察随意性较为明显，他们以无意注意为主，有意注意保持的时间较短，不能有效进行注意的转换与分配。因此，在日常的学习中，我致力于引导学生将日常观察与学科学习联系起来，培养学生善于运用有意注意进行有目的的观察。活动至今已持续一年多的时间，在活动中，班级里各种积极的、新奇的刺激引发学生的有意注意的分配，促进学生观察力水平的不断提高。

三、融入生活，让写话成为一种习惯

在“双减”背景下，小学语文教师要把握好“减”与“增”的辩证关系。“减”的是不加思考的强制灌输，“减”的是繁重的作业负担，而教学质量不仅不能减，还要在减轻学生作业负担的前提下，利用有限的在校时间适当地“增”。解决这些问题的途径是让生活融入写话课堂，让写话寓于生活之中。所以，培养学生观察事物的习惯及写话习惯，是学生写“活”作文的关键。二年级写话教学的直接成果是一篇篇写话，而更重要的成果却是养成良好的写话习惯。基于此，我致力于培养学生养成良好的写话习惯。“一次示范”，帮打开了这扇大门。我习惯写日记，记录一天的得失，记录身边的美好，记录生活的点滴。一天早晨，我利用早自习的时间给学生们读了一篇我记录的“拔河比赛”。这次比赛通过我们师生的共同努力获得了第一名，当我读到精彩片段的时候孩子们都欢声笑语。借此，我对孩子们说“我写的这篇日记不是为了完成作业，而是想记录发生在我们班的喜怒哀乐，这样写出的内容是有灵性的，有生命的,会哭会笑,会打会闹。"有的孩子惊奇地叫道:"陈老师您还写日记啊",我说:"对啊,日记是我的朋友,它能表达内心的思想及情感。我们要不要一起试一试?"这时孩子们异口同声地说:"好!"

我们班的"日记生活"开始了。我准备一个日记本,按照学号顺序每位同学担任一天"班级最美发现者",记录当天班级里发生的美好,训练他们拥有一双会发现的眼睛,并于每天早自习由"最美发现者"宣读日记。起初,我鼓励学生们积极地观察、发现、记录,大胆表达自己的所见所闻及内心的情感,引导学生把"写话"当作是发现生活,抒发情感的窗口。后来,基于"感谢信"的训练要求,从用词"准确",延伸到语句"通顺",再提升到段落内容表达清晰,最后引导学生运用上学过的比喻句、拟人句或《语文园地》"日积月累"栏目中的谚语、名人名句,并增加一些自己内心的感想,使日记更加有力、有魂。

附:学生日记

2020年5月10日　星期一　晴

今天由我担任二年六班"五美少年"的发现者,我发现班级最美的人是戴xx。早自习的时候,她发现赵xx很着急,于是,她走上前问:"赵xx你怎么了?"赵xx说:"我今天忘记戴红领巾了。"她说你先别着急,然后,她立刻从书包里拿出一条红领巾给赵xx说:"我多带了一条红领巾,你今天先用我的吧。"赵xx说:"谢谢你,明天还给你。"戴xx说:"不客气。"在生活当中我们要向戴xx学习,助人为乐的精神。助人为乐是一种美德,能让同学之间好好相处,也能让自己的心灵充满快乐与善良。此时,我想到了一句话"予人玫瑰,手有余香。"

陶行知先生提出:"行是知之始,知是行之成",也就是说知识来源于生活,在生活中要运用知识。当孩子们在"真生活"中融入"真情感"去完成一篇"真写话"的时候,才会真正感受学习的意义,才能真正实现自主、自愿的学习目的。

四、懂得欣赏与赞美,使学生的写话热情永远燃放

苏霍姆林斯基说过:"成功的欢乐是一种巨大的情绪力量,它可以促进学生好好学习的愿望。"希望成功是人的一种心理需求。没有什么比成功更能激发起进一步追求成功的努力。所以,在每一次的写话活动后,我都会开展"评作"活动。

首先,我会语言表扬每一位敢于动笔的学生,并给予学生相应的小奖励,书写感谢信的同学们都能获得一枚"感动班级小印章",如果在感谢信的内容中运用上学过的四字词语、恰当的形容词、语句通顺、没有错别字、语意表达清楚、并且标点符号使用正确,则可以获得两枚"感动班级小印章"。"最美发现者"活动日记难度有所增加,奖励也随之增加,按时完成的同学可获得两枚"感动班级小印章",如果运用上学过的比喻句、拟人句、谚语、名人名句等内容的活动日记都能获得三枚"感动班级小

印章”。以此类推,集满10枚小印章的同学都可以向老师换取喜欢的小礼品。

其次,我会利用辅导课的时间,引导学生欣赏优秀的写话作品,先让小作者读给大家听,再将作品投屏到黑板上,让同学互评,引导学生们欣赏文章中的佳句妙文,并给予掌声鼓励,利用看得见、摸得着的榜样力量唤醒学生的写话动机与才情,激发他们的言语表现欲,为下一步的写话埋下一个“兴奋点”。

五、懂得表达和交流,收获与他人分享写话的快乐

叶圣陶先生说过:“写话就是用笔说话。”写话是运用语言文字,学会表达和交流,是儿童成长的重要历程。这在儿童心理上也是一种满足归属感的需要,让自己能够产生影响他人的自豪感,同时在交流和互助中提高了人际交往能力。教师只有把学生自主的行动融入整个教学过程中,才会最大限度地激发学生的学习热情,变被动灌输为主动输入。

在我的教学实践中,无论是“感谢信”还是“班级日记”都不是一项被迫完成的作业,而是一份展示自己、发现他人、期待与大家分享的作品。孩子们期待每天早自习的时候读出自己发现的“班级的美好”,听者更好奇这份“神秘的美好”会“花落谁家”?孩子们期待在每周一班会课上,听到振奋人心的感谢信,看到“被感谢者”的笑容,更渴望与全班同学一起分享这份美好与感动……在“读写话”的过程中,他们不仅克服了羞怯的行为表现,更让我兴奋的是,他们能发现自己“作品”中的小毛病,比如说漏字、错字、用词重复、缺少标点符号等。当然,带着这份热情,课下对“作品”的修改也是他们自觉、自愿完成的事情了。所以,“读”也是儿童写话起始阶段不可或缺的一个环节,把作品读给大家听,更利于交流、彼此习得。

在二年级下册第六单元写话练习中,这一教学方法得到了有效的应用,再一次激发了同学们的写话热情。我鼓励孩子们创设自己喜欢的写话卡片,并将自己想问的问题写在卡片上,同时将问题的答案写在不同形式的卡片上。课下,我在班级里创设了“写话专栏”,并将学生的作品用照片夹都固定在写话专栏中,形成一个有创意的“展示小天地”,孩子们的卡片都很精美、别出心裁,大家都很积极地与同学们分享自己的作品。这种形式唤起了同学们的学习兴趣,课下,大家都纷纷前往“展示小天地”欣赏作品、寻求答案。这个活动的开展,不仅帮助学生增长了课外知识,还为学生的下一步的写话作了充分的积淀,可以说是一个更大的“兴奋点”。

写话的兴奋点就是取之不竭的写话金矿,而语文教师的责任就是引导、帮助学生们挖掘自己的写话金矿。我期望通过我的思考与实践,把益智游戏引入课堂,让孩子在玩中学习;在求知中获得成功感,在竞赛中获得自豪感;在思维求解中得到心灵的快乐与满足,将教学融入生活,致力于运用一切教学资源,做课堂教学质量的“加法”,减轻学生学习负担,寓教于乐,激发学生的写话欲望,帮助学生开启一扇有趣的写话大门,将“写话”应生活之用,依“写话”抒心灵之情。

参考文献

[1] 中华人民共和国教育部制定. 义务教育语文课程标准　2011 年. [M]. 北京:北京师范大学出版社,2012. 01.

[2]王唯. 小学儿童观察能力研究报告[J]. 心理发展与教育,1985(03):26-32.

把思维导图融入小学生习作教学例谈

天津市武清区石各庄镇石各庄中心小学　王宇晴

摘　要：习作教学是小学阶段教学的重要部分，影响深远，不可忽视。思维导图是一种思维工具，它通过图表简练地表现各级相关主题的内在逻辑关系，进而将主题关键词和关键图像、颜色和文字等构建起相应的逻辑关联。思维导图不但是一种有效的教学手段而且也是一种先进的思维训练方法，合理运用思维导图可以使写作教学内容更为系统清晰。本文介绍了思维导图的概念和特点，以几篇习作为例简要阐述了思维导图如何在小学语文习作教学过程中加以运用。

关键词：思维导图　小学生　习作教学

一、小学生在习作中的常见问题

小学生们虽然经过了一段时间的写作学习，但是写出来的文章仍有问题。最常见的问题包括文章没有中心或偏离中心，行文结构混乱，逻辑思路模糊，语言表达单调等，以几个例子来说明：

1. 内容空洞，语言贫乏

许多学生在学习的过程中，平时不注意课外积累，想写点什么，可是又写不出什么内容，这最直接的原因就是观察少，胸中无积蓄。同样一件事，同样一句话，由于对生活的认知，对语言的积累程度不同，表达出来的效果也大相径庭。有的学生只会记流水账，想表达的意思只能用干巴巴的几个词语，如想表达高兴的心情，大多数同学能运用的词语就是“开心”“快乐”“激动”就再也没有新意了。

2. 偏离中心，详略不当

如六年级上册第二单元的习作主题是“多彩的活动”，教学目标是围绕中心，有条理、有重点地记叙一次活动，做到中心突出。有的学生在习作时题目选取得很好：《欢乐的校园运动会》，然而在行文中，对于运动会中运动员们的努力拼搏，挥洒汗水，一些精彩的动作，神态并没有详细描写，反而是对比赛结束后的颁奖场面和教师总结叙述的较多。这样的习作就偏离了中心。

3. 多个中心，主题不明

六年级下册第四单元的习作主题是“心愿”，你的心底埋藏着哪些心愿呢？选择你最想和别人交流的心愿写下来。由于这个主题非常贴近学生的生活和内心,他们看似得心应手,很有话要写。但似乎恰是这个原因,在批改过程中发现有些同学每一个段落写一个心愿,整篇习作下来,写了4个心愿。多个小中心,便是没有中心,主题表达不明确。

因此我认为在写作的教学过程中应用思维导图,可以大大提升学生的写作功底。

二、思维导图的概念和特点

1. 思维导图的概念

思维导图是一种思维工具。它通过图表简练地表现了各级相关主题的内在逻辑关系,从而将主题关键词和关键图像、颜色和文字等构建起相应的逻辑关联。简单来说,思维导图是一种十分实用的图形工具,它可以将抽象的思维过程演变成为具体的图形。

2. 思维导图的特点

(1)简单直观,一目了然

思维导图借助关键词、颜色、符号等元素来体现各种信息的联系,可以让隐藏在文章背后的脉络变得简单直观,既是行文思路的再次思考,又是文章主题的二次表达。

(2)提纲挈领,主题鲜明

思维导图的核心主题就是文章的主要内容,其他的所有内容和信息都围绕这个核心主题展开,核心主题就像树干,起着提纲挈领的作用。

思维导图的信息流动方向有2个,归纳和演绎。归纳,就是从各个细节,关键词、关键图像、线索等不断地汇集到核心主题这根树干。演绎,跟归纳正好相反,是从核心主题这根树干不断延伸出去,散发出来各种核心词、关键的线索等等。

三、思维导图的绘制方法及思维导图构建写作的四大步骤

思维导图有软件绘制和手工绘制两种,前者是借助思维导图绘制软件在电脑和移动终端(平板或手机)上绘制,常用的有Mind Manager、Mind Master和幕布等,但是有免费和付费版本之分。另外一种就是最原始最常用的方法就是手工绘制。其绘制步骤如下:

1. 明确核心主题和关键词;

2. 使用签字笔/彩笔/铅笔等绘制能引起自己注意的图像和符号;

3. 在明确核心主题和关键词的前提下,根据文章逻辑结构来增加其他主题词;

4. 修改补充。

运用思维导图构建写作的四大步骤	
第1步:确定主题。	根据要求确定全文的主题,并将其写在纸张句中位置。
第2步:显化逻辑。	根据全文的主题构建一级主题,一级主题是指文章的逻辑主线和行文结构,就是具体从哪些方面来构思这篇作文。
第3步:布局表达。	构建一级主题之后,将本篇所要表达的"六要素"进行分解细化,包括在哪个环节具体运用何种描写方法和修辞手法,明确运用这些描写方法和修辞手法想要达到的目的和效果。
第4步:复盘修改。	从文章主题、逻辑顺序、行文结构和表达方法这四个方面进行修改完善,并按照设计好的作文思维导图进行写作。

四、用思维导图进行习作实践列举

习作一:以部编版五年级上册的习作"'漫画'老师"为例,具体阐述如何根据要求绘制思维导图并完成合格的习作。

习作内容:描写自己的一位老师。

习作要求:

(1)认真观察某位熟悉的老师,注意抓住外貌和性格特征。

(2)选择突出其特点的事例,表达自己的真情实感。

(3)采用多种描写方法,突出富有个性的人物形象。

其中一名学生绘制了初稿和修改稿的思维导图并最终完成了习作(摘录)。

刚开始绘制思维导图(图1)时,根据写作要求该生想到了语文老师、数学老师、体育老师等,但是他觉得自己体育课比较有意思,就确定了以体育老师为主题,制作作文思维导图。但是,在写作过程中,该生并不懂得归纳和演绎,换句话说就是并没有明确的行文顺序和布局逻辑。

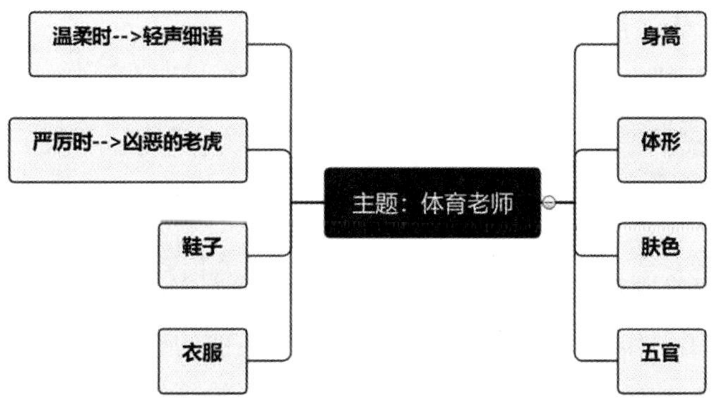

图1　思维导图(初稿)

◎妙笔剪裁

在教师的指导下,该生修改了初稿,形成了修改稿思维导图(图2)。修改后的思维导图从外貌特征、衣着特点、性格特征和代表性事例入手,将之前毫无顺序的描写归类到不同的"抽屉"之中。外貌特征里面包含了身高、体形、肤色和五官;衣着特点可以按照空间顺序,由上至下描写上衣、裤子和鞋子,性格特征可以从不同时候的性格表现入手等等。修改后的思维导图,起到了纲举目张的作用,学生将行文逻辑先显化,再拉直,最后理顺。

在描写体育老师外貌时,从身高、体形、皮肤、五官、穿着分别进行了简单描写,如文章开头,他写道:"体育老师个子高高的,肚子圆鼓鼓的,咖啡色的皮肤中透着通红。圆圆的脸上长着两只小小的眼睛,额头上还有一些痘印,大大的鼻子下长着一张小小的嘴。他喜欢穿深色的上衣,脚下总是穿着一双运动鞋。体育老师很神秘,只知道他姓刘,连他的名字都不愿意告诉我们。"在文章中间部分,选取了体育课上注意到的几件事情,刻画了体育老师既严厉又和善的性格特点。如中间一部分这样写道"刘老师温柔的时候,轻声细语,他严厉起来,就像一只凶恶的老虎。"

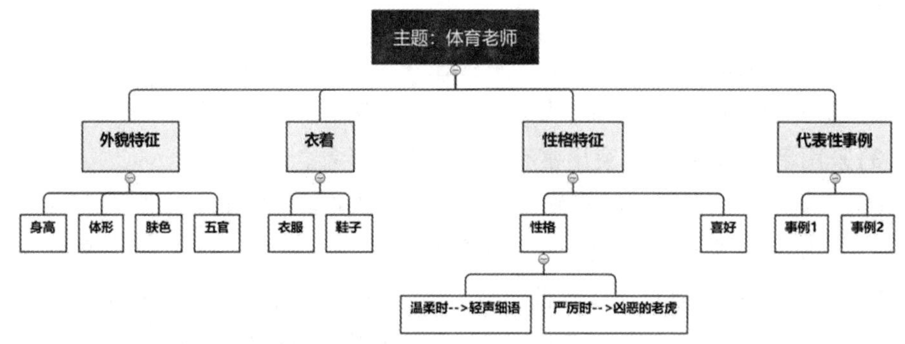

图2 思维导图(修改稿)

虽然最终的文章并没有100%遵循之前的设想,但是整体来说,主题明确,中心突出,逻辑清楚,表达得当。

习作二:六年级上册第一单元

习作内容:变形记

习作要求:发挥想象,把你"变形"后的经历写下来,注意把重点部分写详细一些。

思维导图起着提纲挈领的作用,构建起整篇文章的轮廓和框架,在思维导图的引领下,首先确定了习作题目,小主人公变成了一只美丽的蝴蝶,然后重点介绍变成蝴蝶后的所见所闻,所经历的事情,可以选取2个重要的事例,通过人物描写方法把经历描述生动。最后抒发自己变形后的人生感悟。整体来说,习作主题突出,详略得当,思路清晰,学生写作的效率也会提高。

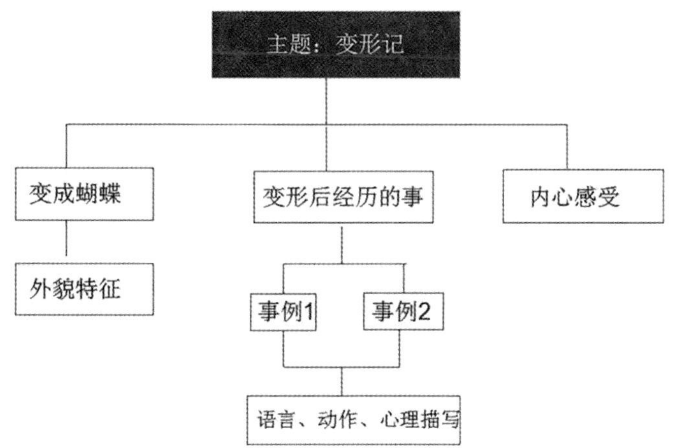

图 3　我是一只蝴蝶思维导图

习作三：五年级下册第七单元

习作内容：即景

习作要求：观察一种自然现象或一处自然景观，重点观察景物的变化，写下观察所得。把题目补充完整。

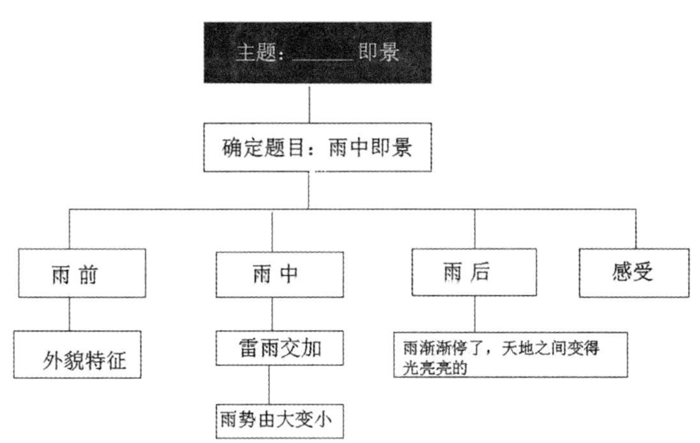

图 4：雨中即景思维导图

通过思维导图罗列的大纲，既详细又有条理，能在小细节里表达明白，也能掌握大框架的逻辑性。习作雨中即景。通过思维导图梳理的脉络，从雨前，雨中，雨后三方面描写雨景，其中雨中详写，雷雨交加，雨势由大变小等环境描写，最后结尾处表达作者对雨景的喜爱之情。

熟练后，面对任何习作，相信学生们都可以快速绘制出适合自己的思维导图，以便帮助他们写好习作。

五、小结

西方国家在小学写作教学中使用思维导图的时间较长而且得到了社会的普遍认可,但是现在我国真正在小学语文课上使用思维导图的学校是少之又少。教学结束后,教师应当评估教学效果。思维导图用得好的地方,继续坚持;思维导图用得不好之处,应该找到原因并寻求相应对策,为以后改进写作教学做好准备工作。

参考文献

[1]伏桂芳.思维导图在小学记叙文写作中的运用[J].教师,2019(30):39-40.

[2]黄丹.巧用思维导图,提高小学生语文学习能力[J].名师在线,2019(1):44-45.

[3]翁金兰.基于思维导图的马来西亚华小华文语段表达教学模式研究[D].华中师范大学,2019.

[4]文丽.思维导图在小学中段语文教学中的应用与研究[D].华中师范大学,2017.

“双减”背景下的小学作文简约评改艺术

天津市滨海新区塘沽工农村小学　张　静

摘　要:在语文大世界中,写作是学生能力的综合体现。培养学生热爱写作,表达内心的真实感受是尤为重要的。为此,教师不仅要教授学生写作的方法,还应重视对学生习作的批改方式。传统教师的“包揽式”批阅弊病很多,值此“双减”背景条件下,我们应该在新课程改革的引导中尝试创新评改形式,简约评改模式,提高评改效率,切实为学生写作服务。本文从揭露传统作文批改弊病入手,阐述“双减”背景下小学生作文的评改艺术,以学生为主体,以简约为重心,以方法为引领,从而激发学生对写作的兴趣。

关键词:双减　作文　评改

学习生涯漫漫,所学纷杂。唯语文是陪伴我们一生的课程,作为学好其他课程的基础,她犹如一把钥匙,开启知识的宝库。在我们的语文大世界中,听、说、读、写,时刻陪伴着我们,语文能够培养学生的语言积累、思想情感、审美情趣等,而语文教师则将要主动去培养学生的这些语文素养。唯有写作,是语文素养的综合体现,是学生认识自我、认识世界、进行创造性表述的过程。正因为如此,让学生乐于表达自己的真情实感是尤为重要的,教师则应该主动引导学生关注现实生活,热爱生活,表达内心的感受。学生在习作时应付,在考试中不得要领;教师在评分时焦虑,甚至困惑学生的作文为何如此“乱七八糟”。学生和教师都对习作产生疲态心理,那么如何培养和引导学生形成热爱写作的意识呢?

笔者认为这离不开教师的艺术评改,在恰当处指点学生习文,点拨于内心。只有学生消化于心,才能写出好文章,才能不畏惧作文。写作是运用语言文字进行表达和交流的重要方式,小学生面临的习作无论从低年级的看图写话到中高年级的根据具体要求完成,学生都是在表达看到的图画和想到的心声。对于学生而言,只顾完成,不顾题目要求,所以写完之后并不清楚自己的水平究竟如何,自己的不足在哪里。只有教师的评改,才能使学生认识到自己的文章,知晓如何提高写作水平。所以笔者认为,作为语文教师,我们不单单只教学生们如何写好作文,还要在评改作文方面做足功课。

一、固守“传统”，亟待解决

“写完一篇作文，看几遍，修改修改，然后算数，这是好习惯。工作认真的人，写作文写的好的人，大多有这样的习惯。语文老师训练作文，也要在这一点上注意，要教育学生在实践中养成这种习惯。”这是叶圣陶先生在《和教师谈习作》中讲到的话，我们很多教师一贯在面临学生作文时通常有两种不恰当情况：一是拖延时间过长，教师面对每天冗长繁重的教学工作，当学生将习作交上来时候总会遇到其他情况，导致评改作文的时间大打折扣，而教师又大多喜欢“包办批阅”的方式，找出特定的时间专门对学生的习作进行批阅，无形中增加了工作量，加之学生数量庞大，作文数量多，教师的时间有限，等到全部批阅完，往往已经过去了两周，这时再将作文返还到学生手中，学生们已经忘记了自己写的内容，也忘记了题目要求。尤其是针对小学生，他们的语言还不成熟，记忆也是相对散乱的，无法将自己的具体内容、构思等完整回忆起来，这也错过了评价的最佳时期。长此以往，评价落后，费时费力，无法调动学生的积极性，学生学习作文的效果自然也就不佳。二是教师在评改习作时千篇一律。前文中提到教师工作繁重，无法及时评改学生习作，待到批改时又没有足够时间针对每一篇作文进行细致的整改，所以教师大多采用传统的评改语言，比如“语言优美”“语句通顺”“详略不得当，主旨体现不够明确”等等，这类公式化语言显得苍白无力，枯燥乏味。作文返还学生手中之时，学生无法认识到自己的优缺点，也许只是仅仅看一下分数，就丢掉一边，时间一长，学生已经失去了看作文评价的兴趣，进而也就对习作的兴趣点点消失。就小学生作文而言，低段学生的习作以写话为主，我们教学的目的就是激发学生的表达兴趣而已，而当今教师往往只会看重句子标点是否准确，句意是否通顺明确，表达是否合情合理，无形之中已经泯灭了儿童的表达真实内心，自由发展语言的特性。当学生面临如此评价之时只会去迎合老师的“口味”，写出的内容缺乏儿童真实性，一味地迎合考试规矩，最终到了高年级，作文内容总是缺乏了对情感的诉求，曲解了对真实的理解。

“双减”背景下，减轻学生的学习负担，我们更不可能反复地练习如何写成优美语句的方法，那样只会徒增师生的负担。那么面对评改时遇到的两大难题，作为语文教师，我们亟待寻求方法，解脱教师的双手，让学生获得放飞真实感受的自由。为了使学生懂得习作的重要性以及激发学生热爱写作的兴趣，教师在评改学生的习作时要有法可循，充分考虑学生的主体地位。

二、结合学情，发挥自主

1. 结合不同学生实际，提高习作能力

学生将自己的内心用语言定格在纸上，是他们心声的文字体现，每个人都想得到老师的认可和恳切的评价。低段学生的看图写话，只言片语能够描绘出他们眼中的

图画，儿童语言稍显幼稚也是大有人在。作为教师，我们不能将眼光放在他们的“语句是否通顺，标点是否准确”这些方面，而是体会他们的语言，用他们能够接受的话语去评价他们的“习作”，凡是有值得表扬的地方都要划上相应线条，并且作出评价，当然应以鼓励话语为主。当学生看到老师积极的评价语言时，内心成功的自豪感就会油然而生。增强了自身的自信心，便会积极地去修改自己的文章，下一次的习作水平自然会提高。此外，我们每个人的主观性很强，做到绝对客观也非容易之事。在教师眼中，“好”学生的习作一般也都是优秀的。在评改中，教师往往凭借对学生的印象好坏快速地对其文章作出评断，有时对成绩稍差的学生的习作则会忽略文章亮点。因此公平对待每一位学生是至关重要的，在评改时努力做到精心对待每一篇文章，而且着重要对作文能力差的学生习作进行精批，甚至是面批，或者利用启发想象等方式辅导其修改作文，不能打击他们习作的热情，鼓励其优点，增强其信心。赋予每一篇作文最实际、最有价值的点评，让学生能够清晰地明白自己的作文有哪些优点可以保持，有哪些不足需要改正，坚持以此，教学效果会有明显改善。

2. 教授学生写作方法，引导自改习作

面对大批量的学生作文，老师无法细致入微去修改每一处细节，那么此时就需要“小助手”的协助。中高年级的学生有足够的能力去修改作文中的病句、错误标点、错别字，教师应该选择适当放手的形式。于当下的新课程改革理念中，学生自改、互改习作是一种行之有效的批改作文的方式方法，适时地关注学生在修改作文时的态度、过程和方法，通过互动式的方法促进学生相互了解与合作，从而提升自身的习作水平。在各类体裁作文面前，教师可以先讲授该作文的写作方法，比如描写人物时是否抓住人物的语言、动作、心理等描写方法；描写景色时能否按照一定的写作顺序去描述，或者是否烘托了具体的人物情感，抑或是推动了故事发展的情节；具体写一件事时有没有交代清楚三步骤：事情的起因、经过和结果等。我们可以先尝试让学生将基本问题自行修改，然后再按照上述的方法去寻找作文中的亮点与不足。学生有了兴趣，获得了成功的喜悦，在写作文时就会按照相应的方式方法完善自己的习作，这也将减轻学生在写习作时的畏难情绪，缓解了学生的学业负担，切实让“双减”政策落实到地。

学生是学习的主体，叶圣陶先生一再强调：“改的优先权应属于作文的本人。”这就充分体现出学生的主体地位是至关重要的，当学生养成了自己修改作文的能力，这也是其终身受用的。教师专门包揽评改作文的弊端我们有目共睹，当务之急是培养学生的动手能力，让学生日益自主化，主动参与，主动操作，相应地减轻教师的重担。有时教师会觉得这种方法会产生场面混乱，无法控制学生的操作，殊不知教会学生方法，多次尝试，学生会带给我们意想不到的结果。当学生与教师建立起一种新型的和谐关系之时，平等的地位就会展现出来，教师不再一味地教与教导，学生也不再一直被动接受，学生会因此学会习作方法，增强责任感，提高自身能力。

3. 借助学生"优越"之感，激发写作热情

"双减"的实施不但是为减轻学生的学习负担，也更为促进教师提高教学效率。我们虽无力逐篇详细修改，那么就应想办法提高习作评改效率。我们知道，小学生的心理其实很简单，被人夸奖后的积极性会变高。如果通过自己的双手，将习作修改之后变成了相对高水平之作再次得到夸奖和赞赏，他们一定会感受到劳动之后的优越感。倘若在全班面前进行展示，那么他们的虚荣心就会又一次得到满足。得到其他同学的赞扬远胜于传统的教师批改后的表扬，学生能够在分享中学会如何发扬自己的长处，同时也会发现他人的不足并帮其进行改正，大大促进了评改作文时的效率。鼓励学生给其他学生的作文书写评语，用最纯真的语言点评他人的长处，学生们会努力修改出自己的亮点，激发写作的学习热情，那么教师在修改学生习作时便不再苦于无从下手了。

三、智能介入，简约评改

"双减"中，教育学者们也一直在探索如何快速地"判作文"之路。智能环境下，我们亦可以跟随着前辈的脚步，大胆地进行教育革新。借助"作文智判工具"进行全批全改、精批精改、及批及改，同时再介以教师的主观判定，教学生清楚明白由此改的道理，让学生交流、消化，最终实现自我修改。越发成熟的测作文智能系统可以轻松识别出不同年级的词汇量与语句的成熟度，助力于学生自我修改习作，也为语文教师扫除了基本的作文语病障碍。此方法简约有效，有利于中高年级的学生锻炼自我修改习作的能力，减轻学生修改习作困难的苦恼，更能增添习作之余的乐趣。而此举也很巧妙地解放了教师"包揽式"批改习作的双手，"智能测判"提前筛选出文章中的基础错误，大大减少了教师批改习作的工作量，提高了评改作文的效率。诚然，学生的情感不能被机器所替代，故而要求教师更要在情感输出方面多以引导，学生的文章才能够有自我情感的寄托，我们的首要目的是提高学生的写作能力，这点尤为重要。

四、总结

面临评改习作的困难之时，笔者选择了以上几种方法进行尝试，一段时间后笔者觉得有明显效果。"写作"是学生学习能力的综合体现，也是综合能力的集中表达。切实可行的作文评改方式是亟须实行的，教师要根据学生的年龄段，制定符合学段的策略进行评改，注意评改语言的多样化运用，尊重学生的个体差异性，以学生为主体，发挥学生的主观能动性。

不断完善现有的评改方式，积极地探索符合本班学生的新型评改方法，实施简约而不简单的评改手段，最终我们的目的是通过有效合理的评改方式，激发学生主动学习写作的兴趣，提高学生的语言运用的能力，提高学生的写作能力。

小学作文教学对学生观察能力的培养新探

天津市武清区杨村第十一小学　甄婧暄

摘　要:作文教学是小学语文教学中重要的组成部分,可以有效培养学生的写作能力和人文素养。但是从目前实际情况来看,小学语文作文教学现状不容乐观,大多数学生对写作普遍不感兴趣。语文教师要想提升学生的写作水平和写作能力,必须帮助学生积累丰富的素材,让学生肚子里“有货”,只有这样才能保证学生在写作过程中能够源源不断地输出。如何才能帮助学生积累写作素材,教师必须要培养学生的观察能力。本文将从培养学生观察生活的兴趣;鼓励学生写兴趣日记;带领学生走进广阔的生活;引领学生观察教材中的插图以上四方面,就小学作文教学观察能力的培养途径展开论述。

关键词:小学　作文教学　观察能力

前　言

培养小学生的观察能力是提高学生写作水平的一个重要途径。从目前小学生写作情况来看,由于他们的知识面狭窄,生活阅历浅,认知能力低,所以在写作的时候经常出现“无话可说”“无从下笔”的情况。根据这个病因,语文教师可以对症下药采取措施,对学生观察能力进行培养。观察是认知事物的基础,尤其是对小学生来说,观察可以丰富其阅历、增强他们对社会和大自然的体验。在观察的过程中,学生可以积累很多的写作素材,也会获得较多的写作灵感。我结合自身的教学经验,就如何在小学语文写作教学中对学生观察能力进行培养谈一谈自己的看法和思考。

一、培养学生观察生活的兴趣

兴趣是最好的老师,能够为学生的学习提供源源不断的内驱力,尤其是对小学生来说。小学生对学习的意义还没有一个清楚的认识,自控能力差,在学习过程中往往比较被动,老师推一步他们才会走一步。而兴趣就能够改善这一局面,在兴趣的引导下,学生会积极主动探索知识,主观能动性得到有效的激发。所以,语文教师在培养学生观察能力之前,一定要对学生的观察兴趣进行培养,让学生乐于观察生活。就我的教学经验而言，语文教师可以使用以下两种方式对学生的观察兴趣进行培养：

首先，利用学生的口头语对学生的观察兴趣进行培养。人们常说，勤写笔下生花、多说胸中有本。为了培养学生的观察兴趣，提高他们的口语表达能力，帮助他们积累更多的写作素材，我让学生将自己在一天中听到和看到的事，用何人、何地、何时、何事的句式表达出来，学生们都感觉非常容易，观察的积极性在很大程度上被调动起来。我还会让班长将学生们说的一些新鲜事记录下来，然后会从中选出最好的作品，将其当作当天的新闻通过班级广播站进行播出，学生听到自己的新闻被播放出来，心情非常激动。看到其他同学成功，另外的同学也都跃跃欲试，想在接下来的时间里收集比其他同学还要好的新鲜事，所以回到家中就会努力阅读课外读物、听广播、看电视，用心去体验生活，努力发现更多的小事。久而久之，学生就养成了处处留心观察的良好习惯。

其次，教师还要对学生敏感的新视觉进行培养。生活从来就不缺少美，很多人发现不了美，是因为缺少一双发现美的眼睛。我在教学过程中发现，很多学生认为，熟悉的人物没有什么内容可以写，熟悉的地方没有什么风景。这显然是错误的，教师要及时纠正这一点，培养学生的观察能力和敏锐的感知能力，以此激发学生的学习兴趣。譬如有一次，外面下了大雪，我在课堂上问学生："你们有没有发现今天的天气和平时不一样？"学生们异口同声说道："发现了，今天下雪了。"接着，我又问道："下雪美不美？"学生们再次异口同声回答："美"。在学生回答结束，我又问了最后一个问题："雪怎么美？"教室里顿时鸦雀无声。这个时候，我抓住时机，对学生语重心长教育道："生活中到处都藏着美，只有善于观察的人，才能感受它的美"。接着，我利用课间带领学生一起去校园里漫步。在这个过程中，有的学生说自己仿佛走进了仙境，有的学生说雪就像大地的棉被，还有学生发现被大雪覆盖的操场非常好看。从学生连连发出的赞叹中我就知道，学生是多么喜欢眼前的情景。通过这种观察方式，学生对熟悉的景物有了一个全新的视觉和感受。

二、鼓励学生写兴趣日记

写日记是一个非常好的学习习惯，既可以帮助学生积累丰富的写作素材，又能对学生的思维能力和写作能力进行锻炼。如果教师在教学过程中只注重引导学生将自己观察到的人或事记录下来，而忽略学生的观察兴趣点，很多生动的场面、有趣的事件以及新鲜的印象就会在学生的脑海中如同流星一样转瞬即逝。所以，语文教师在作文教学中，既要注重培养学生写日记的习惯，更要关注学生的观察兴趣点，让学生写自己想写的。

传统写日记的方法就是学生能够将自己每天见到的、想到的事情记录下来，然而在批阅学生日记的时候，我经常发现学生的日记内容枯燥乏味，语言单一，用草草几句话概括之后敷衍了事，这样不但不会帮助学生积累观察素材，反而使学生失去了观察和写作的兴趣,适得其反。因此,我在教学中尝试跳出传统日记的写作方法,用记录自己感兴趣的事物代替记录每天的所见所闻,时间也调整为不再每日一记,而是哪天遇到自己的兴趣点哪天记,这样调整之后,学生们记录的热情大大提升。例如班里有位同学他平时记录的日记内容很单一,但我发现他对海洋动物特别感兴趣,家里买了很多相关的书籍,每周都要去海洋馆参观,于是我就让他记录自己感兴趣的海洋动物,这样一来,这位同学几乎每天都要记录一篇自己了解的海洋生物,他在班里跟大家分享自己的兴趣日记,虎鲸、鲨鱼、章鱼、水母、海马等等。同学们听得津津有味,而这些内容也正好可以为以后的写作提供丰厚的素材。班级里还有位同学,他平日里喜欢想象,有次他看到班上有些同学扔一些还没用完的铅笔橡皮等文具用品,面对这种情况,这个同学充分发挥自己的想象力,写了一篇名为《垃圾箱的对话》的日记,在日记中,这个同学站在学习用具的视角,对现代独生子女不懂节约、奢侈浪费的行为进行抱怨和指责。

写兴趣日记不但能够对学生的观察能力进行培养,还能让学生对观察的内容进行思考。久而久之,学生的思维能力就得到有效的训练和增强。在学生写日记的过程中,教师要加强指导,要求学生不一定使用华丽动人的语言,描述的事件也不必惊天动地,但是一定要保证条理清楚,同时,教师还要要求学生尽量不要写错别字,更不要出现病句。这样既能培养学生的观察能力,又能在激发学生思维的基础上对学生的写作能力进行有效的锻炼和培养。教师还可以根据实际情况开展相关的活动,比如"分享我的兴趣日记"活动,这样可以激发小学生的分享欲,在提升他们观察能力的同时让学生的写作水平也获得有效的提升。

三、带领学生走进广阔的生活

在对学生观察能力进行培养的时候,教师要善于引导学生发现生活素材。知识源于生活,教师必须要带领学生走进生活,发现生活中各种各样的素材,使其成为写作资源。譬如,教师可以从社会入手,社会是一本百科全书,有着无穷无尽的素材。为了提升学生的写作能力和写作水平,教师可以带领学生参加各种公益活动,例如去社区做小小志愿者,春节快到的时候,为孤寡老人送新春对联,让学生了解周围的人和事,或者带领学生参观博物馆展览馆,参加文艺表演、献爱心等活动。在老师的带领下学生能更好地融入社会中,在此基础上提升学生的认知水平,增强学生对素材收集和整理的能力,加深学生的见解,使学生的分析更加独到。其次,教师还要引导学生走进家庭,家庭是小学生除学校以外置身最多的一个场所,家庭中每一个成员的喜怒哀乐、兴趣爱好等都是写作素材,家里发生的一些愁事和喜事等,也都是良好的作文素材。教师要鼓励学生在家里多帮助父母做一些家务活,多体贴和关心父母。教师也可以多布置一些这方面的文章,比如《我的父亲》《我的母亲》等,引导学生走进生活,从生活中发掘更多的素材。

四、引领学生观察教材中的插图

教育学博士曾天山在《国外关于教科书插图研究评述》中提道:“配置插图可使教科书具有跃出的生命,不仅成为教师当教,学生当学之书,且复成为教师爱教,学生爱学之书。”在小学统编教材中,我们发现几乎每一课都配有一幅或多幅插图,这些插图色彩明艳,布局美观,富有童趣,不仅极大地激发了学生的学习兴趣,还可以成为培养学生观察能力的教学资源,教师应该充分利用好这些插图进行作文教学。

1. 利用插图,有序观察

在对周围事物进行观察的时候,观察点是重要的立足点。观察点有移动的,也有固定的。固定的观察就是站在一个固定的地方,按照特定的顺序进行观察。小学生由于其年龄特点,这种方法比较适用,比如从部分到整体,或是从整体到部分,从右到左,或是从左到右,从近到远,或是从远到近。但在实际教学中,小学生观察周围事物往往缺乏耐心,观察时间短,缺少整体概括能力。教师在教学中就要根据他们的弱点,适当调整教学策略,利用教材中的插图让学生进行有序观察,树立起有序观察的意识。

当学生看到一幅图,教师要指导他们先分析画面的结构,按照一定顺序观察图片。例如一年级拼音教学单元中《ɑ o e》一课,插图画了一条清澈的小河,河里美丽的白鹅在欣赏自己的倒影,整个村庄在河边大公鸡清脆的打鸣声中苏醒过来了,河边小女孩也开始展开歌喉放声歌唱。这是一幅有空间感的风景图,图中的景物也非常鲜明,可以以河流为中心,先中间后两边进行观察,但是一年级学生要想按这样的顺序观察具有一定困难,这就需要教师引导按照先看河里,再看岸边这样的顺序来观察,观察之后试着让学生说一说。教师还可以适当补充一些观察此类图片的其他顺序,由远及近、由近及远等等。学生学会观察风景图片之后,以后遇到类似的插图也会触类旁通,久而久之就形成了有序观察的好习惯。《小猴子下山》这篇课文的插图是一系列的连环画样式,跟以往整张的景物图不同,教师就要引导学生先发现插图的结构变化,这些图片是按照小猴子走在路上遇到不同食物而发生的故事顺序来排列的,教师要提示学生观察此类插图时要按照事情发展的顺序。还有一些课文里的插图,是按照时间顺序进行排列的,例如《小蜗牛》一课,四幅图分别为四个季节林中的景物变化,教师要指导学生关注时间顺序进行观察。

2. 分析插图,细致观察

观察能力的提高在一定程度上与学生观察事物的细致程度有关,教师要对此加以重视。在作文教学过程中要指导学生细致地观察,在此基础上不断提升学生的观察能力。什么才是细致的观察?第一,要看全;第二,要看细。看全主要就是了解和掌握事物的全貌以及变化过程,看细就是准确把握事物的细枝末节,对事物发展过程中每一处细微的变化进行了解。只有做到“全”和“细”的观察,学生写出来的作文才会丰富、形象、具体、生动。统编教材中的插图吸引学生的主要原因之一就是人或物画得栩栩如生,人物的动作表情神态或者场景的布置都非常细致。学者方绳东提出在小学语文习作练习中要培养学生的观察力,指导学生掌握一定的观察顺序,促使学生分析观察到的现象,学会抓住重点,把握住事物的特征。所以在日常教学中教师要引导学生不仅要有序观察,更要找准切入点细致观察。

(1)分析图片,发挥想象

教师要指导学生通过观察图片,分析图片背后的故事,让他们尝试调动一切感官系统,适当展开想象。在《乌鸦喝水》一课,插图画了一只乌鸦站在瓶口旁,嘴巴正要伸进瓶口,周围有许多小石子。教师让学生细致观察图片内容后再尝试分析推理,学生大概可以了解课文讲述了什么故事,按照故事发展的顺序描述了乌鸦喝水时遇到的困难以及最后的解决办法。在写话过程中,同学们不仅可以分析图片内容,同时还展开了自己丰富的想象力。

(2)抓住特点,细致观察

学生在观察图片时,教师还要引导其抓住图中人或物的某些特点,这样就能更好地帮助学生理解图片以及课文内容。在《寒号鸟》一课的插图中,山洞里有一只寒号鸟正在睡觉,洞外一只喜鹊叼着树枝忙着做窝。教师让学生观察图片,学生基本都可以说出图片主要画了寒号鸟和喜鹊,也能说出故事大概的内容,但他们很难发现它们各自的特点,教师要引导学生观察细微的特征,例如动作神情,一位学生通过观察,说出寒号鸟在洞里懒洋洋地躺着,伸着懒腰,打着哈欠,眼睛眯成一条线。顺着洞口往外看,一只喜鹊嘴里叼着树枝,张开翅膀飞来飞去,懒惰与勤劳形成鲜明对比。学生学会了抓住特点,细致观察,通过有效切入,学生掌握了图片想表达的内容,同时更好地理解了课文内容。在写话练习中,同学们把寒号鸟与喜鹊的性格都描写得非常到位,让人读完之后就能真切感受到当时的情景。这说明语文教师要想指导学生写出生动具体的文章,必须要指导学生在观察的时候做到仔细和全面。

综上所述,在小学作文教学中,教师要从观察入手,首先对学生观察兴趣进行培养,其次要给学生传授观察的方法,比如有序观察、全面细致观察,在此基础上培养学生的观察意识,提升学生的观察能力。学生只有通过不断观察,才能获得丰富的写作素材,写出高质量的作文。

参考文献

[1]王绍君.小学作文教学中学生观察能力的培养[J].延边教育学院学报.2005(03):89-90.

[2]梅娟.刍议小学生的观察能力与写作能力的有效整合[J].新课程(小学).2015(11):44-45.

[3]王潇潇.善于观察,妙笔生花——谈作文教学中对学生观察能力的培养[J].

文教资料. 2011(12):121-122.

[4]余应河. 浅谈作文教学中如何培养学生观察能力[J]. 科学咨询(教育科研). 2010(10):65-66.

[5]黎倩. 如何在初中作文教学中培养学生的观察能力[J]. 作文成功之路(中). 2016(12):137-138.

[6]孙红花. 小学作文教学中学生想象力的培养[J]. 新作文(小学作文创新教学). 2014(09):75-76.

[7]王熙丽. 谈谈学生观察能力的培养[J]. 广西师范学院学报(哲学社会科学版). 2010(S1):42-43.

[8]韩菲菲. 擦亮心灵的窗户——浅析如何通过写作活动培养学生的观察能力[J]. 美术教育研究. 2017(03):129.

巧用随笔练习　激发习作兴趣

赵凤英名师工作室　天津市武清区杨村第十一小学　葛旭楠

摘　要：小学语文的习作教学是语文教学中的重点，也是难点，而现实中，学生往往惧怕习作。学生习作能力差的主要原因在于缺乏习作兴趣，习作材料匮乏。随笔练习，篇幅短小，可以让学生随见、随感、随写，叙事、抒情或评论不拘形式，最大程度上引导学生进行随笔练习，激发学生动笔习作的兴趣，积累习作素材。

关键词：随笔　兴趣　习作

谈起习作，对于许多小学生来说都是一件非常头疼的事，学生们往往不知从何处写起，怎样将心里想说的话表达出来。既要生动、流畅又要写得具体，这对于很多学生来说是非常难的。其主要原因在于缺乏习作兴趣，学生习作材料匮乏，不知如何恰当表达。

作为一名一线教师，在教学中，怎样激发习作兴趣，让学生乐于动笔，突破习作教学这个难点呢？我认为随笔练习是一种较好的方法。巧妙地引导学生进行随笔练习，激发学生动笔习作的兴趣，开发学生的习作潜能，同时随笔练习还能实现习作素材的积累。

一、随笔训练的意义

随笔，顾名思义：随笔一记，原本是散文的一个分支，通常篇幅短小，形式多样。随笔关键在于一个“随”字，随时，随地，随意进行，以学生的兴趣为基础。这项活动可以在课堂上进行，课后练习，或者在学生有想法和感受的时候进行。情感涌动之时，灵感闪现之际，随手笔录，叙事、抒情或评论不拘形式，可以让学生随见、随感，尽兴而写，随意而止。小学随笔训练可以激发学生的习作兴趣，让他们更积极地参与其中，帮助学生养成良好的习作习惯。随笔练习也培养学生的习作意识，使学生能够更多地观察和热爱生活，这也是积累习作材料的重要途径。因此，通过随笔训练对提高学生的习作能力是有很大帮助的。随笔训练还可以提高学生的观察能力和思维能力，特别是提高学生对生活中习作材料和时事热点的关注度。

随笔成为一种较好的练习方式，学生平时看到什么，想到什么，就写什么，没有内容、字数的具体要求，让学生乐于习作，最大限度激发学生动笔的兴趣，让学生在习作这个“拦路虎”面前不再心生胆怯，尽快进入“我想写”“我要写”的兴奋状态。小学语文课程标准鼓励学生说真话、写真话。那么怎么做好随笔训练，让学生乐于将心中的所想表达出来呢？

二、随笔训练教学实践

1. 回归课内教材，读写结合

随笔作为一种有效的写作训练路径，是整理我们的思想和经验，使之条理化、系统化的一种方法。那么怎么写？如何写呢？其实课内教材已经给我们提供最好的方法。对于学生来说，最好的学习参考就是教材，每位学生天天接触最多的也是教材。教材中的每篇课文都是经过慎重的选取，适合本年龄段学生阅读，每一篇都可以作为学生学习的范本，而且类型丰富，体裁众多。所以，学生在进行随笔练习之前，教师要对课文进行认真分析，包括词语的运用及文章结构，使学生能够深入理解、分析课文内容，掌握词句的正确表达方式。同时，还可以潜移默化地指导学生领会作者遣词造句的特色及用意，理解文章蕴含的思想感情，深入挖掘课文内涵，以提高学生的语言组织能力、语言逻辑能力以及语言表达能力，做到“得法于课内，得益于课外”，“以课内促课外”。

例如在学习《乡下人家》这篇课文时，作者通过描写和乡下人家最密切相关的景、物来抒发情感，在生动的讲解中，品味文章语句的优美，学生脑中浮现出一幅幅生动的画面。随后，我又播放歌曲《走在乡间的小路上》，让学生们一边哼着曲子，一边展开联想，启发学生完成课后随笔练习：你眼中的乡村景致是怎样的？学生写到“在乡村，路边的小树越长越密，小草从地下探出了头，眺望这个新奇的世界，走在乡村小路上，新鲜的空气扑鼻而来，无比舒服。草地和田野在夏天都如同铺上了一张绿地毯，特别美丽。”

回归课本，做到在教学中渗透习作思想，将课文教学和随笔训练合理地、有机地结合起来，既能让学生理解文章内容、写作特点，又能让学生变被动为主动，进而积极地学习吸收，获取更多的习作方法和习作技巧，不断提高学生的写作水平。

值得注意的是，语文课堂中随笔训练的初期，教师需将它的重要性提升至写作能力的高度启示学生认知，定位于一项主动性强且需长期坚持的任务，并充分尊重学生的主观个性差异，遵循以生为本、因材施教等原则，科学设计教学计划，继而选择正确的教学活动为随笔训练做铺垫，不要生硬地以作业的形式让学生完成，而要循序渐进地导引学生进行随笔练习。

2. 注重课堂迁移，掌握习作方法

在随笔训练中引入迁移理论，是对小学生自身成长、个体性学习需求的尊重和满足，也是学生掌握写作技巧和方法的较快手段。只有对平时的课文内容及重难点进行迁移，学生的学习积极性和自我性才能得以激活，小学语文课堂教学氛围也才充满鲜活动力，小学语文教学成果才更有效力，这也正是小学语文教学改革所应有之义。

根据语文新课标的要求，教师应该引导学生在写作中乐于使用在阅读和生活中学到的词句。并指出：作文指导应有利于开阔思路，自由表达。叶圣陶先生也曾指出：心有所思，情有所感，而后撰作。由此可见，只有对所作文章的内容已心中有数，他才可能对该作文产生兴趣，进而更好地思考表达方法。

所以，巧妙结合课堂所学知识，引出随笔练习，让学生有步骤地进行训练，使得学生的学习自主性和创造性得到极大化的激活和彰显。例如，在学习《搭船的鸟》这课时，课文描写"它的羽毛是翠绿的，翅膀带有一些蓝色，比鹦鹉还漂亮。它还有一张红色的长嘴。"我顺势而问："作者抓住翠鸟的什么来写的？为什么？"学生答"抓住动物特点"。然后课件出示常见的小动物，让学生想一想这些动物的样子。有的学生写道："这头大肥猪，屁股溜圆，吃东西的时候，两个耳朵像大扇子一样一扇一扇的，脑袋一颠一颠的，眼睛紧紧地盯着食物。"有的同学看到小鸡写道："小鸡身子像一个圆圆的小绒球，毛茸茸的头像个乒乓球，一张尖尖的小嘴巴，'叽叽'地叫个不停。若是把它那圆圆的小脑袋贴在脸上，简直是一种享受。"诸如此类，这样的随笔训练一下子就给予了学生很大的自由空间和发挥度，促使他们在了解课文写作特点后会想到描写其他动物的语言，随着学生们描述越来越详细，想要表达的动物也越来越生动。由于小学生从本身来看就具有强大的求知欲和活跃的思维，语文教师只要顺从小学生的这一成长天性并采取有效知识迁移，并给予引导，随笔训练就水到渠成了，这样习作兴趣也会被瞬间激发。

3. 结合生活，积累习作素材

新课标指出：要引导学生写熟悉的人、事、景物，做到说真话，表达真情实感，不说假话，空话。学生的写作灵感直接来源于生活，语文教师应引导学生重视捕捉生活中的细节，发散思维，引发联想，并把自己在生活中的真实情感、体会通过随笔的方式随时、随地表达出来。例如，在《慈母情深》的课堂教学时，通过学习文章的场景描写和细节描写，说说"我"为什么拿到钱时"鼻子一酸"。进而引出：你有过"鼻子一酸"的生活经历吗？试着写一下。引导学生联想生活中自己家人的辛勤付出，或者生活中触动自己情感的时刻。学会对细节的深入刻画，写下自己最想说的话，抒发出自己的真情实感。在这样的随笔练习，既可以提高和丰富学生的感知能力，丰富学生的情感，让学生乐于表达，又为以后的习作积累素材。

因为小学生思维认知正处于不断开发阶段，在他们的世界里，很多事物都是新奇的，有趣的。教师需要充分尊重学生的个性，引导学生乐于参与知识和想象力空间都比较宽阔的探究性活动，在这些活动中有意识地穿插随笔练习，就可以让写作变被动为主动。因此，需要平时多以教学探究方式来展开语文教学活动，并适时让学生产生联想，在随笔训练中写下自己对生活的理解和感悟，让生活素材成为写作动力，帮助学生寻找写作灵感。比如，在确定随笔作文命题时，可以选择一些新颖的题目，贴近学生的生活，激发学生的写作欲望，如《“疫情”下我看到了……》，看一部电影后可以让学生以随笔的形式记录下自己的心得，或者对某幅漫画或某本书进行赏析评价等。当学生感到在心底最深处有一双想要写的翅膀，当学生被一滴可爱的雨露吸引时，当学生被小小的日常生活所震撼时，当学生被小小的飞蛾所感动莫名的时候……凭借他们心中的真诚与热情、语言与符号、自然与生命打开的习作思路，从心中涌现出最强烈的写作愿望，学生的作文将会走向趣味与生动，走向丰富与真实，这也是通过随笔练习实现写作素养慢慢提升的有效过程。

语文教学中的随笔训练，相比于传统教学模态，更具独立自主性、灵活多样性，强调以学生浓厚的学科兴趣为基底，随心而走、随感而发、随意而就，不拘于任何形式、文体、题材等因素限制，或长或短、或简或繁，架构起了自由、个性的能动世界，是自由的思想活动、真切的情感流露，能够使得作者行文酣畅淋漓，深刻感受文字的无穷魅力，体验到无限的身心愉悦。如果训练有序，在平时的教学中结合实际，多多积累，学生敢写、能写的信心也会，慢慢增强。所以，作为一名语文教师，我们要在平时中注意引导，利用课内、课堂迁移以及联想鼓舞和调动学生创作的积极性，只要我们做个有心的搭建者，不断启发学生，相信学生一定会通过随笔训练，爱上写作，进而把作文写好。

参考文献

[1]赵青. 指导学生观察生活，加强随笔训练[J]. 作文成功之路，2020(46)：55.

[2]黄仁波. 试论迁移理论在小学语文教学中的应用[J]. 才智，2016(25)：97.

[3]王泽华. 小学语文教学中学生兴趣的激发与培养[J]. 学周刊，2017(23)：98.

关注小问题　改进习作教学

天津市武清区杨村第十一小学　韩雪莲

摘　要：小问题是指在习作中存在的小毛病，如果不能及时纠正，会影响学生习作水平的提升。本文针对习作中出现书写混乱随性、混用标点符号、滥用网络用语、篇章段落结构不清晰等小问题分析了具体的成因，并提出了注重书写规范指导、指导学生正确运用标点符号、规范学生使用语言、指导学生准确把握结构等具体的改进策略。

关键词：习作教学　小问题　策略

"小不忍则乱大谋"，这句话耳熟能详，甚至成为自己的座右铭，作文教学中我感悟到了这句话的另一种意思，"小"忍则乱大"谋"。作文中的很多小问题，是指学生在习作中容易被我们忽视的小毛病，恰恰成为学生作文中的大麻烦。学生作文中突显的失衡现象是对很多小问题的忽略与漠视所致，这些"小"毛病如不及时矫正，就谈不上"谋"划全篇。

一、习作中存在的小问题

1. 书写混乱随性

教学中教师评价一篇优秀的学生习作标准大同小异，要求内容具体、感情真实、层次清楚、语句通顺……当我们批阅学生的习作时，打开学生的作文本，屡屡多见的却是涂抹、圈画、横跳出格的书写、极不美观的汉字……即使再优秀选材、再真挚的情感，也会因不端正、不整洁、不漂亮的书写问题而打了折扣。学生的习作经常使用修改符号、修正液、修改带等一些修改工具，使得整个文面杂乱不堪，令人眼花缭乱，这种卷面的混乱反映了他们做事不认真、不专注，不注重书写是比较突出的现象。

2. 混用标点符号

作文教学中标点符号的运用，一直是最容易被忽略的环节，学生可以把文章写得很美，却不能正确地使用标点符号。乱用、混用、不用等情况尤为突出，如"无标点文章"，学生作文通篇无一标点，整个文面密密麻麻，只能是一边阅读一边揣测习作意图。再如："一逗到底"，习作中不会正确使用标点符号，只是一味地在文章中点上逗号，只在每段的结尾处才用一句号。作文教学中轻视了语言文字的训练，学生的标点符号的滥运用已成为一个比较严重的问题了,这必将妨碍学生语文能力的形成。

3. 滥用网络用语

现在的学生思想活跃、追求变化、标新立异,而网络语言的前卫性、自由性、丰富性似乎给了他们彰显个性、张扬自我的一个平台。网络语言成了学生习惯采用的表达方式的交流方式,久而久之就会对网络语言有种依赖感,形成一种思维定式,大量的网络词汇运用于作文,比如学生常用的“打 call”“蓝瘦香菇”“886”……在学生看来那些网络流行语引入作文中既表现了自己的不落伍,又表达了自己的意思,同时这些网络流行语中本身所带有的调侃、搞笑、满不在乎的意味,也让他们有一种情绪上的宣泄感,网络语言带有的无所谓甚至有些玩世不恭的色彩,这让学生作文失去了纯真、自然,变得不伦不类。

4. 篇章段落结构不清晰

段落划分对学生体现文章中心、培养写作思维、全篇组织都起着不可忽视的作用。学生习作时不能正确分段,使得文章结构混乱,层次不清。经常看到学生的习作全文就一大段;有的习作分段极少,习作呈现出开头结尾加中间的三大段现象;有的习作分段极多,全文会分十几至二十几段,甚至一句话或两句话就分为一段,内容琐碎,不能比较全面细致地表达文义。

二、习作“小问题”成因剖析

“冰冻三尺非一日之寒”,学生习作中出现的这些问题,是一个综合的问题体现,有老师原因,也有学生个体差异所致,归结起来可以概括为:

1. 教师重视不够

教师对学生习作提出的要求比较多,而检查得比较少,学生习作时缺少正确方法的过程性、细致性、经常性的指导。例如:学生习作时出现不分段的现象,这与我们在低年级进行写话写日记等训练中遗留下的习惯有关,因为低年级没有段的要求,学生往往是通篇写。到了中年级,有了段的要求,如果老师没有重视对分段写文的强化指导与训练,就造成了学生写文不分段的毛病。在平时的课堂教学中,段落划分教学渗透不够,没能做到课文学习与作文教学相互迁移指导。

2. 学生淡而处之

受一些不良认识习惯影响,有的学生总是在封面上或作文中“潇洒”书写,看似“美观”,实则“心不在焉”,这就是习作的态度问题。学生的习作是否让人看起来整洁、美观,很大程度上取决于习作内容的多与寡。如果他们的文章寥寥数语,草草收场,可以断定学生肯定没有好好用心去写文章,又何谈去认真书写、细致作文呢?良好的习作、学习习惯需要老师和家长在平时就关注、提醒学生养成,这和老师、家长有莫大关系。

3. 环境的影响

父母、教师、同伴及媒介对儿童的影响巨大，这种影响是自觉的、自发的、积极的，也可以是消极的。一个优秀的孩子离不开一个温暖积极的环境，其心灵世界就好似丰盈而多彩的天空，明亮的底色。写作是学生将自己对外部的认识转化为内在的认知的过程，它同样离不开外部环境的熏陶与感染。学生对是非好坏的认识，依靠成人对他们的各种行为的褒贬而逐步学会与逐步提高的。不良环境及情绪会误导学生的思维表现，那么作文中就爱会出现立意不清，主题偏激等更严重的作文问题。

三、解决习作小问题的有效策略

1. 注重书写规范指导

(1)端正态度，认真对待习作

用什么样的态度去对待一件事，就会用什么样的思维去引领，从而就会产生与之相应的行为、习惯。学生的作文本又脏又乱，本角卷曲，让人腻于拿捏、难以翻阅，这肯定影响了学生写好作文、读者看好作文的兴致。要求学生必须给作文本套上书壳，保护好作文本，这就是重视作文、认真对待作文的第一步。封面要认真书写，不能潦草，老师在这些方面要做好规定和引导。

(2)细心指导，用心完成写作

学生只有在习作时特别认真，特别专注，书写才会达到理想的效果，语文课程标准指出："写作教学应让学生易于动笔，乐于表达。"这些问题的解决都源于学生对于作文的兴趣问题。兴趣从何而来？兴趣从我们教师的习作指导中来。习作指导学生时，做到细致入微，一步一步探究，当我们细致入微地对学生进行习作指导，把学生逐步领入习作殿宇的时候，学生习作的兴趣定会因有内容可想，有心情想说，有兴致愿写，作文书中定会怀带积极的情绪，乐写不疲。

(3)关注细节，养成良好习惯

拒绝学生习惯性依赖修改工具，如：涂改液、修改笔等，作文评价中使用作文内容成绩与书写成绩双级评价措施，同时加强修改符号的运用和要求，将复杂的问题分解，将难度大的问题分步，从小处着手，问题就解决了。

2. 指导正确运用标点符号

针对文章无标点情况，在作文讲评时，特别指出问题，讲评时学生自由发表见解：如果一篇文章没有一个标点符号，那会怎样呢？有标点，别人也不好断句，更不能理解文章的意思。我在课上讲了这样一个关于标点符号的例子：从前，有个大财主为自己的儿子招聘老师，有位先生来应聘。财主问先生有何条件？先生在纸上写了一句没有标点符号的话，"无鱼肉也可无鸡鸭也可青菜萝卜不可少不得一分钱"。大财主看了以后很高兴，他是这样理解的："无鱼肉也可，无鸡鸭也可，青菜萝卜不可少，不得分钱。"心想：他不要钱，只吃饭，而且菜只要青菜萝卜，我有利可图。于是就聘请了这位先生。一年教书下来后,这位先生找大财主要钱,大财主不给,并说道:“你不是说,无鱼肉也可,无鸡鸭也可,青菜萝卜不可少,不得一分钱吗?”先生说:“我不是这个意思,我是说,无鱼,肉也可。无鸡,鸭也可。青菜萝卜不可,少不得一分钱。”结果大财主只好给了钱。一句没有标点符号的话闹出了大笑话,由此可见,文章标点符号很重要。此后,在习作交流中,学生们各抒己见,理解标点符号的作用,弄清各种标点符号的用法。也可以让同学们阅读无标点文章,深切体会到了标点的巨大作用。教学中引用一些古传名典,用错标点符号导致严重后果的故事,通过这些具体故事、事例的评述,学生从中有所领悟认识标点符号的神奇作用。

3. 指导学生规范使用语言

面对学生不规范的语言现象,教师可以在教学中向学生渗透传统汉语言文化,教师也可以选择一些具有代表性的诗词歌赋、代表性的名作作为补充教学资源,增加学生的阅读积累,丰富他们的写作素材。课程之外,教师也可以利用主题班会的时间,采取辩论、讨论、头脑风暴等多种多样的形式,组织学生深入地了解网络语的起源、发展,对网络语的利弊展开讨论,令学生提高对网络用语的认识能力。我在写作教学过程中,加强对学生网络语言和规范语言的优劣辨识,在反复地替换和比较中提高语言的鉴定水平和审美技能。比如作文中出现:今天妈妈让我背诵两篇课文,真是要(晕倒)了!指导学生替换成:今天妈妈让我背诵两篇课文,真是(不堪重负)啊!再比如:早上我们班整整齐齐地排好队下了四层楼穿过几个走廊来到了塑胶操场上,正准备开运动会,喇叭竟然没电了,能不能不这么(雷人)啊!指导学生替换成:早上我们班整整齐齐地排好队下了四层楼穿过几个走廊来到了塑胶操场上,正准备开运动会,喇叭竟然没电了,真是(天意弄人)啊!小学生正处在语言体系构建的初级阶段,教师对学生正确的语言习惯和写作习惯进行积极的引导是十分重要的,教师要阻挡不规范的网络语言对小学语文写作教学的冲击。教师还应充分地在写作教学理论上指导学生洞悉网络语言,提高小学生对网络语言的应用能力,丰富学生的作文语言。

4. 指导学生准确把握结构

学生在习作中出现的各种分段问题,解决的有效方法就是在阅读教学中要关注写作方法的指导。学生在课文的范例下形成段的认识,掌握分段的方法,形成分段的能力。学文后要通篇讨论各段的主要内容以及各个段落之间的关系,让学生在交流中感受到作者是在什么时候需要分段表达内容。对学生进行习作指导时,要就着习作主题带领大家思考可以写哪些内容,这些内容可以分几段来写,每段写什么等,指导后学生再按所给的段意去练习。学生按照已给出的段落意思去写文,这样就会使他们逐渐形成按段表达的能力。例如,我们在进行《家乡的风景》习作教学时,要教会学生列提纲,课文《桂林山水》就是其中最为典型的例子,这篇文章以“总—分—总”为结构基础,首先总体介绍了桂林山水,其次山与水分述,最后结构总结升华主题。我们在进行习作教学时,就可以这种结构为例,让学生将对自己家乡景色的表述和它联系在一起。

总之,作文教学中的规范性培养是循序渐进、水滴石穿的功效,是需要我们花大力气去做的,而作文书写的规范与否严重地影响着作文的整体质量,影响着学生均衡的发展,影响着学生未来的发展。在我们的日常作文教学改革中,只要我们从细处着眼,从小处入手,真正为学生的可持续发展着想,那么,我们学生的作文一定会更出彩。“小”忍则乱大“谋”,拒绝对作文教学中的小问题容忍,那样我们的作文教学才会真正收到事半功倍的效果。

参考文献:

[1]任守兵. 探索模式下的小学语文自主课堂教学策略浅析[J]. 学周刊,2018(35):31-32.

[2]林菲菲. 小学语文写作教学存在的问题及其优化措施[J]. 读书文摘,2015(22).

[3]崔亚娟. 浅谈小学语文习作教学中的问题与对策[J]. 文理　导航(教育研究与实践),2018(10):93　94.

[4]郑睿. 小学语文教师在写作教学中应对网络语言冲击的研究[J]. 华中师范大学硕士论文. 2013. 10

[5]金英. 作文教学中的规范性培养皮[J]. 学校教育研究,2016. 04.

小学低年级看图写话教学方法思考与探究

天津市东丽区逸阳文思学校　刘淑娟

摘　要:看图写话是小学低年级语文教材的重要内容,也是培养学生观察力,启发学生想象力,激发学生表达力的关键点。看图写话是作文启蒙环节内一种锻炼,是培养初入学儿童向观察客观事物过渡的一个桥梁和凭借,有利于培养和提高儿童的认识能力和表达能力,启发学生的想象力,增强小学生口语表达向书面语言过度的能力。但是由于低年级学生的生活经验不足,认识水平较低,图意理解不清,思维不够开阔,词汇量不够等原因,导致了"看图作文"成了低年级学生学习中一大难题。本文从兴趣培养、观察方法、如何想象、阅读积累、修改方法等方面,对小学低年级的写话教学提出一些可行性的方法与建议。

关键词:看图写话　激发兴趣　观察顺序　合理想象　阅读积累

看图写话是作文起步阶段的训练,是小学低年级语文教学的重要组成部分,影响着学生今后的整体语文素养和综合能力的培养,所以对于低年级学生有效地进行看图写话十分重要。但是由于低年级学生的生活经验不足,认识水平较低,对图意理解不清,思维不够开阔,词汇量不够等原因,导致了"看图写话"成了低年级学生学习中一大难题。因此,培养学生的创作兴趣,提高学生的观察能力,丰富学生的想象世界,提高学生的写作能力,是每个语文老师应尽的责任。本文从兴趣培养、观察方法、如何想象、阅读积累等方面,对小学低年级的写话教学提出一些可行性的方法与建议。

一、激发兴趣,培养习惯

新课标强调,对于低年级学生来说,首先要培养他们对写话的兴趣,写自己想说的话。兴趣是最好的老师,对于低年级的学生来说,他们注意力保持时间较短,所以在看图写话教学中,一定要调动学生的积极性,从孩子的兴趣出发,消除学生的畏难情绪,让学生从内心深处觉得写话是一件开心的事情,而不是一项必须完成的任务。因此,我采用了"实物教学"和"绘本教学"两种形式来激发学生们的兴趣。例如,在教授《我的玩具》时,我从家中带来了一个玩具小米兔,在上课伊始,我并没有告诉学生这节课要学习什么,而是打开小米兔,播放了一首欢快的歌曲,之后又播放了一个有趣的故事,霎时间孩子们就对这个小米兔产生了浓厚的兴趣。有的同学和他对话,有的同学向他提问,大家拿着它都是爱不释手。于是我趁热打铁,告诉孩子们既然大家这么喜欢这个小米兔,那么就来一起描述一下它的样子和功能吧。接下来我引导学生按照一定的顺序观察这个玩具的样子,并填在提前准备好的表格中,学生的热情高涨,表达欲望强烈,最令人意外的是这次的写作没有一个人再出现"抓耳挠腮、眉头紧锁"的状态。

对于低年级的孩子们来说,绘本无疑是最好的读物,生动有趣的故事情节,再配上绚丽多彩的图画,这正是孩童最感兴趣的东西。于是我将绘本与看图作文相结合,让孩子们自己写故事,写自己的故事,我相信这样一定可以大大提升学生们的写作兴趣。我拿《好饿的毛毛虫》为例,我可以先出示前几页的故事情节,让孩子们了解"有一条毛毛虫,现在非常饿,它吃了一些食物,但是还是好饿",接下来让孩子们补充这条毛毛虫还吃了哪些食物。如果有绘画功底好的学生,还可以让他们自己到黑板上画出来,我相信这样课堂气氛肯定会更加活跃。然后再将之后几页的故事情节出示给大家,让学生们自己去比较,看看谁的故事更精彩。通过自己写故事,我相信学生能体会到创作的快乐,这样就更能激发他们创作的兴趣,久而久之,帮助孩子养成写作的好习惯。

二、善于观察,讲究顺序

对于看图写话来说,图片是基础。首先要看懂图,其次才是写好图。但是由于年龄及阅历等原因,低年级学生的观察能力成了他们写好看图作文的第一个障碍。在教学过程当中,我发现学生们在观察图片时,往往没有明确的目的,东看一眼,西瞧一下,走马观花,非常随意。所以,在指导学生如何看图上,我采用了"一观察,二讨论,三总结,四练习"的方法。首先让孩子们自己观察图片,然后再让大家讨论应该怎样观察图片,接着总结出合理的观察顺序,最后通过多次练习让学生掌握观察图片的能力。以单幅图的观察顺序为例,它的观察顺序应该是"整体,部分,整体"。首先,引导学生从整体观察这幅图讲了一个什么故事,然后再观察图片上每一部分内容,在观察部分时也应该按照一定的顺序,如:从上到下、从左到右、由远及近,这样可以避免丢掉信息,从而丰富故事情节。最后再回到整体,总结出这幅图的含义。如在教学看图写话《猫和老鼠》时,我先引导学生说出图片上讲了一个什么故事:一只小老鼠打开电脑后,被屏幕图片上的猫咪吓了一跳,害怕得向后仰去。然后指导学生观察书桌和电脑等,判断事情发生的地点应该是在主人的家里,接着引导学生观察图上猫和老鼠的动作表情,最后让学生思考看完这幅图后的感想。在刚开始观察这幅图的时候,学生们都看到什么就说什么,毫无头绪可言,导致在描述图片时不是丢三落四就是前言不搭后语。我引导学生自己评价他们的发言,引导他们应该按照一定顺序观察图片,然后再和学生们一起总结出单幅图的观察顺序,最后又练习了几幅图。"一观察,二讨论,三总结,四练习"的方法充分发挥了学生的自主性,学生享受学习的过程，真正做到了学生是主体，老师是主导。

三、大胆思考，合理想象

看图作文中的图片展示的只是故事的一部分，就像照片一样，记录的是一瞬间的画面。如果想要写出完整的故事，那么就需要发挥丰富的想象力，但是在发挥想象力的同时又不能脱离图片，所以在教学时我采用了“先放后收”的策略。

想象对于低年级的孩子来讲其实并不难，因为他们本身就是天马行空的年龄，只要给出一点点提示，他们的思路就会完全打开。比如在讲《猫和老鼠》时，我会针对文章的重点提一些问题：“小老鼠是怎样发现猫是假的？发现之后小老鼠又会说什么、做什么？”孩子的世界是丰富多彩的，他们的回答自然也是五花八门，例如小老鼠不小心碰了一下鼠标，发现大花猫一下就消失了；小老鼠发现大花猫一动不动，意识到不对劲；当小老鼠发现大花猫是假的时，又恢复了往日的威风，大摇大摆地口出狂言“一只假猫还敢来吓唬我，你来抓我呀”等等。在这一阶段，我采用了“放”的策略，通过适当的提问，鼓励学生们大胆想象，使静止的画面动起来、活起来，使单调的画面充实丰富起来。同时利用孩子丰富的想象力，对他们进行指导，让他们看到画外之画，听到画外之音，写出画外之意。

只要提出有质量的问题，那么激发学生的想象力就会变得轻而易举。但是要让学生做到“合理想象”却并非易事，因为它就像是“给想象的翅膀上了枷锁”。所以当孩子们充分发挥自己的想象之后，我又采用了“收”的策略，开始引导他们“合理想象”。“合理想象”包括“在哪里想象合理”和“想象的内容要合理”。“在哪里想象合理”指的是我们需要引导学生在适当的情节上展开丰富的想象，比如文章的重点内容，而不是在那些无关紧要的部分纠缠不清。例如《猫和老鼠》中，刚开始会有一部分学生纠结于“老鼠为什么去玩电脑”，甚至花费大量的语言去描述老鼠坐在电脑前的原因。这时我就会提示学生“图片上主要讲述的是什么内容”，让他们自己去判断是否应该把重点放在“老鼠来到电脑前的原因”。而当讲述到“老鼠看见屏幕上出现猫的图片时是什么反应，之后又会发生什么事”时，我就会鼓励学生们加入动作、语言、神态、心理描写，这样他们在描述的时候就会重点突出，语言也会变得更加生动。“想象的内容要合理”指的是既要符合我们日常的思维逻辑，又要符合图片情节上的逻辑。例如在讲授《猫和老鼠》时，有的学生说出了“电脑中的猫跳了出来把老鼠吓了一跳”这种想法，我听完之后，先让其他学生发表了看法，然后再引导这位学生联系实际和图片上的内容，让他明白自己说的那种情况不可能发生。在教学过程中，通过我的不断引导和学生们自己的思考，大家都在“合理想象”的道路上不断进步。

四、重视阅读，善于积累

在完成了认真观察和合理想象的环节之后，我们就可以动手把文章写出来了。

本来是水到渠成的事情，但是对于低年级学生来讲，识字量少，阅读面窄，词句积累匮乏，这些因素导致了他们的语言平淡、词不达意，甚至会出现“说得很好，写得很少”的现象。语言的积累和发展本来就是一个日积月累的过程，它需要大量的阅读来支撑。新课标强调，在写话中能够乐于运用阅读和生活中学到的词语，因此，有计划地鼓励并安排学生进行阅读和积累是非常必要的。

在帮助学生们积累的时候，我并没有采用传统的死记硬背的方法，而是多种形式共同使用。在学习《葡萄沟》一课时，我引导学生积累了好词好句——“茂密的枝叶向四面展开，就像搭起了一个个绿色的凉棚。到了秋季，葡萄一大串一大串地挂在绿叶底下，有红的、白的、紫的、暗红的、淡绿的，五光十色，美丽极了”。在出示语句的同时我还出示了相关图片，如茂盛的大树、美味的葡萄等，引导学生观察，并且尝试写一写，做到学以致用。同时，教师还可以根据学生的爱好、年龄、性格等特点，介绍一些适合他们阅读的书，帮助扩大他们的阅读面。班级内的图书角上面摆放学生爱看的绘本、童话、童诗等，这样无论是课间十分钟或者午休时间，学生都可以随时随手拿上一本书读上几页，这些都是增加学生阅读量的方式。

五、挖掘亮点，建立自信

在学生完成作文之后，如何帮助学生修改完善也是提高学生写作水平的重要一环。首先，教师可以选取写作水平中等的学生作文进行展示，引导其他学生根据写话要求讨论亮点和不足，集体评议和修改，在这种交流中，学生们的思想观点得到碰撞。其次，教师在批改时要挖掘亮点，评语要多鼓励学生，帮助学生建立写作自信。对于不足之处，应详细地指出为什么要修改及怎么修改，并引导学生完成修改，形成学习闭环，保证学生作文不足之处得到解决，写作能力切实得到提升。最后引导学生将修改前后的作文进行对比阅读，帮助学生理解体会前后作文的差别，学生可以小组内互相展示自己的作品，取长补短，加深印象，达到融会贯通。

总之，低年级的写话训练，应采取多种形式，在不断鼓励，不断积累中，提升孩子的写话兴趣，激发写话的动机，并把这种兴趣转化为动力，培养学生乐于写话，主动写话的习惯。同时，小学语文教师还需要合理地运用低年级的看图写话，培养学生的习作能力，让学生会看，会想，会说，会写，会改，从而真正实现语文教学中“听、说、读、写”四种能力的培养。

参考文献

[1]吴段霞. 浅谈低年级看图写话教学策略[J]. 新课程·中旬，2018(4)：58.

[2]杨芳. 低年级看图写话教学方法及一点思考[J]. 新教育时代电子杂志(教师版)，2018(19)：4.

[3]万晓艳. 小学语文低年级看图写话教学策略[J]. 作文成功之路(中旬)，2017(12)：75.

小学习作教学中的细节描写指导

天津市天外大附属北辰光华外国语学校　邢　瑞

摘　要：习作过程中的细节描写就像电影的升格和特写镜头，它往往在展示人物性格、文章主题方面起很大作用，能让我们的习作富有画面感。《义务教育语文课程标准》指出："写作能力是语文素养的综合表现"。但现在小学生的写作能力却不容乐观，写人叙事缺少具体形象的描述，读来呆板无味。因此，细节描写的指导是教师在教学中不容忽视的。本文将结合教学实践从关注文本、加强训练、调动感官、字斟句酌这四个方面谈谈如何在习作教学中进行细节描写指导，以实现学生乐写、会写。

关键词：小学　习作教学　细节描写　指导

在教学中，学生常常有这样的状况：他的作文只停留在简单的叙述层面，虽然文从字顺，但总感觉内容不够丰富，读起来让人感觉情感不够细腻，没有画面去支撑，吸引不了读者眼光。究其原因，就是学生忽略了连续细致的观察和恰当生动的细节描写。一直以来，写具体，写生动是习作教学中，教师提的最多的要求，而往往细节描写就能让文章自然而然地彰显"生动具体"之效。

所谓细节描写，就是抓住构成人物、事件等最小的组成元素进行细致描写，以达到表现人物性格和推动情节发展的作用。刘真曾有过这样的表述："作品中的细节就像活人身上的细胞，是艺术作品中的灵魂。"细节是体现习作真实性的重要环节，若要文章饱满充实，就一定要有细节和过程。细节刻画能够塑造人物形象，丰富对象情感，能够制造特定环境氛围，加强烘托强调的力度，是记叙文的生命力。要使整个作品充实饱满，特点突出就要善于捕捉细节。

艺术创作一定程度上是相通的，电影大师设计的细节镜头，一定是为了使观众的目光牢牢锁定于此，并让观众对片中精彩生动的细节永远记忆犹新。如果把学生的作文当成一部大片，那作为导演的学生一定是有独特的观察视角和高超的捕捉细节的能力。要使这部"大片"中人物形象跃然于观众眼前，情感表达牵动观众的心，一定是需要"导演"注重从细处着手刻画，因此，教师应对学生习作中细节描写具备必要的指导策略。

一、关注文本，体验精妙

教材是我们习作教学的好抓手，要让学生在课文的学习过程中，通过朗读感悟去了解细节描写，掌握方法，才能学以致用。部编版教材都是编者精心挑选的文质兼美的作品，其中的细节描写非常精彩，极具代表性且随处可见。教材无非是个例子，重要的是选取典型，引导学生感悟方法，体验细节描写的好处。

如通过人物的动作、语言、神态体会人物的心情，感受人物的品质。《牛和鹅》中“我”被鹅追赶的动作描写，语言描写，把我当时的惊慌失措写得十分真实。《‘诺曼底号’遇难记》中哈尔威船长与洛克机械师简短有力的对话，这一段语言描写突出了船长沉着冷静的品质和超高的职业素养。作者的感情有时也是通过场景描写表达出来的，如，《父爱之舟》中描写了“我”与父亲逛庙会的场景，流露出父子之间的温情。有时，浓厚的感情藏在字里行间，需要用心品味，如，《慈母情深》有一个细节描写：“母亲掏衣兜，掏出一卷揉得皱皱的毛票，用龟裂的手指数着。”从细节描写中可以感受到母亲工作的辛苦，挣钱的不易，还可以联系上下文体会到“我”的羞愧和自责。

像这样的精彩之处，在教学过程中教师要放手让学生自己去寻觅品悟，可以是自己做批注，可以小组讨论探究，无论何种形式，最终的目的要让学生体会细节描写其中的精妙之处。

二、加强训练，夯实基础

教材除了选取美文佳篇让学生去感受，还在语文园地中设置了一些词句段的训练用以加强学生语言文字的运用能力，教师同样要紧抓训练，在正确的模仿和反复的实践中让学生们养成细节描写这一技能。如四年级上册选择一个情绪的词，用动作描写来表现它（生气、自豪、快乐、着急、伤心），学生们首先要联系自己的生活实际，在脑海中搜索与之对应的心理活动情境，再将它用文字形象地表达出来。四年级下册选一种情况（蝴蝶飞舞、小男孩打羽毛球、妈妈下班回到家）写一组连续的动作，我们可以设计让学生演一演，让画面呈现在学生的眼前，这样他能更直观地感受。针对小男孩打羽毛球这一情况，学生一开始只能想到挥拍、回击等动作，我设置一些不同的情境（和不同人打球、在不同场地打球、打球时心情不同）引导他们演一演，他们脑海里立刻有了许许多多的画面，思维更加开阔，不再局限于手和球这一个点上的动作。

教师还要在教材基础上再向外拓展教学资源，在日常的课文阅读教学中渗透细节加工训练，比如注意文中的“留白”，那就是学生可以发挥的地方。《牛郎织女》中“牛郎常常把看见的，听见的告诉老牛”和“仙女们商量瞒着王母娘娘去人间看看”这两个部分教师就可以引导学生“补白”：牛郎会说些什么呢？仙女们怎么商量的？等等。学生们在这个想象的过程中，加深了体验感和获得感，从而逐步习得细节描写这一方法。

长年累月，在教材与教师双线的训练下，细节描写在学生的习作中就会层见迭出，学生的作品也会变得更加丰富有感染力。

三、调动感官，捕捉细节

创作者都明白这样一个道理：故事好编，零件难找。这个“零件”就是细节描写。要想找到好的零件，就需要动用你的三头六臂——调动你所有的感觉器官，观察事物的不同方面，去感受你周围的世界，并把这种感受及时、准确地记录下来。处处留心皆学问，教师要引导学生学会捕捉生活中的小镜头，让自己的独特生活经历和感悟成为细节描写的源头。

1. 观察细节

我们选取的细节要真实地来源于生活，细节描写必须要符合生活实际地去表现生活。抓住生活中发生的一些真实有趣的事情，让学生去感受、记录，有感而发才能写得精彩。例如在上课时，班里飞来一只蜜蜂，安静的课堂立马变得活跃起来，有的同学拿课本遮挡，有的发出喊叫声，有的则东躲西藏……蜜蜂在教室盘旋，学生神态各异。教师就可以抓住这样的突发状况，让学生进行即兴描述，说一说自己看到的画面，听到的声音，做出的动作……总之，要尽可能地引导学生记录生活中的真实小事，表达真情实感。

2. 筛选细节

在观察的过程中，学生往往能捕捉到许多细节，对这些细节进行筛选并加以放大，往往能产生很好的效果。

例如：记一次游戏的习作，我带学生在课堂上先玩了一次“123 木头人”游戏。一组八名学生参与，一名同学背朝其他七名同学站在前面，站在前面的同学喊“123 木头人”，喊“123”时其他同学随意行走，而且要尽快向前触碰到站在最前面的同学，喊“木头人”时，后面的同学须停止不动，谁动了就要淘汰，直至所有人淘汰，或者有人触碰到前面喊口令的同学，游戏结束。介绍完游戏规则后，我提了几点要求，游戏后全班交流：

游戏前你做了哪些准备？

请你选定 1 至 2 同学进行观察，记录一下他们玩游戏的表现。（捕捉观察的细节）

你自己玩游戏时的想法和感受。

这次活动引导学生在宽松的氛围中主动捕捉细节和描写细节，在交流中自觉调整细节选取的范围。学生观察得十分认真，有的看到了机灵调皮的同学，观察到他灵活矫健的身姿，有的听到了游戏时班级里发出的各种声响，在写自己内心活动时，同样真实传神，有画面感。

有的学生调动听觉记录了游戏时的声音：一声“木头人”，刚刚还吵吵闹闹的教室一下子安静下来，只听得到我们的呼吸声和窗外风吹树叶的沙沙声。

有的学生调动视觉写出游戏时同学搞笑的动作：小宇本来大摇大摆地走着，一听到“木头人”便赶快停下，可他的手还没来得及放好，只能一前一后摆着，他努力保持着这个动作，已经开始发抖了。再看菲菲，一只脚在地上，另一只却悬空，手还在空中紧紧握成个拳头，眼睛睁得大大的，嘴巴抿得紧紧的，忍住不笑。

小文一直贴着墙边前进，只见他弯着腰，屈着腿，走得十分小心，一听到“木头人”，他机灵地蹲了下来，像块石头一动不动，果然，最后小文成功碰到前面的皮皮，获得了游戏胜利。

还有的学生则写出了自己做游戏时的心理感受：皮皮的“123”喊得太快，当我们一步步走近前面的皮皮时，我的心都在怦怦地跳着，喊完“木头人”，皮皮迅速地转过身来，神气地围着我们巡视不停，已经有十秒了，我浑身发酸，最后5秒更是酸得不行了，我想：就剩下我们两根“独苗”了，可一定要坚持住啊！

在这样的训练下，学生调动起全身的感觉器官去感受，把自己看到的，听到的，想到的与丰富的感情自然融合，文章立体、真实又不失生动。

四、字斟句酌，升格作文

连续细致的观察是先决条件，满足这一条件后，我们进行下一步——准确生动的表达。这一步需要创作者选取最适合他描写对象的词语来进行描述。

1. 锤词炼句

在分析文章时，我们常会评价作者的用词能力极高，特别是某些动词，形容词的使用，我们称之为关键词。在细节描写中，我们也需特别注意，多推敲，以求能直击人心。

例如，学生写一场乒乓球赛：“他把球抛起，发了一个旋转球，让人看得眼花缭乱。”写运动，动词用的却很少，我启发学生关注动作，连用动词，用准动词。修改后变成：“只见他把球高高抛起，眼睛死死盯着，球碰到球板的一瞬间，他手腕轻轻一抖，脚一跺，球高速旋转着，向这边飞来，让人看得眼花缭乱。”句中的几个动词“抛”“盯”“抖”“跺”“飞”，都用得很精准恰当，生动具体，文字即刻灵动丰富起来。

2. 巧用修辞

为了文章更加传神打动人心，在细节描写中，我们也常常根据具体需要巧妙运用比喻、拟人、排比、夸张等修辞方法，来增强表达效果。这也是学生们比较能把握的写作手法，在习作中大胆地展开想象，通过增强语言的生动性，变抽象为具体，使无形变为有形。

在描写自己心情的习作中，很多学生这样写自己受到批评时的感受：“我吓得大气不敢出”，或者“妈妈提高了嗓门教训我……”在课堂上我启发学生抓住妈妈批评我这一细节,加上比喻或夸张的修辞进行修改,学生改为了:“妈妈的声音如同锤子一样砸在我的心上”。让人感受到妈妈的语音高语气重,让人不寒而栗。

正如列夫托尔斯泰所说的那样,“艺术家在细节上竭尽全部力量,必将产生巨大的艺术魅力。”放慢速度去观察,在“放大镜”下去描写,这部“大片”的结局都已准备就绪,所有情节都已经过加工,其中的细节凸显作品的价值,聚集一切精良的特写、升格镜头,定会是一部能够感染人心的好作品。

参考文献

[1]张庆红.浅谈作文教学中的细节描写指导[J].教育实践与研究(B),2009(2):36-37.

[2]徐良,何玉梅.浓墨细节描写增添作文亮点——作文教学中细节描写的指导[J].剑南文学:经典阅读,2012(4):217.

[3]高立志.细节之美——谈记叙文写作中的细节描写[J].读与写(教育教学刊),2012,000(010):54.

[4]董彩辉.小学作文教学中细节描写的指导策略[J].学周刊,2017(24).

语文杂谈

少教多学，充分发挥学生的主体地位

天津市静海区子牙镇中学　董　纯

摘　要：当今世界知识更新的速度很快，为了适应时代的发展，学生学习的性质应当由被动性转变为主动性。作为所有学科的“老大”，我们语文教师在这项工作中应发挥主力军的作用。语文学习是一个长期积累的过程，这就要求广大语文教师在传授知识和培养能力的同时，着重激发学生的学习兴趣，为学生提供更具弹性的发挥空间，为学生的未来发展做好准备。这种形势下，“少教多学”的理念为许多教师打开了思路，老师教得少，学生收获多，它真正实现“教师是主导，学生为主体”的新课程改革要求。“少教多学”是提高课堂教学实效性的有效方法，“少教多学”真正实现了教与学的双赢。

关键词：少教多学　语文教学　主导作用　主体地位　鼓励

当今世界需要具有创新素质的创新型人才，为了适应时代的发展，学生学习的性质应当由被动转变为主动。但是部分学生已经习惯由别人为自己代劳一切，在教学时我们发现这部分学生的审题能力、思考能力、表述能力都直线下降。对待学习，他们“事不关己”，觉得学习只是“学霸”们的任务，自己则只需要“坐享其成”。这种情况的产生，一方面和社会风气、家庭教育有关，另一方面，也和我们传统的“满堂灌”“填鸭式”的授课方式脱不了干系。常态教学研究中，我发现解决这些问题最有效的方法是“少教多学”。

“少教多学”在国际上首先是由新加坡提出来的。进入新世纪，看到传统教育方式和教学方法的弊端，我国的教育专家和一线教师结合现代社会对人才的要求，也逐渐关注“少教多学”的教学理念。“少教多学”就是以学生为本，减少教学内容的数量，提高教与学的质量的教学，是为学生学习服务的教学。教师的“少教”，并不是减少整体教学任务量的少教，语文学科的学习，不能仅仅局限于教材，我们要以教材为本，使教法多元化。学生的“多学”，也不是单纯地多读书，多背书，而是在广泛阅读、独立思考、积极参与、认真倾听基础上的有目标的学习。也就是说如果把课堂看成是一个舞台，教师只能是一个导演，而学生才是主角。我们的教学要尊重学生的认识规律和接受能力，发挥学生天性，激发学生的潜能，这样既能体现教师的主导地位，又发挥了学生的主观能动性。如此一来，双方受益。2021 年 7 月 24 日，全国发布了“双减”政策，要求有效减轻学生过重的作业负担，这就进一步要求我们把自己的课堂“提质”，把“少教多学”这种有效手段从课上延伸到课下。那么，教师教什么？怎么教？学生学什么？怎么学？

一、“少教”的策略

1. 课前做足功课

教师是课堂教学的设计者，也是学生学习的引领者和指导者。想要取得好的教学效果，就要求我们在课前要认真研读课标，吃透教材和教参，研究习题，多听其他语文教师的课，上好常规课。作为语文教师，我们要做到知人论世，在讲授每一篇课文之前，都要了解其作者和写作背景。教学是教师和学生的双向活动，学生们的学习基础和接受能力是参差不齐的，所以我们要认真分析学情，根据学生们的实际情况来预设教学环节，让教授内容符合学生的现实需要与发展水平。

2. 精简教学环节与内容

以前上课主要是教师讲，学生听，教师的讲授、提问、启发都有固定模式，过多地关注教师如何教，却很少关注学生如何学，这是一种单向交流模式。同时教学内容过多，限制了学生的思维，使他们不再思考。现在我们要改变传统授课模式，根据学情设计环节，把更多的空间交给学生，让绝大多数学生都能参与到课堂中，让他们体验到获得知识的愉悦。同时我们要减掉多余的提醒、指导和介入，让学生当“主角”。我国著名特级教师——徐长青老师的“简约教学”提到三个不讲：(1)学生会的教师不讲，这是基于学生已有的知识基础和生活经验而言的；(2)学生自己能学会的，教师不讲，这里强调的是还给学生学习的主动权；(3)学生怎么也学不会的，教师不讲，这一点突出的是以人为本，因材施教。固然徐老师是数学老师，但我认为这“三个不讲”也同样适用于我们的语文教学，如果我们的语文教学简单起来、好玩起来，我们讲在学生知识的“最近发展区”的知识，我们的学生才可能愿意“多学”。

3. 学会放手，突出主体

以前的课堂上，教师一直牢牢掌握教学的大权，教师讲的少，学生必然就学的少。因为对学生“不放心”，我们往往一个人包揽了“导演”和“演员”的工作。在“少教多学”理念指导下，我们要学会“下放权力”，把一部分教的任务交给学生，学生有了教自己、教其他同学的机会，就积极多了。作为教师，我们是课堂的设计者，是学生学习的引领者和指导者，不能越俎代庖，要把主动权交还给学生。

二、“多学”的策略

1. 创设情境

美国心理学家罗杰斯曾说：“成功的教学依赖于一种真诚的理解和信任的师生关系，依赖于一种和谐、安全的课堂氛围。”因此，在日常的语文课堂中，我们要创设一种轻松的学习情境,必须让学生感觉到我们的教学是民主的,我们和他们之间是互相尊重的,我们也是真的想帮助他们而不“嫌弃”他们的。

另外,在抛出问题后,教师要有足够的耐心等待,不能因为怕“冷场”或者耽误教学进度就马上重复问题,因为他们可能还在思考或者对回答问题有所顾虑。另外,当学生们回答问题后,作为老师,我们必须要注意等待一段时间并且注意语气地评价或者顺势提出下一个问题,要给学生消化吸收的时间。刚开始,或许会影响教学进度,但长此以往,我们会发现,学生们的潜力是无限的,他们所知道的比我们想象的要多得多。作为老师,在课堂上我们要充分尊重学生,鼓励他们独立探究,合作完成,这样会有很多精彩的画面呈现。我们要调动运用多种行之有效的教学方法,巧妙设计问题,创设有利于学生独立自主学习的情境,促进学生的思考,学生才能“多学”。

2. 帮助学生克服心理障碍

作为一线教师,在我们的日常教学中要帮助学生克服心理障碍,让他们不怕答错问题,敢于说出心里的答案。我们不要害怕学生犯错误,同时也要让他们意识到这一点。当学生回答完问题后,我们要及时予以正面评价。表扬是学生独立思考的最好奖赏,也是对学生努力学习和取得进步的最好肯定,我们真诚的“真棒”“有进步”比一味地责问、训斥,更能激发学生学习的兴趣和动力。我们适当地加油鼓劲,适时地表扬,不是浪费时间,更不是多此一举,而是促使学生进步的催化剂。我们要多一些机智与幽默,善于从学生的兴趣入手,让师生在轻松和谐的氛围中学到知识。

作文教学中,每次批阅完学生们的作文后,我总会将其中的优秀习作挑选出来,用心写好评语,并利用课上时间进行展示。学生既在这个过程中获得了成功的喜悦,激发了创作热情,又听到了同学们真挚的称赞。对于其他学生来说,在讲解和展示的过程中学到了写作文的方法和技巧,使他们觉得写好作文不是“遥不可及”的。

3. 习惯养成

(1)阅读的习惯。无论何时,阅读教学在语文教学中的地位都是毋庸置疑的。由于经济原因以及对阅读的不重视,农村的学生很少读课外书,这不仅严重阻碍着学生的语文学习和其他科目的学习,更严重影响着他们的终身发展。语文教学中,我们要重视阅读,在课堂当中交给学生阅读的方法并作示范,适当布置课外阅读作业,提倡学生写摘抄,摘录所读课外读物的好词好句,并定期展示交流。另外,我们自己先要热爱阅读,要比学生读得多,读得认真,并且要让学生看到。我们要在教学中展现所读书的内容,让语文课堂更精彩,以实际行动感染他们,使他们养成阅读的习惯。

(2)独立的习惯。只有独立思考才能发现问题,提高解决问题的能力。只有养成独立的习惯才能掌握学习方法,学有所获。当然当学生独立思考得出答案后,我们要及时予以鼓励,这样才能促使他们坚持独立思考。

讲授每篇课文之前,我都会抽时间检查布置给学生们的预习任务;上课时会问学生课文讲了什么内容,哪些地方令你印象深刻,学到了什么好词好句;课文小结时,会问学生学到了什么,有什么疑问。这些问题看似简单,却需要学生在课前做好预习,再加上自己的思考才能得出“独一无二”的答案。放眼中考试卷,所有的题目都必须在阅读加独立思考的基础上才能做出解答,问题设计的巧妙性和切合目标性能真正发挥课堂实效。坚持一段时间后,学生们发现问题和大胆回答问题的能力提升了,他们能自发、主动、积极地完成学习任务,在我的适时鼓励下,学生们养成了独立思考的习惯。

(3)质疑的习惯。我们要鼓励学生敢于怀疑,不照搬照抄网络上的信息和知识,不轻易认同他人的观点。授课中要注意给学生留有思考、探究的时间和空间。我们在讲授时要以始终以学生组织者的身份出现,甚至可以犯一些“愚蠢的错误”,让学生们意识到,老师也会犯错,不要把我们的讲解当成“标准答案”,这样他们就会有一种想问“为什么”的冲动。

(4)参与的习惯。参与是兴趣的源泉,没有参与就谈不上兴趣,学生在参与中表现,在参与中挑战,在参与中收获。只有想办法让学生参与课堂,才能激发他们的学习兴趣,才有可能变被动学习为主动学习。我们要降低问题的难度,丰富问题设置的形式,让大部分学生尤其是学困生都能参与到我们的语文课堂中来。

(5)倾听的习惯。学生要学会倾听,只有倾听才能发现别人的长处,发现自己的不足,才能更好地在集体中与其他同学交流,更好地合作。当然,倾听不是盲目地听,要善于倾听,即听出别人话里的重点和问题,与自己的想法观点比较,学会容纳别人正确的观点,从而提升自己。

4. 问题设置形式多样化

我们在备课时要根据学生的具体情况来设计学案,当然学案的内容不能千篇一律,切忌模式化。语文预习学案大体包括这样几点:课题、学习目标、重难点等,如此学生的预习变得有针对性。在学生明白了以上几点的基础上,我们在设计学案时根据教授内容的需要,可以设计填空题、问答题、填表题等引导学生预习,以不同形式的问题引起不同水平学生的学习兴趣。例如,在讲授七年级上册《寓言四则》这篇课文的《赫耳墨斯和雕像者》《蚊子和狮子》时,我预设了如下问题:

(1)什么是寓言?

(2)寓言的特点是:寓言一般比较(　　),故事的主人公可以是(　　),也可以是人格化的(　　)或(　　)。具有鲜明的(　　)和(　　)。寓意是其中心所在。

(3)寓言的寓意要用到的表达方式是(　　)

(4)寓意在寓言的(　　)位置。

A. 开头 B. 结尾

(5)小组讨论:蚊子打了几架?对手是谁?交战双方各有什么动作?划出动词。结局如何?

(6)小组讨论:两则寓言的寓意分别是什么?

学生分角色朗读课文。

《赫耳墨斯和雕像者》《蚊子和狮子》是七年级上册第 24 课《寓言四则》的前两则寓言，篇幅虽短但寓意深刻。教材设计安排了预习提示内容，学生通过阅读预习提示，可以找到 1、2 题的答案。通过阅读这两则寓言并加以思考，可以找到第 5 题的答案。经过小组讨论后可以解答第 5、6 题。问题设置面向全体学生，整体难度不大。根据学情我预设了问答题、填空题和选择题。问题设置形式多样化，能让更多的学生尤其是学困生参与语文课堂，实现“多学”的目标。

5. 学习方式多样化

语文学科的学习是一个主动的、个性化的过程，获得知识的途径是多种多样的。“少教多学”需要强化而不是弱化教师的主导作用，作为课堂的“导演”我们应该创设情境、丰富问题设置形式使学生学习的方式和完成作业的方式多样化，让他们觉得语文课有意思。尤其是在互联网技术日新月异的今天，可以适当利用网络让更多的学生尤其是学困生主动参与到语文课堂中来，让学生的学习单一以课堂为中心转变到课堂教学与学生课内外自学相结合。例如，我们可以让学生通过阅读，积累好词好句，也可以让学生们查询作者生平、写作背景和课文中提到的历史事件，还可以以小组探究的形式修改作文。当然，问题的设置要面向全体学生，符合绝大多数学生的认知水平。

语文是一门工具学科，许多问题都需要通过实践才能应用。原来的教学模式已然落后，我们必须秉承“少教多学”理念。日常课堂中，我们要注意利用学生思维异常活跃的特点，让学生当真正的“主角”，这样，“浑水摸鱼”的学生数量会大幅降低，我们自己也会轻松很多。课堂中，老师和学生无时无刻不在交流，学生们每天处在这样的课堂中，自然而然就有了主体意识和创新能力。当然，想要达到这样的效果，我们教师就要摒弃只看学生分数的评价观而给了他们更多的鼓励。语文学习是一个潜移默化的过程，这个需要教师和学生的共同努力。少教不是“不教”，是“精教”；多学不是胡子眉毛一把抓地“乱学”，而是运用正确方法轻松获取知识。有了这样的共识，学生不仅学到了知识，还有了思维和能力的训练，这就是“少教多学”啊！

参考文献

[1]蒋桂敏. 谈谈语文教学中的创新教育[D]. 文学教育(下)，2015.

[2]王奇. 浅谈如何营造轻松愉快的语文课堂氛围[D]. 安徽省安庆市宜秀区罗岭镇火炬小学，2018.

中学语文课堂活动的设计与实施

天津市宁河区芦台第一中学　林乐霞

摘　要：当前初中语文课堂“讲授式”是常态。教师讲，学生听并偶尔回应一下教师。这样单一的授课方法忽视了学生语文核心素养的提升。在新课程改革背景下，教师应更新课堂活动设计理念，实现教学方法多样化，大胆地创设教学情境，为学生搭建活动平台。真正做到以学生为课堂活动的主体，全面提升学生的语文素养。

关键词：中学语文　课堂活动　研究与实施

传统的语文课堂以教师为主体，实行“满堂灌”的教学策略，完全忽视了学生的主体地位。导致学生要么跟不上教师思路，对教学内容失去兴趣，进而转移注意力；要么被动听讲，失去了质疑、思考、探究的能力。因此，改变单一的授课方法，更新课堂活动设计理念迫在眉睫。

一、语文课堂活动设计原则

语文课堂活动的开展有效改善了“灌输式”教学，但由于教师对课堂活动认知不充分，又掉进了“为活动而活动”的怪圈。有些活动与教学目标脱节；有些活动只起到活跃气氛的作用，对提高教学效率并无益处；有些活动在无关紧要的环节开展，既无法产生教学价值，又浪费了宝贵时间；有些活动片面追求数量之多，导致热闹有余，实效全无。因而，课堂活动的开展决不能随心所欲，而应精心设计，应遵循如下原则：

1. 课堂活动设计应紧扣教学目标

教师必须熟读教材，理解所教内容，明确教学目标，紧扣目标设计活动，使课堂活动有助于突破本节课的重难点。例如《木兰诗》，这首诗记叙了木兰女扮男装，代父从军，征战沙场，凯旋还朝，受封受赏，请辞还乡的故事。教学目标：反复朗读，把握诗歌内容，理清情节；把握人物形象，感受木兰的“女儿情”“英雄气”。针对教学目标，笔者设计了这样的教学活动：以读为中心，一读正字音，二读理情节，三读品形象。采用多种形式进行朗读，如自读、默读、范读、齐读、赛读、背诵等。以朗读搭建理解文本的桥梁，引导学生深入文本，理解感情，体悟人物形象。在总结人物形象的环节，笔者还安排了这样的活动：“请你从木兰的父亲、木兰的姐姐、天子、木兰的战友四个角色中任选一个，以第一人称写一段赞美木兰的话。”

此项活动富有趣味性，能促使学生认真梳理木兰的形象，比直接问“怎样概括木兰的形象”生动得多，更能调动学生的积极性，同时紧扣“把握人物形象”的教学目标。

2. 课堂活动应助力提高教学效率

提高教学效率，可以减轻学生的负担，逐步做到课后无作业。让学生自主支配课余时间，发展自己的兴趣爱好，真正实现素质教育。因而课堂活动只有助力提高教学效率才有意义。

学生对分数都很在意，也都有竞争心理。据此笔者在课堂评价环节会设计一些竞赛。如让学生写外貌描写的片段“猜猜他是谁”，谁写的人物被大家猜中了，就可以获得 5 分。这样的活动极大提高了学生写作的积极性，提高了教学效率。

课堂时间非常宝贵，这就要求设计的活动既能节省时间，又能收到良好效果。如《首届诺贝尔奖颁发》一课，针对知识点“新闻的倒金字塔结构”，笔者自制了 3 分钟的微课，介绍“倒金字塔”的含义、起源、优点、缺点，并举例进行了分析。短短 3 分钟的微课，把核心概念讲清楚了，学生也乐于接受变换的教学方式。如果用传统讲授法，这些内容起码要 10 分钟才能解决。

3. 课堂活动要指向语文核心素养

新课标不再单纯以听说读写为教学目的，而是以品德教育、素养能力的提高为主，为学生的终身学习奠基。因而课堂活动的设计应以提高学生语文核心素养为目标。语文核心素养包括语言能力、思维能力、审美能力、文化传承与理解能力。在讲《木兰诗》时，笔者让学生尝试将课文改写成剧本，小组共读剧本，选出优秀作品。然后全班分享，再选拔出一篇最佳作品。学生争先恐后地自荐当导演、演员，自己利用课下时间排练自创的剧本。全班同学都热切盼望着正式表演的到来。经过学生们的精心排练，表演效果自然不错。

改写并表演剧本《木兰诗》的过程，使学生增强了对这一传统诗篇的理解，培养了学生的爱国热情和民族自豪感，发展了学生的思维能力和语言表达能力，培养了合作能力和交际能力，全面提高了学生的语文素养。同时使学生获得了成就感，进而爱上语文学科。后来，有一名学生主动向笔者提交《卖油翁》的改写剧本，并发动几名学生自己排练并表演。学生有了这样主动学语文的热情，不是比老师“灌输”万语千言都管用吗？

二、语文课堂活动的实施策略

传统教学方法侧重于传授知识，采用的是“满堂灌”“填鸭式”，久而久之学生就会丧失思考能力、创造能力。现代教学方法则注重培养学生探索新知、发现问题和解决问题的能力。当前语文课堂常用的教学方法有：讲授法，教师通过语言系统向学生传授知识的方法；谈话法，又称问答法，教师根据一定的教学目的和学生已有的知识、经验,通过师生间的对话而使学生获得新知识或提升能力的教学方法;练习法,学生在教师指导下进行巩固、运用知识,形成技能的教学方法;合作探究法,让学生以小组的形式,围绕某一话题发表见解,相互交流,学习,从而获得知识的方法;表演法,学生将课文内容以表演的方式再现出来的教学方法,一般用于情节性较强的文学作品;诵读法,学生在教师的指导下,采用各种方式朗读课文,有助于帮助学生领会课文内容,体会情感;情境教学法,教师运用恰当的手段,引入或创设形象生动的场景,以引起学生的情感体验,帮助学生理解文本的教学方法;课外延伸法,即教师在指导学生掌握课堂教学内容的前提下,有意识地布置课外阅读或语言运用的拓展性任务,激发学生自主学习的兴趣;读写结合法,即在学生学习文本之后,基于学生对文本内容的理解,指导学生进行写作练习,以读促写,读写结合。

教师应掌握并灵活运用多种教学方法,在此基础上设计丰富多彩的教学活动。活动可以是多样化地朗读;可以是学生质疑,解疑;可以是讨论,辩论;可以是拓展阅读;可以是当堂练习;可以是设置情境;可以是角色扮演;可以是游戏;可以是改写,仿写,补白,续写。[1]笔者以五种活动方式为例进行阐述。

1. 创设情境,激发兴趣

情境设置是教师抓住学生关注力的重要途径。[2]教师设置的教学情境既要围绕教材内容,又要贴近学生生活,符合学生的年龄特点。

(1)情境要贴近学生生活。生活化的教学情境,让学生有亲切感,易于理解和接受。在讲《驿路梨花》的“悬念和误会”时,笔者用情境短剧“谁修好了桌子”来导入新课。放学后三名同学在教室做卫生,围绕着“谁修好了桌子”产生了悬念和误会:

谁修的桌子?

旁白:放学后,有三名同学留下来做卫生。

白子俊:(扫地,发现桌子腿摇晃了。拿出自己的工具修桌子)

董静文:小白,修桌子呢?

白子俊:嗯。

董:锤子借我用用,我桌子也坏了。

白:(递锤子)我去喝口水。(拿着水杯出去)

韩鑫宇:(从外面走进教室)谢谢啊,静文。

董:谢我干什么?

韩:谢谢你帮我修桌子。

董:我帮你修的?

韩:对啊,屋里就你一个,不是你是谁呢?

董:是小白,他刚出去喝水了。

白:(拿着水杯,走进教室)

韩:谢谢小白,帮我修桌子。

白：咳，这点小事，别客气！

结束，鞠躬致谢。

该短剧不过 2 分钟，但因为故事本身贴近学生生活，又是本班同学的表演，同学们立刻被这个情境短剧深深吸引了，对“悬念和误会”的含义也有了初步理解。

（2）情境要具有形象性。教学情境应当形象而感性，能有效丰富学生的感性认知，并促进感性认识向理性认识转化与升华。在《写人要抓住特征》一课，笔者设置了情境“怕吃柠檬的人”：请几名怕吃酸的人站在讲台前，现场吃柠檬。他们吃过后自然地做出了各种表情，有咧嘴的，有皱眉的，有流眼泪的……然后我让全体同学捕捉他们的表情，进行一段外貌描写。这是典型的观察作文。该情境既活跃了课堂气氛，又为学生提供了形象可感的人物表情。同学们也没有辜负老师的期望，把人物表情写得活灵活现，生动有趣。

（3）情境要激发情感。没有情感充溢的语文课堂就像一潭死水。教学情境要激发学生的情感，或震撼，或鼓舞，或感动，或悲愤，或喜悦，或同情……有了这种种情绪，才有生机勃勃的课堂，才有充满活力的学生。《回忆我的母亲》一课，笔者设置了这样的情境：请学生观看视频，视频是用学生课前提供的母子合影制作成的，然后让学生以《我的母亲》为题写一个片段，选取一个典型事件，运用叙议结合的写法突出母亲的形象或母亲对自己的影响。

让学生在写作之前看母子合影视频，就是为了营造情境，引起学生对母子之间种种过往的回忆，激发学生对母亲的爱与感激之情，为写作蓄势。所以，该视频的作用绝不只是活跃气氛，更重要的是触发学生波涛汹涌的情感，情感开关一旦开启，写作就水到渠成。

情境教学能解决学生认知中的旧知与新知，形象与抽象，感性与理性之间的矛盾。好的教学情境既可以提供丰富的学习材料，又可以提供实践与运用知识的机会，让学生在有趣的活动中理解所学知识，解决实际问题，增长智慧才干。

2. 角色扮演，换位思考

角色扮演，能让学生身临其境，与文中的角色换位思考，产生共鸣，激发情感，对文章的主旨有更深的体会感悟。

如《蚊子和狮子》一课，采用角色扮演法，让三名同学分别扮演蚊子、狮子、蜘蛛，表演寓言中的情景，并为他们的表演配上恰当的音乐。在轻松愉快的表演中，学生理解了文章的寓意：做事要不骄不躁；遇事要沉着冷静，思考应对的办法。再如《皇帝的新装》，在角色扮演中，学生更深刻地体会到皇帝的昏庸，官吏的虚伪，骗子的狡猾，孩子的纯真。

表演者为了给同学们留下好印象，会在课前积极准备，反复阅读文本，查阅资料，使学生加深了对文本的理解；在排练和表演过程中，又加强语言表达能力、合作交流能力、应变能力，提高了语文核心素养。而观看和评价角色表演，又激发了观看者的想象力，提升观看者的分析、讨论、评价能力。角色表演活跃了课堂气氛，使学生在轻松愉快的气氛中大大提高了学习效率。[3]

3. 交流论辩，发展思维

小组成员互相讨论，集思广益。由于每个人的起点、观察角度、分析问题解决问题的能力都不相同，在讨论中必然会思维碰撞，火花四射。通过反复比较切磋，每个成员都会或多或少地学到他人思考问题的方法，而思维能力也在切磋的过程中得到潜移默化的发展和提升。在课堂教学中，有些问题需要讨论才能解决，教师就应提供讨论的机会；还有一些开放性的、争议性的问题，教师可以大胆地提供课堂辩论的平台。

如《陋室铭》一课，笔者在主题探究环节组织了辩论赛“陋室到底陋不陋？”正方、反方围绕“陋”与“不陋”展开论辩，在辩的过程中，文章的主题逐渐明晰：“陋”在形，而“不陋”在神。对陋室的赞美，表现出作者安贫乐道、高洁傲岸的情怀。

在辩论前，学生搜集资料，筛选信息，组内交流；而辩论过程，极大地考验学生的思维能力、应变能力、语言表达能力。辩论让学生在活动中展现自我、建立信心、提升了语文的核心素养。

4. 比较阅读，系统认知

比较阅读，是针对某个文本，联系与其相关的内容，将二者从不同层次、不同角度进行比较，以得出新的认知和结论的思维过程。

（1）不同作家同一主题的作品进行比较

如在学习《廉颇蔺相如列传》的“将相和”一情节时，可以给学生提供外国故事“华沙一跪”，因为它们都传递了同一种思想：为维护和平，维护国家利益，当不计前嫌，以大局为重。再如战争题材的诗歌《石壕吏》《木兰诗》，都描写了一位女性形象，作者借此表达的主题是否有相同之处？如《背影》《秋天的怀念》都是非常典范的表现亲情的散文，运用平实的语言讲述平凡的事件，抒发真挚的情感。那么，两篇文章在写人的手法上有何相同点？通过对同一主题作品的比较阅读，能加深学生对文本的理解，使学生的情操得到陶冶，心灵得到净化，有助于学生树立正确的世界观、人生观、价值观。

（2）同一作家不同题材的作品进行比较

如李清照的《醉花阴》《声声慢》可以进行对比鉴赏。两首词的写作背景不同，《醉花阴》是早期的怀人之作；《声声慢》是后期作品，作者经历了国破家亡、漂泊他乡、丧失丈夫的灾祸。两首词都写了愁情，“愁”的内涵差异却很大，前者抒发重阳佳节思念丈夫的愁情；后者抒发国破家亡夫死、沦落天涯的悲凉愁苦之情。将两首词对比阅读，能让我们清晰地了解词人前后期词风的变化、思想的变化。家国巨变，生活动荡使女词人的作品内容更丰富，情感更深沉，词风也由明朗清丽变得凄凉低沉。可见时代变革对作家的影响之大。把同一作家的不同作品进行比较阅读，能全面了解作家的成长轨迹,也能深入了解作家的写作特点。[4]

通过比较阅读,可以发展学生的迁移思维,学生在大量比较阅读中,由此及彼地学习新知,认识新事物,久而久之就会提高对语文知识系统化的梳理水平。[5]

5. 读写融合,深化感悟

阅读是吸收,写作是表达。读写融合将阅读与写作紧密联系在一起,以读促写,以写促读。二者融合,既能及时反馈阅读效果,又能有效提升写作能力。教师可以根据学情和文本内容设计微写作,要善于寻找读写融合的巧妙切入点。

(1)趣味变写

文言文《穿井得一人》,教师可以让学生分成三大组:丁氏组、国人组、宋君组。每组都以第一人称来改写这则寓言故事。如宋君组的一名同学是这样改写的:"今天早晨在朝堂上,大臣争相报告了一件新鲜事,说一户姓丁的人家在挖井时挖出了一个人。我不信,派人询问,原来丁家挖了一口井,极大地方便灌溉田地,相当于省出来一名劳动力。"这样的改写改变了文言文一味侧重翻译课文的教学模式,增加了课堂的趣味性,也使学生对课文内容更加熟悉,也更加理解文章的寓意"耳听为虚,眼见为实。凡事都要调查研究,才能得到真相"。

(2)填补空白

作者为谋篇布局也许会省略某个情节。教师可以引导学生对这些空白做合理想象、填充。杜甫《石壕村》:"吏呼一何怒,妇啼一何苦。"但下文作者却只叙述了"妇啼"的内容,将"吏呼"内容省略了。教师引导学生,正因为"吏呼"步步紧逼,才迫使老妇人啼哭,并"前致词"。那么你能揣测官吏呼喊了什么?试着将"前致词"改写成官吏与老妇人的对话。

学生改写的对话基本能符合人物身份,符合当时的情境。如一位同学这样写:

吏:你家男人都哪去了?

妇:我的三个儿子都在戍守邺城,一个儿子捎信回来,说另两个儿子刚刚战死了。

吏:家里还有什么人?

妇:没有了。

吏:撒谎!屋里正哭着的是谁?

妇:是我儿媳妇。因为有个吃奶的孙子,儿媳才没有离开。

吏:那就让她跟我们走!

妇:官爷,行行好吧,孙子刚几个月,离不开娘。家里贫穷,她连件完整的衣服都没有,没法出门呀……

吏:不行!我们也得交差。

妇:官爷非带人走不可,我这老婆子虽年老体衰,也能给将士们做个早餐,官爷就拿我交差吧。

学生改写后,让几组同学当堂表演他们的作品。此改写既发挥了学生的想象力,又加深学生对诗歌情感的理解，调动了学生学习诗歌的积极性。情境还原，学生身临其境，更能体会统治阶级深夜进村抓丁的凶残面目，也更能切身感受杜甫忧国忧民的爱国情怀。

(3)模仿写法

教师应引导学生学习课文中的写作手法，模仿、借鉴范文的写作技巧，把文中的技巧内化为自己的技能，实现从读到写的迁移。如《驿路梨花》运用了悬念和误会的写作手法，教师带领学生学完这两种手法后，可以这样设计微写作："请你自选话题，写一个片段，用上悬念和误会的手法。"因为没有限制话题，学生可以大胆选用生活中各种题材：公共汽车上的事，马路上的事，家里的事，班级的事……故事丰富多彩，引人入胜。令教师意想不到的是，大部分学生，包括平时不爱学语文的学生也能很好地运用悬念、误会的手法写出一段小故事，并且争先恐后地在全班分享自己的小故事，神情中带着得意。

实践证明，读写融合能深化学生对文本的理解，又能有效提高学生的写作能力。由于微写作紧扣课文内容及思想感情的主线，这就保证了整堂课一脉贯通，做到读是写的基础，写是读的升华。虽然每堂课给学生写小作文的时间不过10分钟，但它能大大提高学生使用语言的频率，从而提高语言表达能力。

总之，在新课程改革的背景下，语文老师应潜心钻研教材内容，采取多种教学方法，精心设计教学活动，提高教学效率，以培养学生的语文核心素养，促进学生全面健康地发展。今后，中学语文教师还应不断求索，提高课堂活动质量，推动语文教学进一步发展。

参考文献

[1]薛金生.聚焦中考核心素养及复习策略，提升中考复习效率

[2]郑宏梅.浅析新课程背景下初中语文课堂教学活动的设计与实施

[3]钟锦兴、赵福杰.试论"角色扮演"在教育教学中的作用

[4]甘育敏.浅谈语文拓展性阅读教学中的比较式阅读

[5]张广元.比较阅读好处多

影视资源在中学语文教学中的整合和应用

天津市蓟州区侯家营镇初级中学　潘春梅

摘　要:在中学语文的教材中有诸多名篇著作的选段,我们也可以找到与之相应的影视资源。在大数据时代背景下,各种各样的教学模式融入课堂,整合与应用影视资源便是其中之一。有效地将课程难理解的部分转换成通俗易懂的影像资料,更加直观地给同学们呈现出来,使影视资源充分发挥在语文课堂的重要作用。本文将从影视资源与语文教学的关联出发,从不同的方面剖析影视资源教学法的现实意义,探索影视资源与语文教学的应用原则及整合模式,为后续的教学工作扎实根基。

关键词:影视资源　语文教学　影视资源教学法　整合与应用

一、新时代背景下影视资源与语文教学的关联

随着现代信息技术和互联网行业的飞速发展,影视资源作为一种比较重要的信息传播手段,日益受到广大教育工作者的青睐,在语文教学中的应用也日益广泛。我们所讲到的影视资源是指能够整合到语文教学情境中的教学片、视频片段、图片等,这在语文教学中起到非常重要的作用。依据中学语文课程标准,在语文教学工作中教师应注重培养学生的自主学习能力、健康的审美情趣、创新精神及实践能力,激发学生的学习兴趣,而影视资源具有直观性、形象性、趣味性,可以充分调动同学们的多重感官,这种作用是传统的授课模式所不能达到的,这样看来影视资源是语文教学中不可或缺的一部分;然而回到语文教学的主体——学生,学生是发展中的人,处于身心发展的形成时期,各方面尚未成熟,具有很大的可塑性及发展潜能,影视题材多种多样,学生极易受到影视作品的影响,不是所有的影视作品都能用于教学、利于教学,盲目在课堂中引入影视作品会对教学工作有阻碍作用。综上所述,影视资源与语文教学既矛盾又统一,合理布局,理清关系是教学成功之关键。

二、影视资源教学法在语文教学中的应用性与挑战性

顾名思义,影视资源教学法是在语文教学过程中通过影视与文学的巧妙整合达到教学目的的教学方法。利用影视资源教学是当前教学工作中常见的一种教学方法,其应用性可以说比较广泛,在实际教学中教师可结合不同的内容选取不同的影视

片段与之结合。例如:诗歌《我爱这土地》的教学,诗中运用了象征的手法,将作者对祖国的深沉的爱淋漓尽致地展现,单纯用讲授的方式教学,学生难以感知文章传递的思想感情,在这里教师可以利用影视资源的优势,将本诗用诗歌朗诵的形式呈现。在课堂中让学生自由朗诵,进而播放本诗朗诵形式的影视作品,将学生带入到情境当中,体会诗歌蕴含的情感;名著选段《林黛玉进贾府》的教学,名著类文本社会背景与当今社会距离较远,学生难以领会,可以通过选取相应的影视片段拉近与读者之间的距离,给学生全方位的视听冲击和强烈的心灵震撼,使学生能有机会与大师跨越时空对话。在教学《林黛玉进贾府》一课时,教师可以播放黛玉初进贾府时为人处世的小片段,让学生比较黛玉、贾母、王熙凤等人的神态表情的差异,分析它们各自的性格特点,串联起《红楼梦》中复杂的人物关系,为后续学习降低难度。

21 世纪人类进入全面的信息化时代,信息技术广泛应用于现代影视创作中,传统的影视教学模式已经不能满足社会现代化发展的需求,信息化产业的发展已经渗入到人们的日常生活当中,这对影视资源教学的教育理念、教学规模、教学方法乃至整个教育体系带来了前所未有的挑战。各类影视资源涌入市场,给教师在教学设计方面增加了很大难度,大部分教师未经过影视资源鉴赏等方面的专业培训,在不同的情境当中如何从形形色色的影片中找到有益于课堂教学的部分是一个很大的难题。除此之外,迫于应试教育及升学压力,一部分教师精力有限,对影视资源的收集不充分,缺少对影视资源使用的积极性;近年来课程改革工作日趋完善,学生对课程改革还需要一段适应过程,面对各界的压力,同学们渐渐开始迷茫,缺乏学习自主性、实践性,课前准备不充分,在这种情况下语文教学中的影视资源难以发挥出最大的能动作用。而且目前互联网行业飞速发展,学生可以从网上搜集到更多资源,视野更加开阔,对影视资源的要求标准也就更高了,在丰富种类的前提下,提高甄别影视作品质量的标准也是很重要的一方面。

三、探索影视资源与语文教学的应用原则与整合模式

1. 以影视资源为辅,有目的性整合

授课教师应当将影视资源当作自己的教学辅助手段,精心挑选符合课堂教学需要的影视作品。影视作品的形式纷繁复杂,传递给大众的正能量也参差不齐,教师在备课时应灵活多变,能从诸多课内外影片中找到符合课程标准、利于教学的题材。应用到课堂上的作品不宜过长,要遵循目的性、高效性原则,需要教师在明确该节课教学目标及教学重难点之后,利用短而精的影视片段丰富课堂内容。例如:《三峡》的教学,考虑到《三峡》是一篇写景类文言文,相较于现代文而言,学生在理解上存在一定的难度,我选择用影视资料辅助教学,我在备课时搜集了一些描绘三峡景观的小视频及图片,在课堂上进行展示,让学生分析不同的图片中的景色,用文章内容表达出景色的特点,感受三峡雄奇壮美、清幽秀丽之景。影视不同于文学,文学以语言文字

为载体，而影视作品的形式更加新颖，需要观众通过把握直觉进而深入理解。一般来说，影视作品放映时间短，故事情节衔接紧密，取材范围广，形式灵活多样，给人以最直观地感受，有效地将课程难理解的部分转换成通俗易懂的影像资料，更加直观的给同学们呈现出来，使影视资源充分发挥其在语文课堂的重要作用。

2. 依据学科要求播放能够陶冶情操，怡情养性的影视作品

中学阶段正是同学们思想意识的启蒙阶段，也是培养好他们人生观、价值观的最佳时期。人民教师是人类心灵的工程师、学生发展的领路人，我们除了讲授知识，更要注重同学们的人格及核心素养的培养，能力既可以是与生俱来的，也可以是后天形成的；素养则是“可教、可学”的，是经由后天学习获得的。此时的同学们正处于青少年时期，他们肩上担负着时代的重任，习近平总书记曾说：青年一代有理想，有本领，有担当，国家就有前途，民族就有希望，实现我们的发展目标就有源源不断的强大力量。引领学生树立正确的人生观、价值观是教师的责任所在，教师可以有选择性地挑选一些有助于青少年健康发展，人格塑造的正能量影视作品，这也可以让同学们在开阔视野、增长知识、提高语文素养的同时缓解一天学习的疲惫。以下列举了一些实例可作参考：①《觉醒年代》，讲述的是中国共产党从无到有成立的故事，这部作品无论是青少年还是成年人都值得反复观看，深入了解那段令人振奋的艰难岁月，让大家知道那时与他们年龄相仿的少年已经撑起了国家的希望，知道先辈们披荆斩棘为我们创造的幸福生活来之不易。②《航拍中国》，是一部以空中视角俯瞰中国，立体化展示我国美好风光的纪录片。其中的充满文化底蕴的解说词，体现着中华文化的艺术魅力。这部作品可以让学生感受祖国的大好河山，激发自己的爱国情怀。

3. 以影视资源教学法为范例，有指导性整合

影视资源教学法是当今已经逐步融入课堂的教学方式，除此之外，还有各式各样的新媒体教学手段接踵而至，改变的教学模式需要经过实践的检验，如果我们能将影视资源教学有效融入课堂，最大限度地发挥影视课堂的优势，必将为以后的新兴教学模式的涌进奠定良好基础。首先，我们应理性看待影视资源教学法的作用优势，明确影视资源在课堂当中的辅助性作用，一种教学模式的引入不能以违背教学本质为前提。其次，教师应具有发散性思维，充分挖掘影视资源的独到之处，将影视资源的作用发挥到极致。比如，这里较容易忽略的一点就是写作教学中的影视资源，写作教学是语文教学中的难点，大部分学生在写作时面临的主要问题为书写内容不符合题目要求，这时利用影视资源的优势就体现了出来，用小视频、小广告等，为学生创造良好的情境，利于学生展开丰富的联想，拓展写作思路，如此一来，写作过程中对内容把握不准确、理解不充分的问题便迎刃而解。

四、影视资源教学带来的现实性意义及不利影响

于学生而言，影视资源教学提供了优质的教学平台、丰富的学习资源，激发学生

们的学习热情,开阔视野,摆脱了传统教学模式的束缚,提升了自身的理解能力、分析能力、鉴赏能力,不仅有利于理解课堂内容,对学生后续的学习也有很大的促进作用,为未来的学习指引了方向。

于教师而言,跟随时代发展,改变传统的教育观念,接受并适应新颖的教学模式,教学方法。有了影视资源教学法的实践,老师们的创新、实践能力大大提高,能巧妙地将课本教材与新兴的教学模式相结合,寓教于乐,将教材内容灵活多变地讲授给学生,既易于理解又不失趣味性,让同学们想听、爱听,充分将自己融入课堂中去,学习效果事半功倍。

于未来教学方式的发展而言,影视资源教学法为其他教学方式的盛行提供了诸多可参考的经验,使师生们在尝试新的教学方式时不会束手无策,能够将大数据信息时代带来的便利条件充分应用到教育事业之中,为祖国教育事业的未来添砖加瓦。

参考文献

[1]柳夕浪.从"素质"到"核心素养"——关于"培养什么样的人"的进一步追问[J].教育科学研究,2014(03):5-11.

课前学生小展示，激活生命大课堂

北京外国语大学附属海南外国语学校　王莹莹

摘　要：课前十分钟训练给每一位孩子提供了一个展示自己的锻炼平台，展示台包括课前演讲和创新感悟两大块，一个学生展示赏析，其他学生参与点评。这两大块内容的完成是由一位训练有素的小主持人来主持完成，课前十分钟的学生自主展示是建设开放而有活力的语文课程的新尝试，课前演讲的内容由学生自主搜集资料，展示过程全体学生参与。在呼唤以学生为主体的新课程改革的今天，可以说课前学生的一次小展示，也许可以成为激活生命大课堂的原动力。

关键词：　课前展示　自主赏析　感悟创新

教学范式是教学理论的具体化，直接面向和指导教学实践，具有可操作性，是教学理论与教学实践之间的桥梁。我探索的教学范式就是“课前十分钟自主展示”，展示台包括课前演讲和创新感悟两大块，一个学生展示赏析，其他学生参与点评。这两大块内容的完成是由一位训练有素的小主持人来主持完成，课前十分钟的学生自主展示是建设开放而有活力的语文课程的新尝试，课前演讲的内容由学生自主搜集资料，展示过程全体学生参与。在呼唤以学生为主体的新课程改革的今天，可以说课前学生的一次小展示，也许可以成为激活生命大课堂的原动力。

范式流程。这个课前十分钟训练给每一位孩子提供了一个展示自己的锻炼平台，展示台包括课前演讲和创新感悟两大块。这两大块内容的完成是由一位训练有素的小主持人来主持完成。小主持也要进行选拔，人人有机会，也就是说，课前十分钟完全由学生这个主体来完成。第一块课前演讲是班级里的每一位学生按学号从前到后进行轮流演讲，无论是常规课还是公开示范课，轮到谁就让谁展示自己，这样就给每一位孩子提供了机会展示。演讲的形式有的是讲故事，有的是诗歌朗诵，或者是一首歌……总之，是把自己最闪亮的一面展示给大家，形式多样，内容丰富。学生演讲完毕后，接下来进行第二块创新感悟，创新感悟的内容主要是一些真理格言，精读美文或名人名言，先由小主持读一遍，然后小主持人宣布创新感悟开始，学生联系自己的生活，感悟自己的体会，进行交流发言。交流完毕后，小主持人宣布由语文老师来为我们上课。到此，课前十分钟训练展示就结束了。

与教学接轨。无论是课前演讲还是创新感悟，这两块的内容都与老师即将要学习的课文内容是息息相关的。新课程标准指出"阅读是搜集处理信息、认识世界、发展思维、获得审美体验的重要途径。"我们现在正努力建设开放而有活力的语文课程,那么课前演讲的内容就由学生搜集资料做好准备,创新感悟的内容由学生当堂交流。无论是哪个版块,目的都是为了上好一堂有质量的高效课堂。例如,我在人教版小学语文二年级下册第五组的一篇精读课文《雷雨》一课中的课前十分钟训练的演讲内容是《多彩的夏天》学生为什么要选择这篇课外阅读作为演讲内容呢?因为我们将要学习的课文《雷雨》中,介绍的雷雨就是跟夏天有关的一种自然现象。学生在搜集材料的过程中学到了不少知识同时也达到了提前预习的目的。我给学生准备的积累内容是一些气象谚语,如:天象:1. 直雷雨小,横雷雨大。2. 风静又闷热,雷雨较强烈。物象:1. 燕子低飞天将雨,蚂蚁搬家天将雨。2. 蚯蚓封洞有大雨。这些内容,就跟我即将要讲授《雷雨》一课的内容也是相关联的,学生在读完这些气象谚语后就会对雷雨感兴趣,我就顺势引出课题,过渡自然。学生在无形中也收获了课本以外的知识。日积月累,不仅丰富了学生的知识,而且开拓了学生的视野。

激活课堂。新的教学理念应体现学生主体地位与教师主导地位。苏霍姆林斯基在《给教师的建议》一书中提出:"可以把所有的教学方法归为两类:一类是学生初次感知知识和技能的方法;另一类是使知识得到进一步理解、发展和深化的方法。"传统的教学注重第一类知识的灌输。完善的智育水准的一个非常重要的途径,就是激发学生主动参与,自我生成。课的结构以及课的所有的组织因素和教育因素,都应当与教材的教学目的和教育目的相适应,与学生的全面发展的任务相适应。在传统的教学模式中,大部分是老师讲得多,学生参与得少,甚至于被动地接受老师所灌输的知识,课堂中学生表现得比较麻木,积极性不高。一节优质高效的课堂应该不仅要抓好课堂的40分钟效益,还要培养学生主动学习的习惯,课外阅读,搜集资料的能力,并且在课堂中得到演练,在演练中体会。在体会中得到成长。

拓展知识。通过探索新的教学范式,学生不但在基础知识上掌握得比较牢固外,对于课外资料的搜集能力,课外知识的了解和语言表达能力都有比较显著的提升。开始培养小主持人和鼓励学生大胆参与,经过一个学期的试教,到了学期末,学生在语言表达能力方面,读书朗诵方面都有了很大的提升,体现出了新课程目标的要求。特别是在阅读这块,学生喜欢课外阅读,能感受到阅读带来的乐趣,能用普通话正确流利有感情地朗读课文,阅读美好的童话、道理深刻的寓言故事,向往美好的情境,关心自然和生命,学生的精神面貌积极饱满,学生的语文综合素养得到提升。只有当掌握知识过程中取得成绩而产生欢欣鼓舞的心情的时候,才能出现学习的兴趣。我们班的各个优秀的小主持人,他们的反应能力,口语表达能力有明显的提升,其他的每一位学生都有上台展示的机会和经历,他们敢于表达自己的想法,乐于参与。在学校举办的一些活动中,孩子们能带着自信与良好的表达能力胜任一些节目的主持,通过这种教学范式展示的公开示范课,得到了一致好评。

自主学习。通过这种教学范式的开展,每次上课前,孩子们总会期待着并悄悄准备着自己的展示内容,他们根据学号自己推算即将学习的课文,提前搜集资料,有时候根据展示需要,他们还会自己组伴或者组团合作展示。看到他们从一开始的胆怯到后来的自信,甚至会提醒我该轮到自己上台展示的时候,我心里总会感到很欣慰。因为课前十分钟的展示台对于大部分孩子来说是一次体验超越的机会,在讲台上他们体会到一种角色转换的全新感受,他们自己搜集资料,自己展示自己的思想,自己成为课堂的主人,这种感觉很好。展示只是一个固定的时间,但是他们在课下通过自己或者在爸爸妈妈的帮助下阅读书籍,搜集资料,才能完成需要展示的环节,这样他们学习的主动性就得到了提升,课堂因为他们的参与而更加精彩。

教无定法。课堂教学范式只是一种框架、一种结构和一种不断改良与发展的方法,是从不断重复出现的教学案例中发现、归纳和抽象出的课堂教学的一般规律。经验可以学习借鉴,但范式不可生搬硬套。教学的过程是不断变化、发展的过程。虽然"隔校不隔理",但每所学校都有特殊的生情、教情、校情。学生的背景、天赋、兴趣与人生观多元,学业水平与学习能力有较大差异性,这就要求中小学教师在课堂教学中,需要针对各种因素与条件,灵活运用不同理论设计与课堂教学范式,适合的、多元的教学范式才是最好的。课前展示把学生放在主体地位,学生进行完课前搜集资料,阅读书籍和展示过后,教师的引导又会回归到高效课堂的打造上,教师该怎样设计课堂的每一个十分钟才能培养学生的创新思维能力,这就要我们在课堂现有的生成中通过有效的设问,引导学生从自己熟知的与未知领域相关的问题入手,尝试解决未知的问题,总结形成一般结论和规律。所以,无论怎样的教学范式,都要提前备好每一节课,紧跟新课程标准,明确教学目标,经营好自己的课堂。

就像一只蝴蝶在巴西扇动翅膀,就会在得克萨斯引起一场龙卷风。课前十分钟训练给每一位孩子提供了一个展示自己的锻炼平台,这是一个小的展示,但是可以激发学生参与的热情,让课堂成为学生张扬自己个性的舞台,让课堂成为洋溢着生命激情的圣地。

运用元认知策略，提高学生阅读水平

天津市武清区黄花店中学　刘芳丽

摘　要：核心素养就是关键能力和必备品格，而语文阅读能力是各个学科的学习基础，，同时也关系到终身学习的实现。元认知学习策略在阅读教学中的应用，意义在于透过阅读的表象，探究阅读背后的认知过程，通过对阅读的计划、调节、监控和评估，从阅读的本源入手，提升语文阅读的水平。教师应该在语文阅读教学中着力培养学生的元认知能力，通过运用元认知学习策略，优化阅读流程，指导学生确立阅读目标，创设自主、合作、探究的学习情境，采用适当的评价方式进行阅读策略的迁移，以提高他们阅读中的元认知能力，让学生真正实现自主阅读，促进学生学科素养的提升。

关键词：元认知策略　核心素养　阅读流程

阅读是高中语文教学的重要内容之一，也是提高全民文明水准的重要途径。无论从教学层面还是国家战略层面，提升阅读水平，促进良好阅读习惯的形成，都是我们面临的重要课题。元认知学习策略源自国外，但近几年国内逐渐认识到元认知能力培养对中学生学习重要性，有效的元认知策略专项培训需要教师深入研究元认知学习策略，优化阅读流程，元认知阅读策略基本由制订学习计划，调节学习过程，监控学习成果和在学习结束后评价组成。特别是置身在"双新"的教学改革背景下，新课标、新教材的颁布，必须有新的教学方法相适应，高中语文学习任务群教学实施过程中，更需要教师主导教学，让学生成为学习的主体，从而实现"不教而学"的最理想学习模式。

一、走近元认知学习策略

元认知的概念是1976年由美国心理学家弗拉维尔提出的，他认为：元认知是认知主体对自身心理状态、能力、任务目标、认知策略等方面的认知，是人的自我意识、自我控制和自我调节。元认知由三个部分构成：元认知知识、元认知体验和元认知监控。元认知理论为阅读心理的研究提供了新的理论依据。阅读教学是学生、教师和文本之间的对话过程，调动学生的阅读主动性，是现代阅读教学的要求。元认知理论引入到阅读教学中来，既拓宽了阅读研究的理论视野，同时也给阅读实践带来了深刻变革,重视对学生元认知能力的培养,通过学生对阅读活动的自我监控和调节提高阅读效率,不仅唤醒和调动学生的主动性、自觉性和自主性,而且可以将尊重学生语文学习的主体地位真正落到实处。元认知策略的运用,是需要长期训练的,通过训练学生的元认知阅读策略,发展学生的自主阅读能力,转变学生的学习方式。

二、运用元认知学习策略的阅读教学

1. 阅读计划体现元认知学习策略

中学生语文阅读可精读可泛读,三天两晚读完一本大部头的著作,这只是“量”的草草完成,没能实现"质"的飞跃,读书不求甚解,就更别提阅读终极目标的实现。中生用来课外阅读的时间虽不多,但开卷有益,特别是利用元认知学习策略,帮助学生制定恰当可行的阅读计划,对提高阅读质量,形成良好的阅读习惯有很好的助推作用。因此教师通过指导学生确定阅读计划,引领学生按照计划,落实阅读任务。如高一下学期的《红楼梦》整本书阅读,可指导他们利用寒暑假进行阅读。基于高中生的认知水平制定体现个性特点的阅读计划,针对中学生阅读水平层次不同,制定不同的阅读计划,从而实现提升自身阅读学习的元认知能力的目标。对于阅读水平较高的学生,他们能快而准地领悟作品深层次内涵,首先安排他们对《红楼梦》进行整本书的泛读,初步了解各个人物间复杂关系、节日里陈设与传统习俗、海棠诗社里所作诗句暗含的人物命运等。同时安排阅读巴金先生的《家》《春》《秋》三部曲、林语堂先生的《京华烟云》解读封建家庭与人物命运,紫式部的《源氏物语》光源氏与贾宝玉的对比,拓展阅读面。对于理解能力或文学功底较弱的学生制定计划,让他们能通读,理解一主要情节和主要人物,其次通过阅读各类鉴赏著作,加深对这部鸿篇巨制的理解。

2. 阅读转换思路渗透元认知学习策略

教师应通过课堂阅读教学进行学习策略指导,针对不同文学体裁,梳理掌握不同的鉴赏思路,进而对各类文学作品开展深度阅读,体现出元认知学习策略中调节的学习策略。

阅读小说,突出通过“情节、人物、环境和主旨”四要素理清基本思路,逐一鉴赏。学生初步感知《百合花》的基本故事情节:借被子—献被子—盖被子,进一步理清文章线索,进而深挖“我”、小通讯员和新媳妇人物形象,最终了解小说的主旨内容军民鱼水情,理解“百合花”这个题目的多层含义:既是新婚被子上的百年好合的象征,更是小战士和新媳妇美好品格的象征,更是军民鱼水情深的象征。

散文则重点掌握线索、层次和情感。朱自清的《荷塘月色》,学生可初步掌握作者的游踪线索:家—小煤屑路—月下荷塘—荷塘月色—荷塘四周—家;其次阅读领悟作者的情感线索,从开篇“不宁静”,逃离家去荷塘“寻宁静”,在片刻宁静获得后又归家“失宁静”;再次就是景物赏析向情感分析的过渡,最终深入剖析“不宁静”的缘由:

通过作者的名字、性格、时代等多角度分析作品中“淡淡的哀愁和淡淡的喜悦”产生的根源。

阅读诗歌,基本思路无外乎情与景、事与理的融合。杜甫的《登高》前两联夔州悲凉萧索秋景的完美写照,视听结合里苍凉、凄清孤寂;后两联抒情重点是悲秋,悲的是自然之秋、人生之秋和国家之秋。一切景语皆情语,景与情完美地结合,诗人登高远眺,身世之悲与忧国之情齐集心头,让读者感同身受。通过思路分析,探究杜诗的事与理,理与情的关系。

3. 阅读情境创设蕴含元认知学习策略

通过设置生动的情境,激发学生阅读兴趣,体现元认知策略中的调节的学习策略。在自主、合作、探究的教学情境中,培养学生形成元认知能力,以整本书阅读《乡土中国》中第一章《乡土本色》为例,同学们分组协作去找寻20世纪天津的民居、街道和建筑方面有关的图片影像资料,对民居家居文化、节日文化以及婚丧嫁娶的一些习俗作班级展示介绍,一是贯彻了整本书阅读的一些内容思想,二是加强同学们对家乡文化的了解与热爱,从而达到学习的期待视野,激起学生的学习兴趣和研究的欲望,并让学生以自己生活的城市所拥有的悠久历史文化为依托,发动学生利用现有的手段资源,实地调查搜集相应的材料。学生对教材文本理解借助互联网预设某种生活情境和情感情境,同学们实现对语文阅读元认知能力的提升,任务群确定的学习目标能得到实现,并收获较好的课堂教学效果。

4. 阅读评价制订突出元认知学习策略

阅读评价制订突出元认知学习策略,学生学习过程价值评判体系的制订非常关键。通过各种各样的评价活动,学生“动”起来,进行课件展示,分组来做阅读成果汇报。教师在学生困惑或意见得不到统一时,教师进行点拨“动”起来。在学校公众号以及校报上进行学习札记、读书报告以及文学评论刊登发表。在阅读教学过程中,充分调动学生的阅读积极性,自主参加学科科研的主动性,教师对学生的每一阶段的阅读过程进行即时监控记录反馈,并及时指导同学们调整阅读进度计划。总之,在这“一来一往”之间就形成了和谐高效的语文课堂,学生扮演好自身角色,教师充当好“指点迷津”的角色,是学生主动渴求知识,不是被迫吸纳知识。我们进一步制订完善的课堂评价体系,以表格的形式让每个学生针对阅读教学的各项标准进行学习成果检验评定,并且也会进行问卷调查和个别学生的访谈,探索运用元认知策略对他们阅读能力提升和语文核心素养的提升的影响,并确定下一步的阅读教学实施方案。

综述,教师在阅读教学过程中要讲究教学艺术,“教学艺术”侧重点则是在方法指导上,阅读效果与学生的学习接受心理、兴趣和评价机制等紧密关联,元认知策略就是一把神奇的钥匙,可以打开阅读教学这扇沉重的大门,引领学生走向拥有学科素养的大道上。

参考文献

[1]王晨主编.重读吕叔湘,走进新课标[M].湖北教育出版社,2004.07(1).

[2]张定远主编.重读叶圣陶,走进新课标[M].湖北教育出版社,2004.07(1):66.

[3]柳友荣主编.新编心理学[M].安徽大学出版社,2000.07(1):156.

[4]张庆林.元认知能力极其培养[M].中国教育学刊,1996.06.

[5]张定远主编.重读叶圣陶,走进新课标[M].湖北教育出版社,2004.07(1):168.

[6]张定远主编.重读叶圣陶,走进新课标[M].湖北教育出版社,2004.07(1):153-154.

[7]张定远主编.重读叶圣陶,走进新课标[M].湖北教育出版社,2004.07(1):160.

[8]李允,李如密.培养元认知能力教学生学会学习[M].中国教育学刊,1999.08.

让信息技术成为名著教学的助推剂

天津市宝坻区第三中学　王淑艳

摘　要:《义务教育语文课程标准》提出“要重视培养学生广泛的阅读兴趣,扩大阅读面,增加阅读量,提高阅读品味”。课改教材对名著导读的内容做了新的调整与安排,名著阅读量增多,更注重学生对文本的“阅读”“理解”“领会”“体味”和“感悟”。然而现实是学生往往停留在浮光掠影的快餐式阅读中,名著阅读在忙碌的应考中流于形式。信息技术成了名著阅读教学的助推剂,利用信息技术助推名著阅读教学成为一种创新。教师可以巧用信息技术优化课堂教学过程,调动起学生阅读的主动性与积极性;引导学生自主构建合理的学习方式,培养学生学会学习的能力;借助信息技术提供展示的舞台,为学生的健康成长助力,切实提高学生的文学素养。

关键词:信息技术助推名著阅读　全面优化课堂教学　自主构建合理的学习方式　提高学生文学素养

名著是人类文明的璀璨结晶,阅读经典,可以获得有益的人生启示,引领学生的健康成长。然而由于时间紧张、阅读方法不当、阅读兴趣不高等原因,浮光掠影的快餐式阅读比比皆是,学生把简单的翻阅当作阅读,把死记硬背某个知识点当作阅读。新教材也对名著导读的内容做了新的调整与安排:名著阅读量增多,更注重学生对文本的“阅读”“理解”“领会”“体味”和“感悟”,从而把握文本蕴蓄,得到思想的启迪、情感的熏陶和智慧的引领。课标要求与学生阅读现状产生了矛盾,在具体的教学过程中,教师深感教学操作难度大,名著阅读在忙碌的应考中流于形式!

网络信息时代,信息技术以其高速度、数字化、智能化和多媒体化特点,对声音、图像、文字、画面的快速有效处理的优势,大大方便、快捷了我们的生活。面对当前名著阅读教学的困境,笔者认为,信息技术助推名著阅读是非常必要的,各种传播媒体、公众平台、微视频等等信息技术都可以成为名著阅读的助推剂,为课堂注入鲜活动力,为教师的教和学生的学提供了坚实的技术支撑。

教师可以依据《义务教育语文课程标准》,结合不同类型的名著,“因地制宜”地开展教学活动,以章回体小说《水浒传》为例,章回体是中国古典长篇白话小说的主要形式,由宋元时期的“讲史话本”发展而来的。然而,由于年代久远,古典白话语言形式造成阅读障碍,很难吸引当代学生的目光。语文教师的任务就是要利用信息技术激发学生阅读名著的兴趣,优化教学过程;让学生学会阅读名著的方法,自主建构学习方式;努力汲取名著的精华,在经典的润泽中健康成长,切实提高学生的文学素养。

一、全面优化课堂教学

回首过去的名著导读课,教师习惯照本宣科,简单地介绍作者、背景,布置阅读要求,学生一头雾水,教师讲得了无激情,学生难有阅读兴趣。现实引发思考,亟待我们扭转被动阅读的现状,真正调动起学生阅读的主动性与积极性,变敷衍了事的读为自觉地触发心灵的深度阅读。

(一)创设情境,激发兴趣

名著阅读课上,我利用信息技术的情景交融、声情并茂的特点,为学生提供感官的刺激,为课堂注入新鲜活力,引导学生从阅读中体味快乐,从而优化名著阅读的效果。在进行《水浒传》第十六回《智取生辰纲》的教学时,借助信息技术,进行影片剪辑,为学生播放《杨志卖刀》故事情节,让学生通过观看视频感受到杨志与泼皮牛二之间紧张的矛盾冲突,体会杨志迫于自保杀死牛二的无奈,鲜活的人物形象直观地展现在眼前。为了更好更全面地了解杨志的人物形象,教师可以引导学生采取跳读的方式去《水浒传》中一探究竟。通过阅读,学生很容易体会到文字比表演更为生动传神,从而明白,经典作品,是作者细腻传神的文字给予我们的美感,从而激发学生认真读书的欲望和阅读的兴趣,从而为优化课堂的学习打好了基础。

(二)翻转课堂,培养能力

翻转课堂是指重新调整课堂内外的时间,将学习的主动权从教师转移给学生。为了引导学生利用假期的时间有效阅读《水浒》,教师提前把讲解的重点、难点以及阅读任务编制成微视频,通过 qq 群发送给学生观看,学生根据教师发布的任务清单,对照微视频进行自主阅读,并通过教师设置的信息平台检测阅读的效果,同时可以借助网络平台和教师、同学进行在线交流。此举指导学生有效阅读,避免了阅读的盲目性,同时,也有助于学生的个性化阅读体验,更好地促进学生自主学习。

小说的阅读教学,离不开对故事情节的梳理概括,而学生的概括能力却亟待提高。课前导读时,我依据信息管理平台的反馈,精心制作了相关回目的 ppt,引导学生分析归纳章回体小说回目的特点:形式对仗,内容上往往是人物(+)情节,或者是人物(+)环境(+)地点。学生很快地梳理出小说的故事情节。分析小说更离不开对人物形象的理解归纳,微视频中我为学生设置"导学案",例如阅读《智取生辰纲》这一情节,我设计了如下两个问题:首先,从矛盾冲突中去分析杨志这个人物形象,主要矛盾是和吴用的"斗智";次要的矛盾是他们团队内部的矛盾,而内部矛盾主要集中在杨志与老督管对权势的争夺,引导学生阅读文本,从中找出他们矛盾的焦点来,进而去分析杨志这个人物形象;其次就是结合人物的生平去分析,引导学生从原著中梳理杨志的个人经历,结合原著的文本描写,就不难体会杨志这种暴躁、急功近利的性格成因。自主阅读时,学生依据自己的阅读所得,提出阅读困惑,课堂分享环节,学生小组之间探究,不同小组之间质疑,师生之间讨论协作,顺利解决了学习困惑。课下通过信息平台习题进行反思提高,巩固内化知识。借助信息技术平台,通过自主学习,从而有效地"翻转课堂",让预设与生成碰撞出思维的火花,引导学生真正参与到阅读中来,真正成为学习的主体。"授之以鱼,"不如"授之以渔",巧借媒体完成教学目标,也完成了解决重点、突破难点的教学预设。

(三)诵读文本,感知魅力

语文课堂应该落实学生的朗读训练,但往往是时间所限,导致读书声成了语文课堂教学的"奢侈品"!所以我们可以利用信息技术为学生创设机会,落实朗读的训练,在《智取生辰纲》的教学分析人物矛盾的环节时,学生自由组合学习小组,放手组员自由选择文章的相关段落分角色朗读,结合自己对人物的理解与分析,体会杨志与团队、老督管等人的矛盾冲突,进而去把握人物形象的特征,然后组长负责把朗读音频传到班级群,师生及家长在班级群中进行评选,课堂上邀请优胜组来给大家进行展示,其他听读的同学对朗读者的表演进行评价。利用信息技术,为学生创设表现的机会,增强他们团队的合作意识,此举既激发了学生的表现欲,也落实了我们语文课堂诵读能力的训练,从而真正培养学生感知语言、培养语感的能力。

二、自主构建合理的学习方式

学生是学习和发展的主体,我们的名著阅读课堂要真正放手,把学习阅读的主阵地还给学生,引导学生自主建构合理的学习方式,给学生时间去建构,为他们创设表现的机会,引导学生由学会到会学,真正培养学生学会学习的能力。

(一)巧借信息技术,搭建自主学习的平台

名著的阅读不仅需要一定的知识积淀,也更需要学生的生活感悟,在认知上才能产生情感共鸣。然而,很多文本对于现在的学生太过于遥远,学生缺少相应的生活阅历,认知出现断层。如《水浒传》中人物的生活方式、思维方式和人物的经历,对学生来说是陌生的。为了方便学生的阅读,我们可以利用网络平台为学生提供情境性的"音频、视频、影视"等资料,给学生以更加形象直观的感受,弥补学生的认知断层,以帮助学生顺利阅读名著。同时教师鼓励学生利用网络自主阅读,利用QQ、微信等软件研读《水浒传》,鼓励学生见仁见智,或发表阅读心得,或探究疑难。教师适时引导学生探究林冲、杨志等人的人生悲剧,进而去体会小说的深刻主题。在自主学习的进程中,信息技术成了学生求知的途径,发表感悟的平台,品味生活的媒介。助推了学生逐步深入阅读文本,逐步深化阅读思考,引发情感的共鸣,促使学生爱上阅读,爱上经典,真正成为学习的主体。

（二）巧借信息技术，搭建合作交流的平台

为了督促学生“真”阅读，我们以学习小组为单位，开展“我说水浒”的活动，课下自行安排时间去阅读《水浒传》中喜爱的故事情节，课堂上利用五分钟的时间展示阅读成果：有的学生解说《水浒传》中的人物形象，有的为同学讲解好汉的精彩故事，有的为好汉写传记，画像等，老师用手机把学生的这些表演内容录制下来，然后放入“班级微信群”与家长同学共同欣赏。这些表演虽稚嫩青涩，但却记录了学生们阅读的精彩瞬间，老师的认可，家长的关注，同学的肯定，让孩子们品尝到了阅读的价值与意义，名著阅读成了孩子们最喜欢的工作。为了更深入地研读水浒，我们开展了“我是演员”的比赛活动，选择《水浒传》中的同一人物进行角色扮演，进行班级投票，评选出最佳表演者。举办别出心裁的“水浒戏剧节”，依据自己对人物的认知，在舞台上去诠释好汉的形象。丰富多样的展示活动极大地调动了学生阅读的热情、参与的激情和细细的打磨的深情。借助信息技术的平台，名著阅读教学就由教师的单方推进转变为学生对文本的自主研读，学生之间、学生与文本之间的自主对话。

三、切实提高学生文学素养

阅读经典名著就像慢品一盏香茗，生动精彩的情节内容、深邃丰富的思想内涵、优美动人的语言文字，总会令人回味无穷。阅读教学的目的是提高学生的文学素养，这就需要我们改革教学方法，创新教学方式。在实际的课堂教学中，教师依据《课程标准》，结合名著的不同特色，采取多样的方式组织教学活动。

（一）开设阅读课，共赏群英雄

《课标》规定“重视学生在阅读过程中的主体地位，重视学生在阅读中独特感受和体验”。为了引领学生感知文字的无穷魅力，感知真正的艺术来自心灵的创造。我们每周开设一节阅读课，师生之间共同交流阅读成果与感受，以《水浒》为例，课前教师在信息平台上布置了小组研读“群英”要求：梁山一百单八将，慷慨侠义，扶危济困，但又性格各异，各具风采，这有赖于施耐庵高超的人物个性化的语言描写和精彩的场面描写，请同学们仔细研读相关回目，结合“鲁智深和李逵”“杨志和林冲”的各异的语言，体会人物形象的异同；同是打虎场面的描写，“武松景阳冈打虎”和“李逵林中杀虎”有何不同……学生遨游于书海，流连于隽永文字，徜徉于静思默读，熏陶于浓浓墨香。课堂上利用大屏幕播放学习小组阅读讨论后制作的微视频，并配以学生的细心讲解，课堂气氛热烈，学生准备得非常充分，见解独到，微视频制作精良，此举既锻炼了学生学习信息技术的能力，认真阅读文本、提炼信息的能力，又锻炼了学生组织语言，分析问题的能力。我将学生的作品上传到班级群和学校的公共资源服务平台，引导家长和全校师生的关注点评，学生阅读名著的兴趣高涨，班级内“刮起名著风”。此举切实提高学生名著阅读的质量，培养了感悟生活、感知美好的能力，进而提升学生的文学素养。

（二）多媒体助力，燃写作激情

阅读名著，可以提高自己的修养和知识面，腹有诗书气自华；阅读名著，可以提高自己感知世界的能力，笑看人生风云；阅读名著，享一份自在自我的悠闲世界，生活宁静致远。认真阅读名著的过程中，学生们收获很多，教师适度播放音频、视频，给学生以感性认识，同时在信息平台上预设写作题目“我想对你说”，创设写作情境，点燃创新的火花，引导学生诉诸笔端，与历史人物穿越式交流，利用大屏幕共同赏读学生的作文，课堂上交流讨论得失；并且上传到校园网站，学生可以边阅读同学的作品，边进行网络点评，同学们畅所欲言，自评、互评，共同提高，此种方式尊重了学生的个性情感体验，让学生的个性得到张扬，孩子们看到自己的作品被肯定，喜悦之情溢于言表，笔下有乾坤，书写天地间，利用信息技术的直观、便捷的特性，为学生搭建阅读与写作的平台，此举有效地激发了学生深度阅读名著的热情，深入研读文本的激情。学生们在经典的润泽中健康成长。

信息技术进入名著阅读课堂，解决了经典阅读教学的难题，全面优化了课堂教学，培养了学生主动阅读、探究文本的意识，让阅读由课内延伸到了课外，大大拓展了阅读空间，引导学生自主建构学习方式，让学生真正成为阅读者、思考者、收获者，学生乐在其中，文学素养不断提升！

以课题研究为载体提升中小学教师科研素养的思考与实践

天津市北辰区教师发展中心　刘怀萍　王纪群

摘　要: 中小学教师积极开展教育教学实践研究,改进教学方法,提高教育质量,是促进教师成长的逻辑起点,更是教师完成好立德树人根本任务的关键。当前在"双减"政策下教师要提高教学质量,就必须提升自身的专业素养。而中小学教师的课题研究既是教学反思提升的需要,又与促进教师专业素养息息相关。本文以课题研究为载体,在调查分析中小学教师专业素养的现状,探索了提升中小学教师科研素养的途径和方法,促进教师实现自我发展。

关键词: 中小学教师　专业素养　思考与实践

《教育部关于加强新时代教育科学研究工作的意见》(以下简称"意见")中提出"鼓励支持中小学教师增强科研意识,积极参与教育教学研究活动,不断深化对教育教学改革的规律性认识,探索适应新时代要求的教书育人有效方式和途径,推进素质教育发展"。可见,《意见》中强调了教育科学研究对推进教育改革和发展的重要作用,对中小学教师参加教育科研持认同、支持、鼓励的态度。也强调了中小学教师积极开展教育教学实践研究,改进教学方法,提高教育质量,是促进教师成长的逻辑起点,更是教师完成好立德树人根本任务的关键。当前在"双减"政策下教师要提高教学质量,就必须提升自身的专业素养。而中小学教师的课题研究既是教学反思提升的需要,又与促进教师专业素养息息相关。以课题研究为载体,探索提升中小学教师科研素养的有效途径和方法,促进教师专业发展。

一、中小学教师专业素养现状分析[1]

为准确把握中小学教师的专业素养,我们于 2016 年 12 月 27 日,对北辰区 20 所学校 123 名中小学教师进行了问卷调查,同时辅助有个体访谈。调查的内容包括对教科研的认识、培训前后理论的提升、教科研能力等。本次调查共发放问卷 123 份,回收有效问卷 121 份,有效率为 98.4%。

从教科研认识的角度,调查"您认为教师科研是",认为科研与教学同等重要的占 86.8%;调查"您觉得从事教学研究的必要性",认为很有必要 48.8%,有必要

50.4%;调查“您认为写作教育科研论文有无必要”,认为很有必要38.8%,有必要57.9%;调查“从切身体会,您感到参加教科研活动对提高自己教学水平”,认为对提高自己的教学水平明显90.1%。可见,教师对教科研意义有一定的认识,对科研持有肯定的态度。但也有少部分教师,对科研意识认知程度不够。另外从个体访谈和日常教科研跟踪管理发现,部分教师论文写作能力有待提高。

从培训前后理论提升的角度,调查“与参与教师培训前相比,您承担课题研究的能力情况”,认为明显增强19.9%,有所增强76%。这表明绝大部分教师通过培训,相关理论知识和课题研究能力得到不同程度的提高,培训效果比较明显。同时从个体访谈得知,他们希望科研部门采取多种方式给教师进行科研知识培训。

从教师教科研能力的角度,调查“您对教育科研设计了解程度”(见图1),认为“非常了解”3.3 %,“比较了解”83.5 %,“不了解”13.2 %。调查“平时收集到的资料,您能否及时地整理归纳和分析”(见图2),认为对平时收集到的资料及时进行整理归纳和分析24.8%,能进行部分整理归纳和分析67.8%,不能进行整理归纳和分析7.4%。通过调查或日常管理不难发现,教师从选题到课题方案的撰写还感到困难,在课题设计上还存在不同程度的问题,一些教师对及时收集整理研究资料的重要性认识不足。

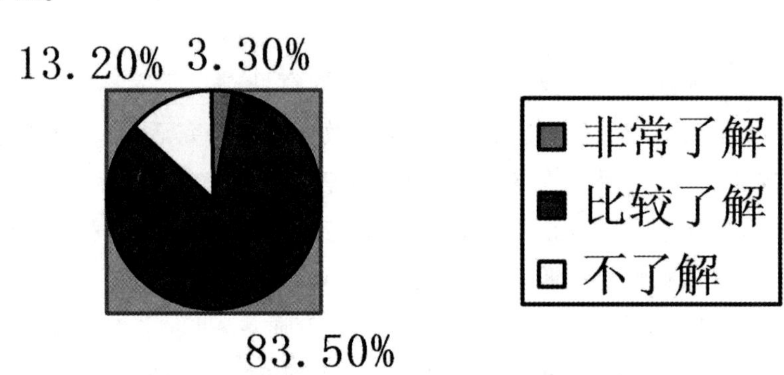

图1　您对教育科研设计过程的了解程度(121人)

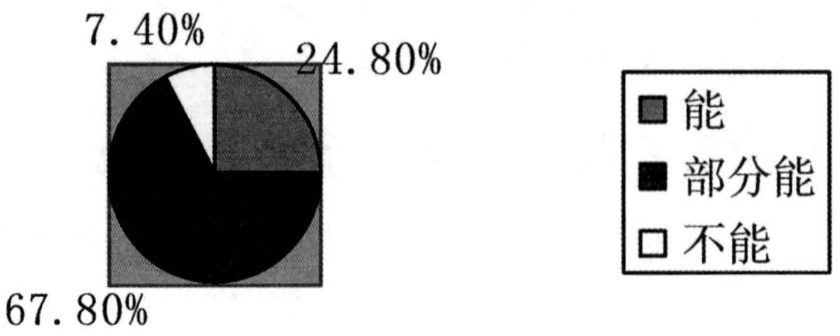

图2　平时收集到的资料,您能否及时地整理归纳和分析(121人)

调查“您了解教育科研中的哪些方法”(多选题,见图3),认为“观察法”77.7%;“经验总结法”95.9%;“问卷法”82.6%;“实验法”57.9%;“个案研究法”64.5%。但从教师承担的课题研究看，部分教师在科研方法的选择上还缺乏针对性，对使用观察法、问卷法、实验法还不能真正运用到位。

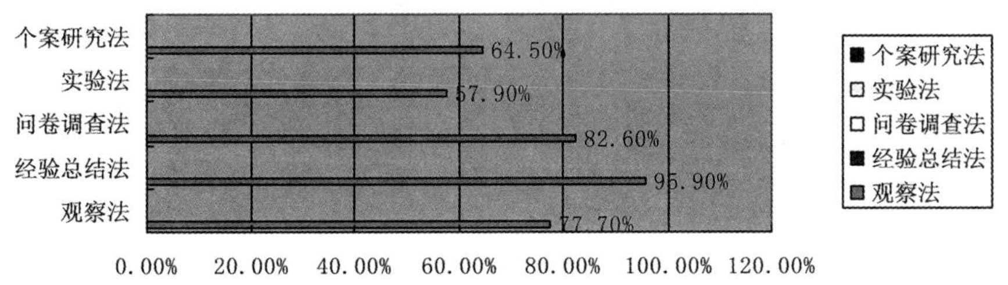

图 3

调查"当您遇到教育教学中的问题时，您经常通过哪种方式解决"，认为自我研究和思考 72.7%，认为查阅书刊 90.9%，认为和专家同事交流 94.2%，认为不解决 0.8%。这表明专家的引领是搞好科研的有力措施。但从部分教师解决问题的方式看还是独自完成，缺乏合作意识，缺乏专家的科研指导。

二、以课题研究为载体，提升中小学教师科研素养的途径和方法

（一）以研究问题为基点，强化教师的反思意识

目前，"双减"工作不仅对教育提出了更高的要求，也是对教师改变思想观念和行为的挑战。按照"双减"工作的要求，减负必须同时提质。该如何提高课堂教学质量，这就需要教师必须有反思意识，要把目光投向自己的教学，以研究问题为基点，针对关键性的问题进行反思，结合实际问题学习教育理论，不断发现自己教学中可以改进的地方。丽莲·凯兹曾指出，教师"专业化的起点，在于愿意思考问题，并尝试提出自己的改进方案"。因此，我们要找准研究方向，注重思考，把找准要确定的研究问题提炼成课题，明确研究目的，运用恰当的研究方法，形成研究思路，规范研究步骤的系统性和流程性，开展有实质性的问题研究，在研究中不断强化反思意识，提升科研素养。

（二）依托课题研究，促进教师实现自我发展

1. 重视发挥外驱力，营造科研氛围，提升教师的科研意识

（1）在参与课题研究的广度上下功夫

十几年来，我们依托区域主导课题研究，在参与课题研究的广度上下功夫，营造科研氛围，引领教师开展微型课题研究，激发了教师参与研究的积极性。自 2011 年至 2021 年每学年度参与研究的学校呈上升的态势。

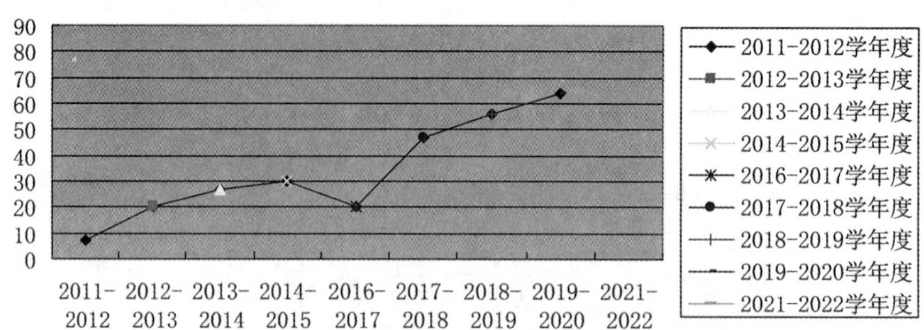

图 4　2011 年至 2021 年参与微型课题研究实验校

可见，微型课题研究在区域具有一定的影响力，实现了在全区中小学全面铺开的局面。同时，我们也倡导各学校应围绕学校主课题进行细化开展研究，强化课题研究融入到校本教研中。如我区华辰学校中学部，围绕“分层式作业设计的研究”，开展作业分层对激发“学困生”学习兴趣的研究；作业分层对提高初中数学教学有效性的研究；分层作业在初中英语教学中的作用研究；物理分层作业激发学生学习兴趣的研究；生物教学中分层作业的探究；分层作业提升优秀生能力的研究；利用分层作业促进优秀生培养的研究；分层作业在初中政治教学中有效应用的研究等系列微型课题研究。这样不仅提升了教师的合作研究能力，提高了课堂教学质量，还激发了学生的学习兴趣和求知欲望，有效地减轻了学生的作业负担。

（2）在课题研究服务力度上下功夫

①编制微型课题指南。在选题上我们变“自上而下”为“自下而上”聚焦问题征集微型课题，并由区级科研部汇总编制指南，这样编制的指南更具有针对性和应用性，避免了教师选题的盲目性、重复性和随意性，同时也缩小了选题的宽泛性。

②组织申报微型课题。各实验校在区级科研部的统一部署下，按照研究周期组织申报微型课题。负责人或课题组成员不受职称、年龄、工龄限制，申报时可从区级科研部编制的《指南》中选题或对《指南》中题目范围较宽泛的进行分解，也可自拟未列入《指南》中的题目。这样教师可以根据研究基础和研究能力解决自己急需解决的问题。

③构建管理运行模式。我们构建了“区级——校级或校际——课题组”三级协调管理运行模式，即“区级整体把控管理、学校或校与校之间内部管理、课题组研究团队自我管理”的运行机制。组长校和区级科研部负责管理的教科员对接，从区级层面、学校内部层面、校际层面、研究团队层面，形成上下联动、横纵贯通、内外合作，明确各自的职责，助推微型课题研究有效开展，确保了三级课题管理做到有“专人管理、专业引领、专题服务”。

④指导、检查、培训三结合。在强化服务意识上，我们以《北辰区教育科研课题研究过程管理细则》《北辰区教科员下校指导课题研究活动方案》等为指导性运行制

度，实行教科员“包干到人”负责，注重把好课题申报、课题开题、课题中期检查、课题过程管理、课题结题等各个环节关，努力做到下校指导、检查、培训三结合。一是领导带队下校。开展调研、开题论证、检查课题进展情况、专题培训、研讨交流等。二是制度引领下校。以强化服务意识为出发点，改变“坐而论道”为“下校服务”；“检查督导”为“实际参与”。三是课题指导下校。对批准立项的区级以上课题，负责管理的教科员，从课题申报立项直至课题结题，进行全程跟踪管理指导。四是过程检查下校。主要检查研究计划落实、研究进展、研究取得的阶段性成果等情况。五是讲座培训下校。针对课题校的实际需求，开展有针对性的科研培训。六是网络科研培训。七是聘请专家专题培训。

多年来，我们遵循“分级管理、分类指导、突出重点、注重过程”原则，加强了课题研究过程管理，在提高科研质量的同时，也使教师在研究中不断成长。

2. 重视激发内驱力，提升科研能力

从学习型组织理论看，教师专业发展每前进一步，就是其专业“心智模式”向“系统思考”水平迈进的过程。[4] 在实践中，我们认识到教师自觉与自发地参与课题研究，就是其专业“心智模式”向“系统思考”水平迈进的过程，也是教师专业发展提升过程。

(1)在研究过程中提升能力。我们倡导研究团队以“提出问题→确立课题→立项课题→开展研究→课题成果”(图 5)为操作路径，把握研究基本程序开展研究，并将课堂实践、主题研讨、课例展示、反思交流、读书沙龙等呈现在研究的全过程。这不仅使教师把握了研究基本程序，还使教师在经历研究的过程中提升科研水平和能力。

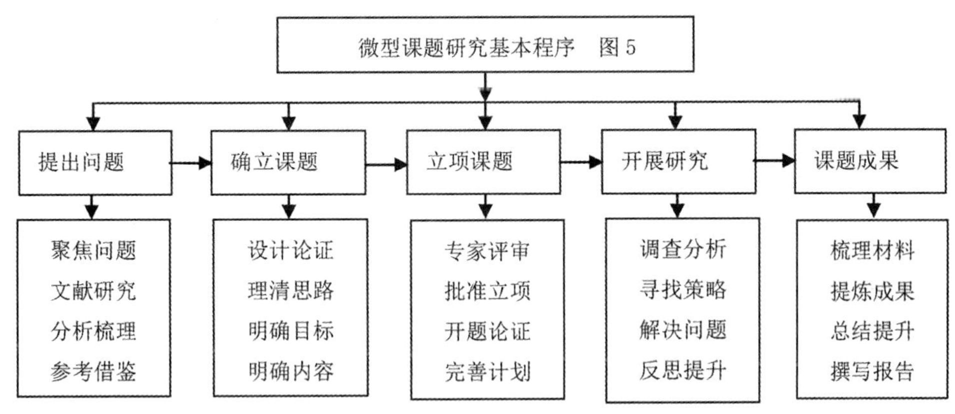

图 5

(2)在课题设计论证中提升能力。[3] 课题设计论证是课题申报与立项阶段最重要的工作，也是课题《申请・评审书》填写中最主要的内容。无论是哪一级别的课题申报评审书中，课题设计论证部分都有严格遵循基本结构的要求，在撰写时要做到结构要完整合理，论证要科学准确，研究内容要具有创新之处。在撰写课题设计论证时,我们要求教师注意做好以下几方面内容的撰写。

①课题名称。选题是研究的第一步,选题价值的大小决定着整个课题研究的价值,对于课题研究的成败起着举足轻重的作用。选择一个好的课题要应有三个条件:一是对选定的课题不仅要有前期成果,还要有了解国内外对这个领域的研究情况。二是对选定的课题要有实地调查的资料。三是对选定的课题要符合课题指南的要求。有了上述条件,在课题名称的表述上要努力做到符合准确、规范、简洁、醒目的要求。所谓"准确",就是课题名称的表述要完整准确,要把课题研究的问题是什么,研究的对象是什么、研究的方法是什么要尽可能直接或间接地交代清楚。所谓"规范",就是表述用语要规范、科学,要使用学术性的语句,不能用比喻句、反问句、结论式的句型等,最好用陈述句。也不能用"试论……""如何……""……初探""……尝试""浅析……"等。所谓"简洁",就是名称表述要简洁,名称不能太长,能不要的字尽量不要,一般不超过20个字。所谓"醒目",就是课题研究切入口适宜、新颖,使人一看就对课题留下深刻印象。

②课题研究的背景。课题研究的背景就是分析研究的理由,说明为什么要选择这个问题,为什么要研究解决这个问题,研究它有什么价值。撰写课题研究的背景时,要针对研究内容,围绕教育实践中遇到的困惑,由大及小,逐渐过渡到关于研究内容的实践中存在的问题来写。在写这部分内容时要注意做到:一是分层、分段写,最好段首要有简洁的中心句;二是各层意思之间要有逻辑顺序,各意思不交叉重复;三是要尽量点明本课题研究的特色及亮点。

③课题核心概念的界定。核心概念的界定,是对课题中的关键词下操作性定义,尤其是要解释清楚本课题研究中的相关概念的实际含义。核心概念的界定不是泛泛的界定,界定的目的是通过对课题名称中所涉及的主要核心概念内涵和外延的诠释,解释概念时要与课题本身相结合,表述要准确,使概念的内涵和外延变得更加清晰、具体。这样有利于参与研究的人员统一认识,有利于课题研究的实施,也便于别人按照研究者规定的范围来理解研究的结果以及评价该研究的合理性。

④国内外研究现状述评。文献综述是在对文献进行阅读、选择、比较、分类、分析和综合的基础上,研究者用自己的语言对某一问题的研究状况进行综合叙述的情报研究成果。对中小学教师课题研究而言,文献综述是明确选题、确定研究内容、寻找研究创新点的前提。因此,教师在写这部分内容时应注意以下几点:一是前人在此问题上究竟做了哪些研究,得出了什么结论;二是前人在哪些地方还做得不够,留下了什么研究的空间;三是前人的研究对于自己的研究有什么启发。也就是说在表述这部分内容时,应说清国内、国外曾经研究过什么?现在正在研究什么?已经解决了什么问题?还有什么问题未解决?从而来明确自己课题的主攻方向,提炼出本课题研究的创新点。在撰写国内外研究现状时,应围绕研究题目和研究内容来查找国内外研究现状,并针对本研究的研究内容、研究方法、创新点等方面来评价现有的研究存

在的问题后应点明,正因为相关的研究还存在着不足,所以本研究是为了解决上述问题而进行研究,本研究具有一定的实践价值。

⑤选题意义及研究价值。研究意义一般从理论和实践两个角度来谈,研究的成果将为教育理论和实践起到什么样的作用。值得注意的是研究意义与价值指的是该研究的研究成果将在理论上和实践上起到什么作用、有什么价值,不同于研究内容、研究目标,这两项内容是研究报告里看得见的,而研究意义与价值是研究报告中看不到的。撰写研究意义与价值,要针对本研究的研究内容、创新之处等方面来谈本研究的研究成果将对理论和实践起到的作用。

⑥课题研究的目标。研究目标就是该项研究预计完成的成果、最终要解决的问题,达到什么样的效果。研究目标是对研究内容的高度概括,在写研究目标时,不能偏离研究主题,要聚焦主题、盯紧研究内容,将研究内容的小标题用关联词语串联起来即可,不要出现研究内容以外的内容。课题所确定的研究目标,最终必须落实到研究成果中去。

⑦课题研究的内容。研究内容是研究设计的灵魂和主线。研究内容主要陈述的是课题研究的范畴,是对题目的细化和解释,以及对研究目标的具体分解细化。因此,在撰写研究内容时要避免偏离主题和目标。如《小学数学课堂教学中小组合作学习方式的研究》设计的研究内容"学习方式现状的调查与分析;学习方式观念转化的研究"偏离了研究主题。因此,在撰写研究内容时,应当紧扣研究题目和研究目标来写,研究内容的安排要合理,研究内容之间要具有一定的逻辑关系。

⑧研究假设和创新点。研究假设是根据已有的科学理论或大量的教育实例,运用严谨推理方式,对课题欲解决的问题,提出有待验证的解决方式。撰写研究假设时应围绕研究内容,对研究内容之间存在的关系进行判断。拟定创新点时要与同类研究相比较,本课题在理论上的突破和实践中的价值。可以从研究视角、研究范围、研究内容、研究方法等方面去做。应围绕研究内容、研究意义与价值从理论和实践两个方面来写。

⑨课题研究的思路和方法。研究思路就是研究的指导思想、研究的总体路线,包括发现问题、分析问题、解决问题三个阶段。研究思路要体现各项研究内容的先后顺序,基本达到一一对应关系。在写研究思路时,要紧密围绕研究内容来写,用关联词将研究内容串联起来,务必做到不遗漏研究内容,不新添研究内容。研究方法是指完成该课题研究任务所用到的教育研究方法。如文献研究法、调查研究法、行动研究法、经验总结法等。对研究方法的表述不是对方法概念的界定,而是要介绍如何使用该研究方法,要结合研究过程具体化,做到研究过程与研究方法相对应。

⑩技术路线和实施步骤。技术路线是指为完成研究而采取的包括手段、步骤、方法等在内的研究途径。在写技术路线时,要对研究途径的每一步骤要阐述清楚并确保其具有可操作性。实施步骤就是把研究过程具体化,将研究内容主要分配到各个

研究阶段中完成，不能遗漏研究内容，也不能增加研究内容。其中需要体现出计划在什么时间段开始，至什么时间结束都要有规定。每一阶段的具体做法、研究什么内容，要达到什么要求都需要写清楚。

另外，撰写完成课题的可行性分析时，要阐明课题主持人及课题组成员针对本课题前期研究的基础和现有研究条件；注明主要参考文献时，要熟记一些必要的与本课题相关的专业书名，了解一些当前最新的相关理论研究书籍或期刊。同时还要注意行文规范。

3. 重视内外驱动力结合，实现自我发展

（1）依托市级以上课题开题论证的平台，强化教师的培训。众所周知，课题研究始于选题、谋于论证、定于开题、续于中期、成于结题、善于应用。开题论证是课题立项后教育科研管理的一项要求，也是开展课题研究非常重要的一个环节。因此，我区在课题开题论证时，以会议专场的方式聘请专家现场论证指导，发挥了专家引领的作用，使承担课题负责人和参与研究的教师都得到了科研培训，形成了良好的科研氛围。

（2）依托成果交流平台，促进教师专业素养不断提升。一是依托本区教育科学学术年会平台，推荐科研管理先进单位介绍学校开展群众性教育科研工作经验，并推荐区级微型课题研究优秀成果展示汇报。二是依托微型课题优秀成果巡展平台，推荐评选出的区级微型课题阶段优秀成果分专场进行展示。这种做法使校与校之间教师互相学习借鉴、取长补短，共同成长。

（3）依托课题研究做好六个结合，提升自身科研能力

①文献研究与课题研究结合。文献研究可以为课题研究提出创新点作铺垫，可以帮助研究团队快速熟悉相关研究课题，以方便检索已有研究成果。因此，课题组可以根据所研究的课题，开展文献研究，搜集整理与本课题研究相关的成果，借鉴研究成果深化对问题的认识。

②现状调查与课题研究结合。现状调查的目的，就是为了掌握课题研究的第一手材料和数据，加强课题研究的针对性，为课题研究提供事实依据，使课题确定的研究目标和研究内容更加明确。因此，课题组要结合研究的课题，及时了解与掌握科研动态，把握与课题研究有关的情报资料，设计有针对性的调查问卷，开展调查研究，形成定量与定性分析相结合的调查报告，为课题结题时撰写研究报告具有科学性和可读性打下基础。

③理论学习与课题研究结合。以课题研究牵引，教师不仅要学习本专业知识和研究课题范围的有关知识，还应有针对性地系统学习教育学、教育心理学、教育科学研究方法等知识，不断丰富自己的科研素养，用理论指导实践。

④专业引领与课题研究结合。课题组根据研究中遇到的问题，采取“走出去”或“请进来”的方式，聆听专家的专题讲座，通过专家的引领、自我思考来提升自己解决

问题的能力。

⑤反思与课题研究结合。课题组经过一段时间的实践研究，对实施的策略、途径、方式方法、构建模式的可行性，要不断进行反思，通过反思搭建理论与实践沟通的桥梁，转变自己的教育观念、教育思想和教育模式，把解决问题和课题研究紧密结合，提高教师的问题意识，同时提高教师分析问题、研究问题和解决问题的能力。

⑥依托各种活动与课题研究结合。课题组可以通过校本教研、课例观摩、研讨交流、读书沙龙等活动，分享研究成果，实现自我超越。

三、重视科研成果转化，提升教师的成果表述能力

中小学教师在开展课题研究、教学实践探索、教科研成果申报、成果公开发表等都需要对教科研成果进行提炼与表述，成果提炼与表述得是否科学、规范、准确、新颖会直接影响教科研成果的交流和运用。因此，我们在重视科研成果转化，提升教师的成果表述能力上，具体做法如下。

1. 加强教科研专题培训。

一是区级层面专题培训。如《教育科研成果的提炼与表述》《如何撰写教育教学学术论文》《如何撰写中小学教育科研课题设计论证》《开题报告的撰写及开题论证具体要求》等。二是聘请专家专题培训。如《教师怎样做小课题研究》《中小学怎样开展教育科研》《中小学教育科研成果的表述》《校长的执行力》等。三是通讯、网络专题培训。借助《北辰教育科研通讯》和北辰教育资源网（教育科研【科研指津】）进行《如何撰写课题研究中期报告》《课题研究如何收集和整理过程性材料》《微型课题结题报告的撰写格式及要求》《微型课题申请评审书填写内容要点提示》等专题培训。四是借助活动专题培训。借助开题论证、中期推动、论坛等聆听专家点评，提高教师的认知能力和表达能力。

2. 加强读书指导与交流。

从读、思、研、行的视角进行《带着问题读书，在读书中发现问题》《读书时，应理顺三对关系》的读书指导。其目的是让教师感到研读的重要性，认识到读、思结合，研、行结合是教师专业成长的有效途径。如：我区辰昌路小学利用每年寒暑假有计划地开展“同读一本书”活动，同时在每学期开学初开展读书交流活动。教师通过读书、反思、交流达到了资源共享，使教师的思辨能力和表达能力不断提高。

3. 搭建成果交流平台。

一是推广运用课堂教学模式。我区以学校、学科教学模式的建设为抓手，引领课堂教学改革，提高课堂教学效率。经过实践，涌现出一批富有成效的课堂教学模式建设先进集体和学科教学模式建设积极分子。如：我区华辰学校初中部构建的“五步探究式”教学模式，被评为区级课堂教学模式建设先进集体。二是名师课堂教学模式展示。我区秋怡小学刘惠老师，结合《小学语文“目标导向的三段六步”教学模式

的实践研究》,以学校构建的小学语文"目标导向·三段六步"教学模式为引领,构建了阅读教学子模式。即"告知目标,激发兴趣→复习旧知,做好铺垫→深入领悟,学习语言→掌握方法,迁移运用→日积月累,拓展延伸"。这不仅凸显了自己的教学风格,还为教师呈现了语文味十足的高效课堂。三是学术论坛成果交流。推荐区级科研管理先进单位介绍经验,推荐区级微型课题研究优秀成果展示汇报、巡展交流;举办"青辰杯"青年教师学术论坛;定期组织召开专题研讨交流。如交流研究计划、交流中期总结等。

4. 期刊发表研究成果。

如在《中国教育学刊》《天津市教科院学报》《中学历史教学》《天津教育》《当代教育教学研究与实践》《现代特殊教育》《小学科学》等国内外期刊上发表研究成果,入编《天津市"十二五"时期教育科学规划优秀研究成果选编》《天津市教育学会"十二"课题成果集锦》,还有的在《天津教研》《北辰教研》、北辰教育科研通讯等内部刊物发表研究成果。

5. 组织自编研究成果推广及应用。

我们自编了《北辰区教育学会首届"北极星杯"论文年会论文集》《天津市北辰区"十三五"规划课题研究成果选编》《天津市北辰区"十三五"微型课题研究成果选编》以及《北辰区"十四五"代管课题管理手册》和《北辰区"十四五"微型课题研究指导手册》等,为教师提供了学习、资源共享研究成果,提升了教师课题研究的规范意识和成果表述能力。

四、实际效果

十几年来,我们以课题研究为载体,以制度来规范教科研行为,探索中小学教师科研素养提升的有效策略,从而发挥了科研部研究、引领、服务的职能,引领教师把"教、学、研、训"有机结合,改善了教师的心智模式,使教师的科研意识不断提升,教师课题研究能力、成果表达能力以及合作研究能力都有了明显的提升,促进了区域中小学教师队伍科研素质的提升。

参考文献

[1]刘怀萍,姜德华. 中小学骨干教师科研能力与专业发展现状调查及对策[J]. 天津市教科院学报,2017(6).

[2][4]刘怀萍. 以微型课题研究为载体,助推区域中小学教师专业发展[J]. 教学管理与教育研究(上),2021. 04.

[3]吴希胜. 如何撰写中小学教育科研课题的设计论证[J]. 教育实践与研究,2015(21)/B(7).

抓好阶段计划与总结,提高课题研究的实效性

天津市北辰区教师发展中心　吕家铁

摘　要:课题研究的阶段性计划是落实课题总体设计和整体规划的重要措施,它是为完成课题研究方案中规定的各阶段研究的研究内容、任务服务的。课题研究的阶段性总结是课题在完成研究计划中某一阶段任务后进行的检查、分析、研究、评价而形成的书面材料,也是进行反思、总结经验、寻找规律的过程。认真做好课题研究过程中的阶段性计划和总结,及时调整研究过程中各环节出现的偏差,才能顺利完成课题研究任务,提高课题研究工作的针对性和实效性。

关键词:阶段计划　阶段总结　课题研究　实效性

我们不难发现,现在很多中小学教师越来越重视课题研究,这是件可喜可贺的事情。但是课题研究工作毕竟不是教师的专长,难免会出现这样或那样的问题。其中"两头热,中间冷"的现象比较突出。所谓"两头热,中间冷"就是老师们把热情和精力都放在课题的立项、开题和结题上了,而对研究工作的精心计划,对研究过程的认真总结与反思却忽略了,从而大大影响了课题研究的成效。一项课题经过了开题论证,进入实施阶段后,怎样才能落实总体方案,确保课题研究的实效性呢?做好阶段性的计划和总结,及时调整过程中各环节出现的偏差无疑是最重要的基础性工作。为此,有必要和大家探讨课题研究的阶段计划和总结。

一、课题研究阶段计划

(一)课题阶段计划概念。

计划,是工作或行动之前预先拟定的具体内容和步骤,简单讲就是一定时期内的工作打算。课题研究的阶段性计划,是为了落实课题的总体设计和整体规划,依据研究方案规定的各阶段研究内容、任务,以及研究的实际情况而制订的某一时期内研究打算和具体工作指标,它是对阶段研究主要工作进行合理安排。我们不难看出,课题阶段计划是为完成各阶段研究任务服务的。

(二)如何制订课题研究阶段计划

课题阶段计划是为完成各阶段研究任务服务的,我们首先弄清各阶段研究任务。

1. 不同阶段的研究任务

教育课题的研究过程大致分为研究准备、研究实施、形成成果等几个阶段,针对不同的研究阶段,要制订相应的阶段性计划。

(1)研究准备阶段。研究准备阶段的任务主要有两项。①选择课题。课题的来源主要有两个:一是从教育实践中找课题,教育实践中提出来的问题,是教育科研课题最基本的来源,研究它具有现实意义。二是从理论文献中找课题,从教育文献中发现矛盾,寻找还没有人研究过的问题,或者对被人研究的问题有看法。②设计方案。课题实施方案的设计是课题研究的重要环节,包括课题论证和方案撰写两部分,方案的精心设计,使得整个研究工作有目的、有步骤地进行,最大限度地降低研究误差。

(2)研究实施阶段。实施研究是按照研究计划所规定的对象、内容、时间、手段、方法和程序等,对研究对象采取一定行为措施,观察、测定、记录研究对象的反应,以获得研究者所希望的结果的过程。实施过程由于研究方法不同,计划也不同。例如实验研究法,首先确定操作自变量;其次选定因变量;最后控制好无关变量。为了操作自变量,在实验过程中要严格按照计划规定时间、条件、方式和程序,让自变量去作用,不能随意修改、变动和限制。

(3)形成成果阶段。形成成果阶段最主要的工作是整理课题材料,撰写工作报告和课题研究报告,展示研究成果。工作报告是对课题开展以来整个过程的总结和概括,课题研究报告是对研究内容、方法和过程作全面而简明的阐述。

2. 阶段计划的内容

(1)情况分析。制定计划前,要分析研究工作现状,充分了解是在什么基础上进行的,是依据什么来制订计划的。

(2)分解目标。在情况分析的基础上,根据课题的总体规划(计划),抓住主要问题来考虑近期要解决什么问题,达到一个具体可行、层次分明的阶段标准。

(3)细化内容。根据确立的工作目标制订相应的研究内容,并进行分解,安排好实施内容的先后顺序并设计研究活动。为实现目标,根据时间顺序设计什么活动,每个活动的内容是什么,时间怎样安排,采取哪些形式,通过哪些步骤完成。都要写清楚。

(4)措施保证。主要从以下几个方面来考虑:评价制度、奖励机制、材料收集、培训交流、时间保证、人员分工、经费投入等。

3. 阶段计划的表达。课题研究阶段性计划一般的表达方式有条文式、表格式、条文加表格式。一般以“条文加表格计划”最为常见。基本结构为:标题、正文、署名、时间。

(1)标题。要表达准确清楚,可采用四项目结构的表述方式(即研究的课题+阶段+主要内容+文种),并在标题下注明阶段时限和计划设计者。

例如:《初中数学课程标准的验证性研究》第一阶段

"数与代数"课标的研究计划

(2003 年 9 月——2004 年 6 月)

××初级中学课题组

(2)正文。正文可采用"条文+表格"的表达方式,一般包括下述内容:

①研究的指导思想。即用什么理论和理念指导研究。

②本阶段研究的主要内容、重点和要形成的研究成果。

一是研究的主要内容(要写明本阶段研究的主要内容有哪些)

二是研究的重点(要写明本阶段研究的重心是什么)

三是本阶段要形成的主要研究成果(写明本阶段研究,形成的主要成果是什么)

③根据阶段性研究的内容和重点,明确要学习的理论和相关的文章。

④进行研究活动安排。可用表格列出研究内容的具体安排和分工等。如果是学校承担的课题,在写研究计划时,最好按学年、学期进行安排。如下表。

×××课题研究活动一览表(样表参考)

时间		研究活动的主要内容	主持人	备注
第一阶段	2004 年 9 月			
	2004 年 10 月			
	2004 年 11 月			
	2004 年 12 月			
	2005 年 1 月			
	本阶段形成的主要研究成果	1. …… 2. ……		
第二阶段	2005 年 3 月			
	2005 年 4 月			
	2005 年 5 月			
	2005 年 6 月			
	2005 年 7 月			
	2005 年 8 月			
	本阶段形成的主要研究成果	1. …… 2. ……		

4. 制订计划注意的问题

(1)莫忘署名和时间。要在标题的正下方署课题组或个人姓名,在正文后面的右下方注明计划制定的具体时间,以备研究者联系、沟通或日后查找、核实之需。(2)内容要具体可行。阶段计划是行动性的文本,必须坚持科学性与可行性相结合的原则,对研究的任务目标一定要做到胸中有数,确定的研究目的、内容、重点和要形成的成果必须从实际出发,陈述"做什么"和"怎样做"都要力求具体准确,便于操作。(3)充分讨论定稿。计划草稿写好后,要组织本课题的成员进行讨论、修改,使其完善，最后定稿。(4)按计划行事。计划一经制定，就要按计划行事，尽量达到预期的目的，不得随意违背。执行期间根据实际情况必须做适当调整时，要说明原因，注明修改和调整的时间。

5. 建立计划执行的保障机制

课题研究工作计划不是写出来的，而是做出来的。关键要执行，阶段计划一旦形成，严格执行是关键，每个环节落实到人。建立监督检查机制，确保计划不折不扣完成，这是整个课题研究如期完成的前提。

二、课题研究的阶段总结

（一）阶段总结的概念。

课题研究的阶段性总结是指课题在完成研究计划中某一阶段任务后进行的书面总结，主要用于汇报课题研究进展情况，它通常含有课题研究的准备工作，课题研究运作情况和课题研究初步成效及存在问题。

（二）如何做好阶段总结

1. 阶段性总结的内容

(1)课题准备工作包括课题研究背景资料的收集、相关课题研究情况的动态、课题的学习研讨准备等。

(2)课题的运作情况包括课题开始操作的学期工作计划，和有关的课题活动安排和记录等。

(3)课题研究的初步成效是指课题研究中开展的各项活动，如与课题相关的实践课，以及师生进行的课题研究活动。

(4)课题研究中遇到的问题及困惑，客观方面有人、财、物及时间上的问题，主观方面有研究者理论水平和科研经验及课题本身存在的不足等。

课题阶段总结报告的内容不必想课题结题报告那样规范，但必须从上述四方面去撰写，力求客观真实，条理清楚，便于汇报。

2. 阶段性总结的基本步骤

(1)要有详细的事实材料。经验总结必须从积累材料开始，以实践事实为依据，只有占有足够的事实材料，才能有效地总结，揭示教育规律。包括：案例、个案、教育教学活动的计划、教案、学生发展的材料、现场观察材料（如听课笔记、教学日记、录音录像等）等。材料积累必须真实，不能按事先构想的框架去挑选材料来证明某些观点。不能离开事实本来面貌。

(2)通过文献研究，建立可靠的理论支撑点，经验总结要依据事实，但不是事实的简单堆砌，因为事实只能告诉我们是什么，而教科研关注“为什么”，为了对经验进行合理解释，需要有科学理论的指导和支撑。

(3)要提炼出经验的主题。什么是经验的主题？这里所指的“主题”就是贯彻在整个教育实践过程中起到主导作用、反映教师教学行为实质的一种教育思想、教育观念，是隐含的东西，是在教育教学过程真正发挥支配作用的东西。

3. 阶段性总结采取的形式

(1)召开课题研究阶段性经验总结会。研究人员在总结会上交流工作经验，介绍在实验中的典型做法，提出在实验中遇到的困难和产生的困惑，整理分析研究过程中积累的原始资料，部署，规划、讨论下阶段研究工作。通过交流，取长补短，提高研究工作的质量和撰写研究工作总结的质量。此类会议一学期或一学年一次，会议前应确定大会发言人。

(2)召开课题研究活动现场展示会。现场展示会可以使课题研究工作取得的成绩在更广的范围内得以推广，同时也能为其他研究者提供一种学习机会，解决课题研究过程中遇到的难题。如：由多个单位共同承担的课题，课题研究工作进入结题检测阶段，如何做好课题检测工作准备？成功的做法是在做好课题结题检测准备工作的课题单位召开课题结题检测现场会，大家共同经历课题结题检测的过程，对课题结题检测工作的准备更加心中有数，同时展示者在准备工作中也会力求把阶段性总结工作做得更好更有特色。

(3)撰写课题研究阶段工作总结。课题研究阶段性总结是根据课题研究阶段性计划的实施情况进行的检查、分析、研究、评价而形成的书面材料。也是进行反思、总结经验、寻找规律的过程。对于教师队伍里的课题经验总结大体可分为三个层次：具体经验总结、一般经验总结、科学经验总结。从目前教师做课题研究的情况来看，大多数教师的经验总结还处于具体经验总体水平。要将具体总结上升到一般经验总结必须以具体经验总结为基础，从中概括出一般的工作形式，形成一般化的操作。一般经验总结带有一定的普适性，对于其他教师开展此类研究具有很高的迁移作用。最高层次的总结就是科学经验总结，通过科学经验总结，把教育经验上升为教育理论。主要是对一般经验总结进行分析，揭示经验的实质，主要内容之间的相互关系，在教育工作的地位和作用，从而把经验上升为教育理论，这就是教育科研的目标。

总结的格式：阶段总结通常包括标题、正文和署名与时间三个部分。总结的标题应与内容相符合，一般采取与阶段计划标题相对应形式表述或用主标题加副标题的形式，以便明确或突出总结的内容。例如：

《初中数学课程标准的验证性研究》第一阶段

“数与代数”课题研究的总结报告

××中学课题组

或：《初中数学课程标准的验证性研究》第一阶段的总结

——关于“数与代数”教学目标达成的研究

××中学课题组

总结的正文通常包括概述、基本做法与结果、结论与讨论三个部分。前言概述说明研究的基本观点之后,即应陈述研究的内容和具体做法,说明结果,分析成绩、经验和存在的问题,最后进行必要的讨论,并提出今后的打算。

署名、日期要求把总结的作者署名写在标题的正下方,总结的日期注明在正文末的右下方。

4. 阶段总结的特点。阶段总结限定在阶段研究工作的时间范围内,具有明显的自我评定性,通常使用第一人称对自己的研究工作做出恰当的判断,不仅要求从事实出发,客观地描述和解释实际发生的事情和进行的工作,而且要求及时地进行全面的分析与综合,理性地思维与概括出对有关事项本质与规律的认识。阶段性总结应注意开头就要切入主题,不要东拉西扯、漫无边际、套话连篇,使人不得要领。要坚持实事求是,既要全面,又要突出重点,经过认真地斟酌和修改定稿后,语言要精练,概念要清晰,事情要明白。

认真做好课题研究过程中的阶段性计划和总结,及时调整过程中各环节出现的偏差,才能顺利完成课题研究任务,使得研究成果更好指导教学实践,服务教师成长,助推学校发展。

参考文献

[1]方健华. 中小学教科研方法指南及论文导写[M]. 南京师范大学出版社,2010. 12.

初中语文教学中创设情境的方法探寻

天津市静海区子牙镇中学　张辰旭

摘　要:语文是一门基础性和综合性较强的学科。在课堂上,只有让学生积极主动参与到教学活动中,成为学习的主人,才能实现积极的语言实践活动,才能形成有效的课堂教学。而采用创设情境的方法就可以达到这样的教学目标,情境的设置就是搭建起文本和生活接轨的桥梁,就是在任务驱动下学生的主动探究。情境的设置是确立学生主体地位的重要途径,是提高课堂教学效率、促进学生学科核心素养提升的重要策略。

关键词:初中语文　创设情境　主动参与　学科素养

创设情境是指在课堂教学中通过设置一个与教学内容相关联的支架,或者与生活接轨,或者与过去的知识相联系,或者预设一个需要完成的任务,其目的是激发学生学习的兴趣。通过情境的引导,学生可以更自然、更积极、更主动参与到学习之中。情境的设置可以有效提升语文教学的趣味性,提升学生的课堂参与度,提高语文课堂的教学效率和教学质量。

一、创设情境的重要性

(一)创设情境,激发学生的学习兴趣

初中生在进行语文学习时,通常会感觉学习内容比较单调枯燥,这就导致了学生对于语文学习缺乏兴趣,在学习时注意力难以集中,从而严重影响了语文课堂的教学效果。随着统编教材和新课程标准的运用,情境教学法在语文教学中的应用就很好地解决了以上的问题。在教学过程中,合理地运用情境教学法,架设起文本与生活的桥梁,能够激发学生学习语文的兴趣,调动学习语文的积极性,可以使学生自然走进文本之中,深入感悟文本的魅力。

(二)创设情境,促进学科素养的形成

教师在进行语文教学时,应该要重视培养学生们的想象力和创新能力,从而不断提升学生语文学科核心素养。如果能运用好情境的创设,使得学生在教师创设的特定情境下得到更好的体验,伴随着画面和音乐更好地进行想象和思考,促进学生想象力和创新能力的提高,促进学生在语言构建与运用、思维发展与提升、审美鉴赏与创造、文化传承与理解等方面的全面提升,真正形成学科核心素养。

二、创设情境的有效方法

(一)巧用多媒体,创设形象化的教学情境

伴随着科技的迅猛发展,越来越多的多媒体技术被广泛应用于教育教学领域,对于一些比较抽象、枯燥的教学知识点,语文教师可以借助多媒体技术手段,将教学内容以图片或视频的形式更加生动形象地展现给学生,带给学生更强烈的视觉感官冲击,这可以有效提升同学们的学习热情和探索欲望,进而使语文教学资源得以高效利用,同时还能拓展同学们的眼界和知识面。

例如,在学习统编版语文教材九年级上册《三顾茅庐》时,语文教师可以先利用多媒体设备进行课前导入,可以将电视版《三国演义》中关于《三顾茅庐》这部分视频播放给同学们观看,让同学们可以更直观形象地了解关于刘备三顾茅庐的故事,并对文中人物形象有一个初步的认识。然后学生结合文章内容,利用课下收集的时代背景材料,对不同人物的性格特点进行探讨,他们可以分析出如:张飞性格鲁莽、暴躁的性格特点;关羽稳重、顾全大局的性格特点;刘备礼贤下士、求贤若渴、宽容大度、虔心诚意,有远见、有政治抱负的性格特点;以及诸葛亮淡泊名利、雄才大略、深谋远虑、谦虚谨慎的性格特点。接下来教师可以通过创设生活情境的教学法,继而提问:在日常生活中我们接触到的人性格都是好坏分明吗?我们继续探究一下这些人物的另一面性格?这样可以激发同学们的继续探索的热情,通过整理和收集资料,同学们可以发现:张飞除了鲁莽暴躁,还有细心谨慎的一面;长坂桥利用障眼法,单枪匹马喝退曹军几万大军。再看关羽,除了稳重和顾全大局,他还有狂妄和孤傲的一面,不听劝阻,兵败麦城,丢失荆州。在刘备身上不仅看到了他的礼贤下士,还看到了意气用事、不冷静的一面,不听劝阻,执意伐吴,结果被火烧连营七百里,魂断白帝城。将古人所处的历史环境与学生们的生活情境结合起来,让他们感受到性格的多元性和复杂性,不能对人物分析简单化、模式化,并进一步体会和感悟作者塑造的人物形象的多重、立体、丰满。通过情境设置,这样不仅增加名著阅读教学的深度,而且还促进了学生思维的发展与提升。

(二)与生活接轨,创设引起心灵共鸣的生活情境

语文学习和生活有着密不可分的联系,在初中语文教学过程中,教师可以创设或者引入适当的生活化情境,使得学生能够深刻地感受到语文学习就在身边,语文与生活密不可分。教师在创设情境时可以通过与生活相关的内容,提炼出其中对课堂有价值的问题,要做到由浅到深,条理分明。使得同学们可以通过表面问题,看清文章的内在本质,把握文章深刻思想,达到提高学生学习效果的目的,从而更加有利于学生审美鉴赏与创造。

例如,在学习统编版语文教材七年级上册《雨的四季》时,在课程开始之前,教师

可以引导学生思考:根据自己平时在生活中的观察,一起讨论下自己对雨天的感受,以及不同季节雨的不同特点,然后感受和欣赏文中作者对不同季节雨的画面描绘,并引导学生分析感悟作者所描述的不同季节雨的特点。如娇媚、美丽的春雨,粗犷、热烈的夏雨,沉思、端庄的秋雨,以及平静、自然的冬雨,进而让同学们通过作者诗化的语言和如画般的四季雨景的描述,来感悟作者对大自然和生命的热爱。在引导同学们分析“作者是怎样把春雨以秀美的文字和细腻的修辞手法将本无生命的树描绘得生机盎然”“怎样把本无情感的花描绘得意态娇羞”“怎样将本无声音的成长描绘得沙沙作响”“怎样将本无味道的空气描绘得四溢芳香”等问题时,语文教师可以将文章带入我们的生活中,继而提问“我们身边是否也具备各种雨一样特点的人呢?”学生们张开想象的翅膀:艺术节上,我们班舞蹈队的同学在音乐中蹁跹的身影就如同作者笔下的春雨;每个早上,在班里认真收作业的课代表就如夏雨;自习课上,学习委员为大家细致讲解难题的画面就如秋雨;再来看紧张准备期末复习的每一个人,就像这冬雨。这样就可以用生活中熟悉的场景让学生体会作者拟人化的语言,体会作者笔下的淋漓尽致、勃勃生机。

(三)活动设计,创设参与演绎的模拟教学情境

在语文教学过程中,如果想让学生能够牢固地掌握所学的知识,并把其深深印在自己的脑海中。可以让学生通过参与表演,形成切身感受和体验。教师可以通过引入或者创设有关角色扮演的情境,使角色扮演充分地和课堂教学内容相融合,学生可以在角色扮演中根据自己对文本的理解自由发挥,充分释放他们表演的天性,使学生可以在愉快的氛围中进行学习。在进行角色扮演时,教师应该先对学生所要扮演的角色做基本的指导,然后再让学生们自由发挥,最后生动形象地展示给其他同学,使得大家对于文章都能有更深刻的理解。

例如,在学习统编版语文教材八年级上册《背影》时,教师可以组织学生进行角色扮演,让两位学生分别扮演“父亲”和“儿子”朱自清,一方面可以提升同学们的表演能力。另一方面,还可以通过人物角色扮演,使学生切身体会文中四次写到父亲背影的不同心理,如第二次是车站离别时的场面,当“父亲”胖胖的身躯“蹒跚”走远时,同学们能够体会父亲步履维艰,行动不便,反映了父亲对儿子的爱是伟大无私的;当“父亲”在车站给“儿子”送行时,同学们感受到了父亲对儿子无微不至的关爱和儿子对父亲的怀恋之情;当“父亲”扑扑衣上的泥土时,学生们感受到了父亲的“故作轻松”,不让儿子愧疚;当同学们看到胖胖的“父亲”过铁道的一系列动作时,同学们感受到了父亲的用心和费力。这样,学生们在扮演角色的过程中感受到了父亲对主人公的拳拳父爱,感同身受。创设角色扮演的情境教学法,可以有效激发出学生的学习热情,调动学生语文学习的积极主动性,进而更深切地体会文中作者所要表达的情感,有效优化和提升了课堂教学效果,也体现了语文学科核心素养中文化传承与理解。

（四）细节描摹，创设读写结合的教学情境

在教学过程中，我们感受到读与写的关系就是输入与输出的关系。读是多方面吸收的过程，同时读也是写的基础，写是输出的过程，要从读的过程中汲取养分，表达自己的思想。在读写结合的教学过程中，语文教师要引导学生了解从“读——感受人物形象”，到“写——掌握表达方法”的思维流程。要让读写结合不流于形式，语文教师要引领学生研读课本，把握文本语言特点，课堂上努力为学生创设表达情景，找准读写结合的切入点，让学生想要表达，乐于表达，充分体现文本价值。

例如在进行统编语文教材九年级下册《儒林外史》阅读名著教学时，要让学生真正感受到严监生这一“吝啬鬼”形象，就可以采用创设读写结合情境教学法。语文教师可以引导学生发现思考：严监生在临死前每次摇头、伸手指的动作一样吗？怎么不一样？你能体会到什么？请大家想象临死前的严监生心里到底在想些什么？请续写________。

通过师生研讨、分析：通过对严监生动作、神态细微变化的品读，就一步步体会到他心情的变化过程：失望—心急如焚—绝望。这样一来，也为学生再现严监生当时的内心活动做好了铺垫，激发了学生的表达欲望，学生动起笔来也显得得心应手。

如读这一段：严监生喉咙里，痰响得一进一出，一声不倒一声的，总不得断气。还把手从被单里拿出来，伸着两个指头；大侄子上前问道：“二叔！你莫不是还有两个亲人不曾见面？”他就把头摇了两三摇。学生可以通过动作揣摩严监生的内心世界，继而提问：他一连好几天都说不出话来了，他一定有无限的话想说，他想说：_____。

三、结束语

创设情境教学法是落实新课标的有效途径，恰当的情境就像一架虹桥，连接起文本和学生的心灵，让文本自然走进学生的生活之中，让课堂涌动着自由的生命的气息。语文教师可以通过生活情境、多媒体情境、参与表演、读写结合等多种情景设置方法，将其有效应用于语文教学的各个环节中，进而让同学们可以在真实的教学情境中进行学习和思考，有效提升学生的语文学科核心素养。

参考文献

[1]滕爱霞．初中语文散文教学方式及教学情境巧妙创设分析[J]．散文百家（新语活页），2021（7）：117-118.

[2]雷有平．情境教学在初中语文课堂教学中的有效应用[J]．课外语文，2020（9）：42-44.

[3]戴俊英，戴俊涛．初中语文情境教学法的应用[J]．科普童话，2020（23）：125.

[4]罗秀芳．初中语文开展情境教学的实践探讨[J]．读写算，2020（20）：135-137.

核心素养理念下的初中语文作业设计

天津市第四中学　赵美兰

摘　要：作业是课堂教学的延伸，是反馈、调控教学过程的实践活动，也是教师在课堂教学后用以巩固知识、培养学生综合能力的一种手段。核心素养理念下的初中语文作业设计，应当以提升学生语文综合素养为目的，在设计过程中落实语文核心素养的理念，增加语文作业的趣味性、创新性、实践性等特点，以丰富多样的形式，触动学生学习语文的兴趣，从而达到轻负高质的目标。在教学中，教师要结合学生的学情及语文课程资源，优化作业设计，更要吸引学生参与到作业设计中，体现学生的主体地位，满足不同层次学生的需求。

关键词：核心素养　作业设计　尊重差异

作业是课堂教学的延伸，是反馈、调控教学过程的实践活动，也是教师在课堂教学后用以巩固知识、培养学生综合能力的一种手段。教师可以通过布置作业，检验学生掌握知识的情况，不断调整教学策略，使课堂更有实效，使不同层次的学生都能得到提升。因此，核心素养理念下的初中语文作业设计，应当以提升学生语文综合素养为目的，在设计过程中落实语文核心素养的理念，增加语文作业的趣味性、创新性、实践性等特点，以丰富多样的形式，触动学生学习语文的兴趣，从而达到轻负高质的目标。

作为一名语文教师，我始终以核心素养理念为依据，以学生的发展为本，结合学生的学情及语文课程资源，注重各学科间的融合，优化作业设计，帮助学生提升语文核心素养。在教学实践中，根据学生的学情，不断总结归纳适合学生的作业设计，每周的作业采用“5+2”布局，有效减轻学生的作业负担。在平时的教学工作中，我发现，分层作业设计，尊重学生的个体差异；融合学科的作业设计，提升学生的实践能力；探究性作业设计，增强学生的创新能力；活动性作业设计，提高学生口语交际能力。

一、分层作业设计，尊重学生个体差异

《义务教育语文新课程标准》提出：“九年义务教育阶段的语文课程，必须面向全体学生，使学生获得基本的语文素养。”因此，教师要尊重学生的个体差异，因人定

标、因材施教，不仅要做到课堂教学分层，更要做好作业分层，满足不同层次水平学生的需求。

作为一名教师，要尊重学生的成长规律，尊重学生的个体差异，根据每位学生的学情及兴趣，调整作业量、作业难度及作业时间，让学生在分层作业的选择中做到因材施教，使每一个学生在原有的基础上得到提升。

例如，讲授李白的《行路难》的时候，我设计了以下分层作业：

必做作业：背诵并默写李白的《行路难》。选做作业：请你为自己设计一个你感兴趣，并且有研究价值的作业（从学生上交作业的情况看，有的学生通过上网或查阅资料，了解了诗人的生平及写作背景，有助于理解诗歌内容；有的学生查阅了李白的浪漫主义诗风，有助于学生更好地掌握李白的诗歌；还有的学生把李白和杜甫进行比较，有助于学生撰写研究性小论文《李白与杜甫师风比较研究》）。

必做作业以知识巩固型作业为主，是为了夯实基础而设计，做到每位学生都能熟背并默写所学古诗，做到考试不扣分。而选做作业的设计，激发学生的作业兴趣，打开学生的思路，培养了学生主动思考问题的能力，并且学生写自己设计的作业乐在其中。

二、融合学科的作业设计，提升学生实践能力

《语文新课程标准》提出："应拓宽语文学习和运用的领域，并注重跨学科的学习和现代科技手段的运用，使学生在不同内容和方法的相互交叉、渗透和整合中开阔视野，提高学习效率，初步获得现代社会所需要的语文素养。"因此，落实语文基础知识的基础上，增加多学科的横向联系，引导学生在各学科间进行整理规划、合理调控，使各学科之间的知识相互渗透，提升学生的实践能力。

单一学科的作业是封闭的，这种单调、重复性的作业设计，不仅遏制了学生的创新思维和思辨能力，而且让学生失去对语文学习的兴趣。而融合多学科的作业设计，尊重学生个体发展的年龄、心理、爱好等需求，作业没有统一答案，更具有开放性、创新性，引导学生在完成作业的过程中，不仅运用多学科的知识与能力，而且可以获得不同角度的情感体验。此外，与自然学科的融合型作业中，学生可以动手做实验，或者观察变化过程；与艺术学科的融合型作业中，学生可以施展自己的音乐、绘画、书法、体育等方面的技能，不仅可以充分调动学生的主观能动性，而且给学生提高展示自我的舞台，达到事半功倍的效果。

例如，人教版九年级上册名著导读《水浒传》之主要人物形象的作业设计中，我要求学生制作梁山好汉人物卡片。卡片要求：正面：绘制人物，并评价这个人物。背面：采用学生比较喜欢的游戏当中人物介绍的方式，如人物姓名、装备武器、战斗力、推荐指数、特殊技能等方面概括人物特点。

此项作业的设计，不仅引导学生对主要人物有深入了解，而且在制作卡片的过程

中，学生可以融合绘画、书法等学科，学生在语文与美术的跨学科融合中，碰撞出智慧的火花，多学科的融合中提升学生的综合能力。

三、探究性作业设计，培养学生创新能力

《义务教育语文新课程标准》的课程总目标中提出："能主动进行探究性学习，在实践中学习、运用语文。"因此，在作业设计中，教师可以采用"个体独立与小组合作"相结合的方式，完成作业的过程中，既要引导学生持有独特见解，又能引导学生以小组合作的方式解决作业中存在的困难，培养学生的团结合作精神与创新能力，体现我校"合和教育"理念。

探究性作业设计，注重从课内到课外，从校内到校外的延伸，通过与专题相关的一系列活动，引导学生把所学的知识进行交流，能够更深层次地推动学生的探究欲望，为学生开展深度学习提供更为强大的动力。学生根据自己的兴趣爱好，在老师和小组成员的配合下，针对所学知识的某一个知识点进行进一步探究，从而打开探索知识的大门，扩充对知识的理解和应用提供学习机会。

例如，人教版七年级下册第四单元周敦颐的《爱莲说》后，组织学生以小组为单位开展以"莲"为专题的探究性作业设计活动。本次作业设计分为六个部分：第一部分，养殖莲花。学生自行挑选莲的种子水培养殖。学生在养殖过程中，认真观察莲的习性、生长规律等，并撰写观察日记。这个环节，提高学生的劳动意识，培养学生的观察能力和动手能力。第二部分，采访莲花。学生走进图书馆或上网检索，查阅与"莲"相关的书籍，走进花卉市场，找花农了解莲的品种、习性，并搜集整理资料。这个环节，提升了学生的沟通能力和查阅资料的能力。第三部分，展示莲花。学生将自己精心养护的盆栽带到班级，学生制作卡片介绍莲的品种、特点等信息，鼓励学生设计卡片要有创意。这个环节，可以陶冶学生的情操，提高学生的审美能力。第四部分，赏析莲花。以小组为单位，共同赏析并评价千姿百态的莲的品种。这个环节，拉近了人与大自然的距离，让学生感受到大自然之美，启迪学生的智慧，潜移默化中让学生感受到美的熏陶。第五部分，吟诵莲花。学生在组长的组织下，从不同体裁的文学作品中搜集有关莲花的古诗词或名句，并选取合适的背景音乐进行诵读。推荐诵读好的学生到学校朗读亭进行诵读并录制作品。通过咏莲，学生再次感受到"莲之出淤泥而不染，濯清涟而不妖"的正直、高尚的品质，潜移默化中引导学生树立正确的世界观、人生观和价值观。第六部分，书写莲花。学生谈此次探究性学习的感受，从养殖莲花、了解莲花到吟诵莲花、赞美莲花，学生的情感得到了升华，对莲花也有了感性认识，由此提升到对人生的理性思考。

此项作业的设计，克服了传统作业设计的弊端，引导学生在已知知识的基础上，对莲文化有了更深层次的了解，推动学生的探究欲望，培养学生多思、务实、创新的探索精神。探究性作业实施过程中，教师要支持并鼓励学生的深度探究活动，提高学生

长久的探究兴趣，让学生在感兴趣的领域里进行更为持久地探索。

四、活动性作业设计，提高学生口语交际能力

《语文新课程标准》提出："语文教师应高度重视课程资源的开发与利用，创造性地开展各类活动，增强学生在各种场合学语文、用语文的意识，多方面提高学生的语文素养。"因此，教师要根据学生的学情及年龄特点，开展辩论会、课本剧、读书心得交流会等活动，丰富学生的作业内容，培养学生的团结合作精神，锻炼学生的口语交际能力。

活动性作业设计，要根据学生的性格、爱好和学习需要等因素，设计符合学生认知能力的内容。活动性作业，可以培养学生创新思维能力，引导学生积极开展合作探讨。学生也可以参与到活动性作业设计，发表自己的见解，使活动开展得更加顺利。

例如，在《智取生辰纲》的作业设计中，安排课本剧排练。学生根据自己的兴趣及能力分组，有的学生负责把故事情节改编成课本剧剧本，有的同学准备道具，有的同学准备舞台设计。学生利用课余时间进行分角色、分场景排练。通过课本剧，学生对杨志、吴用等人物形象及故事情节进行了更进一步的深入了解。在《两弹元勋——邓稼先》的作业设计中，围绕"当代中学生崇拜偶像是否有利"为主题组织辩论赛。通过面红耳赤的辩论过程，培养了学生理性思辨的意识，引导学生形成思考质疑的习惯，增强思维的深刻性，反思性与批判性。在传统文化课《二十四节气》的作业设计中，组织民俗故事汇活动，学生复述民俗故事，引导学生传承中华民族传统文化，厚植学生的爱国主义情怀。

形式多样的活动性作业，可以引导学生感受艺术思想之美，深化语文情感，发挥想象力，提升审美境界。以此，激发学生的感官体验，调动学生的情绪活动，让学生利用生活和学习中熟悉的材料来展示他们的潜能，使学生和这些材料或环境不断产生互动，显现出各自不同的能力倾向，获得了放大了许多的知识信息，锻炼了全面参与学习的能力。

综上所述，在核心素养理念下，丰富多彩的初中语文作业设计，不仅可以让学生感受到作业的乐趣、自主实践的收获和快乐，而且可以提升学生的语文核心素养，也有助于帮助教师精心设计、巧妙利用作业，达到良好的教学效果。

农村地区初中语文教学与思政教育相结合初探

天津市蓟州区白涧镇初级中学　孔丽利

摘　要：党的十八大以来，习近平总书记就思政课建设作出一系列重要指示。作为人民教师，最根本的是要全面贯彻党的教育方针，解决好培养什么人、怎样培养人、为谁培养人这个根本问题。着眼于立德树人、培根铸魂的思政课发挥的作用不可替代，但是如果单纯靠思想品德课程肯定还不够，思政教育需要在每一个学科中渗透。本文将结合农村地区区域特点，阐释语文学科中渗透思政教育的重要性，紧密联系语文学科特点，探究在立德树人理念下帮助语文教师在教学中渗透思政教育的策略。

关键词：初中语文教学　思政教育　立德树人　渗透策略

一、农村地区初中语文教学与思政教育相结合的意义

1. 语文教学与思政教育相结合是立德树人的重要实践

语文是学习语言文字运用的综合性、实践性课程，它具有工具性、人文性统一的特点。思政是为学生思想道德健康发展奠定基础的集人文性、实践性、综合性为一身的课程。将思政教育融入语文教学，是对语文学科人文性的补充，也是语文教学在思政教育中立德树人的重要实践。二者互为补充，相辅相成。初中阶段是学生学习知识和提升综合能力的关键时期，这时的学生最需要学校和老师精心引导，使其树立正确的世界观、人生观和价值观。将思政教育渗透在语文教学之中，不仅可以提升学生自身修养，更是教师对立德树人的重要实践。

2. 语文教学与思政教育相结合符合语文学科素养的要求

语文学科素养包括语言建构与运用、思维发展与提升、审美鉴赏与创造、文化传承与理解。其中“文化传承与理解”这一内容，与思政教育不谋而合。它们都是对学生提出文化方面的重要要求。将思政教育融入语文教学，可以帮助学生体会中华文化的博大精深、源远流长，理解、认同、热爱、继承中华优秀传统文化，初步形成对个人与国家、社会、自然的思考和认识，树立积极向上的人生理想，增强为民族振兴而努力的使命感和社会责任感。在《义务教育语文课程标准》中，情感态度与价值观是教学目标之一。它要求教师要根据语文学科特点，注重熏陶感染、潜移默化，把培养学生正确的思想观念、高尚情操、积极人生态度等渗透于日常教学过程之中。教师在语文

课上,应更加注重学生情感态度和价值观的培养,加入思政教育为语文学科核心素养服务,将二者结合既可以挖掘丰富的语文学科的基础知识,同时更能展示大量传统文化的精神内涵,以此来培养学生正确的情感态度价值观,从而达到提升农村地区学生综合素养的教学目标。

二、新时代背景下农村初中语文教学与思政教育相结合的主要策略

1. 深入挖掘语文教材,发现乡土思政教育点

人教部编版的教材内容,每一篇都是编者精心挑选的,语文教师需要做的就是充分利用部编版教材的优势,深挖教材,将思政教育融入教学内容中,潜移默化地帮助学生提升自己的道德品质。

例如,在语文教材"家国情怀"主题中,七年级《黄河颂》《木兰诗》,九年级《我爱这土地》《祖国啊,我亲爱的祖国》等篇目都能在情感态度和价值观方面激发学生的爱国主义情感。若在语文教学时,紧抓"爱国主义教育"这一思政点,将思政课程中"天下兴亡匹夫有责""共圆中国梦""维护祖国统一"等框题内容加以渗透,二者的有机结合将帮助孩子在感性上认识"爱国主义",在理性上践行"爱国主义"。实现爱国主义情怀的方式有很多种,对于农村地区的学生来说,可充分利用乡土区域优势,践行自己的爱国主义情怀。在农村地区,有很多古老的村落,富含着大量的传说故事、村规民俗、家族谱系、传统技艺、名树古木等诸多方面,学生们可将爱国情怀范围缩小到爱自己的家乡,探索自己所在村落的历史、文化、民俗等方面,以关心小家体现出对大国的热爱之情。

再如"生命的意义"这一主题,在语文七年级教材中《再塑生命的人》《纪念白求恩》《假如生活欺骗了你》《未选择的路》,八年级《美丽的颜色》《我为什么而活着》《生于忧患,死于安乐》《富贵不能淫》等文本中都有所体现。这些课文,从不同方面诠释了人生的意义和价值,有对美好品格的礼赞,有对修身养性的教诲等等,那些坚韧、顽强、奉献、无私等的生命力量,更让我们敬佩。在思政课程教材中,七年级上册第四单元"敬畏生命""守护生命""增强生命的韧性","感受生命的意义"和"活出生命的精彩"这些框题,让学生明白要不断努力、奉献爱心、承担责任、将民族复兴和人类命运结合起来,不断探索,是他们一生所要做的最有意义的事。将思政课程中的内容加入语文学科教学之中,更有利于学生深刻地理解生命的意义,进而开展一系列的实践活动,在实践中形成对生命的敬重与热爱。农村地区有着得天独厚的环境:春天的原野,夏天的荷塘,秋天的麦场,冬天的冰雪……美丽的自然之中,学生们不仅可以感受到自然、生命的美好,也能感到人生命之间的互动力量。那可能是春天播种时互相帮忙的快乐,也可能是夏日树荫下邻里互相分享瓜果的馨香,还可能是秋天收获时共同流汗的繁忙,也可能是冰天雪地里摔倒时的搀扶……语文教学与思政教育二者

的有机结合将帮助孩子在理论上认知生命的意义，在实践中感受互助、无私、责任、奉献等美好品格。

还有八年级下册第六单元所选的文本，皆是名家名篇。《庄子》二则《礼记》二则，唐诗二首中杜甫的《茅屋为秋风所破歌》白居易的《卖炭翁》等，其中有对理想社会的期盼以及对民生疾苦的同情等。这些文本不仅表现了古人的思考和情怀，而且也在不同程度上反映古人对美好社会生活的憧憬。九年级上册第一单元伟人毛泽东的名篇《沁园春·雪》，余光中先生的《乡愁》，范仲淹《岳阳楼记》，欧阳修的《醉翁亭记》，或是表达对祖国大好河山的热爱，爱国思乡的情怀，抑或是为官者不顾自身处境，对百姓一心付出的家国情怀，也都是很好的思政教育挖掘点。

2. 利用情境教学，激发学生语文学习兴趣

基于农村地区传统语文教学特点和农村地区学生对文化知识兴趣偏低的状况，教师在语文教学中渗透思政教育时，需要充分利用信息时代的先进教学手段，比如多媒体、希沃白板，微课程以及微格教学等等，从而帮助学生营造一个更加生动有趣的语文课堂，让他们乐于主动探索语文学科知识，潜移默化地接受思政教育，从而于无形之中提升自身道德品质。例如《孔乙己》这类文章，教师可以使用多媒体播放相关音视频，让学生深入情景，从视觉和听觉直观地感受主人公的生活凄凉从而激发学生同情心，引导他们在日常生活中更加关注弱势群体。同时，还可鼓励学生亲自到村镇“空巢老人”、孤寡老人家送温暖，将课堂理论变成实践教育，达到语文学科与思政教育结合、共同育人的目的。

3. 开展多种形式活动，发挥语文教学与思政教育相结合的优势

虽然语文课堂教学安排受中考等因素制约，但教师应该积极探索渠道，为思政在语文学科中的渗透创造空间，发挥自身优势，尽最大可能开展多种活动。

针对不同方面思政教育内容，可组织多种形式的活动。例如，对于优秀的传统文化弘扬，学校层面，可结合教材中的古代名人名事编制校本教材，如“文人风骨系列”可采用语文教材文本内容《陋室铭》《爱莲说》《己亥杂诗》《饮酒》《过零丁洋》等，还可以将为村镇等做出突出贡献的人搜集资料，将其编辑成册。作为语文教学和思政教育的结合，这不仅能够加深学生对奉献精神的理解，更鼓励了学生效仿课本里的人和身边人进行实践。教师方面，结合语文教材中的民俗单元，《社戏》《回延安》《安塞腰鼓》等文章，了解农村地区的风土人情，或者传统文化习俗，如村里年节的灯会、庙会，赶大集等，还可在春节、中秋节、端午节等传统节日时组织丰富的文化拓展活动，让学生将语文学科知识进行延展，体验身边的传统文化魅力。将文化认同教育与语文学科教学结合，可以让学生更好地理解民俗的价值和意义，从而增强学生的民族自信心。学生角度，可通过查阅书籍或上网等方式收集相关资料，如古诗词、各地节日风俗等，也可以制作一些具有节日特色的手工作品等并在课堂上进行分享，也可以通过小组表演等形式来重现文本场景。通过丰富多彩的活动，学生不仅可以直观感受

到传统文化的魅力,拉近与传统文化间的距离,也可以深刻感悟其精神,进而起到事半功倍的思政教育效果。

对于爱国主义精神的渗透,利用教材内的话题组织辩论活动,抑或开展主题班会进行思政渗透都是不错的选择。还可充分利用大数据时代的优势,借助互联网创新传统文化渗透的内容和形式,教师可以将《中国诗词大会》《经典咏流传》等优秀传统文化节目引入课堂,并和学生对选手比赛时的表现进行讨论和评价,以此来激发学生学习的积极性。同时,还可以充分利用本土资源优势,进行活动拓展,比如带领学生去爬长城,到烈士陵园扫墓等,激发学生的爱国主义情怀。

以上这些活动,都是由语文教材中文本主题内容出发,结合农村地区的现实情况生成的思政教育活动。他们不仅是语文课文内容的延展,更是思政教育的实践。二者的紧密结合,有效地调动了学生学习语文的积极性,加深了学生对村镇、家乡、社会的认识,提高了学生对本土文化的认同感。

4. 教学结合生活,增加学生情感体验

亲情是人世间最普通、最美好的情感之一,语文教材中从不同角度抒写亲人之间真挚情感的单元,都可以与思政教育里亲情之爱相结合。

例如,《背影》这篇课文,教师可抓住文本核心"父亲对孩子无私的爱"来对学生进行孝敬父母的感恩教育。七年级上册第二单元史铁生的《秋天的怀念》,泰戈尔的《金色花》,冰心的《荷叶·母亲》,对于这些课文教师还可以"亲情"为主题,布置"为父母做一件你觉得力所能及的事情"这类的实践作业。学生可以帮助家长做饭、扫地或者是帮累了一天的父母泡脚等。虽然只是一些日常小事,但是在课堂中学生来互相分享做这些事情的真实感受,却可以让他们体会出父母的不容易,加深对亲情的理解。

5. 鼓励学生阅读,加强思政拓展

语文学科教学与各学科教学、多领域文化都是紧密联系的,教师可引导学生从不同的个性化视角涉猎更多文化知识,培养阅读思考的习惯,加强思政教育的拓展以弘扬社会正能量。

例如,在语文教学中,除对作者、作品背景讲解外,还可引导学生去阅读相关朝代的政治、经济、文化以及社会生活等诸多方面的奇闻逸事。不管是给学生推荐阅读经典作品,还是音视频资源或者艺术作品,教师都要鼓励学生自行查阅相关资料,对文本进行持续而深入的探索,在阅读和探索中提升文化素养。语文教学就像冰山一角,真正有效地实现提升学生语文综合素养,还要师生在课堂之外探寻潜藏在大海之中的山体。也就是说教师要精选教学内容,围绕思政教育要求,打破以往的横向文学体裁、纵向册目单元模式,探索建立以"文学主题+思政主题+实践活动"相互融合的立体多元内容体系,依托于农村地区的基本文化,整合教学资源,形成跨学科的研究方法,增加学生的人文底蕴。

再如，语文教材中的名著阅读部分，选入的书籍有《红星照耀中国》，这部作品真实地展示了中国共产党和中国工农红军以及许多红军领袖、将领的情况。那么在语文名著研讨课上，我们便可以通过这一作品延展出对学生的长征精神教育、四史教育（党史、国史、改革开放史、社会主义发展史）等思政教育内容。同时，利用好农村地区的本土资源开展活动也是必要的。如，采访村里的退伍老兵，参观村镇里遗留下来的战斗遗址，向长辈了解改革开放以来村镇里的变化，祭扫烈士陵园，并将活动做好详实地记录，写好心得体会，这便是非常好的一次综合实践活动。由语文及思政，由课内及课外，由理论到实践，几者的相互结合，将帮助学生更加深刻认识历史事件，明确作为新时代青年身上肩负的责任，从而为农村地区的建设发展贡献出自己的力量。

6. 提升教师文化素养

初中语文教学中渗透思政教育，不仅可以丰富课堂教学内容和内涵，同时也可以使得课堂教学形式变得更加的生动、人性化。但思政渗透并不是朝夕间就能完成的，它需要不断地进行反复、长期的渗透，这就要求初中语文教师必须要具备深厚文化功底。首先，作为农村地区的语文教师，硬件条件相对薄弱，这就要求我们教师自己通过不断努力，提升自己，可通过阅读大量经典名著，深入钻研古诗文等努力提升自身文化修养和思想道德水平。其次，教师可以“双线并进”的方式提升自己。一是线上，借助互联网平台，了解更多名人的故事、历史知识等，以此来拓宽自身的文化视野，这样才能够在教学中将丰富的文化知识传授给学生的同时游刃有余地渗透思政教育。二是线下，充分利用农村地区的天然优势，亲自了解乡镇、村落的历史、经济、文化等方面，拜访有故事的“普通人”，脚踏实地提升自身修养。最后，在教学过程中，教师应采取开放式思维与学生共同交流探讨，让学生真正体会到学习的乐趣，以此来深化学生对“成为一个什么样的人”的理解。

三、结语

综上所述，将思政教育渗透到初中语文教学中，对于提升农村地区学生的语文素养和立德树人都具有极其重要的意义。因此，农村地区语文教师应充分发挥互联网时代的优势，借助各种先进的教学手段和教学方法，促进语文教学和思政教育融合，充分利用好农村本土资源，以此来提升学生综合素养，促进区域文化传承，培养合格的社会主义接班人。

语文教学中如何培养学生的创新能力

天津市蓟州区邦均镇初级中学　李守明

天津市蓟州区第一小学　冯红梅

摘　要:语文学科教学在培养学生的创新能力层面有着得天独厚的优势,我们能充分调动学生的想象力与潜能,培养他们的学习兴趣,让学生敢于表达、敢于质疑、大胆思考。在日常的教学过程中,语文课堂要营造一种宽松的学习氛围,让学生有一种自由翱翔的感觉、拨开云雾见太阳的享受。结合学生的学习实际,让孩子们领悟知识的真谛,接受的同时要有大胆的创新。我们要培养学生的自主学习的意识与能力,让学生摒弃只知道接受而不懂得思考与探索的弊病。

关键词:创新　自主　质疑　探索

从教二十载,我们深知创新能力在教学中的重要性。在教学过程中,我们培养学生独立自主的能力,让他们自由翱翔在知识的蓝天里,灵活运用知识,而不是成为背诵知识的机器、复制知识的傀儡。那么就如何依托语文教学,培养学生的创新能力,我们从以下几个方面加以陈述。

一、培养学生创新能力是时代发展的必然性

孩子们对书本知识、自然外物本身是充满好奇的。那么,教师应放开手脚,由学生大胆地去尝试、探索。在尝试与探索的过程中,我们的角色是引导、把关。照本宣科式的传授、填鸭式的死记硬背,学生也只能沦为背诵的机器,这种教育失败的例子不胜枚举。电影《刘三姐》中,刘三姐和苦难的乡亲们与地主老财船上对歌的一段异常精彩。刘三姐和姐妹们没有接受过旧式教育,但他们的唱词取材于生活,将生活中的看到的、听到的、感受到的,通过歌唱完美地创造出来;反观对面的"方圆百里有声望的大儒"是接受了封建教育的人,他们对歌则是反复翻看书本,查找与刘三姐应对的唱词,手忙脚乱、颠三倒四。究其原因在于这些"大儒"学知识很是呆板,他们为了学知识而学知识,完全脱离了生活,不会活学活用,不会创新,最后闹出掉船落水的笑话。

看来,墨守成规的接受,不能结合实际大胆的创新是真的要不得的。新一代青年更应具有创新精神和创造能力,不断发挥自己的聪明才智,在原有基础上再创造。

二、语文学科为培养学生的创新精神提供了丰沃的土壤

语文学科是一门基础学科，对于学生学好其他学科、今后工作和继续学习，对于弘扬民族优秀文化和吸收人类的进步文化，提高国民素质，都具有重要的意义。

在语文学科教学过程中，我们要求学生广泛地阅读。阅读古代散文、诗歌，近代名家名篇，对哲学、经济、军事、科技也进行多方面涉猎。阅读的内容不仅仅是文字，还包括图片、表格、符号、公式等。在阅读的过程中，让学生经历“领悟”“吸收”“鉴赏”“评价”“探究”的思维过程，也就是学生经历从“无”到“有”进而“再创造”的过程。以《范进中举》一文的阅读学习为例，学生除了要积累基础字词外，还要了解封建科举制度，要了解古代读书人对于科举出仕为官的痴迷，品析范进这个久考不中的儒生一旦考中喜极而疯的悲哀，这些都是阅读所得。然后引导学生进一步去阅读中考名著《儒林外史》，阅读和范进有着相同命运人物的经历，挖掘小说的主旨。最后，我们引导学生在阅读的基础上发挥创造力，将古代读书人和现在的学生进行比较，发现二者之间的异同，从所学知识的类别、具体内容、实际运用等多方面挖掘对比。这样的教学创新之下，既对学生进行了情感熏陶、爱国主义教育，又帮助学生树立了正确的人生观、价值观。

在语文学科教学过程中，我们要教会学生积累，积累是创新的基础。当足够的积累遇到一个转折点，便会达到质的突变，推陈出新。中学课文《美丽的颜色》居里夫妇经过无数次试验的积累，最后终于提炼出放射性元素镭，为人类了解放射性元素做出了巨大贡献。我们要求学生从字词、句子的积累开始，再到名篇的积累，积累文章创作意图、思路、结构、写作技巧等方面知识。像中学课本涉及的人物描写、环境描写、细节描写等，散文、小说、戏剧、诗歌等文体知识。在积累的基础之上，我们要求学生遣词造句，写出自己的佳句美文。尤其在写作教学中，我们要求学生要有自己的写作思路，而不是千篇一律，程式化地背诵下来的文章。平素的学习中，我们还要求学生每天做到“五个一”，也就是“积累一组词语、摘抄一句妙语、仿写一句佳话、摘抄一段美文、仿写一段美文”，提示学生多观察生活，是用心去发现、感悟、创造，而不是应付差事了了。部编版九年级语文课本中有一篇文章《谈读书》这样写道：“读书足以怡情，最见于处世判事之际。”读到这部分时，我们会启发学生思考这一段的结构特点，学生很容易地说出了“总—分”的结构。紧接着我们要求学生回忆运用这一结构的文章、段落并当堂举例。温故知新，孩子们打开了搜索模式，脑子高速转动，一时间教室里鸦雀无声，接下来合作交流，气氛活跃热烈。孩子们归纳总结出了几篇文章都运用了这种结构方式。譬如《苏州园林》《中国石拱桥》等。我们不失时机地引导学生去了解、探索其他的结构方式。比如《邓稼先》一文运用了什么结构？再比如《中国人失掉自信力了吗？》运用的是什么结构？孩子们还能挖掘其他的结构方式吗？并布置一篇两百字的小作文，要突出结构特征。习作赏析时，孩子们还要对自己所采

用的结构方式做简单阐述。这次习作的环节就是学生结合课内所学进行课外创新的过程。在积累的基础上再创造,使学生不再是死记硬背的考试机器,而是学会了自主与创新,这样的习作的尝试对培养学生的创新能力是行之有效的。

三、创设高效课堂,巧妙设计,培养学生的创新精神

课堂是学生学习的主阵地,是培养学生创新精神的前沿。在课堂教学的过程中,我们要做好如下环节。

1. 抓好预习这一课前准备环节,培养学生的创新能力

课前预习这一环节在创建高效课堂这一过程中是重要的一环,它是先锋军。学生在预习过程中,除了扫清课文的字词障碍,还要疏通文章脉络、了解文章内容。这个过程,可以调动学生学习的主动性,激励学生自主学习。如在教学《藤野先生》一课时,在疏通字词、脉络的基础上为藤野画像,学生很自然地结合文章中对先生的描写画出先生的肖像,认识了这位和蔼可亲、治学严谨但又衣着朴素、不拘小节的异国学者形象。这个过程,学生结合文字描述,发挥创造力,将文字转化为图像,使藤野先生的外在形象一目了然。我们还要求学生将“添改讲义”“纠正解剖图”“关心解剖实习”“了解中国女人裹脚”等和藤野先生相处的故事排练成课本剧,要求孩子们的表演不仅要有其形,更要表演出藤野先生的内在品格。在这个预习准备的过程中,我们可以要求学生对课文有深层次地挖掘和探索,用语言、肢体动作来表现文字内涵,学生的表演可以加入个人理解的元素,这样既依据文本又超脱于文本,这本身就是学生创造力培养的过程,之类的教学案例不胜枚举。

2. 营造宽松的课堂氛围,让学生把心中所想大胆说出来,培养学生的创新能力

宽松的学习氛围能使学生主动学习,从而思考、探索、再创造。教师要展现语言艺术的魅力,营造民主、宽松的学习氛围,引导学生积极思考,启发学生大胆说出心中所想,教师还要对学生的回答给予评价。例如教学《我的叔叔于勒》这篇课文,我要求学生们课下分配角色、课上表演菲利普一家船上相遇的情景剧,尤其强调了母亲这一角色的台词。表演的过程中,学生声情并茂,尽情演绎。前半节课,学生是在一种宽松、愉悦的氛围里度过的。后半节课,我们对情节的反转进行了探讨。“菲利普一家总是盼于勒归来,到后来又像躲瘟疫一样避而远之,形成这一巨大反差的根源是什么?”学生主动发言,有的孩子说是因为原来于勒是一个富翁,现在是一个给人撬牡蛎的穷水手,所以躲着他们。也有的孩子说于勒一直都没钱,只是骗他的哥哥一家,现在谎言被戳穿了,所以一家人躲着他。还有的孩子更富于创造力,说于勒故意装扮成这样,就是要试探他的哥哥一家是否注重感情,结果发现他们只看重他是否有钱。大部分同学揭露出了是因为资本主义社会赤裸裸的金钱关系导致菲利普一家由盼而躲。我们对孩子们创造性的回答给予了肯定与引导,并鼓励孩子们大胆发言、积极思考,使这节课达到了预期的效果。在这个过程中,同学们保持了对文章的好奇心,在

一起思考、挖掘，使教学在融洽的氛围中完成，收到了事半功倍的效果。

营造宽松的教学氛围，调动学生参与学习的积极性，消除学生内心的紧迫感。让学生保持好奇心，留意心中细小的想法、大胆地说出来，并锲而不舍地推敲下去，把学生的创造潜能彻底释放出来。这样的课堂才真正地做到保护学生大胆发言的权利，庇护学生的创造性想法，让学生创新性的思维萌芽在老师的保驾护航下开出小花甚至大放异彩。

3. 提升课堂问答的艺术性，培养学生的创新精神

教师的问题要新颖，要能激发学生思考的兴趣，从而引导学生去尝试、探索。问题是大众化的，而不是拔高。我们在面对全班教学的过程中切忌小众化、深奥难懂的问题，甚至有的问题教师要强调数遍学生才能有所注意，我们觉得设计这样的问题不利于面向全体进行课堂教学，当然对于文章深入探究时还是有必要的。所以教师的问要讲究艺术性，教师问得好，学生能够兴致勃勃地去思考、探究，挖掘解决问题的方法，乃至寻找更多种不同的方法。如在教授朱德同志的《回忆我的母亲》一课时，首先设计一个大众化的问题："我们的妈妈都为我们做了什么？"几乎每个学生都能说出一两点来：做饭、洗衣服、照顾我、送我上学等。接着再提问："妈妈给你感动至深的事情是什么？并略谈感悟。"这个问题是在原有问题的基础上提出的，要求突出重点事件，学生要进行思维筛选。最后我们继续发问："如果你将来也有了孩子，你为孩子的成长做的最有意义的事情是什么？"这个问题的设计，拓展了学生的思维空间，让学生站在家长的角度思考问题，找出隔阂的根源并思考解决问题的方法。学生就是在发现问题、积极思考、解决问题的过程中拓展思维空间，培养创新思维能力。

我们所说的学生答的艺术性是指对学生回答的有效评价，也就是对学生奇思妙想的评价与鼓励，切忌一锤子否定。对待回答偏离较远的情况，教师更要一步一步地引导，让学生在教师的帮助下思考问题，最后解决问题，达到创新能力的培养。

4. 鼓励学生大胆质疑，培养学生的创新能力

"学者先要会疑，学则须疑。"因此在教学中，我鼓励学生质疑。因怀疑而思索，因思索而寻找解决问题的方法。质疑的过程就是探索、求真、创新的过程。现在的学生普遍缺乏质疑先辈的胆量，对前人的理论只知道被动接受，这样非常影响学生创造力的培养。为了启发学生质疑，我们有时故意将知识颠倒，让学生产生怀疑的想法，给他们思考的时间与机会，向老师提出来。在讲授《苏州园林》一课时，其中有一句"没有修剪得像宝塔那样的松柏，没有阅兵式似的道旁树：因为依据中国画的审美观点看，这是不足取的。""这"指的是什么？有的孩子回答说就是指前边"没有"这两句，因为依据惯例，指代性词语所指的内容就是这个词语前边的内容。其他的孩子也没有反应，于是我要求学生做了笔记。第二节课课前小测环节我设计了三个题目：第一是苏州园林的特征，第二是苏州园林建筑是图案画还是美术画，第三是"这"所指内容。我们当堂订正，结果订正第三个问题的时候学生炸了锅，而且很理直气壮地和

我理论:“昨天老师就是这样讲的呀?”我并没有和他们争论,而是让学生冷静下来,仔细研究这三个问题,去发现这三个问题之间的逻辑关系,经过几分钟的质疑、思考后,学生很清晰地分析出了苏州园林栽种的树木追求高低屈曲、任其自然的风格,而不是工整对仗的。工整对仗的树木是不足取的。所以谈到“这”指代什么时,要去掉前边句子里“没有”二字。这个时候我们立即引导孩子们,告诉他们凡事要深入思考、要学会质疑,学知识不能只是一味地接受。像这样的教学实例每个学期都会上演两三次,给学生敲响质疑的警钟。这样质疑的过程本身,就是学生创造、思考、发挥的过程,解疑也是在思考、在收获。整个过程,学生因质疑、思考、解疑而感到成功与快乐,在成功和愉悦中激发了学生的学习兴趣,培养了学生的创造力。

总之,未来的社会是知识经济和信息化的社会,未来的社会更需要具有创新精神的人才。作为语文教师,让我们充分利用语文教学的阵地,打好这场培养学生的创新能力的攻坚战。

参考文献

[1]孙玉芳.创新课堂教学,培养创新思维[J].考试周刊,2013.10.

[2]赵燕昌.浅议如何培养创新型人才[J].百度文库,2010.4.

[3]彭小朋.语文课程改革与教学新视界[M].科学出版社,2019.11.

增素养　添活力　觅真知

——“五项管理”和“双减”政策下初中语文作业有效性初探

天津师范大学滨海附属学校　马婉莹

摘　要:2021年对于教育来说是一个改革之年,“五项管理”政策的落实和“双减”政策的落地,都给学校教育教学带来了不小的改变。新形势下教师们的新尝试也在不断地促进着学校教育在时间上的延长和空间上的延续。语文学科一直存在着的瓶颈是作业设计缺乏新意、作业反馈千篇一律,解决这些问题需要教师有更多的机会深入学生生活,高效利用在校时间。此次改革中的“作业管理”和“课后服务”能够给语文教师们在唤醒语文作业活力方面提供一个极佳的试验场。本文将在结合自身教学经验的基础上,证明语文学科在落实教育改革过程中的优势性,并结合作业设计和作业评价,构建立体的语文教育时空。

关键词:作业管理　课后服务　作业设计　作业评价

教育是个民生话题,社会上如今已经把“作业管理”和“课后服务5+2”视为平息家庭矛盾和缓和亲子关系的救命稻草。在这样的时代洪流下,教师不再是这个时代的见证者和参与者,而是已经走上了时代缔造者的舞台。在这个大幕渐渐拉开的舞台上,语文教师无疑成了“领衔主演”。语文学科强调工具性和人文性的统一,教师不但要引导学生理解和运用语言文字,还要培养学生的审美能力,发展学生的思维品质,激发学生对民族精神和民族文化的认同感。而无论是“五项管理”还是“双减”政策,其背后的育人目的恰恰与语文学科的核心素养不谋而合,二者的目标指向都是为了深化立德树人的根本任务。尽管“作业管理”和“课后服务”还在尝试探索中,语文教师们也应该具有一定的敏锐度,去探讨语文学科在新形势下的有效策略,开拓语文作业研究的发展之路。

一、作业指向增素养

由于应试教育的深入人心,分数至上成了教师留作业和学生写作业的价值导向。这势必会导致几轮改革下来语文作业依然逃脱不了题海战术和反复抄写的牢笼。如今“五项管理”政策的落实和“双减”政策的落地直接从限制作业时长和完成作业地点等方面，引导教师们主动做出改变。

“五项管理”中的课外读物管理和作业管理给语文教师的启示是显而易见的。注重重复抄默的作业任务占据了学生们大量的精力，却在培养思维品质和审美情趣方面无济于事。语文学科的核心素养主要包括四个方面，分别是“语言的建构和运用”“思维的发展和提升”“审美的鉴赏和创造”及“文化的理解和传承”。势必要求语文作业在设计和评价上要指向核心素养的具体要求和内容。基于核心素养下的初中语文作业设计，需要在传统作业设计的基础上进行必要的革新，让作业目标多元化、作业形式多样化、作业内容开放化、作业效果可持续，使学生语文学习的情感、态度、价值观，以及道德修养、审美情趣得到发展，良好的个性和健全的人格得到培养。

这就需要语文教师在领会教育改革精神之后，深挖教材和课标，在符合时长的前提下，把作业任务从传统的粗放型向培养核心素养的全面型转变。这也正和统编语文教材的编写初衷相吻合，“人文主题”和“语文要素”双线并行的统编教材正是教师培养学生语文学科核心素养的沃土。因而，老师们在设计作业内容前务必要把握好统编教材的单元整体目标，依据单元目标制定作业，关注同一单元内课时目标之间的联系，在此基础上对每课的作业进行删补，可以更好地实现减负增效，又能切实培养学生的核心素养。摒弃题海战术，避免反复抄写不是放弃语言知识的积累，而是在明确目标后兼顾全面培养，要重视学生各方面素质的提高。统编教材的“三位一体”阅读教学体系中设置了“教读课文”“自读课文”和“课外阅读”，那么教师就可以有侧重地在布置作业时落实相关素养。如在落实“语言的建构和运用”这个目标时，便可以集中在“教读课文”中涉及的重点字词里展开练习。关于“思维的发展和提升”可以在“自读课文”中引导和习得。开展个性化作业和创新作业，是最有利于培养学生“文化的理解和传承”这一核心素养的……

“五项管理”中的内容看似都是关乎生活的小事，然而“小切口，大改革”最终指向是培养全面发展、身心健康的人。因而，语文学科高效、有趣、多元的作业形式和反馈机制才能满足教育改革的最终目的。

二、作业设计添活力

事实上，学生作业面临的时间限制和地点限制不但给学生带来减负增效的可能，更可以给教师带来许多前所未有的教育尝试。“双减”政策后，教师对学生课后的“服务”就体现在学生作业的完成情况上来。传统意义上，作业可以有课堂作业和课外作业的区别，如果说正在开展的课后服务是一种课堂的延伸，学生在有教师陪伴的环境下完成作业，那么如今的课外作业也就更偏向于课堂作业。情感缺失的抄写作业和缺少活力的题海作业有时也的确因为受到条件限制，是老师们不得已而为之的结果。如果语文老师们能够充分利用起现有的课后服务，明确语文作业应落实核心素养的目标指向后，语文作业的设计将会带来许多温度，增添许多活力，产生许多实效。

1. 创新型题目走近学生

学生在校时间增多，师生交流机会增加，缺少人情味的语文作业在老师们了解学生生活、熟悉学生心理之后或许可以变得有血有肉。语文学科贴近生活，教师结合学科优势，可以利用对学生的了解去设置一些趣味性强的题目。吸引学生关注生活，热爱语文的同时，强化知识点。如，初中语文学科对名著的考查都离不开复述故事情节。然而以往针对此考点的作业题目枯燥且难度较大，学生要么读完名著无处落笔，要么不加思考搜索答案直接誊抄。为此可以设置一些能够吸引学生的题型，先点燃学生阅读的热情，再考查学生对情节的掌握。“读完《骆驼祥子》帮祥子发一条朋友圈”这个题目设计得就符合以上要求。设计朋友圈是学生感兴趣又很熟悉的，为了能帮祥子发出带有流量的朋友圈，学生自然会产生阅读整本书的内驱力。综上，语文教师可以充分利用课后服务带领学生开展一些贴近生活和充满活力的作业内容，实现解决教学重难点的目的。参见下表：

语文学科课后服务创新作业题目举例

教学篇目	作业设计	设计意图
七年级上册第二单元《秋天的怀念》	班内分组完成课本剧的剧本撰写和表演。	剧本撰写可以锻炼学生的写作能力，学生对作者情感的理解可以通过表演的形式呈现出来。课本剧的作业形式学生易于接受，且能够在课后服务中落实。
七年级下册第二单元《谁是最可爱的人》	从电影《长津湖》和《金刚山》中选取典型例子，仿照课文完成一段文学创作。	该作业是结合课后第五题设计的一次小练笔。平时学生对写作比较抵触，如果能够在课后服务时给学生播放近期热门的两部关于“抗美援朝”战争的电影，学生便有了兴趣，写作业有了抓手。
八年级上册名著导读《红星照耀中国》	全班共同制作“建党百年”影集。每位学生选取一张图片，标明图中的历史背景和事情脉络。	该作业形式活泼，内涵深刻。激发学生爱国之情的同时增强对名著的认同感。又考察了学生对情节的掌握。
八年级上册第二单元《藤野先生》	把自己想象成当时的鲁迅，去给藤野先生写一封信。	克服学生“一怕周树人，二怕写作文”的心理。在写信的同时完成对鲁迅人生脉络的梳理和爱国之情的理解。

2. 新闻类素材助力写作

写作能力是衡量学生语文学习的重要指标，从流传在学生和家长口中的“得作文者得语文”这句话中不难感受到其对作文的重视。一篇优秀的文章离不开真实而新颖的素材，然而目前初中生在写作方面面临的最大困境便是缺乏素材。学生在校时间增加必然导致深入生活感受生活的机会缺失。语文教师可以利用课后服务时间指导学生仔细观察社会生活，培养学生选材的能力。通常这种积累型的语文作业设计在常规课堂教学上不能充分落实，课下没有老师指导的情况下学生又不会开展。教师要更多地关注社会，尤其是时政新闻，这些来自当下的真实事件最能让学生学以致用。比如针对“杂交水稻之父”袁隆平逝世这则新闻，教师可以在课后服务中为学生搜集更多的素材，将袁隆平的生平经历和科研成就加以介绍，作为关于“梦想”“奋斗”“爱国”等主题的作文素材。前不久“孟晚舟回国”事件也可以利用课后服务在班内开展交流，积累素材的同时，也培养学生的爱国热情。

3. 仪式感任务激发潜能

此前一些为人诟病的作业形式主要归结于效率低，还不能调动学生的主观能动性。的确，只有能吸引学生主动参与，并融入学生情感和意愿的作业才能称得上是真正“有效”。鉴于此，教师可以设计一些情境化的作业，带学生融入其中。或者安排一些具有仪式感的环节，使学生提高参与度。比如针对上表中《藤野先生》的作业设计，教师可以在课下制作一个信箱，让学生亲自将自己写好的信件投递，打消学生的顾虑，鼓励学生完成这项难度较大的作业。再比如，写周记是大多数语文老师都会布置的作业，可学生由于对周记作业重视不足，完成的效果往往不理想。教师便可以在周记的仪式感上下功夫。像给学生置办统一的周记本，让学生给自己的这本“书”起个名字，自行设计周记本封面，开展“写给未来的我”活动……这类带有仪式感的任务都能提高学生对周记的重视。

三、作业评价觅真知

作业管理和课后服务给老师带来了更多指导学生的时间，这些变化促使着作业的评价反馈机制也要做出相应的调整。本文选取预习作业、作文这两种最易于见成效的作业形式进行具体分析，探讨改变评价反馈机制后的有效性教学路径。

预习作业是提高课堂效率和培养学生自学能力的重要途径，然而一直以来，受课时限制，预习类的作业缺乏一个系统的反馈机制，学生往往不重视，导致预习作业即使布置也会流于形式。如果在课后服务中完成预习作业，教师可以亲力亲为引导学生关注基础字词、作家背景、文章主旨等内容，也可以同学之间集思广益，在校进行预习的交流和展示。让预习作业也能落到实处。笔者在 2021—2022 学年秋季学期的课后服务中进行过预习作业的实践，如在八年级上册第四单元里，我们开展了“走入大师人生”的文学巨匠介绍活动，结合本单元内容，学生自行完成对朱自清、茅盾、汪曾祺三位作家的介绍。在搜集资料，整理内容和推荐发言人的准备过程中，同学们完成了一次深入的课前预习。许多老师习惯在讲授新课前把课文中的生字生词以“预习检测”的方式进行梳理，这样开展往往不能兼顾全体学生，落实得也不细致，今后可以将此环节纳入课后服务中，以类似汉字听写大会的形式加以考察，想必会收效显著。

有效的作文评价是鼓励学生积极写作的动力,也是疗愈学生惧怕作文的良药。目前的作文评价形式还主要集中于教师写评语-学生读评语这类文本往来。老师不但耗费了许多时间和精力,还容易写成“中心明确,结构合理”这样的“例行公文”。学生在面对空话套话式评语时,难免产生怠慢与不屑。学生处在轻松自在的环境中才会调动写作的能力,教师应该在作文评价时尽力给予鼓励与赏识。和单调、冰冷的文本对话相比,面批面改更能发挥教师呵护学生写作热情的作用。面批作文带给学生亲切感之余,更多的是让学生明白不足,明确方向。师生切实可感地针对作文进行言语交流和指导带来的效果显而易见,小到标点错字,大到谋篇布局,利用课后服务这个弹性较强的教学环节开展新形式的作文评价反馈活动必将高效率、高回报地完成每单元的写作任务。在课后服务时间进行作文反馈还能够实现小组互助,和此前的自评相比,将班内学生分成写作小组,开展互评和组评,集思广益。还可以在修改阶段制定组内公约互相督促,克服写作惰性。

新的教育形势下,作业时长才下眉头,作业难度又上心头。尽管教育一直处在变革的浪潮中,但作为冲锋陷阵的教师,不变的永远是课下的那一份尽心积淀。

参考文献

[1]李润平. 初中语文作业的设计与评价[J]. 语文教学与研究,2021(04):136-137.

[2]张立楠. 扎鲁特旗初中语文课外作业现状及优化策略研究[D]. 内蒙古民族大学,2020.

[3]侯彩虹. 优化初中语文作业设计的策略[J]. 新课程,2020(23):1.

[4]于佳. 新课标背景下的初中语文作业设计研究[D]. 哈尔滨师范大学,2020.

[5]李哥. 初中语文校本作业的设计与研究[J]. 科学大众(科学教育),2019(09):5-6.

[6]缪秋亚. 如何实现语文教学的成功“翻转”[J]. 语文天地,2019(08):13-14.

基于项目学习的高中语文教学实践研究

天津外国语大学附属滨海外国语学校　张　培

摘　要:传统的语文教学以灌输式为主,教师主宰课堂,学生处于被动的地位,这样的课堂教学方式导致学生对语文学习存在抵触情绪,同时也影响着课堂学习效率。在“双新”落地的大背景下,新课标和新教材的颁布,新的教学方法也应该随之与之相适应。而基于项目学习的高中语文教学将是化解这个难题的突破口。项目学习以小组依托,以项目为载体,通过协作学习和学习评价,促进学生主动学习、合作学习、探究学习,在这一过程中逐步培育学生的语文核心素养。

关键词:项目学习　高中语文　教学实践　核心素养

语文作为一门基础性的学科,肩负着“为党育人、为国育才”的重要使命。新课标明确提出要培养学生成为“自主发展能力和沟通合作能力”的新人,语文学科素养同时也具体指向:语言建构与运用、思维发展与提升、审美鉴赏与创造、文化传承与理解。因此,传统的语文教学方式让学生潜意识将语文当作纯粹的应试,肢解式讲解生动的课文,灌输式传递灵动的知识。新的教学理念明确了教师的主导地位和学生的主体地位。运用项目学习进行高中语文教学实践创新,既是对新课标的呼应,更是时代发展的要求。

一、走近项目学习

项目学习的研究历史可以追溯到杜威所倡导的“从做中学”。巴克教育研究所认为,所谓项目学习,是一套成体系的系统的研究方法,是对研究问题的研讨和探究过程,也是精心构建情境、规划项目、实施评价的过程。在此种模式下,其主要强调和学习同伴探讨问题、理清思路,从而获得问题解决。就具体实施策略而言,项目学习包括情境设置、操作示范、独立探索、确定项目、协作学习以及学习评价等方面。在此理论背景下,针对高中语文学科的特点,其实施策略和途径又会呈现出独属于语文教学的特质。因此,基于项目学习的语文教学模式可分为产生问题、团队分组、明确任务、制订计划、开展研究、成果展示、项目评价七个环节。(1)产生主题:项目学习强调的是真实情境或者大情境下具体鲜活的问题,而非传统的缺乏创新的问题。这也与项目学习中的情境设置密切相关。(2)团队分组:一个合作探究、富有激情和创造力的团队是解决问题的必然条件,因此,成员一定需要根据学生自己的需求和不同学生的性格特征、知识储备等确立自己的小组和团队。(3)明确任务:根据课程标准和教材创设新颖的问题和任务。(4)制订计划:小组内交流探讨,分析解决问题的过程和策略,制定出完成项目的最佳方法。(5)开展研究:通过研读文本、查阅相关资料,体验学生主导的学习方式。(6)成果展示:通过小组内的合作探究,生成可供参考和借鉴的成果。当然,学习成果可以不拘泥于一种形式,包括作品集、调查报告、小论文、语文学科集锦、思维导图、绘画等。(7)项目评价:评价机制强调形成性评价和生成性评价相结合,注重组内成员互评、组组互评、教师评价、家长评价等。评价内容更加多元,包括学习过程评价、作品评价、发言代表表现评价等。

二、体验项目学习

1. 项目主题:弘扬传统文化,树立文化自信

在新时代背景下,如何弘扬传统文化、树立文化自信,不仅体现在个人素养的提升,更彰显国人对于历史和文化的传承。本单元选取人教版高中必修下册《论语》《孟子》《庄子》中的经典篇章,以及《左传》《史记》的经典片段,有助于我们了解中华文化的精髓,增强文化自信。本单元以"弘扬传统文化,树立文化自信"为项目主题,以项目学习为载体,通过"小组自主学习—班级展示交流—个人写作总结"作为流程,让学生深入了解中华优秀传统文化,理解蕴含的深刻内涵和主旨,与时政热点相联系,树立文化自信。

2. 任务活动

(1)明确任务

通过本单元学习实现三个教学目标:一是实践目标,即搜集材料和积累素材的能力和方法;二是知识目标,把握几篇文言文具体内容,明确重点字词句翻译;三是育人目标。领会作者传达的人生理念和价值观,结合当下社会背景探究其现实意义,以小组为单位选取一个角度完成一篇文章的写作,在创作中中增强文化自信,实现"立德树人"目标。

(2)探究活动

活动一:明确任务(1 课时)。通读全文,浏览教师下发的具体活动计划和任务。各个学习小组通过交流探讨,确定自己小组的任务,并制定实施策略和思路。

活动二:自主学习(3 课时)。各个小组合作探究,在全面了解每篇文章基础知识的基础上,根据自己小组选择的任务自主学习,完成任务。

活动三:展示交流(3 课时)。各个小组根据自己探究的结果,通过投影灯方式展示交流。

活动四:利用课下时间小组完成就某一主题的文章写作。同时利用课上进行交流展示,并小组合作提出修改意见,形成书面文字材料,装订成册,供全班阅读鉴赏。

3. 经典成果展示

(1)《子路、曾皙、冉有、公西华侍坐》中所传达的儒家思想对当下社会的现实意义。

文中曾皙对孔子问题的回答被看作是点睛之笔,更被视为儒家思想所倡导的社会理想和美学范式。在我看来,曾皙之志中有着如下两个方面的内涵:第一是对太平社会的追求和向往。无论儒家思想后世如何变化,他们都有一个"建立理想国"的旨归,孔子所谓"君君臣臣父父子子"的思想其实是社会的一个缩影。"莫春者,春服既成,冠者五六人,童子六七人,浴乎沂,风乎舞雩,咏而归。"这一精妙的回答恰恰描绘了一个和平安定的美好家园,而这种"理想国"的追求其实反映出了中华优秀传统文化中不断倡导和追求的"大同世界"。第二是对儒家礼乐思想的实现。如果说"建立理想国"是儒家思想物质或现实层面的体现,那么礼乐文明便是精神追求的最高境界。无论是太平社会还是礼乐文明,其本质都是追求美好政治,向往和平生活。在当今社会下,我国不仅着眼于本国的发展,更追求世界的和平与安定,在此契机下,"一带一路"孕育而生,这既是我国开启全球互联互通的新篇章,更是让"一带一路"倡议造福沿线各国居民。

(2)《齐桓晋文之事》中可持续发展的时代发展理念

《齐桓晋文之事》不仅深刻体现了孟子所倡导的民本思想以及仁政主张,更体现了当下时代"可持续发展"的理念。"鸡豚狗彘之畜,无失其时,七十者可以食肉矣。百亩之田,勿夺其时,数口之家可以无饥矣。"在孟子看来,万事万物都需要遵循一定的规律,同时提出要保护自然资源和生命平衡的主张,它的超前性和现代意义值得我们每一个人深思。同时,孟子还分析提出了保护环境,应时而为的根本方法:"不违农时,谷不可胜食也;数罟不入洿池,鱼鳖不可胜食也;斧斤以时入山林,材木不可胜用也。谷与鱼鳖不可胜食,材木不可胜用,是使民养生丧死无憾也。养生丧死无憾,王道之始也。"这段话前半段主要描述了应用的具体措施,后半段点名了政策的最终目的。今天我们保护环境,实现可持续发展,坚持"绿水青山就是金山银山"的绿色发展理念,古今一脉相承。

4. 项目评价

此项目评价中将形成性评价和生成性评价相结合,采取多元的评价方式,如实展现学习者的能力,包括组织能力、知识能力、学习能力以及素养能力等等。其中知识能力占比 20%(包括课文知识的),组织能力占比 10%,学习能力占比 40%,素养能力占比 30%。

在落实"双新"的背景下,通过合作探究为主要学习方式的项目学习,一方面摆脱传统的讲授式教学,同时学生也能得到思维的深层次训练。但这种教学方式对教师的素养和能力提出了更高层次的要求,不仅需要教师自我学习,改变教学方式、评价方式,同时引领学生改变学习方式。

参考文献

［1］中华人民共和国教育部制定. 义务教育语文课程标准　2017 年版［M］. 北京:北京师范大学出版社,2017.

［2］巴克教育研究所. 项目学习教师指南:21 世纪的中学教学法［M］. 北京:教育科学出版社,2007.

［3］夏惠贤. 多元智力理论与项目学习［J］. 全球教育展望,2014.

［4］郭华. 项目学习的教育学意义［J］. 教育科学研究,2018.

［5］钟志贤,王觅,林安琪. 量规:一种现代教学评价的方法［J］. 中国远程教育,2007.

［6］普通高中教科书语文必修下册［M］. 北京:人民教育出版社,2019.

［7］普通高中教科书语文必修下册［M］. 北京:人民教育出版社,2019.

［8］柳夕浪. 从"素质"到"核心素养"——关于"培养什么样的人"的进一步追问［J］. 教育科学研究,2014.

［9］汤姆·马卡姆. PBL 项目学习:项目设计及辅导指南［M］. 董艳,译. 北京:光明日报出版社,2018.

［10］杜威. 经验与教育［M］. 姜文闵,译. 北京:人民教育出版社,2005.

［11］洪长礼. 项目教学法的培训效果初探［J］. 福建行政学院福建经济管理干部学院学报,1998.

［12］张秀英,基于项目的学习(PBL)在我国中小学教学中的应用［J］. 甘肃科技纵横,2005.

信息化背景下初中语文课堂教学模式探究

天津市武清区杨村第九中学　兰佳念

摘　要：对于义务教育来说初中语文课程是极其重要的一门课程，如果想要顺利地完成义务教育，那么就要对于语文课堂教学模式进行革新，并不断地对教育教学理念进行创新。为了保证所有的初中生都能够得到更好的进步和发展，初中语文教师应该基于新课改的要求，通过信息技术的助力对初中语文教学进行发展。

关键词：信息化背景　初中语文　课堂教学模式

“初中语文课程标准”认为对于教育观念的时代性应该有足够的重视，同时认为在信息时代的背景下，初中语文教育应该有更加主动和积极的响应，同时全程要重视一个新字，也就是要深刻了解新的特征，通过全新的方式和技术形成更加开放包容的语文体系，从而提高学生的语文专业素养。面对这种环境，初中语文老师要坚持对于学生的语文学习范围进行拓展，增强学生的实践能力，将科学的教学内容和现代的信息技术手段进行结合，帮助学生能够在多种学科和学习中更加的如鱼得水，促进他们的学习更加高效，不断地拓展自己的视野。在如今的初中语文教学改革中，信息化已经成了很重要的一项内容，所以我们应该进一步展开深入研究。

一、信息化教学在语文教学中的运用

1. 激发学生学习兴趣，增强学习动力

“知之者不如好之者，好之者不如乐之者。”应该将语文课程教学和信息化的教学方式进行结合，让语文课堂变得更有趣味性，降低学生学习的疲劳感，提高学生在语文学习方面的兴趣和积极性，营造一种更加轻松的氛围，让学生可以更加自在地进行高效学习。

2. 充分利用日新月异的教育教学软件

如今互联网+得到了迅速的发展，并在人们的生活中得到普及，随之而来是出现了各种各样的教育教学软件，而这些软件让教学有了更加丰富的互动平台和系统，也让教学向着信息化的方向发展，提高了教学的效率，也为教学设计改革提供了动力。

3. 合理运用个性化网络学习软件

和网络学习软件进行结合，老师可以对于学生提供有针对性的帮助，促使他们学习上的进步。结合一系列的网络软件，让学生有选择性地进行学习，能够帮助学生进行查缺补漏，提供学习资源，也能够进一步帮助学生树立学习的信心。

二、信息技术下的语文教学的变化

1. 教师的变化

作为一名中学语文老师，应该重视自己的信息技术能力和运用信息的水平。进一步的促使自己信息技术水平的发展，同时在汉语学科特点的基础上，不断地发现和研究语文教学规律，对于语文学科和信息技术的融合，不断地进行探索和了解，防止出现一些偏差。老师对于学生的语言实践能力以及创新精神，其重要性应该有足够的认识，要知道，语文教学最重要的目的就是促进学生语文能力的提升。在这种情况下，传统的教育模式已经无法达到这一目的，应该进行改革。语文教学有着十分显著的视觉特点，是一种感官教学，能够让学生感受到一种惟妙惟肖的画面感，从语言中身临其境，探寻其魅力。而与多媒体教学的结合，语文教学如虎添翼，能够更加鲜明具体地强调形象，营造一种情境，提高了课堂的趣味性，帮助学生更好地集中注意力，对学生的思维有很大的启发作用，也让语文教学更加的高效。

在信息化时代背景发展下，老师就应该及时的互联网资源进行教学，从而构建“翻转课堂”的初中的语文的教学模式，从而推动学生的自主学习，逐步地提升学生的自主学习能力。可以在一个学习开始的初的时候，老师根据需要分成班级的相关微信群，建立网上学习这一网络平台，并把学生分为 4 至 5 人的分组，学生以小组为单位进行分组学习，从而通过协作的方式完成学习。比如教学的环节，教师可以根据的教学设计，在微信、网络课堂等 App 上提前发布预习任务，分享学习资料，让学生进行提前的预习，还能拥有优秀的检索能力。

2. 信息技术下，教师教学方式的变化

在传统教学媒体中，教材是极其重要的内容。在使用现代信息技术进行教学的过程中，应该同样重视学生在课本内容上的学习。将教材和现代信息技术进行结合，能够进一步提高语文教学的效率，在展开语文教学的过程中，很重要的一项工作就是要让学生对于教学内容进行理解，而多媒体是可以把抽象的概念具象化，有助于学生们的理解，帮助教学。信息技术在传递消息方面具有准确性的特点，同时在处理信息方面更加方便。

在课程学习过后，学生需要进一步巩固所学知识，进行反思，构建知识框架，牢记所学知识。老师可以让学生按照之前学习的小分组，对课文的要求展开分析，并且对自己的学习感悟进行分享，通过对这篇课文之后学习的总结有了自己的认识，并进行巩固复习。同时，老师也可以利用微信、QQ 群等的信息平台下，通过群聊和学生进行不断地交流。在学生遇到问题的时候,可以随时在网上询问老师,并与同学进行交流,能得到相应的答案,也可以根据自己的生活要求,并和老师同学进行分析想法,在老师与学生群聊中,还要对学生对于引导,还能对学生进行阅读的拓展。

3. 学生的变化

随着信息技术的广泛使用,到如今在课堂教学中逐步地深入,学生对知识和信息的接触方式也会不断地改变,而且学生的学习特点在更加的多样化。因此,在教育信息化的大背景下,无论是教师角色的改变还是教师的教学方式都要和学生的发展相适应,在这个基础上,要充分地尊重学生的主体地位,把课堂还给学生,从而在教学中形成"协同式双主体"的课堂模式,能把传统教学和技术教学的二者相互融合,把传统教学的"学会"以及技术教学的"会学"之间相互联系,进而引导学生能更加主动地学习,提升学生在课堂上的参与率,调动学生的课堂积极思维能力。在课堂中,语文老师也能根据教学内容的差异,在信息技术的辅助下做出更加多样化的教学方式,借助教学方式可以在群中采用分组讨论等不同的教学方式,放弃传统的单一的教学方式,进一步激发学生的学习积极性。如此,还能使学生能更大程度地对学习有了进一步的主动权,从而引导学生积极主动地学习,做出以学生为主体的教学模式,把课堂还给学生的同时,也把问题留给学生,这样能学生积极主动去思考深究语文的奥秘,信息技术的使用也能使学生积极地参与到课堂中来,并且成为语文课堂上自己的主人。

三、信息化背景下初中语文课堂教学模式的方式

1. 远程教育让课堂质量飞升

最近几年在信息技术的快速发展上,市场上慕课,微课与课堂等软件如雨后春笋般出现,并且迅速地被广大中小学所应用。而一堂课组织的名师活动,让教师获取了大量的课堂教学资源。老师可以通过名校资源,让名校导学等各项活动提高自身教学的知识性,而在线作业,在线教学以及智能组卷等模块儿的出现也为教师提供了更多的教学方式和手段。

这些远程教育资源能够帮助学生们基于自己的实际状况基础上,更加有针对性地进行学习,不仅提高了课堂的教学质量,同时也对学生的自主学习能力有很好的帮助。信息化背景下语文课堂的教学中,可以用辅助教学工具,再根据信息资源丰富的要求,利用现代化的教学技术,把络教育资源逐步的引入到日常的课堂里去,再把教学知识以文字、图片、音频、视频等各种直观的方式表达出来,从而让学生能更加清晰地理解所学的知识。

2. 微课让课堂效率更高

现阶段微课是一种全新的教学方式,其丰富的内涵和教学优势可以将知识点积少成多。从学生的角度上来说,微课能够提高学生的个性发展。在展开教学设计的

过程中和信息化进行结合，通过流媒体这种模式来体现，把知识一点一点地分解，揉碎，这样让学生可以更容易地理解和掌握，让学习更加的高效。在进行课前预习，课堂教学以及课后复习的过程中，微课可以弥补传统教学活动中的一些遗漏之处。对于语文课程资源进行了拓展。微课涉及很多的领域，例如视频制作以及微课件，微反思和微教案等等内容。在使用方面，微课提高了便利性，将教学环节和内容进行凝练，也让学生的学习方向和内容更加的明确。

把微课和初中语文教学进行结合，能够让学生们的整个学习过程更加的具有针对性和个性化，某种程度上来说是对于学生学习诉求更好地实现。老师在通过微课进行教学的时候，要结合语文学科特征，创设一个交流和沟通的情景，提高语文课堂的趣味性和生动性。

3.“互利网+”教育，让学生自主学习能力更强

如今是信息化的时代，面对这种环境，初中语文教师要具备互联网+的观念，提高学生的自主学习能力。在经过一个阶段的学习之后，让学生的语文能力有所提高，并且在学习上不再依赖于老师或者是家长，可以自主地进行学习。比如说老师可以结合信息技术来创设一个平台，让学生自主地展开学习，比如说让学生在这个平台上进行自主的预习，复习，同时也可以在这个平台上让学生学会对自己学习文本阅读以及写作的能力进行锻炼。在展开教学的过程中，可以设计一些具有游戏特点的问题，提高学生学习的主动性和积极性。同时，初中学校可以和大数据以及人工智能进行结合，让大数据和人工智能成为人们的老师。

此外，信息化背景下，除了可以采用情境教学法的方法，还要采取技术以及素材上等方面的支持，在语文课堂上老师，还可以采用游戏教学法、角色扮演等不同的方式进行教学内容的拓展，从而营造出课堂上的氛围，对课文中的人物形象及思想情感有进一步的理解，这样不仅能提高学生的学习方式，还能进一步地加强语文课堂上的趣味性。比如说，在学习史铁生写的《秋天的怀念》后，再阅读胡适的《我的母亲》、老舍的《我的母亲》，体会在不同家庭环境下“母亲”扮演的不同角色，以及不同母亲为人母下对孩子的爱，进而更加深入地与实际生活相适应，以及在生活中的日常故事，激励学生要采用现代化信息技术，从而提升学生的知识获取、筛选等各方面的能力，也激励学生能够积极地用好信息网络优良的一面。

通过网络教学平台，老师和学生之间可以进行频繁的沟通和互动，随时随地都可以进行学习。现阶段已经有这种类型的教学平台，老师可以在这些平台上选择阅读文本，增加指挥组卷，提高学生的阅读能力。在完成老师布置的阅读任务之后，平台系统可以自动判断结合，并给出分析报告。而老师可以将这份报告作为第一课或者是第二课的教学依据，帮助老师认识到在教学过程中的缺失，方便日后的优化，并且也让学生对于自己的学习情况有了更多的认识和了解，知道自己哪方面还有待提高，在今后的学习中多加重视。并且系统会在学生测试结果的基础上通过大数据进行相

关习题的推送。这种方式基于分层教学的观念之上,与大数据结合,为学生提供了大量的学习资源,同时也让学生的学习方式更加的多元化,帮助学生清晰地认识自己的优势以及劣势所在,在此基础上展开有针对性的弱势训练,能更好地帮助学生搭建知识体系。并且对于老师来说,他们可以节省大量用来出题和批改试卷的时间。

四、总结

总而言之,现代科学和信息技术的进步和发展,让社会语言呈现出全新的面貌,初中语文教师在教学过程中,应该对学生的心灵感受有足够的关注。创建一个更加开明和谐的阅读环境。在信息化的时代背景之下,初中语文教学迎来了全新的机遇以及挑战,传统的语文教学模式让语文课堂显得十分的生硬,呆板,已经不符合时代的要求。结合上述分析内容,能够了解到,在如今的初中语文教学过程中,对于多媒体技术的实践还有待提高,但是我们必须承认多媒体的存在促进了学生学习表达能力的发展。

所以初中语文教师在教学过程中应该基于教材内容,不断地拓展教学领域和范围,从而起到开阔学生视野的作用。发展学生信息识别的能力,提高学生自主学习的积极性。将传统的教学手段和现代的教学手段进行融合,来获取更好的教学成果。

参考文献

[1]宣立艳.教育信息技术与语文教学的融合——教育信息化背景下构建语文教学新模式的探索[J].中华少年,2018(35):216-217.

[2]延凌云.信息化环境下的语文教学模式探究[J].文存阅刊,2018(11):124.

[3]段玉青,陈玉娇.信息化教学让中职语文课堂丰盈而生动[J].中国多媒体与网络教学学报(中旬刊),2020(01):149-150.

[4]张冬梅.多媒体技术在英语教学中的作用[J].长春教育学院学报,2019(11).

如何借助故事设计语文长假作业

天津市西青区逸阳文思学校　董浩然

摘　要：每逢长假，学生语文作业总是枯燥无趣，所以未免造成学生拖沓懒散完成的现象。即使完成，开学上交后，老师也是象征性地评价，并没有起到什么作用。针对这一现象，笔者以故事为基础对假期作业进行重构，让学生借助故事在听说读写中得到语言的训练。

关键词：故事　语文　长假作业

学生总是盼着放假，又苦于写语文作业。究其原因，是不是作业设计出现了问题。经过笔者调查，发现每逢长假，老师们留的作业往往是重复性地抄写些字词、摘录好词佳句，或者推荐几本书放手让学生随意去读等等。这样的作业，很多学生已经厌烦，要么早早地匆匆完成，要么拖到最后，这样做无法保证作业质量，也完全违背了老师留作业的初心。待开学，老师收上来作业，由于太多，简单批阅就结束了，因此假期作业无形中成了束之高阁的废纸，失去了意义。

如何能让学生愿写乐写假期作业，让快乐的假期过得充实有意义呢？笔者想从作业设计上谈些自己的看法。语文学习离不开听说读写。学生在学校日常学习中，借助语文课本，来完成这几方面的训练，那假期里，也可以继续将此延伸下去。

著名教育家皮亚杰说：所有的童话故事都是虚构的，但是儿童都很痴迷。因为它是幻想与现实巧妙而合理的结合。一个故事总是包含起始、故事情节和结尾。作者创造出的每一个幻想中的人物（例如人、动物、机器、神仙、魔法师等），都离不开生活中的原型。这些人物在一个假想的条件下出现，在虚构的环境中进行活动，最后实现人们所希望的意义。编者逻辑自然，听者合情入理。一个好听的故事就把那个“很久很久以前”或者说“将来”的世界，与儿童“现实”的世界在这个自然展开的过程中得以连接。因为儿童喜欢以自身生活作类比，甚至他会因为过于投入而认为那个主人公就是自己。一旦故事等同现实，他们就不只是用耳朵在听，而是用全身心在感受和体验，他们就会自觉地调动所有的思维与情感。由此看来，故事最能吸引孩子们的注意力，尤其一些情节曲折、紧张的故事更能让孩子们爱不释手。于是笔者借助故事来对长假作业进行“变身”。

一、听故事，在吸收中积累语言

现在的孩子都很会操作手机，于是笔者让他们下载像荔枝、喜马拉雅这样的App，假期里每天晚上听一个故事，或者在线听书。学生选择自己喜欢的内容来听，这样就变被动为主动了，很多学生喜欢听一些畅销书，比如《米小圈上学记》这样与自己现实生活接轨紧密的校园文化书籍，学生在嘻哈逗乐中，多多少少学习了些作者的语言表达。有些学生的作文就出现了嘻哈风，读来充满童趣，笔者觉得和平时听这种风格的作品不无关系。

在班级群里，笔者成立了一个《鸿飞小讲堂》(班级中队名是"鸿飞")栏目，假期中，不定时地给学生录制一些好的故事，并且根据故事内容要么提出几个问题让学生思考，要么摘出一些好词句让学生积累。学生思考问题后可以把答案发至"小讲堂"里，教师给出评价。这样增加些小小任务，学生听故事的质量也有所提高。不光是老师，学生自己也可以在"小讲堂"里发表故事，或者自己假期里写的优秀日记，以此供其他同学聆听学习。有时来自同龄的声音，或许更具新鲜感和吸引力。

这些是借助媒体、网络来听故事，笔者在假期中还发动了孩子的家长，闲暇时让他们给孩子讲讲自己的故事，比如"爸爸妈妈小时候的有趣故事"，由于年代不同、环境不同，孩子们必然很好奇，急切想知道自己的爸爸妈妈或者爷爷奶奶像他们这么大的时候都在玩些什么，学些什么，有哪些永远也忘不了的趣事。由于是大人来讲，所以在组织语言、运用语言上是经过思考过的，一般是高于孩子们的，所以孩子们在听的过程中，不知不觉也就积累了语言。再者这项活动也增进了亲子关系，增加了父母与孩子彼此了解的程度，缩短了彼此的距离，可谓:一举两得。

二、读故事，在诵说中训练语言

朗读，是把文字转化为有声语言的一种创造性活动。是一种大声的阅读方式，它是小学生完成阅读教育任务的一项重要的基本功。朗读是阅读的起点，是理解课文的重要手段。它有利于发展智力，获得思想的熏陶，也有助于情感的传递。假期在《鸿飞小讲堂》里，每周笔者会布置不同的主题让学生找到相关的故事朗读并且录下来，比如:科学、寓言、童话、革命故事等。学生对此很感兴趣，争相报名参加，他们从网上精心挑选出和自己故事相关的图片、还为自己的故事配上了合适的音乐，然后发到群里，以吸引其他同学来听。每天笔者也会认真倾听每位学生的故事，在朗读技巧上给出些评价，比如如何根据故事情节的发展，读出声音的高低、轻重、急促与缓慢。根据故事中的人物类型，读出符合人物心情、性格的语调。有一位同学给大家朗读了《伊索寓言:狗、公鸡和狐狸》的故事时，并没有把狐狸的话读到位，于是我在指导他时，让他把自己想象成一只狡猾的狐狸，然后把为了达到目的而花言巧语的样子读出来，我给他示范了几次，他很快就学会了，在第二次上传的音频里这位同学读得有声有色,活脱脱就是一种狡猾狐狸的腔调。同学们听了他的故事,也在群里为他点赞呢。就这样一些表扬性的语言更加激发起同学们朗读的欲望,如此良性循环,学生的语言表达能力慢慢得到了提高。

三、评故事,在思辨中锻炼语言

评故事就是点评故事,一个人静静读一本书,是“一条线”,因为所得的是自己的原有经验加上解读文本所得的新经验,仅此而已,永远是在自己的思维内积累。两个人讨论一本书,是“一个圆”,因为你还能听到自己之外的第二种阅读想法,而对方的看法也许正好解答你的疑惑,纠正你的偏见,形成一个较完整的圆。一群人讨论一本书则是“一个球”。你不但能听到第二种看法,还可能听到很多意想不到多元观点。中年级学生已经具备一定的思考力,对于一些人和事有了自己的看法,并且愿意把看法和周围人沟通获取更多见解。于是我和同学们共同商讨、选购同一本书,书籍是有趣的,有情节的、故事性很强的书,目的是第一眼就把孩子们的阅读的心抓住。笔者先把整本书阅读完,根据故事内容划分出阅读阶段,并提出各个阶段的阅读任务,然后把任务发布到群里,学生读完规定页数,在读中思考问题、积累喜欢的句子,在书中做批注。最后在规定的时间,大家一起在线上讨论交流。学生们在意见的碰撞和磨合中思考,在讨论中提升,并逐渐迸发出新思想、新感悟,促进阅读策略的形成。例如我们曾经共读过《木偶奇遇记》,这是一本著名童话故事,笔者读得都津津有味,根据故事情节,笔者划分了三个阅读阶段,并提出八到十个问题让学生读中思考。例如第三阶段,笔者提出了:匹诺曹是个怎样的孩子?学生你一言我一语在群中交流,有相互争辩的,有补充的,有总结的,大家思维开阔,无论对错都敢于说出自己的看法。学生王梓懿每次都回答得很全面,问其原因,他表示会很认真地思考老师留的问题,并把想法写在笔记本上,如果父母能帮忙还可以共同参与,并在手机旁做指导。这样的讨论,作为教师也会参与其中,发表自己的看法。大家在交流中丰富了书中人物形象,拓展了自己的思维,从而更好地理解了文学作品。

四、写故事,在练笔中运用语言

思维导图是简单、有效的思维工具,它不仅调动了学生阅读的积极性,构建出小说中人物图谱,进而厘清小说中众多人物之间的关系;还能把本来抽象的思维具体呈现出来,将阅读显性化。语言表达分为说和写,这是语文学习的目的。而写对于说要稍微难些。因为要将大脑中的信息进行提取编辑然后落在笔端,还要讲求一定章法,这也是需要不断训练的。假期中,笔者在“共读一本书”的活动中,让学生根据故事情节尝试绘制“阅读地图”(其实就是思维导图中的“流程图”),或者“气泡图”,运用思维导图,将故事内容进行梳理、提炼、总结,这个过程就是锻炼学生书面表达的过程。比如,阅读完《木偶历险记》,我让学生采用图文结合的方式,绘制出匹诺曹的成长历程,即每段历程都经历了哪些事情。阅读完《安徒生童话》中的《丑小鸭》,我让学生绘制出“丑小鸭”都去了哪些地方,遇见了什么人的思维导图。学生年龄小,还停留在形象思维上多些,所以乐于用画画来表达出自己的想法。从交上来的一幅幅作品里,笔者看到了学生们的用心,并特地选出优秀的张贴,以此作为评价方式,激发学生的动力。

中段学生现在开始段落的练习,从一句话到一段话的过度也是有些困难的。尤其是命题习作,学生经常无从下手。叶圣陶先生提倡“我手写我心”。学生只要想写什么就写什么,鼓励写出内心真实想法。不必过早拘泥修饰,这才是作文的原始意义。这样没有条条框框束缚,学生自然愿意动笔。于是笔者又设置了活动《小飞的暑假日记》。学生接龙把自己暑假生活中最难忘的事情以故事的形式记录下来,主人公都是“小飞”。可以想象也可以记录现实,形式多样。这样没有了约束,学生的作文反倒真实有趣。一篇篇日记,记录了学生日常生活平凡而又光芒闪耀的点点滴滴,折射出他们每一次情感的起伏、心灵的跃动。这一过程中,学生积累了习作素材,提升了语言能力,也培养了独立思考的习惯。

著名特级教师于永正,在批阅学生习作时喜欢放大闪光点,即使小小的优点,也会无限去表扬。我也学着于老师的做法,每次看完学生的日记,都会给予不一样的评语,一个漂亮的词,一句精彩的话都不放过。然后再连同作品“发表”至群里,供所有学生阅读。学生看到自己的作品被发表到了群里,有那么多同学来看,内心一定很高兴,从而促使他进一步参与这样的活动。

其实语文听说读写,这几项是相互依存相互联系的,都在锻炼学生的思维能力。笔者借助学生喜闻乐见的故事来设计长假作业,收到了良好的效果,每逢开学,学生都是满载而归,教师虽然牺牲了自己的时间,但是看到学生的进步内心是满足的。

借助信息技术提高小学语文课堂教学效率

天津市武清区汉沽港镇西肖庄中心小学　高　蕾

摘　要：在小学语文课堂教学中，选择适当的时机，借助优质的现代化信息技术手段，可以辅助教师进行课堂预习环节的真实学情调查，为学情分析提供最有价值的数据支撑，让教学重点的确定有的放矢更加精准。借助简单易操作的信息技术方式，有助于丰富课堂教学活动的形式，实现全体学生的公平参与，调动学生积极性，激发学生的学习兴趣。将快捷的信息技术手段引入课堂，还能够实现学生的实时学习评价，提高评价的有效性，从而提高小学语文课堂教学效率。

关键词：信息技术　语文课堂　教学效率

《语文课程标准》中指出"语文课程应拓宽语文学习和运用的领域，注重跨学科的学习和现代科技手段的运用，使学生在不同内容和方法的相互交叉、渗透和整合中开阔视野，提高学习效率，初步获得现代社会所需要的语文实践能力。"由此可见，在课堂上合理借助适当的信息技术手段，为课堂开辟全新的教学环境，打造高效课堂，应成为每一个一线小学语文教师的不懈追求。

借助信息技术开展小学语文课堂教学时，教师可以在课堂上充分利用互联网、微信小程序、希沃白板、希沃教学助手、班级优化大师 App 以及各类与时俱进的教育教学软件等方式，开展丰富高效的教学活动，提高小学语文课堂教学效率。

一、借助信息技术进行学情调查，确定教学重点

1. 借助网络问卷，进行学情调查

学情调查是对以学生为中心，以学定教的教学理念的具体落实，是教学策略选择和教学活动设计的起点，包括学生经验、知识储备、学习能力、学习风格，以及学习条件等方面的调查。借助互联网"问卷星"小程序可以扩大学情调查的范围，丰富学情调查形式，提升学情调查效率。为了了解学生已有的知识基础，教师可在新授课前，借助"问卷星"小程序、微信群等收集资料。有效了解学情，从而确定教学重点，改进教学设计，突破教学重难点。

例如：统编教材六年级下册第五单元《两小儿辩日》，单元主题是：科学发现的机遇，总是等着好奇而又爱思考的人。语文要素是：体会文章是怎样用具体事例说明观

点的。教学内容确定后就要调查学生的学情，此时我们可以采用互联网小程序“问卷星”，依据教学内容，用“问卷星”做一个问卷调查，问卷调查以四个层次的问题形式呈现，第一层次，易错音，选取“孰为汝多知乎”的“为”和“智”两个字。第二层次，易错词句，重点考查学生对“去”和“汤”这两个古今异义的字的掌握情况，同时让学生写出自己不理解的词语和句子。第三层次，对文本内容的理解，“你认为两小儿谁说得对？为什么同样的事物和景象两小儿会得出相反的结论”？第四层次，“读完全文你还有什么问题或者理解困难的地方？请列出 1 至 3 个你最想解决的问题”。如图 1 所示。

问卷调查可以借助微信群，分享给全班同学，学生们只需要通过扫描二维码，即可进入答题界面，快速地完成问卷调查。如图 2 所示。

图 1　　　　图 2

采用这种问卷调查的形式收集学情信息，不仅速度快、操作简单，而且学生对此也兴趣十足，积极参与问卷调查，高速发展的信息技术与互联网时代让小学语文教师从原来流于形式的学情调查中解放出来，有的放矢地捕获到学生最真实最有价值的学情。

2. 借助统计程序，确定教学重点

在学生们完成问卷调查之后，依据小程序中的“问卷分析”程序，教师作为调查者，可以将学生的回答，实时转化为多种形式的直观数据统计图，这样对掌握学生多方面的学情情况以及学习困难一目了然，为确定教学重点，完善自己的教学策略，提供了可靠的数据支撑。如图 3、图 4 所示。

《两小儿辩日》数据统计

第 1 题　“孰为汝多知乎”的“为”读几声　[单选题]

选项	小计	比例
二声	10	45.45%
四声	12	54.55%
本题有效填写人次	22	

图 3

词频分析

第7题：你预习之后还有哪个词语不理解?

☐全选　导出文件

关键字	☑盘盂	☑探汤	☑东游	☑沧沧	☑凉凉	☑日始	☑辩斗	☑人近
数量	5	3	2	2	2	1	1	1
关键字	☑车盖	☑熟为	☑日中	☑孰为	☑近者	☑知乎		
数量	1	1	1	1	1	1		

词云　柱状　饼状　条形

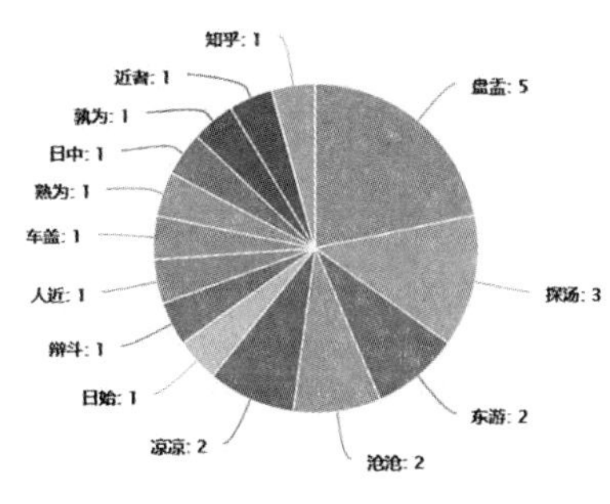

图 4

借助信息技术之互联网小程序功能，以单元主题和语文要素为前提，从设计问卷调查内容到学生完成问卷调查，最终以问卷分析统计形式呈现在教师面前，有针对性且高效地收集到最有价值的学情数据，并以此确定精准的教学重点，进而完善每一个课堂教学环节，在这一过程中，把学生的学放在了教学的主体地位，教师的教作为辅助，这样的小学语文课堂教学必然是高效的。

二、借助信息技术丰富课堂活动，激发学习兴趣

课堂上教师和学生的所有活动都可称为课堂活动。我们通常所讲的课堂活动是指教师为了解决某一个问题，或为了使学生对所学内容加深理解和体验，而由教师精心设计的、利用一种能使学生主体更充分展示出来的互动形式进行的教学活动。小

学语文课堂活动的形式可以是多种多样的,在这个过程中,如果教师尝试运用新颖、先进的多媒体信息技术,比如使用希沃白板和班级优化大师 App,就可以完善传统知识的呈现方式,在知识的抽象性和学生的思维形象之间架起一座桥梁,让知识和技能更加形象化和直观化,调动学生的积极性和注意力,激发学生学习语文的兴趣和求知欲,让每一个学生都能积极公平地参与到课堂活动中来。

1. 动画展现,形象直观

动画是指运用希沃白板的动态视频功能,把汉字笔画书写顺序在课堂上进行展示,借助信息技术功能给学生可视化的感受,让识字写字教学过程生动起来。

例如统编教材六年级下册第五单元《真理诞生于一百个问号之后》。单元主题是"科学精神",要落实的语文要素是"用具体事例说明观点"。在第一课时生字词讲授环节,教师借助适当的信息技术手段,用多种方式建立知识之间的关联,有助于知识和技能的形象化与直观化。

在课堂上,根据"问卷星"课前调查反馈发现,"诞生"的"诞"字笔画顺序容易出错,于是我让学生在希沃白板上书写易错字"诞",暴露出学生的错误。借助希沃白板中的生字词功能,书写这个生字,很快就会出现这个字的读音、部首和笔画顺序,点击"连续",就会出现正确笔画的动画书写过程,让学生一目了然。通过白板生字词功能中的动画展现,形象直观地呈现出正确的读音和笔画书写顺序。在这一课堂活动中,学生的积极性被充分调动起来,注意力也高度集中,高效地完成了识字教学目标,也为下一步语文要素的落实做了铺垫。

2. 随机抽选,公平参与

以往的课堂活动中,遇到提问或讨论等师生互动环节,都是由教师提问学生举手参与回答,学生举手回答问题充满主观性,不能很好地促进全班参与。借助信息技术就可以解决这一问题的弊端,让每个学生都能公平地参与课堂活动。

在小学语文课堂上的问答或讨论等环节,我们可以使用"班级优化管理大师"App,启用随机抽选功能,代替传统的举手方式回答。抽选人数可以根据需要设定为一人或是几人。面对全体同学随机抽选,每位同学都有被抽选到的可能。不同起点的学生均能参与到课堂活动中,在抽选的过程中调动学生的注意力,提高听课效率。在回答完问题之后,还有点评加分。不同于以往的课堂语言,表扬方式根据表现进行不同程度的加分更能激发学生学习的主动性。"班级优化大师"App,可以提供对学生及时发送表扬和鼓励的技术支持,调动学生的课堂积极性。教师在让学生核心素养落地和全面发展上将会变得更加得心应手。

希沃白板的辅助教学功能以及"班级优化管理大师"App 是简单易操作的信息技术手段,可以广泛应用于小学语文课堂上的识字写字教学环节和问答环节,为小学语文课堂活动注入了鲜活的血液,激发了学生的学习兴趣,这样就不难打造出高效的小学语文课堂了。

三、借助信息技术实时学习评价，提升评价效率

学习评价是指：以学习目标为依据，通过一定的标准和手段，对学习活动及其结果给予价值上的判断，即对学习活动及其结果进行测量、分析、评定和指导的过程。因此学生的学习评价既是为了检验学习结果与学习目标的一致性，更是为了及时地激励、指导和干预。既然是为了检验学习结果和反馈，那么评价的时效性和有效性就显得尤为重要，合理利用信息技术手段就可以帮助我们在课堂上实现及时有效的评价目标。

1. 游戏闯关，有效检验

借助信息技术、游戏模式，为学生参与知识理解和建构提供了丰富的学习支持，通过多种方式建立知识之间的关联。例如在课堂教学中，讲解易错字词时将课内的重点生字词和易错词进行归类整理，设计成学生喜闻乐见的游戏方式，让课堂教学不再是枯燥乏味的问与答，学生们参与的积极性很高，激发了学习兴趣和好奇心。在课堂上实现了师生互动、生生互动，搭建起良好的师生关系，让课堂高效互动起来。希沃白板软件中有人性化的评价和激励机制，学生在游戏竞争中，以强烈的胜负欲作为驱动，使得注意力更加集中，解决了传统识字教学中不能在课堂上高效快速检测学生学习情况的问题。

2. 投屏互动，关注差异

借助信息技术之希沃授课助手软件，关注每个学生的不同需要，引发学生感知、记忆、想象、创造等思维活动。在小学语文课堂深入研究文本的教学过程中，学生需要用笔进行勾画及完成一些重要内容。例如在统编教材六年级下册第二单元《鲁宾逊漂流记》教学中，依据“了解作品梗概，把握名著的主要内容，就印象深刻的人物和情节交流感受”这一语文要素，教师在课堂上设置了“填写表格”的学习任务，在以往课堂教学中，教师通过巡视可以看到学生的答案。知晓学生的学习情况，但是无法做到全部一起观看交流，遇到一些共性的问题，只能一一讲解，没有办法将学生的答案快速在全班呈现。此外，不同学习水平的学生学习进度不一，在面对不同能力和不同水平的学生们，除了举手提问的方式，还能如何高效地进行课堂教学呢？

借助希沃授课助手，教师将手中的移动设备和电脑相连，用拍照的形式把学生的作业投屏在白板上，将学生的作业随时随地的分享给全班。这样，学生不仅可以看到别人的观点，还可以通过遇到共性的问题随时讲解，高效便捷。借助希沃助手，有助于丰富讲授形势，关注学生的不同认知风格和起点差异，进而破解学生理解和吸收，学习内容中的重点和难点，有效落实语文要素，让小学语文课堂效率大大提升。

教育的最终目的是实现学生的自主学习，达到变“要我学”为“我要学”的学习状态，高效的小学语文课堂教学环境，是学生自主学习的优质土壤，而互联网时代，简单便捷的信息技术手段，无疑是提升小学语文课堂效率的天然肥料。

“互联网+”背景下小学语文“四学式”混合教学模式初探

——以《守株待兔》为例

天津市滨海新区塘沽工农村小学　纪召展

摘　要：随着信息技术和互联网平台日新月异的发展，“互联网+”通过其自身优势，正在推动着教育教学领域的优化升级，混合教学模式应运而生，方兴未艾。本文以《守株待兔》为例，尝试构建由“资源导学、合作互学、评价总结、重点重现”为主要环节的“四学式”混合教学模式，将线上学习和线下学习相结合，将互联网技术融入传统课堂，打破了时空对班级授课制教学的束缚。将“四学式”混合教学模式恰当地实践于小学语文教学中，可以更好地激发学生的潜在能力，提升学生的语文学科核心素养。

关键词：互联网+　小学语文　混合教学

一、引言

随着信息网络技术的普及和发展，智能手机、平板电脑等现代多媒体手段被应用到了教育教学领域，微课、慕课、翻转课堂、电子书包等技术和理念为学习提供了多种资源支持。众多的专家也针对“混合教学”展开了研究。李克东认为：“混合教学就是结合传统学习方式和线上学习的优势，发挥教师的主导作用，激发学生的主观能动性。”由此看来，混合教学模式旨在对教学过程中的各个方面进行资源组合，使其能发挥最优效果，达到学习效果最大化。

2020年初，一场疫情彻底打破了传统的“班级授课制”模式，线上成了教学的主阵地。在线教育打破了学习的时间和空间限制，学生在家中凭借一台电脑或平板就能接收教师发送的资源，进行线上在家学习，教师在平台推送的线上资源非常丰富，由于摆脱了时间限制，学生还能重复观看，促成了疫情期间的“停课不停学”。但纯线上语文教学的弊端也显现出来：由于脱离了教师的监督，学生无法完全把控自己的学习进度；由于缺乏面对面交流的及时性，学生的问题不能得到及时解决；学生脱离了班级课堂,无法及时与其他同学交流,表达能力、思维能力得不到提高。而目前的小学语文教学更加关注语文学科核心素养的培养,包括语言的建构和运用、思维的发展和提升,审美的鉴赏和创造以及文化的理解和传承。从这一角度看来,完全实行线上教学并不能满足这一培养要求。时隔两年,疫情已成为常态化,立足当下,放眼未来,如何找到线上和传统课堂的最佳契合之处,是当前的语文教学需要探究的问题。

二、研究综述

混合教学理念最先出现于美国,并得到高度重视,被广泛推广到高等学校教育。各个国家的学者从混合教学模式、学习流程、影响混合教学效度的因素、混合教学设计等多方面进行了研究,取得了许多成绩,为其在教育领域的推广提供了范本。文献数据库关键词搜索结果表明,“blended learning(混合教学)”“curriculum(课程)”“identity(身份认同/特征)”“tam(技术接受模型)”“media in education(教育媒体)”“mobile learning(移动学习)”是当前国外混合教学模式研究的几个热点。

祝智庭是首个明确提出并全面推广混合教学理念的中国学者。自此之后,国内诸多学者如何克抗、李克东、黄怀荣等从理论理念、课程设计、技术支持、实践应用等多方面进行了研究,取得了一定的成果。

综合国内外的研究不难发现,混合式教学的主要研究者来自高等院校,研究内容也集中在高等教育,中小学研究较少。且研究的宏观理论多,实践应用少,“互联网+”背景下小学语文混合教学模式将何去何从?如何将线上教育和课堂教学更好地结合到一起,以达到提升儿童语文学科核心素养的要求?本文将就这些问题做出思考。

三、“互联网+”背景下小学语文混合教学模式实践

构建混合教学模式的关键问题是如何“混”,如何将教师的指导地位和学生的主体地位结合?线上线下教学资源如何合理统筹?其最终目的,应当是发挥线上教学和课堂教学的各自优势,实现二者互补。

由此,国内外专家提出了多种混合教学模式,黄怀荣提出了“前期分析”“设计活动”和“评价”的混合教学模式。根据混合教学流程,教师首先将资料上传到网络平台,学生提前预习;其次,回归班级授课制,学生在教师的引导下进行主动探究;再次,在学生中进行小组交流,完成练习;最后,学生之间组成小组,展开定期交流。

根据专家提出的不同模式,借鉴他人经验,同时从本次研究的实际情况出发,本文以《守株待兔》为例,尝试采用了“资源导学、合作互学、评价总结、重点重现”的“四学式”混合教学模式(如图所示),以期在小学语文教学过程中,将线上教学和线下课堂教学结合,坚持面向全体和关注个体结合,激发学生的兴趣,提升学生的语文学科核心素养。

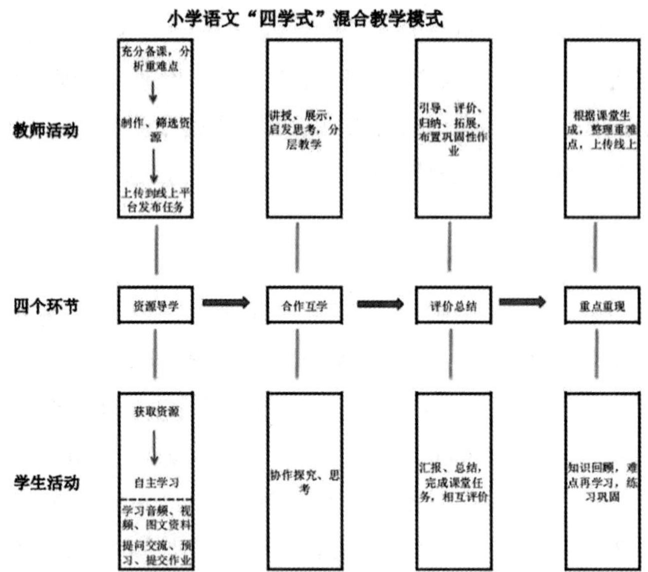

《守株待兔》选自统编版小学语文三年级下册，是一则以文言文形式呈现的寓言故事。文章充满趣味、言简义丰，是体现寓言“小故事，大道理”这一特点的优秀文本。根据文本特点，结合语文学科核心素养的培养要求，我将教学重点集中在阅读、识字与写字、理解文义和语言表达这几个方面，帮助学生提高文言文语言的审美能力，激发学生学习寓言故事的热情，理解并传承中华文化精粹。

1. 资源导学

在资源导学过程中，教师在备课的基础上整理、制作学习资源，并布置课前预习任务，发布到云平台。资源包括课文范读音频、会写字动画演示，同时包括关于作者韩非子及其作品风格的介绍。任务清单为：(1)通过自主学习资源，初识“宋、耕”等4个生字、了解“守、株”等9个字的书写要领。(2)朗读课文，读准字音，读通句子，对照范读音频进行自我正音，注意读好“因释其耒而守株，冀复得兔。”这句话的停顿。完成后将朗读录音上传到移动终端。(3)简要了解韩非子及其语言特点。

学生登录移动终端平台接收资源，根据自己的实际情况浏览资源，选择自主学习的内容，根据自己的已有认知和兴趣发现新知识，判断自己在学习上的重难点，在规定时间内完成预习任务，并及时记下在自学时遇到的困惑，通过云平台反馈给教师。教师通过手机端查看学生预习完成情况，并对学生的问题进行整理，便于充分了解学情，增强备课的针对性。

在这一过程中，教师为学生提供充足的资源上的支持，以有利于学生完成高效的自主学习，真正发挥教师“促进者”的角色。教师通过线上平台对学生的预习进行系统分析，发现学生或共性或个性化的问题，更加清楚地掌握了学情，课堂上将会更加有的放矢。学生的学习在线上完成,直观形象、充满趣味且丰富多样的多媒体资源能够充分调动学生的积极性,引导其更加主动地参与学习。加上教师设计合理的导学任务,预习更易落到实处,更具效率和前瞻性。

2. 合作互学

合作互学过程回归到线下的课堂教学。教师通过了解学生的预习情况,发现多数同学基本能够扫清阅读障碍、读通文章。总结出的问题有:部分同学在读好“因/释其耒/而守株”一句的停顿上需要指导,可见,学生对“因”的意思没有充分理解,不能在理解句意的基础上读好文章。同时,听学生朗读录音发现,学生读到“耒”时容易因不流利而停顿。盖因“耒”字未出现在本课会认字表内,易出现识字盲区。

针对以上情况,结合学生的疑惑不解之处,我梳理出以下问题:(1)文章插图中哪一部分是“耒”?(2)文中哪个字与“耒”息息相关?(3)兔“走”触株,何以导致“折颈而死”?“因”在文中的注释为“于是”,你是怎么理解的?(4)如何读好“因释其耒而守株,冀复得兔”这句话?

以解决这些问题为任务,我将全班同学分为若干个四人小组,引导学生思考并在组内合作讨论,探究问题的答案。最后,选定小组代表进行汇报,教师在学生发言的基础上适时引导。先出示古代耕种农具“耒”的字形演变动画:“耒”字是象形文字,表示一种农具,其下面有两个叉,上面有一个把手,方便人们拿在手里。为了书写方便,后来,把手部分演变成了三横,代表三层木柄,可以根据人的高矮进行调节。之后,又演变成了现在楷体的样子。在理解“耒”的基础上,推及以“耒”为部首的“耕”(“耕”右边的井由横竖交错的四笔写成,表示古代国家分给人们的田地。所以“耕”就是用耒这种农具来耕田)和“耕者(耕田的人)”,进而理解句子“宋人有耕者。田中有株”。在指导理解“兔走触株”时,通过出示“走”在金文字形中状似一人张开四肢奋力奔跑的样子,理解古汉语中“走”实则表示现代汉语的“跑”,感知兔触株而死的原因,进而理解宋人“释其耒而守株”是因为得到了一只兔子,“因”在课本中的注释义“于是”其实是“因此”的意译。学生自然就能水到渠成,读好“因/释其耒/而守株”这句话的停顿。

在合作互学过程中,教师巡视指导,如果遇到小组成员之间意见不同的情况,教师适时发挥引导者的作用,或是补充链接资料,或是回归文本,引导学生实现知识的建构,实现学情的可监控。针对不同层次的学生,教师引导组内之间相互帮扶,使组内所有成员都能完成学习任务,学有所得。

3. 评价总结

在合作互学过程中,学生已基本疏通了文义。此时,教学的重点是引导学生走进宋人的内心,体会他企图不劳而获的侥幸心理,从而感受寓言故事哲理。为此,我设置了如下情境表演任务:

怀揣着可以再次得到一只兔子的想法,种田人从此丢下了农具,早上,太阳刚刚

升起,种田人就坐在树桩旁等着,他一边等一边想:____;

太阳已经晒得很高了,别人已经在田里辛苦地干活了,种田人还坐在树桩旁等着,他一边等一边想:____;

太阳落山了,种田人还是不肯离开树桩旁边,他一边等一边想:____。

邻居见此情状,嘲笑他说:"____。"这时,韩非子从旁边经过,忍不住劝说种田人道:"____。"种田人恍然大悟,说:"____。"

学生先在小组内进行角色扮演,组内一人独旁白,其余三人分别扮演耕者、邻居和韩非子。然后,请各小组分别到讲台上进行汇报展示。

汇报展示后,教师引导学生针对课堂表现、小组发言、参与度、团队合作等方面,进行自我评价、小组互评、师生评价等,从多个角度、由多个主体评价,将评价变成促进学生在课堂上不断学习的一种动力性工具,让学生在师—生、生一生的互评中得到启发,体会种田人企图不劳而获这一想法的可笑,明白不可心存侥幸,要靠努力创造幸福生活的道理。

最后,利用多媒体出示用金文书写的课文原文,配以古曲,请学生对照金文"读"文,实则是醉翁之意不在酒,多数学生虽看不懂金文,却早已在充分的交流中,熟读成诵。再利用云平台的即时传输和交互功能,链接课外阅读《南辕北辙》,出示作业:坐车人错在哪里?从中你明白了什么道理?要求学生阅读并在平台提交问题的答案,再进行及时总结和点评,对线下课堂进行收尾。

4. 重点重现

课程结束后,教师根据课堂生成,及时总结重难点,梳理根据文言文意思进行断句的方法、积累"走"古今异义用法、感受寓言小故事蕴含大道理的特点,同时为学生推荐阅读中国古代寓言故事。并将根据重难点收集、制作的相关资源推送到云平台,帮助学生进行知识回顾,温故知新。由于传至线上,这一总结性资源可重复多次观看,可作为学生阶段性复习的参考资料。

四、混合教学模式实施效果反馈

通过对笔者所在学校的70名小学生的调查和课堂实践观察,65.7%的学生表示在混合教学模式下,自己的课堂效率更高了、比之前更愿意融入课堂了,并表示这种模式拓宽了自己的视野,他们喜欢这种更加灵活的学习方式。100%的家长愿意为学生参与混合学习提供所必要的支持(购置电脑,下载资源、指导学生登录平台、科学安排线上学习时间等)。对笔者所在学校语文教师的问卷则看出,85%的教师表示采用混合教学模式激发了教学的活力,提升了教学效果。

五、结束语

在"互联网+"的大环境下,将混合教学模式应用于小学语文教学中具有极大的新意,它为教学提供了全新的视角和方法,合理采用混合教学模式,会更有利于提高小学生的语文学科核心素养。但是,我们也要认识到,教育教学是面向一个个鲜活个体的工作,学生个体之间存在差异性;在实际的教学过程中,想要更好地利用“混合教学”这把利剑,需要教师时刻更新自己的教育理念,适应时代教育的发展潮流,不断探索合适的小学语文混合教学模式,提升混合教学模式所要求的能力,提高线上资源的整合和制作水平;综合学情、教材、语文学科核心素养要求、线上资源等进行合理的教学设计;针对学生的不同水平推送适合的补充性资源并对其分类指导;引导学生合理安排线上线下的学习时间比例。只有这样,小学语文教学才能焕发更多生机。

参考文献

[1]李克东,赵建华.混合教学的原理与应用模式[J].电化教育研究,2004(7):1-5.

[2]陈先云.小学语文核心素养清单[J].小学语文,2017,(Z1):1.

[3]刘越.基于移动终端的小学语文混合学习实践研究[D].成都:四川师范大学,2018.

[4]陈云宇,“互联网+”背景下小学语文“四学式”混合学习模式研究[J].中国电化教育,2018(7):111-115.

[5]Purnima, C. , &Paarmann, W. Bringing llintroduction to the teacher: A blended learning model[J]. T. H. E Journal, 30(2), 56-64.

浅析在小学语文教学中渗透传统文化的教育

天津市滨海新区塘沽工农村小学　李金昱

摘　要:中华优秀传统文化,积淀着中华民族最深沉的精神追求,是中华民族最独特的精神标识,而语文——作为最基础的学科,有着培养学生道德情操和审美能力的目标。在教学中,如将知识与文化相融合,借助教材文本,引导学生联系生活,让故事中的人物活起来,让学生在时空的交叠中与文本人物产生共鸣,让情感在阅读中生根发芽,加深学生对于传统文化的了解和理解,将更加有利于学生树立文化自信,成为有责任、有担当、有理想的少年。

关键词:　小学语文　渗透　传统文化

《语文课程标准》指出:培养学生高尚的道德情操和健康的审美情趣,形成正确的价值观和积极的人生态度,是语文教学的重要内容。在教学中我们不仅要教授学生知识,更要帮助学生树立正确的人生观、价值观、世界观,在优秀文化的浸染之中引领学生树立文化自信,成为有责任、有担当、有理想的少年。正如古语云:根本固者,华实必茂;源流远者,光澜必章。

一、渊源情深　朗朗诵读

习近平总书记曾说:“中华文化渗透到中国人的骨髓里,是文化的DNA。”它就像是一个烙印,可以在反复的诵读中,深深地进入到学生的心田,简短的文字往往浓缩着大大的智慧,统编教材中的《对韵歌》《古对今》《弟子规》等,这些选自传统经典篇目的课文,不仅朗朗上口而且富有内涵。“昔孟母、择邻处,子不学,段机杼……”让学生感受到故事中的道理,“和风对细雨,朝霞对夕阳……”让学生在朗朗上口的诵读中感受语音、词汇和修辞。学生们在蒙读的过程中,会知道“孟母三迁、黄香温席、苏秦刺骨”,这些蕴藏在诵读之中的经典故事。

统编教材一年级下识字《人之初》,是选自三字经的一个片段,内容短小而易理解,很多学生在入学前都有着一定的接触,所以在初步学习本课字词后,一部分学生就已经有了坐不住的苗头,这时候,我抛出“谁知道三字经中的故事有哪些?谁能来讲讲呢?”这个问题就像是扔进平静湖水的小石子,一下泛起了无数的涟漪,学生们一个个跃跃欲试,想要将自己知道的说出来,虽然很多学生的表述并不完整,但这并不能妨碍他们表达的热情。有的学生会说“孟母搬了三次家”还有的会说“我知道！孟母看到孟子不学习，很生气！就把自己织的布给剪了！”“话匣子”们好像发现了新大陆，纷纷抢着说自己平日里知道的故事，此时再去引导学生去朗读课文，学生们会惊奇地发现，短小的文章中，每一句都有着大大的道理，为了吸引学生的注意力，我联想到了音乐当中的“阿卡贝拉”，配合节奏的打击再让学生去诵读内容，这时，学生就像是一个个“小编钟”，口中的文字加上手和脚的动作，眼睛中闪现出了别样的光彩，在故事、文字和节奏之中，诵读之声就像是美妙的音乐。这样的方式，会激发学生对《三字经》《笠翁对韵》《声律启蒙》等景点篇目的诵读兴趣。

韵语的魅力就在于它能够在懵懵懂懂地年龄，懵懵懂懂的读懂，潜移默化中消化、理解和收益，然后慢慢地烙印在学生的血液之中。

二、探究溯源　润物无声

抓住教材，贴近生活，让学习成为有深度的事情，从诵读开始，学生对于诵读已经有了初步的兴趣，学生在陶醉于韵律和内容的同时，可以慢慢地去接触更为深刻的内容。

统编教材二年级下，第八单元语文园地中的日积月累是《二十四节气歌》，28 个字，朗朗上口，学生朗读起来较为容易，但因城市的孩子对于农耕节气没有直观的认识，儿歌中的内容与他们的生活联系较远，很难去真正地理解，于是在学习中，我引入四季对应节气的每种农耕活动，将抽象的事物具象化，当通过搜索得知，二十四节气是根据太阳在黄道上的位置来划分的时候，学生们不禁发出啧啧的惊讶之声，佩服古人竟将诗歌、劳动、天文结合得这样的紧密，在敬佩古人智慧的同时，更加感到身为华夏儿女的自豪。

在一定积累之下，可以放手让学生尝试自主探究溯源，如：统编教材二年级下第三单元在单元学习的最后环节，安排了一个综合性学习《中华传统节日》，内容贴合生活而易于理解，我借助文本内容进行学习安排，第三单元开篇三首古诗的学习：《元日》《清明》《九月九日忆山东兄弟》，三首古诗分别对应着三个传统节日：春节、清明、重阳节。在学习完古诗内容后，我再次引导学生回忆二年级下第三单元曾学习过的儿歌——《传统节日》，回顾儿歌中对于传统节日的介绍，同时也再次复现书后节日排序的习题，在重温传统节日的顺序和内容的基础上，结合三年级下综合性学习的要求，鼓励学生自主选择自己喜欢的节日，从多角度进行传统节日的合作性探究学习，启发学生从古诗、传说、典故、传统节日美食、风俗等不同角度去了解传统节日背后的意义。学生在小组学习中，通过搜集、整理、归纳等方法，发现了很多节日背后的秘密，原来春节代表着人们对于开始的企盼；清明节代表着哀思祭奠；端午节是为了纪念屈原，歌颂他的爱国精神；中秋节代表着团圆等，学生在头头是道的阐述中，对于传统节日有了很多深入的了解，更萌生出无尽的自豪感。

三、建构对话　活化经典

古人云:“烈士之爱国也如家。”家国情怀一直是中华民族深厚持久的传统,是中华民族精神的核心,更是每一个中国人的坚定信念和精神依靠。对于生活在和平年代的学生,于经典中的故事、人物是不能一下子理解和感受的,需要我们在教学过程中巧妙地搭建联系,建构学生与文本的对话,让学生真真正正地走进文本,走进故事、走进人物,领略经典之中的情怀。

如:统编教材四年级上第七单元是围绕“爱国”这一核心词语展开的学习单元,整个单元从古诗到故事有序安排,让学生在领略优美文字的同时,也回顾历史,走进文本,去真正地感受文本之中爱国情怀。

《古诗三首》中有几处典故,想要读懂古诗并非易事,课前让学生搜集资料去了解李广和项羽的故事,在品词析句的学习中,穿插学生自主学习的成果,再去思考诗人为什么要在诗中引用英雄的典故呢?他们想要表达什么呢?在一次次的追问和一次次的思考过程中,学生慢慢地体会到王昌龄内心对于李广将军的敬佩和对李广将军一样的良将的渴求,那种憎恶当权者与强烈的爱国之情的反差;体会到王翰“欲饮琵琶马上催”的豪迈不羁的爱国之情;体会到身为女子的李清照也有的那种“死亦为鬼雄”的浓烈爱国之情。无论古今,无论男女在家国面前都是那样的坚定而执着,在铿锵有力而饱含感情的诵读中,学生似乎找到了与诗人之间那微妙的共鸣。

在这样的基础上再去学习《为中华之崛起而读书》也更加水到渠成,当被问及“为什么周恩来要选择为中华之崛起而读书?”这个问题的时候,一位学生联想到了积累诵读时读到过的《少年中国说》:少年强则国强。学生这样回答:“身为少年的周恩来和现在的我们一样,没有能力,还不能改变什么,所以只能让自己先强大起来,好好读书,成为有用的人,少年强则国强!这样长大后,才有能力把欺辱中国的帝国主义侵略者赶出中国!”我趁热打铁地追问:那如今盛世华夏,我们的国家没有了帝国主义的侵略,我们又要怎么做呢?很多学生纷纷说道:“要守住这份和平!让祖国更加强大!不再被欺负!”我继续追问:“联系周恩来的回答,你觉得自己应该怎么做呢?”学生脱口而出“为中华之崛起而读书!”思想在追问与思考中得到升华,学生似乎真正地走近了那个时代,融进了自己的思想。

在学习《梅兰芳蓄须》时,学生对于伤寒预防针似乎并不是很能理解,于是引导学生联系生活实际,回忆刚刚完成不久的新冠疫苗的接种活动:少数学生在疫苗接种后都会有或多或少的不适。而梅兰芳那个时代的伤寒预防针伤害性是很大的,这样的解释之下,学生似乎一下子就明白了梅兰芳在民族大义之下的抉择,他虽无扛枪报国之力,却有着护国爱国之心,在那个动荡的年代,很多人都在用自己独有的方式去守护着心中的家国。当问及身为新时代的我们,能通过怎样的方式去守护我们家国呢?也许是有了前面的学习铺垫,很多学生都想到了,要做自己能做的事情:要宣传接种疫苗，建立免疫屏障；要让爸爸妈妈及时上传健康码，保障健康出行；要到社区去劳动，加入红领巾劳动，要用自己的方式去守护自己的家园，保护祖国妈妈。此时，学生已经明白“天下兴亡，匹夫有责”单元主题下的真正意义。

这样的篇章还有很多《囊萤夜读》《铁杵成针》《将相和》《伯牙鼓琴》等，故事中的人和事都已远去，但不同时空之下的情感却是相同的，联系生活实际，让人物活起来，让学生在时空的交叠之中与人物产生共鸣，让情感在阅读中生根发芽，让文化自信深深地镌刻在学生们的心间。

参考文献

[1]刘富贤. 优秀传统文化在语文教学中的渗透[J]. 散文百家(新语文活页)，2019(12).

[2]陈长文. 挖掘潜力，激发活力——“传统文化与语文教学”探寻[J]. 知识窗(教版). 2020(07).

[3]巩艳萍. 重视传统文化教育　强化语文教学的人文性[J]. 新课程(教师)，2008(10).

[4]邹溶珍. 语文教学中传统文化不容忽视[J]. 新作文(教育教学研究)，2011(08).

聚焦课后练习,落实语文要素

——以统编版三年级下册语文教科书为例

天津外国语大学附属滨海外国语学校　马　娟

摘　要:统编版小学语文教科书采用人文主题和语文要素双线组织单元内容,课后练习围绕单元语文要素精心设计。本文以统编版三年级下册语文教科书为例,教师围绕课后练习,明确教学目标选择教学内容,引导学生借助提取的信息、读文章想画面和联系生活经验,培养复述、想象、和语用能力,全面提高学生的语文素养。

关键词:语文要素　课后练习　复述　想象　语用　能力

统编版小学语文教科书采用人文主题和语文要素双线组织单元内容,课后练习围绕单元语文要素精心设计,聚焦课后练习选择教学内容能突出教学重点,达成教学目标,落实语文要素。

统编版三年级下册语文教科书课后练习安排了借助信息复述,边读边想象画面,联系生活仿写等训练,在教学中围绕课后练习,明确教学目标,从借助提取的信息、读文章想画面、联系学生生活等维度设计教学,培养学生的复述想象与表达能力,提高学生的语文素养。

一、借助提取的信息,培养学生复述能力

"提取信息"是低年级学生已经掌握的阅读方法,中年级要求学生借助提取的信息,初步把握文章的主要内容。使用复述的阅读策略,能够有效帮助学生把握故事的主要内容。复述是指学生用自己的话把读物的内容说出来。课后练习安排借助关键词提示、结构线索图和表格等多样支架,让学生顺利完成复述,提高复述能力。

1. 根据提示,讲故事

复述是一种重复表达的语言行为,包含对情节的把握及道理的感知。《鹿角和鹿腿》课后练习第二题旨在通过讲故事,梳理主要内容,理解寓意。教学时,在了解鹿狮口逃生的经过后,让学生借助两组关键词,简要说说鹿狮口逃生的过程。学生可以用上文中生动的语言,如"匀称""精美别致"等,细致地讲述故事。整个过程从个别示范到同桌互练再到全班展示,在不同阶段的重复练习中,学生明白事物各有其价值不能仅看外表去判断好坏的道理。

◎ 根据下面的提示，用自己的话讲讲这个故事。

角：美丽　欣赏　差点儿送命

腿：难看　抱怨　狮口逃生

2. 借助示意图，理清文脉

教师以课后练习题为切入点，引导学生抓住关键词语选择文本，借助示意图理清文章的表达顺序，为学生复述打下坚实的基础。如《纸的发明》按照时间的先后顺序记叙了造纸术的发明经过，教师引导学生借助课后练习第一题的提示，默读课文想段意，照样子填写图表：

师提示：借助“用什么时间做什么”的句式进行概括。

◎ 默读课文，想想每个自然段的意思，再照样子填写下面的图表。

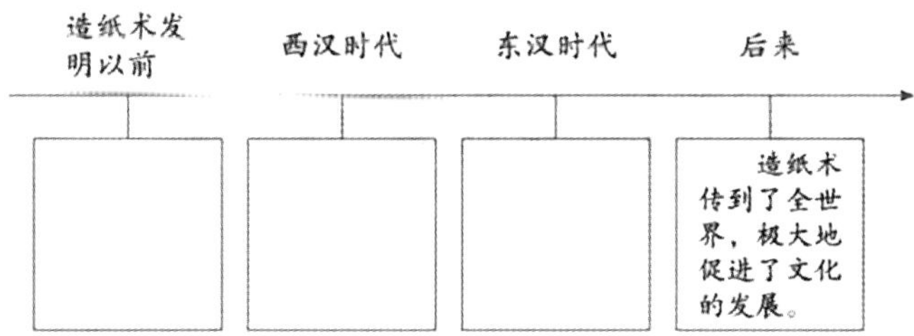

(1)造纸术发明前，文字分别刻在龟甲兽骨及青铜器、竹片或木片与帛上。

(2)西汉时代懂得用麻造纸。

(3)东汉蔡伦改进造纸术。

(4)而后造纸术传到了世界。

这样教师结合课后结构线索图，引导学生用什么时间做什么的句式，思考每段的内容，结合表中示例照样子从文中提取关键信息填写图表，明确造纸术的发明传播过程。

3. 内化课文语言，培养详细复述能力

详细复述是指学生结合自己阅读后产生的感受体验与理解进行个性化的演绎与情节的补充。课后练习提供多种支架，明确详细复述的具体要求与方法，如《慢性子裁缝和急性子顾客》的表格支架，《漏》的示意图支架，为学生有序复述故事搭建支撑。

教学《慢性子裁缝和急性子顾客》时，抓住课后练习的表格支架突破教学重点。引导学生依据时间的变化从文中提取关于顾客要求的信息，如“我想做件棉袄……您准备让我什么时候来取衣服——秋天？夏天？春天？……”等，学生从中提取关键信息填写表格。同时，借助表格提示关注裁缝的表现，如“行啊”“为您服务，没说的”等，进行适当概括，体会人物特点。最后借助已填写的表格，复述再现场景。

默读课文、填写下面的表格、再借助表格复述这个故事。

时间	急性子顾客的要求	慢性子才分的反应
第一天		
第二天		
第三天		
又过了一天		

这样教师教学时将课后练习作为抓手，引导学生梳理故事内容，将提取到的主要信息填写到表格中。学生借助表格支架，复述时结合自己对《慢性子裁缝和急性子顾客》的阅读感受，夹叙夹议，或将自己化为原文中的角色表述，使复述更具有现场感。

二、读文章想画面，培养学生想象能力

学生应在诵读诗文过程中体验情感，展开想象，领悟诗文大意，“试着一边读一边想象画面”是在学生已形成想象能力基础上的进一步深化。统编三年级下册课后练习，注重学生想象能力的训练提升。

课文题目	课后练习题	教学目标
《古诗三首》	结合诗句的意思，想象画面，说说三首诗分别写了怎样的景象。	能借助注释和插图了解诗句的意思，想象画面，说出诗中描绘的景象。
《燕子》	朗读课文，边读边想象画面，并读出对燕子的喜爱之情。背诵第 1－3 自然段。	边读边想象画面，读出对燕子的喜爱之情。
《荷花》	默读课文。说说你从哪些地方体会到了这一池荷花是“一大幅活的画”。	能边读边想象画面，体会优美生动的语句，体会这一池荷花是“一大幅活的画”。

因此，在教学中要充分利用课后练习培养学生的想象能力。如《古诗三首》的课后习题第二题，结合诗句的意思，想象画面。在教学《绝句》时，学生一边朗读古诗，一边找出诗中描写的景物，聚焦“丽”“香”“融”“暖”等字，从嗅觉、视觉、触觉等方面进行想象；抓住“飞”“睡”等动作，从空间、动静等方面理解诗意，边读边想象春风和煦、花草芳香、衔泥筑巢等画面，最后学生用自己的语言描述明丽美好的春景图。

教学《惠崇春江晚景》时，引导学生从画面的颜色、动静、虚实等方面理解诗意，关注画面布局的变化：江岸竹林茂密、桃花灼灼，江面鸭子戏水，江边满地蒌蒿、几个芦芽，有序地在头脑中形成画面，将古诗还原成一幅早春江南水乡图。《三衢道中》

聚焦“梅子”“小溪”“绿荫”“黄鹂”等景物，抓住关键词理解诗意，想象天朗气清、梅子青黄、乘船泛舟、山路成荫、黄鹂鸣叫，从而构成有声有色动静相衬的画面。

教师用好课后练习，引导学生借助注释插图理解诗句的意思，再结合诗句的意思，想象画面，从而描述诗中景象。这样体会课文优美生动的语言，有效训练学生想象画面，培养学生的想象能力，落实单元语文要素。

三、联系学生生活，培养语言运用能力

语文课程致力于培养学生的语言文字运用能力，提升学生的综合素养。统编版三年级下册语文教科书课后练习在安排上重视与生活的联系。如下表：

课文题目	课后练习题	教学目标
《荷花》	第 2 自然段写出了荷花不同的样子，仿照着写一种你喜欢的植物。	能仿照课文中的片段，写一种自己喜欢的植物。
《花钟》	仿照课文中表达鲜花开放的语句，写一写你喜欢的花。	能体会用不同的说法表达鲜花开放的好处，并借鉴课文的表达进行仿写。

结合课后练习带动学生开展各种语文实践活动，引导学生在真实的生活情境中学习语文运用语文，做到学以致用。以《花钟》为例，教学时利用课后练习进行课堂练笔。学生先想想第一自然段写了哪几个时间段、哪几种花，提取信息明白作者用不同的表达方式依次介绍了牵牛花、蔷薇、睡莲、午时花等 9 种花的开放姿态。接着，通过换词句对比教学的方式引导学生思考：如果把第一自然段描述花开的句子全部换成“什么时候，什么花开了”这样的句式，比如“凌晨四点，牵牛花开了；五点左右，蔷薇开了；七点，睡莲开了……”效果有什么不同？让学生发现同是写鲜花开放，课文却能用不同的句式进行丰富的表达，进而体会课文语言的生动、准确。在此基础上，学生通过朗读感受一天之内百花争艳的盎然生机。最后完成第四题的仿写，可借用文中的词句，如“牡丹花睁开朦胧的双眼”“向日葵昂起金色的头”“蝴蝶兰绽放出灿烂的笑脸”等，也可以调用自己的语言储备。这样的课堂教学，体现了从语言积累到语言运用，从文本内容到生活经验，从文本理解到表达实践，为学生创设言语学习的情境，鼓励学生将文本语言运用于生活，让学生呈现出真实、精彩的文字表达，做到了学以致用。

总之，教师围绕课后练习，明确教学目标选择教学内容，引导学生借助提取的信息、读文章想画面和联系生活经验，培养复述能力、想象能力和语言运用能力，让课后练习真正成为学生掌握知识、训练能力的载体，使得学生的语文素养得到提高。

课后练习与课文是教材的重要组成部分，教师要悉心解读课后练习，充分发挥其价值，使课堂教学更加扎实高效，促进学生语文素养的整体推进和协调发展。

参考文献

[1]温儒敏,巢宗祺. 义务教育语文课程标准解读　2011 年版[M]. 北京:高等教育出版社,2012.

[2]中华人民共和国教育部制定. 义务教育语文课程标准:2011 年版[M]. 北京:北京师范大学出版社,2012.

[3]温儒敏. 部编本语文教材的编写理念、特色与使用建议[J]. 课程. 教材. 教法,2016(11):5-13.

[4]陈先云. 增强六个意识,教好部编小学语文教材[J]. 小学语文,2017(1-2):4-9.

[5]人民教育出版社. 义务教育教科书　语文　三年级　下　人教版[M]. 北京:人民教育出版社,2018.

[6]人民教育出版社教学资料编辑室. 义务教育教科书　教师教学用书　语文　三年级　下　人教部编版[M]. 北京:人民教育出版社,2018.

[7]张惠萍. 把握课后练习特点　落实语文要素——以部编本二年级语文上册教材为例[J]. 语文教学,2018(03):59-61.

[8]连忠友. 聚焦课后练习　落实语文要素——以统编教材三年级下册为例[J]. 小学语文教师,2019(06):30-34.

[9]纪波,龙瑞丰. 想象画面欣赏美,读写结合品味美——《荷花》教学设计与思考[J]. 江西教育,2021(06):35-38.

“最近发展区”理论指导下的小学语文综合性学习评价策略

天津外国语大学附属滨海外国语学校　王子丹

摘　要：语文综合性学习在我国语文教育课堂中出现时间短，教师对综合性学习寻觅教学方法及开展教学评价未成形，基于此本文将探究在“最近发展区”理论指导下的小学语文综合性学习的可行性、契合点，并基于“最近发展区”理论从小学语文综合性学习的评价策略进行论述。

关键词：最近发展区理论　小学语文综合性学习　教学策略

一、“最近发展区”理论指导下的小学语文综合性学习评价策略的可行性

《全日制义务教育语文课程标准（实验稿）》（以下简称课程标准）首次提出了“综合性学习”的概念。课程标准提出“语文综合性学习有利于学生在感兴趣的自主活动中全面提高语文素养，是培养学生主动探究、团结合作、勇于创新精神的重要途径，应该积极提倡。”广大一线在职教师都是认同综合性学习教学理念的，但在实际教学中还存在一些难以操作的问题，因小学语文综合性学习自主、合作、探究的学习方式，学生的很多综合性学习活动不是发生在课堂，因此学生在综合性学习时所获得的综合能力也很难被量化和用统一标准去评价，这给教师对学生的语文综合性学习评价带来了难度。

最近发展区理论是由苏联教育家维果茨基提出的儿童教育发展观。他认为学生的发展有两种水平：一种是学生的现有水平，指独立活动时所能达到的解决问题的水平；另一种是通过成人或更有经验的同伴的帮助而能达到的潜在的发展水平，两者之间的差异就是最近发展区。在语文综合性学习的教学与评价中可以着眼于学生的最近发展区，在教学内容与教学评价上针对学生的最近发展区调动学生的积极性，不断挖掘学生的潜能，努力做到让学生超越其最近发展区而达到下一发展阶段，然后再进行下一个发展区的发展。

在统编版小学教材中涉及四次语文综合性学习分别是：三年级的《中华传统节

日》、四年级的《轻叩诗歌的大门》、五年级的《遨游汉字的王国》、六年级的《难忘小学生活》。在进行这些语文综合性学习时,教师可以针对学生是否通过学习活动超越了最近发展区进行评价。这样教师不仅了解教学效果也可以更有效地开展下一阶段的教学。

二、小学语文综合性学习与“最近发展区”理论的契合点

“最近发展区理论”的理念与小学语文综合性学习的特征是存在契合点的。从内容上看二者都注重研究教学与儿童发展的关系,“最近发展区”认为,儿童的发展主要是通过与成人或更有经验的同伴的社会交往而获得的。维果斯基认为教学要想对儿童的发展发挥主导和促进作用,就必须走在儿童发展的前面。2011 版的课程标准也是将“语文综合性学习”各学段的目标列出,从学生不同学段出发,层层发展。

从侧重点看,“最近发展区理论”与小学语文综合性学习都重视学生的合作能力,维果斯基的最近发展区理论认为,学习与发展是一种社会和合作活动,它们是永远不能被教给某个人的。它适于学生在他们自己的头脑中构筑自己的理解。课程标准特别强调,“综合性学习的评价应着重考查学生的探究精神和创新意识。”并指出,“评价的着眼点主要在活动中的合作态度和参与程度。”

从教学法看,基于“最近发展区”理论提出的“支架式”教学法正好可为小学语文综合性学习所用,二者均立足发展,重视差异。

不可否认“最近发展区”理论不能解决目前小学语文综合性学习存在的一切问题,但至少该理论给小学语文综合性学习教学评价提供了一个方向,在实际课堂中若能注重学生的发展,以学生“最近发展区”展开评价,会起到不错的效果,学生的语文素养将得到提升,学生的探究、合作、实践能力也将得到提升。

三、“最近发展区”理论指导下的小学语文综合性学习评价策略

教师要对学生语文综合性学习中学生的学习过程,学习成果进行评价,就首先要了解学生当时的“最近发展区”,而语文课程标准中对小学语文综合性学习不同学段的要求正好体现了学生在不同学段的潜在发展区。

表 1 语文课程标准中对小学语文综合性学习不同学段的要求

学段	学习范围	学习方法和能力
一	周围事物、自然、校园社区活动	对周围事物好奇并提出问题,结合课外阅读讨论,用口头或图文方式表达活动见闻和想法

续表

学段	学习范围	学习方法和能力
二	大自然、语文活动、家庭生活、学校生活	共同讨论学习和生活问题,有目的地搜集资料,表达对自然社会观察所得,在语文活动中学习、运用语文知识和能力解决家庭和学校的生活学习问题。
三	校园活动、社会活动	利用信息渠道获取资料,解决学习生活问题,写简要研究报告,策划活动,分析活动主题,写活动计划总结,讨论身边问题,了解并查找运用资料的方法。

教师对不同学段的学习范围和学习方法能力明确后就基本确定了学生的“最近发展区”,这样就可以有针对性地对学生进行评价了。可进行的评价法为:

1. 态度能力表格评价法

在进行活动前,教师就应该告知学生,会对学生的哪些行为进行评价,这样学生就会有意识地强化该行为的发生,以此促进学生潜在发展区。如在教学小学语文三年级下第三单元综合性学习策略单元时,可以发给学生如下图表2的评价要素表格,每个学牛都可以通过评价要素表评价他人与自已在本单元以“中华传统节日”为主题的综合性学习。根据学生合作态度情况,基于“最近发展区理论”,制定一些具体评价梯度的规则,如可以制定“五星制”评价体系通过评一星至五星表示该评价的程度。如针对“是否收集信息、整合资料解决问题”这一合作态度的评价结果,教师可让学生根据小组成员或自己合作过程中收集信息、整合资料的多少分别给予一星或两星评价,对是否运用收集到的信息、整合资料解决问题给予一星评价。运用有梯度的评价,可以对学生在学习中所展现的态度与能力进行量化。基于“最近发展区理论”,更加细致地考查学生活动过程,促使新我不断再生。

表2 评价要素

合作态度	评价结果
是否主动发现并研究问题	
能否收集信息、整合资料解决问题	
能否根据占有的资料,形成独有的观点	

2. 评价活动过程

对于教师最迷茫的学生的活动过程如何评价,可以基于“最近发展区理论”了解每次综合性学习活动过程中各个环节学生的综合素养潜在发展区,将活动过程分解为项目确立、内容设计、探究方法、实践活动、合作能力、合作态度再确定每个过程体现的综合素养形成表三评价表。

在教学五年级的《遨游汉字的王国》时,有的小组确定了“有趣的汉字”项目,据此设计了字谜、谐音、汉字起源等内容,并明确小组分工,组内同学分别搜集资料、画插图、汇总手抄报，最终在班级互评与自评中综合素养表均获得五星好评。有梯度又明确的综合性学习评价促进了学生潜在发展区的发展。

表3　综合性学习中体现的综合素养

活动过程	综合素养
项目确立	项目价值
内容设计	内容的可探究性
探究方法	是否科学
实践活动	全程积极参与
合作能力、合作态度	默契配合，积极发现并解决问题

3. 评价主体的“互动性”“多元性”

“最近发展区”理论认为教师应用动态的方式去评价学生。动态评价不只是评价学生能独立完成任务的“现有水平”，还要评价成人的引导后或者与更有能力的同伴一起完成任务时所能达到的水平。

综合性学习需要教师评价学生，学生互相评价，学生自我评价。教师、学生间的交叉互评使评价更客观更具说服力，被评价者的参与度更高，接受度更强，同时也避免了过去教师“一言堂”的局面。避免了强加评价结果给学生，学生对评价理由无所知，导致评价失效的后果。基于“最近发展区”的动态评价理论让学生在互动中协商、沟通，这更有益学生对评价的接受。同时也要注意学生与教师在进行评价时，也要关注学生的“最近发展区”，考查学生在活动过程中是否得到了最大限度的发展，在下次进行活动时还有哪些能力可以得到发展。

4. 评价强化学生“自我参照”心理

在传统教学中学生在各阶段的发展情况体验是，总是与班级成员参照，考试评价体系的排名体现出的也是学生在班级中的名次，然而从“最近发展区”的理论出发，这样对学生的个人发展评价并不科学合理。应该更多用“自我参照”法，这种“个体标准”以个体的现实基础和条件（实际水平）为依据，是适合个体发展需要的内差性评价标准。这种发展的内差性与维果茨基的“最近发展区”理论不谋而合。

当评价的标准能够因人而异时，评价灵活性与个体性的特点也得将得到充分的体现，这种具有强化学生“自我参照”色彩的心理评价标准能促进学生的进步，笔者对自己的学生一直强调，请比昨天的你自己进步，学生跟自己比较，发展的目标不再遥不可及，学生更有信心更有动力发展进步。

综上，全面客观多主体多元互动的评价，才能更科学合理地反映学生综合性学习的效果。教学目标、教学过程与学业评价是一脉相承的，对学生进行评价的目的是更好地让学生获得发展，不要为了评价而评价。

除了上述各阶段的评价表格，也可以设计如下的百分制成绩表，让学生对每次的综合性学习情况有一个自我参照,并不断进步发展。

表 4　语文综合性学习成绩评定表

评价阶段	评价内容及比例		各项得分	总得分
进展性评价（40%）	平时表现（50%）	阅读笔记（20%）		
		活动表现（20%）		
		资料收集（10%）		
	与他人合作（20%）			
	调查报告写作（30%）			
总结性评价（60%）	活动成果制作（60%）			
	汇报展示（40%）			

四、结语

应用“最近发展区”理论指导教师进行小学语文综合性学习的评价,可以使教师更加明确如何评价学生进行综合性学习的过程、学习成果.教师通过运用有梯度的评价方法可以使学生的潜在发展区获得发展,语文综合素养得到提升。

参考文献

[1]中华人民共和国教育部制定.义务教育语文课程标准:2011年版[M].北京:北京师范大学出版社,2012.

[2]孟宏.最近发展区理论在国内应用的现状与思考[J].阜阳师范学院报社会科学版,2011(2):128.

[3]陆志平.新课程理念与语文课程改革[M].东北师范大学出版社,2002.

[4]倪文锦.初中语文新课程教学法[M].高等教育出版社,2003.

[5]刘淼.当代语文教育学[M]高等教育出版社,2005:239.

[6]Vygotsky,L. S. Mind in society:The Development of Higher Psychological Procsses. Cambridge,Massachusetts:Harvard University Press,1978,P. 86.

[7]吴庆麟.教育心理学[M].华东师范大学出版社,2001:9.

[8]Wink J,Purney L. A Vision of Vygotsky[M]. Allyn and Bacon:A persom Education Company,2002. 85-115.

[9]维果茨基.维果茨基教育论著选[M].余震球选译.人民教育出版社,2004:388.

[10]陈琦,刘儒德.当代教育心理学[M].北京师范大学出版社,1997,97-105.

小学低段语文游戏教学的有效性实践与运用

天津市天外大附属北辰光华外国语学校　朱希玲

摘　要：自国家开展双减政策以来，对于语文的学习，趣味性和有效性变得更为重要。如何向课堂40分钟要学习质量，是我们努力学习和研究的方向。对于天生爱玩的孩子来说，被各种游戏吸引是孩子的特点，那么如何让语文教学像游戏一样极具吸引力呢？在游戏教学中，学生能够不知不觉学到更多的语文知识，感受到语文独特的魅力和风采，该怎样设计研发、实施此款独特的"游戏"呢？本文主要研究小学语文低段游戏教学中存在的问题，以及在拼音、识字、阅读教学中游戏的实践与运用。

关键词：低段　语文　游戏教学　有效性

小学语文教学是对小学生的语文综合能力进行培养和锻炼的过程，也是至关重要的一门学科，能够广泛地开启他们的心智，对于他们今后的成长有着很大的奠基作用。小学低段学生还是以无意注意为主，对具体生动、直观形象的事物的注意占优势，注意力有明显的情感色彩。有效利用课堂游戏，提高学生的有意注意，以及语文课堂的学习效果，是一种十分有效的方法。

一、语文课堂中游戏教学存在的问题

1. 语文课堂过度追求游戏的趣味性

现如今教师为了追求课堂的趣味性，吸引学生的眼球，忽略了课堂的授课内容，随意加入游戏，以达到吸引学生注意力的目的，导致课堂教学效果差，甚至是缺乏语文的韵味，更抹杀了语文知识性学习和文学性的美感，使学生感受不到语言文字的美。

在观摩低段英语课时，我们发现英语课因为有各类各样的游戏，课堂气氛热闹、有趣。因此我们曾尝试在拼音教学中，运用英语字母的学习方式，来提高学生对拼音学习的效果。如在学习三拼音节时，笔者仿照英文学习方式找多名同学到前面来手拉手组成声母、介母、韵母，传递并且拼读出来，游戏相对于学习内容来说，虽具有学生参与的趣味性，但难懂、耗时长，消耗课堂时间，降低了课堂学习的时效性。因此游戏的设计不能过度追求趣味性，而忽略了课堂学习目标和学习效果。

2. 语文课堂游戏缺乏评价标准

我们在进行语文课堂游戏中,由于未曾出示游戏目标和评价标准,经常会造成游戏结果的无效性。如我们经常运用的男女生竞赛朗读的形式,提高学生朗读兴趣,但是比赛前没有评价标准,比赛后没有鼓励性总结,起不到真正游戏教学的意义。课堂评价只是以语言为主,方式少,过于单一,对于语言功底弱的老师,更难激发学生对游戏和学习的兴趣。

3. 游戏使用脱离时代发展,不符合学生心理状况

当代小学生接触到的世界五彩缤纷,玩具各种各样,动画游戏多姿多彩,但老师使用的课堂游戏基本停留在原有阶段,基本以"开火车""找朋友"等陈旧、单一的游戏为主,没有大的突破。根据皮亚杰的认知发展理论,游戏类型的设计势必要符合学生的心理需求和年龄特点才能真正有效,学生才能从游戏中感受到课堂的愉悦性和知识性。真正实现游戏教学的价值和意义。

二、语文课堂游戏教学有效性实施方案

1. 拼音教学中游戏的使用

在拼音的学习中要做到形和音相结合,会写、会读、会拼写、会分类。学生在学习过程中会感觉比较枯燥,对于约定俗成的拼读规则来说,更是难以接受,因此辅以游戏式的拼音教学至关重要。在游戏设计中学习内容要结合课程标准、教材来设计游戏,同时要明确游戏方法,提前说明游戏原则和奖惩措施,有效推动游戏的进行,使枯燥乏味的拼音学习变得形象、有趣,提高学生主动学习的积极性。

儿童天性爱听故事,部编版教材每组拼音的学习,都配以丰富的图画,我们可以结合图画来玩编故事的游戏学习拼音,学生能够快速融入拼音学习的情境中。在学习"ɑ、o、e"时,我们进行小组接龙讲故事的游戏,创编出《美好的清晨》这样的小故事,通过老师的引导,学生不只能结合图片学习,记住所学习的拼音的音、形,还能加入自己的想象,比如清晨小姑娘和公鸡的对话等。我们学习"d、t、n、l"时,还创编了《艺术节的门票》小故事,故事中需要大家一起努力学习拼音字形,看到了艺术节"n"形的大门,小姑娘舞蹈中高高举起的雨伞,伞把就像我们学习的声母"t",小男孩打的鼓正是我们要学习的"d",小鼓棒就是"l"敲出了美丽的音符,大家一起拼读音节,成功闯关获得艺术节门票。学习"ɑo、ou、iu"大家一起帮助图片中的海豹,营救小球的故事活动。我们还可以投入到故事情境中,让学生扮演其中的角色。如在营救小球时,需要学生扮演故事中的小猫、小狗,到黑板上正确标出老师要求的声调,以及区分"iu、ui"等难点,以快乐的方式引领学生主动学习拼音,轻松掌握知识点,体会学习的乐趣,获得成功的体验。

儿歌游戏可以让学生在说唱中既能熟读发音,也能识记字形,还能突破学习难点,如"刀切西瓜 x x x ,像个叉叉 x x x。"还能熟记拼音规则,如"j、q、x,真有

趣，从不和 u 在一起，它们和 ü 交朋友，ü 上两点要省去。”儿歌在运用过程中还可配合拍手、跺脚、起立、坐下等动作，让学生动起来，课堂氛围更好，课堂变得生动有趣，学生参与度高，记忆好。

在希沃白板中，学生对其中的课堂活动十分沉迷，每节语文课学生都会十分期待游戏。如在此类型题，xuán→(　)—(　)—(　)学生是最容易出错的，虽然知道拼读规则，但在音节分开后，往往会忘记书写小 ü 的两个点。因此我们可以充分利用希沃白板设计课堂游戏。充分调动学生积极性的同时，让学生主动思考，区分小 u 和小 ü，在音乐和比赛的氛围中，全体学生积极参与，并动脑思考。

在拼音教学游戏实施中要注意以下几点：第一，选择游戏的学生时，可以鼓励课堂表现优秀、专心听讲，积极发言的学生，或者用随机选择功能，让学生有期待，也能感受到公平性，甚至可以选择班级内拼音不是很好的学生，自由选择竞争对手进行比赛。第二，在游戏过程中，注意过程中的总结评价，其他同学要保持专注，谁发现了哪位同学出现了什么错误，可以再玩一次，鼓励学生讲明白哪里出错，牢固掌握知识点。第三，提高学生的参与度，结合教学重难点进行游戏设计。

2. 识字教学中游戏教学的有效性方案

对于低段小学生来说，汉字知识储备不足，理解能力弱，注意力时间短，而语文的汉字量大，学生在识记中易感觉枯燥、乏味、难记，容易懈怠、不感兴趣。游戏教学能有效地改善此类问题，提高学生主动参与识字的积极性。

在识字教学中，我们可以根据汉字的本身特点设计恰当的游戏，激发学生的学习兴趣。如“火眼金睛”游戏对比识字。教师的语言要充满童趣，如：“我们比一比谁的眼睛和齐天大圣一样亮呢？”同桌互相说一说两个字的不同之处，通过形象对比，区分识字，理解字义，比一比谁观察得更仔细，说得更有条理，这样不只能记住字，还能提高学生主动思考积极性和游戏成功体验的愉悦性。还可以设计“我是小老师”的游戏，小老师通过自己的汉字知识储备，到讲台前作为老师给大家讲解汉字构字原理，或给大家出字谜，调动学生说的欲望，弄清汉字特点。有趣的字谜，还能激发学生动脑思考的兴趣，提高汉字识记的趣味性。游戏中要求大家互相倾听，并适时进行补充,游戏过程中学生都会积极动脑参与,努力成为班级里的“汉字小博士”。

我们在上课时经常会进行集中识字,在课堂上我们也经常会用开火车的方法来读汉字或词语,查验学生的学习情况,巩固学生不会的字,但是很多时候学生会走神,不知道自己该读第几个了。此时我们可以设计“汉字炸弹”的游戏,其中一名同学选择一个自己认为比较难的字,可以在书中圈出来,其他同学轮流开火车选读黑板上的汉字,读过的字不可以再读,当读到这名同学圈出的字时,他要大声说“爆炸”,此时游戏停止,由被炸的同学讲解这个字的记忆方法,然后可以由这位同学再设置“炸弹”,课堂上大家会注意力集中,关注到每一个汉字,并能积累汉字识字方法,加深学生的记忆。

我们还可以利用多媒体设计翻字卡、爬楼梯、欢乐对对碰等游戏,其中“汉字消消乐”的游戏深受学生喜爱,这个游戏很适合合体字的学习,利用多媒体制作把汉字分成两部分,分散在屏幕上。游戏形式简单,对于低年级来说容易操作,只需要点击两个部分组成我们刚学的汉字,大声读出来就可以,需要学生到前面来操作,学生积极踊跃,每答对一个似乎上升了一级,很享受学习的过程。通过以上几种游戏方法的介绍,大家能发现,游戏识字教学的有效性要根据汉字特点,以及不同的类型,设计符合识记规律的游戏,才能更有效地发挥游戏教学的作用。

3. 阅读教学中游戏实施的有效性方案

阅读游戏教学是以游戏为手段,在阅读教学中调动学生主动参与学习的过程,提高学生学习兴趣的方法。它以实现教学目标为方向,让学生在快乐中学习。相对于识字、拼音来说,阅读教学更要体现文本的内涵,游戏的设计更为需要技巧,也更有难度。一般来说为了提高学生的参与度,我们在阅读教学中常用的游戏为“角色扮演”,类似于现在我们玩的“剧本”,引导学生以角色的感受和想法来理解文章内容。“剧本”的游戏,通常我们要结合文本的具体内容,让学生先熟悉剧本、创设情境,快速进入角色。

在《小蜗牛》一课中,我们可以在学生熟悉剧本后,抽取自己的角色,小组练习。然后选取代表上台表演,教师适时配上各个季节变化的景色以及相应的音乐,给学生戴上蜗牛的小帽子,表演时指导相关的动作、语气。学生似乎变成了小蜗牛,看到了四季的变化,感受到了四季的奇妙,实现了本课的教学目标。以游戏的方式开展阅读教学能激发学生的学习欲望,吸引学生注意力,更能加深学生对文章的理解。

“剧本”式游戏教学要遵循以下几个条件。第一,不能为了表演而表演,教学必须要遵循课文内容以及与教学目标的有效结合的原则。表演前要充分朗读课文,最好能够记住台词,以理解文章为主要目标。第二,表演过程中要注意课堂纪律,表演前出示表演规则,其他同学作为评委进行评价。可以模仿《我就是演员》这样的综艺节目,感受评委的重要性,全体学生都要参与其中。第三,表演中学生很难抓住课文角色的动作、语言、情感进行表演,教师要恰当地引导,运用多媒体、道具等方式,让学生深刻理解文章字词的用意,否则将会背道而驰。

在阅读教学中我们常常使用以读代讲的方式,来提高学生对课文的理解。为了提高学生的朗读的兴趣,我们很适合运用竞赛的游戏形式促进学生的朗读效果。比赛前先分小队,提出朗读要求,如朗读声音洪亮,读出愉快的语气等。三个小队提前组内自由思考如何朗读,并进行朗读练习,然后分别选出一个代表,进行 PK,其他同学和老师作为评委,可以进行评价,评价后在黑板上进行加分。教师可以根据学生朗读的情况,设计不同的段落或提出更高的要求,提高比赛的难度,再进行第二轮比赛。取得比赛胜利的小队,最后可以获得一次终极表现的机会。低段学生有着强烈的集体荣誉感和好胜心,学生们把自己放在集体中,用欣赏的眼光和负责的态度看待同学,感受到这是为自己而读,这样更能调动学生的朗读热情和朗读的准确性。游戏设计时一定要有相应的评价标准,老师也要能够掌控课堂节奏,游戏朗读的方向,实施时才会更有效辅助我们的阅读教学。

游戏教学的案例、方法不胜枚举,但务必要符合儿童心理特点,适应阶段性学习特点,遵循方法、实施得当。如果能够成立一个研发低段语文游戏教学的专业团队,包含更多有经验的一线语文教师,专门设计更多有效的语文课堂游戏,并配上相关的使用方法和使用技巧,并创设共享网站,做到全国语文教学资源共享,教师根据自己的使用情况,不断完善、提升,再上传新的游戏方案,优化游戏教学策略,相信小学语文中的游戏教学定会让语文学习极具魅力。

游戏教学有助于建立和谐的师生关系。恰当的游戏教学方法,能够燃起学生对语文学习的热情,让师生汇聚在沸腾的课堂中,穿越发现与创造的旅程,将生命的成长融合在快乐的游戏中,编制诗意的生活,让每一个语文课堂走向卓越。

参考文献

[1]龚雄飞. 龚雄飞与学本教学[M]. 北京师范大学出版集团,2019. 07.

[2]崔增亮. 汉字学与小学识字教学[M]. 人民教育出版社,2015. 10.

[3]李镇西. 做最好的老师[M]. 漓江出版社,2014. 4.

[4]李虹霞. 创造一间幸福教室[M]. 教育科学出版社,2015. 1.

[5]何捷. 我的魅力语文课[M]. 福建教育出版社,2016. 10.

[6]包佳艳. 小学低年级语文游戏化教学设计现状研究[J]. 上海师范大学硕士毕业论文.

[7]李苏琴. 游戏融入小学语文阅读教学的实践研究[J]. 语文教学研究,2020. 5.

小学四年级语文课堂中合作学习存在的问题及对策

天津市西青区逸阳文思学校　邱　红

摘　要:合作学习兴起于美国的20世纪70年代初,在80年代中期取得实质性进展。长久以来,我国小学语文课堂大多是填鸭式的课堂教学模式。于是,实现合作学习成为新课改的目标之一。合作学习旨在改变传统的学习模式,培养学生们善于思考、主动参与等学习品质。小学四年级语文合作学习在课堂实施的过程中都存在着一些不可避免的问题:小组的组建缺乏合理化、小组合作时纪律散乱、小组中的弱势群体被忽视、小组成员间的合作不和谐、对小组合作学习缺乏有效的评价标准等等。对此,四年级语文教师可采取有效的教学策略来解决这些问题。比如,提高对合作学习的理解和认识、提高分组的合理性、提高课堂调控的能力、关心弱势群体、提高小学生在合作学习中的参与效果、完善对合作学习理论的研究等。

关键词:四年级语文课堂　合作学习　问题　对策

一、问题提出

合作学习是指学生在小组中从事学习活动,并依据整个小组的成绩获得认可或奖励的课堂教学技术。也就是说,合作学习是以小组为基本组织形式,小组成员相互帮助,共同达成学习目标的活动。

合作学习旨在改变传统的学习模式和死记硬背、机械训练的学习现状,培养学生们学会动脑、善于思考、主动参与、乐于探究、积极合作等学习品质。合作学习不仅有利于良好师生关系的形成,也有利于学生个体的积极性和创造性的发挥。

然而,长久以来,我国小学语文课堂教学模式大多是灌输—接受式的,学生的学习方式比较单一,基本上是听讲—背诵—练习—再现教师的知识。所以,实现合作学习成为新课改的目标之一。于是作为改变学生学习方式的合作学习被渗透到小学语文课堂教学中。

二、小学四年级语文课堂合作学习过程中存在的问题

通过对文献的整理、对教师的访谈及本人在教学过程中的观察、了解和实验,笔

者发现小学四年级语文课堂中合作学习在实施过程中存在一些问题:小组的组建缺乏合理化、小组合作时纪律散乱、小组中的弱势群体被忽视、小组成员间的合作不和谐、对小组合作学习缺乏有效的评价标准等等。

1. 小组组建不合理

小组成员的人数分配不合理。我们知道,合作学习就是将学生分成小组进行学习。但怎样分组,组中应有多少成员,这些问题是没有被考虑进去的。

小组成员的性质分配不科学。在四年级语文课堂的合作学习中,小组成员的学习能力和积极性等品质未被考虑进来。有的组内成员学习都较好,讨论回答问题的积极性都较高;有的小组内成员学习成绩都较差或是不积极主动回答问题,这样合作学习的效果就远远不如前者。

2. 小组的纪律散乱

合作学习旨在改变传统的学习模式,培养学生们善于思考、主动参与等学习品质。这给了四年级学生们充分的自由和表现机会。于是我们看到,在小学四年级语文课堂实施合作学习时常常会出现一片热闹的讨论景象。比如在教《猫》这篇课文时,我利用教扶放的教学模式,让孩子们去发现“大猫”的古怪之处,在讨论这个问题时,我感受到了教室里的热闹:讨论的声音,嬉笑的声音,桌椅碰撞的声音充满整个教室,教师的声音也会被掩盖。这样纪律散乱,缺乏监控的合作学习达不到真正的学习效果。

3. 弱势群体被忽视

笔者发现四年级小学生在语文课堂的合作学习中,经常是学习成绩好的或者是性格外向的同学在组内起主导作用。

弱势群体是指在合作学习过程中参与较少,容易被忽视的那部分同学。他们在合作学习中参与度低,浪费了良好的学习机会。

这种小组成员参与度不均衡的合作学习,不仅不能发挥合作学习的作用,促进学生的个体发展,可能还会造成两极分化,不利于班级整体学习效果的提高。

4. 小组成员合作不和谐

在小组合作中,经常会出现部分小组成员不合作、不分享、一人扛的现象,这必然会影响合作学习效果的发挥。“不合作”的同学往往依赖组内其他成员,自己不思考不参与;“不分享”是那些合作意识有待加强的同学,他们缺乏独立思考的能力但又不能很好地参与到小组合作中来。“一人扛”是指在小组中起主导作用的同学,他们大多是学习成绩较好表现欲强烈的同学,在老师布置的任务中,他们思维敏捷,反应速度快,容易忽略组内其他成员的观点。这三类学生特点的存在,使得合作学习达不到共同进步的目标。

5. 缺乏有效的评价标准

如何把握合作学习实施效果的评价标准仍需不断完善。笔者认为,针对不同的合作学习方式，评价标准也应随之发生变化。

评价标准中仍有一些问题。例如，学校管理者在评价合作学习的时候，只注重表面的东西。教师在评价合作学习时，只注重讨论结果是否和答案相似或相同，而那些在讨论过程中生成的新问题则得不到教师的反馈。

三、小学四年级语文课堂合作学习产生问题的原因

笔者主要想从教师、学生两方面来进行分析。

1. 四年级语文教师的原因

首先，教师对合作学习的认识不足，造成小组的组建不合理。很多教师对于合作学习的理论没有更好地解读和消化，对于合作学习的实施只是靠自己在教学中积累的经验，以致小组成员的人数和性质分配等不够合理。

其次，教师缺乏对合作学习调控的技巧，造成小组纪律散乱。例如在一节四年级语文《普罗米修斯》的课上，教师让学生们讨论：如果大力士赫拉克勒斯没有去救普罗米修斯，那么谁会去救普罗米修斯，并说出你的原因。学生们显然对这个问题很感兴趣。在合作学习中，各组内大部分同学都你一句我一句地讨论起来，一小部分同学则打着讨论的幌子做其他的事情。教师在学生们中间巡视，有的小组问老师问题，老师在给该组解决疑问的过程中，其他小组就会有嬉笑搞小动作的情况发生。由此可见，教师对于合作学习调控的技巧和能力还需进一步提高。

2. 四年级学生的原因

小学生对合作学习是很乐于参与的，但对于合作学习的本质要求仍不甚了解。另外，小学生缺乏合作学习的态度、能力和技巧，也使他们合作学习的和谐度不够。笔者发现，四年级学生并不知道怎样较好地进行合作学习。他们普遍缺乏合作的意识，不知道如何倾听，如何与他人交流，如何解决合作学习中的问题等。

四、小学四年级语文课堂中合作学习的问题对策

基于以上的问题，四年级语文教师可采取有效的教学策略来解决这些问题。比如，提高对合作学习的理解和认识、提高分组的合理性、提高课堂调控的能力、关心弱势群体、提高小学生在合作学习中的参与效果、完善对合作学习理论的研究等。

1. 增进理论认识

第一，提高四年级语文教师对合作学习的理解和认识。教师要掌握其定义、操作方法和评价标准，用正确的理论指导实践。四年级的语文教研活动，我们就以小组合作学习的方式去完成《观潮》的教学。课堂环节分别是课前预习—课上检查预习—分组交流学习收获—小组展示—学生点评、补充、教师点拨、小结等。

第二，提高四年级学生对合作学习的理解和认识。教师可以在教学中渗透合作学习的理念，帮助学生更好地理解合作学习的意义，也要多组织类似的学习活动。在

执教《精卫填海》时，我让学生查阅了精卫、炎帝等神的资料，有的用文字，有的用图画向同学们进行汇报展示，这样既培养了学生查阅资料、搜集整理资料的能力，又加深了对课文内容的理解。学生对这类作业也非常喜欢。

2. 进行合理分组

首先，教师应根据不同合作学习的目的、要求及要达到的效果，对小组成员人数进行合理分组。其次，教师应根据学生的性质差异进行合理分组。小组的构成是合作学习实施是否有效的至关重要的因素。

在执教《母鸡》这一课前，我将班级同学按异质分组的方式分成若干小组，小组内可以达到优劣互补，小组间可以达到水平相当，实现组内互学、组间竞争的良性局面。根据性别、性格、特长、爱好等因素合理分组，分完组根据情况小范围微调。每组设小组长一名，明确组员在小组中的角色。根据小组成员的优势进行科学分配，促使小组成员人人有事做，从而充分调动每一个学生的主观能动性，提高合作品质。

3. 提高调控能力

语文教师应提高对学生合作学习调控的技巧和能力。首先要充分备课，设计好课程中哪个环节需要进行合作学习；其次，要监控好合作学习的实施过程；再者，多预想学生讨论结果的多样性。语文教师要紧密结合教学目标，使学生们真正达到合作学习的效果，而不做表面功夫。

例如，在执教《诺曼底号遇难记》时，教师要根据课标的要求以及本单元、本课时的重、难点，制定学生的学习目标。根据教学目标，教师设计小组合作学习的活动内容。教师要设计有价值和符合课程标准的问题，让学生在小组学习中探讨完成，形成小组最终答案。同时，教师要针对教学目标设计教学“评价标准”，通过评价标准来检测小组合作学习的有效性。

4. 关心弱势群体

教师应关心班内的弱势群体。在一节《王戎不取道旁李》的公开课上，一位教师借别的班上课，在汇报讨论结果时，由于对班内学生不了解，他随便选了一个小组中的一位同学来回答，可是这位同学迟迟不说话。这时该班的班主任对讲课教师摇手示意，表明这位同学回答不上来改换他人。虽是个小插曲，但也能说明一些问题，班内弱势群体的存在以及教师对他们的态度。由此可见，教师应重视班内弱势群体的存在。

针对这一群体，教师应该设计面向全体的问题，让每一个学生都能得到有效地发展。例如：王戎是谁？这是选自哪里的故事？王戎发现李树有什么特点？

5. 强化参与效果

强化四年级学生在语文课堂合作学习中的参与效果。要做到这一点就要培养学生合作的态度、技能和技巧。由此，教师在日常教学中应利用榜样的作用，感染更多的同学。合作学习态度差的同学，教师应给予一定的警示。教师要提倡学生勤于思考、敢于发言;善于倾听、学会合作;遵守纪律、服从领导等。在执教《一个豆荚里的五粒豆》时,我设计了小组合作任务单。每个小组通过合作学习取得成绩,同组成员成绩相同,以此激励小组的合作学习;用合作评价表评价小组的学习。通过民主商议等方法,设立小组、组员必须遵循的纪律约定,完善小组奖惩制度,教师要加以引导。

参考文献

[1]卢红.从传统学习到合作学习[J].教育理论与实践,2002.

[2]国际21世纪教育委员会联合国教科文组织总部中文科译.教育——财富蕴藏其中[M].教育科学出版社,1996.

[3]小学小组合作学习存在的问题及其策略的研究[D].辽宁师范大学,2005.

[4]王坦.合作学习　原理与策略[M].北京:学苑出版社,2001.

[5]高艳.合作学习的分类,类型与课堂应用研究初探[J].教育评论,2001.

[6]王坦.合作学习导论[M].北京:教育科学出版社,1994.4

[7]刘福泉.合作学习探究[M].北京:海潮出版社,2001.2.

[8]王笃勤.小组合作学习行动研究[J].国外外语教学,2004.

[9]马兰.合作学习[M].北京:高等教育出版社,2005.

[10]郭学锐.课堂小组合作学习中弱势群体现象的审视.[J]课堂教学,2012(3).

[11]文涛.论有效的课堂小组合作学习[J].教育理论与实践,2002.

[12]周俊.论小组合作学习与学生主体性发展[J].教育科学,1998(3).

[13]郑文洪.合作学习存在的问题及对策[J].云南教育,2002(26).

[14]曾琦.合作学习研究的反思与展望[J].教育理论与实践,2002.

核心素养视角下小学低年级学生语文能力培养策略

天津市东丽区逸阳文思学校　商信嘉

摘　要:小学低年级学生在学习语文知识时容易被长篇大论的课文内容、枯燥单一的识字过程迷惑,对语文科目产生厌学心理。基于此教师需要以培养学生语文学习能力为目标,在素质教育背景下为学生提供更多元化的教学服务,引导低年级学生在这一重要启蒙时期建立对语文学科的兴趣,促进语文核心素养的发展。从提高学生思维能力,语言能力以及写作能力三方面出发,引导其在学习语文知识时具备小学生必备品格与关键能力。

关键词:小学语文　核心素养　能力培养

引　言

语文核心素养包括学生语言建构与运用、思维品质发展与提升、文章审美鉴赏与创造以及对传统文化传承与应用等。这也是现如今社会发展背景下对学生教育所提出的全新要求,学生只有具备核心素养,才能在未来有可持续发展的基础。一年级正是学生实现语文启蒙的重要时期,教师需要以培养学生核心素养为主要目标,通过开展创新教学,奠定学生的文化基础和品质基础,让学生既具备语用能力,又能灵活掌握学习技巧。

一、培养低年级学生语文能力的必要性分析

小学低年级学生正处于基础学习阶段,除了要夯实自身的学习基础,还应该对各项学习能力进行提升,教师在关注学生学习的同时,也应积极培养学生各项能力,引导学生具有健康快乐的成长回忆,在生活中有能力解决各种问题,提高社会适应性,具备与人沟通交往、理解对方说话含义的基本素养。因此,在小学语文学科教育过程中,教师首先需要对学生的语言建构运用能力进行教学研究,通过调整教学方法,培养学生对语言文字的学习兴趣,让学生在认字阅读等环节有更高的参与积极性,对自身语言建构、语用能力的发展有足够的重视。

其次,教师还应对学生的思维能力进行培养,具备敏捷全面的思维,学生之间的

交流才能更加顺畅,在语文课堂上也会有更加积极的表现。教师所采取的各项教学措施均需要学生予以配合,从思维层面入手,对学生进行培养更有助于教师巩固教学之本,在立德树人根本教育要求背景下,学生具备正确学习思维,才能有更开阔的视野和更积极的思想,反映教师的教学号召,积极从自身做起,在积累基本知识的过程中具备主动思考意识。

最后,教师要积极培养学生的写作能力,在低年级阶段为学生打好写作基础,让学生在后续的学习过程中运用更加简练精辟的语言,写出优美的文章,掌握语言应用规律,具备更高层次的语文能力。

二、核心素养视角下小学低年级学生语文能力培养策略

1. 朗读品味意境,培养思维能力

积极培养学生语文核心素养,要以培养学生思维能力为着手点,通过对教材透彻分析、总结并提取语文要素和有利于学生思维发展的方向,从而让学生对语文这一学科产生探究兴趣,才能进化出对生字生词以及简单文章的独到见解。培养学生语文能力的基础是引导其具备灵活思维,从而为多层次地理解有深度的文章打基础。

以课文《狐假虎威》为例,教学过程中,我充分调动学生的想象思维和创造思维,从人物动作、心理以及事情发展过程找到能够让思维聚焦的入手点,从而为理清思维逻辑构建思维网。

我先让学生整体感知课文了解事情发生发展的过程,然后学生用自己的话概括,锻炼了学生的归纳能力,然后分别找到狐狸的动作“窜过”和老虎的动作“扑过去、逮住”进行对比,询问学生感受,对比突出狐狸的弱小和老虎的凶猛,常规思维都会认为狐狸会被吃掉,但通过开始的整体感知可知结局和开端形成极大反差,这时狐狸的形象让学生有了新的认识,再次朗读课文重点词句和段落时就会更加准确而生动。

通过对比思考,学生的思路更加清晰准确,为理解人物和课文提供了方向。接下来,我将学生思路聚焦于“狐狸是怎样骗到老虎的”,通过理解狐狸的神态,揣摩人物心理,有层次地引导学生发现狐狸的骗局,巧用比较和创造性思维展开思考。学生们通过词语“扯着嗓子”,体会狐狸在虚张声势;从“眼珠子骨碌一转”,发现它想办法虎口逃生;最后狐狸带领老虎到百兽面前走一趟,表现出“神气活现”“摇头摆尾”和“大摇大摆”,我引导学生观察书中插图,通过人物神态和动作揣摩心理活动,理解词语意思后,把词语放回文中再加上动作读得生动有趣。让学生辩证地感受狐狸临危不乱的聪明机智,进一步提升自己的思维能力。

对低年级的儿童而言,通过角色扮演的形式能够让他们的思维更加活跃,再加上自己对人物形象的理解,刻画出的人物更加饱满。这节课最后,我安排了“森林小剧场”的表演环节,不仅有主人公狐狸和老虎,还让班级其他同学扮演森林中小动物们的角色,整个过程学生们身临其境,情绪高涨,再一次体会了人物心理和故事发展过

程，这又是一次想象力和创造力的培养，对学生的思维能力培养大有裨益，并以此来带动其语文素养的螺旋式上升。长此以往，学生的语文能力会在一次又一次的实践中提升，思维能力也会有着相应发展，二者相辅相成。

教师在核心素养视角下培养学生语文能力的过程中，需要积极应用学生的自身条件，围绕学生的思维力量进行设计教学创设更加积极的学习情境，引导学生在朗读课文的过程中用心感受语文知识的美好，由内而外散发出对语文学科的喜爱。学生对语文学科会有全新的认识，逐步提高语文审美素养，具备深度理解课文的能力和更高水平的审美情趣。

2. 触发语感理解，培养语言能力

低年级学生在阅读课文时不够流畅生动的主要原因是缺乏语感理解能力，在构建语音框架的过程中缺乏扎实的文化基础，因此，教师需要在核心素养视角下，对学生进行语言能力培养。从表达入手引导学生用正确的学习方法识字写字，在掌握一定学习规律后正确流利地朗读课文，在积累过程中逐渐找到语感，触发深层次的理解思维，逐步提高语言表达能力和课文理解能力。

以《植物妈妈有办法》这篇课文为例，教师首先要从课文的主旨内容和基本形式入手，引导学生对诗歌这一文体形式进行认识和理解，并对诗歌本身表达人与大自然的密切关系进行基础思考，这样才能在后续学习和理解的过程中，结合自身的思考前提进行对比，以更快的学习效率，跟上教师的教学节奏。该篇诗歌朗朗上口，集知识和趣味于一体，对学生来说有着较大的吸引力，更有益于教师在课堂中培养学生语言表达能力。活泼好动的低年级学生，具有活跃的思维能力和较强的表现欲，教师在课堂中需要给予学生充分的表现机会，引导学生在朗读的过程中，对诗歌中形象的比喻和拟人手法进行理解，用不同的语气对具有该两种手法的语句进行朗读。这既有益于学生区分和认识这两种修辞手法，又能让学生触发语感，深化对这篇诗歌的理解，让富有节奏感的明快朗读形式促进记忆。在培养学生朗读语感时，教师需要抓住课文中的重点词句对学生进行学习引导，让学生掌握朗读技巧的同时也能开动脑筋，乐于发问，用质疑的方式进行后续的学习，对课文有更加深层次的了解。

大部分低年级学生对大自然的奥秘充满着探究欲望，因此教师在培养学生朗读语感和语言表达能力时，需要利用学生的这一特点，鼓励其进行积极表达。输出自身想法的同时，强化学生的思维运转能力，让学生掌握语言与思维的联动，逐渐具备更扎实的学习基础，在后续的课文学习过程中，能积极主动配合教师完成课堂任务，主动思考，养成良好学习习惯。

3. 注重文采积淀，培养写作能力

写作能力对学生来说是学习的重难点，低年级学生需要从看图写话学起，掌握语言使用的方法和技巧，为后续大作文的创作奠定基础。在培养一年级学生写作能力时教师需要从积累角度入手，注重学生在课堂中的文采积淀，鼓励其将课文中或课外阅读、与人交流时积累到的好词好句进行集中整理，作为写作的素材进行合理应用。写作的重要基础是积累，低年级学生正处于活泼好动的时期，有着更为丰富的想法和更多新奇有趣的经历。教师需要为学生引入更多写作手法，将学生脑海中的故事进行生动形象的呈现，让学生体会到文字的魅力。

以《胡萝卜先生的长胡子》这篇课文为例，教师在课文讲解过程中要引导学生边感受边阅读，根据故事的内容开展丰富的想象，具备续写故事的能力。在缺乏写作基础的学生眼中，每个故事都有不同的样子，教师首先要了解学生眼中故事的雏形和框架，其次要启发学生的故事思维，让学生在想象故事后续时逐渐找到自己的写作风格。该篇故事以胡萝卜为引导，教师也要应用多媒体教学设备为学生展示胡萝卜的图片，让学生首先定义对胡萝卜的印象，在具有刻板印象的前提下，阅读该篇课文，丰富的好奇心和缺乏生活经验的年龄阶段，都会让学生在阅读过程中充满着期待和想象，教师在学生阅读时也要鼓励其在小组内进行适时交流，通过阅读和交流了解故事基调，为后续的故事创作奠定基础。同时教师也要提醒学生对故事中的重点字词语句进行勾画，及时了解故事发展进程。

每个学生阅读故事都有不同的角度，在千人千面的前提下，教师要引导学生积极主动了解故事情节的发展，具备边阅读边预测的能力，在充分了解故事梗概后，对后续可能发生的内容进行深刻理解和充分想象。既要让学生所续写的故事，符合整篇故事的逻辑，又要突出学生本身的写作特色。这样才能让学生体会到写作的乐趣，在不断地阅读、写作、积累和学习过程中，有更具特色的文采。

三、结语

培养学生语文能力的根本目的是让学生学会思考，学会学习。教师在创新教学的过程中也要传输让学领思的教学理念，鼓励学生从思维角度对知识进行透彻理解，既要掌握牢固的知识内容，又要提升自身学习能力，在低年级阶段养成良好学习习惯，对语文学科有更浓厚的探究兴趣，为后续的知识学习和能力提升做好铺垫。

参考文献

[1]王文梅. 基于核心素养视角下的小学语文课堂教学策略[J]. 读天下：综合，2021(12)：0173-0173.

[2]王习艺. 核心素养视角下小学语文写作教学的策略探究[J]. 中学生作文指导，2021(31)：1.

[3]莫学昭. 核心素养视域下小学语文语感培养策略[J]. 好日子，2021(25)：1.

恰当运用形成性评价，提升口语交际水平
——以统编小学语文四年级下册《与朋友交往的秘诀》为例

南方科技大学教育集团(南山)第二实验学校　史　可

摘要：形成性评价是对学生的学习过程进行的评价，旨在开发学生的潜力，改进和发展学生的学习。口语交际作为一种运用言语进行交流的互动活动，在教学过程中需要就其过程进行评价，以促进学生口语交际能力的发展。在评价过程中，需要结合教材，确定教学目标；结合目标，选定评价维度；借助评价，渗透反思写作。

关键词：小学语文　口语交际　形成性评价

口语交际是人与人之间在特定的情境中使用言语进行的交流与交往的一种传递信息、交流思想、表达感情的互动活动。口语交际教学是一种言语上的交流，是学生思维的语言化表达，是一种特定主题与情境的日常交流。在日常教学中，有些教师缺乏系统化的指导，使得口语交际教学不甚完善。由此，形成性评价对提升学生的口语交际水平起着重要作用。

一、形成性评价的内涵

形成性评价是对学生的学习过程进行的评价，旨在开发学生的潜力，改进和发展学生的学习。

在形成性评价的过程中，评价者的主要任务是对评价对象学习过程中的表现、所获成绩等外在要素，以及在学习过程中体现出的情感态度与所采用的策略等内在要素做出的评价。形成性评价的目的是激励学生学习，帮助学生有效调控自己的学习过程，使学生获得成就感，增强自信心，培养合作精神。

从形成性评价的概念和要素上看，其符合口语交际的教学要求，能够对口语交际的活动过程加以反思评价；符合课标对口语交际做出的评价要求，可以帮助学生省思自己在交流中的表现，且更符合口语交际灵活性的特点。因此，形成性评价在口语交际教学中发挥着重要作用。

二、形成性评价运用于口语交际教学的必要性

1. 课标要求

《义务教育语文课程标准(2011 版)》中提到,口语交际的评价,须注重提高学生对口语交际的认识和表达沟通的水平,考察口语交际水平的基本项目可以有讲述、应对、复述、转述、即席讲话、主题演讲、问题讨论等。第二学段口语交际主要评价学生日常口语交际的基本能力,学会倾听、表达与交流。

由此可看出,口语交际的评价,着力点在于提高。以往的纸笔测验形式,即在试卷上呈现某个口语交际的场景,请学生在横线上将想要说的话写上去的方式难以使学生的口语交际水平得以提升的。定量的评价、终结性评价都无法使学生日常口语交际中的倾听、表达、交流能力得到全方位的呈现。

2. 口语交际活动的性质

口语交际是人与人之间在特定的情境中使用言语进行的交流与交往的一种传递信息、交流思想、表达感情的互动活动,言语也不仅限于口头语言,同时还包括肢体与表情语言信息。从口语交际的概念界定角度出发,口语交际具有互动性、情境性、即时性、合体性。

口语交际是听说双方的互动过程。情境性即特定的主题或场景,口语交际是一种发生在特定情境之下,并受其影响的活动。即时性表明口语交际不是一个可以拉长时间代沟的活动,与此相反,交际存续的关键则是交际者在交际情境和过程中发生的即时应对与调整。与书面表达不同,口语交际的重心并非完整,而是即时。合体性是指信息传递与语言要素的丰富性两方面。交际情境中的个体需要在一定时间与空间场景内完成信息的输入与输出,并进行有效传递。此外口语交际不仅可以借助口头语言作传递媒介,还可以借助肢体与表情等实现表情达意的目的。

3. 形成性评价的优势

(1)评价标准更加细致,有助于反馈和改进

相较于终结性评价,形成性评价更细致地划分了口语交际的能力要素,使得各方面的水平清晰可见,同样使得反馈和提升更有针对性。

(2)多元化的评价主体丰富了评价维度

以往教师作为独立的评价主体对学生的口语交际任务表现进行评价时往往只能看到个别学生在展示环节所体现的能力。一方面受到评价维度的限制,难以对学生的过程性表现加以相对全面的衡量;另一方面真实性有待商榷。将学生、家长等角色加入评价体系之后,丰富了评价主体的多元性的同时也使得口语交际的即时性特点得以发挥,一定程度上打破了时间与空间的限制,使学生的能力提升更加有效。

三、形成性评价运用于口语交际教学的实践

以统编小学语文四年级下册第六单元口语交际《与朋友交往的秘诀》为例,进行

形成性评价设计案例如下，下述案例将分别呈现形成性评价的实施步骤与内容。

1. 结合教材，确定教学目标

本单元口语交际的主题为：与朋友相处的秘诀。按照口语交际水平的基本项目来看，这是一个问题讨论式的口语交际任务，其中涉及讲述、应对、复述、转述等多个任务。该主题要求学生分小组进行讨论，至少提出三条大家认为最重要的意见并进行汇报。讨论过程中要进行小组意见的整理和汇总。

由于教学评价的设计与教学目标紧密相关，因此在进行教学评价设计之前须先陈述本课教学目标设计。教学目标如下：

①根据讨论的目的，记录重要信息；

②分类整理小组意见，有条理地汇报。

2. 结合目标，选定评价维度

在确定教学目标之后，结合该学段口语交际形成性评价表进行评价维度初步筛选，筛选后呈现为下表：

表 1　第二学段口语交际形成性评价表

班级：姓名：　　内容（次数）：　　等级：

形式	一级指标	二级指标	星级	交流记录
选评 （　　）	交际表达	语言规范		评价描述：
		音量适中		
		说话有礼貌		
		表意准确		
	交际合作	态度自然大方		
		能主动交流		
自评	交际准备	有表达的自信		评价反馈：
	交际获取	听清主要内容		
		认真倾听并思考		
		认真记录发言内容		
	交际合作	乐于参与交际		
使用说明	本表每项采用三星级评价，最高为三星，最低为一星； 最终根据星级比例确定最终优秀、良好、合格等级。			

注：改编自李新会《小学语文口语交际形成性评价的实验研究》。

3. 结合评价，渗透反思写作

形成性评价的意义在于改进，而要实现这种评价方式的意义，便需要学生参与评价和反思过程。《口语交际形成性评价表》使得学生在教学活动后从交际表达、交际合作、交际准备、交际获取等方面了解自己的大致表现，这时教师可引导学生就口语交际评价表进行反思性写作,将表格中的星级评价转化为段落式文字表述,例如学生撰写反思日记,对自己在口语交际活动中的各方面表现加以总结。以下是部分学生在反思性写作中的表达:

"有些同学说得很有条理,如果我能在后面一点,多些准备时间,应该可以讲得更好吧!"

"我们小组同学的汇报很成功,尤其是在交际合作上,第一名同学说完之后后面的同学汇报得更加流利,还加入了一些语气词。"

"我们组的表现有以下优点:主题明确,不会偏题;不会过多地添加额外内容;在很短的时间内能给人留下深刻的印象。"

从上述内容可以看出学生在评价后的反思性写作有助于其提升内省意识,真正达到从评价中了解提升方向,获得更针对性的自我目标。

四、形成性评价运用于口语交际教学的启示

将形成性评价运用于口语交际教学的实践是一种多视角评价观的渗入,从这一评价方式中可以得到如下启示:

1. 根据不同的教学内容选择恰当的评价方法

根据教学内容与教材要求选择适宜的评价方法有助于教师全面诊断教学效果。评价具有诊断作用,是一种对学生态度、能力等方面相对全面的观照。语文教学中的基本能力为听、说、读、写,这四种能力所适应的评价方式是具有差异性的。因此在设计教学评价之前要充分考虑所要评价能力的特殊性,考虑教学目标的多种元素,从而制定与之相适应的评价方法,通过评价了解学生学习的情况,从而为教学反思提供事实依据,继而引导下一步教学设计的修改。

2. 将评价的权利适当交给学生

评价主体的多元性有助于丰富评价视角,使之更加充实有效。将评价的权利交给学生,也就意味着在一定程度上促进了学生对自身学习的反思,更加了解自身的优势与不足,从而改进学习,提升效果,促进发展。

3. 评价以促进学生的发展为最终目的

评价的目的不是为了给学生定性或分级,不是为了给学生的学习效果烙上一个固定的标签,而是为了发现教与学中的不足,并在此基础上做出改进。因此在设计教学评价的过程中应充分考虑学生的能力水平是否得到一定的发展。在形成性评价的过程中,学生从自身绘本学习过程性结果的整理与归纳中可以看到自我的成长与进步,更容易以一种全面的、积极的眼光看待学习,这给学生自我评价提供了真实的依托和参照。

浅析部编版小学语文教材中的中华传统文化元素类型及转型期教学策略

天津市西青区逸阳文思学校　孙　正

摘　要:了解中华优秀传统文化元素在部编版教材中的分布情况与特点,从而知晓在学生不同阶段对此元素所要学习的类型与教学方式是极为必要的。中国传统文化结构可划分为表层结构和深层结构两个层面,一二年级教材的传统文化元素呈现出以歌谣为载体,以识字为目的,以贴近生活为特征,以物质文化为内容的阶段特点,为表层结构。五六年级的传统文化要素则呈现出物质文化与人文精神共存,气节情操同艺术审美并举的繁荣风貌,渐入深层结构。文化由表层结构向深层结构的转型出现在三四年级,针对转型期的学情,笔者提出了基于系统性、梯度性、连贯性和延展性的教学策略,旨在实现全局观下有的放矢的教学。

关键词:传统文化　部编版　教学策略　转型期

习近平总书记曾提出:“文化自信是更基本、更深沉、更持久的力量。”在这一自上而下倡导传承中华优秀传统文化的背景下,将中华优秀传统文化渗透在课堂中也成了教育领域,乃至每个一线教师的责任。

笔者在语文教学实践中,对部编版教材的认识与实践不断加深,也因此注意到,由于中华优秀传统文化的容量、广度、深度都令人叹为观止,因而在实际教学中,教师们存在“眉毛胡子一把抓”的困扰——一方面与教师个人的中华传统文化储备有关(如果教师的中国古典文化积淀有限,则进行相关知识点的教学时,很难进行横向关联和纵向延伸),另一方面则与教师对教材的内在逻辑和系统性认知不全有关(教材正是给予教师以抓手,通过教材系统来建构学生对中华传统文化的认知体系)。

本文旨在通过援例分析中华传统文化在不同年级呈现类型之不同,并据此探讨转型期的教学策略。

一、中华传统文化元素类型分析

通过对部编版小学教材中六个年级十二册书中涉及中华传统文化元素的课文梳理,可以发现,由于六年级下册新增了“古诗词朗读”这一模块,六年级教材中的传统文化选文数量最多，其次又以一年级、四年级和五年级篇目最多，大体上呈现一种逐年递增的趋势。

一年级教材中的传统文化内涵丰富而深厚，但其主要目的仍是服务于识字写字教学的。通过对“天地人口耳目日月明”这些汉字的学习，学生对汉字文化中的象形字、会意字有了粗浅的认识。教材中大量的儿歌和童谣，这契合低龄儿童的学习特点，通过朗读，学生逐步体会汉字音韵美、节奏美，激发学生对语文学习的兴趣，也使学生初步感受传统文化在形式上的多样性。

二年级承接了一年级的识字任务，集中体现在下册识字单元的歌谣形式和形声字内质的结合。随着学生阅读能力的增长，迎合该阶段的爱好故事的心理特点，成语故事、寓言故事、历史故事、神话故事大量出现在课文中。

三年级的传统文化元素是整套教材中最少的，不过却具有两个开创性的设置，一为文言文的初登场，二为传统节日为主题的综合性学习。二年级涉及的传统节日、中国美食，三年级的造纸术、赵州桥和《清明上河图》都属于我国丰富的物质文化。

四年级的传统文化元素基本表现在人的思想意志和道德情操，多采用英雄人物为中心的历史故事和神话故事为载体，文言文与古诗词也同样体现这一主题。

五六年级的传统文化元素异常丰富，既以综合性学习形式总结了一二年级的汉字文化，又涉及圆明园、故宫博物院的建筑文化、京剧戏曲文化、草原少数民族文化、节日民俗等。其中最有特色的是《少年中国说(节选)》、四大名著单元和大量的古诗词——这些是纯粹的文学艺术作品，直接体现中国古代传统文学的艺术风格和审美情趣。

最集中体现中华优秀传统文化精髓的是诗词与文言文，古诗从一年级下学期首次出现，二年级每册书设置两课《古诗二首》，三四五年级每册书设置两课《古诗三首》或《古诗词三首》，四年级正式出现词，六年级多了诗词诵读模块和一首律诗。其难度呈现出螺旋上升的趋势，低年级所选编的古诗词内容理解起来较为浅显，多为咏物抒情、赞美自然，而高年级的古诗词内容则更为丰富且富有哲理，有托物言志、思乡忧国、感怀哲思之意。文言文则是从三年级首次出现，每册一篇，从四年级开始每册设置两篇以上。

二、传统文化元素转型期分析

根据李宗桂的《中国文化概论》，中国传统文化结构可划分为表层结构和深层结构两个层面。一二年级教材的传统文化元素呈现出以歌谣为载体，以识字为目的，以贴近生活为特征，以物质文化为内容的阶段特点，多为表层结构。而五六年级的传统文化要素则呈现出物质文化与人文精神共存，气节情操同艺术审美并举的繁荣风貌，渐入深层结构。

从对了解物质到理解精神，从认读识字到品读文学，从源于生活到贴近古人——

这一转型在形式上是显而易见的,在内质上是趋向深刻的,而这一转型正是在中年级实现的,故而三四年级就是笔者所说能起到承上启下、自浅入深的转型期。

这一转型首先可以从传统文化元素的形式看出,进入三年级后,识字教学已不是核心任务,而学生的阅读能力与识字量也在与日俱增,因而歌谣退出了舞台,文言文则开始亮相——这实际上奠定了往后传统文化教学阵地的主要架构,即诗词、文言文、古代故事,还有占比少一些的说明文。

从内容上看,三年级负责承上,而四年级则负责启下。三年级的传统文化元素在教材所占比重是最少的,这就像转弯处的降速。三年级的传统文化教学仍然以物质文化这一表层结构为主,文言文教学重在消除学生的抵触感,培养兴趣,而诗歌主题则基本是描写自然风光,另一类诗歌则服务于传统节日这一综合性学习活动,该单元内的《赵州桥》《纸的发明》等也无一例外都是物质文化,尽管祖国河山和伟大发明都足以唤起一种民族和国家自豪感,但这种情感仍然是自然的,浅显的。

四年级则大不相同,《题西林壁》《雪梅》等都从平凡的事物中引发出了哲思,《出塞》《凉州词》等都抒发了强烈的爱国情感,女娲、精卫、盘古、纪昌、西门豹都有着卓越的精神德操,《囊萤夜读》《铁杵成针》也赞美了勤学刻苦的意志品质,《芙蓉楼送辛渐》《墨梅》体现了诗人洁身自好的自勉之意。从中可以看出,传统文化元素在四年级明显"内化"了,由物质层面走向了精神层面,重视思想、品质和情感——而这正是传统文化的深层结构。

相比古诗词、文言文等极为外显的传统文化来说,蕴含于课文内的中华传统美德虽不突出,但却具有重要的传承价值,四年级开始,教师有必要对课文中内隐的传统文化进行挖掘,从而潜移默化地引导学生以积极向上的价值观。

自此,中华传统文化的表层与深层结构都已经搭建出来,五六年级的课文或表层或深层,都是基于转型期所搭建的这一对传统文化的认知结构,尤其是文学艺术作品,其审美性仍隶属于深层结构,但其中的道德品质更加精妙。

三、转型期关于传统文化元素的教学策略

在对中华传统文化元素在教材中的分布有了整体而系统的把握后,笔者以为,应从四个方面调整教学实践的教学策略,即系统性、梯度性、连贯性和延展性。

1. 系统性

系统性在认识层面上有两个体现:第一,对部编版教材的涉及传统文化的篇目及结构上由浅入深的三个分段有整体性的认识和全局性的把握;第二,对传统文化的类型有系统认识。

从第一点认识出发,这可以使教师清楚自己所在的坐标,从而有针对性地制订当下的教学目标。从第二点出发,则有利于使中华传统文化元素立体化、整体化。受到教材编写的限制,固然一册教材中很难全方位地包含所有传统文化类型,而这一跨度

则动辄半年，且学生在小学阶段的知识储量和体量本就不大，但积累速度又很快，所以容易失去对传统文化系统的认识，走向碎片化。

因此教师可以有意识地从语文教材，甚至是从日常生活或其他科目中提取当册教材中所欠缺的中华传统文化元素。如在三年级的两册教材中都未出现体现爱国主义精神的课文，二年级有《神州谣》，四年级有《古诗三首》，而传统美德的培育重在连续，因而教师可在课文中发掘，即便在课上并不作为教学目标和重点，也可以简单提及，如上册的《富饶的西沙群岛》和下册的《赵州桥》都很容易将学生情感引至国家层面，这就弥补了这一传统美德教育的断裂。

2. 梯度性

梯度性说明传统文化的学习是一个由浅入深的过程，也是个由具象走向抽象，由物质走向精神的过程。因此在教学实践上，有两点需要注意：第一，安于当下，不宜拔高太多；第二，量变实现质变，表层结构和物质文化是深层结构和精神文化的必要积累。

中华传统文化固然博大精深，但学生认知水平却存在局限，教师有时难以把握尺度，比如在一年级的《天地人》一课中传达世间万物“以人为本”的理念，或者在《对韵歌》一课后要求学生对简单的对联——这都有些操之过急，反而会使学生产生畏难情绪。

转型期在教学上也应分年级对待，如上文所述，三年级重在物质文化，起到承上作用；四年级重在精神内涵，发挥启下功能。因而三年级要重在激发学生对表层结构的兴趣，如在综合性学习中，教师有必要采取方法降低活动难度，以表格的形式提示活动的途径和材料的记录方式，让学生对综合性学习形成初步了解，让学生有据可依。

只有这样，学生才不会“框死”在传统文化表层和深层结构的夹缝中，而是带有充分的信心、兴趣和储备开启更深层次的传统文化之旅。而四年级重视精神内涵的发掘，在课上引导学生感悟思想感情与精神品质则成了主要目标。在三年级可以为这种深度的思维方式做浅尝辄止的铺垫，如说说司马光是个什么样的人，宋国的耕人错在哪里。

3. 连贯性

传统文化元素之间存在照应关系，呼应过去的知识，或为未来的学习埋伏笔，都是连贯性的体现。这种“迁移”使得学生的学习难度降低，同时学习兴趣得以提高——这在转型期显得尤为必要。

如在《大青树下的小学》一课中，课后的资料袋涉及少数民族服饰，很自然地就关联到《难忘的泼水节》一课，借此回忆一下傣族人民的服饰，也可以介绍一下其他民族服饰，如蒙古族，这又为六年级上册的《草原》埋下了伏笔。

再如杜甫的《绝句》（迟日江山丽）对仗工整，动静结合，远近高低，空间性强，这与之前学的另一首《绝句》(两个黄鹂鸣翠柳),有异曲同工之妙,十分便于学生理解和学习,同时这种对仗的审美模式也让学生记忆深刻。

4. 延展性

苏联教育学家、心理学家维果斯基提出了著名的“最近发展区”理论:学生的发展一般有两种水平:学生现有的发展水平和学生可能达到的发展水平,两种水平之间的差异为“最近发展区”。故在传统文化教学中,也可以根据学生的最近发展区来设置一些延展性的学习内容,丰富学生的传统文化积淀,调动学生的学习热情,促使学生的内在潜能发展。

拓展延伸是很多教师都常做的,笔者在这里提出几种思路以供参考。

一为同类延展,如在综合性学习时补充还有哪些节日的哪些习俗;再如,《出塞曲》很多诗人都写过,它们的主题有什么相同之处,写法有什么不同之处。

二为异类延展,古代文学形式缤彩纷呈,古体诗、赋、近体诗、词、曲,近体诗还有绝句律诗之别,课程标准并不要求都有所涉猎,更何况小学生也不能全部理解。但只是略作展示,丰富学生的传统文学体裁常识,开阔眼界却也未尝不可。

三为生活延展,如《望洞庭》《饮湖上初晴后雨》等诗歌所描写的景致今天还可以看得到,容易引起学生经历和情感上的共鸣,使他们与古代文学拉近了关系,加强了对传统文化的认同感。让学生借助自己的经历甚至是相关文学储备来阐释课文,是对文本讲解的极大丰富。

四为活动延展,教师可以布置更多类似综合性学习的活动,引导学生自主学习探究,寻找学生感兴趣的传统文化的切入点,如让学生给大家讲自己喜欢的诗,介绍自己喜欢的诗人,举办传统文化知识竞赛等。

五为氛围延展,语文课程标准中指出“语文课程的建设应当注重整体把握和熏陶感染”。这说明语文教学,传统文化学习应当注意在日常环境中的熏陶感染。教师可以借鉴心理学家洛扎诺夫曾提出“暗示教学法”,即有意识地创设文化体验环境,加速学生的传统文化认同和知识积累。如在班内张贴一些诗词名句,使学生在学校便能沉浸于传统文化环境中,这拉近了传统文化与学生之间的距离,也潜移默化地巩固了教材中的传统文化内容。

四、总结

纵观部编版教材中的传统文化元素,数量丰富,类型多样。一二年级侧重传统文化中的语言文字部分,常识性的物质文化占据主体,即表层结构,这与低学段学生的知识储备和认知水平有关。而五六年级的传统文化元素构成缤彩纷呈,物质文化、精神品质、文艺审美都有所体现,即深层结构。自表层结构向深层结构的转型是必要的,这一转型期正出现在三四年级。三年级承接了低学段的物质文化,但形式上已脱离歌谣,增加了文言文;四年级以大量蕴含思想品质的选文,培养了学生深入思考、抽象思考的习惯与能力——以此承上启下实现中华传统文化学习的转型。针对转型期的学情，笔者提出了基于系统性、梯度性、连贯性和延展性的教学策略，旨在既不为学生学习传统文化知识增设障碍，又能丰富扩充传统文化知识，最终呈现蛛网式的知识体系——知识脉络有主线，彼此关联，不断向外扩张。

参考文献

[1]王冰雨. 两种小学语文教科书中传统文化要素的比较研究[D]. 哈尔滨师范大学,2018.

[2]陈芯. 小学语文教科书传统文化内容及教学策略研究[D]. 上海师范大学,2020.

[3]刘凯丽. 部编版小学语文教科书传统文化类作品选编研究[D]. 上海师范大学,2020.

[4]王晓丽. 初中语文教学中的传统文化教育研究[D]. 河北师范大学,2020.

[5]李赛南. 部编版小学语文古诗词教学现状研究[D]. 山东师范大学,2020.

[6]董莉洁. 基于部编版教材的小学低学段字理识字教学研究[D]. 湖南师范大学,2020.

[7]徐永梅. 部编版小学语文教科书中民族团结教育内容的分析研究[D]. 曲阜师范大学,2020.

[8]颜巧雅. 部编版小学语文教科书传统文化传承研究[D]. 曲阜师范大学,2020.

[9]黄琼. 部编版小学低学段语文教学现状研究[D]. 浙江师范大学,2020.

[10]孟香. 部编版小学语文古诗文教学实践研究[D]. 青岛大学,2020.

[11]刘媛. 部编版小学低段语文教科书古诗词选编及使用研究[D]. 内蒙古师范大学,2019.

[12]严利云. 小学低段语文教学中的传统文化教育研究[D]. 杭州师范大学,2019.

[13]吕雪. 部编版与人教版低年段小学语文教材选编差异研究[D]. 延边大学,2019.

[14]陈佳. 文化自信视阈下小学语文教科书内容选编研究[D]. 山西大学,2019.

[15]张琳. 简谈“传—教—学”三部曲——部编版小学低年级语文教材传统文化教育探析[J]. 文教资料,2018(30):54-55、42.

[16]吴梦思,吕沙东. 传承中华优秀传统文化　培养语文核心素养——传统文化在部编版小学语文教材一年级古诗选文的呈现分析[J]. 读与写(教育教学刊),2018,15(12):79-80.

[17]马米奇. “部编版”小学语文教材中的“语文素养”和“人文精神”[J]. 课程

教育研究,2017(47):74-75.

[18]张艳玲,王玉伟,陈松."部编版"语文教材的鲜明特点及时代意义[J].前线,2017(10):40-42.

[19]刘颖欣.浅谈部编版教材下的小学语文低学段阅读教学策略[J].科学咨询(教育科研),2018(09):102.

将中华优秀传统文化渗透在语文教学之中
——以部编版一年级语文为例

天津市西青区逸阳文思学校　王雨婷

摘　要：习近平总书记指出："一个国家、一个民族的强盛，总是以文化兴盛为支撑的，中华民族伟大复兴需要以中华文化发展繁荣为条件。"语文教学作为重要载体，对中华优秀传统文化的传承意义重大。

关键词：中华优秀传统文化　课本素材　小学语文

语文教材作为教学的依据经过了不断调整，中华优秀传统文化的比重不断增高，在一年级这个关键时期将优秀传统文化立体植入课程，从而使小学生对优秀传统文化感兴趣，并愿意深入了解传承优秀传统文化具有重要意义。

一、语文学科对传承中华优秀传统文化的重要作用

中华优秀传统文化博大精深，源远流长，塑造了中华民族自强不息、厚德载物的精神品格，使中华民族屹立于世界的东方五千多年之久，仍然充满生机[1]。

语文学科是我们的母语教育学科，更是基础学科，它与中华优秀传统文化有着千丝万缕的联系，在中华优秀传统文化的传承上有着天然优势，承接着必然使命。在全面培养语文素养的要求下，优秀传统文化在教学中的融入就显得尤为重要。这一点在教材上体现得淋漓尽致，从内容到形式无一不对优秀传统文化进行渗透性的体现。一年级的学生刚刚进入校园，对优秀传统文化的感悟尚浅，理解力也还不够，可这一阶段正是培养孩子兴趣和正确价值观的关键时期。能够用好教材这一依托，利用课堂和学校时间，将中华优秀传统文化立体植入，使孩子全方位接受优秀传统文化的浸润，在初为小学生时就系好第一粒纽扣，这都能为今后语文素养的提升，优秀传统文化的继承发扬打好坚实的基础。

中华优秀传统文化能帮助学生树立正确的价值观。随着科技的发展，社会的进步，少年儿童接收信息途径增多，也更加便利。随之而来的就是内容的良莠不齐。7至8岁儿童的价值观尚未成型，分辨能力也较差，课堂就成了他们形成正确价值观必须要抓的阵地。从小感受优秀传统文化魅力，体会五千年历史的文化精华，对于学生树立正确的价值观大有裨益。同时，中华优秀传统文化中还蕴含着诚实、明理、进取

等优秀品德，将这些内容通过语文课堂渗透，而不是说教式的灌输，更有利于学生习得并内化，这就又达到了语文教学和思政教育的统一，语文课堂就变得立体丰满起来。

语文课程是一门学习语言文字运用的综合性、实践性课程，教授的形式和内容都是语言，包含着丰富的人文要素。我们在学习语文中认识书写汉字、读书诵文、说话习作，培养良好的语感、激发对事物的兴趣，感受文化的丰富内涵。语文学科包罗万象又一脉相承，就像习近平总书记说的那样"中华优秀传统文化是中华民族的文化根脉。"由此可见，语文学科的特点就意味着他和我们的优秀传统文化息息相关。

而对于一年级的语文教学来说中华优秀传统文化又是我们把握教材、组织课堂、落实目标的重要依据。一年级的学生刚刚走出幼儿园，来到学校，学习方式也从玩中学变为课堂学习，这对他们来说都是一种巨大的挑战。一年级要做好幼小衔接，就必须尊重学生在这一阶段的实际情况，将学情变为宝贵的教学资源。7 至 8 岁的孩子爱听故事，喜欢小童谣、小韵文，能初步感知中华优秀传统文化中情感与具象知识的部分。这样的学情决定了学生必然对中华优秀传统文化中的寓言故事、小古文、俗语谚语、浅显的诗歌有着天然的向心力。同时一年级语文的主要学习任务是识字写字，汉字作为中华人民智慧的结晶，在世界民族之林占有一席之地。它不同于字母，每个汉字都蕴含着丰富的文化底蕴，汉字与汉字之间也有着奇妙的联系。这些都是我们丰富的教学资源，我们应当在教学中充分利用，将中华优秀传统文化的内核与幼小衔接的要求紧密结合起来。

二、语文教材对中华优秀传统文化的多维体现

1. 课本配图

部编版一年级语文教材每课书都配有插图，其中有一些是中华优秀传统文化中的水墨画。比如《天地人》一课，配图就为傅抱石先生的《一望大江开》。画面近景是岩石松枝，龚贤和费密同游，吟诗唱和，眺望远处。中间大片留白，远处空旷无垠，咫尺之间似有万里之遥，让人可以充分感受天地之广袤。《天地人》一课是一年级上册语文教材第一单元的第一课。在第一课书中就出现了这样，一幅中华优秀传统文化气息极其浓重的国画来作为课本的插图，让学生从一开始就充分感受中华优秀传统文化的独特魅力。在教学设计中，我作为老师引导学生们观察这幅图画。学生可以从中看出天地人这三个主体，并且依据这幅图画可以进行这三个生字的教学。其实，天地人来源于周易，被视为宇宙系统中最为重要的三大要素，也称"三才之道"。它背后蕴含的文化底蕴是深厚的，值得挖掘的。在教学中，我们做了整体感知，使得学生对这样内蕴深刻的中华优秀传统文化有一个初步的认识。同时，对于七八岁的孩子来说，他们接触的更多是具象的卡通人物，注重神韵的国画必定给刚入学的学生留下深刻印象。

2. 识字编排

课本在编排时将拼音学习放在了第二单元，并且将第一单元的学习内容编排得结合生活、通俗有趣，目的就是为了让孩子们在最初接触语文学科时感受汉字的魅力并体会中华优秀传统文化。拼音也只是作为辅助汉字学习和学好普通话的一种工具。在每课的拼音学习中都会进行汉字的学习，并且利用学会的拼音自己拼读小歌谣，始终将汉字学习放在重要位置。

课本也特意安排了字理识字，如《日月明》这课，根据会意字构字规律编排了识字课文，让学生在完成识字的教学目标中感受古人造字的智慧，体验识字的乐趣，激发自主识字的热情。

3. 古诗融入

古诗作为中华优秀传统文化中璀璨的一颗明珠，是我们宝贵文化精华。现行的部编版教材，中华优秀传统文化篇目大大增加，全套一共编选112首古诗词，其中一年级上册就有7首，都是写景写物立意较浅的诗文。有写物的《咏鹅》《风》《古朗月行》，有写江南水乡采莲生活的《江南》，有教育珍惜粮食的《悯农》，有谜语性质的《画》，各有特色，各有趣味。古诗既符合了低段语文教学"读中悟"的教学特点，又在简短的诗句中散发着中华优秀传统文化的气息。而且大多古诗讲究平仄，讲究韵律，更符合了一年级孩子爱读短文，爱读韵文的特点，在拍手读、配乐读、男女生对读，韵律读中感受中华优秀传统文化的魅力。

4. 歌谣与俗语

一年级课本在课文编排和语文园地上加入了很多中华优秀传统文化气息浓厚的韵文与俗语。比如一年级上册《语文园地四》日积月累这一环节，编排了两句珍惜时间的名言，这两句名言有些古文的韵律，而且对仗工整。学生在诵读中明白惜时的道理。

在《语文园地八》中，编排了《春节童谣》，用童谣的方式将传统的春节民俗串联起来。对于现在的孩子，有些民俗离他们很远，比如磨豆腐、宰公鸡。可正是这样的形式使他们学的时候兴趣盎然，将中华优秀传统文化中的民俗文化拉近他们的生活，感受中华优秀传统文化中的烟火气息。

三、中华优秀传统文化立体植入语文教学策略

1. 充分利用课前时间，营造浓厚氛围

6至7岁的孩子心理上已经开始追求独立自主，开始想要慢慢拜托对父母的依赖。同时自主安排带来的成就感也会给他们更多的信息，使他们觉得干劲十足。

于是利用课前预习时间，布置一些与本科书相关的中华优秀传统文化的小任务是激发他们自主学习的有效方法。比如学习《春节童谣》之前，可以让学生自己搜集一些关于春节的内容。春节本来就是孩子们非常喜欢的传统节日，全世界的华人都

会过春节，这是中华优秀传统文化里不可忽视的一页。这样结合生活实际的小人物，让学生自主走进中华优秀传统文化，难度不高但作用很大。学生会搜集到春节的由来，“年”的故事，一些春节的习俗，甚至福字、对联的小故事，课还为上，孩子们的思维已经在探究中华优秀传统文化上走了很远。

同时，利用课前两分钟，也可以利用中华优秀传统文化将一年级学生分散的注意力提前唤醒。很多老师在课前都会让孩子们读读课文，背背古诗，我也不例外。配上古筝、古琴等传统乐器演奏的音乐，运用教材素材，或者拓展一些与教材关联性强的内容，比如学完《对韵歌》后，我们不仅会朗读本课的内容，还会朗读《笠翁对韵》，全方位地感受“对子”这一中华优秀传统文化。孩子们起立边摇头边齐声诵读一些古诗、小古文，立刻营造出了一种浓厚的学习氛围。后来我在教学中也探索出了更多包含中华优秀传统文化影子的课前小游戏。比如“对对子”，古人将对对子作为聚会时一项风雅的游戏，一年级的学生在学过《对韵歌》之后也明白了对子的含义，就可以利用课前两分钟，全班同学一起对对子，年级稍高对子的字数可以增加，也可以指定主题，慢慢就会变成对仗整齐的句子。

2. 抓住课堂时间，用好教材

一年级的学生注意力只能集中 10 至 15 分钟，一节 40 分钟的课程对他们来说很难保持持续的注意力集中，所以抓住课堂，将教材给出的中华优秀传统文化内容清晰明确地传授给学生，将教材隐含的中华优秀传统文化要素或明或暗地点拨给学生，是我们在做教学设计时必须要考虑的一点。

考虑到该阶段学生的认知发展水平，他们对具体生动、直观形象的事物事物注意占优势，对抽象事物的注意在发展；以形象记忆为基础发展抽象记忆，而中华优秀传统文化中正是有很多形象都包含着丰富内涵，比如我们的汉字。

以《日月水火》这课为例，课本编排是让孩子感受象形字，感受古人造字时观察生活、练习生活的智慧。在教学设计时，我就把认读字音这一项交给学生自己完成，再加上这课的很多字学生在生活中或者学前已经认识，这就给了他们一个展示的机会，学生摆脱了刚入学时的羞涩，而是积极踊跃。我作为老师，将汉字的演变过程展示给学生，并将教学重点放在指导学生观察图片和字形的联系上，学生们自己就找到了象形字的特点，在刚开学的第一单元里就感受到了汉字的魅力。

再以《日月明》这课为例，课本编排旨在让学生体会会意字。学生们在预习时就已将课文读熟了，但是其中的联系并没有弄明白。更体会不到什么是会意字。如果识字环节还像之前一样，文本和生字分离，就失去了这课编写的意义。于是这课的教学重点就从认读生字变成如何自主理解字意。点拨了两个生字后，学生们立刻可以举一反三，在一个又一个会意字中验证自己的发现。最后加上课后练习题的“泪、休、歪”，这课书就由一堂平常的识字课，变成了探索汉字奥秘的神奇之旅，而且还可以用这种方法自主识字，学生们在课堂下也会用这种方式认识更多的字，对中华优秀传统文化对汉字的理解就又深入了。

温儒敏先生写道“让中华优秀传统文化在孩子心田发芽。”统编版教材十分重视优秀传统文化的传承，作为一线教师，在教学中更是要抓住课上时间，不能忘了文化传承这一重要任务。

3. 用好课后时间，结合课本渗透中华优秀传统文化。

在“双减”政策的背景下，一二年级的学生没有考试，不布置书面作业。空闲出来的时间就可以边巩固课堂内容边拓展与课本相关的知识，培养语文素养。

学完《人之初》可以拓展《弟子规》《三字经》这类国学经典，三个字三个字的短句朗朗上口，既不增添学生负担，又增添了文化底蕴，浸润了中华优秀传统文化。

学完《江南》可以拓展《诗经》中其他文学经典，讲述当时的文化背景。一年级的学生都爱听故事，也对古代、古人这样遥远未知的事情心有向往，正是巩固旧知、拓展新知的机会。

《口耳目》课文内容为“站如松、坐如钟、行如风、卧如弓。”配图为两位京剧人物，课下则可以观看一些京剧片段。京剧虽然作为国粹，但距离七八岁的孩子还是比较遥远，学生可能在教科书上看到了，老师也在课堂上提到了，但他们必然还是一知半解。通过一些经典唱段、幕后故事，学生对这一中华优秀传统文化又有了更深的了解，甚至还会激发一些学生传承中华优秀传统文化的内驱力。

而在平时教学中，更是可以抓住传统节日，举行班级内活动，感受中华优秀传统文化气息。比如中秋节，学生们自制花灯，课下猜灯谜、逛灯会。利用二十四节气，观风、听雨，感受大自然的变化，了解对应的农俗。这都是和教材紧密相连又和中华优秀传统文化无缝对接的语文教学。

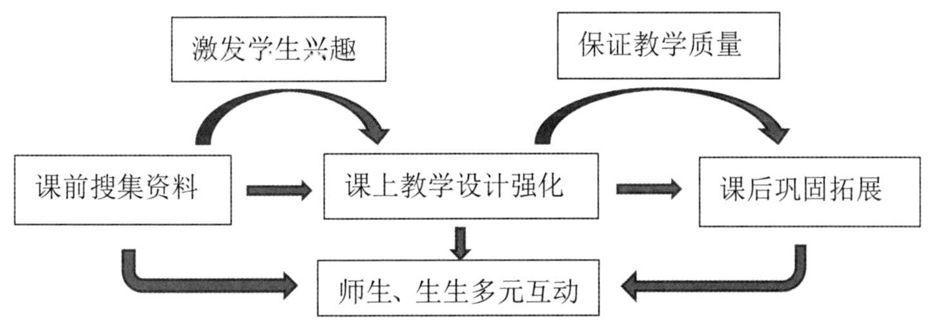

这样一个完整的模型，将教材、教学和中华优秀传统文化的内核有机结合，使得优秀中华优秀传统文化在一年级的语文教学中也能大放异彩。

总之，统编教材紧紧围绕“立德树人”的根本任务，结合学科自身特点，把优秀传统文化全方位渗透进去。作为一名一年级语文教师，应提高自身素质，深挖教材，在平时的教学生活中全方位地融合优秀传统文化，使学生从小树立民族自豪感，为更好地传承中华优秀传统文化打下坚实的基础。

参考文献

[1]冯媛.高职院校构建龙狮传统文化育人新模式的实践与思考——以广西电力职业技术学院为例[J].人文天下.2020

[2]宋婷婷."链式阅读"走上语文教学的"一带一路"[J].小学教学设计(语文).2019

统编教科书中革命传统题材课文教学策略初探

天津市滨海新区塘沽浙江路小学　杨　莹

摘　要：革命传统题材课文是统编版小学语文教科书中的重要组成部分，它对传承和发扬革命文化，培养学生的爱国情操，给学生打好中国底色起着重要的作用。但是此类课文的教学一直存在难以形成共鸣性，丢失语文性和有效性等问题。因此，教师应立足教材整体，多角度调动学生的认知与情感体验，通过拉近距离、聚焦文字、读写结合、联系现实等具体策，落实语文要素，渗透革命文化，培养家国情怀。

关键词：革命传统教育　教学策略　国家情怀

革命传统题材课文是统编版小学语文教科书中的重要组成部分，它对传承和发扬革命文化，培养学生的爱国情操，给学生打好中国底色起着重要的作用。此类课文的教学应基于教材的特点，直面现状，采取多种行之有效的具体策略。

一、基于特点，凸显价值

革命传统题材类作品"以文学艺术特有的形式，铭记一段不容忘却的历史"。因其诞生的历史背景，课文中渗透着"国家""民族""时代"等元素，聚焦"小我"弘扬"大我"，引导学生在火热的战争中读懂先驱者的操守与无畏。这与爱国主义、民族精神的价值取向相契合。

语文作为落实革命传统教育的重要课程，在传承和弘扬革命文化中发挥着重要作用，如何利用好革命传统教育类课文，做到革命传统教育与语言训练两不误，是我们一线老师要认真思考、实践的。

细读统编教科书，从数量上来说，选编了40余篇革命传统题材类作品，占课文总数1/10，与之前相比数量上不减反增，重要程度可见一斑；从类型上来说，在单元主题呼应下，中高段教材还编入数量不少的阅读链接，日积月累，综合性实践活动，与课文形成互文阅读，丰富了作品类型的多样性；从内容上来说，教材除了选编革命岁月中的人和事，还增加了当代科技迅速发展下，新时代呼唤的革命精神，如《千年梦圆在今朝》。作品从思想涤荡的年代走来，又融于当今时代。

不仅如此，这些课文在整套教材中的编排也十分科学合理，从低学段的单篇分布到中、高学段的主题单元，由易到难，呈螺旋上升之势。编排如此精心，可见这类课文在教材中的重要性，可是，真正的教学现状却并不乐观。

二、直面问题，面对现状

一方面，革命传统题材类课文所描述的时代与学生相距甚远，课文创作背景、课文中所讲述的事物，与学生的生活体验大相径庭。这种距离使学生与课文之间产生难以跨越的横沟，学生游离在课文创设的情境之外，难与文中的人物产生情感共鸣。例如《延安，我把你追寻》中的“镢头”“土炕”等事物学生从未见过，造成阅读障碍，难以产生对文本阅读的兴趣。

另一方面统编教科书采取——双线主题统领语文教材内容体系，“双线”相互依存。在此类课文教学中容易造成三种误区：一是教师在教学中，文道割裂地将语文课上成“思政课”或“品德课”；二是教师过于强调此类课文的思想情感，而忽视对语言文字的品位，或过于偏重对语文要素的训练，偏离了此类课文应有的教育价值，顾此失彼；三是教师在教学中，先语文要素后人文主题，或先人文主题后语文要素，两者分离，缺乏融合。

更有一部分孩子，在老师的引领下，就课文折射出的理想信念、道德情操、革命精神等侃侃而谈，滔滔不绝地阐述自己的理解与感悟，而回归平日的学习生活里却是一个连讲诚信、爱劳动都做不到的孩子，何谈“为中华之崛起而读书”，何谈“追寻延安精神”，更何谈“为人民服务”呢？这就在提醒着我们，教师要让学生经历了一系列的革命传统题材学习之后，真正践行到日常生活中去。让学生的内心想法与实际行动都产生变化，才能实实在在地证明革命题材选题教学的有效性。

三、多径探寻，突破难点

1. 拉近距离——搭设认知桥梁

(1)联旧文，调动已有经验

单元主题教学活动强调教师要注重引导学生将已具有的先行经验与新知识进行关联并积极投入到新知识的学习当中，习得方法、形成能力，促进学科核心素养的发展。知识体系的建构不是单篇文章的学习就能达成，而需时时积累，才能温故知新。在教学《延安，我把你追寻》一课时，回顾以往所学，发现学生已接触过不少革命传统题材类课文，如《吃水不忘挖井人》《朱德的扁担》等等。借由一张红色革命根据地地图串起以往学过的文章片段，唤醒了学生已有的学习经验，为教学做好铺垫。再如执教《开国大典》一课时，让学生联系《圆明园的毁灭》中列强侵华的场景，联系《青山处处埋忠骨》中伟人的胸襟和气度，从而进一步体悟《开国大典》中人们喜悦、激动的心情，和对领袖的尊敬、热爱之情。与旧文联结，用旧知带出新知，不仅拉近了学生与文本的距离，也帮助他们完善建构对这一类文章的认知。

(2)用媒体,还原历史场景

课文中的插图是统编教材中最鲜活灵动的教学资源。它贴合课文内容,把抽象的文字通过学生能直观感知的形式呈现出来,极大地调动了学生的视觉感知。以图为“景”可以认识事物, 以图为“径”可以解词明意,以图为“境”,可以营造氛围。在教学《延安,我把你追寻》时课文的插图恰好呈现了当年革命圣地延安黄土沟壑、植被稀疏、窑洞林立的地理风貌,于是将插图与生词相容,使学生有了生动具体、真实可感的情境作为参照。再比如教学《梅兰芳蓄须》时,让学生观察书中梅兰芳蓄须时的照片,并结合“蓄须明志”一段的语言文字地品读,不仅使学生理解了“蓄须”的含义,更使其深刻地体悟到了这位艺术家的不屈风骨。

教育家乌申斯基曾说:“儿童是用形式、声音、色彩和感觉来思维的。”影视资源就是用画面和声音来讲述故事的,所以,教师可以借助影视资源的冲击,来激发学生的阅读兴趣,拉近学生与文本的情感距离。尤其近几年来,革命历史题材影视作品百花齐放,制作精良,得到越来越多年轻观众的喜爱。比如,教学《十六年前的回忆》一课,在介绍主人公李大钊时,教师可以播放当下非常火爆的电视剧《觉醒年代》中李大钊几次慷慨演讲的片段。当学生听到李大钊在中国共产党成立时那鼓舞人心的演讲“中国只有走社会主义道路,他才能够实现中华民族之振兴……社会主义绝不会辜负中国”;当学生看到李大钊每次演讲时那振臂一挥、激情澎湃的样子,怎么不对这位中国共产主义运动的先驱油然地产生无限敬佩之情呢?

(3)查资料,铺垫学习起点。

革命传统题材课文一般以特定历史时期的英雄人物、事件为材料,小学生由于历史知识的欠缺,所以在理解课文、把握内容等方面有一定难度。而统编版教材五年级上册、六年级下册中,分别提出了“结合资料,体会课文表达的思想感情”和“查阅相关资料,加深对课文的理解”的语文要素,可见资料的查阅补充对学习革命传统题材课文的重要性。如教学《狼牙山五壮士》一课,教师可以在课前先布置学生通过上网查找、翻阅书籍、询问长辈等方式,先弄清楚课文中的专有名词、专有事件,如“狼牙山”“晋察冀根据地”“游击战争”等,扫清初步了解课文的障碍。而在感受五壮士的英雄气概时,教师再补充幸存战士葛振林的采访文稿,让学生进一步了解五壮士英勇跳崖的坚定选择,从而感受五壮士宁死不屈、忠于祖国的精神。

2. 聚焦文字——突出品读感悟

语言建构与运用是语文核心素养的重要组成部分,学生语文运用能力的形成、思维品质与审美品质的发展、文化的传承与理解,都是以语言的建构和运用为基础的。因此,革命传统题材课文的教学,也要聚焦语言文字本身,让学生通过品词析句、咀嚼文字来感受文字背后的内涵。

如在教学《为中华之崛起而读书》《军神》《十六年前的回忆》这类写人记事的课文,教师要引导学生关注课文对人物语言、动作、神态等方面的刻画,通过多种朗读形式和多角度品词析句来体会人物的精神品质，从而领略革命传统题材的“人物”之美。

对于具有特色写法的课文，如《狼牙山五壮士》，我们除了引导学生把握五位壮士的动作和语言外，还要让学生在点面结合的场面描写中感受到五壮士作为一个整体的英勇善战和五壮士每一个人的顽强不屈。又如《军神》一课，课文中既有对主要人物刘伯承的直接描写，又有对次要人物沃克医生动作、语言、神态的细致描写，我们要引导学生探讨正面描写和侧面描写相结合的妙处，从而更好地感受刘伯承顽强的毅力和钢铁般的意志。带领着学生们领略革命传统题材的“语言”之美。

另外，诗歌体裁的课文，如《七律·长征》，教师还要引导学生关注修辞和练字，若学生能品味出“不怕”和“只等闲”的豪迈，自然而然能体会到红军蔑视敌人，藐视困难的高大英雄形象，以及敢于战胜一切困难的革命乐观主义精神，从而领略到我们革命传统题材的“内涵”之美。

3. 读写结合——实现文道统一

基于统编教材双线组织单元的结构特点，革命传统题材课文的写作训练点可从单元语文要素中挖掘。如教学《青山处处埋忠骨》一课，这一单元的语文要素是“通过课文中动作、语言、神态的描写，体会人物的内心”及“尝试运用动作、语言、神态描写，表现人物的内心”，因此在教学时，可以抓住描写毛泽东动作、语言、神态的语句，引导学生反复朗读，去分析人物的每一个动作、品味人物的每一句话、琢磨人物的每一个表情，从而感受到毛泽东失去爱子的悲痛和面对艰难抉择的复杂心情。让学生想象，一晚上毛泽东经过了怎样的煎熬最后做出了伟大的抉择，结合主席父亲的情感和伟人的胸怀，写一段话描写他的神态、动作、心理活动。再如教学《开国大典》后，让学生运用点面结合的写作手法，描写阅兵 70 周年的场面。教学《军神》时，让学生结合刘伯承为救士兵失掉右眼的事例，写一段描述刘伯承受伤昏倒前的动作、语言、神态，从而表现人物内心活动。

革命传统题材课文一般具有很强的思想教育性，它们向人们展现了革命领袖坚定的革命意志和高尚的精神品质，展现了革命先烈在民族解放事业中的前仆后继、顽强不屈，展现了中国人民在民族危亡时刻的紧密团结、万众一心……而课文的思想精神，不应该是老师通过讲大道理的方式灌输给学生的，除了让学生借助语言文字来体悟课文的主题思想外，还可以布置多种形式的创意练笔，让学生或抒发自己的读后感受，或表达对革命英雄的赞美，既锻炼写作能力，又让学生在写作过程中加深对课文的理解。如学完《为中华之崛起而读书》，教师可以结合课后的小练笔，让学生以《周总理，我想对您说》为题写一封信，来抒写自己学完课文后的感受并谈谈自己读书的目的。又如，《青山处处埋忠骨》和《十六年前的回忆》这两篇课文的课后习题都提到了课后查找资料，了解其他先烈的革命事迹，因此，教师可以布置学生制作与之相关的手抄报，让学生在这综合实践活动中了解革命烈士的事迹，并用自己的语言进行宣传介绍，让学生真正走近先烈，铭记先烈的历史功绩。再如，还可以布置学生给自己最喜爱、最敬佩的革命英雄写颁奖词，以此表达对革命英雄的追思和敬意。

教学革命传统题材课文，我们不仅要让学生铭记历史，培养学生的爱国情操，让学生形成正确的世界观、人生观和价值观，还要让学生在此过程中充分地学习语言、运用语言。因此，教师应开展读写结合的教学活动，让学生在朗读、品读中感知革命传统的文化内涵，让学生在练笔、写作中加深对革命精神的理解，从而充分发挥此类课文的教育教学价值。

4. 联系现实——传承革命传统

革命教育题材类的课文对学生的教育意义很大。教学中教师要打破时空的局限，寻找文本与时代发展的融合点，让革命传统教育与当下的时代进行对接。

如学习《延安，我把你追寻》后让学生结合前段时间观看的《天宫课堂》和自己了解到的神州十三号载人航天的新闻结合起来，谈一谈新时代追寻延安精神的意义。再比如学生在学完《七律·长征》后，教师可以创设“微话题”，启发学生畅谈社会各界对“新型冠状病毒”的战“疫”之行，把自己的所见、所闻与所想代入到对文本的再度理解中，感悟医护人员在危难时刻挺身而出的光辉形象，使之内化为自身的奋斗之源。

总而言之，革命传统题材类课文虽在认知、情感上离学生较远，但只要关注学与教的起点，充分搭设认知“桥梁”，关注品读感悟，处理好语言文字训练目标与思想教育目标的关系，处理好课内资源的落实与课外资源的延展。学生便能真正走进火热的革命年代，读懂伟人的博大情怀，学习英雄的伟大品格，使“语文素养”与“精神情感”同步增长！

参考文献

[1]陈先云. 谈谈部编小学语文教科书革命传统教育题材类课文的编排及应注意的问题[J]. 小学语文，2017(12)：14-19.

[2]晏涵，庄桂成. 革命传统题材课文的教学现状及策略分析[J]. 文学教育(上)，2021(04)：126-127.

小学教育中美育教学落实初探

天津外国语大学附属滨海外国语学校　张　扬

摘　要:“美育”是社会主义教育方针中“德智体美劳”五育共举的方针之一,但在落实层面,即学理与具体操作,仍有不少问题存在,且作为美育教育主阵地的语文教学也较为缺失。笔者结合现有各学段的学情及案例来探讨通过具体的方法,使学生感受汉字的音韵与形象之美,体悟文学作品的意象之美,表现和创造心中之美。以期厘清小学教育中美育教育的一些基本问题,从而让美育教学“落地”,更加积极发挥“美育”的育人作用。

关键词:　美育　审美能力　语文　策略

2019 年 6 月 23 日中共中央国务院颁布了《关于深化教育教学改革全面提高义务教育质量的意见》,《意见》概括了我国既行的教育路线与方针,更对今后的社会主义教育教学工作指明了发展方向。《意见》要求:“落实立德树人根本任务,遵循教育规律,强化教师队伍基础作用,围绕凝聚人心、完善人格、开发人力、培育人才、造福人民的工作目标,发展素质教育,培养德智体美劳全面发展的社会主义建设者和接班人。”

一、对“美育”的理解

《意见》第六条明确指出,在中小学基础教育各学段要:“增强美育熏陶。实施学校美育提升行动,严格落实音乐、美术、书法等课程,结合地方文化设立艺术特色课程。引导学生了解世界优秀艺术,增强文化理解、推进中华优秀传统文化艺术传承学校建设。”等一系列具体措施。

从美育的本质上说,“美育”就是培养学生认识美、发现美、创造美的能力的审美教育,培养学生的高尚情操和文明素养的教育。

二、美育教育中存在的问题

2021 年 7 月,“双减”政策公布并有效落实以后,美育教育得到了空前的重视,发展目标也得到了进一步明确,但就笔者调研显示,仍有一些问题较为突出:

首先,狭隘地把美育等同于艺术教育,落地与实施不够。其次,语文学科的作用发挥不够。兼具工具性与人文性统一的语文学科，应该成为美育教育的主要阵地，《义务教育语文课程标准》也明确提出了 1 至 9 年级各个学段中："语文课程应通过优秀文化的熏陶感染，提高学生的道德修养和审美情趣，使他们初步形成良好的个性和健全的人格。""音韵协美""文质兼美"的诗词歌赋、散文小说是实践美育教育的途径，更应该是丰富情感、陶冶情操、温润心灵的过程，"文"与"质"，"表"与"里"，情感和精神的体验与升华都可集中于此。

三、开展美育教育的有效策略

"语文活动是人形成审美体验、发展审美能力的重要途径。"在语文学习中，学生通过阅读鉴赏优秀文学作品、品味语言艺术而体验丰富情感、激发审美想象、感受思想魅力、领悟人生哲理，并逐渐学会运用口头和书面语言表现美和创造美，形成自觉的审美意识和审美能。同时审美鉴赏与创造是培养语文核心素养的重要组成部分，也是语文素养形成和发展的重要表现之　。针对小学语文课程设置六学年，三学段的安排，笔者将尝试分学段探讨。

1. 感受汉字的音韵与形象之美

在小学一、二年级低段教学中，学生们乐于朗读表达，喜于认字识字，这是 6 至 8 岁孩子的心理发展规律和特点。在一年级上册第一单元识字中，就有对韵歌一课，对韵的形式与内容，是古代儿童蒙学的范畴。《声律启蒙》《笠翁对韵》就是其中的代表，而对韵歌中的词是古典诗词的字库和词库。在课程内容结束后，可以用持续一段的早读时间，为学生们继续延展相关内容，初步感受汉语的音韵之美以及背后所蕴藏的中国文化。

此外，兼表音意的汉字极具形象之美。教师在使用多种识字方法之余，也可以不断加深自己的文字学功底以利于开斋学生们喜闻乐见的"字源识字"，所谓"字源识字"是一种通过追溯汉字的本源结构、字义来帮助学生识字的方法。汉字的音、形、义是有机结合的，汉字的特点、结构与演变过程可以作为识记汉字的过程，可以帮助学生实现由形象思维到抽象思维的转变。从而增加学生学习汉字的兴趣，了解汉字造字方法与中华文化的血脉渊源。

如，"即"与"既"这一组，即是音近字，又是形近字。对于小学低段的学生来讲，辨识、记忆的难度极大，混淆及使用不当的现象也常有发生。教师在讲授时可以出示这一组字的字源，左边的部分是装满食物的鼎，象形的形象极易辨识，两个字的右边都是跪坐在枕席之上的人形，只不过头的朝向和方位有所不同："即"字右部分的头朝向鼎和食物，代表着接近、趋向和未完成的状态，而"既"字右部分的头反朝向鼎和食物，代表着已经完成进食的情况。这样的字源梳理，学生们自可以通过汉字形象之美，轻松识记易混淆的字。

部分汉字音简化的原因，对于字形结构和演变的本源不易梳理，但通过"字源识字”,更好地理解汉字形象和同部首的字,加强联系记忆,则大有裨益。又如“隹”部所包含的一组字。“隹”本指短尾鸟,“进、雄、集”等字都由此部为基础,从而展开结构,“进”字的繁体为“進”,代表短尾鸟奋起蹬枝头,呈向上的状态,“集”字的繁体为“雧”,以三指多,多只短尾鸟聚集在枝头叽叽喳喳,是集合和聚集的状态。

这样的讲解,会让学生听后豁然开朗,并因这些形象生动、鲜活的汉字,产生浓厚的识字兴趣。通过体会汉字的音韵和形象之美,不仅使学生对汉字理解深刻,识记牢固,还能让学生举一反三,提高他们的识字能力,对“书画同源”的汉字在审美上有了一定的提升,在这一学段的语文教学中可以说是经典的美育教育实施案例。

2. 体悟文学作品的意象之美

进入到中、高段的语文学习,经典古诗文的比重大幅增加,无论是篇目难度还是语文园地和日积月累中所涉及的广度较之前的都有了明显的增加和提升。美育教育落实到具体的语文课堂教学中,就需要执教者化繁为简,深入浅出地运用美学和美育原理进行文本分析和理解赏析了。

纵览中国美学,对美的定义不在少数,大多以形而上的哲学层面定义居多。当代著名哲学家、美学家叶朗先生对美的定义极具参考价值和意义,叶先生认为“美在意象”,诚然,通过具体的、有意味的形象来呈现“美”是中国美学的特点,也是融通美育与文本的关键核心所在。

例如,五年级下册第一课中的古诗《村晚》,是著名的儿童题材诗,内容简单朗朗上口,很多幼儿园的小朋友都可背诵,那么编者的安排用心,就需要执教者认真解读,而美育教育及延展就非常必要了。

先请学生听教师范读,并圈画出不理解的字词,在此基础上感受七绝的韵律。之后请学生思考第二句中的“衔”与“浸”两个动词的使用是否恰当稳妥?可同桌研习,也可小组导论。得到的答案当然是肯定的,一个“衔”字,拟人的手法脱颖而出,夕阳西下,却又未落尽的形象映入眼帘,青山与落日的倒映,印于水中,一个“浸”字,更是生动地描绘,与那层叠的涟漪融为一体,摇曳且闪烁,是唯美的景象。意象之美尽生!随后再进行逐句赏析与诗义串讲、赏析。

苏轼曾评价王维的诗“诗中有画,画中有诗”而这首诗展示的便是一幅《牧童晚归图》,牧童、长笛、夕阳古诗文种常见的经典意象,在诗人的笔下信手一挥,却因童趣的注入而化腐朽为神奇。暮春时节,雨水渐多,夕阳欲落未落,田园牧歌的景象呈现在读者面前,画面中的主人公——横坐侧骑牛的小牧童缓缓登场。与上两句的静态相比,牧童出场的两句,动态十足,小小牧童的生动形象也深入人心。

此时可相机引出国画大师李可染先生的牧牛图系列经典作品请学生赏析。从抗战时期李可染先生迁居重庆以后,近半个世纪他都钟爱于此题材,一是因为牛的吃苦耐劳精神值得赞扬,二是与老牛相配的牧童,一派天真自然,也可以让欣赏者心生愉悦。由此诗画相合,有机融为一体,学生们对于《村晚》的理解可以更加深刻。文本中的经典意象所呈现出的美感便会自然而然地融于学生的眼中与心中,美育也就在语文课堂上自然生成。

3. 发挥能动性进行审美活动和体验,表现和创造心中之美

对于美的感知是主观与客观相结合的,只有充分调动学生的主观能动性,立足文本,结合文本积极开展审美活动与审美体验,才可以保证美育在语文课堂的落实。在积累与体验的基础上,激发审美想象,开展审美创造则是摆在小学高段师生面前的一个极富思考性的命题。

例如,部编版五年级下册第三组《遨游汉字王国》,单元的语文要素明确提出了"感受汉字趣味,了解汉字文化"和低段的以字源识字为主的方法有着直接的继承和关联性。在"汉字真有趣"的板块的学习中,通过阅读材料,学生们会对汉字的音、形、义等特点以轻松愉快的方式了解,同时,安排任务请学生以小组为单位开展综合性学习。无论是选择内容、搜集资料、展示交流,学生们的思路都会被打开。学生们通过活动可以进一步体会到汉字是中华文化的瑰宝,不同于其他失落文明的文字,汉字记载的历史与文化,我们至今仍传承,不仅可以激发学生学习汉字的兴趣,而且可以使其在亲近传统文化的过程中,实现文化的传承。

又如,部编版五年级上册第七组,明确了语文要素"初步体会景物的静态美和动态美",经过了《古诗三首》《四季之美》和《鸟的天堂》的学习,学生已经初步体会并感悟景物描写中所呈现的动态与静态之美,对于以静衬动、动静结合等常用手法也有了一定的了解,所以在习作《即景》中,教师可以进一步指导学生抓住即景的特点,即瞬间的景象,应从细微观察处入手,核心一定要把握景象最打动你的地方,心有所动处,即审美愉悦,通过动态或静态描写,从而创作出心中之美。

由此,由审美体验沉淀后的审美创造便已生成,创造美——美育教育的顶端层面目标也可初步实现。对于进一步树立文化自信从而实现美育的育人目标也是极为有益的。

总之,"美育"是我国现行教育方针五项目标中的重要一环,与其他"四育"相辅相成不可偏废,结合现有各学段的学情及案例来探讨通过具体的美育方法,使学生感受汉语汉字独特的音韵美、形象美,表现出对于祖国语言文字的热爱;体悟文学作品的意象之美,感受思想情感和意象包涵之美;发挥能动性进行审美活动和体验,表达自己对美好事物的情感和态度,展现沉淀、生成之后的创造美。因此,在小学教育中,美育教育学理应明,操作方向应清,这样才可以更加积极发挥"美育"的育人作用。

参考文献

[1]宗白华. 美学散步[M]. 上海:上海人民出版社,1987.

[2]温儒敏. 部编本语文教材的编写理念、特色与使用建议[J]. 课程. 教材. 教法,2016.

[3]德·席勒.美育书简[M].北京:中央编译出版社,2014.
[4]蔡元培.蔡元培教育论著选[M].北京:人民教育出版社,2017.

欲呈枝叶繁，资源供养之
——多元资源助力综合性学习教学

天津市滨海新区塘沽贻成小学　朱雅琪

摘　要：《义务教育语文课程标准》指出："综合性学习主要体现为语文知识的综合运用、听说读写能力的整体发展、语文课程与其他课程的沟通、书本学习与生活实践的紧密结合。"因此，运用多元资源助力综合性学习教学，综合运用语文知识和技能开展一系列有意义的活动，是提升学生语文素养的有效途径。本文提出：在综合性学习中，需立足于课堂，把学生的学校、家庭以及社会生活进行有机地结合，向学生生活的各个领域拓展与延伸，通过小组交流合作、信息技术呈现、学科融合、网络互动等方式助力教学活动。

关键词：综合性学习　教学资源　教学活动　学习成果

《义务教育语文课程标准》指出："综合性学习主要体现为语文知识的综合运用、听说读写能力的整体发展、语文课程与其他课程的沟通、书本学习与生活实践的紧密结合。"因此，运用多元资源助力综合性学习教学，综合运用语文知识和技能开展一系列有意义的活动，是提升学生语文素养的有效途径。综合性学习成果的呈现就如同一棵树，想要呈现枝繁叶茂之状就需要在教学活动中汲取多方资源的养料。为体现以上特点，现以综合性学习"难忘小学生活"为例，粗浅地谈谈自己在教学实践中所运用的资源。

统编小学语文教科书六年级下册第六单元"难忘小学生活"为综合性学习单元。这个单元与学生的生活紧密相连，学生进入这个单元的学习时，六年的小学校园生活即将结束，他们会步入新一个学习阶段。回顾这六年的小学生活，茫茫人海之中，当一年级走进小学校园的那一刻起，就仿佛踏上了一艘轮船，那时的他们还稚气未脱，互相对视中满是陌生、忐忑与期盼。当小学旅程开始时，会有争执与摩擦。可是大家也从争执中学会了理解，从摩擦中擦出了温暖关心的火花，最终被学习生活中的相互扶持所取代。六年了，在这知识与童年生活的海洋中他们上演了不少的故事。这六年的许多事都是学生难忘的回忆，在即将毕业之际，辅以多种资源开展一系列有意义的活动，可以让学生将记忆珍藏、将情感表达、对未来祝福，在此基础上指导学生综合运用语文知识与技能，并促进语文素养的发展，将综合性学习成果收获于课堂，延展至课外，即立根于课堂，利用多元资源开枝散叶，最终收获枝繁叶茂的成果之树。

一、小组合作固根深

《义务教育语文课程标准》指出：综合性学习应强调合作精神，注重培养学生策划、组织、协调和实施的能力。小组合作作为综合性学习中最为重要的组织形式和活动方式能够有效助力教学活动。小组合作过程中可以充分利用课内外学习资源，分工合作将搜集的相关资料进行分析、整理、归类。最后，小组成员将自己的研究成果相互分享，也可以选出发言人进行小组研究成果展示。

下面分享的是，其中一个小组将收集的成长资料分类的过程，此过程分为三个阶段：第一阶段，全组成员收集自己的所有成长资料并将其全部带到学校，如有纪念意义的照片，与成长相关的习作、书法、美术作品，各种获奖证书、奖牌，老师和同学的寄语和祝福等；第二阶段，小组成员讨论如何将这些资料进行分类，有的成员按照时间顺序进行排序，有的成员按照不同栏目进行分类，有的成员为不同栏目起名字；第三阶段，成员之间相互补充难忘回忆中的细节，如令人难忘的集体活动，舍不得的人，有特殊意义的物品等。除此之外，小组成员间还互相为对方写下自己的毕业赠言并交换作为留念。

小组交流合作整理资料，不应仅仅关注结果，还要关注过程。这一环节的呈现不仅为制作成长纪念册和举办毕业联欢会奠定了基础，也关注了“学习整理资料的方法”这一语文要素，强调了小组成员间解决难题的过程，更有利于激发学生分享的自主性和积极性。小组合作这种人力资源的配合将巩固课堂教学的主体地位，也为其他活动的进行提供了保障。

二、信息技术助干壮

《义务教育语文课程标准》中提出：要充分发挥现代信息技术在语文学习过程中的作用，使学生在语文学习中通过运用现代技术更好地养成收集、处理信息的习惯，提高语文能力。因此，在教学活动中，教师可以充分有效地利用多媒体和互联网等现代技术来收集、处理和使用信息，以此帮助学生学习成果的呈现。

教师在学生分享回忆过程中，可以以平板电脑为载体，以照片、视频、微课、微信连线等形式为补充，将信息技术融入活动成果的呈现方式中。教师在课堂实践中，充分运用多媒体设备，使其独特的图像可以更直观、活泼地展示活动成果，及时反馈，这就产生了纸质呈现方式难以达到的效果。

以“填写时间轴”这一活动进行交流与呈现为例，在活动中教师引导学生借助照片、作业、视频等资料，或者与家人、同学、老师交流，辅以平板电脑作为技术支撑，帮助学生重温曾经的记忆。

《义务教育语文课程标准》还提出了“综合性学习”的要求是以加强语文课程与

其他课程以及与生活的联系，促进学生语文素养的整体推进和协调发展。那么在综合性学习单元如何将课堂与生活进行联系，运用平板电脑发送资源或者通过游戏设置便可实现这一目标。本课通过观看小学生活照片，参与“班级故事大拷问”的游戏，回忆往事，激发学生对小学生活的真情实感。除了照片帮助学生回忆，还可以剪辑制作一些学生的活动视频，甚至是班里同学记录班级活动的作文，这样便打破了时间和空间的束缚，让学生的回忆不断涌现。

教师在指导学生填写小学生活时间轴来呈现研究成果时，可以按时间顺序梳理成长中的记忆，让学生借助时间轴，分享时间轴上有代表性的记忆事件，以此引导学生充分表达师生情、同学情以及对母校的感激之情。为了完成这一教学目标，教师用教室图片做成时间轴，划分为六个年级，把时间轴和班级事件的关键词以及活动照片通过平板电脑发送给学生，让学生通过拖拽事件关键词和照片到相应年级的教室中，以此来整理时间轴，整理的过程中回忆往事、表达情感。学生们看到自己班级六年来的活动照片，兴趣盎然，情感上升。这些丰富多彩的形式都让研究成果的呈现更加直观。

总之，努力实现用信息技术来呈现综合性学习的活动成果，可以有效提高课堂效率，打造现代化课堂。

三、作品编撰促枝长

在综合性学习活动中，围绕某个主题，学生搜集材料，利用各学科知识，选定角度，提出问题并在老师的指导和同学的合作下解决问题，形成研究成果。而以书面形式将此过程或成果记录下来则更为直观且具有保存价值。例如：可以根据调查写一份调查报告，可以通过研究学习写一篇论文，可以根据所学内容创作一篇作品，还可以是建议书、赠言、成长纪念册、活动策划书等。

在本次综合性学习第一部分“回忆往事”环节，教科书中就有如何制作成长纪念册的活动建议。小学六年那么多难忘的回忆，学生可以用心制作一本成长纪念册将这些珍贵的记忆留存、珍藏。在之前的小组合作中已经根据需要，给收集的资料进行了分类，接下来就是学习编排《成长纪念册》。

除了制作条理清晰、内容充实、充满个性的书刊式纪念册外；学生也可以撰写毕业赠言来表达真情；还可以给老师、同学或母校写一封信，再次回忆小学六年的生活，表达对母校、对老师、对同学的感情。

书面作品的编撰能够将学生在综合性学习活动中的成果进行留存与珍藏。

四、艺术展示使叶繁

《义务教育语文课程标准》还指出：综合性学习的设计应开放、多元，提倡与其他课程相结合，开展跨领域学习。跨学科学习，也应以提高学生语文素养为目的。基于此,我们可以借助音乐和美术学科的相关形式进行展示,从而更直观、更真切地表达其内心情感。除了跨学科学习,还可以跨领域,具体呈现形式如:情景剧再现体会主人公心理活动,相声快板感受语言魅力,小记者采访进行社会调查,辩论会的激烈争辩训练口语交际,组织演讲比赛激发热情等。艺术形式多种多样,与综合性学习碰撞出的火花也必然会流光溢彩。

对于成长纪念册的呈现,便可以进行多学科的融合,如美术老师可指导学生对纪念册进行排版和装饰。除了制作像书刊式纪念册,还可以制作多媒体电子纪念册,信息技术学科教师便可指导学生制作电子版成长纪念册。

在本次综合性学习第二部分“依依惜别”环节,教科书中就给出了举办毕业联欢会的活动建议。

在联欢会的呈现中,可以把小学生活中令人难忘的事情改变成小品来演一演,可以朗诵与毕业有关的诗歌,可以用歌舞的形式表达对校园的留恋,可以学生配乐朗读自己课下写的书信或赠言,可以交流自己写信和听别人读信时的感受与触动,可以播放老师、家长录制的毕业赠言视频,还可以进行互动游戏等。学生通过文艺表演的形式,表达了对母校、老师以及对朋友的不舍感情。

多元的艺术形式展示使学生的合作意识、创新意识均有所提升,学生参与活动的积极性也明显增加,在整理资料和策划方面的能力更是有了提高。

五、宣传互动共常青

综合性学习活动不是随着课堂的结束而终止,学生可以通过其他的展现方式继续进行学习。为了同学之间可以把研究成果进行更好地交流、沟通、鼓励和建议,我们可以通过班级博客进行长期展示。除此之外,我们还可以制作毕业联欢会海报;在班级壁报或宣传栏上展出“我最喜爱的成长纪念册”,每组每周展出一本成长纪念册,并让作者说明创作理念,还可以通过班级钉钉群进行投票,选出最喜爱的作品。定期进行宣传成果展览,如学生投稿的自创毕业诗歌,发自肺腑的毕业赠言,有纪念意义的班级合照等,班级黑板报、墙壁展示栏等都是展示的领地,让小学生活那难忘的回忆如常青树一般清晰地挺立在我们面前。

总之,通过多元资源的营养供给使得综合性学习的成果得以枝繁叶茂地进行呈现。丰富多彩的资源助力都是为了学生能够汲取文化营养,充实自己,表达情感,提升素养,实现学生语言文字的充分运用,最终达到语文课程工具性与人文性的统一,让成果之树盛秀于林。

参考文献

[1]中华人民共和国教育部制定.义务教育语文课程标准:2011 年版[M].北京:北京师范大学出版社,2012.

后疫情时代小学语文线上线下混合教学模式的探索

——以部编本二年级上册《小蝌蚪找妈妈》为例

天津市西青区逸阳文思学校　朱　悦

摘　要：本文以部编本语文二年级上册《小蝌蚪找妈妈》课程为例，结合后疫情时代教学现状，探索线上和线下混合式的教学模式。探讨借助学习平台，把传统的以教师授课为主的课堂教学与线上学生自主学习有机结合在一起，总结线上线下混合式教学模式的教学策略与方法。反思线上线下混合式教学模式会出现的问题及解决方法。

关键词：小学语文　线上教学　混合教学　模式

一、问题的提出

2020年春季，由于新冠肺炎疫情的影响，我国中小学普遍采用线上教学。线上教学是面对突发性重大疫情的应急之举，也是面向未来教育发展趋势的必然选择[1]。复学后，线下教学逐步回到正轨，但疫情期间线上教学的优秀经验和成果不应直接摒弃。后疫情时代下，伴随着互联网+、虚拟现实技术等科技的发展，有效地进行线上线下教学的衔接和融合，实现线上线下共存的混合教学是未来教学模式的一种必然选择。

小学语文是一门重要的人文社会科学，是听、说、读、写等语言文字能力和知识、文化知识的相统一的学科。语文教学最大的特点是要求具有高感知性和体验性，这与网络资源、数字化技术及虚拟现实技术等有很高的契合关系。通过这些技术打破时空限制，提高语文教学的感知度，丰富课堂的内容，增加语文教学中的个性化引导，实现高频互动的"翻转课堂"，都是未来线上线下混合教学模式的优势所在。

二、线上线下混合教学模式的内涵及优势

1. 线上线下混合教学模式的内涵

小学语文线上线下混合式的教学模式，是借助网络教学平台，将小学语文课程中

的知识点与同步阅读资源、绘本资源等在平台同时展示，将学生、教师、教学主题、教学素材及情境等共同构成课堂结构，营造良好的教学环境，学生通过线上自学、互动以及线下课堂学习相结合的方式达到相应的学习目的。线上线下评价方式可以由线上测试、后台数据统计、互动效果评价及线下课堂反馈、线下测试等多种方式实施。

2. 线上线下混合教学模式的优势

传统教学模式学生多是被动地进行学习，这种情境下的教学过程容易让学生形成依赖性，从而缺乏探究精神；师生之间的教学信息流通受到时间和空间的限制，教师只能掌握线下集中授课中学生的学习情况。根据学习金字塔理论，被动学习如听讲、阅读和演示的学习内容平均留存率低于50%，而主动学习如讨论、创作、传授的学习内容平均留存率高于50%[2]。

线上教学相较于传统教学模式具有诸多方面的优势，如突破了传统教学模式在时间、空间方面的限制；更有利于培养学生的自主学习能力；更契合当代学生的学习行为与习惯等[3]。根据疫情期间线上授课的经验来看，线上授课也存在着比较大的劣势。最大的缺点是线上授课过程中学生容易受到其他因素的干扰。学生上课过程中的精神集中程度远低于线下授课，教师较难掌握学生对于课堂内容的实时反应。因此，现阶段线上授课和线下授课还不能相互取代，但线上线下混合的教学模式则可以有效规避这些弊端。综上所述，线上线下混合教学模式有如下优势。

（1）增强学生自主学习的能力，使课程预习、复习等环节可以通过线上的方式落到实处，而且通过线上的方式使得教师可以评估预习、复习环节的进行情况和效果。

（2）教师可以根据线上学习情况，有针对性地安排线下课堂的授课内容，使线下教学环境更加具有目的性。此外，教师还可以根据不同学生线上学习的情况，予以个性化指导。

（3）语文学科独有的高感知性、高互动性，既需要线上资源的多元化、多维度刺激，也需要教师言传身教的情感互动。这一点，线上线下混合教学模式实现了相得益彰的良性互补关系。

三、课程介绍

此篇是二年级语文的开篇课文，此阶段学生对于语文学习的方法和程序已有初步把握，对于学习语文有着一定的兴趣。因此在二年级的语文教学中，针对已经具备的语文基础能力，着重培养学生的识字能力，阅读理解能力，规范口语表达，养成阅读的习惯。与此同时，为学生创造富有情趣的学习情境，为学生设计容易进入和接受的教学方法，仍然是这个阶段语文教学的重要内容。进入二年级后，随着课业内容的增多，学习效果的评价也成为教学中需要重点关注的环节。这些学情的变化为教学提出了一系列需要思考和解决的问题，针对这些问题，在课程设计中，增加一些线上教学的结构，实施线上线下混合式教学模式是一条行之有效的路径。

四、《小蝌蚪找妈妈》课程在线上线下混合教学过程中的实施

1. 课前线上预习

在开课前，教师提前在学习平台建立网络班级。在教学前，教师根据《小蝌蚪找妈妈》教学目标将课程资源上传，并在线发布教学任务和学习目标，学生登录学习平台，根据自己的时间在线进行课前预习，同时记录学习过程中遇到的难题和有疑惑的地方，可以在线留言或线下提问。教师可以在后台了解学生的学习情况，可以适当调整线下教学内容，进行个性化辅导。

低年级的识字是阅读和写作的基础。在进行识字写字的预习时，教师可以导入动画、视频、图片等网络资源，让生字更加形象、更加动感，激发学生的好奇心。小学低段的识字写字，先认识，后明义，再书写，这其中运用恰当的网络资源效果会更好。

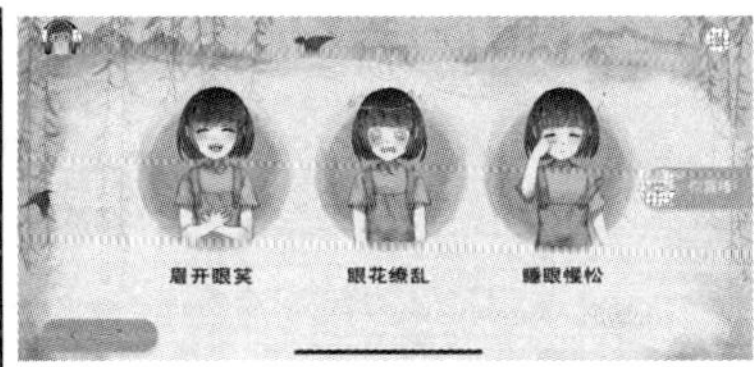

《汉字入韵》中介绍形声字“眼”的含义

以游戏的方式辨析认读字“灰”的读音

2. 课中线下教学

课中线下教学环节，在课堂教学上，学生在教师的带领下，将在线上学习的知识点进行系统化的梳理，帮助学生完整地掌握所学知识。

《小蝌蚪找妈妈》这一课中人物对话较多，要充分理解课文内容，教师在教授本课时，充分引导学生多读，多体会。针对教学目标中重点理解“甩、迎、追”等动词在文本语境中的运用，教师在教授本课时，可以结合文本情境演一演的方式，理解动词的运用。描写外貌的短语也是本课理解的重点，教师要引导学生细品语言，并描述自己想象出的画面，通过比较词语，再观察课文插图，印证学生的感受。对于“小蝌蚪怎样长成青蛙的”这一教学目标，可以先组织学生阅读全文，找到描写小蝌蚪成长变化的句子后，认真地读一读，从“读—找—读”的过程中帮助学生理解句子意思，记忆文本语言。

3. 课后线上复习与拓展

在《小蝌蚪找妈妈》这一课中，教师要利用线上平台，整合网络资源。设计针对课文教学目标的课后复习内容，创造性地将教学重点和教学难点有效结合，考查学生对本课知识的掌握程度。比如“皮”字的笔顺的生字难点，可以提用多种形式进行考察。“龟”是象形字，介意结合图片帮助理解记忆。

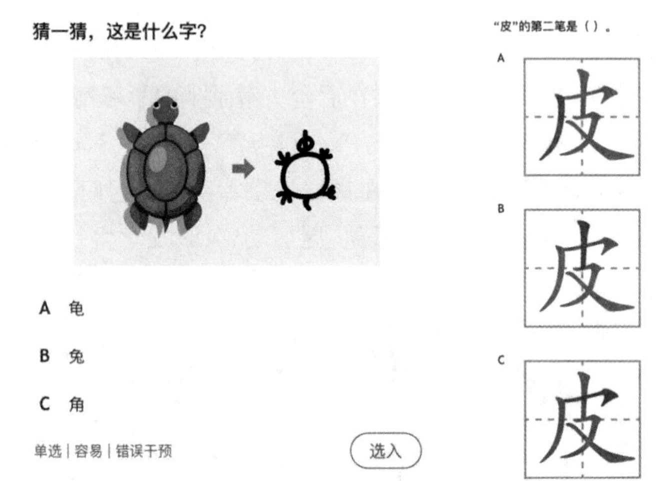

通过图片，理解象形字“龟”　　形象记忆“皮”字的易错笔顺

2. 根据课文内容，观察图中小蝌蚪的动作，选择合适的一项。

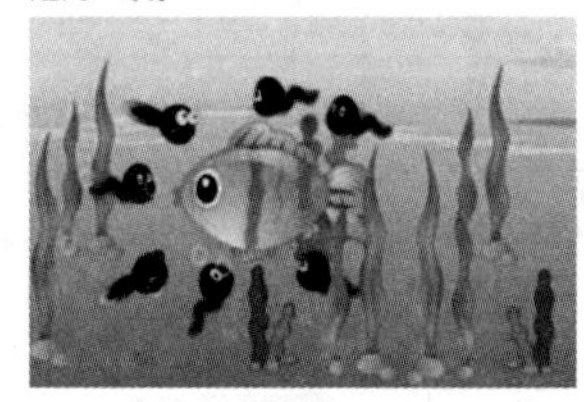

A. 小蝌蚪追着鲤鱼妈妈。

B. 小蝌蚪跟着鲤鱼妈妈。

C. 小蝌蚪迎着鲤鱼妈妈。

D. 小蝌蚪等着鲤鱼妈妈。

图片理解小蝌蚪的成长顺序　图片理解动词“迎”

此外，在小学低段的语文教学中，重视学生自主的阅读实践，构建课内外紧密结合的课程体系是教科书编写的重点思路。因此在教授《小蝌蚪找妈妈》后，教师还利用网络平台，为学生选择适合的同步阅读资料，童话《我的野生朋友》和《青蛙种豆》，或同步阅读绘本《小兔子有办法》。充分拓展课外阅读，可以提高二年级学生阅读理解能力，积累好词好句，为三年级写话做准备。

阅读课外文章，回答问题。

我的野生动物朋友

阿布，我的大象哥哥

阿布是我的大象哥哥，不过，它已经是一头成年象，因为它已经三十多岁了。

阿布很优秀，是我的朋友，兄弟，我爱它。我们只要在一起，就会觉得很高兴，很幸福。当我坐在它的头上，双腿搭在它的两只大耳朵上的时候，我真不知道世上还有没有比这更快乐的时候。

坐在鸵鸟背上真开心

坐在鸵鸟背上真开心。鸵鸟背软绵绵的，很暖和，好舒服啊。

这只名叫林达的鸵鸟，我是在一个养殖户那儿见到的。它的样子并不可怕，但仍然要小心。它们的爪子上长着锋利的指甲（人们把它叫作距），可以当刀使。如果捕猎者向它们进攻，他们就会被距开膛破肚，然后死去，因为它们一只只力大无穷。不过，我倒喜欢它奔跑，我宁愿它跑得飞快。鸵鸟要是跑起来，便是世界上跑得最快的鸟了。

读一读，再完成练习。

青蛙种豆

清水塘，水悠悠，青蛙妈妈来种豆。

扑通扑通跳下水，种下颗颗黑豆豆。

黑豆发芽还会游，原来是群小蝌蚪。

1. 青蛙妈妈种的豆儿是什么颜色的？（ ）

A. 绿色

B. 黑色

2. 青蛙妈妈种的豆儿是什么？（ ）

A. 黑豆

B. 小蝌蚪

3. 黑豆发芽，发的芽是小蝌蚪的什么？

A. 触角

B. 尾巴

C. 胳膊

被使用6796次　　题目报错

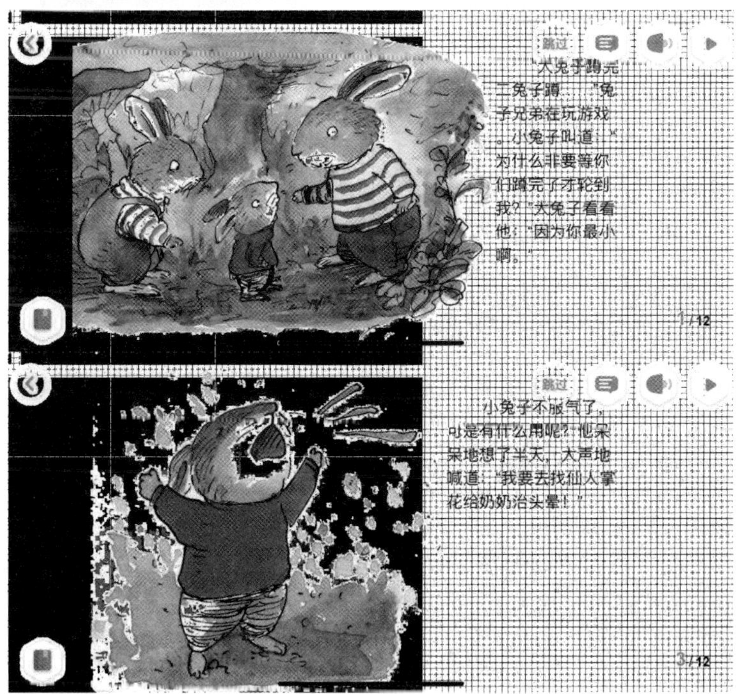

五、对线上线下混合教学模式的反思

1. 教师层面

线上线下混合教学模式对教师提出了教学设计、技术等方面的挑战。首先，教师的角色定位从"灌溉者"转向课堂的设计师、组织者和推动者。教师除了常规的传授，更重要的是如何设计线上线下混合模式课堂的结构，尤其体现在对于庞大网络资源的挑选应用以及对如何情境创造的深刻理解上。其次，对于线上线下混合教学模式产生的大量的教学反馈信息,需要集中地、有条理地在线下课堂集中解决,需要细化到每一个学生的情况。

2. 学生层面

引导学生转变学习观念及习惯,变被动学为主动学。首先,教师要做好引导和启发工作,消除学生的畏难情绪,增强自信心;其次,学生要提前做好认识这种教学模式的准备,特别是要提升问题意识,知识的传授是通过问题的有效提出与解决得以实现的。因此,教师也不仅要鼓励和引导学生敢于提问,还有让学生从爱提问变为善于提问。

3. 教学管理层面

从教学管理层面来看,主要是做好教学资源的丰富和服务保障工作。第一,要搭建或选择一个成熟、稳定的网络教学平台。第二,学校和教师要定期更新和制作教学资源,为学生提供丰富的学习资源。第三,顺畅的信息化校园网络、先进的信息化教学设备及配套的先进管理制度是线上线下混合教学的前提与保障。

六、结语

在疫情的影响下,线上线下混合教学模式完成了“硬着陆”,而且随着信息技术和智能化技术的普及,线上线下混合教学模式注定成为未来小学语文教学的主要方式。小学语文线上线下混合教学模式,不仅能超越时间和空间的限制,而且众多的资源集成、多维的评价体系可以让教学过程更加丰富、严谨。但是,线上线下混合教学模式依然存在着亟待解决的问题,仍然停留在教师单方面探索的阶段。在“互联网+教育”的发展趋势下,系统性的、标准化的线上线下混合教学模式仍需完善。

参考文献

[1]苏敏,董小玉.复学背景下小学语文线上线下混合教学模式探索[J].语文建设,2020(10):4-8.

[2]古萍.线上线下“双轨融通”教学方案的探索与实践——以《基础阿拉伯语4》课程为例[J].中国多媒体与网络教学学报(上旬刊),2020(09):23-25.

[3]马旭光.试论线上教学的优势特点及实践应用的关键问题[J].科技经济导刊,2020,28(27):120-121.

生本课堂中提升小学生语文素养的探究和实践

深圳市南山区丽湖学校　程华龙

摘　要：语文课程是一门学习祖国语言文字运用的综合性、实践性课程。工具性与人文性的统一，是语文课程的基本特点。学生语文素养的提升，离不开教师对文本的深入理解，离不开课堂有效教学的开展，离不开学生课内外的积累和运用。在新课程改革的背景下，作为一线语文教师，从语文教学的角度，试图从三个方面，即"课堂教学需要整体构建；课堂教学组织形式的变革；重视学生学习的积累和运用。"现结合自己近几年来在语文教学过程中的一些体验、经历，谈谈提升小学生语文素养的有效路径。

关键词：整体构建　有效组织　积累运用

"小学语文课程标准"在教学建议中指出："学生生理、心理及语言能力的发展具有阶段性特征，不同内容的教学也有各自的规律，应该根据不同学段学生的特点和不同的教学内容，采取合适的教学策略。"这一建议提示我们要基于学生"学"的研究，在最近发展区设计教学，让教学更加高效。所以必须从语文习得的特点入手，从提高学生语文素养的高度看待当前的语文教育，语文教学的规律要遵循语文学习的规律，遵循儿童的认知心理特点。

一、课堂教学需要整体构建

一段时间以来，以生为本的生本课堂教学模式悄悄改变着我们的课堂，基本形成了课前自学，课中交流，课后练习的基本模式。这种生本模式的实施调动学生学习的积极性，提高了课堂的效率，提高了学生对文本的理解。由于学习单都是以问题的形式设计的，如何在课堂上进行整体构建，值得我们思考。

1. 学习单设计应着眼于整体

学习单的设计应体现设计的层级性，问题的设计应呈现一种关系，即问题内部的逻辑关系和学生学习上层层递进的关系。《检阅》是人教版教材三年级上册一篇课文，自学单考查学生有没有读懂文章，如："棘手的事"指什么事？参加检阅时博莱克在哪？同时这些问题的解决能够帮助学生理解课中问题——这些小伙子棒在哪里？

排序题指向的是全文脉络的理解，有利于帮助学生从整体上把握文章。课中问题——你认为谁最棒？这个问题既是一个整合性问题，又是一个开放性问题，一下子激发了学生思维的火花，学生带着问题在文本中找依据，有利于学生深入理解文本。而课中问题——作为班级的同学，你支持他去吗？如果你就是这位受伤的孩子，你会怎样选择？这个问题联系学生生活，设置学生经常遇到的问题，能够帮助做出思考。学习单的问题设计能够很好地帮助学生深入理解文本，构建了一个整体性的学生监控理解评价体系。

2. 以终为始，构建单元整体

(1)整体了解单元内容，带着问题进入单元学习。

五年级下册第五单元的人文主题是：字里行间众生相，大千世界你我他。本单元的语文要素是“学习描写人物的基本方法”“初步运用描写人物的基本方法，具体地表现一个人的特点”。在单元课文学习前，引导学生关注本单元人文主题和语文要素，带着“如何把人物写具体”的思考初步交流，我们已经掌握了哪些方法，哪些方法是自己没想到的。想一想，自己准备写谁，你需要积累哪些素材，准备使用哪些方法，学生带着思考进入课文的学习。

(2)根据课文特点，明确每篇课文所承载的语文要素，设计个性化学习活动，在实践中落实读写目标。

人物描写一组，《摔跤》一文侧重动作描写表现人物特点，兼顾语言、心理描写；《他像一棵挺脱的树》一文侧重使用外貌描写，兼顾动作和神态描写；《两茎灯草》则主要运用了动作、神态描写方法，兼顾语言描写。在教学设计中，在了解了每篇课文描写人物的基本方法后，再比较阅读三个片段，找出它们在表达上的异同之处，学习作者抓住人物的动作、语言、 神态、心理活动等描写人物的方法。《刷子李》侧重使用细节描写和侧面描写表现具有高超技艺的刷子李。通过对课文人物描写方法的品析，了解、学习通过语言、动作、外貌等描写细致刻画人物，通过描写他人的反应来表现主要人物特点的写法，并能体会、说出其表达效果。

(3)由课内拓展到课外，增强阅读全局意识

通过第五单元课文的学习，学生不仅认识了很多人物而且初步学会了描写人物的基本方法。教师在单元语文教学的基础上，引导学生走进《俗世奇人》这本书，通过对封面和预设的故事情节的猜想，欣赏故事片段，激发阅读的兴趣；通过板块化推进，谈“奇”论“奇”，揣摩、品味文本的语言特色；通过思维导图总结书中人物形象，提炼语言特色，在展示交流中锻炼阅读表达能力。通过课内外阅读有效衔接，实现了学生阅读能力的整体提升。

二、课堂教学组织形式的变革

实施课堂教学改革，其核心就是要培养学生自主学习的能力。在课堂教学中，改

变了传统的一问一答的形式，以小组合作为基本的组织形式。小组合作组织遵循了独立尝试在前，合作交流在后，进行生生、师生互动。如在提问之前提醒学生，请独自思考30秒后再进行回答。先独立完成学习单再组织学生进行交流。在小组交流中，学生充分尊重组员的意见，不停地问你的依据是什么？指向学生个体对文本的理解。

课堂学习主要以学习单为载体进行的，如何有效地进行交流，不仅节约了时间，还有利于学生对文本的认识。在交流课前学习单环节，学生在小组内可以针对有争议性的问题集进行交流，如果是小组内已经解决了，可以说说刚才是如何解决的。如果没有解决，大家一起想办法解决。如果学生在交流中存在问题不能解决，可以让学生相机提问：老师您认为呢？这样老师就可以自然而然地进入其中，干预也自然而然。

三、重视语言的积累和运用

一个人语文素养的高低，关键看他语文积累的厚与薄。“熟读唐诗三百首，不会作诗也会吟。”看看那些语文大家，哪一个不是博读深思。听听央视《百家讲坛》中的几位主讲人如易中天、于丹、王立群等大家的演讲，经典名句经常脱口而出。为什么？那就是他们有着广泛的阅读与深厚的积累。只有“厚积”而后才能“薄发”。“量”的积累到一定程度必定会产生“质”的变化。

1. 大量的课外阅读是丰富学生语言积累必不可缺的途径。在《语文课程标准》中对各个学段的课外阅读总量都有明确的规定。为了保证这个阅读量，可以从这三个方面去进行：(1)提倡孩子每天睡觉前读书十五分钟；(2)每月师生共读一本书；(3)利用每周一次的“兴趣阅读课”交流读书后的收获。除此以外，语文课堂上，还可以引导学生学一篇课文，带一片课外阅读，有时课前阅读，有时课中阅读，有时课后阅读。这样，从童话故事，到儿童小说、诗歌，再到中外名著，学生在一次次的广泛阅读中开阔了视野，增长了见识，积累了语言，丰富了情感体验。如，一二年级学生阅读绘本和桥梁书，通过读写绘活动，拓展阅读的外延。三年级学生阅读《扑克游戏》，带给学生对教育全新的认识；四年级学生与《木偶奇遇记》交上了朋友。五年级同学在老师的指导下，阅读战争题材的小说，了解同是地球村其他少年儿童的生活状态；六年级学生在阅读《三体》，感受科幻小说带给我们的魅力。

2. 加强背诵。“积累语言材料，其实是感性的语言模块的整体储存，它可以看着是生活经验材料，也可以看着是形象材料，或者是思维材料、情感材料，这些材料储存于大脑，将成为学生的终身营养，也就是语文素养的重要构成，它们一旦被激活，就会产生综合效应，极有利于接受和表达能力的整体提高。”②因此，《语文课程标准》中对每个学段在背诵方面也提了具体的要求。为了很好落实这一要求，在参考《语文课程标准》所列出的必背诗文的基础上，从《唐诗三百首》和《宋词导读》中精选了大量的诗词，按照学生的年龄心理特点分散安排到各个年级的每一个学期，利用晨读课、午会课、课前预备时间,反复让学生诵读。如今,漫步校园,书香四溢。这边是"人之初,性本善。性相近,习相远。……"《三字经》耳熟能详;那边传来"问余何意栖碧山,笑而不答心自闲。桃花流水苜然去,别有天地非人间。"陶渊明式的田园生活如在眼前;踏上四楼,陆游的《卜算子・咏梅》随风入耳:"驿外断桥边,寂寞开无主。已是黄昏独自愁,更著风和雨。……"

3. 多多练笔,积累生活材料。叶圣陶说:"写作材料来源于整个生活,整个生活时时向上发展,写作材料会滔滔汩汩流注出来,而且是澄清的。"③生活实践是提高学生语文素养的"源头活水"。如何有效引导学生积累生活材料呢?我觉得最有效的方法是写日记。日记是对自己生活的真实记录,及时记录自己对生活的所见、所闻、所思、所感,既锻炼自己的表达能力,更重要的是积累自己对生活的感受和思考,在积累与表达中丰富自己的人生体验,完善自己的人格精神。另外,提倡写日记,是把写作放在最真实最深厚,又是最新鲜的生活基础上,就能让学生消除对作文的畏惧之感,觉得作文原来是如此轻松,如此自由,甚至让一部分学生逐渐觉得,每天写日记,如同吃饭睡觉一样,是一种生活的需要。因此写日记是一种最好的积累生活材料的方法。

综上所述,学生语文素养的提升离不开教师对文本的深入理解,离不开课堂教学的整体构建,离不开教师教学的有效开展,更离不开学生课内外的积累和运用。在语文教学中,只有辩证地、恰当地处理这三者之间的关系,形成三位一体的教学框架,全方位优化语文教学过程,才能实现人的全面发展。

参考文献

[1]中华人民共和国教育部制定. 义务教育语文课程标准:2011 年版[M]. 北京:北京师范大学出版社,2012.

[2]叶圣陶. 叶圣陶语文教育文集[M]. 北京教育科学出版社,1980:225.

[3]林崇德. 构建中国化的学生发展核心素养[J]. 北京师范大学学报(社会科学版),2017(01):66.

信息技术赋能教育背景下的深度学习
——语文教学中信息技术的创新运用

南方科技大学教育集团(南山)第二实验学校　陈晓粧

摘　要:信息技术正慢慢渗透并覆盖各个领域,也无时无刻不在影响着教育的变革,为教育赋能。同时技术拥有人类赋予的不断迭代的生命力,利用信息技术,通过对学习的升级去创造新的个性化学习体验以满足学生的需求,进而释放无限潜能。本文作者通过自身在教育实践中的经验,聚焦学生面对未来的能力培养,解锁技术工具在语文课堂中的运用。

关键词:信息技术　语文教学　深度学习

疫情背景下在线课堂的全国性推行,展示了信息技术突破时间和空间阻隔为教育提供支持的强大生命力,虽然传统的学习形式发生了转变,但是被动学习的模式却没有发生改变,真正的信息技术革命不仅仅是为教学提供辅助性的支撑,更应该体现在:信息技术的支持下变革教与学的方式,升级课堂模式和学习场景,为学生提供个性化的体验,释放学生学习的潜能。

南科大二实验自2015年办学以来,一直坚持以技术为支持的创新教学方式,创新教学方式最重要的载体是借助于可视化、可平面化操作的数字平板电脑,作为学生学习的重要支架,也作为教师提升工作效率的重要工具。《学习的升级》中强调:"技术是学习的工具,也是思维、协作和沟通的媒介。"[1]所以在使用平板电脑教学的过程中,选择合适的工具并及时升级这些工具,以提升学科课堂教学有效性,支持有意义的课堂学习。

一、技术赋能教育,助力形成学科素养

1. 信息技术与语文课堂的现状分析

综观当前信息技术在语文课堂上的运用,当前语文教师对于"多媒体技术与语文教学"的理解和运用上,许多仍停留在媒体呈现知识的阶段,缺少运用和创造,把ppt等同于信息技术,这样的融合只是改变知识的呈现方式,并未真正激发学生学习的兴趣、无法培养学生的深度思维品质。

2. 用技术助力语文核心素养的形成

信息技术不只是教学的工具和手段,同时也是课堂教学的环境,影响语文课的内涵。[2]构建开放共享、交互创造、实践反思的课堂,我们需要了解课程标准下语文学科素养目标,在形成核素养目标中探索技术运用的路径。“语言建构与运用、思维发展与提升、审美鉴赏与创造、文化的传承与理解”是语文核心素养的目标。语文课程标准在理念的表述中给了明确的指引,通过“有活力的课程,跨学科的学习,现代科技手段的运用,在不同内容和方法相互交叉、渗透整合”。[3]“语言建构与运用”是语文核心素养的基础,从基础到素养目标需要以学习实践活动作为桥梁通道。只有通过积极的语言实践活动,才能实现深度学习,才能形成语文学科素养,因此,借助信息技术,设置教学情境,让学生与生活接轨,让学生的思维参与其中,在积极的语言实践活动中,完成对语文知识的主动吸收,积极转化、高效迁移,最终形成语文学科素养。

二、语文教学中信息技术运用的意义

王荣生教授在《写作教学教什么》就提到过:我国传统的作文向来“重表达,轻交流”,我们追求“立意高、选材精、结构严、语言美”为写作课程目标,忽视了写作的交际能力的培养,因为现代社会经济文化发展需要交流能力。[4]在语文学习过程中,只有足够的知识输入才能实现高效的能力输出,阅读的输入为写作的输出奠定了基础,而借助信息技术是实现从表达到交流的重要途径。传统的写作教学,从第一学段“写自己想说的话,写想象中的事物”,到第二学段“能不拘形式地写下自己的见闻、感受和想象,把内容写清楚。”是一个需要不断提升的过程;但对于信息时代的学生而言,在写作教学的第一学段就可以借助信息技术,通过语音识别,小视频等记录他们的见闻、感受,并且通过文字清楚表述出来,从而提前达成第二学段的写作目标。在这个过程中,技术不仅是辅助学习的工具,更能激发学习的兴趣,维持学习动机,为学生自主学习提供更为广阔的空间。

1. 借助信息技术,让写作融入生活

每一个个体都渴望自己“被看见”,我们的学生也是如此,乐于发微博或朋友圈是因为渴望被看见、喜欢分享。但是大部分的学生惧怕写作,主要原因是:作文是写给老师看的,只有那部分优秀作品才有可能被更多人看见,而微博或朋友圈动态很快就被看见,被评论。所以写作不仅仅只是写作文,学生生活中发生的点滴值得记录的,都鼓励学生利用智能平板,通过文字、图片、视频的形式即时记录、发表,保护学生的好奇心、激发学生表达的兴趣,借助展示平台,为作者提供的读者,让作品“被看见”,从而激发创作的欲望、促进学生之间的交流。

学生如果觉得课程、课堂、作品和自己关联紧密,相关程度高,学习写作的主动性就会越高。因为学生是在真实的环境中学习,写作的素材来源于丰富的生活,比如五年级的作文主题“有特点的人”,教师引导学生观察每天的上学路上经常看到的人:

小区的保安、地铁站的安检人员或是蛋糕店的售货员……这些人身上的哪些特点让你记住他,你和他发生过哪些有趣/难忘/感动的事情,于是一个个平凡的形象走进了学生的视线,记录在他们的网络空间里:“煎饼张”“包子吴”“圆肚保安叔叔”“吝啬小卖部老板”……一个个人物立体形象,呼之欲出。那是来源于他们眼中的最真实的印象感知,更有信息技术的及时呈现与分享。

2. 创新网络空间,促进主动交流学习

何谓“同伴影响力”,是指人们的行为在很大程度上会受到其同类或同伴的影响。如果人们发现某种行为已经成为其同类中的一种流行行为,他们往往也就会跟着做。心理学家们将这种影响称为“同伴影响力”(peer influence)。在不确定时期,同伴影响力会极大增强。

因此通过班级网络平台定期举行主题创作擂台赛,把写作的内容变成创作的一首诗,编辑的一份小报,让同伴投票评选,在评选中交流,在交流中进行主动学习,通过作品看到差异,让学生从最近发展区中的“舒适区”走向“成长区”。

三、语文教学中信息技术的创新运用

教学的艺术在于激励、鼓励、唤醒,给学生带来独特的学习体验。学生喜欢某一门课程,很多时候不是对课程本身,而是被教师的授课风格,教学模式所吸引。对于学生而言,教授“有什么”“怎么样”这类知识已经远远不够,他们想要的是“为什么”,和他们之间有哪些关联,所以教师的角色是为学生提供背景资料,使课程内容与学生世界发生链接。技术所创造的条件使人们对于优秀教师的定义发生了变化,因此,优秀的教师能够借助技术进行创造性教学设计,让语文教师的角色成为艺术和技术兼容的多元化课堂设计者。

1. 阅读课堂:恰当使用 App,助力学习过程立体化

阅读教学作为语文课堂的重要组成部分,无论是纸质阅读或电子阅读,在阅读教学中运用有效的相关 App,可以对阅读的内容进行拓展,延伸。比如在学习游记类文章如《记金华的双龙洞》《颐和园》《望天门山》等,可借助“高德地图”或“百度地图”中的立体地图,迅速带领学生在祖国的壮美山河中遨游,拉近学生与景点的距离,拓展学生地理位置感知能力,促进学生对文本的深入解读。通过相关 App 的使用,拓展类文教学的空间,比如在学习《刷子李》之后,学生通过“微信读书”阅读《俗世奇人》,完成从单篇到整本书的阅读拓展;结合快乐读书吧,全班每个月推荐阅读电子书籍 2 至 3 本,实现阅读的延伸。学生在“微信读书”App 中通过如“电子批注”等形式,发表自己在阅读中产生的思考和想法。恰当使用 App,让单向的阅读过程,走向深入,走向立体。

2. 作文课堂:用 AI 数字工具,让创作思维可视化

写作从本质而言,就是思维的生动呈现,因此通过思维导图呈现构思脉络,用

iPad 打写作文,用网络评价系统修改作文,让写作的流程更清晰,让写作的思维形象化。借助信息技术,让写作的整个流程在平台上汇集、展示、点评、提升,形成集搜集、互动、升华为一体的创作新体系。例如以"观察一种动物"为任务的写作流程。

第一环节:创设情境、交流互动。老师播放宠物猪的视频,要求学生带着问题观看:观察小猪的外形、动作、喜好等特点;并谈谈你印象最深的地方。

第二环节:观察特点、清晰记录。学生制作思维导图,对小猪的特点进行梳理,可用词语或句子,生动形象表达小猪的特点,提交到相关平台。

第三环节:文本转化、提交初稿。学生根据自己设计的思维导图,打写初稿,配朗读音频提交。朗读的目的在于感知语言是否流畅,及时发现错别字,并进行初步的修改。学生提交作品之后,才可以在网络上看到其他同学的作品,要求学生阅读,并为五位同学的作品点评打分。

第四环节:修改提升、多维互评。作文修改课之后学生提交朗读视频及第二稿,平台会进行初步评价,在此基础上,进行学生互评,教师点评,家长点评等多维度评价。

第五环节:作品互推,发表展示。学生提交定稿,老师根据学生提交的作文,综合评价的整体情况,择优编辑发表于班级公众号平台。

借助信息技术,使得学生的创作过程图像化、立体化、可视化,形成了一个可操作、可借鉴的写作系统。激发了学生的创作热情,维持了创作的动机,促进写作习惯的养成。

四、利用信息技术,升级教学场景

在过去的一个多世纪里,学校里每间教室都是类似的教学场景:教师在讲台上对着一排排坐得整整齐齐的学生授课。渐渐地,人们开始尝试为学生提供不同的学习空间,教室里通过调整课桌的摆放,创设不同的学习场景,比如以小组的方式,围成圆圈,更有利于学生的交流,那么我们在探索物理的学习空间改变的同时,更应该关注拓展数字学习的空间,让学生在数字的学习空间里遨游。

例如在学习《爬山虎的脚》这篇文章,通过初步熟悉文本内容之后,我带领学生走出文本,在大自然中观察爬山虎或其他植物,学生用 iPad 拍摄图片,并用文字加以记录,形成观察日记,学生从文本出发,在自然中观察,通过信息技术完成对文本的提炼、升华和再创作,在不同的学习场景中,阅读、观察、发现、记录,形成语文学科素养。通过转换与升级教学场景,可以给学生带来真实的学习体验,在掌握知识的同时,发挥学生的潜能去实践、去创造。

艾伦·凯曾经说:"若在你出生时,某个事物尚不存在,那么于你而言,它是技术。"信息技术不断影响着人类文明,反过来人类也赋予技术以灵魂。我们习惯性把技术定义为工具,但是对于学生来说,那是他们生活环境中自然存在的一部分。信息技术之于教育的意义很多:让我们快速获得知识的能力、突破时间空间互动分享的能力、一生中从一种生活转向另一种生活的能力,但是最终指向的一定是:支持有意义的学习,因此教育的本质就是探索那些赋予我们生命意义的活动的过程,而这个过程才能实现从单向灌输到主动探究的深度学习,促进学生思想的觉醒,促进学生核心素养的形成。

参考文献

[1]约翰·库奇,贾森·汤,栗浩洋.学习的升级[M].浙江人民出版社,2019(05).

[2]满春燕.信息技术与语文课堂深度融合路径[J].中小学数字化教学,2021(3).

[3]中华人民共和国教育部制定.义务教育语文课程标准 2011版[M].北京:北京师范大学出版社,2012.

[4]王荣生.写作教学教什么[M].华东师范大学,2014(11).

互联网背景下儿童绘本阅读推广范式研究

——以南科大二实验“绘本之夜”为例

南方科技大学教育集团(南山)第二实验学校　陈　玲

摘　要:近年来,儿童绘本阅读开始在我国兴起,并逐渐掀起一股“绘本热”的风潮。南科大二实验在儿童绘本阅读推广上,综合社会、家庭、学校三者的特点,从理论依据和实践运用的角度出发,总结出一套“以学校为推广主体,以互联网为平台,面向学生,面向社会推广绘本阅读”的创新范式。

关键词:绘本阅读　学校　互联网　创新

一、引言

随着新课程改革的日益推进,绘本阅读以其图文并茂、故事性强等优势,在儿童阅读尤其是低龄儿童阅读中发挥着重要的作用。本文参考国内外社会、家庭、学校对绘本阅读推广的不同方法,借鉴南方科技大学第二实验“绘本之夜”阅读推广模式,总结出“以学校为推广主体,以互联网为平台,面向学生,面向社会推广绘本阅读”的创新范式。

二、儿童绘本阅读推广现状分析

在过去的儿童绘本阅读推广中,社会、家庭、学校作为推广主体,各自的社会影响力不同,运用的推广方式不一样,产生的效果也各不相同,具体表现如下:

1. 社会作为儿童绘本阅读推广主体

社会对儿童绘本阅读的推广主要体现在公共图书馆对绘本阅读的推动作用,这一特点在国外表现得尤为突出。例如:美国公共图书馆开展的“生而阅读”计划,在儿童阅读推广方面效果显著[1];在日本,63.6%的公共图书馆都设有儿童室,67.8%的公共图书馆开展了针对儿童阅读的服务活动[2];在英国的“图书之星”活动影响深远,受到许多国家和地区效仿[3]。近几年,国内公共图书馆在儿童绘本阅读推广方面取得了较大的进展,如:国家图书馆少年儿童分馆基于幼儿对绘本的选择偏好,通过“专家荐读”“读者互动”与“数据挖掘”等方式为儿童读者提供书目推荐服务套餐;苏州图书馆、河南少儿图书馆、上海徐州市图书馆等通过实施各具特色的阅读推广计划,为儿童提供丰富多彩的"悦读宝贝大礼包""绘本导读"等服务,这些都在有效地促进了绘本阅读的推广[4]。然而受国情影响,公众对公共图书馆的关注度不够,公共图书馆对于绘本阅读推广的宣传力度也不够强,因此公共图书馆对于儿童绘本阅读推广的影响力与国外对比还存在较大的差距。社会对儿童绘本阅读推广的主力还包括一些教育培训机构如:EF 英语开设的绘本课程和 YUGO 绘本美育课程等,还有一些线上儿童绘本推广网站和公众号,如:"绘本馆""小早绘本屋""快乐成长联盟"等,这些线上和线下机构的课程丰富多彩、绘本推荐书目分年龄段分层实施,具有较好的品质,但是作为运营机构,其提供的服务往往要收取一定的费用,使绘本推广的阅读群体受限,没有办法做到真正地普及。

2. 家庭作为儿童绘本阅读推广主体

家庭一开始主要表现为"亲子阅读",即家长和孩子以书为媒,以阅读为纽带,分享多种阅读形式的阅读过程。亲子阅读的作用主要是增进亲子关系,培养良好的阅读氛围,让家长尤其是孩子们爱上阅读,但是对儿童绘本阅读推广的范围影响不大。随着亲子阅读的继续推行,"家庭绘本馆"开始出现,"家庭绘本馆"以家庭为单元开展亲子阅读,同伴阅读,服务本班级或者周边的小朋友,在一定程度上推动了儿童绘本阅读的推广。在"家庭绘本馆"推行的过程中,也产生了一部分家长利用互联网的优势,将绘本阅读资源通过公众号和网站共享,这也将"家庭绘本馆"的推广对象从周边延续到大众,但无论是线下"家庭绘本馆"还是线上绘本馆,都是由单个或者部分家庭作为主体而推行的,他们对于广大儿童的影响力有限,这也导致"家庭绘本馆"的推广效果和影响力都具有一定的局限。

3. 学校作为儿童绘本阅读推广主体

自 1999 年以来,绘本开始在大陆推行,推行范围也从一开始的学前教育延伸到小学教育领域,并呈现出多样化、多元化的发展势态。如:杭州市长寿桥小学特级教师曹爱卫开创的绘本创意读写课程,促进了绘本写话教学的创新性发展;北京市东城区胡同小学成立了绘本阅读教学工作室——绘心社,尝试语文、数学、科学等跨学科融合,积极开发多种绘本融合的校本课程[5]。这些研究主要是借助传统媒介——教学实录、公开课、出版书籍等方式来推行,在社会尤其是学校引起了较好的反响,但目前大多数学校的绘本阅读更多地偏向于教学功能,推广功能次之,而且推广的效率不及互联网迅速。

三、互联网背景下的儿童绘本阅读推广新范式的理论建构

1. 建构依据

(1)政策依据:2017 年,国家就阅读推广作出了方向指引和技术指导。《条例》第二章明确规定政府、妇联、残联、幼儿园、中小学、高等院校、家庭等应积极组织开展

阅读活动[6]。

(2)互联网思维:2011 年百度创始人李彦宏首先提出“互联网”思维,武洪兴分析了该理论的发展脉络,提炼出六大特征:去中心化、用户思维、品牌思维、粉丝思维、跨界思维和大数据思维[7]。在“以学校为推广主体,以互联网为平台,面向学生,面向社会推广绘本阅读”的创新范式,每一个学生、每一个绘本阅读者都是用户,是阅读服务的中心点。

(3)教育学依据:学校是有计划、有组织、有系统地进行教育活动的重要场所,且具有重要的社会功能。在国家高度关注全民阅读的社会氛围下,中小学校有责任,有义务配合国家的相关政策条例,肩负起儿童阅读推广的重任。

2. 理论模型

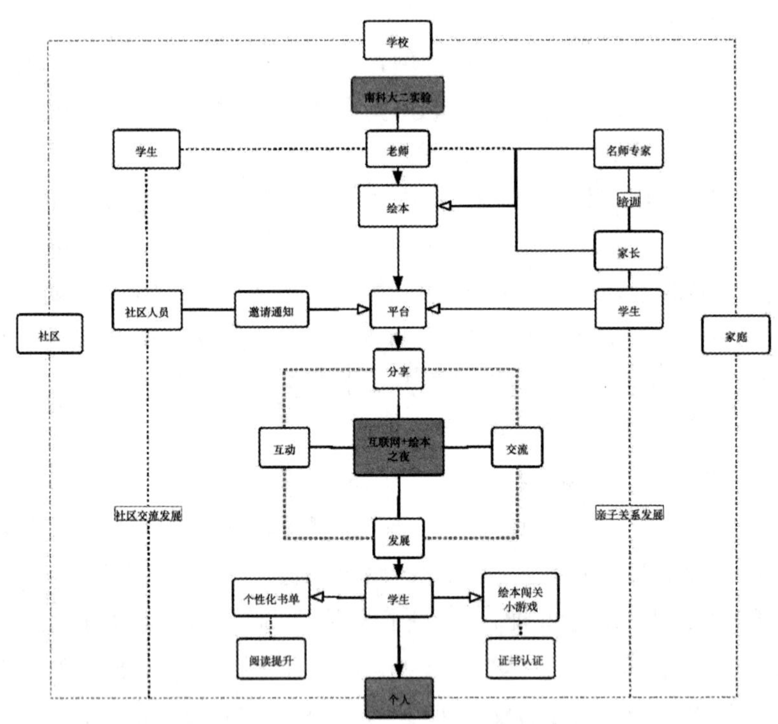

图 1　以学校主体,以互联网为平台,面向学生,面向社会进行儿童绘本阅读推广的理论模型

3. 理论模型的可行性分析

(1)主体分析:受中国传统文化和社会主义国情影响,中国的学校一直具有较高的社会地位和社会影响力,因此以学校为儿童绘本阅读推广主体具有较好的推行优势和较大的群体受众基础。

(2)平台分析:互联网是一个开放的平台,利用互联网对传统行业结构重塑,强化网络连接,更加开放、便利、方便、共享资源。在儿童绘本阅读推广过程中,也可以应用这个平台,将二者深度融合,改变绘本阅读服务模式,用开放的心态,连接学校、图书馆、家庭及社会其他力量,在尊重人性的基础上,创新地开展绘本阅读服务[8]。

(3)政策分析:从宏观角度,近年来国家颁布了各项条例和措施致力于“全民阅读”的社会氛围建设;从微观角度,教育部课程改革的实施,国家“双减”政策的出台,为学校以互联网为平台,面向学生,面向社会进行儿童绘本阅读推广提供了良好的社会环境。

四、互联网背景下的儿童绘本阅读推广新模式的实践运用

21世纪,教育信息化促进了教育前进的步伐,为绘本阅读的推广提供了无限的机遇和挑战[9]。以互联网为平台,以学校为主体的儿童绘本阅读推广新范式——南科大二实验“绘本之夜”应运而生。

1. 借助平台,有序推进

南科大二实验“绘本之夜”利用互动教育平台进行网络绘本直播,时间集中在每周一、二晚上7:00-8:00,语数英三个科目分小组轮流进行。开展“绘本之夜”前一天,每个学科制作出精美的宣传海报并配上链接直播的二维码,海报制作完成后,直播教师会将二维码发给一二三年级的备课组长,由备课组长转发给各班班主任发至班级群,提醒孩子们收看;同时学校教师也会将海报通过朋友圈、互动教育平台预告的方式进行宣传,面向社会全体进行绘本直播。

在互联网的推动下,“绘本之夜”从开播起就受到大家的广泛关注,辐射范围也从本校延续到深圳市其他学校以及深圳市外的其他省市地区(湖南、浙江、陕西、北京等),并快速收获了一批忠实的学生和家长粉丝,收获了大家的肯定和好评,其影响速度之快和范围之广令人惊叹。

2. 学科协同,聚焦素养

绘本本身综合了图画、文字和故事情节等方面的内容,具有丰富的滋养!“绘本之夜”并不局限于某个学科的阅读,而是由语、数、英三个学科共同开展,全面聚焦提升学生素养。

以“生命与爱”为主题,围绕主题选择出优质绘本《我等待》《我家是个动物园》引导孩子们认识生命、关爱自己;《我爱我的爷爷》《奶奶不寂寞》引导孩子们理解长辈,关爱他人;《害怕也没关系》《受批评也没关系》引导孩子们拥有积极健康的心态,拥有一颗爱与宽容的心;《獾的礼物》《小黑鱼》引导孩子们拥有良好的生命品质,用“爱”影响他人;同时在绘本阅读中,让孩子们站在更开阔的视野了解生命(如:《春神跳舞的森林》),将自然万物皆有生命的意识通过老师生动的讲解和屏幕上唯美的画面静静走进学生心间,引领学生在“绘本之夜”享受阅读,感受生命的美好,传递生命中的爱与温暖。

以“数字之美”为主题,精心挑选与生活紧密联系的绘本故事,将数学知识通过

学生熟悉的生活素材,用学生喜爱的方式表达出来。如:《吃了魔法药的哈哈阿姨》将魔法与图形无缝对接,让学生在生动有趣中感受图形组合变化的乐趣;《数是怎么来的》通过动手做游戏的过程来加深对数字各种基本概念的理解;《我家漂亮的尺子》以身体为测量工具,引导学生善于发现身边的事物来积累测量经验;《汪汪的生日派对》用学生喜爱的生日派对,吸引学生在绘本阅读中体会加减法在生活中的重要性……引领学生在数学绘本中乐学善学,享受数字的魅力的魅力!

“绘本之夜”让孩子们在阅读中提升学生的人文底蕴和健康生活意识,促进学生数形建构和思维的发展,帮助学生了解不同国家的风土人情。“绘本之夜”独立进行又相互补充,共同聚集学生素养全面提升。

3. 评价多元,激发兴趣

“绘本之夜”以互联网为平台,面向学生,面向社会进行儿童绘本阅读推广时非常重视对学生的评价,并且充分利用互联网的评价资源来激发学生的阅读兴趣。首先,教师的评价不再局限于口头语言的表达,还有平台上各种色彩鲜艳、具有动画效果的图片来帮助老师对学生的表现进行及时评价,将学生的感受从听觉发展到视听觉的综合感受,让评价的激励作用更为突出;其次,在“绘本之夜”中,互联网跨越空间的限制将不同的读者联系在一起,让学生在更多的观众(好朋友、父母、邻居……)面前接受教师和其他同学的正面评价,更容易激发学生的成就感;第三,线上线下评价结合,激励学生爱上阅读。在《我等待》的绘本阅读中,老师布置了一个以红线为主题,改编绘本故事的线下作业,受到孩子们的热情回应,在孩子们创编的故事中,老师选取了具有代表性的作品进行展示和奖励,这些措施在一定程度上激发了学生的阅读兴趣。“绘本之夜”以互联网为平台,带来评价方式的转变,也带来了学生阅读兴趣的提升,让学生进一步实现“阅读—悦读—跃读—越读”。

4. 接轨生活,创新阅读

“绘本之夜”面向的主要对象是一二年级的小学生,因此在选择绘本时,我们充分尊重学生的认知水平,绘本内容大多与生活贴近,如:从自己的身体部位寻找测量工具,积累测量经验;根据现实生活中“隔代亲”带来的不良现象,选取与老人有关的题材,在阅读中引导孩子们要尊重长辈,关爱老人等等,力求将教育回归儿童的生活。

“绘本之夜”面向儿童,也面向社会进行阅读推广。在实施过程中,我们充分借助互联网这个平台将不同班级、不同年级甚至不同地区的孩子连接在一起,为他们提供了一个相互交流又相对轻松的阅读环境,在“绘本之夜”中,孩子们的表达更加积极主动,尤其是一部分平时在班级很少发言的学生,在线上也会开始表达自己,逐渐融入阅读氛围中。同时在“绘本之夜”中,教师在线上进行阅读推广时,少了很多现场阅读的干扰,让教师在更加愉悦的环境下开展工作,思想更加专注地参与师生互动,同时教师也充分发挥网络小游戏的作用,以闯关的形式带动阅读进级来更好地调动学生的阅读积极性。这种新颖的阅读空间和新型的阅读方式深受学生的喜爱,也得到教师的拥护，师生、生生之间线上交流氛围非常活跃，阅读的深度和广度也在良好的阅读氛围中进一步提升。

5. 家校携手，共同推广

随着时代的进步，学校的社会性越来越明显。如果社会和家庭积极有序地参与其中，也可以促进学校社会功能的进一步发挥。在南科大二实验的“绘本之夜”中，我们不仅邀请了学校教师参与绘本分享，也邀请了一部分家长参与其中，比如：在《我等待》的这个绘本分享环节中，当讲到“我”在青年时期等待爱情，在中年时期爸爸妈妈等待宝贝出生时的忐忑心情时，我们结合文本，邀请了爸爸妈妈们根据自己的经历以转换角度再创作的方式进行了绘本分享，由于分享的内容贴近家长们的生活经历，因而在家长中产生了强烈的共鸣，分享感受的过程，真诚坦率而又至情至性。孩子们也在爸爸妈妈的感染下，对生命当中每一个阶段的“等待”有了更深的感悟，对生命的深度和厚度也有了独特的理解。同时，家长们的参与也让“绘本之夜”的影响力从学生扩大至家长，从学校扩大到家庭和社区，为绘本阅读的推广起到了一定的促进作用。

6. 不断完善，服务社会

“绘本之夜”自推广之日起，一直广受欢迎。为了更好地培养学生，服务社会。后期我们还将参考国内外一些优秀的绘本阅读推广经验，将工作进一步完善，如：邀请名师专家走进“绘本之夜”，针对学生开展优质绘本创新分享，针对家长开展绘本亲子阅读培训；成立“线上阅读俱乐部”，根据孩子们注册的信息，推荐个性化的阅读书单；开发阅读闯关小游戏，通关成功可以获取证书等。总之，通过各种形式，与生活接轨，与创新同行，寓教于乐，把儿童绘本阅读推向更深、更广、更深入人心。

五、结语

在信息技术迅速发展和国家“双减”政策出台的时代背景下，南科大二实验的“绘本之夜”阅读范式，如同一架虹桥，把阅读的空间无限拓展，从学校到家庭到广阔的社会，从绘本到生活到学生的心灵。这种范式符合时代的发展，契合教育的规律，期待这一阅读范式，为学生减负增效，为推进全民阅读助力，在全社会营造出爱读书、读好书、善读书的阅读氛围。

参考文献

[1]姜洁. 互联网+环境下儿童绘本阅读服务模式实证分析[D]. 安徽大学，2016(05)：16.

[2]陈素园等. 互联网+时代公共图书馆—家庭—幼儿园三位一体的早期阅读推广模式建构[J]. 图书馆建设，2021(08)：5.

[3]姜洁. 互联网+环境下儿童绘本阅读服务模式实证分析[D]. 安徽大学，2016

(05):17.

[4]施衍如,文杰.大英图书馆学前儿童阅读推广实践与启示[J].图书馆工作与研究,2021(06):49-54.

[5]伊基萍.绘本的小学应用及其改进[D].山东师范大学,2020(05):5-6.

[6]中国新闻出版广电报.国务院法制办公室关于《全民阅读促进条例(征求意见稿)》公开征求意见的通知[EB/OL].[2021-5-24].http://data.chinaxwcb.com/epaper2017/epaper/d6478/d3b/201704/76486.html.

[7]武洪兴.基于互联网思维的图书馆阅读推广策略研究[J].图书馆工作与研究,2020(02):97-103.

[8]马化腾.互联网+:国家战略行动路线图[M].北京:中信出版集团,2015:38-45.

[9]陈素园等.互联网+时代公共图书馆—家庭—幼儿园三位一体的早期阅读推广模式建构[J].图书馆建设,2021(08):1.

小学语文项目式学习中问题设计的策略与实践

南方科技大学教育集团(南山)第二实验学校　钟文妙

摘　要:在小学语文项目式学习的探索中,教师对项目式学习的理解和操作有了一些研究和思考,但是在语文项目式学习中的问题设计上,仍然缺乏更科学、更有效的实施策略,本文聚焦项目式学习中的问题设计,从突出问题的挑战性、现实性、创造性、批判性等四个方面,浅谈如何设计驱动性问题,引导学生进行小学语文项目式学习,并以具体的语文项目式学习教学案例,呈现在驱动问题设计的策略与实践方面的思考。

关键词:项目式学习　驱动问题　策略与实践

在小学语文教学中,项目式学习得到广泛运用,这种学习方式的优势也逐渐凸显出来。项目式学习中的驱动问题对整个项目起着至关重要的作用,但是目前很多教师在驱动问题的理解和设计上存在偏差,提出的问题缺乏开放性、驱动性和引领性,影响通过项目式学习达成教学目标。近几年,南方科技大学教育集团(南山)第二实验学校大力推动学科项目式学习,笔者根据国内外的项目式学习理论,聚焦学科素养的形成,把握项目学习的特点,结合学生的学情,总结出小学语文项目式学习驱动问题的设计策略。

一、紧扣教学目标,突出问题的挑战性

小学语文项目式学习应基于学科教材和课程标准进行设计,问题的提出应紧扣学科教学目标,围绕教材内容,引导学生自由提出问题,通过对比、选择,聚焦到一个具有挑战性的问题。《义务教育语文课程标准》中明确提出"充分激发他们的问题意识和进取精神,关注个体差异和不同的学习需求,积极倡导自主、合作、探究的学习方式"。[1]维果斯基的"最近发展区理论",认为学生的发展有两种水平:一种是学生的现有水平,指独立活动时所能达到的解决问题的水平;另一种是学生可能的发展水平,也就是通过教学所获得的潜力。而学习的过程就是超越"最近发展区"的过程,通过设计具有挑战性的问题,将核心知识、概念以问题的方式呈现出来,激发学生主动探索的欲望和动力,培养学生的进取精神。当然,驱动问题的解决需要团队协作,学习小组根据个人的特长、优势,进行分工合作,让团队中的每个人都发挥不可替代

的作用，通过不断深入探究，在任务的完成过程中理解核心概念，掌握核心知识，从而实现深度学习，培养学生语文学科素养。

以下结合部编版四年级下册第一单元《乡村如画》项目，谈谈如何紧扣教学目标设计具有挑战性的驱动问题，以培养学生自主合作探究能力。本单元以"乡村生活"为主题，编排的四篇课文从不同角度展现了乡村生活的多彩，让人感受到乡村生活的纯朴、独特与美好。围绕本单元"抓住关键语句，初步体会课文表达的思想感情"，以及"写喜爱的某个地方，表达出自己的感受"的习作要求，设计"乡村如画"项目式学习活动。

项目式学习主题：了解乡村生活和景致中蕴含的浓郁的民风和乡情，激发学生对乡村生活的热爱。

项目式学习驱动问题：在乡村生活和景致的描写中传递怎样的感情？

各个学习小组经过讨论，提出很多具体化的问题，如：乡村生活是怎样的？有什么特点？乡村生活与城市生活有哪些不同？大城市里的人是如何看待乡村生活的？关于乡村生活的文本都是如何描写的？从哪些方面来展现乡村生活？不同时期的乡村生活有什么不同？不同地区的乡村生活区别在哪里……这些问题体现出学生对驱动问题的深层思考，是对驱动问题的具体和细化。问题拆解后，学生开始小组分工合作，查找资料，进行小课题探究，并在老师的引导下开展"乡村生活"的课外阅读，如《青铜葵花》《像风一样奔跑》《泥孩子》等文学作品，从文学作品中摘录乡村生活的描写，自觉主动地习得语言，积累素材。还有些学习小组利用周末时间走出城市，到深圳的小乡村采风，拍摄视频短片，采访当地居民，丰富乡村生活的体验。最后各个学习小组，通过剧本表演、视频展播、故事讲述、调研报告、散文朗诵等形式，向全班学生展示团队的项目式学习成果。

二、在真实情景中巧妙设计问题，突出问题的现实性

小学生具有较强的好奇心和表现欲，因此教师在项目式学习中通过设置真实情境，将课堂学习内容融入现实生活的背景中，赋予学生一个角色、身份，营造一个真实的或虚拟真实的场景，而在这个生动的情景中隐含一个开放的、具有实际意义且亟待解决的问题，让学生置身其中，将课堂上获得的语文知识和技能迁移运用到现实场景中，解决现实生活中的问题。语文课程是一门学习语言文字运用的课程，语文学习应注重语文与生活的联系。真实情境中的现实性的问题，让学生在真实情景中思考，调动了学习积极性，逐渐培养学生学习迁移运用的能力。

以下结合部编版三年级下册第四单元《自然科学实验家》项目，谈谈如何在真实情景中设计现实性问题，让学习与生活接轨，学以致用，调动学生在学习中解决问题的积极性，在项目式学习中培养学习迁移运用能力。

本单元以"观察与发现"为主题，编排的三篇课文从不同角度介绍了留心观察获

得的各种发现；让学生学会通过细致的观察，了解事物的本质，进而感受观察的乐趣；培养学生做生活的有心人，养成认真观察、留心周围事物和勤于思考的好习惯。围绕本单元"借助关键语句概括一段话的大意"的语文要素，以及"观察事物的变化，把实验过程写清楚"的习作要求，设计"成为一名科学实验家"的项目式学习活动。学生置身于"成为一名科学实验家"的情境中，被赋予了一种神圣的职业责任，需要像科学家一样工作、思考，对周围的事物认真观察，做好实验过程的记录，并记下当时的发现和想法。

项目式学习的主题：细致观察事物，清晰表述事物。

项目式学习情境与问题：如果你就是一个科学实验家团队，请制作一份自然科学实验报。

通过各个小组讨论，头脑风暴，提出问题：如何观察周围的事物？如何记录实验过程？观察和记录事物或过程依据什么顺序？观察和记录事物或过程需要什么样的语言风格？在基于语文学科能力培养的项目式学习中，做实验不是最重要的，但是做实验的过程可以让学生有更多独特的发现和真实的感受，真实的职业身份让学生与真实生活产生了联系，拓宽了学习的场域，充分调动学生参与的积极性，尝试换种角度去思考问题。经过实践探究，学生将实验记录、实验过程清楚地呈现出来，小组分工合作完成实验报的任务，将知识的学习与习作能力的练习自然地运用在项目成果制作中，深度感受观察的角度、说明的顺序、语言的风格等知识，培养了学生的学习迁移运用能力。

三、在资源的搜集和整合上，突出问题的创造性

项目式学习强调独立思考，主动探究和创造性生成的能力，《语文课程标准》在总体目标与内容中提到，"能主动进行探究性学习，激发想象力和创造潜能，在实践中学习和运用语文"[2]。在小学语文项目式学习中，突出学生对问题的自由提出与积极建构，在合作探究中主动搜集资源，科学整合资源，创新性形成研究结果，促进学生在小组合作中的开拓创新意识的形成。

以下结合部编版三年级上册第四单元《故事预言家》项目，谈谈如何促进学生思维的发展，以激发灵活性，从而培养学生的批判性思维、创新和创造力。本单元围绕"预测"这一阅读策略进行编排，目的在引导学生学习并掌握基本的阅读策略，形成运用阅读策略的意识，成为阅读的发现者和创造者。围绕本单元"一边读一边预测，顺着故事情节去猜想""学习预测的一些基本方法"的语文要素，以及"尝试续编故事"的习作要求，我设计了"我们来做故事预言家"项目式学习活动。

项目式学习主题：突破束缚，创新阅读。

项目式学习驱动问题：如果你是一名擅长预测的故事预言家，请你参加故事预言家活动，并选一篇最喜欢的故事进行续编，你会怎么做？

预测是一种自然发生的阅读心理。学生在预测时可能会无意识地猜想故事的进一步发展,自然而然地运用这一策略。通过本单元“故事预言家”的学习,引导学生将无意识的阅读心理,转变为一种有意识的阅读策略,并在阅读中不断主动进行预测,促进创新思维发展。学生根据驱动问题,开始思考:如何做一名“故事预言家”?如何预测故事?预测有哪些途径和方法?如何续写故事?学生在问题中开始课文的学习,在老师的引导下,学生根据题目、插图、文章内容里的线索进行预测,总结预测的基本方法和途径。由课内延伸到课外阅读,在小组合作学习中练习预测,进行思维的碰撞,预测得到验证后,学生在团队学习中体验到阅读的趣味和快乐。学生小组合作续写故事,通过儿童喜欢的童话表演的方式把故事呈现出来,学生要准备服装、制作背景和道具,小组之间互相评价,利用老师对学生评估的评价表进行批判性反馈,在学习活动中培养团队协作能力、批判性思维、创新和创造力。

4、注重思维品质提升,突出问题的批判性

项目式学习是一种创造性地解决问题的创新的学习方式,它从多个层面促进人的全面发展,而思维发展是最关键的培养。小学语文项目式学习的方式决定了语文学习过程的批判性,它强调学生的发言权和选择权,尊重学生独特的个体感受。教师在项目式学习中的角色发生了转变,从教授知识的人转变成促使学生知识重构与技能提升的教练,是学生学习的伙伴,师生和谐平等的关系给学生提供了安全放松的学习环境,一定程度上促进了学生思维的发展。思维活跃的语文学习生态必然是具有批判性、敏捷性和灵活性的,学生在灵动的项目式学习生态中学习,才能更好地培养批判性思维、创新和创造力。

以下结合部编版五年级上册第六单元《父母之爱》项目,谈谈如何引导学生进行问题分析,加强自主探究性,以培养学生的语文听说读写能力。本单元以“舐犊情深”为主题,编排的四篇课文写了父母对孩子不同的爱的方式,展现了父母与孩子之间的点滴。课文中对故事中场景、细节的具体描述,让学生更深入地把握内容,在字里行间体会蕴含着的真挚的情感。围绕本单元“体会作者描写的场景、细节中蕴含的感情”的教学目标,以及“用恰当的语言表达自己的看法和感受”的习作要求,设计“父母之爱”项目式学习活动。

项目式学习主题:学会感受爱和反馈爱的能力。

项目式学习驱动问题:父母之爱是如何影响我们的?

学生初步学习本单元课文后,对父母的爱有了简单的了解。学生围绕:什么是爱?什么是父母之爱?父母之爱有哪些表现方式?爱是否有对错?父母之爱是否应该全盘接受?我们如何在爱中成长?生活中哪些爱的方式让我们无法承受?等问题思索,教师引导学生进行问题分析和归类,为了培养学生的批判性思维,结合有思辨性的问题开展辩论,例如:父母之爱是否应该全盘接受?父母之爱是否有对错?通过辩论之后,学生按小组整理成《父母之爱面面观》讲述报告,邀请学生的父母来学校听汇报。在这样的项目式学习中,学生不拘泥于固定的观点,通过阅读和思考,提出自己的思考,突出了思辨性阅读,培养了批判性思维品质,也促进了语文听说读写能力也在真实情境的运用

小学语文项目式学习给课堂带来了更多的活力,拓展了学习和思考的空间,项目式学习让文本和生活接轨,让知识与能力实现迁移,让深度学习真实地发生。小学语文项目式学习的驱动问题是项目的核心,就像关于混沌理论中的"蝴蝶效应",一个经典问题的提出,就能直指学生的心灵深处,就能在学习的海洋中激荡起一场思维的风暴,就能改变教与学的僵化的样态,就能营造出一个蓬勃的有生命活力的课堂。

参考文献

[1][2]中华人民共和国教育部制定. 义务教育语文课程标准:2011 年版[M]. 北京:北京师范大学,2012. 01.

[3]汤姆·玛卡姆. PBL 项目学习——项目设计及辅导指南[M]. 北京:光明日报出版社,2019.

[4]王达,张嫦,王晓荣. 小学语文问题化学习课堂实践手册[M]. 北京:华东师范大学出版社,2018,12.

小学一年级语文游戏化教学的探索

天津市宁河区北淮淀镇北淮淀小学　刘黎明

摘　要:小学一年级的学生年龄小,又是第一次接触语文学科,此时的学生对于知识的渴望以及对事物的好奇心较重,"游戏化教学"这种新奇有趣的教学方法,刚好可以对帮助学生学好语文起到其他教学方式无可比拟的作用,从而为学生将来的语文学习甚至其他相似科目的学习做好奠基作用。根据新课改中的一年级语文课程标准对小学语文作出的要求,以及在"双减"背景下对学生减负的要求,"游戏化教学"将教学内容和有趣的教学方法结合起来,增加学生学习语文的兴趣,调动学生对语文学习的积极性,在轻松无忧的氛围中学习语文知识,并将知识内化吸收,减轻学生的学习负担。

关键词:一年级　游戏化教学　探索

一、研究背景:

1. 一年级学生心理分析

从身体发育和智力发展上看,一年级学生的身体发育、智力发展的速度是非常快的,随后会逐渐减慢,但是在心理方面,虽然跨过了升学这一门槛,他们却停留在未分化的心理状态上,主要表现在对自己本身和别人的区分还很模糊,这是典型的幼儿心理[1]。而在思维的表现上,一年级的学生还处于非常具体、形象的状态,善于机械记忆,比如能够流利背诵顺口溜的内容,但从已经背熟的顺口溜中抽出一句就不能很好地连上,还得从头背起才能接上,这就反映出他们都是整体记忆的,对所记的内容和意义不能也无法进行有条理地记忆,换言之,就是理解记忆的能力差。此外,一年级的学生知觉发展还处在待充分发展的阶段,经常搞错方向或者看错题。[2]比如说,把"毛"写成"手"、把"b"看成"d",把"p"看成"q"等。但是在这一时期,如果可以激发他们兴趣或者能找到令他们懂得关心的事情或者人物,他们的注意力可以长时间集中在相应的人、事、物上[3],比如,看动画片可以连看好几集,甚至忘记吃饭,并且能记住主角的名字和主角发生的故事,这也是一年级学生的注意特征之一,只要把兴趣集中在哪一点上,就会无意识地记忆它,而忘记别的事情,这说明,他们的注意范围狭窄且注意的分配能力差。

2. 一年级语文学科分析

在小学学科的教学中,语文作为最重要的工具学科之一,贯穿了一个人小学生涯乃至一生的学习过程。在一年级学生一开始学习语文时会对它充满了好奇和期待,想要学习好这门科目。但随着时间的过去,相比于数字的好学好写,很多学生在语文难写的字、难拼的拼音、难理解的阅读题目面前,对语文学科的学习产生烦躁心理。并且由于教师们的教学手段的日复一日的单一、知识内容要求理解的逐步加深,好奇和期待会消失殆尽,甚至对语文学科的学习望而却步,学生在学习这门科目时,毫无兴趣,课堂上被动地接受灌输,放弃自主学习,严重影响学生的学习效率,这是新课改和"双减"背景下最应该解决的难题。一年级语文教学形式丰富多样化是新课改之后显现出来的一个重要改革特征。其中,"游戏化教学"对一年级语文教学具有重要作用。

3. 游戏化教学的概念界定及作用

游戏化教学,说的是具有一定相关情境性、趣味性以及知识文化性的一种适应新课改的教学模式[4]。游戏化教学是对传统式灌输说教教学的改革与创新,将教学内容有逻辑性有意识及意义性地融入游戏当中,使得学生更容易地接受教学知识,以图达到预定且优良的教学效果[5]。游戏化教学可以分为游戏和教学两部分,但两者却是不可分割的。只是游戏,学不到知识;只是教学,不能调动学生兴趣。通过课堂,将与课堂教学相关的知识和能使学生们放松、激发积极性的游戏有机结合到一起,正所谓"寓教于乐",学生就能轻松有趣地学习,使学生更好地,理解、掌握知识。在温儒敏先生主编的《教学设计与指导》一书中每一课都设置有游戏环节,有的是"课中操",有的是"组词游戏"等,可见一年级语文的学习中还是有很多地方可以进行游戏化教学,适度且有针对性的游戏可以调节课堂气氛、吸引并维持学生的注意力、激发孩子们在语文课堂中积极主动的参与性,在课堂上发挥无与伦比的作用,提高学生的学习质量,更能有效提高教师的教学质量与效率,这与现行的新课改中的教学理念以及"双减"政策所要达到的目的不谋而合。

二、游戏教学的应用及探索

游戏是有趣的,语文学习也是有趣的,而一年级的孩子是主动而可爱的,这些变量结合起来的效果是无法想象的。作为一年级教师,应用游戏式教学法,最关键的是如何将这些变量结合起来,通过吸引学生注意力,孩子们主动积极地参与到语文课堂教学中来,达到提高教学效果的目的。下面介绍几种游戏,与大家分享。

1. 大家闯关,提高学生学习的有效性

"大家一起来闯关"游戏,在针对知识点突出、教材内容少的课文识字学习具有非常重要的优势。"大家一起来闯关"游戏以"看谁识字快又多"——"圈画小能手"——"练习最在行"——"动手我最强"——"成果共分享"这五个板块为环节在

教学活动中有序展开。接下来,笔者以一年级上册课文《小书包》为例,对部分环节进行阐述:

“看谁识字快又多”:在课前我会分发“橡”“皮”“书”“本”“刀”等字的生字卡和一张白纸作为知识清单,让学生拿出自己书包里有的文具,并把文具名称用生字卡拼出来,如果生字卡中的字不全,我会让孩子用纸笔快速制作生字卡,正确完成本环节则可以得到相应的分值。

“圈画小能手”:“新技能”是指本课要学到的新知识,在课中我预先出示了准备好的问题:从简单的圈画平翘舌音的生字入手,再一点点加深难度,最终让同学们用曲线画出小书包的秘密——“上课静悄悄,下课不乱跑,天天起得早,陪我去学校。”指导学生阅读课本内容,将新知与旧知联合起来,体会在“小书包”身上学生应学习的品质,在此过程中,我还注意指导学生将问题的答案准确地标注课本上,让孩子们获得自己的“新技能”。

“练习最在行”:我会让孩子将之前获得所有技能整合起来,做相关训练。比如我鼓励学生以“放气球”游戏进行认读字再记忆,孩子们看着一个个在屏幕上飘起来认读字进行辨认,无法准确识记的字,我会多给孩子们几次机会,使学生在掌握新知识时不那么费力,为学生后续学习新知识奠定基础。

“动手我最强”:此阶段为动手阶段,进入“我的小书包”分类游戏。这时,为了增加游戏教学的趣味性,我将书中提到的文具以图片的形式呈现在课件中,请学生自主拖动鼠标,将文具图片与“笔袋”图标或是“书包”图标进行连线,使教学环节更为彻底地调动学生的积极性。并且,这么一个小小的改变,使一年级学生深入理解语文在生活中的无处不在,学习氛围更为生动、有趣,维持一年级学生在语文学习中的兴趣和促进一年级学生学习中的语文情感的深化,一年级学生可以明白语文这一学科对生活的重要性。

“成果共分享”:以小组合作探究、讨论分享的形式结合动手整理小书包游戏展开本节课重点学习内容,在开展这个游戏环节时,我拿出了给孩子们准备的实物书包和文具,让小组同学共同整理书包,并且相机教学“我会整理书包。”这句话。进而迁移到指导学生说出“我会……”的其他句子,最后在相同时间内说出最多句子的组可以积累经验值,小组经验值达到一定分值,孩子们就可以得到实物奖励。

“大家一起来闯关”游戏通过孩子们自主动手、合作讨论、分工整理、情感升华,提升了学生团结互助、主动学习、归纳与合作的能力,而且,孩子们的言语表达与理解和动手能力等方面均可被有效提升。课堂总结的单一教学方法总是无趣乏味的,而且效果不见得好,但小组内部或组间归纳、总结,合作完成任务,由原来满堂灌式的孩子们被动接受转换为孩子们自己获得直接经验,当堂消化吸收,这样的游戏化教学形式让孩子们学习的有效性得到了最大限度的提高。

2. 匹配竞赛，提高学生课堂参与的积极性

一年级语文学习中，汉字的识记和音节的拼读对学习语文来说是十分重要的。以最基础《b　p　m　f》一课来讲，这一课学习中，就要求学生能够拼读声母与单韵母组成的音节，并能通过拼音认识“爸”“妈”两个字。对于这类既有拼音又有汉字的记忆内容，教师一般能指导孩子们进行匹配游戏法来展开这一类的一年级语文拼音教学。教师可以先将班里的孩子按照一定的依据分组，例如，依据孩子们的性格、性别、身高等进行分组，在每个小组内开展汉字、拼音加一加组合，我先将“爸”和“妈”两个汉字以及拼音的拆分卡片发给学生让他们进行加一加组合，最后再将汉字和对应的拼音组合匹配在一起，这种游戏形式，学生可以达到熟练掌握和了解汉字构成和拼音拼读原理，达到强化孩子们的记忆的效果[6]。除了上述方法，要促进一年级的孩子们对于语文学习的积极性和主动性能在一个热闹放松的课堂中发挥到最大程度，甚至是一些平时不发言的同学都能有效参与进来，还可以举行竞赛游戏，以一年级语文教学中许多孩子理解和分辨难度较大的相似韵母教学为例，每次我都会选两组学生，让他们在动画游戏中同时挑选三拼音节及整体认读音节，在相同时间内选择出正确的音节数量多的一组获胜，最后，再对获胜组予以口头表扬或物质奖励。匹配竞赛游戏可以提高孩子们自身记忆力，还对提升学生学习能力有很大助力。与此同时，教师可以培养几个“小老师”，让“小老师”们组织其他孩子们开展拼音知识编口诀竞赛。综上游戏方法这些都对一年级的孩子有效参与学习语文课程大有裨益。

3. 趣味口诀、动作，增强学生的记忆力

在一年级教孩子们学习音节标调规则时，我指导学生利用“见到 ɑ 母别放过，没有 ɑ 母找 o、e，i、u 并列标在后”的顺口溜帮助记忆；在有标调省写规则知识点的课文《j　q　x》中，ü 的省写规则对于一年级的学生来说是相对较难的，同时，这也是一年级孩子学习此课重难点，但我教会孩子们有趣的记忆口诀，例如：“j　q　x 三兄弟和 ü 相拼把点去。”“遇见 j　q　x，小 ü 不哭泣。”“j　q　x 和大 y，后面小 u 是小 ü。”等，帮助孩子们记忆加固，同时增加了孩子们学习乐趣。在教学《四季》这一课时，我利用文章中的动作，帮学生进行理解，首先，在提到“草芽尖尖”这一句的时候，我先在白板上出示草芽的图片，讲述草芽“尖尖”的原因，之后我将手举过头顶，双手摆出三角形的样子，帮助学生理解“尖尖”的意思，在学习课文的后几段“荷叶圆圆”“谷穗弯弯”“雪人大肚子一挺”的时候，我请了几位同学到讲台上进行即兴表演，孩子们自然而然地做起了动作，在课后进行课文背诵检查时，孩子们会下意识做出动作，进而回忆起文章内容，达到熟练背诵的教学目标，在一年级下学期教授《荷叶圆圆》的课文内容时，我有意将其与《四季》中的“荷叶圆圆”进行联系，同样从小水珠、小蜻蜓、小青蛙、小鱼儿的动作入手，帮助孩子们通过有趣的动作，理解课文，并达到熟练背诵的要求。这些有趣的记忆游戏，将枯燥的一年级语文知识进行了变相的容易让孩子们理解的说明，增添了孩子们学习一年级语文知识的趣味性，也就达到了寓教于乐，

让孩子们在兴趣中快乐学习的教学目的[7]。

4. 角色扮演，提高学生的阅读能力

一年级语文学习中，阅读是不可或缺的部分，而在学习阅读部分时，有些课文，教师可以用指导孩子们进行角色扮演游戏的教学方法，提高孩子们的课堂学习参与度，维持孩子们的注意力，增强孩子们对阅读的兴趣，以图他们提高自身的阅读能力，加深孩子们对课文的理解。例如：我在教学《小公鸡和小鸭子》一课时，鼓励孩子们以同桌为一组，一人扮演小公鸡，一人扮演小鸭子，在两位主人公的对话和动作中，体会伙伴之间互相帮助、友好相处的感情。而我在教学《雨点儿》时，则是要求孩子们随机带上我制作的大雨点和小雨点的头饰，进行角色扮演，通过文中对话的语调和孩子自身的理解中，明白生命的生长发育离不开雨水。在教学《小蜗牛》时，我则准备了发芽的小树、长满绿叶的小树、叶子全黄的小树、叶子掉光的小树草莓、蘑菇，以及雪地等的卡纸图片，让学生 3 人一组，自由选择想成为的角色，即可以选择当“蜗牛妈妈”“小蜗牛”和旁白三个角色的其中一个，进行扮演阅读练习，而且我还要求孩子们，读对话的过程中要把提到的物品的图片举出来，这样做的目的就是让他们能更清楚地明白文章中的人物都各自说了哪些话，小蜗牛的任务和它面对的现实都是什么。通过那次角色扮演，孩子们也明白了每个季节的变化特征，知道了蜗牛动作缓慢的特点。在那节课的最后，我也参与进了孩子们的角色扮演，我当旁白，男生当“小蜗牛”，女生当“蜗牛妈妈”，共同完成了角色扮演进行阅读的任务。同时，我也感觉到，学生对于角色扮演的游戏化教学方法有着很强的兴趣，如果老师也参与其中的话，他们更会对学习的内容产生极大的求知欲以及学习的满足感。

三、结语

小学一年级的孩子，对游戏化教学这种教学方式应是非常喜欢的。这样的教学方式也能充分利用一年级孩子的幼儿心理和爱玩、爱闹、好奇心强的特性。在执教上述的《小公鸡和小鸭子》一课时，曾有孩子课下和我说：“老师，我喜欢这样的阅读方式，我喜欢这样上语文课！”看着那孩子真诚的笑脸，我心里无比感动，也深有感触。课堂是孩子的课堂，只有孩子喜欢了，真的去学了，这样的语文课堂才是真的有效的好课堂啊！尽管现阶段我国一年级的游戏化教学方法较为单一，但这种教学方法是能有效提高教学效果的，这也是“双减”政策所期望的，在新课改的影响下，实施教学改革，使小学一年级课堂充满生机与活力。

参考文献

[1]王晓玲. 浅议游戏在一年级语文教学中的应用[J]. 学周刊 A 版，2014-11-01.

[2][3]侯春萍. 心理搭桥共享数学之美——依据低年级心理特点开展数学学科

教学的探究[J].新教育时代电子杂志(教师版),2019-04-20.

[4][5]贲黎明.游戏化教学在小学语文教学中的应用[J].中国校外教育·综合(上旬),2015(06).

[6]王一恭.在初中化学教学中实施游戏化教学的实践研究[J].中学生数理化(教与学),2019-04-20.

[7]鲁宝龙.初中历史教学法的情境教学法的基本策略[J].中外交流,2018-05-11.

[8]王正刚.游戏化教学在小学语文教学中的运用[J].当代人(下半月),2018(09).

名校采风

弘扬优质品牌　创建“六美”学校

天津外国语大学附属滨海外国语学校

一、学校简介

天津外国语大学附属滨海外国语学校是一所经天津市教育委员会批准，由中新天津生态城管委会与天津外国语大学合作创办的现代化国际型十二年一贯制办学的公办学校，是生态城第一所公办学校。

学校自2011年天津外国语大学附属外国语学校张奎文校长带领干部团队创建、2012年招生以来，伴随着中新天津生态城的发展不断成长壮大，从最初的1个校区、100名学生、2个年级、22位教师，到如今的5个学部（1个高中部，1个初中部，3个小学部）、6个校区，12个年级、186个教学班。截至目前，有7884名学生、614名教师。经过近10年的时间，学校实现了跨越式发展，已成为生态城教育的一张亮丽名片、滨海新区教育的一面旗帜。学校办学水平不断得到社会各界的认可，按照生态城教育规划，学校还将继续新增3个学部，成为8个学部的超万人大校，积极推进全纳式教育发展。

学校坚持“融中西文化，育国际英才”的办学理念，秉承“明德至善，博学至美”的校训，营造“慎思至真，笃行至诚”的校风、“乐教至雅，明辨至臻”的教风和“勤学至远，审问至达”的学风。在执行国家九年义务教育和高中教育教学内容基础上，以外语教学为特色，致力于培养既有民族情怀又有世界胸怀，并具备通晓国际规则素质和直接参与国际合作与竞争潜力的德、智、体、美、劳全面发展的高素质人才。

学校师资队伍来自全国各地具有丰富教学经验的中高级教师以及重点大学毕业的硕士研究生。学校教师72%拥有硕士学位，拥有中高级职称教师达到61%，教师平均年龄为33岁，实现了高起点办学，为实施素质教育、提高教育教学质量奠定了坚实的基础。学校环境幽雅，设施一流。小学各部的欧式建筑古典华丽，现代风格的初中、高中部则尽显高端大气。学校配有生态展示、科技、音乐、舞蹈、美术、书法、史地等多间主题情景教室，交互式教学系统实现了全覆盖。

办学以来，学校各项工作成绩卓越，赢得了国家级、省市级各个部门的表彰。学校连续获评两届“天津市文明校园荣誉”，2021年更被天津市拟推荐为“全国文明校园先进学校”。学校曾获评“国际生态”绿旗学校、“全国生态文明教育示范学校”

"全国青少年人工智能活动特色单位""全国青少年校园篮球特色学校""全国青少年校园排球特色学校""全国校园大课间啦啦操推广实施单位""全国垃圾分类样板学校""天津市教育系统德业双馨师德建设先进单位""天津市绿色学校""天津市健康促进学校"等荣誉。同时,中高考均取得优异的成绩,为国家培养了大批人才。

岁月不居,时节如流。我们在收获和期待中又迎来了新的征程,为实现教育高质量发展,学校将继续做强"六美"教育品牌,扎实推进"双减"工作落实落地。乘着"十四五"时期教育强国推进工程实施的春风,学校会继续坚守学科教育的主阵地,大力弘扬伟大建党精神,以史为鉴、开创未来,埋头苦干、勇毅前行,以优异成绩迎接党的二十大召开,为实现第二个百年奋斗目标,实现中华民族伟大复兴的中国梦而不懈奋斗!

初中部

高中部

小学一部

小学二部

小学三部

二、校长风采

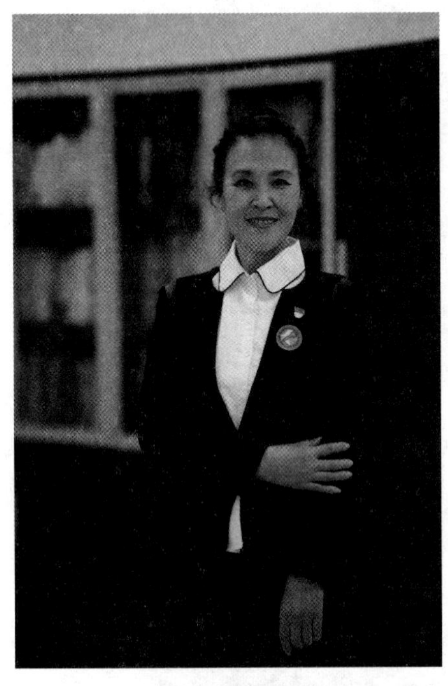
王丽校长

王丽,女,汉族,1965 年 2 月生人,中国共产党党员,学校党委书记兼校长职务,正高级职称。2013 年 9 月至今受聘担任天津外国语大学附属滨海外国语学校校长,2016 年 3 月至今担任天津外国语大学附属滨海外国语学校党委书记兼校长职务。

王丽同志从教 35 年,忠诚于党的教育事业,坚守教育事业立德树人初心,用无私奉献点亮教育人生。她从未离开过三尺讲台,在教学中孜孜不倦地探索英语交际型教学艺术,连续十四年担任区级学科带头人,2013 年被评为高评委成员,创办了"青年教师发展学校",树立了"张口便知小外人"的学校品牌,获得过各种奖项 30 余项。2021 年获得"天津市杰出津门校长"。曾斩获"天津市五一劳动奖章""全国'双十佳'英语教师""全国中小学外语学科教学能手"等多项佳绩。主持参与《构建中小学整体育人模式的实践研究》等多项国家级、市级课题,参与编著《综合英语教程》《展望未来》等各类英语教材,多篇论文在《学校教育研究》等刊物发表,在天津市首创成立中学生模拟联合国社团,连续担任天津市第一二三届中学生模拟联合国大会主持。担任 CCTV 希望之星英语风采大赛评委。

在"滨海小外"担任校长书记以来,她着力探索构建党团队一体化建设,实现了学校从最初的 1 个校区发展到 5 个校区,形成了系统的十二年集团化办学体系的跨越式发展;积极推动青少年思想政治工作创新发展,结合学校十二年一贯制办学特色,针对各年龄段不同青少年学生的个性特征,分层分类引导,打造一站式、全链条的青少年思想政治系统培育体系;强化少先队辅导员队伍建设;创新少先队活动模式,坚持德智体美劳"五育"并举,创建学校"六美育人"文化。在王丽同志的带领下,学校各项工作成绩卓越,学校荣获"全国生态文明教育示范学校"、连续两届天津市文明校园、"天津市教育系统德业双馨师德建设先进单位""全国青少年人工智能活动特色单位""全国青少年校园篮球特色学校"等几十项荣誉。

主要荣誉:

2021 年 8 月　天津市杰出津门校长

2019 年 11 月　天津市教育学会中学外语教学专业委员会副理事长

2018 年 1 月　天津市教育学会第八届理事会理事

2018 年 6 月　天津外国语大学优秀党务工作者

2017 年 3 月　第四届全国中小学外语教师名师

2017 年 5 月　2017 年度滨海新区优秀少先队工作者

2016 年 11 月　天津市滨海新区第三届政协委员

2016 年 11 月　第四届全国中小学外语教师教学能手

2015 年 6 月　滨海新区未成年人思想道德建设先进个人

2015 年 6 月　滨海新区优秀少先队工作者

2012 年 9 月　天津市第八批特级教师;

2012 年 4 月　天津市五一劳动奖章;

三、春华秋实

冬日墨香远,踏雪报佳音

——语文组教研成绩突出

天津外国语大学附属滨海外国语学校是一所集团化办学的十二年制学校,全校共五个学部,设五个语文教研组,分别是小学一部、小学二部、小学三部、初中部和高中部语文教研组,全校共计 132 位语文教师。各学部教研组在学校的领导下,用实际行动践行学校"乐教至雅"的教风,在教育教学方面积极钻研,不断创新,以备课组教研为抓手,发挥教研组的集体智慧,齐心协力,在教学和科研工作中取得了较好成绩。

首先,以赛促课,助力教师站稳讲台。上好每一堂课是每位教师的"必修课",语文教研组依托学校的"六课"平台,抓牢教师业务基本功,打造师资队伍的梯队建设,多位教师获滨海新区区级骨干教师认定;多位教师参加京津冀名校联盟骨干教师优质课展示活动获优秀奖;多位教师在疫情期间录制的微课,被认定为天津市中小学精品微课程视频资源;一位教师积极承担市级讲座培训工作,讲授新教材使用心得并获得讲座证书。

其次,以写促研,助力教师专业发展。"教而不研则怠,研而不教则空。"撰写论文是教育实践的需要,更是教师自我成长的途径。每一位教师都坚持教学科研两手抓、两手硬,发现教育热点、撰写各类论文,积极参加学校组织的天津市教育教学论文的评比,以 2021 年为例,共有 28 位教师参加了论文的评选,经过学校评审,报送 19 人参加市级论文评选。2019 年以来语文组教师获得天津市基础教育"教育创新论文"奖项的共计有 20 多人次。在 2020 年"中国语文现代化学会语文教育专业委员会教育教学成果"征集活动中,语文教研组共有 35 人次获得各种奖项,今年初,又有 21 位教师积极参加论文投稿,入选《新时代语文教育论丛》一书。

语文教研组教师不仅积极参加教育教学研究,而且密切关注国家教育方针,积极落实“双减”这一国之大计、党之大计，强化学校教育主阵地作用。积极探索“双减”政策下高效课堂实施策略及课后作业设计，在课后服务、课程实践活动中融入和推广教研组的教研成果，不断总结提升。

语文教研组成绩的取得离不开学校领导高屋建瓴的指导，离不开各学部教研组长的引领和组内每一位教师自身的努力和拼搏。“语”你同行，踔厉奋发。语文教研组将继续秉承求真务实的作风，静心研究，在高效的教育教研活动中不断碰撞出新的灵感、取得新的成就。

天津外大附校老校长、天津市政府督学张奎文，在观摩语文课前为学生朗诵诗词。

初中部教研

高中部教研

小学一部教研

小学二部教研

小学三部教研

四、特色活动

厚德博学，宁静致远

——初中部语文教研组教育教学特色活动

天津外大滨海附校初中语文教研组全体教师在学校“稳步推进，发展提升”、教科研处和教务处“提高课程质量、打造师资队伍和加强科研引领”的目标引领下，秉承学校“融中西文化，育国际英才”的办学理念，坚持“乐教至雅，明辨至臻”的教风，带领学生努力践行“勤学至远，审问至达”的学风。

1. 提高政治站位，增强师德修养

天津外大滨海附校初中语文教研组全体教师始终贯彻党的教育方针，时刻牢记习近平总书记的教诲：不忘立德树人初心，牢记为党育人、为国育才使命，认真贯彻落实“双减”政策，重构教育格局、深化教学研究，为培养德智体美劳全面发展的社会主义建设者和接班人作出新的更大的贡献。

2. 聚焦“双减”政策，创新课堂教学模式

课堂是强化学校育人的主阵地，提高课堂效率、全面提升课堂教学质量、拓展学生思维深度、助力学生的全面发展，守住学科教育主阵地。语文教研组着眼于学生的持续性发展，积极梳理经验，打造30分钟授课、10分钟练习和5分钟提升的“30+10+5”的语文课堂教学模式。30分钟教师授课把自主学习、合作学习引入课堂，10分钟练习注重学生拓展延伸，5分钟提升为学生课前特色演讲。抓优课堂教学，力求落实五字要求：精：精准备课，精讲多练；清：科学设计，脉络清晰；启：启发，互动有效；点：点拨提升，目标达成；评：公正评价，客观反馈。

“双减”政策之下，初中部三个年级既突出了自己的年级特色，身体力行、深耕课堂、锤炼智慧，又立足于结构化的学习，将碎片化的语文知识、语文能力与语文思维有机地结合起来，实现多课型渐进、全方位整合、大容量推进，洞察语文学科背后的深刻思想和育人价值，让“减负提质”走向深处，落到实处，创设出更加开放、生动、高效的智慧课堂。例如七年级课前的成语故事分享，通过创设真实的情境，让学生的语言和思维在课堂上共生成长；八年级课前的名著阅读分享，通过想象性体验阅读、个性化阅读等方式，丰富学生的阅读体验，从而培养学生终身阅读的意识；九年级课前的优秀作文分享，通过小组探究发现交流，由赏到读再到写，环环相扣悟深情。

3. 围绕核心素养，共促师生发展

初中部语文教研组为落实国家“双减”政策，减轻义务教育阶段学生过重作业负担，切实发挥好作业育人功能，开展了组内“作业设计”PK赛，教师可以针对大单元教学、课时教学、或专题教学进行作业设计，具体内容由教师自行拟定，均以教师现场说作业设计的方式进行，以相关信息技术手段作为辅助，每人限时展示10分钟。教师所述作业设计是经过教学实践检验的真实作业。作业设计七步骤为：作业设计目的、目标学生、设计内容、创新亮点、预估时长、评价方式和作业实效。

为营造校园浓厚的读书氛围，在班级中荡起琅琅书声，天津外大滨海附校初中部语文组全体教师及学生代表举办了以“咏经典，颂华彩，少年奋进新时代”为主题的读书节活动，活动共分为五个篇章：八年级师生带来的开篇情景剧《礼记·大学》，选段巧妙引出读书的意义，即修身、齐家、治国、平天下，入情入境，不着痕迹。九年级师生带来的“格物致知篇”作为第一个篇章，在依依《送别》中，领略“斯是陋室，惟吾德

全国外国语学校工作研究会秘书长邢三多(左三)、天津外国语大学附属外国语学校老校长张奎文(左五)、天津外国语大学附属外国语学校校长刁雅俊(左六)组成的专家组赴天津外国语大学附属滨海外国语学校考察。该校王丽校长(左四)率学校领导班子接待。

馨”的鸿儒志趣,走进“出淤泥而不染,濯清涟而不妖”的名士风骨;第二个篇章为七年级师生吟诵的《诫子书》,于淡泊明志与宁静致远中品修身立德之魂;第三个篇章为七年级师生表演的《礼记》选段,带领在场观众一同品析在制度之美下的和谐之家;第四个篇章为八年级师生的《大道之行也》,在吟诵国学经典中,弘扬民族气概,彰显华夏文明。第五个篇章为八年级师生表演的《少年中国说》,用铿锵有力的声音宣告:少年强则国强!语文组以此次读书节活动为契机,在侧耳青山,书声琅琅中继续这场丰美精神、润泽心灵的阅读之旅。

各个备课组也开展了符合本组学生特点的特色活动:

七年级开展了“我眼中的《世说新语》”的活动。活动贯穿学整个学年,以《世说新语》一书为蓝本,学生共读一本书,每周就阅读篇章做小组阅读汇报,汇报形式为书中故事的主人公写小传,教师编写了《陈元方》课本剧剧本,学生利用班会课进行年级展演。此次活动学生不仅拓宽了视野,养成了良好的文言文学习习惯,还树立了正确价值观,增强了学生的民族自信心与文化自信。八年级开展了“图书漂流会”的活动。每周三,学生在班级进行好书推介会,面向全班推荐自己喜欢的书籍。同时班级内制作个性图书借阅卡。学生在活动中逐渐养成良好的阅读习惯,从兴趣出发,与朋友为伴,以图书为媒介,进行着思想碰撞。例如《苏东坡传》《傅雷家书》《红星照耀中国》等。开展“以德为先,与书为友”活动。以月为单位,围绕党史学习、心理健康以及文学学习主题进行自选书目阅读推荐。

九年级开展了沿着中国古代文学的发展脉络“寻根”活动。活动从浪漫主义的源头《诗经》启程，赏析一路的“桃之夭夭”，体会了“万经之王”《道德经》的博大深邃，感受了庄子《逍遥游》的汪洋恣肆，了解韩非子思想的开拓创新；同学们还组织表演了课本剧《变色龙》，用小小的社团舞台演活了大著作，丰富了他们的校园生活。以课文《智取生辰纲》为契机，推进名著《水浒传》为范例，开展了整本书阅读活动。

行远自迩，笃行不怠；素履之往，一苇以航。面对后疫情时代的创新教学模式，初中语文教研组将以不急不躁、稳扎稳打的组风，凝心聚力，再创佳绩！

初中部　读书节活动

初中部　青年教师说课比赛

“瓦爱鲁”:打开幸福之门的钥匙

北京外国语大学附属海南外国语学校

2020年9月,刚刚成立的北京外国语大学附属海南外国语学校(以下简称:北外附属海南外校)迎来了1300余名学生;2021年9月,又有800多个孩子带着好奇的眼光走近她。不知不觉,这所才一岁多的“baby”学校拥有了幼、小、初、高四个学段的师生近2600个玩伴。

和其他教育理念不同,在这里,孩子们可以在课堂上、校园里、山林间,尽情地探索,老师鼓励他们天马行空,去想象,去尝试,去创造,去体会校训“FREE 自由驰骋 FUN 体验乐趣 FLY 幸福翱翔”的真谛。

而北外附属海南外校,本身也是一所没有暴力的学校,一个没有边界的课堂。师生的亲密、美学的空间、四季的更迭……教育就在日常中发生。

让我们一起走进北外附属海南外校,看看孩子们真实的成长。

用丰足的美好,接受万物的启蒙

走进250余亩的校园,鳞次栉比的建筑、笔直宽广的校道、花团锦簇的园林一一映入眼帘。科技中心、国学中心、艺术中心、体育中心、心理健康教育中心、文化中心和实验中心交相辉映。孩子们在感官最敏锐的年纪,就这样和世界产生联结,用身体捕捉斑斓的美好。

置身VR虚拟教室、AI梦工厂和创客中心,在炫酷的沉浸式体验中,探索未知,充分感受科技魅力;来到书法、绘画、茶艺、陶艺和棋类教室,撷取中国传统文化精髓,深刻感悟渊博的国学底蕴;进入钢琴室、戏剧室、舞蹈室、合唱室和器乐室,美妙的音符此起彼伏,节拍里流淌着童真的倾诉;在高规格篮球场、击剑、攀岩等室内场馆,学生或扎起马步、或挥起佩剑、或抢断上篮,尽情挥洒汗水,享受运动带来的乐趣;

推开心理沙盘室、音乐疗养室、心理宣泄室的门,无论是委屈、迷惘、还是愤怒、忧伤,都能在此重归平静,获得前进的力量;走进集阅读、探究、藏书等多功能于一体的图书馆,翻开卷页的悠悠书香,源源不断的知识琼浆丰盈着灵魂的底色;物理、化学、生物实验室以精密的仪器和实验设备,带领学生走近科学,投身知识与智慧的殿堂。

孩子的安全事关每一个家庭的未来和幸福。为此,从校门口、教室到宿舍楼,均

尉小珑校长主持《海南自贸港外语人才培养和基础教育发展》论坛致开幕辞

启用智慧校园的人脸识别系统，配备全校1500多个无死角监控摄像头，将安全隐患消灭在萌芽中。

在温情的"家"，学会爱与分享

北外附属海南外校就像一个"家"，而师生们都是彼此的"家人"。

在这个"家"里，有"校长爷爷"做鬼脸逗趣，有"副校长叔叔"喂饭，有"副校长阿姨"扎辫子，有"班主任阿姨"讲故事，有"宿管叔叔"盖被子……这正是因为学校坚持主张"教育的目的是培养有能力、关心人、爱人也值得人爱的、心中充满阳光和真善美的人。"

为此，学校构建了"用爱和阳光书写幸福人生"的主导文化，并遵循"为了孩子的一生幸福"的主旨，树立以"爱"为核心的全人格教育服务理念，我们把每一位"家人"当成独特的个体，包容大家的个性差异，给他们以尊重和珍视，希望他们的闪光点被发掘从而自由成长。孩子们也学会了"瓦爱鲁"——海南方言中的"我爱你"，自己喜欢的零食、书籍，总是往书包里塞，要带到学校与大家一起分享。

以"爱"为核心的育人思想，不止于学校这个"大家"，更蔓延到每个孩子自己的"小家"。在学校亲子活动时，经常是孩子"招待"父母，拔河、划旱地龙舟、走秀，一家三代都乐在其中。放学了，家长们聊着孩子的近况，商量着等会儿带孩子去哪儿吃饭。回家的路上，孩子们跟谁都打招呼：保安小王和小陈叔叔，保洁小张阿姨，绿化阿姨，班车叔叔……

所有的大人认识每个孩子，每个孩子也认识所有的大人。人与人的关系，因爱而亲近和温暖。

在无边界的课堂,认识世界和自己

上外语课时,学生常常问:“老师,我们今天去哪儿上课?”

“土地之上、蓝天之下,就是我们的教室。”

在北外附属海南外校,教室之外也是教室,校园之外也是校园。联合国园、西班牙园、环球风情街、外语角、艺术中心、体育馆、马场、足球场、舞蹈室……都是学生学习的场所。

有时是在联合国园——学生以模拟外交官的身份向全体同学发出像“警惕全球变暖”“全球粮食危机”“国际能源问题”等为推动世界可持续发展的系列演讲和倡议。他们使用英语、法语、西语、德语、俄语、日语、韩语进行思维碰撞的辩论。

有时是在环球风情街——学生置身情景中,扮演各个角色,从表演艺术、影视文学欣赏、西餐厨艺、世界酒文化、工艺美术到体育运动,一个个真实的演练环境,能让孩子们感受传统、现代的各种文化融合碰撞。

有时是在艺术中心——学生站在幕后,用丰沛的情感、抑扬顿挫的语音语调将观众们拉进了一场“原声大碟”的视听盛宴中,用声音赋予了经典影视剧二次生命,舞台上的灯光也仿佛为他们披上霓裳。

教育部原副部长张天保作报告

作为外语教育特色校,北外附属海南外校没有增加外语必修课时,而是在初一、初二年级就开设外教口语课及六国小语种校本课程。国际文化节、主题英语角、教学研讨会、时事热点辩论赛、跨文化研究沙龙、原创剧表演赛、课本剧表演观摩、外语书法橱窗展、多主题外语班会等外语教育特色活动，都是帮助学生认知多元文化、开拓国际视野的第二课堂。

同时，北外附属海南外校也高度重视传统文化的传承，而语文课堂教学就是传承优秀传统文化的主阵地。如何在语文教学中渗透传统文化，是学校语文科组重点研究的课题。为此，小、初、高三个学部的语文科组定时定点举办教研会议，在教学设计和课后反思的分组讨论中，以“2+2”（两个优点加两条建议）或“3+1”（三个优点加一条建议）形式进行点评，坚持以课题引领教师的专业成长。对于青年教师，学校定规范、重指导，要求打造合格课堂；对于资深教师，学校搭平台、压担子，要求塑造优质课堂；对骨干教师，学校凸个性、细打磨，要求创造特色课堂。秉承“多彩活动夯实高效课堂”的宗旨，学校通过举办百词大赛、书法比赛、课本剧表演、国学小名士、歌唱比赛等，让语文学科教育教学从“应试味”转变为“文化味”，从“碎片化”走向“整合化”。

当然，激扬生命的舞台不止于此。北外附属海南外校还专门成立了“校本课程发展中心”，设置了八大类别，有 128 门涵盖文化、科学、社会、艺术、人文、生活、体育、自然等种类的普惠和特需校本课程，由不同科任老师写出课程介绍和课程纲要，设计招生海报，供具备不同兴趣的学生挑选。

比如，普惠性技艺类的课程有数独、中国象棋等；科技类的课程有 3D 打印、趣味编程等；科学类的课程有 STEAM 科学课、细胞植物课等；人文类的课程，有农历文化、演讲与辩论、天文浅谈等；体育类的课程有游泳、排球、羽毛球等；学科类的课程有主题阅读、数学进阶等；艺术类课程有芭蕾精灵、钢琴启蒙、二胡入门、多彩黏土、创意国画等；语言类的课程有英语演讲、少儿法语、漫游西国等。特需性的课程有高尔夫、网球、马术、国标、轮滑、攀岩、架子鼓、跆拳道等。

这些课程既满足了学生的求知欲，又为他们提供了一方沉浸其中，综合运用自己所学的实践乐土。这些丰富而又有机组合的课程，让学生们不断体悟知识间的联系，流连于求索之中而不觉辛苦。

在流转的四季，体验美好的日常

2021 年，有 19 个来自全国各地的学术团队莅临考察，人数近千人。除了对学校文化、教育理念的赞赏、对办学特色的欣赏，他们更多的，是对师生昂扬精神风貌的感动。相较于大多数成年人含蓄而内敛的表达，北外附属海南外校的师生们见到一张张陌生的脸庞，也依然微笑大方地做出世界通用的手语动作向来宾致意：“瓦爱鲁”！

在这里，“爱”的教育往往在潜移默化中形成。当生活中所见、所得、所触，都是爱的衍生物，孩子便已经懂得了如何观察爱、感受爱、创造爱。

身体可以传递爱的点滴。通过一道下雨天筑起的“伞桥”、一个孩子摔倒后奋不顾身的背影，将生活所见的爱内化为美好而深刻的生命印记。眼睛可以接收爱的奉献。特色活动,感受台前、幕后的默默付出,再由简短却极具冲击力的画面,蔓延到各个角落。

爱在北外附属海南外校,是这样的风景:音乐、戏剧、舞蹈、故事、诗歌、水墨、手工……

春节,为班级写上一副春联,画张年画;端午,为老师送上手作的蛋袋;秋分,做一张叶脉书签,送给同桌;教师节,精心编排的舞蹈展示呈献于全体老师……高尔基说,“单单爱孩子,这是连母鸡都会做的事情,可是用爱教育孩子,这是一桩伟大的公共事业。”不止于四季的变换,我们一直将爱与被爱援引至孩子的日常。

在成长的每一天,自由舒展地做自己

国际文化节前夕,各班都在紧张地进行英文戏剧彩排,“Cindy,你扮演公主可以吗?”

“不,我想演王子。”

“哇,这么勇敢,期待你演的王子哦!”

敢于说“不”,去真实地表达自己,对孩子们来说,是入校以来最大的变化。内心的感受,可以坦然表达,真正的喜欢,可以主动争取,在一个有安全感的环境里,“做自己”变得更简单了。在北外附属海南外校,好像没有什么事情是“要我做的”,大多是“我要做的”。

在每学年8个完整的教学月中,有5大节3大活动构成北外附属海南外校传统的师生文化大餐——国际文化节、读书文化节、体育文化节、科技文化节、艺术文化节、十大歌手、春季研学等。

国际文化节,在一周时间里,全英专家教育论坛、外语公开课、英语短剧展演、双语PBL项目成果展示、外语风采大赛、国际文化展、迎新晚会、寻宝活动轮番上演,是拓展学生国际化视野,汲取跨文化精华,汇聚世界精英,闪耀思想灵感的多元文化盛会。

读书文化节,耗时月余,进行图书角评比、读书分享会、课本剧展演、书签制作、趣味谜语抽题、经典文学作品展览、百科知识竞答等活动,是一场以书为桥,以梦为舟,穿越书海的探险之旅。

体育文化节,留下了三天团结协作、奋勇拼搏和超越自我的回忆。从低学段的趣味游戏,如障碍跑、抱球接力、集体投球;到高学段的田径赛事,如跑步、跳高、跳远、实心球;从家长朋友全情投入的拔河,到教职员工热情高涨的投篮,大家都活出了青春最美的模样。

校园十大歌手比赛是学生们最期待的文艺盛典之一。每一次,他们都能拾起藏在心间的旧语,唱出一段新的故事。它以独特的音乐魅力及健康向上的青春风采吸引着同学们为梦想发声,为热爱歌唱。

春季研学则是向春天进发的征程，许是一路关照生灵，与生机交谈；许是一路奔向原野，体味人间烟火；许是一路拥抱山林，接受流溢的春光。每一年，空白的天空，都被色彩雕琢，形形色色的灵魂，都被童真照亮。

同时，学校还为孩子们创设了一个自由展示的舞台——校园文化广场，鼓励学生们自我创作、自主编排、自行导控、自由出演。某个碧空如洗的下午，当下课铃响起，或许你能在校园一角听到一首动听的歌曲、一次优美的演奏，观看一曲翩翩的舞姿、一幕震撼的戏剧。

学生的耳朵是打开的，眼睛也在看，他们可以根据自己的喜好选择是否主动参与活动，他们每一次被邀请互动，也都可以感知到“爱”。无论是表演者、还是观众，孩子们可以按照自己的节奏，慢慢融入这个大家庭。

在北外附属海南外校老师们的心中，比起“听老师安排”“遵守班级纪律”，“和而不同”是更好的状态，那些“离经叛道”的想法，往往是一个人特质与天赋的精彩之处。我们需要一致，但不是一模一样，而是一个共同的目标：好好生活，好好玩。我们真实地希望孩子们，可以拥有更多的勇气，别都那么“听话”。

天津外国语大学附属外国语学校原校长、特级教师张奎文作报告

心理学家阿德勒说：“不幸的人用一生治愈童年，幸福的人用童年治愈一生。”在和师生们聊天的过程中，感受最多的可能也是治愈。这所学校如童话般纯粹的世界，用纯真的爱，用纯朴的“瓦爱鲁”，细心呵护孩子们的成长，也让老师和家长们葆有不老的童心。

四季更迭，这所学校也一直在生长着。相信从这里出发的孩子，也许有一天会再回到这个“家”，和自己喜爱的老师、同学一起，细数新的美好发生。

以课程改革为突破口　全力打造未来学校

南方科技大学教育集团(南山)第二实验学校

一、学校基本情况

(一)学校简介

南方科技大学教育集团(南山)第二实验学校是由南山区政府与南方科技大学合作办学的九年一贯制学校,学校位于深圳市南山区留仙大道3339号,占地2.03万平方米。

学校成立于2015年8月,2017年开办初中,2020年9月举办御景峰幼儿园。学校现有中小学幼儿园47个教学班,在校学生1973人。

学校以“厚德启智、弘毅日新”为校训,以“创新”为关键词,以信息化推进学校现代化和全球化发展为思路,重点打造“信息化”“国际化”“科技教育”和“课程改革”四大特色品牌,通过建构“统整项目课程”引领学校系统变革和创新发展,努力创造适合每一个孩子发展的教育生态,“让每个孩子都出彩!”。

目前,学校共有中小学幼儿园教职员工166人,硕士研究生学历46人,占41%。其中,广东省名师工作室主持人1人,市区优秀教师18人,南山区精英教师1人,南山区骨干教师12人,多人荣获国家级奖励,1人代表中国参加国际大赛并获奖,1人入选全国“未来教育家成长计划”。

学校自建校以来,对标国际,面向未来,全力打造“统整项目课程体系”。学校充分利用南方科技大学等大学资源,实施跨学科课程改革,推动语文“提前读写”实验、“信·趣”综合化数学实验、“自然拼读”英语实验等。学校全面推行BYOD(学生自带设备),引进优质数字化教学平台、AR/VR教学资源,实施指向精准教学的课堂改革,促进学生学习方式的转变。

(二)学校办学理念

学校精神(价值追求):让每个孩子都出彩!

尊重每一个儿童的天性,相信生生皆有才,皆能成才,找寻适合学生能发展的最佳途径,让每一个儿童浸润在基于数据与智能的现代智慧教育活动之中,中西文化融通,身心健康完善,知识与能力协调发展,具有健全人格、独特人文情怀与科学精神、鲜明个性和强烈的社会责任感的时代少年。

校训:厚德启智,弘毅日新

以浓郁的人文精神涵养心性,以中外优秀伦理道德和社会主义核心价值观育人;尊重儿童天性,因材施教,启迪智慧,培养学生的批判思维以及观察、分析和解决问题的能力,引导学生学会学习,学会思考;通过教育,外塑强健体魄,内修健全人格与坚毅品格;与时俱进,开拓创“新”,以“新”教育培养学生的创新思维与创新能力,使学生能够以创新的态度和能力适应不断变化的未来世界。

校风:尊重,包容,开放,创新

尊重:相互尊重不同文化、不同社会地位、不同个性特点,促进学校发展、教师发展,最终实现学生全面有个性的发展。

包容:表示要尊重差异、包容多样,取人之长、补己之短,以豁达胸怀促发展、促改革、促创新,把学校建设成在国内有重要影响、起引领示范作用的未来学校。

开放:同时学校的办学理念、教师教学行为、学生学习发展都需要有开放的精神;彰显学校地处国际大都市,加强与东南亚以及世界其他国家和地区的教育合作和交流,不断走出去,提升学校的气魄和胸襟。

创新:办学路漫漫,需要与时俱进、开拓创新,借助地处创新之城的地域优势,培育创新文化,增强创新意识,提高创新能力,形成具有创新氛围浓厚、创新人才聚集、创新成就显著的新兴学校。创新是学校发展的“DNA”。

学风:好读书,勤思考,善合作

好读书:“人非生而知之者,孰能无惑?”读书是从不知道到知道,从知之较少到知之较多的重要途径。“读史使人明智,读诗使人灵秀,数学使人周密,科学使人深刻,伦理学使人庄重,逻辑修辞使人善辩,凡有所学,皆成性格。”故强调好读书、读好书。

勤思考:“学而不思则罔”,只学习知识而不思考,就会不辨真伪,更不能学以致用。

善合作:学会合作是21世纪的基本技能。善合作要学会关心,学会分享、学会尊重。一方面要发扬和倡导先人后己、毫不利己、互相合作的集体主义精神;另一方面要学会表达、交流的技能,确立平等对话的态度和价值观。

教风:悉心陪伴,循循善诱,助推成长

悉心陪伴:促进学生身心健康发展,实现生生成才,需要教师的耐心、爱心与责任心,起到悉心培育春风化雨,陪伴成长润物无声的效果。与孩子一起成长。

循循善诱:出自《论语·子罕》:“夫子循循然善诱人。”学生由不知到知,由知之较少到知之较多的过程需要教师的引导,博之以文,约之以礼。教师不断引导学生发展。

助推成长:助推学生成长是悉心陪伴,循循善诱的最终目的。通过多措并举、多管齐下的教育措施,实现每个学生都出彩。

（三）学校办学特色

学校师生始终牢记“厚德启智，弘毅日新”的校训，追寻“让每个孩子都出彩”的学校价值观，营造“尊重、包容、开放、创新”的校风，借助互联网，在办学模式、课程改革、教师发展、教育评价体系、学习环境设计、国际化和信息化等方面大力开展创新探索，为打造南山北部片区全新基础教育品牌，全面推进未来创新型学校建设奠定了坚实的基础。

1. 打造学校品牌特色，创建优质教育资源

学校以包容开放的态度面对挑战与机遇，进行改革创新，努力打造“全球化、信息化、科技教育、课程改革”四大特色品牌，全力推进“互联网+”背景下的课程创新，以特色引领学校创新发展。

近七年来，学校不仅实现了深圳南山区教育局“建新校・成好校”的愿景，而且先后被评为《中国教师报》“中国课改 20 年专题”10 所样本学校（互联网+跨学科改革样本）、全国第二届生涯教育实验学校、广东省信息技术提升工程 2.0 省级试点学校、广东省财经素养教育研究基地、2019 年深圳市教育工作先进单位、深圳教育改革示范学校、第五届深圳教育改革创新奖“年度十大教育改革领跑学校”、深圳市最具变革力学校、深圳市海洋文化意识教育基地、南山区教育先进单位、南山区阅读创新特色创新学校、南山区中小学课程建设基地校、南山区教师发展基地学校、南山区阅读创新特色学校、南山区少年创新院分院。

2. 构建跨学科统整课程体系，推进课程改革创新

学校引入国际 IB 课程（国际文凭组织为全球学生开设的课程）理念，开展基于 STEM（跨学课思维）理念的跨学科教学，构建“互联网+”背景下“国家基础课程、统整项目课程、氛围浸润课程”三个层面有效融合的课程体系，聚焦培养学生面向未来的核心素养和关键能力。

统整项目课程是一个开放的课程系统，它改变了传统的线性课程形态，以“统整”的方式，把课程、师生、学习时空、学习技术等核心元素有效地统合起来，其核心是打破学科内容之间、学科与学科之间以及学科教师之间的壁垒与边界，为学生构建一个开放的课程体系；学生围绕复杂的、来自真实世界的学习主题，进行较长时期的基于现实生活的，以跨学科为特征的开放性探究式学习。学生很自然地被放在学习的中心位置，学生的主体性得以彰显，主动、个性化、合作探究式学习成为可能。学生面向未来的核心素养与关键能力在统整式的学习中会得到浸润式地培养。目前，统整项目课程已经成为学校的品牌，创新改革成果颇丰：先后入选 2016—2017 年度“全国基础教育信息化应用典型案例”（深圳唯一）、广东省教育信息化典型案例，获评 2019 年深圳市“好课程”，荣获 2017 年广东省基础教育成果二等奖、南山区第三届和第四届教育改革创新一等奖、南山区第五届教育改革创新特等奖，教育专著《中小学在线教育指南》于 2020 年 11 月由中国人民大学出版社正式出版。同时统整项目课

程成果辐射国内150多所学校，并被教育部评为优秀科研成果在全国推广。

3. 遵循数字时代儿童特点，用技术促进学习方式变革

遵循儿童“数字原住民”特点，把数字技术作为儿童学习的底层支撑，促进学习方式的变革。通过学生自带学习终端（BYOD），开展技术支持下的移动式、个性化和探究式的学习，打破学科边界、班级边界、空间边界，开展跨学科、跨领域的基于教材、基于社会、基于自然的真实性学习。目前，学校信息化工作得到广东省教育厅高度认可，入选教育部和深圳市智慧校园示范学校。

4. 变革专业发展模式，提升教师专业素养

教师的专业发展是学校未来发展的关键因素，而技术时代对教师团队的TCPK素养提出更高要求。学校因循“教学、培训、科研”三位一体的思路，构建“专家引领与校本研修、理论学习与实践提升”相结合的模式，以课例研究、课题研究、课程开发和实施等项目活动为任务驱动，采用教师合作制、项目负责制、反向导师制等方式构建不同层面教师发展共同体，引领教师逐步走向“阅读—反思—写作”的专业发展路径，力求形成一支研究型教师团队。近七年来，我校教师在各级专业期刊发表学术论文160余篇，开发完成20个课程的“统整项目课程教师行动指南”以及相关的课程设计与分科教学设计等。

二、校长风采

唐晓勇校长历任深圳南山区第五、第六届政协委员，入选全国“未来教育家成长计划”首批学员，先后获聘教育部“儿童与未来教育创新研究院”学术委员、中国教育学会中小学整体改革专业委员会学术委员、华南师范大学教师教育学部兼职教授、广东省名师工作室专家顾问、广东省百千万智能校长实践导师，并入选深圳市十佳青年教师、广东省名师工作室主持人（两届）等。2009年代表中国参加“全球创新教师大赛”（巴西萨尔瓦多）荣获第三名。

科研兴校，用学术思维引领学校持续创新发展

唐晓勇校长坚持学术治校，用学术思维引领学校持续创新。他长期致力于技术支持的创新教育研究，独立主持多项国家级和省级课题，发表论文130多篇，多次在国内高端学术论坛上演讲，并应邀到全国各地讲学。他开发多门MOOC课程入选教育部精品课程并在多家在线平台上线。近10年来他重点关注互联网背景下的教育变革，对标国际，站在全球背景下探索未来学校和未来课程的设计，培养教师的未来教育素养，教师团队已发表160多篇论文。

推动课程改革，打造互联网+跨学科改革样本，成果经验向全国推广

作为一位专家型、学术型校长，唐晓勇校长大胆创新，锐意改革，强力推进课程改革，提升学校办学品质。学校结合深圳的国际化区域定位，开展基于互联思维的跨学科课程改革，聚焦学生面向未来的关键能力和核心素养培养，坚持8年，打造出了具

有影响力的学校品牌课改项目"统整项目课程体系"。

统整项目课程经过 7 年多的改革探索成效显著,为全国"互联网+教育"提供了实践样本,入选《中国教师报》"中国课改 20 年专题"10 所样本学校,作为"互联网+跨学科改革样本",课改经验向全国推广。统整项目课程入选国家精准扶贫项目、乡村青年教师公益培训计划、深圳市对口教育扶贫项目,成果荣获广东省教育教学成果奖一等奖、二等奖,南山区教育改革创新奖特等奖、一等奖。学校发起的"统整项目课程全国教师培养计划",通过网络直播辐射到全国 20 多个省市 150 多所学校。同时,统整项目课程为 STEM、主题学习、研学旅行、PBL 项目化学习等领域研究提供了新的理论支撑,也为师生成长和学校发展搭建了创新的平台。

用信息技术推进学校整体变革,引领教育改革潮流

唐晓勇校长完整经历了国家教育信息化发展历程:"CAI 辅助教学—信息技术与课程整合—信息技术与课程深度融合—互联网+教育"。从 1999 年开始着力于信息技术促进教与学的变革探索,从 2005 年开始深度参与教育部微软携手助学、联合国儿童基金会扶贫、戴尔教育公平、英特尔项目学习等接轨国际的信息化项目,通过远程协作学习的方式推动西部欠发达地区师生发展。2010 年率先在国内推动平板电脑教学,通过 BYOD 自带设备的方式让每一位孩子借助技术进行创新学习,目前 BYOD 模式已成为学校常态。2013 年开始进行 MOOC 研究,并推动区域 MOOC 教师培训体系的创立,变革教师培训模式。2015 年起,在学校启动网络直播,开展线上教学模式探索,实践成果《打造校本云端学校的体系设计与实践研究》评为"2021 年广东省教育教学成果奖(基础教育)"二等奖。目前在线教育已成为学校常态,在线教育经验辐射全国。

唐晓勇校长以"全域信息化"的思路,始终把信息技术作为学校发展的核心动力,推进学校整体变革。学校信息化成果在 2015 年、2016 年连续两年入选教育部基础教育信息化精品案例,主持开发的"与未来共进的课程重构—互联网支持下的统整项目课程"被教育部基础教育司、中央电化教育馆评选为"全国基础教育信息化应用典型示范案例(首批)"(全国 46 个案例,深圳唯一),《建学科统整项目课程,促学生核心素养提升》被评选为广东省基础教育信息化应用典型示范案例(首批 64 个案例),广东省教育厅把我校作为"教师信息技术能力

唐晓勇校长

提升工程 2.0”优秀示范学校。

提升学校管理效能，用创新思维引领学校特色发展

唐晓勇校长坚持制度、规则治校，将管理纳入了制度化和规范化的轨道，推动学校创新发展。把系统思维和设计思维作为学校管理的底层思维，通过空间重构、技术运用，打造教育“梦工场”。他始终聚焦师生的内在需求，进行结构化、扁平化管理，让学校服务教师、让教育服务学生。同时借助信息技术进行数字化管理，通过引进企业治理经验、“清单革命”等许多创造性举措，提升学校管理效能。鼓励教师用学术思维提升专业能力，在不到 6 年的时间里，南科大二实验的教师在核心期刊发表的专业论文已达 160 余篇。打造和培养出了一支协作力、执行力强的高素质教师团队。形成了“信息化”“国际化”“科技教育”和“课程改革”四大特色教育品牌，得到社会认可。

创新办学成果凸显，不断扩大办学影响力

作为校长，唐晓勇秉承南山区政府“办一所，优一所”战略思想，打造匹配“世界级创新型滨海中心城区”发展的教育品牌，传承南方科技大学创新精神，推动南科大二实验创新办学，成果突出。经过六年的发展，学校先后被评为深圳市教育工作先进单位、2019 年度十大教育改革创新奖领跑学校、2020 年度深圳教育创新示范学校、南都教育改革创新大奖年度最具未来特色学校等。《中国教育报》《中小学管理》《中国教师报》及“中国教育电视台”“深圳卫视”等媒体对学校办学成果进行专题报道，学校课程改革成果辐射全国。美国年度校长、微软全球教育商业拓展总监 Mr. Larry Nelson、联合国教科文组织政策和终身学习系统部主任戴维·埃乔莱(David Atchoarena)、冰岛教育官员、美国伯克利大学教授、英国历史学家“墙书”作者克里斯托弗·劳埃德(Christopher Lloyd)等先后专程莅临南科大二实验考察学校跨学科的课程改革。

三、教师风采

梁勇，毕业于湖南师范大学，现担任南方科技大学教育集团第二实验学校副校长。深圳市教育科研骨干教师，深圳市教师资格考试评委库专家；南山区精英教师、南山区优秀教师，南山区教师继续教育面授课程教师。长期致力于学校教育信息化研究和实践、数学课程创新设计、学科 PBL 项目式学习、跨学科课程开发和实施。数学课堂教学国家级一等奖，教学案例入选蒲公英教育智库 2018 年“星教师年度榜样”十佳跨学科课程案例。课程实践成果屡获

南山区教育改革创新一等奖、特等奖，广东省基础教育成果二等奖，课程创新案例入选"全国基础教育信息化应用典型案例"（深圳唯一）、广东省基础教育信息化典型案例。在报纸、期刊发表教育教学类论文7篇。专著《中小学在线教育指南》（副主编）由中国人民大学出版社正式出版。30余次在蒲公英智库"教育创新年会"等国内高端教育论坛，发表主题演讲，50余次通过在线直播在全国范围内分享和推广数学学科教学与课程创新设计经验。

陈晓粧，语文教师，教学科研中心主任，南科大教育集团名师工作室主持人。深圳市优秀教师、南山区紫牛奖特色班主任、南山区优秀教师、南山区首届"阅读点灯人"，多次辅导学生发表文章、参与各类竞赛获奖，多篇论文发表于省市级刊物、《中小学在线教育指南》编委，曾主持、参与多项教育科研课题，微课、教学设计及教学案例在区、市、省级均曾获奖，曾多次助力互加计划、担任全国乡村教师"兴成长"培训教师，教育理念：用心教书，用爱育人。

武雅娟，中学高级教师，教学科研中心主任、南科大教育集团名师工作室主持人。从事初中语文教学26载，担任班主任十余年，指导学生多次获得省、市、区级的演讲，现场作文，汉字书写等大赛的特等奖和一等奖，受到了社会广泛好评。曾被评为市级教学能手、市级骨干教师、南山区优秀教师、南山区首批科学阅读点灯人、南山区优秀党务工作者等。二十余年的教学生涯，从未敢丝毫懈怠，因为孩子们的梦想很美、也很重……永葆青春与激情的秘诀，就是和孩子们的心跳动在一起！

李宇梁，初中高级教师，学生成长中心主任，任初中语文教师二十年，担任班主任工作11.5年，并获得南山区"优秀班主任"称号和"紫牛奖特色优秀班主任"。曾多次被评为"南山区优秀教师"，及"优秀党员"称号。2020年被评为南方科技大学教育集团名班主任工作室主持人。自己的教育理念是：为爱而生，为美而教！让学生懂得欣赏美，感受美，创造美。教师要走进学生，理解学生和关爱学生。你带给学生快乐，学生们也会带给你快乐。

王思思，南方科技大学教育集团（南山）第二实验学校美术教师、教学科研中心副主任，南山区“未来教师”，南山区优秀教师，校优秀教师，第三届“百花奖”课堂大赛美术学科一等奖；教学论文多次获国家级、市级一等奖，并在省级、市级刊物多次发表；“项目式学习案例”获广东省一等奖。“信息化课例”获教育教学信息化大赛省级二等奖、市级一等奖；辅导学生作品获深圳市一等奖；核心参与的统整项目课程入选教育部和中央电教馆教育信息化典型案例及广东省教育成果一、二等奖。创新开展美术 STEAM 跨学科教学探索，打造出了以数字技术支持的“自然笔记”课程品牌，经验辐射全国；核心参与学校课改品牌“统整项目课程”的改革创新和管理；积极参与“教育扶贫”公益事业，推动学校课程成果辐射全国。

罗媛媛中学一级教师现任南方科技大学教育集团（南山）第二实验学校行政服务中心副主任，任教中学地理、综合实践学科。2018 年获南山区青年教师技能大赛地理学科一等奖、综合实践学科一等奖；2020 年获深圳市青年教师技能大赛综合实践学科三等奖；2020 年南山区青年教师技能大赛地理学科一等奖、综合实践学科一等奖；2021 年被评为“南山区优秀教师”“南山区名师工作室优秀成员”。教育理念：教师是爱的奉献者，耕耘的是心田，播种的是理想

郑诗莹，南方科技大学教育集团（南山）第二实验学校数学教师、教学科研中心干事、数学学科组长。被评为南山区优秀教师、南山区未来教师、学校骨干教师等。执教多项教学研讨公开课，辅导学生参加各级各类比赛并获奖，参与指导项目式学习案例，获得国家级一等奖。着力信息技术与教育教学的深度融合专业发展，多次助力互加计划，担任课程讲师。参与多项教育课题研究，多篇论文发表，并获得全国、省、区各类奖项。教育理念：解惑答疑探真理，传道授业育桃李。师德如山，山临风雨而不改；师爱如水，水利万物而不争。

刘桂琦,小学二级教师,南方科技大学教育集团(南山)第二实验学校科学教师。被评为 2018 年南山区优秀教师、2018 年南山区名师工作室优秀成员、2020 年被评为南方科技大学教育集团双名工作室主持人,2021 年被评为南方科技大学教育集团首届“年度教师”。擅长于跨学科的统整教学,入校四年来,执教过十余节省市级大型公开课。获南山区第二届“百花奖”课堂教学大赛特等奖,南山区小学科学教师基本功大赛一等奖,南山区小学科学教师基本功大赛二等奖。喜欢轻松愉快的课堂氛围,让每个孩子和谐、自由地生长。

张双,小学一级教师,南方科技大学教育集团(南山)第二实验学校语文教师及班主任,党支部委员,课程研究院执行副院长,跟岗教科研中心工作。曾被评为南山区优秀共产党员;参与指导项目式学习案例,获得国家级一、二等奖、省级一等奖;主持参与教育课程创新案例,获得市级一等奖;曾主持、参与多项教育课题研究,发表相关文章于核心期刊。在语文、道法学科基本功比赛中获得区级二等奖、语文教学设计资源区级三等奖。教育理念:教育是心灵的唤醒,让每个孩子都出彩!

贺静,中学一级教师,南方科技大学教育集团第二实验学校初中数学教师,年级组长,教研组长,从教 14 年,担任班主任工作 13 年,南方科技大学教育集团首届“年度教师”提名,南山区优秀教师,南山区初中领衔班主任,南山区“优秀少先队辅导员”,南山区级名师工作室优秀成员,所带博毅中队荣获“深圳市少先队红旗中队”称号;广东省青年教师教学片段比赛省一等奖。

教育理念:与孩子共生,与课改同行,一起寻找最美好的自己

专业发展:以统整项目课程为底色,以信息技术为支撑,践行包容开放创新的教育理念,只有思想永远活跃,以开明宽阔的胸襟,接受种种不同的思想、鲜活的知识,

广泛包容,方能才思不断,细水长流。

赖一虹,小学一级教师,全国义务教育语文教学研究中心会员,现任学校语文科组组长,南方科技大学教育集团双名工作室主持人。曾获全国义务教育语文教学研究中心“名师选拔赛”一等奖、深圳市优秀班主任、南山区优秀少先队辅导员等称号。2016 年在全国中小学技术与教学深度融合教学实操专场会执教示范课,受专家好评。23 年如一日潜心一线语文教学,不间断地苦练基本功,每日坚持阅读、写随笔,育人育己。曾多次在书法、朗诵与综合素质大赛中获奖。所带班级阳光、自律,多才多艺。教育理念:用爱全然看见、接纳,与学生共成长。

方红霞,大学讲师,中学一级教师。任英语教师十五年,曾在成都和广州高校担任大学英语教师。2012 年至 2017 年先后在深圳市百合外国语学校和深圳市明德实验学校任初中英语教师。现任南方科技大学教育集团(南山)第二实验学校初中英语教师。2018 年被评为深圳市中考优秀评卷教师。2018 年和 2019 年被评为南山区名师工作室优秀成员。2020 年被评为南方科技大学教育集团双名工作室主持人。曾多次执教南山区初中英语教学研讨公开课,多次在南山区初中英语教研会上作专题报告,多次辅导学生参加区级,市级和国家级比赛并获奖。教育理念:课堂因互动而精彩,学生因自主而发展。

黄俊丽,小学语文教师,任教 13 年,一直担任班主任工作,现任四年级年级组长,南山区小学领衔班主任,曾任学校“一棵树的价值”统整项目负责人,多次被评为“优秀教师”“优秀班主任”。教育理念:教育的艺术不在传授,而在鼓励和唤醒。注重对方法的探索,注重对学生的鼓励,以爱心感染学生,以真诚感动家长,所带班级在各项活动中表现突出,受到学校和家长的一致好评!

钟文妙,小学一级教师,语文教师兼班主任。曾获“深圳市优秀教师”“罗湖区、南山区优秀班主任”“南山区优秀少先队辅导员”,集团首届年度教师提名等称号。

曾获评全国“2019 年度教师最佳项目”，带领学生团队参加全国“校园企业家”项目，斩获“一二三”等四个奖项，被评为“优秀指导老师”；着力项目式学习与跨学科课程设计的专业发展，连续四年助力互加计划，担任课程讲师；多篇论文发表，多篇论文获得全国、省、区特等奖，一等奖等。以“让学生因为有我而感到幸福，让家长因为有我而感到幸运”为教育理念，与学生共成长。

吴微，小学一级教师，南方科技大学教育集团（南山）第二实验学校数学教师，班主任。2021 年被评为深圳市优秀教师，南山区优秀共产党员，2020 年被评为南山区优秀教师，广东省“强师工程”主讲教师。相信每一个孩子都有可能成功，寓教于乐，寓教于趣。获得全国新世纪小学数学教学设计与课堂展示活动一等奖，全国项目式学习一等奖，深圳市德育案例一等奖，南山区青年教师基本功大赛一等奖，所带班级荣获 2021 年红领巾奖章二星章。

四、课改风采

学校跨学科课程改革成果《与未来共进的课程重构—互联网支持下的统整项目课程》入选“全国基础教育信息化应用典型示范案例（首批）”；信息化课程“建学科统整项目课程，促学生核心素养提升”入选“广东省基础教育信息化应用典型示范案例（首批）”；课程改革核心课题“互联网+背景下统整项目课程的设计与实践”荣获 2017 年广东省教育教学成果奖（基础教育）二等奖；课程改革成果入选《中国教师报》“中国课改 20 年全国十大样本学校：互联网+跨学科改革样本”……

看到学校在课程改革方面获得诸多具有影响力的荣誉，人们自然会觉得这一定是一所具有深厚历史积淀的名校。其实，这是一所只有五年多校龄的新校——南方科技大学教育集团第二实验学校（简称“南科大二实验”）。该校由深圳南山区政府与南方科技大学于 2015 年 9 月合作创办，建校仅 5 年多，却迅速崭露锋芒，散发成熟魅力。

是什么让这所年轻的学校在短时间内收获满满？它何以获得家长的高度认可，并在国内颇有影响？南科大二实验校长唐晓勇表示，为了培养时代发展与未来社会需要的人才，在南方科技大学创新理念的浸润下，学校把创新作为自身发展的

"DNA"。6 年多来,学校一直以互联思维作为底层支撑,在跨学科课程改革方面大力开展创新探索,为打造深圳南山全新基础教育品牌,全面推进未来创新型学校建设奠定了坚实的基础。

课改理念:着眼于关键能力

教育部在课程体制改革中提到,面向未来的人才要具有四个关键能力:第一,认知能力;第二,合作能力;第三,创新能力;第四:职业能力。这四个关键能力如何培养?南科大二实验人认为,这些能力如果只从教材中去学习是很难得到全面培养。为此,他们进行了一系列探讨。

首先,学生要围绕主题去学习,这符合人的内在需求,就像人的大脑需要不断联结,不断反射,才能加强学习,主题式学习可以为学生创造更多的知识联结。

从心理学的角度看,人的记忆要变得深刻,就必须和真实场景产生关联,而教材是很难提供的。从多元智能理论的 9 大智能看,传统的考试主要以试卷测评方式来评价学生,更重视学生的语言与数理逻辑智能,这对于擅长其他智能的学生来说是不公平的。而有了统整式、主题式、项目化的课程之后,学生就有机会用各种方式去学习,各种智能才能得以培养。

最重要的是,现有的课程体系主要是基于教材的分科学习。而这种基于教材的分科学习重点聚焦学科考试,所有的思考都停留在文本上,缺少用文本上的知识去解决现实生活中的具体问题。分科教学的优势是促进学生牢固掌握学科专业知识,对某个领域理解和认知更为深入,有利于系统知识的习得。但分科教学中的知识往往是片段,缺乏整体性,容易把世界割裂开来认知。

而真实世界中所有的问题都是跨学科的,学科之间是有关联的。包括 STEM,很多专家说 STEM 是综合性课程,其实它的起点还是分科教学,我们掌握相关学科知识之后,才能聚焦某个问题。可以说,分科教学让人变得专业,跨学科学习让人变得完整、多元。

对义务教育阶段的学生来说,仅仅面对教材去学习是不够的,他们需要面对复杂的真实世界,去发现问题、解决问题,培养面向未来的关键能力。南科大二实验的"统整项目课程"正是着眼于这样的变革。

课改项目:聚焦核心素养

为适应新时代人才发展的要求,南科大二实验发起"统整项目课程"创新改革,初衷正是要打破学科内容之间、学科与学科之间以及学科教师之间的壁垒与边界,聚焦学生面向未来的关键能力和核心素养,培养学生的全球胜任力。

通过借鉴国内外的先进经验,结合学校课程改革实际情况以及当今时代和未来社会对人才的需求,南科大二实验以国家课程为基础,以素养与能力培养为目标,多视角构建"统整项目课程"。目前,学校重点从"学科"和"主题"两个视角进行课程开发,重点开发了四种基本课程模式:学科内统整、跨学科教学、跨学科统整以及超越学科的主题统整，每一种课程模式都有其内涵和特点，但课程模式之间并没有明确的边界，在实践中各种模式之间往往相互交叉融合。

统整项目课程聚焦三个核心关键词，即“统整”“项目”“技术”。“统整”是指学习内容的组织方式；“项目”是指课程组织实施与课程学习的形式；“技术”是指让数字技术成为教学和学习的底层支撑。重构课程的愿景是重塑传统的课程形态，将传统的分科教学和创新的跨学科学习并行融合，让学习与生活联结。学生始终处于学习的中心地位，学生的“人文底蕴、科学精神、学会学习、健康生活、责任担当、实践创新”六大核心素养在浸润式的课程学习过程中得到培养。

课程主题的确定是统整项目课程学习的首要任务。南科大二实验充分考虑学生的年龄特点，以学生的学习经验和生活经验为基础，考虑学生对课程主题的兴趣，在1–8年级每个年级每个学期实施一个主题课程：一年级的“职业日体验”“全球六大生态与世界文化探索”，二年级的“多元智能”“美丽中国”……七年级的“黄河颂”，八年级的“生涯规划”，20多个主题均以国家课程标准为依据，从学科教材和真实生活中进行选择。

为了进一步培养学生的探究精神，从2019年起，南科大二实验把PBL（项目式学习）嵌入到统整课程中，让学生以小组为单位开展基于问题的深度学习，推进PBL常态化全员实施，让探究精神成为儿童的生命底色。

南科大二实验数学教师曹雪介绍，以四年级的“茶文化”课程为例，采用跨学科学习和项目式学习的教学模式，让学生围绕茶的文化、茶的用途、茶的经济价值等主题开展相关阅读，上集体课、分组课、分科课，组织学生参加社会实践以及小组探究性学习，课程内容融合语文、数学、历史、科学等多门学科知识，要求学生在学习过程中发现问题并找到解决问题的方法。

七年级第二学期的统整项目课程主题是“黄河颂”，在经过第一阶段的集体大课、第二阶段的分组学习、第三阶段的分科教学后，学生们会在假期前往黄河流域开展研学旅行课程。郑州、洛阳、西安、延安，学生们在黄河博物馆寻华夏民族诞生与发展的摇篮，在小浪底水利枢纽、壶口瀑布等地探究黄河治理，了解“多面”母亲河的特点、先辈千秋治河的伟大而艰辛的历程等。研学归来后，学生们自选主题、查阅资料、深度探究，开展小组项目化学习，撰写研究报告和小论文，并通过网络直播平台进行论文答辩，与全国各地的联盟学校共同分享研究成果。

南科大二实验研学旅行课程从2017年寒假开展至今，覆盖二至八年级，学生的研学足迹已踏遍祖国大江南北，甚至走出国门，前往新加坡开展STEM课程学习。研学课程培养了学生自主合作、问题探究、深度阅读及人际交往等能力。

为了让课程更广泛、更便捷地联结真实世界，2019年9月，南科大二实验推出了“博物馆课程”，与学校统整课程融合，以跨学科探究的方式带领学生们走进深圳的历史、自然、科技、艺术等主题博物馆。每个周末，都会有一辆“博物馆大巴”从南科大二实验开出。在“深圳民俗”课程中,学生们走进深圳博物馆,通过鞭打土牛催春耕、下沙“盆菜”系亲情等场景,认识深圳本土广府和客家两大民系;在“南头古城的前世今生”课程中,学生们走进南头古城主题博物馆,了解深圳本土古迹及城市化开端的过往历史……

在这样的真实情景“课堂”上,学生们不是被动的信息接收者,而是知识的分享者、探究者,他们在老师的引导下自由探索。学生们对学习充满了乐趣,充满了求知的欲望,也使学校的课改理念落地生根。

课改成果:创新经验走向全国

南科大二实验顺应互联网+时代的发展需求,用“统整”的视角推进课程改革,开展跨学科学习,通过横向、纵向、主题式的协同发展,整体提升了学生的综合素养。“通过系列课程的学习,学生的问题意识、动手实践、合作意识、语言表达、社会责任感等核心素养都得到了明显提升。”唐晓勇为课程带给学生们的长足发展感到非常欣慰。

南科大二实验在教育改革方面的大胆尝试与实践,不仅为师生成长和学校发展搭建了创新的平台,为STEM、课程统整、研学旅行等领域研究提供了新的理论支撑,也为全国“互联网+教育”提供了实践样本。5年多来,学校课程团队共发表130多篇学术论文,专著《中小学在线教育指南》已正式出版。学校课程入选国家精准扶贫项目——乡村青年教师公益培训计划;学校发起“统整项目课程全国教师培养计划”,通过网络直播,辐射到全国20个省市150多所学校;连续两年入选教育部“全国基础教育信息化应用现场会”优秀案例,入选教育部基础教育信息化典型案例,全国推广。

五、语文特色

南科大二实验以数字技术支持的学习方式推进数字时代的语文教学变革,把语文学科特点放在第一位,让数字技术为语文学习服务。学校通过开展“数字技术支持下的小学语文提前读写”实验,运用思维可视化工具,让语文学习看得见。同时推动语文课程统整构建教学新样态,创新阅读模式、设计多样化空间,让书香书声满校园。

1. 开展“数字技术支持下的小学语文提前读写”实验

语文的读写能力是构成语文素养的核心要素,数字时代赋予了语文读写新内涵,智能手机平板电脑的普及,跳跃式阅读,文本、图片、声音、视频等相融合的阅读资料,多方式的言语表达,让“数字读写能力”显得尤为重要。语文素养的理解需要与时代发展需求相适应,我们在实践中把传统读写与数字化读写充分融合,不断优化和变革语文的教学目标和教学方式,为儿童构建一个全新的读写体系。

学校在学生入学开展提前读写的课题实验,抓住儿童语言发展关键期,以信息技术为依托,以意义识字、读写同步发展为主要内容,探索识字、阅读、作文三结合最佳教学途径的同时,又为如何提高信息技术与课程整合的实效性开辟了一条新的道路。实验最大的特点是在解决了儿童"识字难"这一关键问题的同时,又对其读、写后续发展进行了有益的尝试和成功的探索,突破了识字教学改革"瓶颈",有效地解决了孩子大量识字以后"做什么"的问题。我校学生在学习拼音之后运用 iPad 进行"汉字打写"练习,从而达到快捷识字、自主阅读、提前电子写作的目的。一年级学生在入学时测试识字量人均 354 个,到二年级入学测试识字量人均 1712 个,人均增幅 383%。大量的识字为学生进行海量阅读、电子写作提供了基础。

在阅读教学中,数字技术贯穿课前、课中、课后各个环节,通过课前的预习进行信息检索,课中的 UMU 交互平台突破学习重难点,课后的群文对比阅读与写作等,提升主题单元学习的深度与广度,促进学生的文本理解能力;在整本书阅读中,数字技术主要在阅读交流、多样式读书笔记、主题讨论中适时适度地运用;在写作教学中,数字技术为儿童写作以及对习作的修改、发表等提供支架平台,构建以"表达"为中心的写作教学体系;在口语交际中,数字技术主要作用是帮助师生收集口语素材,为学生口语表达提供展示工具和平台,以及及时分享和互动评价;在专题统整中,数字技术贯穿于语文统整课程的整个学习过程,并聚焦于儿童语文素养的培养,为问题解决、资料收集、语文作品创作以及合作分享等给予支持。

2. 运用思维可视化工具,让语文学习看得见

在语文课堂的学习中,图示化的,以发散性思维和关键词为核心的思维导图对学生的创新能力有非常核心的支撑作用。学生的想象力和好奇心会因思维导图的运用而被激活,不断延展学生的最近发展区。在识字教学中,充分运用发散思维特性,进行归类识字和多音字的辨析等,不断提升学生的识字水平。如,在学习"青"这个字的时候,可以通过归类的方法,运用思维导图把与"青"有关的字族罗列出来,进行发散性识字,提升学生的识字效率,起到事半功倍的效果。

识字是阅读的前提,在阅读教学和整本书阅读上,思维导图可以帮助学生从宏观、中观和微观角度进行阅读。如《上下五千年》这本书对于小学生来说有一定的阅读难度,故事性、连贯性比较缺乏,对儿童来说比较枯燥,难理解。为了让学生更深入理解整本书的内容,让学生运用思维导图,以主题的形式进行读书笔记。比如,成语主题、古代科学家,图示化的思维导图激发学生的兴趣,建立对书中内容的联系。

写作,就是让孩子倾诉,运用思维导图进行写作,通过结构化、图示化的思维导图可以帮助学生在写作思路和发散式头脑风暴的写作上有更深入的帮助。这种写作方法对写作条理差、写作深度欠缺和写作内容匮乏的学生帮助尤为明显。如,在让学生写作之前,先让学生运用思维导图列出写作提纲,然后再根据写作提纲不断延伸写作内容,学生的写作水平就会得到进一步提升。如在五年级上册第五单元《介绍一种事物》的说明文写作中,学生通过思维导图,列举事物的外观、材料、功能、使用方法

等，再进行写作，借助思维导图，降低了写作的难度，提高了写作效率。

3. 推动语文课程统整，构建教学新样态

“语文统整课程体系”旨在突破语文学科教学的封闭状态，在阅读的基础上，用专题(主题)把语文学习拓展、外延的各种任务统整起来，把语文学习与社会实践、探究学习和社会对学校提出的各种要求统整起来，把语文与其他学科相结合的跨学科学习统整起来，让数字技术深度融入语文统整课程之中，以支持社会对儿童社会化的要求，提升儿童的语文素养。在二年级下册第三单元在识字中学习中国文化，《传统节日》《中国美食》与二年校本统整课程“美丽中国”进行了统整，把课程、师生、学习时空、学习技术等核心元素有效地统合起来，学生在学习中国的“文化与美食”同时，还会学习“地理与自然”“建筑与景观”“民族与服饰”“工艺与创造”等五大主题，基于学科又超越学科的主题学习，让学科知识和学生生活与实践相连接，拓宽了学生的学习空间。

在语文主题学习中嵌入 PBL(项目学习)为儿童构建了开放、立体、综合化的学习系统，学习的主题以课标和教材为切入点，以单元为项目的学习，以主题为项目的学习、以问题解决为项目的学习，在项目的学习中，融合了语文学科和其他学科的知识，师生在跨学科的教与学中把语文学习与现实生活充分关联，让学生在真实情景中主动地进行语文知识的意义构建，这一过程学生的听、说、读、写等语文素养得到综合发展。如在一年级“童谣”主题学习中，通过读童谣、学童谣、写童谣中推进“阅读、写作、绘画协同发展”的探索。任务驱动下的“如何创作一个绘本”PBL 项目学习让学生在海量阅读绘本中对绘本创作进行研究，建立“听说读写绘”之间的内涵链接、多学科知识间的关联性。

4. 创新阅读模式，让书香浸润每个孩子

新时期语文教育主张让儿童每年自主阅读几十、几百万的文字，通过巨大数量的语言模块的撞击、刺激，使儿童索取智慧，形成良好的读书习惯，以影响整个生命的发育。南科大二实验充分考虑儿童的认知特点以及课程特点，从学校层面构建阅读课程体系，即基于学科的阅读、超学科的统整主题阅读、任务驱动的超学科超主题阅读。

语文学科整本书阅读体系的建构，结合了统编版教材的快乐读书吧，通过设立分级阅读体系、学校批量采购必读的共读书目、班级借出书籍等方式，保证学生每月共读书籍至少 1 至 2 本。学生累计九年阅读量至少 72 本，远超于语文课程标准要求九年阅读总量达 400 万以上。在阅读的过程中，语文教师对阅读对目标、内容、策略、评价等方面进行指导，保障学生阅读的质量和效果。如在五年级下册“名著单元”的学习中，通过学习课文名著篇目之后，五年级的语文备课组开启“四大名著巡回导读”活动，每本名著由 1 至 2 位老师进行深度阅读进行教学设计，到同年级所有班级巡回导读，经过导读，学生产生了极高的阅读热情，加快了四大名著的阅读进度，保证了阅读质量，为学校的阅读开展模式提供了可操作性的经验。

超学科的统整主题阅读涵盖各学科的阅读。图书馆根据统整主题的阅读书单,以主题进行分类陈列,不同年级的学生可以在对应分类书架阅读到统整课程的书籍,从开始至结束会大致经历5至6周三个阶段:课程前、课程中、课程后,这一过程是一个不断积累、螺旋上升的过程。因此,阅读会根据不同阶段的学习要求和任务进行针对性的设计。每个统整课程实施之前,我们会为孩子们推荐大量的与课程主题有关的书籍,孩子们必须在阅读的基础上开始课程学习。

如,一年级下学期《绿色STEAM项目:全球六大生态与世界文化探索》统整课程实施前,我们为孩子们推荐《令人惊叹的沙漠》《最美地球绘本-海洋》《动物是如何生活的》等30多本与课程主题相关的书籍,孩子们从科学视角了解六大生态的基本知识。

"课程中"的阅读是引领学生深入探究,进行深度学习的基础,教师需要在充分了解学生学习情况的基础上,为其推荐相关的书籍,让学生通过阅读来解决学习问题。如,《绿色STEAM项目:全球六大生态与世界文化探索》温带落叶林组的孩子在学习落叶林生态的食物链时遇到了困难,为了让孩子们很轻松地理解食物链的概念,老师推荐了一本介绍食物链的绘本《谁吃了幼苗》,通过探究式阅读,孩子们对食物链知识有了形象的了解,这样他们再结合自己的生活和阅读经验,利用思维图绘制大自然中的食物链。

课程前、课程中和课程后的阅读任务是不一样的。课程后的阅读主要是学生针对自己在统整课程中的学习兴趣或者自己还想解决的问题进行延展性阅读。阅读内容可以是教师推荐,也可以是学生自己收集。课程后的拓展阅读对促进学生深度学习,培养终身阅读习惯有很好的帮助。

在各学科的PBL的项目学习中,学生以问题解决、任务驱动为目标的阅读,学生需要超越学科甚至超越主题进行海量阅读和信息的检索,从纸媒的阅读到数字文献的阅读,学校为学生的阅读需要提供路径、创造多样化的阅读链接的同时,同步指导学生信息收集、整理、筛选与甄别的能力。如何在海量的信息中提取有用的知识,这是互联时代儿童需要掌握的能力,也是让阅读与实践、与真实世界之间产生深度关联的意义。

5. 设计多样化空间,让书香书声满校园

语文素养的形成在于知识的积累、能力的培养、环境的浸润,活动的开展,南科大二实验不断变革学校的空间,营造符合学生年龄特点的学习环境,积极组织语文活动,让一面墙壁会说话,每一个角落有书香。

学校走廊电子屏每天更新推送播放"每周一诗、每日一字",从唐诗到宋词、多音字到形近字、学生在耳濡目染中联结、积累、应用。学校通过对环境的充分利用上开辟图书橱窗、移动书架、图书橱窗用于推荐获奖童书、经典好书,移动书架用于展示各个班级作品集、学生发表刊物、获奖作品,方便学生随时随地随手取阅,互相交流学习。

每个学期的举行的“朗读大赛”“演讲比赛”鼓励全员参与，为每个学生提供展示平台，激发学生的朗读动力，提高学生的朗读能力，教师们在充分运用早读的时间基础上，更加注重了课堂的朗读指导、增加了朗读训练，书声充满校园。

6年前，南科大二实验先行先试。如今，南科大二实验不仅成为家长心目中的好学校，更为深圳“双区驱动”提供一份面向未来、富有创新精神、全国一流的基础教育新锐派学校样本。6年后，南科大二实验初心未改。唐晓勇校长说：“南科大二实验很年轻，年轻就有活力，年轻就有激情，敢闯，不怕输。在大湾区和先行示范区背景下，学校将再出发！”我们相信，有着美好梦想的南科大二实验一定会走得更远，走向更加辉煌的明天！

南方科技大学教育集团汤佳宏总校长（左五）率领该集团中小学校长一行，在天津外国语大学附属外国语学校张奎文老校长（左六）陪同下赴天津外国语大学附属滨海外国语学校学访交流，该校王丽校长（右五）与校领导热情接待。

逸韵津门起风华，杏坛泽被托朝阳

天津逸阳文思学校

王雅莉总校长

一、学校简介

百年大计，教育为本。教育是民族振兴、社会进步的重要基石，是功在当代、利在千秋的德政工程。民办教育作为教育事业的重要组成部分，是促进教育改革的重要力量。党的十八大以来，党中央、国务院高度重视民办教育事业发展。在国家政策的积极鼓励与西青区政府各部门的大力支持、正确领导下，2017 年，一所新时代普惠、非营利的九年一贯制民办学校——逸阳文思学校应运而生。

“逸韵津门起风华，杏坛泽被托朝阳”是她的缘起，“文起于道，行成于思”是她与生俱来的文化基因，践行立德树人，为党育人、为国育才，是她的根本任务。

她的校训是：志存高远，善才守德

她的校风是：高昂　高洁　高峻　高雅

她的学风是：善思　善问　善学　善成

她的教风是：自觉觉他　立教为师

她是一所兼具中华民族优秀文化及国际视野的学校，致力于培养具有“和、睿、博、雅”中华文化底色气质的世界公民。

学校秉持“办老百姓家门口家长满意、学生受益的优质学校”的教育目标，顺应“义务教育优质均衡发展”的时代潮流，满足学生个性化发展需求，以党建引领教育发展，努力建设多维立体优质教育体系，以办好人民满意教育，打造西青优质教育品牌为目标，努力培养德智体美劳全面发展的社会主义接班人。

凝心聚力谋发展，领导班子是关键。她拥有一流的行政管理与教育教学专家团队。学校领导班子均来自和平区重点学校，并拥有一支一流的教学专家团队，聘请由和平区教研室专家组成的“教研团队”和全国知名专家组成的“智库专家团队”。

学校秉承人才强校战略，打造了一支优秀卓越的教师队伍。本科学历占全校教职工80%，硕士研究生以上学历占全校教职工20%，教师团队专业素质高，作风过硬，注重培养学生创新能力，专心致力于教学研究。每学期我校举行的“和博杯”优秀展示课、粉笔字大赛、教师朗诵比赛，充分展示了每位教师的风采。

在教学研究方面，学校定期开展教学质量分析，加强教学管理，全面提高教学质量，通过研究学生的学习兴趣、动机和个性化需求，并采取名师引领的方法，不断提高教学效益。在教师培养方面，学校坚持“三级听课、三级评课”制度、“三级教研”制度、“学情调研”制度和“家长问卷反馈”制度，形成一整套有效的教学质量评价体系，确保教与学质量双提升。

学校坚持全面育人，促进学生德智体美劳素质全面发展。学校在抓好教学工作的同时，不仅十分关注学生的体质健康，每天坚持开展“阳光体育60分”大课间二十五项活动、“冬季长跑”活动和多种多样的体育竞赛，让每一位学生在课业之余享受体育运动带来的快乐，还开设以学生的兴趣爱好为基础的丰富多彩的“素质拓展”课程，如合唱、器乐、剪纸、绘画、话剧、篮球、田径等，促进学生个性发展。

学校还成立了自己的文体社团，丰富学生在校的学习生活，培养全面发展的社会主义建设者和接班人。同时，在国庆节、儿童节等重要节日中，孩子们也通过自己的方式展现了逸阳学子的风采。

在每年的家长开放日中，家长们都能看到孩子的艺术作品展、优秀作业展还有广播操、校操和富有特色的课间游戏及课间十项全能活动，并且亲身走进课堂，和学生们一起体验丰富多彩的课堂活动。每一节优秀的展示课都离不开专家们的指导和教师们付出的艰辛努力；每一次成功的开放日都离不开学校领导给予的高度重视和学校各个部门、各个环节的通力合作，更离不开家长的大力支持。逸阳文思学校会继续将此活动的传统发扬下去，进一步完善“学校——家庭——社会”三位一体的教育体系，丰富学校课程，促进家校间更深入、更有效的沟通与交流，寻求家校教育合力，促进学生健康成长。

在新冠疫情期间，我校响应国家号召，开展“停课不停学”线上教学活动，准备的教学内容并不是简单地照搬网上的教学内容，而是在学校领导和教学专家的指导下，老师们积极备课、录课，为学生提供高质量的教学课件，将生动的课堂搬到了孩子们的家里，将丰富的知识送入了孩子们的心里。

历经五载春秋，逸阳文思学校由最初的两个教学班，教师 14 人，发展至目前有西青、东丽两个校区。两校现共有 40 个教学班，1100 余名学生，和 150 余位教职员工。经过多年的办学实践，积累了宝贵的办学经验，取得了丰硕的办学成果，其高品质教育的办学追求，获得了广大津门民众的认可，影响力不断提升。

西青校区

2019 年，徐长青工作室简约教学基地在我校挂牌；与杨柳青一中签订了党支部结对共建协议；走进新加坡东源小学，进行为期七天的研学之旅，体验“新加坡式”教育，并结为交流合作校；与美国加州奇诺岗学区海登尔小学和英国雷德温特学校成为合作伙伴；2020 年，我校与天津师范大学马克思主义学院签订大中小思政一体化共建协议；语文组研究课题“‘和、睿、博、雅’视域下，小学语文低段教学体系构建研究”获市级重点课题立项，思政组研究课题“课程思政视域下传统文化浸润校园的创新体系与育人路径研究”获区级重点课题立项；2021 年我校与天津师范大学签订实践教学基地共建协议；“美术经典中的党史”主题党日活动，在天津电视台“天津新闻”栏目中播出；西青电视台“为党旗增辉”栏目也对我校进行专题采访报道。西青校区注重活动教育、思政教育，于建党 100 周年、天津建卫 617 周年之际，举办了“引吭怀党恩　童声庆六一”“重温峥嵘历史　欢颂建国伟业”“弘扬华夏文明　传承津沽文化”等大型活动，反响强烈，得到了市区级领导的关注和认可。在第八届“立教杯”中小学教师专业素养展示交流活动中，共 23 名教师获奖，其中一等奖 12 名，特等奖 2 名。在第九届“立教杯”中，更是有 49 名教师获奖，共 43 个项目获一等奖，5 个项目获特等奖。天津市基础教育“教育创新”论文评选中，2019 年区县级获奖论文 3 篇；2020 年区县级获奖论文 6 篇；2021 年区县级获奖 24 篇，其中 12 名教师获二等奖，2 名教师获一等奖；2022 年区县级获奖 54 篇，其中 24 名教师获二等奖，5 名教师获一等奖。

东丽校区

2019 年，获评东丽区教育局“平安校园”先进单位；2020 年，荣获“东丽区中小学阳光体育大课间评比活动”二等奖；2021 年，与天津机床博物馆签署馆校共建、协同育人协议；语文组教师在“津门片共同体青年教师赛课”活动中获一等奖；数学组研究课题“益智游戏在低年级课后服务中的应用研究”、语文组课题“一年级课后服务中构建‘托管+国学’模式的策略研究”、体育组课题“体育游戏在低年级课后服务中的实效性研究”获批区级重点课题立项；音乐、美术组教师在东丽区青年教师基本功竞赛中获二等奖；在“东丽区中小学阳光体育大课间评比活动”中获三等奖；“逸彩飞阳”啦啦操队荣获东丽区第二届中小学啦啦操大赛小学甲组第一名，同时荣获“东丽区中小学啦啦操大赛先进推广单位”称号。

“长风破浪会有时，直挂云帆济沧海。”团结务实的逸阳人，用自己的智慧和汗水铸就了品牌。逸阳人有追求，更有思考：我们勇立潮头，高瞻远瞩；我们将以无尽活力与不竭思考，谱写一曲逸阳文思学校的青春之歌。

二、校长风采

从业数十年来内外兼修、初心不改，对教育事业依然执着、热情。她坚信：路在脚下，梦在远方。她觉得校长的责任就是引领。立足当下，永做学生成长的领路人。她就是天津市逸阳文思学校校长王雅莉。

诞生天津，振兴教育文化

天津位于渤海之滨，独具特色的漕运文化滋养出一颗新兴教育之星——逸阳教育集团。集团秉承中国科学院文化沿革而形成了独有的多元课程体系和高端的师资资源，其高品质教育的办学追求，获得了广大津门民众的认可，影响力不断提升。经过在津门的多年深耕，于环城四区规划了教育发展愿景，形成了被民众认可的厚重的“逸阳文化”。

立足实践，促进校园发展

2017 年王校长带领教师 14 人，为践行立德树人根本任务，而成立一所非营利性九年一贯制全日制民办学校。发展至今，共有委托公办性质的“北辰逸阳小学”和“中交逸阳小学”，西青、东丽两个校区的逸阳文思学校。目前，王校长正在与天津市津南区教育局洽谈筹备再建一所九年一贯制民办学校。学校不仅重视校园、班级文化建设，更重视教育质量的提升。把学生的文化素养作为教育重点。在按照课程标准的基础上开足开齐国家、地方课程以外，开设以学生的兴趣爱好为基础的素质拓展课，使学生的特长得到最大限度的发挥。

致力办学，培养学生发展

王校长将“以精致教育，特色育人”作为办学目标，以“亲情弘毅，革故鼎新”为办学风格，用“文化开元，课程立校”为办学思路，以“适性教育，全人发展”为办学理念，坚持“以学生为原点，建设一切生活皆课程”的全课程文化，秉承“站在学生立场，为未来而教”的教育理念，深耕学校教育，深入贯彻党的教育方针，坚持“五育并举”全面发展的素质教育政策，研究校园管理，她带领全体教职工为在校学生提供优质的教育服务，在不懈的努力下培育出一批批德才兼备的优秀少年。

邀请名师，提升教师素养

王校长采取了“请进来，走出去”的措施。定期聘请天津市教育科学院教育学报主任王毓询，天津市红桥区教育中心副校长徐长青教授和曾接受习近平总书记亲自接见过天津师范大学马克思主义学院副院长李朝阳教授来我校讲学。为提高青年教师的专业素质，每学期开学前均聘请著名教育家为老师进行专业培训，如全国著名儿童心理学家张梅玲、数学课程专家柏继明等。同时分学科派老师赴外地名校参加专业培训，使我校教师开阔了眼界，自身的教学水平得到了提升。

用心办学，丰富学生活动

王校长重视学生的社会实践，针对学生的年龄特点，开展校园活动，力求培育和践行社会主义核心价值观。例如：我校每天坚持开展“阳光体育60分”大课间活动，让学生在课业之余享受运动带来的快乐。成立自己的文体社团，丰富学生在校的学习生活，培养德智体美劳全面发展的社会主义建设者和接班人。我校还集中组织开展不同主题的社会实践活动，例如：慰问消防救援人员、参加蓝天救援活动等，王校长曾多次带领学生参加社会义卖活动，并将所筹善款全数以学校之名捐给天津残联和新疆和田县加依乡小学，孩子们在实践中学会成长。体现了我校一贯秉承的三结合教育中社会教育的理念。

王雅莉校长坚守初心，不负韶华。教育学生系好人生的第一粒扣子，走好人生的每一步！王校长带领全体教职员工永做学生健康成长的领路人，号召全体老师立足课堂，潜心教育，静心育人，用心领航！以求真务实的工作态度，敢于担当的教育情怀，不断锐意创新、奋楫前行，竭力用心培育全面发展的学生，用情办人民满意的学校。

三、教坛新秀

王璐洋：

语文教师，参加工作以来一直从事班主任及语文教学工作。共参加校级论文撰写四次。《如何提高低年级语文课堂教学质量》2019年天津市基础教育“教育创新”论文评选区县级三等奖。《浅谈一年级语文拼音教学》2020年天津市基础教育“教育创新”论文评选区县级二等奖。《创设相应情境　促进思维发展——浅谈多媒体技术在低年级语文中的运用》2021年天津市基础教育“教育创新”论文评选区县级三等奖。在西青区2020-2021学年度小学适应教育“教学设计”获得三等奖。第八届“立教杯”中小学教师专业素养展示交流活动中，研发小学语文教学视频微课，获得二等奖。《浅谈一年级语文拼音教学》发表在《新时代教育教学理论与实践》一书中。在教科研工作中，主动与同事研究教学业务，积极参加学校的各种培训、教研活动。2020-2021学年度，组织并参与天津市教育学会“十四五”教育科研规划课题《“和、睿、博、雅”视域下小学语文低段教学体系构建研究》。

范晨：

范晨，女，小学语文二级教师，一直从事小学语文教学、年级组长等工作。在学校举办的教学技能大赛中屡获佳绩，多次代表学校参加全国语文学科专题研修班；2019

年参加西青区中小学骨干教师“课程改革”专项培训，成绩合格，完成结业；2020 年被评为“徐长青工作室简约教育先进个人”与西青区教育系统“区级学科带头人”，在西青小学语文弘扬“抗美援朝精神”教研活动中做材料交流并获证书奖励。论文《寓教于乐，轻松识字——小学语文低年级识字教学浅析》在中国当代语文教学专业委员会组织的统编版语文教科书专题论文大赛（天津地区）中荣获三等奖；《核心素养下小学语文阅读教学探究》获第八届全国立教杯论文一等奖，并在 2021 年“教育创新”论文大赛中被评为区县级三等奖。同年参与了我校申办的科研课题“‘和、睿、博、雅’视域下小学语文低段教学体系构建研究”，并参与了徐长青工作室发起的“睿师有约、空中课堂”公益课程的研发，为二年级学生录制语文课程 4 节。

王彦超：

语文教师，参加工作以来一直从事班主任及语文教学工作。在校多次评为校级优秀教师，师德先进个人。在学校的教育活动中以爱心感染学生，以真诚感动家长，带领学生积极参加公益事业。2017 年被评为天津春雷志愿服务队苗苗义工队指导教帅。2018 年被授予天津春雷志愿服务公益教师称号。在工作中注重对教学方法的探索，对教育方式的研究。带领学生在区级征文比赛中多次获奖，2018 在天津市和平区中小学生“践行社会主义核心价值观，弘扬传统美德”读书系列活动中荣获优秀辅导教师三等奖。2018 年在“红旗飘飘，引我成长”教育读书活动中荣获优秀指导教师奖。2019 年在“我为祖国点赞”中小学主题教育读书活动中荣获优秀指导教师奖。在教学中积极参加各类教研学习活动，更新自己的教育观念，提升自己的专业水平。2018 年参加和平区教师业务水平考核优秀。2019 年在天津市中小学课外阅读指导课《走进曹文轩，品味〈草房子〉》荣获区级优秀奖。2020 年在西青区第十一届小学硬笔书法比赛中获教师组三等奖。2021 年在校级“和博杯”青年教师公开课大赛中获得二等奖。

孙正：

小学语文二级教师，中国语文现代化学会会员，西青区教育学会会员。2019 年《部编版低年级语文教材中语文要素的发掘与运用——结合二年级上册课后练习浅谈》天津市基础教育“教育创新”论文评选区县级二等奖；2020 年录制的微课《“贝”的故事》，在第八届“立教杯”中小学教师专业素养展示交流活动中获二等奖；2021 年被评为西青区教育系统“区级学科带头人”，同年结业于天津墨韵核心硬笔培训班并被评为优秀教师，所指导的学生在天津市“课本里的艺术”电视诵读大赛中获西青赛区小学个人诵读区级最佳奖，

论文《浅析部编版语文教材中的中华传统文化元素转型及转型期教学策略》在第九届“立教杯”中小学教师专业素养展示交流活动中获一等奖。平日积极研究教学教法，进行作文、古诗文的教学实验，努力提高个人教学水平，连续多次在学校举办的“逸阳杯”“和博杯”教学比赛中斩获佳绩，并多次在西青区组织的硬笔书法比赛中获教师组一、二等奖

马雯雯：

小学语文二级教师，本科学历。2018 年 9 月来到逸阳文思学校，先后担任语文教师、班主任及语文学科组长。在学校举办的2018-2019 学年度第三届逸阳杯比赛获得优异奖，2020-2021 学年度和博杯公开课比赛获得一等奖。在 2020-2021 学年度第一学期获得听课记录优秀奖，2020-2021 学年度第二学期被评为语文学科优秀教案奖，并且学科成绩名列前茅。在天津市基础教育2021 年“教育创新”论文评选活动中，所写论文《浅谈阅读对小学低年级学生发展的重要性》获得区级三等奖。在第八届立教杯专业素养展示活动中，视频课《池上》获得二等奖，教学设计《端午粽》获得二等奖，教学课例《ɑo ou iu》获得二等奖。在 2021 年出口成章儿童朗读春季评选中，所执教的班级获得“全国优秀班级”。

朱悦：

小学语文二级教师，硕士研究生学历。毕业以来一向从事小学语文教学、班主任兼任年级组长等工作。连续多次在学校举办的教学技能大赛中名列前茅，代表学校多次参加全国语文学科专题研修班。2021 年被评为西青区教育系统区级学科带头人。所授微课《我的好朋友》教学设计《望庐山瀑布》等多节课程在“立教杯”等国家级校级教学比赛中获得一等奖；组织并参与的天津市教育学会“十四五”教育科研规划课题“‘和、睿、博、雅’视域下小学语文低段教学体系构建研究”获市级重点课题；所撰写的多篇论文在天津市基础教育“教育创新”论文评选中获斩获佳绩。

王雨婷：

小学语文二级教师，本科学历。毕业以来一直从事小学语文教学及班主任、年级教研组长等工作。连续多次在学校举办的教学技能大赛中斩获佳绩，代表学校多次参加全国语文学科专题研修班。本人被评为西青区教育系统区级学科带头人。所撰写的论文《小组合作学习在小学低段语文课堂中的有效运用研究》、教学设计《树和喜鹊》、微课《语文园地二》等在“立教杯”等国家级大赛以及天津市基础教育“教育创新”论文评选中均斩获佳

绩。疫情期间参与录制《树和喜鹊》《语文园地》《动物王国开大会》等多节微课。

储洪颖：

小学语文二级教师，本科学历。自入职以来一直担任一二年级语文教师兼任年级组长，教研组长等工作，在校级学校举办的教学技能大赛中屡次获奖。代表学校多次参加全国语文学科专题研修班，被评为东丽区教育系统区级骨干教师。所录制的微课、录像课和撰写的论文，在"立教杯"国家级微课比赛、天津市基础教育创新论文评选和东丽区共同体青年教师展示课比赛中斩获佳绩。同时，在东丽区关于做好中小学课后服务活动中所申报的课题获批。

四、春华秋实

切须勤苦力钻研

重视教科研是逸阳文思学校在教学上一大特色。每个学期初，教研组组长都精心部署与安排了本学期各学科的教研工作，明确新学期教研工作思路，让全体老师能提前做好准备，有条不紊地开展各项教研活动。在专家、主任的带领下，语文组针对部编版教材的编写特点进行了深入浅出的分析，以"教学设计清晰，把关重难点，训练有实效，力求识用结合"为备课原则，开展丰富多彩的教研活动。

教研活动不仅是一次思想的碰撞、理念的交流，更是教师进行业务切磋、相互学习、提升自我的一个有力平台。专家及主任对教研、教学工作常抓不懈，每周都会进班听课，老师们也保持着"没课就听课"的良好习惯，日常的听课、评课和相互借鉴使全校教师成长迅速。

校领导走进课堂

著名科学家钱伟长说："教学没有科研做底蕴，就是一种没有观点的教育。"科研是教学的"源头活水"，为了切实提升语文教学水准，在教科研中我校语文组采取了以下措施：

1. 加强对课程标准的学习，使大家形成与新课程发展相适应的崭新课程理念，通过多种方式加强对新课程标准的学习研讨。重点研究教师角色转换、教学方式转变、课程整合及新教材等方面的内容，使教师真正能与新课程形成合力。

2. 加强教科研队伍建设，采取整体推进、突出重点的工作思路，专家引路，每单元设置组内引领课。多给青年教师压重担，使新教师尽快成为教坛新秀，使中青年教师能成为教育的行家里手。

3. 在教学方式上，注重传承与创新。创设能激活学生思维的问题情境，引导学生主动探究、大胆质疑，把教学过程变成一种师生平等交流、共同研究的互动互促过程，达到三维目标有机统一，为学生的可持续发展奠定坚实基础。

4. 在“双减”政策的引领下，各学科教师要进行创新作业的研究与探索。确保一、二年级不留家庭书面作业，三至六年级不超过 60 分钟，作业要有梯度，难易适中，真正做到减负不减质。

为推进学校教育教学质量提升、教师专业发展，做到从源头上以研促教，逸阳文思学校以“和、睿、博、雅”视域下小学语文低段教学体系构建为题申请了市级课题并举行了天津市“十四五”课题开题论证会。为响应现阶段疫情防控要求，课题开题论证会采用了腾讯视频直播的形式进行线上开题。

天津外国语大学附属外国语学校校长、特级教师张奎文，天津市教育科学研究院科研处处长、研究员王毓珣，天津市教育学会高级教师安文成老师和逸阳文思学校的专家、领导及课题的核心成员出席本次课题开题论证会。

课题汇报包括课题研究的缘起、关键概念的界定，研究的预期目标、研究的内容策略和预期成果等方面，与会专家对课题也进行了科学论证和精辟指导。开题论证明思路，专家引领促成长。在专家组的引领下，课题组也将进一步完善自己的研究方案，以严谨的态度、科学的方法，落实课题研究任务，实现课题研究目标，真正实现科研与教学的相互促进。

在老师们的不懈努力下，在每年的天津市基础教育“教育创新”论文评选和“立教杯”中小学教师专业素养展示交流活动中，我校语文组都能收获满满、战果累累。

专家组长张奎文论证我校“十四五”课题研究申报

解将岁月作工夫

为打造一支素质高、技术硬的教师队伍，引导教师重视教学基本功训练，本着“以赛促学，以赛促教”的宗旨，每年我校青年教师基本功大赛都如期进行，比赛是对我校青年教师的一次检验，是教师基本功水平的集中展示。无论是说课、粉笔字还是朗诵都是语文教师的必要素养，语调的抑扬顿挫，尽显春风化雨的榜样作用；行笔的横平竖直，蕴藏润物无声的师者风范。每次比赛结束后，由校行政领导组成的评委团都对参赛老师们进行了认真的点评、打分，并对老师们的专业素养由衷地表示赞许。

教师基本功大赛提升了我校教师的教学素养，夯实教学基本功，搭建教师交流学习的平台。我校的语文教师常以此为契机相互砥砺学习。

除了基本功大赛外，逸阳文思学校自建校起，就坚持开展一年一度的教师教学比赛——“逸阳杯”和“和博杯”。语文教师作为主科老师备受关注，在活动准备过程中，老师们全力以赴，备课时关注学情、关注合作交流、关注分层教学、关注课外知识的延伸等。每位教师都用心地去研究教材，研究教法，关注学生，让备课更具有计划性和实效性。同时也会虚心地向有经验的专家、教师请教，每个细节都反复推敲，只为呈现最精彩的课堂。努力总会有收获。在课堂上，教师们思路清晰，教学活动环环相扣，教学重点突出、明确，教学方法恰当、有效。生动幽默的语言、适时的提问引导，不仅激发了学生学习的兴趣，更实现了“教学相长”的教学目标。良好的教学效果，离不开学校领导和各个专家的指导和重视。学校领导、专家深入课堂听课，课下参与

研讨,给予青年教师中肯而具有实效的建议,为教师展示教学成果提供了平台。

“逸阳杯”“和博杯”比赛为老师们搭建了一个相互交流、知识共享、经验共享的重要平台,也使其在切磋琢磨中进一步提升了自己的教学能力和业务水平。

问渠那得清如许

2019 年,为加强我校教师队伍教师建设,提高教师教育教学理念,拓宽眼界。逸阳文思学校的六位语文教师与全国各地的学习伙伴相聚于京,参加了全国首届走进小学语文教学观摩研讨会,听取北京师范大学教育管理学院院长顾明远的讲座,倾听思维可视化教学体系创建人刘濯源院长畅谈诗词之美。最后,1978 年小学语文教学大纲及以后各部小学语文教学大纲的制订者和主要起草人——崔峦先生在会上做了题为“谈谈统编本教材和教学”的报告。老师们讨论了学习内容,交流了自己的观点,表示要及时更新理念,将在这里学习到的新知识尽快地内化为自己的东西运用到实际教学中去,不断探索新方法,充实自己的课堂。

2019 年底,新冠疫情席卷全国,为阻断疫情向校园蔓延,确保师生生命安全和身体健康，延期开学是其中的一项重要举措。为保证每一位逸阳文思学校的学生停课不停学，一群有勇气、有责任、有担当的逸阳文思学校的老师们克服困难，力求把优质课“送”到每个孩子身边，实现学校教育和家庭教育的有机结合。

学校迅速成立应对新型冠状病毒感染肺炎疫情工作领导小组并由教务处牵头组织开展录课任务。根据学校安排，各年级的语文组利用召开网络视频会议，做好录制课程的安排，教研组长布置落实上课计划和教学内容，备课组操作实施，分工明确，落实到人。语文组的老师们结合教材特点同时在专家主任的指导下认真钻研教材，把关重点、突破难点，落实单元教学任务，为学生的学习保驾护航。

2020 年，简约教育研究成果云端博览会正式启动。我校语文教师通过积极观看直播和回放，从多位专家的精彩讲座中汲取营养，从数位优秀教师的课堂实践中体悟到了简约的精神。

语专会常务副理事长张奎文、红桥区教师发展中心副主任徐长青为获奖教师颁奖

2020年底，首届新时代“育人方式变革在课堂”小学语文数学教学观摩研讨会于天津市西青区逸阳文思学校胜利开幕。这场学术盛会由常州大学尝试教育科学研究院简约教育研究所和西青区逸阳文思学校联合主办。四天的研讨会紧紧围绕育人方式变革的目标，聚焦京津冀地区基础教育新课程改革在课堂教学领域的积极探索，展示生动的教学实践过程，分享育人方式变革的重要经验，探讨如何在新时代推进育人方式变革，受到了教育界的广泛关注。

该会议汇集教育界名家名师，江苏省著名特级教师张学伟带来名师课例四年级语文《问刘十九》和主题为“上语用课，做智慧人”的专题讲座；北京市语文学科带头人刘月霞老师带来名师课例三年级语文《司马光》和专题讲座“让语文要素落地有声”；北京市语文学科带头人，中学高级教师，北京语文现代化研究会副会长、全国著名阅读推广人吴琳女士带来三年级语文《安徒生童话》和主题报告“小学生整本书阅读”；保定市骨干教师，学科标兵石秀英带来名师课例三年级语文《小虾》。本次大会为未来基础教育的育人方式变革提供新思路，我校语文教师受益颇多，并尝试在自己的课堂中运用上所学到的先进思想和教学方法。

2021年，孙家菊、张子忠主任带领的西青区教研发展中心的15位教研员莅临我校开展调研工作。语文组的教师们在教学中用全新的教学理念，借助现代化电教手段开展教学活动，让学生在课堂中充分体验、参与、实践，获得认知能力和表达能力。学生在教师富有生动的语言技巧的激励下敢于表达，乐于表达，活跃的课堂气氛让课堂教学更精彩。评课指导环节上，各学科教研员高度肯定了老师们教学的闪光之处并和上课老师进行细致交流和指导，让老师们豁然开朗，收获良多。这次调研活动，提升了我校语文的教育教学水平，促进了教师们的专业发展。

读书不觉已春深

读书是学校中的头等要事，老师和学生共同营造了逸阳文思学校的书香氛围。

天津师范大学教育教学专家张连生教授曾为老师们做了有关于“教书与读书”的讲座，让老师们更加深刻地认识到读书的重要性。

在读书活动中，我校的语文教师不仅深入阅读学科专业著作和教育名著，更广泛涉猎文艺作品，增加见识，增长知识，提高学识。通过在沙龙中交流分享，老师们感受到读书无穷的快乐和益处，夯实了专业知识，更拓宽了视野。

教育家苏霍姆林斯基曾说过：“让学生变聪明的方法，不是补课，不是增加作业量，而是阅读，阅读，再阅读。”因此，我校从日常教学抓起，培养孩子良好的阅读兴趣，让阅读成为一种习惯。

东丽校区每天早晨学生进校认真倾听由学校广播站播放的“我是朗读者”节目。内容是由各班推荐朗读好的学生朗读古诗词、语文课文、散文、名人名言及优美词句等。老师们也鼓励“小老师”带领大家一起读，把同学们聚到一起，把自己最喜欢的故事分享给大家，用读的方式讲出来，这样调动了孩子们的阅读兴趣，增加了他们的学习热情，进一步增添了他们的自信心。

由于孩子最喜欢的活动是游戏，为使阅读持续下去，语文老师们日常围绕阅读开展喜闻乐见的活动，从而强化课外阅读。如让学生把读物的内容改一改、演一演、讲一讲、议一议、画一画，或是让学生复述一下故事的大意，讲一讲精彩的情节，讲述一下自己感兴趣的部分，并且对感兴趣的内容展开讨论，积极发表自己的看法。此外，各班开展各种各样的读书交流活动，如古诗背诵会、小故事家评选、小演员评选，读书笔记展览等，让学生将自己的阅读成果展示出来，使他们体验到阅读的乐趣，增强自信心，不断获得成功的体验。

金秋十月，西青区逸阳文思学校读书节活动拉开了序幕，在语文教师的带动下，

学生们在书海中尽情地遨游，历时近三个月的读书节让学生们享受了读书的快乐。

各班结合各自特点开展了各具特色、缤彩纷呈的读书节活动。几乎每个班都设置了“图书角”，学生们在校集体阅读、师生共读，在家亲子阅读，家校合力把孩子们的生活打造成一个沉浸式读书的乌托邦，让“读书”像所有美好的事物一样自然而然地发生。

在读书过程中，为了能够有所收获，各班采取不同的形式展示了读书成果，除了做好读书笔记的积累外，还有思维导图、朗诵、话剧、连环画等形式。有的班采取“读书分享会”的形式，学生选择自己喜欢的课外读物在班级读书分享会上和同学一起分享精彩内容、好词佳句。分享会上大家兴致高昂，经过读书分享会，同学们都有很大的收获。

中华文化源远流长，古诗词更是中华文化的精髓。为了激发孩子们的读书热情，养成良好的阅读习惯，享受阅读的快乐，二年级开展了古诗连唱的活动。结合课本中的内容，一改传统的诵读方式，让孩子们在吟唱中体味经典。有的班以主题分类为形式，开展“每日一诗”活动，每人每天分享一首古诗，甚至开展了精彩纷呈的“飞花令”活动，展示了平日阅读背诵课外诗词的积累和收获，促成了全班爱诗、读诗的良好氛围。在学期的末尾，各班也对本班的读书活动做出了总结，并为表现突出的同学颁奖。在读书节的闭幕式上，诵读风采展示、读书分享、亲子阅读分享、颁奖仪式、手牵手传递图书几个板块展示了同学们的收获、成长与对读书的热情与兴趣。家长们的读书分享和语重心长的寄语，更是为孩子们的读书热情再添一把燃烧之火。读书节活动旨在努力培养学生们好读书、读好书的好习惯，引导学生们读书不停，思考不断，这陶冶了学生的艺术情操，提升了学生的朗诵水平及语文素养，进一步丰富了我校的校园文化。

流壁书窗且当勤

报刊是校园文化建设的重要组成部分，也是形成校园凝聚力和良好学风的载体。为了丰富校园文化，提高学生阅读写作积极性，增强学生的荣誉感，激发孩子多看多读多写的兴趣，形成积极向上的学习氛围，逸阳文思学校语文组创办了内部刊物——《雕虫》。

“雕虫”二字本指对文字的雕琢——而这正寄予了老师们对学生们的殷切希望，即希望每一个学生都能热爱阅读和写作，善于推敲与琢磨，直至跨越“雕虫小技”，洞悉文学的本质。

我校语文老师们平日里积极辅导学生写作，学生们也兴致盎然，从课后的小练笔，到日记、周记，乃至每个单元的习作，大家都精神抖擞、干劲满满地完成。随着优秀作品的增加，老师们都不约而同产生了展示作品的想法。在各班语文老师的带领下，经过数日的忙碌，第一期《雕虫》在校领导的认可和支持下成功诞生。《雕虫》中不仅囊括了近期各班的优秀习作和片段，更通过将其中的妙词佳句加以标注，引导着小读者们阅读的方向。同学们兴致勃勃地捧着“刚出炉”的级刊，有的在找自己的作品，有的在翻本班同学的作品，有的在读别班同学的作品。每篇作品都有着自己的亮点，细微之处都渗透着小作者的智慧和创造力，体现着其审美情趣和艺术才华，诠释着他们对未来的憧憬和期望。

《雕虫》是我校语文组的一次教学试验，更是校园文化的重要组成部分，它丰富了学生的课外生活，增进班级、年级同学的友谊，加强学生对习作的兴趣，促进了学生在习作创意上的交流和写作手法上的提高。

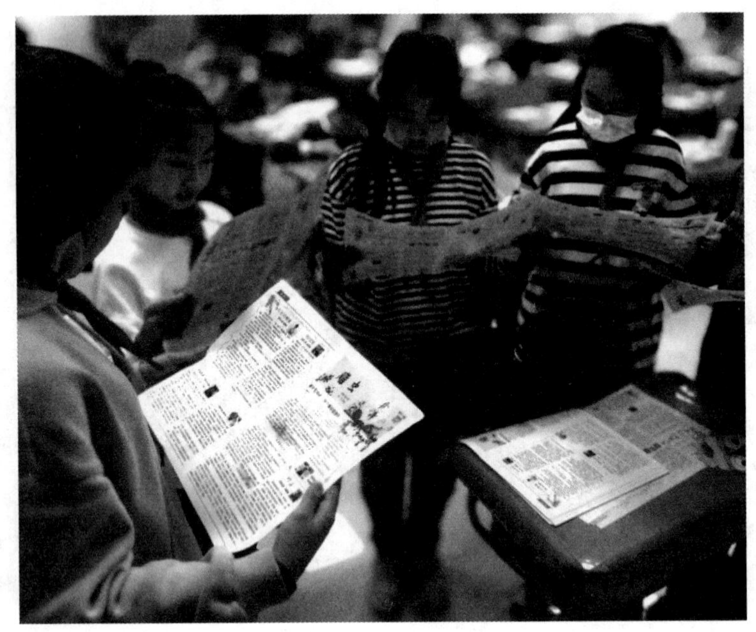

开帆散长风,舒卷与云齐。在逸阳文思学校这片沃土上,语文教师们用洋溢的青春,实践语文教学的篇章;用澎湃的热情,书写对学生的热爱。三尺讲台,一支粉笔,他们将责任与担当,付诸一言一行。相信在全校师生的共同努力下,逸阳文思学校定能扬帆远航,极睇沧东。

名师报道

关注学生拓展阅读，构建深度语文课堂

——武清区赵凤英名师工作室简介

赵凤英名师工作室

赵凤英名师工作室，经天津市武清区人才工作领导小组批准，于 2020 年 8 月正式挂牌成立。工作室以“关注学生拓展阅读，构建深度语文课堂”为共同愿景，以提升学生语文核心素养，发展教师学科专业水平为工作目标，以天津市教育科学学会“十四五”教育科研课题《核心素养视角下小学语文课堂拓展阅读教学的研究》为研究项目，聚集了 11 位热爱小学语文教育、专于理论研究的教学能手。工作室基于团队协作，着力于学习共同体的构建，以课堂教学为主阵地，充分研究统编教材，探讨小学语文课堂拓展阅读教学的切入点、兴趣点等教学热点问题，实现教师自我成长。

一、工作思路：经验聚焦——研究升华——辐射带动

工作室基于经验聚焦语文教学重难点，提出研究的雏形，从问题入手，开展课题研究。适时推进高端引领升华理念，工作室先后聘请天津市教育学会、天津市教育科学学会、中国现代教育学会的专家学者为工作室教师做专业发展规划引领、课堂实践点评指导、课题研究辅导等，帮助教师由专业补给更新期进入专业成熟期，引领教师从优秀走向卓越。工作室以研究课堂拓展阅读教学为抓手，提升成员的教学能力，并将研究成果辐射到区域范围内，起到示范带动作用。

天津市教育教学研究室主任曹媛莅临指导

二、发展愿景:关注学生拓展阅读,构建深度语文课堂

工作室提出了“关注学生拓展阅读,构建深度语文课堂”的共同愿景,立足课堂拓展阅读教学,充分研究统编教材中的阅读单元及“快乐读书吧”,落实语文要素,整合单元资源,构建课堂拓展阅读评价体系,让学生在阅读中获取信息、认识世界、发展思维、获得审美体验。追求让学生在有深度的拓展阅读中,提升语文核心素养。

工作室成员进行读书交流

三、特色课程:课本剧教学

语文课程标准强调在语文教学过程中要努力体现语文的实践性与综合性,重视

工作室成员进行课例研究

培养学生的创新精神与实践能力。基于此,本工作室在阅读教学、1+X 联读、整本书阅读的教学活动中,对课本剧教学进行了积极探索,并取得了一定的成效。在具体教学实践中,教师组织学生进行文本学习、排练表演、反思评价,通过“编—排—评”三大实施环节,让学生真正成为学习的主体,主动探究文本,并在生动有趣的实践活动中通过自主、合作、讨论、探究的学习方式获得情感的体验感悟,赋予语言以生命力。经过反复实践,研究发现课本剧教学不仅提高了学生的内在语言和人体语言的成熟度,还从书面与口语交际两方面对学生的语用进行了培养。学生通过自身对语言文字的建构与运用,对剧本进行改编,在将“读”转变为“写”的过程中激活读写思维,在真实的语境中练习并形成语言能力。语文课本剧的编演评可以促进学生的思维能力,升华学生的情感体验,同时编演课本剧融入音乐、美术和文学等元素,进一步提升学生的审美鉴赏能力,丰富语文教学的内涵,活跃学生的校园文化生活。

踔厉奋发,笃行不怠。工作室目前虽处于起步阶段,但我们相信在区政府、区教育局的领导下,在专家的引领下,工作室必将成为一个优质集群,努力探索小学语文课堂教学的改革和创新。

工作室成员简介

领衔教师:赵凤英　高级教师　曾获得全国优秀课改教师、天津市骨干教师、天

《穷人》课本剧

《西门豹治邺》课本剧

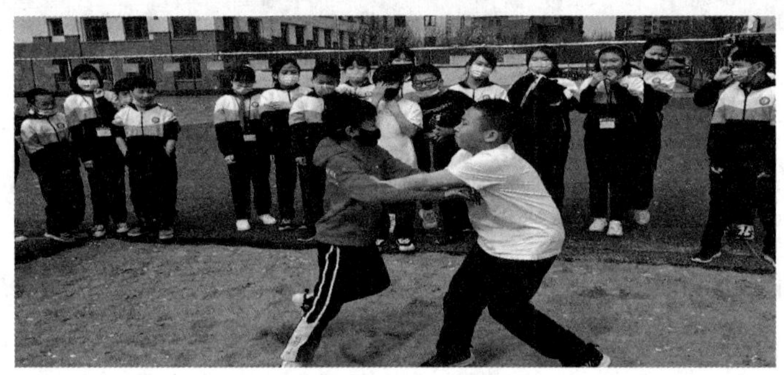

《人物描写一组——摔跤》课本剧

津市优秀班主任、武清区首届“杰出教师”、武清区优秀教师、武清区“三育人”标兵、武清区课改先进个人等称号。她积极投身于教育教学改革前列，主持或参与研究市级课题5项；参与编写《天津市小学一年级语文课程练习》，入选《天津市小学语文名师》一书；所写论文获国家级一等奖，“双成果”论文评选二等奖；所讲课例获国家级三等奖，天津市第五届“双优课”评比一等奖；参加全国“杏星杯”青年教师教学艺术大赛获得二等奖。

工作室成员由十名青年教师组成，其中三位学科骨干教师，两位学术硕士研究生。高蕾老师所写外派教学感悟被中国新闻网收录并发表，参加全国教育教学信息化大奖赛获二等奖。刘洁老师2019—2020年度武清区家庭教育志愿者讲师，所做课例参与天津市信息技术与教学融合创新交流展示活动。李翠平老师获“双优课”区级二等奖，电子白板录像课区级一等奖。韩雪莲老师获“双优课”市级三等奖，讲授

《25　两个铁球同时着地》被评为市级"优课"。刘海丽老师获得区级优秀班主任、师德先进个人称号，所写论文获"教育创新"市级三等奖。付海静老师获"双优课"区级二等奖。杨硕老师所写论文《让写字变为乐趣——小学语文写字教学初探》获国家级二等奖，表达系列课教学论坛活动市级二等奖。甄婧萱老师曾获市级素养大赛二等奖、市级微课二等奖。庞喆老师讲授课例《触景生诗情　品读出意境》获国家级一等奖，所写作业设计案例获市级优秀奖。王宇晴老师获得区级优秀少先队辅导员称号，在"中国移动'和教育'杯"全国教育技术论文（天津区域）活动中获三等奖。

工作室成立一年来，开展了至少订阅一份专业杂志、读一本专业书籍、上一节公开课和写一篇学术论文等专业研习活动，创建了"赵风英语文名师工作室"微信公众号。

吟诵在格律诗教学中的应用

天津师范大学南开附属中学　曹宏宇

引　言

选材的目的：中国，是一个诗歌之国，在今天我们的校园里几乎每一个同学都能背诵二十来首古诗词，但越来越多的同学不能全面地欣赏古诗词，更不要说创作诗词，能背诵是因为汉语诗歌的音韵美、旋律美，容易记忆，不能欣赏和创作是因为受“新文化运动”的影响。百年间，我们引用太多的外来文艺理论来教授传统诗歌，只讲字义、意象、结构、背景，轻视声韵，这是对汉语诗歌的根本性误读。殊不知从孔子私学的松树下，到寿镜吾老先生三味书屋的草堂中，二千多年来中国的学生都是跟随先生吟诵，吟诵着创作、吟诵着欣赏、吟诵着学习和记忆。吟诵就是汉诗文的活态和原貌。一直致力于推广吟诵的叶嘉莹先生曾说过：“吟诵声中藏着诗词另一半灵魂。”吟诵一篇古诗文，能够深刻理解作品的内容、情感、写作技巧及其作品背景。只有学会诗词吟唱，才能真正体会到诗词格律中，平仄安排的意义，拗救规则的意义；也才能真正体会到古人创作诗词中所凝结的真情实感。

在弘扬国学的大背景下，近年来的语文教学改革中古诗文的比重越来越大，学生们需要理解记忆的比重也越来越大，用行为主义心理学的经典条件反射实验般的机械性训练，也就是我们所谓的刷题会有效果，不过这极大地增加了学生和教师负担，怎样给老师和同学们有效地减负呢，怎样提高课堂效率呢，我想唤回我们的祖先沿用了三千多年学习、欣赏、创作诗歌的方法——吟诵，应该会是有一定的效果的。

前人的研究：

首先，到目前为止，研究吟诵的专著有：

南京师范大学陈少松教授的《古诗词文吟诵研究》①,全面系统地介绍了诗词文吟诵。

河南大学教授编写的《吟诵学概论》②,主要介绍了华调吟诵的基本理论、概况、分类、技巧等,对历代诗歌吟诵理论与实践进行全面总结。

张本义的《吟诵拾阶》③,旨在帮助人们学习、欣赏古典诗文,进行诗文创作,开展诗教、乐教和读经,吟诵教材。

叶嘉莹的《古典诗歌吟诵九讲》④,以吟诵为切入点解释中国古典诗词。

其次,在教育学和音乐学方面关于吟诵的学术论文不断涌现,其中不乏精品,2007 尹小珂的硕士论文《传统吟诵调的艺术价值与当前生存状况》从音乐学的角度搜集整理了大量的吟诵谱,对于后来者学习吟诵有很大帮助。教育硕士吴蔚、吴春华等人的文章从教育学角度入手,对于吟诵走进古诗词教学的课堂提供一定的理论指导。

我的研究:

就像中国的武术一样,吟诵也是门派繁多,乱花迷眼,我在研究前人著作的基础上,结合教学实践,从吟诵的起源入手了解吟诵,从格律诗的形式入手认识吟诵,从基本调的学习上把握吟诵,从吟与唱的辨析上明确吟诵。尽管个人下了很大工夫,但对于挽救这濒危的国学,无亚于杯水车薪,唤回吟诵,还需要多部门、各学科的联手配合,共同努力。

第一章　吟诵通史与学习意义

第一节　吟诵通史

一、吟诵的起源

吟诵就是按照一定的音调、节奏、韵律并饱含一定情感地吟诵古典诗词的方法。⑤ 也可以通俗地解释,就是用“吟”的形式去读诗、词、韵文等,诗歌在文字诞生之

① 陈少松. 古诗词文吟诵[M]. 北京:社会科学文献出版社,1997.

② 华锋. 吟诵学概论[M]. 郑州:大象出版社,2013.

③ 张本义. 吟诵拾阶[M]. 广西:广西师范大学出版社,2013.

④ 叶嘉莹. 古典诗歌吟诵九讲[M]. 广西:广西师范大学出版社,2014.

⑤ 华锋. 传统吟诵与新吟唱[J]. 河南教育学院学报(哲学社会科学版), 2015(1):91-98.

前，起源于我国古代先民生产劳动和祭祀等活动之中。

《淮南子·道应训》就有记载："今夫举大木者，前呼邪许，后亦应之。此举重劝力之歌也，岂无郑，卫激楚之音哉？"①这是一首在集体劳动中为协调步伐减轻疲劳而创作的"举重者之歌"。举重者的"前呼邪许，后亦应之"，正是按照一定的节奏大声歌唱，尽管这个"邪许"本身没有多少实际含义，但它表明了当时的歌唱或者呼喊已注意到节奏的和谐了，也从侧面证实了上古诗歌是可以吟唱的。

《吕氏春秋·古乐》中记载："昔葛天氏之乐，三人操牛尾，投足以歌八阙：一曰载民，二曰玄鸟，三曰遂草木，四曰奋五谷，五曰敬天常，六曰建帝功，七曰依地德，八曰总禽兽之极。"②"歌八阙"就是唱八阙，表明丰收之后，先民祭祀祖先神祇时载歌载舞时的情景。

从我国早期诗歌的雏形可以看出，吟诵是与诗歌一起诞生于先民生产生活实践当中的，可以说吟诵是我国最早期诗歌的创作形式和表现形式，早期先民在生产力落后、缺乏生产工具的情况下，只能通过互相协作完成一项生产任务，所以早期的合作的劳动是诗歌产生的基础，那么祭祀则是诗歌产生的精神前提，在早期的生产劳动中，先人需要节奏一致的歌唱来调整步伐和劳动节奏，使大家的行动更顺畅、协调，而在祭祀活动中，通过大祭师的悦耳的歌唱，使自己的信仰更虔诚，使族人更团结，让年轻人受教，也达到了娱神和娱己的目的。

二、吟诵的发展

奴隶社会，青铜器在劳动中得到普遍地应用，这就使得社会生产力大大地提高了，劳动生产有了剩余，贫富差别大，阶级开始出现，统治阶级出于巩固地位、教育族人、威慑对手、巩固统治、了解民情、娱乐享受和陶冶性情的目的都非常注重以诗歌为载体的礼、乐教育。

例如：《离骚》："启《九辩》与《九歌》兮，夏康娱以自纵。"③

《大武》："乐者为同，礼者为异。同则相亲，异则相敬。"④

脑力劳动分工初步出现，使一部分人得以脱离生产劳动而从事教育和被教育的活动，在这一时期学政不分，一些贵族的子弟可以在政府的主管祭祀的大司乐那里学习以乐、礼等六艺为主的统治技能。其中，乐包括早期的诗歌、音乐等产生美学体验的多种知识、技能。

《周礼·春官宗伯下》载："以乐语教国子，兴、道、讽、诵、言、语。"⑤

---

① 高诱注. 诸子集成　第七册　淮南子[M]. 北京：中华书局，1954.

② 郭预衡. 中国文学史[M]. 上海：古籍出版社，1992：2.

③ 屈原. 离骚.

④ 十三经注疏·礼记·乐记[M]. 艺文印书馆，2007：1529.

⑤ 周礼今注今译[M]. 书目文献出版社，1985：233.

在奴隶社会的后期,封建社会初期,私学出现,出现了诸子百家"百家争鸣"这个我国文化发展史上的第一高峰时期,当时的诗教在民间普遍展开,孔子就是一个善于用吟诵、音乐,舞蹈等多种形式引导学生学习诗歌的大师,"诵诗三百,弦诗三百,歌诗三百,舞诗三百"①他在其教学实践中注重诗歌的教育,也提出了诗歌在管理国家、教化民众上能发挥的巨大作用,"诗,可以兴,可以观,可以群,可以怨"②这一观点,被后世历朝历代的统治者所重视。

孔子的主张"克己复礼",向往恢复周朝的礼、乐治国,天下无争的理想局面,尽管孔子没有实现其政治理想,但他的这一主张,被汉武帝继承并运用在文化统治上,汉朝"罢黜百家,独尊儒术",继承了周朝重视用诗歌教化万民的传统,开设乐府,搜集整理天下民歌,把诗歌提到干系国国家政事的高度,《诗大序》:"故正得失,动天地,泣鬼神,莫近于诗。"③这加速了诗歌的推广和传播,也使得与诗歌一体的吟诵得到了很好的传承和发展。

三、吟诵的繁荣

1. 四声论确立

在我国南北朝时期,由于统治者的倡导,佛教得到广泛的传播,当时诸多高僧,皆雅好转读,或声调高亮,或哀婉折中,无不声振天下,远近知名。转读,就是用汉语发音吟唱梵文经书,由于信徒众多,民间吟唱赞偈流行起来,这动摇了当时文人在文化传承上的主体地位,按时下流行的观点,也动摇了当时读书人在群众眼中的偶像地位,使得当时的文人周颙、沈约等人,开始注重汉语声调的研究,总结汉语吟经的规律,从而促进了四声的形成。

《南史·周颙传》说:

"转国子博士,兼者作如故。太学诸生慕其风,争事华辩。始著《四声切韵》行于时。后卒于官.子舍。……善诵诗书,音韵清辩。"④

《梁书·沈约传》云:

"又撰《四声谱》,以为在昔词人,累千载而不寤,而独得胸衿,穷其妙旨,自

① 国学整理社原辑.诸子集成 第4册 墨子闲诂 晏子春秋校注[M].北京:中华书局,1954.12.

② 国学整理社原辑.诸子集成 第4册 墨子闲诂 晏子春秋校注[M].北京:中华书局,1954.12.

③ 毛诗正义[M].北京大学出版社,1999.

④ 南史·周颙传[M].中华书局,1975.

谓入神之作，高祖雅不好焉。帝问周捨曰：‘何谓四声？’捨曰：‘天子圣哲’是也。”①

2. 新诗体的诞生

用佛经的转读模式再吟诵传统诗歌，《诗经》《楚辞》和乐府诗是不可能达到理想效果的，为了保持继承诗歌悠久的传统，又能与优美的佛经转读模式相接轨，声律论催生了一种新的诗体——永明体。

《南史·陆厥传》云：

> [永明末]盛为文章，吴兴沈约陈郡谢朓，琅邪王融以气类相推毂，汝南周颙吾识声韵。约等文皆用宫商，以平上去入四声，以此制韵，有平头，上尾，蜂腰鹤膝。五字之中，音韵悉异，两句之内，角徵不同，不可增减。世呼为“永明体”。②

新的诗歌模式的诞生是吟诵脱离于传统诗歌歌唱，开创了我国古典诗歌由歌到吟的新纪元。随着时代的发展，经过后世文人在吟诵的诗歌过程中的实践和总结，这种受四声限制的诗体逐渐成熟，演变成形式严谨、规范、韵律鲜明的格律诗，唐代文化高度发达，格律诗的吟诵也随之发展成熟，格律诗的形势稳定，格律诗吟诵的规律也就有章可循，可操作性强，格律诗的歌唱与《诗经》、楚辞、乐府诗乃至古诗的歌唱都有很大的区别。如果说格律诗产生之前诗作的歌唱都或多或少与吟诵有牵连的话，那么，格律诗产生之后，格律诗的吟诵与歌唱已彻底分手了。格律诗传播的任务主要由吟诵来承担了。唐诗中其他诗体如乐府诗、古体诗、歌行体等的传播，也随之由歌唱逐渐向吟诵转移了。吟诵也对后世文学体裁词、曲产生了巨大的影响。

格律诗吟诵是我国在吟诵的传承方面保存得最完整的一部分，我们今天的吟诵调和吟诵规律都是从唐代流传下来的，这也是我这篇论文选题的意义所在。

3. 制度保障

四声形成，新诗体的出现，在文化层面上促进了的吟诵繁荣，从隋朝开始的科举制度又对吟诵的繁荣给予了制度上的保障，科举制从隋朝大业元年(605 年)开始到清朝光绪三十一年(1905 年)结束经历了一千三百多年，对我国的政治、文化产生了重大的影响，科举制度以对四书五经经典的解读作为选拔人才的标准，保证了文化传承的稳定性，学习内容的稳定也就使得学习方式得到稳定的传承，因此作为儒家经典学习、背诵的重要手段的吟诵，在各类私塾和太学当中影响深远，以至于当时孩童识字的启蒙文本都是《三字经》《百家姓》《千字文》《笠翁对韵》等韵文书。

---

① 梁书·沈约传[M]. 中华书局，1973：43.

② 南史·陆厥传[M]. 中华书局，1975：115.

四、吟诵的衰败

如果没有1840年西方列强的入侵，中国人至今还是在私塾的课堂上吟诵着流传千年的四书五经，以应科举求取功名。侵略者的坚船利炮，打碎了中国读书人读书求仕的美梦，开始睁眼看世界，“西学东渐”之风渐起，五四时期兴起的“白话文运动”使得吟诵没有物质载体，取消科举，举办西式学堂，私塾失去了存在的价值，师徒相授，口耳相传的吟诵教学模式也得不到传承。一时之间读书人们纷纷以旧学为耻，朱自清先生曾在《论朗读》中指出：

“‘五四’以来，人们喜欢用‘摇头摆尾的’去形容那些迷恋古文的人。摇头摆尾正是吟文的丑态，虽然吟文并不必需摇头摆尾。从此青年国文教师都不敢在教室里吟诵古文，怕人笑话，怕人笑话他落伍。学生自然也就有了成见。有一回清华大学举行诵读会，有吟古文的节目，会后一个高才生表示这节目无意义，他不感觉兴趣。那时是民国二十几年了，距离五四已经十几年了。学校里废了吟这么多年，即使是大学高才生，有了这样成见，也不足怪的。但这也是教学上一个大损失。”

新中国成立以后到改革开放这段时间，受“左倾”“破四旧”思潮的影响，中华大地上几乎听不到吟诵声，吟诵的古本大量遗失，从“五四”到20世纪70年代“文革”时期，吟诵的传承人自然消亡严重，吟诵这门流传三千多年的技艺濒临灭绝。

五、吟诵的今天

历经百年的苦难，历经十年浩劫，改革开放富裕起来后的国人开始追求自己的精神家园；政府在深化民主和法制治理国家的同时，也开始意识到传统文化对引导世风、趋人向善方面的巨大作用，因此，国学热又在中华大地上兴起。

虽遭受重创，但燃烧了千年的吟诵之火，总是留下星星的火种，今天，当我们谈到恢复传统吟诵的时候，有两个人不能忘记：

1. 唐文治，晚清举人，1920年创办“私立无锡中学”，出任校长并亲自授课，他提出了“熟读精审，循序渐进，虚心涵泳，切己体察”的十六字读书法。其吟诵高亢、洪亮，世称“唐调”。在他的指导下，走出了大批的国学人才，如今吟诵界的领军人物南京师范大学教授陈少松就是唐调的传人。

2. 赵元任，这位博古通今，学贯中西的大师，尽管自称吟诵古典诗词是业余中的业余，但由于他精通西方音乐与传统吟诵，所以他创造性地以音乐的视角对吟诵进行理论研究，使这门口耳相传的古老技艺，以西音乐简谱的方式得以保留、传承，于1961年发表了《常州吟诵诗的乐调十七例》，一本记录唐诗吟诵谱的书，以及在1971年出版了《赵元任 程曦吟诵遗音录》，两者相结合，把诗谱附着在有声的录音之上。这吸引了大批爱好者，常州吟诵也被列为国家级的非物质文化遗产。

当然，两位为吟诵保留下了宝贵的火种，在这火种上添柴的后人也很多，比如河南大学教授华钟彦、华锋父子,一直至力于推广吟诵,他们的吟诵调因为节奏点明确、基本调琅琅上口、善于抒怀、容易掌握而被人称为“华调”。

被称为中国最后一个穿裙子的士的叶嘉莹先生,年过九旬也不辍讲学,发表文章,并留下大量的吟诵录音,供后人学习,其吟诵风格介于吟唱之间,发音清晰、明快,抑扬顿挫之间,尽得诗中之味,被人称为“叶调”。

除了这些吟诵界的前辈学者,在群众中间吟诵爱好者也是十分广泛,比如,山西运城的河东吟诵社,湖北的襄阳的吟诵群,天津河西吟诵社等。

在教育界广东的陈琴老师致力于“素读”即不配乐吟诵,引起广大学生的好评,也引起了众多同仁的关注。一些年轻的教师也纷纷对吟诵教学进行理论探索和大胆的尝试。

六、吟诵的明天

作为传承千年的古老艺术,吟诵有其巨大的美学价值,尤其是格律诗吟诵规范,格式清晰、传承明确,是我们学习格律诗的最佳途径,应该在学校推广普及,就像学写毛笔字一样,未必每个人都成为书法家,但至少要入其门,清楚妙处所在,让每个学生都会吟,能吟。

荣维东教授提到过交际语境,对学习语文的重要性,学习语言一定要有语境,而在人类文明逐渐融合的今天,吟诵的语境越来越受到挤压,就像我们前面指出吟诵之所以能传承千年是因为科举考试的制度绵延了千年,而我们今天重提吟诵,一多半原因是因为中、高考的几道格律诗考题,这样一个偏功利的目的。未来吟诵的复兴,或许会很难,但我们至少要努力让其传承下去,在小众间扎根、发展、以待繁荣。

第二节　学习格律诗吟诵的意义

一、学习旧体诗语言的最好方法

汉语是独体单音,中国的诗歌是不同于口语和散文的非自然语言。正如朱自清所说“古文和旧诗、词等都不是自然的语言,非看不能知道它们的意义,非吟不能体会它们的口气 ”①。如果只靠着所学的平仄、押韵等格律方面的知识去强拼硬凑,而不从吟诵入手去熟悉中国古诗歌,是很难体会传统诗歌的韵律美,也很难掌握律诗音韵的精髓。荣维东先生在《交际语境与写作》中提到要注重写作的“语境”体会“语用”,在这里我要指出当前学习诗歌的语言就如同学习一门外语 ,而在所学习的“语境”中用恰当的学习方式非常重要。而且,学习的年龄越早,则直感的能力越强,学习

① 朱自清. 论朗读[M]. 江苏教育出版社,1998:59.

的效果越好，在这里笔者生活中有一个例子，因为研究吟诵所以笔者在家经常吟诵律诗，我一岁半的小女儿跟在我身后，时间久了，为了与父亲玩，竟然也学着我的样子吟诗，吟的是《早发白帝城》。每一句七言她都只能记住后五个字“白帝彩云间，江陵一日还，猿声 dú dú dù ，已过万重山”。第三句的词对她好像太难了，没背下来，不过平仄没问题，这在学习古诗中是一个很难的部分，通过吟诵解决了，想起也挺有意思，小孩子学习吟诵能更早地形成对诗歌韵律这种美感的直觉，在不经意的吟诵中自然地熟悉了诗歌中平仄的配合和变化。

二、培养学生直感和联想能力

中国诗歌的创作灵感就是源自作者对生活的“兴发感动”，正如钟嵘在《诗品序》开头提到的“气之动物，物之感人，故摇荡性情，形诸舞咏”①。外界的时节景物引起诗人个体内心情感的共鸣，这种对生活直感和联想能力，是我们从小要培养孩子们的，孩子们记忆力好，直感力强，还可以被我们教育工作者加以利用，通过吟诵让孩子记住一些富有深远意境且朗朗上口的诗歌，慢慢体会诗中富含的作者的兴发感动，当然我们不奢望学生通过吟诵完全体会作者诗中的情感和想象力，但通过这种“渗透性”的学习，体会的方式学习，对孩子当下的学习和未来的生活都是大有裨益的。

三、提高学生的学习兴趣

如今的教育急功近利，学校的教育总是偏重理性的知识的传播，而忽视感性的直觉体验，在提高古文鉴赏能力方面，就是通过刷题，这样的教学让师生都很痛苦，都是靠毅力支撑，体会不到诗歌中的美感。我在一次课堂实践中用吟诵的方式教授《陋室铭》，当时用的是河南方言，因为是和徐晓声老师初学吟诵。出乎意料，课堂效果出奇的好，同学们学习的热情也很高，从那以后每次讲完诗、词和韵文学生们都强烈要求我吟一个，然后跟着模仿、学习，背诵格律诗的兴趣大增。

四、学习完整吟诵的基础

格律诗的吟诵在其一千年的流传中，没有发生太大的变化 ，基本保持了原生态的模式，唐人吟诵律诗的方法和我们今天吟诵格律诗方法差别不大，因为格律诗的格式是固定的，所以格律诗的吟诵调也就基于这几种形式。在前辈学者的吟诵实践中，格律诗的吟诵方法也得到了继承和发展。因为格律诗吟诵规律容易掌握，所以推广起来也十分容易。学好格律诗吟诵，使得学习词、曲和其他形式韵文的吟诵变得容易很多。

① 叶嘉莹. 迦陵论诗丛稿[M]. 北京：北京大学出版社，2017：36.

第二章　学习吟诵的理论基础

两千多年来吟诵引导着我国诗歌的发展,吟诵成就了我国诗歌的辉煌,有吟诵诗歌兴,无吟诵诗歌衰,今天,曾萦绕在我们祖先耳边的旋律,吟诵在他们口中的大美诗歌正在与我们渐行渐远,怎样唤醒我们血液里的声音,重现基因里的诗文呢? 重拾吟诵,我想是一个不二选择。为了便于学习吟诵,我们先要了解一下有关吟诵的理论基础。

第一节　汉语语音特点

我们伟大的中华民族吟唱着《诗经》:“关关雎鸠,在河之洲”;《离骚》:“帝高阳之苗裔兮,朕皇考曰伯庸”;《古诗十九首》:“迢迢牵牛星,皎皎河汉女”;《两都赋》:“仰悟东井之精,俯协《河图》之灵”;《早发白帝城》:“朝辞白帝彩云间,千里江陵一日还。”繁衍生息在华夏大地这片沃土之上,这些能诵、能歌的诗词,虽四言、五言、六言、七言不等,但是读起来就音律婉转、朗朗上口,这都是因为汉字是独体单音,也就是音节语素。无论哪个国家的语言,语音都是由音节组成的,而就汉语的特点而言,大多数是一个音节就代表着一个语素,而一个语素正好是一个能读、能吟、能书写的汉字,在一首文学作品当中,每一个字、每一个音节,区别都是很明显的,正是由于汉语这种特征,使得汉语方便表现节奏与旋律。汉语当中有许多单音节语素的字词,这就使我们的诗词歌赋的音律自由,这也是我国诗词韵文能吟诵的语音基础。

第二节　韵

一、韵

韵,南齐刘勰在《文心雕龙·声律》中说:“异音相从谓之和,同声相应谓之韵。”①由于起源于劳动,要按照一定的节奏歌唱,相同的声音应和,这就形成了中国

① 黄叔琳注,李祥补注,杨明照校注拾遗.增订文心雕龙校注[M].中华书局,2000:431.

诗歌(包括词、文、赋),戏曲、曲艺等传统艺术形式具有注重节奏、讲究韵律的特点。

今天结合汉语拼音我们可以简单明了地看出什么是韵:

例如:

《咏柳》贺知章

碧玉妆成一树高 gāo,万条垂下绿丝绦 tāo。

不知细叶谁裁出,二月春风似剪刀 dāo。

诗中高 gāo 绦 tāo 刀 dāo 它们的韵母都是 āo,所以它们可以称为同韵字,只要是同韵,都可以押韵。

王力先生在《诗词格律》中指出:“押韵,就是让同韵字按规律地出现在诗词的每句或隔句也可以是相隔数句的指定位置。”①一般来说律诗的韵是在尾部,因此也称之为韵脚。

在《咏柳》这首诗中,在尾部的“高”“绦”“刀”押韵,即是韵脚。

有这样一种情况在拼音元音字母 a 、e 、o 之前加上拼音元音 i 、u 、ü 即 ia、ua、uai、iao、ian、uan、üan、iang、uang、ie、üe、iong、ueng 这种形式,像这种情况 i、u、ü 称之为韵头,韵头不同的字也可以称之为同韵字,也是可以押韵。例如:

《不第后赋菊》黄巢

待到秋来九月八 bā,我花开后百花杀 shā。

冲天香阵透长安,满城尽带黄金甲 jiǎ。

《静夜思》李白

床前明月光 guāng,疑是地上霜 shuāng。

举头望明月,低头思故乡 xiāng。

上面两首诗中“八”“甲”的韵母 a、ia 和“光”“霜”“乡”的韵母 uang、uang 、iang 尽管不完全相同,但它们也是属于同韵字,押韵也是符合韵法的,吟诵中也回环往复的音韵美。

讲究押韵,是我国诗词形式上的一个特色。沈德潜在《说诗晬语》中说:“诗中韵脚,如大厦之有柱石,此处不牢,倾折立见。”②明人陆时雍在《诗镜总论》中说:“有韵则生,无韵则死;有韵则雅,无韵则俗;有韵则响,无韵则沉;有韵则远,无韵则局。”③有了韵,吟诵时产生回环和谐前后呼应的音乐之美。

二、格律诗的韵

我国在隋以前无韵书,人们写诗撰文所用之韵,即是从当时口语的近似音中选择

---

① 王力. 诗词格律[M]. 中华书局,2009:2.

② 沈德潜. 说诗晬语[M]. 人民教育出版社,1979:247.

③ 丁福保辑. 历代诗话续编[M]. 中华书局,1983:1423.

韵脚用字。当时虽无韵书,但从《诗经》到隋代以前留下来的数量巨大的诗文中,还可以体会到作者选择韵字的用心。隋代陆法言首创了韵书《切韵》(601年),后经唐代孙面修订为《唐韵》(约751年,即唐玄宗天宝间),而后唐代诗人所用的韵,大都以此为依据。宋代陈彭年在《切韵》和《唐韵》基础上进一步修订为《广韵》(1008年)。这之后,同为平水籍的两位学者王文郁和刘渊,在《广韵》的研究基础上,重新刊定为106个韵字,被称为"平水韵"。后来人们就把这种分为106韵部的这种韵书都叫平水韵。这本韵书在流传当中越来越广,至今为止,我们写诗还是用"平水韵"。

"平水韵"中共有106个韵:平声30韵,上声29韵,去声30韵,入声17韵。律诗的创作除特殊情况一般只用平声韵,所以我们在这一节里只谈平声韵。

平水韵30个平声韵部

上平声:

东、冬、江、支、微、鱼、虞、齐、佳、灰、真、文、元、寒、删。

下平声:

先、萧、肴、豪、歌、麻、阳、庚、青、蒸、尤、侵、覃、盐、咸 。

现代信息技术发达,搜索资料很方便,我们可以通过网络搜索或者关注相关公众号,很容易找到平水韵表,方便我们研究学习。

平水韵,属中古语音系统。距离现代时代久远,在我们学习吟诵的时候要尽量保持古音的乐感,但也不必要照本宣科。在校园都推广普通话的今天,若提出每个字的吟诵都要按照《平水韵表》来读,没有必要,只需要在节奏点,押韵的字上注意一下,就可以了。

三、叶音

叶音,实际上也是关于字韵的问题。叶音也称"叶韵 ",是古代的一种特殊音注。上古人虽然在劳动和诗歌创作中注重押韵,但随着时间的推移,民族融合的加剧,上千年过去之后,人们再读当年的作品,好多韵脚是不和谐的。六朝时,有些学者为了便于吟诵《诗经》,就把他们认为不和谐的韵脚,根据他们当时的发音做了相应的修改,这些被修改了的注意就被称为叶音,其实如同,我们今天给古书标注的注释,只是这个注释是赋予的字音,到了宋代大儒朱熹又对《诗经》中的古音,进行了修改整理,对古音的叶音原则也提出了自己的观点,后世学者皆遵循朱子叶音为读诗正音。尽管很多人提出质疑和诟病,但一直到今日,读古诗或多或少仍在沿袭"必叶"的传统。叶音对吟诵十分重要,也是今天继承吟诵传统时绕不过去的问题。

《山行》杜牧

远上寒山石径斜,白云生处有人家。

停车坐爱枫林晚,霜叶红于二月花。

《春望》杜甫

国破山河在，城春草木深。感时花溅泪，恨别鸟惊心。

烽火连三月，家书抵万金。白头搔更短，浑欲不胜簪。

“斜”若依普通话读音是“xié”，则与“家”“花”不谐，则需依传统叶读为“xiá”；“簪”，若读成“zān”，则与“深”“心”“金”不谐，则需依传统叶读为“缁深切“zēn”（与“深”“心”“金”同属“十二侵”韵）。这两首创作于中古音韵时期，故可依“平水韵”叶音。

我们在这里强调叶音，是因为只有叶音，才能读通诗歌，保持音韵的和谐之美，如果没有叶音，也就没有了没有押韵，也因此就体会不到我们引以为傲的格律诗吟诵回环往复的音韵之美。

第三，叶音是古代读书传统，旧时读书人无人不晓得叶音，多位名师宿儒强调吟诵古诗词韵文时必须知道叶音。在没有更好地解决吟诵时遇到的古韵不谐这一问题之前，绝不应轻言放弃叶音这一传统。

如何在吟诵的学习中读好叶音字，需要我们在学习的过程中多加留意，把前人标注或吟诵到的地方多加注意，平时多积累，以便能触类旁通。

四、破音

破读又称异读，读破或勾破。有的汉字除了常见的音节之外，还有一种甚至多种读音，这种现象自古以来一直存在，几千年来，中国读书人，都在用破读的方法写作和吟诵诗文，传承文脉。破读，是我们传统文化的一部分。

破音有以下几种类型：

1. 在词中词性的改变造成音调、读音、词意的改变

例如：但使龙城飞将在，不教胡马度阴山。

——王昌龄《出塞》

“教”常音为去声，教育、教化的意思，破读为阴平，读 jiāo。

2. 传统文读雅言的上古、中古音

例如：云想衣裳花想容，春风拂槛露华浓。

——李白《清平调 其一》

裳常音读“shánɡ”，破读 chánɡ

3. 通假字

风吹草低见牛羊。

——北朝《敕勒歌》

“见”是“现”的通假字，所以要在这里破读为 xiàn。

格律诗的破读，无规律可循。只要多吟诵、多记诵、用心查阅，自然融会贯通，日

积月累,即可了然在胸。

第三节　四声

一、四声的发音

吟诵领域所提到的四声,是前文所讲的由南齐沈约,周颙等创立的中古时期的"平""上""去""入"四种调类,每调又分为阴阳,称之为四声八调。

平　　上　去　入

阴　　阳　　阴　　阳　阴　　阳　阴阳

关于四声在声调上长短、高低、强弱轻重方面的不同,前辈学者已经给出了清楚、翔实的论述:

唐释神珙引《元和韵谱》之言云:"平声者哀而安,上声者厉而举,去声者清而远,入声者直而促。"①

顾炎武《音论》说:"平声最长,上去次之,入则诎然而止,无余音矣。"②

赵元任先生的《国音新诗韵》提出:"阴声高而平。阴声从中音起,很快地扬起里,尾部高音和阴声一样。上声从低音起,微微再下降些,在最低音停留些时间,到末了高起来片刻就完。去声从高音起,一顺尽往下降。入声和阴声音高一样,就是时间只有它一半或三分之一那么长。"③

流行的四声歌诀说:"平声平道莫低昂,上声高呼猛烈强,去声分明哀远道,入声短促急收藏。"④

由此可见,"平声应该是一个中平调,上声应该是一个升调,去声应该是一个降调,入声应该是一个短调",这是古汉语四声的大致情况。

郭绍虞在《声律说考辨》一文中对流行的四声歌诀的解释事实上已说明四声有长短高低之别,而且是平声最长,上去入三声都没有平声长,这也就是"平长仄短"说的最重要的依据。郭先生说:"就调值讲,当时的所谓四声,是把每个字的读音,分为平上去入四种:昔人有分四声法的歌诀,即所谓'平声平道莫低昂',谓此类读音一直可以延长下去,所以称'平',也即是说在语音学上所谓高平调和高升调;'上声高呼猛烈强',谓此类读音向上有高呼之象,所以称'上',这即现在语音学上所说的降升调;'去声分明哀怨道',谓此类读音有向下逐渐消失之象,故以哀怨道喻之而称为'去',这即语音学上所谓全降调;'入声短促急收藏',谓此类读音短促,有急于收藏

① 朱光潜.论诗[M].生活·读书·新知三联书店,1984:162-165.

② 朱光潜.论诗[M].生活·读书·新知三联书店,1984:162-165.

③ 朱光潜.论诗[M].生活·读书·新知三联书店,1984:162-165.

④ 朱光潜.论诗[M].生活·读书·新知三联书店,1984:162-165.

之意,故以'入'字代表之。"①

总结前人的观点,我们可以得出,四声在长短、高低、轻重强弱等方面存在不同,平发音没有声调上的变化,上、去、入发音有声调上的变化,所以古人依据发音的平与不平称为平仄,平即平声,仄即不平声为上、去、入三声。

二、四声在格律诗吟诵中的作用。

1. 格律诗吟诵中,四声的长短

以台湾陈启雄教授吟诵王翰《凉州词》为例,其节奏停顿处非常明显,为了看清这个问题,我们将全诗录于下,在陈先生有意长吟之处,以...标明。

葡萄....美酒夜光杯,欲饮琵琶......马上催......。

醉卧沙..场.....君莫笑,古来...征战几人回......。

葡萄的"萄"字属于下平声的豪韵,琵琶的"琶"字属于下平声的麻韵,沙场的"沙"字属于下平声的麻韵,"场"字属于下平声的阳韵,古来的"来"字属于上平声的灰韵。可见陈先生有意长吟之处,皆为平声。"沙场"二字都是平声,二字皆可长吟,但二字紧密连在一起,若都长吟,会显得节奏松散,影响了吟诵的音乐美,故陈先生在"沙"字处虽是长吟,但较比"场"字还是缩短了半拍,将长吟的空间让给了"场"字、至于"杯"字、"催"字、"回"字,都是韵字,应当长吟。

再如周笃文先生所吟杜甫《蜀相》,其长吟之处,亦皆是平声。为说明问题,亦仿照前例,将周先生所吟《蜀相》列于下面:

丞相祠堂......何处寻......锦官......城外柏森森......。

映阶......碧草自春色,隔叶黄鹂...空好音......。

三顾频繁......天下计......,两朝.....开济老臣心......。

出师......未捷身先死......,长使英雄.....泪满襟......。

诗中"堂"字、"官"字、"阶"字、"鹂"字、"繁"字、"朝"字、"师"字"雄"字皆为平声;"寻""森""音""心""襟"皆为韵字,自当长吟,无须赘言。可见,周先生亦是在平声及韵字处适当长吟。不仅陈启雄先生,周笃文先生也如此吟诵,在我们研究学习中所接触到的吟诵名家,无不是如此,可见在平声处适当长吟是吟者普遍遵循的原则之一。

2. 格律诗吟诵中,四声的高低

格律诗吟诵之所以能朗朗上口,就是四声的高低起了重要作用,下面我们以杜甫的《八阵图》首句中前半句为例,说一下吟诵中四声的高低。

《八阵图》 杜甫

功盖三分国,名成八阵图。

① 郭绍虞. 照隅室古典文学论集[M]. 上海古籍出版社,1983:25.

江流石不转，遗恨失吞吴。

“功盖三分国”中，“功”字为上平声东韵，上平声吟起来应该是高而平。“盖”字为去声泰韵，吟起来应该是从高音起，尽量往下降。“三”字为下平声覃韵，下平声吟起来应该是从中音起，很快婉转而下。“分”字为上平声支韵，吟起来应该是高而平。“国”字为入声职韵，吟起来应该是与上平声的音高一样，但吟诵的时间只是上平声的一半或三分之一。如果以曲线来表示各字音阶的高低，应该是：高而平……由高而降……由中音婉转而下……再度扬起高而平……在高而平的水平上，持续少许，戛然收尾。

也就是说，在吟诵此诗时，一开始发音就是高而平，中间少许有跌宕起伏，但基本上是维持在高音阶。按照四声固有高低音阶吟诵这一句，十分恰切，完全符合诗人崇敬诸葛亮，高度评价诸葛亮丰功伟绩的心情。反过来说，如果首句不起得高昂，也无法表现出诸葛亮的伟大业绩及诗人对诸葛亮的敬仰之情。

由此，可以看出吟诵中四声的高低对表现作品，处理感情十分关键，怎样在吟诵中处理好四声，这需要我们在吟诵的实践中慢慢地体会。

3. 格律诗吟诵中四声的强弱

四声有轻重强弱之别，但在格律诗的吟诵中语言习惯、语言环境、感情色彩等对四声轻重、强弱有很大影响。例如“彩云”二字，“彩”为上声贿韵，“云”为上平声文韵，在一般情况下，肯定是“彩”字要比“云”学读得重，但在吟诵李白《朝发白帝城》“朝辞白帝彩云间”一句时，“彩云”二字都必须读得高昂有力、气势磅礴，方能显示出诗人遇赦而还的极度喜悦、兴奋之情。此时的“云”字恐怕要吟得比“彩”字还要强些才为稳妥。把握四声的强弱，要依照四声的基本要求和诗的本意，跟着感情走。

综上所述，四声的产生对我国古典诗歌的吟诵，具有重大意义。正是由于四声的产生，才有了唐代的格律诗。格律诗不仅是我国古典诗歌中形式最为整齐、要求最为严格、最具有审美意义，在汉文化圈中影响最大的诗体，也正是由于四声的出现，使我国的古典诗歌正式由“歌”转为“吟”，尤其是格律诗的吟诵，由于其形式简单易学，便于操作，使之成为传统吟诵中唯一被保存下来的“活化石”。所以四声对吟诵的影响很大。

正如所有我国古代流传下来的口耳相传的技艺一样，运用相对系统、规范、标准的科学理论描述是有几分困难的。吟诵，本身就是一项自娱娱人的活动，在中国诗歌兴发感动的创作背景下，品味韵律，感受作者情感，达到吟诵者内心的审美愉悦。每个人的学识、成长经历、生活环境都不尽相同，所以同一首诗歌的处理也不尽相同。就拿诗歌中的四声来说，每个音调长短，高低，强弱的处理也是因人而异、因时而异的，只有吟诵者在吟诵中慢慢体会，没有相对统一的标准。而笔者今天之所以选择格律诗的吟诵作为论述的重点，是因为古代专门为格律诗吟诵服务的声律理念相对比较成熟，而受四声限制的格律诗，在形式上也成熟规范，这就使得我们的吟诵研究有章可循。接下来,我们研究的就是古代格律诗创作中发展成熟的平仄。

第四节　平仄

一、平仄

前面我们提到,古人把四声按平与不平分为平仄。中国诗歌之所以能吟诵出音韵美,就是因为这两类声调,在诗歌中交错的排布着,这就使我们在吟诵的过程中"声调铿锵"。

把诗歌格律化,把平上去入四声引到诗歌创作里来,就是从永明体开始的。

《南齐书·陆厥传》:"大旨欲使宫羽相变,低昂舛节,若前有浮声,则后须切响。一简之内,音韵尽殊;两句之中,轻重悉异。"①

"浮声就是平,切响就是上去入。"

意思就是说要制新的诗韵就是分平上去入,要求只分平仄。虽然我们知道中古音汉字有四声八调,但在诗歌的创作中却不论四声,只分平仄。

从南齐的"永明体"开始,到后来的格律诗中成熟,平仄有明确的规则是即王力先生总结的:

(1)平仄在本句中是交替的;(2)平仄在对句中是对立的。

二、律句

1. 七言基本律句

有王力先生的论点支撑我们可以总结出五言的几种基本的律句:

仄仄平平仄

平平仄仄平

平平平仄仄

仄仄仄平平

例如:"白日依山尽,黄河入海流"一句来说,即仄仄平平仄,平平仄仄平

出句内"白日"是"仄仄"对句中的"依山"是"平平","尽"是"仄"声,这就是交替。

对句中"黄河"是"平平"对句中的"入海"是"仄仄","流"是"平"声,这也是交替。

而出句"白日"对对句的"黄河"是"仄仄对平平"这就是相对,"依山"对"入海"是"平平对仄仄","尽"对"流"也是相对。

---

①　南史·陆厥传[M].中华书局,1975:115.

掌握了五言的基本律句,掌握七言的基本律句相对容易,只需要在五言仄仄前面就加平平,在平平前面就加仄仄就自动变成七言的基本律句。

2. 七言基本的律句

七言基本的律句:

平平仄仄平平仄

仄仄平平仄仄平

仄仄平平平仄仄

平平仄仄仄平平

例如:“春蚕到死丝方尽 蜡炬成灰泪始干。”

句中平仄交替,与前面五言的模式基本一样。

就对句来说,“春蚕”对“蜡炬”,是平平对仄仄,“到死”对“成灰”,是仄仄对平平,“丝方”对“泪始”,是平平对仄仄,“尽”对“干”,是仄对平,这就是对立。

有了平仄相对,就会使我们的吟诵产生鲜明的节奏感,但如果格律诗总是两两相对的话,那么就会使得吟诵在每两句的旋律间重复,时间长了也会乏味,缺少节奏变化的美感,这就需要在对的同时还要“粘”。

三、粘

“粘”,指“两联之间,平仄相粘”。就是在格律诗中下一联第一句中的第二个字,要和上一联第二句中的第一个字的平仄相同,就是“粘”。

例如:

《无题》李商隐

相见时难别亦难,东风无力百花残。

春蚕到死丝方尽,蜡炬成灰泪始干。

晓镜但愁云鬓改,夜吟应觉月光寒。

蓬山此去无多路,青鸟殷勤为探看。

首联出句的第二个字“风”和颔联对句的第二个字“蚕”都是平声,颔联出句的第二个字“炬”和颈联对句的第二个字“镜”都是仄声,颈联出句的第二个字“吟”和尾联对句的第二个字“山”都是平声,这就是相粘,粘避免了每两联音韵的重复,使得吟诵中的行腔变化万端。

第五节 入声字

如果历史停留在中古音,格律诗格式成熟的时期,对于我们学习吟诵者来说是一件幸事,但社会的变革不是人的意志为转移的。上千年的沧桑巨变,虽然格律诗的创作模式没有改变,但汉语语音却发生了较大变化,其中影响吟诵最大的变化是中古音的入声字,在普通话里派入了阴平声,阳平声,上声和去声了。

仅以普通话杜甫的五言绝句《八阵图》为例:

功盖三分国,名成八阵图。

江流石不转,遗恨失吞吴。

诗中的“国”“八”“石”“不”“失”为入声字。其中除“不”字古今皆作仄声以外,其余的字,若按照普通话读音皆为平声,如此,则完全破坏了这首诗的格律,也就丧失了很大一部分的音乐美。特别严重的是结句的“失”字若读作平声,则这首诗犯了“失吞吴”“三平调”(即格律诗规定平声韵脚的结句中,不能连用三个平声字)的大忌。

再以杜甫七律《闻官军收河南河北》一诗的后四句为例:

白日放歌须纵酒,

青春作伴好还乡。

即从巴峡穿巫峡,

便下襄阳向洛阳。

“白”“日”“作”“即”“峡”是入声字。尾联“即从巴峡穿巫峡”一句的平仄格律为“平仄平平仄”,是非常严整的律句,若用普通话标准音读来,则成“平平平平平平平”的全平句,这对律诗来说是绝对不允许的,音节上也十分难听。

以上两个例子说明,今天要学习吟诵,有效的辨别入声字是一个关键。据统计,派入今天普通话平声的入声字约有四百多个,如何记住这些入声字?今人丁广惠先生《诗词格律学》一书收录了两种方法,移录如下以资参考:

一、笨法

(一)是熟记这四百一十多字,这是最彻底的办法,但却十分枯燥难记。

(二)是备一份平水韵字表,遇到声调掌握不准的字,查它属于哪个声调的韵,以便审定平仄。这不失为一种办法,但翻检费事,短时间查不到。

(三)是查商务印书馆出版的《辞源》,《辞源》在每个字头下的注音,都包括汉语拼音, 反切注音、古声调、古韵, 古声母还有国音字母注音,什么韵、什么声调一查便知。

这些都是笨办法,不是按规律行事。

二、掌握规律

1. 是从正面肯定哪些是入声字

(1) b、d、g、j、zh、z 六个声母的阳平字都是古入声字。入声字例。

如:拔、跋、答、沓、达、各、格、级、极、执、直、值、杂、则等字。

(2)fa、fo 音的字,不论属于哪一声调,都是古入声字。如伐阀筏,罚、法、佛等字。

(3)d、t、z、c、s、韵母 e 相拼,不论哪一个声调的字, 都是古入声字。如得德、忑、心、特、乐、勤、仂、泽、色等字。

(4) zh、ch、sh、r 和韵母 uo 相拼,不论哪一户调的子,都是古入声字。

如卓、桌、捉、拙、酌、汕、镯、琢、啄、濯、龊、朔、若等字。

(5) b. p. m、d、t、n、l 与韵母 ie 相拼,不论哪一声调的字,都是古入声字(爹 dīe 除外),如憋、鳖、瘪、别、撇、灭、蔑、篾、跌、迭、帖、贴、捏、聂、烈等字。

(6)韵母为 ue 的汉字,除了"蹉 juē""瘸 qué""靴 xuē"外,都是古入声字。如虐、疟、略、掠、绝、爵等字。

(7)g、k、h、z、s、d 与韵母 ei 相拼,不论哪个声调的汉字,都是古入声字,如给,克、黑、贼、塞、得等字。

2. 是从反面否定什么字不是古入声字

(1)普通话中凡带-n-ng 韵尾的字,都不是古入声字。

(2)z、c、s 与韵母相拼,都不是古入声字。

(3)以 er 为韵母者,都不是古入声字。

(4)以 uei 为韵母者,都不是古入声字。

(5)鼻音 m、n,边音 l、r,这四个声母的阴平,阳平上声字,不是古入声字。

第三章　学习吟诵的要点

对于格律诗吟诵的研究,由于格律诗形式比较固定,近年千来成为先辈学者在诗词吟诵的大框架内最为规范成熟的一部分,多位学者多篇论文,研究格律诗吟诵的规律及基本理论,为我们今天的研究奠定了坚实的基础。

第一节　格律诗的分类

关于格律诗的分类,从字数分,可分为五言七言:从句数的多少分,可分为绝句和律诗;在方便吟诵教学的吟诵的角度,有人曾划分过平起平收、平起仄收、仄起仄收、仄起平收。这些分法都有道理,根据我的教学实践,我比较欣赏已故河南大学华钟彦教授的分法。

华先生从吟诵的客观实际出发,提出格律诗应该分为八类: 绝句:五言平起、五言仄起、七言平起、七言仄起。律诗:五言平起、五言仄起、七言平起、七言仄起。分辨绝句或者律诗属于平起还是仄起,只需要看诗第一句中的第二个字,如果第二个字是平声,那就是平起;如果第二个字是仄声,那就是仄起。为了清楚说明,我们将这八类格律诗各举一例于下:

五言平起绝句:卢照邻《曲池荷》:

浮香绕曲岸,圆影覆华池。常恐秋风早,飘零君不知。

五言仄起绝句:杜甫《八阵图》:

功盖三分国,名成八阵图。江流石不转,遗恨失吞吴。

五言平起律诗例:杜甫《登岳阳楼》:

昔闻洞庭水,今上岳阳楼, 吴楚东南坼,乾坤日夜浮。

亲朋无一字,老病有孤舟。戎马关山北,凭轩涕泗流。

五言仄起律诗:杜甫《春望》:

国破山河在,城春草木深。感时花溅泪,恨别鸟惊心。

烽火连三月,家书抵万金。白头搔更短,浑欲不胜簪。

七言平起绝句:李白《朝发白帝城》:

朝辞白帝彩云间,千里江陵一日还。两岸猿声啼不住,轻舟已过万重山.

七言仄起绝句:李白《望庐山瀑布》:

日照香炉生紫烟,遥看瀑布挂前川。飞流直下三千尺,疑是银河落九天。

七言平起律诗:祖咏《望蓟门》:

燕台一去客心惊,箫鼓喧喧汉将营。万里寒光生积雪,三边曙色动危旌。

沙场烽火连胡月,海畔云山拥蓟城。少小虽非投笔吏,论功还欲请长缨。

七言仄起律诗:杜甫《登高》:

风急天高猿啸哀,渚清沙白鸟飞回。无边落木萧萧下,不尽长江滚滚来。

万里悲秋常作客,百年多病独登台。艰难苦恨繁霜鬓,潦倒新停浊酒杯。

搞清楚格律诗依据吟诵的需要应该分为此八类,对于了解、研究格律诗的吟诵大有裨益,因为它直接关系到格律诗吟诵的节奏。

第二节　格律诗的节奏点

找准格律诗的节奏点,是吟诵好格律诗的关键,古今中外吟诵的研究者众多,虽腔调略有不同,但是对节奏点的把握大同小异,这是因为格律诗的模式相对固定,前人学者的研究相对成熟,根据四声、押韵、平仄,再加上人们在吟诵时的呼吸、换气,指出除了每句的韵字,需要停顿、长吟以外,在这一句中还需要再有一个节奏点。众所周知,每句五个字即为五言,每句七个字即为七言,那么在字数不同的情况下,每句的节奏点放在哪个字上呢?根据前人的吟诵传统,这个节奏点就落在每一句的平声字上。格律诗形式工整严谨、有规律可循,所以,在格律诗的吟诵的节奏点的选择也是工整严谨、有章可循的。

经过研究和归纳总结,我们可以得出以下结论:绝句的平起,不管类型是五言还是七言,在押韵字长吟的基础上,第一句的节奏点一定在第二个字,第二句的节奏点一定在第四个字,第三句的节奏点一定在第四个字,第四句的吟诵节奏点一定在第二个字。可以这样归纳为,只要绝句是平起那么各句吟诵的节奏点就在各句的第二、第四、第四、第二字上,就是“二四四二”和押韵的字。律诗就是在此基础上重复一遍就可以了。绝句仄起这种类型,不管是五言还是七言,除了韵字要长吟之外,第一句的吟诵节奏点一定在第四个字,第二句的节奏点一定在第二个字,第三句的吟诵节奏点一定在第二个字,第四句的吟诵节奏点一定在第四个字。也可以归纳为,绝句的仄起吟诵节奏点分别在在各句的第四、第二、第二、第四字上,就是“四二二四”和押韵的字,律诗就是在此基础上重复一遍就可以了。

为了进一步说明,我们不妨还以上面八首诗的例子,看一下格律诗的吟诵节奏点究竟是怎么一回事。为了更直观,我们在应吟诵节奏点加黑和做一“△”标记。

绝句　五言平起　卢照邻　《曲池荷》:

浮**香**绕曲岸,圆影覆**华池**。常恐秋**风**早,飘**零**君不**知**。

△　△△　△△　△

律诗　五言平起　杜甫　《登岳阳楼》:

昔**闻**洞庭水,今上岳**阳楼**,吴楚东**南**坼,乾**坤**日夜**浮**。亲**朋**无一字,

△　△△　△　△　△　△

老病有**孤舟**。戎马关**山**北, 凭**轩**涕泗**流**。

△△　△　△　△

绝句　五言仄起 杜甫　《八阵图》:

功盖三分**国**,名**成**八阵**图**。江流**石**不转,遗恨失**吞吴**。

△　△　△ △△△

律诗五言仄起杜甫　《春望》:

国破山**河**在,城**春**草木**深**。感**时**花溅泪,恨别鸟**惊心**。

△△　△　△　△△

烽火连三月, 家**书**抵万**金**。白**头**搔更短,浑欲不**胜簪**。

△ △　△　△ △ △

绝句　七言平起　李白　《早发白帝城》:

朝**辞**白帝彩云间,千里**江**陵一日**还**。两岸猿**声**啼不住,轻**舟**已过万重**山**。

△△　△△　△　△　△

律诗　　七言平起　祖咏《望蓟门》：

燕**台**一去客心**惊**,箫鼓喧**喧**汉将**营**。万里寒**光**生积雪,三**边**曙色动危**旌**。

△　　△　　△　△　　△　　△　　△

沙**场**烽火连胡月,海畔云**山**拥蓟**城**。少小虽**非**投笔吏,论**功**还欲请长**缨**。

△△　　　　△　△　　△　　△

绝句　　七言仄起　　李白《望庐山瀑布》：

日照香**炉**生紫**烟**,遥**看**瀑布挂前川。飞**流**直下三千尺,疑是**银**河落九**天**。

△　△　△　　△　△　　　　△△

律诗　　七言仄起　杜甫　《登高》：

风急天**高**猿啸**哀**,渚**清**沙白鸟飞**回**。无边**落**木萧萧下,不尽**长**江滚滚**来**。

△　△　△　　△ △　△△

万里悲**秋**常作客,百**年**多病独登**台**。艰**难**苦恨繁**霜**鬓, 潦倒**新**停浊酒**杯**。

△　　△　　△　△△　△△

第三节　基本调

今天在国学热的背景下,吟诵爱好者越来越多,在融合与发展中也形成了几大流派和一些小的地方吟诵调,当今在吟诵领域影响比较大的几大流派有：

以唐为治、赵元任为代表的常州吟诵派,吟诵的基本调是“唐调”。

以南开大学叶嘉莹先生为代表的“叶调”。

以河南大学教授华钟彦,华锋父子为代表的“华调”。

在地方影响比较大的吟诵组织,有山西运城的“河东吟诵”湖北襄阳的“襄阳吟诵群”,以及以广东陈琴老师为首的“素读”群体。

笔者研究学习过几大吟诵流派的吟诵调,也参加过“河东吟诵”和“襄阳吟诵群”组织的活动,他们的吟诵调不尽相同,但仔细辨别,除去语音和腔调的影响因素外,异曲同工,基本的吟诵规则是相同的,初学吟诵没有必要海纳百川,几种不同流派的吟诵调同时学,这样对初学者来说难度很大,就选择一种流派的基本调,扎实学习,假以时日,就会达到融会贯通的结果。

下面我们以华调的基本调为例,来介绍一下,前面提到的八种不同类型律诗的基本调,我们仅以西方音乐简谱的方式,把八种基本调记录在下面。

配合这八种基本调谱的音频范例,可以登录笔者的吟诵公众号收听：https://www.ximalaya.com/qita/14110728/

也可以直接收听华锋教授的吟诵：

https://www.ximalaya.com/renwen/3706632/

一、基本调

登岳阳楼

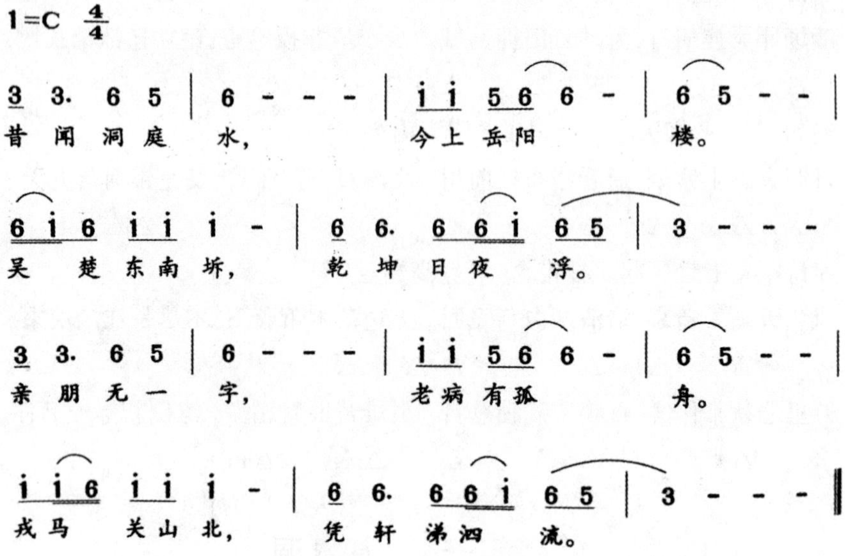

1=C 4/4

3 3. 6 5 | 6 - - - | 1̇ 1̇ 5 6 6 - | 6 5 - - |
昔闻洞庭水，今上岳阳楼。

6 1̇ 6 1̇ 1̇ 1̇ - | 6 6. 6 6 1̇ 6 5 | 3 - - - |
吴楚东南坼，乾坤日夜浮。

3 3. 6 5 | 6 - - - | 1̇ 1̇ 5 6 6 - | 6 5 - - |
亲朋无一字，老病有孤舟。

1̇ 1̇ 6 1̇ 1̇ 1̇ - | 6 6. 6 6 1̇ 6 5 | 3 - - - ‖
戎马关山北，凭轩涕泗流。

曲池荷

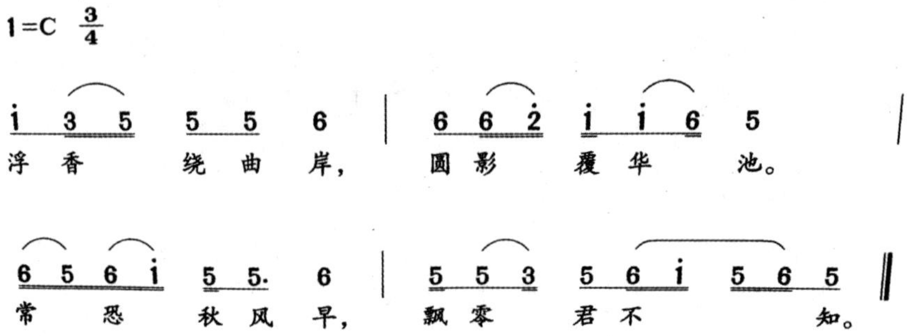

1=C 3/4

1̇ 3 5 5 5 6 | 6 6 2̇ 1̇ 1̇ 6 5 |
浮香绕曲岸，圆影覆华池。

6 5 6 1̇ 5 5. 6 | 5 5 3 5 6 1̇ 5 6 5 ‖
常恐秋风早，飘零君不知。

春望

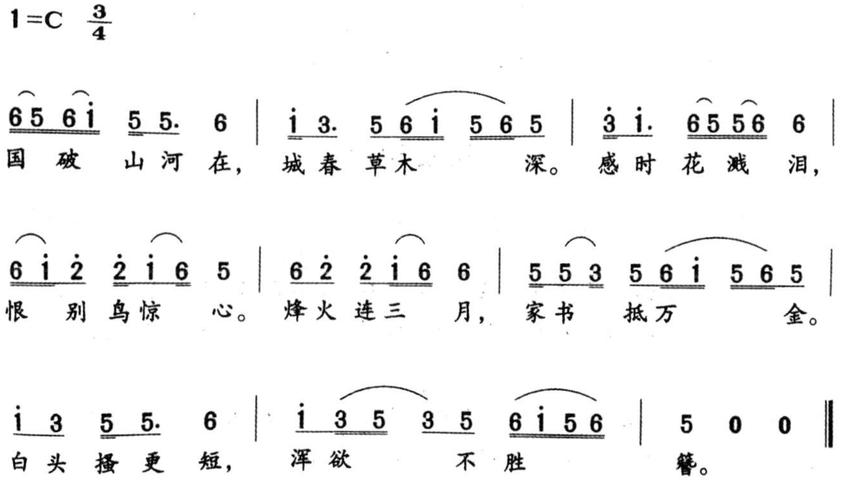

1=C $\frac{3}{4}$

6 5 6 1̇ 5 5. 6 | 1̇ 3. 5 6 1̇ 5 6 5 | 3̇ 1̇. 6 5 5 6 6 |

国破山河在，城春草木深。感时花溅泪，

6 1̇ 2̇ 2̇ 1̇ 6 5 | 6 2̇ 2̇ 1̇ 6 6 | 5 5 3 5 6 1̇ 5 6 5 |

恨别鸟惊心。烽火连三月，家书抵万金。

1̇ 3 5 5. 6 | 1̇ 3 5 3 5 6 1̇ 5 6 | 5 0 0 ‖

白头搔更短，浑欲不胜簪。

八阵图

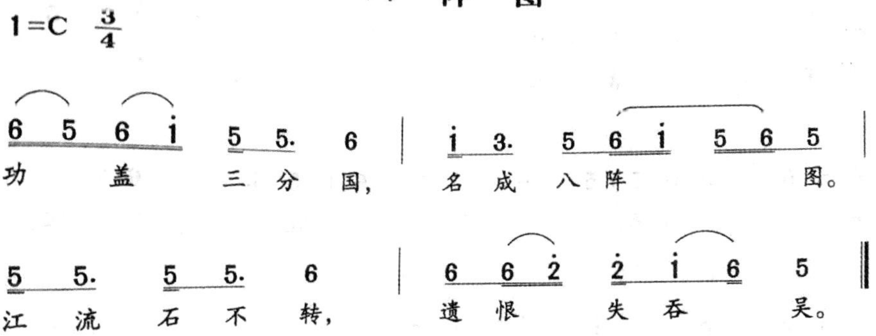

1=C $\frac{3}{4}$

6 5 6 1̇ 5 5. 6 | 1̇ 3. 5 6 1̇ 5 6 5 |

功盖三分国，名成八阵图。

5 5. 5 5. 6 | 6 6 2̇ 2̇ 1̇ 6 5 ‖

江流石不转，遗恨失吞吴。

望蓟门

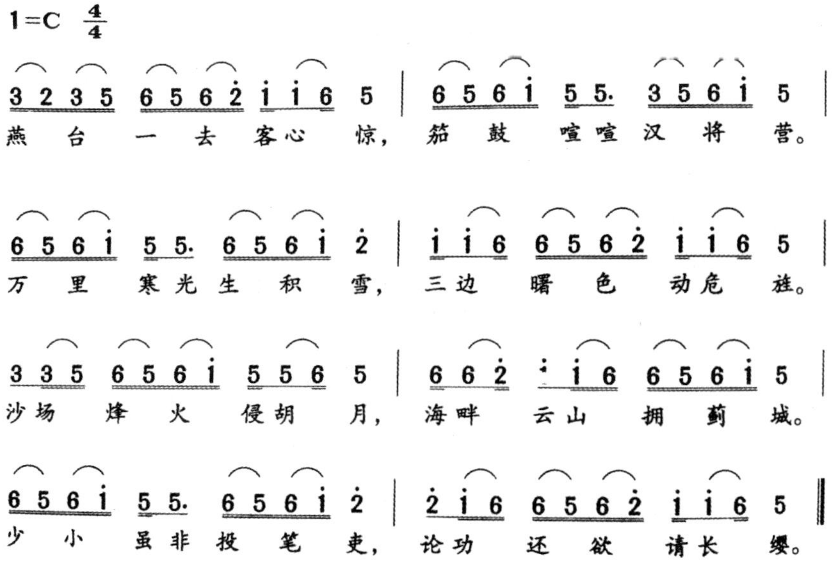

1=C $\frac{4}{4}$

3 2 3 5 6 5 6 2̇ 1̇ 1̇ 6 5 | 6 5 6 1̇ 5 5. 3 5 6 1̇ 5 |

燕台一去客心惊，笳鼓喧喧汉将营。

6 5 6 1̇ 5 5. 6 5 6 1̇ 2̇ | 1̇ 1̇ 6 6 5 6 2̇ 1̇ 1̇ 6 5 |

万里寒光生积雪，三边曙色动危旌。

3 3 5 6 5 6 1̇ 5 5 6 5 | 6 6 2̇ 1̇ 6 6 5 6 1̇ 5 |

沙场烽火侵胡月，海畔云山拥蓟城。

6 5 6 1̇ 5 5. 6 5 6 1̇ 2̇ | 2̇ 1̇ 6 6 5 6 2̇ 1̇ 1̇ 6 5 ‖

少小虽非投笔吏，论功还欲请长缨。

早发白帝城

1=E

3 3· 6 6 5 i· 6 - | i 6 i 6 6 5 3 - 5 3 3 2 1 6 0 |

朝辞白帝彩云间，千里江陵 一日还。

3 3· 3 2 1 6 - 5 3 5 3 3 | 3 2 1· 5 5 5 5 3· 2 1 6 - ‖

两岸猿声 啼不住，轻舟 已过万重山。

望庐山瀑布

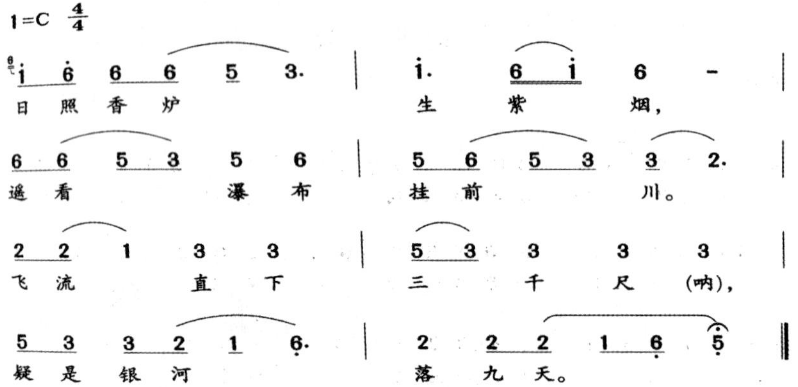
1=C 4/4
日照香炉 生紫烟，
遥看 瀑布 挂前 川。
飞流 直下 三千尺（呐），
疑是银河 落九天。

二、套调行腔

在我国古代格律诗的吟诵大多是在私塾师徒相授或者在家父子口耳相传，因此古老的基本调得以保持和传承，就像我国的戏曲唱腔一样，一个曲调能唱各种不同的词，抒发不同的情感，基本调也一样，能套吟相同类型的所有格律诗。

从今天我们从教学的角度来看，前面提到的八类格律诗，根据简谱可以看出只有四种基本调：五言平起、五言仄起、七言平起、七言仄起，按照这些基本调就能套吟相同类型的全部的格律诗。

套吟需要注意是，吟诵每一首诗都会根据诗歌的内容对基本调做一些调整。有的时候是依据字音的变化做一些调整，但在格律诗的吟诵当中这种情况的出现不是很多，有的时候是依据作者或吟诵者的感情变化做些调整，这种情况出现的概率较大。因为每个吟诵者对诗歌的体会都不一样，即使同一个吟诵者也不会有两遍相同的吟诵，因为对诗词的感悟是不断变化的，但吟诵围绕基本调的规律大致是不会变的，这就使得吟诵的行腔更丰富。不同篇目的吟诵，吟诵基本调的曲调可以适当地调整。

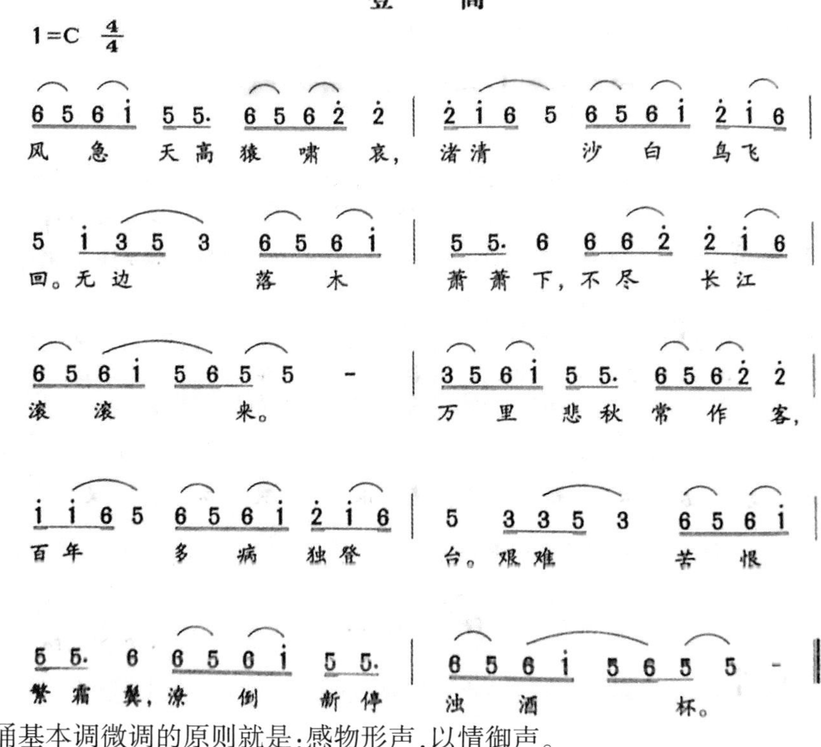
登 高
1=C 4/4
风急天高猿啸哀，渚清沙白鸟飞
回。无边落木萧萧下，不尽长江
滚滚来。万里悲秋常作客，
百年多病独登台。艰难苦恨
繁霜鬓，潦倒新停浊酒杯。

吟诵基本调微调的原则就是：感物形声，以情御声。

第四节 感物形声，以情御声

《礼记·乐记》有云：“凡音之起，由人心生也。人心之动，物使之然也。感于物而动，故形于声；声相应，故生变。”①用古人的这句话解释以情御声很恰当。吟诵者对作品的理解是通过声音表现出来的内化于心、外显于声，相同体裁的诗歌，相同的基本调，优秀的吟诵之所以感人，是因为吟诵者很好地感悟了作者的情感，又恰如其分地表现出了这种情感，以此感染自己和听众，达到一种愉悦的审美效果。

古人说，功夫在诗外，其实，对吟诵者来说亦是如此，吟诵的基本调很好把握，就像律诗的押韵、平仄的规律一样很容易掌握，那为什么我们吟诵的效果不同呢，这可能要归因于文学积淀和对诗词情感的鉴赏和感悟能力差别，这需要我们花长时间，大力气去提升，就像学习中国的书法一样，掌握基本笔画不难，写出赏心悦目的字却并不容易。

下面我们以李白的《早发白帝城》为例，分析在吟诵这首诗的基本调中，有哪些细微的变化和吟诵者个性化的处理，还有这些变化和处理的理论依据。

① 十三经注疏·礼记·乐记[M].艺文印书馆，2007：1527.

李白的《早发白帝城》，七言平起，本诗作于唐肃宗乾元二年，李白因附逆永王璘罪流放夜郎，行至白帝城获释，惊喜交加，旋即从白帝城出发，东下江陵。诗篇充分抒发了诗人喜悦欢畅之心情。我们知道，李白虽为诗人，但在政治上并不甘于寂寞，从“仰天大笑出门去，我辈岂是蓬蒿人”这样的诗里我们就可以看出。安史之乱爆发时，李白本来在庐山上隐居，永王璘诚心诚意邀请他出山，他也认为是一展宏图的机会来了，所以便欣然投在永王璘的麾下。不料，永王璘在统治集团内部的斗争中失利，李白也罹祸在身，其心情的沮丧可想而知。却又没有料到，才流放至白帝城，就峰回路转，获释而还，喜悦之情，不言而喻。

“朝辞白帝彩云间，千里江陵一日还”，一下子将白帝城与江陵的距离，落差和盘托出。“彩云间”不仅写出白帝城所处地理位置之高，而且写出诗人离开白帝城时的心情。白帝城是诗人流放所经过的地方，诗人刚来到白帝城时，心情沮丧、郁闷，自然无心欣赏白帝城的风光。现在要以无罪之身离开白帝城，白帝城的一切自然都是美的了。“彩云”不仅是写白帝城朝霞之美，写出白帝城地理位置之高，更是衬托出诗人心情之欢东畅快。“千里”本来是说白帝城与江陵距离之遥远，但在此处，出于后面有一个“一日还”，反倒成为李白船行速度之快的诠释与说明，更是诗人归心似箭的写照。吟诵此二句，除了按照一般的吟诵七言平起绝句的规律在“辞”字，“间”字，“陵”字及“还”字进行长吟之外，还须注意因本诗抒发的情感是十分高昂、喜悦，因此起调可以适当抬高，尤其是“彩云间”三个学，应该是吟诵的高潮之处。这样处理，造成的音响效果是从高处起调，旋即向更高处发展，然后由高向低处过渡。尤其要提出的是，为表现出“千里江陵一日还”的气势、意境，吟诵此句时应该是以轻盈、快捷的语调吟出，使人听了我们的吟诵，仿佛置身在李白乘坐的轻舟一样，有顺江而下、日行千里之感。这样吟诵所产生的效果，完全符合诗篇所描述的从高高的白帝城，顺江而下，直到江陵的艺术效果。以吟诵的方法诠释诗篇的意境，与以文学分析的方法表述诗篇的意境应该是异曲同工。事实上也是如此，我们这样吟诵，才能够准确体会诗人所要抒发的真实情感。

“两岸猿声啼不住”此句有些费解。前人在解析此句时说：“妙在第三句，能使通首精神飞越。”吴小林先生认为此句“境界更为神妙”①。“猿啼”出自《水经注》（已选入初中教材《三峡》），说舟行至三峡，“每至晴初霜旦，林寒涧肃，常有高猿长啸，属引凄异，空谷传响，哀转久绝”。故行驶在三峡的渔夫皆歌曰：“巴东三峡巫峡长，猿鸣三声泪沾裳。”可见高猿长啸是令人感到伤感、凄凉之音。李白此时心情愉悦、情绪激昂，反倒冒出“高猿长啸”，于情于理都很难讲得通。但如果我们结合李白从追随永王璘，到获罪流放，再到意外获释的过程，就十分清楚了。李白追随永王璘的本意是为了杀敌报国，立功沙场，一展自己的才能。站错队、跟错人绝非自己主观用意，也

---

① 吴小林. 唐诗词辞典[M]. 上海：辞书出版社，1983：565.

不是自己所能决定了的。为此获罪对于李白来说实在是天大的冤假错案，尽管已意外获释，但委屈的心境岂能一下子消除？此时写猿啼，既是实写眼前之景，又是写心中之情。眼前之景就是两岸猿声此起彼伏、哀转久绝。心中之情应该是：自己无辜罹罪，真是冤枉之极。虽然侥幸获释，但毕竟是一个有过“附逆”的经历，被“特赦”的罪人，一心报国反而落了个“附逆”之罪，清白之身已被玷污，想到这里，诗人又怎能高兴起来？当然，诗人虽然心存怨气，但他绝不可能将怨气直接发向最高统治者，对最高统治者不仅不能有什么怨气，反而应该感恩戴德，高唱皇恩浩荡。所以，他只能是通过凄婉的“猿声”来表达自己内心复杂的感情。况且，事情已经过去了，过去的事情就让它过去吧。如同两岸空谷传响的猿声一样，尽管哀鸣不已，但自己的快舟还是在飞速前行。如果一定要说此句“神妙”或“精神飞越”的话，那就是妙在诗人在抒发喜悦欢畅的情感时，流露出对无辜罹罪的不满和遗憾。由于此句的文化心理背景如此复杂，吟诵时应该格外注意，既不能高亢欢畅，亦不能婉转缠绵。相反，吟诵此句时，应该是语气轻盈、音调舒缓，如同蜻蜓点水一样，一粘即开。“啼”字为上平声齐韵，自然可以长吟。虽然前面的“声”字作为节奏点已经做过长吟了，但在这里，为了表示诗人听到猿声后复杂的心情，还是应该做长吟处理。只有如此吟来，方能准确表达诗人内心的真情实感。

最后一句“轻舟已过万重山”，诗人的感情又由短暂的抑郁转回喜悦的现实。前人说，从白帝城至江陵，轻舟顺流而下，犹如御风而行，朝发夕至，虽奔马亦不能及也。诗人的轻舟，亦是如此，转瞬之间，已掠过千山万岭。可见此句首先就是写实，写诗人舟行的情况。从另一个角度看此句，轻舟掠过万重山还继续前进，又有诗人战胜险恶的环境，还要继续前进的决心和信心。无数的委屈、坎坷、困难、苦恼、郁闷、痛苦，都将像“万重山”一样被远远地甩在身后，自己的未来应该是像轻舟一样，乘风破浪，直挂云帆济沧海。因此吟诵此句，音高应该超过前一句，以示情绪的高涨，尤其是要注意吟好“万”字，“万”字虽然是去声愿韵，不可以长吟，但在这里它不仅表现出诗人舟行之快，而且要表现出诗人已将所有的痛苦，麻烦都远远丢在脑后，所以“万”字一定要吟得实大声宏，才能表现出诗人已翻过昨天那一页，对未来充满了坚定的信心。要将“万”字吟得大声洪亮，还得吟好“过”字。“过”字是去声箇韵，虽然不能长吟，但是在这里，为了吟好“万”字，可以做一个技术“偷气”，以便攒足了气力，实大声宏地吟好“万”字，“重”字是上平声冬韵，自然可以长吟，但与之紧邻的“山”字为韵字，必须长吟，因而，“重”字在顺接实大声宏的“万”字后，为了表现对“万”字的重视，可以适当长吟，但又不能吟得过长，不仅不能影响“山”的吟诵，同时，还要再做一次技术“偷气”，为吟好“山”字做好充分的准备。可见，此句的吟诵还是有一定难度的。

总之，在绝大多数吟者看来，本诗反映了诗人获释后顺江下江陵时的喜悦心情，吟诵此诗，应该起得高昂、吟得欢畅。但他们没有看到诗人在喜悦，兴奋的同时，尚有一丝无奈的委屈和抑郁。因此，在吟诵时，如果一直保持在高音区运走，就无法把诗人在“两岸猿声啼不住”一句中所要表达的情感真实,淋漓尽致地表达出来。吟诵本来就是用来学习、欣赏诗词创作的,在吟诵的过程中体会诗人的真实感情,是吟诵的主要任务之一,我们只有把握住诗词的思想感情,才能进行准确地吟诵;只有准确地吟诵,才能准确地再现诗人的思想情感。

第四节　依字行腔

依字行腔,是吟诵的重要标准之一,就是说吟诵者在吟诵的时候一定要读准诗文字词的准确读音,准确的还原诗文原有的节奏、音韵。可以这样说,吟诵时音韵旋律的产生,是因为格律诗本身固有的平仄组合,加上韵脚与节奏点所致,是字的本音统率着旋律,而不是一味地迁就基本调而忽视了字音的发音标准,只有这样才能够在吟诵中做到字正腔圆。

字正,就是在吟诵的时候,不能因为基本调的需要,而将字音跟随基本调的旋律进行调整,以致字的发音不是该字原有的音节。比如叶嘉莹先生曾举例说在她年轻的时候唱的民国的国歌中有这样一句:“三民主义,吾党所宗。”为了迁就音乐旋律就发音成:“三民猪义,吾党所宗。”如果不熟悉歌词,听众根本就不知道吟诵者所吟诵的内容,这当然不是我们在课堂推广格律诗吟诵想要看到的现象,吟诵诗词,或授课或自娱娱人,“有字”才能体会到字、词、韵结合带来的音韵美。

腔圆,就是吟诵的时候,将诗歌每一个字的声母、韵母要利用反切音的手法完全唱出,这样吟诵出来的诗词,一定每一个字音都浓厚饱满又韵味十足的。比如我们在吟诵杜甫的《登高》首句的时候:“风急天高猿啸哀,渚清沙白鸟飞回。”按照基本调“急”字要重吟、快吟,以示风急,也表现作者所处环境的恶劣和心情的沉重,但是如果吟诵得过快,“急”字发音很容易出现往“济”字读音上的变形,这就不符合吟诵“腔圆”的准则,吟诵的感染力也要大打折扣。

第五节　断腔

断腔,指在吟诵歌唱过程中,字断、声断。这种情况,也多在处理仄声时使用。由于仄声字音节短促,所以在以仄声字做句尾,或句读的关键节奏点时,戛然断开(在乐谱上表现为休止符),作或长或短的休止之后,再以该字的韵母作衬腔,或加以诸如“呀”“啊”“呜”等衬字与后面的声调相连接。关键是做到“声断气连”。好断腔可增加吟诵的连贯性和审美愉悦,但每个人的断腔运用的衬字不尽相同,可以在反复练习中形成自己的风格。

《早发白帝城》教学设计

(一)教学目标

1. 学习掌握平起七言绝句的吟诵。

2. 认识诗歌的类型,指出韵脚,把握节奏点。

3. 学习和掌握,平起七言绝句的基本调。

4. 练习吟诵,在吟诵中通过音韵节奏起承转合,来体会作者内心复杂的情感。

(二)教学重点、难点

教学重点:学会平起七主绝句的吟诵。

教学难点:吟诵出味道,浸染其中,体会作者的错综复杂的情感变化。

(三)教学课时

1 课时

(四)教学方法范吟法、讲授法、问答法、小组讨论法

(五)教学流程

(上课准备时间)暖场:吟诵平起五言绝句《曲池荷》,营造吟诵氛围,提高学习兴趣,复习旧知,以达到以旧带新、触类旁通的目的。

1. 导入

PPT 展示《早发白帝城》配李白乘船、顺流而下、对山长吟的图片,把学习的注意力集中在课堂上。

师:这首诗大家并不会陌生,李白《早发白新帝城》是我们在牙牙学语时就会背诵的一首流传千古的名诗,让我们今天用吟诵这种古老的读诗方式,一起品味这首诗音韵中的旋律,一起去感受一下诗人李白大难不死、因赦放还的惊喜、愤懑和释然等错综复杂的心情。

2. 明确诗歌类型,点明韵脚,找出节奏点,

提问:根据我们前面介绍的古诗类型的知识,大家能不能判断出这首诗属于哪一类,能不能借助平水韵表找出韵脚,划分出这首诗的节奏点吗?

明确:七言绝句,间、还、山属于平水韵十五删,节奏点是二四四二

白 、陵、啼、舟

3. 展示基本调调谱教师范吟。

要求:用吟诵符号,把需要长吟重吟的地方标注出来,体会教师断腔的处理方法。

4. 学生试吟基本调,互相学习,互相评判。

5. 了解背景,体会情感

要求:根据预习写作背景,结合自己的分析,体会诗人的情感。

明确:李白因永王李璘案而罹祸上身,遇赦后的惊喜。

6. 再吟诗歌,感受韵味

教师范吟,学生仿吟,小组评吟,试说出自己对诗和自己以及别人吟诵的心得体会。

明确:“辞”字要长吟表达大难不死后的惊喜,对厄运的释然。

“还”字要长吟,因为是韵字,更表现行船的快,更体现诗人内心的欢快,吟诵时要注意在行腔上表现出来。

“两岸猿声啼不住”可以吟得快,表现船行得快,大难得脱的欢快心情。也可以通过我们学过的《三峡》“巴东三峡巫峡长,猿鸣三声泪沾裳”的感情基调,研读出李白这首诗中不只有惊喜,或许还有对自己无故蒙冤的委屈悲愤,在这里“啼不住”音调可以是低沉的、幽咽的,吟诵中要表现出一丝的悲伤,两种情感可以根据自身的体验,选择自己认为最恰当的吟诵方式。

“过”要吟的轻快,所有的厄运都远离我。

“山”字要长吟,吟出喜悦、轻快,这在行腔和断腔处理上要注意,要吟得一波三折,体现李白内心复杂情感。

7. 课上练习:套腔吟诵平起七言绝句《清明》

(1)分组练习,自由吟诵,了解吟诵平起七言绝句的基本规律,体会作者情感,形成自己的情感体验,达到审美愉悦。

明确:《清明》节奏点,基本调与《早发白新帝城》完全一样。

(2)基本调之间,需要微调,体验情感之处。

“纷”长吟,表现雨的绵长。

“行”长吟,路的漫长。

“借”“有”高吟,行人的焦急。

“遥”“村”长吟,断腔表示路程很远。不用着急,着急也没有用的牧童“小儿无赖”情态。

《早发白帝城》教学反思

我生长在天津,这是个讲究美食的城市,吃捞面就蒜、吃饺子得来碗饺子汤,是传统,也是饮食文化,如果要深究这么做的道理,恐怕也有一定的科学依据。吟诵和诗歌,就是不可分割的一个整体,就是隐藏在我们基因里的文化,就是传承在我们血液里的声音。这节吟诵课,我以为会遇到很多困难,因为这毕竟是离现在的学生们比较久远的吟书调,可我没想到学生热情如此高涨,分析得如此精辟,吟诵得如此出彩,或许这就我们是走出古诗词教学困境的正确的方法,我们需要做的只是引导、唤醒。

第四章　教学吟诵注意事项

第一节　学吟诵的注意事项

一、吟诵与音乐

首先，欣赏时适当地配乐。

在前文里我们讲过，吟诵与音乐是同源异流。上古时期的吟诵、舞蹈、诗歌、音乐有着密切的关系，也催生了早期的乐器。在许多的吟诵活动中，甚至在最早期的教学活动都可以有乐器的参与，《尚书·夏书·益稷》记载“戛击鸣球，搏拊，琴瑟以诵”，生动地描绘出当时的年轻人在吟诵的时候，敲着小玉磬，打着早期的小鼓，伴着琴瑟的鸣响的欢快的场景。今天我们听到的有些名家的吟诵是配乐的，如陈少松老师的吟诵都配古乐，听起来很有传统文化的氛围，也增强吟诵的感染力，适度的配乐对于我们在推广吟诵的教学实践中是可行的，现在的孩子们基本从小就接触音乐，有相对扎实的音乐基础和良好的乐感，传统的民族乐器又有别于西方乐器，在吟诵时伴以琴瑟箫笛的配合，这份曾感动我们祖先的声音，也一定会感染孩子们，激发起他们学习吟诵的兴趣。我认为适当地将吟诵与乐器伴奏结合起来，不仅可以提高吟诵的艺术效果，而且有简单乐器的伴奏，也有助于更准确地把握节奏和发音，使我们更好地推广吟诵。

其次，学习时没必要配乐。

有乐器伴奏能够提高吟诵的艺术效果，对于吟诵本身没有任何作用，因为吟诵基本不具备演唱的功能，它只是一种读书方法，“浅吟低唱”是其主要特征。古人在吟诵时伴以琴瑟箫笛，是为了更好地自娱自乐，当然，有乐器伴奏的吟诵比没有乐器伴奏的吟诵效果肯定不同，但古人吟诵的目的不是给别人看的，所以，古人吟诵时并不一定要乐器伴奏。说得简单一点，用诗必须配以乐器，学诗则不一定配以乐器。

再次，在我们日常的吟诵教学中，尤其是初学吟诵的时期，不必考虑使用乐器伴奏。在我们今天的教学环境中，很少有父子师徒一对一的简洁的教学条件，吟诵是为了让学生了解这传统的读书方式，我们要在有限的学时内，给学生讲述吟诵的最基本的常识，不可能在给学生讲述的同时，还有乐器伴奏。客观地说，在教授吟诵的同时，能有乐器伴奏，这在古代也是不多见的。今天，从个人学习吟诵的角度来看，除了极少数既是音乐专家又是吟诵专家的人可以一边弹琴、一边吟诵之外，绝大多数的吟诵爱好者只能是在没有乐器伴奏的情况下去自娱自乐，绝大多数的场合也不需要乐器伴奏。

二、吟诗与唱诗

当下，唱诗风逐渐刮了起来，在主流媒体的宣传下，有愈演愈烈之势，那么在这种强势的唱诗风潮下，传统格律诗吟诵模式是否会被取代 ，吟诵与音乐演唱到底是什么样的关系，有怎样的异同，值得我们深入地探讨。

首先，吟诵与演唱古典诗词都对推动诗词的复兴有帮助，而且中国的诗歌有漫长的演唱史，前面提到过诗经、楚辞乃至宋代苏、柳词，都是可以演唱的。目前黑龙江大学刘冬颖教师的“风雅弦歌”微信公众号备受好评，刘老师配乐演唱的南唐李煜的《浪淘沙 · 帘外雨潺潺》声音空灵、婉转悱恻，生动地传达出李后主亡国之殇，煞是感人，配乐是取自传统的曲调《九宫大成》，这首词的歌唱笔者很是喜欢，也经常在诗词的赏析课上放给同学们听，唱诗经、唱词都是可以的，也鼓励学生利用新的曲调或传统的曲调演唱，只要能表达词的韵律美，唱出作者的情感，或者说只要能激发同学们探究古典诗词的兴趣，就是可以支持的。

其次，格律诗的体裁源于南齐“永明体”，说得直白一点，格律诗的产生就是为了吟诵的，讲穿平仄、讲究韵律、字正腔圆，如果学生要配乐唱诗也可以，比如台湾成功大学王伟勇教授就教学生们用“歌仔戏”的曲调唱《清明》，但这是在不破坏格律诗发音、韵律的情况下完成的。如果像当今的歌唱一样，为了追求音乐旋律而吞音或错音，如把“清明时节雨纷纷，路上行人欲断魂”唱成“清明时节雨 yù 纷纷，路上行人欲断魂”，这种情况是绝对不可以的。

再次，表演目的不同，吟诗是小众的，是文人自娱娱人的一种表达方式，当一种旋律经过反复练习，无意识间也会不由自主地哼唱起来，对节奏和旋律的处理也会很个性化，而唱诗不同，有大众化的审美目的，要配乐、要营造舞台效果、要按照曲子唱准高音、低音，否则就是演出事故，所以在这方面二者是截然不同的。

三、普通话与方言

吟诵时是用普通话合适还是用方言合适，这个问题比较复杂。在古代，就有“三里不同俗，五里不同音”之说，秦始皇做到了“书同文”，能做到书面语言的“语同音”，但无法做到口头语言上的“语同音”，因为这个工程实在是太大了。不仅是秦始皇做不到“语同音”，就是在今天，我们也不能做到口头语言上的“语同音”。1949 年新中国成立之后，为了在语言，文化上尽可能地实现统一，减少沟通交流的障碍，我们开展了大力推广普通话工作，70 多年来，我们能做到的仅仅是普通话与方言的并存。笔者认为，既然现在国内语言环境的客观现实是普通话与方言并存，那么使用普通话吟诵与方言进行吟诵也应该是客观存在的。例如在今天网络异常发达的时代，在网上我们可以听到常州派“唐调”的吟诵，听到闽南语的吟诵，听到粤语的吟诵，这些极为典型的方言吟诵，对于方言不熟悉的人虽然存在着语言障碍，但由于大家对吟诵的内容十分熟悉，因此陌生的方言非但没有削减大家吟诵的效果，反而更增添了吟诵的艺术魅力。与此同时我们也听到了北方方言的吟诵及普通话的吟诵。北方方言的吟诵及普通话的吟诵，由于对所有的受众都没有语音障碍，所以更受听众的欢迎，对此，我们都是深有体会的。也就是说，我们认可方言的吟诵，也支持普通话的吟诵。

1. 方言是客观存在的，方言的吟诵也是客观存在的

（1）关于使用方言吟诵的问题，许多语言专家都给了高度的重视，他们指出，从文化学的角度来说，方言属于地方独特的文化。我们知道，越是独特的地方文化，就越有研究的价值；越是独特的地方文化，就越具有民族意义；越具有民族性的价值，就越具有世界性的价值，因此，我们必须保护好地方文化。保护好地方文化，就是保护好全民族的文化，就是保护好世界文化。为了保护地方的方言，就必须保护方言的吟诵，因为以方言进行的吟诵，是展示方言风采的重要舞台之一，也是传承方言的有效工具之一。一般来说，会方言的不一定会用方言吟诵，但会用方言吟诵的肯定会流畅地使用方言。所以，就是从学习、继承方言的角度，也应该学习、继承方言的吟诵。但是，方言的吟诵毕竟是有其局限性的。因为它的使用范围是固定在一个地区，或者是一片地区，离开了方言固有的生存环境，使用、熟悉方言的人少了，方言也就难以畅通无阻了。犹如地方戏一样，之所以称之为地方戏，就是因为它在这一地区有较大的受众群体。如豫剧在河南、秦腔在陕西、评剧在河北都有很大的受众群体，就在于它的地方性。当然，地方戏与方言吟诵还不一样。地方戏以其独特的艺术魅力，在其他地区也会受到欢迎，也会有一定数量的受众群体。方言吟诵则没有这么幸运了，它只能生存在方言区，离开方言区能够接受它的可能性极小。文化一般是不能脱离它所生存的环境，方言只能在它所生成的地区流行，离开了它所生成的环境后，很少具有可变性及传播功能。唐代诗人贺知章有诗：“少小离家老大回，乡音无改鬓毛衰。”可见贺知章离开家乡多年，而方言依旧，他没有因为在京多年而忘却了乡音。当然，贺知章也不可能以他家乡的方言，改变长安的语言环境，一个人与全社会相比，实在是太微不足道了。所以，尽管方言吟诵的艺术价值很高，但它只能在它所生成的环境中生存、发展。在闽南地区，可以用闽南语进行吟诵；在广州，可用粤语进行吟诵；在江浙，可用江浙方言进行吟诵。使用方言在本地区进行吟诵，不存在语言障碍，吟者吟得随意，听者听得开心，可谓两全其美。但如果用粤语在闽南吟诵、以江浙语在广州吟诵，就肯定不会产生理想的艺术效果。所以，在本地区发展，使用方言进行吟诵，不仅有利于保护方言，有利于保护独特的地方文化，也有利于研究、发展、推广方言的吟诵。所以，我们尊重、支持以方言进行吟诵。

（2）如今的大城市人口流动性大，学校生源来自五湖四海，在课堂教学时引入方言吟诵，会极大地调动学生学习的积极性，笔者有一次在课堂教学生们用河南话吟诵

《陋室铭》,引起了同学们极大的学习热情。不可否认,有时候作者创作的语言,更能表现作者的情感。如吟诵毛泽东诗词的时候,用湖南方言就更有味道。在我们的中学课堂中,方言不失为辨别入声字的一个极好的手段,适当的引入方言,能让孩子们更好的分清平仄、辨别四声、增强学习效果,所以方言吟诵还是要很好地加以利用。

2. 普通话吟诵的合理性

从语言的角度看,方言可以进行吟诵,普通话也可以进行吟诵。普通话与方言一样也是一种在一定地区流行的语言,只不过它流行的范围太大了,已经覆盖了全国各个地区。进一步说,普通话是在以北京地区为中心的北方语系所形成的,北方方言能够得到吟诵界的认可,普通话的吟诵自然也能得到吟诵界的认可。叶嘉莹先生是目前为数不多的传统吟诵的代表人物,她的吟诵也是用普通话进行的,婉转细腻、节奏分明,得到广大受众的支持与赞同。苏民先生,钱绍武先生等人的吟诵,均属于北方语系的吟诵,在国内的吟诵界都有很大的影响。可见,用普通话完全可以吟诵出正确、优美、感人的曲调。

这里就有一个问题,北方语系中没有入声字,能否进行准确的吟诵?我们认为,北方语系在一般的语言交流中虽然没有入声字了,但北方人在诗词创作时同样可以使用入声字。多少年来,北方出现了无数诗词名家,他们并没有因为北方语言交流体系中没有入声字而不能进行诗词创作;能够创作诗词的北方人同样可以吟诵诗词,他们并没有因为在语言交流体系中没有入声字而不能吟诵诗词。所以,虽然我们在语言交流的过程中没有入声字,但我们完全可以在学习古典诗词的过程中掌握入声字。只要我们了解认识了入声字,在吟诵的过程中自然会注意到入声字的存在,了解掌握了入声学,就能正确地吟诵古典诗词。

第二节　教吟诵的注意事项

一、吟诵要从娃娃抓起

本文的行文从格律诗的基本理论讲起,从诗理到学习吟诵的要点,注重逻辑,便于阅读者更好地理解、学习吟诵,这是西方论文的行文观点,是说理的最适当的切入点,而不是学习的最佳切入点。因为小时候吟诵学习的缺失,我们不得不亡羊补牢在课堂上推广吟诵,在初高中才引入吟诵教学,这显然不是学习吟诵的最佳年龄段。西方心理学家的观点称,人类先天就具有语言天赋,本能地就具备内在语言的语法规则系统,尽管他的观点在心理学界也没有得到全部的认同,但不可否认,学习语言的最佳时期是一到三岁,这一时期的孩子是学习语言的关键时期,对语言,对诗歌的音韵有一种美感的直觉,这个时期加以吟诵的浸润,会对他们未来学习吟诵有超乎想象的作用。正如叶嘉莹先生在各种场合多次说的那样,“我之学诗,是从孩童时期开始的，家里我的伯父吟诵，父亲也吟诵，母亲和伯母也吟诵，就在这种环境熏染下我也自然地学会了吟诵”，叶先生今天在古典诗词领域的成就肯定和她幼年这段经历有很大的关系，通过吟诵很自然地就掌握了格律诗创作的规则，不用在死扣平仄和押韵。笔者，人近中年，学了二十多年的英语，最拿手的就是单项选择，曾在和高中外国交流生的“比试”中胜出，能做好英语的单选题，是因为我有相对扎实的语法基础，这是我钻研究书本刷题换来的技能。但一轮到品语，境遇就异常尴尬了，不会说，也不敢说，这就说明我不是在学习语言最恰当的时期学习的，加上学习方法不当，我没有很好地掌握这门语言。诗歌吟诵流传千年，对于今天的学生与外语无异，对这种诗话语言的内部语言感受能力，还是越小越好，最好吟诵在家庭中进行，在幼儿园中就推广，在学校普及，笔者曾见到山西运河吟诵的柴海军老师一行人在沧州一幼免费推广、普及吟诵，当看到孩子们吟诵李白的《静夜思》的时候不禁动容，把祖先留下的宝贵的东西传承给我们的孩子，这是多么有意义的一件事啊！

二、主以课堂，辅以网络

在课堂教授格律诗教学，还是要从课堂格律诗创作的基本准则开始，这是理性的学习，符合相对高年龄段学生的认知规律。如果在压力日增的课堂上，老师以非功利的心态引领着学生荡漾在大美的诗海中，这样的美好，每个学生都不会错过。东南大学王步高教授在清华大学开设诗词创作的选修课，没想到在以理工著称的清华园课堂上却出现了一座难求的火爆场面。所以在课堂上推广吟诵是可行的，这需要教师做大量的前期准备工作。

做为一种口耳相传的技艺，最好的学习方式就是聆听别人的特别是大家的吟诵，今天的信息传递速度，是几千年历史上从没有过的。尽管身边的人会吟诵的不太多，但在网络上却有大师们的声音。推荐一下喜马拉雅 FM 这个以声音传播为主的网站，只要我们进入其中搜索一下，各个流派、各位大家的吟诵一应俱全，叶嘉莹、华钟彦、华锋、陈少松、徐健顺等人吟诵的音频，都可以供我们学习、赏析。网络上还有各层次的吟诵爱好者，与他们交流对于提高我们的吟诵水平大有帮助，还可以利用网络加强师生、生生间的交流互动，没有课堂的正式，真正地做到寓教于乐。

三、转变教学理念，提高学识修养

在讲授古典诗词的时候，大多数教师还是按照教参讲解，意象、主题，然后就背诵。经常听同仁抱怨给学生默写了很多遍，学生还是错，只得牺牲自己和学生休息的时间再落实。

怎样做到“利与美”兼得，这就需要我们一线教师全面提高自己。首先，转变教学理念，不是“以学生为课堂主体”，这样大的基本理念，而是寻找解决教学问题关键，转变诗词讲授模式的理念。学生之所以不会，是因为学生没有搞清楚，学生没搞清楚,是因为教师自己也不太清楚,这就需要我们认真钻研、博览群书,寻找破解困局的好方法,我想吟诵就是解决当前古诗词教学难点的一个很好的方法。

要学习吟诵需要我们加强古典诗词的学习,在学习体会中发现规律性的心得,传授给同学们,当我们在任教的领域内"站"得高了,自然就"看"得远,一定会找出走当前教学的正确道路。其次,吟诵与音乐不可分割的,教育大家孔子就是一位知音人:"子在齐闻《韶》,三月不知肉味,曰:'不图为乐之至于斯也。"(《论语·述而》)子谓《韶》:"尽美矣,又尽善也。"谓《武》:"尽美矣,未尽善也。"(《论语·八佾》)要引领孩子们体会孔子所说的尽善尽美的境界,离不开诗词修养和音乐修养,当年虽然有网络可以直接听大家的吟诵,但基本调的传承,腔调中很小的变化,还是需要有一定的乐理基础才能体会得到的,所以我们要加强音乐素养的提升,这是我们学习吟诵的需要,也是我们一专多能,不被未来人工智能教师取代的需要,光会判默写,智能机器人会比教师有耐心得多。

四、兴趣引导,氛围熏染

天津大多数中小学都开设了活动课和校本课程,我们可以在这样的课程中培养学生吟诵的兴趣开始就以教师或大家的配乐范吟为主,笔者的实践经验可以证实,当学生们感受到课堂上那个"隐藏在云雾之中"的诗歌还有这样温婉动人的一面的时候,都会很感兴趣。活动课可以是非功利的,可以让学生有美学体验,让学生试着吟,让学生试着改编比较。美国中学的课堂上让学生用 RAP 的节奏串烧新授的单词,我们也可以在吟诵课上让学生试着用说唱套曲填词,用方言吟诵和普通话吟诵等多种形式比较的方式,引领学生走近吟诵,

当然,在这里要强调,吟诵课的脚步,不要走得太快、太急,也不要为了短时间内出成绩而急功近利,只欣赏、不考试、只点评、不打分,只要吟诵的星星之火点起来,她自然就能燃烧。

后　记

中国语文现代化学会语文教育专业委员会　张奎文

金秋十月,硕果累累。在中国语文现代化学会的大力支持下,语文教育专业委员会与天津社会科学院出版社精诚合作的成果——《新时代语文教育论丛》出版了。我代表中国语文现代化学会语文教育专业委员会和《新时代语文教育论丛》编委会,向热诚支持语文教育专业委员会工作的中国语文现代化学会领导,向真诚合作的天津社会科学院出版社和韩鹏副社长、吴琼主任,向大力支持《论丛》出版的德高望重的顾问、专家,以及全国有关省市的教育局局长、名校校长、教师发展中心主任、名师工作室的名师和撰写并提交论文的各位教师,向认真审稿的专家及编委一并表示衷心的感谢!向入选《论丛》的名校和教师表示热烈的祝贺!

我们邀请原国家督学、著名书法教育家、天津市教育局原副局长、语文教育专业委员会顾问张凤民先生题写书名;邀请天津市教育科学研究院课程教学研究中心(原天津市中小学教研室)主任、"国培计划"首批入库专家赵福楼先生作序;还邀请语文教育专业委员会理事长、天津师范大学教授谭汝为先生和教育部国家语委推普处原处长、中国语文现代化学会原副会长、语文教育专业委员会顾问袁钟瑞先生等专家撰写了关于语文教育的学术论文。在此一并表示感谢!

《新时代语文教育论丛》包括如下内容:

一、学术前沿:主要收录专家学者关于语文教育教学及语文学术研究方面的高质量论文。

二、教师百家:主要征集选出优秀语文教师的优秀论文。(一)百家争鸣:主要发表语文教育教学思想研究、语文专业学术研究等学术性文章。(二)教学论坛:主要发表语文教学模式、教学经验等交流性文章。

三、名校采风:约请全国知名学校、特色学校、语文教育专业委员会基地校介绍学校教育教学工作经验、学校名师、特色活动等。

四、名师工作室:约请全国知名工作室介绍教育教学活动和经验成果。

《新时代语文教育论丛》编委会收到了来自北京、天津、重庆、河北、广东、深圳、海南、甘肃、山东、四川等十余省市的四十多所中小学和教师发展中心、名师工作室的近200篇论文,经《新时代语文教育论丛》编委会评审专家的认真评审,112位优秀教师(教研员)的111篇优秀论文入选(一篇两人合写),其中中学42篇,小学69篇。

入选《新时代语文教育论丛》的论文，符合“立德树人”的教育根本任务，符合语文教育教学及语文学习规律，注重教育思想、教育理念、教育模式的探索，注重学生语文核心素养和语文能力的提升，注重理论与实践相结合，具有一定的前瞻性、创新性、理论性、实践性、学术性。“名校采风”板块约请了来自全国的四所办学成果显著、语文特色鲜明的知名学校。同时，也收录了出色的“名师工作室”的经验介绍。

祖国在前进，时代在召唤，中国语文现代化学会语文教育专业委员会在发展。让我们满怀豪情、拼搏奉献，以不辱使命的实际行动，拥抱祖国教育更加灿烂辉煌的明天！

2022年8月